PEKING UNIVERSITY

北京大学年鉴

《北京大学年鉴》编委会 编

2010

图书在版编目(CIP)数据

北京大学年鉴.2010 /《北京大学年鉴》编委会编. —北京:北京大学出版社,2019.2
ISBN 978-7-301-27535-1

Ⅰ.①北… Ⅱ.①北… Ⅲ.①北京大学－2010－年鉴 Ⅳ.①G649.281-54

中国版本图书馆CIP数据核字(2016)第219533号

书　　　名:	北京大学年鉴(2010)
	Beijing Daxue Nianjian (2010)
著作责任者:	《北京大学年鉴》编委会　编
责任编辑:	刘　军
标准书号:	ISBN 978-7-301-27535-1
出版发行:	北京大学出版社
地　　　址:	北京市海淀区成府路205号　100871
网　　　址:	http://www.pup.cn　新浪官方微博:@北京大学出版社
电子信箱:	zpup@pup.cn
电　　　话:	邮购部 010-62752015　发行部 010-62750672
	编辑部 010-62752032
印　刷　者:	北京中科印刷有限公司
经　销　者:	新华书店
	787mm×1092mm　16开本　45印张　8彩插　1723千字
	2019年2月第1版　2019年2月第1次印刷
定　　　价:	200.00元

未经许可,不得以任何方式复制或抄袭本书之部分或全部内容。
版权所有,侵权必究
举报电话:010-62752024　电子信箱:fd@pup.pku.edu.cn
图书如有印装质量问题,请与出版部联系,电话:010-62756370

2009年3月26日，中共中央政治局委员、国务委员刘延东莅临北京大学视察调研

2009年6月30日，中共中央政治局委员、北京市委书记刘淇一行，来到北京大学国家863软件专业孵化器技术支持中心，看望慰问优秀党员代表、信息科学技术学院杨芙清院士

2009年3月13日，北京大学深入学习实践科学发展观活动动员大会在百周年纪念讲堂隆重举行

2009年3月14日，教育部党组书记、部长、部属高校深入学习实践科学发展观活动领导小组组长周济在办公楼礼堂为北大师生作题为《深入贯彻落实科学发展观，加快推进创建世界一流大学步伐》的专题报告

2009年3月24日，北京大学党委理论中心组举行学习报告会，邀请中共中央党史研究室副主任李忠杰教授作专题报告

2009年8月28日，北京大学召开深入学习实践科学发展观活动总结大会

2009年5月4日，200名北大青年学子在天安门广场参加了庄严的升国旗仪式，并以国旗下宣誓这种特殊的方式纪念五四运动90周年

2009年10月1日，中华人民共和国迎来60华诞，由北大2300余名优秀师生代表组成的"我的中国心"方阵，代表北京大学接受了党和人民的检阅

2009年6月21日，北京大学外国语学院建院十周年庆祝大会

2009年12月8日，北京大学国际汉学家研修基地揭牌仪式在英杰交流中心阳光大厅举行

2009年11月25日，北京大学医学部神经病学学系成立

2009年4月15日，新西兰总理约翰·基莅临北京大学，并在英杰交流中心发表题为"新西兰与中国：我们共享的经济未来"的演讲

2009年2月24日，西点军校校长哈根贝克将军率代表团访问北京大学

2009年3月30日，北京大学正式成立欧洲大学中心

2009年5月1日，歌剧《青春之歌》在北京大学百周年纪念讲堂首演

平凡中的感动——电影《孟二冬》

2009年5月18日，由北京大学、中国人民对外友好协会联合主办，艺术家遥远策划的大型音乐史诗《红旗三部曲》作品发布会在英杰交流中心举行

2009年5月16日，北京大学澳门文化交流协会（MCCA）及澳门中华学生联合总会联合举办"2009全国高校澳门学生论坛"

2009年4月3日，北京大学山鹰社二十周年社庆开幕式暨山鹰基金启动仪式

2009年10月25日，以"语言的文化之旅"为主题的北京大学第六届国际文化节开幕

2009年8月18日，北京大学与海淀区委区政府在英杰交流中心新闻发布厅签署了区校合作协议

2009年4月28日，"五四运动与民族复兴——纪念五四运动90周年暨李大钊诞辰120周年理论研讨会"在北京大学举行

2009年10月29日，纪念李大钊诞辰120周年学术讨论会在北京大学召开

徐献瑜先生今年九十有九，进到百岁老人的名列，是数学界的佳话

唐有祺先生与夫人张丽珠教授共同切蛋糕

2009年7月11日,季羡林先生在北京逝世

2009年12月28日,北京大学肖家河教师住宅项目征地协议签字仪式在北大百周年纪念讲堂隆重举行

2009年6月22日，北京国际数学研究中心建设工程奠基典礼

2009年6月27日，北京大学李兆基人文学苑奠基典礼

2009年8月12日，医学部学生综合服务大楼举行封顶仪式

2009年12月14日，校医院新址投入运营

燕园景观"鱼衔塔影"

《北京大学年鉴(2010)》编辑委员会

顾　　问：王学珍　吴树青　陈佳洱　王德炳　许智宏　郝　斌
　　　　　王义遒　迟惠生　林钧敬　岳素兰　王效挺　马树孚
　　　　　梁　柱　李安模　林久祥　王丽梅　张国有
主　　任：闵维方　周其凤
副 主 任：吴志攀　林建华　柯　杨　张　彦　杨　河　于鸿君
　　　　　敖英芳　鞠传进　海　闻　刘　伟　李岩松
委　　员：史守旭　张维迎　李晓明　朱　星　马大龙　李　强
　　　　　张宝岭　邓　娅　程　旭　肖东发　缪劲翔　李　鹰
　　　　　夏文斌　肖　渊　雷　虹　衣学磊　姚卫浩　王天兵
　　　　　余　浚　郭丛斌

《北京大学年鉴(2010)》编辑部

主　　编：张国有
副 主 编：缪劲翔　李　鹰　肖　渊　余　浚
学术顾问：肖东发
编　　辑：王天天　王　雪　左　婧　朱滨丹　任一丁　刘凡子
　　　　　刘佳亮　刘语潇　刘　鹏　汤继强　孙启明　李　伟
　　　　　杨柠泽　杨凌春　杨　超　肖　桃　吴　明　张妙妙
　　　　　陈　捷　陈璇雯　邵琳琳　胡少诚　徐聪颖　高慧芳
　　　　　郭俊玲　曹冠英
本卷统稿：孙启明

编 辑 说 明

《北京大学年鉴》是全面、客观、系统记述北京大学发展基本情况的大型专业性工具书,汇辑了北京大学一年内各方面、各层次的重要信息、资料和数据。

《北京大学年鉴(2010)》是北京大学建校以来的第十二本年鉴,反映了北京大学2009年度在教学改革、学科建设、科学研究、社会服务、对外交流等方面的发展进程和最新成就。

本年鉴以文章和条目为基本体裁,以条目为主。全书共分特载、专文、北大概况、基本数据、机构与干部、院系情况、教育教学、科学研究与社会服务、党建与思想政治工作、管理与后勤保障、人物、党发校发文件、表彰与奖励、毕业生名单、大事记、附录等基本栏目。

本年度所收录的各院、系、所、中心等单位的资料基本按照发展概况、教学科研、合作交流、管理服务等条目编写。统计图表附在相关内容之后。

本年鉴所刊内容由各单位确定专人负责提供,并经各单位领导审定。

本年鉴采用双重检索系统。书前有目录,书后有索引。索引采用内容分析主题法,按汉语拼音排序,读者还可以通过书眉检索所需资料。

本年鉴主要收录了各单位2009年1月1日至12月31日期间发生的重大事件,部分内容依据实际情况,在时限上略有延伸。

《北京大学年鉴(2010)》由北京大学党委办公室、校长办公室组织编写,在编写过程中,得到了各有关单位和部门的大力支持,在此谨表示衷心感谢。

《北京大学年鉴》编辑部
2010年12月

目 录

- **特　载** ……………………………… （1）
  - 开展深入学习实践科学发展观活动 ………… （1）

- **专　文** ……………………………… （6）
  - 党委书记闵维方在春季全校干部大会上的
    讲话 ……………………………………… （6）
  - 校长周其凤在春季全校干部大会上的讲话 … （10）
  - 党委书记闵维方在秋季全校干部大会上的
    讲话 ……………………………………… （16）
  - 校长周其凤在秋季全校干部大会上的讲话 …… （20）

- **北大概况** …………………………… （26）

- **2009年学校基本数据** ……………… （31）
  - 附件一　校本部基本数据 ………………… （34）
  - 附件二　医学部基本数据(含附属医院) …… （36）

- **机构与干部** ………………………… （39）
  - 校领导机构组成人员名单 ………………… （39）
  - 学术委员会暨教师职务评审委员会名单 …… （39）
  - 专业技术职务评审委员会名单 …………… （40）
  - 学位评定委员会名单 ……………………… （40）
  - 医学部学位评定委员会名单 ……………… （40）
  - 学部学术委员会名单 ……………………… （40）
  - 第五届教职工代表大会执行委员名单 …… （42）
  - 医学部负责人名单 ………………………… （42）
  - 校机关各部门、工会、团委负责人名单 …… （42）
  - 各院、系、所、中心负责人名单 …………… （44）
  - 直属、附属单位负责人名单 ……………… （47）
  - 各民主党派和归国华侨联合会负责人名单 …… （48）

- **院系情况** …………………………… （49）
  - 数学科学学院 …………………………… （49）
  - 物理学院 ………………………………… （51）
  - 化学与分子工程学院 …………………… （53）
  - 生命科学学院 …………………………… （56）
  - 城市与环境学院 ………………………… （58）
  - 地球与空间科学学院 …………………… （61）
  - 心理学系 ………………………………… （64）
  - 信息科学技术学院 ……………………… （67）
  - 工学院 …………………………………… （70）
  - 计算机科学技术研究所 ………………… （72）
  - 软件与微电子学院 ……………………… （74）
  - 环境科学与工程学院 …………………… （76）
  - 中国语言文学系 ………………………… （79）
  - 历史学系 ………………………………… （80）
  - 考古文博学院 …………………………… （81）
  - 哲学(宗教学)系 ………………………… （83）
  - 外国语学院 ……………………………… （85）
  - 艺术学院 ………………………………… （92）
  - 对外汉语教育学院 ……………………… （94）
  - 国际关系学院 …………………………… （95）
  - 经济学院 ………………………………… （98）
  - 光华管理学院 ………………………… （101）
  - 法学院 ………………………………… （103）
  - 信息管理系 …………………………… （107）
  - 社会学系 ……………………………… （110）
  - 政府管理学院 ………………………… （112）
  - 马克思主义学院 ……………………… （115）
  - 教育学院 ……………………………… （116）
  - 新闻与传播学院 ……………………… （122）
  - 人口研究所 …………………………… （123）
  - 国家发展研究院 ……………………… （126）
  - 体育教研部 …………………………… （128）
  - 基础医学院 …………………………… （132）
  - 药学院 ………………………………… （133）
  - 公共卫生学院 ………………………… （136）
  - 护理学院 ……………………………… （138）
  - 医学人文研究院/医学部公共教学部 …… （141）
  - 第一医院(第一临床医学院) ………… （143）
  - 人民医院(第二临床医学院) ………… （145）
  - 第三医院(第三临床医学院) ………… （148）
  - 口腔医院(口腔医学院) ……………… （149）
  - 肿瘤医院(临床肿瘤学院) …………… （152）
  - 第六医院(精神卫生研究所) ………… （155）
  - 北京大学首钢医院 …………………… （157）
  - 北京大学深圳医院 …………………… （160）

元培学院 …………………………………… (162)
先进技术研究院 …………………………… (164)
中国社会科学调查中心 …………………… (165)
分子医学研究所 …………………………… (165)
科维理天文与天体物理研究所 …………… (166)
北京国际数学研究中心 …………………… (167)

·教育教学与学科建设· (168)

本科生教育教学 …………………………… (168)
教学改革平稳推进 ……………………… (168)
教务管理与服务 ………………………… (169)
质量工程项目和管理 …………………… (169)
教材建设工作 …………………………… (170)
课程评估与评优评奖 …………………… (170)
招生工作 ………………………………… (170)
附录 ……………………………………… (170)

研究生教育 ………………………………… (256)
概况 ……………………………………… (256)
招生工作 ………………………………… (256)
培养工作 ………………………………… (258)
学位工作 ………………………………… (259)
奖助工作 ………………………………… (260)
中国研究生院院长联席会秘书处 ……… (261)
研究生教育工作研讨会 ………………… (261)
全国社会工作硕士专业学位教育指导委员会
　成立 …………………………………… (262)
研究生院促进交流计划 ………………… (262)
信息化建设工作 ………………………… (262)
医学研究生教育 ………………………… (262)

深圳研究生院 ……………………………… (264)
基本概况 ………………………………… (264)
教学工作 ………………………………… (265)
招生工作 ………………………………… (265)
国际化队伍建设 ………………………… (265)
科研工作 ………………………………… (265)
校园文化建设 …………………………… (265)
对外交流工作 …………………………… (265)
基建工作 ………………………………… (266)
重要活动 ………………………………… (266)
附录 ……………………………………… (267)

继续教育 …………………………………… (274)
继续教育概况 …………………………… (274)
品牌项目管理 …………………………… (274)
非学历教育网络管理系统投入使用 …… (274)
非学历教育项目审批 …………………… (274)
非学历教育监管工作 …………………… (275)
函授教育停止招生 ……………………… (275)
学历教育 ………………………………… (275)
自学考试 ………………………………… (275)
成人高等学历教育脱产班 ……………… (275)
夜大学办学 ……………………………… (275)
T.I.P全封闭英语口语培训 ……………… (275)
圆明园校区建设 ………………………… (276)
成人教育学院认真开展深入学习实践科学
　发展观活动 …………………………… (276)
成人教育学院认真做好甲型H1N1流感
　防控工作 ……………………………… (276)
成人教育学院和谐稳定工作 …………… (276)
网络教育学院概况 ……………………… (276)
网络教育学院教学教务管理工作 ……… (276)
网络教育学院升级技术支持系统 ……… (276)
网络教育资源建设情况 ………………… (277)
网络教育非学历教育培训 ……………… (277)
网络教育工作会议 ……………………… (277)
获批全国干部教育培训高校基地 ……… (277)
培训中心举办金融创新论坛 …………… (277)
举办高端培训黄金周 …………………… (277)
住院医师规范化培训工作 ……………… (277)
高层次继续医学教育工作 ……………… (278)
对内继续医学教育工作 ………………… (279)
继续医学教育课题研究工作 …………… (279)
中华医学会医学教育分会继续医学教育学
　组成人医学教育学组工作 …………… (279)

医学网络教育学院 ………………………… (279)
概况 ……………………………………… (279)
医学网络教育学院重要活动 …………… (279)
医学网络教育本、专科学历教育 ……… (279)
网络继续医学教育与培训取得突破性进展
　………………………………………… (280)
医学网络教育技术保障 ………………… (280)
医学网络教育学院内部建设 …………… (280)
医学网络教育学院文化建设 …………… (280)

海外教育 …………………………………… (280)
概况 ……………………………………… (280)
合作项目 ………………………………… (280)
暑期学校 ………………………………… (282)
留学生工作 ……………………………… (282)
港澳台学生工作 ………………………… (283)

·科学研究与社会服务·

理工科与医科科研 ……………… (284)
    概况 ……………………………… (284)
    科研基地建设 …………………… (285)
    科研项目与科研经费 …………… (286)
    科研成果 ………………………… (287)
    北京大学科学技术协会 ………… (288)
    教育部战略研究基地——北京大学科技与
      人才研究中心 ………………… (288)
    北京大学第一届、第二届校企联谊会 …… (288)
    北京大学-清华大学欧盟第七框架计划
      研讨会 ………………………… (288)
    附录 ……………………………… (288)
文科科研 ………………………… (320)
    概况 ……………………………… (320)
    文科科研大事记 ………………… (320)
    基地管理和制度创新 …………… (321)
    项目管理 ………………………… (322)
    基地管理 ………………………… (323)
    机构管理 ………………………… (323)
    成果管理 ………………………… (325)
    人才队伍建设 …………………… (325)
    对外学术交流 …………………… (326)
    人文大楼建设 …………………… (326)
    工作展望 ………………………… (326)
    大事记 …………………………… (326)
    附录 ……………………………… (331)
医院管理 ………………………… (365)
    概况 ……………………………… (365)
    政府服务与医改 ………………… (365)
    中国医院协会大学附属医院分会 …… (365)
    优秀医疗管理工作者表彰 ……… (365)
    支援西部卫生项目工作 ………… (365)
    护理服务管理新模式 …………… (366)
    医疗管理体制新模式 …………… (366)
科技开发 ………………………… (366)
    概况 ……………………………… (366)
    科技成果宣传 …………………… (366)
    与地方科技合作 ………………… (366)
    技术合同管理 …………………… (367)
    经费管理 ………………………… (367)
    环保项目合作 …………………… (367)
    "国家技术转移示范机构"认定 …… (367)
    医学部专利工作 ………………… (368)
    获奖情况 ………………………… (368)
    附录 ……………………………… (368)
国内合作 ………………………… (371)
    概况 ……………………………… (371)
    交流合作 ………………………… (371)
    支援援建 ………………………… (372)
    服务首都 ………………………… (372)
主要区域发展服务机构 ………… (373)
    首都发展研究院 ………………… (373)
    深港产学研基地 ………………… (376)
校办产业管理 …………………… (376)
主要高科技企业 ………………… (378)
    北大方正集团有限公司 ………… (378)
    北大青鸟集团 …………………… (380)
    北大临湖科技发展有限公司 …… (381)
    北大未名生物工程集团有限公司 …… (381)
    北京北大科技园有限公司 ……… (381)
    北京北大先锋科技有限公司 …… (381)
    北大维信生物科技有限公司 …… (381)
    北大英华科技有限公司 ………… (381)
    北大先行科技产业有限公司 …… (382)
    北京北大软件工程发展有限公司 …… (382)
    燕园隶德科技发展公司 ………… (382)
主要教学科研服务机构 ………… (382)
    图书馆 …………………………… (382)
    医学图书馆 ……………………… (389)
    北京大学出版社 ………………… (393)
    医学出版社 ……………………… (394)
    档案馆 …………………………… (398)
    医学部档案馆 …………………… (399)
    校史馆 …………………………… (400)
    体育馆 …………………………… (401)
    北京大学学报(自然科学版) …… (402)
    北京大学学报(哲学社会科学版) …… (403)
    北京大学学报(医学版) ………… (404)
    计算中心 ………………………… (405)
    现代教育技术中心 ……………… (408)
    医学部信息通讯中心 …………… (411)
    医药卫生分析中心 ……………… (411)
    实验动物科学部 ………………… (412)
    北京大学中国药物依赖性研究所 …… (412)
    北京大学生育健康研究所 ……… (413)

·管理与后勤保障·

"985工程"与"211工程"建设 …… (415)
    概况 ……………………………… (415)

"985工程"建设 …………………………… (415)
"十一五""211工程"建设 ………………… (415)
学科建设研讨活动 ……………………… (415)

发展规划工作 ………………………………… (416)
概况 ……………………………………… (416)
《北京大学发展战略》 …………………… (416)
大学章程 ………………………………… (416)
制定"985"三期规划 ……………………… (416)
组织有关中国事业单位改革的咨询报告 … (416)
完善校园规划,满足用房需求 …………… (416)
推动可持续·绿色校园建设 ……………… (417)
促进昌平校区的征地与校园规划 ………… (417)
学科规划、事业规划和校园规划工作 …… (417)
学习实践科学发展观活动 ………………… (418)
党风廉政建设责任制 …………………… (418)

对外交流 ……………………………………… (418)
概况 ……………………………………… (418)
学生国际交流 …………………………… (419)
大型交流活动 …………………………… (419)
外国专家工作 …………………………… (419)
派出工作 ………………………………… (420)
港澳台交流 ……………………………… (420)

人事管理 ……………………………………… (420)
院士 ……………………………………… (421)
千人计划 ………………………………… (421)
长江学者 ………………………………… (421)
百人计划 ………………………………… (421)
离退休工作 ……………………………… (421)
博士后管理工作 ………………………… (421)

财务工作 ……………………………………… (421)
财务收支概况 …………………………… (421)
财务专题分析 …………………………… (422)
财务管理工作 …………………………… (424)

审计工作 ……………………………………… (425)
项目与工作绩效 ………………………… (425)
财政管理审计 …………………………… (425)
建设工程审计 …………………………… (426)
经济责任审计业务 ……………………… (426)
内部审计建设与管理 …………………… (426)

房地产管理 …………………………………… (427)
概况 ……………………………………… (427)
房地产管理 ……………………………… (427)
房改工作 ………………………………… (428)
重点专项工作 …………………………… (428)

肖家河项目建设 ……………………………… (431)
概况 ……………………………………… (431)
妥善解决导航台影响 …………………… (431)
签订征地补偿安置协议 ………………… (431)
第二次规划调整 ………………………… (431)
职工代表参与监督机制 ………………… (432)
设计方案招标 …………………………… (432)
法律顾问遴选 …………………………… (432)
办公室内部建设 ………………………… (432)

实验室与设备管理 …………………………… (432)
概况 ……………………………………… (432)
实验室建设与实验教学改革 …………… (432)
大型科研公共平台建设 ………………… (433)
仪器设备管理 …………………………… (433)
仪器设备采购 …………………………… (434)
实验室安全与环境保护 ………………… (434)
辐射安全与防护 ………………………… (435)
环境保护 ………………………………… (435)
附录 ……………………………………… (435)

昌平校区管理办公室 ………………………… (444)
概况 ……………………………………… (444)
主要工作 ………………………………… (444)

基建工作 ……………………………………… (445)
概况 ……………………………………… (445)
党建工作 ………………………………… (445)
工程管理 ………………………………… (445)
制度建设 ………………………………… (446)
基建投资 ………………………………… (447)

总务工作 ……………………………………… (447)
概况 ……………………………………… (447)
后勤保障服务 …………………………… (447)
年度重点工作顺利完成 ………………… (448)
运行管理办公室 ………………………… (450)
计划管理办公室 ………………………… (451)
财务办公室 ……………………………… (452)
人事办公室 ……………………………… (452)
综合办公室 ……………………………… (453)
节能办公室 ……………………………… (454)
爱卫会办公室 …………………………… (454)

医学部后勤 …………………………………… (455)
深入开展学习实践科学发展观活动 …… (455)
圆满完成各项重大服务保障任务 ……… (455)
基本建设工作稳步推进 ………………… (455)
学生公寓环境逐步改善 ………………… (455)
后勤服务专业化、职业化进程加快 ……… (455)
加强干部队伍建设 ……………………… (456)

深化党风廉政建设 …………………………（457）	中国科学院化学部 …………………………（523）
信息化建设初见成效 …………………………（457）	中国科学院地学部 …………………………（527）
安全稳定工作 …………………………………（457）	中国科学院信息技术科学部 ………………（530）
后勤党委工作 ……………………………………（457）	中国科学院技术科学部 ……………………（532）
主要后勤保障服务机构 …………………………（460）	中国科学院生命科学和医学学部 …………（533）
会议中心 ………………………………………（460）	中国工程院 …………………………………（537）
餐饮中心 ………………………………………（462）	文科资深教授简介 ……………………………（541）
水电中心 ………………………………………（462）	长江学者名录 …………………………………（547）
供暖中心 ………………………………………（463）	教授名录 ………………………………………（551）
校园管理服务中心 ……………………………（464）	2009年逝世人员名单 …………………………（560）
运输中心 ………………………………………（464）	
幼教中心 ………………………………………（464）	**· 2009年北京大学党发、校发文件 ·**
电话室 …………………………………………（465）	……………………………………………………（563）
学生宿舍管理服务中心 ………………………（466）	
特殊用房管理中心 ……………………………（466）	**· 表彰与奖励 ·** …………………………（569）
燕园社区服务中心 ……………………………（468）	2009年度党建与思想政治工作奖励 …………（569）
燕园街道办事处 …………………………………（470）	2009年度教学科研奖励与奖教金 ……………（573）
北京大学医院 ……………………………………（472）	2009年度学生奖励与奖学金 …………………（582）
北京大学附属中学 ………………………………（474）	2009年度工会、共青团系统奖励 ……………（622）
北京大学附属小学 ………………………………（476）	
信息化建设与管理 ………………………………（478）	**· 2009年毕业生名单 ·** ……………（626）
教育基金会与校友会工作 ………………………（479）	本专科毕业生 …………………………………（626）
附录 ……………………………………………（480）	毕(结)业硕士研究生 …………………………（642）
	毕(结)业博士研究生 …………………………（650）
· 党建与思想政治工作 · …………（482）	毕业留学生(研究生) …………………………（653）
组织工作 …………………………………………（482）	
宣传工作 …………………………………………（487）	**· 2009年大事记 ·** …………………（657）
统战工作 …………………………………………（489）	
纪检监察工作 ……………………………………（491）	**· 附　录 ·** …………………………（670）
保卫工作 …………………………………………（496）	2009年授予的名誉博士 ………………………（670）
保密工作 …………………………………………（499）	2009年授予的名誉教授 ………………………（670）
工会与教代会工作 ………………………………（500）	2009年聘请的客座教授 ………………………（670）
学生工作 …………………………………………（503）	2009年媒体有关北京大学主要消息索引 ……（672）
共青团工作 ………………………………………（508）	北京大学2008—2009学年校历 ………………（681）
	北京大学2009—2010学年校历 ………………（683）
· 人　物 · …………………………（516）	
在校院士简介 ……………………………………（516）	**· 索　引 ·** …………………………（685）
中国科学院数学物理学部 ……………………（516）	

图 目 录

图 8-1 北京大学 2009 年理科与医科在研科研项目来源分布 …………………（291）

图 8-2 北京大学理工医到校科研经费增长趋势 ……………………………（292）

图 8-3 北京大学 1999—2009 年 SCI 收录论文情况 …………………………（305）

图 9-1 2009 年北京大学收入构成 …………（422）

图 9-2 2007—2009 年北京大学收入情况比较 ………………………………（422）

图 9-3 2009 年北京大学支出构成 …………（423）

图 9-4 2008、2009 年北京大学支出构成比较 ………………………………（423）

表 目 录

编号	标题	页码
表 6-1	数学科学学院 2009 年获奖情况	(50)
表 6-2	化学学院 2009 年承担主要科研项目	(54)
表 6-3	生命科学学院 2009 年科研项目（包括子课题）统计	(58)
表 6-4	北京大学地球与空间科学学院组织结构	(61)
表 6-5	获批项目及经费分拨一览	(68)
表 6-6	"985 工程"经费分拨一览	(69)
表 6-7	2009 年度外国语学院获北京大学教材建设立项名单	(88)
表 6-8	2009 年外国语学院学生获"校长基金"研究项目名单	(88)
表 6-9A	2009 年外国语学院获国家社科基金年度项目统计	(91)
表 6-9B	2009 年外国语学院获国家社科基金重大招标项目统计	(91)
表 6-9C	2009 年外国语学院获国家艺术单列学科基金项目统计	(91)
表 6-9D	2009 年度教育部哲学社会科学研究后期资助重点项目统计	(91)
表 6-9E	2009 年外国语学院获教育部人文社会科学研究一般项目统计	(91)
表 6-9F	2009 年外国语学院获教育部留学回国人员科研启动基金项目统计	(91)
表 6-9G	2009 年外国语学院国际合作外资项目统计	(91)
表 6-9H	2009 年外国语学院获各级各类横向课题统计	(92)
表 6-9I	2009 年度外国语学院获北京市社科理论著作出版基金统计	(92)
表 6-9J	2009 年度外国语学院获中央统战部华夏英才基金出版资助统计	(92)
表 6-10	科研项目立项情况	(96)
表 6-11	2009 科研成果情况	(97)
表 6-12	体育教研部的中层组织机构	(128)
表 6-13	国家自然科学基金资助项目一览	(135)
表 6-14	科技部"973 项目"	(135)
表 6-15	教育部高校博士学科点专项基金资助项目一览	(135)
表 6-16	北京市自然科学基金资助项目一览	(135)
表 6-17	北京市科技新星 B 类项目	(135)
表 6-18	护理学院 2009 年度主要科研项目一览	(139)
表 6-19	护理学院 2009 年教材编写情况	(140)
表 6-20	北京大学医学人文研究院/医学部公共教学部 2009 年教改立项一览	(141)
表 6-21	北京大学医学人文研究院/医学部公共教学部 2009 年教材建设一览	(142)
表 6-22	医学人文研究院/公共教学部 2009 年主要科研项目一览	(142)
表 6-23	2009 届（2005 级）学生就业去向表	(162)
表 7-1	本科专业目录	(170)
表 7-2	本科课程目录	(173)
表 7-3A	2009 年录取各省（自治区、直辖市、港澳台地区）高考理科第一名学生名单	(254)
表 7-3B	2009 年录取各省（自治区、直辖市、港澳台地区）高考文科第一名学生名单	(255)
表 7-3C	2009 年录取中学生国际奥林匹克竞赛获奖学生	(256)
表 7-4	2006—2010 年北京大学接收推荐免试研究生的数据统计与比较	(257)
表 7-5	2009 年全国优秀博士学位论文	(267)
表 7-6	有权授予博士、硕士学位的学科专业目录	(267)
表 7-7	2009 年在校研究生统计	(273)
表 7-8	2009 年北京大学医学部在校研究生统计	(274)
表 8-1A	国家级重点实验室	(288)
表 8-1B	国家工程研究中心	(289)
表 8-1C	国家工程实验室	(289)
表 8-2A	教育部重点实验室	(289)
表 8-2B	教育部工程研究中心	(289)
表 8-2C	教育部网上合作研究中心	(289)
表 8-3A	卫生部重点实验室	(290)
表 8-3B	卫生部工程技术研究中心	(290)
表 8-4	北京市重点实验室	(290)

表 8-5	中关村开放式实验室 (290)		部重大和重点项目 (301)
表 8-6	广东省、深圳市重点实验室 (290)	表 8-26	北京大学 2009 年与北京市科委新签科技合同 (301)
表 8-7	北京大学 2009 年批准成立的虚体研究中心 (290)	表 8-27	2009 年北京大学青年教师入选北京市科技新星计划名单 (302)
表 8-8	北京大学 2009 年度理工医科在研科研项目数分类统计 (291)	表 8-28	北京大学 2009 年获批的公益性行业专项 (302)
表 8-9	北京大学 2009 年理科与医科科研项目到校经费 (292)	表 8-29	北京大学获 2009 年度国家科学技术奖项目 (302)
表 8-10	北京大学 2001—2009 年全校到校科研经费分类统计 (292)	表 8-30	2009 年度高等学校科学技术奖 (303)
表 8-11	北京大学 2009 年度理工科新批科研项目 (293)	表 8-31	2008 年度北京市科学技术奖 (303)
		表 8-32	2009 年度中华医学科技奖 (304)
表 8-12	北京大学 2009 年医科新增科研项目 (294)	表 8-33	2009 年度 SCI 数据库收录的北京大学为第一作者单位的论文及分布总体情况 (304)
表 8-13	北京大学 2009 年获批国家自然科学基金项目 (295)	表 8-34	2009 年度 SCI 数据库收录的医学部的论文及分布总体情况 (305)
表 8-14	2009 年度北京大学医学部获批国家自然科学基金项目和经费 (296)	表 8-35	北京大学 2009 年专利申请受理、授权情况统计表 (306)
表 8-15	北京大学 2009 年度各单位获国家自然科学基金面上和青年基金项目数和经费数 (297)	表 8-36	北京大学 2009 年度授权专利清单 (306)
表 8-16	北京大学 2009 年度获批的国家自然科学基金重点项目 (297)	表 8-37	北京大学校本部 2009 年主办的理工类国际学术会议和研讨班情况统计(23 项) (315)
表 8-17	北京大学 2009 年度获批的国家自然科学基金重大项目 (298)	表 8-38	北京大学医学部 2009 年主办的医学类国际学术会议和研讨班情况统计 (316)
表 8-18	北京大学 2009 年度获批的国家自然科学基金重大研究计划 (298)	表 8-39	北京大学 2009 年理工医科获得基金委国际(地区)合作研究项目(共 11 项) (317)
表 8-19	北京大学主持的《国家重点基础研究发展规划》项目(共 28 项) (298)	表 8-40	北京大学理工医科 2009 年获得科技部政府间国际合作项目(9 项) (317)
表 8-20	北京大学 2009 年新获批的"国家重点基础研究发展规划"课题(共 25 项) (299)	表 8-41	北京大学理工医科 2009 年获得其他国际(地区)合作项目(45 项) (318)
表 8-21	北京大学主持的重大科学研究计划项目(共 9 项) (299)	表 8-42	2009 年各类纵向项目申报和立项情况 (323)
表 8-22	北京大学 2009 年新获批的重大科学研究计划课题(共 9 项) (300)	表 8-43	2009 年纵向项目评审组织情况 (323)
表 8-23	北京大学 2009 年新获批的"国家高技术研究发展计划"课题(共 25 项) (300)	表 8-44	2009 年各院系文科科研机构数量统计 (324)
表 8-24	北京大学 2009 年度新获准的支撑计划课题(共 6 项) (301)	表 8-45	2008 年文科科研机构参加总结情况 (325)
表 8-25A	北京大学 2009 年理工医科获批"创新团队发展计划"名单 (301)	表 8-46A	2008 年度国家社科基金重大招标项目立项名单 (331)
表 8-25B	北京大学 2009 年理工医科获批"新世纪优秀人才支持计划"名单 (301)	表 8-46B	2009 年度国家社科基金项目立项名单 (332)
表 8-25C	北京大学 2009 年理工医科获批教育	表 8-46C	2009 年度国家社科基金后期资助项目立项名单 (333)

表 8-46D 2009 年度国家社科基金教育学项目立项名单 …… (333)
表 8-47 2009 年度国家社科基金艺术学项目立项名单 …… (333)
表 8-48 2009 年度北京大学人文社会科学重大问题前期研究资助项目名单 …… (333)
表 8-49 北京大学人文社会科学青年教师科研启动基金资助名单(2008—2009) …… (334)
表 8-50 2009 年北京大学教育部一般项目立项名单 …… (335)
表 8-51A 2009 年北京大学教育部专项项目立项名单 …… (337)
表 8-51B 2009 年北京大学教育部重大攻关项目立项名单 …… (337)
表 8-52A 2009 年北京市哲学社会科学"十一五"规划项目 …… (337)
表 8-52B 2009 年度北京市教育科学规划项目立项名单 …… (338)
表 8-53 2009 年度国务院侨务办公室立项课题名单 …… (338)
表 8-54A 2009 年度国家广电总局立项课题名单 …… (338)
表 8-54B 2009 年度国家司法部立项课题名单 …… (338)
表 8-55 2009 年度教育部留学回国人员科研启动基金项目立项名单 …… (338)
表 8-56 北京大学荣获 2009 年教育部"高等学校科学研究优秀成果奖(人文社会科学)"名单 …… (339)
表 8-57 北京大学新世纪优秀人才入选者名单(2004—2008) …… (340)
表 8-58A 2008 年下半年北京市社科理论著作出版基金资助名单 …… (341)
表 8-58B 2009 年上半年北京市社科理论著作出版基金资助名单 …… (342)
表 8-59 2009 年度各类项目、成果、人才评审专家名单 …… (342)
表 8-60 选送 2009 年哲学社会科学教学科研骨干研修班学员名单 …… (342)
表 8-61A 2008 年北京大学人文社科 SSCI、AHCI、SCI 论文奖励院系统计 …… (343)
表 8-61B 2008 年北京大学人文社科 SSCI、A&HCI、SCI 论文奖励作者统计 …… (343)
表 8-62 2008 年人文社科 SSCI、A&HCI、SCI 论文目录 …… (345)

表 8-63 北京大学 2009 年人文社会科学国际学术会议申请名单 …… (357)
表 8-64A 2009 年度教育部人文社科重点研究基地重大项目立项名单 …… (358)
表 8-64B 2009 年度教育部人文社科重点研究基地重大项目结项名单 …… (359)
表 8-65 北京大学人文社会科学研究机构名单 …… (359)
表 8-66 2009 年度北京大学科技开发部签订的进款技术合同统计 …… (368)
表 8-67 2009 年度北京大学科技开发到校经费统计 …… (368)
表 8-68 2009 年科技开发部签订的 100 万元以上技术合同 …… (369)
表 8-69 2009 年医学部专利申请及授权情况统计 …… (370)
表 8-70 2009 年推广科技项目目录 …… (370)
表 8-71A 2009 年度总馆书刊采访工作统计 …… (383)
表 8-71B 2009 年总馆电子资源订阅情况统计 …… (383)
表 8-72 2005—2009 年总馆读者服务总体情况统计 …… (384)
表 8-73 2007—2009 年总馆主页访问情况 …… (385)
表 8-74 2007—2009 总馆多媒体服务情况 …… (385)
表 8-75 2009 年图书馆新增科研项目一览 …… (387)
表 8-76 2009 年图书馆各级页面访问量统计 …… (390)
表 8-77 2009 年完成用户信息素质教育项目情况 …… (391)
表 8-78 书刊采购统计 …… (391)
表 8-79 医学图书馆服务器一览 …… (392)
表 8-80 2009 年度北京大学医学部科学出版基金项目评审结果 …… (397)
表 8-81 《北京大学学报(自然科学版)》2008 年刊载论文被国际检索机构收录情况 …… (403)
表 8-82 《北京大学学报(自然科学版)》文献计量指标 …… (403)
表 8-83 现代教育技术中心 2009 年录制的课程 …… (410)
表 8-84 现代教育技术中心申报示范课程情况 …… (410)
表 9-1 2009 年审计项目情况 …… (427)

表 9-2	2009 年北京大学土地基本情况汇总 ……（429）	表 9-10	2005—2009 年北京大学参加北京科学仪器协作共用网情况表 ……（440）
表 9-3	2009 年北京大学房屋基本情况汇总 ……（430）	表 9-11	1998—2009 年北京大学大型仪器设备测试服务收入统计 ……（440）
表 9-4	2009 年北京大学教职工住宅现状情况 ……（430）	表 9-12	2009 年北京大学大型仪器设备购置论证统计 ……（441）
表 9-5A	2009 年北京大学成套家属房汇总统计 ……（430）	表 9-13	2009 年北京大学接受境外赠送科教用品一览 ……（444）
表 9-5B	2009 年北京大学非成套家属房汇总统计 ……（431）	表 9-14	2009 年主要工程项目列表 ……（451）
表 9-6	2009 年北京大学实验室基本情况一览（校本部）……（435）	表 9-15	14 项专项修购工程项目一览 ……（456）
表 9-7	2009 年新增 40 万元以上大型仪器设备一览 ……（436）	表 9-16	20 项其他建设项目一览 ……（456）
表 9-8	北京大学大型仪器设备开放测试基金使用情况 ……（437）	表 9-17	2009 年社会捐赠奖学金、助学金、奖教金、研究资助概览 ……（480）
表 9-9	第十八期大型仪器设备开放测试基金开放仪器一览 ……（437）	表 9-18	2009 年奖教金获奖情况统计 ……（481）
		表 9-19	2009 年年底校本部民主党派组织机构状况 ……（491）
		表 9-20	2009 年年底医学部民主党派组织机构状况 ……（491）

·特　载·

开展深入学习实践科学发展观活动

2009年,在党中央、国务院和教育部的部署和安排下,学校认真开展了深入学习实践科学发展观活动,取得了良好的效果。

活动基本情况

3月3日下午,党委召开党政联席会,认真传达中央、教育部党组关于深入学习实践科学发展观活动的重要讲话精神,专题研究部署了北大学习实践科学发展观活动的组织机构、实施方案等重要工作,标志着北大深入学习实践科学发展观活动正式启动。

3月13日,举行深入学习实践科学发展观活动动员大会。党委书记、深入学习实践科学发展观活动领导小组组长闵维方作了题为《服务国家战略 坚持科学发展 加快推进创建世界一流大学步伐》的动员报告。

3月14日上午,教育部党组书记、部长、部属高校深入学习实践科学发展观活动领导小组组长周济来到北京大学,在办公楼礼堂为北大师生做了题为"深入贯彻落实科学发展观 加快推进创建世界一流大学步伐"的专题报告。

学习实践活动正式启动后,学校及时组织党员同志认真学习领会中央精神,邀请上级领导和校内外专家学者举办专题辅导报告50余场,扎实推进科学发展观进课堂、进教材、进师生头脑,并通过举办"五四运动与民族复兴"大型研讨会等多种形式开展了学习教育活动。

学校领导班子紧密结合实践载体,深入基层开展调研,召开了50多个调研、访谈座谈会,广泛听取基层和师生的意见,深入查找学校在科学发展上存在的突出问题和原因,在调研的基础上,领导班子成员撰写了20多万字的调研报告。围绕"是不是科学发展,要不要科学发展,怎样科学发展"等重大问题,分别组织了学校领导班子、教师代表和学生代表解放思想讨论座谈会。各基层党委也结合实际,组织本单位的解放思想讨论活动。

8月28日下午,在英杰交流中心召开深入学习实践科学发展观活动总结大会。党委书记、学校学习实践活动领导小组组长闵维方代表学校党委就北京大学开展深入学习实践科学发展观活动作了总结报告。他全面总结了学习实践活动取得的主要成效:一是广大党员特别是各级领导干部普遍接受了一次马克思主义中国化最新成果的深刻教育,对贯彻落实科学发展观形成了基本共识;二是进一步明确了学校科学发展的总体思路,解决了若干影响和制约学校科学发展的突出问题;三是集中力量解决一些关系师生员工切身利益的实际问题;四是进一步推动了学校领导班子的自身建设,增强了领导班子谋划科学发展的能力。闵维方指出,在为期半年的学习实践活动中,北大党委坚持边学习、边思考,边实践、边总结,边整改、边提高,形成了六项主要经验体会:一是必须始终坚持解放思想;二是必须始终坚持理论学习;三是必须始终坚持突出实践特色;四是必须始终坚持领导的示范表率;五是必须始终坚持走群众路线;六是必须始终坚持加强和改进党的建设。

截至2009年8月,全校共有22921名党员、1029个党支部参加了学习实践活动,学习调研、分析检查、整改落实三个阶段六个环节的主要任务已基本完成,取得了阶段性成果。在群众满意度测评中,与会的313位同志对全校学习实践活动表示满意和比较满意的占99.68%,其中,表示满意的有262人,占84.52%,比较满意的有47人,占15.16%。

习近平视察指导北大学习实践科学发展观活动

5月6日上午,中共中央政治局常委、中央书记处书记、国家副主席习近平同志来到北京大学,亲切看望广大师生员工,视察指导学校深入学习实践科学发展观活动。中央学习实践活动领导小组成员兼办公室主任、中央党史研究室主任、中组部副部长欧阳淞,部属高校学习实践活动领导小组组长、教育部部长周济,部属高校学习实践活动领导小组副组长、中组部副部长李建华,中央学习实践活动领导小组成员、中央政策研究室副主任何毅亭等领导陪同视察。

上午8点55分,习近平同志首先来到北大校史馆参观,着重浏览了五四运动、新文化运动时期和北大作为中国共产党早期活动基地的有关史料。在参观北京大学建设世界一流大学成果展时，习近平同志对北京大学在国家"211工程"、"985工程"的支持下，围绕创建世界一流大学的中心工作，在学科建设、人才培养、科学研究和服务社会等方面所取得的突出成绩给予了高度肯定。

在微处理器研发中心，习近平同志认真听取了中心主任程旭教授的工作汇报，详细了解该中心的科研进展情况以及实验室建立学生党支部的做法，对该中心面向世界科技前沿、推动民族产业发展、坚持走自主创新道路表示高度赞赏。

在生命科学学院，习近平同志走进王世强教授和瞿礼嘉教授的实验室，和师生进行交流，了解北大生命科学、医学科研的进展情况。近年来，生命科学学院坚持走科学发展道路，引进了饶毅等一批在世界学术界具有一定影响力的优秀人才，为促进学院各项事业改革创新奠定了坚实基础。习近平同志与该院近年来引进的优秀人才一一握手，希望他们取得更大的成绩。

调研结束后，习近平同志在北大英杰交流中心召开了师生代表座谈会。部属高校学习实践活动第一指导检查组组长张浚生、副组长张永生、徐长发，学校党政领导班子全体成员、北京大学深入学习实践科学发展观活动领导小组全体成员、部分院系和职能部门负责人代表以及师生代表参加了座谈会。座谈会由习近平同志主持。

党委书记闵维方首先简要汇报了北京大学按照中央的部署，在部属高校学习实践活动领导小组的领导下，紧密结合实际，努力突出实践特色，创造性地开展学习实践活动的基本做法和主要体会：一是狠抓理论学习，深入解放思想，在学习实践活动中凝聚人心、达成共识；二是深入开展调研，广泛征求意见，在学习实践活动中查找问题、破解难题；三是结合办学实际，突出北大特色，在学习实践活动中努力做到两不误、两促进。闵维方表示，北大党委将按照中央和部属高校学习实践活动领导小组的要求，在学习实践活动的第二阶段认真开好领导班子专题民主生活会，形成高质量的领导班子分析检查报告，切实把科学发展观的要求转化为正确的办学理念、发展思路和改革措施，扎扎实实地推进创建世界一流大学各项工作，更好地服务国家战略，服务国家重大需求，向中央和全国人民交上一份满意的答卷。

习近平同志发表了重要讲话。他对北京大学在人才培养、科学研究和社会服务等各方面取得的成绩给予了充分肯定。他指出，北大是我国近代建立的第一所综合性大学，是我国新文化运动的中心、五四运动的策源地，也是我国最早传播马克思主义和民主科学思想的发祥地。一个多世纪以来，北大始终与民族共命运，与时代同步伐，形成了"爱国、进步、民主、科学"的光荣传统、"勤奋、严谨、求实、创新"的优良学风、"追求真理、追求卓越、培养人才、繁荣学术、服务人民、造福社会"的办学理念，为推动国家发展、社会进步、民族振兴作出了杰出贡献。改革开放以来，特别是党的十六大以来，北京大学按照面向现代化、面向世界、面向未来的要求，坚持社会主义办学方向，全面推进创建世界一流大学工作，办学综合实力和国际影响力显著提升。目前，北京大学正站在新的历史起点上，向世界一流大学的目标迈进。

习近平同志指出，深入学习实践科学发展观活动开展以来，在部属高校学习实践活动领导小组的直接领导和指导下，北京大学紧紧围绕"培养什么人、怎样培养人"和"办什么样的大学、怎样办好大学"这两个根本性问题，密切联系改革发展稳定的实际，精心组织、扎实推进、进展顺利、特色明显，取得了显著成效。一是在实践载体上注重突出北大特色。他强调，在此次学习实践活动中，北大紧紧围绕人才培养这个根本任务，牢牢把握科学发展上水平这个核心，将学习实践活动与创建世界一流大学的发展目标、发展阶段紧密结合，把实践载体确定为"服务国家战略、坚持科学发展，加快推进创建世界一流大学步伐"。这个实践载体符合中央要求，体现了北大特色，得到了广大师生员工的高度认同。二是坚持开门询计问策。他强调，在此次学习实践活动中，北大在抓好理论学习的基础上，紧紧围绕科学发展的主题，确立专项调研题目和调研提纲，由学校领导班子成员领题带队，深入到师生员工中去，深入到教学科研第一线，初步查找了一批影响和制约北大科学发展的突出问题，形成了一批有内容有见解的调研报告。学校广泛征求师生员工的意见和建议，使调研活动做到了反映民意，集中民智，凝聚民心。三是下工夫做好学习实践活动与当前工作的结合。他强调，学习实践活动不能与当前的形势、当前的工作两张皮，要相得益彰，互相促进。北大坚持把开展学习实践活动与做好当前各项工作统筹安排，特别是注重把学习实践活动与认真落实中央提出的"保增长、保民生、保稳定"等一系列决策部署相结合，与促进大学生就业相结合，与保持校园的和谐稳定相结合，通过学习实践活动推动了当前工作，在推动当前工作中深化了学习实践活动。他还对北大的毕业生就业指导工作给予了充分肯定。

习近平同志指出，北大的学习实践活动已经转入了分析检查阶段，希望北京大学继续以高度的政治责任感、良好的精神状态、扎实的工作作风，认真抓好分析检查阶段的工作，特别是要开好领导班子民主生活会和写出有分量、有效、管用的分析检查报告。

习近平同志最后强调，去年5月3日，在北大建校110周年之际，胡锦涛总书记视察北大并发表重要讲话,对北大师生提出了四点希望,对北大的发展提出了新的要求。特别是四天前,胡锦涛总书记又来到中国农业大学,与师生座谈并发表重要讲话。胡锦涛总书记在讲话中对五四运动以来青年和青年学生在我国革命、建设和改革开放各个历史时期发挥的作用和做出的贡献给予了充分肯定,对当代青年提出了殷切希望,要求各级党委政府要从党和国家事业薪火相传、后继有人的战略高度,对青年和青年学生高度重视、充分信任、热情关怀、严格要求,更好地发挥他们的积极作用,努力培养造就中国特色社会主义事业合格建设者和接班人;要求学校和教师把教书和育人结合起来,帮助青年学生德智体美全面发展。习近平同志希望北大把深入贯彻落实胡锦涛总书记重要讲话精神作为学习实践活动的重要内容,把分析检查阶段和整改落实阶段的工作抓得更实在、更有成效,真正把学习实践活动作为推动北大科学发展的强大动力,以更加广阔的视野、更加开放的姿态、更加执著的努力,加快推进创建世界一流大学步伐,谱写北京大学光辉历史的新篇章,以优异的成绩迎接新中国成立60周年。

刘延东视察北京大学

3月26日下午,中共中央政治局委员、国务委员刘延东到北京大学视察指导工作。教育部部长周济、副部长陈希、国务院副秘书长项兆伦、科技部副部长张来武、财政部副部长张少春、国务院研究室副主任江小涓、国务院办公厅三局局长张崇和等领导陪同视察。

刘延东国务委员首先视察了化学与分子工程学院、微处理器研究开发中心、国家发展研究院和国际关系学院,参观了王选院士纪念馆,亲切看望了徐光宪院士、王选院士夫人、孟二冬教授家属和部分师生、科研人员。视察过程中,刘延东国务委员就加强基础研究与应用研究相结合、构建科研大平台、培养一流学术团队、面向国家重大需求推进科技自主创新、继承和发扬王选精神、加强产学研用一体化建设、发展民生科技、人文社会科学服务国家经济社会发展等做出了重要指示。

在北大英杰交流中心阳光大厅,刘延东国务委员听取了学校工作汇报。周其凤校长简要汇报了北京大学改革发展的基本思路和总体情况,并就学校的发展建设提出了建议。

刘延东国务委员在座谈会上发表重要讲话。她高度评价了北京大学走过的光荣历程,充分肯定了北大创建世界一流大学所取得的成绩,深刻分析了以北大为代表的高水平大学在创新型国家和人力资源强国建设过程中的重要作用。她希望北京大学按照中央的要求,牢记使命,不负重托,真正将创建世界一流大学作为实现国家现代化和民族复兴的组成部分,使学校发展深深融入民族的凝聚力、创造力和国家发展的不竭动力之中。

刘延东国务委员指出,创建世界一流大学必须科学把握四种关系:一是世界一流与中国特色的关系;二是教学与科研的关系;三是传承与创新的关系;四是改革、发展与稳定的关系。刘延东国务委员向北大师生提出了四点要求:一是要围绕立德树人,大力培养高素质创新人才;二是要服务国家战略,为推动经济社会又好又快发展贡献力量;三是要加强自主创新,积极促进创新型国家建设;四是要围绕改革创新,不断增强学校发展的生机与活力。

刘延东还就北大开展深入学习实践科学发展观活动提出了殷切期望,要求北大突出实践特色、北大特色,创造性地开展学习实践活动。

闵维方书记在主持座谈会时指出,刘延东国务委员的讲话为北大进一步服务国家战略、坚持科学发展、加快创建世界一流大学指明了方向。我们一定要认真学习、深刻领会,切实将讲话精神贯彻落实到我校深入学习实践科学观活动和建设世界一流大学的各项工作当中。

刘延东给北京大学5位辅导员的回信

2009年,北大学生工作辅导员被五年来北大学生思想政治教育工作的成就所激励、被北大学生日益进步的精神风貌所感染,进而萌发了给刘延东国务委员写信,汇报工作感受,介绍北大学生工作概况,并请求题写展标的想法。12月,刘延东同志通过教育部转来回信,深情回忆了自己40多年前担任政治辅导员的难忘岁月,高度评价了辅导员这一看似平凡的岗位所肩负的崇高使命和体现出的高尚追求,对广大高校辅导员提出了三点殷切期望:一是进一步坚定信念,满怀激情,充满爱心,在培养合格建设者和优秀接班人的事业中彰显人生价值;二是进一步提高思想政治素质,自觉坚持社会主义核心价值体系,不断加强师德修养,以坚定的理想信念和高尚的人格魅力感染、教育学生,引领学生成长成才;三是进一步加强业务学习,掌握思想政治教育理论与方法,优化知识结构,总结实践经验,不断提高工作的科学化水平。刘延东同志在回信最后热情勉励广大辅导员"再接再厉,在立德树人、培育英才的岗位上作出更大成绩,发挥更大的作用!"

引路青春 助航成长——北大学生思想政治教育工作回顾展(2004—2009)

为纪念中央16号文件颁行五周年,系统展示五年来北大学生思想政治教育工作的发展历程与工作成绩,北京大学从2009年6月起开始酝酿举办以"引路青春·助航成长"为主题的工作回顾展。12月17日上午,回顾展(2004—2009)开幕式在北大图书馆隆重举行。教育部副部长李卫红、教育部思政司司长杨振斌、北京市委教育工委副书记王民忠、北京各高校主管学生工作的校领导、北大党委书记闵维方、副书记张彦等领导和嘉宾出席开幕式。开幕式由张彦副书记主持。

李卫红副部长在开幕式上发表重要讲话,转达了刘延东同志对于展览成功举办的热烈祝贺,要求全国高校迅速掀起学习贯彻刘延东同志回信精神的热潮,进一步推进高校辅导员队伍建设,推动大学生思想政治教育工作的持续深入开展。李卫红部长希望广大辅导员切实按照刘延东同志回信中提出的三点希望和要求,以高度的政治责任感和历史使命感投入工作,要进一步坚定理想信念,将辅导员工作当做一份彰显人生价值的事业去追求和奉献;要进一步提高思想政治素质,以坚定的理想信念和崇高的人格魅力感染、教育学生,引领学生成长成才;要进一步加强业务学习,努力优化知识结构,及时总结实践经验,提高大学生思想政治教育的科学化水平。

闵维方书记在开幕式上致辞,回顾了五年来北大以中央16号文件为指导,以科学发展观统领工作全局,以"四个转型"为战略目标,以促进学生"文明生活、健康成才"为工作主线,在构建现代化学生工作体系方面所取得的丰硕成果。闵维方书记要求全校学生工作干部牢记使命、发扬传统,以更加昂扬的姿态、更加执著的努力,投入到培养中国特色社会主义合格建设者和可靠接班人的崇高事业中,创造新的业绩,作出更大贡献。

辅导员代表、元培学院沙丽曼老师代表北大全体辅导员表示,一定牢记刘延东同志的谆谆教诲,不辱使命、不负重托,为党和国家培养更多的合格建设者和可靠接班人。

李卫红副部长和闵维方书记共同为展览揭幕,并与全体与会领导、嘉宾、师生代表一起参观了展览。李卫红副部长希望在京高校主管学生工作的学校领导、学生工作部门负责人以及辅导员代表都来观看这个展览,以此为契机,进一步加强工作交流,分享工作经验,共促工作发展。

12月17日下午,北京大学还组织召开了全校辅导员学习贯彻刘延东同志回信精神专题座谈会。

附录:

刘延东给北京大学5位辅导员的回信

王锦贵、曲振卿、董晓华、沙丽曼、杨俊峰老师:

你们好!并向北京大学全体辅导员转达我诚挚的问候!

你们的来信使我又回忆起40多年前在清华任政治辅导员的难忘岁月。这一看似平凡的岗位肩负着崇高的使命,体现着广大辅导员育人为本、无私奉献的价值追求。你们为纪念中央16号文件印发实施5周年,筹划以"引路青春、护航成长"为主题的北大学生思想政治教育工作回顾展,很有意义,谨此表示热烈祝贺!

加强和改进大学生思想政治教育,是党中央作出的一项具有深远意义的重大决策。5年来,各地区、各部门、各高校高度重视,认真贯彻落实中央决策部署,积极制定政策措施,不断创新工作内容与形式,大学生思想政治教育在改进中加强,呈现出良好的发展态势。高校辅导员作为大学生思想政治教育的骨干力量为此作出了重要贡献。

当前,我们国家已站在一个新的历史起点上,社会主义现代化建设和实现中华民族伟大复兴,迫切需要培养更多品学兼优、德才兼备的高素质人才。希望广大辅导员进一步坚定信念,满怀激情,充满爱心,在培养合格建设者和优秀接班人的事业中彰显人生价值;进一步提高思想政治素质,自觉坚持社会主义核心价值体系,不断加强师德修养,以坚定的理想信念和高尚的人格魅力感染、教育学生,引领学生成长成才;进一步加强业务学习,掌握思想政治教育理论与方法,优化知识结构,总结实践经验,不断提高工作的科学化水平。

最后,祝愿广大辅导员再接再厉,在立德树人、培育英才的岗位上作出更大成绩,发挥更大的作用!

刘延东
二〇〇九年十二月

举行纪念五四运动90周年暨庆祝建校111周年大会

5月4日下午2点,纪念五四运动90周年暨庆祝建校111周年大会在百周年纪念讲堂召开。教育部副部长李卫红,北京市委常委、教育工委书记赵凤桐,市委教育工委常务副书记刘建和北京大学校领导班子成员、学校部分老领导、校党委委员、纪委委员、机关职能部门和直属附属单位负责人、部分教代会代表、民主党派负责人以及师生代表2000余人参加了大会。大会由北京大学校长周其凤主持。

北京大学党委书记闵维方在讲话中首先传达了胡锦涛总书记在视察农业大学的讲话精神和中央会议精神,并围绕弘扬五四传统、坚持科学发展、加快创建世界一流大学的主题进行论述。他强调,要结合胡锦涛总书记重要讲话精神,进一步提高创建世界一流大学的自觉性和责任感,让五四爱国主义精神在新的时代条件下不断发扬光大;要坚持党的教育方针,坚持以科学发展观为指导,坚持服务国家战略的发展方向;青年学生们要在党的领导下,把爱国主义作为始终高扬的光辉旗帜,把勤奋学习作为人生进步的重要阶梯,把深入实践作为成长成才的必由之路,把奉献社会作为不懈追求的优良品德，努力成为理想远大、信念坚定的新一代，成为品德高尚、意志顽强的新一代，成为视野开阔、知识丰富的新一代，成为开拓进取、艰苦创业的新一代。

教育部副部长李卫红在讲话中积极肯定了五四运动在我国近现代历史上的划时代意义。她指出，当前，全党全社会对人才的渴求，尤其是对高素质人才的需求，比以往任何时候都要迫切，为此，北京大学要肩负其时代重任，带着对民族和历史的深厚使命感和责任感，以更加广阔的视野、更加开放的姿态、更加执著的努力投入到各项工作中，努力探索出一条在中国创建世界一流大学的新路和好路，在新时期为中华民族伟大复兴作出新的更大的贡献。

北京市委常委、教育工委书记赵凤桐在讲话中肯定了五四运动的历史和现实意义，他强调，五四爱国主义精神不仅是北大师生的宝贵精神财富，也是所有北京高校和北京市全体人民共同的精神财富。他希望青年学子在新的时代条件下，铭记五四光荣历史传统，发扬五四爱国主义精神，在中国特色社会主义伟大事业中谱写更加壮美的青春篇章。

教师代表、北京大学历史学系教授阎步克从学理的角度分析，五四运动中自由研讨的精神渗透到广大师生中，并被继承、演变成为变革时代自由开拓的精神，成为社会进步的推动力。他期待北大继续将五四精神发扬光大，让新文化、新学术之光生生不息、常新常明。

教师代表、北大第六医院刘靖副教授在发言中表示，将以爱国、爱岗、敬业的精神投入到本职工作中，力争取得更大的成绩。学生代表、校研究生会主席韩松在发言中也表达了立志成才、报效祖国和人民，成为中国特色社会主义的合格接班人和建设者的决心。

专 文

党委书记闵维方在春季全校干部大会上的讲话

(2009年2月20日)

（一）主持词

同志们：

与往年相比，今年寒假放得比较晚，春节后的时间比较长，因此学校假期的工作也更加繁忙。安全保卫部门、后勤系统、学工系统、宣传部门等单位及各院系的领导和老师克服困难，按照上级的有关要求，精心组织，周密部署，在保持传统优势和特色的基础上，进一步加大工作力度，切实安排好学校寒假期间的安全保卫、后勤保障和留校学生的学习、生活与节庆活动，确保了学校的正常运转。在此，我谨代表学校党委和行政向所有在寒假和春节期间坚守岗位、辛勤工作的同志表示亲切的慰问和衷心的感谢！并祝大家在新的一年里工作顺利，身体健康，阖家幸福！

在春节前召开的学校寒假战略研讨会上，学校领导班子根据胡锦涛总书记在中纪委十七届三次全会上的重要讲话精神，全国高校第十七次党建工作会议、教育部维护高校安全稳定工作会议等相关上级会议的主要精神，并结合我校工作实际，着重从学科建设、人才队伍建设、学术竞争力、管理体制改革以及党建和思想政治工作等方面，集中精力研讨了如何用科学发展观引领北大未来发展的重大问题，并对本学期的主要工作进行了规划和部署。

教育部党组要求学校党委和行政班子每年年终要在一定范围内进行述职。为减少会议频率，提高会议效率，我校将年终述职会和春季干部大会合并召开，由我和周校长分别代表党委和行政班子报告工作。因时间有限，学校已经先后对奥运会等专项工作召开了总结大会，在上学期末召开的学校工会教代会年会上，也对去年一年的工作进行了总结汇报，今天其他分管学校领导就不再一一报告工作，由我和周校长分别代表党委班子和行政班子报告2008年的工作，同时部署2009年的工作。下面先请周校长代表行政班子简要报告2008年工作，并安排布置本学期的行政工作。

（二）2008年党委工作述职和本学期工作部署

同志们：

刚才，周校长代表行政班子全面回顾了我校2008年的行政工作。我们看到，2008年我们虽然遇到了前所未有的困难和挑战，但全体北大人团结一心、迎难而上，抓住110周年校庆和"985工程"实施十周年的契机，在教学科研、人才培养、队伍建设、基础设施建设、奥运组织与服务、对外合作和社会服务等方面都取得了可喜的成绩。在此，我代表学校党委和行政，向全体一线教学科研人员、管理服务人员、各级党组织、各民主党派组织和无党派人士、工会教代会和共青团组织，致以崇高的敬意和诚挚的感谢！

周校长在刚才的讲话中围绕我校创建世界一流大学的核心目标，对本学期的行政工作进行了周密部署。请同志们认真学习和领会，并结合本单位实际，尽快制定好本学期的工作计划，明确目标、任务和职责，把周校长对各项行政工作的安排落到实处。

2008年对于整个国家和我们北京大学而言都是极不平凡的一年。我们国家先后经历了百年不遇的风雪冰冻灾害、西藏3·14打砸抢烧事件、5·12汶川特大地震灾害，以及席卷全球的金融危机。这些都对学校的工作提出了严峻的挑战。面对新形势，学校党委按照党中央、教育部党组和北京市委的部署，深入学习和实践科学发展观，紧密围绕学校改革发展稳定的大局，在党的各项工作中都取得了新的进展和成就：

一是深入贯彻落实党的十七大精神，进一步加强党的思想理论建设和宣传工作。去年，学校党委通过学校和院系的理论中心组学习、各类形式的报告会和理论研讨会，组织全校师生员工学习、宣传、贯彻党的十七大精神，全校党员干部和师生员工更加深刻地领会了科学发展观的科学内涵和精神实质，更加坚定不移地高举中国特色社会主义伟大旗帜，更加自觉地把科学发展观贯彻落实到创建世界一流大学的各项工作当中。去年4月份举行的宣传思想工作会议全面总结了我校宣传思想工作的基本经验,制定了《关于进一步加强和改进宣传思想工作的意见》,确定了"高举旗帜、围绕大局,内聚人心、外塑形象,促进发展、服务师生"的工作方针。学校党委紧紧围绕党中央的一系列指示精神和学校工作大局,积极应对四川汶川特大地震等一系列重大自然灾害及突发事件,切实抓好迎接110周年校庆、服务北京奥运会和残奥会、纪念改革开放30周年等重点工作,集中力量开展理论学习和宣传教育活动,为促进学校改革发展稳定提供了强大的精神动力、思想保证和舆论支持。

二是深入推进基层党建创新,进一步加强基层干部队伍建设。2008年,学校党委围绕创建世界一流大学中心任务,以"抓基础、抓基层"为主线,以推进基层党建创新、完成到届院系党政领导班子换届为重点,以"讲党性、重品行、作表率"活动为契机,以改革创新的精神加强干部队伍和党员队伍建设。通过报告会、座谈会、民主生活会等形式,组织全校各级党组织,特别是广大党员干部认真学习党的十七大和十七届三中全会精神,全面贯彻落实科学发展观。通过加大对基层党组织的政策指导和工作经费支持力度,不断推进基层党建工作创新工作形式,进一步激发了基层党组织的积极性和创造性。在参加抗震救灾和服务奥运等重大任务的过程中,基层党组织充分发挥政治核心和战斗堡垒作用,圆满完成了党和国家交给北大的任务,充分展现了北大共产党人的精神风貌。在基层领导班子建设方面,学校党委对26个基层党委和行政班子进行了整体换届,对22个基层党委和行政班子进行了干部调整充实,又一批年富力强的新同志走上了中层领导干部岗位,为我校的管理干部队伍注入了新的活力。上学期末,学校党委根据上级的要求,安排部署了院系领导班子召开以科学发展观为主题的民主生活会,由学校党委组织部、纪委和党委办公室组成的工作小组分别下到各个单位听会。从民主生活会总的情况来看,我们看到,基层领导班子的思想政治建设得到了进一步加强,很多院系的领导班子能够自觉地用科学发展观来指导实际工作,政治意识、大局意识、责任意识、忧患意识进一步增强,我校干部队伍的整体素质进一步提高。

三是进一步加强统筹协调,凝聚人心,汇聚力量,扎实推进社会主义和谐校园建设。安全保卫系统以迎接奥运会为契机,全面整合我校维护校园安全稳定的工作力量,对校园环境进行全面综合整治,妥善处理各类突发事件,确保"平安奥运、平安校园"目标的实现。统战系统继承和发扬北大统战工作的优良传统,认真组织协调民主党派和无党派人士投身迎奥运和抗震救灾工作。工会、教代会系统充分发挥党联系广大教职工的桥梁纽带作用,配合学校进一步完善校务公开工作,通过座谈和校情沟通会等多种形式,切实维护全体教职工的根本利益。学生工作系统和共青团组织结合时代形势需要,紧扣学校中心工作,落实学生工作转型思路,抓住奥运工作契机,不断深化"文明生活、健康成才"的主题教育系列活动,组织学生参与奥运、奉献奥运,在奉献中感悟奥运精神,把社会主义荣辱观教育、爱国主义教育、民族精神教育、爱校荣校教育与奥运工作紧密结合,把学生思想政治工作落到了实处,取得了丰硕的工作成果,为促进校园的和谐稳定做出了重要贡献。

四是进一步加强廉洁教育,着力加强党风廉政建设。2008年,学校党委认真贯彻落实党的十七大和中纪委十七届二次全会精神,按照中央提出的"改革创新、惩防并举、统筹推进、重在建设"的基本要求,紧紧围绕学校中心工作,健全完善惩治和预防腐败体系。深入开展党风廉政教育,重点抓好领导干部的廉政教育,采用多种形式、多种载体对党员干部进行反腐倡廉主题教育,构筑拒腐防变的思想道德防线。上学期末,为深入开展纠风工作,加强对全校各单位落实党风廉政建设责任制情况的监督检查,学校纪委、组织部、党办校办、工会等部门联合组成工作小组,由校纪委委员带队,到有关部门和院系调研和检查,从反映出来的情况来看,各单位主要领导对党风廉政建设高度重视,能够严格落实学校关于财务管理、招投标、招生考试等方面的管理制度。虽然在具体工作环节上,个别单位也发现一些工作漏洞,但同志们都能够积极地探索改进工作的方法,进一步完善相关制度和措施。这种调研检查的方式得到了各单位的欢迎和肯定,今后要继续坚持,形成加强党风廉政建设的有效工作机制。

以上简要报告了党委2008年的重点工作。因为时间关系,党委的常规工作在此就不再一一赘述了。下面,我重点谈一下2009年学校党委的主要工作。

第一,扎扎实实抓好深入学习实践科学发展观活动,推动创建世界一流大学事业又好又快发展。按照中央的统一部署,我们作为第二批学习实践科学发展观的单位,将于今年3月到8月开展深入学习实践科学发展观活动。这是今年我校党委工作的重点。我们要充分认识开展学习实践活动对于我校创建世界一流大学事业的重大意义,进一步增强贯彻落实科学发展观的自觉性和坚定性。要深刻理解科学发展观对高等教育的发展提出的要求,紧紧围绕建设人力资源强国和创新型国家的根本任务,紧密联系创建世界一流大学的使命和目标,切实以科学发展观指导我们的发展思路和改革措施,真正把科学发展观贯彻落实到学校全部工作中,科学把握办学规律,妥善处理学校改革发展中的重大关系,努力提高办学质量。学校党委要求各级党政领导班子要高度重视学习实践活动,要通过学习实践活动使得党员干部受教育、科学发展上水平、师生员工得实惠。中央将于本月底启动第二批学习实践科学发展观活动,具体工作方案布置到学校后,我们将召开专门会议进行具体部署和安排。

第二,结合学习实践科学发展观活动,坚持不懈地做好抓基层、打基础的工作,进一步加强党的组织建设。广大党员和基层党组织,特别是基层党支部,是学校党的全部工作和战斗力的基础,担负着凝聚、组织、教育师生员工,把党的路线方针政策和学校决策转化为学科建设和人才培养等日常办学实践的重要责任。学校各级党组织要以深入学习实践科学发展观活动为契机,紧紧围绕本单位改革发展稳定的实际,以加强和改进党支部建设为重点,以高知识群体和青年学生党员发展工作为基本着力点,做好基层党组织和党员队伍建设。要根据教学科研的需要调整党支部的设置,做好党支部定期换届和党支部书记配备工作,吸引更多的政治素质高、思想作风好、热爱党务工作、善于做群众工作、具有较高学术造诣和较强组织管理能力的教师承担党务工作,使基层党支部书记成为后备干部锻炼成长的关键岗位。要坚持德才兼备、以德为先,树立正确用人导向,把想干事、干好事、会干事、干成事的人选拔到领导岗位上来,选好配强院系党政主要领导干部,稳妥有序地做好到届党政领导班子换届工作。要推进制度创新,完善以职责为中心的干部管理模式,针对"双肩挑"干部建立体现管理岗位贡献的考核评估激励机制,为院系党政一把手履行职责、发挥作用创造更为有利的条件,帮助他们协调处理好教学科研与管理岗位工作之间时间、精力分配的矛盾。要综合运用轮岗交流、挂职锻炼等多种方式,注重从基层和教学科研一线把有发展潜力的青年骨干教师和管理干部放到关键岗位、艰苦环境和处理重大实际问题的第一线经受锻炼,增长才干,从而进一步增强我校后备干部队伍建设。

第三,深入贯彻落实科学发展观,切实加强理论宣传和意识形态领域的工作。宣传思想工作同国内国际形势紧密相连。我们对当前形势必须要有清醒的认识。一方面,国际国内经济形势发生新的复杂变化,我国经济发展面临近几年最为严峻的挑战;同时,世界范围内围绕发展模式和价值观的竞争凸显,各种思潮交流激荡,意识形态领域渗透与反渗透的斗争尖锐复杂,用社会主义核心价值体系引领社会思潮的任务更加繁重。我们要深刻认识国际国内形势的新变化,牢牢把握宣传思想工作的主动权,着力做好以下几个方面的工作:一是要认真学习宣传贯彻胡锦涛同志在纪念党的十一届三中全会召开30周年大会上的重要讲话精神,不断增强广大师生员工继续奋勇推进改革开放的信心和决心;二是要坚持不懈地用中国特色社会主义理论体系武装党员干部、教育广大师生,抓好思想政治理论课教师队伍建设,努力为马克思主义理论研究和建设工程做出重要贡献;三是要坚持和巩固马克思主义在意识形态领域的指导地位,加强对各种形势报告会、研讨会、讲座和讲习班的管理,坚决防范境内外敌对势力、非法宗教势力的思想渗透;四是要着力提高舆论引导水平,大力加强校园媒体等宣传舆论阵地建设,积极主动地开展对外宣传和学校形象塑造工作,妥善应对和处理各类新闻危机事件,维护和塑造学校良好的社会形象。我们要结合纪念新中国成立60周年和五四运动90周年,加大宣传工作力度,弘扬主旋律,把我校中国特色社会主义的宣传工作和爱国主义的宣传工作提高到一个新水平。

第四,进一步加强学生思想政治工作,努力解决学生成长成才中面临的实际问题。学生工作系统近年来在加强学生思想政治教育工作方面做了大量探索,基本完成了学生工作模式的转型,锻炼了一支素质较高、作风过硬的干部队伍。今年,要紧密围绕学习实践科学发展观活动,进一步找准学生工作的基本落脚点,在学生管理上把工作重心落到基层院系,进一步推进学生工作与教育教学和人才培养相结合,努力完善学生思想政治工作机制。不断深化"文明生活,健康成才"主题教育活动的内涵,努力增强思想政治教育的针对性实效性和吸引力感染力。要紧密结合纪念新中国成立60周年、五四运动90周年等重大活动,深入推进学生理想信念教育和爱国主义教育;紧密结合大学生就业中面临的实际问题,引导学生转变就业观念,拓展就业思路,把个人理想同国家发展联系起来,努力在迎接人生挑战中施展才华、建功立业、锻炼成长;我们要在全校范围内继续推广心理工作坊和各类心理健康教育工作,尤其要针对心理排查中发现的重点学生和突出问题,施以持续关注和重点辅导;继续做好经济困难学生和地震灾区学生的关爱和资助工作。

第五,加强党的统战工作,巩固和扩大新时期的统一战线。统一战线是北京大学创建世界一流大学的重要法宝之一。当前,随着计划经济体制向市场经济体制转型,我国的经济结构日趋多元化,新时期统一战线的工作对象不断扩大,工作任务也日益繁重。我们要高度重视统一战线工作,不断加强和改善党对统一战线的领导,进一步巩固和壮大新时期的爱国统一战线,充分发挥我校统战成员的优势,积极做好港澳台侨工作,推进统战系统通报会、座谈会、征求意见会的制度化和常态化,协助各民主党派和党外人士围绕学校中心工作参与学校的民主管理、民主监督、民主决策,促进学校科学发展。

第六,进一步健全惩治和预防腐败体系,切实加强党风廉政建设。要认真贯彻中纪委三次全会精神,深入学习实践科学发展观,按照上级工作部署,认真贯彻落实中央颁发的《建立健全惩治和预防腐败体系2008—2012年工作规划》精神,结合学校实际制定北京大学关于加强反腐倡廉建设意见。学校各二级单位都要建立健全"三重一大"制度、财务管理制度及校院(系、部处)务公开等制度,从源头上预防腐败。要以干部作风建设和人、财、物等工作部位为重点,抓好党风廉政建设责任制的落实,特别是在责任制检查和追究等方面要加大力度,切实加强反腐倡廉建设。要加强纪检监察队伍自身的建设,加大对纪检监察队伍的培训力度,全面提高纪检监察队伍的素质。

第七,以构建和谐校园为落脚点,进一步加强工会教代会和共青团工作。和谐的校园氛围,来自于广大师生员工对社会主义核心价值体系的普遍认同,来自于对学校改革发展思路的充分理解,来自于对学校管理决策的高度信赖,来自于对学校重大事务的广泛参与。各级党组织要始终坚持党的群众路线,认真研究新形势、新问题、新特点,不断加强自身建设,全面提高组织、协调、服务、创新能力,不断探索解决问题的新途径和新方法,多做得人心、暖人心、稳人心的好事和实事,调动一切积极因素,团结一切可以团结的力量,共同奋斗,共创和谐。要特别重视发挥工会教代会和共青团的桥梁和纽带作用,努力调动广大师生员工民主参与、民主管理、民主监督、民主决策的积极性。北大共青团历来是一支朝气蓬勃、有战斗力的队伍。希望我校新一届团委领导班子能够继续弘扬我校共青团的优良传统,按照学校党委的部署,加强自身的思想建设、组织建设和作风建设,不断建立健全与青年学生沟通机制的系统性、多样性和有效性,化解矛盾,疏导情绪,为建设和谐校园做出新的贡献。

第八,根据上级部门的指示,适时召开第十二次党代会。我校原计划于去年召开第十二次党代会。由于学校在2008年承担了非常繁重的奥运工作任务,学校各个部门都全力以赴地投入到奥运工作当中,残奥会比赛结束时已经是9月下旬,10月下旬学校对奥运工作进行了总结。11月中旬,周校长和许校长进行了任免交接。因此,根据上级的指示,我校党代会的时间也就相应顺延。今年3月份到8月份,学校又将根据中央和教育部党组的统一部署,集中开展学习实践科学发展观活动。将于何时召开第十二次党代会,学校将根据上级部门的指示,适时进行安排。在此,就这一情况向全校中层以上领导干部作一通报和说明。

第九,切实加强安全稳定工作,确保北大的政治稳定。2009年是新中国成立60周年,五四运动90周年,也是西藏实行民主改革50周年、新疆和平解放60周年、澳门回归祖国10周年,还是平息1989年春夏之交政治风波第20个年头、取缔法轮功邪教组织第10个年头,重大活动多、敏感节点多。由于经济形势比较严峻,高校毕业生就业压力明显增大,社会上影响稳定的不确定因素也有所增多。维护国家安全、社会和谐和校园安全稳定的压力明显增大。对此,我们要有强烈的政治意识、责任意识、大局意识和忧患意识,学校全体领导干部一定要保持高度的政治敏锐性和政治辨别力,树立确保学校安全稳定是高于一切、重于一切、压倒一切的政治任务的责任意识。要完善学校突发事件应急管理机制,及时掌握社情舆情,做好应对预案,注重从源头排查和化解不稳定隐患,妥善处理群体性事件和各种事端,及时排查和解决好各种矛盾和纠纷,避免激化矛盾。要加强学校周边治安综合治理,加强和改进校园网络管理,形成保障学校安全稳定的长效机制。为进一步加强学校安全稳定工作的领导体制和工作机制,校领导班子对学校安全稳定工作小组进行了调整。新的安全稳定工作领导小组由我和周校长担任组长,全体党委常委担任领导小组成员。安全稳定一线工作小组由吴志攀常务副书记担任组长,张彦副书记、杨河副书记、鞠传进副校长担任副组长。全校各单位也要进一步明确安全稳定工作领导责任和工作机制,加强工作力量,做好工作预案,确保今年校园的安全稳定。

同志们,2009年,新中国将开始步入第三个30年,这是中国人民站在改革开放30年后新的历史起点上的崭新阶段。做好本年度的工作,对于北大未来的发展至关重要。我们要始终高举中国特色社会主义伟大旗帜,进一步贯彻落实胡锦涛总书记视察北大重要讲话精神,以深入学习实践科学发展观为契机,坚持正确办学方向,继承优良传统,借鉴国际经验,发挥自身优势,紧密联系改革开放和社会主义现代化建设的伟大实践,以更加广阔的视野、更加开放的姿态、更加执著的努力,努力谱写我校创建世界一流大学的新篇章!

校长周其凤在春季全校干部大会上的讲话

（2009年2月20日）

各位老师、同志们：

大家下午好！

在2009年1月8日召开的教代会、工会年会上，我受学校委托，已经作了一个比较全面详尽的行政工作报告。在这里，我只简要回顾2008年的主要工作，不再列举具体的数据和事例，同时也代表学校行政领导班子进行述职；之后，再对2009年的行政工作要点进行布置，恳请同志们提出宝贵意见和建议。

2008年的主要工作

在北京大学的历史上，2008年是不平凡的一年。我们在党中央、国务院的亲切关怀下，在教育部党组、北京市委市政府和市委教育工委的正确指导下，认真学习贯彻党的十七大和十七届三中全会精神，高举中国特色社会主义伟大旗帜，以邓小平理论和"三个代表"重要思想为指导，深入贯彻落实科学发展观，统筹规划，整合资源，把握重点，协调发展，在教学科研、人才培养、队伍建设、基础设施建设和后勤保障，以及对内对外合作和社会服务等各方面都取得了很大进步，学校的办学实力得到了显著加强，建设世界一流大学的事业稳步向前推进。

2008年，我们成功举办了110周年校庆，深入学习贯彻胡锦涛总书记在北大师生代表座谈会上的重要讲话。全校师生员工按照胡锦涛总书记的重要讲话要求，凝聚人心，振奋精神，加快推进世界一流大学建设，取得了新的进展。

2008年，我们积极参与筹备和组织北京奥运会、残奥会，圆满完成了奥运乒乓球比赛的组织和服务保障工作，向全世界展示了"国校赛国球"的风采；我们的志愿服务工作也取得优异成绩，温家宝总理给北大志愿者亲笔回信："用热情真诚良好的服务，为国家赢得尊严和友谊。"我们举办的"冠军论坛"、提供的医疗保障及其他一系列的奥运工作无不显示了北大的爱国情怀和一流的工作水平。

2008年，我们积极响应党中央、国务院的号召，发扬"一方有难、八方支援"的精神，举全校之力参与抗震救灾工作。我们的附属医院选派了多支医疗队赶赴灾区开展医疗援助，文、理、医、工各院系也都发挥专业优势，积极参与抗震救灾及灾后重建工作。

2008年学校行政的常规工作，主要在以下九个方面展开：

一、以"211工程""985工程"为依托，学科建设保持良好发展势头。2008年是我校"985工程"二期实施的最后一年，也是"211工程"三期启动的开局之年。我们完成了"211工程"三期建设项目规划编制及论证工作，学科建设的各项工作进展顺利。国家投入的建设资金严格按照"科技创新平台"和"哲学社会科学创新基地"安排，择优扶重，确保重点学科经费投入，对建设思路成熟的学科方向给予优先支持，重点解决了学科发展的瓶颈问题。

二、稳步推进师资人事制度改革，高水平人才队伍建设成效显著。我校圆满完成了岗位设置与岗位聘任工作，为学校可持续发展打下了良好基础。高层次人才和中青年后备队伍的培养和引进工作力度进一步加大，各项重要指标不断刷新。我校已经初步形成了以院士和资深教授、长江学者、国家杰出青年基金获得者和"百人计划"青年学者为核心的，比较合理的、可持续发展的人才梯队，队伍结构进一步优化，学校的核心竞争力得到了较快提升。

三、主动融入国家科技创新体系，科研实力不断增强。全校到校科研经费稳定增长，学校科研竞争力进一步提升。我校化学学院徐光宪院士和我校校友王忠诚院士包揽了国家最高科学技术奖，令全校师生和海内外校友深受鼓舞。人文社科科研方面也保持良好发展势头。今年1月份，学校召开了全校人文社会科学研究与发展工作会议，深入研讨了面向国家需求，进行重大问题研究的领域及其机制性问题。

四、深化教育教学改革，人才培养质量稳步提升。本科教育教学成绩优异，本科教学改革走向深入，教学计划修订工作取得了新进展。去年还是我校启动研究生教育培养机制改革的第二年，我们的一系列改革措施开始收到实效。此外，我们的继续教育工作始终主动服务国家发展建设大局，充分发挥北大"名师资、名课程和名服务"的优势，重点发展了高水平、高层次、高效益的高端培训。

五、牢牢把握人才培养目标，努力推动学生工作科学转型。我校全面推进学生工作的科学转型和跨越式发展，进一步落实了"学生工作的基础在基层"的指导思想，学生工作的科学化水平不断提升。在全国大学毕业生就业形势日益严峻的情况下，我校毕业生仍旧保持了较高的就业率和就业质量。学生资助工作和心理健康教育工作也取得了良好效果。

六、校园公共服务体系不断完善，服务质量不断提高,办学条件进一步完善,办学空间进一步拓展。我校一些重要建筑相继竣工,各新开工项目顺利推进。

七、国内合作形势喜人,社会服务成效显著。学校围绕教学科研这一中心环节,服务社会,服务国家建设,积极探索、创新与地方政府、高校和企业的合作模式。继续抓好对口支援工作,各附属医院继续为首都乃至全国人民提供优质的医疗服务,为解决老百姓"看病难,看病贵"问题做出了努力。

八、对外合作水平和层次不断提高,国际声誉显著提升。在过去一年里,我校国际交流规模和层次进一步提高,而且与学科建设、人才培养、科学研究和社会服务的职能融合得更加紧密。

九、财务运行安全高效,筹资业绩再创新高。我校严格财务管理,维护预算特别是校级预算的严肃性,预算执行情况良好。学校通过多种形式办学,积极开展社会服务,争取海内外捐赠和社会资助等,积极筹措办学经费,事业收入稳中有升,为学校的正常运转和发展提供了资金保障。

2008年,我校改革发展建设中取得的各项进步,是全校师生员工群策群力、团结奋进的结果。在这里,我要代表学校行政,向同志们表示诚挚的感谢!

2009年的行政工作要点

1月14—16日三天,学校党政领导班子召开了寒假战略研讨会,总结2008年的工作,并就学校发展中的若干核心问题展开专题讨论。2月16日—18日,教育部召开直属高校工作咨询委员会第十九次会议,这次会议的主题是"以科学发展观指导下的高水平大学建设",刘延东国务委员和周济部长分别做了重要讲话,会议围绕新形势下的"质量、管理、改革、特色"进行了研讨和交流。刘延东同志特别强调,今年高校要认真做好如下五项工作:(1) 深入学习实践科学发展观;(2) 以庆祝中华人民共和国建国60周年等重大纪念活动为契机,进一步搞好学生思想政治教育工作;(3) 要积极应对金融危机,为促进经济较快增长作出贡献;(4) 做好应届毕业生就业工作;(5) 要切实维护稳定。

下面,我结合直属高校咨询会的会议精神和寒假战略研讨会的内容,布置行政工作。2009年学校工作的主线,就是要深入学习实践科学发展观,紧紧围绕国家需求,进一步推进创建世界一流大学的各项工作。

一、围绕创建世界一流大学的中心工作,深入学习实践科学发展观,科学规划学校中长期发展

按照中央的安排和部署,我校将于今年3—8月深入开展学习实践科学发展观的活动。学习实践科学发展观,关键是要将科学发展观贯彻落实到我们的实际工作之中,要将科学发展观作为指导北大发展的根本原则和指导方针。全校师生员工,尤其是担任了一定领导职务的同志,要进一步增强贯彻落实科学发展观的自觉性和主动性,积极谋划学校各项事业的科学发展,促进学校各项工作又好又快发展。

制定一个既体现时代发展要求,又符合北大自身特点,同时具有较强针对性、实效性和预见性的发展战略,对于实现北大的全面、协调、可持续发展具有重要意义。经过前一段时间的调研讨论,学校发展战略的制定工作已经取得了很大进展。在2009年1月8日教代会、工会年会上,常务副校长、教务长林建华教授代表学校介绍了中长期发展战略制定的进展情况。寒假研讨会上,学校领导又就这个问题进行了深入研讨。本学期还要广泛征求各方面意见,进一步修订完善。

学校的中长期发展战略,必须充分考虑学校相当一段时间内的整体战略布局,其中应当特别注意几个问题:第一,科学发展观是我们各方面工作的指南,在制定战略规划的过程中,要充分体现以人为本这一核心,牢牢把握科学发展的系统性、规律性和时代性;第二,发展战略要紧密围绕国家发展的需求,要体现出一定的预见性,充分考虑到未来比较长一段时期内国家经济、社会、科技发展的趋势;第三,必须充分认识到创建世界一流大学是长期复杂的系统工程,不可能一蹴而就,要做到长远与近期目标结合,全局与局部结合;要找出影响学校发展的瓶颈问题并制定相应的对策,谋求突破性发展。

此外,发展战略的制定,还要与国家中长期教育改革和发展规划纲要紧密结合。去年8月29日,在温家宝总理主持召开的国家科技教育领导小组会议上,规划纲要的工作方案经审议已原则通过,近期正在向社会各界公开征求意见。直属高校咨询会也听取了与会人员对规划纲要初稿的意见和建议。规划纲要将对未来12年教育改革和发展的战略目标、总体任务进行部署,将是指导教育改革和发展的纲领性文件。我校多位专家和学者参与了纲要的起草工作,发展规划部、科研部、社科部、教务部、研究生院等单位要密切跟踪纲要的制定过程,深刻领会纲要的主要精神,并用以指导学校发展战略的制定。

结合发展战略的制定工作,我还想强调一点,要进一步加强对北京大学自身发展的研究。我校在教育学、管理学等学科有非常雄厚的实力。学校要筹措专项经费,支持老师们开展系统而深入的北京大学发展研究,帮助学校提高管理水平和工作效率。

要认真做好我们的战略规划,同时要认识到,战略任务的实现最终要落实到机制建设、体制建设和制度建设等方面。自2007年开始,我校着手新的《北京大学章程》的起草工作,章程起草小组在张国有副校长的领导下做了大量的调查和研究,已经取得了很大进展。下一步,我们要继续推进《章程》的起草工作,参考国家教育改革发展规划纲要等重要文件的有关精神进一步制定好章程，同时也要结合这项工作进一步研究好我校管理的体制和机制等问题。《章程》事关重大，完成起草可能尚需时日，因此，一些看清了认准了的改革措施，可以考虑在《章程》通过和实施前按照学校现有程序研究试行起来。

二、统筹推进"985"和"211"两大工程，迎接"985工程"二期验收和三期立项工作，努力创造学科建设的新局面

国家将在今年对"985工程"实施十年成就进行回顾总结，并将对"985工程"二期进行验收，在此基础上组织"985工程"三期的建设立项。2009年3月31日以前为验收准备阶段，本阶段学校要努力做好"985工程"二期建设总结和国家验收的有关准备工作。之后将由教育部、财政部会同相关部门组织专家进行国家验收。

各院系要以此次验收为契机，认真总结成果和经验，找出差距和问题。这次验收意义重大，学校不仅将对二期建设做出系统总结，而且要向国家和全社会交上一份具有显示度的答卷。验收的结果将直接影响国家在今后几年对我校的支持力度。目前时间已经非常紧迫，各有关单位要集中力量、抓紧时间、落实责任，精心准备材料，务必圆满完成验收任务。

我们还要进一步完善"985工程"三期建设规划，要紧密结合《中共中央关于进一步繁荣发展哲学社会科学的意见》和《国家中长期科学和技术发展规划纲要》的精神，以科学发展观为指导，充分考虑"985工程"实施十年的基础，确立三期建设的目标和任务。要特别注意将"985工程"三期的建设内容与目前实施的"211工程"三期建设做好有机衔接，统筹进行设计。

我们要继续坚持"以队伍建设为核心，以前沿交叉学科为重点，以体制创新为动力"的建设思路，瞄准学科前沿做好先期的布局。同时，我们要积极采取措施进一步加强基础学科建设，鼓励基础研究与实际应用相结合，促进原创基础上的成果转化。在整体学科水平保持国内领先的基础上，紧密结合国家重大需求，选择对国家经济社会发展具有深远影响的领域以及具有国际竞争优势的领域进行重点支持，争取使更多的学科进入国际优秀学科行列，在某些领域能够引领学科发展的方向。

三、紧扣国家需求，凝聚人心、铸就合力，把科研做得更好

北大的发展仍然处于一个重要的战略机遇期。当前，我国经济社会形势的发展变化极其迅速，尽管金融危机正在世界范围内蔓延，危机所造成的影响还没有见底，但是中国政府和民众对于复苏的信心是很强的，中国的和平发展是不可阻遏的。

国运兴衰和北大发展密不可分，中华民族的伟大复兴，既是北大的使命所在，也是北大跻身世界一流大学之林的时代背景。北大要在国家的发展进步中作出更大的贡献。这些年来，国家对大学的要求越来越高，大学在社会生活中扮演的角色也越来越活跃，越来越重要。我们的工作思路也要根据变化了的情况做出相应的调整。我们要把关注的重点更多地转移到研究国家发展的需要上来，既研究国家目前的需要，也研究并能预见国家未来发展的需要，根据国家发展的需要来部署和开展我们的研究工作。经济学界有一个"蓝海战略"，大意是说，企业为了要赢得竞争赢得明天，要更加着力于买方即服务对象的需要，即要开创"蓝海"，也就是蕴含庞大需求的新的市场空间。我不懂经济，但感觉经济学家提出的蓝海战略值得我们借鉴。我们应该警惕一种倾向，即在创建一流大学的过程中，过多地把注意力放在了讨论学校排名等方面，而忽视了对我们的服务对象，我们的学生、我们的社会、我们的国家、乃至我们人类自身的生存和发展的需求。

因此我建议，要在充分尊重个人兴趣和学术研究自由的基础上，组织力量，认真研究国家的需要，比如当前金融危机如何应对，促内需保发展如何实现，就业等社会难点问题如何解决，"人文、绿色、科技北京"如何建设，如何帮助国家制定好教育改革和发展战略规划，如何高质量地完成"儒藏""中华文明探源"等重大人文社科研究项目，如何在国家中长期科技发展战略规划的实施中发挥更大更显著的作用等等，北大应该大有作为。而我们目前还做得不够，比如在承担国家中长期科技发展规划所安排的重大项目方面，我们就做得很不够，要继续努力。这件工作如果做不好，对我校发展的不利影响将是非常深远的。

过去的经验已经证明，只要我们精心组织、周密部署、团结协作，只要我们准确把握住了国家的需求，我们就一定能够有所作为，取得重大成果。最近获得国家最高科学技术奖的徐光宪院士就始终强调个人兴趣服从国家需要，强调在完成重大科研任务中要加强团队建设、充分发挥团队集体作用。他曾说："我的工作都是团队集体的工作，我只是其中的一名代表而已。他们早已青出于蓝而胜于蓝，工作能力和成就大大超过我了。这是我最大的安慰和自豪。"半个世纪来，徐先生根据国家的需要，曾四次调整科研方向，他和他带领的团队，每次都能看准前沿，不断取得具有重要科学影响和重大应用价值的成果。徐先生是把个人兴趣、个人专长与国家需要密切结合的典范，是把科学研究和人才培养密切结合的典范，也是科研团队建设的典范。我们都要以徐先生为榜样，努力争取为国家作出更大贡献。

四、坚持以人为本，进一步推进人才队伍建设

人力资源是第一资源，加强核心竞争力，关键在

人,实现跨越式发展,关键也在人。在人事人才工作方面,学校的原则是以国家目标为导向,继续加大对重大研究任务、国家重点研究机构、学科前沿的人力资源配置力度;以师资人才队伍为核心,形成师资人才、管理人才、辅助人才协调发展的局面;以高端人才和青年人才为重点,从长计议,超前布局教学科研队伍,采取切实有效的措施进一步完善人员分类管理工作,加紧推进讲座教授的聘任等工作。

在师资队伍建设方面,必须充分关注国家项目和利用国家资源,根据国家需求和学科发展重点,科学规划和配置人力资源。要继续做好做强长江学者奖励计划、国家杰出青年科学基金以及学校百人计划等人才引进项目。

前不久,中央人才工作协调小组制定了关于实施海外高层次人才引进计划的意见,也就是"千人计划",提出要围绕国家发展战略目标,从2008年开始,用5到10年的时间,在国家重点创新项目、重点学科和重点实验室、中央企业和国有商业金融机构、以高新技术产业开发区为主的各类园区等,引进并有重点地支持一批能够突破关键技术、发展高新产业、带动新兴学科的战略科学家和领军人才回国创新创业。

"千人计划"的定位非常高,对提升学校竞争力至关重要,我们一定要发挥自身优势,采取切实有效的措施,抓住这次机遇,在高层次人才的竞争中掌握先机。人事部门要深入研究,及时出台配套政策,要牢固树立以人为本观念,把促进人才健康成长和充分发挥人才作用放在首要位置。在国家高层次人才政策的鼓励下,各兄弟院校都会采取更加主动的方式吸引世界最优秀的人才。这一方面使我们引进人才的努力面临更加激烈的竞争和严峻的挑战,同时也会对北大学术队伍稳定产生很大影响。学校必须整合各方面力量,调动一切资源,努力稳定我们的队伍,也要采取特殊政策和方式,加大人才引进的力度,使北大在学术队伍方面保持良好的发展势头。

今年,两院院士又要增选,院士的人数不仅是学校综合实力的重要反映,也是学科发展的强大推动力,人事部门和各院系要高度重视、充分准备,坚决做好各方面服务工作,要千方百计通过不同渠道,如院士推荐、教育部、专业学会推荐,使我校的优秀学者顺利进入评审程序。人事部门要组织专门力量,深入分析近年来院士评选的新动向,要将评审标准研究透彻。我们在推荐候选人时,要注意候选人专业的学科涵盖面,注意新兴学科和交叉学科;要充分发挥现有院士队伍在院士增选过程中的积极作用;要加大两院院士的后备队伍建设的力度,在未来一段时间内,在"211工程""985工程"和中长期规划中,向后备人员进行倾斜性资助,在人力、物力、实验室条件和争取国家重大项目中给予特殊支持。

寒假战略研讨会上,学校领导班子就人文社科资深教授评选工作也进行了研究。人事部、社科部要按照研讨会上的精神进一步完善文科资深教授的工作机制,从而进一步调动我校人文社科方面专家学者的积极性。

学校还决定,今年内召开一次全校人事工作会议。我们要做好相关研究,总结以往经验,探究人事工作如何适应北大建设世界一流大学的需要,如何加强学校人事管理队伍的建设,使这支队伍更好地适应当前形势发展的需要,为北京大学创建世界一流大学的目标、实现科学发展提供高效服务。

2009年,国家将召开第二次全国人才工作会议,北大应该紧扣国家和北京市的人才发展战略规划,着手制定2009—2020年北大人才发展规划。

我们还必须注意,人事改革是一项系统工程,政策性比较强,因此,改革政策的制定不能脱离社会环境的制约,人事部门要密切关注和研究兄弟院校以及科研院所的工作动态,为我校人事工作提供参考意见。

五、进一步提升人才培养、学生管理和服务工作的水平

我们的一切教学工作和学生工作,都要服务于学生的根本利益和学生的长远发展。学校一直在探索如何改进教育教学方式,提高教育质量水平,包括现在比较有影响的元培计划、元培学院,它着眼于学生的长远发展,而不仅仅是短期内掌握更多的知识,是从学生的全面发展设计的。这是体现科学发展观的一个非常好的实例。我们要认真总结元培计划和元培学院的这些实践,把其中好的精神和关键思想、理念更好地拓展到全校的本科生教育教学中。这个事情如果能够做好,不仅对北大自身的人才培养很有意义,而且对全国高等教育改革也会有很好的参考价值。

在研究生的教育方面,要遵从"面向世界前沿,坚持国际标准,建设优秀学科,创造一流成果,改善管理机制,确保培养质量"的指导思想,按照"稳定规模、理顺体制、优化结构、提高质量"的基本思路,继续完善并稳步推进研究生培养机制改革,切实提高研究生的生活待遇;要着力提升研究生教育国际化的水平,努力提升研究生创新能力。

关于学生管理和服务工作,学校强调要增强全员育人的意识。学生的培养是全体教职工共同的责任,要认真贯彻到每一个环节。全体教职员工特别是各有关职能部门以及各院系的学生管理和服务人员要真正做到以学生为本,满怀热情地关心和帮助学生。要发挥北大学生思想政治工作的优势,贴近学生实际,注重解决学生的实际困难,继续做好家庭困难学生的资助工作。

这里我还要着重谈一下学生就业工作。当前，国际金融危机正加速从虚拟经济向实体经济、从发达国家向新兴经济体和发展中国家蔓延。我国的总体就业形势已经相当严峻，未来一两年之内还可能进一步恶化。与此同时，全国高校毕业生总量在持续增加，这个矛盾会越来越突出。对此，党和政府高度关注。1月9日至11日，温家宝总理在江苏省考察工作时就强调，要把教育与经济社会发展紧密结合起来，把人才培养与就业紧密结合起来。"两个结合"的理念，要贯穿到我们育人工作的全过程之中。尽管2008年我校的就业工作取得了很好的成绩，但是面对2009年严峻的就业形势，任务非常重。我们要从关心学生长远发展、从关心学校声誉的高度出发做好相关工作；院系党政一把手要亲自抓，对于个别就业困难的学生要关心到人。学工、就业部门要密切关注就业工作进展，定期通报有关情况。

六、继续加强国际、国内合作与交流

北大是一所国际化程度很高的大学，我们的改革发展建设，都必须放到高等教育国际化的大背景下来考虑。学校的外事工作要继续坚持为教学科研服务、为学科建设、人才引进和培养服务的基本原则，思路要清晰，目标要明确，要特别注重与国外著名大学开展实质性的、高层次的合作。各院系、各部门都必须重视国际合作与交流，要在国际合作部的指导和帮助下，积极主动地开展工作。我们要在保证质量的前提下稳步扩大外国留学生规模，积极推进留学生招生制度的改革，不断提高留学生教育质量。同时要不断扩大我校学生参与海外交流的规模，根据教学科研的需要，学校有关部门应出台更多便利学生的政策措施，继续鼓励在校学生到海外交流。

在国内合作方面，学校历来高度重视提升自己的社会服务能力，已经积累了很多成功的经验，要在继续推进现有合作项目的同时，继续加强与北京市的合作，立足北京，服务北京，以合作求支持，以贡献求发展，为建设"人文北京、科技北京、绿色北京"做出更多贡献。

春节前后，我和学校其他领导先后拜访了刘淇书记、郭金龙市长等市领导，与海淀区委谭维克书记、昌平区委关成华书记也进行了很好的交流，希望北京市考虑北大的实际情况和困难，为北大的发展留出足够的发展空间。在交流中，市领导对北大服务北京的工作给予了充分肯定，他们都明确表态，要加大对我校的支持力度。令我非常感动的一点是，今年春节长假后上班的第一天，也就是正月初七，北京市委教育工委赵凤桐书记就为落实刘淇书记、郭金龙市长的重要指示精神，召开了专题协调会，这充分表明了北京市委市政府对我们的关心。我相信，只要我们抓住机遇、主动跟进，一定能够得到北京市更大力度的支持。这反过来也更加鞭策我们要进一步提高为北京市服务的主动意识。

在服务北京市方面，学校正在酝酿出台《关于进一步加强服务首都工作的意见》，在对我们以前所做的工作进行汇总和提炼的基础上，提出学校下一步为北京服务的基本思路和可行方案。学校相关单位对此要高度重视，做好配合。

七、进一步做好学校的财务工作，加强资源统筹，加快基础设施建设

落实科学发展观的根本方法是统筹兼顾，要按照这个原则通盘考虑学校的发展规划，学科规划、校园规划、事业规划三者不能脱节，要围绕教学科研和人才培养等中心任务，合理配置人财物等各类资源，既要争取好增量，又要盘活存量，既要解决当前面临的主要矛盾，又要为今后学校的可持续发展留有余地。

当前，随着科研经费和实验装备逐年增长，国家科技重大专项将全面启动，科研体量的增加使得空间不足的问题越来越突出。所以我们必须充分认识昌平校区在北京大学长远发展中的地位和作用。目前，昌平校区已经初步完成了功能转换并组建了管理机构，下一步要进一步完善管理体制，尽快启动昌平校区的总体规划和园区改造。学校还将进一步与北京市和昌平区进行沟通，尽全力争取在园区的周边再征一些地，为北大未来长远的发展预留空间。

近几年来，学校各项收入持续增长，但主要是"985工程""211工程"和科研等专项经费以及院系掌握的资金，这些经费都有专门用途。从学校层面看，事业发展和资金不足的矛盾仍很突出。2009年，学校财务面临比较大的压力，学校日常运行成本不断加大，学校基础设施建设的规模仍然很大。

面对当前面临的情况和问题，我们既要推动事业发展，又必须规避财务风险，实现可持续发展。学校强调：

第一，日常财务管理要继续坚持"严格、透明、公平、效益、服务"的十字方针，坚持"以收定支，量入为出，收支平衡"的预算管理原则。全校各级领导干部要牢固树立预算观念和成本核算意识，通过成本控制和体制改革，优化资源配置，提高资金使用效率。

第二，进一步加强筹款工作。学校已经研究决定成立北京大学发展委员会，学校也要求院系尽快成立筹资工作小组，由院系主要领导挂帅，院系班子成员中，有一位领导分管筹资工作，每个院系有1～2名联络员具体负责筹款和校友联络工作。要发挥院系的主动性，充分利用自身的社会资源和优势条件加强筹款工作，尽快促成学校院系筹款体制的建立。此外，要加强对医学部筹资工作的指导和帮助，医学部有很强的筹资潜力，医学部要认真研究，充分挖掘各方面的资

源。在筹资工作上,我们要充分认识到,校友工作是筹款工作的重要基础,要从更高层次、更加全面地认识校友资源和校友工作。以服务为宗旨、以联系为纽带,支持校友发展自我、服务当地、贡献社会,深化感情和信任,增强凝聚力;做好校友工作的科学规划,坚持不懈地积累资源、分析数据,在服务的基础上促进学校筹款等领域的工作。

第三,面对比较大的基建经费缺口,要进一步加强经费和基建项目的统筹管理。必须有一个统筹考虑,哪些项目是学科发展所急需的,必须尽快启动;哪些项目需要院系自筹资金,资金到位情况如何;哪些项目可以从专项经费中列支,哪些可以通过筹款解决。要认真研究提出我们的基建规划、资金需求和来源计划,做到心中有数。今年我们有几个重点的基建项目,包括人文楼群、国际数学研究中心、医学部学生综合服务大楼等,要抓紧建设,确保工程进度和工程质量。肖家河教师住宅建设项目目前进展顺利,也要争取加快推进,根据实际需要可考虑适当向银行贷款建设。同时肖家河建设办公室要及时向教代会汇报进展情况,争取大家的理解和支持。

第四,要积极推进资产管理与使用改革。近年来,学校教学科研基础设施不断增加,但与学校事业发展对空间的需求相比,毕竟土地有限,房屋面积增长的空间很小,必须建立健全安全、公益、高效、公正的资产管理体制和工作机制,以资产配置引导教学科研工作健康发展。2007年底学校通过了《北京大学公用房管理条例》,今年各单位要抓紧落实,在此基础上,学校将适时启动供暖收费改革。

第五,各单位要加强财务管理,从源头上扼制浪费现象的发生,保证各方面平稳运行。同时,对本单位掌握的资源要认真清理,特别是要加强本单位的财务管理,健全内部控制制度,杜绝小金库、账外账。财务部门要进一步加强对新批项目的预算管理,同时注重项目执行过程中的检查和监督。

八、继续发挥合校优势,进一步加强医学部建设

再过一个多月,两校合并即将走过第九个年头。合校以来,医学部保持了良好的发展势头,在教学改革、学科建设等方面都取得了令人瞩目的成就。

在"985工程"三期建设中,学校将继续保持对医学部的支持力度,在队伍建设、基础设施建设等方面加大投入,继续改善医学部校园的整体面貌。

春节前,我和学校其他领导一起到医学部进行了调研,并就医学部西北区建设等问题专程到国家发改委与张茅副主任进行了沟通。在医学部西北区建设的问题上,学校的态度非常明确,无论困难多大,都要坚决克服、加紧推进。学校将大力支持医学部进行项目启动、筹资等工作,各有关部门要加强与发改委、教育部、北京市的沟通,全方位、多角度推进西北区项目。

学校还将进一步采取措施,推动文、理、工各学科与医学的交叉融合。医学部也要继续在医学生人文素质的整体培养、医学教育的学制、体制等领域开拓思路,继续探索,锐意改革。

我们要积极参与公立医院的改革,为首都乃至全国医疗卫生事业继续多作贡献。医疗卫生体制改革的方案很快就要公布,公立医院的改革是全社会非常关注的关键问题。我们的各家附属医院承担着非常重大的责任,我们要时刻牢记我们的宗旨,倍加珍惜北大各附属医院的声誉。

九、其他工作

2009年是新中国成立60周年,五四运动90周年,要以此为契机在全校师生中广泛开展爱国主义教育,精心组织好国庆60周年的庆祝活动和五四运动90周年的纪念活动,人文社科各院系要发挥更大的作用。

同时,我们的规划、后勤、基建、保卫、街道等各部门,也要利用好这个机会,将建设绿色校园的工作全面推进。通过110周年校庆和奥运会,北大的校园面貌已经有了很大改观,今年我们还要把校园美化绿化和校园综合治理工作再继续向前推进。学校特别强调"绿色校园"的理念,校园环境建设要处处体现环保原则,要以人为本,每一个细节都要考虑到师生员工工作、生活的需要。发展规划部、总务部等部门应密切配合,要按照文物普查和近现代建筑保护的要求,切实保护好燕园历史风貌,并对校园做好统筹规划,使我校的自然景观、人文景观、生态景观和道路交通等方面都有更大改善,使北大的校园更加文明、和谐。

关于深圳研究生院的工作。深圳研究生代表北大品牌,关系北大声誉和形象,是北大在深圳的国际化窗口,这个目标定位始终没有变;深圳研究生院办学的相对独立性和自主权要落到实处,学校也要求,深圳研究生院要有服务深圳的主动意识,积极配合深圳和珠三角地区的发展需要,辐射整个华南乃至东南亚地区。

关于产业工作。近日,教育部高校产业规范化建设领导小组办公室在北京召开了2009年度教育部直属高校产业工作会议。会议明确了2009年教育部直属高校产业工作的主要任务:一是继续深入推进高校产业规范化建设工作,取得规范化建设的决定性胜利;二是积极应对当前严峻的经济形势,采取有力措施,强化高校企业风险管控,抓住机遇、振奋精神,推动高校产业科学发展。2009年,我们要认真执行教育部有关的政策规定,加强资产公司及全资、控股企业的风险内控制度建设,建立风险预警和防控体系,继续坚持"积极发展,规范管理,改革创新"的指导方针,在做好产业规范化建设的基础上,为国家发展高新技术产业和促进经济发展贡献力量。

关于学校管理和信息化建设等工作。2009年我们要继续完善学校的各项规章制度,继续完善科学的决策、实施机制;继续探索符合高等教育规律、适应学校长远发展的行政管理框架;学校的各行政部门要深入到院系中去,认真了解基层的需求,继续加强与广大师生的信息沟通,使师生了解学校运行情况,增强学校内部的理解、信任和支持。要切实推进信息化建设工作。我们要充分认识到,信息化建设的过程实际上也是管理体制、管理观念调整的过程,要通过信息化建设有效地提升学校的管理水平,更好地为教学科研服务,为广大师生服务。

我要特别强调一下学校的安全工作。维护北大的安全稳定,不只是党委的工作,也是行政的工作,各单位的党政一把手都是安全稳定工作的第一责任人。学校强调,各级领导干部,都必须坚定不移地维护北大的稳定。应该说,我校的安全形势总体上是好的,但是,对安全隐患和薄弱环节仍然不能掉以轻心,我们应对突发紧急事件的能力仍然需要提高,危机处理工作也还要进一步改进。寒假研讨会上,学校领导班子成员研究了校园安全管理改革的思路与方案,初步形成了共识。今后学校在校园安全管理方面将逐步实现安全管理队伍向"小机关、大基层"的转变,稳步推进机构调整、机制完善与人员更替。不久前,在元宵节的晚上,中央电视台新址在建附属文化中心工地发生了火灾,给国家财产造成了严重损失。刘淇书记、郭金龙市长上周紧急召开了北京市的安全工作会,就安全工作提出了明确要求。今天,借此机会,我要强调的是,安全工作无论怎么重视也不为过!一定要按照上级的指示精神,各个单位要认认真真、扎扎实实地抓好我们的安全工作,落实好各项安全措施,进一步排查安全隐患,警钟长鸣!

以上谈到的是本学期行政工作的要点。由于时间关系,一些经常性的工作就不在这里一一点到,但是同样要抓紧抓好。

同志们,我们正处在一个非常关键的发展时期。在前进的道路上,北大面临着许多困难和挑战,但是我们面临的机遇也前所未有。只要我们抢抓机遇,埋头苦干,把全部的精力和心思都用到搞建设上来,就一定能够迎难而上,实现新的跨越、新的发展。

谢谢大家!

党委书记闵维方在秋季全校干部大会上的讲话

(2009年9月9日)

(一)

同志们:

今年暑期,北京天气非常炎热。我校各院系、各部门一大批教职员工,冒着酷暑,克服困难,牺牲休息时间,坚守在工作岗位上,扎扎实实做好暑假期间的教学科研、安全保卫、后勤保障、卫生防疫、学生军训和国庆游行方阵训练等各项工作。开学伊始,很多同志又不顾疲倦,连续作战,兢兢业业地做好迎新和新学年的各项准备工作。我谨代表学校党委和行政向暑假期间坚守岗位、辛勤工作的同志们表示亲切的慰问和衷心的感谢!

明天,我们将共同迎来第25个教师节。在过去一年中,我校广大教师在胡锦涛总书记给孟二冬女儿回信精神鼓舞下,发扬北大精神传统,严谨治学,刻苦钻研,在学术科研上敢于创新、勇攀高峰,在培育人才工作中为人师表、甘作人梯,一大批教师获得国家、省部级以及北京大学的各项奖励,展示了北大教师的学识魅力和人格魅力。在此,我谨代表学校党委、行政,向为北京大学人才培养、知识创新和社会服务工作作出突出贡献的全体教师致以节日的祝贺和崇高的敬意!

同志们,今年7月9日至11日,学校领导班子召开了暑期战略研讨会,紧密结合学习实践科学发展观活动,对关系学校发展的重要战略性问题和近期主要工作进行了研讨。下面,首先请周校长结合暑期研讨会的主要精神和我校学习实践科学发展观活动整改落实方案的主要内容,就本学期的行政工作进行部署。

(二)

同志们:

刚才,周校长简要回顾了我校上半年的行政工作,对本学期行政工作进行了总体安排和部署,请同志们认真学习,结合整改落实方案和各单位工作实际抓好贯彻落实。

开展深入学习实践科学发展观活动,是我校上半年的首要政治任务,学校党委上半年的主要工作都围绕学习实践活动展开。从3月3日至8月底,在党中央和教育部党组的领导下,学校党委以"服务国家战略,坚持科学发展,加快推进创建世界一流大学步伐"为实践载体,紧紧围绕"培养什么人,怎样培养人"和"办什么样的大学,怎样办好大学"这两个根本问题,广泛动员,精心组织,深入开展学习实践科学发展观活动。

我们开展了广泛深入的学习调研，形成了科学发展的思想共识；我们召开了专题民主生活会深入查找问题、分析原因、明确思路和对策，形成了深刻的分析检查报告；我们集中民意民智，制定了6大方面、61项整改落实措施，初步解决了若干影响和制约学校科学发展的突出问题，集中力量解决了一些关系师生员工切身利益的实际问题。

在同志们的共同努力下，我校学习实践活动得到了指导检查组的高度评价，也得到了广大师生员工的肯定。8月28日，学校召开了学习实践活动总结大会，对学习实践活动的基本情况、主要做法、初步成效、经验体会、存在不足等进行了系统的总结。与会310名各方面代表对学校学习实践活动填写了评价意见，总体满意率达到99.68%，有73名同志在附言中写下了诚挚中肯的意见和建议。

群众的认可不仅标志着学习实践活动取得了阶段性成效，更体现了广大师生员工对学校党委和行政及学校各级领导班子的高度信任和殷切期望。全校各级领导班子要把深入贯彻落实科学发展观作为一项长期的战略任务坚持抓好，不断巩固和扩大学习实践活动的成果，把学习实践活动的成果转化为促进学校科学发展的实际行动，在树立科学发展理念、增强科学发展信心、凝聚科学发展共识、丰富科学发展思路上取得新进步；要高度重视并努力做好学习实践活动的后续工作，把学习实践活动整改措施落到实处，以分析检查报告和整改落实方案为抓手，确保整改的各项工作得以落实，向师生员工作出的公开承诺得以兑现，使整改落实的成效经得起群众的评判和时间的检验。

集中学习实践活动现在告一段落，各级领导班子要继续保持学习实践活动的积极性和主动性，做好半年后整改落实"回头看"的各项准备工作。学校各主管领导要亲自负责，认真组织各部门、各单位广泛开展自查，对照整改落实方案，看党员干部特别是各级领导班子的理想信念是否更加坚定，推进本部门本单位科学发展的决心是否更加明确；看分析检查报告和整改落实方案中的具体举措是否已经落实或正在得到落实；看影响和制约本部门本单位科学发展的突出问题、群众反映强烈的突出问题是否或正在得到解决；看体制机制创新是否已经或正在取得重要成果，从而使学习实践活动真正取得实效。

本着"两不误、两促进"的原则，今年上半年，在开展学习实践活动的同时，学校党建和思想政治工作不断向前推进。在与学习实践科学发展观活动紧密结合的过程中，党的思想理论建设和宣传思想工作取得了丰硕成果，在纪念五四运动90周年等系列活动中得到了集中展现；基层党建和基层领导班子建设进一步加强，中层干部队伍结构逐步实现年轻化、知识化和专业化；反腐倡廉制度建设进一步完善，出台了《北京大学关于加强反腐倡廉建设的实施意见》和《北京大学推进廉政风险防范管理工作实施方案》，进一步规范了学校反腐倡廉建设的领导体制和工作机制；统一战线工作在团结党外人士服务国家建设和促进学校科学发展中发挥了积极的作用；学校工会教代会和共青团组织创造性地发挥桥梁纽带作用，进一步加强了学校党委和广大教职工、广大青年学生的密切联系，充分调动了广大教职工和青年学生参与学校建设和管理的积极性；学生思想政治工作紧密围绕新中国成立60周年等重大活动，"文明生活，健康成才"主题教育活动特色更加鲜明，大力推进社会主义核心价值体系教育，在培养学生综合素质过程中发挥着重要作用；学校党委把维护稳定作为学习实践活动中要见实效的重中之重来抓，在上级党组织的坚强领导下，妥善处理了社会上访人员到校聚集等问题，全力做好敏感节点的安全稳定工作，切实维护了校园政治稳定，为学习实践活动顺利开展，为学校各项建设事业的顺利进行，营造了和谐的氛围，创造了有利的环境。

同志们，再过几天，中国共产党十七届四中全会和新中国成立60周年国庆庆祝活动将在京举行。根据上级党组织的安排，今年下半年我校将开始第十二次党代会的准备工作。总体上看，我校下半年的工作任务较为繁重，学校党委希望各级领导干部进一步增强大局意识、责任意识和忧患意识，以更加昂扬的精神状态，改革创新，锐意进取，努力开创我校创建世界一流大学的新局面。下面，我从专项任务和常规工作这两个方面向大家报告学校党委下半年的工作计划和要求。

下学期学校党委主要有五个方面的专项任务：

第一项刚才我已谈到，就是要努力做好深入学习实践科学发展观活动的有关后续工作。在学校总结大会上，指导组张浚生书记和周其凤校长也都就此提出了明确的要求，我不再赘述。

第二项是广泛动员、精心组织，全力保障国庆60周年庆祝活动相关工作顺利完成。国庆60周年，我校承担"我的中国心"国庆游行方阵、天安门广场合唱及群众联欢等三项重要的庆祝活动。这是继奥运会之后，党和国家交给北京大学的又一项艰巨而光荣的重大政治任务，是一项传承和发扬北大爱国主义传统的历史性任务，是对我校动员能力、组织能力和迎接挑战、顽强拼搏精神的一次庄重检阅。我校接到任务后，克服重重困难，利用假期时间，建立起了一支精干的专项工作干部队伍，制定了科学合理的工作方案，圆满完成了游行方阵成员、广场合唱和群众联欢学生的选拔、训练动员以及结合学生军训进行的群众游行集中训练工作,在上级组织的分指合练和整体合练中表现出色,受到了上级有关部门的表扬。在接下来的时间里,还有几次北京市的整体合练,尤其是国庆当天的正式检阅,任务繁重、头绪繁多,学生工作系统牵头的"国庆相关活动委员会"办公室统筹协调、精心安排,在确保学校日常工作正常运转的基础上,一定要将国庆游行方阵及相关庆祝活动组织好。学校各院系和各部门要密切配合学工部、团委等部门,认真把各项工作做扎实,确保我校负责的国庆庆祝活动取得圆满成功。

第三项是做好召开第十二次党代会的准备工作。筹备和召开第十二次党代会是北京大学政治生活中的一件大事,是进一步凝聚人心、统一思想、总结过去、规划未来的一个良好契机。学校党委原计划2008年1月召开党代会。由于当时全国上下都在全力以赴筹备奥运会和残奥会,我校担负着繁重的奥运工作任务,因此根据上级指示将党代会推迟。奥运会和残奥会结束后,我校又进行了主要行政领导的调整变更,周校长接替许校长主持学校的行政工作,接着就是按照中央的统一部署筹备和集中开展深入学习实践科学发展观活动直到8月底。现在又按上级要求,集中力量做好国庆60周年的相关工作。至于何时正式启动第十二次党代会的筹备工作,我们还在等待上级党组织的明确指示。我们要做好正式启动党代会筹备的各项基础工作,精心设计工作方案,全力以赴把各项准备工作做好,使这次党代会成为一个振奋精神、鼓足干劲、团结向上,促进科学发展,在北大创建世界一流大学进程中具有里程碑意义的大会。

第四项是高度重视并进一步加强学校的安全稳定工作,尤其是国庆前后的安全稳定工作。伴随着我国经济体制的转型、社会结构的深刻变化和社会经济收入分配格局的变化,影响社会安全稳定的很多深层次矛盾日益凸显。下半年,随着60周年国庆等敏感时点的到来,学校各级领导班子一定要把维护校园安全稳定作为领导班子和基层党组织压倒一切的重要政治任务来抓,按照学校维护稳定工作领导体制明确任务分工,各主管领导要坚决承担起维护稳定的政治责任;要进一步健全和落实安全稳定工作责任制,加强校园综合治理,建立健全应急管理工作体系,积极预防和妥善处理突发事件,把安全稳定真正落到实处;要进一步充实强化保卫保密工作队伍,提高队伍收集、整理、分析、研判各类信息的能力和应对突发事件的能力;各部门和各院系,要互相配合、强化合作联动机制,积极化解矛盾,努力防患于未然,进一步增强学校保卫保密工作的基础,确保学校安全稳定,努力创建平安校园。近日,学校会召开各单位主管安全稳定工作的领导参加的会议,对国庆安保工作进行专项部署,各单位主要负责同志是本单位安全稳定工作第一责任人,要亲自抓、亲自协调解决本单位在安全稳定方面的突出问题。

第五项是认真做好上级部门关于高校反腐倡廉建设的检查工作。最近,教育部、北京市委教育工委、北京市教委分别下发了《教育部办公厅关于开展对落实〈关于加强高等学校反腐倡廉建设的意见〉情况进行量化考核工作的通知》《北京市普通高等学校惩治和预防腐败体系基本制度建设检查工作方案》两个文件,要在近期开展对各高校落实《关于加强高等学校反腐倡廉建设的意见》,建立和完善惩治和预防腐败体系基本制度建设及执行情况,规范管理情况等进行量化考核检查。贯彻落实这两个文件要求,是今年学校党建工作和反腐倡廉建设工作的重要内容,学校和各单位都要按照文件要求,认真做好自查和迎接上级检查工作。学校党委已经转发了文件,并成立了检查工作小组,检查工作小组由纪委监察室、党办校办、组织部、宣传部等部门的负责人组成。检查小组在学校党委和行政的领导下,具体组织、协调该项工作。各单位必须高度重视,要将此项工作列入党政工作的重要议事日程,将此次检查作为深入学习实践科学发展观活动的整改落实专项工作抓紧抓好,按照"谁主管、谁负责"的原则,对管理范围内的责任制落实、制度建设和管理监督等落实情况做好自查,并做好迎接检查工作。

下半年学校党委的常规工作要重点抓好以下几个方面:

第一,进一步推进基层党建工作和基层干部队伍建设的改革创新。广大党员和基层党组织是党在学校工作的基础,是教育和团结广大师生员工的政治核心。下半年,学校党委要继续加强党内民主建设,进一步提高基层党委工作的规范化制度化水平,推动院系党委通过党委委员联系支部、支部书记培训及定期评估交流等形式,规范院系领导班子议事规则和决策制度;要制定和建立健全党内激励、帮扶机制,通过政治上关怀、精神上激励、生活上帮扶,更好地激发广大党员和基层干部为党的事业不懈奋斗的政治热情和精神动力。要建立与高校性质相适应、与当前院系管理格局和干部队伍现状相适应的干部选聘办法,按照党中央制定的党政干部选拔任用条例,根据"民主、公开、竞争、择优"的原则,把能有效服务教学科研一线、善于开展群众工作、善于统筹协调的学科带头人充实到院系党政一把手的岗位上来。

第二,不断提高宣传思想工作的成效。要旗帜鲜明地坚持用中国特色社会主义理论体系指导工作,建设以社会主义核心价值体系为根本的和谐校园文化。要充分发挥北京大学作为综合性大学的多学科优势,积极推进马克思主义理论研究和建设工程,为党的理论创新作出新贡献。要围绕学校中心工作,重点做好"六个为什么",即与社会主义核心价值体系建设密相关的六个重大问题的宣传教育，进一步坚持和巩固马克思主义在学校意识形态领域的指导地位。做好庆祝新中国成立60周年的宣传教育，进一步唱响共产党好、社会主义好、改革开放好、伟大祖国好、各族人民大团结好的时代主旋律；做好党代会的宣传教育，进一步营造良好的思想舆论氛围。同时要继续坚持"高举旗帜、围绕大局、内聚人心、外塑形象、促进发展、服务师生"的宣传思想工作方针，开辟加快推进世界一流大学建设和党代会的专栏，为学校的改革发展稳定提供强大的思想保证、精神动力和舆论支持。

第三，不断壮大党的统一战线。进一步发挥统一战线凝聚人心的作用，团结一切可以团结的力量，共同建设中国特色社会主义，是党的重要工作任务。下半年，我们要以国庆60周年，同时也是人民政协成立和多党合作制度确立60周年为契机，在全校统一战线工作中深入进行爱国主义和社会主义的优良传统教育，引导大家坚定不移地走中国特色社会主义道路；要进一步落实党员领导干部与党外代表人士联系交友制度，促进领导干部与党外人士的交流和沟通，充分发挥民主党派和党外人士在学校发展中的重要作用；要认真做好新形势下的民族宗教工作，更加深入地关心少数民族师生的工作、学习和生活，及时了解他们的思想动态，妥善处理与民族、宗教工作相关的问题；要牢牢把握两岸关系和平发展的主题，围绕澳门回归祖国10周年等喜庆活动，进一步做好港澳台学生和归侨侨眷工作。

第四，进一步加强党风廉政建设。党风廉政建设是我校创建世界一流大学的重要政治保障。下半年，我们要以贯彻落实《建立健全惩治和预防腐败体系2008—2012年工作规划》和《北京大学关于加强反腐倡廉建设的实施意见》为工作重点，不断完善"党委统一领导、党政齐抓共管、纪委组织协调、部门各负其责、依靠群众支持和参与"的领导体制和工作机制，落实党风廉政建设责任制，进一步加强廉政风险防范管理工作，重点加强对全校各单位落实反腐倡廉工作、健全完善相关管理制度的情况进行全面检查。要不断加强纪检监察队伍的思想作风和业务能力建设，认真做好教育、制度、监督、改革、纠风和惩处工作，整体推进廉政文化建设，营造风清气正的校园环境。

第五，全面推进社会主义和谐校园建设。建设和谐校园是构建社会主义和谐社会的重要组成部分，是推动学校科学发展的重要保障，必须团结一切可以团结的力量，最大限度地调动师生员工投身和谐校园建设的积极性和创造性。共青团组织要进一步发挥其作为党联系广大青年的桥梁纽带作用，不断加强学生会和研究生会等学生组织的制度建设，建立健全与学生的沟通机制，化解矛盾，疏导情绪。工会教代会要继续以推动校务、院务公开工作为重点，进一步加强对学校的民主管理，以加强基层工会组织建设、推进二级教代会制度建设为保障，积极探索新形势下做好群众工作的工作方法与活动方式，多做得人心、暖人心、稳人心的好事实事，最大限度地预防和化解不和谐因素，营造健康向上、和谐稳定的校园氛围。

第六，进一步加强大学生思想政治教育。加强和改进大学生思想政治教育关系到高等学校培养什么样的人，怎样培养人的根本问题，是我国高等教育事业的基本方针政策。下半年，我校的学生工作要以纪念中央十六号文件颁布实施五周年为重点，以庆祝新中国成立60周年为主题，继续深化"文明生活、健康成才"的教育主题，规划开展一系列的理想信念教育和爱国主义教育活动，进一步加强大学生思想政治教育；要进一步加强就业指导工作，紧密结合大学生就业中面临的实际问题，引导学生树立扎根基层，为国家发展建功立业的就业观念；要在努力做好家庭经济困难学生资助帮扶工作的同时，进一步关注学生的思想教育和心理健康，在物质支持和精神鼓励上齐头并进，促进学生德智体全面发展；要进一步落实"学生工作的基础在基层"的指导思想，完成基层院系学生工作创新基地的评估和挂牌工作，带动全校各院系积极思考，努力探索学生工作的新思路、新方法。

第七，切实加强学校领导班子自身建设。加强学校领导班子建设是推动我校科学发展，加快推进世界一流大学建设步伐的必然要求。要认真贯彻落实中央《关于进一步加强和改进领导班子思想政治建设的意见》，把思想政治建设放在学校领导班子建设的首位，坚持用中国特色社会主义理论体系武装干部头脑，进一步完善党委理论中心组学习制度，不断增强领导班子成员对"六个为什么"的理解和把握，拓展学校领导班子的战略思维和国际视野。要加强组织建设和梯队建设，坚持"党管干部"原则，坚持德才兼备、以德为先，树立注重品行、崇尚实干、鼓励创新、群众公认的用人导向，从学校长远发展角度谋划学校领导班子梯队建设工作，做好后备干部的培养和选拔工作。学校各级领导班子要充分利用学习实践活动中专题民主生活会和党性党风党纪建设专题会议的成果，加强领导班子自身思想建设、作风建设、能力建设，切实提高领导班子保障和领导学校事业科学发展的能力和水平，坚持用科学发展观指导战略规划、学科建设、人才培养、队伍建设和管理服务等各项工作，切实推进学校工作不断迈上新的台阶。

同志们，今年下半年，我校维护校园安全稳定，促进学校科学发展的任务依然十分艰巨。同志们的肩上都担负着非常繁重的工作任务，希望同志们在保重身体、保持健康的前提下，进一步解放思想，扎实工作，以更加奋发进取的精神和脚踏实地的作风,不断加快推进我校创建世界一流大学的步伐,以更加优异的成绩迎接新中国六十周年华诞!

最后,再次祝同志们教师节快乐,身体健康,工作顺利,阖家幸福!

谢谢大家!

校长周其凤在秋季全校干部大会上的讲话

(2009年9月9日)

各位老师、同志们:

明天是教师节,我代表学校首先向老师们祝贺节日。日前,教育部公布了"第五届高等学校教学名师奖"获奖教师名单,100名在高等学校教学与人才培养领域作出突出贡献的教师获此殊荣。我校化学学院段连运、医学部王杉、哲学系赵敦华三位老师成为"第五届高等学校教学名师奖"获得者。在此,我代表学校向他们表示热烈的祝贺!我也祝愿在座的各位老师,祝愿北大的全体教师节日快乐!衷心感谢过去一年中我们广大教师在各自岗位上做出的突出贡献,衷心希望我们的老师们能够始终不渝地继承和发扬北大师德师风传统,在北京大学服务国家战略的历史进程中不断创造新的辉煌。

"服务国家战略,坚持科学发展,加快推进创建世界一流大学步伐",这句话我们在过去的半年时间里反复提、反复讲,今后更要反复提、反复讲,因为这句话不仅是我们学习实践活动凝练出来的主题和载体,更包含了北大全体师生员工对科学发展的基本共识、怎样走科学发展道路的基本思路和理念,是新时期学校各项工作的主线。下面,我根据这一主线,结合暑期战略研讨会上学校领导班子所形成的共识,结合进一步贯彻落实我校学习实践活动整改落实方案的基本要求,从几个方面简要总结上学期工作,并对本学期的行政工作进行布置。

一、优化学科布局,挖掘科研创新潜力,扎实推进"985工程"三期建设工作

上学期,我们在校内组织完成了科技创新平台和哲学社会科学创新基地项目的验收总结。在此基础上,学校筹措资金,先行启动了"985工程"三期建设项目,重点支持了一批新建立的前沿及交叉研究机构。学校完成了《"985工程"二期建设总结报告》,并继续完善《"985工程"预研究建设方案》,明确了下一阶段的重点建设方向。

学科建设是学校的生命线,一流大学必定有一批一流的学科,但是一流大学并非在所有的学科都能达到一流水平。所以,学科建设的目标一定要结合我们的实际,保持特色,发扬优势。在经费、条件相对有限的情况下,我们必须择优扶重、重点突破。根据ESI数据库的基本科学指标,在2009年上半年,我校的计算机科学、神经与行为科学等两个领域又进入了全球前1%。至此,我校已经有数学、物理、化学、生物与生物化学、工程科学、材料科学、植物和动物科学、地球科学、环境科学与生态学、临床医学、药学与毒理学、一般社会科学等14个学科进入全球大学和科研机构的前1%,在内地各高校中居首位。这个指标虽然不一定能反映各个大学学科发展的全貌,但还具有相当重要的参考价值,体现了我校几年来学科建设在扎扎实实不断向前推进。

在学科建设中,基础学科是北大的立校之本,而基础与应用相结合,服务国家战略则是北大的强校之路。刘延东同志在视察我校时强调,要科学把握世界一流与中国特色的关系,既要深入研究借鉴世界各国一流大学一般的发展道路和发展模式,又要积极探索中国特色的发展道路和发展模式。结合我校的实际,要把以基础学科见长、综合优势明显的北京大学建设成为具有中国特色的世界一流大学,首先要处理好基础学科与应用学科、学术前沿与服务国家战略之间的关系,进一步加强基础学科,重点发展前沿交叉学科,重视基础研究与实际应用结合,鼓励原创性成果转化。特别要在生物医学和相关的交叉学科领域,与生态、环境、人口和健康、能源与资源相关的领域,与信息科学与工程相关的学科领域,与社会和谐发展有关的人文社会科学领域,针对国家经济社会发展和国防建设的重大需求,针对区域经济发展和企业的需求,鼓励跨学科、跨院系组织大团队,搭建大平台、争取大项目、取得大成果。

在理工医科研方面,要面向国家重大需求和科技前沿进一步挖掘科研创新潜力。上学期,全校拿到了7项"973计划",4个"863计划"重点项目课题和1个"科技支撑计划"重点项目课题;有9人获国家杰出青年科学基金资助,有1个基金委创新群体通过评审;有6项成果获得国家科学技术奖励。学校科研工作的发展,离不开国家的支持;服务国家战略,面向国家重大需求选择科研方向,是进一步提升学校科研水平的必然要求。未来一个时期科研工作的重要着力点,就是要继续加强国家16个重大科技专项方面的相关工作,大力推动夸父计划、生态环境网络监测系统、分子医学影像工程化、干细胞与转化医学、第四代光源等重大项目的培育；做好核物理与核技术国家重点实验室建设验收，以及教育部重点实验室的评估工作；做好教育部科技奖励和国家科技奖励的申报工作；深化重大科研成果专利的国际布局工作；努力拓展国际科技合作领域，提高合作成效。

人文社科方面，要做好教育部重大攻关项目、国家社科基金重大项目、教育部基地重大项目的申报工作。上学期，学校共申报国家社科基金项目181项，其中48项入围，32项中标，这个数字在全国高校中位居第一。而且我们中标的项目，学科分布比较均衡，其中80%的项目由45岁以下的中青年学者担任负责人，这表明我校文科的一批后起之秀，他们的科研实力与学术影响力持续增强，后劲很足。今年，我们组织申报的国家教育部人文社会科学规划项目有210项，数量比往年有较大增长。在2009年教育部"高等学校科学研究优秀成果奖人文社会科学奖"评选中，北大获一等奖8项、二等奖19项、三等奖27项、普及奖5项，总数及各单项都名列全国高校之首。在2009年人文社科研究与发展工作会议上，筛选出60余个具有前瞻性的重大研究问题。现在看起来，文科抓项目、抓大项目的意识和能力都有了明显增强，这个势头应继续保持，继续加强。

抓科研创新工作，还要注意促进北京大学高水平知识产权成果的形成、经营与管理。现在，发达国家都把知识产权提升到国家发展战略的宏观高度，把加强知识产权工作作为在科技、经济领域夺取和保持竞争优势的一项重要战略。我们要注意学习借鉴外国先进经验，从服务国家发展战略的总体需要出发，认真研究知识产权管理的理论与实践问题，要从我们大学的角度，积极提高自主知识产权的创造、管理、实施和保护能力。

二、加强人才队伍建设，探索建立教职工待遇合理增长机制

上学期，我们以院士推荐、"千人计划"为重点，进一步加强了高层次人才队伍的建设。学校共批准引进85名教学科研人员，其中常规招聘人才53人，新机制单位引进20人，学校百人计划人才12人。学校有15人入选长江学者，其中讲座教授9人，特聘教授6人。在首批"千人计划"中，我校有3人入选，并随后引进了1位"千人计划"人才。此外，学校高度重视并积极做好今年的院士推荐申报工作，在中科院新增院士初选环节中，北大已有12位重量级学者入围。

应该说，经过几年的努力，一批海外优秀学者或者在国内有重要影响的学者来到北大，一批业务精湛、视野宽广的中青年学者逐步成长起来，我们在院士、资深教授、国家级教学名师奖获得者、长江学者、杰出青年和创新团队等几个有显示度的数据上仍处于领先地位。但是，我校依然面临着很多困难和问题，优秀人才流失的压力仍然存在，学校年轻骨干教师的工作和生活压力偏大，后顾之忧较多，这些都是学校非常担心的事情。就下一步学校的人事工作，我提四点意见：

第一，要处理好引进人才与现有人才，新体制人员与旧体制人员之间的关系。引进人才和培养人才同样重要，二者相辅相成、互为补充，只有坚持引进和培养相结合的方针，我们的队伍，我们的事业才会充满活力。受到各方面条件的制约，我校在人事政策上新旧体制并存的现象很难在短时间内彻底改变，这就要求我们统筹兼顾两类队伍之间的关系。一方面要进一步加强高端人才的引进工作，认真做好"千人计划""长江学者"和杰出青年等国家级人才计划的组织和申报工作，也要积极推进讲席教授制度和"百人计划"等校内的人才计划，吸引和汇聚一批具有国际影响力的学术带头人。

第二，要进一步尊重人才、爱护人才，真正做到求贤若渴、惜才如命。相关职能部门和院系要进一步完善与院士、资深教授以及骨干教师代表联系的制度，听取他们的意见和建议，积极解决他们工作、生活中遇到的困难和问题。暑假期间，我和学校其他几位同志一起去广西崇左看望了在野外工作的潘文石老师以及他带领的团队。他们在当地做了很好的工作，与当地政府一起在白头叶猴的保护方面作出了很大贡献，他也因此被当地政府授予了荣誉市民的称号。《纽约时报》对此报道中曾经说"一个村庄救了一个物种"。我也看到，潘老师团队的工作环境，条件非常艰苦，远离城市、远离亲人。其实，在北大，像潘老师这样埋头耕耘的学者并不少，他们是北大的脊梁，我们要千方百计支持好、爱护好这些老师。

第三，以高端人才和青年后备人才为重点，积极探索新的人才招聘、任用制度。上学期，我校千人计划的工作取得了阶段性进展，接下来要进一步完善相关的配套政策，继续做好相关的工作。"长江学者奖励计划"及其他人才计划也要继续抓紧抓好。要继续做好两院院士后备队伍建设和推选服务工作，进一步完善"哲学社会科学资深教授"遴选机制。

第四，积极探索建立教职工待遇合理增长的体制。上学期，按照学校的意见，人事部门对"985"专项岗位津贴制度实施十年来的经验进行了多方调研论证，按照强化激励机制、平衡学科发展、促进人才队伍建设、进一步提高人员待遇的原则，提出了关于教职工待遇合理增长的初步思路。暑期战略研讨会上，学校领导班子听取了工作报告并对这个思路给予了充分肯定。接下来，人事部、财务部等部门要积极稳妥地推进工作的开展。要把各方面的利益统筹好、协调好,最大可能地调动大家的积极性,通过改革调整,建立起基于科学评估的薪酬激励机制,确保人才"引得进、留得住、用得好"。

我们也要进一步做好离退休老同志的服务工作,老同志是学校的宝贵财富,学校要千方百计改善他们的生活条件和医疗服务环境,鼓励支持老同志在学校发展建设中继续发挥应有作用。

上学期,学校成立了人才工作的领导协调机构,完成了对学术委员会和各专业技术职务评审委员会的换届调整工作。在本学期条件成熟时,学校还计划召开一次全校性的人才人事工作会议,全面总结人才工作和人事制度改革经验,积极探索人才人事工作的新思路和新举措。各有关部门和各院系都要做好准备。

三、坚持人才培养中心地位,不断提高教育教学质量

高等学校的根本任务是培养人才,教学工作始终是学校的中心工作。各级党政领导要进一步重视教学工作,经常深入教学第一线,及时研究解决教学工作中出现的新问题,研究教学工作的思路和措施,不断提高学校的教学水平。教师要把主要精力投入到教学工作中,正确处理好本职工作与社会兼职的关系,正确处理好教学与科研的关系;教学管理人员要切实把主要精力投入到管理和服务工作中,认真履行岗位职责,增强服务意识。

在本科生教育方面,上学期,我们完成了本科教学计划的修订工作,重点推进了培养方案、课程设置和教学方法的改革;在国家精品工程建设中,我校有4个教学团队和4个特色专业获得国家级推荐;心理学基地经教育部批准成为"国家基础科学研究和教学人才培养基地",至此,我校的国家级人才培养基地数达到21个。

目前,教育部正在酝酿提出"基础学科拔尖学生培养计划",我们要认真加以研究。北京大学集中了中国最优秀的青年学生,他们求知欲望强烈,富于进取精神,这要求我们能够提供启迪智慧、富于挑战和创新精神的教育。下一步,我们要充分利用现有优势,进一步加强主干基础课、通选课、学科大类平台课建设,通过创新培养方式,构筑基础学科拔尖人才培养的"快速通道",努力建设一个适合北大实际,面向世界、面向未来、面向现代化的,多样化和全方位的人才培养体系,全力帮助学生树立正确的人生观和社会责任意识,使他们既志存高远又脚踏实地、既学识渊博又谦逊达理、既勇于批判又富于合作精神,成为未来各领域的中坚力量和拔尖创新人才。

研究生教育方面,必须始终坚持质量第一的原则,在以下几个方面多下功夫。第一,要在优化学科培养方案、提高课程教学质量、加强培养过程质量监督、提升博士生论文研究水平等方面下功夫,进一步深化和推进研究生培养机制改革;第二,要在提升研究生教育国际化水平上下功夫,积极推进与国内外其他高校和科研机构开展联合培养工作;第三,要在教育部全国优秀博士学位论文评选推荐工作上下功夫,努力推荐更多的优秀论文。

继续教育要强调规范办学,必须紧密结合国家战略的需求,积极整合优质资源,大力开展高端培训,为高层次人才的成长提供"名师资、名教学和名服务",进一步提高大学服务社会的水平。同时,加强"北京大学"四个字的品牌管理,维护学校声誉。对危害学校声誉,假冒北大名义在社会违法办班的行为,要及时监管、依法制止,必要时要严肃追究相关人员责任。

这里还要再一次强调学生就业工作。我看到最新的统计数据,国家人力资源与社会保障部测算,明年我国的就业缺口仍然非常大。大家一定要始终把学生就业率这根弦绷得紧而又紧,把就业指导与服务的各项工作做得实而又实。上学期,学校出台了《关于引导和鼓励毕业生面向基层和西部地区就业的意见》,这个文件很好很及时,我们要进一步加强与国家重点地区、行业和企业的联系,要把更多优秀的毕业生送到国家最需要的地方去,给他们创造建功立业、长远发展的广阔空间。我们还必须明确,就业工作不仅仅是学生工作系统的事情,各个部门各个院系都要全力支持,齐心协力做好工作。

我们还必须重视并进一步加强学生综合素质教育,精心打造学生的第二课堂。经过努力,我们建设了一支稳定、专业的学生资助工作队伍、学生心理咨询与辅导队伍,逐步建立了学生资助体系,广泛普及了学生资助政策,开设了学生心理健康教育必修课和各类专门性通选课;我们大力支持学生社团和社会实践活动,支持学生课余时间参加学术研讨和科研创新探索,积极推进高雅艺术进校园;我们创造了定期通令嘉奖优秀学生团队和优秀个人这种典型引路的工作方式,从多渠道、多途径为促进学生全面成长提供了有力保障。

四、统筹校内外资源,健全资源合理配置和有效使用机制

上学期,学校的一批续建项目进展顺利,新建项目及时启动。我们对公用房屋等校内资源进行了适当合理的调配,保障了学校正常教学科研需要。学校还投入大量经费,确保了图书信息教学科研资源建设和软硬件设备的维护工作。五道口、肖家河住房建设项目都在努力推进,有关新的进展,我们也将及时向工会、教代会通报。医学部西北区医药科技园的建设也取得新的进展。同时,学校加快了住房补贴发放进度,共涉及教职工2400多人,补贴资金约1700多万元,进一步

提高了住房公积金缴纳基数,惠及每位教职员工。通过积极争取,我们还圆满完成了北京市龙湖-大方居限价商品房申购工作。根据国家的有关政策,我们及时发放了离休职工补贴,仅此一项每年将新增加支出300多万元。

本学期,我们将继续加快校园基础设施建设,进一步改善师生员工的工作、学习、生活条件。我们将积极推进人文楼群、国际数学研究中心、微电子大楼、工学院大楼、新闻与传播学院大楼、物理大楼、医学部西北区等项目的建设。房地产管理部和财务部要启动公用房改革试点单位的公用房定额收费管理工作,出台更适合院系操作的系级公用房收费管理细则,加紧推进公用房的有偿使用,进一步推进公用房管理制度改革。昌平校区的规划、建设也已经提上了日程,我们要认真做好具体建设项目的规划立项工作,充分论证拟新征土地并预留发展空间的必要性,争取政府部门的支持,把昌平校区建设成为集大科学装置、开放性公共科研平台、国家重大科技项目和国家重点实验室于一体的科学研究基地。

在财务管理方面,学校已经决定,要成立校级的预算工作小组,统筹学校经费,严格执行财务预决算制度,提高资金使用效益;要逐步推行以院系为主体的预算体制,增加院系的经费自主权。要进一步做好专项资金清理工作,落实资源有偿使用的全成本核算和资金结算工作。

学校还要积极多渠道争取经费,更多地争取国家、企业、校友和社会各界的支持。上学期,我们的筹款工作也取得了非常显著的成绩。到八月底,今年学校累计接受捐赠到账金额超过2亿元人民币,为学校的发展提供了非常宝贵的支持。这个成绩的取得是非常不容易的,我们基金会专职的工作人员也就十几位,而像耶鲁大学这样的学校基金会的人员都是数以百计,所以我们必须加强专业筹款队伍的建设。上半年,我们的筹款工作体系建设也有了实质性的进展。学校成立了发展委员会,同时稳步推进了院系筹款工作体制建设,目前已有35个院系建立起专兼职相结合的筹款工作队伍。在接下来的工作中,我们要充分发挥学校筹款体系的作用,为学校的建设和发展争取更多的支持。

我还要特别强调校友工作。校友与母校之间存在终生不变的情同母子的血缘关系。我们必须进一步密切与广大校友的联系,关心他们的发展。我们还要充分意识到,在校的学生就是未来的校友,在学生学习期间,我们要切实为学生的成长成才服务,培养同学们关爱母校、支持母校的理念。我相信,只要我们工作到位,广大校友就能够为学校的发展提供不竭的力量源泉。

五、紧密结合国家需求,加强国内、国际合作

关于加强国内合作的问题,我已经在很多场合反复强调过。北大的发展,必须立足于国家发展大局,充分发挥知识库、创新源和人才泵的作用,我们参与国家重大战略实施和重大政策制定的贡献率要不断提升。经过一段时间的努力,我们在这个方面的体制机制已经比较完善,全校上下服务国家战略的意识也显著增强,下一步关键是要突出实效。

要继续跟踪服务好与政府、部门或企业签定的合作项目,进一步瞄准国家战略需求与科学技术前沿,关注影响国计民生和国家安全的重大科技问题,主动积极承担国家重大科研任务。上学期,学校先后与国家计生委、湖南省、北京市海淀区、中关村管委会等部门或地区签订了合作协议,在人才交流、科研项目、成果转化以及其他方面建立了合作平台。目前,学校也在制定"北京大学服务首都若干意见",我们要从多方面、多层次、多角度来服务首都,为建设"绿色北京、人文北京、科技北京"作出更大的贡献。

今后,我们要继续发挥北大与部委、地方合作的深厚基础优势,关注区域经济发展需要,鼓励基础研究与实际应用相结合,大力推动科技成果转化,为经济社会发展提供人才支持和知识贡献。我们要充分认识到,服务国家战略不仅仅是国家需要我们,同时这也是学校取得更大发展的现实需要。这个观念应该进一步深入人心,落实到我们的各项工作当中去。

在国际交流方面,上学期,在全球金融危机持续蔓延和甲型H1N1流感肆虐的情况下,我们一共接待了外国大学校长或政界、商界知名人士代表团120多个,5000余人次,学校的国际交流仍保持着良好的发展势头,为学校中心工作的顺利开展作出了重要贡献。本学期的重点是加强引智工作,促进学校师生的国际交流,特别是要加大力度,帮助更多的北大学生到国外去交流、学习,开拓他们的视野,增强国际合作研究的能力。本学期还要积极组织和筹办好第六届国际文化节、北京论坛(2009)等大型活动,加紧推进国际汉学家研修基地建设,为中华文化的国际推广作出新贡献。今年"北京论坛"的主题是"文明的和谐与共同繁荣——危机的挑战、反思与和谐发展"。现在,论坛各项筹备工作进展顺利,11月份就要正式开幕。北京论坛是一年一度的国际学术盛会,也是北大国际交流工作的一个重要品牌,对于北大人文社科的发展有很大的推动作用,各有关部门和院系一定要抓紧抓好。

六、扎实做好传染性疾病防控和安全保卫工作,维护和谐稳定的校园环境

上学期的敏感节点很多,学校面临的安全稳定方面的挑战也多。学校安全稳定一线工作小组的同志们做了大量艰苦、细致的工作,妥善处理了各种突发事件,确保了校园的安全稳定。

  当前,2009级新生已经入学,其他年级的学生也已陆续返校,同时秋季也是病毒易发期,甲型H1N1流感防控工作形势日益严峻。9月6日上午,我校两名同学被海淀区疾控中心确诊为甲型H1N1流感患者,其中一名同学为工学院2009级本科新生,另外一名同学为化学与分子工程学院2007级在校研究生。由于在迎新工作中校医院和工学院防控措施到位,严格按照8月31日学校甲流防控和迎新工作部署会的要求组织新生测量登记体温,在第一时间即发现该生的发热症状,并马上采取隔离措施,因此,除了排查出4名新生亲属为密接者外,没有在校内师生中形成密接人群。化学与分子工程学院的同学在校医院发热门诊就诊过程中,及时得到了妥善的处理和医学隔离方面的指导,后经防疫部门确认有2名密切接触者。9月8日晚,城市与环境学院又有一名女同学确诊,并由疾控中心确定其同宿舍3名同学和其他有过接触的3名同学为密切接触者。目前,上述3名确诊同学已经由区疾控中心接管治疗,有关密切接触者已被海淀防疫部门接走到指定地点进行医学隔离观察。

  学校要求,全校各单位务必要在思想认识上高度重视甲型H1N1流感防控工作,进一步提高警惕,增强责任意识、大局意识,把做好甲型H1N1流感防控工作作为本单位近期的一件大事抓紧抓实。要严格按照上级部门和学校关于甲型H1N1流感防控工作的有关工作预案和文件精神,周密部署,严格落实。要进一步完善本单位甲型H1N1流感防控工作责任制,各单位一把手要亲自抓、带头抓,把责任落实到人。要严格控制室内大型聚集性会议、活动,按照"非必须,不举办"和"谁主办,谁负责"的原则,严格做好卫生防疫工作。昨天下午,学校党政联席会已经决定,根据教育部卫生部文件要求,将新生开学典礼举办地由综合体育馆改到学校东操场举行。为确保开学以后正常的教学活动,各单位要配合卫生防疫部门,在师生中广泛开展甲型H1N1流感防控的宣传教育。特别要做好本单位所有人员的体温监测工作,坚持对缺课、缺勤人员的追踪制度,及早发现异常情况,及时上报信息,切实做到"早发现、早报告、早隔离、早治疗"。

  暑假期间,我们对保卫部的机构和人员进行了大幅度的调整改革。一是将保卫部原先"大机关,小基层"的体制结构改进为"小机关,大基层"的体制结构,加强了一线执行力量;二是调整了保卫部的内设机构,整合成立了校园秩序管理中心,加强了燕园派出所的工作力量,增强了信息、安全教育与宣传、校园秩序管理、科技创安、治安预防等方面的工作;三是对保卫部的人员结构进行了调整,开始扭转原先年龄偏老、学历偏低、人员流动不出去、有文化的年轻人不愿意来的状况,努力提高队伍的整体战斗力;四是改进了校园安全管理模式,按照"网格化"管理思路,将校园分为办公区、教学区、生活区,由校园秩序管理中心的三个区队进行分区管理,严格落实责任制和竞争激励机制,提高管理成效。这次改革是保卫部历史上动作最大、设计最新的改革,对原先保卫部机构人员与新时期安全稳定工作不适应的地方进行了全面改进。

  当然,大家都要清醒地认识到,改革是手段而非目的,改革的成败,归根结底还要看整体工作的效果好不好和广大师生员工满意不满意。学校的发案率要明显地降下来,校园的秩序要明显地好起来,关键时刻、敏感时期的战斗力要明显地增强,这样我们的工作才能得到认可。我希望,安全保卫战线的同志们,以及全校各个单位负责这方面工作的同志,都要坚持"服务师生,保卫安全"的理念,在六十周年大庆即将来临之际,不断增强责任意识,不断提高工作效率,确保国庆平安,真正实现以改革促发展,以改革保稳定。

七、深入推进"绿色校园"建设,实现校园可持续发展

  北大的校园建设要紧紧围绕"绿色校园"来做文章,校园要增加人文气息,让"一草一木都参与教育"。学校是学生获得知识、价值观和行为养成的重要场所,校园环境对学生潜移默化的影响是显而易见的,因此通过校园的环境、生活和管理体系传递可持续发展的思想尤显重要。建设"绿色校园",对于学校的学科建设、学生工作等方面都会有积极影响,对于塑造我们在国际上的良好形象也有长远意义。

  前不久,学校和全国政协人口资源环境委员会、贵阳市委市政府联合主办了生态文明贵阳会议,我在这个会上介绍了北大的"绿色校园"建设情况。应该说,通过这些年的工作,我们已逐渐摸索出一条自己的道路。环境科学学科体系的建立,使北大不仅能进行基础和前瞻性的研究,更重要的是能够更加有效地服务于社会需求和环境管理决策的需要。在做好科学研究的同时,我们在城市规划、生态科学、环境工程、化学、物理、经济、法律和国际关系等领域的11个学科,设置了近40门与环境发展密切相关的课程,努力培养了一批具有科学环境生态意识的人才和环境保护领域的专业性人才。我们还在育人理念中充分渗透了环保意识,将生态文明和可持续发展理念融入到学生的校园文化生活中。在团中央等上级部门的指导、支持下,由我校建设的中国大学生环境教育基地已经成为全国高校中最具影响力的环保教育基地;我校现有6家环保类的学生社团,每年开展的暑期社会实践活动中也有大量的环境保护活动。在校园建设中,我们也坚决落实节能减排要求,充分利用绿色能源,利用地热能源供暖,加快投入改造节能设备,取得了很好的效果。

在暑期研讨会上，通过发展规划部等单位同志的介绍，我了解到，北大的动植物资源特别丰富。在校园里可以看到鸟类135种（占整个北京地区三分之一强），小型哺乳动物11种，高等植物385种。在北大看到的鸟类中有近30种繁殖种群，其中包括国家级保护动物鹰鸮、红隼、红角鸮、鸳鸯等。未名湖水系中有近20种鱼类。所以说，北大拥有得天独厚的自然条件。这是我们建设"绿色校园"，向师生传播可持续发展观念的重要基础。

在接下来的工作中，我们要深入总结"绿色校园"建设已经取得的一些成功经验，充分发挥校园独特优势，将环保意识和行动贯穿于学校的管理、教学、科研和建设的整体工作中。

八、进一步总结合校经验，促进医学部加快建设、健康发展

明年就是合校十周年了。九年多来，校本部和医学部在学科融合、科研合作等方面做了大量工作，取得了很好的成绩，得到了上级部门和兄弟院校的肯定。为了进一步促进校本部和医学部的融合与交流，学校提出以下两点意见：

首先，结合"985工程"三期建设，进一步促进校本部和医学部在科研方面的沟通、合作和整合。要进一步加强项目的组织协调，在共同申请项目，特别是重大科研项目方面进行资源整合，形成合力；要大力推动生命科学与医学、医学与人文社会科学、医学与基础理科等相关学科的交叉和融合，优化资源配置，形成新的学科生长点；要加强大型仪器设备的共享。

第二，本部与医学部各职能部门要在总结经验的基础上，进一步采取具体措施，推进深度融合。学校曾明确规定，医学部有关职能部门正职兼任学校相应职能部门副职。学校要求，各机关处室要继续坚持工作例会制度，定期召集有医学部相关部门正职领导参加的工作例会，沟通情况，共同制定工作计划，起草政策文件，促进双方职能部门的沟通协调。

这些年来，在涉及北大整体形象的事项上，如统一的开学典礼和毕业典礼、统一的校历、网站域名等等，我们已经取得了显著的进展。今后，要把相关工作做得更细更实。

暑假期间，北京市成立了新药创制产学研联盟，我们能够加入到这个联盟中并发挥重要作用，是非常有意义的。我们要通过这个平台为北京生物医药产业的健康和可持续发展积极贡献我们的力量。

九、做好三项专项工作

一是关于行政管理服务工作。各行政部门要以教学科研为中心，进一步强化服务意识，改善服务态度，提高服务水平。要进一步规范管理，完善制度。机关部门要进一步完善各种规章制度和工作须知，提高工作的规范性和透明度。下一步，由党办校办负责，在此前工作的基础上，学校各相关单位全力配合，通过编制《北京大学规章制度》汇编，进一步加强学校规章制度的"废、改、立"工作。

二是关于产业工作。我们要继续坚持"积极发展，规范管理，改革创新"的指导方针，在做好规范化建设的基础上，积极参与国家拉动内需、调整结构、确保增长的各项计划。要通过股权激励试点探索改革完善公司的管理机制的有效途径，全面提升公司的自主创新能力，为中关村国家自主创新示范区的发展贡献力量。

三是关于深圳研究生院的建设。经过几年的努力，经过学校本部各部门各院系的大力支持，深圳研究生院已经步入一个新的发展阶段，在学科建设和人才培养方面，结合南方经济发展形势的需要，形成了一定的特色。今后，要进一步抓住机遇，加快学科建设和师资队伍建设，为深圳自主创新能力的提高和社会经济的发展进一步提供人才和智力支持。

以上重点谈了几个方面的工作，主要还是提工作上大的思路和总体要求，会后请各单位认真细化并做好落实。特别要请大家紧密结合学习实践科学发展观活动的整改落实方案，把近期、中期、长期需要逐项落实的工作安排好，努力解决影响学校发展的瓶颈问题，保证整改落实方案真正落到实处、落到细处，不辜负广大师生员工的殷切期望。其他方面的常规工作，我就不再一一点到。北大是一个复杂系统，其中任何一个环节的工作，它的牵涉面都很广，都是非常重要的。我们在抓中心工作、抓重点项目的同时，更要学会"弹钢琴"，学会协调安排，确保北大正常高效运转。希望各个部门的负责同志，都要不断地提醒自己、提醒身边的同志，要有大局意识、全局观念，立足本职岗位，为学校创建世界一流大学的事业作出更大贡献。希望同志们以高度的责任心和使命感，鼓足干劲，振奋精神，以优异的成绩，向新中国成立60周年献礼！

谢谢大家！

北大概况

北京大学创办于 1898 年,初名京师大学堂,是我国第一所国立综合性大学,也是当时中国最高教育行政机关。辛亥革命后,于 1912 年改为现名。

作为新文化运动的中心和"五四"运动的策源地,作为中国最早传播马克思主义和民主科学思想的发祥地,作为中国共产党最早的活动基地,北京大学为民族的振兴和解放、国家的建设和发展、社会的文明和进步做出了不可替代的贡献,在中国走向现代化的进程中起到了重要的先锋作用。爱国、进步、民主、科学的传统精神和勤奋、严谨、求实、创新的学风在这里生生不息、代代相传。

1917 年,著名教育家蔡元培出任北京大学校长,他"循思想自由原则,取兼容并包主义",对北京大学进行了卓有成效的改革,促进了思想解放和学术繁荣。陈独秀、李大钊、毛泽东以及鲁迅、胡适等一批杰出人才都曾在北京大学任职或任教。

1937 年卢沟桥事变后,北京大学与清华大学、南开大学南迁长沙,共同组成长沙临时大学。不久,临时大学又迁到昆明,改称国立西南联合大学。抗日战争胜利后,北京大学于 1946 年 10 月在北平复学。

中华人民共和国成立后,全国高校于 1952 年进行院系调整,北京大学成为一所以文理基础教学和研究为主的综合性大学,为国家培养了大批人才。据不完全统计,北京大学的校友和教师有 400 多位两院院士,中国人文社科界有影响的人士相当多也出自北京大学。

改革开放以来,北京大学进入了一个前所未有的大发展、大建设的新时期,并成为国家"211 工程"重点建设的大学之一。1998 年 5 月 4 日,在北京大学百年校庆之际,国家主席江泽民题词:"发扬北京大学爱国进步民主科学的优良传统为振兴中华作出更大贡献",并在庆祝大会上发出了"为了实现现代化,我国要有若干所具有世界先进水平的一流大学"的号召。北京大学积极响应号召,适时启动"创建世界一流大学计划"("985 计划"),自此开启了北京大学建设发展的新篇章。

2000 年 4 月 3 日,原北京大学与原北京医科大学合并,组建了新的北京大学。原北京医科大学的前身是国立北京医学专门学校,创建于 1912 年 10 月 26 日,并于 1946 年 7 月并入北京大学。1952 年在全国高校院系调整中,北京大学医学院脱离北京大学,独立为北京医学院。1985 年更名为北京医科大学,1996 年成为国家首批"211 工程"重点支持的医科大学。两校合并进一步拓宽了北京大学的学科结构,为促进医学与人文社会科学及理科的结合,改革医学教育奠定了基础。

近年来,在"211 工程"和"985 工程"的支持下,北京大学进入了一个新的历史发展阶段,在学科建设、人才培养、师资队伍建设、教学科研等各方面都取得了显著成绩,为将北大建设成为世界一流大学奠定了坚实的基础。今天的北京大学已经成为国家培养高素质、创造性人才的摇篮、科学研究的前沿和知识创新的重要基地和国际交流的重要桥梁和窗口。

2009 年,北京大学设 47 个直属院系。开设本科专业 113 个,覆盖文、理、医等 10 个学科门类。全校有 211 个博士学位授权点、253 个硕士学位授权点、113 个本科专业、18 个国家重点学科(一级)、25 个国家重点学科(二级)、3 个国家重点(培育)学科,以及 39 个博士后流动站。全年博士后研究人员在站 868 人,累计进站 3331 人。有 10 个国家重点实验室、2 个国家工程研究中心、63 个省部级研究院(所、中心、重点实验室)、8 所附属医院、13 所教学医院。在职教职工 19141 人,其中专任教师 5866 人。有教授 1701 人,副教授 2037 人,博士生导师 1447 人,中国科学院、中国工程院院士 67 人,"长江学者奖励计划"特聘教授和讲座教授 111 人,"973 项目"首席科学家 25 人,国家杰出青年科学基金获得者 144 人。毕业生 21686 人,学历教育学生中全日制研究生 5166 人(博士生 1532 人,硕士生 3634 人),普通本专科生 3475 人(本科生 3282 人,专科生 193 人),成人教育本专科生 3689 人(本科生 2888 人,专科生 801 人),网络教育本专科生 9356 人(本科生 6952 人,专科生 2404 人)。招生 19894 人,学历教育学生中全日制研究生 6078 人(博士生 1618 人,硕士生 4460 人),普通教育本专科生 3619 人(本科生 3418 人,专科生 201 人),成人教育本专科生 4201 人(本科生 3658 人,专科生 543 人),网络教育本专科生 5996 人(本科生 4877 人,专科生 1119 人)。在校生 81355 人,学历教育学生中全日制研究生 18920 人(博士生 6838 人,硕士生 12082 人),普通教育本专科生 14810 人(本科生 14199 人,专科生 611 人),成人教育本专科生 11568 人（本科生 9741 人，专科生 1827 人），网络教育本专科生 36057 人（本科生 30098 人，专科生 5959 人）。留学生毕业 992 人，招生 1266 人，在校 2780 人。图书馆建筑面积 67462 平方米，图书馆藏书 852.93 万册。校园占地面积为 2743532 平方米，校舍建筑面积为 2326424 平方米，固定资产总额 560230.09 万元，其中教学科研仪器设备资产为 228125.56 万元。

2009 年，北大紧紧围绕学校改革发展稳定的大局，以"服务国家战略，坚持科学发展，加快推进创建世界一流大学步伐"为实践载体，扎实有效地开展了深入学习实践科学发展观活动，各项工作取得新的进展，在创建世界一流大学的征程上又迈出了坚实的步伐。

（一）学科建设

2009 年，学校稳步推进"985 工程"和"211 工程"建设。学校对"985 工程"二期建设进行了认真总结，进一步完善了下一阶段预研究的建设方案，积极筹措资金，预先启动了"985 工程"下一阶段建设项目，持续建设"985 工程"学科发展平台。2009 年的建设经费重点用在了人才引进与培养、改善学科发展公共条件、提升关键学科领域的教学科研水平，并支持了一批高水准的国际合作交流项目，这些都取得了良好效果。

目前，学科建设工作发展态势良好，成效喜人。生物医学工程、生物信息学、理论生物学、化学基因组学和新功能材料等一批前沿交叉学科研究方向先后确立，功能成像研究中心、量子材料科学中心、高等人文研究院、国际汉学家研修基地等前沿交叉学科研究机构相继建立，前沿交叉学科研究院、分子医学研究所、工学院、国际数学研究中心、社会调查中心、先进技术研究院、科维理天文与天体物理研究所、高能物理研究中心等研究机构快速发展。

根据美国"基本科学指标数据库"（ESI）对过去 10 年论文引用数据的统计，我校数学、物理、化学、生物与生物化学、工程科学、材料科学、植物和动物科学、地球科学、环境科学与生态学、临床医学、药学与毒理学、计算机科学、神经与行为科学以及一般社会科学等 14 个学科进入全球大学和科研机构的前 1%，在内地高校中首屈一指。

根据 2009 年 10 月《美国新闻与世界报道》世界大学排名，在自然科学领域，我校排在全球第 19 位；在生命科学与生物医学领域，排第 19 位；在工程与信息科学领域，列第 31 位；在艺术与人文领域，列第 16 位；在社会科学领域，排名第 21。以上数据一定程度上反映了北大近年来的发展进步。今天的北京大学，一个门类齐全且特点鲜明的研究型大学学科体系基本形成，一批优势学科已经进入世界先进行列，个别学科已经达到世界一流水平。

（二）人才培养

2009 年，学校进一步明确把高层次人才培养作为学校的核心使命，继续推进本科教育改革，深入推进"元培计划"和医学"长学制"教育改革，稳步推进研究生培养机制改革。

在本科教育教学方面，学校于去年秋季学期开始实行新的教学计划，依托北大的综合学科优势，通过学科大类平台课的学习拓宽学生的学科基础，开阔他们的学术视野，促进学科的融合和交叉，对学生开展综合性培养。依据各学科特点，目前北大设立了理工、人文、社科、经济管理四个学科大类平台，每个大类平台建设了基础平台课与专业开放平台课供学生选择。目前这项工作进展顺利，全校已建立基础平台课 119 门，开放性专业平台课 107 门。2009 年学校本科教学工作会议提出以"建立多样化和全方位的本科教育体系"作为新阶段推进本科教育改革的切入点。

在研究生教育方面，北大继续推进培养机制改革，继续采用"优秀大学生夏令营"等形式提前全面考核、选拔潜在生源，积极探索研究生招生逐步由以考试成绩为基础的应试机制转向以素质能力为基础的申请与全面考核相结合的机制，并根据国家和社会人才需求的变化，完善学术型和职业型研究生分类培养体制，不断提高研究生的培养质量，进一步完善培养学术领军人物后备力量的体制机制。结合研究生教育创新计划的实施，着力抓好研究生科研创新能力的全面提高，并稳步推进研究生教育的国际化水平。2009 年举办全国研究生暑期学校 12 个、博士生学术论坛 5 个、全国博士生学术会议 5 个；有 258 人被国家建设高水平大学公派研究生项目录取，350 余名研究生出席国际学术会议；有 5 篇论文入选 2009 年度全国优秀博士学位论文。北大还启动了博士生国际专题学术研讨会、博士生短期出国（境）研究的资助工作，举办了中国研究生院院长联席会首届国际论坛，积极推动研究生教育的校际交流与合作。

在医学教育教学改革方面，医学部近年来付出了很大努力，得到了政府主管部门和国内外同行的认可。本科"融教育教学一体化"课程体系改革、研究生教育多环节质量改进和继续教育"规范化培训"及与行业要求的衔接已初步形成或初见成效，体现了北大医学教育的责任。

在实践探索中，我校教育教学工作取得了丰硕成果。在 2009 年国家教学成果奖评选中，《北京大学本科培养模式和管理体制改革》等 16 项成果获奖，其中国家级教学成果奖一等奖 2 项，二等奖 14 项，获奖总数位居全国高校首位；又有 3 名教师获得国家教学名师奖，使得北大获得该奖项的教师达到 15 位，居全国高校首位；另有 11 门课程入选国家级精品课程。自

2003年开始评选国家级精品课以来,我校已有84门课程入选。

(三) 科学研究

"985工程"实施以来,学校科研经费逐年增长,承担国家重大科研任务的能力显著提高,在过去的一年中,我校服务国家战略需求的意识进一步增强,在科技创新方面取得了可喜的成果。

2009年,徐光宪院士获得国家最高科学技术奖,成为我校继王选院士之后第二位荣膺最高奖的科学家;2009年,北大作为第一完成单位获得国家自然科学奖2项、国家科技进步奖1项;2009年我校又一项成果入选年度"中国高校十大科技进展",自该项评选设立以来,我校已经有18项科技成果入选,是入选成果最多的高校。2009年,我校获教育部"高等学校科学技术奖"11项,一项成果入选"中国基础研究十大新闻";新获批"973计划"项目4项、重大科学研究计划项目3项,获批项目数居全国首位;新批"863计划"各类课题20项;新获批国家自然科学基金各类项目总计510项,批准经费居全国首位,其中重大项目2项、重点项目16项、国家创新群体基金1项、国家杰出青年科学基金9项;核物理与核技术国家重点实验室通过了国家科技部组织的验收,正式成为国家重点实验室。由北京大学、国家广电总局广播科学研究院、中科院计算所共同申报的"数字视频编码与系统技术"国家工程实验室获得正式批准。"电子出版新技术国家工程研究中心"和"软件工程国家工程研究中心"获得创新能力建设资金项目,进入新的建设阶段。

医学部在"重大新药创制"和"重大传染病防治"两个科技重大专项中牵头"十一五"期间的23个课题,获批中央专项经费2.63亿元。一批基础与临床的高质量学术论文分别在 New England Journal of Medicine, CELL, PNAS, J. Clinical Oncology, Ophthalmology, Behavioural Brain Research 等有影响力的国际杂志发表,显示了医学部整体科研水平的提高。

面对国际金融危机,我校人文社会科学有关学科的专家学者认真开展研究,取得了丰硕的成果,积极为保增长、保民生、保稳定作出贡献。汤一介先生主持的《儒藏》工程继续向前推进;由袁行霈教授主编、36位著名人文学者集体编撰的《中华文明史》被列入"中国文化著作翻译出版工程",其英文版被纳入"剑桥中国文库",将由剑桥大学出版社出版;考古文博学院与陕西考古研究院联合主持的"陕西周公庙遗址发掘"获得中国考古界最高奖;我校建立的全国唯一的中国社会调查中心,为中国社会科学发展提供数据平台,为政府制定社会经济政策提供客观、科学的依据,该中心的《中国报告(2009)》顺利出版并产生良好影响。在2009年教育部"高等学校科学研究优秀成果奖人文社会科学奖"评选中,北大获一等奖8项、二等奖19项、三等奖27项,总数及各单项都名列全国高校之首。

(四) 队伍建设

过去几年,学校除了积极实施国家自然科学基金委创新研究群体计划、教育部创新团队计划和长江学者奖励计划、新世纪优秀人才支持计划外,还陆续出台了一系列学校层面的人才计划,如学术带头人的启动和配套计划、着眼于引进青年学者的"优秀青年人才引进计划"、吸引国际学者的"海外学者讲学计划"等。2009年,学校成立了以人才工作领导小组、人才工作协调小组、人才评价专家小组为核心的人才工作领导机构,制定了《〈北京大学优秀青年人才引进计划〉考核实施细则》《北京大学讲席教授职位管理办法》等规范性文件,紧紧抓住培养、吸引、用好人才三个环节,进一步改进人才工作机制,优化人才资源配置。

国家的支持和以上措施的实施,进一步调动了全校教师的积极性创造性,也吸引了大批海内外优秀学者汇聚北大。如北京国际数学中心主任田刚、高等人文研究院院长杜维明、生命科学学院院长饶毅、物理学院院长王恩哥、工学院院长陈十一、基础医学院院长尹玉新、分子医学研究所程和平、肖瑞平等。

在做好人才引进工作的同时,学校高度重视并加强研究处理好引进人才和稳定队伍之间的关系,努力改善研究、工作和生活条件,精心营造和谐公平的学术环境,使各方面人才学有所用,学术队伍的整体素质和水平不断提高。

北大看到,经过两期"985工程"的建设,北大的人才队伍建设取得了较大的成绩。1998年,在校工作的两院院士和国家杰出青年基金获得者都不足30位,"长江学者奖励计划"刚刚启动。而近年来已形成了以69位两院院士、10位"千人计划"入选者、21位人文社科资深教授、15位国家教学名师、126位长江学者、24位973首席科学家、9位重大科学研究计划首席科学家、148位国家"杰青"和16个国家自然科学基金委创新研究群体为核心的总数300余人的拔尖人才梯队,还涌现出以王选、徐光宪、孟二冬以及"蔡元培奖"获得者为代表的一批学为人师、行为世范的教师楷模。

(五) 社会服务

我校立足国家发展大局,紧密围绕国家战略发展需要,参与国家重大战略实施和重大政策制定的贡献率不断提升,国内合作稳步推进。学校持续加强对口支援石河子大学工作,目前石河子大学已进入"211工程"重点建设高校行列,博士点、博士后流动站、博士后工作站、MBA学位点的建设都已取得零的突破。同时,继续与国家气象局、国家文物局、国家体育总局、国家地震局等部委开展深入的科研合作;与湖南省、广东省广州市、黑龙江省哈尔滨市、北京市海淀区等地方政府签署了合作协议,与广西壮族自治区达成了合作意向,积极参与湖南长株潭地区"两型社会"建设、哈尔滨市重大发展规划、中国与东盟关系研究以及广西北部湾建设等重大项目,通过政策咨询、科研合作、技术论证、人才培养、干部交流以及成果转化等方式,从多方面、多层次、多角度来服务地方经济社会建设,签约合作省区增至14个;通过与北京共建首都发展研究院等形式,积极促进首都各项事业的发展和繁荣,牵头承担了《北京市城市管理国家综合配套改革试验区方案》研制工作,作为北京市第一批协同创新单位,参与了中关村国家自主创新示范区建设。

我校针对国家重大需求和重点支持领域,关注区域经济发展需要,鼓励基础研究与实际应用相结合,大力推动科技成果转化,在应对全球气候变化和国际金融危机、服务生态文明建设等方面的工作得到了党和政府的高度评价。

2009年7月至9月,方精云院士牵头承担了中科院学部咨询评议委员会紧急启动的重大咨询项目"我国应对全球气候变化的战略研究"。研究建议书提交后,中央领导高度重视,并将其作为胡锦涛总书记参加联合国大会的文件材料之一,建议书中的一些内容已体现在总书记在联大的报告以及我国政府的有关政策中。在刚刚结束的哥本哈根"联合国气候变化框架公约"第15次缔约方大会上,我国的谈判立场及政策原则与方精云教授的报告在很大程度上具有一致性。

2009年9月,由北大学校和全国政协人口资源环境委员会、贵阳市委市政府联合主办了生态文明贵阳会议。在这个会议上,包括英国前首相布莱尔在内的数百位国内外政要、专家学者、企业家以及部分国内外知名人士进行了交流和探讨,形成了积极应对气候变化、生态危机、协力发展绿色经济的《贵阳共识》,产生了非常好的社会影响。

化学与分子工程学院研制并参与生产的磷酸铁锂动力电池在继成功应用于北京奥运会场馆电动车及观光旅游电动大巴后,又为北京、长沙、济南等多个城市的电动车示范项目提供了支持,达到了显著的节能减排效果。

学校积极发挥学科综合优势和师资优势,大力开展高端培训,为社会各领域高层次人才的再学习、再提高创造机会。2009年,北京大学被中组部和教育部确定为首批全国干部教育培训高校基地。

在医疗服务方面,2009年各附属医院年诊疗总量980多万人次,年收治住院病人22万人次,为首都和全国人民提供了优质的医疗卫生服务。同时,北大的附属医院完成了大量支援西部、支援基层医疗的公益性任务,并积极配合政府探索改革的道路,受到了好评。

此外,以方正集团为代表的一批高新技术企业也在转化科技成果、繁荣地方经济、扩大就业等方面做出了积极贡献。

(六)国际交流

过去一年,学校紧密围绕教学科研与人才培养的中心任务,不断提升国际化的质量与层次。截至2009年12月底,国际交流合作伙伴已经扩展到60个国家和地区的265所大学和科研机构。留学生规模稳步扩大,学历生比例不断提高,留学生的生源质量也有很大的进步。

2009年共接待国外来访代表团392个,总人数超过13000余人次,其中海外知名高校校领导代表团137个;接待英国前首相布莱尔、韩国前总统金大中、联合国前秘书长安南、新西兰总理约翰·基、美国财政部长盖特纳、美国能源部长朱棣文等14名外国政要,以及1994年诺贝尔文学奖获得者大江健三郎、1998年诺贝尔物理学奖获得者崔琦、2006年诺贝尔和平奖获得者穆罕默德·尤努斯和2007年诺贝尔医学奖获得者奥利弗·史密斯等4名诺贝尔奖得主。

此外,学校还充分发挥综合学科优势和国际交流资源优势,加强国际学术和文化交流。2009年,学校组织筹办了第六届国际文化节、北京论坛等多项大型活动,使北大兼容并包的国际形象获得了广泛认同。作为人文社会科学领域最有影响的论坛之一,"北京论坛"以"文明的和谐与共同繁荣"为主题,邀请世界各国学者进行对话,在促进对外学术交流等方面发挥了重要作用。

(七)学生服务和管理工作

2009年,学校继续完善"小机关,多中心"的工作格局,夯实院系学生工作基础,完善学生工作队伍建设,形成了教育、管理、服务"一体化作战"的整体教育模式,在构建科学高效的现代化学生工作体系方面迈出了坚实步伐。同时,抓住纪念中央16号文件颁行五周年的契机,深入总结工作经验,科学谋划发展思路,举办了"引路青春·助航成长——北京大学加强和改进大学生思想政治教育工作回顾展(2004—2009)"。刘延东国务委员亲自给筹备展览的北大老、中、青三代辅导员回信,充分体现了中央领导对我校学生工作的高度肯定与殷切期望。

学校高度重视学生就业工作、资助工作和心理咨询工作。面对金融危机,学校采取一系列措施加强就业工作,出台了《关于引导和鼓励毕业生面向基层和西部地区就业的意见》,积极向地方政府、企事业单位和学校承担的重大科研项目推荐毕业生。据统计,截止到2009年12月23日,本科毕业生就业率达到99.13%,研究生毕业就业率达到99.51%。全校赴西部和基层就业的毕业生人数达到157人,比去年提高了30％。在去年年底进行的评比中,我校被评为全国就业工作先进集体。学校进一步完善迎新"绿色通道"工作体系,继续加大专项经费投入,推行生源地贷款一站式服务,在精致化指导、科学化运作、人性化服务、榜样化教育等方面积极推出创新举措,确保每一位家庭经济困难新生顺利入学。在学生心理健康教育领域,通过在学生中积极开展心理危机干预、心理咨询,取得了良好效果,被北京市委教育工委评定为"北京高校心理素质教育示范学校""北京市心理健康教育先进集体"。

北大还深入开展素质教育,积极培育蓬勃向上、文明和谐的校园文化。由校团委、学生课外活动指导中心牵头组织的第二课堂活动蓬勃开展,以庆祝新中国成立60周年、纪念五四运动90周年为主题的各项活动影响广泛,北大艺术团、体育代表队和多支课外学术活动团队在国内外的多项比赛中创造出优异成绩。还要特别提出表扬的是,2009年国庆期间,约有3000名学校师生参与了天安门广场群众游行第33方阵——"我的中国心"方阵、群众游行第42方阵合唱以及广场群众联欢活动,他们用高度的责任感和刻苦拼搏的精神为祖国60周年大庆作出了贡献,代表了新时期北大人昂扬向上的精神风貌,为学校争了光,也得到了上级领导的充分肯定。

(八)后勤保障与学校财政

在基础设施建设和校园修缮方面,北大医院大楼竣工投入使用,射频超导加速实验室、温德公寓、一教东阶梯教室、五四运动场修缮改造完成,人文大楼、国际数学研究中心、新法学楼、工学院与交叉学科大楼等新建项目相继开工,北京大学-斯坦福中心、南门区域教学科研综合楼、国家发展研究院大楼、物理西楼、景观设计学大楼、生命科研教学楼、环境科学楼、新闻与传播学院大楼、对外汉语教育学院大楼、医学部西北区等建设项目稳步推进,未来3~5年内,师生员工的工作和学习条件将得到进一步改善。学校实施了校园绿化工程,未名湖周边、静园草坪、学生宿舍区等地的绿化面积进一步增加。学校危旧楼房的维修改造和学生宿舍楼改造步伐进一步加快,校本部大部分学生宿舍楼内淋浴间的建设也已经完成。

学校进一步完善校园信息化建设。继续加强图书、期刊、电子资源、多媒体、古籍等教学科研资源建设和软硬件设备的维护工作;稳步推进校园网扩展与升级、校园信息服务及运行管理系统、校园网机房环境改造、网上办公系统、校园电子校务平台、数据存储系统扩展与升级、信息网络运行维护等工作;学校网站群的建设特别是英文网站群建设也有了新的进展。

值得一提的是,2009年是后勤改革十周年。前段时间,各个中心通过举行各种形式的活动进行了总结。十年来的实践证明,北大的后勤改革取得了良好的效果,在保证学校平稳运行中发挥了重要作用。北大将来还要进一步完善工作体制和机制,把后勤服务保障工作做得更好。

在学校财政方面,2009年,学校充分利用科技、人才优势,通过多种形式办学,积极开展社会服务,争取海内外捐赠和社会资助,积极筹措办学经费,为学校的正常运转和发展提供资金保障。2009年,学校校级预算收支仅占全部经费的四分之一,用于维持校本部和医学部的日常运转。而其中事业经费仅用于人员经费支出仍显不足,经费缺口全部要学校通过各种形式的办学收入、企业上交,争取社会捐赠等渠道自筹,学校自筹经费压力巨大。

在资源配置和使用方面,学校成立了发展委员会,召开了筹资工作会议,在教育基金会和各有关单位的努力下,2009年内已为学校事业发展筹资3亿多元,作出了重大贡献;院系筹款体制建设稳步推进,基层院系建立起专兼职相结合的筹款工作队伍;学校土地、房屋、大型仪器设备等公共资源的统筹利用机制正在进一步完善。

(九)民生服务

切实解决教职工高度关注的实际问题,建立符合事业发展状况的绩效奖励制度,切实提高教职工的生活待遇,这是学校领导班子的共识和始终坚持的原则。围绕这一目标,学校想方设法筹措资金,采取有效措施提高教职员工的待遇。

学校努力改善教职工住房紧张状况。积极与北京市、海淀区政府沟通,克服重重困难,坚定不移地大力推进五道口和肖家河教师住宅建设项目。目前,五道口教师住宅已经完成结构封顶,正在进行内部装修和周边市政建设;肖家河教师住宅建设项目也已经签署征地补偿安置协议,学校将竭尽全力,坚决推进这项工作。

2009年,学校集中力量解决了一些师生员工普遍关注的问题:如进一步加强了校园管理工作,进行了安全管理组织体系改革,成立了校园秩序管理中心,实施"网格化"校园安全管理模式;进一步推进绿色校园建设,加强节能减排、节水和中水回用,加强生物多样性保护等校园建设可持续发展项目的实施和研究工作;进一步健全和完善师生帮扶长效机制,继续做好"爱心基金"和"学生大病救助基金",在帮扶困难职工和学生方面发挥了积极作用;认真做好甲流防控工作,确保广大师生的生命安全。此外,校医院也于2009年12月完成搬迁,为全校教职工提供了更好的就医条件。

· 2009年学校基本数据 ·

(截止日期:2009年9月30日)

一、基本数据

校园面积	2743532 平方米(约 4114 亩)
校舍建筑面积	2326424 平方米(约 3490 亩)
图书馆藏书①	
一般图书	852.93 万册
电子图书	5589.00 GB
固定资产总额	560230.09 万元
其中:教学科研仪器设备资产值	228125.56 万元
信息化设备资产	53309.52 万元

二、教职工人数

(一)在职教职工	19141
其中:	
院士②	
中国科学院院士	59
中国工程院院士	8
第三世界科学院院士	16
文科资深教授	21
"长江学者奖励计划"特聘教授、讲座教授	111
"973项目"首席科学家	25
国家杰出青年基金获得者	144
博士生导师③	1447
职称分布:	
正高级	1904
副高级	2884
中级	5812
初级	3803
无职称	4738
专任教师④	5866
其中:	
正高级	1701
副高级	2037
中级	1635

---

① 含各院系资料室图书。
② 人事关系在北大的两院院士人数为42人。
③ 指在岗人数,其中校本部1130人,医学部本部105人,附属医院212人。
④ 其中校本部2385人,医学部本部633人,附属医院2848人。

	初级	243
	无职称	250
	博士学历	3437
	硕士学历	1250
	本科学历	1114
	专科及以下	65
教辅人员①		6430
行政人员②		1882
工勤人员③		2485
科研机构人员		1486
校办企业职工		334
其他附设机构人员④		658

(二) 其他人员
　　离退休人员⑤　　　　　　　　　　9060
　　聘请校外教师　　　　　　　　　　151
　　附属中小学幼儿园教职工　　　　　597

三、在校学生情况(人数)
(一) 全日制学生　　　　　　　　　　33730
　　本专科学生　　　　　　　　　　　14810
　　　　　　　　　　　　　　　　　　(本科14199, 专科611)
　　组成如下:
　　　一年级　　　　　　　　　　　　3673
　　　二年级　　　　　　　　　　　　3699
　　　三年级　　　　　　　　　　　　3631
　　　四年级　　　　　　　　　　　　3333
　　　五年级及以上　　　　　　　　　474
　　其中:
　　　女生　　　　　　　　　　　　　7106
　　　共产党员　　　　　　　　　　　2740
　　　少数民族　　　　　　　　　　　1150
　　　华侨港澳台　　　　　　　　　　212
　　研究生　　　　　　　　　　　　　18920
　　　　　　　　　　　　　　　　　　(博研6838, 硕研12082)
　　组成如下:
　　　一年级　　　　　　　　　　　　6758
　　　　　　　　　　　　　　　　　　(博研1907, 硕研4851)
　　　二年级　　　　　　　　　　　　6006
　　　　　　　　　　　　　　　　　　(博研1722, 硕研4284)
　　　三年级及以上　　　　　　　　　6156
　　　　　　　　　　　　　　　　　　(博研3209, 硕研2947)
　　其中:

---

① 其中校本部1041人,医学部本部457人,附属医院4932人。
② 其中校本部1051人,医学部本部354人,附属医院477人。
③ 其中校本部1721人,医学部本部175人,附属医院589人。
④ 指我校附属的印刷厂、出版社、校医院等机构中,由高等教育经费支付工资的人员。
⑤ 其中校本部4878人,医学部本部1293人,附属医院2889人。

计划内研究生	博研 6460
	硕研 11887
计划外研究生	博研 378
	（委培 279，自筹 99）
	硕研 195
	（委培 64，自筹 131）
女生	8465
共产党员	6883
少数民族	1372
华侨港澳台	362
（二）成人教育学生	11568
组成如下：	
函授	877
	（专本 697，专科 180）
业余	9976
	（专本 8329，专科 1647）
脱产班	715
	（本科 715，专科 0）
（三）网络本专科生	36057
	（本科 30098，专科 5959）
（四）外国留学生[①]	2780
其中：	
博士生	217
硕士生	354
本科生	1553
进修（培训）生	656
四、博士后情况（人数）	
在站人数	868
累计进站人数	3331
五、专业情况	
本科专业	113 个
专科专业	2 个
第二学士学位专业	2 个
硕士学位授权点[②]	253 个
博士学位授权点	211 个
国家重点学科（一级）	18 个
国家重点学科（二级）	25 个
国家重点（培育）学科	3 个
省、部重点学科	13 个
博士后科研流动站	39 个

---

① 统计口径是在我校连续学习半年以上的外国留学生。
② 硕士学位授权点和博士学位授权点分别包含自设的，同时去掉本部和医学部重复的学位授权点。

六、教学科研机构

直属院系	47 个①
国家重点实验室	10 个
省部级重点实验室(院、所、中心)	63 个
国家工程研究中心	2 个
附属医院(所)	5+3 个②

附件一　校本部基本数据

一、基本情况

校园面积	2348813 平方米(约 3523 亩)
校舍建筑面积	1985169 平方米(约 2978 亩)
图书馆藏书	
一般图书	806.44 万册
电子图书	5000 GB
固定资产总额	466585.13 万元
其中:教学科研仪器设备资产值	178548.91 万元
信息化设备资产	44761.08 万元

二、教职工情况

(一)在职教职工人数	8559
其中:	
博士生导师	1130
职称分布:	
正高级	1069
副高级	1546
中级	2230
初级	404
无职称	3310
专任教师	2385
其中:	
正高级	953
副高级	996
中级	428
初级	7
博士学历	1809
硕士学历	396
本科学历	178

---

① 数学科学学院、物理学院、化学与分子工程学院、生命科学学院、城市与环境学院、地球与空间科学学院、心理学系、信息科学技术学院、工学院、计算机科学技术研究所、软件与微电子学院、环境科学与工程学院、中国语言文学系、历史学系、考古文博学院、哲学系(宗教学系)、外国语学院、艺术学院、对外汉语教育学院、国际关系学院、经济学院、光华管理学院、法学院、信息管理系、社会学系、政府管理学院、马克思主义学院、教育学院、新闻与传播学院、人口研究所、国家发展研究院、体育教研部、元培学院、分子医学研究所、基础医学院、药学院、公共卫生学院、护理学院、公共教学部、医学网络教育学院、第一临床医学院、第二临床医学院、第三临床医学院、口腔医学院、临床肿瘤学院、精神卫生研究所、深圳研究生院。

② 附属医院同时是北大临床医学院,其中肿瘤医院、首钢医院、深圳医院管理体制特殊,人事关系不在北大。

专科及以下	2
教辅人员	1041
行政人员	1051
工勤人员	1721
科研机构人员	1412
校办企业员工	291
其他附设机构人员	658
(二) 离退休人员	4878
聘请校外教师	151
附属中小学幼儿园教职工	597

三、在校学生情况(人数)

(一) 全日制学生人数	25897
1. 本专科学生	11319
	(本科 11,319,专科 0)
组成如下:	
一年级	2843
二年级	2885
三年级	2830
四年级	2724
五年级及以上	37
其中:	
女生	5075
共产党员	2294
少数民族	924
华侨港澳台	150
2. 研究生人数	15212
	(博研 5106,硕研 10106)
组成如下:	
一年级	5123
	(博研 1245,硕研 3878)
二年级	4790
	(博研 1097,硕研 3693)
三年级	5299
	(博研 2764,硕研 2535)
其中:	
计划内研究生	博研 4801
	硕研 9959
计划外研究生	博研 305
	(委培 209,自筹 96)
	硕研 147
	(委培 34,自筹 113)
女生	6350
共产党员	5906
少数民族	1148
华侨港澳台	338
(二) 成人教育学生人数	7763
组成如下:	

函授	877
	（专本697，专科180）
业余	6171
	（专本6171，专科0）
脱产班	715
	（本科715，专科0）
（三）网络本科生人数	24079
	（本科23722，专科357）
（四）外国留学生人数	2248
其中：	
博士生	216
硕士生	319
本科生	1123
进修生（培训）	590
四、博士后情况（人数）	
在站人数	793
外籍博士后在站人数	24
累计进站人数	2847
五、专业情况（个数）	
本科专业	103个
第二学士学位专业	2个
博士后科研流动站	33个
六、教学科研机构（个数）	
直属院系	35个
国家重点实验室	11个
省部级部重点实验室（院、所、中心）	48个
国家工程研究中心	2个

附件二　医学部基本数据（含附属医院）

一、基本情况

校园面积	393530平方米（约590亩）
校舍建筑面积	341255平方米（约512亩）
图书馆藏书	
一般图书	46.49万册
电子图书	589 GB
固定资产总额	93644.96万元
其中：教学、科研仪器设备资产	49576.65万元
信息化设备资产	8548.44万元

二、教职工情况（人数）

（一）在职教职工人数	10582
其中：	

博士生导师	317
职称分布：	
正高级	835
副高级	1338
中级	3582
初级	3399
无职称	1428
专任教师	3481
其中：	
正高级	748
副高级	1041
中级	1207
初级	236
无职称	249
博士学历	1628
硕士学历	854
本科学历	936
专科及以下	63
教辅人员	5389
行政人员	831
工勤人员	764
科研机构人员	74
校办企业员工	43
（二）离退休人员	
聘请校外教师	41820

三、在校学生情况（人数）

（一）全日制学生人数	3491
1. 本专科学生人数	（本科2,880，专科611）
组成如下：	
一年级	830
二年级	814
三年级	801
四年级	609
五年级及以上	437
其中：	
女生	2031
共产党员	446
少数民族	226
华侨港澳台	62
2. 研究生人数	3708
	（博研1732，硕研1976）
组成如下：	
一年级	1635
	（博研662，硕研973）
二年级	1216
	（博研625，硕研591）

三年级		857
		（博研445,硕研412）
其中：		
	计划内研究生	
	博研	1659
	硕研	1928
	计划外研究生	
	博研	73
		（委培70,自筹3）
	硕研	48
		（委培30,自筹18）
	女生	2115
	共产党员	977
	少数民族	224
	华侨港澳台	24
（二）成人教育学生人数		3805
组成如下：		
	函授	0
		（专本0,专科0）
	业余	3805
		（专本2158,专科1647）
	脱产班	0
		（本科0,专科0）
（三）网络本专科生人数		11978
		（本科6376,专科5602）
（四）外国留学生人数		532
其中：		
	博士生	1
	硕士生	35
	本科生	430
	进修生（培训）	66
四、博士后情况（人数）		
在站人数		75
累计进站人数		484
五、专业情况（个数）		
本科专业		10个
专科专业		2个
博士后科研流动站		6个
六、教学科研机构（个数）		
直属院系		12个
国家重点实验室		1个
省部级部重点实验室（院、所、中心）		15个
附属医院（所）		5+3个

· 机 构 与 干 部 ·

校领导机构组成人员名单

党 委 书 记	闵维方
党委常务副书记	吴志攀
党 委 副 书 记	张 彦　王丽梅　杨 河
纪 委 书 记	王丽梅(兼)
党 委 常 委	闵维方　周其凤　吴志攀　林建华　柯 杨　岳素兰　张 彦　王丽梅　杨 河　鞠传进
	张国有　敖英芳
校　　　　长	周其凤
常 务 副 校 长	林建华　柯 杨
副　校　　长	岳素兰　鞠传进　张国有　海 闻
校 长 助 理	史守旭　张维迎　李晓明　于鸿君　朱 星　李岩松　马大龙　李 强　刘 伟
纪 委 副 书 记	叶静漪　孔凡红　周有光
秘 书 长	岳素兰(兼)
副 秘 书 长	杨开忠　赵为民　李 鹰
教 务 长	林建华(兼)
副 教 务 长	李克安(2009年5月5日免)　吴宝科　李晓明(兼)　王 宪
	王仰麟　生玉海(2009年4月7日任)　关海庭(2009年5月5日任)
总 务 长	鞠传进(兼)
副 总 务 长	张宝岭　赵桂莲　杨仲昭　崔芳菊
副 总 会 计 师	闫 敏

学术委员会暨教师职务评审委员会名单

主　　　任	周其凤
副 主 任	闵维方　林建华　柯 杨
委　　　员	(以姓氏笔画为序)
	丁 洁　马 戎　方 竞　方伟岗　王诗宬　王缉思　厉以宁　叶 朗　甘子钊
	申 丹　朱作言　朱苏力　许智宏　佘振苏　吴志攀　吴树青　张礼和　张国有
	张恭庆　李晓明　杨 河　杨芙清　肖瑞平　陈佳洱　周力平　欧阳颀　赵光达
	赵新生　饶 毅　袁行霈　郭 岩　郭应禄　高 松　阎步克　童庆禧　童坦君

专业技术职务评审委员会名单

主　　　任	周其凤	
副　主　任	闵维方　林建华　柯　杨	
委　　　员	（以姓氏笔画为序）	
	刘克新　朱　强　许崇任　闫　敏　吴志攀　吴慰慈　张宏印　张国有　张新祥
	李月东　李晓明　迟惠生　陆正飞　周岳明　岳素兰　林久祥　林钧敬　温儒敏
	鞠传进

学位评定委员会名单

主　　　席	周其凤
副　主　席	林建华
副　主　席	吴志攀
副　主　席	柯　杨
副　主　席	张国有
委　　　员	袁行霈　甘子钊　厉以宁　杨芙清　文　兰　涂传诒　张传茂　彭练矛　胡　军
	王邦维　钱乘旦　李　强　陈学飞　王缉思　王　夔　王　宪　段丽萍　俞光岩
	胡永华　王仰麟

医学部学位评定委员会名单

主　　　席	韩启德
常务副主席	柯　杨
副　主　席	王　夔
委　　　员	王　宪　方伟岗　段丽萍　庄　辉　万　有　周春燕　胡永华　王　燕　张礼和
	王海燕　郭应禄　刘玉村　王　杉　陈　红　刘忠军　王　薇　傅民魁　俞光岩
	王玉凤　游伟程　李萍萍　胡佩诚

学部学术委员会名单

北京大学人文学部学术委员会

主　　　任	袁行霈
副　主　任	申　丹　叶　朗
委　　　员	（以姓氏笔画为序）

丁宏为　王仰麟　王邦维　王希　孙华　严绍璗　沈阳　陈来　胡军
荣新江　秦海鹰　梁敏和　阎步克　彭广陆　彭吉象　韩水法

北京大学社会科学部学术委员会

主　　　　任　厉以宁
副　主　　任　雎国余　陈兴良
委　　　　员　（以姓氏笔画为序）
丁小浩　牛军　王子舟　叶自成　刘世定　孙蚌珠　吴树青　杨开忠　陈庆云
姚洋　姜明安　徐信忠　黄桂田　程郁缀　程曼丽　董进霞

北京大学理学部学术委员会

主　　　　任　甘子钊
副　主　　任　姜伯驹　赵新生
委　　　　员　（以姓氏笔画为序）
文兰　方精云　王学军　刘晓为　朱作言　严纯华　吴志攀　张传茂　李晓明
来鲁华　陈运泰　陈佳洱　欧阳颀　赵光达　郝守刚　席振峰　耿直　顾红雅
童庆禧　韩世辉

北京大学信息与工程学部学术委员会

主　　　　任　杨芙清
副　主　　任　黄琳　王子宇
委　　　　员　（以姓氏笔画为序）
王阳元　王建祥　朱彤　朱星　何新贵　张东晓　邹维　林建华　查红彬
倪晋仁　彭练矛　程旭

北京大学医学部学术委员会

名誉主任委员　韩启德
顾　问　委　员　（以姓氏笔划排序）
王志珍　王志新　王夔　庄辉　沈渔邨　陆道培　陈慰峰　秦伯益　郭应禄　强伯勤
童坦君　韩济生
主　任　委　员　柯杨
委　　　　员　（以姓氏笔划排序）

丁洁	万远廉	马大龙	方伟岗
王宪	王海燕	王培玉	卢炜
刘忠军	张大庆	张礼和	张岱
李若瑜	李萍萍	陈贵安	尚永丰
林三仁	林东昕	俞光岩	柯杨
敖英芳	郭岩	郭继鸿	顾江
高学军	黄晓军	黎晓新	魏丽惠

第五届教职工代表大会执行委员会名单

主 任 委 员　岳素兰
副主任委员　张国有　鞠传进　孙　丽　敖英芳
委　　　员　（按姓氏笔画为序）
　　　　　　王　蓉　王　磊　王　燕　王春虎　孔庆东　史录义　关海庭　孙　丽　张大成
　　　　　　张国有　张宝岭　岳素兰　胡　坚　敖英芳　鲁安怀　廖秦平　鞠传进

医学部负责人名单

主　　　　任　韩启德（兼）
常务副主任　柯　杨（北京大学常务副校长）
党委书记　　敖英芳
副　主　任　李　鹰　闫　敏　方伟岗　姜保国　王　宪
党委副书记　李文胜　顾　芸
纪委书记　　孔凡红
主任助理　　段丽萍　宝海荣　马大龙

校机关各部门、工会、团委负责人名单

校　本　部

党委办公室校长办公室	主任	缪劲翔
发展规划部	部长	李　强（兼）
纪委监察室	主任	叶静漪（兼）
党委组织部	部长	郭　海
党委宣传部	部长	赵为民（兼）
	常务副部长	夏文斌
党委统战部	部长	卢咸池
保卫部	部长	安国江
保密委员会办公室	主任	刘旭东
学生工作部、人民武装部	部长	马化祥
教务部	部长	关海庭（2009年5月5日免）
		方新贵（2009年5月5日任）
科学研究部	部长	周　辉
"211工程/985工程"办公室	主任	李晓明（兼）

社会科学部	部长	程郁缀
	常务副部长	萧 群
研究生院	院长	许智宏（2009年1月6日免）
		周其凤（2009年1月6日任，2009年10月29日免）
		王恩哥（2009年10月29日任）
	常务副院长	王仰麟（兼）
继续教育部	部长	郑学益（2009年10月15日去世）
人事部	部长	周岳明（2009年9月1日免）
		刘 波（2009年9月1日任）
	常务副部长	刘 波（2009年9月1日免）
财务部	部长	闫 敏（兼）
	常务副部长	权忠鄂
国际合作部	部长	李岩松（兼）
	常务副部长	夏红卫
总务部	部长	杨仲昭（兼）
房地产管理部	部长	李国忠
实验室与设备管理部	部长	张新祥
基建工程部	部长	莫元彬
审计室	主任	王 雷
校办产业管理委员会办公室	主任	刘 伟（兼）
科技开发部	部长	姜玉祥
信息化建设与管理办公室	主任	黄达武
工会	主席	岳素兰（兼）
	常务副主席	孙 丽
	常务副主席	王春虎
团委	书记	韩 流（2009年9月29日免）
		吕晨飞（2009年9月29日任）
机关党委	书记	李国斌
后勤党委	书记	张宝岭（兼）
校办产业党工委	书记	李月东

医 学 部

党委办公室、主任办公室	主任	肖 渊
纪检监察办公室	主任	石敬慈
党委组织部	部长	戴谷音
党委宣传部	部长	姜 辉
党委统战部	部长	
研究生院	常务副院长	段丽萍
研究生思想工作部	部长	段丽萍
教育处	处长	王维民
学生思想工作部	部长	王维民

人事处	处长	朱树梅
科学研究处	处长	沈如群
国际合作处	处长	孙秋丹
医院管理处	处长	张　俊（2009年3月后）
继续教育处	处长	孟昭群
保卫处	处长	赵成知
设备与实验室管理处	处长	王京宁
审计办公室	主任	张　明
计划财务处	处长	郑　庄
后勤与基建管理处	处长	宝海荣
产业管理办公室	主任	祝　虹
工会	主席	王春虎
团委	书记	阮　草
机关党委	书记	刘淑英
后勤党委	书记	王运生
产业总支	书记	侯利平（2009年12月前）
	书记	吕廷煜（2010年1月后）

各院、系、所、中心负责人名单

校　本　部

数学科学学院	党委书记	刘化荣
	院长	王长平
工学院	党委书记	谭文长
	院长	陈十一
物理学院	党委书记	陈晓林
	院长	叶沿林（2009年10月29日免）
		王恩哥（2009年10月29日任）
信息科学技术学院	党委书记	郭　瑛
	院长	梅　宏
化学与分子工程学院	党委书记	刘虎威
	院长	高　松
生命科学学院	党委书记	柴　真
	院长	饶　毅
	常务副院长	赵进东
地球与空间科学学院	党委书记	宋振清
	院长	潘　懋
城市与环境学院	党委书记	莫多闻
	院长	陶　澍

环境科学与工程学院	党委书记	胡建信
	院长	张远航
心理学系	党委书记	吴艳红
	主任	周晓林
计算机科学技术研究所	直属党支部书记	叶志远（2009年6月23日任）
	所长	肖建国
中国语言文学系	党委书记	蒋朗朗
	主任	陈平原
历史学系	党委书记	王春梅（2009年6月23日免）
		高　毅（2009年6月23日任）
	主任	牛大勇
考古文博学院	党委书记	宋向光
	院长	赵　辉
哲学系/宗教学系	党委书记	丰子义
	主任	赵敦华（2009年12月15日免）
		王　博（2009年12月15日任）
经济学院	党委书记	刘文忻
	院长	刘　伟（兼）
人口研究所	所长	郑晓瑛
光华管理学院	党委书记	陆正飞
	院长	张维迎（兼）
国际关系学院	党委书记	李寒梅
	院长	王缉思
政府管理学院	党委书记	李成言
	院长	罗豪才
	常务副院长	傅　军
法学院	党委书记	张守文
	院长	朱苏力
	常务副院长	李　鸣
信息管理系	党委书记	王继民
	主任	王余光
社会学系	党委书记	吴宝科（兼）
	主任	谢立中
新闻与传播学院	党委书记	赵为民（兼）
	院长	邵华泽
	常务副院长	徐　泓
马克思主义学院	党委书记	黄南平
	院长	陈占安（2009年7月7日免）
		郭建宁（2009年7月7日任）
艺术学院	党总支书记	张晓黎
	院长	叶　朗
外国语学院	党委书记	宁　琦
	院长	程朝翔

教育学院	党委书记	陈晓宇
	院长	闵维方(兼)(2009年10月29日免)
		文东茅(2009年10月29日任)
	常务副院长	陈学飞(2009年10月29日免)
对外汉语教育学院	党总支书记	王若江
	院长	李晓琪
成人教育学院	党总支书记	迟行刚
	院长	李国斌(兼)
网络教育学院	院长	侯建军
元培计划管理委员会	党总支书记	查 晶
元培学院	院长	朱庆之

医 学 部

基础医学院	党委书记	朱卫国
	院长	尹玉新
药学院	党委书记	解冬雪
	院长	刘俊义
公共卫生学院	党委书记	王 燕
	院长	王陇德
护理学院	党总支书记	尚少梅
	院长	段丽萍(兼)
公共教学部	党委书记	吴玉杰
	主任	张大庆
网络学院	院长	高澍苹
第一医院	党委书记	刘新民
	院长	刘玉村
人民医院	党委书记	陈 红
	院长	王 杉
第三医院	党委书记	贺 蓓
	院长	陈仲强
口腔医院	党委书记	李铁军
	院长	俞光岩(2009年3月免)
	院长	徐 韬(2009年4月任)
肿瘤医院	党委书记	李萍萍
	院长	游伟程
精神卫生研究所	党委书记	黄悦勤
	所长	于 欣

直属、附属单位负责人名单

校 本 部

直属单位党总支	书记	马建钧（兼）
体育教研部	直属党支部书记	李朝斌（2009年4月7日免）
		张　锐（2009年4月7日任）
	主任	郝光安
计算中心	主任	张　蓓
图书馆	党委书记	高倬贤
	馆长	朱　强
现代教育技术中心	主任	汪　琼
档案馆、校史馆	馆长	马建钧
出版社	党委书记	金娟萍
	社长	王明舟
	总编辑	张黎明
校医院	党委书记	叶树青
	院长	张宏印
燕园街道党工委	书记	何敬仁（2009年6月2日免）
		李贡民（兼）（2009年6月2日任）
燕园街道办事处	主任	沈　扬（2009年6月2日免）
		李贡民（2009年6月2日任）
附属中学	党委书记	康　健（2009年4月7日免）
		生玉海（2009年4月7日任）
	校长	康　健（2009年4月7日免）
		王　铮（2009年4月7日任）
附属小学	直属党支部书记	尹　超（兼）
	校长	尹　超
首都发展研究院	院长	迟惠生
	常务副院长	杨开忠（兼）
先进技术研究院	院长	林建华（兼）
	常务副院长	白树林（兼）
深圳研究生院	党总支书记	栾胜基
	院长	海　闻（兼）
	常务副院长	史守旭（兼）
教育基金会	秘书长	邓　娅
会议中心	主任	范　强
燕园社区服务中心	主任	李贡民
餐饮中心	主任	崔芳菊（兼）

医 学 部

图书馆	馆长	李　刚
档案馆	副馆长	侯建新

实验动物科学部	主任	郑振辉
信息通讯中心	主任	张 羽
医药卫生分析中心	主任	崔育新
出版社	社长	陆银道
学报（医学版）编辑部	主任	周传敬
	主任	曾桂芳（2007年5月11日任命）
生育健康研究所	所长	李竹
医学教育研究所	所长	王宪（2007年12月29日任命）
中国药物依赖性研究所	所长	陆林
心血管研究所	所长	韩启德
	共同所长	张幼怡

各民主党派和归国华侨联合会负责人名单

中国国民党革命委员会北京大学支部委员会	主任委员	吴泰然
	副主任委员	关 平
中国民主同盟北京大学委员会	主任委员	鲁安怀
	副主任委员	沈正华　刘 力　陈晓明
中国民主建国会北京大学支部委员会	主任委员	陈效逑
	副主任委员	邱建国
中国民主促进会北京大学委员会	主任委员	张颐武
	副主任委员	佟 新　刘凯欣　肖鸣政
农工民主党北京大学支部委员会	主任委员	刘富坤
	副主任委员	孙东东
中国致公党北京大学支部委员会	主任委员	唐晓峰
	副主任委员	王若鹏
九三学社北京大学委员会	主任委员	陆杰华
	副主任委员	种连荣（常务）　沈兴海　姚孟臣　杨其湘
北京大学归国华侨联合会	主席	李安山
	副主席	王佩瑛（常务）　周力平　曲振卿
中国民主同盟北京大学医学部委员会	主任委员	季加孚
	副主任委员	卫 燕　李载权　吴 东
中国农工民主党北京大学委员会	主任委员	顾 晋
	副主任委员	刘富坤　李 东　金燕志　黄 迅
九三学社北京大学第二委员会	主任委员	吴 明
	副主任委员	陈 新　屠鹏飞　王继琛　昌晓红
中国致公党北京大学医学部支部	主任委员	陈仲强
中国国民党革命委员会北大医院支部	主任委员	涂 平
	副主任委员	干汝起　郝京梅
北京大学医学部归国华侨联合会	主 席	于长隆
	副主席	陈淑华（常务）　刘国魂　黄河清

·院 系 情 况·

数学科学学院

【发展概况】 1913年秋,北京大学数学门("门"相当于现在的"系")招生,标志中国现代第一个数学系科开始教学活动。1919年改称数学系。1952年中国高校院系调整后成立数学力学系。1969年力学专业迁往陕西汉中,后独立成力学系。1985年概率统计专业独立成概率统计系。1995年在数学系和概率统计系的基础上成立了北京大学数学科学学院(以下简称数学学院)。数学学院现设有数学系、概率统计系、科学与工程计算系、信息科学系、金融数学系五个系。编辑出版《数学进展》《分析中的理论及其应用》(英文版)等全国性学术刊物。

【学科建设与教学】 数学科学学院现有数学、统计学两个一级学科,数学与应用数学、统计学、信息与计算科学三个本科专业,基础数学、应用数学、计算数学、概率统计四个博士专业,四个博士专业都设有博士后流动站并全部被评为重点学科。

2009年数学学院招收本科生154人,硕士研究生60人,博士研究生50人。毕业本科生155人,硕士研究生62人,博士研究生34人。2009年春季在校学生996人,其中本科生638人,硕士研究生175人,博士研究生183人,进修教师15人;秋季在校生1002人,其中本科生630人,硕士研究生173人,博士研究生199人,进修教师12人。

2009年春季开设研究生课程37门,讨论班54个,本科生课程36门,外院系高等数学课28门,全校公选课3门;秋季开设研究生课程42门,讨论班54个,本科生课程51门,外院系高等数学课23门,全校公选课3门。

2009年夏季举办了全国数学第十四届研究生暑期学校。此次暑期学校选定了5个方向作为主题,即:拓扑与几何,几何分析,动力系统,代数学和应用数学。在每个方向开设2门基础课、1~3门选修课和若干前沿报告。每门基础课20学时,其中授课18学时,考试2学时;每门选修课12学时;每个前沿报告1小时。本届暑期学校录取了202名正式学员和60名旁听学员。从2009年7月12日至8月8日举行,为期4周,取得圆满成功。

田刚院士主持的北京大学特别数学讲座于2009年6月中旬到7月底成功举办了第12期。讲座聘请了6位国际知名的数学家担任讲座教授,分别是Todor E Milanov教授(Stanford University, USA),Tonghai Yang教授(University of Wisconsin, USA),Yizhi Huang教授(Rutgers University, USA),Yanghui He教授(Oxford University, UK),Catherine H. Yan教授(Texas A&M University, USA)和Prof. Yun Gao教授(York University, Canada)。组织者从国内各高校挑选100余名优秀博士生和硕士生参加特别数学讲座的学习,取得良好的效果。

【科研及学术交流】 1. 科学研究。数学学院2009年获准的项目共19项,其中博士点基金项目5项,资助经费30万元;自然科学基金项目14项,资助经费1366万元。数学科学学院2009年在研项目106项,由69人承担。其中国家"973项目"14项,国家"863项目"1项,国家杰出、海外、群体基金6项,科学基金重大重点项目3项,科学基金重大研究计划1项,科学基金国际合作项目及其他专项2项,科学基金面上和青年项目32项,科学基金协作项目7项,教育部博士点基金15项,教育部人才相关基金及专项15项,北京市项目1项,其他部门专项1项,国防项目1项,国际合作项目2项,科技开发项目7项。2009年结题项目26项,其中教育部博士点基金6项,自然科学基金项目20项。发表论文223篇、SCI论文179篇,出版科技著作及教材7部。

2. 学术交流。2009年数学学院接待计划内专家来访共31周,主请国外短期讲学专家14人,顺请外籍学者88人。教师出国出境71人次(含港澳台地区),其中:长期访问、讲学、合作研究、进修5人次,短期访问、讲学、合作研究、研讨会等21人次,参加国际学术会议45人次。

【教学科研获奖项目】

表 6-1　数学科学学院 2009 年获奖情况

获奖人	获奖名称
张恭庆	华罗庚数学奖
张继平	陈省身数学奖
宗传明	国家自然科学奖二等奖
朱小华	教育部高等学校自然科学奖一等奖
陈大岳	主持《概率论》获国家级精品课程
冯荣权	主持《线性代数》获国家级精品课程
何书元、耿　直、陈大岳、房祥忠、任艳霞	高等教育国家级教学成果奖二等奖 北京市级教学成果奖一等奖 北京大学教学成果奖一等奖
王长平、张继平、伍胜健、莫小欢、冯荣权	高等教育国家级教学成果奖二等奖 北京市级教学成果奖一等奖 北京大学教学成果奖一等奖
李伟固、刘培东、刘嘉荃、刘建明、杨家忠	北京大学教学成果奖一等奖
张平文、鄂维南	北京大学教学成果奖一等奖
孙文祥	北京大学教学优秀奖
刘　勇	北京大学教学优秀奖
张平文	北京大学优秀博士学位论文指导教师二等奖
王　铎	北京大学优秀博士学位论文指导教师三等奖
赵春来	北京大学优秀博士学位论文指导教师三等奖
姜伯驹	国华杰出学者奖
史宇光	王选青年学者奖
高　立	宝洁奖教金
朱学贤	方正奖教金教师优秀奖
马尽文	正大奖教金优秀奖
田立青	方正奖教金教师优秀奖
王　崑	教育部全国优秀博士论文

【队伍建设】　2009 年度新聘教职员 10 人，2009 年底全院在职教职员工 121 人，其中教学科研人员 99 人，党政管理、教学辅助人员 22 人。另有在站博士后 11 人。教学科研人员中有教授 53 人（其中 6 人为中科院院士）、研究员 3 人、副教授 29 人、讲师 14 人。本年度职务聘任新聘：教授 3 人、副教授 4 人、研究员 1 人、助理研究员 1 人。本年度离退休人员 5 人，离退休总人数 89 人。

【党建工作】　1. 学院党委换届。经数学科学学院全体党员大会选举，北京大学党委党发［2009］2 号批复，中共北京大学数学科学学院新一届委员会委员九名，刘化荣同志为党委书记，王冠香、刘雨龙同志为党委副书记。

2. 深入学习实践科学发展观活动。2009 年 3 月至 8 月，根据学校党委关于深入学习实践科学发展观活动的部署，数学科学学院党委密切联系数学科学学院的工作实际，把学习实践活动与推动数学学院的人才培养、学科建设、科学管理等工作相结合，制定了数学科学学院学习实践科学发展观活动的实施方案，按照学院实施方案的要求，各教工、学生党支部开展了集中学习、解放思想大讨论、"建言献策"、主题党团日等一系列活动，深化了全院党员特别是党员领导干部对于科学发展观的重大意义、科学内涵、精神实质和根本要求的理解和认识，加强了党政领导班子的团结，拓展了数学学院学科发展和科学管理的思路，增强了学院领导班子推进学院科学发展的紧迫感、责任感和使命感。学院党委在广泛调研和认真分析的基础上，经过反复讨论，形成了"分析检查报告"。在分析检查报告的基础上，坚持实事求是的科学精神，制定了"整改落实方案"，确定了近期和中长期整改目标，在学院党政领导班子内部分别落实了责任人。北京大学数学科学学院领导班子以科学发展观为统领，坚持集体领导、分工负责，把整改方案落在实处，推动数学科学学院全面、协调、可持续地发展。

3. 党风廉政建设。根据学校党委党发［2009］34、35 号文件要求，数学科学学院召开了党政联席会议，认真进行了党风廉政自查，并于 2009 年 9 月 14 日修订了《北京大学数学科学学院党风廉政建设责任制》。学院党委高度重视领导班子自身的建设。坚持民主集中制原则,坚持每周一次的党政联席办公会议制度,坚决执行"三重一大"制度,重大项目、重大问题、重要人事安排、大额资金使用都经过集体讨论决定,在诸如人才引进、职称评定、岗位聘任、奖酬金发放、干部任免、人员调动等群众关心的热点问题上做到公正、公平、公开,为增强工作的透明度,学院坚持每年召开年终工作总结交流会,党政领导在会上向全院教职工汇报自己分管的工作,接受群众的监督。党委还经常召开有学院教代会、工会、民主党派等各方面的代表参加的征求意见座谈会,以利于加强学院的民主建设。

4. 日常党建工作。2009年数学学院共发展党员29人,其中本科生22人、硕士生4人、博士生1人,教职工2人;17位预备党员转为正式党员,其中本科生10人、硕士生4人、博士生3人。截止2009年底共有学生党员148人,其中正式党员128人,预备党员20人,教工党员79人,其中在职教师41人,离退休老师34人,博士后4人。

2009年度申报7项北京大学基层党建创新活动,参加了学校两次学生党团日联合主题教育活动。刘雨龙获得北京大学优秀党务和思想政治工作最高奖——"李大钊奖"。

【学生工作】 1. 学年奖励奖学金情况。有139人获得北京大学各类奖励,其中三好学生标兵8人、三好学生54人、优秀学生干部3人、学术类创新奖3人、学习优秀奖38人、社会工作奖25人、共青团标兵1人、优秀团干部3人、优秀团员4人。有5个班级或团队获得集体奖项,其中优秀班集体1个、先进学风班2人、学术类创新团队1个、优秀团支部1个。另有136人获得北京大学各类奖学金。

2. 各类学术竞赛获奖情况。(1) 美国大学生数学建模和跨学科建模竞赛:22人参与的9支团队获得一等奖,10人参与的7支团队获得二等奖;(2) 全国大学生数学建模竞赛:6人参与的3支团队获得全国一等奖,3人参与的1支团队获得全国二等奖,9人参与的5支团队获得北京市一等奖,21人参与的9支团队获得北京市二等奖;(3) 北京大学"江泽涵杯"数学建模与计算机应用竞赛:10人参与的5支团队获得一等奖,33人参与的18支团队获得二等奖,53人参与的25支团队获得三等奖;(4) 北京市大学生数学竞赛(数学专业组):2人获得一等奖,1人获得二等奖,1人获得三等奖;(5) 北京大学跨学科学生课外学术科技作品竞赛:1人获得特等奖,2人获得二等奖;(6) 北京大学"挑战杯"——五四青年科学奖竞赛:1人获得一等奖。

3. 各类文体、实践活动获奖。获得新生杯辩论赛冠军、新生杯羽毛球赛亚军;在2009年暑期社会实践中,1人获优秀指导教师奖,1支团队获优秀实践团队奖,1支团队获先进实践团队奖,1篇实践报告获优秀调研项目奖。

4. 其他学生活动。组织学术、求职、综合素质培养等方面的讲座30余场,各类宣讲会、展示会、交流会10余场;成功举办第十二届"数学文化节";学生骨干培养工作日渐步入正轨,第一期14名同学、第二期34名同学参加学院团校培训;院团委进行组织机构调整。

物理学院

【重要事项】 2009年11月,物理学院行政班子完成换届工作。王恩哥被聘为物理学院院长,陈晓林、沈波、龚旗煌、刘玉鑫、王宇钢被任命为副院长。

欧阳颀团队的"非线性科学在心颤机理及系统生物学中细胞周期控制上的应用研究"获2009年度国家自然科学二等奖;孟杰荣膺2009年度华人物理学会"亚洲杰出成就奖";胡永云荣获"2009年度赵九章优秀中青年科学奖";郑汉青荣获国家自然科学基金委杰出青年基金;钟锡华、王若鹏、陈志坚、张瑞明、周岳明的"光学课程建设"获国家教学成果二等奖;演示物理学获北京大学教学成果一等奖;田光善获北京市教学名师奖;张朝晖、姚淑德获2009年学校教学成果奖;刘川被评为北大十佳教师。

朱世琳荣获教育部"长江特聘教授";杨金波、刘运全入选"教育部新世纪人才支持计划";全院35位青年教师被推荐享受北京大学专业技术岗位青年人才支持计划;龚旗煌获杨芙清-王阳元院士奖教金特等奖;张华伟获方正教师优秀奖;李重生获宝钢优秀教师奖;于彤军、肖立新获正大奖教金优秀奖;樊铁栓获宝洁奖教金。

金工实验楼于2009年9月正式投入使用。金工车间及实验教学中心、凝聚态所、光学所、理论所的部分师生搬入。物理园区及物理西楼规划、设计方案已得到学校批准,规划建设面积有了较大幅度的增加。相关的报批手续正在进行中。

物理学院于2009年6月6日召开第一次校友代表大会,并成立了理事会。来自海内外的近200位校友代表出席大会。

【队伍与学科建设】 2009年离退休22人(正高8人,高工1人,实验师、干部13人),调出1人,补充教职工15人(引进7人,博士后出站留校2人,应届毕业生6人);通过百人计划引进2人。2009年通过教授任职资格3人、副教授任职资格2人、高工聘任资格3人、助理研究员1人。认定教授1人、副教授3人。2009年共招收27位博士后,其中企业博士后1人,留学归国博士后1人,外籍博士后1人,先后有13位博士后出站。截止到12月在站博士后共41人。

2009年11月,依托物理学院的量子材料科学中心成立,并开始招聘中心成员;经过两年的建设,核物理与核技术国家重点实验室于12月16日通过国家科技部组织的建设验收;12月,大气科学系召开由校内外十余位院士专家学者以及学校有关部门领导参加的"大气科学系发展规划战略研讨会",会议决定建立物理海洋专业,将现在的"大气科学系"改名为"大气与海洋科学系",并建立"海气相互作用与大气水循环实验室"。

【科学研究】 物理学院2009年发表SCI论文超过400篇,赵光达、李重生、许甫荣等的课题组分别在 *Phys. Rev. Lett.* 上发表文章;戴伦、俞大鹏等分别在 *Nano Letters* 上发表文章;俞大鹏、肖立新、吕劲等在 *Advanced Materials* 上发表文章;俞大鹏等的相关研究结果发表在 *J. Am. Chem. Soc.* 上;戴伦及其博士生马仁敏与加州大学伯克利分校张翔研究团队联合研制出世界最小的半导体激光器。全年申请专利20项,获专利授权8项。

物理学院2009年正在进行的科研项目包括:主持"973项目"2项,课题11项;主持国家重大科学研究计划项目2项,课题4项;主持"863项目"5项;主持国家杰出和群体基金6项;主持国家自然科学基金重大重点项目10项,基金委国际合作项目及其他专项4项,基金面上项目101项;新世纪优秀人才4项,教育部重点项目1项,博士点基金及新教师基金20项;北京市科技项目5项,其他协作和委托项目69项,共计240项。

2009年物理学院到校科研经费又创新高,达到1.2478亿元。新获批5个"973课题",负责人分别是杨应昌、郭之虞、胡永云、肖池阶、王宇钢、全胜文、于彤军各获"863课题"一项;获得国家自然科学基金资助47项,批准总经费2660万元,其中包括陈佳洱、刘玉鑫、陈志坚、刘晓为等主持的重点项目,张庆红负责的重大国际(地区)合作与交流项目;另外,获博士点基金资助8项,北京市自然科学基金2项。

【对外交流】 2009年物理学院聘请长期外国专家3人,短期专家共106次;2009年利用教育部重点项目共聘请外宾47人次,使用经费19.7万;共获得教育部批准聘请外专重点项目7项,批准经费21万元。2009年学校拨给物理学院海外讲学计划30万元,以此支持短期来校的专家96人次,使用经费约38万元。

主办"第四届亚太地区宽禁带半导体国际会议(APWS2009)",第27届世界格点场论年会"LATTICE 2009",第九届"飞秒化学、飞秒生物和飞秒物理国际学术会议",第二届"气候与环境国际暑期学校"和第五届北京亚原子物理国际暑期学校"核物理前沿的几个热点问题"。

【人才培养】 1. 本科招生与教学。2009年物理学院招收本科生204人,其中九院定向生9人,国防定向生5人,美籍留学生1人;国际物理奥赛金牌获得者5人,全国物理竞赛决赛选手29人。2009届本科毕业179人,其中授予理学学士学位的173人,结业1人,专科毕业的2人,暂结业3人。毕业一年后换证书的3人。

2009年物理学院2007级本科生共72人次参加学校各项基金资助的本科生科研项目,参加50个项目;2008年开始的2006级本科生科研项目于2009年10月结题,参加59个科研项目的81名学生获得了研究型学习的学分。

2. 研究生招生和培养。2009年物理学院总计招收研究生193人,其中博士研究生96人,硕士研究生97人。在2009年的接收推荐免试研究生工作中,共收到申请材料226份,经过初审及差额复试,共接收推荐免试研究生116人,其中直博生82人,硕士生34人。2009年全日制博士研究生77人毕业;全日制硕士研究生66人毕业。授予博士学位78人,授予硕士学位76人(含大气课程班10人)。

赵光达指导的理论物理专业张玉洁的博士论文获2009年全国优秀博士学位论文奖;凝聚态物理专业毕业博士研究生廖志敏(导师俞大鹏)、凝聚态物理专业毕业博士研究生唐宁(导师沈波)、和核技术与应用专业毕业博士研究生覃怀莉(导师王宇钢)的博士论文被评为北京大学2009年优秀博士学位论文三等奖,同时廖志敏的博士论文还获得了北京市优秀博士论文。

物理学院今年选派15名在读博士研究生到国外大学或研究所联合培养,10名硕士研究生、3名本科生到国外大学或研究所攻读博士学位。

2009年7月20日至24日,成功举办了"2009年物理学院优秀大学生暑期夏令营"。来自全国四十多所重点高校的146名优秀大学生参加。13名新生获得2010年"博士校长奖学金"(全校共98名)。

"钟盛标教育基金"研究生学术论坛增设了奖项,共评出一等奖5名,二等奖7名,三等奖34名,鼓励奖36名。共举办了9期的"萃英"研究生学术沙龙。

【党务与学生工作】 2009年物理学院共发展预备党员60人,64人按期转为正式党员。全院现有党员771人。董晓华获"李大钊奖",肖庆获优秀党务与思想政治工作奖。

学生有190人次获得奖学金,其中本科生129人次、研究生61人次,分别占总人数的22.13%和12.71%。4名学生获得学术类创新奖;2名学生荣获北京市三好学生称号;2007级天文班获得北京大学优秀班集体、北京市优秀班集体称号。为鼓励学生全面发展,物理学院设立院级奖励名额,本科生共评出院级奖励53人,约占学生总数的9%。

2009年物理学院在第17届北京大学挑战杯竞赛中,荣获团体二等奖,有两件作品荣获北京市挑战杯一等奖,一件作品进入全国挑战杯决赛。

【实验室建设工作】 2009年度物理学院贾春燕、秦志新、冯庆荣、张海君等获得北京大学第五届实验技术成果奖。申请第十八期大型仪器开放测试基金项目72个,总计63.5万。物理学院与各系所中心的实验室负责人签订了防火安全责任书。

【行政后勤】 物理大楼更换了消防报警系统主机和烟感探测器,增加了消防广播。

【基建规划】 为治理和改善物理学院的外部环境,改善教学、科研用房的严重紧缺局面,经过多方的协商、讨论,基本确定了规划与改造方案。规划确定将对物理楼中楼、南楼进行加层改造,由现在的四层加高至五层;并在物理楼东侧加建小楼,以此将现在物理楼的南北相连。还将在物理楼西侧设计建设物理西楼。该项建设的设计规划已报教育部立项审批,建设投资也已与学校主管部门达成初步意向。

化学与分子工程学院

【发展概况】 北京大学化学系始建于1910年,是我国高等院校中建立最早的化学系之一,1994年发展成为化学与分子工程学院(以下简称化学学院),2001年原北京大学技术物理系应用化学专业并入化学学院。目前学院设有化学系、材料化学系、高分子科学与工程系、应用化学系、化学生物学系,以及无机化学研究所、分析化学研究所、有机化学研究所、物理化学研究所和理论与计算化学研究所、北京大学分析测试中心和化学基础教学实验中心,并有两个国家重点实验室和两个教育部重点实验室,一个国防重点学科实验室。受中国化学会和高等学校化学教育研究中心委托,负责编辑出版《物理化学学报》和《大学化学》两种刊物。

化学学院现有教职工202人,其中中科院院士8人,教授53人,副教授53人,有7人为北京大学"百人计划"特聘研究员。有15人被教育部聘为"长江特聘教授",2人被聘为"长江讲座教授"。

2009年度共招收本科生151人。招收五年制研究生92人,3年制硕士生8人。有144名本科生毕业,其中132人获得学士学位。有103名研究生毕业,99人获得博士学位,2人获得硕士学位。接受访问学者9人。郭雪峰副教授入选2009年度北京市科技新星计划A类资助计划;阎云副教授入选教育部2009年"新世纪优秀人才支持计划"。

1994—2009年有29人获得国家自然科学杰出青年基金资助,其中获得国家自然科学基金委创新群体资助3个(稀土功能材料化学、有机合成化学与方法学、表面纳米工程学);13人与国外学者合作获得国家自然科学基金海外杰出青年基金资助,13人获得教育部跨/新世纪人才基金。1978—2009年共获科研成果奖177项,其中国家自然科学奖和国家科技进步奖共23项。1994—2008年在国内外核心学术刊物上发表论文6000多篇,其中被SCI收录4622篇。

2009年配合国家"创建世界一流大学规划"("985规划"),化学学院继续贯彻执行了学院的目标责任书,进行了2009年岗位考核及2010年岗位续聘,共聘A类岗位51人,B类岗位88人,C类岗位10人。

【教学工作】 2009年度新入学的本科生执行2009年调整的新版教学计划,总学分147.5;其他年级本科生继续执行2006年微调后的本科生教学计划,总学分142.5。

2009年度段连运获全国第五届高等学校教学名师奖;刘锋获第五届北京市高等学校教学名师奖;李子臣获首都教育先锋标兵(教学创新标兵);以姚光庆为带头人的"普通化学本科主干基础课教学团队"获"北京市优秀教学团队"称号;以姚光庆老师为带头人的"普通化学本科主干基础课教学团队"获"国家级教学团队"称号。李子臣、朱涛、张奇涵、田曙坚、廖一平"面向创新型化学基础人才培养的实践教学新体系建设"获北京大学教学成果奖一等奖;李娜、刘锋、李克安"分析化学I(定量分析)的教学实践"获北京大学教学成果奖一等奖;李娜、刘锋、李克安"分析化学I(定量分析)的教学实践"获北京市教育教学成果(高等教育)奖一等奖;张奇涵、朱月香荣获"北京大学优秀教学奖"。裴坚教授获第五届"中国化学会-巴斯夫公司青年知识创新奖";严纯华教授获得首届中国化学会-阿克苏诺贝尔化学奖;

【学生工作】 2009年度,化学学

院王子涛获得北京市三好学生；程强获得北京市优秀学生干部；翟羽京、魏贺佳等9人荣获三好学生标兵称号；程强、莫凡洋荣获优秀学生干部称号；王金泳等4人获得学术类创新奖；赵涵、胡珂等55人被评为三好学生；另有28人获得学习优秀单项奖，36人获得社会工作单项奖；2008级博士班荣获优秀班集体；2008级本科4班等3个班级荣获先进学风班称号；学院团委被评为2009年北京大学先进团委。

【科研项目】 2009年化学学院出版专著3部，在国内、外学术刊物共发表论文约500余篇，其中被SCI收录370篇。

2009年化学学院共承担纵向科研项目217项，其中国家科技部重大基础研究"973项目"16项，国家"863项目"8项，国家自然科学基金委重大、重点项目16项、国家自然科学基金委杰出青年基金项目7项、海外青年学者合作基金2项、基金委创新群体3项、国家自然科学基金委面上基金（含青年基金）87项。教育部博士点基金19项。

表6-2 化学学院2009年承担主要科研项目

项目名称	起止时间	负责人	总经费/万元	任务来源
1. 新型分子材料的设计、合成以及性能研究	2008—2011	甘良兵	42	973项目
2. 稀土分子固体材料的磁性研究	2008—2011	高 松	219	973项目
3. 智能控热纳米复合体系的优化	2009—2011	林建华	239	973项目
4. 蛋白质相互作用网络形成的结构基础与动力学分析	2008—2011	刘 莹	237	973项目
5. 纳米颗粒的靶分子选择性、其分子毒理学效应及其纳米特性的相关性	2008—2011	刘元方	180	973项目
6. 功能蛋白质设计	2009—2011	刘志荣	163	973项目
7. 分子间相互作用的恶系统效应与自组装原理	2007—2009	马玉国	16	973项目
8. 活性碳—氢键的激活与重组	2009—2011	王剑波	144	973项目
9. 各向异性标准纳米结构的可控化学制备及特性研究	2008—2011	王银川	20	973项目
10. 低维纳米结构控制与性能研究	2008—2011	王 远	422	973项目
11. 单分子磁体的合成/组装与分子自旋态的调控	2009—2011	吴 凯	272	973项目
12. 金属参与的化学键的断裂和形成研究	2008—2011	席振峰	57	973项目
13. 人类肝脏结构蛋白质组和蛋白质组新技术新方法研究	2006—2009	夏 斌	130.0	973项目
14. 肿瘤侵袭转移相关分子相互作用及调控	2009—2011	夏 斌	68.0	973项目
15. 新型稀土磁、光功能材料的基础科学问题	2008—2011	严纯华	1270.4	973项目
16. 介观尺度稀土功能化合物材料的基础研究	2008—2011	严纯华	342.0	973项目
17. 蛋白质氧化还原过程中的动态相互作用	2008—2011	金长文	107.0	重大研究计划
18. 新型复合碳纳米管材料的合成，结构和性能调控	2008—2011	李 彦	174.0	重大研究计划
19. 准一维半导体纳米材料的结构调控、物性测量及器件基础	2008—2011	刘忠范	1428.4	重大研究计划
20. 基于准一维 半导体纳米材料的器件构筑与性能测量	2007—2009	刘忠范	460.5	重大研究计划
21. 新型光电功能分子的合成及受限条件下性能研究	2008—2011	裴 坚	144.0	重大研究计划
22. 碳纳米管的生长机制与结构调控研究	2008—2011	张 锦	319.0	重大研究计划
23. 蛋白质生成、折叠、组装和降解的规律及其质量控制	2008—2011	赵新生	1317.4	重大研究计划
24. 胁迫条件下蛋白质分子的行为和命运	2008—2011	赵新生	369.0	重大研究计划
25. 药物分子设计核心技术与软件产品的研究开发	2008—2010	来鲁华	200.0	863项目
26. 诊断试剂关键原料	2008—2010	王 远	20.0	863项目
27. 受体亲和萃取——液质联用技术检测环境中的雌激素污染物	2007—2010	赵美萍	75.0	863项目
28. 杰出青年科学基金	2006—2009	徐东升	180.00	基金委杰出青年
29. 杰出青年科学基金	2006—2009	杨荣华	180.00	基金委杰出青年
30. 杰出青年科学基金	2007—2010	刘文剑	200.00	基金委杰出青年
31. 杰出青年科学基金	2008—2011	张 锦	200.00	基金委杰出青年
32. 杰出青年科学基金	2009—2012	余志祥	200.00	基金委杰出青年

续表

项目名称	起止时间	负责人	总经费/万元	任务来源
33. 杰出青年科学基金	2009—2012	刘海超	200.00	基金委杰出青年
34. 海外青年合作基金	2007—2009	乐晓春	40.00	基金委杰出青年
35. 海外青年合作基金	2007—2009	李育人	40.00	基金委杰出青年
36. 稀土功能材料化学	2009—2011	严纯华	450	创新群体研究基金
37. 有机合成化学与方法学	2009—2011	席振锋	450	创新群体研究基金
38. 表界面纳米工程学	2009—2011	刘忠范	450	创新群体研究基金
39. 免疫大分子间相互作用的物理及化学研究	2004—2009	来鲁华	104.00	基金委重大项目
40. 镁-锂超轻金属高容量储氢材料的制备和性能研究	2008—2009	李星国	30	教育部重大项目
41. 可编织光伏电池功能纳晶单元光电性质的研究	2009—2011	邹德春	50	教育部重大项目
42. 生物柴油化工利用创新的科学基础	2008—2010	刘海超	290.00	基金委重点项目
43. 溶液中两亲分子有序组合体的构筑规律及其在生命科学相关领域中的应用	2007—2010	黄建滨	220.00	基金委重点项目
44. 软界面上分子相互作用与成像分析研究	2008—2011	邵元华	200.00	基金委重点项目
45. 基于超精细结构的集成微流控芯片生物检测新方法	2008—2011	赵新生	210.00	基金委重点项目
46. 基于金属促进的化学键活化的有机合成方法学研究	2007—2010	席振峰	190.00	基金委重点项目
47. 超分子结构先进功能材料插层组装的基础研究	2006—2009	林建华	190.00	基金委重点项目
48. 功能化离子液体的基础研究	2006—2009	寇元	190.00	基金委重点项目
49. 基于可控/"活性"自由基聚合的高分子合成	2006—2009	李子臣	180.00	基金委重点项目
50. 新型有机共轭分子的设计、合成以及结构与性能研究	2007—2010	裴坚	160.00	基金委重点项目
51. 功能性甲壳型聚合物研究	2007—2010	周其凤	200.00	基金委重点项目
52. 多功能分子电子器件的设计、微纳加工和应用研究	2009—2012	郭雪峰	200.00	基金委重点项目
53. 近红外波段吸收/发光聚合物的合成、结构与性能	2009—2012	宛新华	200.00	基金委重点项目
54. 过渡金属催化的C—H键活化	2009—2012	王剑波	220.00	基金委重点项目
55. 环境友好的催化体系的研究	2009—2012	杨震	160.00	基金委重点项目
56. 新型柔性染料敏化太阳电池研究	2009—2012	邹德春	200.00	基金委重点项目
(其余151项略)				

【学术交流】 1. 为促进学术交流,提高研究生和本科生的科研兴趣、创造良好的学术环境,化学学院继续举办面向研究生的"兴大科学系列报告"和面向本科生的"今日化学"讲座。2009年化学学院共举办兴大科学系列报告28讲和今日化学讲座7讲。

2. 2月16日,英国皇家化学会第三届ChemComm国际学术研讨会在化学学院举行。本次会议的主题为"有机化学"。由来自瑞士、英国、日本以及国内的5位教授做了学术报告。此外,会议还交流了49篇墙展。北京地区各高校研究机构的师生近150人参加了本次会议。

3. 3月29日,《分子共和国》新书首发式暨北京大学第十一届化学文化节开幕式在化学学院举行。

4. 4月27日至28日,美国化学会(ACS)*Inorg Chem*(无机化学)主编Richard Eisenberg教授、副主编Kim Dunbar、Bill Tolman、V. W. W. Yam教授和部分亚太地区编委一行访问了化学学院,7位主编和编委们为学院师生做了一系列学术报告。27日下午召开了*Inorg Chem*亚太地区编委会,这是该杂志首次在美国以外的地区举行编委会。

5. 4月23—25日,由辐射研究与辐射工艺学会主办,北京大学放射化学与辐射化学国防重点学科实验室承办的"辐射化学战略研讨会"在北京大学召开。来自全国26个高等院校、科研院所及国防科研部门的66位专家代表及20多名研究生参加了会议,11位中青年专家及邀请的两位日本学者作了学术报告。

6. 7月12—14日,由化学学院承办的"中-美化学院长/系主任论坛"在北京大学举行。来自美国7所高校的化学院长/系主任,国内北京大学、清华大学等16所高校的化学院长/系主任,以及美国化学会、中国化学会的代表参加了此次论坛。参会人员围绕教师聘任、化学教育、化学研究和支撑体系等四个主题进行了探讨与交流。

7. 8月16—21日,由国际电化学学会、中国电化学专业委员会和北京分子科学国家实验室共同主办的第六十届国际电化学年会(The 60th Annual Meeting of International Society of Electrochemistry)在北京大学召开。来自54个国家和地区的1300余位代表(其中3/4来自海外)参加了会议。诺贝尔奖获得者Alan Heeger教授等五位国际著名学者作了大会邀请报告。大会共分为11个分会,与会者就电化学在能源、生物、分析、纳米、界面等领域的前沿问题展开了研讨。

8. 9月4—5日,中泰双边纳米科技研讨会在北京大学成功举办。化学学院刘忠范教授和泰国朱拉隆功大学的Supot Hannongbua教授担任会议主席。中泰双方有近30位教授参会并作了报告。

9. 10月10—12日,第十届全国大学化学教学研讨会在北京召开。来自全国24个省、市、自治区70所高等学校的300余名教师参加了此次研讨会。会议共收到研究论文229篇,由《大学化学》编辑部负责汇编成册。

10. 10月14—17日,2009中加双边生命分析化学研讨会在北京大学召开。来自加拿大、美国的代表16人,国内代表24人,以及北京地区部分院校老师及研究生约150余人参加了此次研讨会。会议共收到研究论文80篇,已汇编成集。

11. 10月10日,"分子工程前沿学术研讨会暨唐有祺先生九十华诞庆祝会"在北京大学隆重召开。周其凤校长出席了会议并发表讲话。

12. 11月7日,"无机和稀土化学前沿学术研讨会暨徐光宪先生九十华诞庆祝会"在北京隆重召开。周其凤校长出席了会议。为了祝贺徐光宪院士荣获2008年国家最高科技奖及徐先生九十华诞,《中国科学 B辑:化学》(中、英文版)2009年11月推出专刊介绍徐光宪院士的科学贡献,徐先生的同事和学生们也分别报道最新的科研成果以表达对先生的敬意。中国集邮总公司和中科院集邮协会出版发行了"国家最高科学技术奖获得者——徐光宪院士"纪念科技封,并举行了首发式。

13. 10月31日,《物理化学学报》第3届编委会会议暨创刊25周年纪念活动在西安陕西师范大学召开。主编唐有祺院士及21位编委和编辑部工作人员参加了会议。陕西师范大学物理化学学科的教授和中青年教师列席了会议。

14. 2008年度化学学院共接待国外及港澳台学术来访100余人,作学术报告近百场。

【大事记】 1. 3月26日下午,中共中央政治局委员、国务委员刘延东一行到北京大学视察,在闵维方书记、周其凤校长、林建华常务副校长的陪同下,参观考察化学学院,并看望了2008年国家最高科技奖获得者徐光宪先生。

2. 4月8日,北京大学化学学院燕山石化实习实践基地揭牌仪式在北京燕山石油化工有限公司举行。燕山石化副总经理、化学院1985级友李刚,人力资源部部长李立新,副部长崔昶,教育培训中心主任王喜海,教育培训中心党委书记张建国,化学学院院长高松,党委副书记马玉国、于峰及团委书记韩冬等出席了仪式。

3. 为庆祝中华人民共和国成立六十周年,并配合学校新生入学教育工作,在徐光宪院士的鼎力支持下,档案馆校史馆特举办"书生本色学者风范——高小霞院士诞辰九十周年纪念图片展"。展览由四个部分组成,展示了高小霞院士求学治学、教书育人、研究探索及家庭生活的方方面面。高小霞院士的大学毕业论文、自然科学奖奖章、重要著作和遗墨等实物亦同时在校史馆展出。

生命科学学院

【学院概况】 生命科学学院的前身是创办于1925年的北京大学生物学系,是我国高等学校中最早建立的生物学系之一,1993年扩展成立北京大学生命科学学院。

学院现有2个国家重点实验室(蛋白质工程及植物基因工程国家重点实验室、生物膜与膜生物工程国家重点实验室),1个教育部重点实验室(细胞增殖与分化教育部重点实验室),2个研究所(分子生物学研究所、细胞生物学研究所),7个科学研究中心(北大-耶鲁植物分子遗传学及农业生物技术联合研究中心、自然保护与社会发展研究中心、化学基因组学研究中心、遗传与发育生物学中心、生物信息中心、生态文明研究中心和蛋白质研究中心),2个国家人才培养基地(国家理科生物学研究与教学人才培养基地、国家生命科学与技术人才基地),2个国家自然科学基金委科研创新团队(植物发育调控机制研究、细胞增殖分化调控系统研究),1个国家实验教学示范中心(生物基础实验教学中心)。生命科学学院具有一级学科1个:生物学;具有博士授予权学科8个:植物学、动物学、生理学、细胞生物学、生物化学与分子生物学、生物物理学、生物学(生物信息学)、生物学(生物技术);具有硕士授予权学科11个:植物学、动物学、生理学、微生物学、遗传学、细胞生物学、生物化学与分子生物学、生物物理学、生态学、生物学(生物信息学)、生物学(生物技术)。

2009年5月6日,中共中央政治局常委、中央书记处书记、国家副主席习近平来到北京大学,视察指导学校深入学习实践科学发展观活动,参观了生命科学学院王世强教授的分子生理学实验室和瞿礼嘉教授的植物基因功能与进化实验室,并亲切接见了学院教师代表。学院领导和广大师生高度重视,精心准备,顺利、圆满地完成了接待工作。

2009年,根据学校及上级部门关于甲型H1N1流感的防控要求,学院成立了甲流防控工作小组,制定了防控工作预案,落实宣传公共环境卫生、健康监测与排查、因病缺勤登记追踪制度等各项具体措施。学院未发生群体性爆发现象。

【党政工会工作】 2009年学院党委由白书农、朱玉贤、安成才、苏都莫日根、刘德英、饶广远、柴真、高凤茹、唐平、瞿礼嘉10名同志组成。柴真任生命科学学院党委书记,苏都莫日根、刘德英任生命科学学院党委副书记。

2009年生命科学学院行政领导班子包括:院长饶毅,常务副院长赵进东,副院长许崇任、顾红雅、张传茂、昌增益、柴真(兼)。

2009年生命科学学院共有党支部18个,其中学生党支部11个、在职教工党支部6个、离退休党支部1个;共有党员425名,其中在职党员62名、离退党员79名、学生党员284名。

2009年发展学生党员19名,学生预备党员转为中共正式党员29名,临时编制人员转为中共正式党员1名。申请入党的学生中有63名同学参加党的知识培训班学习。许崇任、高凤茹被评为北京大学优秀党务工作者。

学院在2009年6月制定了"实验室装修改造管理流程"。流程明确了公开招标的费用额度和审批程序,特别强调了施工安全管理,不仅加强了科研经费使用管理,也有效降低了安全隐患。

2009年6月,院工会启动"工会之家"装修改造计划。尽管学院空间异常紧张,仍划出180平方米的面积作为工会活动场所,拨出专款装修改造。

2009年4月,组织老师们参加学校运动会的各项比赛及开幕式表演;6月,组织"我的退休生活"艺术展,在全院师生中引起极大反响;9月,组织在职职工到天津蓟县盘山风景区秋游;9月,组织离退休教师参观第七届中国花卉博览会。

此外,做好职工困难补助、体检、年节慰问、去世职工善后及家属安抚等方面工作。

【人事工作】 2009年底,生命科学学院在编教职工142人,其中教学科研84人(教授、研究员49人,副教授、副研究员23人,讲师12人),在岗博士生导师55人。

教辅44人(教授级高工1人,高级工程师8人,高级实验师1人,工程师24人,实验师9人,助理实验师1人),管理11人,高级工3人。

2009年,学院共有19名博士后进站,7名博士后出站。在站博士后共36名。陈浩东和李林川获得第二批中国博士后科学基金特别资助;王承艳、陈强和叶朝阳获得第45批中国博士后科学基金二等资助金;陈新平、何航、李川昀、彭金英和张玫获得第46批中国博士后科学基金二等资助金;刘敬婧获得北京大学优秀博士后称号。

2009年在岗的"长江学者奖励计划"教授共12人,其中特聘教授8人;"973"首席2人;2人入选国家千人计划;张传茂教授获北京市优秀教师及全国模范教师称号;许崇任教授获北京市优秀教育工作者称号。

【教学工作】 2009年底,生命科学学院在校本科生511人;元培班学生27人、双学位/辅修学生17人、国内访问学者9人、进修留学生1人、交流学生2人。2009年,生命科学学院共招收119名本科生,其中包括4名国际生物奥林匹克竞赛金牌获得者。另有4名转系生、5名留学生、1名代培生,2009级本科生共计128人。2009年底,生命科学学院在校硕士研究生151人,在校博士研究生279人。

2009年毕业的本科生123人。其中,生物科学专业86人,79人取得毕业证书和学位证书,1人取得毕业证书,6人暂结业;生物技术专业37人,36人(含留学生1人)取得毕业证书和学位证书,1人暂结业。另有双学位3人,取得生物化学与分子生物学学士学位。2008届暂结业的本科毕业生4人换发毕业证书和领取学位证书。2009年毕业的硕士研究生3人,博士研究生72人。2009年招收硕士生44人,博士生70人。

生命科学学院在本科生培养阶段设置了生物科学和生物技术两个专业,学制为四年,课程由学校公共基础课、生物学基础课、生物学专业课、选修课和毕业论文训练五部分组成。学院在本科生教学改革方面更新了2009级本科生的教学计划,适应学校大类平台课程的要求,增加了基础课程学分,适当缩减合并了生物化学的学分学时,并将微生物学调整为一年级必修课,发育生物学由选修课调整为必修课,整体上对提高了对本科生的教学要求。

柴真、佟向军获得北京大学2009—2010年度教学优秀奖;王镜岩、朱圣庚、徐长法主编的《生物化学教程》荣获2009年普通高等教育精品教材;许崇任荣获杨芙清-王阳元院士奖教金;王世强荣获方正奖教金,并入选"新世纪百千万人才国家级人选";陈建国、昌增益荣获东宝奖教金。

李毅教授指导的周峰"水稻矮缩病毒外壳蛋白在病毒侵染昆虫宿主过程中作用机制研究"获得

2009年北京大学优秀博士学位论文二等奖;张传茂教授指导的马妍"lamin B receptor 在维持核膜结构及在核膜重建中的作用机理研究"获得 2009 北京大学优秀博士学位论文三等奖。

2009 年 7 月,生命科学学院成功举办了首届"全国优秀大学生暑期研究班"活动,来自全国各著名高校的 120 名优秀大学生汇聚生科院,参加了本次活动。

【科学研究】 截至 2009 年底,学院科研经费到账总数为 97325397.52 元;在研项目 147 项,另有多项申请获得批准并将在 2010 年初开始运作;科研结题项目 25 项。2009 年以生命科学学院为第一作者单位发表的论文被 SCI 收录 117 篇,平均影响因子 4.168,最高影响因子 25.113。朱作言院士获得 2009 年何梁何利科学与技术进步奖;魏丽萍教授获得第十一届中国青年科技奖。

表 6-3　生命科学学院 2009 年科研项目(包括子课题)统计

项目分类	项　数
国家"973 计划"	18
国家"863 计划"	16
科技部其他重大项目	11
国家自然科学基金	65
教育部各类项目	12
北京市项目	6
其他部门专项	2
海外合作	4
企事业单位委托项目	5
科技开发	8
总　　计	147

【对外交流】 2009 年 8 月举办"植物发育及进化生物学暑期班",邀请国外 7 位学者就 6 个专题进行了讲学,授课的内容为当今植物发育与进化生物学领域的前沿与热点。

2009 年 10 月 21 日,学院联合美国农业部和德克萨斯 A&M 大学举办了中美"转基因作物"研讨会。会议邀请了来自国内外的 19 位专家学者就"转基因作物"相关的主题做了大会报告,并与参会学生展开了热烈的讨论。

2009 年 10 月 24—26 日,由北京大学生命科学学院、中国科学院古脊椎动物与古人类研究所和系统与进化植物学国家重点实验室联合主办的"纪念达尔文《物种起源》发表 150 周年国际学术会议"在英杰交流中心召开。此次会议特别邀请了来自美国、瑞典、英国、加拿大、丹麦、日本、爱尔兰和中国等 8 个国家、32 家学术机构的 44 名国际知名学者做报告。

2009 年,学院策划的系列学术讲座邀请到了国内外多位知名专家学者如中科院副院长李家洋院士、加州大学教授 Ron Vale、斯坦福大学教授 Kang Shen、哈佛大学教授、学院长江讲座教授谢晓亮、斯坦福大学教授骆利群等,为学院师生呈献了 24 场精彩讲座,反响热烈,成为学院的一项特色学术栏目。

【学生工作】 2009 年,生命科学学院围绕"纪念五四运动 90 周年""国庆 60 周年"等几项大型活动,着重开展了形式丰富多彩的"传承五四精神,深入学习实践科学发展观"的学生党团日联合活动,期间获一等奖 1 项,二等奖 1 项,并荣膺优秀组织奖;继续举办以"展望事业,探讨人生"为主题的系列讲座十余场,这一系列讲座的前期部分讲演稿已编纂成册,《生命之光——"展望事业,探讨人生"讲演录》(第一辑)书籍即将出版;认真展开动员工作,调动同学积极性,保障国庆游行演练的顺利开展;圆满完成了迎新、评优、资助、就业等各种日常学生工作任务。生命科学学院 2009 届毕业本科生签约率达到 91.3%,毕业研究生签约率达到 86.3%,就业率均保持在 100%,就业满意度较高。

2009 年,生命科学学院获得多项集体荣誉。学生个人在学业、社会活动等方面表现优异者也获得了表彰和奖励。生命科学学院 2006 级本科生金武阳在美国化学学会所属杂志 Chemical Neuroscience 上发表第一作者文章。生命科学学院 iGEM 团队在 2009 年度获得金牌。

城市与环境学院

【发展概况】 城市与环境学院成立于 2007 年 5 月,前身是北大地理学系。学院以地理学为主体,包含环境科学、生态学、城市规划等多个相关学科,具有理、工、文多学科交叉的综合优势。拥有地理学国家一级重点学科,自然地理和人文地理两个国家二级重点学科,有地理学国家理科基础科学人才培养基地和地表过程分析与模拟教育部重点实验室。目前设有5个本科专业,10个硕士研究生专业,6个博士研究生专业,以及地理学博士后流动站。

学院现有在职教师98人,其中院士3人,长江学者4人,千人计划学者1人,国家杰出青年基金获得者7人,教授31人,百人计划研究员6人。

【学科建设】 2009年,北京大学地理学作为一级学科在教育部学位与研究生教育发展中心组织的学科评估中,排名第一;地表过程分析与模拟教育部重点实验室于9月顺利通过教育部4年一次的评估,小组评比中为优秀,最后的评比中排名第六。

北京大学生态与环境观测系统——塞罕坝实验站于9月28日正式投入使用,实验站是学校"十五"期间理科学科重点发展的建设项目,承担着地球环境与生态系统等相关研究领域的长期定位观测与研究任务,它将不仅为城市与环境学院、北京大学师生,还将为其他高校多学科教学实习和培训提供平台和服务。

5月31日北京大学气候变化研究中心成立。中心主任由秦大河院士担任,旨在加强北京大学气候变化研究领域不同专业之间的联系,汇聚国内外专家,共同致力于国家气候变化方面的战略研究,发挥北京大学在全球气候变化方面的影响力。

【教育教学】 学院全部主干课程均由教授、副教授开设,一批专业课程受到学院内外学生们的热情欢迎。2008—2009学年第一学期城市与环境学院本科教学评估成绩为北京大学理科院系第二,2008—2009学年第二学期教学评估成绩为北京大学理科院系第一。教学成果丰硕,《自然地理学》课程被教育部评为2009年度国家级精品课程,该课程的授课教师陈效逑教授获第五届北京市高等学校教学名师奖;历史地理专业韩茂莉等教师的"建设融自然与人文科学为一体的通选课《中国历史地理》"获2009年北京市教学成果一等奖;地理科学专业李双成被评为2009年度北京大学十佳教师。学院目前共有2门国家级精品课;4门北京市级精品课,充分彰显了教学水平和实力。

2009年城市与环境学院开通研究生教学网站,分为"招生""培养""奖助""学位"四大类模块,学生可全面了解自己从考研、入学一直到毕业所要经过的各个环节,提高了研究生管理和服务质量。2009年,新设立"风景园林"专业学位双证班,学院硕士生培养逐步实现应用型和学术型的分流提供了一种途径。暑期,学院首次尝试与中科院青藏高原研究所联合举办全国研究生"青藏高原与全球变化"暑期学校,整合了国内外青藏高原研究方面的高端学术资源,使研究生对青藏高原的科学研究前沿以及当地社会经济发展状况等有了全面深入了解,对于国家地理学后备人才培养和学科发展都有着积极影响。

【科学研究】 2009年在 Nature 和 PNAS 上接连发文4篇。百人计划研究员朴世龙博士、方精云教授等在 Nature 的发文,被相关专家认为"研究填补了全球碳平衡中一个重要的空白地区"。环境地理陶澍研究团队、胡建英课题组、生态学系方精云研究团队在美国科学院院刊 PNAS 上分别发表研究论文。这些研究成果受到国内外学者的广泛关注和肯定。

生态系方精云院士牵头的"中国陆地植被的大尺度格局与生态功能"研究入选教育部"长江学者和创新团队发展计划"创新团队项目。方精云团队向国务院提交关于哥本哈根气候谈判的建议书,受到中央高层极大关注,并将其作为胡锦涛总书记参加联合国大会的文件材料之一,建议书中的一些内容已体现在总书记在联大的报告以及国家政府的有关政策中。

城市与区域规划系吕斌主持的《山东半岛城市群总体规划》获2009年全国优秀城市规划设计一等奖;俞孔坚教授主持设计的中山岐江公园获国际城市土地学会 ULI 2009 全球杰出奖;学院主持的《中国慈城历史文化名镇遗产建筑群》项目于2009年获联合国教科文组织亚太地区文化遗产保护荣誉奖;学院领衔编制的《北京市土地利用总体规划(2006—2020年)》于2009年获国务院批准。

【学术交流】 学院与国际联盟、组织,以及国际著名大学相关院系保持良好的合作关系,并与各国学者进行广泛交流与合作。5月16日,国际地理联合会主席 Ronald Alber 教授来访,并发表题为"地理学对地球科学的贡献"演讲;10月13日,美国国家环境保护局最高科技长官 Dr. Kevin Teichman、德国国家环境咨询委员会 Heidi Foth 教授等一行访问北京大学,并为学院师生作精彩报告;10月23—26日,旅游研究与规划中心和中国艺术研究院休闲文化研究中心承办"国际社会学协会休闲研究专业委员会中期会议暨2009中国休闲与社会进步年会";11月21—23日,生态系主办由中日韩三国国家基金机构共同资助的 A3 前瞻计划"东亚地区陆地生态系统碳汇的计量与预测"2009年度学术研讨会;生态系刘鸿雁教授和 Oleg Anenkhonov 联合组织"亚洲内陆林草交错带:气候变化及植被响应"中俄双边会议在北京大学召开。

学院在加强与国外大学、学者交流合作的同时,也重视与国内学术界的合作。6月22—23日,城市与经济地理系承办第三届海峡两岸经济地理学研讨会;10月16日,举办"走向世界的中国地理学——纪念林超教授100周年诞辰学术研讨会",国内外150余名国内外嘉宾到会深情缅怀了林超教授的生平、学术贡献和人格魅力;10月17日,学院近百名师生到人民大会堂参加了中国地理学会百年庆典暨学术年会。学院王恩涌、崔之久、胡兆量、陈静生获得"中国地理科学杰出成就奖"(共24名);陶澍、蔡运龙获得"全国优秀地理科技工作者"(共71名),冯健获得全国青年地理科技奖。同时,学院承办了中国地理学会百年庆典活动重要组成部分的"全国自然地理学大会"。北京大学副校长张国有教授代表学校在大会开幕式上致辞,郑度院士、方精云院士等12位著名的专家学者就自然地理学理论和方法的发展、全球气候变化和碳循环等热点领域对地理学的挑战等重大科学与应用问题呈现了精彩的大会报告。

【师资队伍】 学院不断完善优秀人才引进和培养机制,提高自主培养高层次人才的能力,加快造就一批具有国际一流水平的学术带头人。2009年,院长陶澍教授当选为中国科学院院士,全院师生为之振奋。方精云院士在6月16日中国首届野外科技工作会议上,获"全国野外科技工作先进个人"称号。生态系青年学者郭大立博士获首届"北京大学王选青年学者奖",王选奖是给予在教学和科研工作中作出重要贡献并具有巨大发展潜力的青年教师。

学院按"城市与环境学院教学科研人员引进整体方案",有目的、有步骤、积极引进人才。1月,聘请了著名冰川地貌学家和第四纪古气候学家,中国科学院院士、第三世界科学院院士秦大河作为北京大学双聘院士,参与学院教学科研和地貌与第四纪环境方面的领导工作。8月,引进国家首批"千人计划"入选人才黄国和教授。黄国和是国际上自然地理和环境科学方面的领军人物,加拿大国家能源与环境研究首席科学家、中国"863项目"首席科学家、"973项目"首席科学家(2005—2010)。高端人才的引进是带动学院乃至北大相关学科实现跨越式发展,达到国际先进或领先水平的历史性机遇。同时,继续加大引进优秀青年人才的力度,从美国地质调查局引进百人计划研究员赵淑清博士,选留以及从国内高校引进彭建、戴林琳、朱艳明3位博士,为不同学科补充了新鲜血液,有效地优化了学院教师年龄结构。

【党建工作】 2009年3月,启动深入学习实践科学发展观活动,学院党政领导班子高度重视,积极响应学校号召,严格遵照学校学习实践领导小组的统一部署,在基层支部的共同努力下,扎实有序地推进相关各项工作。广泛开展思想动员,深入开展调研活动,积极推进"深入学习实践科学发展观,我为北大发展献一策"教工党支部主题党日活动、学生党团日联合主题教育活动,为学校和学院科学发展献言献策。同时,组织师生党员进行解放思想大讨论,把学习调研活动引向深入。5月召开党政领导班子专题民主生活会,进一步分析检查在推进学院科学发展方面存在的突出问题,并积极寻找应对改进措施。学校党委副书记杨河与学校学习实践科学领导小组先后两次到学院进行调研,对学院在学习实践活动中各项工作的进展予以了充分肯定。

在党委书记莫多闻教授的带领下,建立长期的学习机制,坚持学院党政会、基层支部的学习制度;建立党委委员和党员联系机制,紧密联络基层党员,规范党组织生活;建立长期的党内民主参与机制,充分调动学院党员参与党内民主建设的积极性、主动性。坚持"大力培养、及时发展"的思想,有序进行党员发展工作。关心师生生活,党委多次开展向老弱病困难师生送温暖活动。积极组织支部开展活动,2009年12月,08级博士生党支部获得由北京市委组织部、北京市委教育工委、北京市委农村工委联合授予的2009年北京高校红色"1+1"示范活动二等奖。

【学生工作】 城市与环境学院共有本科生、研究生1000余人,学院推行"1+1"班主任、辅导员管理制度和导师制。为每个本科生班级配备1名班主任负责学业指导、1名辅导员进行生活管理和服务。2009年9月起,院团委在宿舍建设团小组,团小组为共青团最基层的组织单元和信息单元,该计划旨在加强团的基层组织建设,增强团员意识教育工作,受到了上级团组织的高度关注。学院关心学生的生活和学习,加强对贫困学生的资助,2009年获得"北京大学学生资助工作先进单位"。

2009年共毕业学生244人,本科毕业生103人,其中53.4%保研,27%出国,19.6%就业,就业率99%;毕业研究生141人,其中10%出国,8%升学,82%参加就业,就业率100%。学院就业工作因管理和服务规范细致,荣获2009年"北京大学就业工作先进单位"称号。

【大学生环境教育基地】 2009年,学院中国大学生环境教育基地响应党中央号召,积极投身"5·12"地震灾区灾后重建工作,启动了甘肃文县地震灾区志愿服务百人计划项目,该项目获得了中共中央统战部下辖的中国光彩事业基金会为期5年的100万元人民币资助。5月31日,基地成功举办"城市、能源与气候变化"——第四届北京大学国际大学生环境论坛及北京大学气候变化研究中心成立大会,会议旨在搭建环境领域优秀青年人才与社会各界的交流平台,引导和支持大学生承担青年社会责任,以自己的实际行动投身环境事业。12月17日,中国大学生环境教育基地发表《积极应对气候变化,共同建设生态文明倡议书》,号召全国大学生肩负起应对气候变化的时代使命,开启低碳可持续的绿色生活。宣言发表当晚,北京大学数千名学生自愿熄灯12分17秒,体验无灯生活。该活动得到了新华社、人民日报、北京青年报、法制日报、sohu公益等十余家媒体的全面报道。由于各项出色的活动,9月获得中国环境科学学会颁发的2009年大学生志愿者千乡万村环保科普行动"先进集体"和"优秀组织奖"光荣称号。

【院友会成立】 2009年12月26日,城市与环境学院院友会成立大会暨第一届理事会隆重召开。理事会聘请秦大河担任理事长;聘请董宪曾、方精云等16名院友为副理事长;聘请崔海亭、王恩涌等10位院友为理事会顾问。院友会的成立,标志着学院院友工作迈上新的台阶,将进一步推动学院与院友的交流,促进学院的长足发展。

地球与空间科学学院

【发展概况】 地球与空间科学学院成立于2001年10月26日,由原地质学系、地球物理学系的固体地球物理专业与空间物理专业、北京大学遥感所和城市与环境学系地理信息系统专业组成。按照一级学科设立系、二级学科设立研究所的原则。学院内部设置有3个系(虚体)和7个研究所(实体)及一个重点实验室。

表6-4 北京大学地球与空间科学学院组织结构

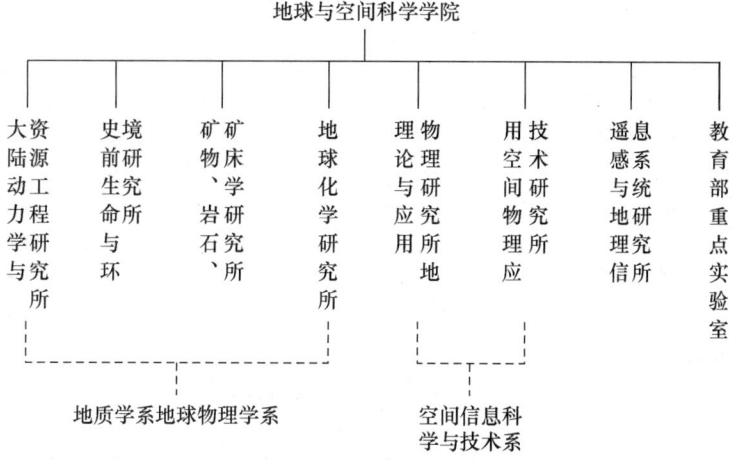

学院现设有地质学、地球化学、古生物学、地球物理学、地理信息系统和空间科学与技术6个本科生专业;构造地质学、矿物学岩石学矿床学、材料与环境矿物学、古生物学与地层学、地球化学、固体地球物理学、空间物理学、地图学与地理信息系统、石油地质学、摄影测量与遥感等10个硕士研究生和博士研究生专业;并设有地质学、固体地球物理学、测绘科学与技术和地图学与地理信息系统4个博士后流动站;地质学国家理科基础科学人才培养基地;地球物理学、变质作用与造山带演化2个国家基金委创新群体。学院"造山带与地壳演化实验室"为教育部重点实验室,"空间信息集成与3S工程应用"为北京市重点实验室;"构造地质学"和"固体地球物理学"两个学科为国家重点学科,"空间物理学"为北京市重点学科。经过全面筹备和多方努力,学院遥感与地理信息系统研究所向国家博士后管委会申报的测绘科学与技术博士后流动站获得批准,进一步完善了学科结构。

学院现有教职工148人(包括外聘院士5人),教师102人(教授49人、副教授43人、讲师10人),教辅及行政管理人员46人;2009年新进教师8人;离退休人员156人,其中2009年退休6人,2009年在站博士后76人(本年度进站32人,博士后期满出站23人)。宋述光、李培军、周仕勇晋升为教授,李秋根、吴才聪、邹鸿晋升为副教授。

学院现有在校学生838人,其中博士研究生219人,硕士研究生283人,本科生336人。2009年招收本科生84人,其中"地质学专业"40人,招收博士研究生56人,硕士研究生109人;本年度本科生毕业79人,博士生毕业46人,硕士生毕业68人。

【教学工作】 2009年度学院共开设本科生课程104门，包括院必修课4门、校必修课2门、专业必修课17门（其中"地球科学前沿"新开本科生必修课）、专业选修课65门，校通选课8门，校任选课1门，暑期课7门；研究生课程130门，其中必修课36门，选修课94门。完成本科生培养方案的修订工作，2009级本科生已按照新的教学计划进行学习。

学院与城市与环境学院、物理学院相关地学专业联合申请的北京市级和国家级地球科学实验教学示范中心，于2009年1月20日获得正式批准；10名研究生通过审批参加国家留学基金委"国家建设高水平大学公派研究生项目"；2009年6月29日至7月8日举办第六届"定量遥感"研究生精品课程班，参加课程班的人数超过200人，分别来自全国各高校和相关研究机构以及北大部分院所；在实验教学方面，空间信息集成与3S工程应用北京市重点实验室的工作取得了突破性进展，高温高压实验室的建设稳步推进，地质、地球物理、遥感等多学科交叉融合的平台建设和实践活动也取得了可喜的成绩；兴城野外实习基地的建设，加强了野外教学实践；首次开设中学生暑期学校课程"过去的生命"，由郝守刚教授主持，马学平、高克勤和黄宝琦老师参加讲授，共有10名中学生参加了该课程。

张立飞、季建清等"野外地质综合实习"2009年被评为北京市精品课；秦其明、陈永顺、魏春景、张进江、吴朝东"多学科交叉平台下的地球科学类研究生创新型人才培养研究与实践"获北京市教育教学成果奖（高等教育）二等奖；季建清、张志诚、宋述光、韩宝福、李文博"野外地质教学创新实践与实习基地建设"获北京市教学成果二等奖；张志诚"建设普通地质实习野外基地课程"、秦善、王长秋、鲁安怀、传秀云"结晶学与矿物学课程建设与教学改革"获北京大学教学成果一等奖；赵克常、张献兵、王彦宾的"地震概论课程"获北京大学教学成果二等奖。焦维新教授被评为"北京市德育工作先进个人"；赵克常副教授荣获"北京大学十佳教师"称号；韩宝福教授获得北京大学2009年度宝洁奖教金；吴才聪副教授荣获北京大学优秀班主任二等奖；赖勇副教授获2009年度优秀班主任奖。

乔二伟（导师郑海飞教授）获得北京大学2009年优秀博士论文二等奖，湛胜（导师徐备教授）获得北京大学2009年优秀博士论文三等奖。

【科研项目和科研经费】 2009年，学院到账经费7900余万元。在研项目187项，其中国家自然科学基金28项，其中重点项目1项，重大国际合作1项，重大研究计划1项，经费1544万元。

学院和物理学院参与的中一欧 Cluster 卫星群（欧空局发射）和双星（Double Star Program, DSP, 中国发射）合作研究计划取得丰硕研究成果。在2009年5月的千篇论文纪念日，以第一作者计，学院长江学者特聘教授宗秋刚排名第一，共发表论文16篇。在5个"亮点"成果中，以物理学院肖池阶、王晓钢、地空学院濮祖荫教授和国家天文台汪璟琇研究员等国内研究人员为主的团队，位列第一。

【实验室建设】 2009年造山带与地壳演化重点实验室顺利完成教育部现场评估。2009年11月23日空间信息集成与3S工程应用北京市重点实验室顺利通过北京市科委和教委的终期考核会议并获得好评。

【发表论著和获奖】 学院近年来发表的科学论文呈现总量合理增长、质量不断提高的态势，科学论文的影响力明显增强。据不完全统计，2009年发表SCI论文184篇（包括第一作者104篇、责任作者80篇）。出版学术专著1部（《行星科学》）。

理论与应用地球物理研究所沈正康教授研究组于2009年10月在 Nature Geoscience 上发表一篇论文"Shen, Z.-K., J. Sun, P. Zhang, et al., Slip maxima at fault junctions and rupturing of barriers during the 2008 Wenchuan earthquake, Nature Geoscienc, 2, 718—724, October, 2009"。同时该期还采用沈正康教授文章中的InSAR相干图像作为封面，并在封底的"Backstory"发表对沈正康教授的采访。2009年10月1日出版的 Nature 杂志将沈正康教授的该文章列为"Highlights"之一。

程承旗荣获国家科技进步一等奖；陈衍景获教育部自然科学一等奖；潘懋获教育部科技进步二等奖；毛善君"豫西三软不稳定突出煤层防突示范技术研究"获国家安监总局第四届案情生产科技成果一等奖；"机电运输信息管理系统研究与应用"获中国煤炭工业科学技术三等奖；"基于WEBGIS矿井多源多维安全生产管理信息系统研制"获国家安监总局第四届安全生产科技成果三等奖；"煤矿瓦斯防治导航系统研究与应用"获国家安监总局第四届安全生产科技成果三等奖；"数字影像图在煤炭生产中的应用研究"获中国煤炭中叶科学技术三等奖；"煤炭企业安全生产多源多维信息系统"获山东省煤炭科学技术二等奖；刘瑜副教授荣获第十届全国青年地理科技奖；鲁安怀等获得专利一项（专利名：一种锰钾矿型八面体分子筛的制备方法，专利号：200710118596.5）。

【学术交流与合作】 2009年度共有42人次来学院访问交流，其中讲座学者教授33人，共做了78场讲座；讲课教授9人，分别承担了本科生和研究生10门课程（13学分）的教学。2009年学院教师出访交流 85 人次、学生 51 人次,双方的国际交流活动形成了良性循环,合作的深度和广度都在不断加深,合作机制不断成熟。

2009 年理论与应用地球物理研究所面向全校师生及社会同行举办星期五地球物理报告会,会议邀请国内外地学领域著名研究人员 21 人次来北京大学做报告,产生广泛影响。

2009 年 8 月,空间物理和应用技术研究所主办"第十三届全国日地空间物理学术讨论会"。

2009 年 9 月—10 月,史前生命与环境研究所邀请奥地利维也纳大学 David K. Ferguson 教授来北京大学进行为期两个月的合作研究,做系列学术报告,并开设短期课程。

2009 年 12 月北京大学石油与天然气研究中心举办"北京大学石油天然气世纪讲坛"系列讲座。著名石油地质与构造地质学家贾承造院士做了题为"关于未来我国能源结构与确保我国能源安全问题"的首场讲座。

2009 年 12 月,由北京大学、国际数字地球学会联合主办,以"数字减灾与应急管理"为主题的"第六届数字中国发展高层论坛暨信息主管峰会"在北京中苑宾馆隆重开幕。论坛包括主题演讲、综合论坛、信息主管峰会以及"数字减灾与应急管理""无线城市与电子政务""数字地球与智慧地球""数字城镇""卫星导航技术与应用"等专题论坛。

【党建与学生工作】 1. 党建工作。学院现有党员 422 人,其中在岗教工党员 77 人,离退休党员 60 人,学生党员 285 人。学院共有 31 个党支部,其中 9 个教工支部,22 个学生支部,院党委由 11 名委员组成。2009 年学院有 56 人转为中国共产党正式党员,有 35 人被吸收入党,有 81 名入党积极分子初级党校结业,46 人高级党校结业。

2009 年 1 月至 8 月,按照北京大学党委的统一部署,学院在全体党员中开展了学习实践科学发展观活动。学院成立了由院党委书记和院长任组长、党政班子以及党支部书记等相关人员组成的领导小组和工作小组;研究制定《北京大学地球与空间科学学院深入开展学习实践科学发展观活动实施方案》,建立健全了领导小组和工作小组的工作职责;确立了党委委员联系人制度,每一个党委委员都负责联系 2 个以上支部;对党政干部、党委委员和支部书记提出工作要求,并以书面的形式下发到每个人。学习中,大家通过组织集中学习与个人自学相结合,讨论座谈与实践走访相结合等多种形式开展了学习教育活动。

党支部与团支部积极开展"传承'五四'精神,深入学习实践科学发展观"学生党团日联合主题教育活动。各党团支部"以回顾历史,反思现状"为切入点,紧密结合主题,内容涉及缅怀五四先驱、探讨五四和西南联大精神、理解科学发展观、服务百年系庆、开展学生科研等等。同时积极开拓活动方式,吸引积极分子和普通群众对学习活动的关注与热情参与。

在学习调研阶段,深入开展解放思想大讨论活动,采取设立电子邮箱,开各种类型座谈会等多种形式,走群众路线,广泛征求意见;学院党政班子积极召开专题讨论会;认真指导党支部开展"建言献策"活动,共收到师生各类建议和意见共 127 条,按照校、院逐级进行了反馈;以深入学习实践科学发展观活动的纲领和要求总领地质学系百年系庆庆典活动。

在分析检查与整改阶段,学院党政班子充分利用学习调研阶段所取得的成果,召开深入学习实践科学发展观专题民主生活会,校党委副书记张彦参加了会议;向部属高校深入学习实践科学发展观活动第一指导检查组组长张浚生、副组长张永牲等领导全面汇报学院深入学习实践科学发展观活动,听取指导意见;党政领导亲自撰写分析检查报告和整改报告。通过开展深入学习实践科学发展观活动,使全院党员、教职员工保持良好的精神状态,为学院的发展提供了思想保证。

学院党委获得"北京大学党务和思想政治工作先进集体",并在学校表彰大会上做了交流发言;学院党委、学工办、团委获得北京大学学生党团日联合主题教育活动"优秀组织奖";于超美、唐国军被评为"北京大学优秀党务和思想政治工作者"。

2. 学生工作。学工办坚持"以人为本,深化服务,凝聚人心,构建和谐"的工作理念,以"服务学生成长成才"为中心,做好学生成长成才的"导航人",将"文明生活,健康成才"主题教育活动推向深入;以队伍建设和学风建设为主线,通过经验交流会等方式加强班主任、学生辅导员等学生工作队伍的建设。同时,通过积极组织各类学术活动、出版院刊《天地人》《地空简讯》等方式营造良好的学习学术氛围;加强学工办、团委、学生会、研究生会日常工作,通过建章立制,将心理健康教育、奖励奖学金评选等各种常规活动制度化、责任化,真正做到公正公开、各负其责;以系庆志愿服务、党建带团建工作、学生就业工作和学院文化建设为重点,结合学生思想道德教育和培养学生综合素质,积极调动学生的积极性,很好地完成系庆志愿服务等工作,培养学生感恩学院、回报祖国的思想;学院师生由党委副书记于超美带头,共有学生 84 人和 4 名教师参加了国庆游行活动,很好地完成了国庆走方阵任务;2009 年开学时爆发的甲型 H1N1 流感,学院党政领导高度重视,划拨专款,学工办、院团委等各口密切配合，使得学院顺利度过甲型H1N1流感的高发期。

2009年学院共有112人次获得北京大学各类奖项，其中三好学生50人，学习单项奖32人，社会工作单项奖19人，优秀学生干部2人，三好标兵6人；北京市三好标兵2人，北京市优秀学生干部1人。先进集体5个，其中北京大学优秀班集体1个，北京大学先进学风班3个，北京市优秀班集体1个。学院2009—2009学年度共有80人获得北京大学各类奖学金，其中本科生44人，硕士19人，博士17人。

2009年学院被评为北京大学资助工作先进单位，于超美获得北大2009年资助工作先进工作者；马君亮获得2009年北大资助工作新人奖；院刊《天地人》在团属刊物评优活动中获得三等奖；"一二·九"文艺汇演活动中，获得文艺汇演二等奖、最佳创新创意奖；获得"新生杯"排球赛男排第一名、"新生杯"篮球赛女篮第二名、"北大杯"乒乓球比赛团体第三名。

【工会活动】 学院工会积极组织教职工参加校教工田径运动会，30人参加入场式，26人参加团体操表演，30余人参加了各项目的竞赛，11人次获得名次，女子中青年组60运球跑、男子中青年100米获第一名；参加校工会、校机关联合举办的"毽球"比赛；组织教职工291人查体；组织全院春天郊游活动；全院共有80人次参加院"庆国庆 健康运动 高效工作 快乐生活"系列赛事活动，51人参加校工会组织的一年一度的大步走活动，24人参加学校工会推广"工间操"活动；270人参加新年团拜会活动；春节前后慰问老同志和体弱多病的教职工，为当年满70岁的教职工祝贺生日。

2009年学院工会获得"先进教工之家"的称号；赖勇获"模范工会主席"称号；高毅坚、焦健获"北大优秀工会干部"称号；耿全荣、王新茹被评为"工会积极分子"；范闻捷、赵克常老师双双荣获北京大学第八届青年教师教学演示竞赛理工类三等奖。

【地质学系百年华诞】 2009年地质学系迎来了百年华诞。5月2日，庆祝大会在北京大学百周年纪念讲堂胜利开幕，北京大学校长周其凤院士、教育部党组成员、部长助理杨周复；国务院参事、国土资源部总工程师张洪涛、中国地震局局长陈建民、前国家经济委员会主任、中国人民大学前校长袁宝华、前地质矿产部副部长国际地科联前主席张宏仁、中国煤炭地质总局局长徐水师、中国科学院地学部主任秦大河院士、中国地质大学（北京）校长吴淦国以及董申保、陈梦熊、赵鹏大等17名院士应邀出席了会议。来自地质工业界和国家相关部门的领导、李四光基金会、中国高等院校香港校友联合会的代表以及校内多家兄弟院系，共有上千人参加了此次庆祝活动。系列庆祝地质学系百年华诞活动"教育论坛""校友论坛""学术论坛"在英杰交流中心举行，"建系一百周年展览"在逸夫贰楼展出。

心理学系

【发展概括】 北京大学是中国科学心理学的发源地，心理学本科教育始于1900年。1917年，在著名教育家蔡元培先生倡导下，北京大学创建了中国第一个心理学实验室，1926年成立了心理学系。1952年院系调整时，原燕京大学心理学系、清华大学心理学系和复旦大学心理学系并入北京大学哲学系心理学专业；1978年，北京大学恢复成立了国内第一个心理学系，招收了第一批学生。北京大学心理学系现为一级学科博士学位授予权单位，其"基础心理学"为国家重点学科，2008年被批准为北京市特色专业，2009年被批准为"国家理科基础科学研究和教学人才培养基地"。

目前，心理学系现有正式教员33人，其中教授10人，副教授14人，讲师9人，现有其他教辅职员9人，现任系主任为周晓林教授。心理学系已形成师资力量雄厚、学科设置齐全、专业人才层出不穷的教学、科研体系。5人任11种国际学术期刊副主编或编委，体现了具有国际水平的整体科研实力。

【党政工作】 2009年，心理学系党委深入学习贯彻科学发展观，坚决服从学校党委各项工作部署，紧紧围绕育人中心工作与学科研究建设工作，统一思想、凝聚力量、振奋精神，结合心理学系改革发展的实际情况，团结带领系行政、工、团等各方力量，努力抓好物质文明、精神文明、党风廉政建设及创新文化建设，取得了显著成绩。

1. 扎实推进学习实践科学发展观活动，抓好党员干部思想教育。根据北京大学党委的统一部署，北京大学心理学系于3月3日至8月底开展了深入学习实践科学发展观活动。系党委将开展深入学习实践科学发展观活动作为首要政治任务和中心工作。在全体党员反复讨论的基础上，制定了实施方案。在历时半年的学习实践活动中，心理学系党委严格按照学习调研、分析检查、整改落实各阶段及转段工作要求，扎实推进学习实践活动。在学习实践活动中，全系党员干部对科学发展观的认识有新的深化，增强了贯彻落实科学发展观的自觉性和坚定性；找到了影响和制约心理学系发展的突出问题，明确了学院科学发展的目标；边学边改，整改落实工作取得了初步成效，促进了党组织的建设，达到了预期目标。

2. 加强落实反腐倡廉建设工

作,抓好党员干部作风建设。心理学系严格按照学校党委、纪委要求,把建立健全惩治和预防腐败体系作为一项重要政治任务,纳入院系工作的总体规划,精心组织,抓紧抓好。建立健全全系党风廉政建设的领导机制;完善各专门委员会,齐抓共管,形成合力,重视日常养成教育,杜绝腐败的思想源头;围绕加强党风政风建设,进一步加强财务治理力度;坚持系务公开制度,保证处理各项事务透明、公正、公平;加强教工师德教育力度,营造出了敬业奉献的良好氛围。

3. 高度重视学生党组织建设,夯实长远发展基础。心理学系党委以心理学系本科生党支部、硕士生党支部为主体,带动各年级团支部参与,精心组织了资料学习、理论研讨、集体观影、参观首博、心得写作等内涵丰富、形式多样的系列党团日联合主题教育活动。

4月到8月间,系党委指导本科生党支部启动了第三期"心理学进社区"活动。以山区儿童的发展为专题,与北京大学爱心社联手,对山东、四川等五个地区的儿童进行发展心理学与健康心理学知识的宣传,帮助其有效利用资源,以达到平衡生理与心理的健康,并普及心理学知识的目的。活动的顺利开展,调动起党员和积极分子研究相关专业知识的兴趣,在实践中学习和体会"提倡科学",运用科学来服务群众。另外,在活动过程中,支部的凝聚力和在群众中的影响力也得到了增加。同时,此次项目扩大了参与者的范围,包括支部成员、心理系的党员老师、非党员同学以及爱心社的同学,体现了党组织与群众靠拢思想。

系党委在认真领会学校文件精神的基础上,召开学生党支部书记会议,要求各相关党支部紧紧围绕"党员引领,党员模范,党员服务"这一目标,按照"六个一"要求在学生党员中设计开展系列活动。其中,本科生、硕士生、博士生党支部开展旗帜引领计划,充分尊重不同背景、不同学段、不同专业的差异性特点,本着务实和可操作的原则,坚决完成学校通知向学生党员提出的各项具体要求,并在支部的活动思路和形式设计上体现出了创新性和实效性。

系党委高度重视学生党的知识培训工作,大力动员,加强组织。于9月举办了第22期党的知识培训班专题推介会,由系党委副书记向同学们详细介绍北京大学党的知识培训班的具体情况,强调参与党的知识培训班的重要意义。2009年心理学系共有10名同学报名参加北京大学第22期党的知识培训班,其中本科生5名,硕士研究生4名,博士研究生1名。经过一个学期的培训学习,所有学员按要求完成了各项学习任务,达到结业标准,为下一步推优入党工作奠定了坚实的基础。

【教学工作】 2009年度心理学系录取硕士研究生32名(澳门1名);博士研究生16名;本科生共33名(含马来西亚留学生1名),录取辅修、双学位136人。

2009年,心理学系与北京大学深圳研究生院联合招收40名硕士研究生。在全日制学生的培养工作之外,心理学系还积极开拓多种形式办学、培养人才的模式,与北京大学深圳研究生院合作举办人力资源研究生课程进修班(深圳、广州两地),并在北京招收了人力资源研究生课程进修班,总共招收学员248名。2009年12月首次统一组织在职申请硕士学位同学进行答辩,共有25名同学参加了答辩。同时,扩大了心理学专业夜大学的招生规模,今年招收夜大学生共计282人。2009年12月13日,组织了首届夜大毕业论文公开答辩,共有10名同学由指导老师推荐参加了答辩。

2009年3月3日,教育部正式发文,批准北京大学心理学系为"国家理科基础科学研究和教学人才培养基地"(高教厅函[2009]10号)。

为了鼓励本科生尽早参与心理学的研究工作,更好地培养本科生的创造能力,促进实验实践教学,完善教学环节,心理学系开始资助本科生参与教师的科学研究。共有28名学生参加了12位老师提出的18个项目的科学研究。

2009年国务院学位委员会办公室委托北京大学就在中国设置应用心理学硕士(暂定)专业学位进行论证,受北京大学研究生院的委托,心理学系于2009年10月12—13日组织了国内同行专家的论证会。

周晓林教授获得2009年度北京大学正大奖教金(特等奖);吴艳红教授获得北京大学2009年度教学优秀奖。

【科研工作】 2009年心理学系在科研方面取得了突出的成绩,主要体现为SCI和SSCI论文继续保持较高的数量,并且在质量上的有所提高。2009年度共发表科研论文148篇(含国内外期刊论文),其中以心理学系为第一单位(或通讯单位)发表的SCI和SSCI收录期刊论文67篇。其中方方研究员在 Current Biology (SCI影响因子10.777)上发表研究论文"Retinotopically specific reorganization of visual cortex for tactile pattern recognition"。此外,周晓林教授、李量教授、韩世辉教授、方方研究员在SCI一区杂志 Neuroscience and Biobehavioral Reviews 和 Journal of Neuroscience 发表文章4篇。2009年在SCI和SSCI收录期刊以第一作者或通讯作者发表论文最多的三位教授是韩世辉教授(14篇)、周晓林教授(11篇)和李量教授(8篇)。

2009年心理学系多项国家自然科学基金研究申请获得批准。

方方研究员获国家杰出青年科学基金资助,周晓林教授、钱铭怡教授、苏彦捷教授获面上项目资助,钟杰博士获青年科学基金项目资助,韩世辉教授获重大国际合作项目资助,李量教授获主任基金资助。国家自然科学基金委在2008年和2009年分别启动了"视听觉信息的认知计算"和"非常规突发事件应急管理研究"两项重大研究计划,方方研究员和谢晓非教授作为项目主持人的培育项目申请分别获得资助。

心理学系韩世辉教授、周晓林教授、钱铭怡教授、方方研究员、毛利华副教授和钟杰博士参与了由北京大学饶毅教授主持的国家重点基础研究发展计划(973)"攻击与亲和行为的机理和异常—多学科多层次交叉研究",并由韩世辉教授和周晓林教授分别主持其中两项子课题。王垒教授主持科技部支撑计划"我国若干重点职业人群心理压力和职业枯竭的评估、预警与干预"获批。李量教授获得教育部博士点基金资助。施俊琦博士获国家社会科学基金资助。孙拥军博士和周斌博士获得中国博士后科学基金面上资助,阎鸣博士获得中国博士后基金特别资助。2009年心理学系新获得的科研项目经费为1401万元人民币。

【国际交流】 2009年4月,心理学系吴艳红教授和耿海燕副教授率团访问国立莫斯科大学心理系;12月8日至12月10日,由国家自然科学基金委资助的"中俄生理心理学学术研讨会"在莫斯科国立大学心理学院成功举办,中俄双方代表就生理心理学的多个研究方向做了二十余场学术报告,对共同关心的问题进行了深入的讨论。11月21日至11月27日韩世辉教授和吴艳红教授率领的北京大学心理系代表团8人参加了在慕尼黑由德国慕尼黑大学人类科学中心主办的第8届中德认知神经科学工作坊——"艺术与科学",慕大人类科学中心主任Poeppel教授、北大心理系韩世辉教授、包燕副教授和施俊琦博士分别做了"视觉、时间与艺术""共情与艺术欣赏""东西方绘画中的视角"和"负性情绪与创造性"的主题报告。期间代表团与来自波兰、日本、法国和加拿大的认知神经科学家、分子生物学家、心理学家对"艺术与科学"这个与人类精神生活质量密切相关的命题展开了深入探讨;由北京大学心理学系参与举办的"中德眼动研究暑期学校"和"第十三届东亚语言加工会议"于9月和10月在北京分别举行。

2009年5月11日至15日,北京大学心理学系的12名同学(6名本科生和6名硕士博士研究生)参加了在香港进行的两岸三地心理学系学生交流活动。该交流活动始于1999年,由北京大学、香港中文大学和台湾大学心理学系联合举办,在北京、香港和台湾三地轮流举行,旨在加强三地青年学子的了解与沟通、促进中国心理学理论与实践的发展。心理学系在2009年派出1名联合培养博士生,3名公派出国攻读学位的硕士研究生。

2009年度,心理学系共有52人次出访并参加了国际会议。其中教师出访33人次,本科生、研究生共出访19人次。出境参加会议内容涉及认知神经科学、社会心理学、临床心理学、儿童发展心理学等各个方面,出访国家包括美国、德国、荷兰、巴西、加纳、俄罗斯等。另外,受国家留学基金委资助,共有2名教授去国外访问交流。

2009年来访的短期外籍专家16人,其中使用海外学者讲学计划的12人,被邀请的外专,均为美国、德国、英国和台湾地区等发达国家心理学领域的著名专家或著名期刊的主编。心理学系邀请长期外籍专家1名(DE GRECK CARL HEINRICH MORITZ)。该教师来自德国马格德堡大学,曾获得医学博士。2009—2011年由欧盟科技人才培训项目资助,与韩世辉教授进行合作研究。

【人才队伍】 2009年海外归来的李晟博士(百人计划)和魏坤琳博士以及博士后出站的姚翔博士加入心理学系教师队伍,教师人数目前已达到33人。同时,林岚和王淼两位年轻同志加盟行政、教务岗位,使心理学系的行政、教辅岗位进一步年轻化。

2009年招收4位博士后进站。目前在站博士后已达9人。

【学生工作】 2009年,心理学系坚持育人中心工作,秉承"创新形式,丰富内涵,育人为本,德育为先"的工作理念,按照科学发展的指导思想,不断推进学生工作的规范化和精致化,从思想政治教育、综合能力培养、学生组织指导、日常事务管理等方面开展了一系列工作,取得了扎实的育人实效。

持续加强和改进学生思想政治教育工作。在系党委、行政的领导和支持下,心理学系善于把握重大活动和纪念日的契机,努力延展工作手臂、拓宽工作领域,带领全系学生坚定信念跟党走中国特色社会主义伟大道路。以国庆六十周年群众游行组织任务为载体,有效实施爱国主义和集体主义教育;以纪念国庆六十周年重大活动为机遇,精心组织了资料学习、理论研讨、集体观影、参观首博、心得写作等形式内涵并重的党团日联合活动;充分结合学科特色,联合发展心理学实验室组织了参观北京大学幼儿园和燕东园幼儿园,积极推行"学业团建两促进"思路;稳步推进学生访谈离退休老教师活动,实现前辈精神的传承和发扬;扎实做好学生党团组织、"两会"建设工作,创新学生组织指导机制,不断夯实学生思想政治教育工作的组织基础。

完善学生综合素质拓展体系。

综合素质是学生核心竞争力的重要基础。心理学系着力完善学生综合素质拓展体系,进行全方位的活动供给和氛围养成,引导学生珍惜机遇,苦学本领。2009年,心理学系主办了数十场学术午餐沙龙,邀请高年级同学面向本科低年级同学举办了系列学业工作坊,精心组织学术竞赛经验交流会,注重从第二课堂活动角度加强培养学生学术素养;心理学系邀请专业教师面向本科新生开展音乐教育和美育熏陶,在"一二·九"歌咏大赛暨"爱乐传习"文艺汇演中荣获合唱二等奖;全面改版电子版系刊《心韵》,运用新媒体技术打造学生文艺展示平台;成功举办"历'九'弥新,与'十'俱进"2010年新年晚会,师生欢聚共庆新年到来;积极组织同学参加北京大学"新生杯"及"北大杯"各项体育赛事,举办系内趣味篮球赛、首届"lab杯"乒乓球赛、羽毛球训练、学生羽毛球赛等体育活动,满足了各类体育兴趣需求,促进学生体质,增强了集体归属感和荣誉感。

做好学生管理服务常规工作。学生在校期间的学习生活涉及方方面面,心理学系学生工作办公室采取多项措施,管理服务齐头并进,营造温馨家庭氛围,努力实现"学生满意、家长放心"的工作目标。心理学系深刻认识到深度辅导工作的重大意义,制定了详细的工作计划,并在此后的工作中扎实推进,密切了辅导员和学生之间的感情联系,为有针对性地做好教育、引导、支持工作奠定了坚实的基础,获得了学校检查组的肯定;心理学系组织老师同学进行迎新服务,扎实开展了入学报到、行李搬运、环境适应、选课指导、新生教育等一系列活动,极大增强了新生对母校的认同感和对新环境的适应能力;全程规范评奖评优,严格按照学习成绩、科研进展及师生评议等指标量化同学表现,按照统一标准核分计算,并在结果公布前进行公示,畅通民主评议的渠道,实现了公开透明、民主和谐、全员争优、同学满意的效果;学工办将心理排查作为工作的重中之重,挑选各年级口碑良好、能力突出、责任心强的同学担任心理排查员,并明确从责任意识、排查重点、工作规范和报告机制等四个方面对各排查员提出了明确的要求,工作开展扎实、上报及时、解决有方,为本年度学生心理健康奠定了良好基础,实现了心理安全零事故的预期目标;学工办建立健全贫困学生档案留存系统,并将经济调查表等书面信息与班主任反馈信息结合起来综合考察,确保困难学生信息的真实完整;同时,以同学自愿申请为基础,辅以摸底排查了解到的特殊情况,认真进行助学金分配;此外,系学工办还对上一学年贫困学生申请助学金的情况进行统计核实,在此基础上根据同学家庭经济情况的变化情况,动态调整资助额度,确保助学金的有效覆盖和资助力度。

信息科学技术学院

【教学工作】 1. 日常教学和学籍管理。2009年,本科生课程春季学期开设85门次(含为院外开课23门次),小学期开设11门次;秋季学期开设113门次(含为院外开课29门次);研究生课程开设121门次;32门课程被重新认定为本科生主干基础课,168人次(含院外16人次)应聘课程主持人或主讲人。

2009级招收本科生343人(含留学生2人),硕士生425人(含深圳研究生院160人),博士生110人(含深圳研究生院12人)。2009年9月,接收2010级推荐免试硕士生301人(含深圳研究生院94人)和直博生90人(含深圳研究生院5人)。2009届本科毕业生319人(含留学生2人),303人获学士学位(含留学生2人);22人获电子商务、计算机软件、微电子学双学士学位;2人获计算机软件辅修毕业证书。2009届硕士毕业生和博士毕业生分别为307人和88人,297人和87人分获硕士和博士学位,4人获同等学力硕士学位。

2. 教学改革和教学成果。学院修订本科教学计划,微调部分专业必修课和选修课的学分设置;启动教学质量与改革系列研讨会;组织实施拔尖学生培养试验计划;陈徐宗负责的"信息科学技术人才培养模式创新试验区"被认定为2009年北京高等学校市级人才培养模式创新试验区;为2009级本科新生配备69位教授或副教授作为导师;修订研究生教学计划和培养方案;建立研究生奖学金和助学金制度,10位博士生获校长奖学金资助。

2009年,刘新元主持的"数字逻辑电路与实验"获国家精品课程,王克义主持的"微机原理"获北京市精品课程;高文编著的《数字视频编码原理与技术》、王克义编著的《微机原理》、王志军编著的《电子技术基础》、谭营编著的《计算智能理论及应用》入选北京高等教育精品教材建设立项(其中前两种为重点项目);李晓明等人完成的"计算机科学与技术专业发展战略暨专业规范的研究与推广"获第6届高等教育国家级教学成果二等奖和2008年北京市高等教育教学成果一等奖;陈徐宗等人完成的"北京大学信息大类课程体系改革与建设"获北京市高等教育教学成果二等奖;王志军和胡俊峰获2008—2009学年度北京大学教学优秀奖;汪小林等人的"计算概论"获北京大学第2届网络课程大赛一等奖,张铭等人的"数据结构与算法"、钱丽艳的"文科计算机基础

(下)"获二等奖,陈江的"电路分析原理"获三等奖。

2009年,本科生130人获得学校本科生科研基金资助,62个科研项目获得国家大学生创新性实验计划资助,85人的本科生科研基金项目结题,其中61人申请学分并参加答辩,5人参加校级评优;本科生发表期刊论文11篇、会议论文21篇(另有已被接收的10篇)。彭练矛指导的王鸣生获北京大学优秀博士学位论文一等奖,肖建国指导的万小军获二等奖,王阳元指导的田豫、徐安士指导的肖峰、张兴指导的郭奥获三等奖。由郭炜和李文新指导的北京大学代表队获第33届ACM国际大学程序设计竞赛全球总决赛第20名以及第34届ACM国际大学程序设计竞赛亚洲区预选赛5项金奖。由王志军指导的3名学生获美新杯MEMS传感器中国区应用大赛二等奖。

3. 社会服务。2009年4月,首次完成本科招生在线咨询;7月,成功举办首届北京大学全国中学生信息科学夏令营,40名营员获学校自主招生考试资格;

【科研工作】 信息科学技术学院鼓励教师申报、承担满足国家战略需求的各类科研项目,促进服务国民经济的技术成果转化,申报国家级科研成果奖励,参与高水平学术交流,并在高水平学术团体、期刊编委会、会议委员会中任职;积极推进旨在产生新增长点的不同学科之间的合作;整理、公布了A类学术期刊和会议论文列表,鼓励高水平和高引用率论文的发表。

1. 科研项目和经费。2009年,学院承担国家级、部委级、省市级科研项目247项,所获经费约1.33亿元,签署技术服务、技术咨询、技术转让合同59项,所获经费约1376万元,纵向和横向科研经费总计约1.46亿元(见表6-5)。陈章渊被聘为"973项目"——"Pbit/s级可控管光网络基础研究"首席科学家;陈清、张兴和汪平获国家杰出青年基金资助。

表6-5 获批项目及经费分拨一览

项目来源	项 数	资助金额/万元
"973计划"	30	2376.89
"863计划"	33	2006.23
国家科技支撑计划	4	417.00
国家自然科学基金	64	2290.08
国家重大科技专项	4	244.50
国家重点实验室	1	960.00
其他国家级项目	43	4218.84
教育部	18	201.10
北京市	5	77.70
中国博士后科学基金	15	63.00
学校自主科研经费	13	351.60
其他	13	351.60
科技开发到款合同	59	1375.59
总 计	304	14627.53

2. 科研成果。2009年,高文等人完成的"大规模数字图书与视频资源库建设和智能服务系统"和金玉丰等人完成的内部项目获教育部科技进步奖一等奖;高旻和黄罡获教育部新世纪优秀人才支持计划资助;查红彬担任带头人的"机器感知理论与应用"获教育部创新团队项目资助;吴玺宏获大川研究助成奖;高文等人完成的"数字视频编解码技术研究与国家标准制定"入选年度中国高等学校十大科技进展;俞士汶完成的"综合型语言知识库"获第12届北京技术市场金桥奖二等奖。学院教师发表SCI/SSCI论文198篇(含SSCI论文1篇),学院A类学术刊物论文129篇;正式出版教材、专著和译著13种;申请专利91项,获得授权77项。

3. "985工程""211工程"和经费。2009年,学院获批"985工程"二期平台建设和人才引进经费约3246万元(见表6-6);"211项目"经费尚未到位。

表6-6 "985工程"经费分拨一览

项目名称	负责人	类 别	经费/万元
高可信软件技术教育部重点实验室(业务费)	梅 宏	教育部实验室	15.00
计算机语言学教育部重点实验室(业务费)	王厚峰	教育部实验室	15.00
电子束光刻机(微纳平台)	张大成	设备支持	1700.00
复杂失控数据与海量消息可视化及高性能可视计算机平台(2)	袁晓如	百人计划	115.00
LTE网络规划优化关键技术的研究以及仿真平台的开发	宋令阳	百人计划	100.00
面向文化遗产的建筑语义描述和三维数字建模	曾 钢	百人计划	101.00
微纳电子超净实验室	郝一龙	设备支持	1200.00
总 计			3246.00

4. 实验室与仪器设备管理。2009年1月,数字视频编解码技术国家工程实验室获准立项;4月,教育部科技司组织对计算语言学教育部重点实验室的建设计划进行了可行性论证。截至12月,学院共有在账仪器设备9717台,总价值约2.4亿元,其中大型设备159台,价值约1.3亿元;办理设备变更约500台;45个项目获学校第18期大型仪器开放测试基金资助,配套经费达22.22万元。王玮(女)获第19届北京优秀青年工程师称号;叶安培的"多功能纳米光镊——显微Raman光谱系统的研制"获学校第5届实验技术成果奖一等奖,张大成的"实验流程单填写规范的编制与实施"和汪小林等人的"面向程序设计类课程的在线实践平台POJ/PG"获二等奖,陈清的"'纳米刀'的发明"、李文新的"BOTZONE程序对抗平台"和张云峰等人的"通信电路实验设备研制"获三等奖。

5. 科技交流。2009年,学院派遣教师赴国(境)内外合作研究约62人次,接受国(境)内外合作研究者约64人次;442人次出席国际学术会议,发表451篇会议论文(含80篇特邀报告);主办国际学术会议18次;申请并完成"北京大学海外学者讲学计划"8项(其中讲座类2项,讲课类6项)。

6. 博士后工作。2009年,学院在站博士后75人,进站博士后34人,出站博士后16人;6人获中国博士后科学基金第二批特别资助,4人获第45批博士后基金资助,23人申请第46批博士后基金资助;10人获校拨经费资助;安辉耀、郝丹、杨川川获校级优秀博士后称号。

【党政工作】 信息科学技术学院党政班子进一步明确指导思想,紧密围绕国家战略需求和学校发展目标,在学科建设和队伍建设两方面狠下功夫,并且在不断完善学院发展规划的基础上,求实务真,认真开展制度建设、服务团队、经济基础三大保障工作。

1. 深入开展学习实践科学发展观活动。针对学院规模大、学科多的特点,学院党政领导以"践行科学发展观,创建一流信息学科,推动学院又好又快发展"为主题,精心组织,群策群力,凝聚共识,带领全院师生员工共同提高认识,统一思想,深入思考,总结经验,分析原因,明确目标,理清思路,落实整改,把"发展"的主题融入日常工作,真正自觉地运用和落实科学发展观,建立科学发展长效机制,为实现学院又好又快的发展提供动力和保证。

2. 发挥党员的"旗帜"意识和先锋作用,加强基层党组织的建设。(1)学院党委大力推动支部开展党建创新,2009年共立项39个(其中通过学校立项10个),丰富了支部活动内容,使党员在活动中提高认识。2009年3月,电子学系2008级硕士生支部在学校"纪念改革开放30周年"学生党团日主题教育活动中获二等奖。2009年9月,由学校组织部、学工部、团委主办的"传承五四精神,深入学习实践科学发展观"学生党团日联合主题教育活动评选中,电子学系2008级硕士生支部获二等奖,网络与信息系统研究所硕士支部和软件研究所2002级硕士生支部分获三等奖。电子学系2008级硕士生党支部和系统结构研究所研究生党支部分别开展的"纪念建国60周年,踏访革命的遗迹"和"运用科学发展观,提高科研人员的身心健康"党建活动被学校党建创新活动汇编收录。(2)学院党委以教工支部交流研讨、学生支部骨干年度培训和对新任党支部书记进行重点指导三项制度为支柱,创建支部骨干制度化培养体系。2009年,2人获校级"优秀党务和思想政治工作者"称号,12人获学院"优秀党务和思想政治工作者"称号,12人获学院"党务和思想政治工作十年奉献奖"。(3)学院党委充分发挥组织工作委员会和学生党校的作用,初步建立从积极分子的"发现—培养—发展"三级培养体系,通过"走入社会—观察社会—认识社会"三部曲对积极分子进行理想信念教育;重视干部的储备和流动,在研究机构干部配备上发挥主导和协调的作用。2009年,发展预备党员105人(含在岗教职工2人);党性教育读书班结业135人,党的知识培训班结业201人;向社会输送优秀干部2人,推荐后备干部4人参加校级培训。

3. 以先进的理念、真挚的感情、榜样的力量为切入点,做好全院师生的思想政治教育工作。学院高度重视教师队伍建设,强调师德师风;重视对教学质量的考察,实行教学督导制度,加强"传—帮—带"的力度;分头召集新进员工、引进人才、青年骨干和入党积极分子等不同群体座谈,关心教师成长和发展;鼓励尽可能多的教师参加学院建设,承担社会服务,增强教师对学院的责任感。学院大力推进"团建强基"工程,依托学生会、研究生会、青年志愿者协会、团校等各类组织,广泛开展主题教育活动。2009年,近4000人次参加志愿服务活动,其中5月12日在三角地开展的"寄语灾区,爱心卡片"活动更是被中国新闻网等社会主流媒体深度报道。

4. 健全机制,明确责任,切实履行"一岗双责",贯彻落实党风廉政建设责任制。学院党政齐抓共管,责任明确,注重完善自身修养,凝聚力、领导力和执行力明显增强,干部队伍的政治素质明显提高,工作作风明显改进,2009年按学校党委下发的《落实〈关于加强高等学校反腐倡廉建设的意见〉进行量化考核检查工作方案》的通知进行自查,情况良好。

信息科学技术学院党委始终坚持以邓小平理论、"三个代表"重要思想和科学发展理念为指导,紧密联系学院工作实际,认真贯彻落实教育部《关于加强高等学校反腐倡廉建设的意见》精神,得到较好落实,干部队伍的政治素质明显提高,工作作风明显改进,为推动学院各方面的发展提供了有力保障。

【学生工作】 信息科学技术学院共有本科生、硕士生和博士生2700余人,分为60余个行政班,学生管理工作以"全员覆盖,服务为先"的思想为指导。学院团委获得校级"红旗团委"称号;学生工作办公室魏中鹏获"资助工作先进个人"称号,李妍获"就业工作先进个人"称号,许凝获"就业工作新人奖";学生骨干林思聪获"共青团标兵"称号,马郓获"十佳团支书"称号。

1. 以深入推进辅导员队伍建设为依托,优化学生管理体制,提高学生管理效率。为优化学生管理体制、提高学生管理效率,学院学工办除着力完善以班级—团支部为主的横向组织和团委—学生会—研究生会—团校—研究生骨干学校为主的纵向组织相结合的矩形层级结构之外,加强班主任、辅导员、专职学工干部和学生骨干队伍建设,优化学生管理体系。

2. 以制度化建设和落实深度辅导工作为契机,推进学生工作管理向规范化、科学化、精致化目标不断迈进。以学生就业办公室为主体,围绕学生毕业、就业推荐、在学证明等方面制定2项工作流程和8项工作说明,以团委办公室为主体,围绕学生组织的建立和运行等内容制定2项工作流程和6项规章制度,以学生管理办公室为主体,围绕学生日常工作和奖助贷等专项制定1张时间表;集体辅导与个体辅导相结合、专职学工干部与兼职班主任相结合,从而确立"从广度、深度、精度全方位入手,以责任、真诚、耐心促进学生成长成才"的工作主题。

3. 以庆祝建国60周年、纪念"五四"运动90周年等为契机,开展各项主题活动和社会实践,促进学生活动品牌化发展。由学院党委书记挂帅,党委副书记指挥协调,以2008级本科生为主的295名师生组成国庆60周年群众游行方阵,为学校参加人数最多的院系。2009年4月,学院联合IBM、瑞银和摩根士丹利等企业启动学院就业见习基地项目,成立百度俱乐部、腾讯创新俱乐部等新兴学生社团,为在校生提供近百个实习岗位,为学生搭建了解社会、体验职场的平台;暑假,学院团委组织8路人马分赴祖国各地,校党委副书记杨河和绵阳市副市长黄正良亲自出席了北大-绵阳社会实践基地的签约仪式。

4. 树立服务学生的意识,将教育贯穿于日常工作中,坚持新生入学教育、毕业生离校教育;坚持班主任年度工作研讨会,加强本科生专业分流前后班主任工作的连续性;做好新生政审、阅档归档和党员组织关系转接;坚持学院党政领导与毕业生"一对一"谈话。2009年,学院对助学金的申请和评审流程进行改革,为贫困学生争取到572个助学金名额,总资助额度约155.77万元;定期组织就业教育与指导,并对就业障碍学生进行思想教育和心理指导;建立毕业生网站,打造了"围炉夜话"职业规划系列座谈,编写《向左走,向右走:北京大学信息科学技术学院毕业文集》。截至2009年9月,本科生、硕士生和博士生就业率均超过98%。

工　学　院

【学院概况】 工学院下设力学与空天技术系、能源与资源工程系、生物医学工程系、先进材料与纳米技术系、工业工程与管理系五个系,以及湍流与复杂系统国家重点实验室,2009年,理论与应用力学专业入选国家第4批特色专业。

工学院现有教职员工128人,其中教员96人,长江学者特聘教授7人,长江讲座教授3人。能源与资源工程系现有教员18位;力学与空天技术系现有教员42位;生物医学工程系现有教员14位;先进材料与纳米技术系现有教员12位;工业工程与管理系现有教员10位。2009年,工学院有5人获批"千人计划"。王龙教授获新世纪百千万人才工程国家级人选。2009年招收博士后30人。2位教师获得北京大学奖教金,史一蓬老师获得北京大学2008—2009年度教学优秀奖。

【教学工作】 1. 本科生教学。工学院招收2009级本科新生共114人。2009年在校本科生总数为355人。2009年7月,共51名2005级本科生毕业。其中,49人获学士学位(16人为理学学士,33人为工学学士)。2006级本科生共39名获得推荐免试研究生资格。2009年工学院共13个本科生科研项目获得资助,工学院共12名学生参加科研。2009年共4名韩国交换生来工学院学习。

2009年工学院共开设课程66门,其中新开课程20门;学院制定并通过了《北京大学工学院导师制管理办法》,旨在贯彻因材施教原则,提高人才培养质量,学院共32名教师成为2009级学生的导师;学院教育工作委员会换届,2009年共召开3次会议,讨论学院学生培养过程中遇到的各类问题;召开2009版教学计划研讨会,讨论并制定了工学院2009版本科教学手册。

2. 研究生教学。2009年,工学院录取硕士生88人,博士生71人。毕业硕士生30人,博士生19人。在校研究生人数424人,其中,硕士研究生230人,博士研究生194人。

2009年7月18日至20日,北京大学工学院及北京大学应用物理与技术研究中心(CAPT)在北京大学首次举办全国优秀大学生夏令营。来自北京大学、浙江大学、中国科技大学、华中科技大学、四川大学等全国20余所高校的118名同学参加了活动。本次活动让更多优秀的大学生有机会走进北大、了解工学院及CAPT的发展。

2009年共7名博士生获得北京大学"国家建设高水平大学公派研究生项目"资助到世界一流大学或研究所学习交流。2名学生获得北京大学第一批"博士研究生短期出国(境)研究项目"支持到国外大学学术交流3个月。10名博士生获得"北京大学研究生国际学术交流基金"支持参加国际学术会议。作为首批获研究生院资助的博士生论坛,主办北京大学—哈佛大学演化动力学国际研讨会。

工学院与美国佐治亚理工/艾默里大学联合培养培养博士生开始实施,这是全国首个获批开展的中外联合博士计划,2009年工学院生物医学工程专业有5名博士生和美国佐治亚理工学院3名博士生入选该项目。

2009年工学院首次规范了对工学院在校研究生转专业和导师的办法,并将博士培养阶段的最重要环节之一的综合考试和开题等做了明确规定:博士生的综合考试由所在博士专业进行统一考核,开题由导师负责,答辩委员会由主管院领导审批同意方可进行。

2009年,一般力学与力学基础专业张丹丹博士学位论文"多仿生机器鱼协作控制方法研究"获得北京大学优秀学位博士论文三等奖。2009级博士生共有9人获得北京大学校长奖学金。

【科学研究】 2009年总获准经费1.07亿(含外拨经费),其中国家科技重大专项课题2项,共2520万;国家自然科学基金获准38项,共2536万;国家自然科学基金创新群体1项,国家自然科学基金重点项目3项;国际合作项目14项;科技部"863课题"4项。

举办各类学术报告共180场;2009年发表SCI检索论文302篇,以工学院教员为第一作者和通讯作者的SCI检索186篇,EI检索139篇。工学院楚天广和段志生教授的2009年国家自然科学基金项目结题被评为优,王龙教授的基金项目结题被评为特优。

【党建与学生工作】 1. 党建工作。2009年,工学院党委重视组织建设,认真培养、发展新党员,共组织84人参加学校党课班的学习,新发展党员19人,其中教职工1人,本科生2人,研究生16人。全年有27人转为正式党员。工学院党委获得"北京大学党务和思想政治工作先进集体"。

2009年工学院党委为贯彻落实学习实践科学发展观,积极组织各项学习活动。根据学校整体安排,在认真做好各项准备活动的基础上,结合学院实际情况,学习实践活动分三个阶段进行。第一阶段:学习调研。主要是组织学习调研、围绕科学发展观进行解放思想讨论等工作。第二阶段:分析检查。主要是抓好学院领导班子专题民主生活会和党员主题组织生活会,形成分析检查报告。第三阶段:整改落实。主要是制定整改落实方案,集中解决突出问题等工作。

2009年工学院党委重视党风廉政建设。学院党委严格制定党风廉政建设责任制,落实分工,坚持谁签字谁负责的原则。积极开展民主生活会,互相监督,防微杜渐,教育党员干部时刻要上好党风廉政建设这一课,要求学院领导严格执行学院的《党风廉政建设责任制的若干规定》。

2. 学生工作。2009年,学生工作办公室在学院党政领导的带领下,秉承育人为本,一切以学生的成长成才为归依的工作理念,坚守实实在在的育人过程,并在育人的过程中实实在在地进行创新,通过扎实、踏实和务实的工作，认真完成了各项工作，在各个方面取得了一定的成绩。3月，获得"纪念改革开放30周年"学生党团日联合主题教育活动组织工作一等奖；4月，获得学生运动会甲组第五名；04级博士研究生王启宁获选"2008中国大学生年度人物"，并获得北京大学通令嘉奖；5月，获得第十七届挑战杯竞赛团体二等奖（优胜杯）；第六届"江泽涵"杯数学建模与计算机应用竞赛优秀组织奖；6月陈鹏等同学的作品获得第五届首都"挑战杯"竞赛特等奖；7月，院刊《力源》获得2008—2009年度团属刊物评优二等奖；12月，获得"感悟祖国发展成就 开启青春奋进征程"党团日联合主题教育活动优秀组织奖；荣获"一二·九"合唱一等奖、文艺汇演二等奖、北京大学学生工作先进单位、北京大学学生资助工作先进单位等荣誉。

【交流合作】 2009年度共有教员出访共103人次，出访国家涉及美国、英国、日本、澳大利亚、突尼斯、新加坡、马来西亚、意大利、韩国、德国、白俄罗斯、西班牙、韩国、港澳台地区等。

2009年共接待来自美国、英国、韩国、日本等国和香港、台湾地区的各类来宾100余人次。2009年工学院利用北大"海外学者讲学计划"项目共约16万余元先后聘请了外国专家50余人次讲课和讲座。这些学者分别来自英国、美国、日本、瑞典、澳大利亚等。

2009年，工学院成功举办的国际会议包括：北京大学-瑞典皇家理工学院流体力学联合研讨会、中美能源与气候变化合作研讨会、国际湍流研讨会、2009伯克利-斯坦福-北京·中美碳捕集与封存国际研讨会、第18届流体动力学的离散计算国际会议等。各个会议均取得丰富的学术成果。

2009年7月，接收韩国首尔国立大学工学院3人来工学院学习；工学院和美国佐治亚理工学院、埃默里大学生物医学工程系联合博士生培养项目于2009年2月顺利启动，这是中、美两国大学第一次进行此类型的合作；工学院和斯坦福大学工学院建立的"跨文化涉及"项目，在2009年3月顺利在两校间实施，两校分别派学生12人互访。2009年6到9月，12名来自北京大学和清华大学的学生参加了2009年斯坦福大学项目，学生们与斯坦福的教授、研究生和本科生一起工作了10周，工学院共派出3名三年级学生参加。

【发展工作】 2009年，工学院与施奈德公司、中国航空工业集团、中美集团等大型企业，有多次共同举行的会议。利用人员联系的机会，推动企业界成功人士到北大为学生做讲座。

2009年，工学院与福建厦门省校合作方面取得进展，目前厦门市配套款项已经落实6000万元，并辅助领导进行了对厦门的技术转化，转移技术意向，获得捐款承诺500万元，与厦门市政府合作成立研究院，获得3年总额6000万元的配套，和厦门迈士通转化微马达项目500万元＋捐资500万元正在落实和推进中；达成了与无锡的合作意向；和浙江绍兴合作的第一期1000万已经完成，两个项目通过阶段验收，第二批资金正在落实中。

2009年，继续保持和社会热心人士、老校友较好的联系，寻找机会为工学院寻求资金和合作；通过和著名企业探讨合作加深了解，落实对工学院各种资金支持，目前与EXXONMOBIL、SHELL、SLB、BOEING已经建立了较好的联系；和国内的民营企业、研究院和国资委的领导建立较好的联系以促进合作，为学院在下阶段的发展准备好资金支持，预计会给工学院带来1000万以上的直接收益。

2009年，在院领导的主持下，积极参与、推进工学院对外合作和技术产业化工作。目前和生医、能源专业的合作有一定的成果。另外，在发掘下一步开拓项目的过程中，技术产业化办起到了重要的策划和支持作用。

计算机科学技术研究所

【概况】 计算机科学技术研究所2009年事业编制在职人员为45人，其中正高职称人员8人、副高职称人员21人，引进青年人才1人。

【王选纪念陈列室】 1. 组织王选纪念陈列室的接待和讲解工作，年内共接待中共中央政治局委员、国务委员刘延东，珠海市委书记甘霖、中央组织部组织干部学院及九三学社天津委员会成员等各方领导和参观人员共计43批次。

2. 王选教授当选"100位新中国成立以来感动中国人物""共和国60年影响中国经济60人""新中国60年杰出出版家""时代领跑者——新中国成立以来最具影响的劳动模范""建国60年60位功勋品牌人物"等荣誉。为纪念著名科学家王选院士，由北大计算机科学技术研究所和方正集团共同设计制作的王选院士纪念网站（网址：http://www.wangxuan.net）完成改建，于2009年6月5日正式对外发布。为全方位了解王选院士的一生、学习他高尚的精神和品质，提供了一个完整翔实的信息平台。

【科研教学】 1. 奖励。专利"具有硬件适应性的数字内容与硬件绑定的方法"、"一种面向出版的智能模板模型的建立方法"分别获得首届北京市发明专利奖二等奖和三等奖。万小军博士（导师肖建国教授）获北京大学优秀博士学位论文二等奖。肖建国教授获毕昇印刷杰出成就奖,杨斌研究员被评选为全国印刷行业百名科技创新标兵、汤帜研究员被印刷行业推荐参评新闻出版总署"百名有突出贡献的新闻出版专业技术人员"。博士研究生刘家瑛(导师郭宗明研究员)获北京大学"学术创新奖"、IBM中国优秀学生巾帼奖学金。

2. 学术论文。发表学术论文55篇,其中顶级国际学术会议论文5篇、国际著名期刊论文1篇、被SCI收录的论文5篇,发表论文的平均影响因子、参加学术会议的水平与往年相比都在稳步提高。

3. 专利与专著。获得国内发明专利授权48项,申请并被受理的国内发明专利56项、申请并被受理的国际发明专利11项。

4. 承担项目。在研项目60余项、到账经费约1800多万元。在研项目中包括"973项目"、国家自然科学基金重点项目、国家自然科学基金面上项目、"863项目"、国家发改委产业化专项等项目。

5. 人才培养。通过招募大学本科实习生、举办暑期大学生夏令营等形式,扩大影响力,使研究生招生、培养质量获得进一步的提高。2009年毕业博士研究生4名、硕士研究生25名;入学的博士研究生8名、硕士研究生28名;目前有在读博士研究生31名、硕士研究生73名。

6. 科研成果。

(1) 基于数字版权保护的电子图书出版系统为电子图书产业链提供了整套的技术解决方案,实现了电子图书整个生命周期内全面的版权保护,以及完整的电子图书版面处理、跨平台阅读技术,该系统已经通过国家科学技术进步奖评审委员会的评审,被建议授予2009年度国家科学技术进步奖二等奖。

(2) 在程序整数溢出漏洞检测上取得突破,成果在NDSS'09(16th Annual Network & Distributed System Security Symposium)国际会议上发表(这是自NDSS创立16年来中国大陆研究机构作为第一作者单位的首发论文),并在多种软件中发现了一批严重的安全漏洞,其中大部分已获国际安全漏洞机构CVE确认,还获得了中国信息安全测评中心颁发的国家漏洞库"信息安全漏洞提交证明"。

(3) 在自然语言处理研究的文档自动摘要研究上,万小军副研究员带领的团队提出了基于多模态图学习的多文档摘要方法,同时进一步提出并初步解决了跨语言摘要、自适应摘要、动态多文档摘要等新颖的摘要任务。而在文本情感分析方面,针对中文情感语料库少的问题,提出了基于协同训练的思想,利用相对丰富的英文情感语料库来改善中文情感分类效果。在自然语言处理领域顶级国际会议ACL09、人工智能领域顶级国际会议IJCAI09各发表正式论文一篇,并有一篇正式论文已被信息检索与信息系统领域顶级国际期刊 *ACM Transactions on Information Systems*(TOIS)录用。

(4) 在视频语义分析与检索研究方面,彭宇新副教授带领的团队,在视频语义概念检测、视频语义搜索等技术上提出了新的研究方法,其主持的国家自然科学基金项目被评为"特优",并在 2009 年国际权威评测 TRECVID 中取得优异成绩:在高层特征提取任务的所有 4 类评测中,获得 3 个第一、1 个第二;在搜索任务的两类评测中,获得1 个第一、1 个第二。

(5) 在可伸缩性视频编码SVC(Scalable video coding)技术研究方面,解决了可伸缩视频编码在漂移误差情况下的率失真函数建模问题,提出了可伸缩视频最优的调度方法,大大减小了调度复杂度(减小70%~80%)。在本领域顶级国际期刊 IEEE Trans. Circuits Syst. Video Technol. 上发表文章,同时实现了一个原型系统,技术领先,有很好的应用前景。

7. 交流与合作。参加国际学术会议、国际展览、交流访问的有30多人次。参加2009法兰克福书展,和Klopotek、KNV、MarkLogic等具有国际领先水平的技术提供商进行了深入的交流。在中国主宾国主题馆,王选教授的汉字激光照排技术作为中国印刷及出版业上具有重要历史意义的一项标志性技术参展,其设计手稿等10余件实物引起各国参观者的关注与赞叹。

8. 科研基地建设。

(1) 电子出版新技术国家工程研究中心积极推进国家发改委创新能力建设项目的建设工作,在2009年完成了800平方米的喷墨印刷实验室的设计及改造,其中包含120平方米的无尘洁净实验室;研发成功C4200彩色喷墨数字印刷机并参加Chinaprint及Labelexpo大展,该印刷机的印刷速度达到25米/分、视觉分辨率高达1000dpi,印刷质量达到国际先进水平。此外还研发成功了每分钟75米的高速数字印刷机原型系统。

(2) 中国文字字体设计与研究中心积极参与国际与国家文字标准的研制工作,在2009年通过审查的标准有5项,还应邀参加了ISO/IEC JTC1/SC2/WG2 IRG(表意文字工作组)第32次会议。

(3) 继续推进"北京大学网络与信息安全实验室(中关村开放实验室)"的工作,作为成员单位参与开放实验室联盟组织的信息安全专项规划工作,并参加了中关村园区产学研展览。协助先进技术研究院完成了"网络与软件安全保障教育部重点实验室"的建设规划工作。

【成果应用与转化】 1. 在高速喷墨数码印刷机的研发方面,开发了可变数据标签制作工具,可以支撑百万级可变标签的稳定生产,并在国内大型药包印刷企业获得生产性应用。

2. 研制成功全新的交互式书刊排版软件,在书刊长文档排版、Word 兼容、交互式数学公式排版方面获得了重大突破,得到了客户的高度评价。

3. 研制成功新一代结构化版式技术 CEBX 技术,实现了 CEBX 版式文档的数据转换、阅读等软件。在今年成立的"版式技术产业应用联盟"中,已经通过了以该技术为基础的版式文档格式标准 OFD,并于今年底在国内的档案部门开始试用。

4. 研制成功数字报纸审读系统、触摸屏读报系统,完善了报纸数字出版系统,形成数字报刊解决方案。目前,已有近 1000 种报刊采用相关技术实现报纸数字出版,人民日报等多家重点报社开始试水数字内容发行。

5. 在互联网内容挖掘方向,研制的自适应采集策略和分布式检索技术大幅度提高了互联网舆情分析预警系统的监管能力,率先推出了手机新闻监管和微博信息监管等功能。

6. 研制成功面向新媒体数字视频展示系统,把传统的电视台播出系统应用到户外大屏、手机电视、IPTV 等领域,现在已经被全国 30 多家机场航站楼采用。

软件与微电子学院

【学院概况】 软件与微电子学院经过七年的建设和发展,已经初步形成了一个学院、两个学科(软件工程学科、集成电路设计与工程学科)、四个基地(国家软件人才国际培训(北京)基地、国家集成电路人才培养基地、软件工程国家工程研究中心北京工程化基地、北京大学软件与微电子学院无锡产学研合作教育基地)的综合性软件与微电子人才培养实体。

【教学科研】 学院根据社会对软件和微电子人才的需求设立了 11 个系,建立起一个覆盖 37 个专业方向、多层次、多方向、多领域模块化开放式的课程体系。本年度共开设课程 309 门次(硕士 293 门次,二学位 16 门次);选修课程的学生人数达 3411 人次,较上年度(3168 人次)递增 7.7%;参与授课的教员达到 242 人次,较上年度(267 人次)下降 9.4%;参与助教工作的人员为 187 人次,较上年度(161 人次)增加了 16%。本年度,启动了第二批精品课建设项目,已通过 5 门学院精品课、2 门学院精品教材、1 个课程体系研究项目,有 2 门课程入选校精品课程建设立项目。

2009 年,学院申请国家自然科学基金项目 13 项,北京市自然科学基金项目 5 项、教育部人文社会科学研究项目 6 项、中国与欧洲国家政府间科技合作备选项目 1 项、协助申请北京大学虚体研究中心 2 项,签署了教育部-Intel、教育部-IBM、与 IBM 合作的 SUR 等科研项目合作协议,共计申请经费 1144.93 万元,科研项目种类更加丰富,经费持续增多。

【合作交流】 2009 年,与 IT University of Copenhagen、苏格兰阿伯泰邓迪大学、香港大学、IBM、中国流行色协会等知名企业和高校签署 48 项对外合作协议。

学院承办了教育部服务学专家协作组第八次工作会议、ICSS 国际服务学大会等重要的会议 9 次;新聘、续聘长期外国专家 18 人次,包括访问学者 5 人次、客座教授 15 位、专业顾问 4 位,其中客座教授人数比上年度新增 6 位;接待重要来访 5 次;协助办理出国出境共 12 人次。

【招生就业】 学院招生工作在稳步发展的基础上,生源质量又有了进一步的提高。2008 年 9 月和 2009 年 2 月,学院通过考试共录取了 1085 名学生(含北京校区 803 名,无锡校区 282 名)。其中,通过全国研究生统一考试录取 663 人、全国工硕联考录取 78 人、自主命题考试录取 331 人、第二学士学位考试录取 13 人。学院共录取双证硕士学生 537 人,同比上年度增加 127 人;录取第二学士学生 13 人;录取推荐免试生 79 人,同比上年度增加 24 人,其中 97% 来自拥有研究生院的重点大学或国家"211"高校。本年度,录取单证硕士 535 人,在全力支持无锡基地招生的情况下,同比上年度减少 307 人。

到目前为止,共有 460 余家企业接受了学院的学生实习,这些企业提供了大约 1655 个实习项目,包括 6346 个实习岗位,学生具有较大的实习项目挑选空间,为学生实习提供了良好的条件。本年度,实习生人数达 743 人,实习企业达 244 个,实习岗位达 1635 个。

学院职业发展中心进一步完善工作制度,公示管理办法,认真做好毕业生服务工作。加强就业信息数据统计分析,编撰了《历届毕业学生就业情况统计分析》。组织多场企业宣讲会和校园招聘会,为用人单位和毕业生提供双向选好机会。2009 年 4 月 25 日,学院还组织策划了 300 多人参加的校友联谊活动,加强了校友之间和学校之间的联系,达到预期目的

2009 年,硕士毕业生 839 人(其中,双证派遣 474 人,单证 365 人),双学位毕业生 26 人,在金融危机形势下就业率仍然保持 100%。

【获奖情况】 2 月 15 日,在共青团中央、全国学联主办的 2008 年度"中国大学生自强之星标兵"评选活动中,2007 级硕士研究生赵泽夏名列"十星"之首,成为北大乃至

北京市各高校的唯一代表,受到团中央领导的亲切接见。

5月6日,由数字艺术系4名学生郭林、张俊、高盈、梁威组成的代表队,在去年赢得"挑战数码时代"(Dare to be Digital)2008年度大奖后,2009年又获得"英国视频游戏最有才华学术新人奖"(BAFTA)提名,四同学于3月赴英国伦敦参加颁奖典礼。

5月14—15日,由服务科学与工程系和IBM公司、中科院软件所共同主办的ICSS会议(2009 International Conference on Service Science)在北大博雅国际会议中心召开。北大副校长张国友莅会致辞,陈钟院长担任大会分会场主席,系主任童缙博士担任大会共同主席,李伟平副教授主持了分会场。学院4位教师论文被大会收录,其中林慧苹、李伟平和学生吴斯的论文"A Service in Education: SOA-based Academic Credit Bank System"荣获年会唯一最佳论文奖。

5月17日,在北京外国语大学举办的"第六届首都高校DV创意邀请赛"上,数字艺术系学生DV作品《挂帅》,从来自北京大学、清华大学、中国传媒大学、首都师范大学、中国政法大学等8部优秀作品中脱颖而出,荣获一等奖。

5月21日—5月24日,中国高校数字艺术教育论坛暨第三届中国学院奖颁奖典礼在四川成都举办。学院学生参赛作品:"碾磨中的永恒异体"(赖炜丹、王珺、白蔚云、简娜、翟浩然)获新媒体组优秀奖;"稻谷风车"(张斌、孙怡铭、卢云庚、夏国栋、马云阳)获新媒体组一等奖;"重量中的红色波普"(刘程、陈成、李莉莎)获新媒体组二等奖。

5月27日,由英国大使馆文化教育处举办的"挑战数码2009"(Dare to be digital)中国赛区优胜奖颁奖典礼在中国美术馆举行,学院项目Trouble Maker Team(朱启明,龚胤杰,赖炜丹,卢云庚)从7支队伍中脱颖而出,获得第一名。

6月20日,数字艺术系学生作品《门》(The Door)获得SIGGRAPH国际图形图像学会学生组观念动画竞赛(Animation ·· Conceptual)一等奖。同时,数字艺术系学生作品《灶》(Cooking)和《飘》(floating)入围了大会学生竞赛单元。这是继2008年国内选手首次在此项赛事中获得二等奖以来荣获的最高奖项。

9月3日,经北京大学奖教金评审委员会评选,并报主管校领导批准,吴中海副院长获得"杨芙清-王阳元院士奖优秀奖"。

10月11日,首届中国独立游戏节(GDC China)颁奖典礼在上海举行。在经历了作品征集、初审、复审及最终评选后,14件入围作品中有7件作品摘得不同奖项。由数字艺术系4名同学组成的团队制作的游戏"碰碰万圣节BUMPER HALLOWEEN"获IGF优秀学生作品奖。

10月31日,由北京电视台与中国传媒大学联合主办,北京卡酷动画卫视、中国传媒大学动画学院、中国动画学会教育委员会共同承办的第四届中国(北京)国际大学生动画节闭幕。数字艺术系递交的共4部学生作品均入围大赛。其中:互动装置作品《飘》和游戏作品《碰碰万圣节》分别获"互动作品类"提名奖;作品《门》获"最佳互动装置作品奖"。

12月1日,2009年度中国游戏行业年会在人民大会堂举行。北京大学软件与微电子学院连续第三年荣获"2009年度动漫游戏行业高等院校产学研先进单位"称号,陈钟院长代表学院领取了奖牌。数字艺术系学生游戏作品《汤姆的奇异梦世界》获"年度大学生优秀动漫游戏作品"奖,朱启明、卢云庚、赖炜丹、龚胤杰等4名同学到会领奖。

12月11日,2009年度IBM全国大型主机技术大赛总决赛上,陈钟院长代表学院参加并领取了IBM大学合作部授予的"2009年度教书育人"奖。代表北京大学参赛的软件与微电子学院三支队伍中,"Star warriors"团队凭借"碳排坝——IT能耗统一平台"获得了"最佳作品奖",另外2支入围总决赛北大团队"Genius-blue"和"Transformer"也分别凭借"G-Center零售集中管理平台"和"下一代个人征信系统"的项目获得了大赛优胜奖。指导老师——信息化研究室主任邬国锐获得了"最佳指导奖"和IBM主机大学合作项目"2009年度突出贡献奖"。

【学生工作】 2009年,学院组织编写两期《学苑期刊》,编辑《素质教育报告文集》一册,编写《学苑锦集》1册,学生工作简报12期。

本年度,学院共举办素质教育讲座22次,评出优秀报告48篇。素质教育考核2次,参加考核人数656人。举办优秀素质教育报告观摩课一次,英语短剧大赛一次,使学生整体素质得到提高。

据统计,学院评奖评优工作中,获校级奖项188人,市级奖项3人(其中市级优秀毕业生1人,市三好学生1人,市优秀学生干部1人),校级优秀毕业生44人;评出奖学金获得者133人。

【党建工作】 学院现有6个学生党支部,本年度,共开办党校培训班1期,培养入党积极分子125名,发展学生党员61名,预备党员转正75名。定期组织结合开展科学发展观的相关学习、讨论、参观等活动9次。如:在2009年3月至7月间,院党委领导对学院的各项工作认真开展调研、分析和整改,并参加了全校的学习科学发展观总结大会,学院党委书记白志强教授组织召开学习科学发展观动员大会,学院师生为身患癌症的张宇同学捐款献爱心活动等等。

在 2009 年度的优秀党务工作者评比中,白志强书记被评为 2009 年北京大学优秀党务和思想政治工作者——李大钊奖,陈钟院长被评为 2009 年北京大学优秀党务和思想政治工作者。

【大事记】 1 月 4 日,国家软件人才国际培训北京基地工作研讨会在大兴校区召开。国家外专局赵立宪司长、中国国际人才交流基金会王海洋主任等有关领导,以及陈钟院长、徐雅文常务副院长、吴中海副院长、苏渭珍副院长、数字艺术系王强主任和对外合作办公室有关人员参加了研讨会。与会人员回顾了基地以往的工作,并就今后的发展进行了交流与探讨。王海洋主任表示基金会今年将加大力度,重点支持好的项目,并希望基地在新的年度再创佳绩。

1 月 13 日,公安部通报中心年会在北京举行,陈钟院长代表学院出席,与通报中心成员单位以及各大部委用户单位等进行了总结和交流。北京大学软件与微电子学院作为公安部通报中心成员单位之一,2008 年协调一致出色地完成了奥运网络安全保障等重大任务,得到公安部和奥组委的表彰。

3 月 3 日,教育部高教司司长张尧学院士对无锡基地进行了视察,并参观了无锡基地承办的"无锡国际数字艺术展"。

5 月 4 日,学院第八次学术委员会召开,学术委员会主任王阳元院士主持会议,杨芙清院士、张兴教授等 13 名学术委员会成员出席了会议,会议审议并投票通过了 2 名教授、1 名兼职教授、5 名副教授、4 名讲师的职称认定资格。

6 月 24 日,由数字媒体芯片与系统实验室曹喜信副教授指导的研究团队完成发明专利——"一种分水岭图像分割处理方法"通过了国家知识产权局的审查并予以授权,专利申请人包括张兴常务副院长、于敦山副系主任、曹喜信副教授等。

7 月 28 日,在校本部理科一号楼 1504 室举行聘任仪式,聘请艾波博士为北京大学软件与微电子学院客座教授和无锡产学研合作教育基地主任,理事长杨芙清院士、王阳元院士等有关领导参加了聘任仪式。聘任仪式上,理事长杨芙清院士、学术委员会主任王阳元院士分别为艾波博士颁发了学院无锡基地主任聘书和客座教授聘书。

6 月 19 日,北京大学学位评定委员会工程硕士类学位分会在校本部理科一号楼召开,学位分会委员 11 人出席并讨论了北京大学 2009 年夏季答辩工程硕士的学位授予以及工程硕士导师资格审查等问题。与会委员一致同意授予 659 名工程硕士学生硕士学位,并一致通过 12 位老师担任工程硕士导师。7 月 8 日,经北京大学校学位会投票通过,2009 年夏季共计 659 位同学获得工程硕士学位。

8 月 12 日,"北京大学-Altera EDA/SOPC 联合实验室"在北京大学软件与微电子学院无锡产学院合作教育基地正式揭牌成立,全国近 70 所高校约 80 位 Altera 联合实验室主任参加此次揭牌仪式。全国 Altera 培训师培训也同期在无锡基地举行。集成电路设计系讲师曹健被授予 Altera 金牌培训师资格证书,中国区共有 6 人通过此认证。

9 月 22 日,北京大学党委常务副书记吴志攀教授在杨芙清院士、学院院长陈钟教授陪同下对无锡校区的建设和发展情况进行了视察。

11 月 20 日,由吴中海副院长负责的北京市文化创意产业项目,100 集动画教学系列片——《轻轻松松学汉语》,通过了北京市文化创意办项目监管单位大兴新媒体产业基地管委会组织的项目专家验收。《轻轻松松学汉语》项目由数字艺术工作室历时 2 年制作完成的,制作动画片 400 分钟,多媒体游戏教学练习 10 套。

12 月 4 日,教育部服务学专家协作组第八次工作会议在学院举行。服务学专家协作组顾问委员会委员北京大学杨芙清院士、清华大学李衍达院士专家出席了会议。与会专家就完善服务学知识体系、出版服务学教材、联合申请科研项目、筹备 2010 年服务学国际会议等议题进行了讨论。

12 月 23 日,国家知识产权局专利局授予学院"一种管道式差分模数转换器"发明专利证书,专利号为 ZL200710178119.8,这是数字媒体芯片与系统实验室申请的新专利。该项专利的发明人为张兴常务副院长、于敦山副系主任、曹喜信副教授等。

环境科学与工程学院

【人才培养】 1. 本科生教学。2009 年本科招生 29 人,2008 级本科生 22 人,2007 级本科生 30 人,学院现有本科生 81 人。学院按照学校要求顺利完成了年度各项常规性教学管理工作,教学质量有所提高,2008—2009 学年课程评估情况相比上一个年度有显著改善,学院课程平均评估成绩高于校平均成绩。2009 年获得北京市精品课程一门,并参加了北京市本科教学实验示范中心的评审。

学院针对本次教学计划修订是北京大学每 4 年一次的教学计划重大调整,院、系多次召开教员会议,认真讨论,不断完善本科生培养方案修订的总体指导思想和改革思路,完成的教学方案修订工作,新的培养方案已正式投入使用。学院将在运行过程中评估和调整教学计划,使之不断的改进和提高。

2009年进一步完善本科生导师的系一级的统一协调和管理,在学院学生工作组和团委的大力支持下,开展了扎实的系列工作。

(1) 本科教学实验室建设。2009年学院投入本科教学经费,完成了技物楼五楼学院本科教学实验室的基本建设,并已开始在新增的教学实验室加强环境工程实验室的基本建设。

(2) 本科生的研究课程计划。学院积极鼓励、引导学有余力的学生通过多种途径参与有兴趣的科学研究工作,2009年5月学院获得"本科生科研基金"资助项目14项,"国家大学生创新性实验计划"资助项目1项,参与人数达23人,占当年本科生的76.7%。

(3) 本科生的国际交流。学院国际、校际合作交流活跃,暑假期间四名2008级本科生在日本东京的早稻田大学完成由五国八所著名高校组织的为期三周的"Global Seminar of Sustainability"暑期课程;11月两名本科生参加了来自海峡两岸18所高校参加的海峡两岸大学生能源环保学术论坛。

2. 研究生教学。明确研究生教学和培养改革思路,有步骤地推进研究生教学和培养工作。开展研究生培养计划、方案、论文发表、质量控制过程等的实施计划的修订并实施。开始统一招生、统一综合考试、统一预答辩的试点和实施,取得良好效果。在规范导师职责、保障研究生的学习条件和工作条件方面进行了相关的制度建设并提出了明确要求。

继续狠抓研究生学术交流平台建设,促进研究生学术成果在国际学术平台交流的机会。通过多种方式活跃学术气氛、丰富交流机会,为研究生提供了良好的学术氛围和各类学术交流机会;通过组织高层次学术研讨、国际学术交流,促进研究生的教学和科研,特别是让研究生能够尽快站在学术前沿并了解相关领域的最新进展。

本学院现有硕士研究生175人、博士研究生67人;2009年毕业硕士研究生52人;毕业博士研究生28人。2009年,学院一名博士生获得首届全国博士生论坛优秀论文奖。9月成功举办了全国博士生学术论坛开幕,获得各界好评。2009年,学院一门课程获得北京大学教学成果一等奖。2009年获得北京大学优秀博士学位论文指导教师二等奖一名。

北京大学—早稻田大学可持续发展联合研究院已经开始运作,并进行了双方的教师、学生互访和交流,2009年本学院已有2名研究生获得早稻田大学的联合培养。

【科研成果】 2009年,环境科学与工程学院在大气环境化学、大气环境模拟与污染控制、水沙与水环境科学、环境管理与可持续发展、环境与健康5个学科方向的科学研究都取得了可喜的成绩。本年度,主持国家重点基础研究规划项目"973课题"2项;主持国家自然基金重大项目课题1项,在研面上基金课题28项,新立项6项;主持和参与"863课题"7项;主持水专项两个项目;主持和参与科技支撑计划5项;主持各部委公益专项5项;主持重大国际合作项目1项;此外还主持北京市环保和广东省重点项目多项;2009年新开展各类项目约36项。2009年期间到账实际科研经费约5600万元。

2009年度发表论文约200篇,其中SCI收录约100篇,SCI文章数量继续保持稳定上升的势头,在质量上取得跨越式发展,影响因子大于4.0的有20篇左右(2008年约为10篇)。其中,张远航教授领导的研究团队与朱彤教授领导的研究团队分别在2009年6月26日和10月30日出版的 *Science* 杂志上发表了研究论文。

2009年,学院老师积极开展对外交流合作,在研对外合作项目有10多项,参加国际性学术会议达到70多人次,发表大会报告7篇,其中特邀主旨报告3篇;接待来访及合作人员40多人次,举办大型国际性学术会议4次。

2009年也是学院在科研成果转化方面取得优异成绩的一年,全年获得授权专利14项之多。学院张远航教授等主持的"区域大气复合污染研究的技术体系及在珠江三角洲的应用"获得教育部科技进步一等奖;郭怀成教授的"受污染城市水体修复技术与工程示范"项目荣获2009年度国家科技进步二等奖。

【党建工作】 1. 牢抓领导班子、干部队伍建设。(1)贯彻好各级党组织关于领导班子、干部建设的各项方针政策,有长远的思路和计划。环境科学与工程学院领导班子成员注重学习马列主义、毛泽东思想、邓小平理论和"三个代表"重要思想,坚决贯彻党的路线、方针、政策以及学校的各项决定。坚持每周一次的党政联席会办公制度,严格院务会成员考勤制度,有效地保证了学院重大事项的科学决策以及日常工作正常运转;

(2) 2009年学院党委指导各实体单位进行了各系主任的换届工作,同时任命了一名院长助理。新任命人员具有较好的群众基础,几名同志愿意为学院的行政管理工作贡献自己的聪明才智,此项工作的顺利开展为基层单位的发展提供了切实保障。

2. 认真组织学习实践科学发展观活动。2009年3月,北京大学深入学习实践科学发展观活动正式启动。按照学校的统一部署,学院党委严格按照学校党委的相关要求和环境科学与工程学院活动《实施方案》的安排,精心谋划、扎实推进,党员领导干部以身作则,广大党员自觉投入,教师学生积极参与,学习实践活动组织有力,进展顺利,成效明显,圆满完成了各项预定任务。

此次教育活动,学院党委高度重视,组织到位;各支部集中学习,扎实认真;调查研究,广泛深入。在此基础上召开了学院的民主生活会。会议分析透彻,方向明确,取得了预期的效果,使大家对今后的工作信心更强,干劲更足。领导班子认真总结回顾了学院成立以来贯彻落实科学发展观的情况,充分运用学习调研和解放思想大讨论的成果,完成领导班子分析检查报告。

学院党委注重活化宣传形式,强化舆论引导,以学校教学网为依托,建立了科学发展观学习活动党员教育平台,发布学院党委学习实践活动的实施安排,及时更新学院和党支部学习实践活动的情况报道,并开辟了党员交流学习心得的专栏。在学习实践活动期间,学院党委共向学校新闻网、信息平台、学院主页上报了30多篇报道;院学工办结合学习实践科学发展观的主题,编撰了两册学习成果集。

以"北大低碳校园先锋计划"为代表的一系列品牌活动为抓手,带领学院教员和学生积极参与学校可持续绿色校园规划建设工作中;学院党委和北京市东城区北新桥街道九道湾社区、北京吴裕泰茶业有限公司三方党建活动中,组织了科学发展观理论宣讲会、故事会、座谈会等丰富多彩的活动,学院参加活动的老师和同学达70多人次。

3. 扎实开展理论教育。结合国家大事和党员思想政治教育重点工程,党委组织开展了特色鲜明的思政教育活动。为深入贯彻《关于进一步加强和改进大学生思想政治教育的意见》精神,结合学习实践科学发展观和庆祝建国60周年等载体,从学院专业特色的角度入手,充分利用组织渠道和现代信息手段,根据青年喜欢的沟通、交流、联络和聚集方式,在学生党员中先后组织开展了两会精神学习、科学发展观研讨、悼念汶川地震一周年、庆祝建国60周年征文等系列主题教育活动,进一步增强感和责任感。教工党支部结合"改革开放三十年"、"建国六十年"等主题,开展了文件学习、参观调研等形式的教育活动。

4. 不断完善基层组织建设。

(1) 指导基层班级党团支部开展学生党团日联合主题教育活动。本年度,学院紧密围绕学习实践科学发展观和庆祝建国60周年两大主题,结合学院部分学生参与国庆群众游行方阵这一重大教育契机,继续深入推进学生党团日联合主题教育活动,通过讲座、座谈、报告会等多种形式广泛开展理想信念教育、形势政策教育、改革开放教育和爱校荣校教育,引导广大学生充分认识科学发展观的深刻内涵以及新中国成立60年来取得的伟大成就,进一步激发广大学生热爱祖国、报效祖国的热情,并将这种热情转化为刻苦学习、努力工作、文明生活、健康成才的实际行动。学院学工办获得了优秀组织奖,多个支部荣获一、二、三等奖的奖励。

(2) 组织实施各类党团共建活动。学院党委继续深入推进与北京市东城区九道湾社区、北京市吴裕泰茶叶有限公司、河北省鸡泽县政府的共建工作,并新建立了和北京市宣武区环保局的共建关系,通过开展报告会、联欢会、故事会、挂职锻炼、基层实践等多种方式开展共建,不断拓宽党建的工作空间,为青年党员寻求多层次的锻炼机会。

(3) 党员发展力度进一步加大,教工支部有所突破。学院党委注重积极分子的培养教育,积极组织"如何做一个共产党员"的讨论和党课教育。在组织发展上坚持"重在培养教育,成熟一个,发展一个"的原则。本年度除发展学生党员外,还发展了一名教师入党。同时还充分发挥共青团组织的作用,办好基层团校,以"培养骨干,锻炼干部,精进业务,提升能力"为办学宗旨,通过丰富培训课程内容,构建必修课与选修课相结合,讲座、实践、调研与座谈相结合,全体培训和分类培训相结合的富有弹性的分层培训体系,并建立健全团校学员考核和评价制度,努力使团校培训的目标和方案更加系统化、合理化。

5. 牢抓党风廉政建设。继续坚持院务公开制度,接受全院师生的监督,每周一次的院务会纪要坚持下发各实体单位负责人,每学期至少召开两次全体教师大会,每半年召开一次工作总结大会,由各位主管领导介绍工作情况,就重要院务工作向全院教师征求意见,通报学院发展情况。单位督促领导班子成员按照学校的要求自觉学习党风廉政建设的相关知识,定时进行个人的收入情况和重大事项的申报,党委会上就学院党风廉政建设工作多次进行讨论。

6. 推进工会工作上台阶。在学院党委和行政的高度重视、领导和支持下,学院工会工作取得了突出进展。工会组织了健美操队、羽毛球队积极参加学校工会举办的比赛,组织全院教师参加健康大步走等团体活动,在庆祝建国60周年暨"我与祖国共奋进"征文活动中我院一名教师获得三等奖。12月23日,学院正式通过北京大学工会"合格之家"的验收,学院工会工作揭开了崭新的一页。

【行政管理】 在日常工作方面,学院行政继续秉承为教学科研服务的原则。本年度在做好常规性工作和临时性工作外,参与了学院新"环境大楼"的前期审批和设计工作;组织对学院技物楼"本科教学实验室"建设的招标工作;正在进行的技物楼五层东侧装修改造工程;开展了每年一次的教职工体检工作;组织2009年新生入学工作;组织学院2009年学术交流和岗位评估会议和2009年全院教职工大会暨年度总结会。

【学生活动】 2009年9月随着09级30名本科生的到来,学院本科生的队伍进一步壮大,客观上具备了开展多元化教育活动的可能。一方面,学生工作干部数量持续稳定增加,截至2009年年末,学院学生工作办公室已有专职学生工作干部两名,学生助管10名;另一方面,学院注重对学生工作骨干的思想教育与能力培养,注重发挥研究生在工作中的"传、帮、带"作用,有计划地通过"新生杯"系列活动,"一二·九文艺汇演"等大型活动在新生中锻炼和培养学生工作干部。2008—2009学年第二学期2008级本科班和2008级别硕士班获得了校级的奖励,2007级本科班获得院级奖励。上述三个支部还获得了学院党委配发的相关活动经费。2009—2010学年第一学期学院学生工作办公室获得党团联合活动评选优秀组织奖,2009硕获一等奖,2009本、2009博获得三等奖。

中国语言文学系

【发展概况】 北京大学中国语言文学系是国家文科基础学科人才培养和科学研究基地,现设有4个本科专业:中国文学、汉语言、古典文献、应用语言学(中文信息处理),此外还设有外国留学生的汉语言文学本科专业。全系共有古代文学、现代文学、当代文学、文艺理论、民间文学、古代汉语、现代汉语、语言学、古典文献9个教研室;1个语言学实验室;北京大学古典文献研究所、北京大学比较文学与比较文化研究所、北京大学中国语言文学研究所、语文教育研究所4个研究所;另有1个资料室。还有挂靠在中国语言文学系的教育部古籍整理委员会秘书处,以及20世纪中国文化研究中心、诗歌研究中心等若干学术研究团体。目前有汉语言学研究基地和中国古典文献研究基地2个教育部人文社会科学重点研究基地;古代文学、现当代文学、汉语言文字学、语言学与应用语言学、比较文学与世界文学、古典文献学6个全国重点学科;古代文学、现当代文学、文艺学、汉语史、现代汉语、古文献、比较文学7个博士点;11个硕士点;1个博士后流动站。2009年中国语言文学系文科人才培养基地被教育部评为优秀基地。

截至2009年12月,中国语言文学系在编教职工100人,其中教授50人,副教授37人;另有博士后5人。教师中有北京大学资深教授2人,教育部"长江学者"特聘教授1人,国务院学位委员会成员1人,国务院学位委员会学科评议组成员2人,教育部跨世纪/新世纪优秀人才10人。

在读硕士254人,博士277人(均含留学生和延长学籍者),其中2009年新招硕士82人,博士69人;在读本科生为414人,另有本科留学生159人,其中2009年新招本科生101人,本科留学生31人。国内访问学者38人;国外高级进修生10人,国外普通进修生21人,澳门进修生2人。

【党建活动】 中国语言文学系党委换届2009年4月27日,中国语言文学系党委换届选举工作启动。6月5日下午,在理教113召开中国语言文学系全体党员大会,顺利举行了党委换届选举,全系三百多名党员参加了选举大会。上一届系党委书记蒋朗朗代表系党委作工作报告。经过严谨、规范的选举程序,民主选举产生了蒋朗朗、金永兵、陈跃红、张鸣、窦克瑾、金锐、杨铸、孔庆东、韩毓海等9人为中国语言文学系新一届党委委员。

中国语言文学系党委部署深入学习实践科学发展观活动。4月3日下午,中国语言文学系召开党委扩大会议,再次全面部署深入学习科学发展观工作。根据学校学习实践科学发展观活动的总体要求,结合本系特点,系党委向与会支部书记布置了《中文系党委深入学习实践科学发展观活动实施方案》,强调开展学习实践科学发展观活动三个阶段中的任务重点,以及各个党支部应当发挥的作用。中国语言文学系学习科学发展观的主体活动按照学校的要求分为三个阶段:学习调研、分析检查、整改落实。会议分别布置了每一阶段的工作内容、重点和相关要求,并提出了具体检查落实的要求。4月18日,系党委组织党委委员、教师党支书和学生党支书,团支书到冀热察挺进军司令部旧址以及宛平抗日纪念碑参观学习,系党委蒋朗朗、金永兵、孔庆东等20余名党员、团员参加了活动。

中国语言文学系学生党支部开展红色"1+1"活动。为了贯彻学习实践科学发展观的要求,推进"村村有大学生"计划的落实,中共北京市委教育工作委员会牵头部署了高校学生党支部与北京农村党支部结对共建的红色"1+1"活动。6月下旬,中国语言文学系2008级本科、2007级本科以及2008级博士生党支部分别到北京市延庆县井庄镇柳沟村、北京市房山区马各庄村开展红色"1+1"活动。

【教学工作】 中国语言文学系的课程设置全面,富有特色,所开设课程历来深受系内外学生欢迎。中国语言文学系同时还承担了校内若干院系的教学任务。2009年本科生教学共开课96门次(上半年52门次,下半年44门次);共开设研究生课程114门次（上半年51门次，下半年63门次）。

2009年，中国语言文学系开设"静园学术讲座"课程。"静园学术讲座"主要针对大一年级新生开设，邀请退休的知名教授，以漫谈聊天的演讲方式，讲述他们自己为学、为人、处世与生活等方面的成功经验与丰富阅历，使同学们不仅得到专业学习、日常处世与课余生活等方面的引导与启迪，而且还可以向老先生当面请益，感受到中国语言文学系的学术氛围、学术风格以及老学者们的渊博学识与人格魅力。

【科研活动】 据不完全统计，2009年度中国语言文学系教学科研人员共出版各类学术著作、教材、工具书、参考书、古籍整理著作、译著、编著35种；发表论文450篇。

2009年度中国语言文学系教学科研人员荣获教育部高等学校科学研究优秀成果奖（人文社会科学）9项。共有13个新立项的项目，其中教育部人文社会科学研究项目4项、教育部人文社科重点研究基地重大项目3项、教育部新世纪优秀人才支持计划2项、国家社会科学基金项目2项、北京大学人文社会科学重大问题前期研究资助项目2项。

【行政工作】 中文系召开学科建设发展战略研讨会。3月13日至14日，中文系组织全系教职工召开学科建设发展研讨会。本次研讨会是2008年行政新班子上任后推出新举措的延续，也是前期广泛调研的总结和工作改进的具体启动。本次研讨会中文系集思广益，多方面征求老师们意见与建议，旨在通过大家的努力将中文系引入更稳定、快速、开放的发展轨道，为2010年中国语言文学系百年系庆献上一份厚重的礼物。

中文系举办"'五四'与中国现当代文学"国际学术研讨会。4月23日，值"五四运动"90周年纪念即将来临之际，由现代文学、当代文学、民间文学教研室联合策划的"'五四'与中国现当代文学"国际学术研讨会在北京大学英杰交流中心阳光大厅隆重开幕，海内外各大学及研究机构的百余名学者应邀与会。北京大学校长周其凤院士、中国语言文学系主任陈平原在开幕式上致辞。本次学术研讨会分为12场。与会专家学者围绕"新文化与新文学""五四与当代文学""五四·晚清以及传统文学""知识分子问题""五四新文学"等主题展开精彩的讨论，共有111名国内外专家学者与会，我系严家炎等12位教师在会上发表论文。

"中国作家北大行"系列演讲启动。3月19日上午，中国语言文学系主办的"中国作家北大行"系列演讲正式启动。"中国作家北大行"系列演讲拟将众多著名作家请进大学校园，与同学们展开深入的对话，以弥补目前的文学教育过分偏重"文学史"讲授的缺憾，促进"文学教育"多样化和立体化。散文家王充闾、作家李锐、刘震云、王蒙、莫言相继在北京大学开讲，《塞纳河少女的面模》来校演出，受到同学们的欢迎。

2009年亚洲诗歌节启幕。10月15日，主题为"地理与诗意"的2009年度亚洲诗歌节在北京大学百周年纪念讲堂拉开序幕。来自中国内地、港澳台地区以及日本、韩国、蒙古、印度和土耳其等国家地区的31位著名诗人相聚一堂，共叙诗话。亚洲诗歌节旨在加深亚洲诗人的沟通与交流，通过诗人之间的直接对话和多种诗歌交流的形式，在彼此互动中探讨亚洲现代诗歌在当下社会中的存在价值和意义。

【学生工作】 中国语言文学系举办第四届学术原创大赛 本届学术原创大赛还邀请了清华大学、中国人民大学、北京师范大学、中央民族大学等四所高校的中文院系联合举办，共收到五校同学200余篇优秀来稿，作品内容涉及文学原创和中国语言文学专业各学科领域的学术论文，经过初赛、复赛层层认真严谨的评审，共有26篇参赛作品脱颖而出，荣获奖项。

历 史 学 系

【发展概况】 历史学系起源于1899年京师大学堂设立之"史学堂"，至今已有110年的光辉历史。现有1个国家一级重点学科，3个国家二级重点学科（中国古代史、中国近现代史、世界史），1个教育部文科重点研究基地（中国古代史研究中心），1个国家文科基础学科人才培养基地。共有7个二级学科，10个教研实体，20个挂靠的跨学科虚体科研机构，2个藏书共达15万册并有珍本、善本、历史档案等特藏的专业图书馆，1个历史文献数字化实验室。

在编教师64人，其中教授33人，外籍教师2人。此外，有资深教授2人，"百人计划"3人（外籍1人），博士后8人（外籍2人）。

在册学生共579人。其中国内本科生168人，港澳台地区2人，外国留学生51人；国内研究生294人（博士168人，硕士126人），港澳台地区23人（台湾博士、硕士生各5人，香港博士生3人，硕士生8人，澳门博士生2人），外国留学生31人（博士生22人，硕士生9人）。海外高级进修生10人。

【教学与人才培养】 2009年，历史学系与外国语学院以元培学院为平台，联合筹办了新的本科专业"外国语言与外国历史"。历史学系邓小南教授主持的"中国传统历史文化通识教育的教学实践"、高毅教授主持的"世界历史本科课程体系改革"同时荣获第六届国家教学成果二等奖、北京市教学成果一等奖；高毅教授入选北京市优秀教师；颜海英教授的主干基础课"古代东方文明"入选今年的北京市精品课程；余欣的博士论文"唐宋之际敦煌民生宗教社会史研究"（导师荣新江）入选2009年全国优秀博士学位论文。

【系庆110周年系列活动】 3月28日历史学系召开了海内外史学家共同参加的研讨会，就"中国古代史教学的规范化与个性化"等24个题目进行了交流。4月15日至18日历史学系钱乘旦、高岱等教授与英国皇家历史学会在北京大学联合召开"第一届中英英国史学术交流研讨会"，这是英国皇家历史学会第一次在中国举办双边会议研讨英国史问题。历史学系中国近现代史研究中心欧阳哲生等教授在五四运动90周年之际，以"五四的历史与历史中的五四"为主题，主办国际学术研讨会。4月4日历史学系研究生会举办第五届系研究生学术论坛，分史学理论和中外断代史等12组发表了38篇学术报告。李隆国副教授主持举行不定期的"青年史学论坛"，年内已由叶炜、赵冬梅、黄春高三位教师分别作了讲演。

【研究项目】 历史学系2009年完成同国际关系学院分担的教育部重大攻关项目"冷战时期美国重大外交政策研究"、教育部人文社会科学重点研究基地重大项目"新出土及海内外散藏吐鲁番文献的整理与研究"和"十三世纪以前中国军事地理研究"3项集体项目。

"西汉竹书的整理与研究"（阎步克、朱凤瀚等）、"日本侵华史料的整理与研究"（徐勇、臧运祜等）2项教育部重大攻关项目被批准立项；"朱熹礼学研究——以祭礼为中心""于阗与敦煌——以国家图书馆藏新出与未刊于阗、敦煌汉文文书为中心"获教育部人文社会科学重点研究基地重大项目立项；"隋唐长安社会文化的研究"获国家社科基金立项；"现代化进程中的农民与国家——墨西哥经验研究""西周晚期青铜器铭文综合研究""20世纪印度发展观的历史演变"获教育部项目立项。

【国际交流】 2009年历史学系邀请54位海外名师做学术讲座和访问研究，另有8人顺访。其中有11位学者承担较长时期的授课任务。

2009年历史学系教师长期（2个月以上）海外进修和讲学17人次，短期出境学术交流68人次。2009年在册学生出境进修一学期以上者21人（博士生12人、硕士生5人、本科生4人），短期各类学生14人左右。2009年度同9所大学签订了学术交流协议。聘请香港珠海书院胡春惠教授担任北京大学客座教授。

11月6日至8日历史学系同政府管理学院合作筹办了第6届北京论坛的历史-政管分论坛，来自亚、非、欧、美、澳五大洲15个国家的学者43人提交论文39篇、摘要42篇。在"危机与转机：对历史问题的现实思考"的分论坛主题下，与会学者讨论了全球化进程中危机的起源、冲击与处理，近代亚洲的重大危机，美国经验的历史反思，历史危机中的国家构建、国家安全与世界秩序，二十世纪中国的危机与动员，转型期危机与国家治理的中外历史经验教训等等课题。

【党建工作】 学习实践科学发展观活动。在学校动员部署后，历史学系从实际出发，制定了具体的学习计划，牛大勇主任为全系教工作了"坚持科学发展，争创一流学科"的报告；刘浦江副主任、马春英副书记分别为全系教工和学生党员作了"教学与学生培养"、"学生教育与就业"的报告，认真总结了"985工程""211工程"实施十几年来的经验和问题，深入学习和思考科学发展观的精神实质与内涵。进入检查分析阶段，党政班子在分析教工和学生建言献策的基础上，于5月12日召开了专题民主生活会，班子全体成员、党委委员及教代会代表、工会主席、教授及民主党派代表和学校纪委领导出席。

党委换届工作。2009年6月，在学校党委与职能部门组织领导下，历史学系经过充分的酝酿，选举产生了以高毅同志为党委书记，马春英、包茂红同志为副书记的新一届党委班子。

考古文博学院

【发展概况】 2009年考古文博学院共招收本科新生32名，其中1名为留学生；硕士研究生29名，其中免试推荐研究生15人；博士研究生15人。2009年本科生毕业25人，硕士研究生毕业23人，均获得学位，博士研究生毕业13人，其中12人获得博士学位。

2009年度考古文博学院博物馆学方向一名教员晋升为教授，文物保护方向一名教员晋升为副教授，引进历史时期考古学方向教员一名，加强了本院师资力量。

【党政工作】 按照校党委统一部署，考古文博学院于2009年3月至8月开展了学习实践科学发展观活动，以"教学质量上台阶、员工素质有提升、学院制度渐完善"为目标，以"加快当代中国考古学学科建设步伐，提升中国考古学世界影响"为载体，坚持实效，切实提高推进贯彻落实科学发展观的能力水平。

考古文博学院坚持"促和谐，促发展"的工作思路，关心广大教职工和学生的切身利益，关注群众的关切事宜，加强领导班子的服务意识和大局意识，加强院领导的党风、政风和廉政建设，建设和谐高效的领导体制。

在学校的统一部署下，完成考古文博学院英文网站的建设工作，目前该网站已开始试运行。

【教学工作】 学科建设。完成本科课程体系调整，新的教学计划总结过去6年的经验和不足，使课程结构更适合现有教学条件和社会需求；考古文博学院联合国内相关高校，向教育部申请将考古学列为一级学科。

教学实习基地建设。2009年8月，依托于考古文博学院建设的"北京大学考古实验实践教学中心"被评为"北京高等学校实验教学示范中心"，11月，该中心成为教育部、财政部联合批准的"2009年度国家级实验教学示范中心建设单位"；2009年度考古文博学院在郑州市文物考古研究院设立"北京大学考古文博学院郑州科研实习基地"；在山东曲阜尼山书院设立"北京大学山东曲阜文化遗产教学实习基地"；"北京大学陕西周公庙田野考古教学实习基地"被评为首批"北京市校外人才培养基地"；此外，考古文博学院正在筹建的基地包括龙门佛教考古基地、齐鲁文化遗产研究院、北京大学圆明园共建平台等。

教学获奖。考古文博学院张弛教授等主持的"加强基地建设，以科研带动教学——田野考古实习课程建设"获得2009年北京市级教学成果奖一等奖；"田野考古实习"课程荣获2009年度国家级精品课程。

对外交流。2009年考古文博学院1名博士研究生获得"高水平公派项目"的资助，赴美国UCLA联合培养一年。学院积极申请"研究生教育创新计划"项目经费，资助研究生参加国内学术会议、野外调查收集资料以及聘请国内外专家进行学术讲座，2009年度共资助46名研究生参加学术会议或者野外收集资料，每人获得的资助金额为1000～2000元不等。

【科研工作】 1. 重大项目及科研经费。2009年度新增课题43项，国家级项目13项（包括国家社科基金2项、自然科学基金1项、教育部人文社科重大项目2项、教育部人文社科青年项目2项、国家文物局"指南针计划"相关项目3项）；政府部门委托项目13项；企事业单位委托项目17项，所获科研经费总计5371000元（到账4084500万元）。

2009年度考古文博学院田野考古工地有四处，包括山东章丘东平陵城遗址、河北曲阳定窑遗址、河南新密旧石器遗址、河北邯郸邺城配合南水北调工程。

2. 学术成果。本年度考古文博学院教师发表论文80余篇，编著教材或书籍1部，学术专著3部。

3. 获奖情况。中国考古学研究中心获得中央组织部、中央宣传部、人力资源社会保障部和科学技术部联合授予的"全国专业技术人才先进集体"称号。

陕西岐山周公庙遗址、山东寿光双王城盐业遗址考古获2008年度"全国十大考古新发现"，并分获"2007—2008年度国家文物局田野考古奖"一等奖和二等奖。

考古文博学院王幼平教授获2009年教育部高等学校科学研究优秀成果奖（人文社会科学）著作类二等奖，齐东方教授获2009年教育部高等学校科学研究优秀成果奖（人文社会科学）论文类二等奖。

4. 学术会议。2009年11月，北京大学中国考古学研究中心与新疆文物局合作举办"汉唐西域考古——尼雅、丹丹乌里克遗址国际学术研讨会"。

5. 与国内外学术机构合作。2009年1月，李水城教授受聘担任英国人文艺术研究委员会（AHRC）行业评审院的专家组成员，任期四年；2009年2月，考古文博学院获得国家文物局首批甲级可移动文物技术保护设计资质单位；2009年10月，考古文博学院与洛阳市文物局签订文化遗产保护规划合作协议；2009年12月，考古文博学院与意大利亚非研究院确定双方继续交换出版物、出版亚欧丛书《印度—西藏》，并确定进一步交流计划。

【社会服务与公众考古】 联合办学。受国家文物局委托，2009年6月，举办"新修定《田野考古工作规程》培训班"；10月，举办"省级文博处长培训班"，与各省文物部门合作举办文博干部培训班；5月，举办第三届"西部地区文博干部培训班（地震灾区）"。2009年度，考古学及博物馆学文物鉴定方向新疆研修班的学员已完成全部课程；考古学及博物馆学贵州研修班学员已完成全部课程。

公众考古。2009年3月，开办"文物中国——艺术品鉴赏与收藏高级研修班"，为社会大众普及文物考古知识；7月，举办考古夏令营，从中选择优秀营员参加自主招生考试，此举对改善院系生源帮助极大。考古文博学院公众考古研究中心组织开展了一系列社区讲座，宣传文物保护知识，受到社区居民的一致好评；11月，组织考古爱好者前往考古文博学院发掘工地定窑遗址参观。2009年10月，北京大学赛克勒考古与艺术博物馆面向校内免费开放。2009年度，北京大学赛克勒考古与艺术博物馆举办了多场专题展览，包括"杜米埃版画展"（70幅捐赠品）、"模范·中国""青瓷做鼎碧于水""古闽瓷风"（300件捐赠品）以及"锦上胡风"等。

【学生工作】 2009年度考古文博学院继续推进"党员群众手拉手"制度，进一步完善组织结构和绩效考核制度。2009年，考古文博学院将实习基地作为探索异地学生管理方法的重要平台，相继实施了在基地实行党团共建，建立"党员群众手拉手"小组，实行推优入党、配备学生助理定期开展心理排查等工作,并定期为同学们寄送思想学习材料、发送校内院内新闻要讯、组织党团日活动等,取得良好效果。

在奖助工作方面,通过引入社团推优,拓宽了评奖评优的推荐渠道,让更多全面发展的同学能获得肯定,鼓励了同学们的全面成长和多元化发展,大力实施对家庭经济困难学生的"暖心"工程。考古文博学院有16名师生参加了建国六十周年国庆群众游行的训练和表演任务,院学工办圆满完成了上级交给的多项任务。考古文博学院在全校的"一二·九"大合唱中取得团体二等奖的好成绩。

【工会工作】 2009年考古文博学院工会在上级工会的指导下,注意维护职工权益,订阅相关报刊,丰富职工业余生活。关心职工生活,看望离退休职工和病困职工,为他们及时解决生活上的困难。为庆祝建国六十周年,考古文博学院工会组织多名职工参加了学校组织的庆典活动,积极参加学习和排练,与其他院教师职工一道表演扇子舞。

哲学(宗教学)系

【基本概况】 哲学系现有教职工72人,其中教授31人,副教授29人,讲师3人;行政人员7人,其中副研究员2人,助理研究员1人,讲师2人,研究实习员2人。图书资料2人,均为副研究馆员;离退休人员60人;哲学系新进站4名博士后,出站3名。在站博士后12人。挂靠单位儒藏编纂中心7人。

哲学系2009年录取硕士生55人,博士生47人。通过硕士学位论文的共有52人,通过博士学位论文的有40人。与此同时,哲学系继续积极推进成人教育,保持不断增长的教学规模。本年招生规模达到400余人,哲学学科在社会上的影响力不断扩大。

【队伍建设】 2009年中央美术学院张岩调入,担任本科生教务;芝加哥大学博士李猛应聘伦理学教研室,任副教授;王丰先博士应聘儒藏中心,任助理研究员;中国哲学教研室李中华教授退休;外国哲学教研室杜小真教授退休;外国哲学教研室刘哲晋升副教授,行政办公室主任李少华晋升副研究员,儒藏中心杨韶蓉晋升副研究员;马克思主义哲学教研室教授郭建宁调任北京大学马克思主义学院院长。

【教学与科研】 2009年9月,哲学系开始实施新版本科教学计划,总学分降为136学分,增设文科大类平台课。其中,哲学系开设11门大类平台课,包括两门专业基础平台课"哲学导论"与"宗教学导论",以及9门开放式平台课。

2009年度,哲学系荣获3项省部级以上教学成果奖。赵敦华、靳希平、韩水法、尚新建、张祥龙"建设面向世界一流水平的西方哲学教学体系"获第六届国家教学成果奖二等奖、北京市一等奖;"宗教学课程体系的全面建设"获北京市优秀教学成果奖;此外,王锦民、叶闯获北京大学教学优秀奖;张志刚主持"宗教学教学团队"获北京市优秀教学团队称号。

在科研方面,本年哲学系共获2项国家社科基金和4项教育部人文社会科学基金,分别是:沙宗平的国家社科基金一般项目"中世纪阿拉伯神秘主义思想——照明哲学研究";先刚的国家社科基金青年项目"柏拉图未成文学说研究";甘祥满的教育部青年项目"魏晋南北朝儒家经典诠释中的方法与问题研究";宁晓萌的教育部青年项目"二十世纪法国绘画哲学研究";叶闯的教育部规划项目"虚拟对象的名字及其指称理论";李四龙的教育部规划项目"欧美佛学思想研究"。

2009年第五届教育部高等学校科学研究优秀成果奖(人文社会科学)评选举行,哲学系朱良志"石涛研究"获一等奖;张祥龙"海德格尔传"、张学智"心学论集"、韩林合《"逻辑哲学论"研究》获三等奖;张志刚的"宗教学是什么"、姚卫群的"佛教入门——历史与教义"获普及奖。

【学科建设】 2009年11月25日下午,北京大学宗教文化研究院举行成立大会。研究院旨在推动宗教学研究的跨学科整合,拓展当前宗教学的研究前沿,服务新时期的国家发展战略,积极探索具有中国特色的宗教学理论与学科体系。

2009年度,哲学系二级学科论坛继续保持良好发展态势。科技史与科技哲学论坛进行到第72讲、美学论坛进行到第20讲、西方哲学论坛举办了5讲、马哲论坛举办了2讲。哲学系还举办了"主体与自我——北京大学纪念胡塞尔诞辰150周年哲学讨论会""张岱年先生与中国哲学"主题学术研讨会、"纪念洪谦先生一百周年诞辰研讨会"以及中印"关于知识、智慧与精神性的哲学反思"学术研讨会等重要的学术讨论会。

【学术交流】 2009年哲学系教师有20余人次出国出境开会、讲学和访问;学生有近30人次出国出境开会、学习和访问;有十余名学生出国出境长期进修、学习;来哲学系开设讲座、交流的国内外专家有15人次,包括美国当代著名政治哲学家、批判理论当代主要代表人物南茜·弗雷泽教授;接待韩国成均馆大学儒学东洋学院来访团及韩国谭国大学名誉教授代表团等两个来访团;北京大学欧洲研究合作中心第十六、十七期中国哲学与文化学习班有外国留学生145人次在哲学系进行学习。在对外办班方面,则有来自美国、德国、日本等国家的200余人在哲学系参加了短期的学习培训活动。

【党建工作】 哲学系现有党员281人,党支部18个,其中教工支部7个,学生支部11个,离退休同志与在职人员混合组建党支部。2009年哲学系党委共发展党员35人,党员转正23名。2009年参加党性教育读书班有28人,参加积极分子培训班有38人。

3月下旬哲学系党委召开学习实践活动动员大会,制定并上报学习实践科学发展观活动实施方案,稍后召开系党委扩大会议,提出具体要求。各支部进行专题学习,并开展党日活动,积极提出建言献策。4月中旬系领导班子召开民主生活会,邀请林钧敬副校长参加;会后形成书面材料上交学校学习实践活动领导小组办公室。5月底形成分析检查报告,上报学校领导小组办公室。6月中旬系里制定整改落实方案,上报学校实践学习活动领导小组审定同时进行了落实整改,切实解决了一些实际问题。7月中旬完成总结报告,上报学校学习实践活动领导小组办公室。

【学生工作】 以党建带团建,继续深化学生思想教育工作。在学习实践科学发展观活动中,哲学系各学生党支部纷纷召开支部会议对有关文件精神进行学习和讨论,组织丰富的学习实践活动,并对学校和哲学系的发展建言献策。在他们的影响和带动下,各学生团支部也组织了学习活动,就活动要求提出了自己的意见。在建言献策活动中,同学们共提出了近70条宝贵建议,为哲学系学生工作的突破与创新提供了重要参考。

夯实奖助贷、就业等日常管理与服务工作。2009年,哲学系学工办继续以规范、科学原则做好奖励、奖学金评审、助学金评定、困难学生帮扶以及就业等日常管理服务工作,成效明显。对困难毕业生,哲学系则每年提前摸排,采取定向配给助学金、申请专项资金等途径对其进行及时帮扶,并提供更多的关心和帮助,取得明显成效。4月,哲学系研究生会与整体健康协会工作坊的同学一道开展了一次别开生面的职业规划工作坊活动,此次活动通过集体交流的形式,由参与者通过互动和自我展示,达到互相帮助、增进了解实现自我认识和自我规划的作用。

紧密围绕学生实际需要开展丰富课外活动。2009年哲学系学工办继续指导系团委和两会充分发挥哲学学科优势,利用丰富的学术资源,开展2008—2009年度"社会·文化·心灵"系列讲座和论坛活动,同时以系研究生会牵头,继续开展"走进名家"系列活动品牌,取得了良好效果。"爱智杯"大赛如期举行,共评选出优秀作品36篇。

哲学系还通过组织新生同学参加"新生杯"团体球类比赛、举办新生扫盲舞会、篮球友谊赛、春游以及"一二·九"合唱比赛、新年文艺晚会等丰富多彩的文体活动使新生融入集体,感受到哲学系大家庭的温暖。

切实做好组织工作,保证国庆游行训练的有序进行。做好建国六十周年游行方阵训练工作是哲学系本年度的重点工作。哲学系派出了2008级近40名同学参加方阵游行。

2009年,哲学系在完成常规工作和重点工作的同时,还着力围绕新生工作、开拓学生社会实践基地、学生课外辅导科学化等工作难点进行了重点突破。2009年4月中旬和10月下旬,哲学系两次组织学生赴北京市丰台二中,通过讨论会、讲座形式,为该校高中学生讲授传统文化并进行思想交流。哲学系学工办与丰台二中及北京市教科院于11月中旬分别签署建立学生实践基地协议。9月份哲学系正式为学生开设以"哲学之用"为名的课外辅导课程。对哲学系学生提升学以致用的能力进行指导和训练,受到了同学的欢迎和好评。

【学术会议】 纪念张岱年先生一百周年诞辰学术研讨会。2009年5月30日"纪念张岱年先生一百周年诞辰学术研讨会"在北京达园宾馆召开。此次会议由北京大学哲学系、清华大学人文社会科学学院、中国社会科学院哲学研究所主办。大陆及台湾近百名学者参加了此次学术研讨会。北京大学张国有副校长、汤一介教授等出席会议并致辞。

"德国哲学与文献和文本"国际学术会议。2009年9月12—13日,在北京大学召开了"德国哲学与文献和文本"国际学术会议。此次会议由北京大学哲学系、北京大学外国哲学研究所主办,柏林-勃兰登堡科学院和德国联邦教育和科研部协办。北京大学副校长杨河教授出席了开幕式并致辞。会议的主题是"德国哲学与文献和文本",除了开幕式和总结发言之外,会议共分为"德国哲学暨康德""莱布尼茨哲学与文献和文本""马克思恩格斯哲学与文献""黑格尔学与文献和文本""德国哲学:关联与文本""尼采思想与文本"六个单元。从格尔哈特教授对哲学思考与文本编纂关系的阐释和复旦大学的俞吾金教授对黑格尔的"主奴关系"辩证法的批判开始,与会学者围绕着版本考证、全集编纂、著作翻译、文本梳理、思想阐释与批判等方面的问题进行了热烈的探讨。

纪念洪谦先生一百周年诞辰会议。2009年10月24日,在四院北京大学哲学系一楼会议室,北京大学哲学系、外国哲学研究所举办了纪念洪谦先生诞辰一百年学术讨论会。

外国语学院

【发展概况】 北京大学外国语学院成立于1999年6月22日,是由原北京大学东方学系、西语系、俄语系、英语系合并而成的北京大学第一个多系、多学科的学院。现任院长程朝翔,副院长王建、刘树森、李政、赵华敏,党委书记宁琦,副书记李淑静、郑清文(兼副院长)。2009年6月21日,外国语学院迎来了建院十周年庆典。世界各地院友纷纷来电来函或者亲自莅临祝贺,外国语学院相继组织了院友论坛、外国语学院建院十周年庆祝大会以及外国语学院建院十周年庆祝晚会,北京大学党委书记闵维方教授亲自到场祝贺并发表重要讲话,校长周其凤院士也通过视频短片送来祝福。

2009年7月11日,北京大学校务委员会名誉副主任、北京大学外国语学院资深教授,国际著名东方学家、印度学家、梵语语言学家、文学翻译家、教育家季羡林先生,不幸逝世,享年98岁。外国语学院组织了一系列追思活动,寄托哀思。

外国语学院现下设阿拉伯语系、朝语系、东南亚系、俄语系、法语系、南亚系、日语系、西葡语系、西亚系、亚非系、英语系、世界文学研究所等13个系所。包括英语、俄语、法语、德语、西班牙语、葡萄牙语、日语、阿拉伯语、蒙古语、朝鲜语、越南语、泰国语、缅甸语、印尼语、菲律宾语、印地语、梵巴语、乌尔都语、波斯语、希伯来语等20个招生的语种,共有9个博士点,1个博士后流动站。除外国语言学及应用语言学研究所和世界文学研究所只招收硕士研究生外,其他各系均招收本科、硕士、博士等各个层次的学生。截至2009年12月,外国语学院共有教职工267人,其中教授56人,副教授97人。在校学生1282人,其中本科生815人,2009年9月在读硕士、博士共467人,其中硕士285人、博士182人。外国语学院境外卫星电视节目接收系统向全院教师、学生开放,可接收26个频道的外语节目。外国语学院主办的学术刊物《国外文学》为全国中文核心期刊。

外国语学院主办的研究机构和学术团体包括:北京大学欧美文学研究中心、北京大学东方学研究院、澳大利亚研究中心、西班牙语研究中心、巴西研究中心、伊朗文化研究所、印度研究中心、泰国研究所、阿拉伯伊斯兰文化研究所、蒙古学研究中心、南亚文化研究所、英语语言文学研究所、日本文化研究所、朝鲜(韩国)文化研究所、东南亚研究所、印尼-马来文化研究所、俄罗斯文化研究所、世界传记研究中心、中世纪研究中心、法语语言文化研究中心、古代东方文明研究所、外国语言学及应用语言学研究所、外国戏剧和电影研究所、英语教育研究所、诗琳通科技文化研究中心、语言中心、MTI教育中心、新西兰研究中心、巴基斯坦研究中心、加拿大研究中心、梵文贝叶经及佛教文献研究室、韩半岛研究中心等。另外,教育部的两个文科基地"东方文学研究中心"和"国家外语非通用语种本科人才培养基地"也设在外国语学院。

【党委工作】 外国语学院党委积极发挥政治核心作用和保证监督作用,充分调动党委、支部、行政、工会、团委的力量,围绕中心工作,统一部署,服务大局,拓宽领域,推动学院发展。

(一)富有成效的基层党建工作

2009年,外国语学院深入学习实践科学发展观活动在院党委的领导下分三个阶段六个环节逐步展开,全院各支部、全体党员和广大教职员工积极参与、大力支持、建言献策,取得了良好的效果,推进了学院各项工作的发展。

1. 结合学院实际,确定了"保持学科优势为国家培养高层次人才"的学习实践活动主题。

2. 多渠道、多途径征询意见,召开了民主党派与院系两级负责人座谈会;通过各教工、学生党支部开展的"我为北大献一策"的主题党日活动、通过二级教代会向所有教职工征询关于保持学科优势为国家培养高层次创新人才的意见,广泛讨论、提高认识,达成共识。

3. 外国语学院党政领导班子联系学科和工作实际,理清思路、查找问题。最终形成《外国语学院领导班子贯彻落实科学发展观分析检查报告》。

4. 制定了《外国语学院贯彻落实科学发展观整改方案》,整改方案涉及学科建设与布局、学生培养、教师和行政队伍建设、筹资工作、党委建设、学院基本规章制度建设等14个方面。其中,学院学科建设教师队伍建设和规章制度建设是本次学习实践活动的重点。

5. 学校主要领导给予学院学习实践科学发展观活动以高度重视和大力支持。周其凤校长、张国有副校长率学校财务部、人事部、社会科学部等9个重要职能部门负责人深入学院调研,听取学院基本情况汇报,与学院领导班子成员共同探讨学院发展大计。张国有副校长在学院做了以"学习实践科学发展观为契机切实推进学科建设和发展"为主题的专题报告,为外国语学院科学发展观的学习实践活动顺利开展提供了强有力的引导和支持。

6. 根据学院系所机构调整和支部建在系上的原则及时加强基层支部建设,新成立了南亚系党支部、东南亚系党支部、朝韩系党支部、西亚亚非系党支部。院党委及时将党支部工作活动专项经费及其使用管理办法下发,并督促各支部立项使用;向各支部下发了《中共中央关于加强和改进新形势下党的建设若干重大问题的决定》单行本,有关健康手册和团队成长的书籍,希望以健康的体魄,学习打造勇往直前的精英团队,发挥基层支部的创造力。推举优秀基层党支部书记参加北京市、北京大学组织的党支部书记培训活动。

7. 结合工作实际,做好新时期统一战线工作。及时听取民主党派、无党派人士和少数民族代表意见,共同探讨学院的重大问题。临近2010年新年之际,学院召开统战人士新春茶话会,学院民主党派、无党派人士、归侨及少数民族代表济济一堂,共话学院发展大计,校党委统战部部长卢咸池应邀出席此次茶话会。

8. 执行《北京大学外国语学院党风廉政责任制》,认真学习贯彻《中共中央纪委关于严格禁止利用职务上的便利谋取不正当利益的若干规定》及中纪委七次全会精神,认真做好党员领导干部每半年报告个人有关事项及处级以上干部收入的申报工作;外国语学院党政领导班子始终按照民主集中制的管理原则,不断加强制度化建设;为贯彻院务公开的原则,院党政主要领导每学期都向全院教职工做工作通报;2009年还根据工作需要建立了全院教职员工邮件列表,及时沟通交流学院情况。

9. 学院党委向党委组织部提交了《着眼于学院长远发展,健全完善学院规章制度》《创建"发展基金"开拓办学资源》《紧抓院庆十年有利契机,积极构建特色学院文化》等特色工作材料、15份工作简报和《北京大学外国语学院深入学习和实践科学发展观活动总结》。外国语学院2006级本科党支部的"纪念改革开放30周年""五四运动90周年"系列活动的创新立项获得批准。

(二) 分工合作、共同决策的党政协调机制

外国语学院党政一班人团结协作,一直坚持党政联席院务会制度,紧密联系学院学科实际,将深入学习实践科学发展观活动落在实处。

1. 学院定位、人才培养目标更加明确。进一步科学规划二级学科建设和设置分布,突出重点并不断建设新学科。推动"外国语言学及应用语言学"二级学科,"跨文化研究与翻译学"(暂定名)二级学科的建设;完善人才培养机制,严把本、硕、博学生培养的各个环节,为学生国际化体验创造出更多的条件和机会,服务国家的发展和建设。

2. 科研方面。进一步补充和完善关于科研成果、科研项目和科研奖励激励机制,制定了一系列奖励规定。

3. 在教师及行政人员队伍建设方面。不断加大长江学者团队研究实力和支持力度,引进讲席教授机制,促进教师队伍多元化。行政队伍岗位职责更加明确,服务质量、办事效率得到提高;以人为本,营造宽松和谐的治学、教学环境。

4. 党委和党政领导班子通过学习实践活动自身建设得到进一步加强,努力为学院学科发展服务,探索创造性开展基层党务工作的经验。加强党员队伍建设,积极发展优秀青年学生中的骨干加入到党的队伍中来;加强基层党组织和党员的凝聚力,发挥战斗堡垒作用;注重学院的制度建设。同时,学院党委不断加强学院工会、教代会工作,通过开展丰富多彩、形式多样的活动,关心离退休教师生活,促进团队建设,加强广大教职员工民主参与、民主监督、民主管理的力度。

(三) 党委领导下的工会工作

新一届工会在院党委的领导下,以构建和谐校园、促进学院发展建设为主题,服务大局,服务教职工,进一步建设"模范教职工之家"。

1. 2009年外国语学院工会提交了"建家"考核验收工作自查报告并获通过;再次荣获"北京大学工会工作先进委员会"的称号;

2. 2009年6月23日就全院教职员工关心的办公用房事宜专门召开学院教代会沟通思想交换意见。

3. 配合学院的学科建设,积极开展各种特色活动。为新上岗的教师举办"初为人师"系列讲座,帮助他们尽快进入工作状态、适应工作环境;组织"青年学术沙龙",促进不同学科之间的交流与合作;认真组织青年教师参加学校第八届"教学基本功和现代教育技术应用演示竞赛活动",获优秀组织奖,同时在学院内积极推进现代教育技术手段在教学中的运用。在2009年5月"北京高校第六届青年教师教学基本功比赛"中,英语系大学英语教研室的梁菠老师和马小琦老师分获二等奖和三等奖。

4. 工会各级组织积极承担了院庆十周年庆祝活动的筹备工作,充分调动全院教师、学生的主动性和积极性,深入挖掘学院文化内涵。

5. 活跃教职工生活、倡行健康理念。组织教职工参加"2009年北京大学第16届体育文化节暨运动会",并取得了优异成绩;组队参加我校"团队之星"杯毽球邀请赛;5月,组织全院教职员工包括离退休人员游览了京郊著名旅游景点——百泉山。在2009年的全校教职员工乒乓球联赛上,开放"教工之家"乒乓球场地,锻炼了身体,加强了与兄弟院系的了解和沟通,女子队获团体第二名的好成绩。12月,组织参加了北京大学教职工"阳光体育与祖国同行"健步走活动;积极配合校工会开展健康大讲堂基层巡讲活动,于11月

份邀请校医院体检中心专家来我院举办健康讲座。提倡"预防为主"的理念,倡导健康的生活方式。组织全院教职员工每年查体一次。

6. 响应落实《北京大学非在编教职工加入工会组织的暂行办法》,非在编教职工在自愿的基础上可提出入会申请,吸纳非在编教职工和外教参与各种学院活动,延伸服务链条,多方面推进学院的团结、稳定、和谐、发展。

(四)学生党团工作

2009年外国语学院连续第十年荣获北京大学学生工作先进单位,团委连续第九年荣获北京大学红旗团委。2009年5月13日,郑清文接替陈永利就任外国语学院党委副书记,分管学生工作。

1. 高度重视学生思想政治工作。2009年2月26日,第三期《学生党支部生活》刊行,从传统理论探讨和活动经验式总结,向反思性工作模式探讨转变,并进一步从制度建设和支部建设角度探讨新时期基层党支部如何增强吸引力和凝聚力。10月,外院启动第四届"新生访谈坊",对199名新生进行面对面的深度访谈活动,为期一个月,对新生进行了全面且详细的了解。11月,组织了跨年级、跨语种主题党团日联合活动,受到广大同学的一致好评。举办"寝室长联席club"活动,以宿舍为基础,将思想教育工作落实到每名学生。2009年11月,外国语学院组织学生以"家书"的形式,开展"遥寄感恩——爱在字里行间"的感恩活动,为远在家乡的父母送去一份孝心。

2. 注重学生骨干队伍的培养,加强制度化和规范化建设。2009年3月,出台了"班级/团支部经费管理条例""外国语学院党支部党员发展标准",组织创建"学生骨干社会工作档案"。一系列制度的试行,使得学院整体工作更加透明、精确,增强了学院班团工作的操作性和成效的可评估性。2009年4月,外国语学院宿舍长从2008级开始尝试优先选择党员作为宿舍长的制度。与此同时,以团委和学生会干部选拔机制为突破口,院学生会主席实行从高年级学生党员中聘任制,副主席实行公开竞选制;团委副书记要求必须是党员。2009年5月18日,2007级硕士生党员张妙妙同学当选第三十届校研会主席。

3. 在文艺体育以及学术实践活动中,我院取得了一系列可喜成绩。3月28日,外国语学院合唱团170名学生登上凤凰全球卫视《影响世界华人庆典》的舞台。4月5日,在第八届"北大之锋"辩论赛中,外国语学院代表队再次荣获全校冠军,同时印尼语专业王睿君同学还获得全场"最佳辩手"称号。5月4日,外国语学院团队获得厨艺大赛冠军。5月23日,外国语学院慢投队获得北大杯季军。12月,外院组织学生参加北大"爱乐传习暨一二·九文艺汇演",获得文艺汇演第一名和合唱第一名。

4. 在资助和就业工作方面。学院关注细节,以人性化的服务关心和帮助学生成长成才。构建起了"资助"和"育人"相结合的资助体系。面对严峻的形势,外国语学院就业工作小组,积极分析就业市场形势,研究国家政策的新变化,努力开拓就业渠道,继续保持"从多角度收集招聘信息,到多渠道通知毕业生,从全方位了解学生求职意向,到分步骤向用人单位推荐,从指导学生面试笔试写简历,到询问毕业生工作后的情况"的就业工作方针。

2009年,外国语学院党委以各方面出色的业绩再次荣获北京大学党务和思想政治工作先进集体。

【本科教学工作】 按照北京大学的统一安排,完成了20个招生专业教学计划的修订工作。特别加强了大类平台课、主干基础课、通选课的建设工作。为文科院系开设了两门大类平台课:"西方文化"(英语授课)和"东方文学"。

积极努力,为其他院系和外国语学院的学生拓宽所学学科。外国语学院与元培学院、历史学系共同努力,初步完成了"外国语言和外国历史"专业的教学计划,有望近期开始实施。

努力加强精品课的建设。目前为止外国语学院只有"大学英语"一门精品课程,本年度外国语学院加大了培育精品课程的力度,重点培育的课程有4门,其中"普通语言学教程"已经初见成效,获得2008年北京市教学成果一等奖。

积极争取机会,提高本科教育的国际化程度。积极争取学校的支持,发挥教师的能力,鼓励学生在学期间通过多种方式获得在国外、境外学习体验的机会。2009年派出本科生85人,国家留学基金委项目50人,校际交流项目25人。另外,葡萄牙语专业的10名学生到澳门理工学院学习一年。在派出形式上积极探索,加强出国前的教育、严格出国期间的管理与评估、抓紧回国后的总结,在整班派出、由教师随同前往指导上取得了进步,受到教师和学生的好评。

加强教材建设,为学院学术声誉、学科建设、人才培养、教学质量等方面带来了积极的影响。2009年度外国语学院获北京大学教材建设立项如下:

表 6-7　2009 年度外国语学院获北京大学教材建设立项名单

序号	教材名称	主编姓名职称	主编单位	新编修订	字数/万	教材系列
1	韩国语发展史	安炳浩 教授	外国语学院	新编	30	主要专业课
2	美国政治演说中的历史文化	黄必康 教授	外国语学院	新编	40	通选课
3	泰语教程（一至四册）	潘德鼎 教授	外国语学院	修订	105	主干基础课
4	泰语语法	裴晓睿 教授	外国语学院	修订	30	主要专业课
5	英语名著与电影系列一：英美小说与电影	张桂珍 副教授	外国语学院	新编	50	主干基础课

俄语系周海燕的《俄语应用文写作》入选 2009 年北京高教精品教材立项。

鼓励本科生参加科研训练：为鼓励学生积极申请本科生科研基金和选修研究课程，外国语学院制定了《关于"校长基金"项目结题评审费用的通知》。2009 年外国语学院学生获"校长基金"13 项。

表 6-8　2009 年外国语学院学生获"校长基金"研究项目名单

序号	申请项目名称	学号	姓名	性别	研究题目	导师姓名	备注
1	校长基金	00739164	杨 阳	女	韩国独立运动在中国——浅析《天鼓》对独立运动的评述	沈定昌	
		00724114	张丹彤	女			
2	校长基金	00739039	孙晓静	女	从盖斯凯尔工业小说看工业化背景下的心态	苏耕欣	
		00739044	徐 媛	女			
3	校长基金	00739050	周 帅	男	中美主流媒体语言及价值取向差异——对比中国《环球》美《时代》关于金融危机报道	张世耘 何 姝	校级指导教师
		00739047	林 坤	女			
4	校长基金	00739174	贾 岩	男	印度种姓制度下的社会流动性研究——以十七世纪马拉特联邦印度教领袖西瓦吉为例	姜景奎	
5	校长基金	0073915	傅 越	女	试探现代中日大学生笔谈的可能性	孙建军	
		00739150	李雯昜	女			
6	校长基金	00739214	黄文帝	男	当代俄罗斯大众文化中的"中国形象"研究	查晓燕	
7	校长基金	00739209	寿晨霖	男	加尔文主义在班扬作品中的体现与发展	郝田虎	
8	校长基金	00739148	唐俊杰	男	从中日跨语际词汇意义偏差研究两国社会意识差别	孙建军	
		00739157	李胡兴	男			
		00739153	王 苏	女			
9	校长基金	00739126	郑燕雄	男	埃及开罗地区"g"的标准语与方言的社会分布	付志明	校级指导教师
		00739138	刘 阳	女			
10	校长基金	00739033	程雪娇	女	大学生境外交流学习项目：基于转化学习理论（transformative learning theory）下的效果评估	丁林鹏	
		00739031	毛斯祺	女			
11	校长基金	00739125	阎鼓润	女	阿拉伯世界女权现状研究——以叙利亚与突尼斯两国为案例	吴冰冰	
		00739124	孙晓雯	女			
		00739137	方炜韫	女			
12	校长基金	00739131	李一超	男	阿拉伯国家流行音乐与其社会性研究	付志明	校级指导教师
		00739127	李 观	男			
13	校长基金	00739134	曹蒙蒙	女	埃及儿童的阿拉伯语发展性阅读障碍研究	倪 颖 孟祥芝	
		00739130	黄 玥	女			

青年教师的多媒体课件制作：外国语学院党政联席会议决定，自2004年开始任教的教师，在三年内应制作自己开设的至少一门课程的多媒体课件，并参加学校工会组织的青年教师多媒体课件演示。2009年我院多名教师参加"青年教师教学基本功和多媒体课件制作比赛"，获良好成绩。

2009年11月6日外国语学院召开"外国语学院学科发展战略研讨会"，围绕本科生的培养，主要探讨了"课程建设、教学梯队的建设""教材建设""个性化教学（办学特色）"等问题，对今后的本科生培养提出了更高的要求。

2009年本科生招生与毕业：招生196人，其中保送生为62人。毕业197人；辅修毕业79人；其中日语33人，德语14人，西班牙语3人，法语29人。

【研究生教学培养】 参加并完成了教育部一级学科的评估工作。顺利完成了年度硕士和博士研究生招生的命题和录取工作。继续推进规范和有效的研究生入学教育工作，继续严格管理研究生培养中各个环节中的工作，进一步完善有关专业的培养方案。

在2009年1月教育部学位中心公布的全国一级学科评估高等学校排名结果中，学院外国语言文学一级学科评估整体水平排名第一。

学院成功举办"东方文学前沿问题研究"全国研究生暑期学校，为深入探索研究生创新能力培养机制改革、提高研究生培养质量做出了有益的探索。"东方文学前沿问题研究"暑期学校项目邀请22位在国内外学术界具有一定影响的著名学者担任讲座教授，共设置22次学术讲座、1次文化考察、1次学术考察活动，举办了2次"学员学术论坛"，学术讲座涵盖东方文学各级学科的主要内容。

学院成功组织并举办研究生培养系列会议。先后组织英语语言文学学科、亚非语言文学学科、俄语语言文学学科和德语语言文学学科召开研究生培养工作会议，研讨研究生培养问题和可行方案。组织全院范围的研究生工作研讨会议，参加者为管研究生工作的各系负责人和学院研究生教务管理人员。2009年年底，学院主管研究生工作的负责人与研究生教务管理工作人员赴外地有关高校调研研究生培养管理工作。

成功举办2009年外国语学院首届博士生论坛，旨在为我院博士和硕士研究生搭建一个交流学术的平台。本次论坛共收到29名博士生和2名硕士生提交的共计31篇论文。宋成方等5名博士生荣获一等奖。王荣珍等7名博士生荣获二等奖。陈刘志强等8名博士生荣获三等奖。外国语学院院长程朝翔教授在颁奖仪式结束后高度评价本次博士生论坛论文有代表性、质量高，体现了本院博士生水平的进步，并指出博士生论文贵在"独创性"——"独创性"产生于和研究对象及研究材料的对话中；外语专业的学者对外语和汉语都应有充分的驾驭能力，方能有高水平的对话，方能有真正的创新。论坛印制了北京大学外国语学院第二期《研究生学志——2009年博士生论坛获奖论文集》，借此进一步加强学院研究生之间的学术交流，提高研究生的培养水平。

第一批全日制双证翻译硕士专业学位研究生入学，共计41人。第一届单证翻译硕士专业学位研究生毕业。2009年12月答辩已经全部结束，在招收的19名学生中，16人参加答辩，15人答辩通过。另外3人因为学分未修满未能在两年内毕业。

初步完成外国语学院十年来研究生培养工作的总结报告。

学院先后两次统计在学研究生在国家CSSCI核心期刊发表学术论文的情况，并就发表论文的学生进行奖励。共有20名同学获得奖励，其中博士研究生18名，硕士研究生2名。

"亚洲语言研究概要"（薄文泽主持）、"英语语言史"（王继辉）和"中西文化比较"（辜正坤）三门研究生课程获得学校的立项。

组织申报全国优秀博士论文。段枫同学获得推荐全国优秀博士论文的资格。时晓英获得北京大学优秀博士论文三等奖。组织申报外国语言学及应用语言学二级学科博士点。该申请已经在2009年度6月份的外国语学院学位分会上讨论通过。新聘博导1人（王一丹，亚非语言文学）。

修订了《北京大学外国语学院关于接受硕士研究生申请提前毕业的规定》《外国语学院资助计划内统分博士（硕士）研究生参加国内学术会议经费的规定》和《外国语学院资助计划内统分博士（硕士）研究生参加国内学术会议经费的补充规定》。

2009年招收硕士生117人、博士35人、课程进修班4人。2009年1月毕业硕士3人，获学位4人（含重新申请学位1人）。博士毕业4人，获学位5人（含重新申请学位1人）。高校教师学位班获硕士学位2人。2009年7月硕士毕业79人，78人获得硕士学位；博士人20人，获学位21人（重新申请1人）；高校教师学位班获硕士学位6人（重新申请1人）。

国际学术交流广泛，通过各种渠道派遣的研究生人数共计58人次，其中长期留学的人数有34人，短期出访参加国际会议的研究生人数明显增加。2009年共有11人次获得研究生院国际学术交流基金资助参加国际学术会议。4人次获"胡壮麟青年科研基金"资助参加国内学术会议。

【科研工作】

1. 科研项目的立项和申报。

(1) 2009年度国家社科基金年度项目申报立项工作。外院申报15项(北大共申报180项),约占北大申报总数的8.4%,申报项目总数位列全校第二;外院获批6项(北大共获批32项),占北大立项总数的18.8%,立项总数位列全校第一;其中重点项目1项(为本年度全国外国文学学科唯一立项项目),规划项目4项,青年项目1项;外院获得经费总数66万元,为历年获经费之最;外院的项目申请立项率为40%(北大平均立项率约为17.8%,全国平均为7.62%),超出北大平均水平22.7个百分点,超出全国平均水平32.38个百分点;另外,外院还有2个项目获得入围。具体立项名单见表6-9A。

(2) 2009年度国家社科基金重大招标项目申报立项工作。外院投标1项,中标1项,立项率为100%(北大平均立项率为15%,全国平均为10.63%),获得经费30万元。这是国家社科基金外国文学研究的重大项目有史以来的第二个,对于外国文学研究领域意义重大,责任重大。具体立项名单见表6-9B。

(3) 2009年度国家艺术单列学科基金申报立项工作。外院申报1项,获批青年项目1项(北大共获批2项),这是外院首次获得该单列学科的项目,申报立项率为100%。具体立项名单见表6-9C。

(4) 2009年度教育部重大攻关项目申报工作。外院首次组织申报1项,并获得入围。

(5) 2009年度教育部哲学社会科学研究后期资助重点项目申报立项工作。组织申报1项,并批1项,这是外院首次组织该种类项目申请即获得立项,也是2009年北京大学唯一获得立项的该类项目,申报成功率100%。获经费总计10万元。具体立项名单见表6-9D。

(6) 2009年教育部人文社会科学研究一般项目立项工作。外院申报14项(北大共申报210项),约占北大申报总数的6.7%;外院获批5项(北大共获批60项),占北大立项总数的8.3%;其中规划项目3项,青年项目2项,外院获得经费总数31万元;外院的项目申请立项率为35.7%(北大平均立项率约为28.6%,教育部平均为10%)。具体立项名单见表6-9E。

(7) 2009年教育部留学回国人员科研启动基金项目立项工作。共获立项1项,获经费总计2万元。具体立项名单见表6-9F。

(8) 2009年外资项目立项工作。共计4项,获得经费总计约100.3万元。具体立项名单见表6-9G。

(9) 2009年各级各类国内横向课题立项工作。共计1项,获得经费总计0.3万元。具体立项名单见表6-9H。

2. 科研奖励及荣誉称号。

(1) 2009年9月8日,钱军教授荣获捷克共和国外交部颁发的捷克"扬·马萨里克铜制纪念奖章"。

(2) 2009年10月13日,吴贻翼教授荣获由中国国务院总理温家宝和俄罗斯总理普京共同颁发的俄罗斯"普京"奖章。

(3) 2009年9月4日,申丹教授等的合著《英美小说叙事理论研究》荣获教育部第五届高等学校科学研究优秀成果奖(人文社会科学)外国文学学科著作二等奖。

(4) 2009年9月4日,张玉安教授等的合著《印度的罗摩故事与东南亚文学》荣获教育部第五届高等学校科学研究优秀成果奖(人文社会科学)外国文学学科著作三等奖。

(5) 2009年9月4日,刘锋教授的著作《〈圣经〉的文学性诠释与希伯来精神的探求》荣获教育部第五届高等学校科学研究优秀成果奖(人文社会科学)外国文学学科著作三等奖。

(6) 2009年9月4日,金勋教授的著作《韩国新宗教的源流与嬗变》荣获教育部第五届高等学校科学研究优秀成果奖(人文社会科学)宗教学学科著作三等奖。

(7) 2009年11月,龚人放教授、李明滨教授、李毓榛教授、孙坤荣教授、安书祉副教授(女)、张荣昌教授、赵登荣教授、韦旭升教授、张保胜教授、傅成劼教授、孔远志教授、姚秉彦教授、李谋教授、仲跻昆教授、赵德明教授荣获中国译协资深翻译家荣誉称号。

3. 科研出版。

(1) 2009年北京市社科理论著作出版基金申报获资助情况:外院申报6项,获得4项,申报获资助率为66.67%。具体获资助名单见表6-9I。

(2) 2009年华夏英才基金出版资助1项:外院申报1项,获1项资助,申报获资助率为100%。具体获资助名单见表6-9J。

4. 科研成果。据不完全统计,2009年外国语学院教师的成果共计228项,其中在国内外学术刊物及著作中发表162篇论文,译文16篇,研究咨询报告3篇,出版学术专著5部,编著及教材17部,译著20部,工具书或参考书5部,电子出版物1部。

5. 科研会议。据不完全统计,外国语学院共主(合)办国际(含境外、双边)学术研讨会10次和国内学术研讨会4次。

表 6-9A　2009 年外国语学院获国家社科基金年度项目统计

项目名称	负责人	项目类别	批准经费/万元
十一届三中全会以来外国文学研究 30 年	罗 芃	重点项目	18
犍陀罗雕刻艺术与民间文学关系考证	孔菊兰	一般项目	10
大学生英语学习社会心理:高年级阶段跟踪研究	高一虹	一般项目	10
敦煌文献中的于阗文咒语对音对义研究	李建强	青年项目	8
非传统安全视角下的中蒙关系研究	王 浩	一般项目	10
清东陵乾隆裕陵地宫佛教题材梵、藏铭文及雕刻艺术之研究	张保胜	一般项目	10

制表人:丁昱

表 6-9B　2009 年外国语学院获国家社科基金重大招标项目统计

项目名称	负责人	项目类别	批准经费/万元
新中国外国文学研究 60 年	申 丹、王邦维	重大项目	30

制表人:丁昱

表 6-9C　2009 年外国语学院获国家艺术单列学科基金项目统计

项目名称	负责人	项目类别	批准经费/万元
东南亚宗教艺术的特点及其在保持社会稳定中的作用	吴杰伟	青年项目	6.5

制表人:丁昱

表 6-9D　2009 年度教育部哲学社会科学研究后期资助重点项目统计

项目名称	负责人	项目类别	批准经费/万元
乌尔都语汉语词典	孔菊兰	重点项目	10

制表人:丁昱

表 6-9E　2009 年外国语学院获教育部人文社会科学研究一般项目统计

项目名称	负责人	项目类别	批准经费/万元
厨川白村社会批评研究	李 强	规划项目	7
西班牙当代女性成长小说	王 军	规划项目	7
高德汶、雪莱及布朗特姐妹小说中的人物地位可换性	苏耕欣	规划项目	7
永远的"唐土"——日本平安朝叙事文学中的中国形象	丁 莉	青年项目	5
针对中国学生的韩国语形容词多维释义研究	王 丹	青年项目	5

制表人:丁昱

表 6-9F　2009 年外国语学院获教育部留学回国人员科研启动基金项目统计

项目名称	负责人	工作单位	批准经费/万元
自然现象与精神境界:论四位现当代欧美诗人	苏薇星	英语系	2

制表人:丁昱

表 6-9G　2009 年外国语学院国际合作外资项目统计

项目名称	负责人	工作单位	批准经费/万元
韩国学教育与研究	王 丹	朝韩语系	7.147651
在以色列的中国人:现状和发展趋势	王 宇	西亚系	6.816876
犹太文化和以色列研究	徐哲平	西亚系	19.781616
生态文学与环境教育	赵白生	世界文学研究所	66.591466

制表人:丁昱

表 6-9H 2009 年外国语学院获各级各类横向课题统计

工作单位	负责人	项目名称	批准经费/万元
日语系	赵华敏	基础日语综合教程 4（附 MP3 光盘）	0.3

制表人：丁昱

表 6-9I 2009 年度外国语学院获北京市社科理论著作出版基金统计

申报著作	申请人	所在单位	出版单位
隋唐医疗与外来文明	陈　明	俄语系	北京大学出版社
菲尔丁研究	韩加明	英语系	北京大学出版社
德国近代戏剧的兴起	王　建	德语系	北京大学出版社
危机与探索——后现代美国小说研究	刘建华	英语系	北京大学出版社

制表人：丁昱

表 6-9J 2009 年度外国语学院获中央统战部华夏英才基金出版资助统计

申报著作	申请人	所在单位	出版单位
拾掇碎玉落明珠——新获梵、于阗文献研究，于阗佛教研究	段　晴	南亚系	北京大学出版社

制表人：丁昱

【外事工作】 2009 年，在北京大学相关领导部门的大力支持下，外国语学院在改善外籍教师的工资待遇和住房条件等方面取得了显著的成绩，因此聘任的外教的水平也显著提高。本年度聘请长期外国专家 38 人，其中任教一学年的外教为 11 人，任教一学期的专家为 27 人，绝大多数都来自所在国家的大学并具有高级职称，教学经验丰富。外教共讲授本科 13 个语种的 79 门专业课程，为研究生开设 24 门课程，并负责全校非英语专业本科生英语口语教学工作，以及第二外语的辅修课程，共计 16 门课程。此外，还邀请 15 位海外卓有建树的专家学者来访，其学术报告讲座和渊博的学识使师生收益很大。在英语系任教的美国专家斯通教授（Donald Stone）第三次向北京大学赛克勒考古与艺术博物馆捐赠了珍贵的法国绘画艺术作品，赛克勒博物馆为其赠品举办了"人民的米开朗基罗——斯通教授捐赠版画展"。

其他重要外事工作还包括，接待国外大学、研究机构和知名学者来访，累计 40 余批次，商谈学术交流与合作。与校内相关部门合作，举办或者参与重大外事活动，其中包括俄语系在"俄语年"活动中举办了一系列的学术活动，印度研究中心主办了首届"中印大学时论坛"，蒙古语教研室举办了"中蒙关系六十年：回顾与前瞻"国际学术研讨会等等。

【继续教育】 2009 年，继续教育工作充分利用外国语学院雄厚的教学资源，开阔思路，完善管理，努力为社会提供优质的外语培训服务，取得了较好的效果。主要业绩包括：成人高等学历教育英语专业（业余）专升本第一届 111 名学生于 2010 年 1 月如期毕业。本年度该项目在校生 388 人，此外还完成了 2010 级学生的考试、录取工作，共录取新生 289 名。与多家合作单位签署了合作办学协议，举办了 7 个规模较大的培训项目，包括英语口语强化培训班、暑期中级英语口语培训班、留学韩语培训班、未名留学英语培训班及印尼语培训班等；其他项目包括剑桥少儿英语培训班、高级英语阅读与写作课程培训班、与国家机关及企事业单位外事干部外语外事高级研修班等。对已经开班的培训项目努力做好组织协调和监督管理工作，使各个培训班能够在协议规定的范围内健康有序的进行，并采取各种措施制止校外机构侵犯外国语学院权益的违规招生活动。作为自学考试主考院校，日语系仍负责进行日语自考网上阅卷，以及秋季日语自考非笔试科目考试的组织工作，取得了平稳的发展。

艺术学院

【发展概况】 北京大学艺术学院成立于 2006 年 1 月 11 日，其前身是 1997 年 4 月成立的北京大学艺术学系和 1986 年成立的北京大学艺术教研室。

艺术学院下设四个系：艺术学系（艺术学专业），音乐学系（音乐学专业、声乐专业、舞蹈史论专业），美术学系（美术史论专业、国画专业），影视艺术系（影视理论专业、影视编导专业、节目主持人专业）；同时设五个研究院（所）：北京大学文化产业研究院、电视研究中心、书法艺术研究所、京昆艺术研究所、戏剧研究所。

2009 年，在深入学习实践科

学发展观活动中,艺术学院结合学院的学科特点,认真进行研讨,最终确立了将艺术学(含艺术理论、艺术批评和艺术史)作为未来学科的发展方向。6月15日,周其凤校长来我院调研,叶朗院长正式向学校汇报了这一重大学科发展的调整思路,得到了学校领导的充分肯定。

2009年,艺术学院博士后流动站通过全国博士后科研流动站管理协调委员会审核,获得建站资格,这是我院继取得艺术学一级学科博士点后的又一重大成绩,为我院的学术科研工作大发展奠定了良好的基础。

【教学科研】 艺术学院现有在岗教职工26人,其中教授9人,副教授8人,讲师4人,行政教辅人员5人。

艺术学院现有影视编导本科生176人(其中留学生56人),艺术学双学位本科生140余名,全日制研究生104名,MFA(艺术硕士)131人。其中2009年招收影视编导本科生40人(含留学生11人),双学位本科生40余名,全日制硕士生24名,博士生30名,艺术硕士50名。2009年,艺术学院共有96位同学分别获得硕士(含艺术硕士)和博士学位。

2009年度,艺术学院共为全校开设大类平台课5门,为全校本科生开设公选课57门,通选课21门,选课人数达7000余人。2009年,艺术学院共为各类研究生开设课程近30门次。

向勇荣获2008—2009年度北京大学教学优秀奖,侯锡瑾副教授荣获北京银行奖教金,陈旭光教授被评选为2009年度"十佳老师"。

2009年,艺术学院教师在国内外公开出版的报刊上共发表学术文章100余篇,出版著作9部,申请省部级以上课题4项。其中,陈旭光教授主持的《当代中国电影的创意研究:理论与实践》课题获国家社科基金艺术学项目立项。俞虹教授的主持的"电视传播与国家影响力发展战略研究"、陈宇副教授主持的"网络电影创作生产研究"、邱章红副教授主持的"中国网络电影产业发展研究"课题均荣获2009年广电总局部级社科研究项目立项。

在科研成果获奖方面,丁宁教授的"图像缤纷——视觉艺术的文化维度"获得教育部高等学校科学研究优秀成果奖(人文社会科学)三等奖。李松教授的论文"论〈八十七神仙卷〉与〈朝元仙仗图〉之原位"和丁宁教授的著作《图像缤纷——视觉艺术的文化维度》获得2009年首届"中国美术奖·理论评论奖",这是国家级美术最高奖。

2009年,北京大学文化产业研究院连续第二年被学校评为"北京大学文科优秀研究机构"。北京大学电视研究中心出版的北大传媒评论》丛书系列之《中国传媒的新起点》,产生了良好的社会反映。

【学术交流】 2009年3月10日下午,耶鲁大学DAVID JOSELIT教授在北大临湖轩为艺术学院的学生作了题为"重新设定:当代艺术的系统"的学术讲座。6月3日上午,美国波士顿学院Carlo Rotella教授在艺术学院会议室作了题为"美国文学和电影中的城市"的学术讲座。6月4日上午,美国盖蒂博物馆研究院主任Thomas Gaehtgens教授在燕南园56号院为艺术学院学生作了题为"柏林博物馆岛的历史与现状"的学术讲座。

2009年12月11日,莫斯科大学艺术系主任拉巴达诺夫·亚历山大、副系主任玛丽娅·肖明娜、教研室主任列别捷夫·谢尔盖等一行三人在中国驻俄罗斯大使馆一秘刘杉杉的陪同下访问艺术学院,艺术学院叶朗院长等接待了来访者。

2009年,我院教师参加学术交流活动频繁。其中出访美国、加拿大、德国、葡萄牙、西班牙、韩国和港台地区进行学术交流10余次,国内学术交流30余次。

2009年,北京大学文化产业研究院举办的第七届"中国文化产业新年论坛",成为我国文化产业领域内的高端年度盘点,也成为北京大学的一项重要学术论坛。2009年,北京大学电视研究中心针对当下文化、艺术、传媒的前沿问题成功举办了3次高峰学术论坛和1次专题研讨会。连续第五年举办记者节大型公益活动"未名大讲堂——与名记者、名主持、名专家面对面",品牌效应彰显。

【党团工作】 2009年,围绕学习科学发展观活动,艺术学院党总支高度重视,认真起草方案,部署学习活动,先后开展了"科学发展观与当代大学生发展"系列讲座、主题党日、解放思想大讨论、"我为北大发展献一策"等活动。为纪念五四运动90周年、庆祝建国60周年、学习十七届四中全会精神等内容,艺术学院党团员共举办联合党团日活动6次,其中"重走五四路——纪念五四运动九十周年"主题党团日获得学校优秀党团日二等奖;"新农村建设巡礼——纪念改革开放30周年"主题党团日活动获得优秀党团日三等奖。

2009年七一前夕,艺术学院党总支被评为优秀党务和思想政治工作先进集体,李平原同志被评为优秀党务和思想政治工作先进个人。

随着艺术学院学生规模的不断扩大,学生工作队伍也进行了比较大的改革和扩充,逐渐形成了老、中、青一体化的学工队伍。继2008年获批北京大学基层学生工作创新基地之后,学工干部不断加强学生工作研究。2009年,共有4篇学生工作论文在《北京教育》《北大青年研究》等刊物发表。2009年,艺术学院有3人被评为优秀班主任,1人荣获优秀学生工作个人奖。

【学生艺术团】 北京大学学生艺术团下属管弦乐、合唱、舞蹈、民乐四个分团。现有成员200余名,均系来自全校二十多个院、系的本科生、研究生。2009年,艺术团在校内外举行各类演出共计40余场,并积极参加国内外各类艺术团体的交流和比赛。

2009年,艺术团积极参加学校组织的各项活动,如参加"心怀五四,情系四川"北京大学共青团纪念五四运动九十周年"南下之旅"实践团赴四川地震灾区慰问演出;参加中国"俄语年"开幕式暨文艺演出;赴山东东营和济阳为胜利油田及鲁明济北公司的石油工人们演出;为北京大学第六届国际文化节演出;为北大香港校友会成立二十周年纪念活动演出;参加北京大学首都国庆60周年天安门广场合唱方阵;参加外交部大学生开放日活动;胡锦涛主席为美国总统奥巴马访华举行的欢迎晚宴;赴澳门参加"纪念澳门回归十周年"北京大学-澳门大学体育文化交流活动;参加"可口可乐"京津高校合唱团2010新年音乐会等。

2009年2月,在教育部组织的"第二届全国大学生艺术展演"活动中,艺术团70余名团员参加比赛,舞蹈团和合唱团分别获得了全国一等奖的优异成绩,成为全国高校学生艺术团中最具影响力的团体之一。北京大学学生艺术团用艺术做桥梁,展现出当代中国大学生"向真、向善、向美、向上"的精神风貌,也成为宣传和介绍北大的一张重要名片。

对外汉语教育学院

【学院概况】 学院2009年在职教职工62人,其中教员55人,行政及教辅人员7人。教员中教授8人,副教授29人,讲师18人。另有兼职汉语教师33人,离退休人员23人。学院下设汉语精读教研室、汉语视听说教研室、预科教研室、选修课教研室、综合办公室、图书资料室和电教室。

【学科建设与研究生培养】 5月11日,周其凤校长、吴志攀常务副书记到学院进行专题调研。周校长听取了李晓琪院长的工作报告,详细了解了学院留学生教育、研究生培养、科研和教师队伍建设、对外交流等方面的基本情况。周校长结合调研情况,对北大的汉语国际教育实现科学发展提出了指导性意见。

6月12—13日,学院2009年科学讨论会在香山蒙养园会议中心举行。大会主要就第二语言课堂教学评估、汉语师资培养与培训等方面的议题进行了研讨。

7月2日,全国汉语国际教育硕士专业学位指导委员会专家组来学院进行汉语国际教育硕士专业学位研究生培养工作的中期检查。学院该方面工作以清晰的办学定位、生动的课堂教学、雄厚的师资力量、有力的管理保障等多方面优势,获得了检查团专家的高度评价。

10月26日,学院下属科研机构"汉语教学研究中心"荣获"北京大学第二届人文社会科学优秀科研机构"称号。中心负责人李晓琪教授和部分成员出席了全校表彰大会。

2009年学院研究生招生规模进一步扩大,全年共增加研究生新生71人;其中包括博士生9人,汉语言文字学专业硕士生13人,汉语国际教育硕士生(在职)20人,汉语国际教育硕士生(全日制)29人。截至2009年底,学院共有研究生179人,其中博士研究生26人,硕士研究生153人。硕士生中,汉语言文字学专业38人,师资班58人,汉语国际教育专业(全日制)29人,汉语国际教育专业(在职)28人。2009年学院共有36人获北京大学文学硕士学位;其中33人为全日制硕士研究生,3人为同等学力人员。2009年学院共有5名博士生顺利通过博士中期检查,进入进一步研究阶段。

为推动学院研究生培养和课程建设工作的持续、纵深发展,9月25日,学院召开"2009研究生导师及课程建设座谈会"。学院研究生导师、研究生课程任课教师等40余人参加了座谈会。与会老师听取了研究生教研室的工作汇报和工作规划,听取了主管副院长关于学术型和职业型硕士研究生分类培养的报告,并就研究生课程开课经验、研究生培养与指导、研究生学位论文选题与开题等专题进行了热烈研讨,取得了预期效果。

2009年学院学生工作取得了丰硕成果。在"纪念改革开放30周年"学生党团日联合主题教育活动荣获优秀组织奖(全校共7个);学院研究生会成功举办第二届北京地区对外汉语教学研究生学术论坛,影响扩大到全国甚至海外;学院研究生的作品《留学生汉字学习软件》获得北京大学第十七届"挑战杯"——五四青年科学奖竞赛特别贡献奖特等奖;班主任、专职学生工作干部对全体硕士研究生进行了一对一的深度访谈,取得了良好效果;学院研究生代表队在2009年北大"硕博杯"乒乓球赛中夺冠。

【教学管理和教师培训】 2009年春季、秋季长期班学生约1300人,春季、暑期班学生共计约480人。除了常规的语言进修生外,本年度特殊教学项目主要包括美国耶鲁大学、美国斯坦福大学、英国剑桥大学、英国牛津大学、英国外交官、挪威奥斯陆大学、香港大学、加拿大麦吉尔大学、美国西点军校等。4月29日,组织423名留学生分赴大兴、房山、平谷三地参观学校、工厂、农业园区等,让留学生们进一步了解中国社会,同时进行语言实践。12月2—4日举行了三场不同汉语水平的演讲比赛。

本学年学院进一步加强了留学生教学管理。2009年秋季重点抓好教研室教研活动,通过强化平行班负责人管理、提高试卷难度系数等措施,确保教学质量的不断提高。加强兼职教师业务培训工作,全学年采取开办讲座、召开教研室会议、召开平行班会议等形式,提高兼职教师的业务水平。尝试新的教学模式:2009年暑期,CIEE增加了一对一的教学形式,受到好评。2009年秋季,耶鲁项目根据课程特点增加了教学辅导,选用实习研究生,由专人负责培训、指导,既提高了教学质量,又解决了实习生的实习问题。教学评估工作自秋季学期向网上评估过渡,由预科先行试点,节约了大量的人力物力。

1月寒假期间学院承担国家汉办任务,开设新西兰教师培训班;2月春季短期班学生主要来自日本早稻田、庆应、一桥等近十所大学或团体。2009年5月至9月期间,共承担北大及汉办的不同国家20个项目的汉语教学工作。

【科研工作和学术活动】 2009年度学院教师参加学术交流活动共76人次,其中出席学术会议65人次,外派讲学9人次,出国考察1人次,参加培训进修1人次。学院教师发表、出版学术成果共72部,其中论文50篇,编著及教材18部,工具书及参考书2部,文章、评论2篇。学院教师申报国家、教育部及省市等各级科研项目20人次,其中立项课题4项,进行专家评审4人次。学院邀请海内外学者举行学术沙龙讲座3次。

【对外交流工作】 2月24日,西点军校校长哈根贝克将军(LTG Hagenbeck)一行访问北大,与在学院学习的西点军校学生会面,了解学业进展情况,并与李晓琪院长就中文教学及管理方面的问题深入交换了看法,表达了加深合作、扩大项目规模、增派学员前来学院学习的愿望。

3月17日,CIEE项目合作院校教授来学院听课观摩。

4月6日至7日,培生知识科技公司代表在临湖轩与学院商谈合作开发自动化汉语口语考试事宜。

6月10日,美国宾夕法尼亚大学沃顿商学院珞德国际关系暨企业管理研究所主任任长慧教授来访。

6月10日,美国财长盖特纳访问北大,并与其当年的汉语老师、学院教师傅民等会面。

7月24日,耶鲁大学苏炜、梁宁辉老师来学院进行座谈,就课程、课时安排等具体教学情况进行讨论。8月31日,北大-耶鲁项目主任余宁平与学院刘元满、李红印副院长及部分教师共同探讨新学期的教学模式。10月14日,耶鲁暑期项目主任助理 William Whobrey 及北大-耶鲁项目主任余宁平在临湖轩东北厅与副院长刘元满、特殊项目主管赵昀晖及部分任课教师就双方的教学合作进行沟通和交流。

10月14日,挪威奥斯陆大学东亚文化与东亚语言系汉语教学负责人汪琦来访,了解了学院总体的教学模式,并通过直接与任课教师座谈、进入课堂听课等形式了解该校学生的学习情况。

12月7日,学院党政领导班子成员赴北京师范大学汉语文化学院进行学习调研,与该院党政领导就人才培养、学科建设、教学科研管理、行政优化等方面的问题进行了座谈。

12月16日,南开大学汉语言文化学院段文菡教授等一行五人来学院进行调研、交流。

2009年度学院有21名教师被派往韩国、日本、美国、英国、德国、新西兰任教,16名研究生被派往泰国、日本、埃及、西班牙、德国、法国、荷兰、澳大利亚等国担任汉语教师志愿者。

国际关系学院

【发展概况】 北京大学国际关系学院现有国际政治系、外交学与外事管理系、国际政治经济学系3个系和国际关系研究所、亚非研究所、世界社会主义研究所3个研究所;设有20多个研究中心。学院有国际政治、外交学、国际政治经济学3个本科专业,国际政治、国际关系、外交学、国际政治经济学、中外政治制度、中共党史、科学社会主义与国际共产主义运动7个硕士专业和国际关系、国际政治、外交学、科学社会主义与国际共产主义运动、中外政治制度5个博士专业对外招生。其中国际政治、科学社会主义与国际共产主义运动是全国重点学科。

2009年,国际关系学院有专职教师56人,其中教授27人,副教授25人,讲师4人。教师队伍中1960年以后出生的32人,占57%以上,成为教学科研的主干力量。教师中具有博士学位的40人,占71%。教师队伍的年龄结构、知识结构进一步改善。

2009年国际关系学院共有本科生901人,其中外国留学生188人,辅修/双学位生276人;研究生351人,其中硕士研究生320人,博士研究生31人。

【行政领导换届】 根据学校组织部的相关规定,国际关系学院行政换届工作在2009年10月开始实施。学院严格遵循学校党委的实施要求,广泛征求了老同志、老领导、教职工代表、现任班子成员的意见,在充分民主推荐的基础上,经学校党委批准产生了新一届行政领导班子,王缉思任院长,贾庆国、王逸舟、关贵海、唐士其、范士明任副院长。

【教学工作】 2009年国际关系学院根据实际情况调整了本科生教学计划,除本科三个专业的总学分都从139学分调至140学分之外,还开展了与政府管理学院、法学院、社会学系、信息管理学系、新闻与传播学院等院系之间的合作,使本科教学工作呈现多院系、多样化的特点。

2009年,学院以"三系三所"为基轴,继续落实以鼓励任课为主旨,以课时、学生指导、论文指导为基本支柱的工作量计算和激励体系,教师全年共完成工作量25408.5个,其中超额完成工作量部分占总工作量的61%。教职工人均超额完成217个。

在研究生教学方面,学院制定了与日本东京大学、巴黎政治学院、伦敦政治经济学院联合培养国际关系专业硕士研究生的方案。此外,学院还设有新加坡公务员项目,面向新加坡政府选派的公务员。

2009年钱雪梅、孔凡君等8位教师获得年度教学优秀奖,其中钱雪梅获得校级教学优秀奖,梅然、于铁军等5位教师获得教学评估优秀奖。王正毅教授获得北京市优秀教师荣誉称号,是北京大学社会科学类专业中唯一获得这项荣誉的。叶自成等获得北京大学专项奖教金,王缉思教授获得奖金达50万的国华奖教金。学院获北京大学各类奖教金的总额累计破90万,获奖人数超过教师总数的一半。

【科研活动】 2009年教师的科研水平进一步提高,全年共发表各类学术文章150多篇,出版专著、译著15部;承担了教育部和国家社科基金19个项目的科研任务,其中5项为重大项目,这些项目的总资助金额达290多万元。

表6-10 科研项目立项情况

项目名称	项目编号	项目来源	项目负责人	批准时间
从"文明标准"到"新文明标准"——中国与国际社会规范的变迁	09JAGJW0	教育部人文社科研究项目	张小明	2009-12-31
国际体系与俄罗斯兴衰——俄罗斯经济发展道路演变的国际因素		教育部人文社科研究项目	张丽	2009-12-31
从天下意识到世界意识:中国世界观念的历史演变(1500—1911)		教育部人文社科研究项目	李扬帆	2009-12-31
巴基斯坦的塔利班化与美国阿富巴(Af-Pak)战略研究		教育部人文社科研究项目	王联	2009-11-30
福建侨刊乡讯研究	SMA20090	中央其他部门社科专门项目	李义虎	2009-09-22
美国崛起过程中应对严重危机的经验、教训与启示		中央其他部门社科专门项目	朱锋	2009-09-05
Changing Multilateralism: The EU as a Global-regional Actor in Security and Peace		外资项目	查道炯	2009-08-20
机构编制执行情况评估研究	140-033	中央其他部门社科专门项目	关贵海	2009-08-13
新中国外交60年		地、市、厅、局等政府部门项目	牛军	2009-07-23
未来5—10年侨情发展趋势与侨务对策研究		地、市、厅、局等政府部门项目	李安山	2009-07-15
在美经贸游说国际经验的比较研究		中央其他部门社科专门项目	王勇	2009-07-07
海外"藏独"的历史演变及其现代形态		国家社科基金项目	张植荣	2009-05-15
亚洲安全研究——中国崛起与东亚地区安全结构的重组		国际合作研究项目	王缉思	2009-05-01
非传统安全能力建设:国际合作与案例研究		企事业单位委托项目	朱锋	2009-03-31
研究湄公河流域国际合作开发的国际形势		中央其他部门社科专门项目	查道炯	2009-03-30

表 6-11 2009 科研成果情况

成果名称	成果形式	出版日期	出版单位	作者
中俄关系的历史与现实（第二辑）	专著	2009-10-09	社科文献出版社	关贵海
全球大变革与中国对外大战略	专著	2009-07-01	世界知识出版社	李义虎
美国输出民主的历史与现实	专著	2009-04-01	世界知识出版社	罗艳华
中国和平发展的国际环境分析	专著	2009-09-01	经济科学出版社	叶自成
失踪者的足迹——"文化大革命"期间的青年思潮	专著	2009-03-31	香港：中文大学出版社	印红标
中东政治与社会	专著	2009-03-11	北京大学出版社	王联
当代中国外交理论与实践	专著	2009-11-17	北京大学出版社	张植荣
美中关系与西藏问题	专著	2009-02-06	中国文艺出版社	张植荣
龙狮共舞：邓小平访问新加坡三十周年论坛纪实	专著	2009-04-15	八方文化创作室	潘维
美国对华情报解密档案（第六卷）	编著或教材	2009-04-01	上海东方出版中心	郭洁
巨变中的世界与中国：中国青年学者的解读	编著或教材	2009-04-01	金城出版社	贾庆国
东欧政治与外交	编著或教材	2009-12-11	北京大学出版社	孔凡君
新世纪的海外华人变貌	编著或教材	2009-06-01	载自夏诚华主编：《新世纪的海外华人变貌》，台北：乐	李安山
当代世界与中非关系	编著或教材	2009-03-01	中国非洲史研究会	李安山
后冷战时代的中国外交	编著或教材	2009-03-15	北京大学出版社	牛军
德国、欧盟、世界	编著	2009-01-01	社会科学文献出版社	连玉如
人民共和国60年与中国模式	编著	2009-12-07	三联出版社	潘维
中国模式——解读人民共和国的60年	编著	2009-11-02	中央编译出版社	潘维
台湾问题与中美关系	编著或教材	2009-08-15	北京大学出版社	孙岩
北大东南亚研究论文集（2009）	编著或教材	2009-06-15	香港社会科学出版社	杨保筠
中国大外交：折冲樽俎60年	编著或教材	2009-10-01	当代世界出版社	叶自成
总体外交与全面融入国际体系	编著或教材	2009-06-12	北京大学	张清敏
中国与发展中国家的关系	编著或教材	2009-04-09	北京大学	张清敏
首脑外交	编著或教材	2009-04-09	北京大学	张清敏
中美日关系的黄金时代	译著	2009-01-07	重庆出版社	归泳涛
简明日本外交史	译著	2009-01-01	世界知识出版社	梁云祥
国家安全的文化	译著	2009-03-30	北京大学出版社	宋伟
理解国际冲突：理论与历史（第7版）	译著	2009-07-01	上海世纪出版集团	张小明

2009年王缉思教授主编的著作《美国发展强大的原因及其外交优势与特色》和李义虎教授主编的《地缘政治学：二分论及其超越》获得年度教育部高等学校科学研究优秀成果奖（人文社会科学）三等奖；张清敏教授的《历史争议与威胁观：中国、美国与朝鲜战争——一个实验分析》、朱锋教授的《俄罗斯与格鲁吉亚的军事冲突：对中国，难道争先恐后之间的"战略伙伴关系"是一个"负责任的利益相关者"？》、潘维教授的《当代社会的核心价值观》以及王世文（博士生）的《共产主义世界中的冷战》受到了北京大学的奖励。潘维教授负责的中国与世界研究中心和王缉思教授负责的国际战略研究中心被评选为2009年北京大学人文社会科学优秀科研机构。

【对外交流与合作】 2009年，学院有4位长期任教的外国专家，短期访问学者达到20多位。学院接待外国专家交流和访问共计40多次，人员110多名。美国JAEOH. EE博士与学院进行中、美、韩三方国际合作与政策走向的学术交流，并与朱锋教授共同开展韩国外交政策与文化的合作讲学；美国华盛顿国际关系与战略研究中心的研究员KHALID在学院访问期间与学院教师深入交流了在国际关系与战略研究方面的学术、科研成果；美国南加州大学的SAORIN教授与王勇教授一同以"东亚地区主义"为题举办了研讨会。

在合作办学方面，学院与美国康奈尔大学合作的国际研究生项目启动，面向中外学生招生；与法国巴黎政治学院的双硕士联合培养项目开始招生;美国最好的管理学院雷鸟大学,与学院签订合作协议,双方将互派学生到对方院系进修,对方将为国关学院学生到该校学习提供奖学金。

2009年11月6—8日,国关学院承办了第六届北京论坛的国际关系分论坛。国内外、五大洲的五十多位知名学者,星云际会,激烈交锋,国关分论坛已经成为北京论坛的坚强支柱。

【党建与学生工作】 2009年国际关系学院党委工作的突出主题是"深入学习实践科学发展观"。从3月初开始,院党委根据校党委统一部署和要求,紧密结合学院发展的实际和需要解决的突出问题,把开展学习实践活动与探索新形势下学院改革发展稳定的重要任务相结合,把统一思想、制定目标、采取措施、狠抓落实,加快创建世界一流大学和一流国际关系学院作为学习实践活动最大的实践,圆满地完成了各个阶段学习和实践计划,有力推动了2009年的学院党政工作,取得了显著成效。

2009年学院学生工作的基本思路是"两个结合,一个围绕",结合国内、国际的重大事件,结合学校、学院的改革发展;围绕学生的全面成长成才来开展。针对工作措施,提出"两个建设,一个指导",即国关学工办要着力开展机构建设和完善制度建设;要加强对学生的发展指导。

2009年为了克服国际金融危机对大学生就业的影响,学院成立了毕业生就业办公室,建立了包括院领导、团委书记、班主任、毕业论文指导教师在内全员参与的工作团队。

2009年团委依靠每周一次的例会或组织生活会,加强工作计划性,为了提高团信质量,制定了"副书记—部长—部员"的团信制度。在学校团委的指导下,国关团委逐步形成了团校、团刊、社团、文体活动四大基本工作路径。2009的团委文体活动叠彩纷呈,组织了超级国关师生体育联谊会、"Seasons in sun"歌会、"中外学生交流会""生活·新知·感悟"摄影大赛、"青春之歌"毕业生系列活动等精彩不断。2009年3月下旬至5月上旬面向全校师生及社会各界举办的"爱国·关天下"第八届国关文化节,围绕"爱·学术、爱·生活、爱·志愿、爱·燕园"四个板块举办了十一大活动,大大丰富了师生的课余生活。

经济学院

【发展概况】 北京大学经济学院的前身是北京大学经济学系,始建于1912年,是中国高等学校中建立最早的经济学科,而北大经济学系源于1902年京师大学堂商科。著名学者、中国共产党的创始人之一李大钊曾在经济学系任教。1949年后曾任北京大学校长的马寅初是经济学系的早期负责人和教授。1952年全国院系调整后,著名经济学家陈岱孙教授长期担任北大经济学系主任。1985年5月北京大学经济学院正式成立,时设经济学系、世界经济系和经济管理系。历任院长为胡代光、石世奇、晏智杰,现任院长为刘伟教授。

北京大学经济学院现有经济学系、国际经济与贸易系、金融学系、风险管理与保险学系、财政学系、发展经济学系共6个系,有政治经济学、西方经济学、经济思想史、经济史、世界经济、财政学、金融学(含保险学)、人口、资源与环境经济学8个硕士专业和政治经济学、西方经济学、经济思想史、经济史、世界经济、财政学、金融学(含保险学)7个博士点、13个科研机构和理论经济学博士后流动站。

经济学院师资力量雄厚,不仅拥有一批造诣深湛、享誉国内外的学术带头人,还有众多崭露头角的中青年学者。经济学院在编人数共85人,其中教师73人,含教授26人,副教授32人,讲师15人。在站博士后研究人员63人。

经济学院拥有完整的学士-硕士-博士人才培养体系,是面向全国培养高级经济人才的重要基地之一。在本科生培养方面,实行四年学制,坚持"注重基础,拓宽专业,加强实践,因材施教"的原则,自20世纪80年代中期开始实行学分制。在研究生培养方面,形成了鼓励优秀人才脱颖而出的制度和方法。"勤奋,严谨,求实,创新"是经济学院一贯倡导的学风。

2009年,经济学院共有各类学生学员约11658人,其中博士研究生134人,硕士研究生320人,访问学者、进修教师25人,本科生705人,留学生110人,研究生课程进修生1164人,继续教育中心学生、学员约9200人。

【科研工作】 2009年,北京大学经济学院各类科研成果共有256项,其中专著16部,编著和教材6部,译著4部,论文198篇,其他成果32篇。科研项目获得39项,批准经费1324万元。2008年被CSSCI检索的论文共有109篇,其中教师52篇、博士后研究人员21篇、学生36篇。2008年被SSCI收录论文有5篇。国家社科基金项目结项3项、教育部人文社科研究项目结项4项、北京市哲学社会科学规划项目结项3项。

刘怡教授、赵留彦讲师获得第五届教育部高等学校科学研究优秀成果二等奖;北京大学中国保险与社会保障研究中心、北京大学信用研究中心获北京大学第二届人文社会科学研究优秀机构的称号;王一鸣教授入选教育部"新世纪优秀人才支持计划"。

夏庆杰副教授的论文《中国城

镇贫困的变化趋势和模式:1988—2002》,在中国社会科学院经济学部主办的"2009年中国青年经济学者论文评选"中,被评为优秀论文。郑伟副教授获得中国保险学会"2008年度保险学术成果评选"论文类一等奖及国际保险学会(IIS)和日内瓦学会(GA)"2008年度最佳学术论文奖"。

北京市哲学社会科学优秀成果奖自1987年开展首届评奖工作至2008年,共举办了10届,计有2126项优秀成果获奖,经济学院共有14项成果编入《北京市哲学社会科学优秀成果集萃》。

季曦博士后获得北京大学优秀博士后的称号。

为进一步推动北京大学经济学院科学研究活动,展开更深入的学科学术研讨和学术交流,经院长办公会讨论通过,决定于2005年3月4日起设立常规性的"经济学院学术论坛"。"经济学院学术论坛"下设8个分论坛:经济学论坛、国际经济论坛、金融论坛、保险论坛、经济增长与发展论坛、信用论坛、环境资源与发展论坛、公共财政论坛。2009年,举办各类论坛和学术会议近百场。

经济学院科研基地于2003年12月成立。科研基地包括13个科研机构:外国经济学说研究中心、市场经济研究中心、经济研究所、国际经济研究所、中国金融研究中心、中国国民经济核算与增长研究中心、中国信用研究中心、中国保险与社会保障研究中心、中国都市经济研究中心、产业与文化研究所、金融与发展研究中心、经济与人类发展研究中心、中国公共财政研究中心等。

【本科生工作】

1. 做好新生入学及相关工作。2009年,经济学院迎来了优秀学子199名,其中:统招生165人,香港大学代培学生9人,来自世界各国国际学生25人。

2. 毕业生顺利离校。2009年经济学院共有195名本科生顺利完成了学业,获得了相应的学位。

3. 保研工作顺利完成。2009年的具体情况是:2006级本科生(中国大陆地区)共计167人,保研、推研67人。

4. 课程开设及教学评估情况。2009年,经济学院为本科生开课122门次,春季学期60门,秋季学期62门。经济学院本科教学评估成绩春季学期为86.4分,秋季学期为88.2分。

5. 社会实践活动积极开展。学院以及各系组织的10多个暑期社会实践团队赴各地开展经济学实证研究并提交研究报告。

6. 加强留学生教学管理工作。2009年,经济学院本科在校留学生共计98人,来自俄罗斯、日本、韩国、新加坡、美国、老挝、也门等国家。管理留学生的措施主要包括:加强对留学生的培养,通过各种方式加深留学生与中国学生的联系,重点对留学生进行选课指导、后进生谈话和补习辅导。

【研究生工作】

1. 研究生招生工作。2009年,经济学院顺利完成了研究生招生的各项工作,包括推荐免试研究生、硕士生全国统考、博士生统一招考、留学生及港澳台学生申请硕士及博士研究生等多元化选拔考核工作。从1150名考生中录取硕士生103人;从170名考生中录取博士生30人。

2. 奖助制度改革与实施。为进一步提高研究生培养质量,促进研究生教育的持续健康发展,经济学院本着公平、公正及公开的原则,顺利完成了2009年度在校研究生学业奖学金的评定工作。为鼓励博士生参与导师的科研活动,自2007年起,学校实行了博士生助研津贴发放制度。本年度经济学院博士生导师为在校博士生补贴科研经费共计约10.9万元,经济学院配套补贴2万余元。

3. 继续实行助教制度。2009年,经济学院共为37门研究生和本科生的基础课程配备了52人次的教学助教,总计金额18.4万元。

4. 教学与评估。2009年,经济学院72名在职教师共计开设研究生课程70门。其中有21门必修课参加了研究生课程的网上教学评估,平均得分略高于校平均分值。

5. 学生获奖情况。经济学院非常重视博士研究生的论文质量。2009年有两篇博士学位论文获北京大学优秀博士论文三等奖。

6. 研究生出访情况。经济学院充分利用研究生院、国际合作部及本院教师提供的与国外大学和研究机构合作交流的机会,鼓励并协助学生在读期间能到国外(境外)学习、访问、交流。2005至2009年,共派出研究生近百人次,出访了意大利、荷兰、德国、英国、奥地利、法国、芬兰、瑞典、罗马尼亚、美国、澳大利亚、俄罗斯、日本、韩国、印度、越南、埃及等近二十个国家和中国港台地区。2009年经济学院共有21人次研究生出访美国、澳大利亚、日本、芬兰、法国、英国、韩国等国家和中国港台地区。

7. 毕业与学位授予。2009年经济学院共有123名研究生毕业,其中博士生20名,硕士生103名。获得博士学位20名,获得硕士学位184名(其中同等学力申请硕士学位83人)。

【外事交流】 2009年度教师出访接待、高端讲座、大型论坛、学生交换交流、国际合作等项目均有条不紊地开展推行。有30余人次教师出访其他国家和地区,进行学术交流或参加国际会议;60余人次学生出访他国,出访事由包括交换学习、暑期学校、国际会议等。英文网站更新、英文课程建设持续推进。

【学生工作】 2009年,经济学院

学生工作坚持"让我们的工作离学生的需求近一点,让学生的需求离社会的需求近一点"的工作理念,牢牢把握发展与稳定的大局,在各方面取得了较大的进步,向构建科学高效的学生工作体系的目标迈出了坚实的一步。2009年经济学院学生工作的主要目标为:在经济学院建设的总体目标和指导思想的指引下,配合学院整体和核心工作,为学院的育人和学生的成长成才做出独特的贡献,努力构建科学高效的学生工作体系。学生工作的主要思路是:要积极正确引导同学们把主要精力放在学业和科研上;引导同学们关心社会、民族,树立责任感;引导同学们努力把所学知识同社会经济发展相结合,投身社会实践;引导学生干部并通过他们在广大同学中积极培养团队精神,增强合作能力;引导学生干部并通过他们在广大同学中积极培养敢于迎接挑战与困难的精神,增强经受大风大浪的能力。

经济学院党委统一领导、协调,做好学生党建工作。2009年,经济学院党委在团员青年中选拔了4批积极分子参加学生党支部的组织生活;引导广大团员青年学习马列主义、毛泽东思想、邓小平理论和"三个代表"重要思想,牢固树立社会主义荣辱观。组织了两期经院业余党校,邀请相关老师先后为200余名入党积极分子作报告。经济学院党委制度贯彻"行为量化"的思想,以党支部为单位对入党积极分子进行考核并将考核结果量化。

经济学院努力为学生的成长成才提供指导和帮助。经济学院坚持构筑青年一代的科学的精神支柱,把青年学生的思想和行动统一到党的十七大精神上来,引导广大青年学生积极投身创建世界一流大学和全面建设小康社会的伟大实践。2009年11月中旬至12月中旬,在全院学生中开展了一系列党日活动、主题班会、团日活动。10个学生党支部,18个班级,18个团支部组织了297名学生党员,近700名学生团员参加了系列活动。

经济学院通过以学术和文体活动为两翼的系列精品活动加强对学生全面素质的培养。"经济学院学术文化节"系列活动、社会实践、"挑战杯"科技活动、"一二·九合唱比赛"、元旦晚会、系列体育赛事等,丰富了同学们的生活,大大提高了学生的组织能力和综合素质。2009年,经济学院团委组织的暑期社会实践团队数量在全校名列第一。2009学年经济学院学术文化节以"畅享经济魅力·共谋祖国发展"为主题,立足于自身特色,从学术、文艺、体育等诸多角度展示了经院风采。

2009年,经济学院对评优评奖方案做了认真的修改,把"加强学生管理"作为2009年度经济学院学生工作研讨会的主题,重点讨论了"科研加分""学生干部加分""组织学生参加颁奖会"等相关内容,并制定了相关制度。

经济学院学生心理健康指导委员会自2005年成立以来运转良好,老师们定期与学生进行面对面交流、书面交流或通话,对有特别心理辅导需求的学生进行个别访谈,同时举办心理辅导讲座,对有严重心理问题的学生进行必要的救助。加强心理排查力度和精细度,每月13日和28日沟通心理排查结果,并填写"院系专项助理心理危机排查工作日志汇总"。

经济学院在配合学校学生资助中心做好工作的同时,积极开拓新的渠道争取资助。LG化学中国投资有限公司和深圳发展银行先后在经济学院设立了奖助学金项目。经济学院采取了一系列措施服务同学就业创业。采取了完善就业学生基本信息、通畅就业信息渠道、设置就业专项助理和班级就业联络人、积极开展"谈心周"活动、号召院内老师深入挖掘社会资源、充分利用院友资源、加强就业指导和宣传工作等措施,搭建起了毕业学生与工作岗位之间的绿色通道。2009年在维持较高就业率的基础上,整体就业质量逐渐提高。

【继续教育】 经济学院继续教育秉承大力发展前沿性、高层次办学的传统,继往开来,根据国家培养人才需要,利用现代化教学方法,继续为政府机构、事业单位、公司企业、金融机构等单位提供高质量的培训研修服务。以"迎接知识经济与全球化挑战,发挥北京大学及经济学院的综合优势,培养国际亟须的经济与管理精英"为目标,定位是高品质和高目标。继续教育有三部分构成:高级研修班,远程网络教育和函授教育。

2009年经济学院继续教育共举办高级研修班45个,在读2000余人,结业人数1100余人。经济管理高级研修班、金融衍生品与期货高级研修班、中国企业家(后EMBA)特训班、人力资源总监高级研修班、CFO(财务总监)高级研修班、和谐企业培训师研修班、中国证券投资深造高级研修班等项目具有很好的社会影响力。2009年,针对新的培训形势和社会需求,开办了中国职业经理人高级研修班,全年举办16期,在众多高端培训中脱颖而出。全年共举行大小论坛20余次,其中"第六届中国经济增长与经济安全战略论坛"社会影响重大。中国企业家(后EMBA)特训班举行了十周年庆典活动。

经济学院开设了国际经济与贸易、财务管理、市场营销、金融学、风险管理与保险学和人力资源管理等6个网络教育本科专业。春季注册人数3523人,秋季注册人数2152人。

经济学院继续教育在珠海市

外经贸专修学院设有一个函授站,开设国际经济与贸易和金融学两个专科起点升本科专业,金融与保险一个专科专业开展函授教育,2009年在校学员393人。

2009年经济学院各类继续教育学生、学员共计9200余人。

光华管理学院

【学院概况】 光华管理学院的前身是1985年北京大学成立的经济管理系和管理科学中心,1993年在原北京大学经济学院经济管理系和北京大学管理科学中心的基础上成立北京大学工商管理学院。1994年北京大学与光华教育基金会签订合作办学协议,工商管理学院改名为光华管理学院。管理学院成立后,由著名经济学家厉以宁教授担任首任院长。张维迎教授为现任院长,陆正飞、武常岐、徐信忠、蔡洪滨、张一弛、张佳利为副院长。

学院现设有金融系、应用经济学系、会计系、组织管理系、市场营销系、战略管理系、管理科学与信息系统系、商务统计与经济计量系8个系。本科现有金融学、会计学、市场营销三个专业;硕士研究生设有国民经济学、金融学、产业经济学、企业管理、会计学、统计学、管理科学与工程、工商管理硕士(MBA)、高级工商管理硕士(EMBA)、会计硕士专业学位(MPAcc)10个专业;学院设有国民经济学、金融学、产业经济学、统计学、企业管理五个博士生专业,其中国民经济学是国家重点学科。

截至2009年7月,学院有全职教师105人,其中教授35人,副教授40人,助理教授30人。全职教师中有98人获得博士学位,其中66人在海外或香港获得博士学位。此外,学院还聘任了多名访问教授与兼职教授。

截至2009年7月,学院共有学生3412人。其中全日制大学本科生707人,普通硕士研究生294人,MBA学生1303人,EMBA学生805人,MPAcc学生153人,博士研究生150人。

【科研成就】 2009年,学院新立项纵向科研项目22项。其中,国家自然科学基金重点项目1项,杰出青年基金1项,面上及青年项目13项;国家社科基金重大项目1项,青年项目1项;教育部人文社会科学研究项目3项;教育部留学回国基金2项。各类纵向项目总计批准经费641.5万元。2009年纵向项目实际到账经费431万元。

2009年度学院发表各类成果268个,其中各类论文231篇,著作、教材、研究报告等其他成果37部。英文SCI/SSCI检索论文计52篇,其中英文一类刊物论文12篇,英文二类刊物论文14篇,其他检索论文26篇;中文CSSCI检索论文63篇,其中中文一类刊物论文19篇,中文二类刊物论文43篇。

学院教员在2009年度教育部高等学校科学研究优秀成果奖(人文社会科学)评选中共计获得9项奖项,其中一等奖3项、二等奖5项、三等奖1项,是国内各大知名商学院中获奖总数尤其获一等奖数最多的学院。

光华目前有23个校级科研机构,在2009年度北京大学人文社会科学优秀科研机构评选中,学院有3个科研机构获得优秀,分别为厉以宁教授负责的"北京大学贫困地区发展研究院"、曹凤岐教授负责的"北京大学金融与证券研究中心"和刘国恩教授负责的"北京大学中国医药经济研究中心"。

2009年学院加强了科研相关管理制度的建设,制定了院科研机构管理办法,加强了院级科研机构和挂靠学院的校级科研机构的管理,避免重复建设的同时促进各科研机构自身的管理规范与运行成效;修订了教员发表学术论文的奖励办法,加大高质量学术刊物的奖励力度,不再奖励不在学院一类、二类刊物目录内的刊物论文,以鼓励教员多在高质量学术期刊发表论文。

【校友工作】 2009年3月8日组织市场营销系举办校友学术论坛;4月11日组织光华校友植树活动并建立密云光华校友林;4月16日组织光华校友与奥运冠军高尔夫对抗赛;5月9日召开深圳校友座谈会;6月10日在唐山冀东水泥公司召开河北校友见面及冀东水泥战略合作座谈会;6月20日组织光华1995级校友毕业十周年返校活动;6月21日组织商务统计与经济计量系校友学术论坛;7月20日组织光华管理学院内蒙古校友座谈会;2009年暑假通过电话邮件等方式更新校友数据库,更新了3000多本、硕、博、MBA校友通讯录;8月30日组织光华校友与河北校友足球友谊赛;9月19日组织光华管理学院内蒙古经济论坛并建立恩格贝光华校友林;10月25日组织战略系校友学术论坛;10月31日组织开国元勋书画展及光华书画艺术协会成立仪式;2009年编辑印刷《光华校友通讯》4期;2009年继续对外地校友及校友组织进行走访。至今已经走访了8个省20余个城市,累计访问校友超过500人次。

【毕业生就业】 2009年光华管理学院共有本科毕业生136人,其中金融专业48人,会计专业49人,市场营销专业28人,人力资源专业11人。2009届光华本科毕业生分布最广的三个行业是金融、咨询和消费品/零售行业,其比例为63.0%、8.3%和8.3%。

2009年共有普通硕士毕业生142人,其中直接就业127人,继续深造14人,未就业1人。从专业上分，金融专业 57 人，非金融专业 85 人。毕业生多集中在金融行业（65.6%），其次为咨询行业（8.80%）。

2009 年共有全日制工商管理硕士（MBA）毕业生 104 人，其中 86 人直接就业。直接就业学生中，赴国有企业就业占 39.8%，赴民营企业就业占 28.2%，赴外资企业就业占 21.8%，赴政府机关就业占 6.4% 以及创业占 3.8%。

【学术合作】 2009 年 10 月，光华管理学院正式成为 PIM 会员。同时，学院正逐步进行 EQUIS 及 AACSB 的相关认证。

2009 年多所国外大学新增与光华签订学生交流协议，其中包括美国宾州州立大学商学院、美国马奎特大学、英国兰卡斯特大学商学院、瑞士洛桑大学商学院、澳大利亚莫纳什大学商学院、澳大利亚墨尔本大学、挪威经济与商业管理学院、韩国高丽大学商学院、韩国首尔大学商学院。另外，2009 年度光华管理学院还与新加坡国立大学及中国港台地区的台湾大学管理学院、香港中文大学商学院等院校拓展了合作项目或巩固合作关系。截至 2009 年 12 月 31 日，与光华管理学院有交流合作的院校达到 78 所，涵盖了亚洲、欧洲和美洲三大洲的国家和地区。学院共选派 184 名同学参加 2009—2010 年度交换。

2009 年度光华管理学院教员参加各类国际学术会议与交流 104 人次。其中，接待来访院校代表 55 人次；接待来访学生团体 10 余次。2009 年光华管理学院开展了 50 余次国际交流合作相关活动，短期来访学生近 300 人次。1 月 11 日，"中国经营方略"第一届冬季班开班，接待来自西班牙及荷兰的 54 名 MBA 学生；2 月 18 日，光华 2009 春季交换学生欢迎晚会；3 月 27 日，美国斯坦福大学学生团体来访；3 月 29 日，GISA 组织国际文化节；5 月 11 日，加拿大维多利亚大学组团来访北大；5 月 12 日，美国弗吉尼亚大学 McIntire 商学院学生团体来访；5 月 17—30 日，"中国经营方略"三个班同时进行，本科班 41 人，NYU 班 38 人，硕士班 29 人；5 月 28 日，加拿大西安大略大学 Ivey 商学院院长一行来访；5 月 29 日，美国沃顿商学院 GIP 项目 80 人来访；6 月 14—27 日，"中国经营方略"MBA 班共接待来自四所合作院校的 19 名 MBA 学生。至此，2009 年"中国经营方略"（DBIC 项目）共接待 127 名国际学生；7 月 16 日，光华管理学院与美国宾州州立大学商学院签署合作协议；9 月 8 日，2009 年秋季国际新生欢迎晚会；10 月 21—23 日，光华管理学院首次参加 PIM 年会，并正式成为会员；10 月 28 日，斯坦福大学商学院院长来访；11 月 6 日，澳洲国立大学商学院院长来访；11 月 23 日，第五届光华国际日召开；12 月 3 日，日本大和综研来访；12 月 17 日，比利时鲁汶大学经济系来访。

【重要活动】 在 1 月 20 日举行的 2008CCTV 中国经济年度人物颁奖典礼上，学院名誉院长厉以宁教授荣获"2008CCTV 中国经济年度人物特别荣誉奖"；

3 月 18 日，在北京大学光华管理学院举办的"光华职业发展 10 周年庆"开幕论坛暨实习基地颁发仪式上，光华管理学院向与学院密切合作、积极招聘光华学生和开展校园活动的 30 多家优秀企业授予"北大光华管理学院学生实习基地"的称号。

5 月 10 日，学院深圳分院成立十周年，在深圳举行主题为"经济危机与中国：挑战与机遇"的论坛。

5 月 11 日下午，2008 年诺贝尔经济学奖获得者保罗·克鲁格曼以"新格局下的中美经济未来"为题在光华管理学院阿里巴巴报告厅举行讲座。

5 月 23 日，光华 EMBA 香港校友会成立两周年，在香港举行题为"金融海啸下中港企业的危与机"的论坛。此活动为学院 EMBA 成立十周年的系列活动。

6 月 11 日，著名金融投资家索罗斯在光华管理学院举行题为"解读金融危机"的演讲。

6 月 25 日，北京大学光华管理学院被管理专业研究生入学考试委员会（Graduate Management Admission Council，简称为 GMAC）接纳为会员。

8 月 3 日，学院和陕西省人力资源和社会保障厅在西安人民大厦正式签署"北京大学光华管理学院西部人才发展计划（陕西项目）合作协议"。

9 月 3 日上午，清华大学经济学院钱颖一院长、上海交大安泰管理学院王方华院长、复旦大学商学院陆雄文院长、北京大学光华管理学院张维迎院长齐聚北京大学光华管理学院，召开中国四大商学院院长联席会议第二次会议。

9 月 5 日，"APEC 未来之声"中国区选拔赛总决赛在北京电视台的演播大厅隆重举行，来自北京大学光华管理学院的 2007 级本科生黄海东同学顺利跻身四强。

8 月，光华管理学院应用经济系颜色老师在荷兰获得"第十五届世界经济史学会最佳博士论文奖"。他是学会 20 多年来第二位获此殊荣的华裔学者。

9 月 22 日，由世界经理人集团旗下《世界企业家》杂志编制的 2009 年"中国最具影响 MBA 排行榜"在上海隆重举行的世界经理人高峰会上发布，北京大学光华管理学院、清华大学经管学院、南开大学商学院名列前三。在七届榜单中，光华管理学院 MBA 项目五届（2003 年、2006—2009 年）荣居榜首。

9 月 26 日，北京大学光华管理学院与新加坡国立大学管理学院于在北京大学光华管理学院成功举办"北京大学-新加坡国立大学双学位 MBA 项目合作十周年庆典暨亚洲复兴与中国的崛起论坛"。

9月29日上午10时,由北京大学光华管理学院 EMBA445 班同学捐建的"永兴镇光华小学"灾后重建工程竣工典礼,在地震灾区雅安市名山县永兴镇中心小学校举行。

10月7日晚,由诺贝尔经济学奖得主 Myron Scholes 教授主讲的风险管理讲座在光华管理学院新楼阿里巴巴报告厅热烈举行,院长张维迎教授担任此次演讲的主持。

10月15日,在北京大学光华管理学院戴姆勒论坛上,中国人民银行行长周小川博士表示,碳配额交易和减排融资与金融市场、资本市场关系密切,将成为下一个热点。

10月21至23日,国际管理学院联盟,Partnership in International Management(PIM)2009 年年会在美国德克萨斯州首府奥斯汀顺利举行,光华管理学院由武常岐副院长代表出席此次会议。学院在会员投票表决环节获得全票通过,正式成为 PIM 会员。

10月27日,学院 MBA 08D 班张惠刚同学,在众多知名院校最优秀的硕博研究生人选中脱颖而出,喜获中国最有影响力的国家级奖学金——"通用汽车·中国发展研究青年奖学金",并作为2009年度获奖代表在授予仪式上发表演讲。

10月29日至31日,光华管理学院国际顾问委员会第三次年会在北京圆满举行。

11月12日晚,纽约泛欧交易所集团首席执行官 Duncan Niederauer 在光华管理学院发表演说,同行新东方教育集团董事长兼总裁俞敏洪先生亦就"新东方上市"与在场听众分享经验。

11月19日,Paul Romer,新增长理论的奠基人,美国最有影响的经济学家之一,也是近年来诺贝尔经济学奖最热门人选之一,在光华管理学院 202 教室进行了精彩演讲。

11月20日下午,随着两岸金融监理备忘录(MOU)的正式签订,富邦金控与学院共同携手合作,正式成立"北大光华-富邦两岸金融研究中心"。

11月22日,由董辅礽经济科学发展基金会、中国社会科学院研究生院、北京大学经济研究所、中国人民大学经济研究所、武汉大学经济研究所、上海交通大学安泰经济与管理学院联合主办,由中国人民大学经济学院、董辅礽经济科学发展基金会承办的中国经济学家年度论坛在中国人民大学逸夫会堂报告厅举行。

11月22日,光华 EMBA 校友会召开全体理事大会,EMBA 校友会会长易会满、秘书长诸葛虹云、副会长李建新、林海青、刘红宇及50余名校友会理事济济一堂。

2009年12月9日,第十一届北大光华新年论坛的新闻发布会成功召开。本届新年论坛组委会公布了本次论坛的举办时间、议题和嘉宾等事项,听取和回答了参会媒体人士对此次论坛的建议和询问。

学院战略管理系博士生刘明坤与导师周长辉教授的合作论文"MNC Evolution in China: Antecedents of R & D Center Establishment",在 2009 年 8 月于芝加哥召开的美国管理学会(AoM)2009 年会上荣获 International Management Division "Skolkovo Best Paper on Emerging Markets Finalist",该论文被收录在本届 AoM 年会的"Best Paper Proceedings"中。学院市场营销系博士生庞隽与导师郭贤达教授的合作论文"Customer Reactions to Service Separation"被市场营销领域中的国际 A 类学术期刊 *Journal of Marketing* 接受,这是国内营销学者首次在 *Journal of Marketing* 上发表论文。

法 学 院

【发展概况】 北京大学法学院在中国国立大学法学教育中历史最为悠久。1904 年,京师大学堂在其下设政法科大学堂,设立"法律学门",这是中国首个在近现代大学之内专事法律教育的部门,亦即现今北京大学法学院的前身。1912 年,京师大学堂更名为"国立北京大学"。1919 年,北京大学法律学门正式改为北京大学法律学系。此后,经历多次更迭和易名,直至 1954 年重建北京大学法律学系。随着办学规模的扩大和学科互动的增进,加之对法律教育未来发展的瞻望,北京大学法律学系在撤销各教研室、重新整合各专业学科的基础上,于 1999 年 6 月 26 日改建为北京大学法学院。北京大学法学院的学科建制历经百年的积累与变迁,学科分类与课程设置在 1949 年以前即已领先国内。1949 年以后,尤其在 1977 年恢复正常的高校招生制度之后,各法学专业皆为国内最早或较早培养硕士研究生或博士研究生的学科。法学院坚持"国际学术前沿与中国实践紧密结合"的发展战略,以基础理论与方法体系的创新为着力点,利用高校多学科交叉研究的优势,培育和发展新学科的增长点;以中国法治建设的需求为立足点,组织高水平的联合研究和国际合作,创建具有中国特色和世界影响的学术团队;以培养复合型高层次人才为支撑点,进行管理体制和运行模式的革新,形成创新人才辈出的培养环境和体制。

2009年，法学院有在编教师85人，其中教授39人，副教授37人，讲师9人。现有在站博士后6人。新引进教师2人，招聘博士后1人。现有事业编制教辅、党政管理人员19人（含2名"2+2"选留学生干部），另有16名院聘的行政教辅人员。陈兴良、朱苏力2位教授为教育部"长江学者奖励计划"特聘教授。

法学院现任院长朱苏力，副院长张守文、沈岿、龚文东；现任党委书记张守文，党委副书记朴文丹、杨晓雷；工会主席刘东进。

【教学工作】 2009年，法学院共招收753名学生，其中本科生185人（含留学生15人）、法学硕士生127人、法律硕士生388人（其中在职攻读法律硕士生123人），招收博士生53人。

2009年法学院共有毕业生817人，其中，本科生171人（含留学生12人），毕业并获得学位的法硕研究生人数346人，法学博士43人，法学硕士125人；在职法律硕士获学位人数109人；研修班获学位人数23人。

2009年，法学院激励青年教师从事新的教学试验、掌握新的教学技能，教学成果显著。郭雳副教授获得"首都教育先锋"教学创新先进个人称号；金锦萍副教授、许德峰副教授获得"北京高校第六届青年教师教学基本功比赛三等奖"；"行政法学科建设和基础理论创新"获2008年北京市教育教学成果（高等教育）一等奖，并同时获国家级教学成果奖二等奖；"教学方法创新和经济法学科建设"获2008年北京市教育教学成果（高等教育）二等奖。

2009年法学院组建教学委员会，进一步完善学科召集人制度；在具体工作中，进一步改革法学硕士推免制度，计划推免人数从40名（占全部招生人数的40%）增加到60名（占全部招生人数的60%），校内计划推免人数为40名，校外计划推免人数为20名，一定程度上提升了生源质量，保证了本校优秀本科毕业生就读研究生。未来，法学院计划加强法学硕士推免生（尤其是在校推免生）的"4+2"培养模式，争取把推免生的第四学年第二学期作为"准硕士生"培养期。同时，计划以专业法律硕士的建设发展为方向，改革法律硕士招生和培养制度。

【科研工作】 1. 科研论文与专著。2009年，法学院师生共发表学术论文385篇。教师发表学术论文242篇，132篇刊登在国内核心期刊上，其中，10篇刊登在《中国社会科学》等三大核心期刊；此外，1篇被国际社科领域重要的期刊文摘索引数据库SSCI收录，增强了北大法学院在国际法学研究领域的知名度和影响力。教师出版学术专著19部，出版译著6部，出版教材12部，其他主编、参编的学术著作18部。法学院教师的学术引证率在全国各个法学院遥遥领先。法学院拥有的法学学术性双月刊——《中外法学》（Peking University Law Journal），每期20万字，面向国内外公开发行，是享有盛誉的中国法学类核心期刊之一。

2. 科研课题。法学院共取得国家级、省部级纵向课题14项，当前在研的纵向课题54项，本年完成结项14项，申请结项3项。2009年，法学院在研的横向课题共计50项。2009年，法学院新设立了"青年教师科研基金"，鼓励中青年教师开展学术科研，本年共计10名教师获得了该基金。2009年，法学院有3个前瞻性研究课题获得了北京大学的重点资助。

3. 科研奖励。2009年，法学院教师取得了多项重要的科研奖励。省部级科研奖励共有22项，其中8项荣获教育部"高等学校科学研究优秀成果奖"，一等奖1项，二等奖1项，三等奖6项，从教育部奖的获奖数目和奖励等级上看，北大法学院在全校文科院系和全国法学类院系中名列第一；14项荣获第三届司法部"法学教材与科研成果奖"，其中一等奖1项，二等奖5项，三等奖8项。

2009年，刘凯湘教授被教育部评为"新世纪优秀人才"。截至2009年，法学院有张守文、陈瑞华、汪建成、梁根林、王锡锌、刘凯湘6名教授获此荣誉。

2009年，王世洲教授荣获"德国洪堡研究奖"，受邀于2010年3月前往德国领奖，并开展为期半年的学术交流。

4. 科研会议。2009年，法学院和各个科研中心共举办较为重要的国际学术会议7次，国内学术会议十余次。法学院为深入研讨学科建设规划和学院科学发展，于2009年5月组织召开了"五四学术讨论会"，以科学发展观为指导，集中交流了各个学科的发展规划，探讨了学院的科学发展问题。法学院为扩展学术视野、促进亚洲著名法学院的学术交流，于2009年10月组织召开了第3届"北京大学-首尔国立大学-东京大学研讨会"，讨论了金融创新的监管和食品安全的监管问题。

5. 科研经费。法学院985三期建设方案经过了学校审批，针对如何利用985三期经费，加大对学科发展的支持力度，鼓励学术交流和科研创新，学院各学科均制定了近期和中长期的发展规划。

6. 科研机构。2009年，经学校批准，法学院新成立2个科研机构（北京大学法治研究中心、北京大学教育法研究中心）。截至2009年底，法学院共有35个科研机构，各个机构均有严格的管理制度、优秀的科研成果，不少科研机构具有很强的学界影响力和社会知名度。在2009年学校科研机构的评优中，"财经法研究中心"蝉联"北京大学优秀科研机构"。

【图书、文献管理】 北京大学法学院图书馆不仅是一座馆藏丰富、服务健全的专业图书馆,也是北京大学的法律文献信息中心。2009年7月至8月,按照学校和法学院的统一安排,法律图书馆迁入电教楼临时馆舍。全馆人员在有限条件下,克服困难,保障各项读者服务照常进行,并为将来迁入法学院凯原新楼做好准备。

2009年,法律图书馆顺利完成馆藏资源更新计划:全年共采购中文、外文图书2600余种,共计4500余册;接受赠书200余册;订购2010年中文报纸、期刊230种。在此基础上,全年新书上架合计近5000余册。法律图书馆自建的三个特色数据库,教师科研成果数据库、毕业生学位论文数据库和法学讲座音频点播,按计划进行了两次数据更新。在本院热心同学的帮助下,开展深受读者欢迎的"漂流图书"项目,高年级同学向本馆捐赠使用过的教材、图书,供低年级同学借阅,使有限资源得到充分的循环利用。

读者服务方面的工作在本年度得到继续加强。2009年,安排外文法律数据库使用方法、法律文献资源介绍和文献检索培训共计21次,为读者充分利用馆藏资源提供必要的指导。

本年度,法律图书馆在国内外交流合作方面积极组织、参与了一系列重要活动,包括接待美国布鲁克林法学院图书馆来访专家并举办学术报告会,参加首届"中美法律信息与图书馆论坛"(北京香山会议),参加"全球化时代的法律图书馆与法学教育改革论坛"(上海交大法学院会议),接待哈佛大学法学院图书馆、康奈尔大学法学院图书馆、美国圣约翰大学图书馆馆员来我馆进行访问交流。

【学生工作】 2009年,法学院学生工作办公室在学校学生工作部与院党政的领导和帮助下,紧密围绕校学生工作部的各项要求结合法学院实际情况开展活动,出色完成了2009年度的各项工作,具体如下:

1. 团委工作。法学院团委以"基层团建、成才服务、思想引领"为工作主线,积极开展以宿舍建团为代表的团建创新工作,着力打造学术创新项目、实习实践项目、学生领导力建设项目等育人平台,重点加强宣传阵地建设和网络舆情引导,努力实现共青团组织、服务、引领青年的重要职能,服务学校育人工作大局。面对建国60周年、纪念五四运动90周年等庆典系列活动,院团委依靠组织优势和骨干力量,出色完成各项任务。2009年,院团委在学校共青团系统的各项工作中多次获奖,被评为2009年"北京大学红旗团委"。

2. 学生工作。法学院学生工作围绕"学生工作实现从经验事务型向科学化、专业化、职业化的转型"这一中心工作,从全院学生的利益出发,坚持以教育为先导、以管理、服务为基础,建立系统化、服务型的长效性学生工作体系。2009年,法学院学生工作部门继续完成北京大学学生成长与职业发展指导工作创新基地建设工作并顺利通过中期评估。同时,大力开拓奖助学金项目,密切与国际知名院校的交流与合作,立足国际视角,为学生提供多样的发展平台。全面贯彻学生的思想、心理等各方面素质的立体式教育,培养通识人才。同时,建立起有效的突发事件预警应急制度,沉着应对,维护学院的稳定局面,各项工作成效显著。

3. 就业工作。就业指导工作立足于服务与指导,以制度化、专业化、信息化的理念开展工作,通过制度化建设,推动就业指导工作高效落实;通过"法律人职业生涯规划"系列课程,切实提高毕业生求职技巧和就业质量;通过拓宽就业渠道,为毕业生提供更多的就业资源;通过创立就业困难学生建档排查面对面约谈机制,帮助毕业生排解就业压力,调整就业期望值,充分体现以学生为本的指导思想。2009年,法学院共有650名学生毕业,其中,本科生151人、法学硕士生115人,法律硕士生340人,法学博士生44人,就业率分别达到了92.7%、97.4%、98.5%和97.7%。法学院通过开设职业生涯规划课程、法律人职业培训讲座和开拓学生实习基地等工作,帮助学生提高职业能力,保持了较高的就业率和就业质量,受到毕业生和用人单位的认同。法学院被评为2009年度北京大学就业工作先进单位,是全校唯一连续四年获此殊荣的单位。

【校友工作】 2009年,北大法学院校友工作转换思路,调整目标,开展了多方面的工作。2009年11月1日,北大法学院105周年庆典暨北大法学上海论坛在上海成功举行。活动共邀请到10多位上海政法系统领导及200多位校友出席,并有力推动了上海校友会的建立。自2009年起,北京大学校友数据库内部管理系统开始试运行,借助技术优势,法学院校友办公室组织学生助理开始了对1万余名校友信息的收集和整理工作。电子版北京大学法学院《校友录电子期刊》从2009年末开始采编工作,内容包括法学院发展状况、校友工作情况、各地校友会发展情况、校友来稿等。同时,校友办公室特别制作了北大法学院纪念电子桌面,每月发送给校友,增强法学院与校友间的情感联系。此外,校友会办公室发挥关系优势,向法学院就业办公室提供就业和实习信息,并与广州校友会联系,协助安排法学院学生赴广州社会实践活动。2009年,校友会办公室还策划了多个筹资发展项目,包括:北京大学法治研究院筹资发展项目计划、北京大学法学院校友墙捐赠活动计划、北京大学法学院中国法硕士奖学金项目、竞天公诚律师事务所学生活动基金项目、赛德天勤律师事务所奖学金项目、88级校友基金项目等。

【交流与合作】 2009年,法学院进行了如下国内、国际的交流与合作工作。

1月12日,第一届"中德税法高级论坛"在北京大学召开,此次会议由北京大学财经法中心主办,世界税法协会(ITLA)、中国法学会财税法学研究会、德国奥斯纳布吕克大学和北京华税律师事务所联合协办。

3月24日,芬兰赫尔辛基大学法学院院长 Jukka Kekkonen、副院长 Niklas Bruun、教授 EskoLinnakangas、Heikki Halila 访问法学院。

3月31日,法学院举行"授予世界知识产权组织总干事弗朗西斯·高锐先生名誉教授"仪式。

4月15日,国际海事组织法律委员会(IMO Legal Committee)主席,韩国高丽大学法学院院长蔡利植教授莅临我校访问,并举行了一场题为"国际海事组织立法动态"的讲座。

4月19—25日,应台湾大学和高雄大学的邀请,北京大学法学院刘剑文教授率10人代表团参加在台湾召开的"第十届海峡两岸税法学术研讨会"。本次研讨会是两岸共同应对国际金融危机的背景下,且在第三次"陈江会谈"前召开的,意义重大。

6月9日,由法学院组织的"国际刑法新趋势研讨会"在北京大学举行。来自国家部委和在京高校的多名国际刑法方面的专家参加了研讨会。德国洪堡大学的格哈德·韦勒教授也受邀参加了研讨会,并作了题为"全球刑事司法的现实——国际刑法的发展及现状"的报告。

6月25日,台湾中正大学法律学系访问团来访,并与我院多位教授举行了学术研讨会,会议主题为"金融风暴下法制的因应调整"。

6月28日,第五届"中美税法高级论坛"在我校举办,中国法学会财税法学研究会、世界税法协会(ITLA)等单位协办了本次会议。本次研讨会的主题为"转让定价制度的国际发展新趋势"。

6月23日、30日,法学院分别在北京大学深圳深港产学研基地和北京校区成功举办了"第四届北京大学高端培训黄金周法学院专场之'北大法学院-路伟国际商事交易实用法律技能培训课程'开放日课程"。

8月30日,北京大学代表队在2009国际名校赛艇挑战赛中以明显优势夺得本届比赛冠军,美国耶鲁大学代表队获得亚军,中国的清华大学、华南师大代表队分获三、四名。法学院2005级本科生关磊、张瑞、张伯伟,2006级本科生胡继杰,2007级本科生隋国澜、黄唯伦,2008级本科生李权恒、哈小龙、陈坚、李云龙等10位同学作为北大赛艇队的主力,在这次比赛中取得的优异成绩。

9月4日,法学院与北京大学德国研究中心联手,成功举办了关于"人格"(Persönlichkeit)的国际学术研讨会。研讨会由王世洲教授主持。

9月10日,法学院举行2009—2011级"中国法项目"开学典礼。

9月17日,德国维尔茨堡大学埃里克·希尔根多夫教授来法学院进行学术访问,并做了题为"德国的医事刑法"的学术报告。

9月24日,巴西联邦最高法院院长吉尔马尔·门德斯一行在中华人民共和国最高人民法院副院长江必新的陪同下访问北京大学,吉尔马尔·门德斯为法学院师生讲授"巴西司法制度"。

9月25日,法学院"中国法项目"学生参观国浩律师事务所。

10月12日,德国马普学会外国刑法与国际刑法研究所所长、弗赖堡大学教授汉斯-约格·阿尔布莱希特教授莅临法学院,并做了题为"德国特色的'严打':德国刑法对重罪的量刑"的学术报告。报告由梁根林教授组织并主持。

10月16日,澳大利亚新南威尔士大学法学院院长 David Dixon 教授等人访问法学院。

10月16日,法学院主办第三届"北京大学-首尔国立大学-东京大学研讨会"。三校法学院院长和十余位法学教授参加了研讨会。研讨会主题是"The Finance Creation and Finance Monitoring"(金融创新与金融监管)和"The Regulation of Food Security"(食品安全的法律规制)。

10月18—19日,法学院召开"刑法国际研讨会"。来自德国的 Joachim Herrmann 教授、西班牙的 Francisco Munoz Conde 教授和加拿大的 Markus Dirk Dubber 教授等三位世界著名的刑法学家莅临法学院,来自清华大学、中国人民大学、中国青年政治学院、中国社会科学院法学研究所、最高人民检察院理论研究所等单位的刑法学者以及北京大学法学院部分刑法学博(硕)士研究生20余人参加了会议。会议由法学院王世洲教授组织并主持。与会学者就中国刑法总则中的犯罪构成、正当化事由、刑罚等问题展开了深入的讨论。

10月21日,台湾海基会司法交流参访团访问北京大学。北京大学副校长张国有以及北京大学港澳台办公室潘庆德主任、北京大学法学院副院长张守文教授、张智勇教授、刘凯湘教授、王磊教授等在北京大学临湖轩热情接待了他们的来访。

10月24—28日,应国际知名税法专家德国马普社团主席团副主席、马普知识产权、竞争和税法研究所所长 Wolfgang Schon 教授的邀请,北京大学财经法研究中心主任刘剑文教授率团访问德国,参加了在马普知识产权、竞争和税法研究所举办的第二届"中美德税法高级论坛"。

2009 年 11 月,我院王世洲教授因在刑法学研究领域内的杰出成就和对刑法学科国际交流与发展作出的重要贡献,被德国亚历山大·冯·洪堡基金会(Alexander von Humboldt Foundation)选拔委员会授予 2009 年度洪堡科研奖,成为我国首位获得此项殊荣的刑法学家。

11 月 11—12 日,受国家版权局法规司委托,北京大学知识产权学院在福建省厦门市举行了"两岸四地版权法律制度研讨会"。

11 月 12 日,法学院"中国法项目"学生赴商务部条法司参观。

11 月 19 日,法学院举办第三期北京大学知识产权沙龙,Intel 公司全球公共政策部技术标准与知识产权项目主管 Earl Nied 先生与 30 多名来自学界与实务界的知识产权沙龙成员一起展开主题为"揭开知识产权与技术标准的面纱"(Navigating the Complex World of IPR and Standards)探讨。

12 月 12—13 日,由北京大学法学院贾俊玲教授和夏威夷大学法学院 Ronald Brown 教授共同召集、由北京大学法学院劳动法与社会保障法研究所承办的"美社会保险立法比较研讨会"在我校召开。

12 月 23 日,"中央研究院(台湾)"法律学研究所研究员兼筹备处主任、"台湾大学国家发展研究所"法律组合聘教授汤德宗先生举行题为"台湾实施环境影响评估之经验——以奥胡斯公约为准据"的讲座,汪劲教授主持并点评。讲座的内容主要涉及环境法、宪法行政法、经济法、国际法等领域。

12 月 24 日,由北京大学法学院图书馆邀请并主办,美国布鲁克林法学院图书馆参考咨询馆员 Jean Davis 教授在法学院做了题为"美国法律图书馆馆员的角色转变"学术报告。

12 月 29 日,我院与日本庆应义塾大学商学部、日产汽车公司在日产(中国)投资有限公司联合举办了北京大学-庆应义塾大学知识产权研讨会。北京大学法学院党委副书记杨晓雷、日产汽车公司知识产权推进部部长曾根公毅、副部长海野贵史、日产(中国)投资有限公司北京 R&D 部知识产权总监鑓分敏之出席了此次研讨会。

信息管理系

【发展概况】 信息管理系是我国自己创办的最早的图书馆学情报学教育基地之一,其前身是图书馆学系,始建于 1947 年,1987 年 5 月改名为图书馆学情报学系,1992 年为适应国民经济信息化和社会信息化的需求,改为信息管理系。经过半个多世纪的建设和发展,在几代人的不懈努力下,逐步壮大为一个多学科、多层次、全日制与继续教育相结合的新型专业教育中心,培养高层次信息管理人才的摇篮。拥有图书馆学、情报学和编辑出版学硕、博士点以及一级学科授予权,其中图书馆学为国家重点学科,情报学为北京市重点学科。2009 年全系有教职员 35 人,其中教授 14 人,副教授 12 人,讲师 2 人。系内设有 2 个教研室(图书馆学教研室、信息管理与信息系统教研室),1 个研究所(信息化与人类信息行为研究所),3 个实验室(数字图书馆开放实验室、计算机信息管理应用实验室和中国人搜索行为研究实验室),还设有实习室、资料室、党委办公室、行政办公室、函授办公室、教务办公室等机构。

该系还建有国家信息资源管理北京研究基地,承担国家信息化推进工作办公室委托的课题研究任务和相关的社会服务工作。

【党委工作】 2009 年信息管理系党委的主要工作是深入开展学习实践科学发展观活动。按照北京大学党委的要求和部署,结合信息管理系工作实际,严格依照三个阶段六个环节的各项要求扎实推进各项工作。经过半年的学习实践活动,顺利完成了各项任务,收到了良好的效果,达到了预期目的,促进了信息管理系各项工作的开展。一年来的主要工作摘录:

把开展学习实践活动作为信息管理系首要的政治任务和重大的历史发展机遇。学校党委对该系的学习实践活动高度重视,周其凤校长、岳素兰、张国有、鞠传进副校长,以及学校相关职能部门领导都曾莅临信息管理系检查指导工作。

系党政深入调研,认真查找问题。组织召开了各种不同层面的座谈会;三个学生支部分别组织了不同形式的建言献策活动;全系六个支部分别组织了主题党日活动。

在广泛征求全系教职工意见的基础上,理清了信息管理系的发展目标、战略定位,制定了具体的整改方案。明晰了学科发展的目标,即:在几年内力争使信息管理系在信息管理学科领域里形成一个比较完整的教学与科研体系,加快创建世界一流信息管理学科的步伐。

认真组织党政班子民主生活会。4 月底,信息管理系党政班子成员围绕各自分管的工作领域,彼此间开展了充分的批评和自我批评。针对该系存在问题的根源、形成的主客观原因进行了认真的分析,明确了努力的方向。

加强党组织建设,顺利完成三个学生支部与离退休教工支部的换届选举工作。本年度共发展新党员30人，预备党员转正15人。加强党建工作创新，以师德建设和学风建设为重点，在提高人才培养质量，促进信息管理系建设和发展中发挥了基层党组织的政治核心和保障监督作用。

加强党风廉政建设。认真学习和领会教育部办公厅、校党委下发的关于加强高等学校反腐倡廉建设的意见等文件精神；认真开展并完成了反腐倡廉自查工作。系党政坚持实行民主集中制的原则，践行"三重一大"的集体决策机制。

【2009年主要活动】 4月2日，信息管理系在勺园召开"《胡适王重民往来书信集》出版座谈会"。出席座谈会的有副校长张国有、社科部长程郁缀、王重民先生哲嗣王平、中国社科院图书馆馆长杨沛超、首都图书馆馆长倪晓健、北大图书馆馆长朱强、《图书情报工作》主编周金龙、《中国图书馆学报》执行主编蒋弘；还有《光明日报》记者、《新华书目报》记者姜火明，本系老师朱天俊、白化文、吴慰慈、王子舟，编者王锦贵、姚伯岳、王波等。王余光主持座谈会。

4月13日，北京大学校长周其凤院士与信息管理系1987级系友、百度公司董事长兼首席执行官李彦宏在北京大学百周年纪念讲堂签署协议。李彦宏宣布将向北京大学捐赠人民币1000万元，设立北京大学"李彦宏回报基金"，支持北大的奖学金、学生国际交流、院系发展等项目。

信息管理系与苏州科技园独墅湖图书馆达成合作协议，在该单位建立北京大学信息管理系学生实习基地，每年选派该系同学前往该基地实习。

5月9日，由信息管理系主办的"2009北京大学情报学与信息管理论坛"在秋林报告厅举行。论坛以"情报学与信息管理的主战场及创新发展"为主题，吸引了来自中国科学院、北京大学、人民大学、北京师范大学、中国科技信息研究所以及中国国防科技信息中心的300多名师生共同参与。

5月9—12日，信息管理系2009年函授工作会议在福建厦门举行，共有14名来自全国各地函授站的代表参加了此次会议。

6月11日下午，北京大学校长周其凤、副校长张国有、副校长鞠传进、校长助理李强等校领导，在党办校办、人事部、社会科学部、研究生院、教务部、财务部、房地产管理部等职能部门负责人的陪同下，前往信息管理系调研指导工作。周其凤校长指出：在当今互联网信息爆炸的时代，对信息进行序化和管理显得尤为重要。学校会密切关注信管系所面临的困难与问题。系里在抓好现有人才队伍水平提高的同时，要积极引进新人，并在重大科研上有所突破。信息管理是一个非常重要的学科，机遇与挑战并存，希望信息管理系密切关注本学科的国际发展趋势，充分发挥自己的优势，为北大创建世界一流大学作出新的更大的贡献。

6月20日，信息管理系与澳门文献信息学会签署合作协议。

6月27日，"2009搜索行为与用户认知研究北京研讨会"在北京大学成功举办。本次研讨会由信息管理系暨国家信息资源管理北京研究基地和南京理工大学经济管理学院信息管理系共同主办，国家信息资源管理北京研究基地承办。来自北京大学、南京理工大学、中国人民大学、北京师范大学、南京大学、西南大学、武汉大学、西安电子科技大学和中国科技信息研究所的专家和研究生共70余人参加了本次研讨会。

11月28—29日，由信息管理系主办的第三届"全国图书馆学博士生学术会议暨北京大学图书馆学开放论坛"在北京大学守仁国际会议中心隆重举行，本届会议的主题为"社会转型与图书馆事业发展"。来自武汉大学、南京大学、南开大学、中山大学等高校图书馆学界的知名学者，中国社会科学院图书馆、北京大学图书馆、中山大学图书馆、东莞图书馆、苏州图书馆等诸多知名图书馆馆长，以及来自全国信息管理院系的图书馆学博士生共约80余人出席。

信息管理系积极响应学校深入开展学习实践科学发展观活动的号召，成立了活动领导小组，制定了"信息管理系深入学习实践科学发展观活动实施方案"，各项活动全面展开，该项活动为期半年，得到了全系师生的大力支持。

【教学工作】 信息管理系学位委员会讨论并通过了《信息管理系硕士生毕业论文选题规定》。

成立转系工作小组，由系主管教学以及学生工作老师等组成，具体负责转系学生的申请以及接受外系学生转入等事宜。

在广泛征求本系教师意见的基础上，该系图书馆学教研室和情报学教研室讨论并提出了信息管理系本科专业教学计划2009年修订版方案，并提交系教学指导委员会讨论通过。

该系与香港城市大学商学院信息系统系交换项目2009—2010学年春季学期项目启动，共有9名本系学生赴香港城大作为交换学生学习，有7名香港城大学生来该系作交换学生。

系情报学重点学科建设工作根据申报预期计划启动了"情报学资源平台系统建设方案"，方案经专家委员会讨论，由李广建老师负责组织实施。

2009年该系毕业本科生33人，硕士研究生39人，博士研究生11人，合计88人。其中，36人被授予学士学位，53人被授予硕士学位（含同等学力14人），11人被授予博士学位。

2009年该系新招收本科生45人（其中留学生4人），硕士研究生

36人,博士研究生15人,合计96人。

顺利完成2010届本科生免试攻读研究生工作,该系应届毕业生33人,落实推荐单位人数为22人,其中校内接收18人,校外接收4人。

组建了情报学重点学科专家委员会,组织实施了情报学重点学科建设相关工作。

【科研工作】 2009年12月,王继民、许欢两位老师分别获得2009年度教育部人文社会科学研究规划项目、青年项目立项。

10月,该系闫学杉副教授获得一项国家社会科学基金后期资助项目,题目为《信息科学:概念、体系与展望》,资助金额12万元。

2009年度,该系争取到纵向科研项目4项,横向科研项目15项;总经费约160万元,是近七年来科研经费总量最高的一年(2003年以前的未统计)。

学校批准成立由该系组织申请的"北京大学信息化与信息管理研究中心",王益明副教授任中心主任。

由信息管理系与东莞图书馆合编的《北京大学图书馆学开放论坛演讲集》出版。

【学生工作】 10月1日,该系韩圣龙老师和2008级35名同学一起参加了国庆游行。

12月4日,由该系学生会外联部主办的"GO!——创业、理想、人生规划的感悟"讲座成功举办,该系1999届优秀毕业生、3G门户总裁张向东与大家分享了他在理想、创业及人生规划等方面的感悟。

12月6日,由心理学系、信息管理系、考古文博学院组成的"PIA"合唱团在一二·九歌咏比赛中获得合唱奖二等奖及文艺汇演奖三等奖的优异成绩。

【人事与对外交流】 2月16日,系主任王余光教授接待法国第九大学代表,讨论合作事宜。

2月21日,台湾大学图书资讯系黄慕萱教授、系友深圳图书馆馆长吴晞到访。

2月27—28日,受教育部邀请,王余光教授前往国家教育行政学院参加"教育部新时期高等学校文科人才培养与学术繁荣工作座谈会"。

3月2日,英国莱斯特郡拉夫堡大学一行5人来信息管理系访问。王余光系主任与来访代表讨论了两系科研合作、教师交流与博士生合作培养等事宜。

4月6日,宾州大学信息学院一行两人来我校访问,校内与信息有关的院系领导与来宾座谈,座谈会由校长助理李晓明教授主持,信息学院副院长查洪斌教授、软件学院院长陈钟教授、北大方正计算机研究所所长邹维教授、信息管理系主任王余光教授、系党委书记王继民副教授等参加座谈会。王余光教授向来宾介绍了我系的基本情况。大家就教学、科研、学生培养等事宜与到访人员进行了广泛深入的交流。

9月2日,台湾政治大学图书资讯与档案学研究所所长蔡明月教授来信息管理系交流访问,周庆山、王子舟、王继民等参加了接待工作。

9月30日,武汉大学举行彭斐章先生执教56周年暨80华诞学术研讨会,该系王继民老师与会。

7月上旬,单馨老师调入信息管理系办公室工作。7月初,系团委书记吴婧老师调离信息管理系,其工作由陈光老师接任。李常庆老师被评为教授。10月举办了欢送秦铁辉、王锦贵、高德、王春芳等四位老师光荣退休活动。

【继续教育】 9月13日,该系主办的"第二届北大政府CIO班"结业典礼在系121教室举行,系副主任王子舟出席并致辞。国家信息化专家咨询委员会主任周宏仁老师做了"信息化论"的学术报告。

10月23日,该系第一届编辑出版专业研究生课程进修班开学典礼在该系会议室举行,本届共招收学员15名。该班的成功举办,使该系研究生课程进修班由以往的两个专业(图书馆学、情报学)增至三个。

10月30日,2009年图书馆学研究生课程进修班举行开学典礼,本届图书馆学研究生课程进修班招收学员20余名。

11月2日,该系"艺术信息资源检索高级研修班"开班,共招收29人。

【学校表彰】 祁延莉教授荣获2009年度"北京大学优秀党务和思想政治工作者——李大钊奖"

赖茂生教授荣获2009年度中国工商银行教师奖

王延飞副教授荣获2009年度正大奖教金优秀奖

赵丹群副教授荣获北京大学2008—2009年度教学优秀奖

李国新教授荣获北京大学2008年教学成果奖一等奖

刘兹恒教授荣获北京大学2008年教学成果奖二等奖

王锦贵教授荣获北京大学2009年优秀博士学位论文指导教师三等奖

张广钦副教授荣获北京大学2008—2009年度优秀德育奖

吴婧老师荣获北京大学2008—2009年度优秀班主任二等奖

许欢老师荣获北京大学2008—2009年度优秀班主任三等奖

在2009年度北京大学"十佳教师"评选中,系参选教师王余光教授荣获十佳教师"金葵奖"。

社会学系

【发展概况】 截至2009年12月,社会学系在职的教学和科研、教辅和行政人员共48人,其中专任教师39人,行政和教辅人员9人。39位专任教师中,有教授21人,副教授15人,讲师3人。教师队伍中具有博士学位者35位,其中大陆地区以外获得学位的17名。21位教授中,有"新世纪优秀人才"3人,教育部"跨世纪人才培养计划(人文社会科学)"人才3人。此外,本系还聘请了"长江学者基金"特聘教授2人(李中清、谢宇)、北京大学客座教授1人(周雪光)。社会学系设有社会学理论、社会学方法、应用社会学、社会工作等教研室;设有社会学和社会工作两个本科专业;社会学、人类学、人口学和社会保障4个科学学位硕士点;1个专业学位(社会工作硕士专业学位)硕士点;社会学、人口学和人类学3个博士点。2007年8月,北京大学社会学一级学科(下含社会学、人口学、人类学、民俗学四个二级学科)被教育部正式认定为国家一级重点学科,系北京大学现有的18个国家一级重点学科之一。

社会学系现任系主任(兼社会学人类学研究所所长)为谢立中,副主任(兼社会学人类学研究所副所长)为吴宝科、刘爱玉、朱晓阳、于长江。

【教学管理与人才培养】 在本科教学管理方面,2009年本系主要进行了以下工作:一是做好日常教学管理;二是重视培养条件的建设,在学校教务部门的支持下本年度本系进行了北京市特色专业建设的申报工作;三是继续重视本科生的实践、实习和科研创新,本学期我系两组本科生分别获得了北京大学"挑战杯"竞赛的一等奖;四是重视本科生毕业论文的质量和规范化管理;五是积极落实执行新教学大纲并开设大类平台课。

研究生教学管理方面,2009年本系值得记录的工作有三点:一是修订了研究生学业和科研的奖励办法;二是对人类学专业方向的培养方案进行了修订,并正在进行课程体系的建设;三是对社会工作专业硕士的培养方案进行讨论和设计。

2009年7月,社会学系毕业生中获得学士学位学生73人,其中留学生8名,双学位11名。获得硕士学位学生72人,其中社会学专业60名,人类学专业5名,社会保障专业7名。获得博士学位学生有20名,其中人类学专业5名,社会学专业15名。此外,2009年社会学系还培养了进修教师10名。

社会对社会学和社会工作专业毕业的本科生、硕士研究生和博士研究生都有很高的需求,社会学系毕业的本科生中,每年约有近50%作为免试研究生或出国继续深造,持续稳定地为社会学及相关学科输送了高质量的研究生生源;还有50%左右的毕业生进入政府政策研究部门、中外社会调查和市场调查公司、文化传播机构和企事业单位工作。毕业的博士生主要进入国家重点大学的相关专业从事教学工作。

2009年9月,社会学系共招收普通本科生70人,其中国内学生45人,留学生25人;招收硕士研究生88人,其中,按教学校区划分为:北京大学校本部招收51人(含2个学生工作计划生源,3个少数民族骨干计划生源,8个留学生),深圳研究生院招收37人;按专业方向区分为:社会学专业73人,人类学专业7人,社会保障专业8人;招收博士研究生22人,其中社会学专业18人,人类学专业4人。

2009年7月,北京大学社会学系获批招收社会工作硕士(MSW)资格。

2009年10月,社会学系顺利完成了2010年保送硕士研究生的推荐工作,共有57人获得保送资格,其中13人为社会工作专业硕士(MSW)。社会学系还开设了"应用社会学——社会经济与发展研究方向"的在职研究生课程班,招收学员22人。

【科研和学术活动】 2009年社会学系全系科研工作的特点是:(1)项目申报踊跃。本年度本系申报国家社科基金的教师人数达14人,为历年之最;教育部项目申报人数6人,北京市教育科学规划项目申报人数6人。(2)瞄准重大项目。2009年王思斌、王汉生、刘世定、秦明瑞等教授积极申报了国家社科基金、教育部、北京市社科基金的重大项目。其中王思斌老师的"中国特色社会工作制度和模式研究"中标教育部重大项目,郭志刚教授的"我国人口发展与经济社会可持续发展战略研究"中标国家社科基金重点项目;秦明瑞教授入围教育部和社科基金重大项目。(3)积极清理积压项目。本年度清理了2001年以前尚未结项的所有项目。

2009年社会学系全系在研课题70余项,拨入经费约292.1585万元,新增项目近25项。其中国家社科基金项目等纵向项目6项,新增国家各部委和企事业委托以及海外合作项目若干项。全年共出版专著8部,译著4部,编著5部,发表论文106篇。

2009年社会学系科研获奖成绩显著。共获得纵向奖励6项:马戎教授获全国高等学校科学研究优秀成果奖二等奖,刘爱玉教授获全国高等学校科学研究优秀成果奖三等奖,邱泽奇教授获全国高等学校科学研究优秀成果奖普及奖,郭志刚教授获北京大学2008年人文社会科学科研工作成绩突出表彰荣誉证书和北京大学2009年度中国工商银行教师奖。

2009年本系9个虚体机构全部通过学校的评估检查。王思斌教授主持的"北京大学-香港理工大学中国社会工作研究中心"荣获了"北京大学第二届优秀科研机构"称号。

2009年本系首次创立学术午餐会制度,全年共举办6次,分别由马戎、刘世定、杨善华、郭志刚、李康、朱晓阳6位老师做了讲演,受到好评。

本年度社会学系还举办或承办了一系列学术活动。其中包括北京大学社会学系和首尔大学社会学系共同举办、北京大学社会学系承办,以"中韩两国社会转型"为题的首届双边学术研讨会;由北京大学中国宗教与社会研究中心、北京大学社会学系、普世社会科学研究所以及北京大学宗教文化研究院共同主办的首届宗教社会学工作坊;北京大学中国工人与劳动研究中心、北京大学中国社会与发展研究中心和北京大学社会学系主办的为期两天的"社会变迁与城市治理"研讨会;北京大学社会学系主办的"跨界与跨文化:社会人类学的内外对话"系列讲座等。

2009年社会学系还邀请多名国际著名学者来系进行讲学或演讲,例如国际知名人类学家英国阿伯丁大学教授Tim Ingold、丹麦哥本哈根大学教授Kirsten Hastrup、拿大政策研究倡导中心Jean Lock Kunz博士、澳大利亚墨尔本大学罗永现教授、慕尼黑大学(LMU)瞿开森教授等。

博士后流动站工作继续继承老传统,坚持以人为本,培养和使用相结合;坚持学以致用,学用结合的方针,鼓励博士后积极参加挂职锻炼和校内博士后联谊会的活动,发挥社会学学科的应用性特征。博士后敖俊梅挂职东城区教育局副局长。张金岭、张荆红等积极参加校博士后联谊会工作,为全校博士后做服务工作。

2009年11月,本系成功举办了第三届社会学博士后回站学术研讨会,主题为:社会学学科建设。30余名出站博士后返回"娘家",参加讨论。学校有关领导亲临出席。

社会学系今年全年进站博士后4名,出站6名。至12月底,在站博士后9人。2人获博士后基金特殊资助(昝涛、张金岭),5人获博士后科研基金(敖俊梅、曹婷婷、刘嵘、刘仁文、赖立里),1人获"北京大学优秀博士后"称号(昝涛)。

2009年12月5—6日,社会学系在京郊成功举办了第五届回站日学术研讨会,校园网、系网、北京大学博士后网的主页,以及《北京大学文科通讯》31期都刊登了会议照片和相关报道。会后编辑完成了回站日论文集《中国见解》,并筹集落实了出版经费。

在全体出站及在站博士后人员的支持下,2009年"北京大学社会学人类学博士后网"正式建立。

2009年社会学系在站博士后共承担科研项目10余项,发表论文10余篇,并开展了若干项深度田野考察。

【党建工作】 本年度社会学系在党建方面完成了以下工作:

1. 认真组织全系党员和师生深入学习实践科学发展观活动。在学校党委和深入学习实践科学发展观活动领导小组的统一部署和领导下,从2008年3月至8月底,社会学系以认真践行学校"服务国家战略,坚持科学发展,加快推进创建世界一流大学步伐"为行动指引,以"关键在于落实"为实践准绳,仔细审视和围绕自身实际,制定出切实可行的学习和实践步骤,努力回答好"培养什么人、怎样培养人"和"办怎么样的社会学系、怎样办好社会学系"这两个根本问题。6月来,我们按照"党员干部受教育、科学发展上水平、人民群众得实惠"的总要求,科学谋划,积极动员,精心组织,在全系党员干部和师生员工的共同努力下,扎实有序地推进各项活动的开展,取得了良好成效。

2. 做好社会学系反腐倡廉建设的检查工作。包括:(1)自党风廉政建设责任制建立以来,我系先后经历了两届领导班子,领导班子成员严格按照责任制的要求和责任分工,认真进行落实。(2)根据《北京大学社会学系党风廉政建设责任制》的总体要求,我们健全了各种规章制度。这样使得领导班子在处理各方面的问题时都会有章可循,有法可依。(3)对社会学系管辖范围内的工作,无论是教学、科研管理等各个方面,我们会经常在全系教职工大会上进行宣传,每两周召开一次全系大会,希望大家都能了解各方面的有关规定。(4)社会学系党政领导班子及成员认真落实廉洁自律的有关规定,并做到以身作则。(5)领导班子严格执行每周一次的党政联席会议,认真执行"三重一大"集体决策的制度,对职称晋升、岗位聘任、工资调整、奖酬金发放、人员的调入调出、博士后进站、招生和就业等师生关心的热点问题,严格按照既定的程序进行,做到公平、公正、公开,使全体师生比较满意。(6)结合本次学习和时间科学发展观活动,建立党风建政建设的长效机制。

【学生工作】 2009年是学校深入学习贯彻《中共中央、国务院关于进一步加强和改进大学生思想政治教育的意见(中发[2004]16号)》五周年,社会学系学生工作紧密围绕该基点,深入落实、开拓创新,各项工作稳步推进、成效显著。

1. 2009年1月,社会学系学生工作办公室顺利通过学校学生工作创新基地评审委员会答辩,正式获批建设"优秀学生分类指导创新基地",成为全校首批学生工作创新基地之一,并于 2009 年底,通过创新基地评审委的中期审核。社会学系团委深入实施"团建强基"工程,着力探索高校共青团组织引导和育人职能,创造性地提出"以弘扬'魁阁精神'为载体做好大学生思想政治教育工作"的思路,通过文化节、迎新、国庆 60 周年群众游行、一二·九文艺汇演等实践检验,成效显著。2009 年 10 月,社会学系 48 名学生参加国庆 60 周年群众游行,圆满完成任务。12 月,社会学系以"唱响红歌"为主题,赢得全校"一二·九文艺汇演"表演类唯一特等奖。社会学系学生工作立身学术进行"挑战杯"和重点课题攻关,2009 年有两份调研成果获"挑战杯"特等奖,一份作品获"校长基金"支持,社会学系团委获"挑战杯"竞赛优胜杯、优秀团刊一等奖、先进调研单位一等奖等荣誉。

2. 2009 年,社会学系 23 名学生获"三好学生"称号,16 名学生获"学习优秀奖",7 名学生获"社会工作奖",3 名学生获"红楼艺术奖",2 名学生获"五四体育奖",1 名学生获"学术创新奖",1 名学生获"体育类创新奖",4 名学生评为"三好学生标兵",2 名学生评为"优秀学生干部",2 名学生评为"优秀团员",1 名学生评为"十佳团支书",2007 级硕士生胡倩影获评"北京市三好学生"。此外,2008 级本科班和 2006 级本科班分获北京大学"优秀班集体"和"先进学风班"称号。2009 年,社会学系 45 人获得额度不等的奖学金。

3. 2009 年,社会学系学生资助工作有了长足发展,78 名家庭经济困难学生获得 116 项助学金,20 名获社会学系提供临时困难补助。此外,社会学系积极开展资助辅助工作,以问卷和访谈形式深入了解家庭经济困难学生情况,开设勤工俭学岗位。2009 年聘任 9 名学生助理中,有 7 位来自家庭经济困难学生。2009 年 12 月,社会学系获评"北京大学学生资助工作先进单位"。

4. 学生就业工作成效显著,就业率继续维持较高水平。2009 年,社会学系毕业本科生 48 人,硕士生 73 人,博士生 23 人。所有学生均落实了就业去向,本科生实现完全就业。约有 30% 本科生和 13% 的研究生选择前往中西部地区就业,充分体现社会学系学生心系天下的报国之志。

5. 学生社会实践与志愿服务形式与种类日趋丰富,学术交流频次增加。2009 年,社会学系学生以服务学校工作为旨,主动承担了"北京论坛""国际文化节"等多项大型外事活动的志愿服务,得到一致肯定。2009 年 6 月、11 月,与香港浸会大学和韩国首尔大学师生一行友好交流。

政府管理学院

【发展概况】 北京大学政府管理学院拥有政治学与行政学、公共政策学、城市管理学、行政管理学(政治学与行政学专业联合培养)4 个本科专业;设有政治学理论、中外政治制度、中共党史、行政管理、区域经济、公共管理(发展管理)和公共管理(公共政策)7 个硕士学位授予点;拥有政治学、行政学、区域经济学 3 个博士授予点和政治学、行政学、区域经济学 3 个博士后流动站。学院还设有 MPA 教育中心。学院与教育部人文社会科学重点研究政治学基地——北京大学政治发展与政府管理研究所有着密切的学术协作关系。

学院现任院长为全国政协副主席、著名行政法学家罗豪才教授,常务副院长为傅军教授,副院长为徐湘林教授、李国平教授、白智立副教授、朱天飚副教授、李靖,党委书记为李成言教授,副书记为李海燕副教授,工会主席为郁俊莉副教授。

2009 年,学院共招收 79 名本科生,其中留学生 14 名;招收行政管理学专业辅修生 23 人,比 2008 年增加 8 人。学院共有 70 名本科生顺利毕业,有 70 人顺利获得学士学位(其中留学生 5 人);另外,行政管理学专业辅修生 8 人获毕业证书。

2009 年,学院共招收 2010 级硕士免试生 38 人,直博士 1 人。招收 2009 级硕士应试生 21 人,博士应试生 30 人。2009 年在商务部和教育部的支持下 MPP 项目首次面向全球招生,共有 33 名学生入校报到最终获得正式学籍,其中自费生 2 人。

2009 年,毕业博士生 46 人,其中 2 人结业、2 人未完成答辩、37 人授予博士学位、7 人补授学位。毕业硕士生 107 人,其中 1 人肄业、2 人结业、105 人毕业、103 人授予学位、2 人补授学位。31 名公费 MPP 项目学生全部毕业授予学位。

2009 年经过全国联考和学院复试,录取 MPA 学生 325 人,其中录取政府管理学院 MPA 学生 155 人,录取政府管理学院与国家行政学院合作培养 MPA 学生 120 人,录取澳门特别行政区 MPA 学生 50 人。2009 年 7 月和 12 月经学位论文答辩获得公共管理硕士学位的 MPA 学生 419 人。

【教学工作】 2009 年学院共有 9 门本科主干基础课,分别为王浦劬、高鹏程等开设的政治学原理;张国庆开设的公共行政学概论;陈庆云、李永军等开设的公共政策分析;杨凤春开设的当代中国政府与政治;关海庭开设的中国近现代政治发展史;肖鸣政、句华开设的人力资源开发与管理;沈明明、王丽萍开设的比较政治学概论;江荣海开设的中国政治思想;杨开忠、陆军开设的城市与区域经济学。

2009年,朱天飚荣获北京市优秀教师奖;张国庆、赵成根、白智立、胡华荣获北京市教学成果一等奖;袁瑞军荣获校教学优秀奖;谢庆奎荣获校优秀博士学位论文指导教师三等奖;王丽萍荣获优秀班主任二等奖;严洁荣获优秀班主任三等奖;李海燕荣获首都教育先锋管理创新先进个人奖。燕继荣教授参加了2009年教育部组织的哲学社会科学教学科研骨干研修班学习。

2009年,新学籍系统正式上线,规范了新生学籍卡生成、在校生注册、学籍异动、出国审批备案、长期出访学生离校手续;加大对延期手续办理的审查力度,要求提出延期申请的学生提交详细论文完成计划和论文初稿,学院办公会对在校时间超过8年或其他不符合研究生院规定的办理延期手续条件的学生做出学籍处理决定;完成对开设课程的统计,明确教师的开课意向和开课学期,为排课提供相对准确数据。

2009年"面向发展中国家高级行政人员硕士项目"(简称MPP项目)招收33名学员,分别来自马拉维、埃塞俄比亚、几内亚、南非、孟加拉国、蒙古、越南、菲律宾、吉尔吉斯斯坦等29个国家。设置必修课程6门、选修课程门7门,全英文授课。基于首批MPP项目(2008年)经验,本届MPP项目的开展更为国际化、标准化,为学院开展双硕士项目奠定了基础。

【科学研究】 2009年政府管理学院科研成果共96项,其中专著类研究成果6部;主编编著或教材研究成果12部;译著类研究成果8部;论文类研究成果69篇;研究或咨询报告类科研成果1篇。其中专著类研究成果包括:傅军教授著《国富之道》、萧鸣政教授著《人才品德测评的理论与方法》、徐湘林教授著《寻求渐进政治改革的理性》、高鹏程副教授著《政治利益分析》、高鹏程副教授著《危机学》、李国平教授著《网络化大都市——杭州市域空间发展新战略》。张国庆教授著《"十一五"期间北京城市管理的观念、体制、机制研究》、燕继荣教授著《服务型政府建设:政府再造七项战略》分别获2009年上半年北京市社科理论著作出版基金资助。

2009年学院教师承担的横向项目、国际合作项目研究经费总数达1300万元。共有5项纵向基金项目获得立项,包括杨明教授的"培育社会资本与政府信用的实证研究"批准立项教育部人文社会科学重点研究基地重大项目;王浦劬教授主持"中国政府工业买社会组织服务的经验、教训、案例及程序"项目为2009民政部中国社会自治组织建设与管理理论研究部级专项项目;王浦劬教授主持"中国高校哲学社会科学发展报告2009(1978—2008)"(政治学卷)项目为国家教育部专项项目;黄璜讲师承担了"社区自治中多主体合作的演化模拟研究"为2009年国家社科基金青年项目;郁俊莉副教授承担了"以'三区'建设为缩影对改革开放、自主创新基本国策的理论总结"项目。

2009年王浦劬教授主持的国家民政部项目《中国政府向社会组织购买公共服务问题研究》荣获国家民政部2009年"中国社会组织建设与管理"理论研究部级课题成果一等奖;李国平教授的"'十一五'京津冀区域科技发展规划研究与确定研究报告"荣获2009年教育部高等学校科学研究优秀成果奖二等奖;沈明明教授"流动人口、覆盖偏差和GPS辅助的区域抽样方法"论文,获2009年教育部高等学校科学研究优秀成果奖三等奖;北京大学政治发展与政府管理研究所资助出版的博士文库专著《区域兴衰中地方政府功能透视》获中国首届"管理科学奖"(国科奖社证字第0147号)优秀项目奖。郁俊莉副教授入选2009教育部新世纪优秀人才。

【政治学重点研究基地】 2009年3月28日为庆祝中华人民共和国成立六十周年,由北京大学政治发展与政府管理研究所、上海师范大学法政学院、美国旧金山州大美中政策研究中心联合在上海召开基层民主与社区治理国际研讨会。会议围绕中国的基层民主与社区治理诸问题展开了精彩纷呈的专题报告与讨论活动。

2009年4月9日,第五届"中国地方政府创新奖"新闻发布会在北京大学举行,第五届"中国地方政府创新"奖评选活动从2009年4月10日正式开始接受项目申请,同年9月30日截止申请,2010年1月举行选拔及颁奖大会。本届评选最终将评选出10个优胜奖项目。

2009年北京大学政治发展与政府管理研究所举办了包括非洲国家公共行政管理研修班、非洲国家外交官研修班、阿拉伯国家公共行政管理研修班、非洲国家公共行政管理研修班、加勒比和南太国家公共行政管理研修班、非洲法语国家小学校长研修班、苏丹总统府礼宾官员研修班、也门新外交官研修班、马拉维经贸官员研修班、苏丹南方外交官研修班、非洲法语国家小学教师研修班、苏丹总统府礼宾官员研修班在内的12个研修班。

2009年6月政治发展与政府管理研究所佟福玲主任代表北京大学在商务部召开的"全国援外培训工作经验交流会"上进行主题发言,获得与会单位的一致好评。

【学术交流】 2009年3月至12月,学院举办"北京大学公共政策讲坛"13次,为MPA学生开设内容涉及学术研究、行政体制改革、领导科学、古典哲学、医疗卫生改革、国有企业改革、两岸关系和区域经济等范畴的课程,丰富了MPA教育教学的课程体系,增强了MPA教育的实践性和开放性,促进北大MPA学生"德、知、能、体"的全面发展。

2009年12月,北京大学政府管理学院城市与区域管理系举办了"第二届亚洲城市与区域国际研讨会。2009年11月25日,北京大学政治发展与政府管理研究所与汕头大学法学院、中国行政管理杂志社主办、汕头大学地方政府发展研究所联合主办"公共管理与地方政府创新"研讨会。

2009年11月19日,台湾中国文化大学社会科学院院长曹俊汉教授在北京大学廖凯原楼514为北大师生做了题为"全球化对21世纪公共行政的挑战:从美国最新论述谈起"的学术讲座。

2010年1月9日,由北京大学政治发展与政府管理研究所、韩国成均馆大学东亚学术院联合举办"中韩两国政府治理模式比较"国际学术研讨会,研讨会围绕中韩两国政府治理、社会治理模式、东亚文化与儒家治理、全球化下地方政府面临的挑战等主题展开讨论。

2009年11月北京大学政治发展与政府管理研究所、北京大学政党研究中心、中央社会主义学院中国政党制度研究中心联合举办"第二届中国政党研究论坛暨'政党内部民主与人民民主关系'学术讨论会"。与会者以党内民主与人民民主的关系为主题,对执政党党内民主与人民民主的关系、参政党内部民主与人民民主的关系、国外政党的党内民主与国家民主的关系三个子议题进行了广泛的交流并展开了深入讨论。

2009年10月,政治发展与政府管理研究所与深圳大学当代中国政治研究所联合主办"深圳市西乡街道城市社会管理制度创新学术研讨会"。这次研讨会主要是以深圳市西乡街道办事处公共服务市场化为个案,从政治学、公共管理和政府采购的等角度进行研讨。

【外事工作】 2009年3月3日日本千叶大学、澳大利亚西南威尔士大学联合访问政府管理学院,与主管研究生教育的朱天飚副院长进行了就举办双硕士学位合作项目的三方会谈;4月23日印第安纳大学Greg Kasza教授及其随行人员访问政府管理学院,并为北大公共政策国际论坛发表了主题为"日本的福利政策与经济增长"的演讲;2009年5月21日英国华威大学代表团一行9人访问了北京大学政府管理学院,代表团来访人员包括华威大学校长Nigel Thrift教授,副校长(研究)Richard Higgott教授,副校长(研究)Mark Smith教授;10月20日政府管理学院与澳大利亚新南威尔士大学签署合作备忘录,北京大学政府管理学院-澳大利亚新南威尔士大学社会科学与国际关系学院公共政策-国际关系双硕士项目正式启动;10月26日澳大利亚总理内阁部代理副秘书长、战略和执行司常务司长苏博·巴纳吉等一行三人访问了北京大学政府管理学院,与政府管理学院常务副院长傅军教授就学院发展、政府与智库关系等议题进行了深入交谈;11月12日美国伊利诺伊州参议员迈克尔·法瑞克斯(Senator Michael Frerichs)、杰弗瑞·勋伯格(Senator Jeffery Schoenberg)以及东伊利诺伊大学国际研究所所长陈平(Ping Chen)等一行五人访问了政府管理学院,并与政管师生就中美视野下的教育问题展开了一次圆桌会议。

2009年3月31日丹麦哥本哈根商学院(Copenhagen Business School)代表团一行8人访问了北京大学政府管理学院,并与主管研究生教育的副院长朱天飚教授进行了合作洽谈。代表团充分认可政府管理学院教师的学术研究水平,并邀请学院教师共同参与欧盟第七框架计划的申请,希望能够通过合作项目来加深双方的合作与交流。

2009年10月30日政府管理学院参加了由澳大利亚国立大学(Crawford School of Economics and Government)Janine O'Flynn博士主讲的全球多方视频研讨会。视频研讨会的主题为"理解21世纪公共管理者的角色:挑战与争议"。

【党团工作与学生工作】 2009年,政府管理学院共有13个基层党支部,其中教职工支部4个,学生支部9个。学院党委大力加强党建工作,切实做好党员发展、理论学习、规范民主生活会议制度等各项工作。2009年共发展新党员49名,其中研究生17名,本科生32名。55名本科生、19名研究生参加了党的知识培训班,并取得了结业证书。

2009年,政府管理学院党委按照学校党委的要求,认真组织了学习实践科学发展观活动,并组织党员深入学习了党的十七届四中全会精神。各党支部组织学院党员师生召开支部专题学习会,对科学发展观进行了深入的学习和探讨,并组织教职工召开以"我为北大发展献一策"为主题的民主生活会,党员同志们充分发扬党内民主的优良传统,对学校及学院的发展进行了实事求是的思考与讨论,并提出了具有建设性的意见与建议。政治学支部、行政学支部组织教工党员对母校发展历史、民族苦难历史的进行回顾,激发大家的爱国心、奋斗志,进一步加深对科学发展观的理解并结合自身的工作更好的实践科学发展观。2007—2008联合党支部围绕"深入贯彻科学发展观,纪念五四运动90周年"这一主题,组织全体党员共同交流对科学发展观的体会,旨在提高党员的理论修养和先进性,培养学生党员的历史使命感和社会责任感。三个博士生党支部以"继承发扬五四精神,深入学习实践科学发展观"为主题,邀请原政治学与行政管理系主任、著名教授萧超然先生进行座谈。

2009年,为扎实推进思想政治教育工作,学院团委、学工办在向同学们广泛征集意见和建议的基础上,制定深入辅导项目实施计划,并安排了专职辅导员先后对300多位学生进行了一对一的深入辅导,针对不同年级学生在成长、发展中所遇到的问题进行了针对性的分析,并提出了建设性的意见。本年度,学院新生辅导员党员覆盖率达40%,党员担任班长率高达90%,有效发挥了党员的引领作用。

团委、学工办结合院系的学科优势和专业特长,为学生全面成长成才积极拓宽工作领域,全力打造公务员"1+4"——北京大学公务员就业成长成才平台,为全校有志于成为公务人员的学生从思想道德素质、知识素质、能力素质、心理素质等"4"个方面进行素质和能力的系统提升、全面拓展。

在学院党委的领导下,学院团委、学工办扎实推进学生服务工作,全面提升工作精致化水平。建立完善的就业信息发布机制,通过BBS、短信平台、班级QQ群等手段,依托网络平台,建立信息管理平台,及时发布就业政策和指导信息。2009年学院团委表现出色,被授予"北京大学红旗团委"荣誉称号。

马克思主义学院

【发展概况】 北京大学马克思主义学院于1992年4月2日正式成立。历任院长为:任彦申(兼任)、钟哲明、陈占安、郭建宁。学院基本教学研究机构包括马克思主义基本原理研究所、马克思主义中国化研究所、科学社会主义研究所、思想政治教育研究所、政治经济学研究所;跨学科的关联研究机构包括:中国特色社会主义理论研究中心(教育部人文社科重点研究基地)、社会经济与文化研究中心、和谐社会研究中心、中国文化发展研究中心、社会发展研究所、中国近现代史研究所、国外马克思主义研究所、中国民营经济研究所、公民教育研究所。学院现有马克思主义理论一级学科,下设马克思主义基本原理、马克思主义中国化研究、思想政治教育、马克思主义发展史、国外马克思主义、中国近现代史问题研究6个二级学科;还有科学社会主义与国际共产主义运动(与国际关系学院共建的国家级重点学科)、政治经济学2个二级学科,分别招收硕士生和博士生。学院现有在岗教职员53人,其中教员47人,管理人员6人。有教授21人(其中博士生导师18人),副教授22人(其中博士生导师1人),讲师4人;50岁以下的教师都具有博士学位。学院有多位教授在国内外相关学术领域享有盛誉,有10多位教师是中央马克思主义理论建设工程课题组的首席专家或主要成员,发挥着重要的学术带头人和学术骨干作用。学院现有博士生57人;硕士生53人,有4名博士后研究人员、多位访问学者或进修教师来院进修。2009年,学院有90名最后一届本科生(专升本)毕业并获得学士学位,25名硕士研究生毕业并获得硕士学位,6名博士研究生毕业并获得博士学位。

【教学科研工作】 学院承担着全校本科生、硕士生和博士生的思想政治理论课的教学任务,承担了学校多层次、长短期的继续教育、培训方面的教学工作。2009年,张国有副校长、周其凤校长先后来学院调研,指导学院的教学科研工作。由学院为全校本科生开设的《毛泽东思想和中国特色社会主义理论体系概论》《思想道德修养与法律基础》《中国近现代史纲要》三门课被评为国家级精品课程。2009年,已入选教育部"新世纪优秀人才计划"的郁庆治教授作为引进人才进入学院。经学校批准,刘志光、李少军晋升为教授;聂志红、王久高晋升为副教授。宇文利副教授获北京大学第八届青年教师教学演示竞赛三等奖。陈占安、郭建宁、尹保云、孙熙国、郁庆治、黄小寒、程美东、白雪秋等教授,先后应国内多所大学的邀请,进行访学和研究,出席各种重要的论坛作了主题发言和专题讲座。2009年学院教师发表科研成果总计:专著5部、译著2部、编著或教材9部、论文151篇。学院教师承担的12项各级科研课题的研究分别完成或在进行中。

【国内外学术交流】 2009年,在学校服务国家战略,坚持科学发展,加快推进创建世界一流大学步伐的总体要求下,学院进一步推进校际学术交流活动,扩展了学院师生学术研究的视野,扩大了作为北京大学马克思主义学院的学者在国际和校际学术交流中的影响。学院先后邀请了台湾元智大学、台湾佛光大学、美国夏威夷大学、美国哈佛大学的7名学者来学院访问讲学。2月13日,尹保云教授、郭宝平副教授应邀赴台湾参加主题为"民生主义之理论与实践"的第二届"孙文论坛"学术研讨会。2月18日,学院与台湾元智大学人文社会学院在北京大学签署合作交流协议,协议规定:双方加强师生间的学术交流,台湾元智大学将资助学院派博士生赴台做短期研究学习。4月,孙代尧教授应邀到澳门参加"腾飞的澳门:回归十年的回顾与展望"学术研讨会,在会上作"'一国两制'之'澳门模式'"

的大会发言。5月,孙代尧教授应邀到台湾参加主题为"孙中山思想与两岸发展"的第九届政治与资讯科技国际研讨会,在会上作了《两岸的孙中山之争》的发言。6月—7月,受联邦德国洪堡基金会资助,郇庆治教授在柏林自由大学环境政策研究中心(FFU)从事"2009年欧洲议会选举中的欧洲绿党"专题研究,并先后在德国吕内堡大学民主研究中心作"中国政治体制改革与民主化发展"的演讲,在柏林自由大学环境政策研究中心作"增长经济及其对中国的生态影响"的演讲。7月23日,由学院主办,在北京大学召开了主题为"应对金融危机与地域平衡发展"的第14次中韩国际学术研讨会,学院程立显、刘志光、魏波、宋国兴、王在全、白雪秋等老师提交发表论文。9月,宇文利副教授赴美国加州大学洛杉矶分校进行为期一年的访问研究;学院选拔4位博士生赴台湾元智大学人文社会学院进行短期研究学习。7月——9月,孙熙国教授应台湾大学人文社会高等研究院院长黄俊杰教授邀请赴台湾大学进行学术交流,并担任客座教授,参加多场学术研讨会做学术演讲报告。12月2日,程立显教授、杨柳新、秦维红、宇文利、魏波、刘军副教授和博士研究生李丁一行7人,应邀参加在美国夏威夷大学举行的由澳亚教育哲学协会主办的主题为"对话与差异"的第38届年会,提交论文并发表演讲。参会期间,程立显教授代表学院与夏威夷大学教育学院签署了双方学术交流合作协议。

【学生工作】 2009年,学院积极支持学院团委和学生组织开展了丰富多样的活动,学生工作取得新的成绩。4月,在北京大学"剧星风采大赛"中,学院代表队荣获总分亚军,2007级本科生张新新和2008级本科生张君陆被评为单场最佳男主角、最佳女主角。7月,学院2008级硕士生党支部、团支部在"纪念改革开放30周年"学生党团日联合主题教育活动中获得一等奖。2006级硕士生姜云涛、2007级硕士生张春香、杨哲昊、谢伟光以及2007级本科生周红秀、李艳蕾、张金伟、李晓露、李慧远被评为校级优秀毕业生,2007级本科王吉、刘梅香、辛晓川、李波被评为北京市优秀毕业生。2009年暑期,学院2008级博士研究生一行8人在深圳、香港、澳门三地进行了社会实践考察;学院院学生一行8人赴河南安阳开展了为期五天的实践调研;学院3名研究生与经济学院、光华管理学院的3名研究生一道,在学院王在全老师的带领下赴浙江对诸多中小企业的发展开展了社会调研实践活动。学院团委主办了主题为"中华人民共和国建国60年与中国特色社会主义"的第十届"北大、清华、人大三校博士生学术论坛",来自三校马克思主义学院的领导、专家和博士生70余人出席了论坛。学院团委主办了第三届"马克思主义与当代社会发展"系列讲座之"新中国60年成就与启示",邀请了中共中央编译局副局长俞可平等知名教授、学者来校演讲。

【其他工作】 2009年7月,经学校批准,学院成立了以郭建宁为院长,孙熙国、邱尊社、白雪秋为副院长的新一届领导机构。7月,学校对老法学楼进行改造,学院暂时搬迁到邱德拔体育馆办公;原学院图书资料室的全部图书资料和书架上交到北京大学图书馆统一管理使用。2009年,学院工会被评为北京大学工会工作先进委员会;学院工会主席王强被评为北京大学模范工会主席。

教育学院

【发展概况】 北京大学教育学院成立于2000年10月,是在原北京大学高等教育科学研究所、教育经济研究所和电化教学中心的基础上合并组建而成的。教育学院下设三个系、两个研究所和六个中心,即教育与人类发展系、教育经济与管理系和教育技术系;高等教育研究所和教育经济研究所;基础教育与教师教育中心、中国教育与人力资源研究中心、教育领导与政策研究中心、企业与教育研究中心、数字化学习研究中心以及国际高等教育研究中心。其中教育经济研究所为教育部人文社会科学重点研究基地,教育经济与管理专业为国家重点学科。教学科研辅助机构包括图书及信息资料中心、网络管理与计算机室、全国高等教育情报网总站(挂靠单位)、全国高等教育教育技术信息中心(挂靠单位)和中国蔡元培研究会秘书处(挂靠单位)。目前在编人员46人,其中教授15人,副教授17人,讲师4人;党政、教辅等人员10人,其中高级职称者3人,中级职称者5人,初级职称者1人。

教育学院在研究方面从事教育学领域的基础性和应用性研究,特别关注对我国教育实践中的重大问题的研究,注重与国际同行的交流与合作。在人才培养方面以研究生的培养为主,专业涉及教育学、教育经济学、国际与比较教育、教育管理与教育政策分析、教育技术、人力资源开发、课程设计与现代教学理论等。另外,还为中央、北京市等教育决策部门提供有关决策支持研究和政策咨询,为教育管理人员及教师提供在职培训。

【领导】 院长文东茅教授;副院长阎凤桥教授、李文利教授、尚俊杰副教授。院党委书记陈晓宇副教授;院党委副书记侯华伟助理研究员。教育与人类发展系主任刘云杉副教授;教育经济与管理系主任岳昌君教授;教育技术系主任尚俊杰副教授(兼)。

【培养】 北京大学教育学院设有

高等教育学专业博士点(设于1990年)、硕士点(设于1983年);教育经济与管理学专业博士点及公共管理博士学位一级学科授予权(分别设于1997和2003年)、硕士点(设于1995年);教育学原理博士点及教育学博士学位一级学科授予权(分别设于2003和2006年);教育技术学硕士点(设于2000年)。2008年4月,根据京教研[2008]4号文件,教育与人类发展系为北京市高等教育学重点学科单位。

2009年教育学院共毕业研究生52人,其中获硕士学位研究生有35人,获博士学位研究生有17人。2009年教育学院总计招收研究生73名,其中硕士研究生33名、博士研究生12名、专业教育博士研究生28名。到2009年底,学院在读研究生共304人,其中硕士研究生83人,博士生221人。2009年经院学术委员会审议通过的新课程有3门。截至2009年底,教育学院开设的硕士生、博士生课程以及学校通选课已接近180门。

【科研】 教育学院的科学研究以教育领域的重大现实问题和基础理论问题为中心,注重实证研究及研究过程与方法的规范化;在高等教育、教育经济与财政、教育政策、教育技术、教师教育等研究领域形成了特色;学院注重政策咨询和社会服务,多项研究成果对我国教育改革与发展产生了直接的影响。教育学院十分重视定位和能够发挥的作用,在强调密切联系教育实践特点的同时,进一步加强与教育部、财政部、北京市等政府部门的合作,全力配合参与国家制定"2020年教育改革与发展规划",体现了学院为教育政策和决策服务的意识,也体现了学院在国家教育政策研究领域的地位和作用。

2009年教育学院立项的项目共计49个,其中纵向项目23个,横向及委托项目26个。纵向项目主要包括(括号中为项目负责人):国家社科基金重大项目"高校毕业生就业问题与对策研究"(闵维方);国家自然科学基金面上项目"高校毕业生就业满意度调查研究"(岳昌君);两项全国教育科学规划教育部重点项目包括"高赋权教育的兴起:知识经济社会中的高等教育"(刘云杉)、"知识转型下的博士生培养:类型、过程与评价"(陈洪捷);两项教育部人文社科基地重大项目包括"高等教育资源配置区域特点的空间分析"(丁小浩)、"高等教育经费需求与供给的实证研究"(岳昌君);七项教育部人文社科一般项目:包括"培养可持续性发展观:北京与伦敦两地中学生相关知识、态度与行为的比较研究"(刘云杉)、"研究型大学中外国专家学术业绩及影响因素分析"(马万华)、"印度高等教育发展问题研究"(施晓光)等;三项北京市教育科学规划项目包括"首都高校国际化发展现状与策略研究"(马万华)等。重大横向及委托项目包括"中国教育财政决策支持系统的研制与开发"(闵维方,教育部财务司委托);"高等教育国际化与世界一流大学建设"(闵维方、马万华等,教育部财务司委托);"'西部教育发展项目'国家级技术援助的规划与实施"(陈向明,世界银行与英国国际发展部国际合作项目)等。目前学院在科研项目超过100项。

据不完全统计,2009年教育学院教师、学生发表中文文章(检索中国期刊网)167篇,其中被核心期刊(CSSCI来源刊)收录84篇。发表英文文章被SSCI来源刊收录11篇。出版图书(编著、译著等)18部,撰写研究报告46篇,提交会议论文60篇。

【学术交流】 2009年教育学院接待学校访问团和学者来访共47次,教师(含研究生)出国访问、考察以及参加国际学术会议的计38人55次;举办"北大教育论坛"计18期。国外及港台地区的来访学者并进行学术报告的主要有:

3月18日,台湾教育研究院陈伯璋教授应邀来院演讲,题目是"大学追求卓越政策的'实'与'虚'"。3月30日,邀请国际著名教育学者、政治经济学者、澳大利亚墨尔本大学讲座教授西蒙·马金森(Simon Marginson)教授来院演讲,题目是"Markets in Education and the Public Goods Problem(教育市场与公共产品问题)。3月31日,邀请著名教育学者、香港中文大学教育行政与政策学系曾荣光教授做报告,题目是"教育政策社会学:新制度主义的视角"。4月1日,台湾中兴大学教师专业发展研究所一行四人在所长梁福镇教授的带领下来院访问。当天,美国华盛顿州立大学(Educational Leadership &Highe Education, Washington State University) Forrest W. Parkay教授应邀来院演讲,题目是"The Worldwide Quest to Improve Teacher Education: Current Challenges and Trends in the United States"。4月20—24日,美国密歇根州立大学Lynn Paine教授应邀来院讲学。4月28日,美国夏威夷大学的Peter Englert教授有幸成为新教育学院大楼落成后首位受邀来访的客人,他演讲的题目是"Liberal Arts Education in the United States, History, Rhetoric, and Reality"。5月19日,邀请香港大学比较教育研究中心主任杨锐博士来院演讲,题目是"海外华人知识分子与国际知识网络——澳大利亚与加拿大大学的比较"。6月15日,以权奇鹏(Gi-Bung Kwon)院长、孙在植(Jae Shik Sohn)名誉院长为团长的韩国庆熙大学和平福祉研究生院赴华师生团一行50余人来院参观交流。9月22日,邀请丹麦奥胡斯大学教育学院安妮·卡尔森（Arne Carlsen）教授来院演讲，题目是"The Interface between Asia and Europe in lifelong learning policies and research"。10月16日，邀请芬兰坦培雷大学管理科学系高等教育组主任、芬兰国家研究生教育委员会主任赫尔塔（Seppo Hölttä）教授来院演讲，题目是"The Finnish Higher Education System A path from Government Control towards an Open System"。11月5日，邀请加拿大多伦多大学安大略教育研究院教授珍妮·纳特（Jane Knight）来院演讲，题目是"高等教育国际化的收益、风险与非预期后果"。11月10日，邀请德国柏林洪堡大学教授、比较教育中心主任于尔根·施瑞尔（Jürgen Schriewer）教授演讲，题目是"World Culture and Culture-Specific Worlds of Meaning"。12月14日，美国得克萨斯农工大学教育学院一行四人来院访问，与闵维方书记、文东茅院长等举行了会谈。12月15日，美国兰德集团教育部副主任、高级经济师 Charlse A. Goldman 和行为/社会科学研究员袁坤一行二人来院访问。12月18日—1月2日，香港大学前副校长程介明教授应文东茅院长之邀访问教育学院，并对学院发展进行评估。

来教育学院进行学术交流的国内学者主要有：3月24日，邀请首都师范大学特聘教授、全国教育政策与法律研究专业委员会理事长劳凯声教授来院演讲，题目是"论争中的中国教育改革——《国家中长期教育改革和发展规划纲要》全民大讨论中的热点问题透析"。3月25日，邀请南京大学教育科学与管理系网络化学习与管理研究所所长桑新民教授来院演讲，题目是"高等教育信息化与大学变革"。4月21日，著名学者、西北师范大学南国农教授应邀莅临教育学院，并做题为"教育技术（电化教育）三十年回顾与探索"的学术报告。同时来访的西北师范大学教育技术与传播学院院长杨改学教授以"教育技术的实现、应用与效果"为主题，介绍了教育技术的实现方法，以及教育技术实际应用中存在的问题。5月12日，邀请中国教育财政研究所所长王蓉博士做报告，题目是"新人力资本理论"。9月4日，邀请眭依凡教授来院讲座，题目是"大学的使命与责任"。9月15日，邀请苏州大学教授、厦门大学高等教育发展研究中心兼职教授周川教授来院演讲，题目是"院校研究的特点与意义"。10月13日，邀请华南师范大学现代教育研究与开发中心主任、全国教育基本理论专业委员会主任扈中平教授来院演讲，题目是"对教育学学科地位的反思"。10月26日，邀请湖南省政协副主席、长沙民政职业技术学院院长刘晓教授来院演讲，题目是"高职示范校建设与高职教育发展"。12月8日，邀请北京师范大学教育学部副部长黄荣怀教授来院演讲，题目是"技术促进学习之 TEL 五定律"。

外出参加学术会议或交流的主要有：2月21日—3月8日，文东茅教授应邀赴美国夏威夷参加由美国东西方中心举办的"2020国际教育领导力研讨班"培训活动并出席其间的学术会议，其中23日，文东茅教授代表中国组做专题报告，全面介绍了中国高等教育的现状和发展规划。3月15—22日，阎凤桥教授参加教育部组团赴美国的考察活动。3月26—28日，阎凤桥教授赴意大利都灵参加"Diversification of Higher Education and the Academic Profession"国际会议，并做主题发言"China's Academic Profession in the Context of Social Transition：Institutional Perspective"。5月中旬，陈向明教授赴日本东京大学参加日本教育学会年会，做主题发言"课堂情境下的中国教师实践性知识研究"。5月31日—6月2日，文东茅副院长、阎凤桥教授、郭建如和鲍威副教授一行前往上海参加民办教育规划组会议。7月6—8日，刘云杉副教授带领杨帆、屈潇潇、王东芳三位博士生参加香港教育学院举办的"青年教育工作者论坛"，会议议题是"全球化背景下青年教育工作者未来的使命与挑战"。8月4—28日，施晓光教授受学院委派赴丹麦奥胡斯大学教育学院进行为期近一个月的考察和交流。10月1—2日，文东茅、丁小浩和阎凤桥教授等一行前往波士顿美国哈佛大学，参加由北京大学教育学院、教育经济研究所与哈佛大学政府管理学院合作举办的"中国走向全球化"（China Goes Global）国际学术会议并重点参加了"中国高等教育全球化"分论坛的活动。10月19日，博士后王富伟讲师与学生屈潇潇赴湖南韶山参加了中国民办教育发展大会暨中国民办教育协会（2009）年会。10月22—25日，陈向明教授带领博士生王红艳、硕士生安超赴澳门参加"教育叙事国际研讨会"并做主题发言。10月25—27日，陈学飞、岳昌君教授，沈文钦讲师和金帷等博士生一行10人赴杭州参加"高等教育国际论坛"。10月29—31日，陈向明教授及徐月、马佳、温思涵三位博士生参加于重庆西南大学召开的"第十一届两岸三地课程理论研讨会"，本次会议的主题是"课程与教学的关系"。陈向明教授围绕课题"课程实施中教师实践性知识的生成和发展"做了"课程改革中的教师知识创新"的主题报告。11月16—18日，应"世界教育创新峰会"主席、卡塔尔教育基金会副主席 Abdullah bin Ali Al-Thani 博士邀请，汪琼教授随周其凤校长出席在卡塔尔首都多哈举行的"世界教育创新峰会"（World Innovation

Summit for Education，简称 WISE)暨"WISE 奖"颁奖典礼活动。11月20—21日，岳昌君教授去江西参加"金融危机下的中国经济发展会议"，并就此议题发言。11月20—22日，院长文东茅教授、陈学飞教授在中山大学参加"中国研究型大学国际化国际研讨会"。11月下旬，陈向明教授赴澳门参加华人世界"教师说故事，说教师故事"教育叙事大会，并应邀做主题发言"教育叙事与教师专业发展"。11月21—25日，副院长阎凤桥教授去挪威参加"China Meeting Place"的工作例会，并做"The International Role of Chinese Higher Education and Role of Internationalization in Chinese Higher Education"发言。11月25日，德国研究中心主任陈洪捷教授与蔡磊砢讲师出席在德国莱比锡大学举办的"'蔡元培：中国的洪堡'中国近代著名教育家和思想家蔡元培生平事迹展"。12月11—13日，尚俊杰副院长赴港参加香港中文大学教育学院每年一度的内地同学会，随后赴昆明参加"教育技术昆明高峰论坛2009"。12月中旬，陈向明教授去日本广岛大学参加高等教育国际会议，做主题发言"中国大学课程改革与学生发展"。12月18—19日，尚俊杰副院长与硕士生蒋宇一行参加在香港召开的"数码游戏化学习学术会议"(Conference on Digital Game-based Learning)。尚俊杰副教授应邀担任程序委员会共同主席主持开幕式并发表了"玩出领导力：教育游戏中的高阶能力培养"专题报告。

【人事与组织】 3月2日，经院务碰头会协商，决定返聘职工王胤延缓至3月底解聘。

3月16日，依据北京大学学术委员会章程，经3月13日院长办公会讨论新一届院学术委员会由九名成员组成：主任丁小浩；副主任陈向明；委员陈洪捷、陈晓宇、陈学飞、闵维方、阎凤桥、汪琼、文东茅。

5月4日，经面试考核，博士后于洪霞(自北大光华管理学院毕业)进站，开始为期二年的公共管理学博士后研究工作。

8月15日，田玲副教授离职赴美国耶鲁大学工作。她是在公派去国外进修一年后提出申请，经批准同意后办理离职手续的。

8月24日，学院临时聘用的科研助理曹荣、管蕾，程序员何政、赵伟光来院报到，他们以完成课题任务为主故暂定聘用一年(视其能力和表现考虑是否续聘)。另，教育与人类发展系聘用须珺来系兼任秘书工作。

9月，博士范皑皑正式留校任《北京大学教育评论》编辑职务。

9月，博士后王书峰(自北大教育学院毕业)进站，开始为期二年的公共管理学博士后研究工作。

10月15日，经面试考核通过，博士后干富伟(自中央民族大学毕业)进站，开始为期二年的公共管理学博士后研究工作。博士后廖娟(自北京师范大学毕业)进站，开始为期二年的公共管理学博士后研究工作。博士后敖山(自北京邮电大学毕业)进站，开始为期二年的公共管理学博士后研究工作。

11月4日，睦依凡教授受聘来我院从事研究工作(未转关系，暂定二年)。此前，朱红、张冉已办结入校手续，分别在教经系和教人系从事教学研究工作。

11月5日，接校发[2009]166号文件：学校研究决定，任命文东茅为北京大学教育学院院长，阎凤桥、李文利、尚俊杰为北京大学教育学院副院长。

11月16日，接校党委组织部组发[2009]62号文：校党委组织部研究决定，同意增补尚俊杰为教育学院党委委员。

12月9日，经院长办公会议讨论，院领导班子分工调整如下：文东茅负责整体协调和国际国内合作；阎凤桥负责科研、学科发展和人事；李文利负责教学；尚俊杰负责行政事务和培训。院党委书记陈晓宇兼管财务。另调整系领导班子成员为：教育与人类发展系主任：刘云杉；副系主任：蒋凯。教育经济与管理系主任：岳昌君；副系主任：鲍威。教育技术系主任：尚俊杰；副系主任：吴峰。另聘请Ed.D.指导委员会主任：陈学飞；副主任：陈洪捷。聘请MED建设委员会主任：施晓光；副主任：郭文革。

【获奖情况】 2009年教育学院获得各种荣誉及奖项多项，其中：3月18日获悉：北京市高教学会于2008年9月组织进行的第七届优秀成果奖评选结果日前揭晓。学院获奖名单如下：

"从北大元培计划看通识教育与专业教育的关系"获一等奖(作者：陈向明)；"女性进入精英群体：有限的进步"获一等奖(作者：刘云杉)。"全球化背景下的高等教育责任制"获二等奖(作者：蒋凯)。"专业教育的界定及其跨学科理论基础"获三等奖(作者：田玲)。

4月6日，在北京大学工会第二届"好新闻奖"评选表彰会上，院工会委员、通讯员方洪勉报送的稿件类新闻《教育学院工会以全员参与捐款赢得支援灾区第一战役的胜利》荣获二等奖。

6月3日，学院王书峰博士获得中国高等教育学会第四届高等教育学优秀博士学位论文奖。蔡磊砢、刘洪宇博士获优秀博士学位论文提名奖。

6月25日，第五届"挑战杯"首都大学生课外学术科技作品竞赛成绩揭晓。学院罗弥同学的调查报告"教育助学凭证资助对移民子女学习成绩的影响——浙江省瑞安市移民子女受教育情况调研报告"获得本届杯赛二等奖。

8月19日,学院四项成果荣获2009年度教育部高等学校科学研究优秀成果奖:"探索教育变革:经济学和管理政策的视角"获一等奖(作者:闵维方);"中国学位与研究教育发展报告"获二等奖(作者:陈学飞);"规模扩大与高等教育入学机会均等化"获三等奖(作者:丁小浩);"从启蒙者到专业人"获三等奖(作者:刘云杉)。

8月25日,北京大学2009年度奖教金评选结果公布。经校奖教金评审委员会评选并报学校批准,教育学院申报教师的获奖情况如下:陈学飞获"杨芙清-王阳元院士奖优秀奖";鲍威获"正大奖教金优秀奖"。

9月3日,北京市教育工会开展的"首都教育先锋"创建活动评选结果揭晓,北京大学教育学院平民学校志愿者教师团队获得"首都教育先锋号"的荣誉称号。

9月4日,2009年度校本部推荐9名"北京市优秀教师"人选上报,经北京市委教育工委、市教委等部门认真评选,陈向明教授获评2009年度"北京市优秀教师"。

9月23日,学院教育经济与管理系杨钋讲师荣获2009年北京大学第八届青年教师教学演示竞赛(人文社科类)优秀奖。

12月2日,学院2008级硕士生团支部获2008—2009年度北京大学共青团系统优秀团支部称号;王友航、冯明获优秀团干部称号;刘子瑜、金鑫获优秀团员称号。

【举办会议】 1月9—10日,由陈向明教授担任负责人的世行贷款/英国政府赠款"中国西部基础教育发展"项目学校发展计划和参与式教师培训技术支持子项目完工总结大会在北京大学举行。

1月14日,学院"首届EDD 2008学术沙龙——金融危机下的大学治理"研讨会举行。

1月16日,学院按照惯例召开离退休老同志迎新春茶话会。

3月30日,由学院基础教育与教师教育中心主办的深圳龙岗区中小学校长研修班开班。

4月30日,中国教育财政研究所召开"教育筹资机制创新"座谈会。

5月18—20日,由加拿大多伦多大学教育学院和北大教育学院联合主办的"中国大学向大众化高等教育转变:对文化、政策以及在公平性、多样性和公民参与问题的研究"(China's Universities in the Move to Mass Higher Education: Culture, Policy and Issues of Equity, Diversity and Civic Participation)在教育学院报告厅举行。开幕当天,加拿大多伦多大学许美德教授和北京大学校务委员会主任闵维方教授分别致欢迎词。研讨会由北京大学教育学院教育经济研究所副所长阎凤桥教授主持。

10月16—17日,根据2007年北京大学、日本东京大学、韩国首尔大学教育学院签署的协议,中日韩三国大学教育学院国际学术研讨会在北京大学教育学院举行。本次会议的主题是"高等教育评估与质量保障"。会议的目的在于为三所大学教育学院研究者们共同关注的问题——从高等教育精英化向大众化转变过程中的高等教育质量保障问题——创造交流研讨机会。

11月6—8日,2009年度北京论坛在北京钓鱼台国宾馆隆重举行。作为教育分论坛的主要合作单位,北京大学教育学院派出了丁小浩、文东茅、阎凤桥、李文利、陈学飞、马万华、施晓光、岳昌君教授等组成的强大阵容,参与多项研讨,分别发表演讲或应邀主持其中的有关活动。

11月7—8日,中国教育财政所在友谊宾馆召开"2009年高等教育财政国际学术研讨会"暨"全球知识经济下的高等教育"课题第三次报告会。北京大学党委书记、校务委员会主任闵维方教授到会致辞。会议由中国教育财政所所长王蓉教授、Martin Carnoy教授、Isak Froumin教授、Jandhyala Tilak教授等轮流主持。

12月25日,教育学院举办首届校友论坛"2010年北京大学中国教育新年论坛",本论坛旨在促进校友之间的交流、探讨国内外教育存在的突出问题,为中国教育改革和发展献计献策。北大教育学院党委书记陈晓宇主持新年论坛,论坛首先举行了聘请闵维方教授为北京大学教育学院名誉院长仪式,接下来由校友会会长文东茅教授致辞,随后邀请校友代表阴悦、康宁、孙玲以及黄藤、单强等访问学者和Ed.D.学员代表做主题报告并开展交流与研讨。

12月26日—27日,学院每年一度的"人才培养和学科建设——2009年度教育学院学术交流大会"在京郊隆重举行。本次大会集教学与科研为一体,在总结教学工作经验教训的基础上,进一步明确科研方向和目标,从而达到有的放矢、解决问题、促进发展的目的。

【特别事项】 1月7日,接学院退休职工家属电话通知:离休职工杨万禄因病逝世。院综合办公室主任方洪勉代表院领导偕教育技术中心部分同志参加了遗体告别仪式和追悼会,并向家属表示慰问。

1月13日,学校组织总务、基建、资产、审计、财务、保卫、水电中心等相关职能部门对教育学院大楼工程进行综合验收,并签署了由建设单位李钟、使用单位陈晓宇、产权单位胡姬霞、施工单位杨德山共同签字的"竣工验收移交书"。

1月15日,学院博士后张广斌申报的课题"研究生教育的课程基础研究"获第44批博士后科学基金二等资助,资助经费3万元。

2月12日,接教育部科技司关于2008年度教育部"新世纪优秀人才支持计划"入选者公示的通知,学院蒋凯副教授入选2008年度教育部"新世纪优秀人才支持计划"。

3月20日,副院长文东茅教授会见美国南加州大学教育学院师生代表团一行。经协商,双方决定自2009年开始启动"联合举办学生事务管理硕士"项目,并以此为纽带,增加教师互派、合作研究和学生短期交流。

3月20日,副院长文东茅教授主持的全国教育科学规划"十五"课题"制度变革与大学毕业生就业行为研究"经专家评审,鉴定结果为优秀。

3月25日,在北京大学工会爱心基金活动进入第三年之际,响应校工会号召,履行会员的光荣义务,全院会员积极参加了捐款活动。

3月25日,北京市普教系统全心全意依靠教职工办好学校的优秀书记、校长表彰大会隆重举行。会上北京市高等学校"依靠教职工办好学校的优秀党委书记、校长"评选结果同时揭晓,校党委书记闵维方教授荣获"全心全意依靠教职工办好学校的优秀党委书记"称号。

4月3日,副院长文东茅教授主持的"首都教育"项目组在北大召开"首都高校学生发展状况调查"数据分析员培训活动。

4月20—24日,经学院全体师生努力,基本完成学院搬迁至新教学楼的艰巨任务,并迅速恢复教学培训等工作。24日,院资料室图书馆宣布正式开馆。

5月6日,以文东茅教授领衔主持的首都教育学科群课题项目顺利通过验收,并获得专家组的高度评价。

5月13日,校党委学习实践科学发展观教育活动联系人鞠传进副校长等来院听取学习实践活动分析检查阶段民主生活会,院领导班子成员陈学飞、陈晓宇、文东茅、李文利、侯华伟就各自分管的工作分别进行了汇报。

5月15日,李文利副院长及马万华、施晓光教授等会见了新西兰奥克兰大学教育学部(Faculty of Education)主管国际事务的副部长 John Hope 博士及其助理 Ma Xin 一行。通过交换意见,双方在人才培养、联合开展科学研究、人员互派方面达成了初步的合作意向。

5月27日,周其凤校长、张国有、鞠传进副校长等一行12人来教育学院调研指导工作。常务副院长陈学飞以"创建世界一流教育学院:现状和挑战"为题向校领导汇报了学院的工作,并就学术带头人的引进、教学和科研骨干的待遇,以及课题任务繁重而人员不足、研究课题相对分散不适应学科发展系统性的要求、招生规模限制和学制改革对学生参与研究的影响等问题和矛盾,与校领导和相关部门负责人直接沟通并充分交换了意见。

6月3日,经学院院长办公会研究讨论,决定成立若干与学院教学科研和管理密切相关的委员会。它们包括培训工作委员会、北大教育论坛组委会、大楼管理委员会以及网络建设委员会等。

6月4日,由教育学院组织的四川儿童友好家园监测项目启动,以陈学飞、文东茅、李文利、侯华伟、丁小浩、阎凤桥、岳昌君、鲍威、刘云杉等教师为主体的近40人拟分为10个组,将择日前往四川灾区开展课题调研考察。

6月4日,"联校教育社科医学研究论文奖计划"2009—2010年度课题评选结果揭晓,北京大学(教育)获得资助的名单如下:获一级课题资助——(1)杨钋"大学生资助对学业发展和毕业后选择的影响";(2)张存群"基于博士生学术生产力的博士培养质量评价体系研究"。获二级课题资助——(1)边国英"成为独立研究者:博士生的学术社会化";(2)贺武华"师生关系紧张的现状与和谐师生关系的构建研究";(3)王红艳"新手教师的学习研究——参与到学校实践共同体中";(4)周森"我国幼儿家长对学前教育的入园需求分析"。

6月25日,全国教育科学规划2009年评审结果公布,学院有两位老师申报的项目获批准立项。其中:刘云杉"高赋权教育的兴起:知识经济社会中的高等教育"(教育部重点课题);陈洪捷"知识转型下的博士生培养:类型、过程与评价"(教育部重点课题)。

6月29日,学院参加校党委组织部发起的2009年度"共产党员献爱心"捐款活动暂告结束。包括学生预备党员徐守磊在内的十余位党员参加了爱心捐助活动。

7月8日,教育学院2009届研究生毕业仪式隆重举行。

7月21日,贾积有副教授受邀在最近出版的美国 AI Magazine 第30卷第2期上发表论文"An AI Framework to Teach English as a Foreign Language:CSIEC"(pp. 59—71),文章介绍了作者历经八年自主研发的智能英语教学系统希赛可的原理、架构、功能、英语教学整合及评估结果。这篇论文是该 SCI 来源期刊创刊30年以来,署名单位来自中国大陆的第一篇研究论文。这再次表明,中国在智能教学系统这一交叉边缘学科的研究已经得到了国际权威专家的肯定。

8月19日,学院沈文钦博士后主持的课题"美国的博士质量保障与评价系统及其对中国的启示"获第四十五批中国博士后基金面上资助二等资助,资助金额为3万元人民币。

8月26日,学院三位教师申报的2009年度北京市教育科学规划项目获批准立项：贺武华"师生关系紧张的现状与和谐师生关系的构建研究"；马万华"首都高校国际化发展现状与策略研究"；沈文钦"博士生培养模式的多样化、国际化以及结构化趋势"。

9月9日，岳昌君教授再获国家自然科学基金资助。他本次的研究题目是"高校毕业生就业满意度调查研究"，资助经费25万元。

9月14日、18日，副院长李文利教授先后两次与丹麦奥胡斯大学教育学院国际项目主任Arne讨论合作事宜。

9月21日，教育学院隆重举行"田家炳教育图书馆命名典礼暨图书捐赠仪式"。校党委书记兼教育学院院长闵维方教授、校长周其凤院士以及校教育基金会秘书长邓娅等80余人出席仪式。捐赠仪式由院党委书记兼副院长陈晓宇主持，陈学飞常务副院长、田家炳先生的亲属基金会董事田定先生等出席仪式。

9月28日，教育学院隆重举行"黄藤教育研究基金协议签字仪式"。校党委书记兼院长闵维方教授、校教育基金会秘书长邓娅、副秘书长李榕等出席签字仪式。签字仪式由院党委书记兼副院长陈晓宇主持，文东茅副院长、黄藤教授夫人戴奇志女士等也参加了签字仪式。

10月27日，按照学校院系文书档案的归档要求，院办向校档案馆移交教育学院2008年文书档案7卷18件。

10月28日，2009年学院申报一般项目13项，其中7项课题获教育部批准立项："现代大学学科制度的形成：1780—1920"（李春萍）；"培养可持续性发展观：北京与伦敦两地中学生相关知识、态度与行为的比较研究"（刘云杉）；"研究型大学中外国专家学术业绩及影响因素分析"（马万华）；"印度高等教育发展问题研究"（施晓光）；

"影响高校教师网上开放课程资源的因素及对策研究"（王爱华）；"建国六十年我国高等教育发展观研究"（展立新）；"大学史研究在美国：以学术谱系和问题意识为中心的考察（1899—1999）"（沈文钦）。

11月7日，"北京大学国际高等教育研究中心成立暨挂牌仪式"在教育学院举行。校党委书记、中心顾问委员会主任闵维方教授，教育部国际合作与交流司张秀琴司长、国家留学基金委秘书长刘京辉，外专局文教司陈化北副司长，市教委郑登文委员等出席仪式并致辞表示祝贺。中心主任马万华教授介绍了中心基本情况，揭牌仪式由校长助理、国际合作部部长、中心主任李岩松研究员主持。

11月11日，经院长办公会讨论决定，新班子的院长书记接待日从11月16日开始执行。

11月19日，2009年"北京大学王文忠-王天成奖学金"获奖名单揭晓，学院研究生左祖晶获得该奖资助。

11月25日，学院举行张力、孙霄兵北京大学兼职教授授予仪式暨学术报告会。文东茅院长代表学校颁发聘书并向两位兼职教授表示祝贺，张力、孙霄兵教授感谢北京大学的信任，表示一定珍惜荣誉，为学院的学科建设进而为中国的高等教育发展尽心竭力。仪式由李文利副院长主持。

11月27日，北京大学2009年度桐山教育基金研究资助获奖名单揭晓，学院研究生曹蓓获该奖资助。

12月1日，北京大学第十八届"挑战杯"竞赛资助评审结束，学院硕士生黄杰琼的"北京大学硕士生就业能力与就业期望的关系研究"获特别贡献奖重点课题资助。

12月8日，"北京大学闵材助学金"2009年度资助名单公示，学院研究生李菊、童小平榜上有名。

12月15日，学院博士后王书峰的课题"高校毕业生预征入伍政策效用研究"获中国博士后科学基金（第四十六批）一等资助，资助金额5万元。这是学院历届博士后首次获中国博士后基金面上项目一等资助。

12月17日，校工会"先进教职工之家"验收会在教育学院举行。由校工会常务副主席孙丽为领队，副主席迟春霞、王洪波、张丽娜和王冬云以及物理学院、附小、法学院、心理系工会主席等一行9人莅临学院检查指导工作。院领导陈晓宇书记、文东茅院长等出席会议，院工会主席岳昌君，委员侯华伟、方洪勉、展立新、葛长丽等与会。

12月18日，教育学院中标国家社科基金重大项目——学院组织申报的国家社科基金重大项目"高校毕业生就业问题与对策研究"，获全国哲学社会科学规划办批准立项，充分展示了学院在就业研究领域的实力。该项目首席专家为闵维方教授，获资助金额80万元。这是教育学院首次中标国家社科基金重大项目。

12月20日，由院综合办公室主任方洪勉撰稿、约请陈洪捷教授审阅的《教育学院年鉴（2008年鉴）》顺利脱稿，经院党委书记陈晓宇签字后上报党办校办信息室。

12月29日，学院接待前来视察的国务院参事并举行座谈，题目是"对我国教育改革发展的意见和建议"。党委书记陈晓宇主持了会议，教育学院党政负责人、各系教师代表参加了座谈。

新闻与传播学院

【发展概况】 2009年，学院共有教职员工32人，龚文库教授正式退休。在校全日制本科生410名，包括留学生94名；研究生315名，其中硕士研究生 236 名,包括单考班 60 名,博士研究生在读 79 名。

2009 年学院基本完成了行政制度的建设工作,对现有的制度进行了调整和完善。从奖学金评比、学生骨干培养、学风建设等方面加强了制度的建设和创新。

2009 年 5 月 27 日,由香港爱国实业家蒙民伟先生参与资助的北大新闻与传播学院新大楼正式奠基。

【学术科研】 科研方面进一步明确了对申报纵向课题的奖励支持政策,学院教师申报国家重大课题中标,学院将给予 1 比 1 的科研经费支持,申报一般课题中标,将给予 1 比 0.5 的支持。2009 年 12 月 29 日,由新加坡卓氏总会荣誉会长卓清桂先生设立的"北京大学卓氏新闻教育基金"正式落户北大。该基金总额 1000 万元人民币,用于支持北大新闻学术研究和新闻教育事业。

2009 年,学院制定了一系列的科研管理政策,有效地推动了学院科研工作的发展。关世杰教授中标,获得国家社科基金重大课题"我国对外传播文化软实力研究";谢新洲教授获得教育部科技进步一等奖;刘德寰教授的专著《年龄论》获得教育部高等学校科学研究优秀成果奖(人文社会科学)三等奖。

同 2008 年相比,2009 年学院科研工作稳步上升,学院教师共发表文章 147 篇,出版著作(含专著、译著、主编等)15 部;有 51 个立项课题,争取到科研经费 737.27 万元;参加各类国内学术会议 43 人次,参加国际学术会议 33 人次;外出讲学 20 人次,6 人次赴外社会考察;合作研究 8 人次。

2009 年,学院完成了传播学博士后流动站的申报工作,并获得批准建立传播学博士后流动站,自 2010 年开始招收博士后;组织完成了国家人事部博士后管理处以及学校社会科学部学术人才队伍建设的调研工作。

【学术交流】 2009 年,除由学院主办的"中国广告趋势论坛""中国传媒创新年会""海峡两岸华文出版论坛"等品牌性的学术活动继续成功举办外,6 月 7 日,2009 年度北京大学国际修辞传播学前沿论坛在北大英杰交流中心举行;9 月 6 日,北京大学新闻学研究会 2009 年会——"纪念五四运动 90 周年暨五四时期新闻传播专题史研究学术研讨会"召开;10 月 22 日,由学院同美国西北大学和美国整合营销协会共同主办的"全球品牌峰会"在美国芝加哥举办;学院还主办了第五届两岸三地五院一网研究生研讨会。

【教学改革】 2009 年,经过近一年的组织协商工作,新闻与传播学院受委托协助学校完成大类平台课建设,并于 2009 年秋季正式开课。新闻与传播学院开设(开放)的大类平台课包括新闻学、传播学、视听语言、跨文化交流学、新媒体与社会等。

2009 年 9 月经学校方面许可,新闻与传播学院按照学校提出的增加人才培养方案多样性的倡议,试行"3+2"学生培养模式,并已经开始招生。

2009 年,肖东发教授开设的编辑与出版专业基础课"中国图书出版史"年被评为北京市精品课程;刘德寰教授的"建立立体化、多层次的传播学研究方法课程体系"获得北京大学优秀教学成果一等奖;陆绍阳教授的"以电影课为平台建构素质教育品牌课程"获得二等奖。

【学生工作】 2009 年,学院积极发挥自身优势,建立平台,为学生的自我教育、自我成长提供适当的机会和引导。学院学生工作明确了增强学生集体意识、提高学生自身素质、拓展学生个人能力、推动学生全面成才的工作主题,着眼于把握学生特点,突出育人核心;着力于打造活动平台,深化服务意识;发挥学院优势,营造学院文化;同时强调制度建设,提高业务水平,促进可持续发展。

2009 年,学院学工办组织学生参与了"爱乐传习"项目。整个项目中共招募了 38 名爱乐传习音乐教室教员,几乎涵盖了本科和研究生每个年级,并包含了一些平日里不活跃学生。这项活动的开展,丰富了学校第二课堂的育人体系,更为学院的文化建设贡献了力量。为全面培养学生能力,提升学生素质,学院分别在 2007—2009 级组织了读书会和英文电影欣赏。通过这些形式,学院将第二课堂向学生的日常生活中做了延伸,切实为提高学生课外生活质量作出了贡献。

2009 年,学工办为培养学生的学术和专业素质举办了一系列相关活动,其中包括设立学术奖学金、举行"西藏一年"纪录片发布会、举办媒体课堂以及有关学术规范、媒体从业者社会责任感等主题的系列讲座。学院积极组织师生参加学校运动会、"一二·九"歌咏比赛等多项文体活动,取得了良好的成绩。

人口研究所

【发展概况】 2009 年,人口研究所在编教职工 19 人,其中专职科研与教学人员 14 人,有教授 5 人,副教授 5 人,讲师 4 人,其中博士生导师 5 人。另有博士后在站研究人员 3 人,聘任国内外客座教授 10 余名。人口研究所具有多学科交叉、结构合理的学科团队和梯队,目前教学科研队伍都具有博士学位,研究队伍来自人口学、经济学、社会学、人类学、生命科学、计算机、医学、公共卫生、地理学、环境科学等多个学科。

【科研活动】

1. 科研成果。人口研究所近年来强调多学科交叉研究，加大国际前沿学术交流，鼓励出高质量英文文章。2009年出版专著2部、编著3部、译著1部；发表文章52篇；另外撰写咨询报告10篇；会议论文44篇。

2. 获奖情况。多次获得省部级以上重大学术奖励及个人奖励。

2009年，郑晓瑛教授所在团队提交的论文"少数民族残疾人现状调查"荣获中国人口学会颁发的"民族人口专业委员会年会暨首届穆斯林人口与发展论坛"征文活动一等奖。

2009年，北京大学人口研究所残疾科研团队撰写的研究报告"中国残疾预防的对策研究"获中华预防医学会颁发的"2009年中华预防医学会科学技术奖"二等奖。

2009年，北京大学人口研究所向国务院提交的"第二次全国残疾人抽样调查数据分析报告"获得国家教育部颁发的"2009年高等学校科学研究优秀成果奖"（人文社会科学）（报告类）三等奖。

2009年，北京大学人口研究所"中国人口重大出生缺陷干预的可控性研究及其干预应用"获教育部"高等学校科学研究优秀成果奖"——科学技术进步一等奖。

3. 科研项目。人口研究所每个教师都有自己主持参与的科研项目和课题。2009年人口研究所各种在研项目32个，其中2009年新立项的项目24个，在2009年完成的项目有12个。

作为首席科学家，郑晓瑛教授主持的科技部"'973项目'：中国人口重大出生缺陷遗传和环境交互作用机理研究"和宋新明教授承担的科技部国家科技支撑计划课题"出生缺陷人群监测与综合干预模式及示范研究"进展顺利。

郑晓瑛教授和陈功副教授组织主持的近年来联合国人口基金在华资助的最大研究项目"中国青少年生殖健康可及性政策发展研究"已经顺利完成全国抽样调查，并在此基础上形成了初步数据分析报告。项目另一项重要内容"定性访谈工作"也进展顺利，接近收尾阶段。

2009年北京大学人口研究所获得两项国家社科基金项目，分别为胡玉坤副教授主持的"国家与农村妇女就业——对西部三个村落60年变迁的比较研究"和张蕾博士主持的"中国分区域残疾人口需求与服务利用研究"，项目进展顺利。

2009年北京大学人口研究所获得一项教育部人文社科基金项目，是由武继磊博士主持的"基于GIS平台的我国区域残疾人口致残因素分析"，目前进展顺利。

【社会服务】 积极参加社会服务，多名教师在相关学术机构担任兼职教师和咨询顾问。

多名教师已在相关学术机构兼职或担任咨询顾问。2009年，中国疾病控制中心慢病中心（NCNCD）/国际生命科学学会中国办事处（ILSI-China）联合成立中国儿童早期发展问题委员会，郑晓瑛教授担任首届专家委员。乔晓春教授担任国家人口和计划生育委员会综合改革专家组长，穆光宗教授担任副组长。陈功副教授被聘为国家信息和无障碍建设专家组技术专家。

2009年4月28日，穆光宗教授被国家民政部聘请为全国养老服务体系建设专家委员会专家委员。陈功副教授被聘为民政部"十二五"规划编制专家咨询组专家。

2009年6月15日，北京大学人口研究所应全国妇联国际部和中国妇女研究会之邀，出席了"北京＋15"启动会。会议以2009年10月召开的菲律宾奎松亚太地区妇女非政府组织论坛和即将在2010年3月在纽约联合国总部召开的部长级会议为契机，期望通过回顾评估《北京行动纲领》在亚太地区的执行情况，并讨论和回应本地区性别平等遇到的新挑战，最终能够推进中国男女平等事业的发展和对国际妇女运动的参与。胡玉坤副教授、庞丽华副教授和张蕾博士分别就"妇女与环境""妇女与健康"等主题承担了相应的报告撰写任务。

2009年12月，人口研究所向联合国人口基金提交了《中国青年性与生殖健康：事实与数据》研究报告，该报告回顾了过去二十多年来青少年生殖健康现状，提出面向青年人的性与生殖健康信息、教育及医疗保健服务，仍明显滞后于现实需求；青年人性与生殖健康的知识、态度、行为及健康状况仍不容乐观；中国迄今所做的种种努力距离2015年前普及生殖保健的目标仍有相当大的差距等现实问题。倡导满足青少年独特的需求并保障其权利，并将其纳入一个不容漠视且亟待关注的政策领域。

【国际合作】 2009年人口研究所国际合作的优势继续扩大，在以往基础上进一步深化合作并且取得累累硕果，其中主要有：

2009年7月20—24日，北京大学人口研究所副教授庞丽华博士、张蕾博士、刘岚博士、韩优莉博士受邀参加由中国国务院医改领导小组办公室和世界银行联合主办的"效果评价研讨会——发展项目效果评价：从预期到实证"。庞丽华博士作为世界银行特别邀请的中国地区项目讨论主持人，指导了分组讨论，并为参会人员开设了STATA统计软件应用的课程。张蕾博士、刘岚博士、韩优莉博士均参加了技术专家组关于计量经济学、统计学方法以及理论联系实际的案例研究方法等内容的讨论和学习。

2009年7月28日,由联合国人口基金会、国务院妇女儿童工作委员会和北京大学人口研究所联合主办的"中国青少年生殖健康可及性政策发展研究"项目启动暨调查方案研讨会在北京召开。这标志着我国首次进行的具有全国代表性的青少年生殖健康调查正式开始。

2009年8月,北京大学人口研究所与联合国人口基金签订了"Development of Youth Sexual Reproductive Health: Facts and Figures"的项目合作协议,就中国青少年性与生殖健康的发展研究进行了回顾和总结,并在北大人口研究所组织的全国青少年生殖健康抽样调查数据结果的基础上形成了最终报告。

2009年7—8月,北京大学人口研究所人口贫困地区健康研究组调研团与盖茨基金会北京办公室一道在青海省玉树县及囊谦县的大小苏莽地区进行了为期二十天左右的现场调查。调查由北京大学人口研究所与苏莽基金(Surmang)及中国农村联盟(Amara)合作,通过对苏莽医疗服务的工作模式的整体评估,积极探索改善贫困边远农村地区人口健康的出路。

2009年10月27日下午,由中国科协联合国咨商工作生命科学与人类健康专业委员会(CCLH)、中华预防医学会、北京大学人口研究所共同主办的"中国儿童发育于神经科学论坛"在北京顺利召开。国家卫生部国际合作司资深顾问、中国科协联合国咨商工作生命科学与人类健康专业委员会(CCLH)主席李世绰先生,中华预防医学会副会长、秘书长蔡纪明教授到会致辞,北京大学人口研究所所长郑晓瑛教授担任会议的主持人。会议论坛展开了热烈的讨论,成为了第三届预防医学年会的一个亮点。

2009年10月29—30日,在由中国发展研究基金会(China Development Research Foundation, CDRF)和联合国世界粮食计划署、世界银行、联合国儿童基金会共同主办的"反贫困与儿童早期发展国际研讨会"上,人口研究所所长郑晓瑛教授代表北京大学做了"儿童早期发育的经济投入与社会发展"的报告,报告得到了国内外学者的热切关注。

【学术交流】

1. 国际学术交流。人口研究所开展了广泛的国内外学术联系和合作。2009年人口研究所接待重要外宾来访30余次,邀请海外讲座专家短期讲学和合作10人,教师出访美国、日本、新加坡、墨西哥等国家。

2009年2月17—20日,郑晓瑛教授作为亚太经合组织(APEC)生命创新委员会领导委员会成员受邀参加"APEC生命科学创新论坛",该论坛在墨西哥召开,以建立国际合作交流、防范及遏制不法药物流通、保护民众健康安全为宗旨。

2009年4月30日—5月2日,任强副教授应邀参加2009年美国人口年会,提交了题为"Should We Have Been Born Urban: Hukou Types and Dual Labor Market at Southeast China in 2005"的学术论文。

2009年8月,胡玉坤副教授前往新加坡参加题为"Inter-Asia Roundtable on Gender Relations in the 21 Century Asian Family"的学术会议。

2009年9月,黄成礼博士前往日本做为期一年的访问学者,主要从事"日本医疗体系调查及文化活动"方面的研究。

2009年9月27日至10月2日,任强副教授应邀前往摩洛哥参加第26届国际人口大会,并在会议上做了题为"Returns to Education and Wage Disparity in a Transitional Labor Market: Evidence from China 2005 National Survey"的发言。

2009年11月2—5日,郑晓瑛教授受邀前往参加"基因组学国际大会"(The 2009 International Conference on Genomics (ICG IV)-Human and Beyond),该次年会主题为"从人到万物",郑晓瑛教授与来自各方的专家在汇报基因组学领域最新科研进展发面展开了深入探讨。

2. 学术会议。人口研究所继续定期打造具有重要影响的三个全国学术交流平台,并召开高水平国际会议。

2009年7月22—23日,北京大学人口研究所、中国人口学会和联合国人口基金联合主办第五届人口学家前沿论坛,大会主题为:以多学科视角应对人口问题。来自全国人口学、社会学、经济学、管理学、公共卫生、统计学、心理学、社会保障等30多个学科领域研究机构以及政府、非政府部门近300名代表参加了大会,并参与专题报告和分论坛讨论。

2009年10月21日,北京大学人口研究所/老年学研究所、中国老年学学会教学与研究委员会、全国老龄工作委员会办公室在北京大学正大国际中心二层会议厅联合召开了"第五届中国老年学家前沿论坛",本次论坛的主题是"持续的人口老龄化挑战与战略应对"。本次论坛得到了各方面领导、专家以及与会代表的高度评价,在借鉴国际经验的基础上,政策制定者、研究者和实际工作者进行深入交流和互动,对中国面临的持续人口老龄化形势和问题进行了讨论和分析,提出了战略应对建议。

2009年11月6日,由北京大学人口研究所、国家人口计生委办公厅共同主办的第七届中国人口问题高级资讯会在北京大学正大国际中心隆重召开。会议的主题是"城乡统筹发展中的人口问题"。中央政策研究室、国务院研究室、国务院妇儿工委、国家发改委、民政部、人保部、全国政协人口资源环境委员会有关负责同志,北京大学、华东师范大学、河北大学、南京人口学院、中国社科院、卫生部信息中心等高校和科研机构的专家学者,城乡统筹改革试验区的代表,共160多人参加了会议。

2009年12月1—2日,残疾人社会保障与服务国际论坛在广州市开幕,北京大学作为主办方之一,来自德国、丹麦、比利时、瑞典、卢森堡、挪威、中国等国家的政府官员、残疾人组织代表和专家、学者共200多人出席论坛。北京大学人口研究所常务副所长陈功代表北京大学中国残疾人事业发展研究中心和北京大学人口研究所人口健康课题组向大会做了主题汇报,来自英国、挪威、瑞典的三位专家学者以及国内两位政府有关部门的领导作了报告。

【教学改革】 2009年,人口研究所有硕士研究生34人(含留学生6人)、博士研究生人34人(含留学生2人)、博士后工作人员3人。

人口研究所鼓励研究生从事研究和社会实践工作,2009年派出2名博士生前往国际名校交流访学。在2009年北京大学"挑战杯"五四青年科学奖竞赛中,人口研究所荣获研究生组集体三等奖和优秀组织奖。2009年在乔晓春教授等主持下开办第三期暑期社会科学方法培训班,来自全国超过200名师生参加了培训,成为国内社会科学方法培训的品牌。

在2008年的工作基础之上,人口研究所基本完成了对教学方案和课程大纲等内容的修改,并进一步修订了《人口研究所中长期发展规划》。

【管理规划】 人口研究所党支部积极参与并按照学校和经院党委要求开展活动,组织重点学习十七大、十七届三中全会、十七届四中全会相关政策文件内容,要求所有教师党员都应该本着求真务实的精神,学习好、实践好科学发展观,将学习、实践科学发展观与学科建设相结合,进行广泛的学习和调研,并为学校和人口研究所发展建言献策。人口研究所党支部组织召开了中青年教师、民主党派教师等多种类型的座谈会,听取对于人口研究所及学科发展方面的意见,研究提出人口研究所发展思路。由人口研究所所长,行政办公室,党支部,团委,学工组,学术委员会,重大项目和研究机构负责人等组成的人口研究所联席会充分发挥作用,保障了人口研究所的发展和良好运行。

2009年,在学校领导支持下,在周其凤校长来人口研究所调研的鼓舞下,人口研究所师生形成了个人进步和团队发展的良好势头,进一步显示了团结进取、奋发有为的气象,充分发挥团队研究和多学科交叉研究的优势,取得了较大的进步和良好的成就。

国家发展研究院

【发展概况】 北京大学国家发展研究院成立以来,致力于中国社会科学的国际化、规范化、本土化,推进学科体系、学术观点和研究方法的创新,按照"小机构,大网络"的原则,组织跨学科的综合研究,培养综合性的国家发展高级人才。

【教学工作】 国家发展研究院按国际一流大学的标准开设博士、硕士、本科生双学位、MBA及EMBA课程,每年招收各类学生近千名。为提高博士的论文水平,每周三举行博士生研讨会,会上各位博士生围绕各自的研究情况进行交流,成效明显。今年毕业的博士生中有10多位到高校任教或作博士后,还有优秀的毕业生被国内高校给予海归待遇。邀请国外大学教授来国家发展研究院授课,让学生了解最前沿的经济学。开设多种研讨课,老师与同学充分进行讨论,如:中国宏观金融实证研究、劳动经济与人口实证研究,健康经济学,微观金融研究等。

制定了新的双学位课程计划,建立信威奖学金,与《21世纪经济报道》联合举办了北京大学21世纪财经新闻班。在做好日常各项教学工作的同时,我们还进行了一系列的服务于社会的培训工作,坚持每年举办的品牌项目:全国优秀大学生经济学夏令营、女经济学者培训、财经记者奖学金班等,在社会上收到很好的效果,也得到很高的评价,为北京大学创造世界一流大学起到积极的推动作用。

BiMBA开办全球金融硕士项目,对于有对兴趣在金融方面强化自身专业能力BiMBA学员和校友,在完成常规MBA学位全部课程之后,可向BiMBA申请进修该项目。为迅速提升EMBA学员国际化视野和胸怀,开办国际化管理课程,带领学院参访国际化的公司与企业,从调研与访谈中学习国际化的经验。

国家发展研究院有以下教授获得教学方面的奖项:林毅夫,北京大学2009年优秀博士学位论文指导教师三等奖;朱家祥,北京大学2008—2009年度教学优秀奖;雷晓燕,北京大学第八届青年教师教学演示竞赛二等奖;余淼杰,北京大学2009年度研究生课程建设项目。

【科研工作】 对中国经济各个领域改革和发展的重大问题进行大量调查研究,写出了一系列报告;同时在当代经济学理论上也卓有建树,在国际一流经济学刊物等国内外学术期刊发表论文和出版专著。宋国青、卢锋教授主持的"开放宏观研究"形成年度性报告草稿;周其仁教授主持的"成都征地制度改革的研究",在大量实地调查的基础上完成了综合报告和9个专题报告,在国土部与四川省联合召开的全国性会议上发表;全国哲学社会科学规划办公室向北京大学党委发出"关于北京大学周其仁同志研究成果受到有关领导和部门重视"的通报;曾毅教授主持的人口与经济发展研讨会,新书《低生育水平下的中国人口与经济发展》已经公开出版。

国家发展研究院有以下老师获得科研方面的奖项:姚洋获第二届张培刚发展经济学奖一等奖,其专著《健康、村庄民主和农村发展》荣获2009年教育部高等学校科学研究优秀成果奖(人文社会科学)二等奖,论文"中国出口品国内技术含量升级的动态研究——来自全国及江苏省、广东省的证据"获孙冶方经济科学奖;李玲等的研究报告"中国医药卫生体制改革总体方案"荣获2009年教育部高等学校科学研究优秀成果奖(人文社会科学)三等奖;唐方方获批2009年度国家自然科学基金委资助项目;鄢萍获批2009年度国家自然科学基金委资助青年科学基金项目;赵耀辉获批2009年度国家自然科学基金委资助重大国际合作项目;余淼杰获批2009年度桐山教育基金研究资助;鄢萍获批2009年度桐山教育基金研究资助。

2009年国家发展研究院新进3位教员:杨壮、黄益平及徐建国。

国家发展研究院新出版英文刊物 China Economic Journal (CEJ),该杂志由英国 Taylor & Francis 出版集团下属的著名机构 Routledge Journals 面向全球发行,该杂志旨在向英文读者介绍有关中国经济发展的深度观察和专业分析,发表论文定位于采用规范和严谨的经济学方法考察中国经济发展面临的重大问题,同时注意避免过于理论性和技术性的推导和处理过程,以便更为广大英文读者群能分享经济学家对中国经济现实问题的专业研究成果。继续举行"中国经济观察报告会",定期发布"朗润预测",对国际货币体系改革和当前宏观经济形势进行讨论。国家发展研究院不定期举办的经济理论与政策研讨系列讲座共76期、出版《简报》112期和中文讨论稿18期、英文讨论稿9期等,在学术界、舆论界和决策层受到好评。《经济学季刊》作为一本经济类专业刊物,创刊六年来已经得到经济学界的广泛关注。2009年12月第九届中国经济学年会在浙江大学举行。自2001年第一届中国经济学年会在北京大学国家发展研究院召开以来,已经成功举办了九届,每届大会都受到社会各界的关注,得到企业界和举办方所在地政府部门的鼎力支持,中国经济学年会的举行为推进我国各高校经济学的发展做出了贡献。

【学术交流】 在国际学术交流方面,除参加各种国际学术会议外,国家发展研究院还通过北大国际 MBA 系列讲座、金融论坛、北大汇丰论坛、严复经济学纪念讲座等不同形式,邀请世界著名学者、专家、政治领袖、企业精英等人物来北大讲学或演讲。

2009年6月1日上午,作为美国总统奥巴马的特别代表,新任财政部长蒂莫西·盖特纳(Timothy Geithner)在为期三天的访华行程中,特地前往北京大学国家发展研究院,发表题为"美中合作:复苏经济与促进增长"的演讲。

2009年6月27—28日,"第六届中国女经济学者国际研讨会——基于微观数据的实证研究"成功召开。本次研讨会由中国女经济学者研究培训项目、北京大学国家发展研究院中国经济研究中心主办,赞助方为福特基金会。第十一届 NBER-CCER"中国与世界经济"年会于2009年7月2—3日在北京大学国家发展研究院中国经济研究中心顺利举行。

2009年7月30—31日,北京大学国家发展研究院举行了"第二届中国健康与养老国际研讨会",专门讨论"中国健康养老追踪调查(CHARLS)"2008年在浙江和甘肃预调查的结果。在老龄和健康领域的许多国际国内知名专家莅临了本次会议。

2009年11月9日下午,美国著名经济学家,1972年诺贝尔经济学奖获得者肯尼斯·约瑟夫·阿罗到访北京大学国家发展研究院,并作为第七届严复经济学纪念讲座的主讲人,在万众楼向北大师生做了题为"可持续性与财富测量"的报告。国家发展研究院与瑞典斯德哥尔摩经济学院合作,交流互访,共同举办研讨会。

【党风建设】 为了更好地体现"小机构、大网络"的原则,组织跨学科的综合研究,培养综合性的国家发展高级人才,国家发展研究院组织"人文与社会"跨学科讲座,邀请哲学、社会科学等领域专家进行专题讲座。举行国家发展研究院系列报告会,邀请陈锡文、黄奇帆、易纲等同志做专题报告。建立国家政策试验室,一方面做实地调研,一方面做研究实验。在师资队伍的建设方面,按照继续发挥"50后"教授团队的作用,强化"40后"教授团队的影响力,筹建"30后"教授团队的思路,加强发展研究院的师资队伍建设。增加了12位特聘课程教授,拟进一步聘任一批"合聘教授",扩大教师队伍,为学生开出更好的课程。更新理事会与学术顾问委员会名单,进一步强化各理事、顾问与国家发展研究院的关系。设立新的研究中心,"北大国家发展研究院健康老龄研究中心"已经设立,下一步将设立"法律经济学研究中心",真正形成跨学科的平台。国家发展研究院注重网站建设,中文网站与英文网站都非常有特色。国家发展研究院的英文网站在北京大学英文网站的评选中获得一等奖。

组织全体教工及党员参观访问大连东软集团,深圳万科集团,深圳汇丰商学院。同时为全体教工及党员举办各种各样的生活、学习及职业发展相关的讲座。通过学习与交流,凝聚了人心,鼓舞了士气。

国家发展研究院 2009 年的所做的各项工作,得到了北大领导和社会各界的支持,凝聚了一批具有共同理想和信念的师生员工的心血,大家共同的努力和奉献创造了现在的成果。回顾过去,展望未来,国家发展研究院将与时俱进,为将国家发展研究院建设成世界一流的科研、教学机构而努力奋斗。

体育教研部

【发展概况】 2009 年,体育教研部有在职人员 57 人,其中教员 47 人,教务 1 人,教辅人员 9 人。体育教研部领导班子完成换届,新任行政班子:主任郝光安(主管全面工作)、副主任李杰(主管体育教研部场馆后勤兼任北京大学体育馆馆长)、刘铮(主管代表队和群体)、李宁(新增、主管教学)。体育教研部直属党支部的选举结果:书记张锐(主管支部、工会和体育科研工作)、副书记钱永健(主管青年、安全保卫工作),支部组织委员郝光安、宣传委员李德昌、统战委员李朝彬。

在确认新的领导班子之后,体育教研部的中层组织机构在 6 月 19 日确定,详见下表。

表 6-12　体育教研部的中层组织机构

机构	主管主任	主任	副主任	分管内容	备注
教学	李宁	萧文革(兼人事)	吴昊(新)	安排课程,协调日常工作	原万平
代表队	刘铮	滕炜莹	戴明辉	协调招生、比赛,训练	
群体	刘铮	李志贵	钱俊伟(新)	协调处理课外协会体育活动	原王丽文
科研	张锐	董进霞	王东敏(新)	规划安排处理相关问题	
场馆中心	李杰	杨里昌	闫东旭(新)	服务教学群体科研训练等	
资源开发	郝光安	李海	武援朝	合理利用资源进行合理开发	
研究生	郝光安	何仲恺	唐彦(新)	协调处理研究生工作	
信息宣传	张锐	吴定峰(新)		网络信息宣传与支部配合	新增
办公室	李宁	赵慧增		处理日常事务	

另有董进霞、赫忠慧、郑重分别到美国、瑞典和德国进修学习一年。

【体育教学】

1. 体育课按计划时间上课。2008—2009 学年度第二学期体育课从 2 月 16 日开始上课。计划开设 222 个班,其中:本科 208 个班(必修课 206 个班,加 2 个任选班),研究生选课 11 个班以及体育教研部 3 个研究生班。

2009—2010 学年度第一学期体育课从 9 月 14 日开始。

2. 暑期课程。6 月 29 日至 7 月 10 日,经过 12 天的体育暑期课程圆满结束,参加暑期教学的有吴昊老师、何仲恺老师、赫忠慧老师、袁睿超等老师。

3. 落实"阳光体育"精神 体现北京大学冬季体育锻炼特色——未名湖冬至封冻,北京大学冰场滑冰课恢复。2002 年以来因为北京暖冬现象,几年滑冰课没能进行。2009 年入冬以来天气寒冷为滑冰课的恢复提供了条件,太极拳、拓展、棒垒球等班的同学,在老师的带领下,在最后的一节课上了滑冰课。体育教研部提早做好预案,冰场进行围挡,保障冬季滑冰活动的顺利开展,落实"阳光体育",体现北京大学冬季体育特色。

【体育代表队活动】

1. 北京大学体育特长生 2009 年招生测试工作举行。北京大学体育特长生招生测试工作 1 月 4 日、5 日举行,来自全国有体育特长的应届高中毕业生 300 多人踊跃前来参加测试。测试涉及篮球、足球、乒乓球、羽毛球、赛艇、田径、健美操等项目。测试本着公平、公正、公开的原则,按照国家的有关规定和程序进行录取。每年招生工作安排两次,分别在岁末和 3 月份进行。学校招生办公室派老师监督招生工作,体育教研部各个专项的老师负责本项目的测试工作,聘请专家把关,力求测试公平合理,让参加测试的学生和家长满意。

2. 北大女篮喜获 CUBA 东北赛区女子组冠军。CUBA 东北赛区决赛于4月2日在大连理工大学刘长春体育馆主馆举行,哈尔滨工业大学男篮、北京大学女篮分别战胜山东科技大学男篮、北京师范大学女篮,夺得东北赛区冠军。

在最后的决赛中,北京大学女篮以62:47战胜北京师范大学女篮。本场比赛北大8号腾跃拿下全场最高20分,15号花琳拿下15分11个篮板。

3. 北京高校47届田径运动会北大称雄——北京大学包揽4个团体总分,获得15块金牌和体育道德风尚奖。2009年5月5日下午5点,北京市第47界高校运动会在北京航空航天大学落幕。北京大学以包揽甲组四个团体总分第一的成绩,而成为本次运动会的最大赢家。这是北京大学自1990年以来,首次在北京高校上取得团体第一的成绩。团体总分超过清华大学39分,并且包揽了甲A男子团体、甲A女子团体、甲A男女团体、甲AB男女团体第一的全部奖项。在这次比赛中,北大共取得了15个项目的第一、8个银牌、8个铜牌以及体育道德风尚奖的好成绩。5日晚,北京大学党委副书记张彦,会见了参加比赛的全体运动员和教练员,并代表学校为参赛队员举行了庆功宴。

4. 第11届CUBA北大女篮第二,获得历史最好成绩。6月22日下午,第11届CUBA中国大学生篮球联赛女子总决赛在北京大学体育馆举行。北大女篮在罚球加时赛中失利,最终负于北京师范大学女篮,虽未能实现冲击冠军的夙愿,但仍取得自2003年进入八强以来的最好成绩。

5. 世界大学生运动会圆满落幕,北京大学新闻与传播学院学生赵冉获得半程马拉松比赛冠军。北京大学新闻与传播学院2007级学生赵冉于当地时间7月11日上午8:30举行的半程马拉松比赛中,以1小时4分28秒力压日本选手大西知也夺得中国大学生代表团在本次大运会上的第一块田径金牌。这是北京大学在竞技体育领域取得的第一个世界冠军。

7月14日下午,北京大学体育教研部主任郝光安,副主任刘铮以及负责代表队训练的滕炜莹老师、戴明辉老师在北京大学南门迎接参加贝尔格莱德世界大运会的北京大学健儿载誉归来。参加贝尔格莱德世界大运会的北京大学健儿有:教练吴尚辉、长跑队员赵冉、跳远队员刘晓、三级跳远队员李洪鹏、100米队员黄燕丽、400米队员常鹏本。

6. 第十三届全国大学生羽毛球锦标赛北京大学获得两项冠军。8月8—14日,凯胜杯第十三届全国大学生羽毛球锦标赛在宁夏回族自治区北方民族大学举行,共有61所院校参加了羽毛球团体、单项比赛,北京大学派出领队戴明辉、教练李志贵、3名女运动员、4名男运动员和1名裁判员参赛。新传学院硕士生望开立获得甲组男子单打冠军,新传学院硕士生望开立和国关学院新生严凤超获得甲组混合双打冠军,国关学院李奕羲、严凤超、谭偲获甲组女子团体亚军,新闻传播学院望开立、光华秦悦获甲组男子团体第八名,国关学院李奕羲获甲组女子单打第三名,信管系徐学昊获乙组单打第八名的好成绩;北京大学被评为体育道德风尚奖,李奕羲、严凤超被评为优秀运动员。

同时,中国大学生羽毛球协会理事会进行了人员调整。北京大学科技园董事长被聘为中国大学生羽毛球协会副主席,北京大学体育教研部李志贵被聘为中国大羽协竞赛部主任。比赛期间,北京大学博导、北方民族大学副校长(原石河子大学副校长)赵杰与北大、北方民族大学、石河子大学三校羽毛球队进行了交流。

7. 国际名校赛艇挑战赛落幕北京大学代表队夺冠。8月30日上午,2009国际名校赛艇挑战赛在云南玉溪抚仙湖"鸣金收兵",中国北京大学代表队以明显优势夺得本届比赛冠军,美国耶鲁大学代表队获得亚军,中国的清华大学、华南师大代表队也分获三、四名的好成绩。

8. 北京大学乒乓球队在第15届全国大学生乒乓球比赛中获得一金三铜。在第十五届全国大学生乒乓球锦标赛中,北大乒乓球队顽强拼搏、团结协作,夺取了男团第一、女团女双男单第三的好成绩,为学校赢得了荣誉。

9. CUBA新赛季开幕,北大男篮先拔头筹,94比63大胜首师大。10月13日晚7点15分,第十二届CUBA中国大学生篮球联赛开幕式暨北京市预赛揭幕战在首都师范大学拉开帷幕,北大男篮对阵首师大男篮展开了首场角逐。北大男篮不辱使命以94比63大比分夺取首场胜利。北京大学校友、"申奥大使"桑兰亲临现场为北京大学加油助威。

北京高校乒乓球锦标赛北京大学获得五金

12月5日至6日,2009年北京市高校乒乓球锦标赛在北京外国语大学举行,北京大学乒乓球队一举获得五项冠军。按照比赛规则,北京大学被编入实力较强的甲组,参加男女团体、男女双打、男女单打共六个项目的比赛。经过顽强拼搏,北京大学男团、女团、男女双打、女单分获冠军,北京大学乒乓球队再次称雄北京高校锦标赛。

【群体活动】

1. 为落实阳光体育精神北京大学早操和课外锻炼开始。3月9日,早操和课外锻炼开始注册,采用北京大学计算机系与体育教研部联合开发研制的"手指皮下静脉识别系统"记录同学们的考勤情况。

2. 北京大学举行"爱自己会生活"体育类社团风采展示活动。继3月23—24日健康教育现场咨询活动拉开北京大学2009年"爱自己会生活"春季健康教育活动的序幕后，18家体育健身类社团于3月25日至27日在三角地和大讲堂广场进行了魅力风采展示活动，推动健康教育活动进一步深入进行。

3. 北京大学第16届体育文化节暨田径运动会举行。北京大学第16届体育文化节暨田径运动会于2009年4月24—25日在五四体育场举行。在25日上午举行了开幕仪式。来自全校的48个院系所的师生参加了入场仪式，随后是由近1500名学生和1000名教职工组成的太极拳、健美操和扇子舞大型团体操表演。近1000名学生51个项目和12个趣味项目的比赛；1200名教职工参加了52个项目的比赛。许多趣味项目的预赛安排在早操和课外锻炼时间进行。

应邀出席运动会的嘉宾有：中国教科文卫体工会全国委员会副主席万明东，北京市总工会副主席原增锁，教育部体卫艺司体育处处长卢逊，北京市教育工会副主席刘欢，北京市教委体美艺处副处长刘兆武等。北京大学党委书记闵维方、校长周其凤、党委常务副书记吴志攀、校务委员会副主任林钧敬、党委副书记王丽梅、副校长鞠传进、副校长海闻、医学部党委书记敖英芳等参加了开幕式。开幕式由北京大学副校长岳素兰主持。

4. 第23届京华杯棋牌赛北京大学获胜。4月4日，第23届"京华杯"北大、清华棋类桥牌友谊赛在清华大学创新大厦二层多功能厅举行。经过一天的激烈角逐，北京大学代表队获得本届比赛冠军，取得了"京华杯"三连冠的佳绩。本届比赛之后，北京大学在历史战绩上以14∶9暂时领先。

中国棋院院长华以刚，北京大学副校长岳素兰，清华大学党委副书记韩景阳，以及两校工会、体育教研部和团委的主要负责人出席了开幕式。北京大学党委副书记张彦、清华大学党委副书记韩景阳共同出席闭幕式并为北京大学代表队颁发了"京华杯"。

5. 深圳大运会再掀"骑迹"文化骑行活动出征——北京大学副校长岳素兰出席致辞。北京时间5月16日上午10时，2009晨光乳业"北京—深圳—贝尔格莱德"大运文化骑行活动在奥林匹克公园庆典广场举行出征仪式。

北京大学三名同学参加此次出征骑行活动，以自行车协会同学为主的拉拉队在钱永健老师的带领下到现场为出征活动助威。岳素兰副校长在体育教研部副主任刘铮的陪同下接见了三名骑行同学，预祝他们征程顺利。教育部中国大体协副秘书长张燕军、深圳第26届世界大学生夏季运动会执委会副主席、深圳第26届世界大学生夏季运动会执委会执行局局长梁道行、《中国青年报》报社副主编辑毛浩、深圳市晨光乳业有限公司总经理杨志成、北京大学副校长岳素兰、清华大学学生处副处长韩标、北京体育大学党委副书记何珍文、北京奥林匹克公园管理委员会综合治理处处长张金彪等领导共同参加了本次出征仪式。

6. 2010年广州亚运会拉拉队全国选拔赛在北京大学举行。5月17日，"健力宝亚运拉拉队全国选拔赛"——北京大学海选赛点在北京大学体育中心举行，体育教研部主任郝光安为获奖运动队颁奖。

7. 学校中层干部拓展培训。5月29—30日，北京大学第36期干部培训班开班，体育教研部钱永健副教授应邀为培训班开展素质拓展训练活动，受到学员欢迎。

8. 北京大学500人参加天安门万人马拉松赛活动。10月18日，北京大学约500人参加了在天安门广场举行的万人马拉松跑活动。北京大学每年都参加在10月中旬举行的马拉松活动，今年带队的老师为李志贵和钱俊伟。

9. 阳光北大快乐健身，北京大学参加第一届首都高校普通学生田运会。10月25日，首都高校普通学生田径运动会在中央民族大学举办。北京大学共有16个院系的40名同学参加22个项目的比赛，是参赛人数最多的高校。最终，北京大学获得女子1500米、女子5000米两个项目的冠军，并取得了首都高校普通学生田径运动会甲组男女团体总分第四名、男子团体总分第六名、女子团体总分第四名、趣味项目比赛甲组团体总分第六名的好成绩。北京大学也因出色的组织工作荣获最佳组织奖。

10. 阳光冬季，快乐长跑，北京大学举行第三届冬季长跑活动。12月4日，北京大学第三届冬季长跑活动举行，共有3000多名北大学生参加了这次长跑。校党委常务副书记张彦、副校长岳素兰，体育教研部部长郝光安、党支部书记张锐，团委书记吕晨飞及体育教研部的部分教师出席了启动仪式。最终，男子组冠军被信息科学学院2008硕蒋威摘得，中文2007本陈富利夺得了女子组的头名。

11. 北京市大学生排球联赛落幕 北大女排勇夺冠军。2009年北京市大学生排球联赛在北京交通大学举行，来自22所高校的22支男队和14支女队参与了本届比赛。最终北京大学女排连克卫冕冠军中国传媒大学、北京航空航天大学等传统强队，荣获冠军；北京大学男排也击败卫冕冠军北京邮电大学、北京理工大学等强敌，荣获季军，为学校赢得了荣誉。

【体育科研】

1. 2009年北京大学体育科学报告会举行。2009年度北京大学体育科学报告会于1月7日在体育中心多功能厅举行。报告会由北京大学社会科学部常务副部长萧群致开幕词,吉林大学体育学院副院长宋继新先生做"建设体育强国大学体育的作为——体育过程的创新与实践"的报告,中央教育科学研究所吴健先生做了"体育科研的申报渠道"专题报告。下午体育教研部的8名老师和学生在会上做报告。本次报告会报送论文共计22篇,最后评出一等奖13篇,二等奖9篇。

2. 两岸三校体育论坛暨北京大学体育科学研究所揭牌仪式举行。10月28日上午,"北京大学-香港中文大学-台湾大学体育论坛暨北京大学体育科学研究所揭牌仪式"在五四体育中心举行。该论坛为第五届两岸三校学生运动友谊赛中重要的学术研讨活动。教育部学科发展与专业设置专家委员会委员季克异、北京市教委副主任杜松彭等领导应邀出席活动,北京大学副校长岳素兰、北京大学副校长张国有、台湾大学副校长包宗和等参加了此次活动。

3. 北京大学第三届武术论坛举行。12月31日,北京大学第三届武术论坛在北京大学体育中心多功能厅举行。北京大学体育研究所所长郝光安教授致辞,前中国武术院院长张山、前中共中央办公厅主任付西陆,还有东方仁、韩建中、李土生、萧启宏、门惠丰、李新民、朱瑞琪、张全亮、秦庆丰、孙旭、刘建华等来自全国各地武术知名人士和专家教授及武术院校的领导参加了本次会议,中美关系研究会会长 MR. White 和戴敏也参加了论坛活动。北京大学体育研究生常务副所长张锐与武术中心主任李士信教授主持会议。北京大学武术研究中心彭芳、李朝彬、钱永健、王丽文、王东敏、吴昊、李德昌等出席了会议。

【行政后勤管理】

1. 北京大学未名湖冰场继续施行有效管理。2008年底至2009年初,北京大学未名湖冰场继续施行管理:冰场进行围挡,保证滑冰秩序;部分老师在滑冰季节恢复了滑冰课;为同学们冬季课外活动提供滑冰的场地,特别是晚上还提供照明设施,方便师生夜间进行滑冰活动;保证校园有良好的秩序,尽最大努力制止游商活动。

2. 五四运动场整修工程10月完工,校领导验收五四体育中心运动场。北京大学五四体育中心运动场经过三个月的改造于2009年10月22日完工。此次改造在原有运动场的基础上针对教学与锻炼的要求做了一些改进,如:田径跑道采用无颗粒喷涂技术,草坪重新翻土新建;篮球场由原来的7块改造成8块,增设了休息石台;手球场地为标准的比赛场地;小足球场的入口改在场地两侧;排球场由原来的4块改造成8块;网球场地增大了端线与边网的距离,安全性增强;田径场地西北角增设了肋木与密码锁柜,供同学们锻炼身体与保存衣物。

【交流活动】

1. 北京市高校体育教学展示和交流会——北京大学体育课程建设汇报会。3月21日上午9:00,北京市高校体育教学展示和交流会暨北京大学体育课程建设汇报会在北京大学体育中心会议室举行。来自北京的40多所高校体育部的负责同志100多人参加会议,北京大学副校长岳素兰、北京市教育委员会体美处处长甘北林、北京市大学生体育协会秘书长刘启效、北京市大学生体育协会教学群体科研部部长张威出席会议并讲话。体育教研部主任郝光安介绍北京大学体育教学改革的情况,体育教研部彭芳、钱俊伟、余潜三位老师分别向与会者对北京大学的太极拳、拓展、游泳课进行"说课"介绍,随后四位老师对北京大学的体育教学、群体活动、运动训练、体质健康测试分别进行了介绍。会后,与会者参观了北京大学的体育设施。

2. 第三届北京市高校校长杯乒乓球比赛在北大落幕。5月10日,"第三届北京市高校校长杯乒乓球比赛"在北京大学未名湖畔的北大方正乒乓球俱乐部训练基地成功举办。本次比赛由北京市教育委员会主办、北京市大学生体育协会协办以及北京大学承办。来自北京大学、北京外国语大学、对外经贸大学等全市16所高校的36名校级领导参加了本次比赛,是历届比赛单位最多,人数最多的一次。全国人大常委会副委员长韩启德、北京市教育委员会委员杜松彭、中国大学生体育协会联合秘书处常务副秘书长张燕军、北京大学党委副书记张彦、北京市教育委员体育美育处处长甘北林、北京市大学生体育协会秘书长刘启孝等相关领导参加了开幕式。开幕式由北京大学体育教研部主任郝光安主持。

北京大学韩启德、岳素兰两位校领导代表我校参加了比赛,分别获得男子单打、女子单打冠军。韩启德院士为北京大学颁发"校长杯"。

第五届"两岸三校学生运动友谊赛"圆满落下帷幕

10月27—31日,北京大学承办了第五届两岸三校学生运动友谊赛。香港中文大学、台湾大学和北京大学的年轻学子们一同参观八达岭长城、故宫博物院、市规划展览馆、奥林匹克公园、798艺术区、王府井等北京历史人文古迹和现代城市建筑,充分领略了古都北京悠久厚重的历史积淀和奥运会后"绿色北京,人文北京,科技北京"的现代化气息。期间,三校的年轻学子们还在北京奥运会场馆——北京大学邱德拔体育馆中进行了篮球、乒乓球、羽毛球一系列友谊比赛。10月31日晚,闭幕式暨欢送晚宴在北京大学博雅会议中心举行。香港中文大学副校长黄乃正、台湾大学体育室主任康世平、北京大学副校长岳素兰先后致辞,并为获奖学生颁奖。

3. 第五届"方正杯"全国高校校长乒乓球赛圆满闭幕。11月29日晚,历时两天的第五届"方正杯"全国高校校长乒乓球赛在北京大学邱德拔体育馆落下帷幕。出席闭幕式的有北京大学党委书记闵维方、中共中央党校常务副校长李景田、方正集团总裁张兆东、北京市教育委员会副主任杜松彭、著名乒乓球运动员梁戈亮等领导嘉宾,以及来自全国100多所大学、教育主管部门的280余名参赛者。闭幕式由北京大学党委副书记张彦主持。

本届校长乒乓球赛的总裁判史桂兰宣读了各代表队的名次。经过两天的激烈角逐,广东队以不可辩驳的实力摘得桂冠,江苏队、北京队分别名列第二、第三。方正集团获得"特殊贡献奖",北京大学获得"最佳组织奖"。11月30日上午,参加第五届"方正杯"全国高校校长乒乓球赛的嘉宾在北京大学博雅国际会议中心参加了首届"校长杯"论坛。

【党支部、工会工作】

1. 体育教研部党支部与清华大学体育教研部党支部进行科学发展观调研活动。4月7日,北京大学体育教研部党支部与清华大学体育教研部党支部联合进行学习实践发展观调研活动。两校体育教研部的支部与行政领导在清华大学综合体育馆会议室座谈,就双方的学科建设、体育教学、运动训练、科学研究、场馆管理等诸多方面进行了交流。

2. 北京大学与国家体育总局击剑队学习探讨科学发展观调研活动。4月22日,北京大学副校长岳素兰率领体育教研部党政领导到与国家体育总局老山训练基地击剑队开展学习科学发展观调研活动,老山训练中心基地主任蔡家东及相关部门负责同志参加接待。双方就各自的情况做了介绍,并就未来发展合作问题交换了意见。

3. 北京大学与南开大学举行深入学习实践科学发展观活动。北京大学体育教研部于5月22—24日到天津南开大学进行学习实践科学发展观交流活动。

4. 2009北京大学体育部安全培训实练现场会举行。2009北京大学体育部安全培训实练现场会于7月10日在体育中心举行,后勤负责人杨里昌主持会议,体育教研部主任郝光安讲话。会上邀请校保卫部的专业干部授课,并现场进行消防与演练指导。体育教研部50余名相关人员参加了此次活动。现场会由体育教研部主管安全工作的钱永健老师筹划。

5. 体育教研部领导看望林启武。9月9日是北京大学教授、中国体育界老前辈林启武先生102岁寿辰,体育教研部领导前往北京大学燕东园看望林先生。

【其他】

1. 中国大学生"两操"协会北京秘书处挂牌仪式暨青少年健美操夏令营开营典礼在北京大学举行。中国大学生"两操"协会北京秘书处挂牌仪式暨青少年健美操夏令营开营典礼,7月15日上午10点在北京大学举行。中国大学生"两操"协会北京秘书处由北京体育大学转到北京大学,秘书长由北京大学体育教育部主任郝光安兼任。青少年健美操夏令营活动从7月15日至29日,持续15天,来自全国各地的近200名营员参加了活动。夏令营聘请了全国知名健美操教练开展基本功训练和多种休闲活动,受到家长和学生的欢迎。

2. 北京大学参加"我的中国心"方阵国庆群众游行活动。10月1日,北京天安门广场举行了盛大的首都国庆60周年群众游行活动。体育教研部吴定峰、吴昊、闵东旭老师参加了北京大学"我的中国心"方阵的组织工作;钱俊伟老师参加了国庆游行组织委员会的工作。

基础医学院

【发展概况】 北京大学基础医学院现设12个学系、1个教研室、1个研究所及1个医学实验教学中心。拥有"生物学"和"基础医学"2个博士学位授权的一级学科(涵盖12个二级学科)、7个国家重点学科、1个北京市重点学科、2个博士后流动站、4个省(部)级重点实验室,拥有一些国际先进水平的科研基地和实验技术平台。基础医学院现有教职工410人,其中教授65人、副教授67人;具有博士学位者151人,硕士学位者65人。基础医学院师资力量雄厚、治学严谨,有一批国内外著名的专家、学者。其中中国科学院院士4人、中国工程院院士1人、"长江计划特聘教授"8人、国家杰出青年科学基金获得者7人。享受国务院政府特殊津贴20人,获"国家人事部有突出贡献中青年专家"称号的4人,获"卫生部有突出贡献中青年科技专家"称号的5人,教育部跨世纪优秀人才2人、教育部新世纪优秀人才9人、北京市教学名师4人。

【教学活动】 2009年,基础医学院基础医学专业毕业学生5名,招收新生68名,医学实验专业毕业学生29名,招收新生42名,现有在校本科生1077名；基础医学院毕业研究生135名，其中博士生84名，硕士生51名；招收研究生165名，其中博士生73名，硕士生92名；现有在校研究生共571名，其中博士生317名，硕士生254名，在站博士后工作人员10名。

在2008—2009年度教学优秀奖评选工作中，基础医学院吴立玲老师荣获北京大学优秀教师奖；雷季良等20名教师被评为北京大学医学部优秀教师；徐海等6名老师被评为北京大学医学部教学管理优秀奖；解剖与组织胚胎学系获北京大学医学部优秀集体；开展新一轮的创新人才培养项目计划，批准了13个创新人才培养项目。

举办了第九届青年教师讲课竞赛，生物化学与分子生物学系易霞获一等奖，细胞生物学系王莉和李扬、神科所张嵘获二等奖，向若兰、舒丹毅、刘风雨、杨晓梅、黄晶、杨邵敏六名教师获三等奖。组织各学系积极申报精品课程，医学微生物学和药理学被评为国家级精品课程。

【科研活动】 2009年基础医学院新批科研项目首次突破百项达134项，批准或签约经费首次突破亿元达12273万元。在获批科研项目中，国家自然科学基金新批项目56项，批准经费合计2538万元，尹玉新教授、朱卫国教授、刘国庆教授、王凡教授分别获准1项重点项目。神经生物学系王韵教授获国家杰出青年基金资助。新批科技部"973计划"课题和国家科技重大专项课题14项。基础医学院现承担各类在研科技项目287项，到位科研经费约7100余万元。

发表论文水平稳步提高，2009年在影响因子5以上的高影响学术期刊发表论文达到36篇，其中尚永丰教授在 Cell 发表论文系统揭示肿瘤发生发展的表观遗传机制。2009年获得批准授权国家发明专利5项，国际发明专利1项。尹玉新教授、朱毅教授新任"973"重大科学研究计划"蛋白质研究计划"项目首席科学家及课题负责人；庄辉院士出任国家科技重大专项"艾滋病和病毒性肝炎等重大传染病防治——病毒性肝炎领域"专家组组长；尚永丰教授出任国家自然科学基金重大研究计划"细胞编程和重编程的表观遗传机制"专家组副组长。

生理与病理生理学系王宪教授当选国际生理科学联合会（IUPS）第37届理事会副主席，任期四年。这是中国生理学家第一次在 IUPS 担任理事会核心成员职务。

【学科建设】 生物化学与分子生物学系、生理与病理生理学系、细胞生物学系、神经生物学系、病理学系、免疫学系、药理学系良好完成"985工程"二期国家重点学科建设项目并启动"985工程"三期学科建设项目规划论证。心血管研究所与生理病理生理学系在分子心血管学教育部重点实验室运行评估获得优秀成绩基础上，积极申报分子心血管学国家重点实验室。微循环研究中心被评定为国家中医药管理局三级科研实验室。

【所获奖项】 "基础医学本科生创新型人才培养模式的研究和实践"获得国家级教学成果二等奖、北京市级教学成果一等奖；"建立互动式的临床解剖学教学体系"和"神经生物学疼痛专题PBL与LBL相结合的教学探索"获得北京大学教学成果一等奖；"以研究型免疫学教学促进学生素质教育的应用及其效果评价"和"病理生理学实验教学的改革与实践"获得北京大学教学成果二等奖。"医学微生物"获得"第九届全国多媒体课件大赛"中高教医学组二等奖、"北京大学第二届网络课程大赛"三等奖。

生物化学与分子生物学系被评为2009年国家级优秀教学团队北京市级优秀教学团队。尚永丰教授当选为中国科学院院士。李学军教授荣获北京市高等学校教学名师奖。朱卫国教授荣获2009年度高等学校科学研究优秀成果奖（科学技术）自然科学奖一等奖。庄辉院士荣获中华预防医学会"公共卫生与预防医学发展贡献奖（个人奖）"。尚永丰院士荣获"第三届药明康德生命化学研究奖"一等奖。王宪教授荣获"首届中国女医师协会五洲女子科技奖 基础医学科研创新奖"。

药　学　院

【发展概况】 2009年药学院共有在职职工181名，其中专任教师115人，包括教授28名、副教授38名；中国科学院院士2名，"长江学者奖励计划"特聘教授1名，杰出青年基金获得者4名，教育部跨世纪（新世纪）人才5名；教育部创新团队1个。

2009年招收六年制学生119名、夜大学本科生176人、专科生140人；研究生87名，其中博士生49名，硕士生38名；现有在校生1814名，其中研究生293名，包括博士生136名，硕士生157名，六年制学生401名、四年制本科生106名。在职攻读学位人员50人。

【学科建设】 目前药学院有国家二级重点学科3个（生药学、药物化学、药理学）、国家中医药管理局重点学科1个（中药分析）；天然药物及仿生药物国家重点实验室1个。药学学科为国家一级重点学科。在教育部学位与研究生教育发展中心2009年全国一级学科评估结果中,药学院药学学科名列全国第二。中药分析被评为国家中医药管理局中医药重点学科。

2009年药学院在继续推进二级重点学科建设的同时,进一步加强化学生物学及临床药学等新兴学科的建设,已初步形成了优秀的科研群体和团队,学科间的交叉与融合继续深入发展。药学院本着有利于提高人才培养质量和学位授予质量、有利于创新药物研发、有利于适应对外交流需要等方面开展学科群的建设。在国家自然科学基金和"十一五"重大新药创制资金支持下,药学院"理科基础科学研究和教学人才培养基地"和"十一五"国家科技重大专项——"综合性创新药物研究开发技术大平台"的建设项目进展顺利,这些项目有力地推进了药学学科的发展和人才培养平台的建设。

【教学工作】 按照2008年重新修订的本科教学计划,2008级本科生顺利完成第一学年在北京大学本部的学习,返回医学部完成其余课程学习。2009级本科生入学后执行新教学计划,执行情况良好。

2009年录取硕士研究生48人,博士研究生59人,接收在职申请硕士学位人员5名。毕业统招研究生47人,其中硕士生20人,博士生27人。全年共有36名博士生、29名硕士生获得学位(不含长学制),其中在职申请硕士学位6人、在职申请博士学位3人。2006级共有学生88人,符合进入二级学科培养的学生68人。

"模块化"课程体系在不断完善中,已取得初步成效。2009年,药学院教学改革立项课题9项:"国内外药学教育的比较研究""药PBL实验教学的初步探索""物理化学教学创新的探索与实践""药物化学实验教学改革""波谱解析习题集的编写与使用""天然药物化学课程改革""药学实验中心开放实验平台的建""药用植物学实验技能网络考核系统""基于提高学生学习及创新能力的药理学教学改革"。

北京大学药学院药学专业作为"北京市级、国家级高等学校特色专业建设点",各项特色专业建设工作按照既定建设目标和建设方案有序进行,获得经费共计45万元,用于药学院实验室建设、教材建设、课程建设及教师队伍建设,已达到部分预期成果。

"药学研究型人才培养模式的创新研究与实践"获得2009年北京市教学成果二等奖。"药物化学国家精品课程建设和新药研发创新人才培养"获得2009年国家级教学成果二等奖(第三完成人)。"天然药物化学"和"生物药剂学与药物动力学"获得2009年北京大学医学部精品课程。《生药学》和《物理化学》(第六版)被评为2009年北京市高等教育精品教材。

评出了2008—2009年度奖学金33人。其中,五四奖1人、医学部特等奖1人、优秀奖5人、光华奖9人、东港制药奖12人、通用电气奖2人、医药奖3人。硕士生获奖学金比例为11.3%,博士生获奖学金比例为20.9%。另外评出奖励42名:北京市三好学生1人,优秀干部1人,三好学生标兵2人,北京大学创新奖6人,三好学生15人,单项奖17人。硕士生获奖励比例为17.7%,博士生获奖比例为22%。

【科研工作】 在研课题包括中国高等教育学会"十一五"教育科学研究规划课题5项、中国高等教育学会医学教育专业委员会药学教育研究会立项课题3项。2009年获得国家自然科学基金17项,科技部"973项目"1项,教育部高校博士学科点专项基金4项(新教师基金2项),教育部留学回国启动基金2项,北京市自然科学基金2项,北京市科技新星项目1项,共计课题数27项,已知获得经费3082.2万元。

北京大学药学院理科基地"能力提高项目"2009年1月份启动,获得一期经费108万元,立项科研项目24项,各项工作严格按照既定工作内容和预期成果执行。2009年北京大学药学院获得"北京市大学生创新计划"1项,"国家级大学生创新计划"4项。

共发表论文212篇(SCI收录133篇),会议发表论文78篇。国内论文94篇,其中核心期刊67篇,SCI收录12篇。国外论文121篇(第一完成单位全部为药学院),其中研究文章118篇(全部为SCI收录)、综述3篇。专利41项,其中申请30项,获得11项。

"抗肿瘤与肿瘤干细胞多药耐药性长循环载药脂质体给药系统的研究"完成人:吕万良等(获得2009年度高等学校科学研究优秀成果奖 自然科学一等奖);"化学修饰的寡聚核苷酸及其生物学性质"研究完成人:杨振军等(获得2009年度高等学校科学研究优秀成果奖 自然科学二等奖);"创新抗肿瘤药物乙烷硒啉发现及创制研究"完成人:曾慧慧等(2008北京市科学技术奖三等奖)。

表 6-13 国家自然科学基金资助项目一览

序号	学部	课题名称	负责人	经费/万元
1	化学	结构修饰的 siRNA 合成和 RNA 干扰技术在药物靶标寻找中的研究(重点项目)	张礼和	180
2	生命	海绵 baculiferin 型新生物碱探针对 HIV-1 Vif 和 APOBEC3G 的靶向调控及作用机理研究(重点项目)	林文翰	150
3	化学	钒化合物对热休克蛋白 60 的作用机制及抗糖尿病生物效应	杨晓达	35
4	化学	基于 2-(5H)-呋喃酮骨架的直接有机小分子催化不对称反应研究	李润涛	36
5	化学	Celogentins 的合成及构效关系研究	贾彦兴	35
6	化学	Vif 为靶点的抗 HIV-1 药物先导结构的发现与优化	张亮仁	35
7	化学	雌激素受体 ERα-36 选择性调节剂的设计、合成以及生物活性研究	金宏威	32
8	化学	新型四环素类似物的优化设计、合成及神经保护作用研究	刘俊义	35
9	化学	L-己糖新合成方法及相关活性衍生物的合成研究	李树春	35
10	化学	SOD 模拟物的神经抗氧化作用及其机制研究(青年)	夏青	20
11	生命	多功能纳米载体与靶点细胞相互作用的机制研究	齐宪荣	33
12	生命	具有免疫抑制活性的二萜类化合物的结构修饰及活性研究	付宏征	32
13	生命	基于 LC-MS-DS 技术的新型二聚倍半萜类化合物的快速发现及其功能研究	屠鹏飞	34
14	生命	6,7-二乙酰黄芩素的药物代谢与黄芩有效成分的靶细胞送达	车庆明	32
15	生命	基于体内过程的肉豆蔻有效和/或有毒化学成分研究	杨秀伟	32
16	生命	DJ-1 作为分子靶标的抗帕金森病中药多成分构效关系的方法学研究	蒲小平	32
17	生命	红树林桐花树内生菌特殊结构生物碱的化学多样性和药学功能研究(青年)	徐岷涓	20

表 6-14 科技部"973 项目"

序号	课题名称	负责人	经费/万元
1	基于基因密码子扩展的蛋白质标记新方法	周德敏	2200

表 6-15 教育部高校博士学科点专项基金资助项目一览

序号	课题名称	负责人	经费/万元
1	氧钒离子与热休克蛋白 60 的作用及后续生物效应	杨晓达	6
2	DJ-1 对帕金森病动物模型脑神经干细胞及神经再生的影响	蒲小平	6
3	海洋红树林桐花树内生菌生物碱类代谢规律和药学功能研究	徐岷涓	3.6
4	雌激素受体 ERα-36 选择性调节剂的设计、合成以及生物活性研究	金宏威	3.6

表 6-16 北京市自然科学基金资助项目一览

序号	课题名称	负责人	经费/万元
1	积雪草酸的生物转化研究	叶敏	11
2	以 CCR4 受体为靶的毛细管电泳筛选药物新方法研究	凌笑梅	11

表 6-17 北京市科技新星 B 类项目

序号	课题名称	负责人	经费/万元
1	抗肿瘤三萜类天然产物的生物转化研究	叶敏	27

【学术合作与交流】 2009年药学院对外合作与交流稳步发展,共接待国外及港澳台代表团23批110人次。2009年药学院举办国际会议1次,外宾总人数35人。举办讲习班、学术报告会21次,邀请报告者人数26人。2009年3月4日,美国辉瑞公司资助的"北京大学-辉瑞公司定量药理学高级人才培训中心"正式成立,这一合作的成功实施将对中国定量药理学的学科建设和发展起到了非常积极的作用。药剂学系与丹麦诺和诺德公司(Novo Nordisk)联合培养博士后开展国际课题研究项目,项目为期2年,诺和诺德公司提供经费7万欧元用于国际合作研究项目经费,包括博士后津贴和研究经费,以及相关的技术支持。

【党政工工作】 2009年药学院在校党员463人,其中教工党员84人,离退休党员58人,本科生党员63人,研究生党员158人。全年发展新党员21人。

2009年,在北京大学和医学部党委的领导下,药学院党委坚持以邓小平理论和"三个代表"重要思想为指导,认真开展学习实践科学发展观活动,以国庆60周年为契机,不断创新党建和思想政治工作,在实际工作中注意总结经验,创新方法,构建和谐学院,围绕创建一流大学的工作目标搞好思想政治、宣传教育等工作,努力保证、顺利完成了各项工作任务。荣获北京大学党务和思想政治工作先进集体。

2009年药学院认真落实学校和医学部的工作方针,把构建和谐工作深化落实到系室,以"建小家"工作为着力点,确立"建小家就是谋发展""建小家就是建和谐""建小家就是建系室"工作理念。2009年药剂学系顺利通过了北京大学"模范教工小家"的验收工作。

雷小平获2009年首都教育先锋教学创新个人称号;张强、刘会雪、孟祥豹、何希辉、蔡少青、屠鹏飞、杨雁芳、谢英、刘振明、牛彦、王琪、史录文、龚京莉、金宏崴、贾彦兴、徐萍、张英涛、梁鸿、卢炜获得2009年医学部优秀教师称号。

【行政领导班子换届工作】 2009年12月完成药学院行政领导班子的换届工作,新一届行政领导班子由院长刘俊义,副院长徐萍、周德敏、郭敏杰组成。

公共卫生学院

【发展概况】 北京大学公共卫生学院始建于1950年,2009年有教职员工149人,其中正高级35人、副高级37人、中级67人、其他10人。截至2009年12月底,公共卫生学院教师队伍中,具有博士学位的人员有58人,占教师总数的58%(2006年为44.66%、2007年为47.52%,2008年为52.5%),具有博士学位的教师比例逐年提高。

【学科建设】 公共卫生学院有国家重点学科1个(流行病与卫生统计学)、教育部重点实验室1个(流行病学实验室)。北京市重点学科1个(儿少卫生与妇幼保健学),每年获得北京市20万元资助。

2009年,公共卫生学院继续申请"985三期"平台建设支持,旨在加强传染病与慢性非传染性疾病预防与控制、环境与健康相关问题、健康脆弱人群的卫生问题以及卫生管理与卫生政策4个学科群的建设。流行病学重点实验室作为公共卫生学院最大的科研公共实验平台,吸引了包括营养流行病学、环境流行病学、遗传流行病学、分子流行病学等诸多分支在此开展研究并取得丰硕成果。

2009年,公共卫生学院继续加大对科研工作的奖励和支持力度,年初召开科研工作表彰会,大力表彰获得国家和北京市自然科学基金、优秀人才及发表SCI论文、获得专利等的单位与个人。

【教学工作】 1. 全面启动院级教改课题,积极推动教学改革。2009年公共卫生学院启动了17项院级教改课题,涉及的范围包括教学方法、教学内容、实验教学、教学考核等多个教学环节。医学部教改项目"以问题为中心的公共卫生综合教学"已在两个年级实施,取得了良好的教学效果,该项目荣获2009年北京市教学成果二等奖。

2. 加强教学基地建设,完善专业实践教学管理。2009年11月召开了教学基地实习总结会,交流教师带教和教学管理经验,研讨了教学中需要关注和解决的问题。根据用人单位对毕业生需求的分析和专家论证,对预防医学专业2009级培养方案进行调整,设置环境与健康、疾病预防与控制、卫生事业管理三个专业方向。

3. 加强课程教材建设、师资队伍建设,取得丰硕成果。公共卫生学院加强专业课教材的建设,以精品课程建设为契机,积极推进课程的网络化和远程化建设,《流行病学》课程经过该系全体教师多年努力建设,被评为2009年国家级精品课程。

4. 研究生培养工作。2009年,公共卫生学院共毕业博士研究生23人,硕士研究生92人,在职硕士4人,MPH 48人完成学位论文答辩,获得学位。2009年招收博士研究生32人,硕士研究生45人,长学制进入二级学科53人,MPH公共卫生专业硕士55人。截至2009年12月,在读博士生104人,硕士生118人,长学制进入二级学科90人,在职申请博士学位3人,在职申请硕士学位13人,公共卫生专业硕士(MPH)179人,2009学年在读研究生已经达到507人。

5.加强教育合作交流,顺利举办教育部全国研究生暑期学校。2009年夏天,公共卫生学院与研究生院合作,利用与美国DUKE大学的教学交流优势,顺利完成了教育部"2009年全国研究生暑期学校——全球卫生问题"项目,该项目获得国家自然科学基金资助。来自全国44所各大高校、科研院所和疾病预防控制中心的97名学员参加全球卫生问题简介、卫生系统比较、健康促进、全球卫生伦理等课程学习并通过学业考核。

【科研工作】 2009年科研工作成绩显著,获科技部"973公益项目"及子课题6项,获国家自然科学基金项目8项,教育部博士点基金1项,博士点新教师基金3项,卫生部16项,北京市6项,部委项目10个,国际合作21项,中国疾病控制中心14项,公司合作9项,其他类项目31项,总计136项,金额为2195万。

2009年,公共卫生学院在中国核心期刊发表论文313篇,国外论文49篇,合计362篇。出版专著7本,教材7本,科普著作1本,译著5本,合计20本。

2009年北京大学儿童青少年卫生研究所季成叶教授与中国疾病预防控制中心营养与食品安全所合作完成的项目"中国学龄儿童少年BMI超重/肥胖筛查标准的建立和应用",流行病与卫生统计学系李立明教授牵头与青岛市疾病预防控制中心、丽水市疾病预防控制中心合作项目"双生子人群流行病学研究",刘民教授与北京市疾病预防控制中心、中国人民解放军总医院第一附属医院合作项目"北京市艾滋病风险评估及综合干预研究"分获中华预防医学会科技进步一、二、三等奖。

【对外交流】 2009年,公共卫生学院分别邀请了来自美国麻省洛威尔分校、美国南加州大学、荷兰格罗宁根大学医学院、澳大利亚昆士兰大学公共卫生学院、德国卡尔斯鲁厄研究中心气象学与气候研究所、澳大利亚昆士兰理工大学、韩国延世大学医学院环境研究所等诸多大学的教授就"纳米材料研究""全基因组关联研究""电离辐射和DNA修复途径的作用""空间流行病学""都市空气质量""环境与健康"等问题举办了多方位、多层次的讲座。

5月12日"国家防灾减灾日",公共卫生学院举办了"卫生应急与和社会"的学术报告。10月下旬,中华预防医学会第三届学术年会暨世界公共卫生联盟第一届西太区公共卫生大会举行,公共卫生学院10余位专家教授分别就中国公共卫生教育、环境污染、环境与健康、儿童生长发育、学校艾滋病教育、计划免疫等问题作学术报告,向同仁展现公共卫生学院研究工作与进展。

2009年,公共卫生学院由常务副院长胡永华带队,主管教学的郝卫东教授、主管学生的陈娟副书记、主管外事的王培玉教授一行4人到美国HOPKINS大学、DUKE大学、马里兰大学进行交流访问,就开展合作、人才培养、学生活动交流交换了意见并签订合作备忘录。

【工会、教代会作用】 为进一步加强师德师风建设,公共卫生学院党委和工会举办青年教师"汇智沙龙",主题分别是"为师之道,我是怎样当老师的""亦师亦友,学生眼中的好老师""青年教师讲课基本功经验交流会"。

教师节来临之际,公共卫生学院党委组织部分教工参观国家大剧院,观看建国六十周年献礼之作歌舞剧《解放》。各系室组织看望老教师、和老教师座谈等活动,旨在营造尊师重教的良好氛围。公共卫生学院党委和工会还积极组织教师参加医学部组织的"和共和国一同走过"2009师德师风建设征文活动,投稿文章中2篇获二等奖,5篇获优秀奖。2009年10月组织以加强师德师风建设为主题,参观哲学家和教育家孔子故里为主线的教师社会实践活动。

【学生工作】 2009年,学生工作围绕医学部"爱·责任·成长"主题教育思想,把握纪念五四运动九十周年、庆祝新中国成立六十周年等重要时点作为教育契机,开展多种形式的有益活动,并在"充分利用网络资源,扩大思想教育宣传影响力""因地制宜,加强新生管理和教育""建立应急机制,有效应对学生突发事件"等方面进行了探索和实践。

2009年初,公共卫生学院对原行政办公室进行了调整,成立独立的学生办公室;选派人员参加北京市高校辅导员心理咨询培训,切实提高学生辅导员的工作能力和水平。本科生获各类奖学金80人,获北京大学各项奖励49人。多名学生获得"北京大学及医学部优秀共青团员"称号。多个班级支部分别获得北京大学先进学风班、医学部先进班集体、优秀团支部称号。学生会"关爱农民工"暑期社会实践团队被评为"北京大学社会实践优秀团队",4名学生评为"优秀社会实践个人"。2009年度研究生获得北京大学创新奖2人,北京市三好学生标兵2人,北京市优秀学生干部1人,社会医学与卫生事业管理研究生班级和营养与食品卫生研究生班级分获北京市优秀研究生班集体和北京大学优秀研究生班集体称号。

护理学院

【学院概况】 护理学院现设5个教研室(内外科护理学教研室、妇儿科护理学教研室、护理学基础教研室、护理学人文教研室和社区护理学教研室)和3个办公室(党院办公室、教学办公室和学生办公室)。全院在职职工43人,其中教师32人,管理人员9人,教辅人员2人。教师中教授1人,副教授11人,讲师20人;具有博士学位6人,硕士学位24人。全日制在校学生811人,其中研究生28人,本科生188人,专科生595人。

【学科建设和教学改革】

1. 开启护理学院博士教育。2009年12月护理学院申报博士点并获得批准;

2. 继续推动专业学位研究生教育。2009年专业学位研究生招生增至5个方向,即内科护理学、外科护理学、妇产科护理学、儿科护理学、社区护理学。并与澳大利亚天主教大学(ACU)共同发展"护理学专业临床型研究生合作项目",于12月10日举行了项目的启动仪式。该合作项目旨在立足于国家对于高层次护理人才的需要,通过合作培养的方式,开发护理学专业临床型研究生课程,以培养更多专科型高层次护理人才。该课程教学任务由双方教师共同承担,并学分互认。

3. 深化本、专科教育改革。积极组织本科四年制教学计划及教学大纲的研讨,并进行了相应的招生工作改革。为丰富在校学生的社区护理理论知识、增强实践能力,2009年5月护理学院成立了社区护理学教研室。此外,专科教育改革成绩显著。2006级192名专科毕业生在新的《护士条例》颁布后的首次全国注册考试中,通过率100%,其中基础知识平均分为83.79分、专业知识平均分为82.78分、专业实践平均分为86.68分、相关专业知识平均分为84.22分。

4. 积极进行精品课程建设。通过不懈努力,"护理学基础"课程被评选为北京大学医学部精品课程;《护理学基础》本科教材获得北京市高等教育精品教材立项。

5. 拓宽继续教育项目。2009年举办北京市级继续医学教育项目"护理科研实践提高班"2期,培训学员80人;"CMB社区护理骨干师资培训班"1期,培训学员30人,覆盖北京市9所社区卫生服务机构;"临床护理师资培训班"1期,接收护理师资班进修学员14人;接收国内访问学者3人;申报2010年国家级、北京市级继续教育项目4项。并积极筹建和推动高级助产教育联盟的成立工作。

6. 护理硕士专业学位研究论证。受国务院学位办公室委托,护理学院组织专家对护理学设置专业学位进行论证。护理学院成立护理硕士专业学位研究论证工作组,对全国已经开办护理学硕士研究生教育的院校(共57所)进行专业学位护理硕士设置方案、指导性培养方案等情况进行咨询,10月16日召开护理学研究生教育增设专业学位专家论证会,与会的18位专家包括护理教育专家、医院的护理管理专家和行业主管领导就相关问题进行讨论论证,形成了"关于拟增设护理硕士专业学位的专家论证调研报告""护理硕士专业学位设置方案"及"护理硕士专业学位研究生指导性培养方案",并提交国务院学位委员会办公室。

【科研合作】 2009年度护理学院横向及纵向科研项目均有较大发展。国际合作项目3项,国内合作项目5项,北京市级项目3项,校级项目9项,学院项目11项。包括艾滋病病人的健康教育项目、北京市康复医院和护理院试点项目、"祖孙互动营养"实施及效果评价、北京糖尿病防治需求分析与技术选择、单病种前瞻性支付制度下护理收费体系的研究等。经费主要来源有中华医学基金会(CMB)、中国红十字基金会、北京卫生局、北京市科学技术委员会、北京市组织部等。在医学类核心期刊上发表的论文共计64篇;由护理学院教师主编和参编的各种教材和参考书共计14本。

社区护理师资培训项目。在中华医学基金会(CMB)的经费支持下,6月19日至9月23日举办社区护理师资培训班。学员是来自北京市17家社区卫生服务中心、3个社区卫生服务站和2家医院的30名社区护理工作者。通过7天50个学时的理论学习及68学时的技能培训,学习社区卫生服务和社区护理培训的有关政策、理念;社区护理知识和技能,了解社区护理相关内容的最新进展;熟悉社区护理理论和技能培训的要求,掌握培训和考核的要点;并结合社区护理的服务特点,提高健康教育、妇幼保健、老年护理、社区康复等教学和工作技能;参观典型的社区卫生机构,交流社区护士培训的方法和经验。

表 6-18　护理学院 2009 年度主要科研项目一览

项目类别	项目名称	合作单位	项目起止时间	科研经费/元	经费来源	项目负责人
国际合作项目	社区护理师资培训项目	中华医学基金会	2008.8—2011.7	175000 美元	CMB	段丽萍
	全科医师实施以血糖正常为目标的糖尿病治疗的效果研究	人民医院	2007.1—2009.12	400000	国际糖尿病研究院	纪立农/李明子
	艾滋病病人的健康教育	University of Illinois at Chicago(UIC)	2008.1—2011.1	5000 美元	Fogarty International Center	肖顺贞
国内合作项目	社区护士实践教学示范基地的研究	北京中关村医院	2008.8—2011.7	65000	首都医学发展科研基金	尚少梅
	社区护士常见慢病健康教育规范化方案研究	德外医院	2008.8—2011.7	75000	首都医学科研发展基金	尚少梅
	北京市社会福利机构护士岗位配比研究	北京市社会福利管理处	2008.9—2009.9	20000	北京市社会福利管理处	孙宏玉
	慢性乙型肝炎病人自我管理有效途径探讨	地坛医院	2008.2—2011.2	100000	首都医学发展科研基金	孙玉梅
	北京糖尿病防治需求分析与技术选择	人民医院	2009.5—2011.6	50000	北京市科学技术委员会	李明子
市级项目	北京市康复医院和护理院试点项目		2009.11—2010.12	300000	北京市卫生局	尚少梅
	"祖孙互动营养"实施及效果评价		2009.1—2010.12	200000	中国红十字基金会	李明子
	单病种前瞻性支付制度下护理收费体系的研究		2009.12—2012.12	30000	北京市组织部	谢红
校级项目	北京大学医学部纪检监察工作调研课题项目（护生廉洁观及其影响因素分析）		2009.3—2009.11	2000	医学部纪委	张进瑜
	肿瘤专科护理研究		2009.10—2012.12	25000	医学部	路潜
	结直肠癌高危人群癌症筛查参与行为的研究		2009.10—2012.12	25000	医学部	庞冬
	单病种预付费制度下护理质量评价体系的研究		2009.10—2012.12	15000	医学部	谢红
	社区护理研究个人学术发展规划		2009.10—2012.12	15000	医学部	孙静
	PICC 置管后对肿瘤患者术肢静脉血流及血管内皮影响的研究		2009.10—2012.12	15000	医学部	金晓燕
	脑卒中早期就诊意识研究		2009.10—2012.12	15000	医学部	万巧琴
	腰椎手术患者康复行为与术后疗效的相关性研究		2009.10—2012.12	15000	医学部	耿笑微
	新辅助化疗对于乳腺癌病人术前营养状况影响的研究		2009.10—2012.12	15000	医学部	杨萍

续表

项目类别	项目名称	合作单位	项目起止时间	科研经费/元	经费来源	项目负责人
学院项目	家庭弹性模式在产后家庭护理中的验证与探讨		2007.12—2009.12	5000	护理学院	陆虹
	痴呆患者早期就诊影响因素的研究		2007.12—2009.12	5000	护理学院	王志稳
	临床护理人员遭受工作场所暴力与心理创伤的调查研究		2007.12—2009.12	3000	护理学院	官锐园
	社区老年人认知功能减退特征及影响因素的多维纵向研究		2007.12—2009.12	3000	护理学院	李湘萍
	围绝经期妇女骨质疏松知识与相关健康行为的研究		2007.12—2009.12	3000	护理学院	吴雪
	乳腺癌病人新辅助化疗期间体成分变化的研究		2009.1—2010.12	5000	护理学院	杨萍
	系统教育对提高产科护士母乳喂养指导能力的研究		2009.3—2011.3	5000	护理学院	侯睿
	社区护士职业风险与防护意识研究		2009.5—2010.12	5000	学院 CMB 项目基金	候淑肖 万巧琴
	社区脑卒中康复现状的调查		2009.4—2011.2	5000	学院 CMB 项目基金	万巧琴 江华
	高等院校在校生对无偿献血的意向及其影响因素的研究		2009.1—2010.1	3000	护理学院	姬萍
	护士对医护合作关系认知及相关关系的模型研究		2009.1—2010.12	3000	护理学院	谢红

表 6-19 护理学院 2009 年教材编写情况

论著名称	出版单位	参与情况
实用妇产科护理疑难问答	清华大学出版社	主编
全国高自考(独立本科段)内科护理学	北京大学医学出版社	主编
护理教育学	北京大学医学出版社	主编
健康饮食营养教育卡片	北京大学出版社	主编
急救护理	人民大学出版社	主编
护理学专业资格考试(执业护士含护士)60 天冲关全攻略	北京大学医学出版社	主编
护理学专业资格考试(护师)60 天冲关全攻略	北京大学医学出版社	主编
护理学专业资格考试(主管护师)60 天冲关全攻略	北京大学医学出版社	主编
护理学专业(执业护士含护士)资格考试高频考点题库	北京大学医学出版社	主编
护理学专业(护师)资格考试高频考点题库	北京大学医学出版社	主编
护理学专业(主管护师)资格考试高频考点题库	北京大学医学出版社	主编
护理学专业资格考试(执业护士含护士)资格考试历年考题汇编及精解	北京大学医学出版社	主编
护理学专业资格考试(护师)资格考试历年考题汇编及精解	北京大学医学出版社	主编
护理学专业资格考试(主管护师)资格考试历年考题汇编及精解	北京大学医学出版社	主编

【学术交流】 2009 年护理学院学术交流活动丰富。共接待来自美国 Michigan 大学护理学院、英国 Kings of College 护理学院、澳大利亚的 Deakin 大学护理学院和 ACU 护理学院、挪威的 Olso 大学护理学院、日本千叶大学、韩国首尔大学护理学院、香港大学护理系等多所世界知名院校来访 11 批 33 人次。护理学院师生共有 7 批 19 人次参加了在香港特区、挪威、丹麦、澳大利亚、瑞典等国家和地区的国际护理学术会议或交流活动。另外,学生交换项目非常活跃。接收来自挪威奥斯陆大学护理学院(7 名)、丹麦 Metropolitan 大学(2 名)以及香港大学护理系(8 名)学生前来护理学院进行参观、交流和学习。护理学院亦有 1 名教师和 2 名学生前往挪威奥斯陆大学进行访问,并参加老年护理学习班的学习;6 名研究生到香港特区参加香港大学为期一周的短期学生交流活动。

【社会服务】 继续承担全国护理高等教育专业指导工作,并出色完成教育部的委派任务。北京大学护理学院是教育部高等教育护理专业教学指导委员会主任委员及秘书处单位。自2007年教育部高等教育护理专业教学指导委员会成立以来,进行《护理专业发展战略报告》《护理学本科专业规范》和《本科医学教育标准——护理学专业》的研制。2009年《护理专业发展战略报告》初稿基本完成并提交教育部。2009年形成了《护理学本科专业规范》和《本科医学教育标准——护理学专业》初稿,并在2009年下半年在东北地区、华东地区以及南方地区分别召开对两个文件的研讨会。目前《护理学本科专业规范》的初稿已经形成,附录正在研制过程中。在问卷调查基础上,经过面对面的研讨,护理专业认证的标准基本形成,计划在2010年开始进行护理专业试认证工作。此外,护理学院还承担了其他一些社会服务工作,主要有北京市高等教育自学考试护理专业的命题(4月和10月)、阅卷及专升本学生的论文辅导与答辩工作,以及北京市医学协会组织的社区护士技能考试监考工作(11月7日、8日)。

医学人文研究院/医学部公共教学部

【发展概况】 北京大学医学部公共教学部组建于2002年7月。为了加强医学人文社会科学研究,提升医学生的医学人文素养,2008年4月,在公共教学部的基础上成立了北京大学医学人文研究院。现设5个学系、3个校级研究中心。院部现有在职职工总数137人,教师112人,其中,教授15人,副教授40人,讲师53人,助教4人;教师中具有博士学位者17人,具有硕士学位者48人;教学辅助人员17人,其中副主任技师1人,主管技师7人,技师3人,图书助理馆员1人,图书管理员1人,技士1人,工勤1人,其他2人;管理人员8人,其中副教授3人,助理研究员4人,研究实习员1人。离退休人员55人。

【教学工作】 现有在读学生209人,其中医学英语专业本科生157人,研究生35人(博士生8人,硕士生27人),进修生17人。

2009年,北京大学医学人文研究院/医学部公共教学部继续以教学为中心,圆满完成教学任务,稳步提升教学质量。共完成了本专科生150余门必修课程(包括必选)的课堂教学任务,总课堂学时数为16096课时;48门公共选修课的课堂教学任务,总课堂学时数1062学时;13门专业选修课,总课堂学时数401学时;完成了医学英语专业2004级49人毕业设计指导,完成2005级36人专业实习指导与安排。医学英语专业2005级学生参加全国英语专业八级考试,通过率92%;医学英语2007级学生参加全国英语专业四级考试,通过率为97%。医学英语专业39名毕业生中,参加工作15人,读研深造19人,其中国内读研9人,国外/境外读研10人,另有5人准备继续考研。从2009级起,医学英语专业授予理学学位。

深化教学改革、提升教学质量。北京大学医学人文研究院/医学部公共教学部共有10个项目申请获准2009年学院课程建设与教学改革立项(见表6-20),总计资助金额5万元。加强教材建设、创建精品课程。2009年度,院部教师主编教材共有9本出版。

表6-20 北京大学医学人文研究院/医学部公共教学部2009年教改立项一览

项目负责人	项目名称
郭莉萍	文学与医学在医学教育中的作用研究
李俊	医学英语专业学生就业情况和课程设置的调查研究
郭永青	数据挖掘技术在医学信息中的应用与教学探讨
喀蔚波、孙大公	医用理学系课程体系建设
王强	生物统计学与医学统计学比较研究及课程建设
韩英红	关于马克思主义政治理论课实践教学的统筹规划
齐芳、张志	案例教学法在马克思主义理论课教学中的应用研究
郝树伟、霍利钦	主动参与式教学模式在大学生心理健康教育课中应用的探讨
唐文佩	医学人文课程体系整体优化的研究与实践
谢虹	医学英语专业教学质量监控体系构建的探索与实践

表 6-21　北京大学医学人文研究院/医学部公共教学部2009年教材建设一览

作者	著作、教材名称	出版社名称	参与情况
王岳	医事法学	法律出版社	编著者
王岳	医事法(卫生部"十一五"规划教材)	人民卫生出版社	主编
王岳	卫生法学(全国高等医药院校规划教材)	科学出版社	副主编
刘奇	护理伦理学	协和医科大学出版社	主编
胡佩诚	临床心理学	北京大学医学出版社	主编
胡佩诚	医护心理学(第二版)	北京大学医学出版社	主编
洪炜	医学心理学	北京大学医学出版社	主编
郭永青	微机应用基础(普通高等教育"十一五"国家级规划教材)	北京大学医学出版社	主编
乔玉玲	医学英语会话	北京大学医学出版社	主编

【科研及学术交流】 2009年，北京大学医学人文研究院/医学部公共教学部获国家哲学社会科学基金1项，金额10万元；获省部级项目7项，金额48.95万元；北京市2项，金额7万元；获北京大学人文社会科学重大问题前期研究资助项目2项，金额10万元；获香港中文大学课题1项，金额5万元；国际合作2项，金额40万元；总计15项，金额约为120.95万元(见表6-22)。2009年院部教师在全国核心期刊发表论文共计40篇，其中2篇被国外SCI收录，2篇被国外EI收录。另外，院部教师积极撰写专著和主编各种教材。其中，独立译著1本，专著1本，教材8本。

表 6-22　医学人文研究院/公共教学部2009年主要科研项目一览

项目类别	项目名称	项目负责人	科研经费/万元
国家级:哲学社会科学基金一般项目	巩固和发展新型农村合作医疗制度	王红漫	10
省部级	我国个体化医学产业调查研究(中科协)	张大庆	20
	领导干部心理健康评定量表的编制(编号0508)(中组部)	洪炜	5
	新型农村合作医疗综合管理快速评价	王红漫	13
	"健康中国2020"——卫生政策与立法研究(卫生部)	王岳	7
	人类遗传资源管理比较法研究和草案起草(科技部)	王岳	3
	医药类专业大学物理课程教学基本要求的制定	喀蔚波	0.15
	医药专业物理及物理实验教学基本要求的制定	喀蔚波	0.8
北京大学人文社会科学重大问题前期研究资助项目	医学观念的转变与我国卫生体制改革	张大庆	5
	高新医学技术引发的社会伦理法律问题	丛亚丽	5
北京市	乳腺癌DTI影像学诊断方法	高嵩	2
香港中文大学	北京市文化历史地理研究:医疗卫生	张大庆	5

2009年10月，院部举办"北京大学第二届医学人文周暨东西方医学人文学科对话会议、2009年全国博士生会议(生命伦理/医学伦理)"。这是一次多学科融合的会议，包括国内外著名科学家与人文学者演讲、专题学术研讨会、学科人才培训、学生专题活动等内容，收获了良好的社会反响及潜在的社会价值。

【获奖情况】 2009年，院部教职工多人多次获奖。张大庆被评为享受政府特殊津贴人员。王红漫荣获九三学社北京市委授予的调研工作突出贡献奖、2009年首都教育先锋教学创新个人。在2009年度教学优秀奖评选工作中，公共教学部周彤等10位教师被评为医学部优秀教师，谢虹等3位被评为优秀教学管理奖。医学人文学系被评为教学优秀集体奖。《医护心理学》被评为教育部精品教材。唐志宇指导的由医学人文研究院/公共教学部2005级学生李梦辉及其他两名学生组成的参赛队在2009年美国数学建模竞赛(ICM)中荣获一等奖。医学人文研究院获医学哲学专业委员会颁发的中国自然辩证法研究会"医学人文学科建设奖"。

第一医院
（第一临床医学院）

【行政管理工作】 行政管理工作始终以"围绕学校和院部中心工作，真情服务教职工"为宗旨，以"完善组织机构，加强岗位职责，强化服务意识，提高管理水平"为工作重点，扎实高效地开展工作，圆满完成了院部专业技术职务评聘、岗位考核聘任、二、三级教师岗位聘任、修订专业技术职务评审聘任条例、北京大学第二届医学人文周组织服务、国庆平安行动、防控甲型H1N1流感、年终总结表彰联欢会等大型会议等各项重大任务的组织协调服务工作，保障了院部各项工作的顺利运行。

2009年，北京大学医学人文研究院/医学部公共教学部行政积极配合北京大学和医学部党委，全身心地投入到学习实践科学发展观活动的各项组织工作中。认真组织和安排了院部学习和实践科学发展观活动动员大会、报告会、座谈会、领导班子专题民主生活会等一系列会议的组织会务工作，保证了会议的圆满进行。为了完善各项规章制度，院部行政领导带领行政管理人员，发放调查问卷，了解教职工对行政管理的意见及建议，重新修订了《医学人文研究院/公共教学部行政管理制度汇编》。

【党委工作】 圆满完成学习实践科学发展观活动。成立了由党委书记和主任共同担任组长、全体院部级党政副职领导和党支部书记为组员的深入学习实践科学发展观活动的领导小组和工作小组。在院部学习实践活动领导小组的领导下，周密安排，精心组织，稳步推进，以"解放思想，突出特色，分析整改问题，建立科学发展长效机制"为工作重点，以"加强领导班子建设，明确学科发展的方向和思路，解决群众提出的意见和问题"为着眼点，顺利完成了学习实践活动各个阶段的各项任务，达到了提高思想认识、促进科学发展的目标要求，取得了显著的成效。

【基本情况】 共有职工3020人，其中卫生技术人员2532人，包括正高职称183人，副高职称292人，中级职称809人，初级职称673人，初级士454人。中国工程院院士1人（郭应禄）。年底医疗设备总价值58997.2万元。本年度新购置医疗设备总价值4964万元，其中10万元以上设备49台（件），百万元以上设备110台（件）。

【获奖情况】 2009年被北京市卫生局评为2008年度传染病疫情和死亡登记报告工作先进单位；被北京市药品监督管理局、北京市卫生局评为2008年度药品安全监测工作特等奖；被北京市西城区劳动和社会保障局评为2008年公费医疗管理先进医疗单位；被卫生部抗菌药物临床应用监测中心评为监测工作优秀奖；被北京市人力资源和社会保障局、北京市财政局评为2008年医疗保险管理一等奖；被首都卫生系统精神文明建设协调委员会、北京市卫生局评为2008年度首都卫生系统文明单位；被北京市卫生局评为首都国庆60周年庆祝活动医疗卫生保障先进单位（最佳服务保障奖）；被西城区人民政府残疾人工作委员会评为2008年度北京市西城区按比例安排残疾人就业工作先进单位；被中华人民共和国人力资源和社会保障部、中华人民共和国教育部评为2009年全国教育系统先进集体；被卫生部评为2009年度卫生部人防先进单位。

【改革与管理】 加强医院文化建设，改版院刊、成立北大医院电视台。将10年历史的内部刊物《信息报》改版为院刊杂志，在新的一年以图文并茂的形式呈现给全院职工，全年制作院刊20期。北大医院电视台于3月开始录制第一期节目。举办了内科病房楼落成典礼及严仁英教授九十五岁寿辰庆典。

【医疗工作】 全年门诊1506093人次，日均门诊6024.37人次；急诊154317人次，日均急诊422.79人次；急诊危重抢救5441人次，抢救成功率93.00%。床位1586张。住院43495人次，出院43559人次，病床周转27.49次，床位使用率90.11%，平均住院日11.65天，出入院诊断符合率99.58%，治愈率48.41%，出院者好转率43.58%。住院手术17205例。

作为干部保健基地医院，2009年共完成卫生部保健局等上级主管部门各项医疗保障任务13次，派出医生、护士57人次，参加服务共45天。参加了卫生部保健局组织为中央保健对象会诊44次。医院组织为保健对象会诊共33人次，其中组织院外专家会诊10人次，院内专家会诊23人次；住院43人次；完成108名院士的体检工作。

年内完成会诊工作24880例次。其中，普通会诊：一级23412例，二级215例，三级105例；急会诊：1539例（占申请会诊的6.5%）；全院会诊112例，组织联合产科儿科查房45人次；院外会诊946人次；请外院会诊270人次（占院外会诊的28.5%）；派出专家会诊676人次（占院外会诊的71.5%）；备案护理会诊：90例。完成外派医疗服务任务12批，53人次；圆满完成60国庆六十周年医疗保障任务，共计派出21名医生、14名护士；外派专家参加医学会组织的各种鉴定77人次。接受"明天计划"来自全国的孤残患儿住院55人次。在2008年基础上，继续开展社区双向转诊工作，共计收治患者45例，其中德胜社区30例，什刹海社区15例，全年专家在社区出诊366次。

加强依法执业管理,内科学风湿免疫学专业(北京医学会已审核完毕,待卫生局批复后办理);办理执业医师注册130余人。修订完善各项医疗质量管理制度。2009年根据卫生部医院管理年活动方案,结合医院实际情况,重点检查核心制度落实情况,发现问题及时整改,并针对薄弱环节加强管理,已整改数十种医疗文书,规范医疗行为,保证环节质量。

加强病历质量管理力度。医院领导重视,各科室积极配合,完成终末和运行病历检查:一级质控5600份;二级质控470份;运行病历171份;病历质量反馈和培训会议7次。

积极部署,应对甲型H1N1流感疫情。及时制定院内规章制度,进行防控工作全员培训,主动进行应急演练,积极储备抗病毒药物达菲、口罩等物资,建立甲型H1N1流感防控期间每日例会制度。

出色完成"持卡就医、医疗费用实时结算"试点工作。医院在HIS改造、实验室认证、现场认证、真人真卡真交易测试等过程中,均一次通过,并得到了市、区领导的高度肯定:"精心组织、从细节入手,为全市成功实现持卡结算奠定了基础,北大医院业务熟练、协调能力强。"

全年医保病人出院11379人次。全年自查处方51800张,病历149份。举办各类培训13次,与科室谈话20次。规范医保目录库、医院HIS系统;实行医保指标考核责任制。

【对口支援】 响应"新医改"方案中城市医院对口支援农村医疗卫生的精神,积极开展对口支援工作。刘玉村院长、刘新民书记率领专家医疗队一行26人"重返武乡",于8月23—30日开展了为期8天的对口支援医疗下乡活动,并与山西省武乡县人民医院正式签订对口支援协议,卫生部党组书记张茅亲自揭牌。7月11日,与密云县医院、密云县妇幼保健院重新签订3年支援协议。全年共计安排医师赴密云县医院、密云县妇幼保健院支援,代教当地医师319人、门诊量6080人、手术133例、讲课204次、听课人数1583人次、接受进修医生6人;安排青年医师下基层锻炼43人次。按照北京市卫生局对口支援的统一部署,医院由医疗副院长金杰带队,赴内蒙古实地考察,并与内蒙古兴安盟乌兰浩特市人民医院(二级旗县医院)签订对口支援协议。

【护理工作】 深化"五心工程"以患者为中心,开展特色护理服务。继续不断完善规章制度,进一步优化护理流程,对原有的36项规章制度和护理流程进行了补充和修订。在护理管理工作中的关键环节进行"零余地"的规定,提炼出21条"零"容忍管理规定和"以患者为中心,医疗安全专项检查规范要求",并开展地毯式检查,以利于推动此项工作的有效落实。2009年在卫生部"医院质量万里行"活动中,以"静疗发展五心系,医疗质量万里行"为主题,正式启动了静脉治疗培训项目,有效解决了静脉输液治疗方面的护理问题,保证了患者静脉输液治疗的安全,也极大程度减轻了患者的痛苦。

【医学教育】 完善"以器官系统为主线教学框架下PBL带教"教学模式体系,增加儿科等新内容进入"器官系统"教学体系。形成教学科研的持续发展态势,共有16项次本科生、住院医师和研究生的教学课题获国家、市、北京大学和医学部级教学成果一至三等奖。在北京高校第六届青年教师教学基本功比赛中,北大医院眼科杨松霖、泌尿外科龚侃二位教师分别获一、二等奖。

发挥教学实力优势,增强教学体系建设。充实"临床技能训练中心及OSCE中心";完成题库建设的50%,同步完成教学专家对考题的难度系数界定;设计出具有北大医院特色的分阶段、分内容"临床沟通能力培训体系",并已在住院医师实施;结合"医学生素质教育基地",开展探索临床医学素质教育模式,取得很好的素质教育效果。建立住院医师"综合临床技能培训制度"和"综合临床技能培训体系"。

【科研工作】 申报国家、部委、市、校级课题191项,待批20项,获批经费2992.71万元;横向课题立项49项,经费644.65万元;院级归国人员启动基金、院级青年基金、引进人才基金及院级护理科研基金申报55项,批准41项,支持科研经费43万元;国家、部委、市、校、院级科研课题共271项,已结题138项。完成成果申报11项,获批3项;申报专利9项,6项已授权,4项受理公告,4项初审。

年内发表论文1092篇,其中国内期刊895篇,国外期刊197篇,统计源期刊709篇,被SCI收录论文206篇;在中文期刊共发表论文877篇,其中论著466篇,综述132篇。在中国科技论文统计排名结果(医疗机构排名):SCI收录论文数排名第15位,MEDLINE收录论文排名第12位,国内论文被引用次数排名第5位。共出版书籍48本。科研副院长丁洁教授发表于 The New England Journal of Medicine 的研究论文"Melamine-Contaminated Powdered Formula and Urolithiasis in Young Children",影响因子达52.589分。

【交流与合作】 参加国内外学术会议817人次,主办各种学术会议51次。年内共计接待各类来访人员16批178人次。其中6月台湾医事联盟协会理事长符振中一行18人来院商讨将北大医院设为台胞就诊定点医院等事宜;10月,与美国 Advocate Hope Children's

Hospital 签署姐妹医院协议；11月，在台湾医事联盟协会协助下，20余位优秀护理人员赴台访问，学习交流护理经验。

【宣传工作】 进一步加强宣传队伍建设，在各科（处）室设立宣传负责人1名、通讯员若干。进一步加强宣传平台建设，下大力度改版医院门户网站，并正式投入使用。共制作《北大医院》院刊11期，电视台片44部，新闻拍摄31次，图片拍摄285人次。

【后勤与基建】 确保安全是后勤管理的首要工作。进行全员安全教育，全部外包公司签订安全责任书，责任到位；对设备进行全面摸底排查隐患；规范膳食管理，严把采购进货渠道；全年无重大安全责任事故。完善后勤制度化管理工作。坚持邀标制度；建立物资供应的软件和医疗二级库；较好完成院管平房的维修和翻建、科研楼改造搬家工作、旧内科楼改造、妇儿大楼前期搬家改造工作、五官楼改造、二部血透改造工作、二部肿瘤楼改造等多项工程。同时，从管理和技术两方面狠抓节能降耗工作。

门诊楼工程、新建门诊楼工程于2009年3月31日开工建设，预计2011年9月份竣工。主体工程总建筑面积40266平方米，地上五层，地下四层，建筑高度22.20米。已完成施工现场基本设施建设以及土方开挖和支护工程、基础工程的土钉墙施工、人工挖孔桩施工、土方外运、基础垫层施工、基础防水施工、基础防水保护层施工、基础底板施工。

地下通道工程2008年10月15日开工，预计2010年10月份竣工。地下通道设计长度503米，断面外轮廓5.1米×5.0米，净断面积25.5平方米，水平投影建筑面积2510平方米。2009年9月5日，地下通道工程隧道主通道的初期支护完成，隧道全线顺利贯通。

科研楼装修工程于2009年11月30日开始进行，预计2010年6月份完成。主体工程总建筑面积6541.5平方米，地上五层，地下一层，建筑高度18.90米。目前已经完成前期现场临水、临电铺设，园林绿化移栽，道路照明移改；其次，场地移交进驻，施工前的基础设施、技术资料、施工图纸的交底与移交工作，完成政府相关部门的备案登记工作。

人民医院
（第二临床医学院）

【医疗工作】 各项医疗指标再创新高。年门诊量1626839人次，急诊147433人次，急诊危重症抢救2417人次，抢救成功率90.4%。入院43334人次，出院43356人次，床位周转31次，床位使用率97%，平均住院日11.4天，七日确诊率92.3%，出入院诊断符合率99.7%。手术24616例，其中住院手术18535例。

医院主持设计的医疗卫生服务共同体新型服务体系初见成效，最大效能地为患者提供高效、安全、优质、无缝隙的一体化健康及疾病相关服务。2009年，共同体项目在以往工作的基础上，增加了团队力量，细化了工作内容（制定相关工作规范18份、每月进行用户跟踪随访及满意度调查），扩大了服务覆盖范围（2009年新增功能社区17家，现已有25个）。

成为首批医疗保险持卡实时结算试点医院。1月15日，医院正式启动社保卡门诊就医实时结算的前期工作，成为西城区基本医疗保险持卡实时结算的4家试点医院之一。10月23日，开始试运行，作为北京市第一批试点医院正式进行"持卡就医，实时结算"的运营，为北京市全面推进民生工程作出了贡献。市医保病人使用"社保卡"可以直接在医院结算当日诊疗自费的部分，大大方便了患者。

医院作为卫生部试点医院积极进行临床路径的前期探索，为北京市医院将推行DRGs（诊断相关分组）探索医院经验，有助于促进医院降低成本，缩短住院天数，控制医疗费用。年初，医院对北京市要求的254组共9303例病例进行了费用测算和分组测试，并与北京市平均水平对比，对组间费用差异有显著性和组间差异无显著性的病例进行每一个细项目的分析，为医院2010年试行DRGs奠定了基础。

增加预约挂号，解决患者"看病难"；新增28项服务流程完善服务流程，保障服务质量，提高服务能力。成立疼痛科、医学美容科，增设皮肤科病房，整合监护病房，设立医院第二院区化疗门诊，扩大服务范畴。开展基础护理试点工作，简化护理文件书写，修订多项规章制度和标准，让护理服务贴近患者、贴近病床、贴近社会，患者满意度不断提升。采取定期检查、每月考核、多维度量化考核等手段，持续改进医疗质量。修订264份《知情同意书》，保障医疗安全。加强医院感染控制，积极应对甲型H1N1流感疫情。

【教学工作】 圆满完成16类别1845位学员的教学任务。同时还承担了北京市和全国的考试任务8次，总计考生820人次，举办院内各类讲座共542学时。

以志愿服务为切入点，探索素质教育的新平台。医院还以志愿服务作为素质教育平台，申请了美国CMB基金和西城区的研究课题，均获得资助；加强职业精神教育的科学性，成立"中国医师协会临床医师职业精神研究中心"；2009年9月，医院正式签约成为英国爱丁堡皇家外科学院和香港外科医学院承认的"普通外科专科医师培训中心"；探索医院实用型人才"订单培养",2009年先后对四川、湖北、湖南9所护理高职院校进行了考察,挑选56名护理专业的学生来院进行为期38周的生产实习;医院依托医疗卫生服务共同体,对包括西城社管中心、新街口社区、金融街社区、展览路社区、德胜社区、西长安街社区以及昌平部分医院和某些功能社区的医生进行了培训,培训形式除传统的讲课外,还充分利用共同体平台进行视频病例讨论,力争做到理论联系实际,增强了培训绩效,有助于提升社区医生的专业水平,体现大学医院的公益性。

王杉教授获得国家级名师奖,"基于网络环境的临床医学自主学习体系及其信息平台的建设与应用"获得国家级教学成果一等奖。《妇产科学》成为国家级精品课程,使医院的精品课程在《外科学》《麻醉学》《眼科学》的基础上又添新彩,继续保持了医院精品课程建设在北京大学临床学院中的领先地位。

【科研工作】 2009年度入选各种人才培养计划的有北京市科技新星培养计划2人,北京大学医学部优秀人才奖励计划3人,北京大学医学部青年学者奖励计划2人。2009年,由人民医院眼科牵头,联合医学部其他附属医院向教育部申报了"视觉损伤与修复教育部重点实验室"。

2009年度科研工作创下成果、基金、SCI论文数量"三新高",共负责、参加科研项目108项,已获批科研基金总额10040万元,发表SCI论文90篇。近年来,人民医院获得国家科技进步一等奖2项、国家科技进步二等奖4项、国家和省部级科研成果奖101项。医院积极为青年科研工作者搭建成长平台,设立"北京大学人民医院研究与发展基金",自2006年资助课题283项,资助资金1129.29万元,作为"种子基金"促进人才队

伍建设呈现新气象,学科建设水平再上新台阶。

【后勤工作】 推行"阳光工程"廉政建设机制,实现"多方"监督制度,做好基建工作。2009年人民医院招投标工作采用阳光工程管理小组方式,组织由监察办、审计室、工会、财务处、党院办、民监会等相关科室组成专家评标小组进行招投标工作共计83次。避免了施工中因暂估项价格不明确而造成的双方纠纷等现象,加强了工程招标民主监督力度,增强了基建管理的透明度,过程审计的介入也有利于基建项目后期的竣工结算,实现了医院投资效益的最优化。加强HRP物资流程规范管理,实行项目监管透明化。

2009年医院又对营养部和洗衣房进行了社会化服务的改革。截止到2009年底,后勤工作大部分实现了社会化服务接管,减少医院后勤用工人员编制118人,充分发挥了后勤专业化、科学化的服务优势。

构建"网格化"监管长效管理机制,筑牢后勤管理防控网。在原有的安全检查、宣传培训、预案防控三个体系基础上,又建立了关口前移、工作保障、绩效考评三个机制。"三个体系""三个机制"的建立,确保了领导责任到位,主体责任到位,监督检查到位。达到了横向到边有人抓,纵向到底有人查,"自我管理""自我检查""自我整改"的安全目标。收到了时时事事处处有人管的管理效果。形成了医院党政班子坚强领导,相关处室齐抓共管,临床科室全面负责,广大群众共同防范的安全管理格局。

【运营工作】 2009年,人民医院进一步完善了包括门诊医生站、预付费、预约挂号、窗口挂号、办卡、急诊分诊、体检、短信提示等门诊信息系统,大力促进医疗管理和服务水平提高。还继续完善了住院电子病历、随访系统、门诊电子病

历、护理体温单、药物临床试验管理系统等医院电子病历系统,不断提高医院医疗效率,在方便医务人员操作的同时,也大大地为患者提供了方便。

2009年医院成立了运营管理处,对医院绩效考核体系进行梳理和深入调研分析。开始着手进行以提高工作效率为目标的绩效考核试点改革,已完成16个核算单元的绩效考核试点工作,实现了绩效考核按劳分配和效率优先的原则。并同时构建了一套实时、准确、有效的运营指标体系,实行动态监测。

【党委工作】 1. 深入学习实践科学发展观。按照北京大学和北京大学医学部的统一部署,人民医院自2009年3月份以来开展了深入学习实践科学发展观活动。出版院报《科学发展观学习活动专刊报纸》3期,专版1期,专题简报137期,设立科学发展观专题网页,组织3场全院范围内的学习实践活动专题报告会,紧扣发展主题,做好科学发展观的各项调研工作,开展解放思想大讨论。在各支部纷纷开展的形式多样内容新颖的主题党日活动中,为北大发展、医院发展建言献策,提出69条意见和200条建议。同时召开专题民生生活会,深入剖析查找突出问题,边学习边整改,认真制定了《整改落实方案》和《责任分工》,明确了七大类33项的责任项目。通过学习实践活动,找准制约医院发展的关键因素和主要问题,扎实推进整改落实工作,取得阶段性成果。

2. 做好基层党建和常规工作。通过党委委员联系支部、支部书记定期培训以及考评述职的形式,进一步提高基层党支部工作的规范化制度化水平。同时医院积极搭建平台推动基层党建工作创新,努力提高各基层党组织的凝聚力和活力,在北京大学第四期基层党建创新立项中,医院8个基层党

支部获得立项资助,2项课题获医学部2009—2010年度党建研究课题立项。在医学部"学习贯彻科学发展观与卫生事业发展"理论实践研讨会征文活动中,医院党委荣获"优秀组织奖"。

3. 强化党风廉政建设工作。落实党风廉政建设责任制,完善反腐倡廉建设领导体制和工作机制。加强管理和监督,构建科学有效的内部控制机制。通过医院资源规划系统(HRP),对财务管理、固定资产管理、采购到付款管理、物流管理、库存管理进行了流程规划、细化,严格把控关键环节,加强内控建设,实现多部门的资源共享、互相监督。推进廉政文化建设,建立反腐倡廉宣传教育长效机制。医院党委把党风廉政宣传教育纳入医院党政领导班子学习计划和党员干部培训课程体系,并重视对全院党员干部进行反腐倡廉教育和教职员工职业道德教育,倡导医院廉洁文化,筑牢拒腐防变的思想道德防线。结合工作实际建立并完善医院党风廉政建设规章制度41项。

4. 创新新时期党建工作。

(1) 医院不断加强民主制度建设,完善教职工代表大会制度,重视教代会提案的解决和落实。2009年增设民主监督委员会,298名成员负责收集教职工对医院管理的意见和建议。截至年底共收到来自各方面的建议共451条,解决率90%,真正起到民主监督的作用。

(2) "文明服务缺陷管理体系"作为医院的一项长期管理制度,自2007年7月起运行29个月以来,共收到有效信息3157条,其中包括服务质量、服务态度、价格的投诉以及表扬、建议等。通过本系统已解决问题3041条,解决率达到96.3%,调整了相应的管理制度和流程共计299项。"文明服务缺陷管理体系"接收的意见情况成为医院实施奖惩的重要依据之一,为医院进一步改善服务质量和构建和谐医患做出了贡献。

(3) 2009年,以医院党委为主导、依托工会平台,先后举行了"爱心在手"职业技能竞赛——财务篇、物诊篇、护理篇和感染控制活动篇,通过精心筹划设计与日常工作相关的竞赛项目,吸引全院职工参与其中,极大调动广大职工的积极性和参与性,促进全院员工基本素质与技能的提高。"爱心在手"职业技能系列竞赛活动荣获了医学部精品活动称号。

(4) 医院党委采取"集中辅导和集体学习"相结合的形式,在主要以支部为单位集中学习的同时,院党委创新形势和内容,对支部书记和医院行政中层干部进行定期集中培训,同时邀请民主党派、入党积极分子、青年团员等参加。2009年组织了8次大型讲座,讲课内容涉及党风廉政建设相关知识、职业精神、财经纪律、医院管理、政策法规导读等。

【卫生部试点工作】 1. 志愿服务试点。8月17日,医院成立医务社工部,初步建立了医院志愿服务的招募体系、培训体系、管理体系、评估体系和激励机制,并制定了相关的文件和制度,从专业化、科学化、系统化的高度出发,探索将医务社会工作与现存医疗服务体系的融合。8月24日,卫生部联合医院召开"医疗质量万里行——爱心在行动"活动百日庆祝仪式。12月4日,由卫生部、中宣部、中央文明办、教育部、民政部、全国总工会、共青团中央和全国妇联八部委领导作为志愿者来院参加了"志愿服务在医院"活动。大批社会爱心人士自愿加入其中,一系列方便患者的服务举措得到落实,截至12月31日,医院共进行志愿服务267天,注册志愿者509人,参与志愿服务1287人次,服务累计2109小时;为医院提出合理化建议110余条。

2. "优化服务流程,提高医疗资源利用效率"试点。医院借鉴住院患者预缴押金的诊疗服务模式,实行先诊疗后结算的新型付费方式。医院在三个月的时间内完成了需求分析、程序改造、实施及培训,且通过初步试用,至12月底,门诊信息系统已能够满足预付费的使用流程,患者可以在预付费诊疗卡中存入现金,或以信用卡预授权的形式,完成诊疗后结算费用,减少排队,方便病患。

3. 医院医疗资源精细化管理试点。2008年,医院将企业的科学经营管理模式引入医院管理,全面实施医院资源规划系统(Hospital Resource Planning,简称HRP),实现医院前台、后台业务一体化,对全院门诊、住院、财务、物资、药品、高值耗材、体外诊断试剂、固定资产、人力资源等实施了全方位、全流程、信息化管理。2009年强化了ERP系统二期的建设工作,实现了从传统管理到现代管理、从经验管理到专业管理、从粗放型管理到精细化管理、从随意性管理到规范化管理的转变,并将廉政风险防范管理与现代科技全面对接,探索HRP在廉政风险防范体系构建中的应用,为从源头上防治腐败工作走出一条新路。

4. 试点临床路径管理。医院成立临床路径管理委员会、临床路径指导评价小组和临床路径实施小组,并制定了管理委员会、评价小组和实施小组的职责及工作制度。已完成17个病种24个临床路径的制定。

5. 病种质量管理试点。医院开展了老年性白内障、2型糖尿病、子宫平滑肌瘤3个病种的质量管理,并完成病种临床路径、质量控制指标和评估指标的制定。与信息中心合作,完成通过电子病历系统和医嘱系统直接调取质量控制指标、评估指标及费用检测指标

6. 试点基础护理。护士应该做什么,如何真正诠释护理专业的"服务"内涵,成为摆在所有护理人员面前的一个重要问题。为了提高人民群众对护理工作的满意度,让病人感受到医改带来的实惠,卫生部开展了基础护理试点工作,医院成为全国六家试点医院之一。医院先从两个病房开始试点,让护士回到患者身边,承担患者的生活护理。

7. 临床营养科设置试点。医院以改变以往被动工作模式为切入点,在内分泌科病房和老年科病房作为试点病房开展"临床营养科主动性服务"模式的探索,做到"每日巡诊"和"每周讲座"结合、"健康宣教"和"营养评估"衔接、"住院指导"和"出院方案"贯续。

第三医院（第三临床医学院）

【医疗工作】 2009年,北京大学第三医院年门急诊量达2406645人次,其中年门诊量位居北京各大医院第二,年急诊量位居北京各大医院第一。年出院患者51907人次,手术31438例次。平均住院日进一步缩短为7.9天,为全国综合性大医院最短。

【教学工作】 2009年,医院通过教育部评审成为全国实验教学示范中心;在2008年度北京市卫生局科教工作大检查中总排名第一。2009年,康复医学科、麻醉科、心脏外科成为新的博士点科室,使医院博士点科室达27个。2009年,由北医三院神经内科牵头的北京大学"神经内科学"课程被教育部评为国家级精品课程。

【科研工作】 北京大学运动医学研究所是国内第一家运动医学研究所,于1959年1月成立于北医三院,1989年成为教育部重点学科,2009年成为教育部"长江学者和创新团队发展计划"创新团队。目前运动医学研究所年门诊量达6万余人次,病房床位68张,年手术量3200例并逐年增长,仅交叉韧带重建手术每年已经超过1200例,居全国首位。科研工作的核心围绕运动创伤和修复中的相关问题进行,在运动员劳损性伤病、软骨损伤与修复、韧带断裂与重建、组织移植和细胞移植、基因治疗等方面的研究均达到国际先进水平,多年来荣获国家科技进步二等奖1项、国家科技进步三等奖1项,省部委级科技成果奖30余项。研究所的护理队伍也随着运动医学事业的发展而不断发展和壮大,并获全国卫生系统护理专业"巾帼文明岗"称号。

2009年,妇产科作为第二完成单位参与的"人类辅助生殖和精子库的关键技术及其在生殖健康中的应用"获2008年度国家科技进步二等奖；运动医学研究所余家阔等"中国射击队备战2008年奥运会中运动创伤防治、提高竞技能力水平的研究及体能训练、全身皮肤电和CET在其中的应用"获国家体育总局科研成果二等奖。

【中央党校院区开业】 北医三院中央党校院区是北医三院的一个执业地点,是中央党校和北京大学第三医院共同合作的,经北京市卫生局批准,于2006年5月30日正式成立。该院区在党校原有一所自办的一级甲等医院的基础上建成,按三级甲等医院管理。2009年1月15日,北医三院中央党校院区举行开业典礼,院区建筑面积8600平方米,设有100张病床,日门诊接待患者可达1000人次,将为中央党校全体教职员工和党校学员及党校周边地区10余万百姓的身体健康和医疗服务提供有力的保障。

院区提供的医疗服务包括普通门诊、专家门诊、急诊、住院部。普通门诊开设内科、外科、妇科和眼科,主要满足常见疾病的诊治。专家门诊全部是北医三院知名专家、教授出诊,科室包括心血管科、呼吸科、消化科、内分泌科、老年内科、神经内科、中医科、康复医学科、口腔科、耳鼻喉科、皮肤科；设有检验、放射、药剂、心电图、B超等医技科室和综合内科、康复医学科、肿瘤放疗和化疗科病房,运动医学病房及其他外科日间手术病房。院区还将以北医三院作为坚强的后盾,紧密结合院本部及中央党校的实际状况,为三级甲等医院参与城市社区卫生服务模式、为日间手术模式做出积极探索。

【甲型H1N1流感防控任务】 2009年5月以来,甲型H1N1流感在北京蔓延,北医三院高度重视和配合防控工作,5月14日起,北医三院正式启动甲型H1N1流感防控工作,成立防控甲型H1N1流感领导小组和工作小组,强化医院的各项安全规章制度,安排专人进行体温筛查工作,做好人员和物资的储备。同时按照北京市卫生局的指示精神,对全院医务人员进行甲型H1N1流感培训和考试,对发现的疑似患者及时隔离、专家会诊并及时上报。2009年12月11日,北医三院被北京市卫生局确立为海淀区危重症流感病例（含甲流）定点收治医院,为北京市甲型H1N1流感防控工作作出了重要贡献。

【学习实践科学发展观】 按照北京大学和医学部统一部署,北医三院于2009年3月至8月开展了深入学习实践科学发展观活动。6个月来,全院共有945名党员、64个党支部参加了学习实践活动,全院各党支部上报学习科学发展观论文、心得共计80篇。学习调研、分析检查、整改落实三个阶段六个环节的主要任务已基本完成,取得了阶段性成果。

【合作交流】 2009年7月12日"2009年第七届世界卫生经济大会"在北京召开。受世界卫生经济大会的特别邀请,陈仲强院长在本次大会学术交流中,就"中国医院经济管理"一题进行演讲,陈院长演讲的题目是"加强医院质量管理,合理缩短平均住院日"。

2009年10月17日,北京大学世界卫生组织(WHO)生殖健康和人口科学合作中心医学临床基地在北医三院挂牌,该临床基地将着眼于出生缺陷、不育不孕症、生育力保存(如卵子冷冻)等方面的研究,是目前国内唯一的由WHO批准成立的医学临床基地。

2009年9月2日,卫生部在北医三院召开了"以病人为中心,优化流程,提高效率"经验交流现场会,会议主要内容是以病人为中心,以缩短平均住院日为切入点,加强公立医院内部管理,优化服务流程,提高服务质量和效率的工作经验,推广北医三院等先进典型,部署下一阶段工作。全国百家医院300余人参加了会议,卫生部副部长刘谦出席并作重要讲话。

北医三院积极响应卫生部支援西部地区农村卫生工作的号召,2009年,北医三院新增陕西省子长县人民医院、内蒙古自治区乌拉特前旗医院、五原县医院为对口支援单位,并分别派出医疗队前往受援单位进行技术指导和医疗服务。

2009年11月5日至10日,北医三院牵头与美国菲利浦海德基金会、阿肯色大学共同启动"2009——北京大学第三医院残疾孤儿救助行动",北医三院成形外科与多科室合作,为来自西安、天津、江西、河南、北京各地福利院的21名唇腭裂孤儿进行了整形手术。

【重大事件】 在新中国成立60周年之际,张丽珠教授在极其艰苦的条件下在国内第一个开展了试管婴儿技术的应用研究,北医三院"大陆首例试管婴儿诞生"被收录新中国成立60周年百件大事。

在新中国成立60周年之际,北医三院"成立我国第一个运动医学研究所"和"大陆首例试管婴儿诞生"两件大事入选北京市卫生局评选的"健康北京辉煌60年百件大事"。

【获奖情况】 2009年,北医三院被北京市卫生局评为十佳"人民满意医院";被中国卫生思想政治工作促进会医学教育分会评为"全国医学教育系统卫生文化建设先进单位";被中华全国总工会评为"工人先锋号";被北京市爱国卫生运动委员会授予爱国卫生运动先进集体称号;被中国控烟协会和中国医院协会评为"全国无烟医院";荣获北京市药品监督管理局、北京市卫生局颁发的2008年度"药品安全监测工作特等奖";荣获北京市人力资源和社会保障局、北京市财政局颁发的2008年度"北京市基本医疗保险定点医疗机构医疗保险管理一等奖"。

陈仲强院长获得卫生部有突出贡献中青年专家荣誉称号,并被中国医师协会授予第六届中国医师奖;马庆军荣获首都卫生系统精神文明建设协调委员会和北京市卫生局第二届"首都十大健康卫士"荣誉称号;李树强被北京市教育工会评为首都教育先锋管理创新先进个人;王妍、崔鸣获北京高校第六届青年教师教学基本功比赛二等奖。

口腔医院(口腔医学院)

【基本概况】 北京大学口腔医院实行口腔医学院、口腔医院、口腔医学研究所三位一体的管理体制。其宗旨是培养高等口腔医学人才,普及和提高口腔疾病的预防和治疗水平,承担国家及教育部、卫生部有关科研项目。

全院总人数为1641人,其中编制内739人,编制外902人,拥有正、副高级职称196人。新医疗大楼设有15个临床科室、120张病床、428台牙科综合治疗台。年完成门诊量近80万人次,日均门诊量近3000人次,年收治住院病人3500余人次。口腔医学研究所拥有6个研究室、7个实验室、6个研究中心、1个医用实验动物室及图书馆,还设有卫生部口腔医学计算机应用工程技术研究中心。中华口腔医学会、中国牙病防治基金会等全国性口腔医学学术机构挂靠在北京大学口腔医院。

2009年2—4月期间,按照北京大学医学部的部署和领导,启动并顺利完成了行政领导班子换届工作,任命徐韬为院长,李铁军、林野、郭传瑸、罗奕为副院长。

【医护工作】 2009年1—12月门诊总流量835961人次,较2008年同期增长9.5%,急诊总流量58205人次,同比增长7.0%,全院诊椅使用率65.0%,同比增加1.8%。实际占用椅位251台,同比增加13.6%。入院4031人次,同比增长11.7%;出院037人次,同比增长12.4%;完成手术3791例次,同比增长11.0%。床位使用率102.6%,同比增加3.0%;平均住院日10.7天,同比减少0.3天;床位周转35次,同比增加1.7次。

首长保健工作量572人次,组织首长保健病例讨论22例次。投入医疗技术人员2930余人次,投入管理及后勤保障人员约1390余人次。

继续加强医疗质量监控与管理,定期对总院和各分支机构进行各类质量相关检查,各项医疗质量指标保持在较高水平,甲级病案率99.2%,医疗处方书写合格率98.5%,医疗表单书写合格率100%,院内感染率0.33%。

继续推进临床新技术新疗法

工作开展。完成2007年度终期评审,完成2008年度阶段检查和2009年度立项评审工作,顺利召开第三届新技术新疗法临床应用成果病例汇报会。

2009年继续承接北京市卫生局和民政局组织的"孤残儿童手术康复明天计划"和中华慈善总会的"微笑列车"惠民服务工作,共完成30例残疾儿童的唇裂、腭裂及唇腭裂手术。同时承接北京市60岁以上全口无牙低保老年人免费镶牙专家指导和治疗工作。1—12月发生住院病人欠费5人次,共计70583.68元,均因家庭困难立欠。

护理质量管理工作持续改进。2009年将护理不良事件上报范围由病房系统扩至门诊系统,内容包括所有可引发护理安全的问题。以通报的形式对季度护理质量检查情况进行评议分析,增强各级护理人员对护理工作的重视。继续加强对分诊台岗位的管理,以保持分诊台良好的服务和患者有序的候诊秩序。开展形式多样的培训活动,内容涉及护理专业技能、护理安全、职业礼仪和沟通技巧培训、防控医院感染等各方面。

【教学工作】 2009年完成八年制学博连读学生174名、五年制海外班25名、共199名学生,进修生129名、住院医师规范化培训61名的教学任务。新招八年制学博连读生36名,五年制海外班学生19名。研究生85名,其中博士生23名,硕士生62名,博士后研究人员1名。授予学位92名,其中博士27名,硕士16名,八年制博士学位49名。目前在校研究生188名,其中博士生66名,硕士生117名,博士后研究人员5名。

2009年完成国家级继续教育项目20项,市级项目3项,校级项目33项,院级项目102项。院内参加继续教育学分登记的人员534人,均按计划圆满完成,达到预期效果。

组织教学质量委员、教学督导组进行教学质量检查与评估,召开教育教学改革项目开题结题会。组织申报北京市高等教育精品教材,其中由冯海兰、徐军主编的《口腔修复学》和卞金友主编的《预防口腔医学》入选2009年北京市高等教育精品教材建设立项项目。组织医院青年教师教学技能培训与讲课比赛,2009年共有84人参加培训,30人参加比赛。

为适应北京大学医学部住院医师规范化培训与北京市卫生局并轨的新形势需要,积极申请作为北京市口腔专科医师培训基地。经认真筹备,顺利通过实地评审,得到全体专家的好评。

完成首届八年制学博连读学生毕业答辩的组织工作。在面临第一届八年制本博连读生毕业无答辩经验可循的情况下,积极筹备答辩组织工作。协助北京大学医学部教育处制定了《八年制学生毕业考核和论文答辩要求(学生)》等一系列管理文件。分别召开导师和学生会议,详细解释答辩相关程序,布置并逐项落实答辩工作的要求。

完成北大深圳医院教学条件考察和临床教学准备工作。经北京大学医学部建议,医院2007级八年制学生将到北京大学深圳医院进行桥梁课学习。医院组织相关人员赴深圳考察教学条件,并与对方教学管理人员重新制定教学计划、修改教学大纲。同时与基础医学院紧密配合,做好赴深圳学习的2007级学生的思想工作,提前安排他们的生活条件。目前,学生赴深圳学习的准备工作基本就绪。

【科研工作】 2009年获科研基金35项,其中国家自然科学基金13项、"863计划"2项、"十一五"科技支撑重点项目1项,科技部项目3项,教育部新世纪人才项目1项,教育部博士点基金项目5项,教育部启动基金2项,北京市自然基金5项,北京市科技新星1项,北京大学交叉与新兴学科研究基金1项,北京大学医学部引进人才计划启动项目1项。总经费达4482万元,创历史新高。提交院科研基金进展报告16项、结题报告14项、立项14项。聘请北京大学口腔医院客座教授5人。

2009年发表论文309篇,其中SCI收录51篇,中华系列和北医学报109篇,其他149篇。出版著作4部,获得实用新型专利1项。获得2009年度北京市科学技术奖三等奖2项,湖北省科技进步二等奖1项(第二单位),第五届IADR Chinese Division Travel Award比赛优秀奖1项,中华口腔医学会"首届口腔医学创新研究奖"2项、"口腔医学优秀青年人才奖"3项、"口腔医学益达奖学金"2项,正畸科谷岩的研究论文获得美国Edward H. Angle研究奖。

全院各科室主办学术会议12个,其中国内会议9个,国际会议3个;301人次参加国内学术会议61个,交流论文48篇;92人次出国参加国际学术会议33个,交流论文56篇。

组织召开北京大学-香港大学联合学术年会,承办中华口腔医学会2009年"口腔医学研究生益达奖学金"评选活动,组织召开第八次北京大学口腔医学院口腔医学论坛,举办8期青年医师学术沙龙。这些活动增加了青年学者学术交流机会,活跃了医院科研氛围。

鼓励年轻职工和研究生从事科研工作、发表研究论文,通过横向基金支持研究生和青年医师参加在武汉举行的第二届国际牙科研究学会泛亚洲太平洋联盟会议和在香港举行的北京大学-香港大学联合年会,获得2009年IADR PAPF/APR最佳组织奖。

【预防工作】 深入社区幼儿园开展口腔健康普查教育4281人次。

开展多种形式活动宣传第二十一个全国"爱牙日"活动。围绕"维护口腔健康,提高生命质量"的主题,与卫生部合作举办"口腔健康与生命质量"专家论坛,共有来自临床医学、口腔医学、预防医学的120多位专家参加了本次论坛,对加强公众对口腔卫生的关注,普及口腔卫生知识,营造全社会共同参与的良好氛围产生重要作用。在"920爱牙日"前夕,将口腔保健品捐助给西部边远地区,向当地民众传播正确的口腔预防和保健知识,受到当地政府和人民的欢迎。

在"920爱牙日"当天,组织医院各专业共17位专家进行义诊咨询活动,并举行专家授课的"健康大讲堂",讲述口腔预防医学的重要性,受到广大患者的好评。

积极支持挂靠单位中华口腔医学会和中国牙病防治基金会开展全国口腔公共卫生工作。同时承担了卫生部中西部地区儿童口腔疾病综合干预试点项目,参与并承担了大量的项目办公室和技术指导工作。

【交流合作】 保持与国内兄弟院校的合作交流。出访和接待国内院校来访合计20余次,进一步巩固了医院在国内口腔医学界的地位。落实北京大学和天津市政府的校市合作项目,做好医院和天津市口腔医院合作项目专家工作组的日常事务工作。加强与赤峰学院附属医院的合作关系,做好更新设备赠与工作,发挥支持和帮扶西部地区的作用。

2009年组织举办了第6届国际口腔与艾滋病学术会议、第4届亚洲牙齿外伤学学术会议、第4届亚洲口腔病理学术年会等大型国际学术活动,2009年共接待外宾来访190批319人次,组织外国专家讲学70余场次。本年度短期公派出访人员205人次。接待日本姊妹校朝日大学和明海大学、韩国全南大学牙学院学生来院短期研修,顺利结业,安全返回。

与日本东京齿科大学、英国伦敦国王学院牙科研究所签署合作协议;与瑞典哥德堡大学、美国the Forsyth Institute、美国罗彻斯特大学达成合作意向;强生公司、葛兰素史克公司、高露洁棕榄公司和国药前景公司等国内外知名企业的高层管理者纷纷来访洽谈合作意向。

【人事管理】 做好高层次人才工作,为医院人才战略发展服务。完成医院申报聘请"长江学者讲座教授"柴洋教授工作及合同签订工作,完成"长江学者讲座教授"施文元教授的届满评估和总结工作,终止聘任。张震康教授荣获"北京大学国华奖";俞光岩教授荣获"杨芙清-王阳元院士奖教金"优秀奖;推荐高学军教授申报"全国医药卫生系统先进个人"。推荐马绪臣教授申报"北京市优秀教师"。完成医院首届资助留学回国启动基金6人,资助经费16万元。完成各级各类人员在职培训138人次。培训费投入约14.9万元。

完成医院与密云县卫生局第4期合约签订,第十年度赴基层医疗工作4批15人,10年来累计39批185人,促进了当地口腔技术水平和口腔医学事业的建设和发展。

【信息化建设】 2009年基本完成了杭创公司在医院的HIS一期建设工程,主要临床业务流程已全面实现信息化。开发和实施医疗业务相关软件、成本管理和经济运行相关软件、行政管理相关软件系统。成功举办了2009口腔医院信息化建设专题研讨会。充分展示了医院信息化建设的成果,搭建了一个国内口腔医学院校信息化建设的交流平台。

【基础建设】 顺利进行新科研楼改造工程,在施工管理过程中,安全、质量、投资均得到有效控制,目前工程已进入设备安装调试阶段,即将竣工。完成锅炉房及管网改造工程,目前已投入使用。配合新科研楼改造工程完成院区污水管网改造工程。

启动并顺利进行院区弱电管网改造工程。对新医疗大楼的功能缺陷进行排查,本着安全节约的原则对不合理设计进行局部维修改造达二十余项,包括空调改造和降噪处理、照明改造、首长通道改造、技工室排风改造等。

2009年医院仪器设备采购734台件,修购经费开支5241万元。严格执行国家、北京市和医院有关设备和物资采购、进货和库存管理规定,未发生任何经济违规问题。设备物资的使用管理有章可循、记录详细。全年采购的85台计量器具均属强制检定品目,完成计量器具监测和校准20个品目746台件。开展设备维修工作保证医疗工作正常进行。报废仪器设备190台。

【医院经济运行】 2009年积极配合北京大学医学部对上一届领导班子进行经济责任审计工作,并对北大医学部审计提出的问题进行整改。协助完成新门诊大楼二次维修改造配套经费支持。认真开展"小金库"专项治理与财务检查工作。

2009年上级财政补贴拨款5501.78万元,其中基本补助2153.78万元,专项拨款3348万元。医院全年收入43111万元,比2008年增加8209万元,增长23.5%(由于第三门诊部经营性质改变,合并进入总院收支,所以收支增长幅度较大),其中医疗收入39661万元,药品收入2007万元,其他收入1443万元。医院全年支出38949万元,比2008年增加6699万元,增长20.48%。全年自收自支结余4162万元。加上上级基本补助2153.78万元,收支结余6329.78万元,提取的修购基金1986万元,实际结余8315.78万元。

【工会教代会工作】 工会紧紧围绕医院中心工作,以庆祝建国60周年为契机,开展了丰富多彩的文体活动。再次举办了"精品活动"和"模范工会小组"评选活动,对于激活基层、加强工会小组建设起到了促进作用。举办工会、教代会干部培训会。积极落实上级的送温暖精神,关心困难、生病职工生活。组织美容、育儿等方面讲座,丰富了女职工的业余生活。

医院注重发挥教代会在民主管理中的作用。2009年年初召开了三届四次教代会专题工作会议和常设主席团会议。听取院领导及各职能处室负责人述职,进行工作研讨,对中层领导干部进行民主评议。通报并参观了科研楼改扩建工地进展情况,审议了《机动车停车管理暂行办法》,听取了新大楼一层咖啡厅面包房承包单位的汇报和三门诊回购的相关事宜,审议并反馈代表提案29件,建议21件。

医院团委注重围绕科室中心工作开展青年文明号手的建设,促进团支部建设。特诊科获得医学部"青年文明号"称号,牙周科王华同志被评为医学部"青年岗位能手"。以优秀团日活动为载体,为应对暑期医疗高峰,发出倡议为患者提供周到贴心的服务。各团支部开展了参观展览、小型歌唱比赛、健康宣教活动,取得了良好的活动效果,促进了团员之间的凝聚力。

医院现有336名离退休同志,医院一直以来注重做好老同志的服务和管理工作。定期召开老干部工作座谈会,主动开展送温暖慰问活动。2009年十一正值祖国60华诞,圆满召开医院离退休人员"迎国庆、颂祖国"联欢会,得到了全院上下的一致好评。

【重点工作】 1. 加强医疗质量和安全。2009 年,通过整理分析多年来医疗质量检查中发现的问题,召开首届"临床医疗质量检查结果反馈研讨会",启发全院职工对医疗质量和安全的关注与思考。召开"护理服务与质量研讨会",探讨提升护理服务与质量的良策。适时召开节假日医疗管理研讨会,分析科室资源使用情况,发现并提出问题,进一步提高医疗资源使用率。成立医疗质量监管工作小组负责专项工作,着力解决医疗工作中长期存在的问题,保证医疗规章制度的落实和完善。同时,积极响应卫生部和北京市卫生局关于深化医药卫生体制改革要求,9月正式启动并顺利进行网上和电话初诊预约挂号工作,同时出台《北京大学口腔医院预约挂号管理暂行办法与实施细则》,截止到12月底完成电话预约挂号3670人次,网络预约挂号1994人次,深受广大患者的好评与欢迎。正式恢复医院特需医疗的开诊,实现就诊流程一体化服务,截止到12月底共接诊1641人次。

2. 反腐倡廉、凝聚人心,深入开展医院文化建设。围绕医院中心工作,认真落实反腐倡廉的各项任务,推进医院的民主管理。制定《北京大学口腔医院各科室落实"三重一大"制度暂行规定》;积极按照卫生部和北京大学统一部署,开展"小金库"专项治理与财务检查工作。落实《〈关于加强高等学校反腐倡廉建设的意见〉情况进行量化考核工作的通知》的要求,狠抓薄弱环节,加强教育、强化监督和加强制度建设来进一步提高参与政务、管好事务、做好服务的工作水平,努力开创反腐倡廉工作的新局面。

3. 围绕中心,务求实效,深入开展学习实践科学发展观活动。根据上级指示和精神,医院学习实践活动自3月中旬开始,至9月基本结束,整个活动历时6个月,分四个阶段开展活动。"学习实践活动"在口腔医院得到积极响应。配合"医为发展献一策"主题党日活动,各支部均开展了各种形式的学习活动和组织生活。医院组织了"医院的发展,医生们的心愿"主题座谈;组织专题报告;在分析检查阶段(4月中旬到6月下旬),全体院领导班子成员召开了领导班子民主生活会。医院领导反复就口腔医院的现状和主要问题进行了深入分析和讨论,对今后医院的软硬件建设,做出方向性规划,并就关键点提出突破思路。

肿瘤医院
(临床肿瘤医学院)

【基本情况】 全院职工1464人(含合同制528人),其中卫生技术人员1091人,包括正高级职称64人、副高级职称98人、中级职称286人、初级师237人、初级士350人、未定级56人;其他技术人员117人;管理人员70人;工人186人。

2009年被批准的人才项目有:北京市"人才工程领军人才"1名(游伟程),北京市"人才工程学科带头人"3名(郝纯毅、陈克能、任军),北京大学"杨芙清-王阳元"奖教金1名(顾晋),北京市"十百千"人才工程"百"层次人选2名(郝纯毅、解云涛)。

干细胞移植病房、微创外科病房、VIP-2病房装修改造完成,投入使用。国内第一台快速调强精确放疗系统(Rapid Arc)、北京市第一台具备"飞行时间"功能的PET-CT安装调试完成,投入使用。

3月,医院获"全国无烟医院"称号;6月,医院党委被北京大学医学部评为党务和思想政治工作先进集体;10月,医院获"北京市模范职工之家"称号。杨仁杰、王洁被北京大学医学部评为2008—

2009年度优秀教师奖,曹嵩获北京大学医学部优秀教学管理奖。6月,由医学部研究生院和肿瘤医院教学办合作完成的"医学研究生培养过程及质量监督的信息化建设与实践"获北京大学教学成果奖一等奖,放射科的"基于单病种数据库的肿瘤影像专业人才培养模式的搭建与实施"获二等奖。4月,泌尿外科副主医师张鑫在中华医学会泌尿外科分会举行的EUREP"赢在中国"2009精英英语选拔赛北京赛区中获第一名。

【医疗工作】 全年门诊277025人次,开放病床703张,住院21906人次,出院21889人次,床位周转32.1次,床位使用率107.6%,平均住院日12.3天,七日确认率99.7%,出入院诊断符合率99.9%,治愈好转率49.6%,死亡率1.5%;住院手术5950例。

以围手术期为重点,加强医疗安全管理。修订完善了《关于加强手术患者医疗安全的管理规定》,并推行WHO倡导的《手术安全核查表》,落实《麻醉术前访视管理制度》,建立《麻醉事件登记及讨论制度》和《二次手术上报、监控制度》。制定诊疗规范的总体思路、内容概况及实施方案,并制定了胃癌、乳腺癌、恶性淋巴瘤的诊疗规范。

建立运行病历实时监控措施。通过信息系统建立入院记录、首程、入院后副主医师首次查房记录、入院医师首次查房记录和出院总结五种病程记录实时监控。实时监控结果及时反馈相关科室,督促科室改进。通过建立运行病历实时监控措施,病历的及时完成情况有了明显改进。

建立终末病历反馈互动机制。终末病历质检结果以反馈意见书的形式及时反馈相关科室,由科室质控医师督促主医师改进病历质量,医务处跟踪科室的改进效果。2009年甲级病案率为93.96%。

在实行电话预约和现场预约挂号的基础上,8月运行网上预约挂号。全年预约挂号人次比上年增加51%。建立门诊化疗配液室,全面实行门诊化疗新流程。医师开药、药师审方、药房直接将药品送至配液室集中配液,患者无需亲自取药和保存,保证了药品质量和护理人员安全。

加强护理管理,以不良事件上报机制为抓手,强化各病区及时报告不良事件,包括药物反应、输液外渗、意外拔管、压疮、护理安全等。每季度在护士长例会上对护理不良事件进行分析,持续改进,并在护士继续教育课程中进行护理不良事件防范的教育,收到较好效果。

甲型H1N1流感防控。面对免疫力普遍低下的肿瘤患者,组织院内培训,介绍疫情、症状、诊断、治疗、防护、监控。医疗防护用品储备充足,并为医务人员进行了疫苗接种。某科室报告多名医务人员出现感冒症状,院感科立即对相关人员进行甲流咽拭子检测,要求2名阳性和弱阳性者居家隔离,并对科室采取防控措施。经随访观察,住院患者无相关症状,医务人员无新发病例。全年医院感染率1.38%。

全年医保就医88282人,出院5355人次,总费用10919.69万元,次均费用20392元,医药比例62%。经调研、量化分析,为各病区制定次均费用指标、医药比例指标、单病种费用指标、门诊次均处方费用指标和医保自费比例指标,并作为科室绩效考核的重点。

与江苏南通瑞慈医院、哈尔滨市第一医院签订协议并建立了技术合作关系,协助当地提高医疗水平、培养技术人才。全年举办健康大讲堂8场,由肿瘤医院专家为群众进行防癌、抗癌科普讲座,并开展咨询活动,受众千余人次,深受市民欢迎。

【科研工作】 全年申报院外课题115项,获资助42项,科研经费2300余万元。其中申报国家自然基金课题37项,获资助12项,包括面上项目10项、重点项目1项、国际合作项目1项;获批国家"十一五"科技支撑计划项目子课题1项;国家科技部"973项目"课题3项、科技重大专项2项;合计获国家级课题资助18项,经费1300余万元。申报其他各类课题78项,中标课题19项,其中市自然科学基金3项,包括面上项目2项、重点项目1项,市科委课题7项,教育部留学回国人员科研启动基金1项,博士学科点专项科研基金3项,市卫生局青年基金3项,首都医学发展科研基金1项,市中医局1项,课题经费合计近900万元。获横向课题4项、国际合作课题1项,课题经费共80余万元。

院外结题45项,其中国家自然科学基金课题9项、国家"863项目"课题5项、国家科技部"973项目"课题2项、国家"十一五"科技支撑计划项目子课题5项、北京市自然科学基金2项、首发基金课题2项、市科委课题10项、市卫生局青年基金2项、市中医局项目1项,教育部留学回国启动基金2项、教育部新世纪优秀人才计划1项,市教委项目1项,横向课题3项。院内结题17项。

申报发明专利3项,获授权发明专利2项。在研课题169项,其中院外课题123项、院内课题46项。发表论文165篇,其中SCI收录42篇,影响因子大于3的论文18篇,影响因子大于5的论文8篇。教授主编的《肺癌标准化手术图谱》在北京大学医学部医学出版基金资助下出版,教授教授分别获本年度北京大学医学部科学出版基金资助。中西医结合科通过了国家中医药管理局中医药科研实验室(三级)评估。

完成"985工程"二期建设总结及10年总结,并向北大医学部汇报了"985工程"二期建设成效与学科发展规划。借鉴市卫生局重点学科量化评估体系，对全院临床及医技学科开展了评估，在院内形成有重点、有扶持的学科建设氛围，推动薄弱科室开展科研工作。按照《专业技术人员科研考核规定（暂行）》，在5个基础科室、23个临床科室和7个医技科室进行科研指标考核试点，为进一步完善规定提供参考。

【国际交流与合作】 院长游伟程、党委书记李萍萍分别率队赴德国、法国、日本访问国际知名大学医学院或癌症中心，洽谈交流合作，取得重要成果。肿瘤医院主办了肺癌多学科论坛、介入治疗、胃肠外科等多个大型国际性学术会议，邀请20余位国外专家作学术报告。美国国家癌症研究中心（NCI）副所长、美国DUKE大学肿瘤中心主任等数十位国外专家来院访问交流。

【教学工作】 全年招收研究生69人，其中博士21人、八年制二级学科培养7人、专业学位硕士转博10人、硕士生31人。在院研究生（包括在职申请学位）共221人，其中研究生195人、在职申请学位26人。毕业研究生52人，其中博士生24人、八年制5人、硕士生23人。获得学位44人，其中博士学位23人、硕士学位21人。

参加住院医师规范化培训的住院医师95人，其中26人是新入院的住院医师。19名住院医师通过住院医师第二阶段培训及考核，获主治医师任职资格，通过率90.5%。

1名博士后完成工作出站。在院博士后2名。全年接收进修医师121人、国内访问学者11人。全年开设研究生课程13门318学时。完成国家级继续教育项目4项72学时，院外251人次、院内389人次参加学习。校级继续教育学术活动39次117学时，9751人次参加。院级学术活动87次261学时，1.4万人次参加。新增1名教师通过硕士研究生指导教师资格的遴选，具备博士生指导教师资格的教师有30人。

针对肿瘤医院特点医师临床技能薄弱环节，全面启动"三基"培训。成立了"三基"培训执行委员会，确定将"三基"培训工作重点放在科室层面，立足科室、长期坚持、适时督考、以考促训的工作原则。各科室研究制定了培训方案，逐步开展科内讲课、病例讨论、基本技能带教等培训活动，取得良好效果。

【行政后勤】 加强财务管理职能，对医院重大经济事项严格履行审批程序，坚持"统一领导，集中管理"的财务原则。强化预算在医院经济运行中作用，参与各项经济活动签审，参加医院30万元以下自有资金采购会议，对各项经济事项做到事前、事中、事后各环节监督控制。积极推进医院政府采购工作，做到"应采尽采"。

调整奖金分配方案，逐步完善分配机制。新方案打破单一核算模式，制定3套不同指标权重方案，各科室可根据自身特点选择其一。增加了科室工作量指标导向，使奖金分配方案有利于调动科室积极性。

审计室发挥内审监督和服务职能，全年5万元以上自筹资金经济合同审计82项，报审金额3388万元，审定金额3355万元，节约资金33万元。基建维修工程审计96项，预算报审金额1783万元，审定1670万元，审减113万元；结算报审金额1862万元，审定1733万元，审减129万元；共节约资金242万元。科研基金结题审计12项，其中自然基金9项、首发基金2项、"985项目"基金1项，审计经费总计391万元。

2009年完成地下车库及放射用房工程全部前期工作，新病房楼也取得规划意见书。全年门诊三层及核医学改造、内科VIP改造、门诊手术室等17处的修缮改造工作。

【宣传工作与信息化建设】 加大信息化建设的力度，实现医技科室检查结果与临床电子病历的对接，医生工作站、患者腕带系统等全面应用。医疗系统除无线网络外，基本完成信息化建设，提高了工作效率和质量。

医院网页改版，以服务病人为主线，突出应用功能，方便患者和社会公众查询信息，日点击量达5000余人次。网站新建医患沟通板块，网上答疑2000多条。在搜狐网站开设官方博客，设专人管理，刊登医院信息和科普文章，多篇文章被搜狐管理员推荐首页，点击量达十几万人次。

全年与中央电视台、北京电视台多个栏目配合，制作播出电视专题和新闻片共43条，其中CCTV《健康之路》4期、北京电视台《健康北京》节目5期、中央新闻7条。中央人民广播电台连续两周播出8期医院肺癌科专家科普宣传节目。

全年出版《院所通讯》72期、彩报14期。各大报刊采用医院信息300余条。被北大评为信息工作先进单位，获市卫生局信息共享奖。

【医院文化建设】 2009年为"医院文化建设年"。年初，在全院职工中进行"对医院文化建设认识"问卷调查，应答率超过94%。结果显示，以人为本的理念已深入人心。七一前夕，召开医院文化与科学发展——庆祝建党八十八周年大会，公布"医院文化调查问卷结果分析"，专家李光斗作"医院文化与品牌建设"专题报告。同时，开展了女职工"清逸杯"作文比赛、"医院文化之我见"征文比赛等活动，以及爱我中华划船比赛、医患沟通大赛、援疆干部陆爱萍新疆摄

第六医院
（精神卫生研究所）

【发展概况】 北京大学精神卫生研究所（北京大学第六医院、精神卫生学院）是世界卫生组织北京精神卫生研究和培训协作中心，同时也是中国疾病预防控制中心精神卫生中心，为教育部批准的精神病与精神卫生重点学科，拥有全国唯一的卫生部精神卫生学重点实验室，承担着精神卫生领域的医疗、科研、教学、学科发展、健康教育、公共卫生等多方面的使命。2009年4月29日，精神卫生研究所成立社会服务与康复部。社会服务与康复部把精神卫生研究所的康复服务力量整合在一起，以便更好地为患者的康复提供服务。9月1日成立"精神疾病全程干预中心"，该机构成立的宗旨是利用医院的人才和技术优势，改变传统的医疗模式，探索更好的精神卫生服务体系。

2009年精神卫生研究所共接收新职工30人，退休6人，调出9人，至12月31日，医院共有职工343人，其中在编人员267人，合同制人员76人，具有正高职称的22人，副高30人，中级101人，初级147人。截至12月31日有离退休人员95人。

2009年精神卫生研究所荣获了"2008年度首都文明单位"称号，经过一年的精神文明建设，精神卫生研究所涌现出很多先进人物，获得了各种荣誉，王玉凤教授当选"首都健康卫士"，黄悦勤教授荣获"首都教育先锋科技创新个人"称号。

影展等，《院讯》设"医院文化"专栏、"歌唱祖国"合唱大赛等，把医院文化活动推向高潮，增强了员工凝聚力。

【改革与管理】 2009年9月1日，精神卫生研究所开展门诊预约挂号工作。目前患者可以通过网络预约、电话预约、现场挂号和复诊患者与医生当面预约等方式来完成挂号事宜。为了进一步做好财务管理，精神卫生研究所坚持"统一领导、集中管理"的财务管理原则，将门诊收费处和住院结算处纳入财务统一管理，并制定了《关于科研成果转化医疗服务项目激励机制的规定》，重新修订了《北京大学第六医院财务会计内部控制制度》，进一步完善《门诊、住院病人退费管理办法》。

在"小金库"专项治理工作期间，精神卫生研究所下发了《北京大学第六医院人员费发放办法》，规定无论院内、院外人员领取劳务费，一律通过财务部门存入银行卡，从制度上杜绝通过领取劳务费等方式私设"小金库"的现象发生；制定了《北京大学精神卫生研究所关于收受礼品、礼金、有价证券的管理规定》，加强对领导干部廉政工作的管理。

为进一步加强对医药代表在医院活动的管理，精神卫生研究所由医务处牵头召开了医药代表会议。会上强调在医院活动的医药代表应注意约束自己的行为，杜绝给医生回扣，不能影响医院的医疗秩序、损害医院形象，否则将严厉处理违纪的医药公司及院内有关个人。通过加强管理对医药代表在医院活动的管理，2009年未接到关于商业贿赂的投诉。

2009年11月25日，精神卫生研究所接待了北京市卫生局开展的"以病人为中心，以提高医疗质量为主题"和"医疗质量万里行"的督导检查，医院的全面工作接受卫生局的检查，考评组向医院领导、职能处室负责人，接受考评部门负责人通报了考评结果，分别对所查专业的工作亮点、特点、存在问题进行当面评议，对临床工作给予了充分肯定（其中病历检查部分获免查资格），总评获89分（满分90分）。检查中所辖科室的问题能解决的已要求科室整改。

2009年精神卫生研究所门诊病人平均满意度88.5％，比上年提高0.1个百分点（问卷随机发放）。住院病人平均满意度96.4％，比上年提高0.7个百分点。医院对病人反映的一些重点问题，采取积极的态度进行解决。

2009年精神卫生研究所收到病人及家属的表扬信45封；赠送锦旗15面；拒收红包人58次，约61000元；医生、护士拒吃请42人次；拒收礼品41人次，折价约6000元，有土特产、食品、饮料、烟酒服装、水果、糕点等。

【医疗工作】 2009年，精研卫生研究所门诊总人次171184人次，无急诊。其中普通门诊100581人次，专家门诊50231人次，特需门诊20372人次，日平均685人次。入院总人数1443人次，出院总人数1439人次，平均住院日55.26天，床位使用率106.3％，床周转6.83次，平均床工作日数368.47天。入出院诊断符合率99.19％，院内感染率7.23％，陪护率38.4％，出院者治愈率30.16％，出院者好转率63.23％。

精神卫生研究所坚持设专人定期检查运行病历和终末病历，严格执行"病历分级奖罚细则"，对病历中的问题每月在主任会上提出整改要求，对病历质量常抓不懈。4月医院组织召开2008年度医疗工作总结表彰会，表彰病历管理优秀科室和个人，并请唐宏宇副院长对过去一年病历质量和优秀病历进行分析点评。

2009年以来，精神卫生研究所按照卫生部、北京市卫生局、海淀区卫生局的工作部署以及医院的统一安排，针对多种呼吸道传染病防治的需要，制定了《呼吸道传染病应急预案》，加强医院传染病防控工作。在副院长王向群的领导下,精神卫生研究所有关部门进行了甲流防控的演练,对演练中的问题及时进行了整改;组织全所各科室开展手足口病防治知识培训;继续加强各种传染病的防治工作。

2009年精神卫生研究所全年医保出院335人次,出院医保病人总费用496.83万元,人次均费用14831元。为了推行"持卡结算",医保办制定相关制度9项,修订《住院病历审核流程》等制度4项,下发各类医疗保险相关文件230余份。

精神卫生研究所对青龙桥和大兴精神病医院进行对口支援,先后派遣1位主治医师、2位副主任医师到大兴精神病医院下乡锻炼,接受海淀青龙桥医院3人到医院学习,安排医生为青龙桥医院医生授课6次,为海淀区社区精神卫生授课6次,同时和两家医院进行科研项目合作。

【护理工作】 第六医院护理部落实北京地区医院管理考核评价标准;同时组织三级护理质量考评体系,护理部、质控组、病房护士长每季、月、日按标准考评护理质量,年末在北京市卫生局医院管理考评中取得好成绩;重视基础护理及危重病人管理,严格执行保护性约束护理常规,严格MECT治疗前中后护理,确保病人安全;拓宽护理服务内涵,坚持出护理咨询门诊,组织患者家属联谊会24次,组织家属精神疾病知识讲座40次。

2009年病房管理合格率99.4%,护理文件书写合格率97%,基础护理合格率95%,护理记录书写合格率98%,理论考试合格率87%,特级、一级护理合格率95.5%,技术操作合格率90%,安全护理合格率99.9%,急救物品完好率99.7%,继续教育达标率100%。

2009年,护理部完成医学部学生授课84学时,医学部护理大专生实习209人,网络见习340人,护理本科实习40人,培训进修护士23人。在科研方面,发表护理文章7篇,参与精神障碍护理学编写工作,并得到医院青年基金资助课题一项。

日常工作中,护理部注重对全院护士进行医疗法规、医德医风教育,培养护士高度责任心、爱心及慎独精神;加强护士"三基三严"培训,组织月考及年考促进全院护士理论知识及操作技能的提高,考试结果与个人月考核挂钩。2009年组织护士大考2次,参考率95%。

为了提高护士的业务水平,医院鼓励全院护士通过不同形式提高学历,使得大专以上学历达85%。同时,医院为护士争取各种外派学习进修的机会,2009年共派出意大利培训6人,精神科护理年会4人,回龙观医院管理培训1人,香港社区精神康复培训1人,三院教学培训1人。

【科研工作】 2009年精神卫生研究所共有两个项目获得国家自然科学基金资助,总计资助金额为60万元,2项均为面上资助项目;获批"863项目"一项,资助金额2000万;获得新立项的国内横向科研课题17项,总经费为271余万元。第六医院组织科研人员申报了11项首都医学发展科研基金。

自2005年起,精神卫生研究所修订颁布了《北京大学精神卫生研究所青年科研启动基金管理条例》。截至2009年年底,共有21位青年工作者获得了该基金资助,该基金的设立对医院科研队伍的梯队建设有重要帮助,为青年科研工作者申请部委级基金或国家各类基金打下了良好的基础。

精神卫生研究所岳伟华副研究员入选北京市科技新星A类计划,她也成为医院首位入选该计划的年轻科研骨干人员;权文香助理研究员获得北京市自然科学基金预探索项目和高等学校博士学科点专项科研基金新教师基金;张岱教授连续两次获得"SCI论文引用奖",并成功入选2009年度医学部优秀人才奖励计划;王华丽副研究员成功入选2009年度优秀青年学者计划。

2009年精神卫生研究所共发表学术论文111篇,其中英文24篇,中文87篇。在英文SCI收录期刊中,以医院为第一作者或通讯作者共发表论文13篇,其中影响因子在3以上的有7篇,最高影响因子达12以上。在中文核心期刊上,以第六医院为第一作者或通讯作者共发表文章67篇。

2009年,第六医院主编或参加编写著作19部,其中,主编了《精神分裂症咨询》等6部著作、编著或教科书,并参与编写、翻译了其他13部专著、编著、教科书。

【医学教育】 2009年精神卫生研究所共完成本科生八年制教学大课90学时、问题为基础的教学(PBL)见实习120学时;五年制教学大课60学时、见习36学时。共计154名学生(不包括护理学院学生)。

同时,第六医院完成在院住院医师的轮转工作,配合北京大学医学部继续教育处完成住院医师第一阶段考试2名,第二阶段考试4名,主要负责住院医师资格审查,笔试的出题和组织临床技能考试。

现阶段在培专科医师共计11名;2009年新接受专科医师8名。结业1名。组织专科医师临床管理培训1次。

2009年医院新招生32人,其中硕士17人,博士15人。注册在学研究生共计103人。在职研究生课程班合计65人(其中新生招生36人),招收研修生22名。顺利完成各项带教和管理工作;招收北京市卫生局和北京大学医学部基层医院学科骨干或带头人3名,完善了学科骨干和带头人研修学习的各项相关的管理制度。

第六医院进行国家继继续医学教育项目申报共11项,完成了其中10个项目,18班次,共计1029人次的培训。

同时,第六医院完成院内200多名员工学分登记工作。除医务处、护理部、科研处进行相关专业培训外,医院还完成校级项目"人文医师培训"四次,为全院员工进行专业知识以外的培养。

【国内外学术交流合作】 2009年精神卫生研究所继续加强并促进国际合作研究,在开展国内外合作研究方面取得了很大的进展,与美国哈佛大学、密歇根大学、加州大学、罗彻斯特大学、杜克大学、夏威夷大学、英国伦敦国王学院、澳大利亚的悉尼大学、墨尔本大学、香港大学、香港中文大学、日本神户大学等著名大学合作,并与世界卫生组织总部和西太区办公室、美国精神病协会、世界精神病协会、美国国立卫生研究院等国际组织和机构保持密切的联系,开展了多领域的合作研究和学术活动。以项目承担单位新建立国际合作项目6项,经费折合人民币约为345万元。

第六医院专家参加了美国精神病学年会、国际酒滥用协会年会、第五届世界心理治疗大会、世界儿童青少年精神病年会、美国儿童青少年精神病年会、第一届港英精神科大会、国际精神卫生会议、海峡两岸儿童青少年精神病年会、世界精神病学协会会议、第3届亚太地区国际自杀预防研讨会、第25届国际自杀预防协会国际大会、CINP第26次国际大会、香港国际AD治疗进展研讨会、国际AD及相关障碍研究大会、第24届ADI国际大会、第4届亚洲儿童青少年精神医学及相关学科学会会议、精神病学及社区康复会议、10/66老年痴呆项目协作工作会议、精神障碍经济学评价方法培训等。

精神卫生研究所公事部先后参与WHO农村妇女自杀与农药问题相关研究项目;WHO泰国精神卫生体系考察项目;卫生部-联合国人口基金会(UNFPA)汶川震后社会心理支持项目;中澳卫生与艾滋病项目——重性精神疾病管理治疗流程与人力资源配置标准开发项目;协助WHO西太区办公室从686项目示范区选派人员赴韩国参加为期1月的社区精神卫生培训。

【信息化建设】 2009年精神卫生研究所致力于信息化建设,完成2010年卫生部信息化建设项目的申报;购置高速扫描仪,启动病案扫描,以期尽快完成纸质病案的电子化进程;购置网络终端设备,完成网络硬件设备的改造;备份现有网络,增加ADSL通路;启用网络挂号和语音挂号两种挂号方式;更换硬件设备;建立存储设备,完成网络备份;配备网络安全软件、审计软件,加强网络监测。

【后勤与基建】 精神卫生研究所总务处在计财处的配合下,进行"北大六院精神疾病患者社会生活技能训练中心设备"的招标采购及合理调配资金的使用。2009年第六医院完成病房楼4～6段加层建设、雨污分流改造项目、照明设施改造工程、太阳能热水系统改造项目,门诊一段2～5层装修改造项目也正式开工。

【公共卫生服务】 2009年精神卫生研究所继续承担"中央补助地方重性精神疾病管理治疗项目('686项目')"第V期;对老项目示范区进行了1次骨干培训;对新增的项目示范区进行了2次培训;完成项目区内解锁患者信息的收集,共收集解锁患者信息273个;咨询法律顾问,多方面征求专家意见,出台了《"686项目"服务知情同意书》;组织工作组专家进行督导,共督导5个省的11个示范区,其中行政督导2次,技术督导3次。

第六医院公事部还承担各项培训,先后举办卫生部精神卫生机构疾病防治能力师资培训项目,中国-挪威精神卫生法宣传骨干Ⅱ期培训班,中国大陆-香港-墨尔本联合社区精神卫生培训,精神病学临床诊断骨干培训班,灾后儿童心理保护的能力建设培训,重性精神疾病的平衡康复与健康教育培训等。

【党建工作】 2009年第六医院党委先后组织离退休和研究生支部党员参观国家大剧院、第七届全国花卉博览会,组织统战人士参观民族博物馆,组织复转军人和军属参观冀热察挺进军司令部旧址陈列馆等。同时,第六医院领导在春节、国庆等重大节日看望离退休职工和研究生,表达对他们的关心。

在建党八十八周年之际,第六医院职工66人参加北大医学部举办的大型红歌会,高唱《歌唱祖国》迎接党的生日。这次活动筹备两个多月,赢得大家的一致好评。

第六医院党委还组织各支部开展丰富多彩的活动对党员进行爱国主义教育。2009年11月6日到8日,医院党委组织68名党员前往韶山进行红色教育,大家先后到长沙、韶山参观,从武汉回京。大家在整个旅程当中都热情饱满,激情昂扬,有很多感慨和收获,都认为这是一次难忘的经历。

北京大学首钢医院

【发展概况】 北京大学首钢医院始建于1949年10月,曾先后易名:石景山钢铁公司医院、首都钢铁公司医院、首都钢铁公司总医院、首钢总医院;2002年首钢总公司和北京大学合作办院后更名为北京大学首钢医院,是一所非盈利性三级综合医院。医院占地面积68436平方米,业务用房建筑面积82219平方米。2009年全院总收入45519万元（含公司补助1750万元），总支出44261万元。配有先进的诊疗设备1187台（套），总价值14995.68万元。其中，2009年新购置设备83台（套），总价值654万元。医院固定资产原值42425万元。

在册职工1261人，在岗职工1199人，在岗职工中，卫生技术人员986人，包括具有正高级职称的23人，副高级职称的99人，中级职称的503人，初级师277人，初级士84人。

【机构设置】 北京大学首钢医院设有34个临床科室，10个医技科室，23个职能科室，4个社区卫生服务中心。3月11日，北京大学首钢医院临床检验中心暨中日分子生物学实验室揭牌仪式举行。2月，泌尿外科开设排尿障碍专科门诊，并设免费咨询电话。4月1日，首钢医院整合骨科、普通外科、神经外科、胸外科、泌尿外科的急诊资源，成立了创伤急救中心。5月，骨科新增专科门诊。成立神经内科二病区，突出以癫痫的诊治及神经电生理检测为主的特色技术。成立北京大学首钢医院慢性病研究所。

【改革与管理】 7月15日，经首钢总公司和北京大学医学部研究决定韩启德为北京大学首钢医院第二届理事会理事长；王青海为北京大学首钢医院第二届理事会副理事长；姜保国为北京大学首钢医院第二届理事会副理事长；毛武为北京大学首钢医院第二届理事会副理事长；第二届理事会成员聘期自2009年7月1日至2013年6月30日止。7月15日，经北京大学首钢医院理事会研究决定聘任那彦群为北京大学首钢医院院长；聘任刘慧琴为兼任北京大学首钢医院副院长；聘任刘京山为北京大学首钢医院副院长；聘任王健松为北京大学首钢医院副院长。

制定《2009年北京大学首钢医院反腐倡廉主要任务分工方案》，召开有业务处置权人员会议部署全年廉政工作任务。组织新任及岗位变动科级干部签订党风廉政建设责任制14份。并在常规医德档案管理的基础上，结合医院实际，研究制定并经院长办公会讨论通过《北京大学首钢医院医务人员医德考评实施细则（试行）》，并在全院医务人员范围内实施医德考评。2009年廉政谈话共61人次，其中：预防谈话15人次、诫勉谈话3人次、警示谈话43人次。

【医疗工作】 全年门诊量397729人次，急诊量55700人次，日均门诊1591人次，日均急诊153人次；急诊抢救1027人次，成功998人次，病房抢救27人次，成功13人次；产妇死亡率0，早期活产新生儿死亡率2.57‰，围产儿死亡率7.66‰。

编制床位1006张，实际开放床位721张；住院患者17070人次，出院17054人次；出院病人手术6291例；病床使用率84.04%，病床周转次数23.79次/年；出院者平均住院日12.87天/人，治愈率39.83%，好转率55.32%，死亡率4.28%；入出院诊断符合率99.95%，术前术后诊断符合率99.92%。

开展31项新技术业务：气压式血液循环驱动器（足底泵）预防术后深静脉血栓、根管治疗技术、经皮穿刺肝肿物射频消融治疗、气压弹道碎石术、数字化视频脑电图检查、肌电图检查、锁骨下动脉栓塞术、肺弥散功能测定肺残气功能测定、抗中性粒细胞胞浆抗体谱、抗角蛋白抗体（AKA）等。

加强运行病历及终末病历的监管，共检查病历6749份，对检查中发现的问题通过网上发帖、电话沟通、下发"医疗质量检查反馈表"及"医疗质量处工作简报"等及时将问题反馈科室，对问题明显的科室予以考核，2009年考核11个科室，共计19科次。甲级病案率>90%。

医院感染管理。医院感染发生率为2.92%。制定"北京大学首钢医院手卫生制度""医院感染暴发事件的报告制度""医院耐药菌控制隔离指南""甲型H1N1流感消毒指南"等制度，并针对制度进行相应的培训和现场督导、检查。

北京大学首钢医院全年医保出院10361人次，出院医保病人总费用13861.41万元，病人次均费用13378元。

作为北京市实施"医疗保险门诊持卡就医实时结算"首批试点单位，首钢医院成立了门诊持卡实时结算工作领导小组组织实施此项工作。历经3个月余，接待门诊持卡就诊患者3万多人，交易笔数8万余人次，完成了北京市"社会保障卡"就医实时结算测试任务，为北京市全面推进社保卡工程奠定基础。

【社会服务】 2009年共组织159名医务人员开展各类宣传义诊活动14次，累计受教育人数约23080人，发放宣传材料约12985份，摆放宣传板16块。组织管理健康教育工作。各科对患者进行健康教育9027次，接受教育18140人次；发放健康教育处方5781张；自制宣传材料3574份；开展健康教育讲座553次，参加患者1959人次。为医务人员举办健康教育讲座6次，共有865人次医务人员参加。

社区卫生服务共管理人口199109人，共计66706户。提供家庭病床服务床日1643个，上门医疗健康服务773次。管理高血压病患者2669人次，糖尿病患者692人次，冠心病患者309人次，脑血管病患者239人次，精神病790人次，恶性肿瘤患者32人次，建立健康档案102319份。预防接种60394人次，接种率100%，新生儿管理覆盖率100%。社区卫生服务中心为60岁以上的低保老人发放了每人500元的慈善医疗卡,共190人。免费为17638名60岁以上老人及在校中小学生接种了流感疫苗。

2009年,为首钢总公司领导干部健康体检262人次,为首钢女工健康体检5761人次,为首钢在京职工进行健康体检、职业病体检共计27290人次,为迁钢、首钢京唐等外埠生产一线职工进行健康体检6950人次。此外,首钢医院派出医疗队到房山区佛子庄乡卫生院及长沟镇中心卫生院支援当地医疗卫生建设,对内蒙古丰镇市医院、凉城县医院开展对口支援活动,并免费接收来自两个医院的医生来院进修学习。

【护理工作】 首钢医院护理人员在各类期刊上发表论文6篇。有2项课题通过医院科技委员会申请首发基金,本年度组织翻译并由人民卫生出版社出版《健康服务及护理循证实践导论》。10月底完成了全院各科563名护理人员本年度继续教育学分的审核,继续教育学习达标率100%。组织评选院级和北医系统优秀护士、护士长,共有38名护士、5名护士长获得荣誉称号;另有5名护士、2名护士长获"北京大学医学部优秀护士"和"优秀护士长"称号。

继续深入开展星级护理服务,完善评价办法,定期检查。落实3H(家庭、宾馆、医院)护理服务考核评价方案,进一步促进护理服务创新,提高服务质量,2009年全院护理质量评分97.56分,病人对护理工作满意度达到98%,较2008年提高1.8个百分点。

【科研工作】 2009年,首钢医院在研项目(含合作)48项,其中国家级课题13项、市级10项、首钢总公司2项。首钢医院医学影像科的"基于多模态核磁共振成像的轻度认知障碍脑结构和功能的纵向研究"获国家自然科学基金资助19万元,泌尿外科申报的"药物干扰胆碱能神经支配对大鼠良性前列腺增生的影响"获北京市自然科学基金项目资助11万元。

医院3项科研成果获2008年冶金医学奖及首钢科学技术奖。刘京山主持的"内镜微创保胆取石(息肉)技术规范"获冶金医学奖二等奖、首钢科学技术二等奖;呼吸内科向平超主持的"家庭无创正压机械通气对稳定期重度慢性阻塞性肺疾病患者的疗效和安全性观察"获冶金医学奖三等奖、首钢科学技术三等奖;中医科卢世秀主持的"利咽止嗽方治疗喉源性咳嗽的临床研究"获冶金医学奖三等奖。获首钢第10届管理创新成果一等奖1项。

成立北京大学首钢医院慢性病研究所,建立慢性病管理的规章制度、工作职责及工作流程。完成了"高危高血压患者ABI异常患率横断面研究——ABI筛查";完成了国家"十一五"课题高血压综合防治研究;参加英国心脏基金会组织的全球14个国家参与的80岁以上老年高血压治疗评价的研究。

2月15日,医院与石景山区计生委、北京大学第一医院、北京大学人民医院等单位共同启动的"石景山区中年男性泌尿生殖健康调查及干预研究"项目调查阶段的工作基本结束,该项目对石景山区1000名30~50岁男性进行了健康调研,推动了男性泌尿生殖健康的改善,普及了男性健康知识,增强了男性自我保健意识。由泌尿外科主编的男性生殖健康科普知识读物已经北京市批准作为北京市民健康科普丛书发行。3月18日,医院组织召开了"2009年北京西部医学论坛暨临床合理用药研讨会西部医学论坛"。5月30—31日医院举办全国泌尿系统影像检查新进展学习班,来自全国各地的放射科医师、泌尿外科医师等100余人参加学习。7月24日至25日,举办第二届全国内镜微创保胆学术大会,来自全国28个省市200余家医院的300余名医务人员参加了大会。9月11日,由北京大学首钢医院和日本株式会社福山临床检查中心合作举办召开中日医学检验交流研讨会。

以第一完成单位在正式期刊发表专业论文75篇,其中SCI 1篇、核心期刊50篇(含中华医学会系列15篇)。

【医学教育】 本科教育方面,顺利完成北大医学部2005级生物医学英语专业的临床教学任务,涉及科目10门,564学时。完成辽宁医学院2004级毕业实习和2005级临床课程教学工作,开始接收2006级学生入院学习。年内共接收临床实习生120余人,组织实习生入院教育16学时。本科教学共计2100学时,组织考试24次,补考5次。为实习生安排专业讲座19次,参加人数2200余人次。

外出参加各种学术交流174人次。其中,赴外地参加学术交流41人次;赴美国、德国、日本等地参加学术交流12人次。外出进修10人,国内访问学者1人,分布北大医学部、北京肿瘤医院、上海瑞金医院等国内一流的医院。接收来院进修共14人,包括北医口腔留学生进修7人。组织开办各种学术讲座31场,约2000多名医务人员参加了学习。

派送15名住院医师参加北京市卫生局专科医师规范化培训。医院2005届、2006届、2007届共26名住院医师在培训基地接受培训,其中25名通过考试考核,获得北京市专科医师培训第一阶段合格证书。

在职学历教育方面,完成各类业余学历教育36人。其中,取得硕士学位2人;本科学历32人,大专学历2人。组织新接收的本科以上学历人员27人参加北京市第58期青年教师岗前培训班。

【国际交流与合作】 9月11日,由

北京大学首钢医院和日本株式会社福山临床检查中心合作举办的中日医学检验交流研讨会在京召开。9月23日，北京大学首钢医院东芝医疗系统（中国）合作研讨会召开。东芝医疗系统（中国）总裁松冈伸及有关部门负责人出席研讨会。10月26日，美国泌尿外科协会主席安东·布申访问首钢医院。

【信息化建设】 为保证北京市医保划卡实时结算工作顺利进行，先后对医院及4个社区卫生服务中心HIS系统进行接口改造；更新社区HIS系统服务器并进行系统全面升级；对终端设备全部更新；完成办公厅保健站至医院中心机房光纤敷设，实现办公厅保健室、保健站与医院HIS系统的联网。通过实验室认证与现场验收，于7月20日正式在开展医保划卡实时结算工作。

配合科研处、护理部完成医学教育管理系统的软硬件升级；配合肿瘤科两癌普查项目完成设备配置、测试；为完成妇产科新生儿血液筛查工作，计算机室组织相关科室人员技术培训并完成设备调试、安装；完成药剂科临床药学网上直报系统设备配置、安装、外网线路开通以及相关数据的提取；完成眼科白内障患者信息网上直报系统设备配置、安装；门诊网上预约挂号设备安装、测试等项工作。

【后勤与基建】 上半年，医院对口腔科的基础设施和医疗设备进行了全面改造。3月11日，北京大学首钢医院临床检验中心暨中日分子生物学实验室揭牌仪式举行。北京大学吴阶平泌尿外科医学中心一期主体工程已完成，中心集科研、医疗、教学、预防一体，计划床位设置209张，分设泌尿生殖系肿瘤、尿路结石、前列腺疾病、肾移植及血液透析、综合五个病房。附属设施包括：手术室、超声波检查室、尿动力学检查室、膀胱镜检查室、体外冲击波碎石室。目前正在建设施工中。

【其他工作】 国庆六十周年医疗保障。在国庆六十周年活动中，为"众志成城"游行方阵做好保障工作，医院派出金顶街120急救站、古城120急救站进行医疗保障28次，每次为2000余名学生做好医疗保障，期间为20余名学生诊治，发放药品十余次，另外单独派医生、护士进行医疗保障12次，每次为2000余名学生做好医疗保障，期间为40余名学生诊治，发放药品30余次。

甲型H1N1流感防控。为应对甲型H1N1流感疫情，医院迅速构建了防控科学、流程规范、运转有效的应急防控体系。2009年5—12月份，医院共筛查发热病人17006例，监测流感样病例3874例，开展甲型H1N1流感咽拭子检测542例，确诊甲型H1N1流感病例82例，收治甲型H1N1流感重症病例5例，无死亡病例。积极做好甲型H1N1流感疫苗接种工作，截至2009年12月底，共为居民接种普通流感疫苗17638人次，甲型H1N1流感疫苗11075人次。

【获奖情况】 北京大学首钢医院获北京市基本医疗保险定点医疗机构评比二等奖。获得"首都文明单位""首都公共卫生文明单位"称号；那彦群、刘京山被恩德思医学科学技术奖评委会授予"恩德思医学科学技术奖中国内镜杰出领袖奖"；刘慧琴被评为"2009年度北京医院协会优秀医院管理干部"；王健松具体负责的科研项目"三级医院与社区服务一体化管理的实践与探索"获得"2009年北京医院协会优秀医院管理科研成果奖"和第24届北京市企业管理现代化创新成果一等奖；刘京山、刘薇、东黎光获得北京大学医学部"优秀医疗管理奖"，祝振忠、陆小平获得"优秀临床科主任"称号。

北京大学深圳医院

【发展概况】 2009年，北京大学深圳医院在北京大学医学部、深圳市卫生与人口计划生育委员会、北京大学香港科技大学医学中心等上级有关部门的正确领导下，在2008年的基础上人员数不增反减，病床数增加，工作量连续多年超饱和情况下，贯彻"挖潜维稳、科学发展"的工作主题，医、教、研及其他各项工作保持了良好的发展势头，社会效益和经济效益进一步提升。医院开业十年快速健康发展，业务量持续增长，医院总资产、净资产较开业初期增长两倍，人均业务量、综合绩效等指标居全市大型综合性医院前列，职工福利与业务收入增长同步提高。

2009年深圳市医疗质量整体评估检查中，医院再次荣获总分排名第一，社会满意度调查三级医院排名第一的好成绩。创造了连续五年在深圳市医疗质量整体评估考核中荣获"五连冠"佳绩。

截至2009年12月底，共有员工1903人，同比减少0.26%；开放病床923张，同比增加1.65%。总收入10.3亿元，同比增9.9%；业务收入9.5亿元，同比增13.1%。

【医疗情况】 2009年，全年完成门急诊量221.9万人次，同比增5.1%；出院病人38813人次，同比增7.6%；病床使用率105.4%，同比减4.1%；平均住院日9.2天，较2008年缩短1.0天；通过缩短平均住院日，收治CD型病例和Ⅲ、Ⅳ级手术量显著增加。2009年是平均住院日缩短成效最显著的一年。服务水平方面，通过循证医学、临床路径和预约门诊，使流程更科学，费用更合理。

1. 亮点纷呈，学科建设卓有成效。

各临床、医技科室科科有进

步，有亮点，医疗质量和技术水平明显提高，医疗安全更有保障，服务态度明显改善。

心内科2008年完成心脏介入手术1282例，急性心梗急诊介入时间缩短到30分钟，手术量全市领先，手术复杂程度及成功率保持国内先进水平。

血液内科完成造血干细胞移植22例，数量继续保持深圳市首位。开展深圳首例高难度二次移植术，是目前深圳市唯一可以进行HLA半相合血源造血干细胞移植的科室，移植术覆盖病种和成功率均达到国内先进水平。

肝胆、腹腔镜外科联合内分泌科确诊数例在外院多年误诊的罕见异位胰岛素瘤患者，手术治疗效果理想。全年完成ERCP术117例，手术量跃上新台阶。

心外科完成深圳首例心脏不停跳冠脉"蛇形桥"搭桥手术，2008年完成的冠脉搭桥手术超过前三年的总量。

泌尿外科与男性生殖与遗传实验室整合成立泌尿外科研究所。实验室顺利通过广东省重点实验室中期评估，并在2008年获得3个国家自然科学基金，占医院国家自然科学基金的一半。

2. 狠抓落实，确保医疗质量和安全。

（1）建立健全医护规章制度。医务科起草印发《住院医师运行病历质控培训考核工作制度（暂行）》《北京大学深圳医院医学检查危急值（征象）报告制度（暂行）》等医疗管理制度，并结合深圳医院工作实际，进一步强调规范医师执业活动，加强医师队伍管理，规范医务人员行为。

（2）运用信息化手段，加强医疗质量和医疗安全监控。通过HIS系统对全院所有运行病历进行实时监控。开发手术申请单管理系统，进一步规范手术记录书写。开发DSA手术申请系统，手术有序、安全、合理，质量监控到位。通过HIS实时监控系统，重点跟踪管理危重病人、再次手术、麻醉术前访视、首台手术开台时间等。卫生部"医疗质量万里行"活动以后，深圳医院又推行手术分级授权管理，手术通知书"双签"，手术部位核对等措施，从源头和细节上消除安全隐患。

3. 全面实施综合目标管理，提高医院运营质量。

（1）进一步将绩效理念贯穿于医疗工作中。着手完善院科两级综合目标管理责任制方案。让业务收入与个人效益工资脱钩，在保证医务人员积极性不受影响的前提下，缩小分配差距，向高风险科室和临床一线倾斜。

（2）有效控制医疗成本。耗材药品和医疗设备全部进行招标及核算。制定"抗生素使用有关规定""设备折旧管理办法"和"设备效益分析管理办法"等。

（3）及时妥善处理医疗纠纷。将信访工作中发现的问题定期公布并进行分析。2009年深圳医院荣获深圳市卫生与人口计生系统信访先进单位荣誉称号。

【科教工作】 兴教重研，科研教学工作取得突破。

（1）全年共申报各级科研项目209项，获立项68项。尤为难得的是，2009年深圳医院获得国家自然科学基金6项，创历年之最，名列深圳市医疗卫生机构首位。全院共发表文章410篇，其中SCI 5篇。获发明专利1项，深圳市科技创新奖1项，中华医学奖和广东省科技进步三等奖各1项。

（2）医院现有硕士生导师86名，博士生导师4名。全年接收北医8年制学生33名，接纳广东医学院、汕头大学医学院等学院本科实习生136名。目前在院培养汕医、安医7年制及统招研究生共91名。招收北京大学医学部硕士研究生8名，博士研究生1名。

2009年参加答辩硕士研究生31名，博士研究生答辩1名，8年制学生4名，均顺利通过答辩。医院还加强继续教育工作，全年申报广东省继续教育项目2项，市级继教项目15项。此外，还承办或协办一批国际、国内大型学术会议。

（3）加强重点学科经费使用、外出学习等方面的管理。与日本东京癌研友明医院、美国休斯敦医学中心等多家国外医学机构保持良好关系，2009年深圳医院外出学习人员为19名。

【后勤服务社会化】 规范高效，后勤支持保障有力。

（1）确保各项基建工程的顺利推进。医学中心教学科研大楼顺利竣工并交付使用，内设有教学、培训中心、临床药理、设备基地，将成为深圳医院重要的科研教学平台。外科住院楼完成规划设计，建设进入倒计时。门急诊楼扩建经慎重论证，改址修建，西大门出口正在建设，特诊病房装修完成。

（2）支持保障系统外包运营良好。引进保险公司参与医患关系处理。推行综合楼打印机外包，节省了运营成本。设备引进程序更加科学严谨。院警联合，打击医托，铁腕治"医闹"，保护了医院安全，维护了社会稳定。

【党群工作】 齐抓共管，党政携手合力树院风。

（1）创新党日活动与对口扶贫相结合，开展丰富多彩的主题党日活动，完成"一帮一"对口帮扶党建工作外，与美国POI合作开展宫颈癌筛查工作。派出医务人员赴墨脱、陇南支援当地医院建设。

（2）坚持不懈抓行风，每季度召开行风领导小组会议。编印《行风简报》14期，行风问题件件有落实，期期有反馈，行风建设成为医院工作亮点之一。

（3）审计工作向多个方向渗透，2009年对骨科高值耗材进行了审计。20万元以上病例审计已成院内常规，还对离任或退休的科主任所在科室进行绩效审计，督促科室形成科学管理、绩效管理的理念。

（4）"堵""疏"结合。改革药品异动与大处方监控，推行医院药剂部门对药品供应商集中谈话。对每月超标10%以上排名前10的科室和排名前3的个人进行诫勉谈话。

（5）文化建设内涵不断深化。医院篮球队、足球队、羽毛球队、瑜伽班、摄影协会等职工群体活动丰富多彩。顺利完成医院宣传DVD、院歌MTV拍摄。院歌《光荣与骄傲》在全院已经唱响，《院刊》每月印发一期，在全国同行反响较好。党委组织专门人员，对在医患纠纷中受伤的医务人员，进行人文关怀。

元培学院

【发展概况】 到2009年，元培计划实行已有9周年，元培学院成立2周年。以林建华常务副校长为首，元培学院教学改革成果申报国家级教学成果奖，最终，"从实验班到元培学院——北京大学本科培养模式和管理体制改革"获得国家级教学成果一等奖，这是对元培学院多年教学改革工作的肯定。

【干部更替】 2009年学校任命生命科学学院教授许崇任担任元培学院院长。许崇任院长上任后，提出元培学院新的发展战略，包括元培学院住宿集中，学院向住宿学院转变；与教育部"珠峰计划"结合，元培学院在理科方向进一步发展跨学科专业等。元培学院进入新的发展时期。

【教学工作】 元培学院2005级学生顺利毕业。2005级毕业的元培学院学生共142人，其中获取本科毕业证和学士学位证的学生有140人，2人暂结业。另有14名学生延期毕业。

元培学院2006级学生保送研究生工作顺利完成。2006级毕业班学生共192人，延期毕业14人，178名学生进入毕业阶段。80名学生申请并获保研资格，64人获得保研单位接收函（理科25人，文科39人）。保研学生中59名被北京大学校内院系接收，5名被校外

表6-23 2009届（2005级）学生就业去向表

总人数	国内读研	境外读研	就　　业
142	62(43.7%)	48(33.8%)	32(22.5%)

院系接收。元培学院2008级学生顺利完成专业分流。按照规定元培学院2008级学生第三学期确定专业（2009—2010学年第一学期），2008级有215名学生确定了院系。

元培学院2009级新生相关情况。元培多名老师积极参加学校的招生宣传工作。2009年元培学院录取201名新生，实际报到201人。目前元培在校本科生已达781人。新生入校前各项准备工作充分，新生报到和选课工作顺利。2009级新生执行学校新修订的教学计划，增加了大类平台课。

元培学院2007级学生获得"本科生科研基金"资助的有"莙政基金"2项3人，"校长基金"20项34人，"国家大学生创新性试验计划"10项13人，总计32项50人。

元培学院已建立了"古生物学"专业与"政治学、经济学与哲学"专业（简称PPE专业）。2009年元培着力进行新的跨学科专业建设。"外国语言与外国历史"专业最初由历史系彭小瑜教授倡议，经历史系、外国语学院和元培学院三个单位共同努力，完成架构的雏形。2009年三个单位召开联合会议两次，起草了该专业新的教学计划，并初步讨论了未来的管理细节。目前，新专业的论证报告和教学计划已经上交学校，等待学部讨论和教务长办公会审核。

【导师工作】 2009年9月初，元培学院召开了教学研讨会。会上林建华常务副校长作了重要讲话；许崇任院长介绍学院情况及发展设想；苏彦捷、张庭芳副院长介绍元培学院新教学计划、平台课、学术规范课等教学情况。与会元培教学委员会和导师委员会的老师们围绕新教学计划、学生的选课和学业指导、"元培计划进一步推进，该做什么？""本科生科研和社会实践指导""珠峰计划在元培的实施建议"等问题进行了讨论。

元培学院对2009级新生配了固定的导师，即1位元培导师随机带5名新生（不分文理）。有42位导师参加了此项工作，导师们积极联系自己的学生，并与他们亲切交谈，改变了以往元培学生在第一学期期中考试阶段的迷茫状态。

【学生工作】 在2009年的国庆游行中，全面动员，有效激励，积极动员广大师生，为北大的"我的中国心"国庆方阵提供了208名成员，占游行总人数的十分之一。

深入推进学院文化建设，积极构建文化育人小环境。2009年4月2日下午，元培学院第二届元培文化节在生科楼邓祐才学术报告厅举行开幕。本届文化节主题为"传承？发展？担当"。元培文化节陆续举办了"徐老师与你畅谈人生与理想""为蔡元培校长献花""艺术修养与艺术创作漫谈"等一系列讲座和活动。

强调实践育人，激励学生以社会为师。元培学院紧紧抓住建国六十周年的时代主题，以"触摸中国，亲历历史"为目标，共派出16支实践团队，参与人数达155人，实践地点覆盖14个省份自治区。在成果方面，元培学院共提交19篇调研报告，实践团队总结16篇，实践个人总结94篇。本次实践建立了陕西省大荔县、上海市静安区蔡元培纪念馆等暑期社会实践基地3个，有力地促进了学院社会实践工作的传承性与体系性建设。

关注特殊群体，切实保障经济困难学生的权益。元培学生工作办公室积极主动、创造性地开展工作，通过各种渠道掌握家庭经济困难学生情况、制作成档案材料。成立元培学院助学金评审小组，多途径地发布助学金申请的通知，多项措施并用切实保障家庭经济困难学生的学业、健康不会因为家庭经济困难而受到影响。2009年，元培学院有248项助学金，共有123名学生获得助学金，占学院总人数的15%。

紧扣爱国主题，坚持以党建为学生思想政治工作的核心。以党建为核心的学生思想政治工作是元培学院的学生工作体系的重要环节，2009年元培学院大力推动学生党建工作，将党团建设紧密结合，党建带团建，团建促党建。元培团校是元培党总支、团委实施"青年马克思主义者培养工程"的核心组织。元培学院在基层党建、团建中始终坚持将培训工作作为思想建设工作的着力点，突出培训对于学生的思想引领作用，通过开设"时代使命与大学生成长"讲座、"五四精神"读书研讨会、课外主题素质拓展等必修课程，将历史使命与责任意识贯穿于思想教育始终。

学生工作理论与实践相结合，积极推进基地建设。2008年3月，响应学校号召，元培学院以一院之力提出两项院系学生工作创新基地的申报，最终《多学科背景下学生学业规划创新基地》项目获得通过，成为北京大学院系学生工作创新基地之一。2009年，我院在2008年工作的基础上，进一步推进基地项目的建设工作。

成立学生学术科研创新委员会。为了发挥多学科交叉的优势，培养学术创新成果，元培学院成立了学术科创委员会。学科委定期开展对于经典著作的读书交流会（如马戎导师指导阅读了《乡土中国》），创办学术交流会刊，并聘请社会成功人士担任学院课外导师，推动学院学术气氛的养成。

元培学生创新再创佳绩。2009年元培学院共有35件作品参与挑战杯初评，为全校各院系之最，并最终获得2个特等奖，4个一等奖；在跨学科领域竞赛中获得2个一等奖；在特别贡献奖竞赛方面获得2个特等奖，1个一等奖并最终捧得最高荣誉"王选杯"。这是元培学院第二次并且连续获得王选杯。在"江泽涵杯"数学建模竞赛中，元培学院荣获团体二等奖和优秀组织奖。有多名同学发表学术论文，有多名同学参与社会各种竞赛获奖。

从新生入手，深入开展精致化学生工作。为了进一步落实学校"学生工作精致化"的教育方针，元培需要继续贯彻新生辅导员制度。此外还开展"时代使命与大学生成长"讲座、"五四精神"读书研讨会、课外主题素质拓展等活动，同时将工作坊和素质拓展活动理念引入新生教育中，在实践性、体验性培训中培养学生的综合素质。文体活动方面学院积极组织新生参与"爱乐传习"项目，活动覆盖率达98.6%，并在"一二·九"合唱比赛中获得了团体二等奖和合唱二等奖的成绩。

【交流合作】 2009年元培学院首次设立外事秘书，由综合办公室漆丽萍老师担任。在多方努力下，学院学生国际交流的机会增加，学院国际交往有了突破性进展。学院一年总计51次来访接待及相关会议，2次出访（香港、韩国），2个暑期来访项目（新加坡国立大学、中美本科生暑期交流项目），2门英语课程（批判性思维与写作课、从全球视野看城市与公共经济与政策），214名学生参与国际交流活动。

在原有的学生交流项目（耶鲁项目、新加坡国立大学交流等）基础上，新增了如斯坦福大学暑期科研项目、培泽项目等一批合作项目，全方位地拓展了对外交流资源，丰富了交流形式，为学生提供了一个感受不同文化、培养国际视野的平台。

迈阿密大学学生代表团来访。2009年共有12名元培学院的学生参与到与迈阿密大学学一对一交流的项目中，暑期元培学院的12名学生在北京接待了迈阿密大学学生代表团，双方开展了讲座、讨论、参观等形式的文化交流活动，极大促进了参与项目学生的英语沟通能力与交流能力。

中美建交30周年学生互访。2009年暑期，2名元培学院的学生赴美国参加了中美建交30周年学生互访交流活动。同时，元培学院学生接待了该活动来访的30名美国学生，在为期一周的交流活动中，锻炼了沟通交流能力，加深了对彼此文化的理解，促进了中美两国学生之间的友好往来。

UCLA暑期研究项目。UCLA暑期研究项目由UCLA大学专设，主要面向与生物医学、生命科学、物理及工程相关领域三年级本科生，入选学生进入UCLA大学实验室，并在导师指导下进行感兴趣的研究。元培学院有两名学生在2009年暑期参加此交流项目。

开设批判性思维与写作课程。2009年秋元培学院开设了批判性思维与写作课程，该课程由聘请的外籍老师全英文授课，旨在提高学生的英文写作能力,培养学生批判性学术研究思维,扩展学生国际视野。课程形式丰富多彩,外籍老师带领学生们走进美国大使馆,邀请美国大使馆的工作人员来到北大为元培学生开展讲座。

先进技术研究院

【概况】 截至2009年底,共有1个国家级重点实验室、3个部级重点实验室归口先进技术研究院管理。根据各类实验室建设的相关制度和文件,研究院通过参与实验室的学术研讨会、学术委员会会议、年会等重要活动,结合相关规章制度进行管理。2009年完成教育部和科工局对实验室的调研材料,完成两个教育部B类实验室的可行性论证和学术委员会成立、主任聘任等事宜。全年共主持召开实验室建设研讨会4次,实验室建设报告评审会2次。

在研究中心方面,受理并组织评审新增2个研究中心(航空航天动力学与控制研究中心、环境技术研究中心),办理空天电波研究中心更名申请。目前研究院共有19个研究中心。

【科研资质建设】 2009年1月组织召开质量管理会议,对质量管理体系的适宜性、充分性和有效性进行了评审。先进技术研究院质量管理办公室加强对体系内项目的质量管理,出台了项目实施流程。在加强过程管理的同时,还加大了对项目出校环节的管理力度,参与或主持了3个项目的出校测试工作和最终检验工作,对保证最终产品质量具有重要作用。2009年全校全年体系内培训31次,累计培训548人次,1人取得内审员资格、2人取得保密干部证书,更换并完成培训2名检验员,圆满完成2009年初制定的培训计划。7月,召开

全校规模的质量研讨会,深化了对质量管理工作的认识。12月进行了北京大学质量管理体系2009年度内部审核。在完善我校质量管理体系日常工作的同时,还积极寻求对质量管理体系如何在高校有效运行进行深入研究,通过与中国质量协会科技分会和教育部军工处的合作,在调研全国具有代表性的高校质量管理体系运行情况的基础上,有针对性地提出质量管理体系运行模式和具有实践性的改进建议,为高校建立和持续改进质量管理体系提供支持。

2009年3月,完成了科研生产许可证年度自查报告撰写及资料准备工作。7月,规范了相关资质使用的申请和审批的程序,设计"科研资质使用申请表",全年共对外提供资质证明材料18人次。作为北京市率先通过承制单位资格审查的民口高校之一,先后接待北京邮电大学和清华大学相关人员的咨询。在现场审查通过一年后,北京大学于2009年8月取得了承制单位资格证书。目前北京大学已拥有全部相关资质。

先进技术研究院根据工作需要新增1位涉密人员,新增2台涉密计算机,报废1台涉密计算机。2009年先进技术研究院积极协助保密办公室的工作,全体人员参加保密培训2次。5月先进技术研究院联合保密办公室共同召开了保密工作研讨会。10月保密办公室联合先进技术研究院发布了《北京大学关于进一步加强涉密科研管理工作的意见》。先进技术研究院还参与学习了新的保密资格审查认证管理办法,并协助保密办公室修改其培训材料。

【科研项目管理】 2009年新获得批准项目53项,其中预研基金4项(重点基金2项、一般基金2项),采购计划3项,教育部科技培育专项2项,"921"专项2项。2008年度所有863项目全部顺利

通过了验收,其中7项课题获得了2009年度滚动支持,此外2009年度新增7项863课题。目前在研项目159项,当年结题项目63项。2009年到校经费8100万元。

2009年3月和9月,先进技术研究院分别对2008年启动的北京大学第一期培育项目进行中期执行情况检查和结题验收工作,所有项目顺利通过验收,其中有两个项目培育后成功申请到专业部门支持;另两个项目通过培育,与应用部门的合作项目已进入实质性项目申报阶段。2009年度第二期培育项目共资助11个项目,其中面上项目为10项,重点项目1项。对一期执行情况优秀并有继续培育需求的两个项目进行了滚动支持。

先进技术研究院积极组织专家参与重大专项的论证和规划编制工作,部分重大专项的前期项目顺利启动,为北京大学在"十二五"期间承担相关科研任务打下了较好的基础。依托北京大学建设的"教育部卫星导航联合研究中心"于2009年底获得批准。这一联合研究中心是教育部创新科研管理模式的一个新尝试,对于北京大学围绕导航领域的项目组织和申报工作将会起到积极的促进作用。4月份北京大学获批成立"教育部深空探测联合研究中心日地系统物理探测预研分中心",9月份北京大学获批成立"教育部新型飞行器联合研究中心先进空气动力学分中心"。

针对我校承担的项目类型多、管理要求严格的特点,对"863""973""242"、基础科研、预研基金、预先研究、探索研究以及实验室基金等重点项目类型,在积极组织项目申报的同时,进一步加强项目的过程管理,按规定及时报送各种管理材料,协调财务部以及先进技术研究院派驻会计,共同协助项目负责人做好经费管理,做好项目经费

的划拨、使用审核以及决算和审计等各项工作。协助财务部对课题组秘书进行财务培训。

【对外交流】 2009年，接待访问和邀请来访十余次，涉及的单位包括北京仿真技术中心、装备财务局、载人航天工程办公室、探月办、二代办以及工业集团下属院所等。先进技术研究院以及院系老师们针对北京大学优势研究领域向相关科研项目主管部门和工业集团研究所汇报，使他们对先进技术研究院的工作和北京大学相关科研有了深入的了解，相关教师通过各种渠道了解需求、凝练了科研方向，并与有关科研院所展开了密切的合作关系。

【校内调研】 2009年先进技术研究院采用午餐会的形式邀请校内有相关科研潜力的院系老师进行座谈，有针对性地了解了一些团队的科研领域以及他们与主管部门的联系。先进技术研究院还到化学与分子工程学院、物理学院、生命科学学院等承担相关科研相对较少的院系走访，向老师们介绍北京大学相关科研项目、资质建设、北京大学培育项目资助等情况，吸引更多的老师承担相关科研。

此外，研究院还通过承担教育部科技管理和北京大学高等教育等软课题，开展综合性大学相关科研定位及管理机构建设情况等方面的调研工作，了解部属高校相关科研及管理体制建设基本情况，聚焦问题，并提出解决问题的建议。结合软课题研究，研究院还发表了多篇相关论文。

中国社会科学调查中心

【概况】 北京大学中国社会科学调查中心（Institute of Social Science Survey，ISSS）成立于2006年9月，是北京大学社会科学的数据调查平台，也是北京大学开展中国社会问题实证研究的跨学科平台。2007年，完成了问卷设计工作，并在北京、河北、上海等地开展了测试调查。2008年，完成了北京、上海、广东三地测试调查。2009年，完成对北京、上海、广东三地的计算机辅助跟踪调查测试。

【科研工作】 2009年5—9月，在美国密西根大学调查中心的技术合作下，对北京、上海、广东三地的样本进行计算机辅助跟踪调查（Computer Assisted Personal Interviewing System，CAPI）测试，完成了在对上述三地的样本的追踪调查。在整个调查过程中，访员携带笔记本电脑，使用已经计算机化的问卷，记录访问结果，通过网络将访问结果及时传回中心服务器，中心服务端有专业人员随时监测数据质量。根据这次调查的数据，发布了"中国报告2010·民生"。

甘肃和浙江试调查结束后，项目组对数据进行了清理。2009年4月30日项目组将数据在隐去个人信息之后在CHARLS网站（charls.ccer.edu.cn/）上公布了中国健康与养老的调查数据，供国内外学术界无偿使用。2009年7月30—31日，在北京大学国家发展研究院中国经济研究中心举办了"第二届中国健康与养老国际研讨会"，邀请了在老龄和健康领域的许多国内外知名专家参加会议，并把有兴趣使用该数据的研究者召集到一起，讨论"中国健康养老追踪调查"（CHARLS）2008年在浙江和甘肃预调查的结果。值得一提的是2009年CHARLS项目申请到国家自然基金项目"我国城乡居民社会经济状况与健康之间的关系研究"的资助和美国NIA的R01项目资助。

【交流与合作】 4月8日 复旦大学来访，考察调查中心机构及运作

4月19日 密西根大学调查研究中心Gina和Nicole来访

7月31日 美国威斯康星大学麦迪逊校区Nora Cate Schaeffer教授来访

9月10日 社科院社会学所以及美国印第安纳大学学者来访

10月24日 密西根大学调查研究中心Gina和刘又红来访

分子医学研究所

【在Nature杂志上发表论文】 2009年2月12日，北京大学分子医学研究所程和平教授研究组最新研究论文"Calcium flickers steer cell migration"在Nature杂志上发表，论文报道了钙信号调控细胞迁移运动的新发现和新观点。这一最新研究成果解决了困扰细胞迁移研究领域十多年的一个悖论：前人的研究表明，迁移细胞内钙信号呈"头部低、尾部高"的梯度，尾部高钙信号与尾部的回缩直接相关，而头部低钙信号如何调节更为复杂的细胞定向及转弯活动，却一直没有合理的解释。最新发现的集中于头部的"钙闪烁"事件为激活细胞定向运动的信号分子提供了动态的局部高钙信号。该论文的另一个重要意义在于，提出了"钙闪烁引导细胞定向迁移"的新观点：在外界趋化因子梯度诱导下，钙闪烁发放呈现不对称特性，即趋化因子浓度高的一侧，钙闪烁更为活跃，驱动细胞转向此侧，从而精确地调控细胞的定向迁移。本研究为科技部国家重点基础研究发展计划（"973"）和国家自然科学基金委资助课题。

【举办首届亚洲小核酸会（RNAi Asia）】 2009年10月14日，北京大学分子医学研究所在江苏省昆山市参与主办第一届亚洲小核酸会议（RNAi Asia）暨第二届中国小核酸技术与应用学术会议（RNAi China）。来自国内外的近

500位专家学者参加了这次盛会。这次会议的一个突出特点来自国际大制药企业的报告和中国生物制药监管部门的重量级人士的莅临,使人进一步感受到小核酸作为生物制药的一个新领域的升温。

【长寿基因研究取得进展】 2009年11月,北京大学分子医学研究所人类群体遗传研究室田小利教授与国家发展研究院中国经济研究中心曾毅教授联合研究组发现FOXO1A和FOXO3A基因与长寿相关。他们的研究表明FOXO1A与中国女性的长寿相关,而FOXO3A基因则没有性别差异。该研究结果发表于经典遗传学杂志 Human Molecular Genetics (2009)。

【发现心脏保护新机制】 2009年11月,北京大学分子医学研究所肖瑞平教授实验室首次发现:由同一基因CaMKⅡ编码的两种蛋白激酶,仅仅由于亚细胞定位的不同,在心肌细胞存活和凋亡过程中发挥截然相反的功能。特别是CaMKⅡ-δB作为一种仅在细胞核中表达的亚型,可以显著保护心肌细胞抵御多种氧化应激损伤。以该研究结果撰写的论文"Cardioprotection by CaMKII-δB Is Mediated by Phosphorylation of Heat Shock Factor 1 and Subsequent Expression of Inducible Heat Shock Protein 70"在线发表于心血管领域的权威期刊《循环研究》(*Circulation Research*: http://circres.ahajournals.org/cgi/content/abstract/CIRCRESAHA.109.210914v1)。

科维理天文与天体物理研究所

【人才队伍建设】 在学校的大力支持下,科维理天文与天体物理研究所(KIAA)充分发挥KAVLI基金会和研究所的品牌效应,人才队伍建设成效显著,从无到有,一支国际化的、具有较高研究水准和国际竞争力的研究队伍已初步建立起来。经过全球公开招聘,研究所2009年引进了1名高级研究员、3名百人计划研究员和3名博士后,使得研究所的研究队伍达到:6名研究人员(50%非华裔)、5名博士后(4名非华裔)。

【科研工作】 研究所2009年共发表专业学术期刊论文6篇(他引38次)、会议论文1篇。2009年度研究所获得国家自然科学基金面上项目2项、青年科学基金1项、外国青年学者基金1项、科学部主任基金1项、"973"协作项目1项,一等博士后科学基金1项。

【人才培养】 2009年研究所招收美国籍博士研究生1名,共指导研究生6名。

【学术活动】 1. "用LAMOST研究大尺度结构及星系的形成"学术会议。总投资近3亿元的国家重大科学工程—大天区面积多目标光纤光谱天文望远镜(Large Sky Area Multi-object Spectroscopic Telescope—LAMOST)竣工。LAMOST是当今大口径兼备大视场光学望远镜的世界之最,是当前世界上获取天体光谱能力最强大的天文观测设备。它的投入使用,将对研究宇宙起源、星系形成与演化、银河系结构、恒星形成与化学演化历史等天体物理前沿领域做出重要贡献。为了制定LAMOST河外巡天计划建议书并保证其在科学上的先进性和实践上的可行性,会议邀请了从事密切相关的天文观测及理论、数据分析研究,有丰富经验的一些国外著名科学家以及国内从事这方面研究最活跃的学者,围绕LAMOST河外巡天计划的制定进行学术报告和专题讨论,以明确科学目标,建立相关领域科学家特别是LAMOST与国外一些主要巡天的合作。

2. "致密星与QCD相图"国际研讨会。冷致密物质强烈地依赖于QCD的非微扰特性,而后者却是基本强相互作用研究中的重大挑战之一,且QCD相图与之紧密相关。值得注意的是:致密星是这些研究中一类重要而关键的天体"实验室"。第一次"致密星与QCD相图"国际会议于2001年在哥本哈根召开。八年来,这个领域和观测上的进展都是引人注目的,因此再次举办这样一个国际会议是及时的、必要的。第二次"致密星与QCD相图"国际会议的目的是再次将天体物理、核物理、粒子物理等领域的相关学者聚集起来,总结八年来"致密星与QCD相图"研究的进展并探讨其中的若干重要问题。

3. "伽马暴物理"国际研讨会。伽马暴物理是当今天体物理学中很活跃的研究领域之一,本次国际研讨会的目的在于将此领域的专家聚集起来,回顾近年来该领域取得的飞速进展,提高国内科学家对伽马暴物理研究的兴趣,特别是给国内高校和中科院的学生一个学习的机会,让他们直接接受伽马暴领域专家的指导,尽快进入伽马暴研究的领域。随着GLAST人造卫星的发射和运行,我们预期利用GLAST的数据对伽马暴物理研究的最新进展将成为近年的热点之一,尤其是在其高能方面,本次会议也部分涉及这方面的进展。

4. "高红移类星体的多波段研究"国际研讨会。高红移类星体的多波段研究是天体物理学中最热的研究领域之一,它为我们理解早期宇宙的物理过程提供了很重要的线索。本次会议对此题目的深入探讨以及针对如何利用我国已建成的LAMOST望远镜有效地发现高红移类星体、如何有效地利用国外多波段天文设备来进行高红移类星体的多波段研究等问题展开讨论,对于我们明确今后 LAMOST 类星体巡天的研究方向和保证实现其科学目标意义重大,并将鼓励参会者在以后的研究中更多地合作,同时为北大及国家天文台的年轻学者及学生提供了与专家交流学习的机会。

5. "星系核中的超大质量双黑洞及其并合"国际研讨会。星系核中普遍存在超大质量双黑洞是冷暗物质宇宙学星系等级模型预言的结果,而其在星系核内并合时会产生强引力波爆发在物理学、天体物理学以及宇宙学上都具有重要意义。因此人们在最近几年对超大质量双黑洞的形成、演化、并合以及探测等进行了大量的研究并取得了长足进步。本次会议围绕下述专题展开讨论,对国内外同行在该方向上的研究将起到重要推动作用:(1)冷暗物质宇宙学对双黑洞预言的理论计算;(2)星系相互作用和并合与双黑洞形成与演化的关系;(3)双黑洞在活动星系核中的演化和探测;(4)双黑洞在正常星系核中的演化及其探测;(5)双黑洞并合及其引力波辐射的计算;(6)引力波辐射的探测;(7)引力波辐射源的电磁波辐射对应体等。

6. "系外行星的形成、结构与演化"国际研讨会。行星天体物理学是科维理天文与天体物理研究所的三个主要研究领域之一,也是当今天文与天体物理学研究中最前沿的一个分支。本次会议为不同但又相关的各分支领域的研究者提供了讨论及交流思想的平台;在理论家、观测天文学家及(太阳系)行星科学之间建立联系,以构建行星起源及行星系统的广泛、一致的模型;促进中国科学家(特别是北大的科学家)与国际同事之间的合作;为北大学生提供机会以展示他们的研究成果并向该领域的世界一流学者学习。

7. 天文夏令营。2009 年 7 月,科维理天文与天体物理研究所与天文学系共同举办了第一届天文夏令营,来自全国的 48 名高中学生参加了夏令营。通过一系列讲座及活动,并对学生进行相关知识测试和面试,天文学系向学校推荐了 14 名优秀中学生作为自主招生的候选人。

8. 学术交流及合作。2009 年共有 40 余位海外学者来研究所访问交流与合作,为研究所及天文学系的师生就天文学与天体物理学前沿研究领域做了系列学术报告,进行了相关的学术讨论及合作。其中加拿大多伦多大学天文系两位教授到研究所访问 4 个月,组织了"系外行星的形成、结构与演化"国际研讨会及学术讨论。普林斯顿大学 Jeremiah Ostriker 教授做了题为"Heart of Darkness -on the current cosmological paradigm"的公众讲座。2007 年邵逸夫天文学奖获得者、普林斯顿大学 Peter Goldreich 教授做了题为"The Evolution of Bodies Bound by Gravity"的公众讲座。

北京国际数学研究中心

【中心概况】 2009 年 6 月 22 日,"北京国际数学研究中心"建设工程在北京大学奠基开工。此项工程经过较长时间的论证、设计和全面准备,并报请国家发改委、国家文物局和北京市规划及文物等多部门批准,历时四年正式开工建设。

"北京国际数学研究中心"的建设受到党中央、国家有关部门及北京市的重视。2004 年 8 月,中组部牵头在教育部召开五部委会议(中组部、教育部、国家发改委、财政部和公安部)商讨"数学中心"建立事宜。2005 年,经过国家发改委、财政部和国家文物局批准,"北京国际数学研究中心"建设工程立项。后按国家发改委的立项要求,北京大学在北京市文物和规划部门的指导下对建设方案反复优化修改。现在的建设方案再次报请国家发改委及相关部门审查批准,充分体现了校园文物保护和美化的要求。

"北京国际数学研究中心"现任主任田刚教授是具有卓越学术贡献的国际领袖级数学家,在国际数学界享有崇高的声望。他曾于 2002 年在世界数学家大会作一小时大会报告,成为历史上做此规格报告的首位中国人。田刚现为中国科学院院士及美国艺术与科学院院士。20 世纪 90 年代以来,田刚每年回北大开办和组织讲座,指导青年教师和学生。他主持的"北京大学特别数学讲座"培养了不少的人才,在国内外产生较大影响。2005 年以来,他把主要精力放在国内,为北京大学的学科建设和人才培养作出了重要贡献,并在人才培养模式上尝试新的模式,同时在学术研究上不断取得新突破。

2005 年 5 月,北京大学克服困难为"数学中心"准备了临时办公用房。几年来,在"数学中心"主任田刚院士的主持下,"数学中心"创新体制,在人才培养、科学研究、国内国际交流与合作等方面都取得杰出成果。2005 年至今,"数学中心"成功举办 6 个主题学术年活动、20 余个重要的国际学术研讨会和研讨班、25 个高水平学术专题或时期专题系列讲座;国内外赴"数学中心"进行正式访问的人员达 550 余人,并有 1800 余人参加了中心举办的学术活动。这些工作,已在国内外产生了广泛的学术影响,为实现建成具有重要国际影响的世界一流数学中心的宏伟目标奠定了坚实的基础。

教育教学与学科建设

本科生教育教学

【教学改革平稳推进】

(一)推动教学改革,加强本科课程体系建设

根据学校多样性创新人才培养体系建设的要求,学校进行了一系列教学改革:

1. 2009年度,教务部组织全校本科教学单位完成了对97个本科专业(方向)、36个双学位、辅修专业的教学计划修订,并于2009年秋季学期开始了新教学计划的实施。结合新教学计划的修订与实施我们着重对学校的主干基础系列课程开展了建设启动新一轮的主干基础课审查与认定工作。在组织院系对于原有的主干基础课进行总结和调整的基础上,教务部组织专家审议并最终通过了学校新一轮共计323门主干基础课方案。

2. 加强通选课建设,确保开课质量。在学校通选课十年建设的基础上组织专家委员会对曾经建设或开始的500余门课程进行了系统的审查,并认定267门北京大学通选课课程;同时,在通选课体系中增设了"社会可持续发展"领域,为学生更好地适应时代的发展与社会的挑战以及长远发展创造条件。

3. 为了巩固学生的基础学科知识,拓宽学生的专业选择,通过学科的融合与交叉加强对学生的综合培养,根据院系专业特点和相互之间的关联,学校设立理工、文史、社科和经管4个学科大类的平台课程,2009年度,我校共建设大类平台课程225门,2009—2010年度第一学期开设课程109门次。

4. 2009年我校按照《北京大学本科专业设置的规定》,增设了航空航天工程、能源与资源工程、生物医学英语和政治学、经济学与哲学等4个本科专业,尤其值得关注的是政治学、经济学与哲学专业是我校元培学院设立的第二个跨学科、综合性本科专业。至此,我校本科专业总数达115个。

5. 在校本部进行教学体系建设的同时,医学部也开展了一系列教学改革与建设工作。

2009年1月,医学部组织召开教学改革模块负责人第二次工作会议,就课程建设、课程整合、课程管理、教师激励机制等问题明确了下一步的工作方向及进度。在此基础上,医学部教育处组织召开2009年教育处工作会议,配合教改讨论并明确2009年医学部教育教学工作计划。截止到2009年4月,教育处组织各学院完成近400门课程的模块信息整理工作,为进一步的教学改革奠定了坚实的基础。2009年12月,医学部组织召开实验教学改革专家研讨会,在征询专家意见的基础上明确了下一步的实验教学改革方向。

在医学部的统一规划下,各学院根据自身的专业特点,不断探索教学方法的改革,尝试多种教学方式激发学生的学习兴趣,培养学生综合分析和解决问题的能力,充分调动了学生的学习潜力,在多个方面开展了卓有成效的教学改革探索。

2009年12月,医学部组织召开实验教学改革专家研讨会,在征询专家意见的基础上明确了下一步的实验教学改革方向。

(二)增加暑期学校的国际项目和中学生项目

在积累了5年暑期学校办学经验的基础上,2009年,我校增加了暑期学校的国际项目和中学生项目,其中国际暑期英文课程7门、中学生项目课程6门,授课人数达人次。教务部在课程组织、宣传报名、教师动员、后勤服务、甲流防控等方面做了大量工作。

(三)加强实践实验教学,促进学生创新能力培养,启动本科拔尖人才培养计划

近年来,随着上级部门的支持力度加大,我校本科生创新能力培养工作不断深化,受资助学生人数和资助项目逐年递增。2009年,我校"本科生科研训练"项目增至"君政基金""泰兆基金""校长基金""毛玉刚基金"和"教育基金"等5项;教育部"国家大学生创新性实验计划"计三大系列8项。2009年度,我校"本科生科研训练"项目共资助2007级学生840人、516项,并组织院系完成对该项目资助的2006级学生616人、373项的中

期检查、拨款、结题验收、证书发放以及学分认定等工作。同时,教务部编印了2006级"本科生科研训练"资助项目的论文集,建成"北京大学本科生科研训练工作网",并逐步完成"本科生科研训练"("研究课程")的网络管理工作。

同时,结合教育部"拔尖学生培养试验计划"的实施,教务部组织推动了"基础学科专业人才培养计划"的启动。教务部组织了数学、物理、化学、生物、计算机等五个理科项目以及由文、史、哲、外语、考古五个院系参与的基础文科人才培养项目的实施,经多次研讨,目前数学、化学、计算机和基础文科4个项目已形成较为可行的实施方案,本学期已经开始启动。

3月初医学部组织2003级临床专业八年制学生深入密云县医院、延庆县医院、平谷区医院、北京大学仁和医院、昌平区医院5家区县医院进行了基层卫生实践活动,取得了良好的反响。为加强并规范医学生临床技能的实践过程,进一步提升医学生的创新精神、实践能力和团队精神,2009年10月教育处成功举办医学部首届临床能力大赛。在全面展示医学部临床专业学生整体水平的同时,客观反映教学过程的不足,促进了临床学院间学生和教师的交流。

(四)加强基地建设,重视人才培养

近年学校对心理学专业人才培养和建设工作给予充分重视和支持,并将其作为校级基地进行建设,为申请国家理科人才培养基地创造一定的基础条件。2009年经教育部正式批准,我校心理学专业为"国家基础学科科学研究与教学人才培养基地"。

医学部教育处在开拓延庆县医院、密云县医院和平谷区医院、大兴仁和医院4个基层卫生实践基地的基础上,2009年将昌平区医院、内蒙古巴林右旗医院纳入基层卫生实践基地,并举行基层卫生实践教学基地的揭牌仪式。

【教务管理与服务】 校本部教务部的日常常规工作主要包括本科教育教学管理和日常教学运转两方面,其中包括以下具体工作。

1. 2009年度,教务部办理了3036名新生资格复查,完成对校本部11319名本科生和1123名留学生的学籍管理(含休学、停学、复学、转学、退学、延期、转专业等),全年办理各类异动1400多人次(其中转专业每年约140人),为学生社团活动和学校相关部门借用教室全年约3000个;接受社会人员旁听和合作学校学生约450人次;处理考试违纪作弊行为12人,对2832名本科生进行了资格审查,有2725名本科生(普本2571,留学生154)取得毕业证书、2717人获得学士学位(普本2564,留学生153),976人获得双学士学位,157人获辅修证书。遴选派出各类出国出境学生130人,审核接受港澳台地区交换学生69人,全年审核本科学生各类出国出境手续约600人次。保研人数为1146人,占应届生的42.7%。

2. 教务员培训与调研。针对当前大学生的心理问题、教学和学籍管理中的法律问题与新教学计划修订和大类平台课建设相配套的教务管理问题,教务部借教务员培训之际,在教务员中开展培训与调研,使教务管理人员尽快适应新环境,应对新工作。

3. 医学部教学管理工作。2009年,教育处先后组织临床专业2003级八年制进入二级学科资格考试和2004级五年制毕业考试。考试涵盖临床能力考核(OSCE)、专业理论和英语考核。为了更加全面、客观的评价学生的综合能力,对临床能力的考核中,同时使用标准化病人(SP)、模拟病人、模拟人、计算机等先进的考核方法,同时引入了沟通能力考核站点,全面考察学生的临床能力和临床思维。教育处对各临床学院进行了多站考核组织管理的相关培训。

2009年,医学部教育处多次组织医学部教育教学工作会,就临床医学专业(八年制和五年制)培养过程中的相关问题进行了交流。在此基础上,教育处组织完成2001级临床医学专业八年制学生毕业相关工作,并自行设计2001级八年制临床医学专业学生毕业调查表,就教学方面的相关问题调研学生意见。

从专业教学计划出发,教育处组织临床教学专家完成《临床医学专业八年制二级学科临床实践要求(试行)》和《临床能力训练手册》的编写、修订工作,进一步规范临床实践内容及相关要求。2009年5月医学部教育处组织各学院修订完成《关于北京大学医学部学生进行校外交流活动的暂行规定》,进一步规范学生的境外实习行为。2009年6—7月,医学部校内选修课平台统一整合入教务管理平台,并修订校内选修课相关规定。

【质量工程项目和管理】 2009年,我校组织5个团队申报国家级教学团队,全部获得北京市级优秀教学团队,3项获得国家级教学团队;组织2门课程参加双语教学示范课程申报;组织1个项目参加国家人才培养模式创新实验区申报并获批;组织4个专业参加国家级特色专业申报,全部获批。组织7个专业参加北京市特色专业建设点申报,6个获得批准;组织1个项目参加北京市人才培养模式创新实验区申报并获批;组织2个项目参加北京市校外人才培养基地申报。推荐段连运教授等13人作为我校候选人参加教学名师奖评审,经评审共获国家级教学名师奖3人,北京市级9人。组织25门优秀课程参与北京市级精品课程评选,其中有9门课程获北京市级精品课程;通过北京市和各教学指导委员会申报国家级精品课程,共有11门课程获国家级精品课程称号。

【教材建设工作】 组织申报马克思主义理论研究与建设工程教育部第一批高等学校哲学社会科学重点编写教材项目。我校向教育部推荐了袁行霈教授、董学文教授的项目。经过评审,袁行霈教授担任所申报项目的第一首席专家,董学文教授担任所申报项目的第二首席专家。

组织 2009 年北京市精品教材立项的申报工作,我校动员了一批高水平的老师申报立项,其中包括院士、长江学者、国家级名师奖获得者。经市教委组织专家严格评审,我校共有 37 个项目入选北京高等教育精品教材建设立项,在北京高校中名列第一。

组织 2009 年北京大学教材建设立项工作。2009 年,我校共有 20 个院系(单位)申报 67 项教材,教务部组织专家对申报项目进行了评审,经学校教材建设委员会审议,最终确定 49 项。

【课程评估与评优评奖】 顺利完成了 22 项国家级教学成果奖申报,经过评选,我校共获得国家级教学成果奖一等奖 2 项,二等奖 14 项,此前在北京市级教学成果奖评选中获得特等奖 1 项,一等奖 21 项,二等奖 14 项。

组织评选了北京大学 2009 年教学优秀奖,共有 48 名教师获我校教学优秀奖。

2009 年校本部全年共组织 3 个学期 2654 门课程进行评估,其中理论课 2432 门,实验课 90 门,体育课 132 门;2008—2009 第一学期评估课程 1318 门,理论课程平均分 85.8,第二学期评估课程 1282,理论课程平均分 86.4,暑期学校评估课程 54 门,理论课程平均分 85.7。分别于 2009 年 3 月和 9 月编辑印制 2008—2009 学年第一学期和第二学期的《北京大学学生课程评估》和《北京大学课程评估结果汇编》。为了加强课程质量,监控教学过程,通过对院系调研,编制了北京大学助教评估问卷。2009 年底为加强对教学环节的监控,调整课程评估系统针对研究生助教进行评估,本次评估共选取全校各院系 300 余门课程的助教进行评估。

校本部老教授教学调研组于 2009 年 4 月完成换届工作,新一届老教授教学调研组 2 位老教授卸任,新加入 3 位老教授,目前共有成员 13 人。2009 年度,新一届老教授教学调研组共听课 200 余门次,并进行了《加强实验技术队伍建设,提高实验课教学质量》的调研。

医学部也开展了 14 位专家参加了 2008—2009 学年度的督导工作,专家们共听课 430 余次,撰写听课记录 260 余份,组织师生访谈 12 次,撰写访谈记录 12 份,督考 30 余场次,并对各学院 2008—2009 学年的教学工作进行了检查,并对教学检查和督导过程中发现的教学问题展开专题调研。

2008 年 11 月来自医学部各专业各年级 42 名学生组成了学生信息员队伍,同学们通过 E—MAIL、座谈会等形式,反馈了有关教学、后勤管理、日常生活中各类问题近 50 个,经教育处管理部门协调后均已得到妥善解决。

【招生工作】 为进一步推进自主招生改革,我校一直致力探索多样化人才培养新模式,为不同类型优秀学生的脱颖而出创造条件,并巩固我校本科生源质量。2009 年 11 月,我校在全国部分省(自治区、直辖市)试行"中学校长实名推荐制",获推荐并初审合格者将直接进入北京大学自主招生面试,面试合格者在高考录取时将享受北京大学一批次录取线下降 30 分录取的政策。此外,部分院系联合推出中学生夏令营,由此选拔优秀生源参加自主招生考试。目前,考古文博学院、天文系和信息科学技术学院均成功举办夏令营并选拔了一批对本学科具有浓厚兴趣的优秀学生。

2009 年度,我校文科生源在全国高校中继续保持绝对领先的优势;理科方面,全国共有超过 10 个省(自治区、直辖市)(含联招)的理科录取线高居全国重点高校第一批次首位。2009 年,我校共录取各省(自治区、直辖市)(含港澳台侨联招)文科第一名 33 人,理科第一名 11 人,录取奥林匹克竞赛奖牌得主 16 人,其中包括国际奥赛金牌得主 15 人,银牌得主 1 人。

招生办公室完成了"北京大学本科生在校状况调查",为招生、培养以及学生管理等工作积累了大量的第一手资料,有利于对当前我校本科各类生源状况的了解和掌握,从而为今后的招生决策提供更为科学的依据。

【附录】

表 7-1 本科专业目录

编号	院系编码	院系名称	专业代码	专业名称
1	001	数学科学学院	070101	数学与应用数学
2	001	数学科学学院	070102	信息与计算科学
3	001	数学科学学院	071601	统计学
4	004	物理学院	070201	物理学

续表

编号	院系编码	院系名称	专业代码	专业名称
5	004	物理学院	070202	应用物理学
6	004	物理学院	070204S	核物理
7	004	物理学院	070501	天文学
8	004	物理学院	070901	大气科学
9	004	物理学院	080508S	核技术
10	010	化学与分子工程学院	070301	化学
11	010	化学与分子工程学院	080510S	核化工与核燃料工程
12	010	化学与分子工程学院	070302	应用化学
13	011	生命科学学院	070401	生物科学
14	011	生命科学学院	070402	生物技术
15	012	地球与空间学院	070601	地质学
16	012	地球与空间学院	070602	地球化学
17	012	地球与空间学院	070801	地球物理学
18	012	地球与空间学院	070802s	地球与空间科学
19	012	地球与空间学院	070803s	空间科学与技术
20	013	城市与环境学院	070701	地理科学
21	013	城市与环境学院	070702	资源环境与城乡规划管理
22	012	地球与空间学院	070703	地理信息系统
23	013	城市与环境学院	071401	环境科学
24	013	城市与环境学院	071402	生态学
25	013	城市与环境学院	080702	城市规划
26	016	心理学系	071501	心理学
27	016	心理学系	071502	应用心理学
28	018	新闻与传播学院	050301	新闻学
29	018	新闻与传播学院	050302	广播电视新闻学
30	018	新闻与传播学院	050303	广告学
31	018	新闻与传播学院	050304	编辑出版学
32	020	中国语言文学系	050101	汉语言文学
33	020	中国语言文学系	050102	汉语言
34	020	中国语言文学系	050105	古典文献
35	020	中国语言文学系	050107	应用语言学
36	021	历史学系	060101	历史学
37	021	历史学系	060102	世界历史
38	022	考古文博学院	060103	考古学
39	022	考古文博学院	060104	博物馆学
40	023	哲学系	010101	哲学
41	023	哲学系	010102	逻辑学
42	023	哲学系	010103	宗教学
43	024	国际关系学院	030201	科学社会主义与国际共产主义运动
44	024	国际关系学院	030402	国际政治
45	024	国际关系学院	030403	外交学
46	024	国际关系学院	030406w	国际政治经济学
47	025	经济学院	020101	经济学
48	025	经济学院	020102	国际经济与贸易
49	025	经济学院	020103	财政学
50	025	经济学院	020104	金融学
51	025	经济学院	020107	保险

续表

编号	院系编码	院系名称	专业代码	专业名称
52	025	经济学院	020115w	环境资源与发展经济学
53	028	光华管理学院	020104	金融学
54	028	光华管理学院	110201	工商管理
55	028	光华管理学院	110202	市场营销
56	028	光华管理学院	110203	会计学
57	028	光华管理学院	110204	财务管理
58	028	光华管理学院	110205	人力资源管理
59	029	法学院	030101	法学
60	030	信息管理系	110102	信息管理与信息系统
61	030	信息管理系	110501	图书馆学
62	031	社会学系	030301	社会学
63	031	社会学系	030302	社会工作
64	032	政府管理学院	030401	政治学与行政学
65	032	政府管理学院	110301	行政管理
66	032	政府管理学院	110307w	公共政策学
67	032	政府管理学院	110308w	城市管理
68	039	外国语学院	050201	英语
69	039	外国语学院	050202	俄语
70	039	外国语学院	050203	德语
71	039	外国语学院	050204	法语
72	039	外国语学院	050205	西班牙语
73	039	外国语学院	050206	阿拉伯语
74	039	外国语学院	050207	日语
75	039	外国语学院	050208	波斯语
76	039	外国语学院	050209	朝鲜语
77	039	外国语学院	050210	菲律宾语
78	039	外国语学院	050211	梵语巴利语
79	039	外国语学院	050212	印度尼西亚语
80	039	外国语学院	050213	印地语
81	039	外国语学院	050216	缅甸语
82	039	外国语学院	050218	蒙古语
83	039	外国语学院	050220	泰语
84	039	外国语学院	050221	乌尔都语
85	039	外国语学院	050222	希伯来语
86	039	外国语学院	050223	越南语
87	040	马克思主义学院	030404	思想政治教育
88	043	艺术学院	050420	广播电视编导
89	043	艺术学院	050422	艺术学
90	043	艺术学院	110302	公共事业管理
91	048	信息科学技术学院	071201	电子信息科学与技术
92	048	信息科学技术学院	071202	微电子学
93	048	信息科学技术学院	080605	计算机科学与技术
94	048	信息科学技术学院	080627s	智能科学与技术
95	086	工学院	071101	理论与应用力学
96	086	工学院	081702	工程结构分析
97	180	医学部	100101	基础医学
98	180	医学部	100201	预防医学

续表

编号	院系编码	院系名称	专业代码	专业名称
99	180	医学部	100301	临床医学
100	180	医学部	100304	医学检验
101	180	医学部	100311w	医学实验学
102	180	医学部	100401	口腔医学
103	180	医学部	100402w	口腔修复工艺学
104	180	医学部	100701	护理学
105	180	医学部	100801	药学
106	180	医学部	100807w	应用药学
107	017	软件与微电子学院	080615W	集成电路设计与集成系统
108	017	软件与微电子学院	080611W	软件工程
109	046	元培学院	070603S	古生物学
110	013	环境科学与工程学院	081001	环境工程
111	039	外国语学院	050231*	葡萄牙语

表 7-2　本科课程目录

学年	学期	院系代码	院系名称	课程号	课程名称
2008—2009	2	001	数学科学学院	00110030	随机过程
2008—2009	2	001	数学科学学院	00110040	微分拓扑
2008—2009	2	001	数学科学学院	00110190	动力系统
2008—2009	2	001	数学科学学院	00110710	试验设计
2008—2009	2	001	数学科学学院	00110820	计算流体力学
2008—2009	2	001	数学科学学院	00110950	人工智能
2008—2009	2	001	数学科学学院	00111140	近代偏微分方程
2008—2009	2	001	数学科学学院	00112710	二阶椭圆型方程
2008—2009	2	001	数学科学学院	00112730	线性代数群
2008—2009	2	001	数学科学学院	00112780	应用偏微分方程
2008—2009	2	001	数学科学学院	00112950	辛几何
2008—2009	2	001	数学科学学院	00113510	几何拓扑选讲
2008—2009	2	001	数学科学学院	00113550	信息安全
2008—2009	2	001	数学科学学院	00113670	近代数学物理方法
2008—2009	2	001	数学科学学院	00114050	非交换几何引论
2008—2009	2	001	数学科学学院	00130030	信息科学基础
2008—2009	2	001	数学科学学院	00130070	初等数论
2008—2009	2	001	数学科学学院	00130110	复变函数
2008—2009	2	001	数学科学学院	00130190	微分流形
2008—2009	2	001	数学科学学院	00130200	数学模型
2008—2009	2	001	数学科学学院	00130200	数学模型
2008—2009	2	001	数学科学学院	00130560	数值分析
2008—2009	2	001	数学科学学院	00130630	最优化方法
2008—2009	2	001	数学科学学院	00130640	流体力学引论
2008—2009	2	001	数学科学学院	00131140	期权期货与其他衍生证券
2008—2009	2	001	数学科学学院	00131280	证券投资学
2008—2009	2	001	数学科学学院	00131300	概率论
2008—2009	2	001	数学科学学院	00131300	概率论
2008—2009	2	001	数学科学学院	00131410	计算概论
2008—2009	2	001	数学科学学院	00131560	古今数学思想

续表

学年	学期	院系代码	院系名称	课程号	课程名称
2008—2009	2	001	数学科学学院	00131610	高等代数
2008—2009	2	001	数学科学学院	00132302	数学分析(Ⅱ)
2008—2009	2	001	数学科学学院	00132302	数学分析(Ⅱ)
2008—2009	2	001	数学科学学院	00132312	数学分析（Ⅱ）习题
2008—2009	2	001	数学科学学院	00132312	数学分析（Ⅱ）习题
2008—2009	2	001	数学科学学院	00132312	数学分析（Ⅱ）习题
2008—2009	2	001	数学科学学院	00132312	数学分析（Ⅱ）习题
2008—2009	2	001	数学科学学院	00132320	复变函数
2008—2009	2	001	数学科学学院	00132320	复变函数
2008—2009	2	001	数学科学学院	00132323	高等代数（Ⅱ）
2008—2009	2	001	数学科学学院	00132323	高等代数（Ⅱ）
2008—2009	2	001	数学科学学院	00132332	高等代数(Ⅱ)习题
2008—2009	2	001	数学科学学院	00132332	高等代数(Ⅱ)习题
2008—2009	2	001	数学科学学院	00132332	高等代数(Ⅱ)习题
2008—2009	2	001	数学科学学院	00132332	高等代数(Ⅱ)习题
2008—2009	2	001	数学科学学院	00132340	常微分方程
2008—2009	2	001	数学科学学院	00132340	常微分方程
2008—2009	2	001	数学科学学院	00132350	泛函分析
2008—2009	2	001	数学科学学院	00132350	泛函分析
2008—2009	2	001	数学科学学院	00132520	模形式
2008—2009	2	001	数学科学学院	00132880	统计软件
2008—2009	2	001	数学科学学院	00133010	测度论
2008—2009	2	001	数学科学学院	00133050	应用多元统计分析
2008—2009	2	001	数学科学学院	00133220	毕业论文(1)
2008—2009	2	001	数学科学学院	00133220	毕业论文(1)
2008—2009	2	001	数学科学学院	00133220	毕业论文(1)
2008—2009	2	001	数学科学学院	00133220	毕业论文(1)
2008—2009	2	001	数学科学学院	00133220	毕业论文(1)
2008—2009	2	001	数学科学学院	00133230	毕业论文(2)
2008—2009	2	001	数学科学学院	00133230	毕业论文(2)
2008—2009	2	001	数学科学学院	00133230	毕业论文(2)
2008—2009	2	001	数学科学学院	00134270	毕业论文(金融统计)讨论班
2008—2009	2	001	数学科学学院	00134280	代数几何初步
2008—2009	2	001	数学科学学院	00134290	金融中的统计计算
2008—2009	2	001	数学科学学院	00135050	理论计算机科学基础
2008—2009	2	001	数学科学学院	00135290	集合论与图论
2008—2009	2	001	数学科学学院	00135590	计算机图像处理
2008—2009	2	001	数学科学学院	00135740	低年级讨论班(1)
2008—2009	2	001	数学科学学院	00135810	寿险精算
2008—2009	2	001	数学科学学院	00135920	实分析
2008—2009	2	001	数学科学学院	00135980	毕业论文(证券)讨论班
2008—2009	2	001	数学科学学院	00135980	毕业论文(证券)讨论班
2008—2009	2	001	数学科学学院	00136000	毕业论文(资产定价)讨论班
2008—2009	2	001	数学科学学院	00136010	毕业论文(精算)讨论班
2008—2009	2	001	数学科学学院	00136290	数学模型
2008—2009	2	001	数学科学学院	00136340	数理统计
2008—2009	2	001	数学科学学院	00136580	变分学
2008—2009	2	001	数学科学学院	00136700	普通统计学

续表

学年	学期	院系代码	院系名称	课程号	课程名称
2008—2009	2	001	数学科学学院	00136800	数学的思维方式与创新
2008—2009	2	001	数学科学学院	00136820	近世代数
2008—2009	2	001	数学科学学院	00137110	应用随机分析
2008—2009	2	001	数学科学学院	00137120	应用多元统计分析
2008—2009	2	001	数学科学学院	00431132	普通物理（Ⅰ）
2008—2009	2	001	数学科学学院	00431132	普通物理（Ⅰ）
2008—2009	2	004	物理学院	00130202	高等数学（B）（二）
2008—2009	2	004	物理学院	00130202	高等数学（B）（二）
2008—2009	2	004	物理学院	00130212	高等数学（B）（二）习题课
2008—2009	2	004	物理学院	00130212	高等数学（B）（二）习题课
2008—2009	2	004	物理学院	00130212	高等数学（B）（二）习题课
2008—2009	2	004	物理学院	00130212	高等数学（B）（二）习题课
2008—2009	2	004	物理学院	00130212	高等数学（B）（二）习题课
2008—2009	2	004	物理学院	00130280	计算方法(B)
2008—2009	2	004	物理学院	00410542	固体理论
2008—2009	2	004	物理学院	00410612	Java编程
2008—2009	2	004	物理学院	00410644	非线性物理专题
2008—2009	2	004	物理学院	00410739	非线性光学
2008—2009	2	004	物理学院	00410740	光学理论
2008—2009	2	004	物理学院	00411850	固体光谱
2008—2009	2	004	物理学院	00411851	光电功能材料
2008—2009	2	004	物理学院	00430109	演示物理学
2008—2009	2	004	物理学院	00430109	演示物理学
2008—2009	2	004	物理学院	00430133	现代电子电路基础及实验（二）
2008—2009	2	004	物理学院	00430133	现代电子电路基础及实验（二）
2008—2009	2	004	物理学院	00430171	人类生存发展与核科学
2008—2009	2	004	物理学院	00430183	天体物理
2008—2009	2	004	物理学院	00430191	大气科学导论
2008—2009	2	004	物理学院	00431154	热学
2008—2009	2	004	物理学院	00431154	热学
2008—2009	2	004	物理学院	00431155	电磁学
2008—2009	2	004	物理学院	00431155	电磁学
2008—2009	2	004	物理学院	00431155	电磁学
2008—2009	2	004	物理学院	00431157	原子物理
2008—2009	2	004	物理学院	00431212	普通物理实验（A）（二）
2008—2009	2	004	物理学院	00431212	普通物理实验（A）（二）
2008—2009	2	004	物理学院	00431254	热学习题课
2008—2009	2	004	物理学院	00431254	热学习题课
2008—2009	2	004	物理学院	00431254	热学习题课
2008—2009	2	004	物理学院	00431254	热学习题课
2008—2009	2	004	物理学院	00431255	电磁学习题课
2008—2009	2	004	物理学院	00431255	电磁学习题课
2008—2009	2	004	物理学院	00431255	电磁学习题课
2008—2009	2	004	物理学院	00431255	电磁学习题课
2008—2009	2	004	物理学院	00431255	电磁学习题课
2008—2009	2	004	物理学院	00431412	指导研究

续表

学年	学期	院系代码	院系名称	课程号	课程名称
2008—2009	2	004	物理学院	00431520	算法与数据结构
2008—2009	2	004	物理学院	00431520	算法与数据结构
2008—2009	2	004	物理学院	00431530	算法与数据结构上机
2008—2009	2	004	物理学院	00431547	天体物理前沿
2008—2009	2	004	物理学院	00431550	基础天文
2008—2009	2	004	物理学院	00432108	数学物理方法（上）
2008—2009	2	004	物理学院	00432109	数学物理方法（下）
2008—2009	2	004	物理学院	00432110	数学物理方法
2008—2009	2	004	物理学院	00432113	数学物理方法习题
2008—2009	2	004	物理学院	00432113	数学物理方法习题
2008—2009	2	004	物理学院	00432113	数学物理方法习题
2008—2009	2	004	物理学院	00432113	数学物理方法习题
2008—2009	2	004	物理学院	00432113	数学物理方法习题
2008—2009	2	004	物理学院	00432132	热力学与统计物理（B）
2008—2009	2	004	物理学院	00432133	平衡态统计物理
2008—2009	2	004	物理学院	00432140	电动力学（A）
2008—2009	2	004	物理学院	00432149	量子力学（B）
2008—2009	2	004	物理学院	00432150	量子力学（A）
2008—2009	2	004	物理学院	00432151	量子力学习题
2008—2009	2	004	物理学院	00432151	量子力学习题
2008—2009	2	004	物理学院	00432160	电动力学习题
2008—2009	2	004	物理学院	00432160	电动力学习题
2008—2009	2	004	物理学院	00432166	几何光学及光学仪器
2008—2009	2	004	物理学院	00432211	理论力学
2008—2009	2	004	物理学院	00432238	核物理与粒子物理导论
2008—2009	2	004	物理学院	00432242	加速器物理基础
2008—2009	2	004	物理学院	00432245	理论天体物理
2008—2009	2	004	物理学院	00432246	天体光谱学
2008—2009	2	004	物理学院	00432250	描述性物理海洋学
2008—2009	2	004	物理学院	00432251	天气学
2008—2009	2	004	物理学院	00432252	大气动力学基础
2008—2009	2	004	物理学院	00432253	大气物理实验
2008—2009	2	004	物理学院	00432256	气候概论
2008—2009	2	004	物理学院	00432258	雷达气象学
2008—2009	2	004	物理学院	00432266	环境生态学
2008—2009	2	004	物理学院	00432267	工程图学及其应用
2008—2009	2	004	物理学院	00432268	自然科学中的混沌和分形
2008—2009	2	004	物理学院	00432270	大气概论
2008—2009	2	004	物理学院	00432272	微机原理及上机
2008—2009	2	004	物理学院	00432275	云物理学导论
2008—2009	2	004	物理学院	00432510	固体物理学
2008—2009	2	004	物理学院	00432520	固体物理习题
2008—2009	2	004	物理学院	00432520	固体物理习题
2008—2009	2	004	物理学院	00432520	固体物理习题
2008—2009	2	004	物理学院	00432530	理论物理导论
2008—2009	2	004	物理学院	00433327	近代物理实验（Ⅰ）
2008—2009	2	004	物理学院	00433327	近代物理实验（Ⅰ）

续表

学年	学期	院系代码	院系名称	课程号	课程名称
2008—2009	2	004	物理学院	00433328	近代物理实验（Ⅱ）
2008—2009	2	004	物理学院	00433689	量子规范场论
2008—2009	2	004	物理学院	00434060	广义相对论
2008—2009	2	004	物理学院	00434070	物理宇宙学基础
2008—2009	2	004	物理学院	00434441	今日物理
2008—2009	2	008	计算机科学技术系	00831250	数据库概论
2008—2009	2	008	计算机科学技术系	00831270	软件工程
2008—2009	2	008	计算机科学技术系	00831280	计算机图形学
2008—2009	2	008	计算机科学技术系	00831611	文科计算机基础（下）
2008—2009	2	008	计算机科学技术系	00831611	文科计算机基础（下）
2008—2009	2	008	计算机科学技术系	00831611	文科计算机基础（下）
2008—2009	2	008	计算机科学技术系	00831611	文科计算机基础（下）
2008—2009	2	008	计算机科学技术系	00831611	文科计算机基础（下）
2008—2009	2	008	计算机科学技术系	00831611	文科计算机基础（下）
2008—2009	2	008	计算机科学技术系	00831611	文科计算机基础（下）
2008—2009	2	008	计算机科学技术系	00831611	文科计算机基础（下）
2008—2009	2	008	计算机科学技术系	00831611	文科计算机基础（下）
2008—2009	2	008	计算机科学技术系	00833130	操作系统
2008—2009	2	008	计算机科学技术系	00833150	Java语言程序设计
2008—2009	2	008	计算机科学技术系	00833170	网络实用技术
2008—2009	2	010	化学与分子工程学院	00130202	高等数学（B）（二）
2008—2009	2	010	化学与分子工程学院	00130212	高等数学（B）（二）习题课
2008—2009	2	010	化学与分子工程学院	00130212	高等数学（B）（二）习题课
2008—2009	2	010	化学与分子工程学院	00130212	高等数学（B）（二）习题课
2008—2009	2	010	化学与分子工程学院	00130212	高等数学（B）（二）习题课
2008—2009	2	010	化学与分子工程学院	00431141	力学
2008—2009	2	010	化学与分子工程学院	00431142	热学
2008—2009	2	010	化学与分子工程学院	00431146	热学习题课
2008—2009	2	010	化学与分子工程学院	00431146	热学习题课
2008—2009	2	010	化学与分子工程学院	00431146	热学习题课
2008—2009	2	010	化学与分子工程学院	01031100	今日化学
2008—2009	2	010	化学与分子工程学院	01032590	结构化学选读
2008—2009	2	010	化学与分子工程学院	01033100	功能化学
2008—2009	2	010	化学与分子工程学院	01034060	大学化学
2008—2009	2	010	化学与分子工程学院	01034350	定量分析
2008—2009	2	010	化学与分子工程学院	01034350	定量分析
2008—2009	2	010	化学与分子工程学院	01034360	定量分析实验
2008—2009	2	010	化学与分子工程学院	01034373	有机化学（二）
2008—2009	2	010	化学与分子工程学院	01034373	有机化学（二）
2008—2009	2	010	化学与分子工程学院	01034382	有机化学实验（二）
2008—2009	2	010	化学与分子工程学院	01034390	仪器分析
2008—2009	2	010	化学与分子工程学院	01034390	仪器分析
2008—2009	2	010	化学与分子工程学院	01034400	仪器分析实验
2008—2009	2	010	化学与分子工程学院	01034410	结构化学
2008—2009	2	010	化学与分子工程学院	01034410	结构化学
2008—2009	2	010	化学与分子工程学院	01034460	高分子化学

续表

学年	学期	院系代码	院系名称	课程号	课程名称
2008—2009	2	010	化学与分子工程学院	01034480	化工实验
2008—2009	2	010	化学与分子工程学院	01034490	材料化学
2008—2009	2	010	化学与分子工程学院	01034500	生命化学基础
2008—2009	2	010	化学与分子工程学院	01034520	中级分析化学实验
2008—2009	2	010	化学与分子工程学院	01034530	中级有机化学
2008—2009	2	010	化学与分子工程学院	01034540	中级有机化学实验
2008—2009	2	010	化学与分子工程学院	01034551	中级物理化学
2008—2009	2	010	化学与分子工程学院	01034560	中级物理化学实验
2008—2009	2	010	化学与分子工程学院	01034590	电分析化学研究方法
2008—2009	2	010	化学与分子工程学院	01034640	应用化学基础
2008—2009	2	010	化学与分子工程学院	01034660	化工制图
2008—2009	2	010	化学与分子工程学院	01034710	界面化学
2008—2009	2	010	化学与分子工程学院	01034740	综合化学实验（一）
2008—2009	2	010	化学与分子工程学院	01034840	化工基础（二）
2008—2009	2	010	化学与分子工程学院	04830494	数据结构与算法上机
2008—2009	2	010	化学与分子工程学院	04831420	数据结构与算法（B）
2008—2009	2	010	化学与分子工程学院	04831420	数据结构与算法（B）
2008—2009	2	011	生命科学学院	00131422	高等数学C（二）
2008—2009	2	011	生命科学学院	00430001	物理学（B）（1）
2008—2009	2	011	生命科学学院	00430001	物理学（B）（1）
2008—2009	2	011	生命科学学院	00431421	普通物理实验（B）（一）
2008—2009	2	011	生命科学学院	01032720	物理化学实验（B）
2008—2009	2	011	生命科学学院	01034900	分析化学（B）
2008—2009	2	011	生命科学学院	01034910	分析化学实验(B)
2008—2009	2	011	生命科学学院	01130010	生物化学（上）
2008—2009	2	011	生命科学学院	01130050	生物化学实验
2008—2009	2	011	生命科学学院	01130100	遗传工程学
2008—2009	2	011	生命科学学院	01130130	免疫学
2008—2009	2	011	生命科学学院	01130150	细胞生物学
2008—2009	2	011	生命科学学院	01130160	细胞生物学实验
2008—2009	2	011	生命科学学院	01130200	遗传学
2008—2009	2	011	生命科学学院	01130210	遗传学实验
2008—2009	2	011	生命科学学院	01130370	生理学
2008—2009	2	011	生命科学学院	01130380	生理学实验
2008—2009	2	011	生命科学学院	01130500	人类生物学导论
2008—2009	2	011	生命科学学院	01130760	生物统计学
2008—2009	2	011	生命科学学院	01130850	算法与数据结构及上机
2008—2009	2	011	生命科学学院	01130871	人类的性、生育与健康
2008—2009	2	011	生命科学学院	01131050	动物生物学实验
2008—2009	2	011	生命科学学院	01131080	动物生物学
2008—2009	2	011	生命科学学院	01139000	神经生物学
2008—2009	2	011	生命科学学院	01139350	普通生物学(B)
2008—2009	2	011	生命科学学院	01139360	基础分子生物学实验
2008—2009	2	011	生命科学学院	01139380	普通生物学(A)
2008—2009	2	011	生命科学学院	01139390	普通生物学实验(A)
2008—2009	2	011	生命科学学院	01139390	普通生物学实验(A)
2008—2009	2	011	生命科学学院	01139390	普通生物学实验(A)

续表

学年	学期	院系代码	院系名称	课程号	课程名称
2008—2009	2	011	生命科学学院	01139490	文献强化阅读与学术报告(1)
2008—2009	2	011	生命科学学院	01139520	物理学习题
2008—2009	2	011	生命科学学院	01139520	物理学习题
2008—2009	2	011	生命科学学院	01139530	基因与行为
2008—2009	2	012	地球与空间科学学院	01231400	地球物理学基础
2008—2009	2	012	地球与空间科学学院	00130202	高等数学（B）（二）
2008—2009	2	012	地球与空间科学学院	00130212	高等数学（B）（二）习题课
2008—2009	2	012	地球与空间科学学院	00130212	高等数学（B）（二）习题课
2008—2009	2	012	地球与空间科学学院	00130212	高等数学（B）（二）习题课
2008—2009	2	012	地球与空间科学学院	00132380	概率统计（B）
2008—2009	2	012	地球与空间科学学院	00431212	普通物理实验（A）（二）
2008—2009	2	012	地球与空间科学学院	00436011	普通物理学（B）（一）
2008—2009	2	012	地球与空间科学学院	00539410	太空探索
2008—2009	2	012	地球与空间科学学院	01032720	物理化学实验（B）
2008—2009	2	012	地球与空间科学学院	01230030	C程序设计
2008—2009	2	012	地球与空间科学学院	01230052	地球科学概论（二）
2008—2009	2	012	地球与空间科学学院	01230052	地球科学概论（二）
2008—2009	2	012	地球与空间科学学院	01230070	遥感概论
2008—2009	2	012	地球与空间科学学院	01230080	测量与地图学
2008—2009	2	012	地球与空间科学学院	01230090	城市与区域科学
2008—2009	2	012	地球与空间科学学院	01230110	操作系统原理
2008—2009	2	012	地球与空间科学学院	01230140	数据结构
2008—2009	2	012	地球与空间科学学院	01231010	普通地质学
2008—2009	2	012	地球与空间科学学院	01231020	结晶学与矿物学
2008—2009	2	012	地球与空间科学学院	01231090	中国区域地质学
2008—2009	2	012	地球与空间科学学院	01231100	近代地层学
2008—2009	2	012	地球与空间科学学院	01231170	遥感地质学
2008—2009	2	012	地球与空间科学学院	01231252	普通岩石学（下）
2008—2009	2	012	地球与空间科学学院	01231310	构造地质学
2008—2009	2	012	地球与空间科学学院	01231320	地史学
2008—2009	2	012	地球与空间科学学院	01231350	脊椎动物进化史
2008—2009	2	012	地球与空间科学学院	01231370	古海洋学与全球变化
2008—2009	2	012	地球与空间科学学院	01233030	空间探测与空间环境模拟
2008—2009	2	012	地球与空间科学学院	01233070	地震学与地球内部物理学
2008—2009	2	012	地球与空间科学学院	01233090	太阳大气层与日球层物理学
2008—2009	2	012	地球与空间科学学院	01233130	地球物理信号处理
2008—2009	2	012	地球与空间科学学院	01233150	地球灾害
2008—2009	2	012	地球与空间科学学院	01233160	空间探测信息处理技术
2008—2009	2	012	地球与空间科学学院	01233170	地震概论
2008—2009	2	012	地球与空间科学学院	01233170	地震概论
2008—2009	2	012	地球与空间科学学院	01233200	地球重力学
2008—2009	2	012	地球与空间科学学院	01233220	地震观测与实验
2008—2009	2	012	地球与空间科学学院	01233230	地球物理数值计算方法
2008—2009	2	012	地球与空间科学学院	01233250	空间天气学基础与应用
2008—2009	2	012	地球与空间科学学院	01233260	中高层大气物理学
2008—2009	2	012	地球与空间科学学院	01233270	岩石力学
2008—2009	2	012	地球与空间科学学院	01233280	行星科学概论

续表

学年	学期	院系代码	院系名称	课程号	课程名称
2008—2009	2	012	地球与空间科学学院	01235020	GIS 概论
2008—2009	2	012	地球与空间科学学院	01235080	地学数学模型
2008—2009	2	012	地球与空间科学学院	01235100	数据库概论
2008—2009	2	012	地球与空间科学学院	01235110	遥感入门
2008—2009	2	012	地球与空间科学学院	01235120	遥感数字图像处理原理
2008—2009	2	012	地球与空间科学学院	01235180	GIS 设计和应用
2008—2009	2	012	地球与空间科学学院	01430020	地史中的生命
2008—2009	2	012	地球与空间科学学院	01430940	矿产资源经济概论
2008—2009	2	012	地球与空间科学学院	01430960	自然资源概论
2008—2009	2	012	地球与空间科学学院	01430970	固体力学基础
2008—2009	2	012	地球与空间科学学院	01431110	地貌与第四纪地质
2008—2009	2	012	地球与空间科学学院	01431170	地震地质学
2008—2009	2	012	地球与空间科学学院	01431270	同位素地球化学基础
2008—2009	2	012	地球与空间科学学院	01431420	演化生物学
2008—2009	2	013	环境学院	00431121	普通物理
2008—2009	2	013	环境学院	01034350	定量分析
2008—2009	2	013	环境学院	01034360	定量分析实验
2008—2009	2	013	环境学院	01034520	中级分析化学实验
2008—2009	2	013	环境学院	01339320	中国历史地理
2008—2009	2	013	环境学院	01339330	中国古典园林赏析
2008—2009	2	013	环境学院	01531110	城市化与城市体系
2008—2009	2	013	环境学院	01531180	地貌学
2008—2009	2	013	环境学院	01531200	计算概论
2008—2009	2	013	环境学院	01531290	生物地理学
2008—2009	2	013	环境学院	01531320	城市形态与结构
2008—2009	2	013	环境学院	01531380	区域规划原理
2008—2009	2	013	环境学院	01531610	现代自然地理学实验方法
2008—2009	2	013	环境学院	01531730	文化地理学
2008—2009	2	013	环境学院	01531800	环境管理学
2008—2009	2	013	环境学院	01532090	城市园林绿地规划
2008—2009	2	013	环境学院	01532130	人口地理
2008—2009	2	013	环境学院	01532180	城市生态学
2008—2009	2	013	环境学院	01532230	城市规划管理与法规
2008—2009	2	013	环境学院	01532270	详细规划(课程设计)
2008—2009	2	013	环境学院	01532360	工业地理学
2008—2009	2	013	环境学院	01532380	美术与制图
2008—2009	2	013	环境学院	01532390	城市规划原理
2008—2009	2	013	环境学院	01532410	社区空间规划
2008—2009	2	013	环境学院	01533090	经济地理学
2008—2009	2	013	环境学院	01533170	城市规划概论
2008—2009	2	013	环境学院	01533180	建筑规划与场地设计
2008—2009	2	013	环境学院	01533210	聚落与乡村规划
2008—2009	2	013	环境学院	01533220	社会综合实践调查
2008—2009	2	013	环境学院	01534060	综合自然地理学
2008—2009	2	013	环境学院	01534230	自然保护学
2008—2009	2	013	环境学院	01534240	经济地理研究方法
2008—2009	2	013	环境学院	01535122	植物学（下）

续表

学年	学期	院系代码	院系名称	课程号	课程名称
2008—2009	2	013	环境学院	01535150	生态学实验技术
2008—2009	2	013	环境学院	01536011	普通生态学(1)
2008—2009	2	013	环境学院	01536090	环境监测与实验
2008—2009	2	013	环境学院	01536740	环境工程学
2008—2009	2	013	环境学院	01536780	污染土壤和地下水的生物修复
2008—2009	2	013	环境学院	01536792	普通生态学(2)
2008—2009	2	016	心理学系	01139510	生理学
2008—2009	2	016	心理学系	01603011	心理测量
2008—2009	2	016	心理学系	01603011	心理测量
2008—2009	2	016	心理学系	01630020	CNS解剖
2008—2009	2	016	心理学系	01630020	CNS解剖
2008—2009	2	016	心理学系	01630033	异常儿童心理学
2008—2009	2	016	心理学系	01630034	实验心理学
2008—2009	2	016	心理学系	01630040	社会心理学
2008—2009	2	016	心理学系	01630040	社会心理学
2008—2009	2	016	心理学系	01630043	社会认知心理学
2008—2009	2	016	心理学系	01630046	社会冲突与管理
2008—2009	2	016	心理学系	01630051	心理统计(1)
2008—2009	2	016	心理学系	01630060	发展心理学
2008—2009	2	016	心理系	01630060	发展心理学
2008—2009	2	016	心理学系	01630080	人格心理学
2008—2009	2	016	心理学系	01630090	变态心理学
2008—2009	2	016	心理学系	01630121	认知心理学
2008—2009	2	016	心理学系	01630220	生理心理实验
2008—2009	2	016	心理学系	01630350	教育心理学
2008—2009	2	016	心理学系	01630540	职业心理学
2008—2009	2	016	心理学系	01630600	组织管理心理学
2008—2009	2	016	心理学系	01630740	爱的心理学
2008—2009	2	016	心理学系	01635010	大学生健康教育
2008—2009	2	016	心理学系	01635020	生活中的心理学
2008—2009	2	016	心理学系	01635042	大学生心理素质拓展
2008—2009	2	016	心理学系	01639020	心理学概论
2008—2009	2	016	心理学系	04830494	数据结构与算法上机
2008—2009	2	016	心理学系	04831420	数据结构与算法(B)
2008—2009	2	018	新闻与传播学院	01830100	中国新闻传播史
2008—2009	2	018	新闻与传播学院	01830130	新闻评论
2008—2009	2	018	新闻与传播学院	01830400	舆论学
2008—2009	2	018	新闻与传播学院	01830440	广告媒体研究
2008—2009	2	018	新闻与传播学院	01830450	广告类型研究
2008—2009	2	018	新闻与传播学院	01830540	市场调查
2008—2009	2	018	新闻与传播学院	01830580	广告心理学
2008—2009	2	018	新闻与传播学院	01830620	广告策划
2008—2009	2	018	新闻与传播学院	01830670	广告管理
2008—2009	2	018	新闻与传播学院	01830780	广告综合研究
2008—2009	2	018	新闻与传播学院	01831260	出版案例研讨
2008—2009	2	018	新闻与传播学院	01831280	出版经营管理
2008—2009	2	018	新闻与传播学院	01831380	中国文化史

续表

学年	学期	院系代码	院系名称	课程号	课程名称
2008—2009	2	018	新闻与传播学院	01831610	汉语修辞学
2008—2009	2	018	新闻与传播学院	01831700	电脑设计二
2008—2009	2	018	新闻与传播学院	01831740	视听语言
2008—2009	2	018	新闻与传播学院	01831800	汉语语言修养
2008—2009	2	018	新闻与传播学院	01831990	跨文化交流学
2008—2009	2	018	新闻与传播学院	01832240	传播伦理学
2008—2009	2	018	新闻与传播学院	01832250	纪录片简史
2008—2009	2	018	新闻与传播学院	01832260	媒介经济学
2008—2009	2	018	新闻与传播学院	01832350	名记者专题
2008—2009	2	018	新闻与传播学院	01832420	品牌研究
2008—2009	2	018	新闻与传播学院	01832490	北京风物与传统文化
2008—2009	2	018	新闻与传播学院	01832520	新闻编辑
2008—2009	2	018	新闻与传播学院	01832530	媒介经营管理
2008—2009	2	018	新闻与传播学院	01832550	电视节目制作与策划
2008—2009	2	018	新闻与传播学院	01832590	广播电视新闻
2008—2009	2	018	新闻与传播学院	01832620	广播电视研究
2008—2009	2	018	新闻与传播学院	01832700	传媒法律法规
2008—2009	2	018	新闻与传播学院	01832760	英语新闻阅读
2008—2009	2	018	新闻与传播学院	01832830	英语新闻采写
2008—2009	2	018	新闻与传播学院	01832910	视频编辑
2008—2009	2	018	新闻与传播学院	01832960	基础采访写作
2008—2009	2	018	新闻与传播学院	01833010	世界广播电视事业
2008—2009	2	018	新闻与传播学院	01833050	广告视觉传达
2008—2009	2	018	新闻与传播学院	01833060	市场营销原理
2008—2009	2	018	新闻与传播学院	01833150	社会统计学
2008—2009	2	018	新闻与传播学院	01833260	社会学概论
2008—2009	2	018	新闻与传播学院	01833330	影像与社会
2008—2009	2	020	中国语言文学系	02030012	现代汉语（下）
2008—2009	2	020	中国语言文学系	02030012	现代汉语（下）
2008—2009	2	020	中国语言文学系	02030022	古代汉语（下）
2008—2009	2	020	中国语言文学系	02030022	古代汉语（下）
2008—2009	2	020	中国语言文学系	02030032	中国古代文学史（二）
2008—2009	2	020	中国语言文学系	02030034	中国古代文学史（四）
2008—2009	2	020	中国语言文学系	02030040	中国现代文学史
2008—2009	2	020	中国语言文学系	02030101	实习
2008—2009	2	020	中国语言文学系	02030130	汉语音韵学
2008—2009	2	020	中国语言文学系	02030240	校勘学
2008—2009	2	020	中国语言文学系	02030251	古文献学史（上）
2008—2009	2	020	中国语言文学系	02030253	古典文献实习
2008—2009	2	020	中国语言文学系	02030330	民俗学
2008—2009	2	020	中国语言文学系	02030700	文艺美学
2008—2009	2	020	中国语言文学系	02030790	比较文学原理
2008—2009	2	020	中国语言文学系	02030920	现代汉语虚词研究
2008—2009	2	020	中国语言文学系	02030930	现代汉语语法研究
2008—2009	2	020	中国语言文学系	02030950	汉语修辞学
2008—2009	2	020	中国语言文学系	02031080	《论语》选读
2008—2009	2	020	中国语言文学系	02031080	《论语》选读

续表

学年	学期	院系代码	院系名称	课程号	课程名称
2008—2009	2	020	中国语言文学系	02031290	《庄子》
2008—2009	2	020	中国语言文学系	02031522	汉语史(下)
2008—2009	2	020	中国语言文学系	02031601	方言调查
2008—2009	2	020	中国语言文学系	02031670	敦煌文献概要
2008—2009	2	020	中国语言文学系	02031750	诗歌写作
2008—2009	2	020	中国语言文学系	02031810	《汉书》导读
2008—2009	2	020	中国语言文学系	02032020	民间文学概论
2008—2009	2	020	中国语言文学系	02032120	荀子
2008—2009	2	020	中国语言文学系	02032150	汉语方言语料分析
2008—2009	2	020	中国语言文学系	02032230	西方文论经典研究
2008—2009	2	020	中国语言文学系	02032240	鲁迅小说研究
2008—2009	2	020	中国语言文学系	02032300	接受美学理论的嬗变
2008—2009	2	020	中国语言文学系	02032390	唐诗分体研究
2008—2009	2	020	中国语言文学系	02033030	西方文学史
2008—2009	2	020	中国语言文学系	02033050	学年论文
2008—2009	2	020	中国语言文学系	02033090	中文工具书
2008—2009	2	020	中国语言文学系	02033090	中文工具书
2008—2009	2	020	中国语言文学系	02033090	中文工具书
2008—2009	2	020	中国语言文学系	02033140	当代诗歌选读
2008—2009	2	020	中国语言文学系	02033230	汉语语义学基础
2008—2009	2	020	中国语言文学系	02033290	先秦诸子讲说
2008—2009	2	020	中国语言文学系	02033380	普通话和方言
2008—2009	2	020	中国语言文学系	02033470	50—70年代作家与文学问题
2008—2009	2	020	中国语言文学系	02033480	大众文艺与文化研究
2008—2009	2	020	中国语言文学系	02033490	中国古代文学通论
2008—2009	2	020	中国语言文学系	02033918	古代汉语
2008—2009	2	020	中国语言文学系	02039030	文学概论
2008—2009	2	020	中国语言文学系	02039110	元杂剧精读
2008—2009	2	020	中国语言文学系	02039200	文学原理
2008—2009	2	020	中国语言文学系	02039310	大学语文
2008—2009	2	020	中国语言文学系	02080042	现代汉语(下)
2008—2009	2	020	中国语言文学系	02080053	古代汉语(下)
2008—2009	2	020	中国语言文学系	02080060	汉语写作
2008—2009	2	020	中国语言文学系	02080200	现代汉语词汇
2008—2009	2	020	中国语言文学系	02080230	古文选读
2008—2009	2	020	中国语言文学系	02080262	中国现代文学(下)
2008—2009	2	020	中国语言文学系	02080320	中国民间文学
2008—2009	2	020	中国语言文学系	02080330	汉字书法
2008—2009	2	020	中国语言文学系	02080332	中国当代文学作品(下)
2008—2009	2	020	中国语言文学系	02080342	中国古代文学(二)
2008—2009	2	020	中国语言文学系	02080344	中国古代文学(四)
2008—2009	2	020	中国语言文学系	02080370	汉语口语(下)
2008—2009	2	020	中国语言文学系	02080370	汉语口语(下)
2008—2009	2	020	中国语言文学系	02130012	中国古代史(下)
2008—2009	2	021	历史学系	02114072	法国与法国历史文化(二)
2008—2009	2	021	历史学系	02130012	中国古代史(下)
2008—2009	2	021	历史学系	02130102	中国历史文选(下)

续表

学年	学期	院系代码	院系名称	课程号	课程名称
2008—2009	2	021	历史学系	02130102	中国历史文选（下）
2008—2009	2	021	历史学系	02130110	史学概论
2008—2009	2	021	历史学系	02130241	中国近代政治制度史
2008—2009	2	021	历史学系	02130290	中华人民共和国史专题
2008—2009	2	021	历史学系	02130310	中国妇女历史与传统文化
2008—2009	2	021	历史学系	02130601	美国史
2008—2009	2	021	历史学系	02130730	华侨华人史
2008—2009	2	021	历史学系	02131103	拉丁文基础（3）
2008—2009	2	021	历史学系	02131110	中国古代政治与文化
2008—2009	2	021	历史学系	02131250	西方文明史导论
2008—2009	2	021	历史学系	02131260	人类发展与环境变迁
2008—2009	2	021	历史学系	02131340	近现代中日关系史
2008—2009	2	021	历史学系	02131370	中国现代史专题
2008—2009	2	021	历史学系	02131460	拉美国家现代化进程研究
2008—2009	2	021	历史学系	02131772	现代希腊语（2）
2008—2009	2	021	历史学系	02131800	东北亚史
2008—2009	2	021	历史学系	02131810	伊斯兰教与现代世界
2008—2009	2	021	历史学系	02131991	基础意大利语（1）
2008—2009	2	021	历史学系	02131992	基础意大利语（2）
2008—2009	2	021	历史学系	02132030	中国现代史
2008—2009	2	021	历史学系	02132110	社会调查与史学研究
2008—2009	2	021	历史学系	02132220	中国古代民族史
2008—2009	2	021	历史学系	02132250	中国近代政治与外交
2008—2009	2	021	历史学系	02132320	先秦史专题
2008—2009	2	021	历史学系	02132340	魏晋南北朝史专题
2008—2009	2	021	历史学系	02132380	明史专题
2008—2009	2	021	历史学系	02132520	现代国际政治史
2008—2009	2	021	历史学系	02132690	韩国历史与文化
2008—2009	2	021	历史学系	02132750	中国通史（古代部分）
2008—2009	2	021	历史学系	02133601	外文历史文选阅读指导
2008—2009	2	021	历史学系	02133610	古代东方文明
2008—2009	2	021	历史学系	02133640	欧洲史
2008—2009	2	021	历史学系	02133660	亚洲史
2008—2009	2	021	历史学系	02133691	外文历史名著选读（上）
2008—2009	2	021	历史学系	02138540	中古西欧政治
2008—2009	2	021	历史学系	02138850	中国现代社会史
2008—2009	2	021	历史学系	02139370	俄国史专题
2008—2009	2	021	历史学系	02114351	日本古代史（二）
2008—2009	2	021	历史学系	02132400	明清史研习入门
2008—2009	2	022	考古文博学院	00431421	普通物理实验（B）（一）
2008—2009	2	022	考古文博学院	02230012	中国古代史（二）
2008—2009	2	022	考古文博学院	02230120	田野考古学概论
2008—2009	2	022	考古文博学院	02230250	人体骨骼学
2008—2009	2	022	考古文博学院	02230260	动物考古学
2008—2009	2	022	考古文博学院	02230300	文化人类学
2008—2009	2	022	考古文博学院	02230310	定量考古学
2008—2009	2	022	考古文博学院	02230370	中国古代青铜器

续表

学年	学期	院系代码	院系名称	课程号	课程名称
2008—2009	2	022	考古文博学院	02230430	中国古代陶瓷
2008—2009	2	022	考古文博学院	02230470	科技考古
2008—2009	2	022	考古文博学院	02230730	文物法规与行政管理
2008—2009	2	022	考古文博学院	02230860	文物保护材料学
2008—2009	2	022	考古文博学院	02230960	考古信息技术
2008—2009	2	022	考古文博学院	02231030	文物保护概论
2008—2009	2	022	考古文博学院	02231070	博物馆陈列形式设计
2008—2009	2	022	考古文博学院	02231080	考古学导论
2008—2009	2	022	考古文博学院	02231100	建筑设计（一）
2008—2009	2	022	考古文博学院	02231180	古罗马考古与艺术通论
2008—2009	2	022	考古文博学院	02232101	中国考古学（上一）
2008—2009	2	022	考古文博学院	02232102	中国考古学（上二）
2008—2009	2	022	考古文博学院	02232105	中国考古学（下一）
2008—2009	2	022	考古文博学院	02232106	中国考古学（下二）
2008—2009	2	022	考古文博学院	02240031	美术色彩基础（上）
2008—2009	2	022	考古文博学院	02240032	美术色彩基础（下）
2008—2009	2	022	考古文博学院	02240082	美术素描基础（下）
2008—2009	2	022	考古文博学院	02240110	古建测绘与修缮实习
2008—2009	2	022	考古文博学院	02240140	文化遗产保护实践
2008—2009	2	022	考古文博学院	02240260	博物馆藏品管理
2008—2009	2	022	考古文博学院	02240310	毕业论文
2008—2009	2	022	考古文博学院	02240390	植物考古
2008—2009	2	023	哲学系	02315010	公理集合论
2008—2009	2	023	哲学系	02315050	高级模态逻辑
2008—2009	2	023	哲学系	02315160	逻辑哲学研究
2008—2009	2	023	哲学系	02315220	现代逻辑前沿问题
2008—2009	2	023	哲学系	02313162	西方政治哲学基本理论
2008—2009	2	023	哲学系	02313690	柏拉图的哲学体系
2008—2009	2	023	哲学系	02318280	宗教经典专题
2008—2009	2	023	哲学系	02330000	哲学导论
2008—2009	2	023	哲学系	02330025	马克思主义哲学导论（上）
2008—2009	2	023	哲学系	02330030	逻辑导论
2008—2009	2	023	哲学系	02330043	西方哲学导论（上）
2008—2009	2	023	哲学系	02330070	现代西方哲学
2008—2009	2	023	哲学系	02330101	马克思主义哲学史
2008—2009	2	023	哲学系	02330132	科学哲学导论
2008—2009	2	023	哲学系	02330142	伦理学导论
2008—2009	2	023	哲学系	02330161	宗教学导论
2008—2009	2	023	哲学系	02330302	人学概论
2008—2009	2	023	哲学系	02330312	当代中国马克思主义哲学
2008—2009	2	023	哲学系	02330500	环境哲学
2008—2009	2	023	哲学系	02330590	波普的历史哲学
2008—2009	2	023	哲学系	02330610	心灵哲学
2008—2009	2	023	哲学系	02330851	西方美学与西方艺术
2008—2009	2	023	哲学系	02330860	艺术与人生
2008—2009	2	023	哲学系	02331310	逻辑与批判性思维
2008—2009	2	023	哲学系	02332017	中国佛教经典选读

续表

学年	学期	院系代码	院系名称	课程号	课程名称
2008—2009	2	023	哲学系	02332030	阿拉伯哲学
2008—2009	2	023	哲学系	02332034	伊斯兰教专题
2008—2009	2	023	哲学系	02332071	道教原典
2008—2009	2	023	哲学系	02332092	创世纪研究（旧约诠释方法）
2008—2009	2	023	哲学系	02332190	宗教哲学
2008—2009	2	023	哲学系	02332210	基督教史
2008—2009	2	023	哲学系	02332240	基督教专题
2008—2009	2	023	哲学系	02332336	中国佛教史
2008—2009	2	023	哲学系	02332460	藏传佛教导论
2008—2009	2	023	哲学系	02332615	拉丁语Ⅱ
2008—2009	2	023	哲学系	02332750	海德格尔《存在与时间》
2008—2009	2	023	哲学系	02332760	海德格尔的"何谓思想"？
2008—2009	2	023	哲学系	02333053	古希腊语导论（三）
2008—2009	2	023	哲学系	02333170	后现代主义哲学
2008—2009	2	023	哲学系	02333282	儒学哲学专题
2008—2009	2	023	哲学系	02333290	易学哲学
2008—2009	2	023	哲学系	02333400	近代西方哲学
2008—2009	2	023	哲学系	02333830	文化哲学与文化产业
2008—2009	2	023	哲学系	02333950	伦理学专题Ⅲ（伦理学问题研究）
2008—2009	2	023	哲学系	02335000	学年论文
2008—2009	2	023	哲学系	02335071	中国哲学史（上）
2008—2009	2	023	哲学系	02335100	知识论
2008—2009	2	023	哲学系	02335122	复杂性科学与哲学
2008—2009	2	023	哲学系	02335130	科学通史
2008—2009	2	023	哲学系	02335350	博物学导论
2008—2009	2	023	哲学系	02335360	科学技术与社会导论
2008—2009	2	023	哲学系	02336130	亚里士多德形而上导论
2008—2009	2	024	国际关系学院	00131422	高等数学C（二）
2008—2009	2	024	国际关系学院	02430020	国际政治经济学
2008—2009	2	024	国际关系学院	02430020	国际政治经济学
2008—2009	2	024	国际关系学院	02430020	国际政治经济学
2008—2009	2	024	国际关系学院	02430031	国际政治与世界社会主义
2008—2009	2	024	国际关系学院	02430060	国际格局与国际组织
2008—2009	2	024	国际关系学院	02430060	国际格局与国际组织
2008—2009	2	024	国际关系学院	02430090	现代国际关系史
2008—2009	2	024	国际关系学院	02430110	第三世界发展学
2008—2009	2	024	国际关系学院	02430136	英语精读（二）
2008—2009	2	024	国际关系学院	02430152	英语听说（二）
2008—2009	2	024	国际关系学院	02430152	英语听说（二）
2008—2009	2	024	国际关系学院	02430154	英语听说（四）
2008—2009	2	024	国际关系学院	02430154	英语听说（四）
2008—2009	2	024	国际关系学院	02430172	毕业实习
2008—2009	2	024	国际关系学院	02430210	中国近现代对外关系
2008—2009	2	024	国际关系学院	02430360	军备控制与裁军
2008—2009	2	024	国际关系学院	02430421	西方政治思想史
2008—2009	2	024	国际关系学院	02430500	世界宗教与国际社会
2008—2009	2	024	国际关系学院	02430500	世界宗教与国际社会

续表

学年	学期	院系代码	院系名称	课程号	课程名称
2008—2009	2	024	国际关系学院	02430560	国际贸易和国际金融
2008—2009	2	024	国际关系学院	02430570	台湾概论
2008—2009	2	024	国际关系学院	02430630	中美关系与台湾问题
2008—2009	2	024	国际关系学院	02430851	海外华侨华人概论
2008—2009	2	024	国际关系学院	02430920	中亚各国政治与外交
2008—2009	2	024	国际关系学院	02430930	国际法
2008—2009	2	024	国际关系学院	02430962	中文报刊选读(二)
2008—2009	2	024	国际关系学院	02430964	中文报刊选读(四)
2008—2009	2	024	国际关系学院	02431030	外交决策理论和实践
2008—2009	2	024	国际关系学院	02431070	经济外交
2008—2009	2	024	国际关系学院	02431090	毛泽东思想概论
2008—2009	2	024	国际关系学院	02431092	专业汉语(二)
2008—2009	2	024	国际关系学院	02431100	中美关系史
2008—2009	2	024	国际关系学院	02431112	留学生英语(二)
2008—2009	2	024	国际关系学院	02431171	东亚政治经济
2008—2009	2	024	国际关系学院	02431211	中国外交史(上)
2008—2009	2	024	国际关系学院	02431230	非政府外交
2008—2009	2	024	国际关系学院	02431360	英国政治与外交
2008—2009	2	024	国际关系学院	02431560	美国文化与社会
2008—2009	2	024	国际关系学院	02431580	中国政治概论
2008—2009	2	024	国际关系学院	02431590	印度社会与文化
2008—2009	2	024	国际关系学院	02431610	中国边疆问题概论
2008—2009	2	024	国际关系学院	02431640	比较政治制度
2008—2009	2	024	国际关系学院	02431770	当代西方政治思潮
2008—2009	2	024	国际关系学院	02431780	美国与东亚
2008—2009	2	024	国际关系学院	02431880	中东地区的国家关系
2008—2009	2	024	国际关系学院	02431890	晚清对外关系的历史与人物
2008—2009	2	024	国际关系学院	02431910	国际关系与东亚安全
2008—2009	2	024	国际关系学院	02431962	日语(二)
2008—2009	2	024	国际关系学院	02431980	日本研究入门
2008—2009	2	024	国际关系学院	02433030	国际经济学
2008—2009	2	024	国际关系学院	02433180	民族国家概论
2008—2009	2	024	国际关系学院	02433200	伊斯兰与世界政治
2008—2009	2	024	国际关系学院	02433220	香港澳门概论
2008—2009	2	025	经济学院	00130202	高等数学(B)(二)
2008—2009	2	025	经济学院	00130202	高等数学(B)(二)
2008—2009	2	025	经济学院	00130202	高等数学(B)(二)
2008—2009	2	025	经济学院	00130202	高等数学(B)(二)
2008—2009	2	025	经济学院	00130202	高等数学(B)(二)
2008—2009	2	025	经济学院	00130202	高等数学(B)(二)
2008—2009	2	025	经济学院	00132380	概率统计(B)
2008—2009	2	025	经济学院	02530022	高等数学(微积分)(下)
2008—2009	2	025	经济学院	02530062	宏观经济学"习题课"
2008—2009	2	025	经济学院	02530062	宏观经济学"习题课"
2008—2009	2	025	经济学院	02530070	宏观经济学
2008—2009	2	025	经济学院	02530070	宏观经济学
2008—2009	2	025	经济学院	02530070	宏观经济学

续表

学年	学期	院系代码	院系名称	课程号	课程名称
2008—2009	2	025	经济学院	02530110	货币银行学
2008—2009	2	025	经济学院	02530140	计量经济学
2008—2009	2	025	经济学院	02530140	计量经济学
2008—2009	2	025	经济学院	02530160	外国经济史
2008—2009	2	025	经济学院	02530220	房地产经济学
2008—2009	2	025	经济学院	02530400	保险法
2008—2009	2	025	经济学院	02530500	世界经济专题
2008—2009	2	025	经济学院	02531000	习题/高等数学(微积分)(下)
2008—2009	2	025	经济学院	02532050	财政学
2008—2009	2	025	经济学院	02532180	投资银行学
2008—2009	2	025	经济学院	02532360	保险学原理
2008—2009	2	025	经济学院	02532370	保险精算学原理
2008—2009	2	025	经济学院	02532420	金融工程概论
2008—2009	2	025	经济学院	02532460	专业英语
2008—2009	2	025	经济学院	02532460	专业英语
2008—2009	2	025	经济学院	02532590	中华人民共和国经济史
2008—2009	2	025	经济学院	02532730	劳动经济学
2008—2009	2	025	经济学院	02533170	经济学原理(Ⅱ)
2008—2009	2	025	经济学院	02533170	经济学原理(Ⅱ)
2008—2009	2	025	经济学院	02533190	政治经济学(下)
2008—2009	2	025	经济学院	02533250	公共经济学
2008—2009	2	025	经济学院	02533320	固定收益证券
2008—2009	2	025	经济学院	02533340	中国经济思想史
2008—2009	2	025	经济学院	02533350	外国经济思想史
2008—2009	2	025	经济学院	02533490	世界经济史
2008—2009	2	025	经济学院	02533520	国际金融
2008—2009	2	025	经济学院	02533530	预算经济学
2008—2009	2	025	经济学院	02533550	日本经济
2008—2009	2	025	经济学院	02533570	公司金融
2008—2009	2	025	经济学院	02533600	产业组织理论
2008—2009	2	025	经济学院	02533700	动态优化理论
2008—2009	2	025	经济学院	02533730	中国经济导论
2008—2009	2	025	经济学院	02533790	投资基金概论
2008—2009	2	025	经济学院	02533820	人口健康经济学
2008—2009	2	025	经济学院	02533840	国际税收
2008—2009	2	025	经济学院	02533850	农业经济学
2008—2009	2	025	经济学院	02533870	金融市场学
2008—2009	2	025	经济学院	02534000	生态经济学
2008—2009	2	025	经济学院	02534100	国际宏观经济学
2008—2009	2	025	经济学院	02534190	中外税收制度
2008—2009	2	025	经济学院	02534270	经济地理学
2008—2009	2	025	经济学院	02534420	个人财务管理
2008—2009	2	025	经济学院	02534430	经济增长理论
2008—2009	2	025	经济学院	02534440	国际金融实证研究
2008—2009	2	025	经济学院	02534450	地方财政学
2008—2009	2	025	经济学院	02534470	土地经济学
2008—2009	2	025	经济学院	02534490	中国商业管理思想

续表

学年	学期	院系代码	院系名称	课程号	课程名称
2008—2009	2	025	经济学院	02534510	国际投资学
2008—2009	2	028	光华管理学院	00101460	线性代数（B）
2008—2009	2	028	光华管理学院	00101460	线性代数（B）
2008—2009	2	028	光华管理学院	00130202	高等数学（B）（二）
2008—2009	2	028	光华管理学院	00130202	高等数学（B）（二）
2008—2009	2	028	光华管理学院	00130212	高等数学（B）（二）习题课
2008—2009	2	028	光华管理学院	00130212	高等数学（B）（二）习题课
2008—2009	2	028	光华管理学院	00130212	高等数学（B）（二）习题课
2008—2009	2	028	光华管理学院	00130212	高等数学（B）（二）习题课
2008—2009	2	028	光华管理学院	00131470	线性代数（B）习题
2008—2009	2	028	光华管理学院	00131470	线性代数（B）习题
2008—2009	2	028	光华管理学院	00131470	线性代数（B）习题
2008—2009	2	028	光华管理学院	00131470	线性代数（B）习题
2008—2009	2	028	光华管理学院	02830110	人力资源管理
2008—2009	2	028	光华管理学院	02830140	社会心理学
2008—2009	2	028	光华管理学院	02830140	社会心理学
2008—2009	2	028	光华管理学院	02830170	电子商务
2008—2009	2	028	光华管理学院	02830210	决策模拟
2008—2009	2	028	光华管理学院	02831310	管理学原理
2008—2009	2	028	光华管理学院	02832120	宏观经济学
2008—2009	2	028	光华管理学院	02832150	宏观经济与健康投资
2008—2009	2	028	光华管理学院	02832220	民商法
2008—2009	2	028	光华管理学院	02832500	中国经济改革与发展
2008—2009	2	028	光华管理学院	02832540	高级管理会计
2008—2009	2	028	光华管理学院	02832600	营销学原理
2008—2009	2	028	光华管理学院	02832760	应用统计分析
2008—2009	2	028	光华管理学院	02832780	市场营销专题
2008—2009	2	028	光华管理学院	02833160	货币金融学
2008—2009	2	028	光华管理学院	02833390	博弈与社会
2008—2009	2	028	光华管理学院	02833430	公司财务管理
2008—2009	2	028	光华管理学院	02833540	中级财务会计
2008—2009	2	028	光华管理学院	02833600	税法与税务会计
2008—2009	2	028	光华管理学院	02833670	高级财务会计
2008—2009	2	028	光华管理学院	02833850	会计信息系统
2008—2009	2	028	光华管理学院	02834010	数理统计
2008—2009	2	028	光华管理学院	02834040	国际市场营销
2008—2009	2	028	光华管理学院	02834370	企业伦理
2008—2009	2	028	光华管理学院	02834370	企业伦理
2008—2009	2	028	光华管理学院	02834420	证券投资学
2008—2009	2	028	光华管理学院	02834510	审计学
2008—2009	2	028	光华管理学院	02834590	国际财务管理
2008—2009	2	028	光华管理学院	02834660	服务业营销
2008—2009	2	028	光华管理学院	02836020	金融计量经济学
2008—2009	2	028	光华管理学院	02836600	广告学
2008—2009	2	028	光华管理学院	02837010	投资银行
2008—2009	2	028	光华管理学院	02837120	消费者行为
2008—2009	2	028	光华管理学院	02837130	公司财务案例

续表

学年	学期	院系代码	院系名称	课程号	课程名称
2008—2009	2	028	光华管理学院	02837140	中国商务
2008—2009	2	028	光华管理学院	02837150	劳动经济学与公共政策
2008—2009	2	028	光华管理学院	02837160	策略与博弈
2008—2009	2	028	光华管理学院	02838020	实证金融
2008—2009	2	029	法学院	0293001a	法理学
2008—2009	2	029	法学院	02930050	民事诉讼法
2008—2009	2	029	法学院	0293005a	外国法制史
2008—2009	2	029	法学院	0293008a	民法总论
2008—2009	2	029	法学院	02930104	刑法总论(刑法一)
2008—2009	2	029	法学院	02930171	法律实务—诊所式法律教育
2008—2009	2	029	法学院	02930180	知识产权法学
2008—2009	2	029	法学院	02930190	亲属法与继承法
2008—2009	2	029	法学院	02930220	犯罪学
2008—2009	2	029	法学院	02930262	破产法
2008—2009	2	029	法学院	0293028a	金融法／银行法
2008—2009	2	029	法学院	02930340	国际经济法
2008—2009	2	029	法学院	02930440	海商法
2008—2009	2	029	法学院	02930501	法律经济学
2008—2009	2	029	法学院	02930502	中国法律与中国社会
2008—2009	2	029	法学院	0293074a	专业英语
2008—2009	2	029	法学院	02930971	物业管理法律制度
2008—2009	2	029	法学院	02930980	债权法
2008—2009	2	029	法学院	02930986	法律实务
2008—2009	2	029	法学院	02939991	英美侵权法
2008—2009	2	029	法学院	02939999	法律导论
2008—2009	2	030	信息管理系	03030010	图书馆学概论
2008—2009	2	030	信息管理系	03030220	著作权法
2008—2009	2	030	信息管理系	03030370	传播学原理
2008—2009	2	030	信息管理系	03030780	办公自动化
2008—2009	2	030	信息管理系	03031040	数据库系统上机
2008—2009	2	030	信息管理系	03031100	办公自动化上机
2008—2009	2	030	信息管理系	03031200	程序设计语言
2008—2009	2	030	信息管理系	03032350	普通目录学
2008—2009	2	030	信息管理系	03032360	中国文化史
2008—2009	2	030	信息管理系	03033020	数据库系统
2008—2009	2	030	信息管理系	03033030	信息分析与决策
2008—2009	2	030	信息管理系	03033040	信息服务
2008—2009	2	030	信息管理系	03033050	调查与统计方法
2008—2009	2	030	信息管理系	03033060	数字图书馆
2008—2009	2	030	信息管理系	03033130	市场营销学
2008—2009	2	030	信息管理系	03033140	企业与政府信息化
2008—2009	2	030	信息管理系	03033230	网络信息传播
2008—2009	2	030	信息管理系	03033240	网络信息资源组织
2008—2009	2	030	信息管理系	03033246	电子资源的检索与利用
2008—2009	2	030	信息管理系	03033270	视觉圣经——西方艺术中的基督教
2008—2009	2	030	信息管理系	03033340	信息科学导论
2008—2009	2	030	信息管理系	03033380	中国禁书史

续表

学年	学期	院系代码	院系名称	课程号	课程名称
2008—2009	2	030	信息管理系	03033390	信息咨询
2008—2009	2	031	社会学系	03100130	国外社会学学说（上）
2008—2009	2	031	社会学系	03130020	国外社会学学说（下）
2008—2009	2	031	社会学系	03130050	中国社会思想史
2008—2009	2	031	社会学系	03130190	城市社会学
2008—2009	2	031	社会学系	03130190	城市社会学
2008—2009	2	031	社会学系	03130210	社会心理学
2008—2009	2	031	社会学系	03130210	社会心理学
2008—2009	2	031	社会学系	03130250	农村社会学
2008—2009	2	031	社会学系	03130250	农村社会学
2008—2009	2	031	社会学系	03130340	宗教社会学
2008—2009	2	031	社会学系	03130350	教育社会学
2008—2009	2	031	社会学系	03130460	社会保障
2008—2009	2	031	社会学系	03130480	社会行政
2008—2009	2	031	社会学系	03130560	组织社会学
2008—2009	2	031	社会学系	03130640	经济社会学
2008—2009	2	031	社会学系	03130660	发展社会学
2008—2009	2	031	社会学系	03130700	历史社会学
2008—2009	2	031	社会学系	03130790	贫困与发展
2008—2009	2	031	社会学系	03130880	西方社会思想史
2008—2009	2	031	社会学系	03130980	社会性别研究
2008—2009	2	031	社会学系	03131160	社会学导论
2008—2009	2	031	社会学系	03131190	社会工作概论
2008—2009	2	031	社会学系	03131190	社会工作概论
2008—2009	2	031	社会学系	03131210	实习
2008—2009	2	031	社会学系	03131230	社会工作实习
2008—2009	2	031	社会学系	03131350	影视文本和社会工作
2008—2009	2	031	社会学系	03131410	自杀社会问题研究
2008—2009	2	031	社会学系	03131500	社会调查与研究方法
2008—2009	2	031	社会学系	03131500	社会调查与研究方法
2008—2009	2	031	社会学系	03131530	人口社会学
2008—2009	2	031	社会学系	03131600	社会调查研究方法
2008—2009	2	031	社会学系	03131640	生物学对社会科学的启示
2008—2009	2	031	社会学系	03131650	人口统计学
2008—2009	2	031	社会学系	03131700	政治人类学
2008—2009	2	032	政府管理学院	03230100	当代西方国家政治制度
2008—2009	2	032	政府管理学院	03230430	国家公务员制度
2008—2009	2	032	政府管理学院	03230450	行政领导学
2008—2009	2	032	政府管理学院	03230480	公共关系学
2008—2009	2	032	政府管理学院	03230780	中国政治思想史
2008—2009	2	032	政府管理学院	03230790	西方政治思想史
2008—2009	2	032	政府管理学院	03230870	中国政治与政府过程
2008—2009	2	032	政府管理学院	03230930	西方资本主义国家政治制度
2008—2009	2	032	政府管理学院	03231050	公共经济学原理
2008—2009	2	032	政府管理学院	03231070	宪法与行政法学
2008—2009	2	032	政府管理学院	03231080	政治经济导论
2008—2009	2	032	政府管理学院	03231140	公共财政与税收

续表

学年	学期	院系代码	院系名称	课程号	课程名称
2008—2009	2	032	政府管理学院	03231150	现代管理技术与方法
2008—2009	2	032	政府管理学院	03231160	人力资源开发与管理
2008—2009	2	032	政府管理学院	03231180	博弈论与政策科学
2008—2009	2	032	政府管理学院	03231210	公共政策案例分析
2008—2009	2	032	政府管理学院	03231220	宏观经济学
2008—2009	2	032	政府管理学院	03231280	现代不动产
2008—2009	2	032	政府管理学院	03231300	中国现代政治思想
2008—2009	2	032	政府管理学院	03231660	政治哲学
2008—2009	2	032	政府管理学院	03231670	民族政治学
2008—2009	2	032	政府管理学院	03231700	政党学概论
2008—2009	2	032	政府管理学院	03231720	监察与监督
2008—2009	2	032	政府管理学院	03231870	公民社会与非政府组织
2008—2009	2	032	政府管理学院	03231910	当代世界经济与政治
2008—2009	2	032	政府管理学院	03231952	高等数学（下）D 类
2008—2009	2	032	政府管理学院	03232050	市场与法治
2008—2009	2	032	政府管理学院	03232080	日本经济
2008—2009	2	032	政府管理学院	03232200	区域分析方法
2008—2009	2	032	政府管理学院	03232240	地方政府经济学
2008—2009	2	038	英语语言文学系	03835062	大学英语（二）(2)
2008—2009	2	038	英语语言文学系	03835062	大学英语（二）(2)
2008—2009	2	038	英语语言文学系	03835062	大学英语（二）(2)
2008—2009	2	038	英语语言文学系	03835062	大学英语（二）(2)
2008—2009	2	038	英语语言文学系	03835062	大学英语（二）(2)
2008—2009	2	038	英语语言文学系	03835062	大学英语（二）(2)
2008—2009	2	038	英语语言文学系	03835062	大学英语（二）(2)
2008—2009	2	038	英语语言文学系	03835062	大学英语（二）(2)
2008—2009	2	038	英语语言文学系	03835062	大学英语（二）(2)
2008—2009	2	038	英语语言文学系	03835062	大学英语（二）(2)
2008—2009	2	038	英语语言文学系	03835063	大学英语（三）(2)
2008—2009	2	038	英语语言文学系	03835063	大学英语（三）(2)
2008—2009	2	038	英语语言文学系	03835063	大学英语（三）(2)
2008—2009	2	038	英语语言文学系	03835063	大学英语（三）(2)
2008—2009	2	038	英语语言文学系	03835063	大学英语（三）(2)
2008—2009	2	038	英语语言文学系	03835063	大学英语（三）(2)
2008—2009	2	038	英语语言文学系	03835063	大学英语（三）(2)
2008—2009	2	038	英语语言文学系	03835063	大学英语（三）(2)
2008—2009	2	038	英语语言文学系	03835063	大学英语（三）(2)
2008—2009	2	038	英语语言文学系	03835063	大学英语（三）(2)
2008—2009	2	038	英语语言文学系	03835063	大学英语（三）(2)
2008—2009	2	038	英语语言文学系	03835063	大学英语（三）(2)
2008—2009	2	038	英语语言文学系	03835063	大学英语（三）(2)
2008—2009	2	038	英语语言文学系	03835063	大学英语（三）(2)

续表

学年	学期	院系代码	院系名称	课程号	课程名称
2008—2009	2	038	英语语言文学系	03835063	大学英语（三）(2)
2008—2009	2	038	英语语言文学系	03835063	大学英语（三）(2)
2008—2009	2	038	英语语言文学系	03835063	大学英语（三）(2)
2008—2009	2	038	英语语言文学系	03835063	大学英语（三）(2)
2008—2009	2	038	英语语言文学系	03835063	大学英语（三）(2)
2008—2009	2	038	英语语言文学系	03835063	大学英语（三）(2)
2008—2009	2	038	英语语言文学系	03835063	大学英语（三）(2)
2008—2009	2	038	英语语言文学系	03835063	大学英语（三）(2)
2008—2009	2	038	英语语言文学系	03835063	大学英语（三）(2)
2008—2009	2	038	英语语言文学系	03835063	大学英语（三）(2)
2008—2009	2	038	英语语言文学系	03835063	大学英语（三）(2)
2008—2009	2	038	英语语言文学系	03835063	大学英语（三）(2)
2008—2009	2	038	英语语言文学系	03835063	大学英语（三）(2)
2008—2009	2	038	英语语言文学系	03835063	大学英语（三）(2)
2008—2009	2	038	英语语言文学系	03835063	大学英语（三）(2)
2008—2009	2	038	英语语言文学系	03835063	大学英语（三）(2)
2008—2009	2	038	英语语言文学系	03835063	大学英语（三）(2)
2008—2009	2	038	英语语言文学系	03835063	大学英语（三）(2)
2008—2009	2	038	英语语言文学系	03835064	大学英语（四）(2)
2008—2009	2	038	英语语言文学系	03835067	大学英语（四）
2008—2009	2	038	英语语言文学系	03835067	大学英语（四）
2008—2009	2	038	英语语言文学系	03835067	大学英语（四）
2008—2009	2	038	英语语言文学系	03835067	大学英语（四）
2008—2009	2	038	英语语言文学系	03835067	大学英语（四）
2008—2009	2	038	英语语言文学系	03835067	大学英语（四）
2008—2009	2	038	英语语言文学系	03835067	大学英语（四）
2008—2009	2	038	英语语言文学系	03835067	大学英语（四）
2008—2009	2	038	英语语言文学系	03835067	大学英语（四）
2008—2009	2	038	英语语言文学系	03835067	大学英语（四）
2008—2009	2	038	英语语言文学系	03835067	大学英语（四）
2008—2009	2	038	英语语言文学系	03835067	大学英语（四）
2008—2009	2	038	英语语言文学系	03835067	大学英语（四）
2008—2009	2	038	英语语言文学系	03835067	大学英语（四）
2008—2009	2	038	英语语言文学系	03835067	大学英语（四）
2008—2009	2	038	英语语言文学系	03835067	大学英语（四）
2008—2009	2	038	英语语言文学系	03835067	大学英语（四）

续表

学年	学期	院系代码	院系名称	课程号	课程名称
2008—2009	2	038	英语语言文学系	03835067	大学英语（四）
2008—2009	2	038	英语语言文学系	03835067	大学英语（四）
2008—2009	2	038	英语语言文学系	03835067	大学英语（四）
2008—2009	2	038	英语语言文学系	03835067	大学英语（四）
2008—2009	2	038	英语语言文学系	03835067	大学英语（四）
2008—2009	2	038	英语语言文学系	03835067	大学英语（四）
2008—2009	2	038	英语语言文学系	03835067	大学英语（四）
2008—2009	2	038	英语语言文学系	03835067	大学英语（四）
2008—2009	2	038	英语语言文学系	03835067	大学英语（四）
2008—2009	2	038	英语语言文学系	03835067	大学英语（四）
2008—2009	2	038	英语语言文学系	03835067	大学英语（四）
2008—2009	2	038	英语语言文学系	03835067	大学英语（四）
2008—2009	2	038	英语语言文学系	03835067	大学英语（四）
2008—2009	2	038	英语语言文学系	03835067	大学英语（四）
2008—2009	2	038	英语语言文学系	03835067	大学英语（四）
2008—2009	2	038	英语语言文学系	03835067	大学英语（四）
2008—2009	2	038	英语语言文学系	03835067	大学英语（四）
2008—2009	2	038	英语语言文学系	03835067	大学英语（四）
2008—2009	2	038	英语语言文学系	03835067	大学英语（四）
2008—2009	2	038	英语语言文学系	03835067	大学英语（四）
2008—2009	2	038	英语语言文学系	03835067	大学英语（四）
2008—2009	2	038	英语语言文学系	03835067	大学英语（四）
2008—2009	2	038	英语语言文学系	03835067	大学英语（四）
2008—2009	2	038	英语语言文学系	03835067	大学英语（四）
2008—2009	2	038	英语语言文学系	03835067	大学英语（四）
2008—2009	2	038	英语语言文学系	03835070	大学英语口语
2008—2009	2	038	英语语言文学系	03835070	大学英语口语
2008—2009	2	038	英语语言文学系	03835070	大学英语口语
2008—2009	2	038	英语语言文学系	03835070	大学英语口语
2008—2009	2	038	英语语言文学系	03835070	大学英语口语
2008—2009	2	038	英语语言文学系	03835070	大学英语口语
2008—2009	2	038	英语语言文学系	03835070	大学英语口语
2008—2009	2	038	英语语言文学系	03835070	大学英语口语
2008—2009	2	038	英语语言文学系	03835070	大学英语口语
2008—2009	2	038	英语语言文学系	03835070	大学英语口语
2008—2009	2	038	英语语言文学系	03835070	大学英语口语
2008—2009	2	038	英语语言文学系	03835070	大学英语口语
2008—2009	2	038	英语语言文学系	03835070	大学英语口语

续表

学年	学期	院系代码	院系名称	课程号	课程名称
2008—2009	2	038	英语语言文学系	03835070	大学英语口语
2008—2009	2	038	英语语言文学系	03835070	大学英语口语
2008—2009	2	038	英语语言文学系	03835150	高级英语——阅读与写作
2008—2009	2	038	英语语言文学系	03835150	高级英语——阅读与写作
2008—2009	2	038	英语语言文学系	03835150	高级英语——阅读与写作
2008—2009	2	038	英语语言文学系	03835150	高级英语——阅读与写作
2008—2009	2	038	英语语言文学系	03835150	高级英语——阅读与写作
2008—2009	2	038	英语语言文学系	03835150	高级英语——阅读与写作
2008—2009	2	038	英语语言文学系	03835150	高级英语——阅读与写作
2008—2009	2	038	英语语言文学系	03835170	高级英语听力技巧
2008—2009	2	038	英语语言文学系	03835170	高级英语听力技巧
2008—2009	2	038	英语语言文学系	03835170	高级英语听力技巧
2008—2009	2	038	英语语言文学系	03835170	高级英语听力技巧
2008—2009	2	038	英语语言文学系	03835202	大学英语ABC（二）（2）
2008—2009	2	038	英语语言文学系	03835202	大学英语ABC（二）（2）
2008—2009	2	038	英语语言文学系	03835204	大学英语ABC（四）（2）
2008—2009	2	038	英语语言文学系	03835204	大学英语ABC（四）（2）
2008—2009	2	038	英语语言文学系	03835230	实用英语词汇学
2008—2009	2	038	英语语言文学系	03835230	实用英语词汇学
2008—2009	2	038	英语语言文学系	03835260	英语名著与电影
2008—2009	2	038	英语语言文学系	03835260	英语名著与电影
2008—2009	2	038	英语语言文学系	03835330	英国传统诗歌精华
2008—2009	2	038	英语语言文学系	03835330	英国传统诗歌精华
2008—2009	2	038	英语语言文学系	03835350	大学英语听说
2008—2009	2	038	英语语言文学系	03835350	大学英语听说
2008—2009	2	038	英语语言文学系	03835350	大学英语听说
2008—2009	2	038	英语语言文学系	03835350	大学英语听说
2008—2009	2	038	英语语言文学系	03835350	大学英语听说
2008—2009	2	038	英语语言文学系	03835350	大学英语听说
2008—2009	2	038	英语语言文学系	03835350	大学英语听说
2008—2009	2	038	英语语言文学系	03835350	大学英语听说
2008—2009	2	038	英语语言文学系	03835350	大学英语听说
2008—2009	2	038	英语语言文学系	03835360	英汉口译
2008—2009	2	038	英语语言文学系	03835360	英汉口译
2008—2009	2	038	英语语言文学系	03835400	美国短篇小说与电影
2008—2009	2	038	英语语言文学系	03835400	美国短篇小说与电影
2008—2009	2	038	英语语言文学系	03835410	职场英语
2008—2009	2	038	英语语言文学系	03835410	职场英语
2008—2009	2	038	英语语言文学系	03835460	英美戏剧和电影
2008—2009	2	038	英语语言文学系	03835470	美国诗歌导读
2008—2009	2	038	英语语言文学系	03835470	美国诗歌导读
2008—2009	2	038	英语语言文学系	03835480	美国英语语音——发声与听说词汇
2008—2009	2	038	英语语言文学系	03835480	美国英语语音——发声与听说词汇
2008—2009	2	038	英语语言文学系	03835490	美国英语语音——表达与听说语法
2008—2009	2	038	英语语言文学系	03835490	美国英语语音——表达与听说语法

续表

学年	学期	院系代码	院系名称	课程号	课程名称
2008—2009	2	038	英语语言文学系	03835600	澳大利亚概况
2008—2009	2	038	英语语言文学系	03835600	澳大利亚概况
2008—2009	2	038	英语语言文学系	03835700	计算机辅助翻译与应用性写作
2008—2009	2	039	外国语学院	03530190	日本文化艺术专题
2008—2009	2	039	外国语学院	03530242	公共阿拉伯语(下)
2008—2009	2	039	外国语学院	03530310	古代东方科技文明
2008—2009	2	039	外国语学院	03530332	公共印地语(二)
2008—2009	2	039	外国语学院	03530442	公共韩国语(下)
2008—2009	2	039	外国语学院	03531012	基础蒙古(二)
2008—2009	2	039	外国语学院	03531031	蒙古文化(上)
2008—2009	2	039	外国语学院	03531132	蒙古语翻译教程(下)
2008—2009	2	039	外国语学院	03531461	韩国语(朝鲜语)视听说(上)
2008—2009	2	039	外国语学院	03531552	韩国语(朝鲜语)报刊选读(下)
2008—2009	2	039	外国语学院	03531560	韩(朝)汉翻译教程
2008—2009	2	039	外国语学院	03531612	韩国(朝鲜)文学简史(下)
2008—2009	2	039	外国语学院	03531682	韩国(朝鲜)名篇选读(下)
2008—2009	2	039	外国语学院	03531710	韩国(朝鲜)经济
2008—2009	2	039	外国语学院	03531761	韩国(朝鲜语)会话(一)
2008—2009	2	039	外国语学院	03531763	韩国语(朝鲜语)会话(三)
2008—2009	2	039	外国语学院	03531782	韩国(朝鲜)语(二)
2008—2009	2	039	外国语学院	03531784	韩国(朝鲜)语(四)
2008—2009	2	039	外国语学院	03531786	韩国(朝鲜)语(六)
2008—2009	2	039	外国语学院	03531970	日语阅读
2008—2009	2	039	外国语学院	03531980	日译汉
2008—2009	2	039	外国语学院	03532022	基础日语(二)
2008—2009	2	039	外国语学院	03532022	基础日语(二)
2008—2009	2	039	外国语学院	03532024	基础日语(四)
2008—2009	2	039	外国语学院	03532042	日语视听说(二)
2008—2009	2	039	外国语学院	03532060	日语作文
2008—2009	2	039	外国语学院	03532090	日本文化概论
2008—2009	2	039	外国语学院	03532150	日本社会
2008—2009	2	039	外国语学院	03532210	日本古典作品选读
2008—2009	2	039	外国语学院	03532220	日语会话
2008—2009	2	039	外国语学院	03532220	日语会话
2008—2009	2	039	外国语学院	03532252	公共日语(二)
2008—2009	2	039	外国语学院	03532252	公共日语(二)
2008—2009	2	039	外国语学院	03532254	公共日语(四)
2008—2009	2	039	外国语学院	03532322	高年级日语(二)
2008—2009	2	039	外国语学院	03532334	高年级日语(四)
2008—2009	2	039	外国语学院	03532370	日汉语言对比
2008—2009	2	039	外国语学院	03532402	基础日语(辅修)(二)
2008—2009	2	039	外国语学院	03532402	基础日语(辅修)(二)
2008—2009	2	039	外国语学院	03532402	基础日语(辅修)(二)
2008—2009	2	039	外国语学院	03532402	基础日语(辅修)(二)
2008—2009	2	039	外国语学院	03532411	日语视听说(辅修)(一)
2008—2009	2	039	外国语学院	03532411	日语视听说(辅修)(一)
2008—2009	2	039	外国语学院	03532413	日语视听说(辅修)(三)

续表

学年	学期	院系代码	院系名称	课程号	课程名称
2008—2009	2	039	外国语学院	03532422	日语阅读(辅修)(二)
2008—2009	2	039	外国语学院	03532422	日语阅读(辅修)(二)
2008—2009	2	039	外国语学院	03533080	越译汉教程
2008—2009	2	039	外国语学院	03533102	越南语视听说（二）
2008—2009	2	039	外国语学院	03533141	越南报刊选读（一）
2008—2009	2	039	外国语学院	03533161	汉越语口译（上）
2008—2009	2	039	外国语学院	03533502	基础泰语教程（二）
2008—2009	2	039	外国语学院	03533502	基础泰语教程（二）
2008—2009	2	039	外国语学院	03533521	初级泰语阅读（一）
2008—2009	2	039	外国语学院	03533552	泰语翻译教程（下）
2008—2009	2	039	外国语学院	03534100	缅甸历史
2008—2009	2	039	外国语学院	03534244	高级缅甸语（四）
2008—2009	2	039	外国语学院	03534560	战后印尼政治与经济
2008—2009	2	039	外国语学院	03534690	汉语译印尼
2008—2009	2	039	外国语学院	03534820	印尼民间文学概论
2008—2009	2	039	外国语学院	03535024	希伯来语视听说（四）
2008—2009	2	039	外国语学院	03535164	希伯来语（四）
2008—2009	2	039	外国语学院	03535210	以色列现代史
2008—2009	2	039	外国语学院	03535404	菲律宾语视听说（四）
2008—2009	2	039	外国语学院	03535570	菲律宾语报刊选读
2008—2009	2	039	外国语学院	03535650	菲律宾宗教
2008—2009	2	039	外国语学院	03535676	菲律宾语（六）
2008—2009	2	039	外国语学院	03535710	菲律宾民俗
2008—2009	2	039	外国语学院	03536021	印地语视听说（一）
2008—2009	2	039	外国语学院	03536090	汉语译印地语教程
2008—2009	2	039	外国语学院	03536162	巴利语（下）
2008—2009	2	039	外国语学院	03536240	印度宗教
2008—2009	2	039	外国语学院	03536304	印地语报刊阅读（四）
2008—2009	2	039	外国语学院	03536403	德语（三）
2008—2009	2	039	外国语学院	03536504	印地语（四）
2008—2009	2	039	外国语学院	03536602	印地语文章选读（下）
2008—2009	2	039	外国语学院	03537021	乌尔都语视听说（一）
2008—2009	2	039	外国语学院	03537050	乌尔都语语法
2008—2009	2	039	外国语学院	03537091	乌尔都语写作教程（上）
2008—2009	2	039	外国语学院	03537112	巴基斯坦文化（下）
2008—2009	2	039	外国语学院	03537170	乌尔都语散文
2008—2009	2	039	外国语学院	03537254	基础乌尔都语教程（四）
2008—2009	2	039	外国语学院	03537281	乌尔都语泛读（上）
2008—2009	2	039	外国语学院	03537502	基础波斯语（二）
2008—2009	2	039	外国语学院	03537511	波斯语视听说（上）
2008—2009	2	039	外国语学院	03537701	伊朗历史和文明概论（上）
2008—2009	2	039	外国语学院	03538012	基础阿拉伯语（二）
2008—2009	2	039	外国语学院	03538012	基础阿拉伯语（二）
2008—2009	2	039	外国语学院	03538014	基础阿拉伯语（四）
2008—2009	2	039	外国语学院	03538021	阿拉伯语视听（一）
2008—2009	2	039	外国语学院	03538023	阿拉伯语视听（三）
2008—2009	2	039	外国语学院	03538025	阿拉伯语视听（五）

续表

学年	学期	院系代码	院系名称	课程号	课程名称
2008—2009	2	039	外国语学院	03538031	阿拉伯语口语（一）
2008—2009	2	039	外国语学院	03538033	阿拉伯语口语（三）
2008—2009	2	039	外国语学院	03538042	阿拉伯语阅读（二）
2008—2009	2	039	外国语学院	03538044	阿拉伯语阅读（四）
2008—2009	2	039	外国语学院	03538050	阿拉伯语语法
2008—2009	2	039	外国语学院	03538071	阿拉伯语口译（一）
2008—2009	2	039	外国语学院	03538081	阿拉伯语翻译教程（一）
2008—2009	2	039	外国语学院	03538222	阿拉伯报刊文选（二）
2008—2009	2	039	外国语学院	03538230	开罗方言
2008—2009	2	039	外国语学院	03538240	阿拉伯语应用文
2008—2009	2	039	外国语学院	03538272	高年级阿拉伯语（二）
2008—2009	2	039	外国语学院	03538274	高年级阿拉伯语（四）
2008—2009	2	039	外国语学院	03631002	法语精读（二）
2008—2009	2	039	外国语学院	03631002	法语精读（二）
2008—2009	2	039	外国语学院	03631002	法语精读（二）
2008—2009	2	039	外国语学院	03631004	法语精读（四）
2008—2009	2	039	外国语学院	03631004	法语精读（四）
2008—2009	2	039	外国语学院	03631004	法语精读（四）
2008—2009	2	039	外国语学院	03631006	法语精读（六）
2008—2009	2	039	外国语学院	03631018	法语精读（八）
2008—2009	2	039	外国语学院	03631022	法语视听说（二）
2008—2009	2	039	外国语学院	03631024	法语视听说（四）
2008—2009	2	039	外国语学院	03631026	法语视听说（六）
2008—2009	2	039	外国语学院	03631028	法语视听说（八）
2008—2009	2	039	外国语学院	03631032	法语写作（二）
2008—2009	2	039	外国语学院	03631034	法语写作（四）
2008—2009	2	039	外国语学院	03631041	法语笔译（上）
2008—2009	2	039	外国语学院	03631052	法语口译（下）
2008—2009	2	039	外国语学院	03631063	法国文学史和文学选读（上）
2008—2009	2	039	外国语学院	03631091	法语泛读（一）
2008—2009	2	039	外国语学院	03631230	法语国家及地区概况
2008—2009	2	039	外国语学院	03631252	法国报刊选读（二）
2008—2009	2	039	外国语学院	03631254	法国报刊选读（四）
2008—2009	2	039	外国语学院	03631512	法语精读(辅修)（二）
2008—2009	2	039	外国语学院	03631512	法语精读(辅修)（二）
2008—2009	2	039	外国语学院	03631514	法语精读(辅修)（四）
2008—2009	2	039	外国语学院	03631522	法语视听(辅修)（二）
2008—2009	2	039	外国语学院	03631522	法语视听(辅修)（二）
2008—2009	2	039	外国语学院	03631524	法语视听(辅修)（四）
2008—2009	2	039	外国语学院	03631532	法语泛读(辅修)（二）
2008—2009	2	039	外国语学院	03631532	法语泛读(辅修)（二）
2008—2009	2	039	外国语学院	03631534	法语泛读(辅修)（四）
2008—2009	2	039	外国语学院	03631612	公共法语（下）
2008—2009	2	039	外国语学院	03631612	公共法语（下）
2008—2009	2	039	外国语学院	03632002	德语精读（二）
2008—2009	2	039	外国语学院	03632002	德语精读（二）
2008—2009	2	039	外国语学院	03632002	德语精读（二）

续表

学年	学期	院系代码	院系名称	课程号	课程名称
2008—2009	2	039	外国语学院	03632002	德语精读(二)
2008—2009	2	039	外国语学院	03632002	德语精读(二)
2008—2009	2	039	外国语学院	03632004	德语精读(四)
2008—2009	2	039	外国语学院	03632004	德语精读(四)
2008—2009	2	039	外国语学院	03632004	德语精读(四)
2008—2009	2	039	外国语学院	03632004	德语精读(四)
2008—2009	2	039	外国语学院	03632004	德语精读(四)
2008—2009	2	039	外国语学院	03632022	德语视听说(二)
2008—2009	2	039	外国语学院	03632024	德语视听说(四)
2008—2009	2	039	外国语学院	03632046	德语笔译(二)
2008—2009	2	039	外国语学院	03632048	德语笔译(四)
2008—2009	2	039	外国语学院	03632052	德语口译(下)
2008—2009	2	039	外国语学院	03632070	德语民间文学
2008—2009	2	039	外国语学院	03632080	德语散文
2008—2009	2	039	外国语学院	03632102	德语长篇小说(下)
2008—2009	2	039	外国语学院	03632110	德国文化史
2008—2009	2	039	外国语学院	03632122	德语文学名著(下)
2008—2009	2	039	外国语学院	03632130	奥地利-瑞士文学
2008—2009	2	039	外国语学院	03632210	德国历史
2008—2009	2	039	外国语学院	03632220	德语国家国情课
2008—2009	2	039	外国语学院	03632230	德语语法专题
2008—2009	2	039	外国语学院	03632242	德语报刊选读(下)
2008—2009	2	039	外国语学院	03632292	德语写作(下)
2008—2009	2	039	外国语学院	03632512	德语精读(辅修)(二)
2008—2009	2	039	外国语学院	03632514	德语精读(辅修)(四)
2008—2009	2	039	外国语学院	03632522	德语视听(辅修)(二)
2008—2009	2	039	外国语学院	03632524	德语视听(辅修)(四)
2008—2009	2	039	外国语学院	03632532	德语泛读(辅修)(二)
2008—2009	2	039	外国语学院	03632534	德语泛读(辅修)(四)
2008—2009	2	039	外国语学院	03632612	公共德语(下)
2008—2009	2	039	外国语学院	03632622	德语国家文学史与选读(二)
2008—2009	2	039	外国语学院	03632624	德语国家文学史与选读(四)
2008—2009	2	039	外国语学院	03633012	西班牙语精读(二)
2008—2009	2	039	外国语学院	03633016	西班牙语精读(六)
2008—2009	2	039	外国语学院	03633018	西班牙语精读(八)
2008—2009	2	039	外国语学院	03633022	西班牙语视听(二)
2008—2009	2	039	外国语学院	03633026	西班牙语视听(六)
2008—2009	2	039	外国语学院	03633031	西班牙语阅读(一)
2008—2009	2	039	外国语学院	03633035	西班牙语阅读(五)
2008—2009	2	039	外国语学院	03633042	西班牙语口语(二)
2008—2009	2	039	外国语学院	03633045	西班牙语口语(五)
2008—2009	2	039	外国语学院	03633070	拉丁美洲文学史和文学选读
2008—2009	2	039	外国语学院	03633082	西汉笔译(下)
2008—2009	2	039	外国语学院	03633092	西汉口译(下)
2008—2009	2	039	外国语学院	03633210	西班牙历史和文化概论
2008—2009	2	039	外国语学院	03633230	西班牙语语法
2008—2009	2	039	外国语学院	03633250	西班牙报刊选读

续表

学年	学期	院系代码	院系名称	课程号	课程名称
2008—2009	2	039	外国语学院	03633512	西班牙语精读(辅修)(二)
2008—2009	2	039	外国语学院	03633522	西班牙语视听(辅修)(二)
2008—2009	2	039	外国语学院	03633532	西班牙语阅读(辅修)(二)
2008—2009	2	039	外国语学院	03633710	禅与园林艺术
2008—2009	2	039	外国语学院	03634030	传记文学:经典人物研究
2008—2009	2	039	外国语学院	03635012	公共葡萄牙语(二)
2008—2009	2	039	外国语学院	03635024	葡萄牙语视听(四)
2008—2009	2	039	外国语学院	03635044	葡萄牙语(四)
2008—2009	2	039	外国语学院	03635044	葡萄牙语(四)
2008—2009	2	039	外国语学院	03635053	葡萄牙语泛读(三)
2008—2009	2	039	外国语学院	03635062	葡萄牙语写作(二)
2008—2009	2	039	外国语学院	03639000	电影
2008—2009	2	039	外国语学院	03639000	电影
2008—2009	2	039	外国语学院	03730102	俄语报刊阅读(二)
2008—2009	2	039	外国语学院	03730111	俄语阅读——文化背景知识(一)
2008—2009	2	039	外国语学院	03730113	俄语阅读——文化背景知识(三)
2008—2009	2	039	外国语学院	03730192	俄语口语会话(下)
2008—2009	2	039	外国语学院	03730282	俄语二外(下)
2008—2009	2	039	外国语学院	03730312	俄罗斯文学选读(下)
2008—2009	2	039	外国语学院	03730392	俄罗斯文学史(二)
2008—2009	2	039	外国语学院	03730394	俄罗斯文学史(四)
2008—2009	2	039	外国语学院	03730422	俄语口译(下)
2008—2009	2	039	外国语学院	03730502	基础俄语(二)
2008—2009	2	039	外国语学院	03730502	基础俄语(二)
2008—2009	2	039	外国语学院	03730504	基础俄语(四)
2008—2009	2	039	外国语学院	03730512	高级俄语(二)
2008—2009	2	039	外国语学院	03730514	高级俄语(四)
2008—2009	2	039	外国语学院	03730532	俄语语法(下)
2008—2009	2	039	外国语学院	03730542	俄语写作(下)
2008—2009	2	039	外国语学院	03730561	汉译俄教程(上)
2008—2009	2	039	外国语学院	03730582	俄罗斯国情(下)
2008—2009	2	039	外国语学院	03730592	俄罗斯民俗民情(下)
2008—2009	2	039	外国语学院	03730630	俄语实践修辞
2008—2009	2	039	外国语学院	03730690	俄罗斯文学与音乐
2008—2009	2	039	外国语学院	03730740	中俄文化交流史
2008—2009	2	039	外国语学院	03730752	俄语视听说(二)
2008—2009	2	039	外国语学院	03730754	俄语视听说(四)
2008—2009	2	039	外国语学院	03730762	俄语新闻听力(下)
2008—2009	2	039	外国语学院	03730780	俄罗斯社会与文化系列讲座
2008—2009	2	039	外国语学院	03730801	中级乌克兰语
2008—2009	2	039	外国语学院	03830016	英语精读(四)
2008—2009	2	039	外国语学院	03830016	英语精读(四)
2008—2009	2	039	外国语学院	03830016	英语精读(四)
2008—2009	2	039	外国语学院	03830018	英语精读(二)
2008—2009	2	039	外国语学院	03830018	英语精读(二)
2008—2009	2	039	外国语学院	03830018	英语精读(二)
2008—2009	2	039	外国语学院	03830022	英语视听(二)

续表

学年	学期	院系代码	院系名称	课程号	课程名称
2008—2009	2	039	外国语学院	03830022	英语视听(二)
2008—2009	2	039	外国语学院	03830024	英语视听(四)
2008—2009	2	039	外国语学院	03830024	英语视听(四)
2008—2009	2	039	外国语学院	03830042	口语(二)
2008—2009	2	039	外国语学院	03830042	口语(二)
2008—2009	2	039	外国语学院	03830042	口语(二)
2008—2009	2	039	外国语学院	03830044	口语(四)
2008—2009	2	039	外国语学院	03830044	口语(四)
2008—2009	2	039	外国语学院	03830044	口语(四)
2008—2009	2	039	外国语学院	03830052	英语语音(二)
2008—2009	2	039	外国语学院	03830052	英语语音(二)
2008—2009	2	039	外国语学院	03830072	写作(二)
2008—2009	2	039	外国语学院	03830072	写作(二)
2008—2009	2	039	外国语学院	03830080	测试(A)
2008—2009	2	039	外国语学院	03830091	英国文学史(一)
2008—2009	2	039	外国语学院	03830092	英国文学史(二)
2008—2009	2	039	外国语学院	03830110	英译汉
2008—2009	2	039	外国语学院	03830120	汉译英
2008—2009	2	039	外国语学院	03830131	美国文学史与选读(一)
2008—2009	2	039	外国语学院	03831120	中西修辞传统
2008—2009	2	039	外国语学院	03832020	文学形式导论
2008—2009	2	039	外国语学院	03832070	美国电影与文化
2008—2009	2	039	外国语学院	03832120	英语词汇学
2008—2009	2	039	外国语学院	03832140	美国历史专题
2008—2009	2	039	外国语学院	03833120	英国散文名篇
2008—2009	2	039	外国语学院	03833160	英美戏剧
2008—2009	2	039	外国语学院	03833190	圣经释读
2008—2009	2	039	外国语学院	03833270	文学与社会
2008—2009	2	039	外国语学院	03834060	莎士比亚与马洛戏剧选读
2008—2009	2	039	外国语学院	03834080	同声传译
2008—2009	2	039	外国语学院	03834100	中西文化比较
2008—2009	2	039	外国语学院	03834220	认知语言学概论
2008—2009	2	039	外国语学院	03834270	莎士比亚戏剧名篇赏析
2008—2009	2	039	外国语学院	03834280	多元共生的奇观:巴西文化
2008—2009	2	039	外国语学院	03834350	美国当代文学思想
2008—2009	2	039	外国语学院	03834360	英国文学的基石
2008—2009	2	039	外国语学院	03835200	西方学术精华概论(英文讲授)
2008—2009	2	039	外国语学院	03835440	美国政治演说中的历史文化评析
2008—2009	2	040	马克思主义学院	04030140	邓小平理论
2008—2009	2	040	马克思主义学院	04030512	英语(二)
2008—2009	2	040	马克思主义学院	04030590	法学概论
2008—2009	2	040	马克思主义学院	04031201	计算机应用(二)
2008—2009	2	040	马克思主义学院	04031210	思想政治教育心理学
2008—2009	2	040	马克思主义学院	04031310	政治学概论
2008—2009	2	040	马克思主义学院	04031570	思想政治教育学方法论
2008—2009	2	040	马克思主义学院	04031650	思想道德修养与法律基础
2008—2009	2	040	马克思主义学院	04031650	思想道德修养与法律基础

续表

学年	学期	院系代码	院系名称	课程号	课程名称
2008—2009	2	040	马克思主义学院	04031650	思想道德修养与法律基础
2008—2009	2	040	马克思主义学院	04031650	思想道德修养与法律基础
2008—2009	2	040	马克思主义学院	04031650	思想道德修养与法律基础
2008—2009	2	040	马克思主义学院	04031650	思想道德修养与法律基础
2008—2009	2	040	马克思主义学院	04031650	思想道德修养与法律基础
2008—2009	2	040	马克思主义学院	04031660	中国近现代史纲要
2008—2009	2	040	马克思主义学院	04031660	中国近现代史纲要
2008—2009	2	040	马克思主义学院	04031660	中国近现代史纲要
2008—2009	2	040	马克思主义学院	04031660	中国近现代史纲要
2008—2009	2	040	马克思主义学院	04031660	中国近现代史纲要
2008—2009	2	040	马克思主义学院	04031660	中国近现代史纲要
2008—2009	2	040	马克思主义学院	04031660	中国近现代史纲要
2008—2009	2	040	马克思主义学院	04031660	中国近现代史纲要
2008—2009	2	040	马克思主义学院	04031660	中国近现代史纲要
2008—2009	2	040	马克思主义学院	04031682	马克思主义基本原理概论（下）
2008—2009	2	040	马克思主义学院	04031682	马克思主义基本原理概论（下）
2008—2009	2	040	马克思主义学院	04031682	马克思主义基本原理概论（下）
2008—2009	2	040	马克思主义学院	04031682	马克思主义基本原理概论（下）
2008—2009	2	040	马克思主义学院	04031682	马克思主义基本原理概论（下）
2008—2009	2	040	马克思主义学院	04031682	马克思主义基本原理概论（下）
2008—2009	2	040	马克思主义学院	04031682	马克思主义基本原理概论（下）
2008—2009	2	040	马克思主义学院	04031682	马克思主义基本原理概论（下）
2008—2009	2	040	马克思主义学院	04031682	马克思主义基本原理概论（下）
2008—2009	2	040	马克思主义学院	04031682	马克思主义基本原理概论（下）
2008—2009	2	040	马克思主义学院	04031682	马克思主义基本原理概论（下）
2008—2009	2	040	马克思主义学院	04031682	马克思主义基本原理概论（下）
2008—2009	2	040	马克思主义学院	04031700	周易精读
2008—2009	2	040	马克思主义学院	04031720	毛泽东思想、邓小平理论和"三个代表"重要思想概论
2008—2009	2	040	马克思主义学院	04031720	毛泽东思想、邓小平理论和"三个代表"重要思想概论
2008—2009	2	040	马克思主义学院	04031720	毛泽东思想、邓小平理论和"三个代表"重要思想概论
2008—2009	2	040	马克思主义学院	04031720	毛泽东思想、邓小平理论和"三个代表"重要思想概论
2008—2009	2	040	马克思主义学院	04031720	毛泽东思想、邓小平理论和"三个代表"重要思想概论
2008—2009	2	040	马克思主义学院	04031720	毛泽东思想、邓小平理论和"三个代表"重要思想概论
2008—2009	2	040	马克思主义学院	04031720	毛泽东思想、邓小平理论和"三个代表"重要思想概论
2008—2009	2	041	体育教研部	04130020	游泳
2008—2009	2	041	体育教研部	04130020	游泳
2008—2009	2	041	体育教研部	04130020	游泳

续表

学年	学期	院系代码	院系名称	课程号	课程名称
2008—2009	2	041	体育教研部	04130020	游泳
2008—2009	2	041	体育教研部	04130020	游泳
2008—2009	2	041	体育教研部	04130020	游泳
2008—2009	2	041	体育教研部	04130020	游泳
2008—2009	2	041	体育教研部	04130020	游泳
2008—2009	2	041	体育教研部	04130020	游泳
2008—2009	2	041	体育教研部	04130020	游泳
2008—2009	2	041	体育教研部	04130020	游泳
2008—2009	2	041	体育教研部	04130020	游泳
2008—2009	2	041	体育教研部	04130020	游泳
2008—2009	2	041	体育教研部	04130020	游泳
2008—2009	2	041	体育教研部	04130020	游泳
2008—2009	2	041	体育教研部	04130020	游泳
2008—2009	2	041	体育教研部	04130020	游泳
2008—2009	2	041	体育教研部	04130020	游泳
2008—2009	2	041	体育教研部	04130020	游泳
2008—2009	2	041	体育教研部	04130020	游泳
2008—2009	2	041	体育教研部	04130020	游泳
2008—2009	2	041	体育教研部	04130020	游泳
2008—2009	2	041	体育教研部	04130020	游泳
2008—2009	2	041	体育教研部	04130020	游泳
2008—2009	2	041	体育教研部	04130020	游泳
2008—2009	2	041	体育教研部	04130021	游泳提高班
2008—2009	2	041	体育教研部	04130021	游泳提高班
2008—2009	2	041	体育教研部	04130021	游泳提高班
2008—2009	2	041	体育教研部	04130030	太极拳
2008—2009	2	041	体育教研部	04130030	太极拳
2008—2009	2	041	体育教研部	04130030	太极拳
2008—2009	2	041	体育教研部	04130030	太极拳
2008—2009	2	041	体育教研部	04130030	太极拳
2008—2009	2	041	体育教研部	04130030	太极拳
2008—2009	2	041	体育教研部	04130030	太极拳
2008—2009	2	041	体育教研部	04130030	太极拳
2008—2009	2	041	体育教研部	04130030	太极拳
2008—2009	2	041	体育教研部	04130030	太极拳
2008—2009	2	041	体育教研部	04130030	太极拳
2008—2009	2	041	体育教研部	04130030	太极拳
2008—2009	2	041	体育教研部	04130030	太极拳
2008—2009	2	041	体育教研部	04130030	太极拳
2008—2009	2	041	体育教研部	04130030	太极拳
2008—2009	2	041	体育教研部	04130030	太极拳

续表

学年	学期	院系代码	院系名称	课程号	课程名称
2008—2009	2	041	体育教研部	04130030	太极拳
2008—2009	2	041	体育教研部	04130030	太极拳
2008—2009	2	041	体育教研部	04130030	太极拳
2008—2009	2	041	体育教研部	04130030	太极拳
2008—2009	2	041	体育教研部	04130030	太极拳
2008—2009	2	041	体育教研部	04130030	太极拳
2008—2009	2	041	体育教研部	04130040	健美操
2008—2009	2	041	体育教研部	04130040	健美操
2008—2009	2	041	体育教研部	04130040	健美操
2008—2009	2	041	体育教研部	04130040	健美操
2008—2009	2	041	体育教研部	04130040	健美操
2008—2009	2	041	体育教研部	04130040	健美操
2008—2009	2	041	体育教研部	04130040	健美操
2008—2009	2	041	体育教研部	04130040	健美操
2008—2009	2	041	体育教研部	04130040	健美操
2008—2009	2	041	体育教研部	04130040	健美操
2008—2009	2	041	体育教研部	04130040	健美操
2008—2009	2	041	体育教研部	04130040	健美操
2008—2009	2	041	体育教研部	04130040	健美操
2008—2009	2	041	体育教研部	04130040	健美操
2008—2009	2	041	体育教研部	04130040	健美操
2008—2009	2	041	体育教研部	04130050	乒乓球
2008—2009	2	041	体育教研部	04130050	乒乓球
2008—2009	2	041	体育教研部	04130050	乒乓球
2008—2009	2	041	体育教研部	04130050	乒乓球
2008—2009	2	041	体育教研部	04130050	乒乓球
2008—2009	2	041	体育教研部	04130050	乒乓球
2008—2009	2	041	体育教研部	04130050	乒乓球
2008—2009	2	041	体育教研部	04130050	乒乓球
2008—2009	2	041	体育教研部	04130050	乒乓球
2008—2009	2	041	体育教研部	04130050	乒乓球
2008—2009	2	041	体育教研部	04130050	乒乓球
2008—2009	2	041	体育教研部	04130053	乒乓球提高班
2008—2009	2	041	体育教研部	04130060	羽毛球
2008—2009	2	041	体育教研部	04130060	羽毛球
2008—2009	2	041	体育教研部	04130060	羽毛球
2008—2009	2	041	体育教研部	04130060	羽毛球

续表

学年	学期	院系代码	院系名称	课程号	课程名称
2008—2009	2	041	体育教研部	04130060	羽毛球
2008—2009	2	041	体育教研部	04130060	羽毛球
2008—2009	2	041	体育教研部	04130060	羽毛球
2008—2009	2	041	体育教研部	04130060	羽毛球
2008—2009	2	041	体育教研部	04130060	羽毛球
2008—2009	2	041	体育教研部	04130060	羽毛球
2008—2009	2	041	体育教研部	04130060	羽毛球
2008—2009	2	041	体育教研部	04130060	羽毛球
2008—2009	2	041	体育教研部	04130060	羽毛球
2008—2009	2	041	体育教研部	04130063	羽毛球提高班
2008—2009	2	041	体育教研部	04130070	网球
2008—2009	2	041	体育教研部	04130070	网球
2008—2009	2	041	体育教研部	04130070	网球
2008—2009	2	041	体育教研部	04130070	网球
2008—2009	2	041	体育教研部	04130070	网球
2008—2009	2	041	体育教研部	04130070	网球
2008—2009	2	041	体育教研部	04130070	网球
2008—2009	2	041	体育教研部	04130070	网球
2008—2009	2	041	体育教研部	04130070	网球
2008—2009	2	041	体育教研部	04130070	网球
2008—2009	2	041	体育教研部	04130070	网球
2008—2009	2	041	体育教研部	04130080	足球
2008—2009	2	041	体育教研部	04130080	足球
2008—2009	2	041	体育教研部	04130080	足球
2008—2009	2	041	体育教研部	04130080	足球
2008—2009	2	041	体育教研部	04130080	足球
2008—2009	2	041	体育教研部	04130080	足球
2008—2009	2	041	体育教研部	04130083	足球提高班
2008—2009	2	041	体育教研部	04130083	足球提高班
2008—2009	2	041	体育教研部	04130090	篮球
2008—2009	2	041	体育教研部	04130090	篮球
2008—2009	2	041	体育教研部	04130090	篮球
2008—2009	2	041	体育教研部	04130090	篮球
2008—2009	2	041	体育教研部	04130090	篮球
2008—2009	2	041	体育教研部	04130090	篮球
2008—2009	2	041	体育教研部	04130100	排球
2008—2009	2	041	体育教研部	04130100	排球
2008—2009	2	041	体育教研部	04130100	排球
2008—2009	2	041	体育教研部	04130100	排球
2008—2009	2	041	体育教研部	04130100	排球
2008—2009	2	041	体育教研部	04130100	排球
2008—2009	2	041	体育教研部	04130100	排球
2008—2009	2	041	体育教研部	04130100	排球

续表

学年	学期	院系代码	院系名称	课程号	课程名称
2008—2009	2	041	体育教研部	04130103	排球提高班
2008—2009	2	041	体育教研部	04130110	形体（女生）
2008—2009	2	041	体育教研部	04130110	形体（女生）
2008—2009	2	041	体育教研部	04130110	形体（女生）
2008—2009	2	041	体育教研部	04130110	形体（女生）
2008—2009	2	041	体育教研部	04130110	形体（女生）
2008—2009	2	041	体育教研部	04130110	形体（女生）
2008—2009	2	041	体育教研部	04130110	形体（女生）
2008—2009	2	041	体育教研部	04130120	体育舞蹈
2008—2009	2	041	体育教研部	04130120	体育舞蹈
2008—2009	2	041	体育教研部	04130120	体育舞蹈
2008—2009	2	041	体育教研部	04130120	体育舞蹈
2008—2009	2	041	体育教研部	04130120	体育舞蹈
2008—2009	2	041	体育教研部	04130120	体育舞蹈
2008—2009	2	041	体育教研部	04130130	健美
2008—2009	2	041	体育教研部	04130130	健美
2008—2009	2	041	体育教研部	04130130	健美
2008—2009	2	041	体育教研部	04130130	健美
2008—2009	2	041	体育教研部	04130171	保健（2）
2008—2009	2	041	体育教研部	04130210	棒、垒球
2008—2009	2	041	体育教研部	04130210	棒、垒球
2008—2009	2	041	体育教研部	04130231	安全教育与自卫防身
2008—2009	2	041	体育教研部	04130231	安全教育与自卫防身
2008—2009	2	041	体育教研部	04130231	安全教育与自卫防身
2008—2009	2	041	体育教研部	04130231	安全教育与自卫防身
2008—2009	2	041	体育教研部	04130231	安全教育与自卫防身
2008—2009	2	041	体育教研部	04130240	攀岩
2008—2009	2	041	体育教研部	04130240	攀岩
2008—2009	2	041	体育教研部	04130240	攀岩
2008—2009	2	041	体育教研部	04130240	攀岩
2008—2009	2	041	体育教研部	04130260	少林棍术
2008—2009	2	041	体育教研部	04130260	少林棍术
2008—2009	2	041	体育教研部	04130280	跆拳道
2008—2009	2	041	体育教研部	04130280	跆拳道
2008—2009	2	041	体育教研部	04130280	跆拳道
2008—2009	2	041	体育教研部	04130280	跆拳道
2008—2009	2	041	体育教研部	04130290	击剑
2008—2009	2	041	体育教研部	04130290	击剑
2008—2009	2	041	体育教研部	04130370	围棋（初级班）
2008—2009	2	041	体育教研部	04130390	体育综合素质训练
2008—2009	2	041	体育教研部	04130390	体育综合素质训练
2008—2009	2	041	体育教研部	04130390	体育综合素质训练
2008—2009	2	041	体育教研部	04130390	体育综合素质训练
2008—2009	2	041	体育教研部	04130420	散打
2008—2009	2	041	体育教研部	04130420	散打

续表

学年	学期	院系代码	院系名称	课程号	课程名称
2008—2009	2	041	体育教研部	04130420	散打
2008—2009	2	041	体育教研部	04130430	中华健
2008—2009	2	041	体育教研部	04130430	中华健
2008—2009	2	041	体育教研部	04130430	中华健
2008—2009	2	041	体育教研部	04130430	中华健
2008—2009	2	041	体育教研部	04130430	中华健
2008—2009	2	041	体育教研部	04130440	瑜伽
2008—2009	2	041	体育教研部	04130440	瑜伽
2008—2009	2	041	体育教研部	04130440	瑜伽
2008—2009	2	041	体育教研部	04130440	瑜伽
2008—2009	2	041	体育教研部	04130450	地板球
2008—2009	2	041	体育教研部	04130450	地板球
2008—2009	2	041	体育教研部	04130470	体适能(2)
2008—2009	2	041	体育教研部	04130470	体适能(2)
2008—2009	2	041	体育教研部	04130470	体适能(2)
2008—2009	2	041	体育教研部	04130470	体适能(2)
2008—2009	2	041	体育教研部	04130500	国际象棋(初级班)
2008—2009	2	043	艺术学院	04330010	艺术概论
2008—2009	2	043	艺术学院	04330040	西方音乐史及名曲欣赏
2008—2009	2	043	艺术学院	04330050	中国美术史及名作欣赏
2008—2009	2	043	艺术学院	04330093	世界电影史(3)
2008—2009	2	043	艺术学院	04330182	钢琴(二)
2008—2009	2	043	艺术学院	04330390	当代文化艺术专题
2008—2009	2	043	艺术学院	04330440	舞蹈创作排练
2008—2009	2	043	艺术学院	04330550	影视鉴赏
2008—2009	2	043	艺术学院	04330610	中国书法艺术技法
2008—2009	2	043	艺术学院	04330642	交响乐(初)
2008—2009	2	043	艺术学院	04330644	交响乐(中)
2008—2009	2	043	艺术学院	04330646	交响乐(高)
2008—2009	2	043	艺术学院	04330670	中国书法史及名作欣赏
2008—2009	2	043	艺术学院	04330910	舞蹈
2008—2009	2	043	艺术学院	04330923	合唱(中)
2008—2009	2	043	艺术学院	04330926	合唱(高)
2008—2009	2	043	艺术学院	04330942	民族管弦乐(初)
2008—2009	2	043	艺术学院	04330946	民族管弦乐(高)
2008—2009	2	043	艺术学院	04331020	中外名曲赏析
2008—2009	2	043	艺术学院	04331100	交响乐名曲赏析
2008—2009	2	043	艺术学院	04331370	艺术心理学
2008—2009	2	043	艺术学院	04331550	外国文学
2008—2009	2	043	艺术学院	04331570	戏剧艺术概论
2008—2009	2	043	艺术学院	04331620	毕业论文
2008—2009	2	043	艺术学院	04331782	影片分析
2008—2009	2	043	艺术学院	04331791	视听语言(电影语言)
2008—2009	2	043	艺术学院	04331813	影视导演(二)
2008—2009	2	043	艺术学院	04331821	影视节目策划
2008—2009	2	043	艺术学院	04331871	绘画欣赏与人生
2008—2009	2	043	艺术学院	04331930	中国现当代文学

续表

学年	学期	院系代码	院系名称	课程号	课程名称
2008—2009	2	043	艺术学院	04332041	中国古代文学(二)
2008—2009	2	043	艺术学院	04332120	影视音乐
2008—2009	2	043	艺术学院	04332210	中国电影史
2008—2009	2	043	艺术学院	04332251	影片导读(二)
2008—2009	2	043	艺术学院	04332280	毕业作品拍片实践
2008—2009	2	043	艺术学院	04332350	中国流行音乐流变
2008—2009	2	043	艺术学院	04332470	中国美术概论
2008—2009	2	043	艺术学院	04332490	西方歌剧简史与名作赏析
2008—2009	2	043	艺术学院	04332510	艺术史
2008—2009	2	043	艺术学院	04332520	毕业论文
2008—2009	2	043	艺术学院	04332551	艺术训练(一)
2008—2009	2	043	艺术学院	04332553	艺术训练(三)
2008—2009	2	043	艺术学院	04332555	艺术训练(五)
2008—2009	2	043	艺术学院	04332560	文化产业战略与管理
2008—2009	2	043	艺术学院	04332590	中国传统装饰艺术与审美文化
2008—2009	2	043	艺术学院	04332620	中国古代绘画欣赏
2008—2009	2	043	艺术学院	04332630	中国画山水艺术技法
2008—2009	2	043	艺术学院	04332650	文化产业人力资源开发与管理
2008—2009	2	043	艺术学院	04332650	文化产业人力资源开发与管理
2008—2009	2	043	艺术学院	04332710	西方美术史
2008—2009	2	043	艺术学院	04332850	世界音乐精华
2008—2009	2	043	艺术学院	04332870	音乐剧概论
2008—2009	2	043	艺术学院	04332880	中西美术比较
2008—2009	2	043	艺术学院	04332910	音乐与文化专题研究
2008—2009	2	043	艺术学院	04332960	20世纪西方音乐
2008—2009	2	043	艺术学院	04332970	中国近现代音乐赏析
2008—2009	2	046	元培学院	04630030	学术规范与论文写作
2008—2009	2	046	元培学院	04630380	北京的前世今生
2008—2009	2	046	元培学院	04630390	中国考古大发现(至1275年)
2008—2009	2	046	元培学院	04630400	儒教与中国商业文化
2008—2009	2	046	元培学院	04831420	数据结构与算法(B)
2008—2009	2	048	信息科学技术学院	04831361	机器感知和智能处理实验
2008—2009	2	048	信息科学技术学院	00130202	高等数学(B)(二)
2008—2009	2	048	信息科学技术学院	00130202	高等数学(B)(二)
2008—2009	2	048	信息科学技术学院	00130212	高等数学(B)(二)习题课
2008—2009	2	048	信息科学技术学院	00130212	高等数学(B)(二)习题课
2008—2009	2	048	信息科学技术学院	00130212	高等数学(B)(二)习题课
2008—2009	2	048	信息科学技术学院	00130212	高等数学(B)(二)习题课
2008—2009	2	048	信息科学技术学院	00130212	高等数学(B)(二)习题课
2008—2009	2	048	信息科学技术学院	00131480	概率统计(A)
2008—2009	2	048	信息科学技术学院	00132302	数学分析(Ⅱ)
2008—2009	2	048	信息科学技术学院	00132312	数学分析(Ⅱ)习题
2008—2009	2	048	信息科学技术学院	00132312	数学分析(Ⅱ)习题
2008—2009	2	048	信息科学技术学院	00132323	高等代数(Ⅱ)
2008—2009	2	048	信息科学技术学院	00132332	高等代数(Ⅱ)习题
2008—2009	2	048	信息科学技术学院	00132332	高等代数(Ⅱ)习题

续表

学年	学期	院系代码	院系名称	课程号	课程名称
2008—2009	2	048	信息科学技术学院	00132380	概率统计（B）
2008—2009	2	048	信息科学技术学院	00431143	电磁学
2008—2009	2	048	信息科学技术学院	00431143	电磁学
2008—2009	2	048	信息科学技术学院	00431143	电磁学
2008—2009	2	048	信息科学技术学院	04830030	科技交流与写作
2008—2009	2	048	信息科学技术学院	04830080	代数结构与组合数学
2008—2009	2	048	信息科学技术学院	04830090	数理逻辑
2008—2009	2	048	信息科学技术学院	04830120	微机原理 A
2008—2009	2	048	信息科学技术学院	04830130	微机实验
2008—2009	2	048	信息科学技术学院	04830140	计算机组织与体系结构
2008—2009	2	048	信息科学技术学院	04830150	编译技术
2008—2009	2	048	信息科学技术学院	04830190	操作系统实习
2008—2009	2	048	信息科学技术学院	04830230	计算机图形学
2008—2009	2	048	信息科学技术学院	04830240	计算机网络概论
2008—2009	2	048	信息科学技术学院	04830260	理论计算机科学基础
2008—2009	2	048	信息科学技术学院	04830270	程序设计语言概论
2008—2009	2	048	信息科学技术学院	04830281	算法设计与分析
2008—2009	2	048	信息科学技术学院	04830281	算法设计与分析
2008—2009	2	048	信息科学技术学院	04830290	面向对象技术引论
2008—2009	2	048	信息科学技术学院	04830320	数字图像处理
2008—2009	2	048	信息科学技术学院	04830330	Linux 程序设计
2008—2009	2	048	信息科学技术学院	04830340	JAVA 程序设计
2008—2009	2	048	信息科学技术学院	04830370	电子商务概论
2008—2009	2	048	信息科学技术学院	04830390	数字化艺术
2008—2009	2	048	信息科学技术学院	04830450	网络实用技术
2008—2009	2	048	信息科学技术学院	04830630	电子线路(A)
2008—2009	2	048	信息科学技术学院	04830630	电子线路(A)
2008—2009	2	048	信息科学技术学院	04830640	电子线路实验(A)
2008—2009	2	048	信息科学技术学院	04830640	电子线路实验(A)
2008—2009	2	048	信息科学技术学院	04830650	数字逻辑电路
2008—2009	2	048	信息科学技术学院	04830650	数字逻辑电路
2008—2009	2	048	信息科学技术学院	04830680	电子系统设计
2008—2009	2	048	信息科学技术学院	04830710	通信电路实验
2008—2009	2	048	信息科学技术学院	04830730	微波技术与电路
2008—2009	2	048	信息科学技术学院	04830760	数字信号处理(含上机)
2008—2009	2	048	信息科学技术学院	04830800	光电子学
2008—2009	2	048	信息科学技术学院	04830850	近代物理
2008—2009	2	048	信息科学技术学院	04830860	理论力学
2008—2009	2	048	信息科学技术学院	04830870	热力学与统计物理（B）
2008—2009	2	048	信息科学技术学院	04830880	纳米科技与纳米电子学
2008—2009	2	048	信息科学技术学院	04830890	量子力学（Ⅰ）
2008—2009	2	048	信息科学技术学院	04830930	声学基础
2008—2009	2	048	信息科学技术学院	04830970	通信电路
2008—2009	2	048	信息科学技术学院	04831010	半导体物理
2008—2009	2	048	信息科学技术学院	04831030	数字集成电路原理
2008—2009	2	048	信息科学技术学院	04831070	集成电路计算机辅助设计
2008—2009	2	048	信息科学技术学院	04831080	微电子器件测试实验

续表

学年	学期	院系代码	院系名称	课程号	课程名称
2008—2009	2	048	信息科学技术学院	04831090	模拟集成电路原理
2008—2009	2	048	信息科学技术学院	04831140	微米纳米技术概论
2008—2009	2	048	信息科学技术学院	04831200	随机过程引论
2008—2009	2	048	信息科学技术学院	04831210	信息论
2008—2009	2	048	信息科学技术学院	04831240	数字信号处理
2008—2009	2	048	信息科学技术学院	04831370	数据仓库与数据挖掘方法
2008—2009	2	048	信息科学技术学院	04831400	生物信息处理
2008—2009	2	048	信息科学技术学院	04831520	电子线路计算机辅助设计
2008—2009	2	048	信息科学技术学院	04831750	程序设计实习
2008—2009	2	048	信息科学技术学院	04831750	程序设计实习
2008—2009	2	048	信息科学技术学院	04831750	程序设计实习
2008—2009	2	048	信息科学技术学院	04831750	程序设计实习
2008—2009	2	048	信息科学技术学院	04831760	程序设计实习（实验班）
2008—2009	2	048	信息科学技术学院	04831770	微电子与电路基础
2008—2009	2	048	信息科学技术学院	04831770	微电子与电路基础
2008—2009	2	048	信息科学技术学院	04831780	自然语言处理导论
2008—2009	2	048	信息科学技术学院	04831800	数字媒体技术基础
2008—2009	2	048	信息科学技术学院	04831870	基础电路实验
2008—2009	2	062	中国经济研究中心	06232140	线性代数
2008—2009	2	062	中国经济研究中心	06232140	线性代数
2008—2009	2	062	中国经济研究中心	06232150	概率统计
2008—2009	2	062	中国经济研究中心	06232150	概率统计
2008—2009	2	062	中国经济研究中心	06232150	概率统计
2008—2009	2	062	中国经济研究中心	06232150	概率统计
2008—2009	2	062	中国经济研究中心	06232200	中级微观经济学
2008—2009	2	062	中国经济研究中心	06232200	中级微观经济学
2008—2009	2	062	中国经济研究中心	06232200	中级微观经济学
2008—2009	2	062	中国经济研究中心	06232200	中级微观经济学
2008—2009	2	062	中国经济研究中心	06232300	中级宏观经济学
2008—2009	2	062	中国经济研究中心	06232300	中级宏观经济学
2008—2009	2	062	中国经济研究中心	06232400	计量经济学
2008—2009	2	062	中国经济研究中心	06232400	计量经济学
2008—2009	2	062	中国经济研究中心	06232400	计量经济学
2008—2009	2	062	中国经济研究中心	06232400	计量经济学
2008—2009	2	062	中国经济研究中心	06233300	国际贸易
2008—2009	2	062	中国经济研究中心	06233310	国际金融
2008—2009	2	062	中国经济研究中心	06233400	货币银行学
2008—2009	2	062	中国经济研究中心	06233440	基础管理学
2008—2009	2	062	中国经济研究中心	06233550	公共财政学
2008—2009	2	062	中国经济研究中心	06233640	会计学
2008—2009	2	062	中国经济研究中心	06234740	博弈论
2008—2009	2	062	中国经济研究中心	06234900	中国经济专题
2008—2009	2	062	中国经济研究中心	06235030	复杂演化经济学
2008—2009	2	062	中国经济研究中心	06235040	资源与环境经济学
2008—2009	2	062	中国经济研究中心	06235050	实验经济学
2008—2009	2	067	教育学院	06730070	生活教育——成功人生的基础
2008—2009	2	086	工学院	00330050	计算方法

续表

学年	学期	院系代码	院系名称	课程号	课程名称
2008—2009	2	086	工学院	00330070	材料力学
2008—2009	2	086	工学院	00330180	有限元法
2008—2009	2	086	工学院	00330190	塑性力学
2008—2009	2	086	工学院	00330630	工程制图
2008—2009	2	086	工学院	00330760	工程数学
2008—2009	2	086	工学院	00331311	工程CAD(1)
2008—2009	2	086	工学院	00331350	工程流体力学
2008—2009	2	086	工学院	00331531	数学物理方法（上）
2008—2009	2	086	工学院	00331540	弹性力学
2008—2009	2	086	工学院	00331550	工程弹性力学
2008—2009	2	086	工学院	00331562	流体力学（下）
2008—2009	2	086	工学院	00331680	生物信息学导论
2008—2009	2	086	工学院	00331752	微积分（二）
2008—2009	2	086	工学院	00331760	微积分习题
2008—2009	2	086	工学院	00331760	微积分习题
2008—2009	2	086	工学院	00331760	微积分习题
2008—2009	2	086	工学院	00331782	现代工学通论（下）
2008—2009	2	086	工学院	00331800	高等动力学
2008—2009	2	086	工学院	00331810	对流与传热
2008—2009	2	086	工学院	00331820	科学计算
2008—2009	2	086	工学院	00332010	水文学与水资源
2008—2009	2	086	工学院	00332130	机器人竞赛入门与实践
2008—2009	2	086	工学院	00332140	摄影科学与技术
2008—2009	2	086	工学院	00332150	渗流物理
2008—2009	2	086	工学院	00332160	能源与资源化工基础
2008—2009	2	086	工学院	00332171	能源与资源工程实验（上）
2008—2009	2	086	工学院	00332180	生物反应工程
2008—2009	2	086	工学院	00332190	物理化学
2008—2009	2	086	工学院	00332200	现代电子器件基础
2008—2009	2	086	工学院	00332210	热力学及其应用
2008—2009	2	086	工学院	00332220	清洁生产过程原理
2008—2009	2	086	工学院	00431141	力学
2008—2009	2	086	工学院	00431144	光学
2008—2009	2	086	工学院	00431145	近代物理
2008—2009	2	086	工学院	00431170	光学习题
2008—2009	2	086	工学院	00431421	普通物理实验（B）（一）
2008—2009	2	086	工学院	04830494	数据结构与算法上机
2008—2009	2	086	工学院	04831420	数据结构与算法（B）
2008—2009	2	127	环境科学与工程学院	01339260	环境伦理概论
2008—2009	2	127	环境科学与工程学院	01339290	全球环境问题
2008—2009	2	127	环境科学与工程学院	12730010	环境问题
2008—2009	2	127	环境科学与工程学院	12733010	环境化学
2008—2009	2	127	环境科学与工程学院	12733020	环境化学实验
2008—2009	2	127	环境科学与工程学院	12733030	环境法
2008—2009	2	127	环境科学与工程学院	12734010	工程制图
2008—2009	2	180	医学部教学办	00131422	高等数学C（二）
2008—2009	2	180	医学部教学办	00131422	高等数学C（二）

续表

学年	学期	院系代码	院系名称	课程号	课程名称
2008—2009	2	180	医学部教学办	00131422	高等数学C（二）
2008—2009	2	180	医学部教学办	00431121	普通物理
2008—2009	2	180	医学部教学办	00431121	普通物理
2008—2009	2	180	医学部教学办	00431121	普通物理
2008—2009	2	180	医学部教学办	01030810	有机化学（B）
2008—2009	2	180	医学部教学办	01030810	有机化学（B）
2008—2009	2	180	医学部教学办	01030810	有机化学（B）
2008—2009	2	180	医学部教学办	01032711	有机化学实验（B）
2008—2009	2	180	医学部教学办	01032711	有机化学实验（B）
2008—2009	2	180	医学部教学办	01032711	有机化学实验（B）
2008—2009	2	180	医学部教学办	01032711	有机化学实验（B）
2008—2009	2	180	医学部教学办	01034900	分析化学(B)
2008—2009	2	180	医学部教学办	01034910	分析化学实验(B)
2008—2009	2	180	医学部教学办	18050210	物理学习题
2008—2009	2	180	医学部教学办	18050210	物理学习题
2008—2009	2	180	医学部教学办	18050210	物理学习题
2008—2009	2	180	医学部教学办	18050222	英语精读(2)
2008—2009	2	607	武装部	60730020	军事理论
2008—2009	2	607	武装部	60730020	军事理论
2008—2009	2	607	武装部	60730020	军事理论
2008—2009	2	607	武装部	60730020	军事理论
2008—2009	2	610	学生工作部	61030020	大学生职业生涯规划
2009—2010	1	004	物理学院	00414860	激光实验
2009—2010	1	004	物理学院	00415532	原子、分子光谱
2009—2010	1	011	生命科学学院	01035060	基础化学实验(普化)
2009—2010	1	018	新闻与传播学院	01832950	传媒发展史
2009—2010	1	018	新闻与传播学院	01832990	新闻与中国当代改革
2009—2010	1	018	新闻与传播学院	01833140	英语公共演讲
2009—2010	1	018	新闻与传播学院	01833180	传播学英语经典阅读
2009—2010	1	021	历史学系	02112061	中俄关系史研究
2009—2010	1	021	历史学系	02112821	《汉书》研读
2009—2010	1	024	国际关系学院	02431671	英汉翻译
2009—2010	1	025	经济学院	02534380	应用经济计量
2009—2010	1	028	光华管理学院	02831660	信息经济学
2009—2010	1	028	光华管理学院	02834790	城市与区域经济学
2009—2010	1	032	政府管理学院	03231470	货币与金融政策
2009—2010	1	043	艺术学院	04330042	西方古典音乐
2009—2010	1	043	艺术学院	04330043	西方音乐史
2009—2010	1	048	信息科学技术学院	04830141	计算机系统结构实验班
2009—2010	1	048	信息科学技术学院	04831190	射频集成电路
2009—2010	1	048	信息科学技术学院	04831990	C♯程序设计及其应用
2009—2010	1	048	信息科学技术学院	04832010	基于HDL的数字系统设计
2009—2010	1	001	数学科学学院	00110000	黎曼几何引论
2009—2010	1	001	数学科学学院	00110010	同调论
2009—2010	1	001	数学科学学院	00110060	算法设计与分析
2009—2010	1	001	数学科学学院	00110070	经典力学的数学方法
2009—2010	1	001	数学科学学院	00110130	泛函分析(二)

续表

学年	学期	院系代码	院系名称	课程号	课程名称
2009—2010	1	001	数学科学学院	00110150	交换代数
2009—2010	1	001	数学科学学院	00110330	几何分析
2009—2010	1	001	数学科学学院	00110400	随机分析
2009—2010	1	001	数学科学学院	00110620	生存分析与可靠性
2009—2010	1	001	数学科学学院	00110780	最优化理论与算法
2009—2010	1	001	数学科学学院	00110830	数值代数(Ⅱ)
2009—2010	1	001	数学科学学院	00110860	并行计算(Ⅱ)
2009—2010	1	001	数学科学学院	00110950	人工智能
2009—2010	1	001	数学科学学院	00110960	模式识别
2009—2010	1	001	数学科学学院	00111850	有限元方法(Ⅱ)
2009—2010	1	001	数学科学学院	00111940	遍历论
2009—2010	1	001	数学科学学院	00112230	高等统计选讲(Ⅰ)
2009—2010	1	001	数学科学学院	00112250	随机过程(Ⅱ)
2009—2010	1	001	数学科学学院	00112330	金融经济学
2009—2010	1	001	数学科学学院	00112630	高等概率论
2009—2010	1	001	数学科学学院	00112640	高等统计学
2009—2010	1	001	数学科学学院	00112711	抽象代数(Ⅱ)
2009—2010	1	001	数学科学学院	00113490	衍生工具定价的数学模型和方法
2009—2010	1	001	数学科学学院	00113690	随机模拟方法
2009—2010	1	001	数学科学学院	00113740	现代时间序列分析
2009—2010	1	001	数学科学学院	00113760	概率统计实例选讲(Ⅰ)
2009—2010	1	001	数学科学学院	00113780	符号计算
2009—2010	1	001	数学科学学院	00114250	机器学习
2009—2010	1	001	数学科学学院	00130161	拓扑学
2009—2010	1	001	数学科学学院	00130210	计算机图形学
2009—2010	1	001	数学科学学院	00130410	常微分方程定性理论
2009—2010	1	001	数学科学学院	00130550	数值代数
2009—2010	1	001	数学科学学院	00130712	基础物理(下)
2009—2010	1	001	数学科学学院	00130730	数理逻辑
2009—2010	1	001	数学科学学院	00130980	利息理论与应用
2009—2010	1	001	数学科学学院	00130990	非寿险精算
2009—2010	1	001	数学科学学院	00131350	时间序列分析
2009—2010	1	001	数学科学学院	00131420	数据结构
2009—2010	1	001	数学科学学院	00131600	数学分析
2009—2010	1	001	数学科学学院	00132301	数学分析(Ⅰ)
2009—2010	1	001	数学科学学院	00132301	数学分析(Ⅰ)
2009—2010	1	001	数学科学学院	00132304	数学分析(Ⅲ)
2009—2010	1	001	数学科学学院	00132304	数学分析(Ⅲ)
2009—2010	1	001	数学科学学院	00132310	微分几何
2009—2010	1	001	数学科学学院	00132311	数学分析(Ⅰ)习题
2009—2010	1	001	数学科学学院	00132311	数学分析(Ⅰ)习题
2009—2010	1	001	数学科学学院	00132311	数学分析(Ⅰ)习题
2009—2010	1	001	数学科学学院	00132311	数学分析(Ⅰ)习题
2009—2010	1	001	数学科学学院	00132313	数学分析(Ⅲ)习题
2009—2010	1	001	数学科学学院	00132313	数学分析(Ⅲ)习题
2009—2010	1	001	数学科学学院	00132313	数学分析(Ⅲ)习题
2009—2010	1	001	数学科学学院	00132313	数学分析(Ⅲ)习题

续表

学年	学期	院系代码	院系名称	课程号	课程名称
2009—2010	1	001	数学科学学院	00132321	高等代数（Ⅰ）
2009—2010	1	001	数学科学学院	00132321	高等代数（Ⅰ）
2009—2010	1	001	数学科学学院	00132330	偏微分方程
2009—2010	1	001	数学科学学院	00132331	高等代数（Ⅰ）习题
2009—2010	1	001	数学科学学院	00132331	高等代数（Ⅰ）习题
2009—2010	1	001	数学科学学院	00132331	高等代数（Ⅰ）习题
2009—2010	1	001	数学科学学院	00132331	高等代数（Ⅰ）习题
2009—2010	1	001	数学科学学院	00132341	几何学
2009—2010	1	001	数学科学学院	00132341	几何学
2009—2010	1	001	数学科学学院	00132351	几何学习题
2009—2010	1	001	数学科学学院	00132351	几何学习题
2009—2010	1	001	数学科学学院	00132351	几何学习题
2009—2010	1	001	数学科学学院	00132351	几何学习题
2009—2010	1	001	数学科学学院	00132370	实变函数
2009—2010	1	001	数学科学学院	00132510	李群及其表示
2009—2010	1	001	数学科学学院	00132610	密码学
2009—2010	1	001	数学科学学院	00133030	统计计算
2009—2010	1	001	数学科学学院	00133090	应用随机过程
2009—2010	1	001	数学科学学院	00133110	应用回归分析
2009—2010	1	001	数学科学学院	00133220	毕业论文(1)
2009—2010	1	001	数学科学学院	00134010	理论力学
2009—2010	1	001	数学科学学院	00134210	人工神经网络
2009—2010	1	001	数学科学学院	00135040	程序设计技术与方法
2009—2010	1	001	数学科学学院	00135450	抽象代数
2009—2010	1	001	数学科学学院	00135450	抽象代数
2009—2010	1	001	数学科学学院	00135460	数理统计
2009—2010	1	001	数学科学学院	00135480	风险理论
2009—2010	1	001	数学科学学院	00135520	偏微分方程数值解
2009—2010	1	001	数学科学学院	00135750	低年级讨论班(2)
2009—2010	1	001	数学科学学院	00136020	组合数学
2009—2010	1	001	数学科学学院	00136260	常微分方程
2009—2010	1	001	数学科学学院	00136270	应用随机过程
2009—2010	1	001	数学科学学院	00136350	概率论
2009—2010	1	001	数学科学学院	00136540	数值方法：原理，算法及应用
2009—2010	1	001	数学科学学院	00136700	普通统计学
2009—2010	1	001	数学科学学院	00136800	数学的思维方式与创新
2009—2010	1	001	数学科学学院	00136810	实变函数
2009—2010	1	001	数学科学学院	00136830	数学应用软件
2009—2010	1	001	数学科学学院	00136850	实变函数与泛函分析
2009—2010	1	004	物理学院	00130201	高等数学（B）（一）
2009—2010	1	004	物理学院	00130201	高等数学（B）（一）
2009—2010	1	004	物理学院	00130211	高等数学（B）（一）习题课
2009—2010	1	004	物理学院	00130211	高等数学（B）（一）习题课
2009—2010	1	004	物理学院	00130211	高等数学（B）（一）习题课
2009—2010	1	004	物理学院	00130211	高等数学（B）（一）习题课
2009—2010	1	004	物理学院	00130211	高等数学（B）（一）习题课
2009—2010	1	004	物理学院	00130211	高等数学（B）（一）习题课

续表

学年	学期	院系代码	院系名称	课程号	课程名称
2009—2010	1	004	物理学院	00131460	线性代数（B）
2009—2010	1	004	物理学院	00131460	线性代数（B）
2009—2010	1	004	物理学院	00131470	线性代数（B）习题
2009—2010	1	004	物理学院	00131470	线性代数（B）习题
2009—2010	1	004	物理学院	00131470	线性代数（B）习题
2009—2010	1	004	物理学院	00131470	线性代数（B）习题
2009—2010	1	004	物理学院	00132380	概率统计（B）
2009—2010	1	004	物理学院	00410140	群论
2009—2010	1	004	物理学院	00410340	高等量子力学
2009—2010	1	004	物理学院	00410440	量子统计物理
2009—2010	1	004	物理学院	00410640	量子场论
2009—2010	1	004	物理学院	00412150	粒子物理
2009—2010	1	004	物理学院	00413250	等离子体物理
2009—2010	1	004	物理学院	00414760	激光物理
2009—2010	1	004	物理学院	00415450	量子光学
2009—2010	1	004	物理学院	00415510	现代光学与光电子学
2009—2010	1	004	物理学院	00415642	ROOT 软件平台
2009—2010	1	004	物理学院	00430109	演示物理学
2009—2010	1	004	物理学院	00430132	现代电子电路基础及实验（一）
2009—2010	1	004	物理学院	00430132	现代电子电路基础及实验（一）
2009—2010	1	004	物理学院	00430151	现代物理前沿讲座（Ⅰ）
2009—2010	1	004	物理学院	00430191	大气科学导论
2009—2010	1	004	物理学院	00431110	力学
2009—2010	1	004	物理学院	00431110	力学
2009—2010	1	004	物理学院	00431110	力学
2009—2010	1	004	物理学院	00431148	光学习题课
2009—2010	1	004	物理学院	00431148	光学习题课
2009—2010	1	004	物理学院	00431148	光学习题课
2009—2010	1	004	物理学院	00431148	光学习题课
2009—2010	1	004	物理学院	00431156	光学
2009—2010	1	004	物理学院	00431156	光学
2009—2010	1	004	物理学院	00431157	原子物理
2009—2010	1	004	物理学院	00431159	原子物理习题
2009—2010	1	004	物理学院	00431159	原子物理习题
2009—2010	1	004	物理学院	00431165	近代物理
2009—2010	1	004	物理学院	00431180	力学习题
2009—2010	1	004	物理学院	00431180	力学习题
2009—2010	1	004	物理学院	00431180	力学习题
2009—2010	1	004	物理学院	00431180	力学习题
2009—2010	1	004	物理学院	00431180	力学习题
2009—2010	1	004	物理学院	00431211	普通物理实验（A）（一）
2009—2010	1	004	物理学院	00431211	普通物理实验（A）（一）
2009—2010	1	004	物理学院	00431214	综合物理实验(一)
2009—2010	1	004	物理学院	00431443	计算物理学
2009—2010	1	004	物理学院	00431501	计算概论
2009—2010	1	004	物理学院	00431501	计算概论
2009—2010	1	004	物理学院	00431502	计算概论上机

续表

学年	学期	院系代码	院系名称	课程号	课程名称
2009—2010	1	004	物理学院	00431537	现代电子测量与实验
2009—2010	1	004	物理学院	00431543	天体物理专题
2009—2010	1	004	物理学院	00431545	天文文献阅读
2009—2010	1	004	物理学院	00431546	宇宙探测新技术引论
2009—2010	1	004	物理学院	00431551	天体物理观测技术与方法
2009—2010	1	004	物理学院	00432108	数学物理方法（上）
2009—2010	1	004	物理学院	00432109	数学物理方法（下）
2009—2010	1	004	物理学院	00432140	电动力学（A）
2009—2010	1	004	物理学院	00432141	电动力学（B）
2009—2010	1	004	物理学院	00432150	量子力学（A）
2009—2010	1	004	物理学院	00432151	量子力学习题
2009—2010	1	004	物理学院	00432151	量子力学习题
2009—2010	1	004	物理学院	00432160	电动力学习题
2009—2010	1	004	物理学院	00432160	电动力学习题
2009—2010	1	004	物理学院	00432162	固体物理导论
2009—2010	1	004	物理学院	00432164	生物物理导论
2009—2010	1	004	物理学院	00432204	数学物理方法习题
2009—2010	1	004	物理学院	00432204	数学物理方法习题
2009—2010	1	004	物理学院	00432204	数学物理方法习题
2009—2010	1	004	物理学院	00432207	卫星气象学
2009—2010	1	004	物理学院	00432211	理论力学
2009—2010	1	004	物理学院	00432217	平衡态统计物理
2009—2010	1	004	物理学院	00432223	核物理与粒子物理专题实验
2009—2010	1	004	物理学院	00432247	大气物理学基础
2009—2010	1	004	物理学院	00432249	流体力学
2009—2010	1	004	物理学院	00432255	天气分析与预报
2009—2010	1	004	物理学院	00432266	环境生态学
2009—2010	1	004	物理学院	00432267	工程图学及其应用
2009—2010	1	004	物理学院	00432268	自然科学中的混沌和分形
2009—2010	1	004	物理学院	00432270	大气概论
2009—2010	1	004	物理学院	00432274	大气探测原理
2009—2010	1	004	物理学院	00433328	近代物理实验（Ⅱ）
2009—2010	1	004	物理学院	00433328	近代物理实验（Ⅱ）
2009—2010	1	004	物理学院	00433410	半导体物理学
2009—2010	1	004	物理学院	00433520	超导物理学
2009—2010	1	004	物理学院	00433640	材料物理
2009—2010	1	004	物理学院	00433641	材料物理
2009—2010	1	004	物理学院	00434092	纳米科技进展
2009—2010	1	004	物理学院	00434714	核科学前沿讲座
2009—2010	1	008	计算机科学技术系	00831240	计算机网络概论
2009—2010	1	008	计算机科学技术系	00831360	汇编语言程序设计
2009—2010	1	008	计算机科学技术系	00831610	文科计算机基础（上）
2009—2010	1	008	计算机科学技术系	00831610	文科计算机基础（上）
2009—2010	1	008	计算机科学技术系	00831610	文科计算机基础（上）
2009—2010	1	008	计算机科学技术系	00831610	文科计算机基础（上）
2009—2010	1	008	计算机科学技术系	00831610	文科计算机基础（上）
2009—2010	1	008	计算机科学技术系	00831610	文科计算机基础（上）

续表

学年	学期	院系代码	院系名称	课程号	课程名称
2009—2010	1	008	计算机科学技术系	00831610	文科计算机基础（上）
2009—2010	1	008	计算机科学技术系	00831610	文科计算机基础（上）
2009—2010	1	008	计算机科学技术系	00831610	文科计算机基础（上）
2009—2010	1	008	计算机科学技术系	00831610	文科计算机基础（上）
2009—2010	1	008	计算机科学技术系	00833110	离散数学（Ⅰ）
2009—2010	1	008	计算机科学技术系	00833120	C++语言程序设计
2009—2010	1	008	计算机科学技术系	00833140	微机原理
2009—2010	1	010	化学与分子工程学院	00130201	高等数学（B）（一）
2009—2010	1	010	化学与分子工程学院	00130211	高等数学（B）（一）习题课
2009—2010	1	010	化学与分子工程学院	00130211	高等数学（B）（一）习题课
2009—2010	1	010	化学与分子工程学院	00130211	高等数学（B）（一）习题课
2009—2010	1	010	化学与分子工程学院	00131460	线性代数（B）
2009—2010	1	010	化学与分子工程学院	00131470	线性代数（B）习题
2009—2010	1	010	化学与分子工程学院	00131470	线性代数（B）习题
2009—2010	1	010	化学与分子工程学院	00431143	电磁学
2009—2010	1	010	化学与分子工程学院	00431144	光学
2009—2010	1	010	化学与分子工程学院	00431148	光学习题课
2009—2010	1	010	化学与分子工程学院	00431148	光学习题课
2009—2010	1	010	化学与分子工程学院	00431215	普通物理实验
2009—2010	1	010	化学与分子工程学院	00432116	数学物理方法基础
2009—2010	1	010	化学与分子工程学院	00432119	数学物理方法习题课
2009—2010	1	010	化学与分子工程学院	01030200	化学实验室安全技术
2009—2010	1	010	化学与分子工程学院	01030440	化学动力学选读
2009—2010	1	010	化学与分子工程学院	01031100	今日化学
2009—2010	1	010	化学与分子工程学院	01032390	材料物理
2009—2010	1	010	化学与分子工程学院	01032530	高分子物理
2009—2010	1	010	化学与分子工程学院	01032580	催化化学
2009—2010	1	010	化学与分子工程学院	01033090	今日新材料
2009—2010	1	010	化学与分子工程学院	01034030	魅力化学
2009—2010	1	010	化学与分子工程学院	01034040	化学与社会
2009—2010	1	010	化学与分子工程学院	01034060	大学化学
2009—2010	1	010	化学与分子工程学院	01034310	普通化学
2009—2010	1	010	化学与分子工程学院	01034310	普通化学
2009—2010	1	010	化学与分子工程学院	01034321	普通化学实验
2009—2010	1	010	化学与分子工程学院	01034330	普通化学习题课
2009—2010	1	010	化学与分子工程学院	01034330	普通化学习题课
2009—2010	1	010	化学与分子工程学院	01034371	有机化学（一）
2009—2010	1	010	化学与分子工程学院	01034371	有机化学（一）
2009—2010	1	010	化学与分子工程学院	01034381	有机化学实验（一）
2009—2010	1	010	化学与分子工程学院	01034431	物理化学实验
2009—2010	1	010	化学与分子工程学院	01034440	无机化学
2009—2010	1	010	化学与分子工程学院	01034450	化工基础
2009—2010	1	010	化学与分子工程学院	01034450	化工基础
2009—2010	1	010	化学与分子工程学院	01034580	色谱分析
2009—2010	1	010	化学与分子工程学院	01034600	立体化学
2009—2010	1	010	化学与分子工程学院	01034610	中级分析化学
2009—2010	1	010	化学与分子工程学院	01034630	环境化学

续表

学年	学期	院系代码	院系名称	课程号	课程名称
2009—2010	1	010	化学与分子工程学院	01034650	生化分析
2009—2010	1	010	化学与分子工程学院	01034670	放射化学
2009—2010	1	010	化学与分子工程学院	01034680	波谱分析
2009—2010	1	010	化学与分子工程学院	01034720	辐射化学与工艺
2009—2010	1	010	化学与分子工程学院	01034780	胶体化学
2009—2010	1	010	化学与分子工程学院	01034800	多晶X射线衍射
2009—2010	1	010	化学与分子工程学院	01034850	综合化学实验（二）
2009—2010	1	010	化学与分子工程学院	01034930	物理化学
2009—2010	1	010	化学与分子工程学院	01034940	物理化学习题
2009—2010	1	010	化学与分子工程学院	01130050	生物化学实验
2009—2010	1	010	化学与分子工程学院	04831410	计算概论（B）
2009—2010	1	010	化学与分子工程学院	04831410	计算概论（B）
2009—2010	1	010	化学与分子工程学院	04831650	计算概论（B）上机
2009—2010	1	010	化学与分子工程学院	04831650	计算概论（B）上机
2009—2010	1	011	生命科学学院	00131421	高等数学C（一）
2009—2010	1	011	生命科学学院	00430002	物理学（B）（2）
2009—2010	1	011	生命科学学院	00430002	物理学（B）（2）
2009—2010	1	011	生命科学学院	01030810	有机化学（B）
2009—2010	1	011	生命科学学院	01030840	物理化学（B）
2009—2010	1	011	生命科学学院	01030840	物理化学（B）
2009—2010	1	011	生命科学学院	01032710	有机化学实验（B）
2009—2010	1	011	生命科学学院	01035050	基础化学
2009—2010	1	011	生命科学学院	01130020	生物化学（下）（新陈代谢）
2009—2010	1	011	生命科学学院	01130030	基础分子生物学
2009—2010	1	011	生命科学学院	01130050	生物化学实验
2009—2010	1	011	生命科学学院	01130060	微生物学
2009—2010	1	011	生命科学学院	01130070	微生物学实验
2009—2010	1	011	生命科学学院	01130110	蛋白质化学
2009—2010	1	011	生命科学学院	01130320	普通生物学实验(B)
2009—2010	1	011	生命科学学院	01130320	普通生物学实验(B)
2009—2010	1	011	生命科学学院	01130780	生物进化论
2009—2010	1	011	生命科学学院	01130871	人类的性、生育与健康
2009—2010	1	011	生命科学学院	01130930	普通生态学
2009—2010	1	011	生命科学学院	01130960	保护生物学
2009—2010	1	011	生命科学学院	01131050	动物生物学实验
2009—2010	1	011	生命科学学院	01131080	动物生物学
2009—2010	1	011	生命科学学院	01131110	生物技术制药基础
2009—2010	1	011	生命科学学院	01131160	生物学思想与概念
2009—2010	1	011	生命科学学院	01131170	发育生物学实验
2009—2010	1	011	生命科学学院	01139330	现代生物技术导论
2009—2010	1	011	生命科学学院	01139340	生物学综合实验
2009—2010	1	011	生命科学学院	01139350	普通生物学（B）
2009—2010	1	011	生命科学学院	01139360	基础分子生物学实验
2009—2010	1	011	生命科学学院	01139441	脊椎动物比较解剖学及实验
2009—2010	1	011	生命科学学院	01139470	生物信息学方法
2009—2010	1	011	生命科学学院	01139491	文献强化阅读与学术报告(2)
2009—2010	1	011	生命科学学院	01139560	植物特有生命现象导论(2)

续表

学年	学期	院系代码	院系名称	课程号	课程名称
2009—2010	1	011	生命科学学院	01139570	植物特有生命现象导论实验
2009—2010	1	011	生命科学学院	01139580	发育生物学
2009—2010	1	011	生命科学学院	01139640	生物医药工程及管理
2009—2010	1	011	生命科学学院	01139650	脑发育和行为:先天和后天的影响
2009—2010	1	011	生命科学学院	01139670	分子和细胞神经生物学
2009—2010	1	011	生命科学学院	04831410	计算概论（B）
2009—2010	1	012	地球与空间科学学院	00130201	高等数学（B）（一）
2009—2010	1	012	地球与空间科学学院	00130211	高等数学（B）（一）习题课
2009—2010	1	012	地球与空间科学学院	00130211	高等数学（B）（一）习题课
2009—2010	1	012	地球与空间科学学院	00130211	高等数学（B）（一）习题课
2009—2010	1	012	地球与空间科学学院	00131460	线性代数（B）
2009—2010	1	012	地球与空间科学学院	00131470	线性代数（B）习题
2009—2010	1	012	地球与空间科学学院	00131470	线性代数（B）习题
2009—2010	1	012	地球与空间科学学院	00431110	力学
2009—2010	1	012	地球与空间科学学院	00431180	力学习题
2009—2010	1	012	地球与空间科学学院	00431211	普通物理实验（A）（一）
2009—2010	1	012	地球与空间科学学院	00431431	普通物理实验（C）（一）
2009—2010	1	012	地球与空间科学学院	00432110	数学物理方法
2009—2010	1	012	地球与空间科学学院	00432204	数学物理方法习题
2009—2010	1	012	地球与空间科学学院	00436012	普通物理学（B）（二）
2009—2010	1	012	地球与空间科学学院	01230051	地球科学概论（一）
2009—2010	1	012	地球与空间科学学院	01230100	离散数学
2009—2010	1	012	地球与空间科学学院	01230110	操作系统原理
2009—2010	1	012	地球与空间科学学院	01231030	古生物学
2009—2010	1	012	地球与空间科学学院	01231040	矿床学
2009—2010	1	012	地球与空间科学学院	01231080	大地构造学
2009—2010	1	012	地球与空间科学学院	01231140	海洋地质学
2009—2010	1	012	地球与空间科学学院	01231150	石油地质学
2009—2010	1	012	地球与空间科学学院	01231200	自然资源与社会发展
2009—2010	1	012	地球与空间科学学院	01231210	地球历史概要
2009—2010	1	012	地球与空间科学学院	01231251	普通岩石学（上）
2009—2010	1	012	地球与空间科学学院	01231270	材料与环境矿物学
2009—2010	1	012	地球与空间科学学院	01231290	古植物学及其应用
2009—2010	1	012	地球与空间科学学院	01231300	宝石学
2009—2010	1	012	地球与空间科学学院	01231330	岩石学前缘理论与方法
2009—2010	1	012	地球与空间科学学院	01231390	构造地质学研究方法
2009—2010	1	012	地球与空间科学学院	01231430	地球化学
2009—2010	1	012	地球与空间科学学院	01231460	水文地质与工程地质学
2009—2010	1	012	地球与空间科学学院	01233020	电离层物理学与电波传播
2009—2010	1	012	地球与空间科学学院	01233170	地震概论
2009—2010	1	012	地球与空间科学学院	01233170	地震概论
2009—2010	1	012	地球与空间科学学院	01233180	地球连续介质力学基础
2009—2010	1	012	地球与空间科学学院	01233270	岩石力学
2009—2010	1	012	地球与空间科学学院	01233300	我们的地球
2009—2010	1	012	地球与空间科学学院	01235030	计算数学
2009—2010	1	012	地球与空间科学学院	01235040	计算机图形学基础
2009—2010	1	012	地球与空间科学学院	01235060	数字地形模型

续表

学年	学期	院系代码	院系名称	课程号	课程名称
2009—2010	1	012	地球与空间科学学院	01235090	网络基础与WebGIS
2009—2010	1	012	地球与空间科学学院	01235120	遥感数字图像处理原理
2009—2010	1	012	地球与空间科学学院	01235130	地理科学概论
2009—2010	1	012	地球与空间科学学院	01235140	数字地球导论
2009—2010	1	012	地球与空间科学学院	01235150	色度学
2009—2010	1	012	地球与空间科学学院	01235160	地理信息系统工程
2009—2010	1	012	地球与空间科学学院	01235170	导航与通讯导论
2009—2010	1	012	地球与空间科学学院	01235200	遥感图像处理方法
2009—2010	1	012	地球与空间科学学院	01235230	地图学
2009—2010	1	012	地球与空间科学学院	01235250	GIS实验
2009—2010	1	012	地球与空间科学学院	01235280	地貌与自然地理学基础
2009—2010	1	012	地球与空间科学学院	01235290	环境与生态科学
2009—2010	1	012	地球与空间科学学院	01235310	测量学概论
2009—2010	1	012	地球与空间科学学院	01431130	古生态学与古环境恢复
2009—2010	1	012	地球与空间科学学院	01431150	岩浆作用理论概述
2009—2010	1	012	地球与空间科学学院	01431250	微量元素地球化学
2009—2010	1	012	地球与空间科学学院	01531470	遥感应用
2009—2010	1	012	地球与空间科学学院	04831410	计算概论（B）
2009—2010	1	013	环境学院	01531130	中国自然地理
2009—2010	1	013	环境学院	01531230	遥感基础与图像解译原理
2009—2010	1	013	环境学院	01531690	计量地理
2009—2010	1	013	环境学院	01531810	环境演变与全球变化
2009—2010	1	013	环境学院	01532210	景观规划与设计（含园林绿地规划课程设计）
2009—2010	1	013	环境学院	01532240	城市总体规划（课程设计）
2009—2010	1	013	环境学院	01532340	房地产开发与管理
2009—2010	1	013	环境学院	01532350	城市基础设施规划
2009—2010	1	013	环境学院	01532370	城市设计
2009—2010	1	013	环境学院	01532400	城市道路交通规划
2009—2010	1	013	环境学院	01533050	房地产估价
2009—2010	1	013	环境学院	01533060	建设项目经济评价
2009—2010	1	013	环境学院	01533140	规划设计实习
2009—2010	1	013	环境学院	01533190	城市规划系统工程学
2009—2010	1	013	环境学院	01533230	城市社会地理学
2009—2010	1	013	环境学院	01534070	土地评价与管理
2009—2010	1	013	环境学院	01534250	城市规划研究方法
2009—2010	1	013	环境学院	01535090	旅游规划
2009—2010	1	013	环境学院	01535100	旅游地理学
2009—2010	1	013	环境学院	01535120	流域综合规划与管理
2009—2010	1	013	环境学院	01535140	生态学数量方法及主要软件应用
2009—2010	1	013	环境学院	01536020	环境经济学
2009—2010	1	013	环境学院	01536080	环境污染与人体健康
2009—2010	1	013	环境学院	01536200	微量有毒物风险分析
2009—2010	1	013	环境学院	01536320	环境监测（2）
2009—2010	1	013	环境学院	01536420	生态毒理学
2009—2010	1	013	环境学院	01536690	可持续发展
2009—2010	1	013	环境学院	01536810	动物生态学
2009—2010	1	016	心理学系	01603011	心理测量

续表

学年	学期	院系代码	院系名称	课程号	课程名称
2009—2010	1	016	心理学系	01603333	实验心理学实验
2009—2010	1	016	心理学系	01603333	实验心理学实验
2009—2010	1	016	心理学系	01610200	神经心理学
2009—2010	1	016	心理学系	01630034	实验心理学
2009—2010	1	016	心理学系	01630040	社会心理学
2009—2010	1	016	心理学系	01630040	社会心理学
2009—2010	1	016	心理学系	01630046	社会冲突与管理
2009—2010	1	016	心理学系	01630051	心理统计（1）
2009—2010	1	016	心理学系	01630060	发展心理学
2009—2010	1	016	心理学系	01630070	SPSS统计软件包
2009—2010	1	016	心理学系	01630090	变态心理学
2009—2010	1	016	心理学系	01630101	生理心理学
2009—2010	1	016	心理学系	01630121	认知心理学
2009—2010	1	016	心理学系	01630140	认知神经科学
2009—2010	1	016	心理学系	01630220	生理心理实验
2009—2010	1	016	心理学系	01630260	心理学研究方法
2009—2010	1	016	心理学系	01630280	组织管理心理学
2009—2010	1	016	心理学系	01630550	儿童动作与认知发展
2009—2010	1	016	心理学系	01630900	普通心理学
2009—2010	1	016	心理学系	01630900	普通心理学
2009—2010	1	016	心理学系	01635042	大学生心理素质拓展
2009—2010	1	016	心理学系	01635060	大学生心理健康
2009—2010	1	016	心理学系	01636060	高级统计SPSS上机
2009—2010	1	016	心理学系	01639020	心理学概论
2009—2010	1	016	心理学系	04831410	计算概论(B)
2009—2010	1	016	心理学系	04831650	计算概论(B)上机
2009—2010	1	018	新闻与传播学院	00130241	高等数学（D）（上）
2009—2010	1	018	新闻与传播学院	01830110	外国新闻传播史
2009—2010	1	018	新闻与传播学院	01830230	中西新闻比较
2009—2010	1	018	新闻与传播学院	01830260	广播电视概论
2009—2010	1	018	新闻与传播学院	01830300	网络传播
2009—2010	1	018	新闻与传播学院	01830480	广告学概论
2009—2010	1	018	新闻与传播学院	01830640	广告文案
2009—2010	1	018	新闻与传播学院	01830710	新闻摄影
2009—2010	1	018	新闻与传播学院	01831030	传播学概论
2009—2010	1	018	新闻与传播学院	01831190	编辑出版概论
2009—2010	1	018	新闻与传播学院	01831300	中国古籍资源与整理
2009—2010	1	018	新闻与传播学院	01831470	信息检索与利用
2009—2010	1	018	新闻与传播学院	01831490	社会调查研究方法
2009—2010	1	018	新闻与传播学院	01831610	汉语修辞学
2009—2010	1	018	新闻与传播学院	01831750	专题片及纪录片创作
2009—2010	1	018	新闻与传播学院	01831760	世界电影史
2009—2010	1	018	新闻与传播学院	01831990	跨文化交流学
2009—2010	1	018	新闻与传播学院	01832220	毕业实习
2009—2010	1	018	新闻与传播学院	01832400	广播电视专题研究
2009—2010	1	018	新闻与传播学院	01832420	品牌研究
2009—2010	1	018	新闻与传播学院	01832650	公共关系

续表

学年	学期	院系代码	院系名称	课程号	课程名称
2009—2010	1	018	新闻与传播学院	01832730	传媒法律法规
2009—2010	1	018	新闻与传播学院	01832760	英语新闻阅读
2009—2010	1	018	新闻与传播学院	01832910	视频编辑
2009—2010	1	018	新闻与传播学院	01832940	新闻学概论
2009—2010	1	018	新闻与传播学院	01832970	高级采访写作
2009—2010	1	018	新闻与传播学院	01832980	播音与主持
2009—2010	1	018	新闻与传播学院	01833030	广播电视节目制作
2009—2010	1	018	新闻与传播学院	01833090	电脑辅助设计
2009—2010	1	018	新闻与传播学院	01833250	网络采编实务
2009—2010	1	018	新闻与传播学院	01833350	社会学基础与新媒体传播
2009—2010	1	020	中国语言文学系	02030011	现代汉语（上）
2009—2010	1	020	中国语言文学系	02030011	现代汉语（上）
2009—2010	1	020	中国语言文学系	02030021	古代汉语（上）
2009—2010	1	020	中国语言文学系	02030021	古代汉语（上）
2009—2010	1	020	中国语言文学系	02030031	中国古代文学史（一）
2009—2010	1	020	中国语言文学系	02030033	中国古代文学史（三）
2009—2010	1	020	中国语言文学系	02030070	语言学概论
2009—2010	1	020	中国语言文学系	02030070	语言学概论
2009—2010	1	020	中国语言文学系	02030120	汉语方言学
2009—2010	1	020	中国语言文学系	02030120	汉语方言学
2009—2010	1	020	中国语言文学系	02030150	理论语言学
2009—2010	1	020	中国语言文学系	02030220	目录学
2009—2010	1	020	中国语言文学系	02030230	版本学
2009—2010	1	020	中国语言文学系	02030252	古文献学史(下)
2009—2010	1	020	中国语言文学系	02030300	当代文学批评
2009—2010	1	020	中国语言文学系	02030330	民俗学
2009—2010	1	020	中国语言文学系	02030350	中国神话研究
2009—2010	1	020	中国语言文学系	02030470	散曲研究
2009—2010	1	020	中国语言文学系	02031090	《孟子》选读
2009—2010	1	020	中国语言文学系	02031090	《孟子》选读
2009—2010	1	020	中国语言文学系	02031130	索绪尔语言学理论
2009—2010	1	020	中国语言文学系	02031140	美国结构语言学
2009—2010	1	020	中国语言文学系	02031200	日本中国学
2009—2010	1	020	中国语言文学系	02031521	汉语史（上）
2009—2010	1	020	中国语言文学系	02031540	中国古代文化
2009—2010	1	020	中国语言文学系	02031550	小说的艺术
2009—2010	1	020	中国语言文学系	02032340	中文工具书及古代典籍概要
2009—2010	1	020	中国语言文学系	02032630	汉语和汉语研究
2009—2010	1	020	中国语言文学系	02032780	西方文学理论史
2009—2010	1	020	中国语言文学系	02033010	老舍与现代中国文化
2009—2010	1	020	中国语言文学系	02033100	语言工程与中文信息处理
2009—2010	1	020	中国语言文学系	02033220	古代文学作品鉴赏
2009—2010	1	020	中国语言文学系	02033260	汉语语音学基础
2009—2010	1	020	中国语言文学系	02033270	中国文学理论批评史
2009—2010	1	020	中国语言文学系	02033320	中国古代诗歌理论专题
2009—2010	1	020	中国语言文学系	02033360	中国当代文学
2009—2010	1	020	中国语言文学系	02033400	《切韵》导读

续表

学年	学期	院系代码	院系名称	课程号	课程名称
2009—2010	1	020	中国语言文学系	02033450	古代典籍概要
2009—2010	1	020	中国语言文学系	02033450	古代典籍概要
2009—2010	1	020	中国语言文学系	02033560	《红楼梦》研究
2009—2010	1	020	中国语言文学系	02033570	静园学术讲座
2009—2010	1	020	中国语言文学系	02033580	古代汉语
2009—2010	1	020	中国语言文学系	02039310	大学语文
2009—2010	1	020	中国语言文学系	02080020	汉语修辞
2009—2010	1	020	中国语言文学系	02080051	古代汉语(上)
2009—2010	1	020	中国语言文学系	02080080	中国古代文化
2009—2010	1	020	中国语言文学系	02080130	中文工具书使用
2009—2010	1	020	中国语言文学系	02080261	中国现代文学(上)
2009—2010	1	020	中国语言文学系	02080331	中国当代文学作品(上)
2009—2010	1	020	中国语言文学系	02080341	中国古代文学(一)
2009—2010	1	020	中国语言文学系	02080343	中国古代文学(三)
2009—2010	1	020	中国语言文学系	02080350	中国民俗学
2009—2010	1	020	中国语言文学系	02080381	汉语听说(上)
2009—2010	1	020	中国语言文学系	02080381	汉语听说(上)
2009—2010	1	020	中国语言文学系	02130011	中国古代史(上)
2009—2010	1	021	历史学系	02112520	《四库全书总目》研读
2009—2010	1	021	历史学系	02114542	基础韩国语(2)
2009—2010	1	021	历史学系	02115650	研究生现代希腊语(1)
2009—2010	1	021	历史学系	02130011	中国古代史(上)
2009—2010	1	021	历史学系	02130020	中国近代史
2009—2010	1	021	历史学系	02130101	中国历史文选(上)
2009—2010	1	021	历史学系	02130101	中国历史义选(上)
2009—2010	1	021	历史学系	02130120	中国史学史
2009—2010	1	021	历史学系	02130130	外国史学史
2009—2010	1	021	历史学系	02130150	考古学通论
2009—2010	1	021	历史学系	02130180	中国古代政治文化
2009—2010	1	021	历史学系	02130620	德国史专题
2009—2010	1	021	历史学系	02130680	东南亚史
2009—2010	1	021	历史学系	02130720	宗教改革史
2009—2010	1	021	历史学系	02131050	基督教文明史
2009—2010	1	021	历史学系	02131080	18—19世纪欧洲
2009—2010	1	021	历史学系	02131101	拉丁文基础(1)
2009—2010	1	021	历史学系	02131220	欧洲文艺复兴
2009—2010	1	021	历史学系	02131230	二十世纪世界史
2009—2010	1	021	历史学系	02131310	中国传统官僚政治制度
2009—2010	1	021	历史学系	02131350	中国古代史专题
2009—2010	1	021	历史学系	02131400	埃及学专题
2009—2010	1	021	历史学系	02131430	美国史通论
2009—2010	1	021	历史学系	02131440	西方文化通论
2009—2010	1	021	历史学系	02131580	中美关系史
2009—2010	1	021	历史学系	02131771	现代希腊语(1)
2009—2010	1	021	历史学系	02131810	伊斯兰教与现代世界
2009—2010	1	021	历史学系	02131991	基础意大利语(1)
2009—2010	1	021	历史学系	02131992	基础意大利语(2)

续表

学年	学期	院系代码	院系名称	课程号	课程名称
2009—2010	1	021	历史学系	02132080	世界史通论
2009—2010	1	021	历史学系	02132090	外文原版教材阅读指导
2009—2010	1	021	历史学系	02132240	中国古代法制史
2009—2010	1	021	历史学系	02132430	中国国民党史
2009—2010	1	021	历史学系	02132560	土耳其历史、语言与文化概论
2009—2010	1	021	历史学系	02132660	日本文化史
2009—2010	1	021	历史学系	02132680	韩国史通论
2009—2010	1	021	历史学系	02132750	中国通史(古代部分)
2009—2010	1	021	历史学系	02133420	20世纪美国知识分子
2009—2010	1	021	历史学系	02133620	古希腊罗马史
2009—2010	1	021	历史学系	02133630	中世纪欧洲史
2009—2010	1	021	历史学系	02133650	美洲史
2009—2010	1	021	历史学系	02133670	外文历史文献选读
2009—2010	1	021	历史学系	02133692	外文历史名著选读(下)
2009—2010	1	021	历史学系	02133710	英文写作指导
2009—2010	1	021	历史学系	02139160	欧洲一体化研究
2009—2010	1	021	历史学系	02139190	非洲史
2009—2010	1	022	考古文博学院	01034920	普通化学实验(B)
2009—2010	1	022	考古文博学院	02230440	丝绸之路考古
2009—2010	1	022	考古文博学院	02230570	冶金考古
2009—2010	1	022	考古文博学院	02230830	无机质文物保护与实验
2009—2010	1	022	考古文博学院	02231040	博物馆学概论
2009—2010	1	022	考古文博学院	02231050	设计初步
2009—2010	1	022	考古文博学院	02231060	博物馆陈列内容设计
2009—2010	1	022	考古文博学院	02231110	建筑设计(二)
2009—2010	1	022	考古文博学院	02231141	计算机制图与表现
2009—2010	1	022	考古文博学院	02231170	中国古代物质文化史
2009—2010	1	022	考古文博学院	02232103	中国考古学(中一)
2009—2010	1	022	考古文博学院	02232104	中国考古学(中二)
2009—2010	1	022	考古文博学院	02233030	现代建筑构造与结构选型
2009—2010	1	022	考古文博学院	02240011	中国建筑史(上)
2009—2010	1	022	考古文博学院	02240081	美术素描基础(上)
2009—2010	1	022	考古文博学院	02240151	古代建筑保护及规划设计(上)
2009—2010	1	022	考古文博学院	02240250	文化遗产管理
2009—2010	1	022	考古文博学院	02240290	田野考古实习
2009—2010	1	022	考古文博学院	02240340	中国考古发现与探索
2009—2010	1	022	考古文博学院	02240350	殷周金文通论
2009—2010	1	023	哲学系	02315290	自然法原著选读
2009—2010	1	023	哲学系	02330000	哲学导论
2009—2010	1	023	哲学系	02330001	哲学导论
2009—2010	1	023	哲学系	02330026	马克思主义哲学导论(下)
2009—2010	1	023	哲学系	02330030	逻辑导论
2009—2010	1	023	哲学系	02330050	西方哲学导论
2009—2010	1	023	哲学系	02330070	现代西方哲学
2009—2010	1	023	哲学系	02330091	中国现代哲学史
2009—2010	1	023	哲学系	02330142	伦理学导论
2009—2010	1	023	哲学系	02330142	伦理学导论

续表

学年	学期	院系代码	院系名称	课程号	课程名称
2009—2010	1	023	哲学系	02330152	美学原理
2009—2010	1	023	哲学系	02330161	宗教学导论
2009—2010	1	023	哲学系	02330162	宗教学导论
2009—2010	1	023	哲学系	02330340	形而上学
2009—2010	1	023	哲学系	02330350	西方马克思主义专题
2009—2010	1	023	哲学系	02330360	马克思主义宗教学
2009—2010	1	023	哲学系	02330540	管理哲学
2009—2010	1	023	哲学系	02330620	科学社会学导论
2009—2010	1	023	哲学系	02330730	日本佛教
2009—2010	1	023	哲学系	02330840	中国美学史
2009—2010	1	023	哲学系	02331030	一阶逻辑
2009—2010	1	023	哲学系	02331050	模态逻辑
2009—2010	1	023	哲学系	02331190	集合论
2009—2010	1	023	哲学系	02332013	印度佛教史
2009—2010	1	023	哲学系	02332020	伊斯兰教史
2009—2010	1	023	哲学系	02332024	中国伊斯兰史
2009—2010	1	023	哲学系	02332042	基督教和中国文化
2009—2010	1	023	哲学系	02332117	基督教哲学
2009—2010	1	023	哲学系	02332131	圣经导读
2009—2010	1	023	哲学系	02332221	宗教哲学原著选读
2009—2010	1	023	哲学系	02332250	中国宗教史
2009—2010	1	023	哲学系	02332270	奥古斯丁思想研究
2009—2010	1	023	哲学系	02332300	20世纪重要神学家著作选读
2009—2010	1	023	哲学系	02332338	印度佛教经典选读
2009—2010	1	023	哲学系	02332541	宗教人类学
2009—2010	1	023	哲学系	02332614	拉丁语（Ⅰ）
2009—2010	1	023	哲学系	02332770	西方近代哲学的起源
2009—2010	1	023	哲学系	02332780	信仰与理性
2009—2010	1	023	哲学系	02333091	现代德国哲学
2009—2010	1	023	哲学系	02333100	分析哲学概论
2009—2010	1	023	哲学系	02333170	后现代主义哲学
2009—2010	1	023	哲学系	02335001	哲学之用
2009—2010	1	023	哲学系	02335062	西方哲学史（下）
2009—2010	1	023	哲学系	02335072	中国哲学史（下）
2009—2010	1	023	哲学系	02335122	复杂性科学与哲学
2009—2010	1	023	哲学系	02335130	科学通史
2009—2010	1	024	国际关系学院	02430010	国际政治概论
2009—2010	1	024	国际关系学院	02430010	国际政治概论
2009—2010	1	024	国际关系学院	02430020	国际政治经济学
2009—2010	1	024	国际关系学院	02430041	政治学原理
2009—2010	1	024	国际关系学院	02430050	外交学
2009—2010	1	024	国际关系学院	02430050	外交学
2009—2010	1	024	国际关系学院	02430080	近代国际关系史
2009—2010	1	024	国际关系学院	02430140	中华人民共和国对外关系
2009—2010	1	024	国际关系学院	02430140	中华人民共和国对外关系
2009—2010	1	024	国际关系学院	02430150	中国政治概论
2009—2010	1	024	国际关系学院	02430151	英语听说（一）

续表

学年	学期	院系代码	院系名称	课程号	课程名称
2009—2010	1	024	国际关系学院	02430151	英语听说(一)
2009—2010	1	024	国际关系学院	02430151	英语听说(一)
2009—2010	1	024	国际关系学院	02430153	英语听说(三)
2009—2010	1	024	国际关系学院	02430153	英语听说(三)
2009—2010	1	024	国际关系学院	02430153	英语听说(三)
2009—2010	1	024	国际关系学院	02430160	英语写作
2009—2010	1	024	国际关系学院	02430160	英语写作
2009—2010	1	024	国际关系学院	02430200	战后国际关系史
2009—2010	1	024	国际关系学院	02430200	战后国际关系史
2009—2010	1	024	国际关系学院	02430410	西方国际关系理论评介
2009—2010	1	024	国际关系学院	02430411	西方国际关系理论
2009—2010	1	024	国际关系学院	02430620	两岸关系与一国两制
2009—2010	1	024	国际关系学院	02430891	国际战略分析
2009—2010	1	024	国际关系学院	02430961	中文报刊选读(一)
2009—2010	1	024	国际关系学院	02430963	中文报刊选读(三)
2009—2010	1	024	国际关系学院	02431091	专业汉语(一)
2009—2010	1	024	国际关系学院	02431111	留学生英语(一)
2009—2010	1	024	国际关系学院	02431210	国际冲突与危机管理体制
2009—2010	1	024	国际关系学院	02431212	中国外交史(下)
2009—2010	1	024	国际关系学院	02431240	西方外交思想概论
2009—2010	1	024	国际关系学院	02431291	媒体与国际关系
2009—2010	1	024	国际关系学院	02431291	媒体与国际关系
2009—2010	1	024	国际关系学院	02431320	东南亚各国政治与外交
2009—2010	1	024	国际关系学院	02431330	日本政治与外交
2009—2010	1	024	国际关系学院	02431350	美国政治与外交
2009—2010	1	024	国际关系学院	02431380	东北亚政治与外交
2009—2010	1	024	国际关系学院	02431420	俄罗斯政治与外交
2009—2010	1	024	国际关系学院	02431490	邓小平理论概论
2009—2010	1	024	国际关系学院	02431650	环境与国际关系
2009—2010	1	024	国际关系学院	02431650	环境与国际关系
2009—2010	1	024	国际关系学院	02431660	中美经贸关系
2009—2010	1	024	国际关系学院	02431680	英语原著选读
2009—2010	1	024	国际关系学院	02431690	心理、行为与文化
2009—2010	1	024	国际关系学院	02431710	亚太概论
2009—2010	1	024	国际关系学院	02431730	世界政治中的民族问题
2009—2010	1	024	国际关系学院	02431761	国际政治思想史
2009—2010	1	024	国际关系学院	02431761	国际政治思想史
2009—2010	1	024	国际关系学院	02431850	中东:政治、社会与文化
2009—2010	1	024	国际关系学院	02431920	欧洲联盟概论
2009—2010	1	024	国际关系学院	02431940	台湾政治概论
2009—2010	1	024	国际关系学院	02431960	日本历史
2009—2010	1	024	国际关系学院	02431961	日语(一)
2009—2010	1	024	国际关系学院	02432020	社会经济统计原理
2009—2010	1	024	国际关系学院	02433080	环境政治经济学
2009—2010	1	024	国际关系学院	02433130	美国政治经济
2009—2010	1	024	国际关系学院	02433140	日本政治经济
2009—2010	1	024	国际关系学院	02433150	俄罗斯政治经济

续表

学年	学期	院系代码	院系名称	课程号	课程名称
2009—2010	1	024	国际关系学院	02433160	欧盟政治经济
2009—2010	1	024	国际关系学院	02433170	公共外交
2009—2010	1	024	国际关系学院	02433221	香港澳门概论
2009—2010	1	024	国际关系学院	02433230	非传统安全概论
2009—2010	1	025	经济学院	00130201	高等数学（B）（一）
2009—2010	1	025	经济学院	00130201	高等数学（B）（一）
2009—2010	1	025	经济学院	00130211	高等数学（B）（一）习题课
2009—2010	1	025	经济学院	00130211	高等数学（B）（一）习题课
2009—2010	1	025	经济学院	00130211	高等数学（B）（一）习题课
2009—2010	1	025	经济学院	00130211	高等数学（B）（一）习题课
2009—2010	1	025	经济学院	00131460	线性代数（B）
2009—2010	1	025	经济学院	00131460	线性代数（B）
2009—2010	1	025	经济学院	00131470	线性代数（B）习题
2009—2010	1	025	经济学院	00131470	线性代数（B）习题
2009—2010	1	025	经济学院	00131470	线性代数（B）习题
2009—2010	1	025	经济学院	00131470	线性代数（B）习题
2009—2010	1	025	经济学院	02530051	统计学
2009—2010	1	025	经济学院	02530060	微观经济学
2009—2010	1	025	经济学院	02530060	微观经济学
2009—2010	1	025	经济学院	02530060	微观经济学
2009—2010	1	025	经济学院	02530061	微观经济学"习题课"
2009—2010	1	025	经济学院	02530061	微观经济学"习题课"
2009—2010	1	025	经济学院	02530090	国际贸易
2009—2010	1	025	经济学院	02530150	发展经济学
2009—2010	1	025	经济学院	02530340	投资学
2009—2010	1	025	经济学院	02530460	财产与责任保险
2009—2010	1	025	经济学院	02530470	人寿与健康保险
2009—2010	1	025	经济学院	02530480	国际经济学
2009—2010	1	025	经济学院	02531080	社会保险
2009—2010	1	025	经济学院	02532240	金融经济学导论
2009—2010	1	025	经济学院	02532260	信息经济学
2009—2010	1	025	经济学院	02532340	中国经济史
2009—2010	1	025	经济学院	02532410	商业银行管理
2009—2010	1	025	经济学院	02532440	国际金融组织
2009—2010	1	025	经济学院	02532500	公共选择理论
2009—2010	1	025	经济学院	02533160	经济学原理（Ⅰ）
2009—2010	1	025	经济学院	02533160	经济学原理（Ⅰ）
2009—2010	1	025	经济学院	02533180	政治经济学（上）
2009—2010	1	025	经济学院	02533250	公共经济学
2009—2010	1	025	经济学院	02533280	经济学方法论
2009—2010	1	025	经济学院	02533380	西方经济学主要流派
2009—2010	1	025	经济学院	02533380	西方经济学主要流派
2009—2010	1	025	经济学院	02533390	福利经济学
2009—2010	1	025	经济学院	02533410	西方财政学
2009—2010	1	025	经济学院	02533430	俄罗斯经济
2009—2010	1	025	经济学院	02533440	营销学
2009—2010	1	025	经济学院	02533520	国际金融

续表

学年	学期	院系代码	院系名称	课程号	课程名称
2009—2010	1	025	经济学院	02533520	国际金融
2009—2010	1	025	经济学院	02533570	公司金融
2009—2010	1	025	经济学院	02533640	中国保险市场专题研究
2009—2010	1	025	经济学院	02533660	自然资源经济学
2009—2010	1	025	经济学院	02533670	农村金融学
2009—2010	1	025	经济学院	02533680	财政税收法学
2009—2010	1	025	经济学院	02533690	应用时间序列分析
2009—2010	1	025	经济学院	02533710	会计学原理
2009—2010	1	025	经济学院	02533720	数理经济学
2009—2010	1	025	经济学院	02533950	信托与租赁
2009—2010	1	025	经济学院	02533970	区域经济学
2009—2010	1	025	经济学院	02533980	美国经济
2009—2010	1	025	经济学院	02533990	韩国经济
2009—2010	1	025	经济学院	02534000	生态经济学
2009—2010	1	025	经济学院	02534130	跨国公司管理
2009—2010	1	025	经济学院	02534200	风险管理学
2009—2010	1	025	经济学院	02534290	保险投资管理
2009—2010	1	025	经济学院	02534300	现代金融理论简史
2009—2010	1	025	经济学院	02534310	财政学研究方法
2009—2010	1	025	经济学院	02534530	实验经济学
2009—2010	1	025	经济学院	02534710	激励理论与经济发展
2009—2010	1	025	经济学院	02534900	合作经济学
2009—2010	1	028	光华管理学院	00130201	高等数学（B）（一）
2009—2010	1	028	光华管理学院	00130201	高等数学（B）（一）
2009—2010	1	028	光华管理学院	00130211	高等数学（B）（一）习题课
2009—2010	1	028	光华管理学院	00130211	高等数学（B）（一）习题课
2009—2010	1	028	光华管理学院	00130211	高等数学（B）（一）习题课
2009—2010	1	028	光华管理学院	00130211	高等数学（B）（一）习题课
2009—2010	1	028	光华管理学院	02811110	专业英语
2009—2010	1	028	光华管理学院	02831100	组织与管理
2009—2010	1	028	光华管理学院	02831100	组织与管理
2009—2010	1	028	光华管理学院	02831220	经济学
2009—2010	1	028	光华管理学院	02831520	会计学
2009—2010	1	028	光华管理学院	02832110	微观经济学
2009—2010	1	028	光华管理学院	02832110	微观经济学
2009—2010	1	028	光华管理学院	02832420	金融学中的数学方法
2009—2010	1	028	光华管理学院	02832460	成本与管理会计
2009—2010	1	028	光华管理学院	02832510	财务会计
2009—2010	1	028	光华管理学院	02832510	财务会计
2009—2010	1	028	光华管理学院	02832510	财务会计
2009—2010	1	028	光华管理学院	02832640	营销学
2009—2010	1	028	光华管理学院	02832640	营销学
2009—2010	1	028	光华管理学院	02832690	物流与供应链管理
2009—2010	1	028	光华管理学院	02832700	定价管理
2009—2010	1	028	光华管理学院	02832750	概率论基础
2009—2010	1	028	光华管理学院	02832750	概率论基础
2009—2010	1	028	光华管理学院	02833230	金融市场与金融机构

续表

学年	学期	院系代码	院系名称	课程号	课程名称
2009—2010	1	028	光华管理学院	02833430	公司财务管理
2009—2010	1	028	光华管理学院	02833440	营销渠道
2009—2010	1	028	光华管理学院	02833480	社会学
2009—2010	1	028	光华管理学院	02833650	市场研究
2009—2010	1	028	光华管理学院	02833710	运筹学
2009—2010	1	028	光华管理学院	02833820	管理信息系统
2009—2010	1	028	光华管理学院	02833880	计算机语言
2009—2010	1	028	光华管理学院	02834020	金融学概论
2009—2010	1	028	光华管理学院	02834230	保险学
2009—2010	1	028	光华管理学院	02834430	财务报表分析
2009—2010	1	028	光华管理学院	02834530	内部控制与内部审计
2009—2010	1	028	光华管理学院	02834840	金融衍生工具
2009—2010	1	029	法学院	00131440	文科高等数学（Ⅰ）
2009—2010	1	029	法学院	02930020	中国法律思想史
2009—2010	1	029	法学院	02930030	中国法制史
2009—2010	1	029	法学院	02930040	西方法律思想史
2009—2010	1	029	法学院	02930060	宪法学
2009—2010	1	029	法学院	0293007a	行政法与行政诉讼法
2009—2010	1	029	法学院	02930084	侵权法
2009—2010	1	029	法学院	0293008a	民法总论
2009—2010	1	029	法学院	02930103	刑法分论
2009—2010	1	029	法学院	02930171	法律实务——诊所式法律教育
2009—2010	1	029	法学院	02930171	法律实务——诊所式法律教育
2009—2010	1	029	法学院	02930172	非营利组织法
2009—2010	1	029	法学院	02930200	企业法/公司法
2009—2010	1	029	法学院	02930249	竞争法
2009—2010	1	029	法学院	02930261	信托法
2009—2010	1	029	法学院	02930270	财政税收法
2009—2010	1	029	法学院	02930300	劳动法与社会保障法
2009—2010	1	029	法学院	02930390	专业英语（听力及口语）
2009—2010	1	029	法学院	02930470	商法总论
2009—2010	1	029	法学院	02930480	国际公法
2009—2010	1	029	法学院	02930520	司法精神病学
2009—2010	1	029	法学院	02930580	票据法
2009—2010	1	029	法学院	0293063a	刑事侦查学
2009—2010	1	029	法学院	02930680	罗马法
2009—2010	1	029	法学院	0293074a	专业英语
2009—2010	1	029	法学院	0293074a	专业英语
2009—2010	1	029	法学院	02930760	心理卫生学概论
2009—2010	1	029	法学院	02930770	保险法
2009—2010	1	029	法学院	02930780	刑事执行法
2009—2010	1	029	法学院	02930901	实习
2009—2010	1	029	法学院	02930903	法律社会学
2009—2010	1	029	法学院	02930905	犯罪通论
2009—2010	1	029	法学院	02930920	刑事诉讼法
2009—2010	1	029	法学院	02930940	环境法
2009—2010	1	029	法学院	02930970	物权法

续表

学年	学期	院系代码	院系名称	课程号	课程名称
2009—2010	1	029	法学院	02930985	国际人权法
2009—2010	1	029	法学院	02930986	法律实务
2009—2010	1	029	法学院	02930989	刑法学
2009—2010	1	029	法学院	02930995	会计法与审计法
2009—2010	1	029	法学院	02939995	国际私法
2009—2010	1	029	法学院	02939999	法律导论
2009—2010	1	030	信息管理系	03030630	信息存储与检索
2009—2010	1	030	信息管理系	03030700	计算机网络
2009—2010	1	030	信息管理系	03030720	信息经济学
2009—2010	1	030	信息管理系	03030740	管理信息系统
2009—2010	1	030	信息管理系	03031140	计算机网络上机
2009—2010	1	030	信息管理系	03031170	信息存储与检索上机
2009—2010	1	030	信息管理系	03032000	管理学原理
2009—2010	1	030	信息管理系	03032110	信息政策与法规
2009—2010	1	030	信息管理系	03032130	信息组织
2009—2010	1	030	信息管理系	03032170	媒体与社会
2009—2010	1	030	信息管理系	03032180	出版文化学
2009—2010	1	030	信息管理系	03032270	图书馆管理
2009—2010	1	030	信息管理系	03032380	专业英语
2009—2010	1	030	信息管理系	03033070	信息系统分析与设计
2009—2010	1	030	信息管理系	03033180	信息资源建设
2009—2010	1	030	信息管理系	03033190	社科文献资源与检索利用
2009—2010	1	030	信息管理系	03033200	西文工具书
2009—2010	1	030	信息管理系	03033220	广告学概论
2009—2010	1	030	信息管理系	03033243	中国名著导读
2009—2010	1	030	信息管理系	03033350	面向对象程序设计JAVA
2009—2010	1	030	信息管理系	03033360	面向对象程序设计JAVA上机
2009—2010	1	030	信息管理系	03033430	Web信息构建理论与实践
2009—2010	1	030	信息管理系	03033440	数据挖掘导论
2009—2010	1	031	社会学系	00131440	文科高等数学（Ⅰ）
2009—2010	1	031	社会学系	03100130	国外社会学学说（上）
2009—2010	1	031	社会学系	03130010	社会学概论
2009—2010	1	031	社会学系	03130010	社会学概论
2009—2010	1	031	社会学系	03130020	国外社会学学说（下）
2009—2010	1	031	社会学系	03130120	社会统计学
2009—2010	1	031	社会学系	03130120	社会统计学
2009—2010	1	031	社会学系	03130190	城市社会学
2009—2010	1	031	社会学系	03130260	家庭社会学
2009—2010	1	031	社会学系	03130270	社会老年学
2009—2010	1	031	社会学系	03130420	个案工作
2009—2010	1	031	社会学系	03130430	群体工作
2009—2010	1	031	社会学系	03130470	社会政策
2009—2010	1	031	社会学系	03130590	中国社会
2009—2010	1	031	社会学系	03130710	越轨与犯罪社会学
2009—2010	1	031	社会学系	03130840	劳动社会学
2009—2010	1	031	社会学系	03130850	社会问题
2009—2010	1	031	社会学系	03130940	人类学导论

续表

学年	学期	院系代码	院系名称	课程号	课程名称
2009—2010	1	031	社会学系	03131010	社会学专题讲座
2009—2010	1	031	社会学系	03131220	社区工作
2009—2010	1	031	社会学系	03131260	数据分析技术
2009—2010	1	031	社会学系	03131290	医学社会学
2009—2010	1	031	社会学系	03131360	民族与社会
2009—2010	1	031	社会学系	03131390	中国社会福利
2009—2010	1	031	社会学系	03131500	社会调查与研究方法
2009—2010	1	031	社会学系	03131520	马列经典著作选读
2009—2010	1	031	社会学系	03131530	人口社会学
2009—2010	1	031	社会学系	03131640	生物学对社会科学的启示
2009—2010	1	031	社会学系	03131730	东亚的人口与社会
2009—2010	1	031	社会学系	03131740	中国社会学史
2009—2010	1	032	政府管理学院	03230040	比较政治学概论
2009—2010	1	032	政府管理学院	03230050	当代中国政府与政治
2009—2010	1	032	政府管理学院	03230120	组织与管理
2009—2010	1	032	政府管理学院	03230160	社会调查的理论与方法
2009—2010	1	032	政府管理学院	03230410	西方文官制度
2009—2010	1	032	政府管理学院	03230670	秘书学与秘书工作
2009—2010	1	032	政府管理学院	03230700	中国近现代政治发展史
2009—2010	1	032	政府管理学院	03230770	中国政治制度史
2009—2010	1	032	政府管理学院	03231030	普通统计学
2009—2010	1	032	政府管理学院	03231060	微观经济学
2009—2010	1	032	政府管理学院	03231090	战略管理
2009—2010	1	032	政府管理学院	03231170	电子政务与计算机技术
2009—2010	1	032	政府管理学院	03231190	模拟决策技术
2009—2010	1	032	政府管理学院	03231200	宏观经济政策
2009—2010	1	032	政府管理学院	03231230	城市与区域经济
2009—2010	1	032	政府管理学院	03231240	经济地理学
2009—2010	1	032	政府管理学院	03231250	城市管理
2009—2010	1	032	政府管理学院	03231260	城市规划
2009—2010	1	032	政府管理学院	03231430	公共福利与社会保障政策
2009—2010	1	032	政府管理学院	03231620	公共政策分析
2009—2010	1	032	政府管理学院	03232150	创新与企业
2009—2010	1	032	政府管理学院	03232170	公民社会与非营利组织概论
2009—2010	1	032	政府管理学院	03232270	政治学概论
2009—2010	1	032	政府管理学院	03232280	公共行政学概论
2009—2010	1	032	政府管理学院	03232330	高等数学（D类）
2009—2010	1	038	英语语言文学系	03835061	大学英语（一）(2)
2009—2010	1	038	英语语言文学系	03835061	大学英语（一）(2)
2009—2010	1	038	英语语言文学系	03835061	大学英语（一）(2)
2009—2010	1	038	英语语言文学系	03835061	大学英语（一）(2)
2009—2010	1	038	英语语言文学系	03835061	大学英语（一）(2)
2009—2010	1	038	英语语言文学系	03835061	大学英语（一）(2)
2009—2010	1	038	英语语言文学系	03835061	大学英语（一）(2)
2009—2010	1	038	英语语言文学系	03835061	大学英语（一）(2)
2009—2010	1	038	英语语言文学系	03835061	大学英语（一）(2)
2009—2010	1	038	英语语言文学系	03835061	大学英语（一）(2)

续表

学年	学期	院系代码	院系名称	课程号	课程名称
2009—2010	1	038	英语语言文学系	03835062	大学英语（二）(2)
2009—2010	1	038	英语语言文学系	03835062	大学英语（二）(2)
2009—2010	1	038	英语语言文学系	03835062	大学英语（二）(2)
2009—2010	1	038	英语语言文学系	03835062	大学英语（二）(2)
2009—2010	1	038	英语语言文学系	03835062	大学英语（二）(2)
2009—2010	1	038	英语语言文学系	03835062	大学英语（二）(2)
2009—2010	1	038	英语语言文学系	03835062	大学英语（二）(2)
2009—2010	1	038	英语语言文学系	03835062	大学英语（二）(2)
2009—2010	1	038	英语语言文学系	03835062	大学英语（二）(2)
2009—2010	1	038	英语语言文学系	03835062	大学英语（二）(2)
2009—2010	1	038	英语语言文学系	03835062	大学英语（二）(2)
2009—2010	1	038	英语语言文学系	03835062	大学英语（二）(2)
2009—2010	1	038	英语语言文学系	03835062	大学英语（二）(2)
2009—2010	1	038	英语语言文学系	03835062	大学英语（二）(2)
2009—2010	1	038	英语语言文学系	03835062	大学英语（二）(2)
2009—2010	1	038	英语语言文学系	03835062	大学英语（二）(2)
2009—2010	1	038	英语语言文学系	03835062	大学英语（二）(2)
2009—2010	1	038	英语语言文学系	03835062	大学英语（二）(2)
2009—2010	1	038	英语语言文学系	03835062	大学英语（二）(2)
2009—2010	1	038	英语语言文学系	03835062	大学英语（二）(2)
2009—2010	1	038	英语语言文学系	03835062	大学英语（二）(2)
2009—2010	1	038	英语语言文学系	03835062	大学英语（二）(2)
2009—2010	1	038	英语语言文学系	03835062	大学英语（二）(2)
2009—2010	1	038	英语语言文学系	03835062	大学英语（二）(2)
2009—2010	1	038	英语语言文学系	03835062	大学英语（二）(2)
2009—2010	1	038	英语语言文学系	03835062	大学英语（二）(2)
2009—2010	1	038	英语语言文学系	03835062	大学英语（二）(2)
2009—2010	1	038	英语语言文学系	03835062	大学英语（二）(2)
2009—2010	1	038	英语语言文学系	03835063	大学英语（三）(2)
2009—2010	1	038	英语语言文学系	03835063	大学英语（三）(2)
2009—2010	1	038	英语语言文学系	03835063	大学英语（三）(2)
2009—2010	1	038	英语语言文学系	03835063	大学英语（三）(2)
2009—2010	1	038	英语语言文学系	03835063	大学英语（三）(2)
2009—2010	1	038	英语语言文学系	03835063	大学英语（三）(2)
2009—2010	1	038	英语语言文学系	03835063	大学英语（三）(2)
2009—2010	1	038	英语语言文学系	03835063	大学英语（三）(2)

续表

学年	学期	院系代码	院系名称	课程号	课程名称
2009—2010	1	038	英语语言文学系	03835063	大学英语（三）（2）
2009—2010	1	038	英语语言文学系	03835063	大学英语（三）（2）
2009—2010	1	038	英语语言文学系	03835063	大学英语（三）（2）
2009—2010	1	038	英语语言文学系	03835063	大学英语（三）（2）
2009—2010	1	038	英语语言文学系	03835063	大学英语（三）（2）
2009—2010	1	038	英语语言文学系	03835063	大学英语（三）（2）
2009—2010	1	038	英语语言文学系	03835063	大学英语（三）（2）
2009—2010	1	038	英语语言文学系	03835063	大学英语（三）（2）
2009—2010	1	038	英语语言文学系	03835063	大学英语（三）（2）
2009—2010	1	038	英语语言文学系	03835063	大学英语（三）（2）
2009—2010	1	038	英语语言文学系	03835063	大学英语（三）（2）
2009—2010	1	038	英语语言文学系	03835063	大学英语（三）（2）
2009—2010	1	038	英语语言文学系	03835063	大学英语（三）（2）
2009—2010	1	038	英语语言文学系	03835063	大学英语（三）（2）
2009—2010	1	038	英语语言文学系	03835063	大学英语（三）（2）
2009—2010	1	038	英语语言文学系	03835063	大学英语（三）（2）
2009—2010	1	038	英语语言文学系	03835063	大学英语（三）（2）
2009—2010	1	038	英语语言文学系	03835063	大学英语（三）（2）
2009—2010	1	038	英语语言文学系	03835063	大学英语（三）（2）
2009—2010	1	038	英语语言文学系	03835063	大学英语（三）（2）
2009—2010	1	038	英语语言文学系	03835063	大学英语（三）（2）
2009—2010	1	038	英语语言文学系	03835063	大学英语（三）（2）
2009—2010	1	038	英语语言文学系	03835063	大学英语（三）（2）
2009—2010	1	038	英语语言文学系	03835063	大学英语（三）（2）
2009—2010	1	038	英语语言文学系	03835063	大学英语（三）（2）
2009—2010	1	038	英语语言文学系	03835063	大学英语（三）（2）
2009—2010	1	038	英语语言文学系	03835063	大学英语（三）（2）
2009—2010	1	038	英语语言文学系	03835063	大学英语（三）（2）
2009—2010	1	038	英语语言文学系	03835063	大学英语（三）（2）
2009—2010	1	038	英语语言文学系	03835063	大学英语（三）（2）
2009—2010	1	038	英语语言文学系	03835063	大学英语（三）（2）
2009—2010	1	038	英语语言文学系	03835063	大学英语（三）（2）
2009—2010	1	038	英语语言文学系	03835063	大学英语（三）（2）
2009—2010	1	038	英语语言文学系	03835063	大学英语（三）（2）
2009—2010	1	038	英语语言文学系	03835063	大学英语（三）（2）
2009—2010	1	038	英语语言文学系	03835063	大学英语（三）（2）
2009—2010	1	038	英语语言文学系	03835063	大学英语（三）（2）
2009—2010	1	038	英语语言文学系	03835063	大学英语（三）（2）
2009—2010	1	038	英语语言文学系	03835063	大学英语（三）（2）
2009—2010	1	038	英语语言文学系	03835063	大学英语（三）（2）
2009—2010	1	038	英语语言文学系	03835063	大学英语（三）（2）
2009—2010	1	038	英语语言文学系	03835063	大学英语（三）（2）
2009—2010	1	038	英语语言文学系	03835063	大学英语（三）（2）
2009—2010	1	038	英语语言文学系	03835063	大学英语（三）（2）
2009—2010	1	038	英语语言文学系	03835063	大学英语（三）（2）

续表

学年	学期	院系代码	院系名称	课程号	课程名称
2009—2010	1	038	英语语言文学系	03835063	大学英语（三）（2）
2009—2010	1	038	英语语言文学系	03835063	大学英语（三）（2）
2009—2010	1	038	英语语言文学系	03835063	大学英语（三）（2）
2009—2010	1	038	英语语言文学系	03835063	大学英语（三）（2）
2009—2010	1	038	英语语言文学系	03835063	大学英语（三）（2）
2009—2010	1	038	英语语言文学系	03835063	大学英语（三）（2）
2009—2010	1	038	英语语言文学系	03835067	大学英语（四）
2009—2010	1	038	英语语言文学系	03835067	大学英语（四）
2009—2010	1	038	英语语言文学系	03835067	大学英语（四）
2009—2010	1	038	英语语言文学系	03835067	大学英语（四）
2009—2010	1	038	英语语言文学系	03835067	大学英语（四）
2009—2010	1	038	英语语言文学系	03835067	大学英语（四）
2009—2010	1	038	英语语言文学系	03835067	大学英语（四）
2009—2010	1	038	英语语言文学系	03835067	大学英语（四）
2009—2010	1	038	英语语言文学系	03835067	大学英语（四）
2009—2010	1	038	英语语言文学系	03835067	大学英语（四）
2009—2010	1	038	英语语言文学系	03835067	大学英语（四）
2009—2010	1	038	英语语言文学系	03835067	大学英语（四）
2009—2010	1	038	英语语言文学系	03835067	大学英语（四）
2009—2010	1	038	英语语言文学系	03835067	大学英语（四）
2009—2010	1	038	英语语言文学系	03835067	大学英语（四）
2009—2010	1	038	英语语言文学系	03835067	大学英语（四）
2009—2010	1	038	英语语言文学系	03835067	大学英语（四）
2009—2010	1	038	英语语言文学系	03835067	大学英语（四）
2009—2010	1	038	英语语言文学系	03835067	大学英语（四）
2009—2010	1	038	英语语言文学系	03835067	大学英语（四）
2009—2010	1	038	英语语言文学系	03835067	大学英语（四）
2009—2010	1	038	英语语言文学系	03835067	大学英语（四）
2009—2010	1	038	英语语言文学系	03835067	大学英语（四）
2009—2010	1	038	英语语言文学系	03835067	大学英语（四）
2009—2010	1	038	英语语言文学系	03835067	大学英语（四）
2009—2010	1	038	英语语言文学系	03835067	大学英语（四）
2009—2010	1	038	英语语言文学系	03835067	大学英语（四）
2009—2010	1	038	英语语言文学系	03835067	大学英语（四）

续表

学年	学期	院系代码	院系名称	课程号	课程名称
2009—2010	1	038	英语语言文学系	03835067	大学英语（四）
2009—2010	1	038	英语语言文学系	03835067	大学英语（四）
2009—2010	1	038	英语语言文学系	03835067	大学英语（四）
2009—2010	1	038	英语语言文学系	03835067	大学英语（四）
2009—2010	1	038	英语语言文学系	03835067	大学英语（四）
2009—2010	1	038	英语语言文学系	03835067	大学英语（四）
2009—2010	1	038	英语语言文学系	03835067	大学英语（四）
2009—2010	1	038	英语语言文学系	03835067	大学英语（四）
2009—2010	1	038	英语语言文学系	03835067	大学英语（四）
2009—2010	1	038	英语语言文学系	03835067	大学英语（四）
2009—2010	1	038	英语语言文学系	03835067	大学英语（四）
2009—2010	1	038	英语语言文学系	03835067	大学英语（四）
2009—2010	1	038	英语语言文学系	03835067	大学英语（四）
2009—2010	1	038	英语语言文学系	03835070	大学英语口语
2009—2010	1	038	英语语言文学系	03835070	大学英语口语
2009—2010	1	038	英语语言文学系	03835070	大学英语口语
2009—2010	1	038	英语语言文学系	03835070	大学英语口语
2009—2010	1	038	英语语言文学系	03835070	大学英语口语
2009—2010	1	038	英语语言文学系	03835070	大学英语口语
2009—2010	1	038	英语语言文学系	03835070	大学英语口语
2009—2010	1	038	英语语言文学系	03835070	大学英语口语
2009—2010	1	038	英语语言文学系	03835070	大学英语口语
2009—2010	1	038	英语语言文学系	03835070	大学英语口语
2009—2010	1	038	英语语言文学系	03835070	大学英语口语
2009—2010	1	038	英语语言文学系	03835070	大学英语口语
2009—2010	1	038	英语语言文学系	03835070	大学英语口语
2009—2010	1	038	英语语言文学系	03835070	大学英语口语
2009—2010	1	038	英语语言文学系	03835070	大学英语口语
2009—2010	1	038	英语语言文学系	03835150	高级英语——阅读与写作
2009—2010	1	038	英语语言文学系	03835150	高级英语——阅读与写作
2009—2010	1	038	英语语言文学系	03835150	高级英语——阅读与写作
2009—2010	1	038	英语语言文学系	03835150	高级英语——阅读与写作
2009—2010	1	038	英语语言文学系	03835150	高级英语——阅读与写作
2009—2010	1	038	英语语言文学系	03835150	高级英语——阅读与写作
2009—2010	1	038	英语语言文学系	03835150	高级英语——阅读与写作
2009—2010	1	038	英语语言文学系	03835150	高级英语——阅读与写作
2009—2010	1	038	英语语言文学系	03835170	高级英语听力技巧
2009—2010	1	038	英语语言文学系	03835170	高级英语听力技巧
2009—2010	1	038	英语语言文学系	03835170	高级英语听力技巧
2009—2010	1	038	英语语言文学系	03835201	大学英语ABC（一）(2)
2009—2010	1	038	英语语言文学系	03835201	大学英语ABC（一）(2)

续表

学年	学期	院系代码	院系名称	课程号	课程名称
2009—2010	1	038	英语语言文学系	03835203	大学英语ABC（三）(2)
2009—2010	1	038	英语语言文学系	03835203	大学英语ABC（三）(2)
2009—2010	1	038	英语语言文学系	03835230	实用英语词汇学
2009—2010	1	038	英语语言文学系	03835230	实用英语词汇学
2009—2010	1	038	英语语言文学系	03835260	英语名著与电影
2009—2010	1	038	英语语言文学系	03835260	英语名著与电影
2009—2010	1	038	英语语言文学系	03835350	大学英语听说
2009—2010	1	038	英语语言文学系	03835350	大学英语听说
2009—2010	1	038	英语语言文学系	03835350	大学英语听说
2009—2010	1	038	英语语言文学系	03835350	大学英语听说
2009—2010	1	038	英语语言文学系	03835350	大学英语听说
2009—2010	1	038	英语语言文学系	03835350	大学英语听说
2009—2010	1	038	英语语言文学系	03835350	大学英语听说
2009—2010	1	038	英语语言文学系	03835350	大学英语听说
2009—2010	1	038	英语语言文学系	03835350	大学英语听说
2009—2010	1	038	英语语言文学系	03835350	大学英语听说
2009—2010	1	038	英语语言文学系	03835410	职场英语
2009—2010	1	038	英语语言文学系	03835410	职场英语
2009—2010	1	038	英语语言文学系	03835430	英美文化与社会习俗
2009—2010	1	038	英语语言文学系	03835430	英美文化与社会习俗
2009—2010	1	038	英语语言文学系	03835460	英美戏剧和电影
2009—2010	1	038	英语语言文学系	03835480	美国英语语音——发声与听说词汇
2009—2010	1	038	英语语言文学系	03835480	美国英语语音——发声与听说词汇
2009—2010	1	038	英语语言文学系	03835490	美国英语语音——表达与听说语法
2009—2010	1	038	英语语言文学系	03835490	美国英语语音——表达与听说语法
2009—2010	1	038	英语语言文学系	03835500	新西兰历史与文化
2009—2010	1	038	英语语言文学系	03835600	澳大利亚概况
2009—2010	1	038	英语语言文学系	03835600	澳大利亚概况
2009—2010	1	038	英语语言文学系	03835960	英文文体风格鉴赏
2009—2010	1	039	外国语学院	03530180	古代东方文明
2009—2010	1	039	外国语学院	03530241	公共阿拉伯语（上）
2009—2010	1	039	外国语学院	03530331	公共印地语（一）
2009—2010	1	039	外国语学院	03530370	东南亚文化
2009—2010	1	039	外国语学院	03530441	公共韩国语（上）
2009—2010	1	039	外国语学院	03531013	基础蒙古语（三）
2009—2010	1	039	外国语学院	03531032	蒙古文化（下）
2009—2010	1	039	外国语学院	03531041	蒙古语语法（上）
2009—2010	1	039	外国语学院	03531280	蒙古语口语
2009—2010	1	039	外国语学院	03531401	基础韩国(朝鲜)语（一）
2009—2010	1	039	外国语学院	03531462	韩国语(朝鲜语)视听说（下）
2009—2010	1	039	外国语学院	03531520	韩(朝鲜)半岛概况
2009—2010	1	039	外国语学院	03531551	韩国语(朝鲜语)报刊选读（上）
2009—2010	1	039	外国语学院	03531580	汉韩(朝)翻译教程
2009—2010	1	039	外国语学院	03531611	韩国(朝鲜)文学简史（上）
2009—2010	1	039	外国语学院	03531670	韩国(朝鲜)文化

续表

学年	学期	院系代码	院系名称	课程号	课程名称
2009—2010	1	039	外国语学院	03531681	韩国(朝鲜)名篇选读(上)
2009—2010	1	039	外国语学院	03531762	韩国语(朝鲜语)会话(二)
2009—2010	1	039	外国语学院	03531783	韩国(朝鲜)语(三)
2009—2010	1	039	外国语学院	03531785	韩国(朝鲜)语(五)
2009—2010	1	039	外国语学院	03531801	韩国(朝鲜)语视听说(一)
2009—2010	1	039	外国语学院	03531920	日本语言、文学、文化专题
2009—2010	1	039	外国语学院	03531950	日语文言语法
2009—2010	1	039	外国语学院	03532021	基础日语(一)
2009—2010	1	039	外国语学院	03532021	基础日语(一)
2009—2010	1	039	外国语学院	03532023	基础日语(三)
2009—2010	1	039	外国语学院	03532023	基础日语(三)
2009—2010	1	039	外国语学院	03532041	日语视听说(一)
2009—2010	1	039	外国语学院	03532060	日语作文
2009—2010	1	039	外国语学院	03532100	日本报刊选读
2009—2010	1	039	外国语学院	03532130	汉译日教程
2009—2010	1	039	外国语学院	03532150	日本社会
2009—2010	1	039	外国语学院	03532160	日语概论
2009—2010	1	039	外国语学院	03532170	日语敬语概论
2009—2010	1	039	外国语学院	03532200	日本现代文学作品选读
2009—2010	1	039	外国语学院	03532251	公共日语(一)
2009—2010	1	039	外国语学院	03532251	公共日语(一)
2009—2010	1	039	外国语学院	03532253	公共日语(三)
2009—2010	1	039	外国语学院	03532260	中日文化交流史
2009—2010	1	039	外国语学院	03532321	高年级日语(一)
2009—2010	1	039	外国语学院	03532333	高年级日语(三)
2009—2010	1	039	外国语学院	03532401	基础日语(辅修)(一)
2009—2010	1	039	外国语学院	03532401	基础日语(辅修)(一)
2009—2010	1	039	外国语学院	03532401	基础日语(辅修)(一)
2009—2010	1	039	外国语学院	03532401	基础日语(辅修)(一)
2009—2010	1	039	外国语学院	03532412	日语视听说(辅修)(二)
2009—2010	1	039	外国语学院	03532421	日语阅读(辅修)(一)
2009—2010	1	039	外国语学院	03532421	日语阅读(辅修)(一)
2009—2010	1	039	外国语学院	03532430	日本文化概论(辅修)
2009—2010	1	039	外国语学院	03532440	日语语法概论
2009—2010	1	039	外国语学院	03533103	越南语视听说(三)
2009—2010	1	039	外国语学院	03533142	越南报刊选读(二)
2009—2010	1	039	外国语学院	03533271	基础越南语(一)
2009—2010	1	039	外国语学院	03533271	基础越南语(一)
2009—2010	1	039	外国语学院	03533280	越南国情
2009—2010	1	039	外国语学院	03533503	基础泰语教程(三)
2009—2010	1	039	外国语学院	03533511	泰语听力(上)
2009—2010	1	039	外国语学院	03533522	初级泰语阅读(二)
2009—2010	1	039	外国语学院	03534011	基础缅甸语(一)
2009—2010	1	039	外国语学院	03534011	基础缅甸语(一)
2009—2010	1	039	外国语学院	03534601	印度尼西亚文学史(一)
2009—2010	1	039	外国语学院	03534816	印尼语(六)
2009—2010	1	039	外国语学院	03534816	印尼语(六)

续表

学年	学期	院系代码	院系名称	课程号	课程名称
2009—2010	1	039	外国语学院	03535040	希伯来报刊选读
2009—2010	1	039	外国语学院	03535120	希伯来语写作
2009—2010	1	039	外国语学院	03535185	希伯来语（五）
2009—2010	1	039	外国语学院	03535191	希伯来语口语（一）
2009—2010	1	039	外国语学院	03535560	菲律宾华人问题
2009—2010	1	039	外国语学院	03535590	菲律宾政治与经济
2009—2010	1	039	外国语学院	03536022	印地语视听说（二）
2009—2010	1	039	外国语学院	03536060	印地语语法
2009—2010	1	039	外国语学院	03536170	印度概况
2009—2010	1	039	外国语学院	03536211	印度英语报刊文章选读（一）
2009—2010	1	039	外国语学院	03536301	印地语报刊阅读（一）
2009—2010	1	039	外国语学院	03536501	印地语（一）
2009—2010	1	039	外国语学院	03536505	印地语（五）
2009—2010	1	039	外国语学院	03536700	印度历史
2009—2010	1	039	外国语学院	03537022	乌尔都语视听说（二）
2009—2010	1	039	外国语学院	03537061	乌尔都语翻译教程（一）
2009—2010	1	039	外国语学院	03537092	乌尔都语写作教程（下）
2009—2010	1	039	外国语学院	03537150	乌尔都语诗歌
2009—2010	1	039	外国语学院	03537200	巴基斯坦民族与民族文化
2009—2010	1	039	外国语学院	03537255	基础乌尔都语教程（五）
2009—2010	1	039	外国语学院	03537282	乌尔都语泛读（下）
2009—2010	1	039	外国语学院	03537503	基础波斯语（三）
2009—2010	1	039	外国语学院	03537512	波斯语视听说（下）
2009—2010	1	039	外国语学院	03537702	伊朗历史和文明概论（下）
2009—2010	1	039	外国语学院	03538011	基础阿拉伯语（一）
2009—2010	1	039	外国语学院	03538011	基础阿拉伯语（一）
2009—2010	1	039	外国语学院	03538013	基础阿拉伯语（三）
2009—2010	1	039	外国语学院	03538022	阿拉伯语视听（二）
2009—2010	1	039	外国语学院	03538024	阿拉伯语视听（四）
2009—2010	1	039	外国语学院	03538026	阿拉伯语视听（六）
2009—2010	1	039	外国语学院	03538032	阿拉伯语口语（二）
2009—2010	1	039	外国语学院	03538034	阿拉伯语口语（四）
2009—2010	1	039	外国语学院	03538041	阿拉伯语阅读（一）
2009—2010	1	039	外国语学院	03538043	阿拉伯语阅读（三）
2009—2010	1	039	外国语学院	03538045	阿拉伯语阅读（五）
2009—2010	1	039	外国语学院	03538060	阿拉伯语写作
2009—2010	1	039	外国语学院	03538072	阿拉伯语口译（二）
2009—2010	1	039	外国语学院	03538082	阿拉伯语翻译教程（二）
2009—2010	1	039	外国语学院	03538190	阿拉伯文学史
2009—2010	1	039	外国语学院	03538210	当代阿拉伯世界
2009—2010	1	039	外国语学院	03538221	阿拉伯报刊文选（一）
2009—2010	1	039	外国语学院	03538223	阿拉伯报刊文选（三）
2009—2010	1	039	外国语学院	03538271	高年级阿拉伯语（一）
2009—2010	1	039	外国语学院	03538273	高年级阿拉伯语（三）
2009—2010	1	039	外国语学院	03631001	法语精读（一）
2009—2010	1	039	外国语学院	03631001	法语精读（一）
2009—2010	1	039	外国语学院	03631003	法语精读（三）

续表

学年	学期	院系代码	院系名称	课程号	课程名称
2009—2010	1	039	外国语学院	03631003	法语精读(三)
2009—2010	1	039	外国语学院	03631005	法语精读(五)
2009—2010	1	039	外国语学院	03631017	法语精读(七)
2009—2010	1	039	外国语学院	03631021	法语视听说(一)
2009—2010	1	039	外国语学院	03631023	法语视听说(三)
2009—2010	1	039	外国语学院	03631025	法语视听说(五)
2009—2010	1	039	外国语学院	03631027	法语视听说(七)
2009—2010	1	039	外国语学院	03631033	法语写作(三)
2009—2010	1	039	外国语学院	03631035	法语写作(一)
2009—2010	1	039	外国语学院	03631042	法语笔译(下)
2009—2010	1	039	外国语学院	03631051	法语口译(上)
2009—2010	1	039	外国语学院	03631064	法国文学史和文学选读(下)
2009—2010	1	039	外国语学院	03631220	法国历史
2009—2010	1	039	外国语学院	03631251	法国报刊选读(一)
2009—2010	1	039	外国语学院	03631253	法国报刊选读(三)
2009—2010	1	039	外国语学院	03631511	法语精读(辅修)(一)
2009—2010	1	039	外国语学院	03631511	法语精读(辅修)(一)
2009—2010	1	039	外国语学院	03631513	法语精读(辅修)(三)
2009—2010	1	039	外国语学院	03631521	法语视听(辅修)(一)
2009—2010	1	039	外国语学院	03631521	法语视听(辅修)(一)
2009—2010	1	039	外国语学院	03631523	法语视听(辅修)(三)
2009—2010	1	039	外国语学院	03631531	法语泛读(辅修)(一)
2009—2010	1	039	外国语学院	03631531	法语泛读(辅修)(一)
2009—2010	1	039	外国语学院	03631533	法语泛读(辅修)(三)
2009—2010	1	039	外国语学院	03631611	公共法语(上)
2009—2010	1	039	外国语学院	03631611	公共法语(上)
2009—2010	1	039	外国语学院	03632001	德语精读(一)
2009—2010	1	039	外国语学院	03632001	德语精读(一)
2009—2010	1	039	外国语学院	03632003	德语精读(三)
2009—2010	1	039	外国语学院	03632003	德语精读(三)
2009—2010	1	039	外国语学院	03632003	德语精读(三)
2009—2010	1	039	外国语学院	03632021	德语视听说(一)
2009—2010	1	039	外国语学院	03632023	德语视听说(三)
2009—2010	1	039	外国语学院	03632045	德语笔译(一)
2009—2010	1	039	外国语学院	03632047	德语笔译(三)
2009—2010	1	039	外国语学院	03632051	德语口译(上)
2009—2010	1	039	外国语学院	03632060	德语中、短篇小说
2009—2010	1	039	外国语学院	03632090	德语国家青少年文学
2009—2010	1	039	外国语学院	03632101	德语长篇小说(上)
2009—2010	1	039	外国语学院	03632110	德国文化史
2009—2010	1	039	外国语学院	03632121	德语文学名著(上)
2009—2010	1	039	外国语学院	03632140	奥地利文学选读
2009—2010	1	039	外国语学院	03632210	德国历史
2009—2010	1	039	外国语学院	03632241	德语报刊选读(上)
2009—2010	1	039	外国语学院	03632291	德语写作(上)
2009—2010	1	039	外国语学院	03632320	奥地利概况
2009—2010	1	039	外国语学院	03632390	德语词汇学

续表

学年	学期	院系代码	院系名称	课程号	课程名称
2009—2010	1	039	外国语学院	03632511	德语精读(辅修)(一)
2009—2010	1	039	外国语学院	03632513	德语精读(辅修)(三)
2009—2010	1	039	外国语学院	03632521	德语视听(辅修)(一)
2009—2010	1	039	外国语学院	03632523	德语视听(辅修)(三)
2009—2010	1	039	外国语学院	03632531	德语泛读(辅修)(一)
2009—2010	1	039	外国语学院	03632533	德语泛读(辅修)(三)
2009—2010	1	039	外国语学院	03632611	公共德语(上)
2009—2010	1	039	外国语学院	03632621	德语国家文学史与选读(一)
2009—2010	1	039	外国语学院	03632623	德语国家文学史与选读(三)
2009—2010	1	039	外国语学院	03633011	西班牙语精读(一)
2009—2010	1	039	外国语学院	03633011	西班牙语精读(一)
2009—2010	1	039	外国语学院	03633013	西班牙语精读(三)
2009—2010	1	039	外国语学院	03633015	西班牙语精读(五)
2009—2010	1	039	外国语学院	03633017	西班牙语精读(七)
2009—2010	1	039	外国语学院	03633021	西班牙语视听(一)
2009—2010	1	039	外国语学院	03633025	西班牙语视听(五)
2009—2010	1	039	外国语学院	03633027	西班牙语视听(三)
2009—2010	1	039	外国语学院	03633032	西班牙语阅读(二)
2009—2010	1	039	外国语学院	03633034	西班牙语阅读(四)
2009—2010	1	039	外国语学院	03633041	西班牙语口语(一)
2009—2010	1	039	外国语学院	03633043	西班牙语口语(三)
2009—2010	1	039	外国语学院	03633045	西班牙语口语(五)
2009—2010	1	039	外国语学院	03633052	西班牙语作文(下)
2009—2010	1	039	外国语学院	03633061	西班牙语文学史和文学选读(上)
2009—2010	1	039	外国语学院	03633062	西班牙语文学史和文学选读(下)
2009—2010	1	039	外国语学院	03633081	西汉笔译(上)
2009—2010	1	039	外国语学院	03633091	西汉口译(上)
2009—2010	1	039	外国语学院	03633210	西班牙历史和文化概论
2009—2010	1	039	外国语学院	03633210	西班牙历史和文化概论
2009—2010	1	039	外国语学院	03633232	西班牙语语法(下)
2009—2010	1	039	外国语学院	03633513	西班牙语精读(辅修)(三)
2009—2010	1	039	外国语学院	03633523	西班牙语视听(辅修)(三)
2009—2010	1	039	外国语学院	03633533	西班牙语阅读(辅修)(三)
2009—2010	1	039	外国语学院	03634040	二十世纪欧美诗歌导读
2009—2010	1	039	外国语学院	03635011	公共葡萄牙语(一)
2009—2010	1	039	外国语学院	03639000	电影
2009—2010	1	039	外国语学院	03639000	电影
2009—2010	1	039	外国语学院	03730090	俄语功能语法学
2009—2010	1	039	外国语学院	03730101	俄语报刊阅读(一)
2009—2010	1	039	外国语学院	03730112	俄语阅读—文化背景知识(二)
2009—2010	1	039	外国语学院	03730191	俄语口语会话(上)
2009—2010	1	039	外国语学院	03730281	俄语二外(上)
2009—2010	1	039	外国语学院	03730311	俄罗斯文学选读(上)
2009—2010	1	039	外国语学院	03730329	俄苏电影赏析
2009—2010	1	039	外国语学院	03730391	俄罗斯文学史(一)
2009—2010	1	039	外国语学院	03730393	俄罗斯文学史(三)
2009—2010	1	039	外国语学院	03730421	俄语口译(上)

续表

学年	学期	院系代码	院系名称	课程号	课程名称
2009—2010	1	039	外国语学院	03730501	基础俄语(一)
2009—2010	1	039	外国语学院	03730501	基础俄语(一)
2009—2010	1	039	外国语学院	03730503	基础俄语(三)
2009—2010	1	039	外国语学院	03730511	高级俄语(一)
2009—2010	1	039	外国语学院	03730513	高级俄语(三)
2009—2010	1	039	外国语学院	03730531	俄语语法(上)
2009—2010	1	039	外国语学院	03730541	俄语写作(上)
2009—2010	1	039	外国语学院	03730550	俄译汉教程
2009—2010	1	039	外国语学院	03730562	汉译俄教程(下)
2009—2010	1	039	外国语学院	03730581	俄罗斯国情(上)
2009—2010	1	039	外国语学院	03730591	俄罗斯民俗民情(上)
2009—2010	1	039	外国语学院	03730650	俄语语音
2009—2010	1	039	外国语学院	03730729	普通语言学概论
2009—2010	1	039	外国语学院	03730751	俄语视听说(一)
2009—2010	1	039	外国语学院	03730753	俄语视听说(三)
2009—2010	1	039	外国语学院	03730761	俄语新闻听力(上)
2009—2010	1	039	外国语学院	03730790	俄罗斯艺术文化
2009—2010	1	039	外国语学院	03730800	初级乌克兰语
2009—2010	1	039	外国语学院	03830015	英语精读(三)
2009—2010	1	039	外国语学院	03830015	英语精读(三)
2009—2010	1	039	外国语学院	03830015	英语精读(三)
2009—2010	1	039	外国语学院	03830017	英语精读(一)
2009—2010	1	039	外国语学院	03830017	英语精读(一)
2009—2010	1	039	外国语学院	03830017	英语精读(一)
2009—2010	1	039	外国语学院	03830021	英语视听(一)
2009—2010	1	039	外国语学院	03830021	英语视听(一)
2009—2010	1	039	外国语学院	03830023	英语视听(三)
2009—2010	1	039	外国语学院	03830023	英语视听(三)
2009—2010	1	039	外国语学院	03830041	口语(一)
2009—2010	1	039	外国语学院	03830041	口语(一)
2009—2010	1	039	外国语学院	03830041	口语(一)
2009—2010	1	039	外国语学院	03830043	口语(三)
2009—2010	1	039	外国语学院	03830043	口语(三)
2009—2010	1	039	外国语学院	03830043	口语(三)
2009—2010	1	039	外国语学院	03830071	写作(一)
2009—2010	1	039	外国语学院	03830071	写作(一)
2009—2010	1	039	外国语学院	03830092	英国文学史(二)
2009—2010	1	039	外国语学院	03830100	普通语言学
2009—2010	1	039	外国语学院	03830110	英译汉
2009—2010	1	039	外国语学院	03830132	美国文学史与选读(二)
2009—2010	1	039	外国语学院	03830180	英语基础训练
2009—2010	1	039	外国语学院	03831020	希腊罗马神话
2009—2010	1	039	外国语学院	03831080	英语结构
2009—2010	1	039	外国语学院	03832040	欧洲文学选读
2009—2010	1	039	外国语学院	03832150	英语史
2009—2010	1	039	外国语学院	03832180	文艺复兴时期英国文学中的爱情
2009—2010	1	039	外国语学院	03833050	语言与文化

续表

学年	学期	院系代码	院系名称	课程号	课程名称
2009—2010	1	039	外国语学院	03833130	英国小说选读
2009—2010	1	039	外国语学院	03833140	英诗选读
2009—2010	1	039	外国语学院	03833290	美国研究入门
2009—2010	1	039	外国语学院	03833300	英语文学文体学
2009—2010	1	039	外国语学院	03834010	测试（B）
2009—2010	1	039	外国语学院	03834100	中西文化比较
2009—2010	1	039	外国语学院	03834190	文学导读与批评实践
2009—2010	1	039	外国语学院	03834270	莎士比亚戏剧名篇赏析
2009—2010	1	039	外国语学院	03834380	西方文化
2009—2010	1	039	外国语学院	03835200	西方学术精华概论（英文讲授）
2009—2010	1	039	外国语学院	03835440	美国政治演说中的历史文化评析
2009—2010	1	040	马克思主义学院	04031300	中国政治思想史
2009—2010	1	040	马克思主义学院	04031340	马克思主义政治经济学原理
2009—2010	1	040	马克思主义学院	04031530	当代社会思潮评析
2009—2010	1	040	马克思主义学院	04031550	思想政治教育学原理
2009—2010	1	040	马克思主义学院	04031590	现代化理论与中国现代化
2009—2010	1	040	马克思主义学院	04031650	思想道德修养与法律基础
2009—2010	1	040	马克思主义学院	04031650	思想道德修养与法律基础
2009—2010	1	040	马克思主义学院	04031650	思想道德修养与法律基础
2009—2010	1	040	马克思主义学院	04031650	思想道德修养与法律基础
2009—2010	1	040	马克思主义学院	04031650	思想道德修养与法律基础
2009—2010	1	040	马克思主义学院	04031650	思想道德修养与法律基础
2009—2010	1	040	马克思主义学院	04031650	思想道德修养与法律基础
2009—2010	1	040	马克思主义学院	04031650	思想道德修养与法律基础
2009—2010	1	040	马克思主义学院	04031650	思想道德修养与法律基础
2009—2010	1	040	马克思主义学院	04031660	中国近现代史纲要
2009—2010	1	040	马克思主义学院	04031660	中国近现代史纲要
2009—2010	1	040	马克思主义学院	04031660	中国近现代史纲要
2009—2010	1	040	马克思主义学院	04031660	中国近现代史纲要
2009—2010	1	040	马克思主义学院	04031660	中国近现代史纲要
2009—2010	1	040	马克思主义学院	04031660	中国近现代史纲要
2009—2010	1	040	马克思主义学院	04031660	中国近现代史纲要
2009—2010	1	040	马克思主义学院	04031670	个人理财（一）
2009—2010	1	040	马克思主义学院	04031681	马克思主义基本原理概论（上）
2009—2010	1	040	马克思主义学院	04031681	马克思主义基本原理概论（上）
2009—2010	1	040	马克思主义学院	04031681	马克思主义基本原理概论（上）
2009—2010	1	040	马克思主义学院	04031681	马克思主义基本原理概论（上）
2009—2010	1	040	马克思主义学院	04031681	马克思主义基本原理概论（上）
2009—2010	1	040	马克思主义学院	04031681	马克思主义基本原理概论（上）
2009—2010	1	040	马克思主义学院	04031681	马克思主义基本原理概论（上）
2009—2010	1	040	马克思主义学院	04031681	马克思主义基本原理概论（上）
2009—2010	1	040	马克思主义学院	04031681	马克思主义基本原理概论（上）

续表

学年	学期	院系代码	院系名称	课程号	课程名称
2009—2010	1	040	马克思主义学院	04031681	马克思主义基本原理概论(上)
2009—2010	1	040	马克思主义学院	04031681	马克思主义基本原理概论(上)
2009—2010	1	040	马克思主义学院	04031681	马克思主义基本原理概论(上)
2009—2010	1	040	马克思主义学院	04031681	马克思主义基本原理概论(上)
2009—2010	1	040	马克思主义学院	04031681	马克思主义基本原理概论(上)
2009—2010	1	040	马克思主义学院	04031730	毛泽东思想和中国特色社会主义理论体系概论
2009—2010	1	040	马克思主义学院	04031730	毛泽东思想和中国特色社会主义理论体系概论
2009—2010	1	040	马克思主义学院	04031730	毛泽东思想和中国特色社会主义理论体系概论
2009—2010	1	040	马克思主义学院	04031730	毛泽东思想和中国特色社会主义理论体系概论
2009—2010	1	040	马克思主义学院	04031730	毛泽东思想和中国特色社会主义理论体系概论
2009—2010	1	040	马克思主义学院	04031730	毛泽东思想和中国特色社会主义理论体系概论
2009—2010	1	040	马克思主义学院	04031730	毛泽东思想和中国特色社会主义理论体系概论
2009—2010	1	040	马克思主义学院	04031730	毛泽东思想和中国特色社会主义理论体系概论
2009—2010	1	041	体育教研部	04130020	游泳
2009—2010	1	041	体育教研部	04130020	游泳
2009—2010	1	041	体育教研部	04130020	游泳
2009—2010	1	041	体育教研部	04130020	游泳
2009—2010	1	041	体育教研部	04130020	游泳
2009—2010	1	041	体育教研部	04130020	游泳
2009—2010	1	041	体育教研部	04130020	游泳
2009—2010	1	041	体育教研部	04130020	游泳
2009—2010	1	041	体育教研部	04130020	游泳
2009—2010	1	041	体育教研部	04130020	游泳
2009—2010	1	041	体育教研部	04130020	游泳
2009—2010	1	041	体育教研部	04130020	游泳
2009—2010	1	041	体育教研部	04130020	游泳
2009—2010	1	041	体育教研部	04130020	游泳
2009—2010	1	041	体育教研部	04130020	游泳
2009—2010	1	041	体育教研部	04130020	游泳
2009—2010	1	041	体育教研部	04130020	游泳
2009—2010	1	041	体育教研部	04130020	游泳
2009—2010	1	041	体育教研部	04130020	游泳
2009—2010	1	041	体育教研部	04130020	游泳
2009—2010	1	041	体育教研部	04130021	游泳提高班
2009—2010	1	041	体育教研部	04130021	游泳提高班
2009—2010	1	041	体育教研部	04130021	游泳提高班
2009—2010	1	041	体育教研部	04130030	太极拳
2009—2010	1	041	体育教研部	04130030	太极拳
2009—2010	1	041	体育教研部	04130030	太极拳
2009—2010	1	041	体育教研部	04130030	太极拳

续表

学年	学期	院系代码	院系名称	课程号	课程名称
2009—2010	1	041	体育教研部	04130030	太极拳
2009—2010	1	041	体育教研部	04130030	太极拳
2009—2010	1	041	体育教研部	04130030	太极拳
2009—2010	1	041	体育教研部	04130030	太极拳
2009—2010	1	041	体育教研部	04130030	太极拳
2009—2010	1	041	体育教研部	04130030	太极拳
2009—2010	1	041	体育教研部	04130030	太极拳
2009—2010	1	041	体育教研部	04130030	太极拳
2009—2010	1	041	体育教研部	04130030	太极拳
2009—2010	1	041	体育教研部	04130030	太极拳
2009—2010	1	041	体育教研部	04130030	太极拳
2009—2010	1	041	体育教研部	04130030	太极拳
2009—2010	1	041	体育教研部	04130030	太极拳
2009—2010	1	041	体育教研部	04130030	太极拳
2009—2010	1	041	体育教研部	04130030	太极拳
2009—2010	1	041	体育教研部	04130030	太极拳
2009—2010	1	041	体育教研部	04130030	太极拳
2009—2010	1	041	体育教研部	04130040	健美操
2009—2010	1	041	体育教研部	04130040	健美操
2009—2010	1	041	体育教研部	04130040	健美操
2009—2010	1	041	体育教研部	04130040	健美操
2009—2010	1	041	体育教研部	04130040	健美操
2009—2010	1	041	体育教研部	04130040	健美操
2009—2010	1	041	体育教研部	04130040	健美操
2009—2010	1	041	体育教研部	04130040	健美操
2009—2010	1	041	体育教研部	04130040	健美操
2009—2010	1	041	体育教研部	04130040	健美操
2009—2010	1	041	体育教研部	04130040	健美操
2009—2010	1	041	体育教研部	04130040	健美操
2009—2010	1	041	体育教研部	04130040	健美操
2009—2010	1	041	体育教研部	04130040	健美操
2009—2010	1	041	体育教研部	04130040	健美操
2009—2010	1	041	体育教研部	04130040	健美操
2009—2010	1	041	体育教研部	04130050	乒乓球
2009—2010	1	041	体育教研部	04130050	乒乓球
2009—2010	1	041	体育教研部	04130050	乒乓球
2009—2010	1	041	体育教研部	04130050	乒乓球
2009—2010	1	041	体育教研部	04130050	乒乓球

续表

学年	学期	院系代码	院系名称	课程号	课程名称
2009—2010	1	041	体育教研部	04130050	乒乓球
2009—2010	1	041	体育教研部	04130050	乒乓球
2009—2010	1	041	体育教研部	04130050	乒乓球
2009—2010	1	041	体育教研部	04130050	乒乓球
2009—2010	1	041	体育教研部	04130050	乒乓球
2009—2010	1	041	体育教研部	04130050	乒乓球
2009—2010	1	041	体育教研部	04130050	乒乓球
2009—2010	1	041	体育教研部	04130050	乒乓球
2009—2010	1	041	体育教研部	04130050	乒乓球
2009—2010	1	041	体育教研部	04130050	乒乓球
2009—2010	1	041	体育教研部	04130050	乒乓球
2009—2010	1	041	体育教研部	04130050	乒乓球
2009—2010	1	041	体育教研部	04130050	乒乓球
2009—2010	1	041	体育教研部	04130053	乒乓球提高班
2009—2010	1	041	体育教研部	04130060	羽毛球
2009—2010	1	041	体育教研部	04130060	羽毛球
2009—2010	1	041	体育教研部	04130060	羽毛球
2009—2010	1	041	体育教研部	04130060	羽毛球
2009—2010	1	041	体育教研部	04130060	羽毛球
2009—2010	1	041	体育教研部	04130060	羽毛球
2009—2010	1	041	体育教研部	04130060	羽毛球
2009—2010	1	041	体育教研部	04130060	羽毛球
2009—2010	1	041	体育教研部	04130060	羽毛球
2009—2010	1	041	体育教研部	04130060	羽毛球
2009—2010	1	041	体育教研部	04130063	羽毛球提高班
2009—2010	1	041	体育教研部	04130070	网球
2009—2010	1	041	体育教研部	04130070	网球
2009—2010	1	041	体育教研部	04130070	网球
2009—2010	1	041	体育教研部	04130070	网球
2009—2010	1	041	体育教研部	04130070	网球
2009—2010	1	041	体育教研部	04130070	网球
2009—2010	1	041	体育教研部	04130070	网球
2009—2010	1	041	体育教研部	04130070	网球
2009—2010	1	041	体育教研部	04130070	网球
2009—2010	1	041	体育教研部	04130070	网球
2009—2010	1	041	体育教研部	04130080	足球
2009—2010	1	041	体育教研部	04130080	足球
2009—2010	1	041	体育教研部	04130080	足球
2009—2010	1	041	体育教研部	04130080	足球
2009—2010	1	041	体育教研部	04130080	足球
2009—2010	1	041	体育教研部	04130080	足球

续表

学年	学期	院系代码	院系名称	课程号	课程名称
2009—2010	1	041	体育教研部	04130080	足球
2009—2010	1	041	体育教研部	04130083	足球提高班
2009—2010	1	041	体育教研部	04130083	足球提高班
2009—2010	1	041	体育教研部	04130090	篮球
2009—2010	1	041	体育教研部	04130090	篮球
2009—2010	1	041	体育教研部	04130090	篮球
2009—2010	1	041	体育教研部	04130090	篮球
2009—2010	1	041	体育教研部	04130090	篮球
2009—2010	1	041	体育教研部	04130090	篮球
2009—2010	1	041	体育教研部	04130090	篮球
2009—2010	1	041	体育教研部	04130090	篮球
2009—2010	1	041	体育教研部	04130090	篮球
2009—2010	1	041	体育教研部	04130090	篮球
2009—2010	1	041	体育教研部	04130093	篮球提高班
2009—2010	1	041	体育教研部	04130100	排球
2009—2010	1	041	体育教研部	04130100	排球
2009—2010	1	041	体育教研部	04130100	排球
2009—2010	1	041	体育教研部	04130100	排球
2009—2010	1	041	体育教研部	04130100	排球
2009—2010	1	041	体育教研部	04130100	排球
2009—2010	1	041	体育教研部	04130100	排球
2009—2010	1	041	体育教研部	04130103	排球提高班
2009—2010	1	041	体育教研部	04130110	形体（女生）
2009—2010	1	041	体育教研部	04130110	形体（女生）
2009—2010	1	041	体育教研部	04130110	形体（女生）
2009—2010	1	041	体育教研部	04130110	形体（女生）
2009—2010	1	041	体育教研部	04130120	体育舞蹈
2009—2010	1	041	体育教研部	04130120	体育舞蹈
2009—2010	1	041	体育教研部	04130120	体育舞蹈
2009—2010	1	041	体育教研部	04130120	体育舞蹈
2009—2010	1	041	体育教研部	04130120	体育舞蹈
2009—2010	1	041	体育教研部	04130120	体育舞蹈
2009—2010	1	041	体育教研部	04130130	健美
2009—2010	1	041	体育教研部	04130130	健美
2009—2010	1	041	体育教研部	04130130	健美
2009—2010	1	041	体育教研部	04130130	健美
2009—2010	1	041	体育教研部	04130160	体适能
2009—2010	1	041	体育教研部	04130160	体适能
2009—2010	1	041	体育教研部	04130160	体适能
2009—2010	1	041	体育教研部	04130160	体适能
2009—2010	1	041	体育教研部	04130174	保健4
2009—2010	1	041	体育教研部	04130210	棒、垒球
2009—2010	1	041	体育教研部	04130210	棒、垒球
2009—2010	1	041	体育教研部	04130231	安全教育与自卫防身

续表

学年	学期	院系代码	院系名称	课程号	课程名称
2009—2010	1	041	体育教研部	04130231	安全教育与自卫防身
2009—2010	1	041	体育教研部	04130231	安全教育与自卫防身
2009—2010	1	041	体育教研部	04130231	安全教育与自卫防身
2009—2010	1	041	体育教研部	04130240	攀岩
2009—2010	1	041	体育教研部	04130240	攀岩
2009—2010	1	041	体育教研部	04130240	攀岩
2009—2010	1	041	体育教研部	04130240	攀岩
2009—2010	1	041	体育教研部	04130240	攀岩
2009—2010	1	041	体育教研部	04130260	少林棍术
2009—2010	1	041	体育教研部	04130260	少林棍术
2009—2010	1	041	体育教研部	04130280	跆拳道
2009—2010	1	041	体育教研部	04130280	跆拳道
2009—2010	1	041	体育教研部	04130280	跆拳道
2009—2010	1	041	体育教研部	04130280	跆拳道
2009—2010	1	041	体育教研部	04130280	跆拳道
2009—2010	1	041	体育教研部	04130290	击剑
2009—2010	1	041	体育教研部	04130290	击剑
2009—2010	1	041	体育教研部	04130290	击剑
2009—2010	1	041	体育教研部	04130290	击剑
2009—2010	1	041	体育教研部	04130350	运动、营养与减肥
2009—2010	1	041	体育教研部	04130370	围棋(初级班)
2009—2010	1	041	体育教研部	04130390	体育综合素质训练
2009—2010	1	041	体育教研部	04130390	体育综合素质训练
2009—2010	1	041	体育教研部	04130390	体育综合素质训练
2009—2010	1	041	体育教研部	04130390	体育综合素质训练
2009—2010	1	041	体育教研部	04130390	体育综合素质训练
2009—2010	1	041	体育教研部	04130420	散打
2009—2010	1	041	体育教研部	04130420	散打
2009—2010	1	041	体育教研部	04130420	散打
2009—2010	1	041	体育教研部	04130430	中华健
2009—2010	1	041	体育教研部	04130430	中华健
2009—2010	1	041	体育教研部	04130430	中华健
2009—2010	1	041	体育教研部	04130430	中华健
2009—2010	1	041	体育教研部	04130430	中华健
2009—2010	1	041	体育教研部	04130430	中华健
2009—2010	1	041	体育教研部	04130440	瑜伽
2009—2010	1	041	体育教研部	04130440	瑜伽
2009—2010	1	041	体育教研部	04130440	瑜伽
2009—2010	1	041	体育教研部	04130500	国际象棋(初级班)
2009—2010	1	043	艺术学院	04330013	艺术学原理
2009—2010	1	043	艺术学院	04330051	中国美术史
2009—2010	1	043	艺术学院	04330101	电影概论
2009—2010	1	043	艺术学院	04330101	电影概论
2009—2010	1	043	艺术学院	04330183	钢琴(三)
2009—2010	1	043	艺术学院	04330220	油画技法与理论
2009—2010	1	043	艺术学院	04330421	浪漫主义时代的欧洲音乐
2009—2010	1	043	艺术学院	04330440	舞蹈创作排练

续表

学年	学期	院系代码	院系名称	课程号	课程名称
2009—2010	1	043	艺术学院	04330641	交响乐（初）
2009—2010	1	043	艺术学院	04330643	交响乐（中）
2009—2010	1	043	艺术学院	04330645	交响乐（高）
2009—2010	1	043	艺术学院	04330671	中国书法艺术理论与鉴赏
2009—2010	1	043	艺术学院	04330910	舞蹈
2009—2010	1	043	艺术学院	04330924	合唱（中）
2009—2010	1	043	艺术学院	04330925	合唱（高）
2009—2010	1	043	艺术学院	04330941	民族管弦乐（初）
2009—2010	1	043	艺术学院	04330947	民族管弦乐（高）
2009—2010	1	043	艺术学院	04331020	中外名曲赏析
2009—2010	1	043	艺术学院	04331300	毕业实习
2009—2010	1	043	艺术学院	04331452	中国电影史
2009—2010	1	043	艺术学院	04331452	中国电影史
2009—2010	1	043	艺术学院	04331801	影视编剧
2009—2010	1	043	艺术学院	04331811	影视导演
2009—2010	1	043	艺术学院	04331871	绘画欣赏与人生
2009—2010	1	043	艺术学院	04331930	中国现当代文学
2009—2010	1	043	艺术学院	04331930	中国现当代文学
2009—2010	1	043	艺术学院	04332120	影视音乐
2009—2010	1	043	艺术学院	04332210	中国电影史
2009—2010	1	043	艺术学院	04332250	影片导读（一）
2009—2010	1	043	艺术学院	04332280	毕业作品拍片实践
2009—2010	1	043	艺术学院	04332290	影视技术（非线性编辑）
2009—2010	1	043	艺术学院	04332350	中国流行音乐流变
2009—2010	1	043	艺术学院	04332490	西方歌剧简史与名作赏析
2009—2010	1	043	艺术学院	04332510	艺术史
2009—2010	1	043	艺术学院	04332520	毕业论文
2009—2010	1	043	艺术学院	04332530	文化产业导论
2009—2010	1	043	艺术学院	04332541	优秀电视节目评析
2009—2010	1	043	艺术学院	04332552	艺术训练（二）
2009—2010	1	043	艺术学院	04332554	艺术训练（四）
2009—2010	1	043	艺术学院	04332556	艺术训练（六）
2009—2010	1	043	艺术学院	04332590	中国传统装饰艺术与审美文化
2009—2010	1	043	艺术学院	04332620	中国古代绘画欣赏
2009—2010	1	043	艺术学院	04332661	中国画理论与技法
2009—2010	1	043	艺术学院	04332850	世界音乐精华
2009—2010	1	043	艺术学院	04332870	音乐剧概论
2009—2010	1	043	艺术学院	04332910	音乐与文化专题研究
2009—2010	1	043	艺术学院	04332940	文化产业案例研究
2009—2010	1	043	艺术学院	04332951	绘画造型方法与理论研究
2009—2010	1	043	艺术学院	04332961	大师电影创作中的音乐研究
2009—2010	1	043	艺术学院	04333000	文化创意研究
2009—2010	1	043	艺术学院	04333020	美术造型
2009—2010	1	043	艺术学院	04333021	美术概论
2009—2010	1	046	元培学院	01033020	普通化学
2009—2010	1	046	元培学院	01034321	普通化学实验
2009—2010	1	046	元培学院	04630030	学术规范与论文写作

续表

学年	学期	院系代码	院系名称	课程号	课程名称
2009—2010	1	046	元培学院	04630040	批判性思维与写作课
2009—2010	1	046	元培学院	04630040	批判性思维与写作课
2009—2010	1	046	元培学院	04630040	批判性思维与写作课
2009—2010	1	046	元培学院	04630040	批判性思维与写作课
2009—2010	1	046	元培学院	04630040	批判性思维与写作课
2009—2010	1	046	元培学院	04630040	批判性思维与写作课
2009—2010	1	046	元培学院	04630400	儒教与中国商业文化
2009—2010	1	046	元培学院	04630430	从全球视野看城市与公共经济与政策
2009—2010	1	046	元培学院	04630440	爱情小说:乔叟和莎士比亚
2009—2010	1	046	元培学院	04630450	中世纪战争小说:乔叟和莎士比亚
2009—2010	1	046	元培学院	04831410	计算概论(B)
2009—2010	1	048	信息科学技术学院	00101460	线性代数(B)
2009—2010	1	048	信息科学技术学院	00101460	线性代数(B)
2009—2010	1	048	信息科学技术学院	00130201	高等数学(B)(一)
2009—2010	1	048	信息科学技术学院	00130201	高等数学(B)(一)
2009—2010	1	048	信息科学技术学院	00130211	高等数学(B)(一)习题课
2009—2010	1	048	信息科学技术学院	00130211	高等数学(B)(一)习题课
2009—2010	1	048	信息科学技术学院	00130211	高等数学(B)(一)习题课
2009—2010	1	048	信息科学技术学院	00130211	高等数学(B)(一)习题课
2009—2010	1	048	信息科学技术学院	00130211	高等数学(B)(一)习题课
2009—2010	1	048	信息科学技术学院	00130211	高等数学(B)(一)习题课
2009—2010	1	048	信息科学技术学院	00130280	计算方法(B)
2009—2010	1	048	信息科学技术学院	00131470	线性代数(B)习题
2009 2010	1	048	信息科学技术学院	00131470	线性代数(B)习题
2009—2010	1	048	信息科学技术学院	00131470	线性代数(B)习题
2009—2010	1	048	信息科学技术学院	00131470	线性代数(B)习题
2009—2010	1	048	信息科学技术学院	00131480	概率统计(A)
2009—2010	1	048	信息科学技术学院	00132301	数学分析(Ⅰ)
2009—2010	1	048	信息科学技术学院	00132304	数学分析(Ⅲ)
2009—2010	1	048	信息科学技术学院	00132311	数学分析(Ⅰ)习题
2009—2010	1	048	信息科学技术学院	00132311	数学分析(Ⅰ)习题
2009—2010	1	048	信息科学技术学院	00132311	数学分析(Ⅰ)习题
2009—2010	1	048	信息科学技术学院	00132313	数学分析(Ⅲ)习题
2009—2010	1	048	信息科学技术学院	00132313	数学分析(Ⅲ)习题
2009—2010	1	048	信息科学技术学院	00132321	高等代数(Ⅰ)
2009—2010	1	048	信息科学技术学院	00132331	高等代数(Ⅰ)习题
2009—2010	1	048	信息科学技术学院	00132331	高等代数(Ⅰ)习题
2009—2010	1	048	信息科学技术学院	00431120	热学
2009—2010	1	048	信息科学技术学院	00431141	力学
2009—2010	1	048	信息科学技术学院	00431141	力学
2009—2010	1	048	信息科学技术学院	00431141	力学
2009—2010	1	048	信息科学技术学院	00431156	光学
2009—2010	1	048	信息科学技术学院	00431166	基础物理实验(一)
2009—2010	1	048	信息科学技术学院	00431166	基础物理实验(一)
2009—2010	1	048	信息科学技术学院	00432110	数学物理方法
2009—2010	1	048	信息科学技术学院	04830010	信息科学技术概论
2009—2010	1	048	信息科学技术学院	04830041	计算概论A

续表

学年	学期	院系代码	院系名称	课程号	课程名称
2009—2010	1	048	信息科学技术学院	04830041	计算概论(A)
2009—2010	1	048	信息科学技术学院	04830041	计算概论(A)
2009—2010	1	048	信息科学技术学院	04830050	数据结构与算法(A)
2009—2010	1	048	信息科学技术学院	04830050	数据结构与算法(A)
2009—2010	1	048	信息科学技术学院	04830050	数据结构与算法(A)
2009—2010	1	048	信息科学技术学院	04830070	集合论与图论
2009—2010	1	048	信息科学技术学院	04830100	数字逻辑设计
2009—2010	1	048	信息科学技术学院	04830100	数字逻辑设计
2009—2010	1	048	信息科学技术学院	04830110	数字逻辑设计实验
2009—2010	1	048	信息科学技术学院	04830110	数字逻辑设计实验
2009—2010	1	048	信息科学技术学院	04830120	微机原理(A)
2009—2010	1	048	信息科学技术学院	04830140	计算机组织与体系结构
2009—2010	1	048	信息科学技术学院	04830161	操作系统(A)
2009—2010	1	048	信息科学技术学院	04830170	数据结构与算法实习
2009—2010	1	048	信息科学技术学院	04830180	编译实习
2009—2010	1	048	信息科学技术学院	04830200	汇编语言程序设计
2009—2010	1	048	信息科学技术学院	04830210	软件工程
2009—2010	1	048	信息科学技术学院	04830220	数据库概论
2009—2010	1	048	信息科学技术学院	04830250	人工智能概论
2009—2010	1	048	信息科学技术学院	04830250	人工智能概论
2009—2010	1	048	信息科学技术学院	04830270	程序设计语言概论
2009—2010	1	048	信息科学技术学院	04830300	Web技术概论
2009—2010	1	048	信息科学技术学院	04830310	人机交互
2009—2010	1	048	信息科学技术学院	04830410	信息安全引论
2009—2010	1	048	信息科学技术学院	04830470	操作系统B(含实习)
2009—2010	1	048	信息科学技术学院	04830480	微机原理(B)
2009—2010	1	048	信息科学技术学院	04830510	语言统计分析
2009—2010	1	048	信息科学技术学院	04830530	计算概论(A)(实验班)
2009—2010	1	048	信息科学技术学院	04830540	数据结构与算法(A)(实验班)
2009—2010	1	048	信息科学技术学院	04830550	存储技术基础
2009—2010	1	048	信息科学技术学院	04830560	先进应用集成方法——面向服务的软件体系架构(SOA)
2009—2010	1	048	信息科学技术学院	04830600	光学
2009—2010	1	048	信息科学技术学院	04830600	光学
2009—2010	1	048	信息科学技术学院	04830610	电动力学
2009—2010	1	048	信息科学技术学院	04830610	电动力学
2009—2010	1	048	信息科学技术学院	04830620	电路分析原理
2009—2010	1	048	信息科学技术学院	04830620	电路分析原理
2009—2010	1	048	信息科学技术学院	04830660	数字逻辑电路实验
2009—2010	1	048	信息科学技术学院	04830670	信号与系统
2009—2010	1	048	信息科学技术学院	04830720	通信原理
2009—2010	1	048	信息科学技术学院	04830740	微波技术实验
2009—2010	1	048	信息科学技术学院	04830750	光电子技术实验
2009—2010	1	048	信息科学技术学院	04830780	微机与接口技术实验
2009—2010	1	048	信息科学技术学院	04830790	嵌入式系统
2009—2010	1	048	信息科学技术学院	04830830	数字信号处理实验
2009—2010	1	048	信息科学技术学院	04830840	热学
2009—2010	1	048	信息科学技术学院	04830850	近代物理

续表

学年	学期	院系代码	院系名称	课程号	课程名称
2009—2010	1	048	信息科学技术学院	04830910	固体物理
2009—2010	1	048	信息科学技术学院	04831040	半导体器件物理
2009—2010	1	048	信息科学技术学院	04831050	集成电路工艺原理
2009—2010	1	048	信息科学技术学院	04831060	集成电路设计实习
2009—2010	1	048	信息科学技术学院	04831160	半导体材料
2009—2010	1	048	信息科学技术学院	04831170	近代物理
2009—2010	1	048	信息科学技术学院	04831180	PSoC 应用开发基础实验
2009—2010	1	048	信息科学技术学院	04831220	智能科学技术导论
2009—2010	1	048	信息科学技术学院	04831230	自动控制理论
2009—2010	1	048	信息科学技术学院	04831250	机器智能实验
2009—2010	1	048	信息科学技术学院	04831260	机器感知实验
2009—2010	1	048	信息科学技术学院	04831280	可视化与可视计算概论
2009—2010	1	048	信息科学技术学院	04831290	模式识别导论
2009—2010	1	048	信息科学技术学院	04831300	图像处理
2009—2010	1	048	信息科学技术学院	04831320	脑与认知科学
2009—2010	1	048	信息科学技术学院	04831510	微电子学概论
2009—2010	1	048	信息科学技术学院	04831670	计算机网络与 Web 技术
2009—2010	1	048	信息科学技术学院	04831700	智能信息处理
2009—2010	1	048	信息科学技术学院	04831710	实验心理学概论
2009—2010	1	048	信息科学技术学院	04831730	机器学习概论
2009—2010	1	048	信息科学技术学院	04831810	微纳尺度流体科学与应用
2009—2010	1	048	信息科学技术学院	04831860	光纤通信系统
2009—2010	1	048	信息科学技术学院	04831880	初等数论及其应用
2009—2010	1	048	信息科学技术学院	04831890	现代信息检索导论
2009—2010	1	048	信息科学技术学院	04831900	通信网概论与宽带信号技术
2009—2010	1	048	信息科学技术学院	04831970	卫星导航定位系统概论
2009—2010	1	048	信息科学技术学院	04831980	Java Web 软件开发技术
2009—2010	1	062	中国经济研究中心	00332370	网络经济与电子商务
2009—2010	1	062	中国经济研究中心	06232000	经济学原理
2009—2010	1	062	中国经济研究中心	06232000	经济学原理
2009—2010	1	062	中国经济研究中心	06232140	线性代数
2009—2010	1	062	中国经济研究中心	06232140	线性代数
2009—2010	1	062	中国经济研究中心	06232140	线性代数
2009—2010	1	062	中国经济研究中心	06232140	线性代数
2009—2010	1	062	中国经济研究中心	06232200	中级微观经济学
2009—2010	1	062	中国经济研究中心	06232200	中级微观经济学
2009—2010	1	062	中国经济研究中心	06232300	中级宏观经济学
2009—2010	1	062	中国经济研究中心	06232300	中级宏观经济学
2009—2010	1	062	中国经济研究中心	06232300	中级宏观经济学
2009—2010	1	062	中国经济研究中心	06232400	计量经济学
2009—2010	1	062	中国经济研究中心	06232400	计量经济学
2009—2010	1	062	中国经济研究中心	06233300	国际贸易
2009—2010	1	062	中国经济研究中心	06233330	微积分
2009—2010	1	062	中国经济研究中心	06233330	微积分
2009—2010	1	062	中国经济研究中心	06233330	微积分
2009—2010	1	062	中国经济研究中心	06233330	微积分

续表

学年	学期	院系代码	院系名称	课程号	课程名称
2009—2010	1	062	中国经济研究中心	06233500	发展经济学
2009—2010	1	062	中国经济研究中心	06233550	公共财政学
2009—2010	1	062	中国经济研究中心	06233630	市场营销
2009—2010	1	062	中国经济研究中心	06233640	会计学
2009—2010	1	062	中国经济研究中心	06234190	经济史
2009—2010	1	062	中国经济研究中心	06234700	产业组织
2009—2010	1	062	中国经济研究中心	06234900	中国经济专题
2009—2010	1	062	中国经济研究中心	06234950	新制度经济学
2009—2010	1	062	中国经济研究中心	06235000	管理沟通和谈判
2009—2010	1	062	中国经济研究中心	06235010	行为经济学
2009—2010	1	067	教育学院	06730070	生活教育——成功人生的基础
2009—2010	1	067	教育学院	06730090	数字化学习与生存
2009—2010	1	086	工学院	00330130	气体力学
2009—2010	1	086	工学院	00330700	常微分方程
2009—2010	1	086	工学院	00331751	微积分（一）
2009—2010	1	086	工学院	00331760	微积分习题
2009—2010	1	086	工学院	00331760	微积分习题
2009—2010	1	086	工学院	00331760	微积分习题
2009—2010	1	086	工学院	00331760	微积分习题
2009—2010	1	086	工学院	00331770	线性代数与几何
2009—2010	1	086	工学院	00331781	现代工学通论（上）
2009—2010	1	086	工学院	00331860	高等微积分
2009—2010	1	086	工学院	00331880	高等代数
2009—2010	1	086	工学院	00331900	概率与数理统计
2009—2010	1	086	工学院	00331950	世界能源与资源通论
2009—2010	1	086	工学院	00331960	工程热力学
2009—2010	1	086	工学院	00332020	传热传质学
2009—2010	1	086	工学院	00332070	工程经济学
2009—2010	1	086	工学院	00332100	生态环境学
2009—2010	1	086	工学院	00332172	能源与资源工程实验（下）
2009—2010	1	086	工学院	00332242	数学物理方法（下）
2009—2010	1	086	工学院	00332250	理论力学
2009—2010	1	086	工学院	00332281	流体力学（上）
2009—2010	1	086	工学院	00332300	工程流体力学
2009—2010	1	086	工学院	00332310	结构力学及其矩阵方法
2009—2010	1	086	工学院	00332320	工程设计初步
2009—2010	1	086	工学院	00332340	流体力学实验
2009—2010	1	086	工学院	00332360	数据、模型与决策
2009—2010	1	086	工学院	00332370	网络经济与电子商务
2009—2010	1	086	工学院	00332381	工程毕业设计（上）
2009—2010	1	086	工学院	00332390	数值模拟
2009—2010	1	086	工学院	00332400	废水资源化工程
2009—2010	1	086	工学院	00332410	复合材料与结构力学
2009—2010	1	086	工学院	00332420	实验室安全学
2009—2010	1	086	工学院	00332430	燃烧学基础
2009—2010	1	086	工学院	00332460	连续介质力学基础
2009—2010	1	086	工学院	00332470	航空航天概论

续表

学年	学期	院系代码	院系名称	课程号	课程名称
2009—2010	1	086	工学院	00332480	油气田开发工程
2009—2010	1	086	工学院	00332500	空气动力学
2009—2010	1	086	工学院	00431142	热学
2009—2010	1	086	工学院	04831410	计算概论(B)
2009—2010	1	086	工学院	04831650	计算概论(B)上机
2009—2010	1	126	城市与环境学院	00130310	线性代数(C)
2009—2010	1	126	城市与环境学院	00131421	高等数学C（一）
2009—2010	1	126	城市与环境学院	00431122	近代物理
2009—2010	1	126	城市与环境学院	00431215	普通物理实验
2009—2010	1	126	城市与环境学院	01030810	有机化学（B）
2009—2010	1	126	城市与环境学院	01030840	物理化学（B）
2009—2010	1	126	城市与环境学院	01032710	有机化学实验（B）
2009—2010	1	126	城市与环境学院	01034310	普通化学
2009—2010	1	126	城市与环境学院	01034321	普通化学实验
2009—2010	1	126	城市与环境学院	01339180	世界文化地理
2009—2010	1	126	城市与环境学院	01339220	现当代建筑赏析
2009—2010	1	126	城市与环境学院	01531120	中国地理
2009—2010	1	126	城市与环境学院	01531210	算法与数据结构
2009—2010	1	126	城市与环境学院	01531240	地球概论
2009—2010	1	126	城市与环境学院	01531250	气象气候学
2009—2010	1	126	城市与环境学院	01531520	中国历史地理
2009—2010	1	126	城市与环境学院	01531600	计算概论
2009—2010	1	126	城市与环境学院	01531710	文化地理学
2009—2010	1	126	城市与环境学院	01531900	人文地理
2009—2010	1	126	城市与环境学院	01532190	中外城市建设史
2009—2010	1	126	城市与环境学院	01532280	规划机助技术（规划CAD）
2009—2010	1	126	城市与环境学院	01532320	建筑设计概论与初步
2009—2010	1	126	城市与环境学院	01533120	城市经济学
2009—2010	1	126	城市与环境学院	01533260	自然地理概论
2009—2010	1	126	城市与环境学院	01534120	土壤地理实验
2009—2010	1	126	城市与环境学院	01534200	水文学与水资源
2009—2010	1	126	城市与环境学院	01534300	土壤学与土壤地理
2009—2010	1	126	城市与环境学院	01535121	植物学（上）
2009—2010	1	126	城市与环境学院	01536040	应用数理统计方法
2009—2010	1	126	城市与环境学院	01536170	地学基础
2009—2010	1	126	城市与环境学院	01536820	生态学导论
2009—2010	1	126	城市与环境学院	01539020	北京历史地理
2009—2010	1	127	环境科学与工程学院	01034321	普通化学实验
2009—2010	1	127	环境科学与工程学院	12731030	环境科学导论
2009—2010	1	127	环境科学与工程学院	12731050	环境材料导论
2009—2010	1	127	环境科学与工程学院	12732010	环境科学
2009—2010	1	127	环境科学与工程学院	12733040	环境微生物学
2009—2010	1	127	环境科学与工程学院	12734020	水处理工程(上)
2009—2010	1	127	环境科学与工程学院	12735010	化工原理
2009—2010	1	127	环境科学与工程学院	12735020	电工电子技术
2009—2010	1	127	环境科学与工程学院	12735030	土壤与地下水
2009—2010	1	180	医学部教学办	00131411	高等数学C（一）

续表

学年	学期	院系代码	院系名称	课程号	课程名称
2009—2010	1	180	医学部教学办	00131411	高等数学C(一)
2009—2010	1	180	医学部教学办	00131411	高等数学C(一)
2009—2010	1	180	医学部教学办	01034880	普通化学(B)
2009—2010	1	180	医学部教学办	01034880	普通化学(B)
2009—2010	1	180	医学部教学办	01034880	普通化学(B)
2009—2010	1	180	医学部教学办	01034920	普通化学实验(B)
2009—2010	1	180	医学部教学办	01034920	普通化学实验(B)
2009—2010	1	180	医学部教学办	01034920	普通化学实验(B)
2009—2010	1	180	医学部教学办	01034920	普通化学实验(B)
2009—2010	1	180	医学部教学办	01139380	普通生物学(A)
2009—2010	1	180	医学部教学办	04831410	计算概论(B)
2009—2010	1	180	医学部教学办	04831410	计算概论(B)
2009—2010	1	180	医学部教学办	04831410	计算概论(B)
2009—2010	1	180	医学部教学办	04831410	计算概论(B)
2009—2010	1	180	医学部教学办	04831650	计算概论(B)上机
2009—2010	1	180	医学部教学办	04831650	计算概论(B)上机
2009—2010	1	180	医学部教学办	18050200	中医养生学
2009—2010	1	180	医学部教学办	18050221	英语精读(1)
2009—2010	1	180	医学部教学办	18050221	英语精读(1)
2009—2010	1	180	医学部教学办	89139790	医学发展概论
2009—2010	1	180	医学部教学办	89339770	健康的生活方式与健康传播
2009—2010	1	607	武装部	60730020	军事理论
2009—2010	1	607	武装部	60730020	军事理论
2009—2010	1	607	武装部	60730020	军事理论
2009—2010	1	607	武装部	60730020	军事理论
2009—2010	1	607	武装部	60730020	军事理论
2009—2010	1	607	武装部	60730320	当代国防
2009—2010	1	610	学生工作部	61030020	大学生职业生涯规划

表7-3A 2009年录取各省(自治区、直辖市、港澳台地区)高考理科第一名学生名单

姓名	性别	省份	科类	毕业中学	录取院系
宁少阳	男	北京	理科	人大附中	数学科学学院
杜彦涛	男	宁夏	理科	银川一中	元培学院
龚书恒	男	江西	理科	江西师大附中	元培学院
房誉	男	西藏	理科	四川成都市树德中学	法学院
潘娇娇	女	西藏	理科	拉萨市第一高级中学	法学院
王师	女	河北	理科	石家庄二中	元培学院
常洪	男	天津	理科	天津市耀华中学	数学科学学院
郑伟	男	青海	理科	湟川中学总校	物理学院
于静文	女	辽宁	理科	辽宁省实验中学	光华管理学院
张世海	男	上海	理科	华东师大二附	数学科学学院
魏司奇	男	香港	理科	东华高级中学	物理学院

表 7-3B　2009 年录取各省（自治区、直辖市、港澳台地区）高考文科第一名学生名单

姓　名	性别	省份	科类	毕业中学	录取院系
方　洋	女	福建	文科	武平一中	光华管理学院
金　弦	女	湖南	文科	石门一中	光华管理学院
叶思雨	女	四川	文科	成都实验外国语学校	光华管理学院
李　洋	男	湖北	文科	龙泉一中	光华管理学院
赵楚然	女	云南	文科	云南师大附中	光华管理学院
杨时羽	女	云南	文科	云南师大附中	光华管理学院
徐美辰	女	辽宁	文科	沈阳市朝鲜族第一高中	经济学院
李　浩	男	重庆	文科	巴蜀中学	光华管理学院
李　赛	女	重庆	文科	南开中学	光华管理学院
任韩菲	女	重庆	文科	巴蜀中学	光华管理学院
陈富春	男	重庆	文科	十一中学	元培学院
郝　艺	男	黑龙江	文科	佳木斯一中	光华管理学院
陈　君	女	广西	文科	兴安中学	光华管理学院
黄　嫣	女	广西	文科	南宁二中	光华管理学院
吴东源	男	广西	文科	武鸣高中	元培学院
王秋豪	男	贵州	文科	花溪清华中学	光华管理学院
萧　君	女	香港	文科	广州市广外附设外语学校	法学院
李江雁	女	江西	文科	临川一中	光华管理学院
王沛嘉	女	江西	文科	鹰潭一中	光华管理学院
潘怡婧	女	江苏	文科	苏州中学	光华管理学院
沈凌波	男	浙江	文科	绍兴鲁迅中学	光华管理学院
蔡林峰	男	浙江	文科	绍兴鲁迅中学	光华管理学院
陈之伊	女	海南	文科	海南中学	元培学院
李怡然	女	宁夏	文科	银川二中	光华管理学院
李　昶	男	河南	文科	开封高中	政府管理学院
葛严蔚	男	安徽	文科	合肥八中	光华管理学院
陈俊任	女	广东	文科	珠海一中	光华管理学院
王欣怡	女	陕西	文科	西北工业大学附中	光华管理学院
陈　璐	女	河北	文科	遵化一中	光华管理学院
韩　涛	男	山东	文科	平度一中	光华管理学院
帅凯旋	男	山东	文科	淄博市实验中学	元培学院
计莉卉	女	西藏	文科	四川省泸县二中	法学院
妮　妮	女	西藏	文科	拉萨中学	新闻传播学院

表 7-3C 2009 年录取中学生国际奥林匹克竞赛获奖学生

姓 名	性别	生源省份	获奖情况	毕业中学	录取院系
韦东奕	男	山东	数学奥赛国际金牌	山东师大附中	数学科学学院
赵彦霖	男	吉林	数学奥赛国际金牌	东北师大附中	数学科学学院
林 博	男	北京	数学奥赛国际金牌	人大附中	数学科学学院
管紫轩	男	北京	物理奥赛国际金牌	人大附中	物理学院
雷 进	男	湖北	物理奥赛国际金牌	湖北荆州中学	物理学院
林 倩	女	广东	物理奥赛国际金牌	华南师大附中	物理学院
史寒朵	女	浙江	物理奥赛国际金牌	镇海中学	物理学院
熊照熙	女	广东	物理奥赛国际金牌	深圳中学	物理学院
王睿博	男	湖北	化学奥赛国际金牌	华中师大第一附中	化学与分子工程学院
黄昕晨	男	广东	化学奥赛国际金牌	深圳中学	元培学院
刘 吉	男	湖南	化学奥赛国际金牌	湖南师大附中	化学与分子工程学院
刘文驰	男	陕西	化学奥赛国际银牌	陕西师范大学附属中学	化学与分子工程学院
郝思杨	女	辽宁	生物奥赛国际金牌	辽宁省实验中学	生命科学学院
张宸瑀	男	湖北	生物奥赛国际金牌	湖北武汉二中	生命科学学院
黄 榕	女	山东	生物奥赛国际金牌	青岛二中	生命科学学院
李争达	男	河南	生物奥赛国际金牌	郑州一中	生命科学学院

研究生教育

【概况】 2009 年,北京大学研究生教育工作继续围绕稳步推进研究生培养机制改革、积极促进和提高研究生创新能力、全面推进研究生教育国际化进程、探索学科建设与研究生教育发展的新思路等各项任务开展工作,取得了预期成果。

2009 年,北京大学招收研究生 6254 人。其中校本部 5394 人,医学部 860 人;其中博士生 1644 人,硕士生 4610 人。此外招收校本部在职攻读专业学位硕士生 1622 人。

截至 2009 年 12 月,校本部在校研究生 21115 人。其中博士生 5304 人,硕士生 10397 人,在职攻读专业学位硕士生 5414 人。

2009 年授予博士学位 1558 人,硕士学位 6024 人。截至 2009 年 9 月,共授予博士学位 12640 人,硕士学位 51755 人。

2009 年入选全国优秀博士学位论文 5 篇。自 1999 年至 2009 年,北京大学获全国优秀博士学位论文总数为 72 篇。

【招生工作】 计划与执行 2009 年招生计划分为普通计划、调控计划、单独项目计划和单列计划。其中普通计划、调控计划和单列计划招收的学生均可申请学业奖学金;调控计划由招生导师或院系筹措经费;单独项目计划则不能申请学校的学业奖学金,由学生缴纳学费。

在 2009 年计划安排中,增加了部分攻读专业学位研究生的招生名额,扩大了留学生和港澳台生招生人数。在保持接收推荐免试研究生质量的前提下,部分院系扩大了接收推免生的人数;在继续保留单考生计划的同时,根据考生情况,适时调整了报考专业录取人数;保证了强军计划的招生;保证了交叉学科、优秀人才、对口支援、支持西部以及招收少数民族学生的计划;保证了学校学工干部直升、选留和体育、艺术特长生的计划。

(一)报名与录取

1. 报名。申请北京大学推荐免试硕士(含直博)研究生的人数共有 3500 多人,实际接收 1752 人;报名参加硕士生统考(双证)的人数达到 18767 人,录取 2632 人;报名参加博士生应试考试的人数共计 4065 人,录取 675 人。

2. 录取。2009 年北京大学共录取 6254 名研究生(双证)。其中校本部 4109 人,医学部 860 人,深圳研究生院 666 人,软件与微电子学院 619 人。

其中在参加全国统一招生,经过学校推荐和应试考试入学的 6148 名研究生(双证)中,博士生

1644 名,硕士生 4610 名。博士生中包括 410 名推荐免试的"直博生",465 名本校"硕转博"的学生,675 名应试考生,港澳台、留学生申请入学 94 人;硕士生中包括 1752 名推荐免试生,2632 名全国统考生(双证),港澳台、留学生申请入学 226 人;其中留学生 202 人;港澳台生 118 人。

(二)宣传与咨询

1. 招生咨询活动。2009 年,生命科学学院、化学与分子工程学院、物理学院、信息科学技术学院、工学院、前沿交叉学科研究院、分子医学研究所、光华管理学院、国家发展研究院、深圳研究生院等开展了"夏令营"活动。此外,还多次到外地进行招生咨询宣传,如济南、南京、哈尔滨、重庆、郑州、成都等地。

2. 利用各种宣传工具开展宣传工作。(1)联系新闻媒介,利用网络、广播电视、报刊等现代化宣传工具,登载招生广告、发布招生信息、进行新闻报道宣传工作。(2)充分利用北京大学研究生院主页和研究生招生网进行宣传。(3)建立招生论坛或采用网上聊天,帮助考生获取信息。(4)邀请各学院(系、所、中心)主管学位与研究生教育工作的院长(主任)做嘉宾,以访谈形式与考生进行在线咨询。

接收 2010 年推免生情况 北京大学校本部 2009 年推荐免试研究生有 5000 多人申请,接收 2537 人。其中,硕士研究生(含硕博连读)2101 人,直接攻读博士学位研究生 436 人;其中来自本校的应届毕业生 1033 人,占录取人数的 41%,来自外校的应届毕业生 1504 人,占录取人数的 59%。在 2009 年录取的推荐免试研究生中,来自全国重点高校的有 2526 人,占录取人数的 99.6%;来自普通高校的 11 人,占 0.4%(统计数字未含医学部)。

在接收 2010 年推荐免试研究生的工作中,北京大学继续实行多项举措以保证招生质量:(1)进行一级学科综合考试。使接收推荐免试生的过程实际上形成了三次筛选:即材料初审——综合笔试——综合面试。此三关全部通过后,才能被初步确定为拟录取的推荐免试研究生。在是否必须增加一级学科综合考试的问题上,不搞一刀切。(2)综合考试+综合面试,此项举措加强了复试的力度。(3)增加招收"硕博连读"和"直博生"的数量。(4)各院系对外语水平的要求更加具体:普遍增强了对推荐免试研究生外语的听、说、读、写能力的考察。(5)接收更多外校的优秀应届本科毕业生:2009 年外校推荐到北京大学申请免试攻读研究生的优秀本科应届毕业生,不仅人数上有了增加,而且质量也有较大提高。

表 7-4　2006—2010 年北京大学接收推荐免试研究生的数据统计与比较

年度	人数	硕士生	直博生	本校	外校	校内外比例
2006	1495	1268	225	850	640	(57%):(43%)
2007	1648	1398	250	816	832	(50%):(50%)
2008	1833	1553	280	911	922	(50%):(50%)
2009	2160	1791	369	930	1230	(43%):(57%)
2010	2537	2101	436	1033	1504	(41%):(59%)

(三)考试与考务

1. 完善报名信息系统。2009 年在继续保留原有方式不变的情况下,开发运用了港澳台、留学生网上申报系统。另外,根据 2009 年甲型 H1N1 流感防控的紧急情况,审时度势,为不使现场人多拥挤、聚集等待,在考生完成网上提交信息和上传照片后,可在网上直接下载准考证,使报名工作更加快捷、方便。

2. 精心组织入学考试。(1)加强对参加考试工作人员的培训。分类进行多次集中培训。(2)加强硕士生考试考场的组织管理工作。统一组织北京考生考试,设置 152 个考场,有万余名考生参加,在组织管理方面做到了周全、详细、有条不紊。(3)加强和改进硕士考生试卷整理工作。在 2009 年的试卷整理工作中,全体人员继续发扬不怕苦、不怕累和连续作战的精神,按时完成了整理试卷的任务。(4)加强了对硕士招生业务课考试成绩的登分、核分的管理。

3. 规范研究生考务工作。2009 年通过对各个环节进行精心策划,删繁就简,提高工作效率,使研究生考务工作更加规范、简明、有序。(1)将研究生考务各项工作的分工和职责进一步明确,在机制上建立和形成一整套有效的考务工作规范。(2)使用和继续开发招生管理系统的功能,提高工作效率。

(四)初试与复试

1. 合理设置初试的考试科目。在推进考试科目设置改革方面坚持稳妥、循序渐进,使考试科目的设置更符合选拔人才的规律性。

2. 试卷评阅坚持"严格公正，评分准确"的原则。

3. 切实做好差额复试工作。根据各专业录取人数和考生的考试成绩，按照学科门类划定复试分数线。

（五）安全与保密

1. 完善规章制度、加强考务管理。在2009年招生工作中，学校和各学院、系、所、中心均按照国家有关法规，进一步完善了本单位试题命题、制卷、运转、保管、分发等各环节的工作规定，实行明确的责任制，加强保密纪律教育，确保此项工作顺利进行。在北京市组织的年度检查中，北京大学的安全保密制度和考务管理工作得到了好评。

2. 加强保密室的建设与管理工作。制定保密室管理规定，规范人员管理和钥匙保管，安装监控设备，更新保密室和密集柜的门锁。

（六）监督与约束

在2009年的招生选拔工作中，继续加强了以下三个方面的工作：

1. 完善自我约束机制。逐步实施公示制度、旁听制度和复议制度等，得到广大考生的认同。

2. 加强复试监督机制。要求各院系复试工作要坚持公开、公正、公平的原则，研究生院通过网站公布复试基本分数线和复试工作相关要求，复试生名单和复试的规则以及考生的复试成绩。复试期间，研究生院派人员随机旁听复试，以便及时发现和解决问题。

3. 公平竞争，校内外一视同仁。2009年外校推荐到北京大学申请免试攻读研究生的优秀本科应届毕业生，数量和质量都有较大提高。学校要求在复试和录取工作中要坚持公平竞争，校内外一视同仁的原则。

（七）录取与入学审核

1. 进一步加强了组织管理，严格按照所制定的招生录取规则和具体实施细则执行，保证了录取工作的顺利进行。成立了校系两级录取工作领导小组，严格按照招生专业目录所公布的招生计划数录取。

2. 在新生报到时要求对学历学位证书原件进行核查，无学历、学位证书者不予报到注册，取消入学资格。对录取的少数民族骨干计划考生仍旧签订合同书。

（八）改革与创新

2009年招生工作的改革措施主要有以下几点：

1. 改进研究生招生计划的制定工作。结合研究生培养机制的改革，继续对研究生实施收费与奖助办法，充分发挥经济杠杆的调节作用，以推进计划工作的改革力度。特别是博士生招生要根据导师科研经费状况，打破大锅饭，优先满足经费充足的导师提出的招生名额。

2. 改革留学研究生招生选拔办法。将招收外国留学硕士、博士研究生的选拔录取办法，由原来的以考生应试考试成绩为主的选拔录取方式，转变为申请报名与考核申请人的素质能力为基础的（申请—审核制）选拔录取方式。2009年招收留学生的人数比2008年有了较多增加。

3. 改革港澳台生的选拔办法。2009年招生中全部采用"申请—审核制"方式，生源质量和数量都有进一步提高。

【培养工作】 1. 组织和推动创新工程。2009年度北京大学承担教育部6个类型共计10个研究生教育项目，居高校之首。具体包括4项"全国研究生暑期学校"，1项"全国博士生学术论坛"，1项"全国博士生学术会议"，1项"青年导师研修班"，以及"博士生国内访学"、"研究生教育管理干部研修"、"研究生教育创新和培养模式研究课题"各1项。此外，学校设立的"研究生教育创新计划"，2009年度共立项资助5个"博士生学术会议"项目，4个"博士生学术论坛"项目，9个"研究生暑期学校项目"，总计经费投入147万元。

2. 推进研究生教育国际化进程。2009年，共为1194名在校研究生办理出访手续。学生以参加学术会议、联合培养、访问考察、合作研究等形式赴世界近60个国家和地区进行学术交流。

3. 硕博连读研究生培养审查。2009年，北京大学全面更新备案25个院系的硕博连读研究生资格审核办法；审核306名申请人的申请资料，初审通过率为77.5%，复审通过率为100%；追踪硕博连读研究生的培养质量，全面系统地制作306名申请学生的电子档案，记录其申请时的论文发表与接受情况、参加科研项目情况、获奖情况、研究进展及研究计划等。

国家高水平大学研究生公派项目2009年度派出258名，其中联合培养博士生162人，攻读博士学位96人。

4. 专业学位研究生管理。目前校本部共设置11种类型的专业学位，单证专业学位在校生日常规模在5000余人。2009年，各类学籍异动与特殊申请370余次（件）；汇编完成《北京大学2009级硕士专业学位研究生培养方案》。

5. 研究生公共课教学管理。2008—2009学年北京大学开设研究生课程3595门；安排全校硕士生、博士生第一外国语、第二外国语、政治理论课、体育课等合计145个班次，上课人数8097人次；安排经济学院等专业学位，以及南京、深圳、香港树仁学院等异地班的公共课共计22个班次，上课人数876人次。

6. 学籍管理。2009年注册的研究生总数为5066人。其中，硕士生3833人、博士生1233人。2009级新生学籍电子注册中有85名资返生(博士3人,硕士82人)。2009年7月共计注册毕业研究生3795人,其中,硕士毕业3007人,结业5人;博士毕业768人,结业15人。2009年1月至12月,共办理学籍异动2768人次。

7. 目标管理与过程管理。2009年度审批、审查硕士研究生毕业3331人次;审批、审查博士研究生942人次。

8. 学术交流基金资助。2009年度,北京大学资助281名研究生赴46个国家和地区参加200次国际高水平学术会议,通过口头报告、张贴论文等形式展现了北京大学研究生的风采。

9. 课程研修班教学管理。2009年度北京大学研修班学员在学人数3117人。工作的重心进一步放到院系,召集院系讨论研究生课程进修班的教学与考试事宜,听取院系主管和一线教师的意见。编印了研修班基本数据统计公报及2009年研修班学员名册。

10. 课程评估。2009年完成2008—2009学年第一、第二学期两次研究生课程评估工作,其中第一学期为27个院系的545门课程,第二学期为26个院系的571门课程。

11. 研究生课程建设。2009年度共有22个单位的66门课程申请立项。通过组织召开2009年度研究生课程建设立项评审会,经专家审查评议后无记名投票,决定对40门课程立项建设,其中多数课程为本专业基础必修课。

12. 互派研究生项目。2009年共有14个院系的29名博士研究生申请"短期出国(境)研究项目"的资助。经过初步形式审查和专家评审,最终确定了18名博士研究生于2009年9月或将于2010年2月赴10个国家的学校和研究机构进行短期学习研究,拟资助总额达到50万元人民币。

13. 研究生国际学术交流项目。2009年,启动了"博士研究生国际专题学术研讨会"和"博士研究生短期出国(境)研究"两个国际化项目,用于资助北京大学博士研究生进行国际学术交流。经过专家评审确定资助2个国际学术研讨会,分别是信息科学技术学院的"微米/纳米技术生物工程应用国际研讨会"和工学院的"北京大学—哈佛大学演化动力学专题研讨会"。

14. 开放式的国际化办学。政府管理学院2008年9月正式启动"面向发展中国家高级行政人员硕士项目",全英文授课,面向发展中国家和地区的高级行政管理人员开办行政管理专业硕士班,2009年招生31人,学生来自亚非洲的24个国家。法学院的中国法项目、国际关系学院的国际关系(MIR)项目等都是面向留学生设计的全英文项目,在吸引优秀留学生、扩大学校学科影响力和展现中国改革开放以来政治、经济、法律、文化等方面取得的成就方面起到了应有的作用。

15. 互派管理工作人员交流。研究生院首次与国外高校研究生教育管理机构合作交流协议于2009年生效并实施。2009年4月,来自新西兰奥克兰大学研究生院的格雷琴女士受邀抵达北京大学,开始了为期两周的交流访问。2009年9月研究生院培养办公室胡晓阳访问奥克兰大学两周。

16. 科研管理与统计系统。全面审核2009年夏季毕业的研究生尤其是博士研究生的科研发表、专利、专著、会议论文等情况。2009年7月毕业的博士研究生中,共有753名博士研究生登陆研究生培养管理系统,录入科研论文发表3000篇,平均每人发表3.98篇。据统计,2005年7月至2009年7月,共2967名博士研究生(含4名结业)登陆研究生培养管理系统,录入科研论文发表11780篇,平均每人发表3.97篇。

17. 管理信息系统规划。2009年9月,作为北京大学信息系统建设的重要部分,新的研究生学籍管理系统全面启用,并应用到2009—2010学年第一学期的实际工作中,为北京大学的研究生学籍管理工作提供了新的管理方式和思路。

18. "C9"研究生培养工作首次交流研讨会。2009年12月22日,由北京大学研究生院召集的"C9"研究生培养工作首次交流研讨会在北大召开。"C9"高校的研究生院培养办(处)主要负责人参加本次会议。会议就研究生分类培养模式、培养机制改革、课程体系建设和资源共享、培养质量监督和评估、交叉学科人才培养、研究生教育国际化、信息化管理等共同关心的问题展开讨论,达成了广泛的共识。并倡议以本次会议为起点,每年度召开一次交流研讨会,建立九校研究生培养工作交流和研讨机制。

【学位工作】 学位授予 2009年度,北京大学各级学位授予总数共计15664名。其中,博士学位1558名,硕士学位6024名,学士学位8082名。2009年授予3人名誉博士学位。

1. 优秀博士学位论文。组织完成2009年度北京大学优秀博士学位论文评选,推荐部分优秀博士学位论文参加北京市优秀博士学位论文评选和一年一度的教育部"全国优秀博士学位论文"评选。

2. 博士学位论文答辩审批。完成2009年1月毕业和2009年7月毕业的共计921名博士研究生学位论文答辩审批工作。博士研究生指导教师遴选2009年组织遴选了52名博士生导师。

3. 国务院学位委员会学科评议组换届。2009年,完成了北京大学推荐国务院学位委员会学科评议组新一届成员的工作，北京大学共上报了88名专家作为第六届国务院学位委员会学科评议组的推荐人选。最终有42名专家被批准为第六届国务院学位委员会学科评议组成员。

4. 以同等学力在职申请学位管理。2009年共计受理2167人次研究生毕业同等学力在职申请学位审批。

5. 北京大学-莫斯科大学联合研究生院。2009年，完成第六批7名北京大学研究生在莫斯科大学学习延期手续，完成第五批莫斯科大学派赴北京大学的学生相关手续办理，以及两校校长续签工作协议的修订。

6. 中国学位与研究生教育学会委托工作。2009年，承担全国学会文理科工作委员会的相关工作任务，组织中国学位与研究生教育学会"十一五"课题、教育部委托课题及重大/重点课题研究等相关工作，协助有关领导策划、组织2009年全国学位与研究生教育文理科工作学术年会等工作任务。

7. 国家学科目录修订。根据国务院学位委员会和教育部"关于修订学位授予和人才培养学科目录的通知"精神，组织北京大学有关学科的专家学者，对现行学科门类和一级学科提出了许多重要的修订意见，上报主管部门供决策参考。2009年8月开始，北京大学牵头组织实施人文学科专业目录修订工作，完成了以下工作：拟定工作计划、组织工作组会议、开展修订调研、撰写调研材料、进行工作汇报、组织撰写修订材料等。

8. 与北京市共建项目管理工作。目前，北京大学共有100多项与北京市共建项目。其中，与研究生教育直接相关的有13个北京市重点学科项目、6个北京市优秀博士学位论文指导教师项目和1个学科群项目。2009年完成了与北京市共建相关项目的财政评审、申报等日常管理工作。

9. 新设置专业学位的论证与新增专业学位点申报工作。2009年上半年，受国务院学位办委托，北京大学牵头负责"新闻传播硕士"和"应用心理硕士"两种专业学位的论证工作。另外，2009年，北京大学组织相关院系成功地申报了社会工作硕士和教育博士两种专业学位。

【奖助工作】

（一）夯实研究生奖助工作体系

逐步建立"以学业奖学金和助研岗位为基础、以助教岗位和专项奖学金为补充、以调控招生计划为特点"的奖助工作体系。

1. 调控招生计划：支持科研经费特别是国家重大课题经费充足的导师适当扩大招生规模，其经费来源为导师的科研经费，特别优先纵向课题的经费。学校通过调控招生计划收取的申请经费作为培养机制改革经费用于资助研究生。2009年调控计划近200个，资金量达到1000万。

2. 学业奖学金：2009学年度，2007—2009级研究生中，共有7291人获得奖学金。

（二）助教、助研津贴发放

1. 助教津贴。2009年度，北京大学共设立1765个助教岗位，资助研究生约2200人次。打破依据选课人数设立助教岗位的局限，在选课人数的基本条件下充分考虑任课教师的实际需求，加大了对研究生的资助力度。

2. 助研津贴。2009年度，北京大学共发放社会科学部和人文学部博士生助研津贴582万元，其中博士生导师或其所在院系补贴267万元，学校配套补贴315万元，共有约1200位博士生从中受益。

北京大学博士生人均月发放助研津贴的标准提高至759元，较以往增长了2倍。博士生助研津贴发放达标（即普通博士生达到450元/月、直博生前两年达到300元/月的标准）率也波动上升，达标人数从2005—2006学年度第二学期的811人增加到2008—2009学年度第二学期的1852人，增长了一倍多。

（三）专项奖学金

1. "校长奖学金"。2009年，共有95名2009级博士生和98名2010级免试推荐攻读全日制直博生和招生简章说明的不授中间学位的五年制硕博连读生获得资助。这193位获奖者中含理学部、信息与工程科学部173人，人文学部和社会科学部20人；本校毕业生109人，其他高校毕业生84人。

2. "康正奖学金""方正春元奖学金"。康正奖学金的博士生生活津贴的标准为14400元/年，硕士生标准为9600元/年；方正春元奖学金的标准为10000元/年。2009年共有25位优秀研究生获得总额30万的生活费资助。

3. "王文忠-王天成奖学金""宣明奖学金"和"闳材助学金"。"宣明奖学金"和"王文忠-王天成奖学金"两项助困奖学金分别于2006、2007年设立，额度分别为3000元/年、5000元/年。2009年共有116位研究生获得共计38.8万助学金资助。

（四）拓展奖助对象范围

1. 将港澳台生纳入研究生培养机制改革框架。2009年7月，北京大学研究通过将校本部攻读学术型学位（不含专业学位、经特殊说明的研究生教育项目等）的全日制港澳台研究生纳入培养机制改革框架内：港澳台研究生享受学业奖学金并与大陆研究生一起参加学业奖学金评定。

2. 酝酿专业学位研究生的资助方案。已经在法学院、光华管理学院、软件与微电子学院、外国语学院等开展专业学位的院系进行调研，并开始起草专业学位研究生资助体系方案。

课题研究针对培养机制改革后对于延期研究生延长期学费和奖学金的问题，专门成立课题小组进行研究。2008年11月至2009年3月，通过抽样访谈、发放问卷、分析数据，结合北京大学高等教育管理课题，对研究生培养机制改革子课题"北京大学延期博士生现状"进行调查研究，进一步认识和了解延期博士生群体，并根据调查结果，提出了延期博士生资助方案。2009年4月，针对研究生住宿资源紧缺的现状，根据上级主管领导指示，组织调查小组对2796位研究生新生的住宿意愿进行调查，问卷回收率为71.35%，对北京大学新生的住宿意愿有了较为清晰的掌握。2009年11月，以"基于研究生培养机制改革的分类培养模式研究"为题申请北京大学教学科研管理课题。

3. 撰写各类报告和文章。2009年4月，在《学位与研究生教育》杂志发表题为《研究生培养机制改革与研究生奖助体系的构建——以北京大学为例》的理论文章，文章指出研究生培养机制改革为研究生奖助体系的构建创造了新契机，并通过对北京大学构建研究生奖助体系的分析，指出研究生奖助体系构建中存在的若干问题，并针对问题提出了相关建议。

（五）自身建设

1. 制度建设。加强奖助管理工作的制度建设，规范与优化工作流程。积极探讨合理、高效的工作程序，逐步将其制度化、规范化，并将此规范以工作通知的形式下发给院系，与兄弟部门交流，从而提高工作效率，促进部门间、研究生院与院系之间的合作。

2. 管理系统建设。2009年，基于学籍系统建设了研究生学业奖学金录入-审核系统，同时进一步推进了奖学金预算制度。此外，研究生奖助系统已经处于编码阶段，预计2010年9月上线。

【中国研究生院院长联席会秘书处】

（一）组织会议

1. 中国研究生院院长联席会首届国际论坛。2009年10月31日，中国研究生院院长联席会首届国际论坛——ACGS International Forum(2009)在古城西安隆重举行。本次国际论坛的主题是"研究生教育的国际合作——探索与创新"，包括4个分议题：(1)全球研究生教育国际合作的发展趋势；(2)国际学生、研究学者的流动和学术研究的国际合作；(3)研究生教育与全球化背景下的人力资源需求；(4)所在国家的学位制度和标准、质量保障机制以及发展战略。中国研究生院院长联席会秘书长、北京大学校长兼研究生院院长周其凤院士做了题为"中国研究生教育的国际化——探索与思考"的大会报告。

2. 研究生院院长联席会成立十周年大会暨研究生院院长联席会2009年年会。与会领导及代表对中国研究生院院长联席会成立十年来所开展的卓有成效的工作给予了高度的评价，肯定了十年来中国研究生院院长联席会在国内外研究生教育领域所产生的重要影响。周其凤校长出席并作为中国研究生院院长联席会的秘书长向大会作了题为《总结经验开拓创新努力把中国建成研究生教育的强国——研究生院院长联席会成立十周年工作回顾》的主题报告。

3. 主席院长会议。2009年3月28日，在西安交通大学召开了主席院长会议。会议决定召开首次"ACGS International Forum (2009)"，同时确定论坛主题"研究生教育的国际合作——探索与创新"。

（二）对外交流

1. 院长代表团首次赴台湾考察访问。2009年3月1日至11日，中国研究生院院长联席会组织内地19所研究生院院长、副院长，在团长王仰麟教授等人的带领下，先后考察了台湾大学、台湾清华大学、交通大学、成功大学、暨南国际大学和台湾中山大学等六所学校。

2. "全国研究生院奖助管理工作研讨班"赴香港学习交流。2009年5月4日至10日，研究生院院长联席会组织"全国研究生院奖助管理工作研讨班"，在团长徐怀民教授(中国石油大学(北京)研究生院常务副院长)的带领下，赴香港进行了为期7天的交流考察。此行先后到香港大学、香港科技大学和香港中文大学进行了实地考察。

3. 赴香港考察后续跟踪会议（兰州会议）。2009年6月26日至28日，中国研究生院院长联席会委托兰州大学研究生院承办的全国研究生院院长联席会"赴香港考察团后续跟踪总结交流会议"在兰州召开。国务院学位办公室负责同志、兰州大学副校长郑晓静教授以及赴香港考察交流研究生院的代表出席了会议。

4. 出席2009年"全球研究生教育战略领袖峰会"、美国CGS的2009年年会。应美国研究生教育委员会(CGS)主席的邀请，中国研究生院院长联席会派院长出席了于2009年12月在美国旧金山召开的2009年全球研究生教育战略领袖峰会。上海交通大学研究生院常务副院长杜朝辉出席了会议并应邀作了专题报告。

（三）研究与课题

1. 策划并组织启动首部"中国研究生教育年度报告2009"(2008—2009年)的撰写工作。

2. 策划并撰写"全国研究生院建设指导性意见的研究"立项报告，获得全国研究生教育创新工程项目的资助。

【研究生教育工作研讨会】 2009年5月8日—9日，2009年北京大学研究生教育工作研讨会在京郊召开。本次会议主要围绕学科建设和研究生教育发展展开研讨。

城市与环境学院院长陶澍教授、中国语言文学系系主任陈平原教授应邀做大会交流报告。

党委书记闵维方发表了题为"以科学发展观为指导、以学科建设为龙头、稳步提高研究生培养质量,加快创建世界一流大学"的重要讲话。常务副校长林建华在讲话中就"985工程"三期建设的目标和任务、学科建设和研究生教育的重要地位等方面进行了分析。研究生院常务副院长王仰麟就学校学科基本格局、态势及发展做了介绍。

周其凤校长在大会闭幕式上发表讲话。肯定了北京大学一百多年的发展成就和举足轻重的国际地位。对于如何提高学科建设水平和研究生教育质量,周校长指出,学科建设是学校建设最为基础性的工作,要着眼于大局,多听建议,把规划、建设、管理做好;研究生教育应根据各个学科的特点进行分类指导、分类管理和分类服务,强调管理和服务部门更应了解不同学科的特点和特色;要在保证国内学生的招生质量的同时加大国际学生的招生,提升学校的国际化水平;要充分利用"985工程"三期建设国家对于北大的支持,冲刺建设世界一流大学;要一如既往地保持和发扬北大优良的学风和校风。

【全国社会工作硕士专业学位教育指导委员会成立】 全国社会工作硕士专业学位暨教育专业学位教育指导委员会成立大会于2009年12月在北京隆重召开。

全国社会工作硕士专业学位教育指导委员会是在国务院学位委员会和教育部指导下的全国社会工作硕士专业学位教育的专业性组织。其主要任务是:探索我国社会工作应用性高层次专门人才的培养模式,指导、协调全国社会工作硕士专业学位教育活动,加强高等学校与实际部门的联系,推动中国社会工作硕士专业学位教育的顺利发展和教育水平的不断提高。全国社会工作硕士专业学位教育指导委员会由民政部党组副书记、副部长李立国同志担任主任委员,北京大学社会学系王思斌教授和民政部人事(社会工作)司柳拯副司长担任副主任委员。

按照国务院学位委员会和教育部的决定,全国社会工作硕士专业学位教育指导委员会秘书处设在北京大学,由北京大学社会学系主任谢立中教授担任秘书长。这是第一个在北京大学校本部设立的全国专业学位教育指导委员会秘书处。

【研究生院促进交流计划】 2009年12与25日下午,研究生院促进交流计划首次讲座开讲,由研究生院常务副院长王仰麟主讲"管理能出生产力"。研究生院促进交流计划旨在通过业务知识、礼仪形象、英语语言、交流合作等专题讲座,为职工提供沟通、交流的机会,使大家了解研究生院概况、规章制度、人员结构、业务环节,更快熟悉、适应工作环境,特别是近五年来聘任到研究生院工作的新职工,能够更好地融入到研究生院大家庭中,全面了解、继承并发扬研究生院的优良传统,更好地把研究生教育管理工作做好。促进交流计划预计用一学年的时间,组织一系列讲座及交流活动,激发大家努力工作的动力,营造研究生院温馨和谐的工作氛围。

【信息化建设工作】 新版研究生管理系统依托北京大学电子校务建设总体环境,进一步优化了业务管理工作。其中,学籍管理模块于2009年9月2日正式上线使用,该系统实现了多重角色登录、IP地址访问控制、分权限管理等功能。此外,奖助系统已经完成系统讨论,完成数据库设计和系统需求分析方案;课程培养方面的系统正在讨论过程中。根据校发文[2008]136号文件《北京大学人员编码和单位编码方案》,研究生学号编码规则由八位升级为十位,从2010年1月1日开始使用。

【医学研究生教育】 招生工作2009年共招收研究生975人。其中博士生379人,硕士生592人。

2009年增加全日制专业学位硕士研究生招生计划100人,其中临床医学专业学位研究生75人,口腔医学专业学位25人。

2009年报考医学部硕士研究生共2555人。来自本校和"985"院校的学生比例比2008年提高了18.8%。

2009年出台《北京大学医学部研究生招生考试保密工作实施细则》、《北京大学医学部研究生招生工作责任制及责任追究暂行办法》和《北京大学医学部研究生招生考试应急处置预案》。

(一)学籍管理

2009年办理各类学籍异动49人;完成2009届毕业生毕业证书电子注册、制作及发放:硕士生毕业证书437份,博士证书334份;完成了2009级新生电子注册;接收整理2009级新生人事档案918份;2009年从教育处接收长学制学生共160人;2009年应届毕业生办理自费留学55人,成行31人,短期出国(境)学术交流65人。

(二)就业工作

1. 就业基本情况。医学部2009届毕业研究生共781人,其中博士研究生342人,硕士研究生439人。

2. 措施与做法。(1)积极贯彻就业政策,加强教育和引导工作。先后印发《北京大学2009届毕业生就业指南》《北京大学医学部2009年毕业生就业咨询手册》《2009年国家就业政策百问》等各种材料,在医学部研究生就业网上发布就业咨询专题。2009届毕业研究生共有10人签约到西部就业,30多人到基层工作,其中有两位毕业生在社区第一线就业。

(2)密切关注毕业生就业进展,认真做好毕业生调研工作。先后召开三次毕业生专题会和三次毕业生问卷调查,分别针对择业与签约维护、灵活就业和户档暂存、离校事项和就业情况等进行调研和就业指导。

(3)加强毕业研究生推荐力度,积极搭建与用人单位合作平台。2009年共召开各种规模的校园招聘会29场,并在年底牵头举办了大型的"在京四所医学院校毕业生供需见面会"。与中山大学肿瘤医院、赛诺菲-安万特制药、百泰生物等多家用人单位建立了长期合作关系。同时先后组织同学参观航天员训练中心、军事医学科学院、韩美药业等单位,使毕业生和用人单位建立更丰富的联系。

(4)加强与各学院(部)联系,努力提高就业工作的精细化、个体化水平。对于招聘要求特别具体的用人单位,充分依托学院一线工作的老师完成推荐工作;督促学院研究生管理的老师及时发现毕业生在就业、毕业等方面存在的问题。

(三)培养工作

1. 课程教学工作。

(1)成立医学部学位与研究生教育教学委员会。在充分座谈、调研的基础上,启动了医学部研究生课程体系改革。

(2)本年度共开设研究生课程17032学时,共13352人次参加研究生课程学习。

2. 科研/临床工作。

(1)修订硕博连读/直接攻读医学科学(理学)学位研究生资格考试办法。

(2)开展2009年临床医学专业学位研究生临床轮转情况的抽查工作,了解研究生的意见,就研究生临床轮转、管理等方面的问题进行认真、细致的检查,对未能按照培养方案要求完成临床能力训练者责成在规定时间内补齐,针对发现的问题,及时予以纠正。

(3)开展2009年北京大学医学部临床医学专业学位研究生、在职申请学位人员和住院医师阶段考核工作。本次考试涉及18个二级学科、24个专业。7所附属医院与6所教学医院约419名考生报名参加考试,报名考生中研究生218人、在职申请学位人员35人、住院医师166人。

3. 联合培养。2009年共有34名医学部博士研究生到美国、日本等国家和地区进行联合培养,17名应届硕士毕业生出国攻读博士学位。

4. 研究生课程进修班。举办了应用心理学、护理学、精神病与精神卫生学、药剂学、基础医学5个专业研究生课程进修班,共招收43名新学员,在校学员146学员,获得结业证书学员共计68人。

(四)学位工作

1. 优秀博士学位论文。2008年由医学部推选的13篇博士学位论文中,4篇和9篇分获2009年北京大学优秀博士学位论文二等奖和三等奖。

2. 学位授予。2009年向613名研究生授予学位,其中授予博士学位305人、授予硕士学位308人;共向208名在职人员授予学位,其中授予在职人员博士学位72人、授予在职人员硕士学位136人;授予公共卫生七年制医学硕士学位52人、授予六年制药学理学硕士学位76人、授予八年制临床医学专业学位229人、授予八年制口腔医学专业学位49人、授予八年制基础医学科学学位16人、授予学士学位987人。

3. 导师遴选及培训。

(1)第七批博士、硕士生培养点及研究生导师资格审核。根据北京大学医学部对教学医院博士、硕士生培养点及研究生导师资格审核的工作部署,2009年12月,经过各学位分会初审后上报至学位办。此外,北京大学第一医院和第三医院联合申报康复医学与理疗学专业、口腔医院口腔黏膜病学及口腔预防医学专业申请博士授权点也在本次审核中。

(2)组织医学部研究生导师的培训。2009年10月23日,举办"2009年度医学部研究生导师培训会",2009年新上岗的研究生导师以及各学院(部)研究生主管部门教师100余人参加会议。

4. 在职人员申请学位工作。2009年3月,受卫生部考试中心委托,组织在职人员申请博士学位英语全国统考报名和考务工作,参考人员108人。按照国家对在职申请硕士学位人员规定要求,2009年3月,组织2009年拟在职申请硕士学位人员的英语听力考试。

2009年4月至7月,经严格资格审查,接受在职人员申请硕士学位人员78人,其中申请硕士专业学位39人,申请科学学位39人;接受申请博士学位的在职人员60人,其中申请博士专业学位54人,申请科学学位6人。

(五)研究生工作部

1. 深入开展研究生思想教育工作。为进一步加强院系学生工作的针对性与实效性,研究生工作部印制《医学部研究生班主任深度访谈手册》,请班主任在研究生中访谈,了解研究生思想动态。

2. 坚持开展研究生社会实践,培养学生社会责任感。制定2009年研究生暑期社会实践参考课题。2009年组织研究生社会实践团15个,200多名研究生参加。评出社会实践优秀团队一等奖1个、二等奖2个、三等奖3个、优秀奖5个,并对各个团队给予一定的经费支持。此外,根据中共北京市委教育工作委员会、北京市教育委员会《关于实施大学生"村官"配套工程开展红色"1+1"活动的通知》,推荐口腔医学院、第一临床医学院、公共卫生学院3个研究生党支部参加红色"1+1"活动。其中"口腔医学院研究生党支部"获得北京市教工委红色"1+1"活动评比三等奖。2009年,根据中共北京市教工委、北京市教委《关于选拔博士生和博士后到北京市挂职锻炼的通知》，4名博士生经过面试和双向选择，分别到老年医院、海淀区卫生局挂职。

3. 继续推进研究生培养机制改革。2009年修订《北京大学医学部研究生学业奖学金实施细则》，推进医学部研究生培养机制改革不断深化。同时，提高学业奖学金二等奖比例，并将在校的直博生和进入研究生阶段的基础、药学、公卫长学制学生纳入培养机制改革，提高研究生待遇。2009年博士生基本月收入为1400~2500元/月，硕士生基本月收入为500~850元/月。

做好医学部日常研究生助研审核与发放工作，全年金额达640万余元；资助困难学生金额达12万余元。协助9名2009级特困学生申请国家贷款，同时做好18名贷款后学生管理工作。每学期根据情况资助部分生活特别困难学生。

4. 搭建研究生与管理人员的沟通桥梁。不定期组织召开研究生代表与管理人员座谈会，就医学部研究生教育改革、后勤服务等方面工作与研究生进行交流。

5. 关注学生心理健康。为进一步提高研究生心理观察员工作技能，做好研究生心理疾病预防、筛查工作，每学期研究生工作部举办心理观察员培训。同时，在研究生班级心理观察员中建立月报制度，每月对几类重点学生进行情况排查。

6. 加强学生干部队伍建设，指导研究生活动。2009年组织"第二期研究生干部骨干培训活动"，聘请专业教练对研究生干部骨干进行训练，来自各学院（部）30名研究生干部骨干参加为期一天的"团队精神拓展训练"。

7. 做好研究生保险工作。目前，研究生中参保人数达2298人，参保率77.4%。

8. 做好研究生奖励、表彰工作。2009年共有333名学生获得北京市、北京大学各类奖励表彰，223名研究生获得各类奖学金奖励，奖学金金额达38.54万元。

9. 不断加强研究生德育工作队伍建设。2009年选派研究生工作部、各学院主管研究生工作的4位老师参加了北京市教工委组织的"北京高校辅导员专业化培训"。

10. 与医学部各部门密切配合，做好研究生的日常管理工作。根据学校统一部署，积极配合校医院，做好研究生甲流防控、疫苗接种工作；与保卫处配合，做好研究生公寓及校园治安宣传工作，及时处理学生出现的突发事件；与党委组织部、宣传部密切配合，做好研究生的党建、积极分子的培训和形势教育宣传工作。

11. 注重工作经验总结，积极申报课题项目。2009年共计发表文章5篇，并获得"医学研究生党建管理模式和方法的研究"课题立项。

（六）医药科工作委员会、全国医学专业学位教育指导委员会工作

1. 完成2009年新增专业学位研究生培养单位初审、会议评审及实地考察工作。根据国务院学位办[2008]59号文件《关于对新增法律硕士等类别专业学位研究生培养单位进行评审的通知》精神，承担了2009年新增专业学位研究生培养单位共50所申报院校65个点（其中：临床医学博士、硕士专业学位培养单位分别为11个、12个；口腔博士、硕士专业学位培养单位分别为6个、13个；公共卫生硕士专业学位研究生培养单位23个）的初审、会议评审及实地考察的系列组织和实施工作。经会议评审及实地考察共通过了42所院校的50个专业学位点，15个未通过。

2. 参与修订学位授予和人才培养学科目录工作。按照国务院学位委员会、教育部《关于修订学位授予和人才培养学科目录的通知》（学位[2009]28号）的精神，医药科工作委员会秘书长及秘书处成员作为医学领域学位授予和人才培养学科目录修订工作的专家组成员，于2009年10月27日至30日参加了在重庆医科大学研究生院召开的专家组第一次会议。本次修订工作达成如下四点共识：（1）医学门类保持不变；（2）一级学科初步拟定增设护理学、特种医学和医学技术三个一级学科；（3）临床医学一级学科是否考虑参照学科评议组分组拆分为2~3个一级学科待定；（4）本科生和研究生目录在一级学科层面同步调整。

3. 完成拟增设的17个新增专业学位论证费拨款工作。国务院学位办根据工作安排，委托北京大学等15所高校就在中国设置新闻传播硕士等17种专业学位进行了研究论证。2009年11月初，教育指导委员会秘书处受国务院学位办委托，代管其专业学位论证项目经费的划拨工作。教育指导委员会秘书处按照文件中所列经费划拨明细下拨到15所院校17个专业。

4. "多元化背景下医学硕士培养目标的研究"结题。2009年完成了系列研究。针对所阐明的问题，本课题组已发表了研究论文5篇，待发表的研究论文2篇，已获奖3篇。

5. 完成中国学位与研究生教育学会第三届会员大会会务工作。2009年11月底，中国学位与研究生教育学会在北京召开了"第三届中国学位与研究生教育学会会员大会"。参会的医药科工作委员会会员单位有53所院校共计61人。

深圳研究生院

【基本概况】 2009年，深圳研究

生院在学科建设上加速推进,完善学科规划,形成七大学科群,包括信息学科、化学基因组学学科、环境能源学科、城市规划学科、商学科、国际法学学科和人文社会学科。有20个研究生培养专业,25个博士研究生培养专业,在校学生1925人,其中博士生190人,硕士生1735人。2009年招收全日制研究生672名,其中博士生44名,硕士生628名;毕业研究生747名,其中博士29人,硕士718人,就业率99%。

2009年,全院教职工313人(含自聘人员),其中专任教师127人,实验室技术人员70人。在专任教师队伍中,外国专家26人,港澳台专家4人,两者占专任教师的25%,在站博士后27人;93%的专任教师具有博士学历,54%的专任教师具有副教授以上职称。此外,兼职教师64人,院士4人,长江特聘教授3人。

【教学工作】 继续加强教学工作,在提高国际化水平,注重培养质量的同时,重点对学生素质和行为规范进行教育,强调学生责任精神,汇丰商学院为加强对学生的纪律教育以及道德教育,以"商界军校"为目标,颁行了学生《奖励条例》和《学生处罚条例》,国际法学院制定了学生《学习行为准则》,引导学生养成良好的行为规范。汇丰商学院还组织学生进行为期一周的军训,对研究生进行军训,这在国内尚首次,目的就是培养研究生的社会责任感和集体主义精神。根据"素质与能力提升并举"的培养计划,深圳研究生院首次开设"领导与沟通技巧""商务英语写作"等公共素质课程,受到学生普遍欢迎。

【招生工作】 在"前沿领域、交叉学科、应用学术、国际标准"的学科建设方针下,2009年,深圳研究生院6个学科实现自主招生,自主招生专业增加到了8个,包括西方经济学、企业管理、国际法律硕士、化学(化学基因组学)、环境科学、环境工程、城市与区域规划、景观设计学。为扩大影响力,吸引高校优秀学生,深圳研究生院举办了系列招生活动,首次组织各学院同时在北京大学举办招生宣讲会,各学院院长向北京20多所高校在校学生介绍情况和2010年招生专业;国际法学院还在全国范围内开展了"2009全国高校行"宣讲活动,在北京、上海、天津、济南、杭州、厦门、成都、广州等城市的全国重点高校举办宣讲会,推进J.D模式法学教育的在全国的传播与交流,同时促进了国际法学院与全国多所重点高校的合作与沟通。在2008年首次招收港澳台学生后,深圳研究生院2009年首次招收硕士留学生,来自美国等国家的4名留学生加入到学生队伍,留学生的加入,是国际化办学新起点,有力推动了校区在行政、教学、校园文化等方面国际化的建设。

【国际化队伍建设】 2009年,深圳研究生院不但国际化师资队伍建设进展迅速,而且行政队伍的国际化建设也取得了明显成效。在师资队伍上,通过多种渠道,采取多种形式,积极吸引海内外高水平人才加盟,共引进教师29人,其中教授10人,副教授5人(Tenure-Track 3人)。他们中的大多数毕业于哈佛大学、UCLA、UC Davis、芝加哥大学等国外一流大学,具有出色的教育背景。在专任教师中,外国专家(含港澳台)30人,绝大多数具有国外著名大学教育背景。国际法学院授课教师均来自美国。目前各学院逐步推进英文授课比例,计划3年后实现全部或绝大多数课程采用英文教学。深圳研究生院还与国内外高等院校、科研机构和著名企业建立多层次、宽领域的合作交流关系,聘请了60多位著名专家、学者等为兼职教授,增强了学校的办学实力和国际竞争力。在行政队伍建设上,首次聘用外籍人员加入行政服务工作队伍,并要求中英文双语办公,重大活动和重要文件使用中英文双语,这些都有利地推进了学校行政服务工作的国际化水平。

【科研工作】 科研方面,深圳研究生院2009年高水平论文数量大幅度提高,被SCI、EI、ISTP收录的文章同比增长50%,达到173篇;科研经费增长明显,首次突破6000万,其中4个理科学院科研经费均超过1000万,呈现均衡发展态势。化学基因组学实验室被国家科学技术部批准成为2009年"省部共建国家重点实验室培育基地",集成微系统科学工程与应用重点实验室"超高频RFID读写器模块研发"项目成果荣获深圳市2008年度科技创新奖(高等院校类)。邱国玉教授参与的"土地利用/覆盖变化及其生态响应机制"项目和何凌燕副教授参与的"区域大气复合污染研究的技术体系及在珠江三角洲的应用"项目分别获得教育部自然科学奖二等奖和科学进步奖一等奖。

【校园文化建设】 2009年举办校园文化活动近百余次,在校学生组织参与校园活动人均5项以上,组织或参与校园文化活动成为学生课堂外的重要内容。在建设国际化校区的目标下,校园文化活动中的国际化元素逐渐增多,大型校园活动逐步要求双语举办,越来越多的外籍教师和留学生融入校园文化活动。

【对外交流工作】 2009年,西点军校校长哈根贝克将军(Franklin L. Hagenbeck)率代表团访问北京大学,海闻副校长就汇丰商学院与西点军校师生交流互访以及合作办学等展开深入交流;美国辉瑞公司资深副总裁、全球研发La Jolla研发中心主任Catherine Mackey博士、副总裁Polly Murphy博士来访,与化学基因组学实验室就项目合作进行深入讨论。海闻副校长主讲"深圳市民文化大讲堂"2009年首场讲座暨"纪念建国60周年系列讲座"第一场,为深圳市民带来主题为"中国经济60年"的专题讲座；举办首届"晨兴"化学、生物学前沿论坛、世界环境日大会暨深圳国际节能环保高峰会、城市化与生态安全学术研讨会、深圳国际金融城市建设与人才战略研讨会等国际学术会议。全年共举办或参加40余次重要国际学术会议和交流活动，不仅开拓了师生学术视野、学术研究思路和研究领域，也扩大了学校影响力。此外，2009年继续教育工作在规模和质量上均取得重要进展，在校学员近2000人，培训结业近800人次。

【基建工作】 2009年，深圳研究生院主要推进汇丰商学院教学楼、化学生物实验楼的立项报批工作。汇丰商学院教学楼在3月获得深圳市立项，占地约1万平方米，建筑面积近6万平方米，预计2011年8月建成；化学生物学与生物技术学院的创新药物研究中心大楼在10月获深圳市立项，建筑面积6000平方米，预计2010年开工建设。此外，还进行了校园景观改造，增设学生健身房、羽毛球馆、乒乓球室等室内活动场所，翻新足球场及跑道、校园建筑修缮等。

【重要活动】 周其凤校长视察深圳研究生院并出席北京大学深圳校友大会 4月19日，北京大学校长周其凤视察深圳研究生院，出席北大深圳校友大会，对深圳研究生院的办学给予高度评价。

国家发改委张晓强副主任一行视察深圳研究生院 12月17日下午，国家发展改革委员会副主任张晓强视察深圳研究生院，并与北京大学常务副校长林建华、北京大学副校长、深圳研究生院院长海闻等领导进行会谈。张晓强副主任表示，北大深圳研究生院办学目标明确，办学思路清晰，推进国际化的力度也非常大，一些学科走到了国际前沿，在与深圳产业与社会经济结合方面发挥了北大的学科优势，希望在国家重大课题特别是应用基础性课题，如新药研究、新能源等领域，深圳研究生院能结合国家需要多出新成果、大成果。

学校对深圳研究生院进行教学评估 12月17—18日，由北大校领导和专家组成的评估组对深圳研究生院汇丰商学院、国际法学院和人文社会科学学院进行了教学内部评估。评估组认为从总体来看，深圳研究生院办学思路清晰，办学特色鲜明，在国际化方面做出了积极的探索；从师生的反馈来看，汇丰商学院和国际法学院的项目效果较好，师生的满意度很高。

环境与能源学院和城市规划与设计学院成立 10月和11月，深圳研究生院相继成立致力于环境保护与生物能源研究的环境与能源学院和致力于城市化与区域空间研究的城市规划与设计学院。环境与能源学院设置环境科学和环境工程两个招生专业，共有7个研究方向，包括环境规划与管理、环境与健康、水科学与环境信息、环境金融、水处理与资源工程、环境微生物、生物能源与能源效率。城市规划与设计学院将在基于土地科学的土地利用规划、基于景观生态学的生态规划与生态修复技术、基于产业配置及公共政策理论的城市与区域规划、基于绿色城市的城市设计、基于生存艺术的景观设计学等领域建立良好的学术声誉，并在城市规划与设计、区域生态安全格局规划研究方面形成较强竞争力和品牌优势。

承担"大珠江三角洲城镇群协调发展规划研究" 10月28日，粤港澳三地政府在澳门世界贸易中心五楼莲花厅举行"大珠江三角洲城镇群协调发展规划研究"研究成果发布会。深圳研究生院副院长李贵才教授作为课题组代表汇报了"大珠江三角洲城镇群协调发展规划研究"的背景、过程及主要成果研究成果。"大珠江三角洲城镇群协调发展规划研究"是由三地城市规划主管部门——广东省建设厅、香港发展局和澳门运输工务司通过"粤港城市规划及发展专责小组"（简称"粤港专责小组"）和"粤澳城市规划及发展专责小组"（简称"粤澳专责小组"）这两个合作平台，首次开展的策略性区域规划研究，是我国第一个跨不同制度边界的空间协调研究。研究工作于2006年3月正式启动，历时三年，经历了专题研究、技术报告编写和成果汇总三个阶段，形成26个子专题研究、4个专题研究、技术报告和汇总报告等一系列成果。

与辉瑞公司合作开展生命科学领域基础研究 12月1日，深圳研究生院与辉瑞公司（Pfizer）合作研究协议签字仪式深圳研究生院举行，双方宣布将在生命科学和生物医学研究方面合作并旨在开发药物研发方面的创新科技。据此协议，辉瑞公司不仅会为双方共同感兴趣的课题提供资金支持，而且会利用自身在药物研发领域的专业知识和经验来帮助北京大学在深圳研究生院建立一个世界一流的生物转录研究和药物研发中心。

学生创业团队"疲劳驾驶预警装置"项目获得中国（深圳）创新创业大赛一等奖 11月17日晚，中国（深圳）创新创业大赛决赛成绩揭晓，深圳研究生院信息工程学院集成微系统科学工程与应用重点实验室两支学生创业团队的项目进入前三名，其中"疲劳驾驶预警装置"项目获得初创组唯一的一等奖，"一个系列化的可重构DSP"项目获得大赛二等奖。科技部副部长张来武，深圳市委常委、副市长陈应春，北京大学副校长、深圳研究生院长海闻出席颁奖典礼，深圳市委常委、副市长陈应春为该获奖团队颁奖。"疲劳驾驶预警装置"项目还获得20万元奖金和150万元的风险投入，并与深圳风投成立的"创赛一号"基金签约，共同推动成果的转化。

【附录】

表 7-5 2009 年全国优秀博士学位论文

序号	专业	作者	论文题目	导师
1	理论物理	张玉洁	正负电子湮灭中的产生以及底夸克偶素衰变到粲夸克对的研究	赵光达
2	物理化学	段小洁	单壁碳纳米管的 AFM 操纵、形变及相关拉曼光谱研究	刘忠范
3	中国古代史	余 欣	唐宋之际敦煌民生宗教社会史研究	荣新江
4	物理电子学	王鸣生	在透射电子显微镜中对碳纳米管进行操控和电性测量	彭练矛
5	公共管理	郭丛斌	教育与代际流动的关系研究——中国劳动力市场分割的视角	闵维方

表 7-6 有权授予博士、硕士学位的学科专业目录

学科门类	学科门类	一级学科	一级学科	学科专业	学科专业	专业类别
01	哲学	0101	哲学	010101	马克思主义哲学	
				010102	中国哲学	
				010103	外国哲学	
				010104	逻辑学	
				010105	伦理学	
				010106	美学	
				010107	宗教学	
				010108	科学技术哲学	
02	经济学	0201	理论经济学	020101	政治经济学	
				020102	经济思想史	
				020103	经济史	
				020104	西方经济学	
				020105	世界经济	
				020106	人口、资源与环境经济学	
				020120	理论经济学(发展经济学)	
		0202	应用经济学	020201	国民经济学	
				020202	区域经济学	
				020203	财政学(含:税收学)	
				020204	金融学	
				020205	产业经济学	
				020206	国际贸易学	
				020207	劳动经济学	
				020208	统计学	
				020209	数量经济学	
				020210	国防经济	
03	法学	0301	法学	030100	法学	
				030101	法学理论	
				030102	法律史	
				030103	宪法学与行政法学	

学科门类	学科门类	一级学科	一级学科	学科专业	学科专业	专业类别
				030104	刑法学	
				030105	民商法学	
				030106	诉讼法学	
				030107	经济法学	
				030108	环境与资源保护法学	
				030109	国际法学	
				030110	军事法学	
				030120	法学(知识产权法)	*
				030121	法学(商法)	*
				030122	法学(国际经济法)*	
				030123	法学(财税法学)*	
		0302	政治学	030201	政治学理论	
				030202	中外政治制度	
				030203	科学社会主义与国际共产主义运动	
				030204	中共党史	
				030205	马克思主义理论与思想政治教育	
				030206	国际政治	
				030207	国际关系	
				030208	外交学	
				030220	政治学(国际传播)	
				030221	政治学(国际政治经济学)	*
		0303	社会学	030301	社会学	
				030302	人口学	
				030303	人类学	
				030304	民俗学(含:中国民间文学)	
				030320	社会学(老年学)	*
				030321	社会学(社会工作与社会政策)	*
				030322	社会学(女性学)	*
		0305	马克思主义理论	030501	马克思主义基本原理(与医学部共享硕士授权点)	
				030503	马克思主义中国化研究	
				030505	思想政治教育(与医学部共享硕士授权点)	
04	教育学	0401	教育学	040101	教育学原理	
				040106	高等教育学	
				040110	教育技术学	*
		0402	心理学	040202	发展与教育心理学	*
				040203	应用心理学(与医学部共享)	
		0403	体育学	040301	体育人文社会学	*
05	文学	0501	中国语言文学	050101	文艺学	
				050102	语言学及应用语言学	
				050103	汉语言文字学	
				050104	中国古典文献学	
				050105	中国古代文学	
				050106	中国现当代文学	
				050107	中国少数民族语言文学(分语族)	
				050108	比较文学与世界文学	
		0502	外国语言文学	050201	英语语言文学	
				050202	俄语语言文学	
				050203	法语语言文学	
				050204	德语语言文学	

续表

学科门类	学科门类	一级学科	一级学科	学科专业	学科专业	专业类别
				050205	日语语言文学	
				050206	印度语言文学	
				050207	西班牙语语言文学	
				050208	阿拉伯语语言文学	
				050209	欧洲语言文学	
				050210	亚非语言文学	
				050211	外国语言学及应用语言学	
		0503	新闻传播学	050301	新闻学	*
				050302	传播学	
		0504	艺术学	050401	艺术学	
				050403	美术学	*
				050406	电影学	*
06	历史学	0601	历史学	060101	史学理论及史学史	
				060102	考古学及博物馆学	
				060103	历史地理学	
				060104	历史文献学(含:敦煌学、古文字)	*
				060105	专门史	
				060106	中国古代史	
				060107	中国近现代史	
				060108	世界史	
				060120	历史学(中国少数民族史)	*
07	理学	0402	心理学	040201	基础心理学	
				040203	应用心理学	
		0701	数学	070101	基础数学	
				070102	计算数学	
				070103	概率论与数理统计	
				070104	应用数学	
				070105	运筹学与控制论	
		0702	物理学	070201	理论物理	
				070202	粒子物理与原子核物理	
				070203	原子与分子物理	
				070204	等离子体物理	
				070205	凝聚态物理	
				070206	声学	
				070207	光学	
				070208	无线电物理	
		0703	化学	070301	无机化学(与医学部共享硕士授权点)	
				070302	分析化学	
				070303	有机化学	
				070304	物理化学	
				070305	高分子化学与物理	
				070320	化学(化学生物学)	
				070321	化学(应用化学)	
				070322	化学(化学基因组学)	
		0704	天文学	070401	天体物理	
		0705	地理学	070501	自然地理学	
				070502	人文地理学	
				070503	地图学与地理信息系统	

续表

学科门类	学科门类	一级学科	一级学科	学科专业	学科专业	专业类别
				070520	地理学(环境地理学)	
				070521	地理学(历史地理学)	
				070522	地理学(地貌学与环境演变)	
				070523	地理学(城市与区域规划)	*
				070524	地理学(景观设计学)	*
		0706	大气科学	070601	气象学	
				070602	大气物理学与大气环境	
		0708	地球物理学	070801	固体地球物理学	
				070802	空间物理学	
		0709	地质学	070901	矿物学,岩石学,矿床学	
				070902	地球化学	
				070903	古生物学与地层学	
				070904	构造地质学	
				070905	第四纪地质学	
				070920	地质学(材料及环境矿物学)	
				070921	地质学(石油地质学)	
		0710	生物学	071001	植物学	
				071002	动物学	
				071003	生理学(与医学部共享)	
				071004	水生生物学	
				071005	微生物学	
				071006	神经生物学(与医学部共享)	
				071007	遗传学(与医学部共享)	
				071008	发育生物学	
				071009	细胞生物学(与医学部共享)	
				071010	生物化学与分子生物学(与医学部共享)	
				071011	生物物理学(与医学部共享)	
				071012	生态学	
				071020	生物学(生物信息学)	
				071021	生物学(生物技术)	
		0712	科学技术史	071200	科学技术史(与医学部共享)	
08	工学	0801	力学	080101	一般力学与力学基础	
				080102	固体力学	
				080103	流体力学	
				080104	工程力学	
				080122	力学(能源动力与资源工程)	
				080123	力学(先进材料与力学)	
		0809	电子科学与技术	080901	物理电子学	
				080902	电路与系统	
				080903	微电子学与固体电子学	
				080904	电磁场与微波技术	
				080920	电子科学与技术(集成电路与系统)	
		0812	计算机科学与技术	081200	计算机科学与技术	*
				081201	计算机系统结构	
				081202	计算机软件与理论	
				081203	计算机应用技术	
				081220	计算机科学与技术(智能科学与技术)	
				081221	计算机科学与技术(软件服务工程)	

续表

学科门类	学科门类	一级学科	一级学科	学科专业	学科专业	专业类别
		0830	环境科学与工程	083001	环境科学	
				083002	环境工程	
		0831	生物医学工程	083100	生物医学工程	*
		0801	力学	080120	力学(生物力学与医学工程)	
				080121	力学(力学系统与控制)	
		0810	信息与通信工程	081001	通信与信息系统	
				081002	信号与信息处理	
		0811	控制科学与工程	081101	控制理论与控制工程	*
		0813	建筑学	081302	建筑设计及其理论	*
		0816	测绘科学与技术	081602	摄影测量与遥感	
		0817	化学工程与技术	081704	应用化学	*
		0827	核科学与技术	082703	核技术及应用	
10	医 学	1001	基础医学	100101	人体解剖与组织胚胎学	
				100102	免疫学	
				100103	病原生物学	
				100106	放射医学	
				100120	病理学	
				100121	病理生理学	
		1002	临床医学	100201	内科学(心血管病)	
				100201	内科学(血液病)	
				100201	内科学(呼吸系病)	
				100201	内科学(消化系病)	
				100201	内科学(内分泌与代谢病)	
				100201	内科学(肾病)	
				100201	内科学(风湿病)	
				100201	内科学(传染病)	
				100202	儿科学	
				100204	神经病学	
				100205	精神病与精神卫生学	
				100206	皮肤病与性病学	
				100207	影像医学与核医学	
				100208	临床检验诊断学	
				100209	护理学	*
				100210	外科学(普外)	
				100210	外科学(骨外)	
				100210	外科学(泌尿外)	
				100210	外科学(胸心外)	
				100210	外科学(整形)	
				100210	外科学(神外)	
				100211	妇产科学	
				100212	眼科学	
				100213	耳鼻咽喉科学	
				100214	肿瘤学	
				100215	康复医学与理疗学	*
				100216	运动医学	
				100217	麻醉学	
				100218	急诊医学	*
		1003	口腔医学	100320	牙体牙髓病学	

续表

学科门类	学科门类	一级学科	一级学科	学科专业	学科专业	专业类别
				100321	牙周病学	
				100322	儿童口腔医学	
				100323	口腔黏膜病学	*
				100324	口腔预防病学	*
				100325	口腔颌面外科学	
				100326	口腔颌面医学影像学	
				100327	口腔修复学	
				100328	口腔材料学	
				100329	口腔正畸学	
				100330	口腔组织病理学	
		1004	公共卫生与预防医学	100401	流行病与卫生统计学	
				100402	劳动卫生与环境卫生学	
				100403	营养与食品卫生学	
				100404	儿少卫生与妇幼保健学	
				100405	卫生毒理学	
		1006	中西医结合	100601	中西医结合基础	*
				100602	中西医结合临床	
		1007	药学	100701	药物化学	
				100702	药剂学	
				100703	生药学	
				100704	药物分析学	*
				100706	药理学	
				100720	[药学]化学生物学	
				100721	[药学]临床药学	
12	管理学	1201	管理科学与工程	120100	管理科学与工程	*
		1202	工商管理	120201	会计学	
				120202	企业管理	
				120203	旅游管理	
				120204	技术经济及管理	
		1204	公共管理	120401	行政管理	
				120402	社会医学与卫生事业管理(与医学部共享)	
				120403	教育经济与管理	
				120404	社会保障	
				120405	土地资源管理	
				120421	公共管理(公共政策)	*
				120422	公共管理(发展管理)	*
		1205	图书馆、情报与档案管	120501	图书馆学	
				120502	情报学	
				120503	档案学	
				120520	图书馆、情报与档案管理(编辑)	
20	专业学位	2001	法律硕士	200101	法律硕士	*
		2003	工程硕士	200301	工程硕士	*
				200309	电子与通信工程	*
				200312	计算机技术	*
				200313	软件工程	*
				200340	项目管理	*
		2006	工商管理硕士	200601	工商管理硕士	*
				200602	高级管理人员工商管理硕士	*

续表

学科门类	学科门类	一级学科	一级学科	学科专业	学科专业	专业类别
		2009	公共管理硕士	200901	公共管理硕士	
		2013	会计学专业硕士	201301	会计学专业硕士	*
43	专业学位	4301	工程硕士	430110	集成电路工程	*
				430127	核能与核技术工程	*
55		5501	艺术硕士	550100	艺术硕士	*
56		5601	风景园林硕士	560100	风景园林硕士	*
57		5701	汉语国际教育硕士	570100	汉语国际教育硕士	*
58		5801	翻译硕士	580100	翻译硕士	*

备注 * 硕士学位授予点

表 7-7　2009 年在校研究生统计

代码	系所名称	博士	硕士	总计
001	数学科学学院	198	176	374
004	物理学院	384	270	654
010	化学与分子工程学院	338	176	514
011	生命科学学院	259	163	422
012	地球与空间科学学院	218	278	496
016	心理学系	57	102	159
017	软件与微电子学院	0	1371	1371
018	新闻与传播学院	86	152	238
020	中国语言文学系	289	260	549
021	历史学系	191	150	341
022	考古文博院	54	88	142
023	哲学系	237	166	403
024	国际关系学院	174	284	458
025	经济学院	117	230	347
028	光华管理学院	149	1240	1389
029	法学院	258	985	1243
030	信息管理系	74	77	151
031	社会学系	100	139	239
032	政府管理学院	214	225	439
039	外国语学院	176	273	449
040	马克思主义学院	61	53	114
041	体育教研部	0	13	13
043	艺术学院	41	57	98
044	对外汉语教育学院	26	123	149
047	深圳研究生院	121	1411	1532
048	信息科学技术学院	447	807	1254
062	中国经济研究中心	61	213	274
067	教育学院	217	87	304
068	人口研究所	33	34	67
084	前沿交叉学科研究院	71	14	85
086	工学院	191	226	417
126	城市与环境学院	162	212	374
127	环境科学与工程学院	100	157	257
182	分子医学研究所	43	27	70
099	医学部	1224	1745	2969
	总计	6371	11984	18355

表7-8 2009年北京大学医学部在校研究生统计

代码	学　　　院	博士	硕士	总计
891	基础医学院	328	219	547
892	药学院	165	242	407
893	公共卫生学院	106	208	314
894	护理学院	—	28	28
895	公共教学部	8	23	31
910	第一临床医学院	167	226	393
920	第二临床医学院	134	146	280
930	第三临床医学院	116	179	295
931	积水潭医院	5	28	33
940	口腔医学院	66	117	183
950	精神卫生研究所	31	47	78
960	临床肿瘤学院	83	89	172
971	北京医院	2	28	30
972	中日友好医院	3	31	34
973	世纪坛医院	2	51	53
974	航天中心医院	—	24	24
975	首都儿科研究所	2	15	17
976	民航总医院	—	2	2
977	深圳医院	4	25	29
978	首钢医院	—	6	6
979	地坛医院	1	4	5
980	解放军302医院	1	3	4
981	解放军306医院	—	4	4
总　计		1224	1745	2969

继 续 教 育

【继续教育概况】 2009年北京大学继续教育事业在调整结构、提升层次等方面取得重要进展；应用文理学院、网络教育学院在稳步发展的同时取得了喜人的成绩，夜大学、非学历教育、学历教育招生规模比往年有所增长，同时积极开展非学历教育培训，培训规模逐步扩大。培训中心以"服务国家战略，坚持科学发展"为指导思想，大力开展以干部教育培训为重点的高端培训，全年共举办各类研修班99个。医学继续教育与培训取得突破性进展。

【品牌项目管理】 进修教师、访问学者规模保持稳定，2009年共接收来自全国的近百所高等院校的访问学者及进修教师267人，其中具有副教授以上职称、从事课题研究的国内访问学者202名，以系统学习专业知识为主的进修教师65名。由中共中央组织部、教育部、人事部、财政部联合实施的"西部之光"项目的访问学者6人；对口支援新疆石河子大学的"手拉手"项目的进修教师和访问学者5人；来自全国各高校的骨干访问学者76名。经过推荐、审核、筛选，编辑出版了《北京大学学报——北京大学国内访问学者、进修教师论文专刊》。2009年5月，北京大学召开"访问学者及进修教师表彰会暨经验交流会"，共有54人受到表彰，其中6名教师获得优秀导师奖。

【非学历教育网络管理系统投入使用】 2009年3月开始建设非学历教育网上管理系统。2009年6月培训班网上管理系统（一期）开始进行试运行。初步实现了网上申报、报表、审批、公示、招生、报名、开班、结业、发证的网上管理。2009年底，网上管理系统经过一期、二期系统的开发逐步实现系统界面人性化、管理流程科学化、使用功能全面化和数据信息安全化。

【非学历教育项目审批】 各单位送审材料初审反馈的时间一般为

一到两个工作日。初审、复审发现问题立刻与院系电话沟通,修改撤换相应材料,并全部做好书面记录。复审通过后,立即分配审批号,在网上公示。

2009年,共审批各类培训班430个。建立起审批协调会议机制,针对各院系办班过程中出现的市场重叠现象,邀请相关院系负责人共同协商,本着"各院系主办项目尽量发挥本单位学科特长,相似相近项目尽量统一收费标准"的原则,讨论课程设置、收费标准、项目名称,达成一致意见后再通过审批。

【非学历教育监管工作】 自2009年5月份开始,陆续开通了包括网上咨询、免费咨询电话、手机、电子信箱等咨询和监管渠道。做好投诉记录,及时核实情况,做出相应处理并给予反馈。修改广告审批发布程序,落实广告监督制度。变"点服务"为"点线面结合服务",全方位支持院系工作。陆续开通了短信群发系统、邮件群发系统、招生简章改版、录取通知书统一制作等为院系提供加强学员联系,扩大招生影响的服务。

全面实行网上申请结业,学员信息全部电子化。自2009年8月份起,将结业证书收归继续教育部统一制作盖章。10月,新版结业证书启用。院系在提交结业申请时,学员信息(可包含电子相片)、执行课表入数据库。按照院系网上预约的领证时间制作和发放证书。结业证书自动编号,提供实时网上验证。网上验证的入口,在校信息化办公室的支持下,加入北大主页的"证书验证"服务(http://www.pku.edu.cn/admission/yz.html)中。

【函授教育停止招生】 2009年3月30日,经学校教务长办公会议讨论通过,全校暂停函授招生。

【学历教育】 1.招生情况。2009年教育部下达招生计划总计3500人,招生层次均为专科起点本科,其中校本部招生计划共计2720人。录取人数校本部总计2497人。2009年全年招生总计5250人,其中春季招生1968人,秋季招生3282人。

2.在校生情况。2009年上半年度在校生总数24270人,其中成人高等教育学生7610人,网络教育学生16660人。下半年度在校生总数21773人,其中成人高等教育学生7517人,网络教育学生14256人。

3.毕业生情况。2009年成人高等教育毕业生总计2384人,其中高中起点本科共计437人,专科起点本科共计1781人,高中起点专科共计166人。网络教育毕业生总计4536人,其中高中起点本科1378人,专科起点本科3158人。

4.授予学位情况。2009年共计2244名毕业生获得成人高等学历教育学士学位。

5.学位英语考试。2009年共计13294人次报名参加北京大学成人高等学历教育学士学位英语水平考试(北京市成人本科学位英语统一测试),2183人获得合格证书,实考通过率为21.5%。

6.违纪处分。2009年共计105名各类成人高等学历教育学生因考试违纪受到纪律处分。

【自学考试】 北京大学作为主考院校完成了北京市计算机及应用、心理学、法律、律师、日语等专业以及政治公共课考试的命题、网上阅卷、非笔试课程组考、本科段学生的毕业论文指导与答辩等主考任务,完成了自考日常咨询、毕业生材料审核、毕业证书副署公章、本科毕业生学位证的制作与发放等各项工作。2009年网上阅卷数量123638份。2009年北京大学在北京市的各自考专业共毕业专科生1357人,本科生1655人,授予学士学位1850人。北京大学在广东省承办了法律、计算机、工商企业管理、行政管理4个专业主考工作,2009年毕业专科生61人,本科生111人,获得北京大学相关学科学士学位本科毕业生100人。

继续教育部还积极配合北京市教育考试院开展工作创新。网上阅卷、网上学位申报、网上登统成绩等3项创新在全市范围推广。协调政府管理学院与教育考试院座谈,探讨开考人力资源管理专业。做好自考题库心理学专业试点工作。试点普通高等教育与自学考试"立交桥"对接工作。

【成人高等学历教育脱产班】 成人教育学院2009年初仍有2006级本科9个成人脱产专业班,开设国际经济与贸易、金融学、法学、英语、计算机科学与技术等5个专业课程,在校生共计706人。学院高度重视加强成人脱产班在校生的思想政治教育和日常管理工作,继续推进校园文明建设,加强教学组织与目标管理,稳定教学秩序和学生的思想情绪,促进教学质量的稳步提高。2009年毕业班就业情况良好,并有近百名毕业生报考了各类院校、科研单位的硕士研究生;有500余名学生被评为优秀毕业生、三好学生、优秀学生干部、学习优秀奖、社会工作奖、优秀团员、优秀团干部等;有16人光荣地加入了党组织。

【夜大学办学】 成人教育学院积极改变办学形式,探索成人脱产教育向业余教育转变的机制,开办了面向北京招生的专升本层次夜大学,2009年开设国际经济与贸易、金融学、法学、汉语言文学、市场营销、社会工作6个夜大学专业,共招收专升本夜大学学生832名。

【T.I.P全封闭英语口语培训】 成人教育学院与美中教育服务机构(ESEC)联合举办的主要培训中小学英语教师的全封闭英语口语培训班(T.I.P)至2009年底已开办33期,培训学员5514名。其中为老少边穷地区中小学教师提供公益性的T.I.P免费资助和奖学金培训学员已达1500人。

【圆明园校区建设】 成人教育学院通过现有资源的充分利用,努力盘活圆明园校区可利用的资源,维护好圆明园校区的基础设施建设及软、硬件条件,保证学院正常运转,为将来发展奠定基础、积蓄实力。2009年学院投入建设维修资金200多万元改建了3号楼外教公寓,改造了4号楼"TIP"专用教室,粉刷、整修了5~6号楼学生宿舍,实施了园区水暖管道、食堂墙体维修工程等。另投入建设资金近20万元分别安装了两套Newclass系统语音教室,改建了8间多媒体教室,改造了北大到圆明园校区的光纤线路,优化了办学条件,改善了教学环境,保证了校区基础设施完好并正常运行。

【成人教育学院认真开展深入学习实践科学发展观活动】 根据北京大学党委深入学习实践科学发展观活动的统一部署与要求,学院于3月13日—8月28日,组织开展了学习实践活动。3月23日研究制定并上报了《北京大学成人教育学院深入学习实践科学发展观活动实施方案》,并迅速进行了部署。按照"党员干部受教育,科学发展上水平,人民群众得实惠"的总要求,加强领导、精心组织、扎实推进,较好地完成了深入学习实践科学发展观活动学习调研、分析检查、整改落实三个阶段六个环节的各项工作任务。

【成人教育学院认真做好甲型H1N1流感防控工作】 按照学校关于甲型H1N1流感防控工作的要求,学院贯彻《北京大学防控甲型H1N1流感工作预案》,切实做好甲型H1N1流感预防控制工作,以早期发现疫情,及时采取有效措施,严防甲型H1N1流感的传播,保障全院师生的健康和生命安全。落实了学院分管甲流防控工作领导名单,向全院师生发出了"抗击甲流·从我做起"倡议书,号召师生团结奋进,努力打赢防控甲型H1N1流感的攻坚战,共同维护和谐稳定的校园生活。认真做好了全院师生、T.I.P项目的外籍教员以及各地参培中小学教师等的甲型H1N1流感预防控制工作,无一例甲型H1N1流感病例发生。

【成人教育学院和谐稳定工作】 2009年学院认真做好调整时期的秩序稳定工作,保障校园的和谐稳定和各项工作有条不紊的进行,实现了稳步可持续的发展。始终坚持"立足本职,着眼全局,着眼长远,稳步推进"的指导思想,实现了士气不减、人心不散、工作不乱的工作目标,推动了各方面工作的持续发展。

2009年学院党总支副书记李胜同志被评为党务和思想政治工作优秀个人;院长李国斌同志被评为学校优秀德育奖获得者;2名学生工作老师刘爱萍同志、蔡援朝同志被评为校优秀班主任;学校运动会学院获得了团体总分第四名;学生党团日联合主题教育活动二等奖;学院党总支被评为党务和思想政治工作先进集体。

【网络教育学院概况】 2009年,网络学院设立校外学习中心78个,全部在当地省级教育行政部门备案审核通过,其中有50个校外学习中心在2009年春季、秋季持续招生。2009年网络教育学院又增加了宁夏银川大学、安徽马鞍山中泽诚职业培训学校、四川师范大学文理学院、福建省继续教育中心四所校外学习中心,其中宁夏银川大学和福建省继续教育中心已在秋季开始招生。

2009年网络学院聘用人员情况基本稳定,截至年底,网院聘用合同制人员62名,其中,硕士研究生学历14人,本科学历人员45人,3人为大专学历。

【网络教育学院教学教务管理工作】 2009年,网络教育学院招生专业为专升本层次经济类、法学、管理类等12个专业,取消所有专业、所有中心的高中起点升本科层次的招生。春季招生1968人,秋季招生3282人;毕业生4536人,学位授予人数804人。

网络教育学院坚持以规章制度建设来规范教学与教务管理工作,编辑了2009年秋季学期、2010年春季学期工作安排并下发给学习中心和相关部门,使各项工作有章可循。在教学活动上继续坚持以学生为中心,教师导学、助学与学生自主学习相结合的方式。为提高学生学位英语及统考的通过率,网院与新东方迅程网络科技有限公司合作向学生提供考试辅导网络培训课程,取得了良好的效果。

2009年"北大网院文化讲坛"邀请了四位来自北京大学、清华大学在各自学科有较高研究造诣的教授和有创新思维、有独创观点的年轻学者为主讲教师,分别在人文、经济、社会、音乐等领域给学生讲解,受到学生欢迎。

【网络教育学院升级技术支持系统】 2009年,网络教育学院在坚持为学生服务、为中心服务的理念指导下,加强技术支持建设,努力提高技术支持水平,强化技术支持与服务意识。一是对网站进行全面改版,对原有网站内容进行归纳、整理与总结,使得新网站风格突出,信息明确,简洁大方;二是利用计算机技术、网络技术与数据库技术对传统的学籍管理方式与管理流程进行了改革,实现了学籍管理的网络化、电子化,减轻了工作压力,降低了工作成本,增强了工作的主动性;三是积极开发新系统,为教学及管理服务,这其中包括了对网络教育学院管理平台进行开发完善,丰富了财务、招生、学籍、教务等管理功能,还包括新开发的机考系统,该系统适应招生入学考试需求,兼顾了课程考试,同时启动了题库建设。网上图书馆建设日益完备,成为吸引学员的新亮点。

【网络教育资源建设情况】 2009年,网络教育学院推荐《财政学》和《影视批评》两门课程参加全国网络教育精品课程的评审,其中《财政学》课程当选为2009年网络教育精品课程,这是自2007年以来网络学院荣获全国网络教育精品课程称号的第五门课程。

截至2009年底,网络教育学院累计建设完成509门课程课件,共计10337课时,其中,学历教育课程262门,8911课时;非学历教育课程247门,1426课时。目前,网络教育学院已经拥有比较庞大的课件资源数据库。

【网络教育非学历教育培训】 2009年网络教育学院在稳步做好学历教育的同时,积极开展非学历教育培训,培训规模逐步扩大,从年初开始先后在内蒙、新疆、广东、福建、河南、贵州、辽宁等地开展了52期全国中小学教育技术能力初级课程培训、中级培训以及全国中小学教师班主任培训,开设教学班1839个,受训学员达19万人次。

【网络教育工作会议】 2009年4月15—19日,网络教育学院在湖南长沙市组织召开了"北京大学现代远程教育2009年教学中心工作会议",部署安排2009年网络教育工作,总结2008年工作情况,并对表现优秀的中心和个人进行了表彰。

2009年6月9—12日,北京大学现代远程教育奥鹏公共服务体系2009年学习中心工作会议在北京召开。这是网络学院首次面向奥鹏公共服务体系的工作会议,会议主要内容是大规模启动对奥鹏的招生,来自全国各地奥鹏服务中心的40余名代表参加了会议。

2009年11月10—12日,"现代远程教育与终身学习高端论坛"暨"现代远程教育十年巡礼与展望"展览在北京国际会议中心隆重开幕,北京大学网络教育学院有多项成果获得了全国高校现代远程教育协作组颁发的现代远程教育十年表彰奖项。

【获批全国干部教育培训高校基地】 2009年9月10日,中共中央组织部、教育部联合下发文件(组通字[2009]47号),确定北京大学等13所高校为全国首批全国干部教育培训高校基地。学校随即成立北京大学全国干部教育培训高校基地领导小组,由党委书记闵维方、校长周其凤担任领导小组组长,党委副书记、纪委书记于鸿君为负责日常工作的副组长;成立了领导小组办公室,由党委组织部部长郭海、继续教育部副部长侯建军(主持工作)任办公室主任。为配合中央组织部做好2010年中央和国家机关司局级干部自主选学试点工作,在领导小组办公室的统筹安排下,北大培训中心在各院系提供课程菜单的基础上,根据中央组织部的要求对专题班、专场讲座进行了整合,供在京近3000名司局级干部自主选学。

【培训中心举办金融创新论坛】 2009年4月12日,第4次北大金融创新论坛举行。全球金融衍生品之父、美国芝加哥商业交易所集团终身名誉主席、北京大学中国金融衍生品研修院名誉院长利奥·梅拉梅德专程来华参加论坛并演讲。4月13日,中共中央政治局委员、国务院副总理王岐山接见梅拉梅德一行。

【举办高端培训黄金周】 2009年6月1日至6月7日,承办"2009北京大学高端培训黄金周"如期举行。此次"高端培训黄金周"的主题是"高端培训与社会责任",北大党委书记杨河致开幕词。高端培训黄金周举办高端培训精品课公开观摩和北京大学管理创新大讲堂,并特邀全国抗震救灾模范、2008 CCTV中国经济年度人物、2009全国政协特邀委员、江苏黄埔再生资源利用有限公司董事长陈光标作题为"汶川归来"的演讲,畅谈企业家的社会责任。

【住院医师规范化培训工作】 2009年北京大学医学部住院医师规范化培训工作在完成日常培训和考核工作的同时,进行整体改革,使之更加规范。

1. 住院医师规范化培训第一阶段审查与考核情况。2009年共确认199名住院医师通过了住院医师规范化培训第一阶段考试资格审查。实际考生共有188名,总合格率为70.7%。北京大学第一医院、人民医院、第三医院、第六医院、口腔医院、肿瘤医院的43名考生全部通过考试,合格率100%;首钢医院4人考试,2人合格,合格率50%;深圳医院21人考试,10人合格,合格率47.6%;北京医院28人参加考试,25人合格,合格率89.3%;中日友好医院23人考试,19人合格,合格率82.6%;世纪坛医院9人考试,6人合格,合格率66.7%;民航总医院26人考试,11人合格,合格率42.3%;积水潭医院9人考试,7人合格,合格率77.8%;首都儿科研究所12人考试,9人合格,合格率75%;航天中心医院11人考试,1人合格,合格率9.1%;仁和医院2人考试,均未通过。

2. 住院医师规范化培训第二阶段审查与考核情况。2009年共确认334名住院医师通过了住院医师规范化培训第二阶段考试资格审查。实际考生共有325名。其中住院医师211名、临床/口腔医学博士毕业生87名、外单位调入主治医师须确认具备北医主治医师任职资格者12名,在职申请临床医学博士专业学位者15人。考试科目涉及23个学科、43个专业。总体合格率87.4%,其中住院医师合格率85.3%,临床/口腔医学博士毕业生合格率92.0%，外单位调入主治医师者合格率100%，在职申请博士学位者合格率80%。

各附属医院参加考试的住院医师情况如下：北大医院27人参加考试，27人合格，合格率100%；人民医院46人考试，42人合格，合格率91.3%；北医三院46人考试，43人合格，合格率93.5%；口腔医院23人考试，20人合格，合格率87%；肿瘤医院19人考试，17人合格，合格率89.5%；北医六院4人考试，4人合格，合格率100%；首钢医院3人考试，2人合格，合格率66.7%；深圳医院26人考试，20人合格，合格率76.9%。

各教学医院情况如下：北京医院41人参加考试，31人合格，合格率75.6%；中日友好医院31人考试，26人合格，合格率83.9%；世纪坛医院4人考试，3人合格，合格率75%；民航总医院8人考试，7人合格，合格率87.5%；积水潭医院23人考试，21人合格，合格率91.3%；首都儿科研究所6人考试，6人合格，合格率100%。

3. 住院医师规范化培训资格审查及考核工作中的改革措施。

（1）各方共同参与。在对住院医师培训考前资格审查工作中，继续教育处和各二级单位共同组成住院医师资格审查小组，统一审查标准，对审查工作中出现的问题集体研究解决。整个工作程序有分工有协作，调动各方面积极性，提高了办事效率。

（2）不断完善考试体系。2009年住院医师阶段考试采用集中命题、集中封卷等形式，参加命题的专家每人填写保密协议，使命题更加规范。在阅卷中，对临界分数的处理和最后分数统计结果均由学科组长负责，确认无误后登记分数，避免出现不必要的纠纷。笔试监考严格，面试安排紧凑，及时公布面试安排，并通知到考生。

4. 确定住院医师规范化培训与北京市卫生局住院医师/专科医师培训并轨。在与北京市卫生局多次沟通调研后，医学部于2009年第36次部务会讨论通过北医住院医师规范化培训与北京市并轨，参加2010年卫生局组织的第一阶段考试，并于2009年12月9日公布了"关于下发《关于北京大学医学部住院医师规范化培训第一阶段培训及考核与北京市卫生局并轨的有关规定》的通知"（北医[2009]部继数字197号），规定了住院医师参加北京市第一阶段考核的有关办法。

【高层次继续医学教育工作】
2009年，医学部继续教育处依托学校教学、科研、医疗等方面的优势，积极开展高层次继续医学教育工作，努力实现工作制度化、管理规范化、手段现代化，建立起较为完善的继续医学教育体系。

1. 拓宽培训渠道，为兄弟单位培养更多更好的学科骨干。2009年医学部继续教育处坚持以"为兄弟单位培养优秀教学、科研、医疗人才"为宗旨，进一步加强学科骨干培养计划实施监督与管理，努力提高学科骨干的学术水平。

2009年春季接收有关省卫生厅、医院委托培养的学科骨干共87名。其中郑州市卫生局委托培养的学科骨干11名，山东省卫生厅委托培养的学科骨干6名，河北省卫生厅委托培养的学科骨干52名，贵阳医学院附属医院委托培养的学科骨干7名，天津市汉沽区医院委托培养的学科骨干3名，天津市第五医院委托培养的学科骨干5名，教育部骨干访问学者2名，人事部云南"特殊培养"学员1名。接收高等学校青年教师骨干访问学者45名。受人事部委托特殊培养新疆少数民族科技骨干8人，培养云南少数民族科技骨干5名、培养西藏少数民族科技骨干4人；受中组部等委托培养的"西部之光"访问学者3人；受石河子大学"对口支援"项目委托，培养学员2人。受北京市卫生局委托，举办了北京市卫生局对口支援什邡市卫生人才学科骨干培训班，培训学员28人，并承担北京市卫生局科教处学科骨干培训集中授课任务，为139名学科骨干开设了为期20天的通识课程。

2. 积极组织继续教育项目申报，加强对项目的管理。2009年医学部继续教育处积极组织国家级继续医学教育项目、市级继续医学教育项目、基地备案项目、高级研修班项目及远程继续医学教育项目的申报工作，不断提高申报项目的数量和质量，并加强对项目的管理，保证项目质量。

（1）2009年继续医学教育项目共申报384项。其中国家级继续医学教育项目申报367项，国家级备案项目申报38项，市级项目申报1项，市级备案申报1项。

（2）2009年举办各类培训班共130项，共培训17070人。其中：国家级继续医学教育项目共举办116项，培训15511人；北京市市级继续医学教育项目举办11项，培训1437人；培训班3项，培训122人。

（3）应教育部高教司有关要求，2009年医学部申报1项高级研修班的招标项目——医学免疫学骨干教师高级研修班，并予以获准，培训学员27人。

（4）加强对继续医学教育项目的监督和检查工作。2009年继续医学教育项目的督查工作由专门督查员进行督查，随机抽查9个继续医学教育项目的举办情况。督查是保证继续教育举办质量的重要手段，通过督查，发现项目举办过程中的问题，不断改进继续教育管理。

（5）开发继续教育管理信息软件，规范国家级和市级继续医学项目管理，并在试点工作基础上进行升级改版。

【对内继续医学教育工作】 随着继续医学教育工作的深入开展,逐步受到各级领导、专业技术人员和管理干部的重视,各二级单位为继续教育对象主动开办了多种形式和内容的继续医学教育活动。

1. 2009年医学部申报项目总数382个,实际举办项目348个。其中专业技术内容项目284个,管理学内容项目18个,人文社科内容项目35个,计算机等内容12个。累计参加继续教育项目总人次56219次,完成继续教育学分总的达标率为100%。

2. 积极推行继续医学教育信息化管理。为提高继续医学教育工作的质量和效率,2009年对北京健康在线网络有限公司共同开发的《继续医学教育管理系统》软件全面进行升级更新,使其在设计使用上更加科学化、人性化,采用网络数据库的形式,便于用户随时使用和操作。该系统的升级与完善进一步推动了继续医学教育管理的信息化建设。

【继续医学教育课题研究工作】 为加强我校继续医学教育管理,进一步探索继续医学教育办学规律,总结办学经验,提高教育教学质量管理,2009年医学部继续教育处设立了继续教育科研课题,共有9单位申报课题21个,经专家评审,最终11项课题入选"2010年医学部继续教育科研课题"。它们是:肿瘤医院张晓鹏"利用医院网络信息化系统优势构建新型影像——临床互动读片会的实践研究"、人民医院郭丹杰"基于整合型医疗卫生服务体系信息平台的继续教育模式的探讨与实践"、继续教育处孟昭群"住院医师培训基地试行社会化招生的可行性研究"、肿瘤医院胡亚洲"临床培训科室管理及评估网络信息系统设计及研制"、人民医院王建六"产前诊断实验室进修人员继续医学教育的新模式"、口腔医院刘宏伟"口腔医学八年制、临床研究生、住院医师实习病种、数量的比较研究"、人民医院高占成"呼吸学科骨干的全面培养——一种导师与指导小组结合的集中培养模式初探"、北医六院唐宏宇"精神科临床主治医师能力培训"、护理学院孙宏玉"全国护理师资培训班学员教学质量追踪调查"、公教部谢虹"北大医学部青年教职工继续教育现状的调查与分析"、北医三院曾辉"关于加强住院医师岗前培训的研究"。

【中华医学会医学教育分会继续医学教育学组成人医学教育学组工作】 "2009年中华医学会医学教育分会继续医学教育学组/成人医学教育学组年会"于7月22日在青海省西宁市召开。会上进行了学组换届改选,医学部继续教育处孟昭群处长担任继续教育学组组长,马真同志担任秘书。秘书处作为日常办事机构挂靠在北京大学医学部继续教育处。

医学网络教育学院

【概况】 2000年10月10日,经北京大学批准成立医学网络教育学院,翌年9月正式开学。下设四大部门:本、专科学历教育部、继续医学教育与培训部、技术部、行政管理部。设立研究室,作为中国高等教育学会医学教育专业委员会医学远程教育研究会的日常办事机构。现有员工124人,具有本科以上学历的占68.5%;其中博士学位2人,硕士学位14人。现任院长/总经理高澍苹,副院长刘虹、孔繁菁、副总经理夏阳。学院实行企业化运作,在保证教学工作正常投入和运转的前提下,2009年回报医学部资金1006万元。

【医学网络教育学院重要活动】 2009年12月9日至10日,通过卫生部专家组的复验验收,顺利结束始于2007年9月的"远程继续医学教育试点"工作,正式成为国内第一家获得国家批准(12月23日全继委发[2009]09号文件)开展远程继续医学教育的高校机构。

2009年4月8日,举行第19次中国远程教育学术圆桌会。会议围绕技术应用和远程教育品质提升展开讨论和交流。此外,还主持和参与了教育部、卫生部、北京市卫生教育协会以及北京大学的多项课题研究。11月10日至12日,在"现代远程教育与终身高端论坛"暨"现代远程教育十年成果展"大会上,高澍苹院长荣获"远程教育贡献奖",高澍苹等人撰写的4篇论文获奖。医学网络教育学院还展出了资源建设成果,是展会上唯一一所远程医学教育机构。

【医学网络教育本、专科学历教育】 开设有护理学、药学、卫生事业管理、医学信息管理专业;办学层次有专科、专升本。在全国20个省、自治区、直辖市建立46所校外学习中心,2009年招收新生5391人,毕业学生4248人(其中184人获得成人本科学士学位),在校学生17161人。

为保障远程教育质量,一是探索课程开发新格局,将原有的资源开发部与媒体部合并,成立资源开发中心。二是加大教学与学生支持力度,对原教学部、学生支持中心以及北医学区进行整合,成立教学与学习支持中心。三是加强对学习中心的管理与辅导,下发2009版管理文件和工作指南,开展工作研讨会和专题培训,对学习中心进行考核,对聘任老师进行培训和考核,保证教学质量;严格考务管理,先后派出督考人员185人次;加强对学生的入学培训与沟通,学生的满意度达76%。四是重视校园文化建设,组织北京地区毕业生大会及新生开学典礼;召开教师工作会议,表彰优秀教师;在学生中开展"网院十佳"等评选活动;在新浪网上创建校园文化博客,让师生感受到实实在在的大学文化。

【网络继续医学教育与培训取得突破性进展】 初步形成了混合教学模式,开发了综合、专科和定制三类培训项目体系。

综合培训项目持续发展。一是医学讲坛推出互联网学习模式和互联网测试题库。二是实施2009年国家级继教项目,学员人数增至20余万人,学员满意度为97%;申报2010年度国家级继教项目248项。

专科培训项目进展顺利。"远程教育研究方法"成功举办两期;口腔专业护士培训项目4月1日上线,建立25家临床实践基地,学员总数达2000人。

积极开展定制合作项目。如与北大医院合作,提供网上学习,有效解决工学矛盾。与鄂尔多斯市卫生局合作培训卫生从业人员,建立17个卫星站点,受益学员约2000名。

完善教学与质量保障体系。严格按照卫生部要求进行教务管理,制定规章制度,建立学员档案,成立学习支持中心。质量保障围绕师资、教学资源、教学过程监控、评价机制等展开工作,促进教学质量不断提升。

【医学网络教育技术保障】 提升TOSS平台的效能,自2007年3月启用,使用学生累计29609人,先后获得6个国家软件著作权、北京大学教育成果奖、海淀园区创新工程成果奖等。

完善MOLS平台,功能更加灵活,获得国家软件著作权,为快速发展提供可靠的技术保障。

丰富办公现代化手段,OA系统上线程序达到14个;考试部安装视频监控系统;推出"飞秋2.4"版、专线接通三个办公区的互联网等新举措。

媒体服务继续投入资金购置专业设备,在负责学院各类课程制作的同时,圆满完成医学部新闻片的拍摄、编辑和播放,制作教学专题片53部,照片近3000张,图像资料30G。

【医学网络教育学院内部建设】 一是坚持质量管理体系的长效机制,2009年更换认证机构,并通过换证审核,完成质量手册再次改版(V4.0版)。二是引进专家优化财务内控体系,完善8项财务管理制度。将现行的管理制度汇编成册《员工手册》下发,启动新的《绩效考核实施办法》。三是打造高效核心团队,年内开展17次内外培训,共计600人次,首次起用内部培训师4名;同时对部分管理岗位采取竞聘上岗方式。

【医学网络教育学院文化建设】 文化建设围绕"再次发展年"的主题,开展了系列活动。注重宣传报道;注重发挥党支部和党员的作用,围绕科学发展观开展廉政建设、专题学习和参观活动;注重工会工作,召开了4次代表会议,审议涉及员工利益的事项,组织开展了拓展等系列活动,获得北京大学和医学部工会的表彰。

海 外 教 育

【概况】 2009年,北京大学的留学生招生工作继续保持良好发展势头。截至2009年12月,共有来自92个国家的1667名外国留学生在北京大学攻读学位。此外,本年度还有来自118个国家的各类非学位留学生(包括交换生、预科生、各类进修生和短期生)4000多人次在北京大学学习。

短期项目(在校学习一年以内)方面,2009年,北京大学共接收来自79个国家和地区的短期留学生3309人次,较2008年增长约32%,与此同时生源结构继续优化:2009年短期留学生来源地区继续增加,欧美学生比例为57%,日韩学生比例为21%,东南亚和非洲学生比例有所增加;

【合作项目】 2009年,北京大学原有的短期留学项目中的合作项目,如斯坦福北京大学分校、剑桥硕士、牛津大学、剑桥本科、国务院侨办华裔新生代等持续稳步发展,同时积极拓展了短期来华留学渠道,创立了雷鸟商学院项目。

(一)剑桥大学项目

剑桥大学与北京大学有着悠久的合作历史。两校的合作项目包括剑桥本科汉语研修项目和剑桥硕士当代中国学研究项目。项目自2001年启动以来,已经成功举办了8期。2009年共有12名剑桥本科生和2名剑桥硕士生来到北京大学学习。在两个学期的时间里,北京大学在精心安排汉语学习课程和组织语言伙伴活动的基础上,组织了丰富的教学实践活动,极大地丰富了学生们的课余生活,同时也加强了剑桥学生对中国发展的全面认识和了解。另外,留学生办公室还选拔综合素质高、英语水平好的研究生作为剑桥硕士学生的学生辅导老师,为硕士学生提供论文和科研方面的辅导。在北京大学学习期间,学生的汉语水平进步显著,研究能力进一步提高。

(二)成均馆大学项目

2006年,成均馆大学与北京大学联合创办了北京大学-成均馆大学"中国经济管理硕士研修项目",旨在为韩国培养高素质的"知华型"经济管理人才。项目学制为一年,成均馆大学中国大学院承担项目在韩国的招生及组织工作,北京大学国际合作部承担项目学生在北京大学期间的管理工作,项目的教学工作则由北京大学光华管理学院承担。"中国经济管理硕士研修项目"作为两校合作的重点项目,受到两校领导的高度重视和支持,项目目前已培养四期学生近100人,学生毕业后多进入三星、现代、LG等知名跨国企业工作。2009年第五期成均馆项目共接收学生20人。

(三)牛津大学项目

作为北京大学的重点国际合作项目,自2001年开始,牛津大学汉语项目每年举办一届。8年多来先后有180余名牛津大学的本科、硕士学生完成了在北京大学的汉语进修学习。2009年3月21日,来自牛津大学的20名学生在北京大学开始了为期一个学期的学习和生活。20名来自北京大学各个院系的学生与牛津同学结成了一对一的语言伙伴,为他们提供生活和学习上的帮助。为了让同学们更加深入了解中国的社会与文化,北京大学不但为同学们精心设计了语言课程,还为他们安排相应的社会实践和文化参观活动。不少担任过牛津语言辅导的北京大学学生随后选择去欧美名校留学或交流访问,牛津学生也将他们对中国的友好、了解和友谊带回了英国,他们毕业后有很多都从事着中英、中欧之间友好经贸、文化的交流合作事务,为中国的国际交往做出了积极贡献。

(四)斯坦福大学项目

北京大学与斯坦福大学有着长期友好的合作关系,2009年斯坦福大学与北京大学的短期留学合作项目包括第10期、第11期斯坦福北京大学分校项目以及斯坦福暑期汉语研修项目。斯坦福北京大学分校项目由两校共同承担教学任务,跨院系教学管理,北京大学与斯坦福两校学生同堂上课。2009年,先后有19名、16名斯坦福学生通过第10期和第11期斯坦福分校项目来到北京大学学习。与此同时,北京大学选拔本校学生参与到斯坦福分校课堂,学生们共同聆听了两校教授的课程。斯坦福大学暑期汉语研修项目于2009年7月25日至8月22日在北京大学举办,有18名学生参加项目。此外,斯坦福大学北京大学分校项目还于2009年11月8日隆重举行了项目开办五周年庆典。

(五)麦吉尔大学项目

第四期北京大学—麦吉尔大学汉语研修项目于2009年5月11日至7月17日在北京大学举办,56位北美学生参加项目,留学生办公室选拔56位北京大学学生与他们结成一对一的语言伙伴。学生们在汉语学习之余,部分同学选修了书法课程和绘画课程,参加了由北京大学组织的各类文化参观和社会实践活动。2009年6月12日至14日,留学生办公室组织学生赴秦皇岛进行教学实践,深入了解中国社会,学习中国语言文化。

(六)奥斯陆大学项目

第四期北京大学-奥斯陆大学汉语研修项目共有26位挪威奥斯陆大学学生参加,项目分两段进行,在暑期六周的学习中,奥斯陆学生们单独上课。秋季学期中,奥斯陆学生与其他各国留学生一同参加分班考试,编入相应级别的班级上课。每个星期,北京大学对外汉语教育学院还为奥斯陆大学学生单独开设6个学时的课程,使用奥斯陆大学教材授课。奥斯陆大学项目自2006年创办以来,四期项目共有122位奥斯陆大学学生通过参与这一项目留学北大,通过系统的汉语学习和丰富的实地体验,感知中国语言文化魅力,了解中国历史和社会发展现状。

(七)华裔新生代企业家中国经济高级研修班

在前国务委员唐家璇的热情关怀和大力支持下,北京大学受国务院侨办委托,自2004年春天开始承办华裔新生代企业家中国经济高级研修项目。项目学员多为著名的海外华裔新生代企业家。2009年11月23—25日第七期华裔新生代企业家中国经济高级研修班吸引了来自澳大利亚、新加坡、马来西亚、菲律宾、印尼和香港等地的42位青年企业家。研修项目得到了国务院侨办和北京大学校方一如既往的支持,国务院侨办副主任任启亮、国务院侨务办公室经科司副司长张健青、北京大学国际合作部副部长王勇等领导出席了在钓鱼台国宾馆举行的项目结业仪式。国家统计局姚景源总经济师、北京大学武常岐教授、霍德明教授和王守常教授分别就当前经济热点和中国传统文化为学员们做了讲座。

(八)南洋理工大学"中国学"项目

北京大学与新加坡南洋理工大学有着良好的合作,多年来两校联合创办的南洋理工大学"中国学"项目一直受到学生的欢迎。南洋理工大学"中国学"项目由中国语言文学系承办的"中国学"项目和哲学系承办的"中国学"项目组成。2009年,共有20名南洋理工大学的同学通过"中国学"项目来到北京大学学习。为了更好地帮助学生亲身感受中国文化,了解中国文化的丰富内涵,项目安排了一些承载中国文化的人文景观和自然景观参观活动,游览故宫、天安门、天坛,逛虹桥市场,欣赏京剧,观看杂技,爬长城,让学生切身体会了中国悠久历史文化气息。

(九)雷鸟商学院项目

成立于1946年的雷鸟商学院是世界上第一家完全专注于国际管理教育的商学院,并逐渐发展成为全球公认的培养国际化商业领袖最成功、最有经验的教育机构。2008年北京大学与雷鸟商学院签署合作意向协议,就短期留学及高端培训等方面达成广泛合作共识,确定北京大学国际合作部与雷鸟商学院联合开办"北京大学-雷鸟商学院联合研修项目",北京大学国际关系学院与雷鸟商学院共同启动双学位培养项目。2009年,首期"北京大学-雷鸟商学院联合研修项目"顺利启动,共接收春夏两批次共60名来自美国、英国、印度、日本、加拿大等国家的MBA学生在北京大学进行为期8周的学习。

【暑期学校】 2009年,北京大学整合各部门资源,创办了北京大学国际暑期学校,同时在总结多年经验的基础上加强与LSE的合作,使得第六期LSE-PKU暑期学校取得了巨大的成功。

(一)北京大学国际暑期学校项目

作为首个校级层面暑期学校项目,北京大学国际暑期学校整合了校内优秀教学资源,搭建了一个全球优秀学子交流学习的高端互动平台,注重于培养和扩大学生的国际视野,增强和提高学生的国际竞争力。项目课程历时5周,开设7门专业课及1门汉语课。专业课程全部采用英文授课,内容涉及政治、经济、文化、历史、环境、艺术等方面。尽管受到国际金融风暴和甲型流感H1N1的影响,但经各方共同努力,项目克服了筹备、宣传、招生及报到注册等阶段遇到的各项困难,吸引了来自剑桥大学、斯坦福大学、耶鲁大学、澳大利亚国立大学、新加坡国立大学、加州大学、华盛顿大学等多所世界知名高校的38名优秀学生。通过国际暑期学校这个项目,北京大学与国际学生取得了一个双赢的结果:北京大学为国际学生提供教育来弘扬中国的传统文化、介绍中国社会经济发展状况,进而促其形成对中国的正确认识;同时,国际学生的深入参与亦将对北京大学校园文化、学术风潮、学科建设等国际化方向的纵深和拓宽产生一定的影响。

(二)LSE-PKU暑期学校项目

作为两校的重点合作项目之一,2004年开始,北京大学与英国伦敦政治经济学院合作,每年暑期在北京大学开办北京大学—伦敦政治经济学院暑期学校(The LSE-PKU Summer School,以下简称暑期学校)。为期两周的暑期学校课程涵盖财政学,经济学,国际关系学,法学,管理学等领域,所有的课程都具有中国或亚洲视角,分别由两校知名教授用英语讲授。2009年8月10日至22日,共有来自五大洲40个国家和地区的240余名学生的参加暑期学校。不仅有来自北京大学、英国伦敦政治经济学院、加拿大蒙特利尔大学、香港中文大学等世界著名高等学府的莘莘学子,还有来自加拿大大使馆、俄罗斯新闻社等政府机构、媒体、贸易组织、法律行业和金融行业的诸多业界精英。2009年的暑期学校成为项目运行以来,学生人数最多,规模最大的一次。利用周末和课余时间,北京大学还为暑期学校学生组织了丰富多彩的文化实践活动和针对国际学生的汉语课程学习,使他们领略古都北京的千年神韵,切身感受中国经济的蓬勃发展,体验中国文化的博大精深。

【留学生工作】

(一)留学生招生工作

2009年1月31日-2月11日,北京大学海外招生代表团一行8人,赴新加坡、马来西亚、泰国开展本科生招生面试及中学宣讲活动,这是我校首次组团赴海外招生。经过12天的紧密行程,代表团面试了3个国家的70余名学生,在10余所中学进行了宣讲,拜会了当地教育部门、重要人士和机构,取得了良好的效果。此次赴国外高中进行宣讲并面试录取学生,对于推动我校国际交流、扩大海外影响、吸引优质生源具有重要意义。

此外,院系特色研究生项目的迅速发展成为2009年留学生招生工作的一大亮点。2009年度,北京大学共录取本科生285名,博士研究生53人,硕士研究生139人。其中,英文授课硕士生项目共招收84人,包括法学院中国法律硕士(LLM)项目15人,国际关系学院—伦敦政治经济学院(LSE)双学位项目23人,国际关系学院英文授课硕士学位(MIR)项目5人,光华管理学院工商管理硕士(MBA)项目41人。另外,2009年还新增了"世界遗产保护与管理"中国政府奖学金项目,该项目由亚太世界遗产中心开设,共招收11名学员。这些英文硕士项目已占硕士留学生的主流,对提高留学生的生源层次起到了重要作用。

(二)留学生校友

留学生校友是北大开展国际交流工作的一笔宝贵的人脉资源。本年度,北京大学重点加强了针对留学生校友的宣传与联络工作,组织编撰《留学北大》电子刊物,并在北大主页的"青春的榜样"系列报道中,专门报道了2名优秀留学生,提升了留学生群体在校内的形象。与此同时,北大还积极联络美国CNN驻北京首席记者吉米、罗马尼亚驻华大使维奥尔·伊斯蒂乔亚和夫人达尼亚、几内亚比绍驻华公使卡林通先生等一系列在京地区优秀校友,积极筹划成立北京地区的留学生校友会。在海外校友方面,我们会见了日本留学生校友、现日本众议院年轻议员高邑勉先生。双方就成立在日北大留学生校友会进行了商讨。

(三)国庆60周年系列活动

2009年是中华人民共和国建立60周年,北大在完成本职工作的同时,积极承担国庆相关工作任务,包括组织留学生参加外籍人士国庆游行方阵、国庆期间的留学生安全保卫等。2009年9月至10月,留学生办公室组织了11名来自世界各国的在校留学生参与了国庆60周年游行活动。在留学生办公室的高度重视及有力组织下,所有学生发扬顽强拼搏的精神,克服重重困难,顺利并出色地完成了所有彩排及正式的游行任务,为此,北京市人民政府外事办公厅专门发函,对北大的组织工作给予肯定与表彰。

(四)留学生文体活动

2009年,北京大学积极组织留学生参加文体活动,对于造就全方位、高素质的人才,增进留学生对北大校园文化的认同发挥了积极作用。2009年,我们开展丰富多彩的留学生文化活动,为他们展现自己的才华搭建平台:7月至8月,留学生办公室组织部分优秀留学生参加第二届"汉语桥"在华留学生汉语大赛,我校孟加拉籍留学生柯修最终脱颖而出,获得金奖,这次活动进一步展示了我校留学生选手的汉语能力与风采,同时也调动了留学生学习汉语的积极性;11月,留学生办公室组织5名在校留学生参加北京高校外国留学生2009年汉语辩论赛,2009级中文系新生何灿浩同学获得本次比赛的"最佳辩手",留学生办公室获得本次比赛的"优秀组织奖"。

【港澳台学生工作】 2009年,在我校就读的港澳台各类学生总数达550人,其中博士生179人,占总人数的32.55%;硕士生165人,占总人数的30%;本科生206人,占总人数的37.45%。从地域分布上看,香港学生236人,占总人数的42.9%;台湾学生255人,占总人数的46.36%;另有澳门学生57人。

·科学研究与社会服务·

理工科与医科科研

【概况】 2009年北京大学的科研工作稳步推进,从实际情况出发,发挥已有优势,在基础研究和应用基础研究方面继续保持竞争力,承担了大量国家科研任务,取得了丰富科研成果。

2009年度理工科在研项目1988项,医科1185项;理工科到校科研经费9.18亿元,医科到校科研经费2.17亿。2009年度理工医科到校科研经费中,自然科学基金委、科技部来源经费分别达2.44亿和4.12亿,共占到校经费总数的58%,是学校科研经费的两大主要来源。

2009年度理工医科在中国政府主导的重大基础研究和应用基础研究领域继续保持竞争优势。新获批"973计划"项目4项、子项目25个,重大科学研究计划项目3项、子项目9个,"863计划"课题25个,国家科技支撑计划项目课题6个,获批准总经费1.6亿元;2008—2009年,国家全面启动国家重大科技专项,北京大学获准牵头组织两个项目,获批课题36项,获批准总经费达3.7亿元。

2009年学校获批国家自然科学基金委各类项目534项,获批准总经费2.4亿元。其中国家杰出青年基金获得者9人,创新研究群体2个(含延续资助);面上项目281项,青年科学基金项目105项,重点项目17项,重大项目2项,重大研究计划25项,国际合作56项,海外及港澳台学者合作研究基金5项,其他类别基金32项。

2009年度除科技部和基金委来源的项目和经费外,学校获得教育部高校博士学科点专项科研基金资助项目49项,博士点新教师课题51项,留学回国启动基金35项;获批北京市自然科学基金项目47项;获批各行业部门公益性行业专项9项;与各企事业单位合作项目109项。

2009年度学校获得国际科技合作项目54项,其中来自科技部国际合作司项目有9项,另有45项来自海外基金会、海外企业以及海外政府。联合国际合作部举办了两届"北京大学海外校企合作研讨会",与清华大学科研院共同举办了"北京大学-清华大学欧盟第七框架计划研讨会"。6月16日,北京大学-加州大学洛杉矶分校理工联合研究所成立。

2009年,以北京大学为第一完成单位获得国家自然科学奖二等奖2项,国家科学技术进步奖二等奖1项;获得教育部"高等学校科学技术奖"11项(一等奖7项,二等奖4项)。2009年度学校一项科研成果入选教育部"中国高等学校十大科技进展"。

2009年度学校共申请专利356项(本部290项,医学部66项),其中申请国际专利3项。2009年度学校获权专利231项(本部192项,医学部39项),其中发明专利208项,实用新型21项,外观设计2项,国际专利3项,较2008年的154项增长77项,增长率50%。

2009年度全校发表SCI收录论文4455篇,比上年度增长15%;其中被SCI收录的北京大学为第一作者单位或责任作者单位的论文2592篇,平均影响因子为2.56,较2008年(2.37)有明显的提高。

2009年国家对国家实验室和国家重点实验室继续给予了稳定的经费支持。北京分子科学国家实验室和依托北京大学建设的8个国家重点实验室获得基本科研、开放运行经费和设备费共计1.17亿元以上。"核物理与核技术国家重点实验室(筹)"于2009年12月通过科技部组织的建设验收。"电子出版新技术国家工程研究中心"和"软件工程国家工程研究中心"获得创新能力建设资金项目,进入新的建设阶段。

北大科协于2008年12月29日正式成立。2009年度,北大科协进一步梳理了挂靠在学校的各类学会、协会和编辑部;组织了4场"2009国际天文年高端科普报告";完成了北京市科协委托的"北京科学中心"的设计方案调研;加强与北京市科协和中国科协的联系,努力拓展学术、奖励和资源渠道;被评为2009年度北京市科协系统文明单位。

据中国科学技术信息研究所

2009年12月"2008年度中国科技论文统计结果发布会"公布,《北京大学学报(自然科学版)》入选"2008年中国百种杰出学术期刊",是83个自然科学综合类学术期刊中获得这一奖项的4个期刊之一。至此,《北京大学学报(自然科学版)》已连续5年获此殊荣。

【科研基地建设】 北京大学科研基地主要由国家实验室、国家重点实验室、国家工程实验室、国家工程研究中心、教育部重点实验室、教育部工程研究中心、教育部网上合作研究中心、卫生部重点实验室、省市重点实验室、中关村开放式实验室和校内跨学科研究中心构成。

为了加强北京大学重点研究基地建设,本年度科研部在组织协调各国家级和省部级重点研究基地日常工作的同时,2009年初重新调整了"北京大学重点实验室建设管理委员会"的人员组成,并召开了调整后的建设管理委员会会议,会议邀请了各理工科学院科研院长、国家重点实验室主任。

随着国家重点实验室专项经费的逐年落实,科研部配合财务部为依托北大建设的8个国家重点实验室切实解决经费使用中的问题,同时规范学校的相关管理办法。经过多次讨论会和征求意见,形成"关于加强北京大学国家、省部(级)重点科学研究基地建设的若干意见(讨论稿)"报主管校长。并为国家重点实验室呼吁设立管理秘书和明确研究生招生名额、实验室用房等,在实际工作中凸显的问题。

科研部梳理了校内虚体研究机构,进行了三年一次的评估认证工作,并完成总结报告报主管校长,工作成果得到校领导肯定。科研部又在调研分析的基础上,进一步修订完善了《北京大学理工科虚体机构管理办法》。之后,科研部又按照理工科虚体机构新的分类形式,分别召开了"跨学科交叉""校外联合""学院内设"三个类型虚体研究中心的发展讨论会,了解各类研究中心运行情况以及存在的问题,以利于其进一步发展。

1. 国家实验室。"北京分子科学国家实验室(筹)"建设进展顺利,本年度到校运行经费3300多万元,并已拨付到位。2009年9月2—3日,国家实验室(筹)召开了学术年会,并邀请教育部科技司和国家自然科学基金委员会的有关领导参加,促进了内外交流与合作,进一步推动了实验室的建设工作。

2. 国家重点实验室。国家重点实验室2009年专项经费(基本科研费和开放运行费),依托北京大学建设的8个国家重点实验室获得基本科研和开放运行经费共计到校4980万元,其中5个国家重点实验室获得设备费共计3446万元。

国家重点实验室编写了"2009年计划任务书";科研部与校内相关部门协调落实专项经费使用问题;讨论筹建"分子心血管"的国家重点实验室。

"核物理与核技术国家重点实验(筹)"于12月通过科技部组织的建设验收。"蛋白质工程在植物基因工程国家重点实验室"申请更名报教育部科技部。

3. 国家工程研究中心。"电子出版新技术国家工程研究中心"和"软件工程国家工程研究中心"获得创新能力建设资金项目,进入新的建设阶段。

4. 国家工程实验室。由北京大学、国家广电总局广播科学研究院、中科院计算所共同申报的"数字视频编解码技术"国家工程实验室获得正式批准,科研部组织学校的启动运行工作,完善组织管理结构,并将配套建设经费列入计划。

5. 教育部重点实验室。"生物有机与分子工程""高分子物理与化学"教育部重点实验室完成实验室主任和学术委员会主任换届工作;"高可信软件技术""细胞增殖与分化"教育部重点实验室完成实验室主任和学术委员会主任的聘任工作。

"数学及其应用""地表过程分析与模拟""造山带与地壳演化"参加2009年教育部重点实验室评估。"数学及其应用"被评为优秀;"地表过程分析与模拟"进入复评,评估良好;"造山带与地壳演化"通过评估,评估良好。

首个文理跨学科的"计算语言学""细胞增殖与分化"教育部重点实验室通过建设验收;正式以教育部重点实验室名义开放运行。组织申请"视觉损伤与修复"教育部重点实验室。

5. 教育部工程研究中心。"基于灵长类动物模型的新药临床前研究"教育部工程中心(负责人:程和平)通过建设论证。

6. 北京市重点实验室。"医学物理和工程北京市重点实验室"和"空间信息集成与3S工程应用北京市重点实验室"共获得60万元运行费,参加了北京市教委组织的建设项目验收。

科研部组织落实了北京市科委和教委联合设立的"翱翔计划";组织两个重点实验室编写了北京市重点实验室计划预算书。

7. 中关村开放实验室。分别依托"国家软件工程中心"以及"微米纳米加工技术国家级实验室"的两个中关村开放实验室,正式挂牌,各获得50万元资助。

8. 校内虚体研究机构。筹建"北京大学功能材料研究中心"和"北京大学科学仪器研究中心",以及"海洋科学中心"。本年度分两次组织理工科科研工作委员会审议,成立了7个理工科虚体研究中心,它们是:"北京大学应用超导研究中心""北京大学-中科院近代物理研究所重离子直线加速器联合研究中心""北京大学气候变化研究中心";以及"北京大学-洛杉矶加州大学理工联合研究所""北京大学光电研究中心""北京大学聚变模拟中心""北京大学现代食品研究中心"。

2009年学校与加州大学洛杉矶分校合建北京大学-加州大学洛杉矶分校理工联合研究所(PKU-UCLA Joint Research Institute)。"PKU-UCLA理工联合研究所"是学校与UCLA联合成立的科研合作科技平台,其建设目的有两个:一是发展共同研究,向政府、工业界申请科研经费,并做好专利转让工作;二是发展教育,研究所将致力于培养具有国际眼光的人才,开展两校学生交换项目,共同举办国际会议。

【科研项目与科研经费】 2009年度理工科在研项目1988项,医科1185项;理工医科到校科研经费11.4亿元,比上年度增长10%,其中,理工科到校经费约9.2亿元,比上年度增长17.9%;医科到校科研经费2.2亿元。

1. 国家自然科学基金委员会资助的各类项目。2009年度北京大学在研的国家自然科学基金各类项目1739项,到校经费2.44亿元;新批项目534项,经费总额2.43亿元。

(1) 面上青年项目。2009年度北京大学共申请面上和青年基金项目1388项,获批准386项,批准经费1.18亿元。

(2) 重点项目。2009年度北京大学共申请重点项目63项,获批准17项,获资助经费3170万元。

(3) 重大项目。2009年度北京大学共承担重大项目1项、课题2项。

(4) 重大研究计划。2009年度北京大学申请重大研究计划项目32项(集中受理期),获批准23项,获资助经费3037万元。

(5) 国家杰出青年科学基金。2009年度北京大学共有75人申请国家杰出青年科学基金,其中9人荣膺资助,总经费达1680万元。他们是物理学院郑汉青教授,化学学院施章杰教授,数学学院汤华中教授,信息学院陈清、汪国平、张兴教授,心理学系方方教授,光华管理学院张志学教授,医学部王韵教授。本年度全国共计180名青年学者获得该项基金资助。

(6) 创新研究群体科学基金。2009年度北京大学以工学院陈十一教授为学术带头人的研究群体获得基金委创新研究群体科学基金,获资助经费总额为500万元。另外,以医学部尚永丰教授为学术带头人的研究群体在经过评估和考察后,获得三年的延续资助,资助经费共450万元。

(7) 海外(及港澳)学者合作研究基金。2009年度共有5位以北京大学作为国内研究基地、目前尚在海外(或港澳)从事自然科学基础研究的优秀青年学者,获得了此项基金资助,他们的合作者都是北京大学相应学科的带头人。获资助的海外(及港澳)青年学者及其合作者(括弧内为合作者)是:黄伟(李东,光华管理学院),王法辉(刘瑜,地空学院),邢磊(谢耀钦,物理学院),徐昆(蔡庆东,工学院),陶谦(张骞,医学部)。

(8) 国际交流与合作项目。2009年度北京大学在基金委资助下开展各类国际交流与合作共55余项,其中包括国际合作重大项目、国际合作研究项目、在华召开国际会议,广泛开展国际交流与合作,很好地促进了科研人员所承担国家自然科学基金项目的高水平完成。

2. 国家科技部主管的各类项目。2009年度北京大学从科技部主管的各类国家科研计划中获得科研经费41225万元(理工科33290万元,医科7420万元,深研院515万元),占理工科与医科到校经费的46.3%。其中,国家重点基础研究发展规划项目(973项目)和重大科学研究计划项目15428万元,高技术研究发展计划项目(863计划)8318万元,科技支撑(原攻关)计划项目3248万元,国家重点实验室其他科技专项14231万元。

(1) 国家重点基础研究发展规划项目("973"项目)。2009年全国共批准84项,其中北京大学作为第一依托单位获批4项,项目首席科学家分别是生命学院饶毅教授和王忆平教授、信息学院陈章渊教授、北京大学人民医院栗占国教授。其中王忆平教授的项目是继圆满完成科技部2001年启动的"973"项目后,再次获得资助的项目。截至2009年,北京大学主持的"973"项目共计28项,其中在研13项。此外,北京大学2009年新获批973子项目25个,其中理工科20个,医科5个,获批专项经费共5229万元。

(2) 重大科学研究计划。该计划是根据《国家中长期科学和技术发展规划纲要(2006—2020年)》部署的,2006年启动了蛋白质、量子调控、纳米和发育与生殖等四个研究计划。该计划由科技部负责组织实施和总体协调,目前采用"973计划"项目的运作模式。2009年全国共批准39项,其中北京大学作为项目第一承担单位的项目有3项,项目首席科学家是基础医学院尹玉新教授、朱毅教授和药学院周德敏教授。2009年北京大学在重大科学研究计划中新立课题9个,其中理工科4个,医科5个,获批专项经费共2533万元。

(3) 国家高技术发展计划("863计划")。2009年北京大学新立"863计划"课题25项(理工科22项,医科3项),获批专项经费共6044万元。其中专题课题20项,重大重点项目课题5项。其中信息技术领域9项、新材料技术领域5项、地球观测与导航技术领域4项、先进制造技术领域3项、生物医药技术领域2项、资源环境技术领域2项。

（4）科技支撑计划。2006年，国家科技部在原国家科技攻关计划的基础上，设立国家科技支撑计划（以下简称"支撑计划"），围绕《纲要》确定的重点领域及其优先主题，集成全国优势科技资源进行统筹部署，支持对国家和区域经济社会发展以及国家安全具有重大战略意义的关键技术、共性技术、公益技术的研究开发与应用示范。"十一五"以来科技部根据"成熟一个启动一个"的原则，陆续启动了一批科技支撑计划重大、重点项目。2009年，学校共获准支撑计划课题6项（理工科2项，医科4项），获批专项经费共1930万元。

（5）国家重大科技专项。国家重大科技专项是为了实现国家目标，通过核心技术突破和资源集成，在一定时限内完成的重大战略产品、关键共性技术和重大工程，是中国科技发展的重中之重。《国家中长期科学和技术发展规划纲要》（2006—2020）确定了核心电子器件、高端通用芯片及基础软件、极大规模集成电路制造技术及成套工艺、新一代宽带无线移动通信、高档数控机床与基础制造技术、大型油气田及煤层气开发、大型先进压水堆及高温气冷堆核电站、水体污染控制与治理、转基因生物新品种培育、重大新药创制、艾滋病和病毒性肝炎等重大传染病防治、大型飞机、高分辨率对地观测系统、载人航天与探月工程等16个重大专项，涉及信息、生物等战略产业领域，能源资源环境和人民健康等重大紧迫问题，以及军民两用技术和国防技术。2008年，国家全面启动国家重大科技专项，北京大学获准牵头组织两项水体污染控制与治理专项项目，分别为"滇池流域水污染治理与富营养化综合控制及示范"（负责人：环工学院郭怀成）和"特殊类型河流污染防治与水质改善关键技术研究与示"（负责人：环工学院倪晋仁）。截至2009年12月31日，北京大学共获批36项课题，总批准经费达3.7亿元。

3. 国际科技合作项目。2009年度学校获得国际科技合作项目54项，其中来自科技部国际合作司项目有9项，另有45项来自海外基金会、海外企业以及海外政府。理工科总经费3031万元（50项），医科2项348万元，文科2项126万元。

4. 教育部资助项目。（1）创新团队发展计划。2009年北京大学有4个团队入选教育部"创新团队发展计划"，创新团队负责人分别为信息学院查红彬教授、城环学院方精云教授、医学部基础医学院王克威教授、药学院叶新山教授。

（2）新世纪优秀人才支持计划。2009年北京大学共有29人入选"新世纪优秀人才支持计划"，其中理工科7人、医科8人、人文社科10人；2009年新增B类计划（针对海外学者）北京大学共有4人入选，其中物理学院、医学部各有1人入选，人文社科2人入选。

（3）高等学校博士点学科专项科研基金。2009年北京大学获得教育部高校博士学科点专项科研基金49项（理工科20项、医科29项），博士点新教师课题51项（理工科19项、医科32项）。

（4）教育部资助其他项目。2009年北京大学理工科与医科获得高等学校全国优秀博士学位论文作者专项资金资助2项，获准教育部留学回国科研启动基金资助35人（理工科24人、医科11人）。

5. 北京市科研项目。（1）北京市自然科学基金项目。2009年度北京大学获准北京市自然科学基金项目50项（理工科13项，医科37项）。

（2）北京市科技项目与北京市科技新星计划：2009年度北京大学理工科与北京市科委新签科技合同7项，合同额700万元；2009年度北京大学6名青年教师入选北京市科技新星计划A类（理工科2人，医科4人），3名青年教师入选北京市科技新星计划B类。

6. 北京大学校长科研基金。2009年"北京大学校长科研基金"支出情况如下：2008年SCI论文奖励经费662万元；《北京大学学报（自然科学版）》《物理化学学报》和《地学前缘》三个刊物的办刊补助费43万元，科研项目启动费30万元；重点实验室主任基金201万元，专利基金75万元。合计1011万元。

【科研成果】 1. 论文专著。根据2009年11月27日中国科学技术信息研究所召开的"第17届中国科技论文统计结果发布会"上公布的统计结果，北京大学2008年度国际论文被引用次数为12226次，在高等院校中排名第3位；国际论文被引用篇数为3688篇，在高等院校中排名第3位。北京大学2008年度SCI收录论文2226篇（按第一作者统计，论文指Article、Review、Letter、Editorial四类文献），在高等院校中排名第4位。在1998—2007年十年间，北京大学SCI收录论文累计被引用次数达98317次，在高等院校中排名第2位；累计被引用篇数为11236篇，在高等院校中排名第3位。

据统计，2009年被SCI收录的北京大学为第一作者单位或责任作者单位的论文（包括所有类型论文）2592篇（平均影响因子为2.56），其中医学部779篇。北大发表的科学论文呈现总量合理增长、高水平论文数量不断提高的态势，科学论文的影响力明显增强。

2009年出版理工类著作162部，通过鉴定的科技成果共11项。

2. 科技奖项。2009年度以北京大学为第一完成单位获得的科技奖项包括：(1)国家自然科学奖二等奖2项，国家科技进步奖二等奖1项。(2)教育部"高等学校科学技术奖"11项（一等奖7项，二等奖4项）。(3)2009年12月市政府公布了2008年度北京市科学技术奖获奖名单并批准下发奖励。2008年北京大学作为第一完成单位获北京市科学技术奖13项，其中二等奖2项，三等奖11项。

3. 专利。2009年度学校共申请专利356项（本部290项，医学部66项）。其中申请国际专利3项。2008年度学校获权专利224项（本部185项，医学部39项），其中发明专利201项，实用新型21项，外观设计2项，国际专利3项。较2008年的154项增长45%。

4. 其他成果。信息学院高文研究组完成的"数字视频编解码技术"获得2009年度"中国高等学校十大科技进展"，在历年（1998—2009）"中国高校十大科技进展"评选中，北京大学共18项成果入选。

【北京大学科学技术协会】 策划组织了四场"2009国际天文年高端科普报告"：欧阳自远（空间探测与中国的嫦娥工程）、苏定强（天文望远镜的发展与成就）、汪景琇（日食观测和太阳物理研究）、张开逊（探究创造智慧）；完成了北京市科协委托的"北京科学中心"设计方案调研；北京大学科学技术协会被评为2009年度北京市科协系统文明单位，信息科学技术学院王玮荣获第19届北京优秀青年工程师称号，周辉被评为首都"迎国庆讲文明树新风"活动先进个人，李晓强被评为2009年度北京市科协系统优秀信息工作者。

【教育部战略研究基地——北京大学科技与人才研究中心】 完成了申报和建设论证，依托该基地开展科技管理与政策的研究和咨询，完成了5项教育部科技委重点项目的申请和立项，向教育部提供了"加强创新型科学仪器研制，提升自主创新能力""强化基础研究，在知识创新体系中发挥核心作用""哈佛大学学术影响力透视"等咨询报告。

策划组织了教育部、科技部、国家自然科学基金委、中国科学院联合发起的"10000个科学难题"之天文学和地球科学领域的征集工作，历时一年，先后召开6次大型编写工作会议，20余次小组讨论会，全国教育科技界100多个单位、450多位撰稿人、近500人次的科学家和组织工作者、特别是有19位德高望重的院士参与了此项工作。

【北京大学第一届、第二届校企联谊会】 2009年1月13日，科学研究部与国际合作部等部门联合举办的北京大学首届海外合作新年联谊会召开。会议邀请了来自北京、上海等地区的30多家跨国企业、大使馆以及各机构驻华代表约60人参加。本次校企会的召开，标志着北京大学的国际科技合作将会以自主知识产权为基础，增强产学研为导向，积极引导学校科研工作者参与产学研工作，主动引入外资，提高自主竞争力。

2009年11月20日，第二届北京大学海外校企合作研讨会召开。大会设立三个分论坛，北大教授和业界代表们分别针对当前的焦点领域：生物医药、环境能源和电子信息方面的科研发展和成果展示进行了更深入的交流与讨论。

【北京大学-清华大学欧盟第七框架计划研讨会】 2009年3月18日，北京大学-清华大学2009年度欧盟第七框架计划研讨会召开。科技部国际合作司就宏观政策层面讲解欧盟框架项目在国家的执行情况。参会嘉宾同时还就FP7项目的评审、运作与管理模式，项目准备以及申请书草拟过程，财务问题等方面展开讨论。

【附录】

表8-1A 国家级重点实验室

编号	实验室名称	负责人
1	人工微结构和介观物理国家重点实验室	龚旗煌
2	湍流与复杂系统研究国家重点实验室	佘振苏
3	核物理与核技术国家重点实验室（筹）	叶沿林
4	稀土材料化学及应用国家重点实验室	严纯华
5	分子动态与稳态结构国家重点实验室（联合）	来鲁华
6	蛋白质工程及植物基因工程国家重点实验室	朱玉贤
7	生物膜与膜生物工程国家重点实验室（北大分室）	王世强
8	天然药物及仿生药物国家重点实验室	叶新山
9	环境模拟与污染控制国家重点实验室（北大分室）	胡敏
10	区域光纤通信网与新型光纤通信系统国家重点实验室（北大实验区）	李红滨
11	微米/纳米加工技术国家级重点实验室（北大分室）	金玉丰

（科学研究部 郑英姿 整理）

表 8-1B 国家工程研究中心

编号	中心名称	负责人
1	电子出版新技术国家工程研究中心	肖建国
2	软件工程国家工程研究中心	梅 宏

（科学研究部 郑英姿 整理）

表 8-1C 国家工程实验室

编号	实验室名称	负责人
1	数字视频编解码技术国家工程实验室	高 文

（科学研究部 郑英姿 整理）

表 8-2A 教育部重点实验室

编号	实验室名称	负责人
1	数学与应用数学教育部重点实验室	丁伟岳
2	北京现代物理研究中心	李政道
3	生物有机与分子工程教育部重点实验室	王剑波
4	纳米器件物理与化学教育部重点实验室	彭练矛
5	地表过程分析与模拟教育部重点实验室	陶 澍
6	水沙科学教育部重点实验室（联合）	倪晋仁
7	造山带与地壳演化教育部重点实验室	张立飞
8	分子心血管学教育部重点实验室	韩启德
9	神经科学教育部重点实验室	万 有
10	高分子化学与物理教育部重点实验室	陈尔强
11	流行病学教育部重点实验室	胡永华
12	机器感知与智能教育部重点实验室	查红彬
13	统计与信息技术教育部-微软重点实验室	郁 彬 姜 明
14	高可信软件技术教育部重点实验室	梅 宏
15	细胞增殖分化调控机理研究教育部重点实验室	张传茂
16	恶性肿瘤发病机制及应用研究	（建设中）
17	计算语言学教育部重点实验室	（建设中）

（科学研究部 郑英姿 整理）

表 8-2B 教育部工程研究中心

编号	网上合作研究中心名称	负责人
1	微处理器及系统教育部工程研究中心	程 旭
2	再生医学教育部工程研究中心	李凌松
3	体内局部诊疗	谢天宇
4	地球观测与导航	陈秀万
5	基于灵长类动物模型的新药临床前研究	程和平

（科学研究部 郑英姿 整理）

表 8-2C 教育部网上合作研究中心

编号	网上合作研究中心名称	负责人
1	数学与应用数学教育部网上合作研究中心	张恭庆
2	生命科学与生命技术教育部网上合作研究中心	陈章良
3	应用化学教育部网上合作研究中心	焦书明
4	核科学与核技术教育部网上合作研究中心	郭之虞
5	软件科学与技术教育部网上合作研究中心	杨芙清
6	脑科学教育部网上合作研究中心	周晓林
7	流行病学调查网上合作研究中心	顾 江

（科学研究部 郑英姿 整理）

表8-3A 卫生部重点实验室

编号	实验室名称	负责人
1	卫生部心血管分子生物学与调节肽重点实验室	韩启德
2	卫生部肾脏疾病重点实验室	王海燕
3	卫生部精神卫生学重点实验室	张岱
4	卫生部神经科学重点实验室	韩济生
5	卫生部医学免疫学重点实验室	高晓明
6	卫生部生育健康重点实验室	李竹

(医学部科研处 郑玉荣 整理)

表8-3B 卫生部工程技术研究中心

编号	中心名称	负责人
1	卫生部口腔医学计算机应用工程技术研究中心	张震康

(医学部科研处 郑玉荣 整理)

表8-4 北京市重点实验室

编号	实验室名称	负责人
1	医学物理和工程北京市重点实验室	包尚联
2	空间信息集成与3S工程应用北京市重点实验室	晏磊

(科学研究部 郑英姿 整理)

表8-5 中关村开放式实验室

编号	实验室名称	负责人
1	微处理器及系统芯片开放实验室	程旭
2	细胞分化与细胞工程实验室	邓宏魁
3	空间信息集成与3S工程应用北京市重点实验室	晏磊
4	网络与信息安全实验室	邹维
5	北京大学医药卫生分析中心	王京宇
6	国家软件工程中心	张世琨
7	微米纳米加工技术国家级实验室	张兴

(科学研究部 郑英姿、医学部科研处 郑玉荣整理)

表8-6 广东省、深圳市重点实验室

编号	实验室名称	负责人
1	化学基因组学广东省重点实验室	杨震
2	集成微系统科学工程与应用深圳市重点实验室	张兴
3	城市人居环境科学与技术深圳市重点实验室	栾胜基

表8-7 北京大学2009年批准成立的虚体研究中心

编号	机构名称	挂靠单位	负责人
1	北京大学应用超导研究中心	物理学院	甘子钊
2	北京大学-中科院近代物理研究所重离子直线加速器联合研究中心	物理学院	陈佳洱
3	北京大学气候变化研究中心	城市与环境学院	秦大河/方精云
4	北京大学-洛杉矶加州大学理工联合研究所	科研部	李晓明
5	北京大学光电研究中心	物理学院	龚旗煌
6	北京大学聚变模拟中心	物理学院	林志宏/王晓钢
7	北京大学现代食品研究中心	化学与分子工程学院	李勇/刘虎威

(科学研究部 郑英姿 整理)

表 8-8 北京大学 2009 年度理工医科在研科研项目数分类统计

单位		科技部项目				国家自然科学基金委项目	教育部项目	北京市项目	应用项目	海外合作项目	其他部门专项	企事业单位委托项目	科技开发	合计
		973项目	863项目	支撑计划	重大科学研究计划									
校本部	数学科学学院	14	1			51	30	1	1	1	1	1	7	108
	物理学院	26	5	6		126	28	2	7	2	10	17	20	249
	化学与分子工程学院	24	6	5		112	31	4	3	10	7	3	7	212
	生命科学学院	27	16		2	65	12	6		12	2	5	8	155
	地球与空间科学学院	18	8	6		69	12	3	9	3	14	22	34	198
	城市与环境学院	3	3	8	3	54	5	4	1	5	11	19	9	125
	环境科学与工程学院	2	4	14	4	28	8		2	1	5	18	17	29	132
	信息科学技术学院	29	32	5		118	35	7	77	14	7	9	60	393
	工学院	10	3	2	1	58	24		16		3	11	27	174
	心理学系	1				17	6	4		2	2	4	3	39
	计算机科学技术研究所		2			5	6	6	4	6	3	11		43
	分子医学研究所	5	1			19	10	3		2		1		41
	其他	5	3	4	1	63	8	2	13	3	5	6	6	119
	小计	164	84	50	11	785	215	50	132	78	83	126	210	1988
医学部		24	16	21	2	426	166	126		4	5		395	1185
总计		188	100	71	13	1211	381	176	132	82	88	126	605	3173

(科学研究部 吴锜、医学部科研处 肖瑜 整理)

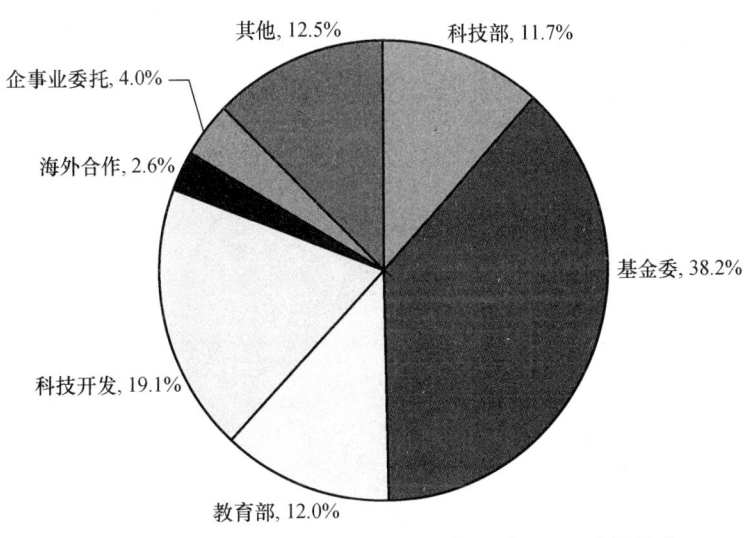

图 8-1 北京大学 2009 年理科与医科在研科研项目来源分布

表 8-9　北京大学 2009 年理科与医科科研项目到校经费　　　　　　　　　（单位：万元）

单位		科技部项目				国家自然科学基金委项目	教育部项目	北京市项目	应用项目	其他部委省市专项	企事业单位委托项目	海外合作项目	科技开发	合计
		973项目	863项目	支撑计划	实验室等专项									
校本部	数学科学学院	472	91			1221	168	45	23	19	51	8	92	2190
	物理学院	1635	258	88	3962	3153	175	180	648	278	385	23	1693	12478
	化学与分子工程学院	2028	265	45	3266	2770	259	54	326	247	91	81	261	9693
	生命科学学院	2647	780		2724	1351	172	170		511	23	2371	43	10792
	地球与空间科学学院	562	708	218	20	1576	131	245	1282	545	223	101	2247	7858
	城市与环境学院	104	97	62	133	1082	103	43	60	377	834	118	665	3678
	环境科学与工程学院	138	933	243	1462	246	40	145	51	952	437	138	1578	6363
	信息科学技术学院	2372	1973	356	1164	2232	286	127	4494	74	131	129	1423	14761
	工学院	821	226	76	1426	1717	148	37	741	104	143	245	1268	6952
	心理学系	93	24			425	28	45		14	73	9	63	774
	计算机科学技术研究所	140	42			28	22	241	307	713	307	48		1848
	分子医学研究所	35	66			226	26	14				174		541
	计算中心		18	72						78	1020			1188
	前沿交叉学科研究院	107	118			36		20		117	140	8		546
	科维理天文与天体物理研究所					100	6							106
	软件与微电子学院		28	3		37				458	465	553		1544
	其他	304	70	33	263	659			278		92	36	529	2264
	暂存	981	1073	1111	-2646	810	489	1		1239				3058
	小计	12439	6770	2307	11774	17669	2053	1367	8288	6668	3395	4042	9862	86634
深圳研究生院		373	73	45	24	256				1859	2542			5172
医学部		2616	1475	896	2433	6506	321	339		1134	458	586	4996	21760
总　计		15428	8318	3248	14231	24431	2374	1706	8288	9661	6395	4628	14857	113566
				41225										

（科学研究部　吴锜　整理）

表 8-10　北京大学 2001—2009 年全校到校科研经费分类统计　　　　　　　（单位：万元）

年度	理科	文科	医学部	科研编制费	合计
2001	22891	2488	4467	1170	31016
2002	29967	2600	8581	1172	42320
2003	30748	2650	9587	1153	44138
2004	33243	3129	10562	1240	48174
2005	42205+1671*	5529	14277	1239	64921
2006	48881+2832*	6677	14096	1140	73626
2007	56636+3500*	7200	18793	1140	87269
2008	73864+3784*	9514	26160	1140	114462
2009	86736+5172*	13313	21760		126981

＊为深圳研究生院到院科研经费。

（科学研究部　吴锜　整理）

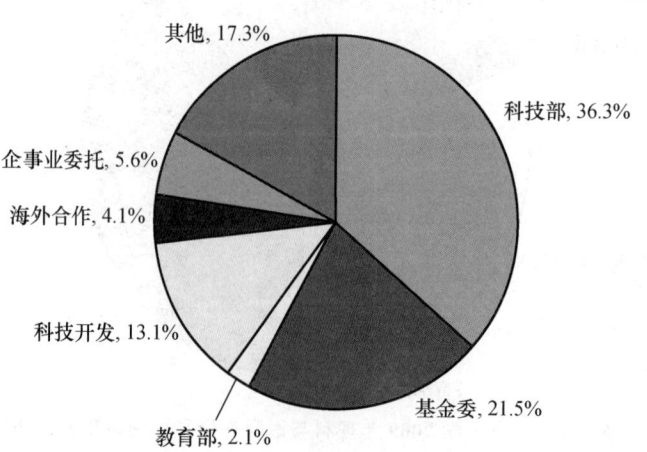

图 8-2　北京大学理工医到校科研经费增长趋势

表 8-11　北京大学2009年度理工科新批科研项目

（经费单位：万元）

单位	科技部项目									国家重大科技专项		自然科学基金委项目		教育部项目		北京市项目		其他部委省市专项		企事业单位委托项目		海外合作项目		合计	
	973项目		重大计划		863项目		支撑计划		项目	经费	项目	经费	项目	经费	项目	经费	项目	经费	项目	经费	项目	经费	项目	经费
	项目	经费	项目	经费	项目	经费	项目	经费																
数学科学学院	4	890									21	1459	11	106	0	0	2	15	4	50	1	34	39	1664
物理学院					2	497					55	2745	11	78	1	11	5	1046	15	371	2	0	95	5638
化学与分子工程学院	3	530	1	243							47	2290	14	49	6	62	4	119	6	137	6	238	87	3668
生命科学学院	4	854	2	593	5	682			4	2990	21	1181	5	21	1	80	1	10	1	10	8	948	47	6687
地球与空间科学学院					1	579					30	1532	3	6	1	8	9	974	13	220	1	40	62	3462
城市与环境学院											17	639	3	6			7	395	44	688	6	431	78	2738
环境科学与工程学院	4	995	1	210					2	4704	7	227	2	9	3	282	6	1014	12	473	3	96	35	6805
信息科学技术学院	1	196	3	406	8	1206	1	393	6	6734	47	2137	10	34	7	155	11	106	5	62	7	214	106	11853
工学院	2	418			3	406			1	2200	39	2546	11	27	5	39	2	12	12	447	7	550	81	6423
心理学系											9	539	2	9	0	0	2	18	5	129	1	10	22	1516
计算机科学技术研究所					1	90					2	47	1	6	3	59	5	282	4	32	5	35	21	551
分子医学研究所	1	200					1	160	1	740	6	199	1	6					1	5	1	157	10	1302
前沿交叉学科研究院									1	749	1	35	1	3			1	161			1	257	5	1202
其他					2	342					44	1313			3	62	7	173	1		1	20	60	2078
合计	19	4083	4	1046	22	3802	2	553	15	18117	346	16889	75	360	30	758	62	4325	123	2624	50	3030	748	55587

注：国家重大科技专项 2008—2009 年汇总数据

（科学研究部　韦宇　周锋　刘超　整理）

表 8-12 北京大学 2009 年医科新增科研项目

（经费单位：万元）

| 单位 | 科技部项目 |||||||| 自然科学基金委项目 || 教育部项目 || 北京市项目 || 卫生部项目 || 其他项目 || 合计 ||
| | 973项目 || 863项目 || 支撑计划 || 其他课题 || | | | | | | | | | | | |
	项目	经费	项目	经费	项目	经费	项目	经费	项目	经费	项目	经费	项目	经费	项目	经费	项目	经费	项目	经费
基础医学院	7	1715					9	5759	58	3001	24	87	10	306					108	10868
药学院	1	284	1	426			9	13706	19	842	8	25	4	64					42	15347
公共卫生学院			1	50			1	147	11	262	4	17	2	13					18	439
第一医院	1	210					2	1294	26	841	8	32	8	711					46	3138
人民医院	1	300			1	858	2	4817	18	430	13	62	14	923					49	7390
第三医院			1	216			1	927	17	512	11	47	11	348					41	2050
口腔医院			2	192			2	337	13	329	7	35	2	22					26	915
精神卫生研究所	1	288							2	60	1	4	2	12					6	364
肿瘤医院	2	339							11	702	5	16	12	811					30	1868
深圳医院									7	192	2	10							9	202
药物依赖性研究所	1	203			1	317			1	6	1	4							4	530
公共教学部													2	15			1	10	3	25
首钢医院									1	19			1	11					2	30
总计	14	3339	5	884	2	1175	26	26988	184	7196	84	337	68	3235			1	10	384	43164

（医学部科研处 肖瑜 整理）

表8-13 北京大学2009年获批国家自然科学基金项目

(经费单位：万元)

单位	面上项目		青年基金		重点项目		杰出青年科学基金		海外及港澳学者合作基金		创新研究群体		重大项目		重大研究计划		国际地区合作交流		其他类项目		总计	
	项目	经费	项目	经费	项目	经费	项目	经费	项目	经费	项目	经费	项目	经费	项目	经费	项目	经费	项目	经费	项目	经费
物理学院	27	1123	9	192	4	790	1	200							2	110	8	222	3	88	55	2745
化学与分子工程学院	28	973	5	94			1	200					1	280	3	550	7	174	2	19	47	2290
信息科学技术学院	24	769	9	179	1	200	3	600							3	150	7	239			47	2137
地球与空间科学学院	18	833	5	100	1	180									1	250	4	149			30	1532
城市与环境学院	15	630							1	20							2	9			17	639
工学院	18	685	7	152	2	440					1	500			4	632	5	109	1	8	39	2546
生命科学学院	8	256	2	35	1	170									4	500	3	129	3	92	21	1181
环境科学与工程学院	6	219							1	20							1	8			7	227
数学科学学院	6	146	5	80			1	140					1	1000			4	68	4	25	21	1459
分子医学研究所	4	134	1	20													1	45			6	199
深圳研究生院	5	167	3	58													1	1			9	226
光华管理学院	7	192	5	93	1	120	1	140							2	85	1	110	1	35	15	565
心理学系	1	25	1	22																	2	47
计算机科学技术研究所																					1	
校本部其他	8	260	9	157													2	120	2	20	21	557
医学部	103	3283	43	862	7	1270	1	200	1	20	1	450			6	760	10	419	16	204	188	7468
总计	281	9785	105	2063	17	3170	6	1680	5	100	2	950	2	1280	23	3037	56	1802	32	491	534	24357

(科学研究部 刘超 整理)

表 8-14 2009 年度北京大学医学部获批国家自然科学基金项目和经费

(经费单位:万元)

单位	面上项目 项目	面上项目 经费	青年基金 项目	青年基金 经费	重大项目 项目	重大项目 经费	重点项目 项目	重点项目 经费	杰出青年基金 项目	杰出青年基金 经费	创新群体 项目	创新群体 经费	重大研究计划课题 项目	重大研究计划课题 经费	海外学者 项目	海外学者 经费	国际地区合作交流 项目	国际地区合作交流 经费	主任基金 项目	主任基金 经费	合计 项目	合计 经费
基础医学院	28	887	17	343			3	555	1	200	1	450	4	500			2	51	3	35	59	3021
药学院	13	438	2	40			2	330					1	200			2	34			20	1042
公共卫生学院	6	195	2	39													2	8	1	20	11	262.1
第一医院	16	505	5	101			1	190							1	20	1	5	2	20	26	841
人民医院	10	300	5	100															3	30	18	430
第三医院	9	289	4	80													1	115	4	60	18	544
口腔医院	8	250	3	60															2	19	13	329
精神卫生研究所	2	60																			2	60
肿瘤医院	7	227	1	20			1	195					1	60			1	200			11	702
深圳医院	4	132	3	60													1	6			7	192
药物依赖性研究所																			1	20	1	6
生育健康研究所																			1	20	1	20
首钢医院			1	19																	1	19
总计	103	3283	43	862			7	1270	1	200	1	450	6	760	1	20	10	419	16	204	188	7468

(医学部科研处 肖瑜 整理)

表 8-15　北京大学 2009 年度各单位获国家自然科学基金面上和青年基金项目数和经费数

单位	申请		批准		批准率		批准经费/万元	
	面上	青年	面上	青年	面上	青年	面上	青年
数学科学学院	12	9	6	5	50	56	146	80
工学院	36	10	18	7	50	70	685	152
物理学院	58	17	27	9	47	53	1123	192
信息科学技术学院	68	26	24	9	35	35	769	179
化学与分子工程学院	50	8	28	5	56	63	973	94
生命科学学院	21	9	8	2	38	22	256	35
地球与空间科学学院	45	14	18	5	40	36	833	100
城市与环境学院	29	2	15	0	52	0	630	0
环境科学与工程学院	21	1	6	0	29	0	219	0
分子医学研究所	10	1	4	1	40	100	134	20
心理学系	10	3	3	1	30	33	90	19
光华管理学院	15	8	7	5	47	63	192	93
深圳研究生院	20	17	5	3	25	18	167	58
计算机科学技术研究所	8	5	1	1	13	20	25	22
前沿交叉学科研究院	6	3	1	0	17	0	35	0
软件工程中心	1	1	0	1	0	100	0	18
科维理天文与天体物理研究所	2	1	2	1	100	100	96	20
经济学院	6	2	2	2	33	100	47	37
软件与微电子学院	7	6	1	1	14	17	29	19
其他	17	10	2	4	12	40	53	63
医学部	432	164	103	43	23	26	3283	862
合计	874	317	281	105	32	33	9785	2063
面上青年总计	1191		378		32		11848	

（科学研究部　刘超　整理）

表 8-16　北京大学 2009 年度获批的国家自然科学基金重点项目

批准号	项目名称	负责人	所在院系
40931055	磁重联驱动的太阳风起源模型	涂传诒	地球与空间科学学院
10932001	孔隙介质的力学和输运性能研究	王建祥	工学院
60934001	涡扇发动机压缩系统不稳定流动的建模、预测和控制	王勇	工学院
70932002	行为金融前沿问题研究	徐信忠	光华管理学院
30930020	人类 NADPH sensor 蛋白 HSCARG 调控机制研究	郑晓峰	生命科学学院
10935002	激光加速获得准单能质子的理论和实验研究	陈佳洱	物理学院
10934001	基于介观光学金属——介质异质结构的高效有机光伏器件研究	陈志坚	物理学院
10933001	发射线气体星云的深度分光观测和三维数值模拟研究及相关原子参数计算	刘晓为	物理学院
10935001	高温高密强相互作用物质性质的研究	刘玉鑫	物理学院
60933004	WEB 搜索与挖掘的新理论与方法	李晓明	信息科学技术学院
30930006	烟曲霉 Hog1-MAPK 信号途径介导应激反应的新机制及其在致病中的作用	李若瑜	第一医院
30930109	海绵 baculiferin 型新生物碱探针对 HIV-1 Vif 和 APOBEC3G 的靶向调控及作用机理研究	林文翰	药学院
30930037	高甘油三酯血症引起多器官功能改变的氧化应激损伤机理研究	刘国庆	基础医学院
30930030	integrin αvβ3 阳性肿瘤的分子显像与放射靶向治疗	王凡	基础医学院
30930021	p53 和 PTEN 之间的分子联系研究	尹玉新	基础医学院
20932001	结构修饰的 siRNA 合成和 RNA 干扰技术在药物靶标寻找中的研究	张礼和	药学院
30930102	人乳头状瘤病毒（HPV）感染与食管癌病因的前瞻性队列研究	柯杨	肿瘤医院

（科学研究部　刘超　整理）

表 8-17 北京大学 2009 年度获批的国家自然科学基金重大项目

批准号	项目名称	负责人	所在院系
10990010	信息处理中的关键数学问题(项目)90	史宇光	数学科学学院
10990013	图像处理与重建中的几何分析(课题)	史宇光	数学科学学院
20990232	半刚性及带电高分子溶液行为的实验研究(课题)	陈尔强	化学与分子工程学院

(科学研究部 刘超 整理)

表 8-18 北京大学 2009 年度获批的国家自然科学基金重大研究计划

批准号	项目名称	负责人	所在院系
90914001	华北克拉通中生代基性(—碱性)岩浆岩 Os-Nd-Hf 同位素和相关岩石学、地球化学研究,及其对岩石圈演化意义	陈斌	地球与空间科学学院
90913021	基于化学小分子的细胞增殖信号通路和肿瘤发病机制研究及其在肿瘤诊治上的应用	张传茂	生命科学学院
90916003	近空间高超声速飞行器自主协调控制研究	黄琳	工学院
90919030	pRB 介导 NuRD 复合物与 H3K4 去甲基化相互作用的机制研究	朱卫国	基础医学院
90919031	建立诱导的多潜能干细胞(iPS)的分子机理研究	邓宏魁	生命科学学院
90922004	晶态薄膜材料及其全固态杂化太阳能电池的研究	黄春辉	化学与分子工程学院
90922033	低维磁性晶体的构筑和性质研究	高松	化学与分子工程学院

(科学研究部 刘超 整理)

表 8-19 北京大学主持的《国家重点基础研究发展规划》项目(共 28 项)

项目编号	首席科学家	项目名称	状况
G1998061300	严纯华	稀土功能材料的基础研究	结题
G199906400	甘子钊	超导科学技术	结题
G1999053900	丁明孝	细胞重大生命活动的基础与应用研究	结题
G1999075100	姜伯驹	核心数学中的前沿问题	结题
G2000036500	张兴	系统芯片中新器件、新工艺的基础研究	结题
G2000056900	唐朝枢	心脑血管疾病发病和防治的基础研究	结题
2001CB6105	刘忠范 彭练矛	纳电子运算器材料的表征与性能基础研究	结题
2001CB1089	王忆平	高效生物固氮机理及其在农业中的应用	结题
2001CB5103	郑晓瑛	中国人口出生缺陷的遗传与环境可控性研究	结题
2001CB5101	李凌松	人胚胎生殖嵴干细胞的分化与组织干细胞的可塑性研究	结题
2002CB713600	赵夔	基于超导加速器的 SASE 自由电子激光的关键理论及技术问题的研究	结题
2002CB312000	梅宏	Internet 环境下基于 Agent 的软件中间件理论和方法研究	结题
2003CB715900	来鲁华	基因功能预测的生物信息学理论与应用	结题
2006CB601100	严纯华	新型稀土磁、光功能材料的基础科学问题	结题
2006CB302700	张兴	纳米尺度硅集成电路器件与工艺基础研究	结题
2007CB307000	龚旗煌	介观光学与新一代纳/微光子器件研究	在研
2007CB511900	郑晓瑛	中国人口重大出生缺陷遗传和环境交互作用机理研究	在研
2007CB512100	程和平	重大心脏疾病分子机理和干预策略的基础研究	在研
2007CB512500	韩济生	基于临床的针麻镇痛的基础研究	在研
2007CB815000	叶沿林	放射性核束物理与核天体物理	在研
2007CB815600	鲁安怀	若干生命活动中矿化作用的环境响应机制研究	在研
2009CB320700	梅宏	基于网络的复杂软件可信度和服务质量及其开发方法和运行机理的基础研究	在研
2009CB320900	高文	基于视觉特性的视频编码理论与方法研究	在研
2009CB724100	佘振苏	飞行器气动力学与光学设计中的关键湍流问题	在研
2010CB833900	饶毅	攻击与亲和行为的机理和异常——多学科多层次交叉研究	新立
2010CB126500	王忆平	生物固氮作用的分子机理研究	新立
2010CB328200	陈章渊	Pbit/s 级可控管光网络基础研究	新立
2010CB529100	栗占国	类风湿关节炎发病的免疫学机制及其干预策略的研究	新立

(科学研究部 韦宇)

表8-20 北京大学2009年新获批的"国家重点基础研究发展规划"课题（共25项）

课题编号	课题名称	负责人	所在单位
2010CB631301	氢与轻金属体系的相互作用研究及新型储氢材料设计和探索	李星国	化学与分子工程学院
2010CB833103	单晶和多晶新材料的中子衍射研究	龙振强	化学与分子工程学院
2010CB833201	复杂天然产物的首次全合成	杨 震	化学与分子工程学院
2010CB126002	利用转录组学研究棉纤维品质形成的基因表达分子机制	朱玉贤	生命科学学院
2010CB126503	固氮菌氮、碳代谢基因表达的调控偶联及固氮基因向真核生物的转移	王忆平	生命科学学院
2010CB833705	核膜的动态变化与细胞增殖调控	张传茂	生命科学学院
2010CB833901	动物攻击与亲和行为的分子生物学研究	饶 毅	生命科学学院
2010CB428606	平流层异常过程与东亚区域天气气候的关系	胡永云	物理学院
2010CB832904	强离子辐照引起材料损伤研究	王宇钢	物理学院
2010CB833104	磁性材料的中子散射研究	杨应昌	物理学院
2010CB833106	中子在物质中的衰减及中子成像研究	郭之虞	物理学院
2009GB105004	外部驱动对磁流体模式作用研究	肖池阶	物理学院
2010CB833903	人类攻击与亲和行为的神经影像学研究	韩世辉	心理学系
2010CB833904	人类攻击与亲和行为的发展心理学研究	周晓林	心理学系
2010CB328002	产品设计全流程一致性理论和方法研究	汪国平	信息科学技术学院
2010CB328103	信息服务的构造与验证	苏开乐	信息科学技术学院
2010CB328201	Pbit/s级可控管光网络体系架构	陈章渊	信息科学技术学院
2010CB328202	Pbit/s级光交换节点与新型光交换机制	何永琪	信息科学技术学院
2010CB731503	地质体碎裂破坏及裂隙介质与流体相互作用模型和数值方法	袁明武	工学院
2010CB529503	心脏间隔缺损形成分子机制的研究	熊敬维	分子医学研究所
2010CB529102	RA的自身免疫应答机制研究	高晓明	基础医学院
2010CB529103	RA相关炎症及免疫损伤机制	张卓莉	医学部
2010CB529104	RA细胞免疫负调控机理研究	栗占国	第二医院
2010CB529402	CSCs始动肿瘤侵袭及其复发和转移中的作用与机理研究	方伟岗	基础医学院
2010CB833905	人类异常亲和行为的医学遗传学研究	刘 靖	第六医院

（科学研究部 韦宇）

表8-21 北京大学主持的重大科学研究计划项目（共9项）

项目类别	项目编号	首席科学家	项目名称	状况
蛋白质研究	2006CB910300	赵新生	蛋白质生成、折叠、组装和降解的规律及其质量控制	在研
量子调控研究	2006CB921600	李 焱	新型分子与受限小量子体系制备、光电磁功能及其调控研究	在研
纳米研究	2006CB932400	彭练矛	基于一维纳米材料的新原理器件：纳米碳管为基的纳米器件	在研
纳米研究	2007CB936800	朱 星	纳米尺度光学、电学、力学高分辨检测研究	在研
纳米研究	2007CB936200	刘忠范	准一维半导体纳米材料的结构调控、物性测量及器件基础	在研
纳米研究	2009CB930300	张 强	纳米技术改善难溶性药物功效的应用基础研究	在研
蛋白质研究	2010CB912200	尹玉新	基因组稳定性和细胞周期调控相关蛋白质群的功能及作用机制研究	新立
蛋白质研究	2010CB912500	朱 毅	细胞膜重要脂质代谢产物对重大疾病病理生理过程的调控	新立
蛋白质研究	2010CB912300	周德敏	基于基因密码子扩展的蛋白质标记新方法	新立

（科学研究部 韦宇）

表 8-22　北京大学 2009 年新获批的重大科学研究计划课题（共 9 项）

课题编号	课题名称	负责人	所在单位
2010CB912302	蛋白质特异标记技术的化学方法	陈　鹏	化学与分子工程学院
2010CB911801	抗病毒先天免疫信号转导与调控相关蛋白的系统鉴定和功能研究	顾　军	生命科学学院
2010CB911802	病毒感染导致的宿主细胞蛋白的翻译后修饰与功能	魏文胜	生命科学学院
2010CB934203	纳米尺度 CTM 存储电路设计及模型模拟研究	康晋锋	信息科学技术学院
2010CB912202	PTEN 调节的蛋白质群在细胞有丝分裂中的作用	尹玉新	基础医学院
2010CB912203	细胞增殖异常模型中的相关蛋白质群及其调控网络研究	张宏权	基础医学院
2010CB912304	基于蛋白质特异标记的药物靶标发现新方法	周德敏	药学院
2010CB912404	病毒、亚细胞器和细胞的高时空分辨结构及其功能的在体/原位研究	尹长城	基础医学院
2010CB912504	花生四烯酸代谢产物对细胞增殖与分化调控机制及其在心血管损伤与重塑中的作用	朱　毅	基础医学院

（科学研究部　韦宇）

表 8-23　北京大学 2009 年新获批的"国家高技术研究发展计划"课题（共 25 项）

申报领域	课题编号	课题名称	负责人	所在单位
资源环境技术	2009AA063102	挥发性有机物污染场地土壤气提修复技术设备研发与示范	李喜青	城市与环境学院
地球观测与导航技术	2009AA12Z128	农田干旱信息的多源时空遥感反演	秦其明	地球与空间科学学院
地球观测与导航技术	2009AA12Z209	尺度敏感的矢量数据跨尺度查询与匹配分析	杜世宏	地球与空间科学学院
地球观测与导航技术	2009AA12Z217	基于插件组元和并行通道的实时动态 GIS 最小原型系统及交通应用验证	刘岳峰	地球与空间科学学院
地球观测与导航技术	2009AA12Z230	动态目标时空数据高效管理与分析技术	黄建玲	地球与空间科学学院
生物和医药技术	2009AA02Z418	远程实时多参数监测诊断系统的临床研究	刘梅林	第一医院
新材料技术	2009AA03Z314	脱细胞基质的仿生纳米改性技术	罗　莹	工学院
先进制造技术	2009AA04Z309	低消耗大规模集成微流控分子诊断芯片研究	黄岩谊	工学院
资源环境技术	2009AA063501	内源微生物生态结构分析与功能菌群构建技术研究	汤岳琴	工学院
信息技术	2009AA01Z408	富媒体出版物动态版权保护技术	赵东岩	计算机科学技术研究所
生物和医药技术	2009AA022702	精神分裂症全基因组关联分析和药物基因组学研究	张　岱	精神卫生研究所
信息技术	2009AA01Z312	口颌系统的力触觉模型	许天民	口腔医学院
新材料技术	2009AA03Z422	齿科用氧化锆基可切削陶瓷材料的研究	王　勇	口腔医学院
先进制造技术	2009AA04Z120	面向服务的供应链企业间协同管理系统	林慧苹	软微学院
新材料技术	2009AA03A198	GaN 基同质衬底外延材料生长技术	于彤军	物理学院
新材料技术	2009AA03Z206	1.3 GHz 纯铌超导腔关键部件——端腔组件的研制	全胜文	物理学院
信息技术	2009AA012105	多通道人机交互与触力觉装置	陈文广	信息管理系
信息技术	2009AA01Z116	模型驱动的网构软件自适应关键技术	黄　罡	信息科学技术学院
信息技术	2009AA01Z136	高性能 XML 关键词检索系统及其关键技术的研究	邓志鸿	信息科学技术学院
信息技术	2009AA01Z228	基于 MEMS 技术的微型化宽带天线设计与工艺研究	吴文刚	信息科学技术学院
信息技术	2009AA01Z324	基于双目立体视觉的自然交互技术	王宇宙	信息科学技术学院
信息技术	2009AA01Z329	面向复杂非规则多运动对象的大规模全景动态光场采集与再现系统	英向华	信息科学技术学院
信息技术	2009AA01Z150	无缝集成的关系——XML 双引擎数据	王腾蛟	信息科学技术学院
新材料技术	2009AA03Z315	纳米材料多种性能综合分析仪的研制和纳米材料性能的研究	陈　清	信息科学技术学院
先进制造技术	2009AA04Z311	微型血液凝固在线监测系统	王振宇	信息科学技术学院

（科学研究部　韦宇）

表 8-24　北京大学 2009 年度新获准的支撑计划课题（共 6 项）

课题编号	负责人	所在单位	课题名称
2008BAH37B10	张　蓓	计算中心	新一代可信任的电子政务应用
2008BAI49B01	邓艳萍	药物依赖性研究所	中药济泰片对阿片类药物依赖治疗临床综合评研究
2008BAI59B01	苏　茵	第二医院	类风湿关节炎早期诊断方法、治疗的研究
2009BAI75B03	韩南银	医学部	生产过程中杂质的分离鉴定和产品质量控制方法和标准的建立
2009BAI77B04	王　垒	心理学系	我国若干重点职业人群压力和职业枯竭的评估预警与干预示范研究
2009BAI81B02	吕培军	口腔医学院	口腔固定修复体个性化设计加工软件开发、软硬件集成加工效果的初步临床评

（科学研究部　韦宇）

表 8-25A　北京大学 2009 年理工医科获批"创新团队发展计划"名单

单　位	研究方向	学术带头人
基础医学院	镇痛和药物成瘾的神经生物学机制	王克威
药学院	基于内源性物质的先导药物发现	叶新山
信息科学技术学院	机器感知理论与应用	查红彬
城市与环境学院	中国陆地植被的大尺度格局与生态功能	方精云

（科学研究部　周锋　整理）

表 8-25B　北京大学 2009 年理工医科获批"新世纪优秀人才支持计划"名单

所在单位	姓　名	所在单位	姓　名	所在单位	姓　名
物理学院	杨金波	信息科学技术学院	高　旻	第三医院	徐　明
工学院	侯仰龙	第一医院	吴　晔	第一医院	于　峰
生命科学学院	秦跟基	药学院	贾彦兴	基础医学院	梁　静
信息科学技术学院	黄　罡	基础医学院	郑乐民	B 类	
化学与分子工程学院	阎　云	肿瘤医院	李　明	物理学院	刘运全
数学科学学院	丁　帆	基础医学院	李　茵	基础医学院	葛　青

（科学研究部　周锋　整理）

表 8-25C　北京大学 2009 年理工医科获批教育部重大和重点项目

项目名称	负责人	项目类别	所在单位
以双生子人群为基础的重大慢性病病因学与防治策略研究	李立明	重大项目	医学部

（科学研究部　周锋　整理）

表 8-26　北京大学 2009 年与北京市科委新签科技合同

项目名称	负责人	所在单位
区域大气污染联合防控策略和措施研究	张世秋	环境科学与工程学院
北京市青少年后备人才培养计划	胡　敏	环境科学与工程学院
北京及近周边大气臭氧控制和前体物减排策略研究及示范	邵　敏	环境科学与工程学院
中关村科技园区管委会与北京大学共建中关村开放实验室	张世琨	计算中心
中关村科技园区管委会与北京大学共建中关村开放实验室	张　兴	信息科学技术学院
化学科普系列图书	马玉国	化学与分子工程学院
方正阿帕比移动阅读系统	汤　帜	计算机科学技术研究所

（科学研究部　周锋　整理）

表 8-27　2009 年北京大学青年教师入选北京市科技新星计划名单

序　号	姓　名	所在单位	类　别
1	郭雪峰	化学与分子工程学院	A
2	杜世宏	地球与空间科学学院	A
3	岳伟华	第六医院	A
4	邓　敏	第三医院	A
5	范东伟	第三医院	A
6	何　菁	人民医院	A
7	叶　敏	药学院	B
8	李　华	第三医院	B
9	陶　勇	人民医院	B

（科学研究部　周锋　整理）

表 8-28　北京大学 2009 年获批的公益性行业专项

主管部门	项目名称	负责人	所在单位
地震局	中国活断层综合探查——华北构造区	李有利	城市与环境学院
国家质检总局	旅游休闲质量安全关键技术标准研究	吴必虎	城市与环境学院
国家质检总局	基于自主专利技术的超高清晰度视频编码系列国家标准及国际标准研制	马思伟	信息科学技术学院
国土资源部	矿区土地破坏生态风险评估与防范技术研究	王仰麟	地球与空间科学学院
环保部	重点城市大气挥发性有机物检测与评估技术研究	邵　敏	环境科学与工程学院
环保部	我国氮沉降影响及临界负荷研究	王雪松	环境科学与工程学院
农业部	我国迁移性蝗害绿色防控技术研究与示范	鲁文高	信息科学技术学院
气象局	华北地区大气水循环及空中水资源的潜势研究	赵春生	物理学院
气象局	高精度气压传感器研制	高成臣	信息科学技术学院

（科学研究部　周锋　整理）

表 8-29　北京大学获 2009 年度国家科学技术奖项目

奖励类别	获奖等级	单位排序[1]	项目名称	获奖人[2]	所在单位
国家自然科学奖	2	1	堆积理论中若干问题的研究	宗传明	数学科学学院
	2	1	非线性科学在心颤机理及系统生物学中细胞周期控制上的应用研究	欧阳颀,王宏利,周路群,李方廷	物理学院
国家技术发明奖	2	6	成体干细胞生物学特性与规模化制备技术	黄晓军(6/6)	人民医院
国家科技进步奖	2	1	基于数字版权保护的电子图书出版及应用系统	汤帜,肖建国,俞银燕,黄肖俊,王毅,王长桥,夏松江,贾爱霞,洪献文,高良才	计算所 北大方正
	2	2/7	受污染水体生态修复关键技术研究与应用	郭怀成(2/10)	环境工程学院
	2	2/2	人类辅助生殖和精子库的关键技术及其在生殖健康中的应用	乔杰(2/10),李蓉(3/10),郑晓瑛(8/10)	第三医院、人口研究所
	2	4/4	100 nm 高密度等离子刻蚀机研发与产业化	安亦然,陈耀松	工学院

[1] 分母为获奖单位总数,分子为北京大学作为获奖单位所处的序次。以下同。
[2] 分母为获奖人总数,分子为该获奖人在所有获奖人中的序次。以下同。

表 8-30　2009 年度高等学校科学技术奖

奖励类别	获奖等级	单位排序	项目名称	获奖人	所在单位
自然科学奖	1	1	大陆碰撞体制的成矿作用研究及找矿应用	陈衍景,范宏瑞,张进江,张静,陈华勇,祁进平	地球与空间科学学院
自然科学奖	1	1	抗肿瘤与肿瘤干细胞多药耐药性长循环载药脂质体给药系统的研究	吕万良,张强,王坚成,张烜,齐宪荣,刘晓岩,王学清,张华,梁公文	药学院
自然科学奖	1	1	肿瘤发生的表观遗传学机制研究	朱卫国,赵颖,武立鹏,王海英,杨洋,王溪	基础医学院
自然科学奖	2	1	化学修饰的寡聚核苷酸及其生物学性质研究	杨振军,张礼和,张亮仁,金宏威,关注,林桂椿	药学院
科技进步奖	1	1	中国人口重大出生缺陷干预的可控性研究及其干预应用	郑晓瑛,陈功,张霆,宋新明,裴丽君,武继磊,张蕾,吴建新,顾雪,辛若雷,纪颖,刘岚,庞丽华,刘菊芬,陈嵘	人口研究所
科技进步奖	1	1	大规模数字图书与视频资源库建设和智能服务系统	高文,黄铁军,田永鸿,黄庆明,霍龙社,周志,黄冲,宋凯,李甲,李远宁,杨晶晶	信息科学技术学院
科技进步奖	1	1	(内部公布)	金玉丰,王金延,田大宇,陈鸿飞,于民,张录,张大成,施伟红,邹鸿	信息科学技术学院
科技进步奖	1	1	区域大气复合污染研究的技术体系及在珠江三角洲的应用	张远航,胡敏,钟流举,邵敏,曾立民,王玮,向运荣,范绍佳,王雪松,彭永焯,陈忠明,王伯光,郑君瑜,陆思华,何凌燕	环境科学与工程学院
科技进步奖	2	1	国产实用型多 cell 超导腔的研制	全胜文,鲁向阳,郝建奎,朱凤,林林,黄森林,陈佳洱,赵夔,张保澄,刘克新,王莉芳,贺斐思,王芳,靳松	信息科学技术学院
科技进步奖	2	1	丙型肝炎病毒感染与宿主相互作用及诊断试剂的研发	魏来,庄辉,张贺秋,徐小元,陈智,谷金莲,饶慧瑛,任芙蓉,王国华,吴赤红,陈峰,祁自柏,蒋栋,樊文梅,修冰水,陆海英,朱海红,冯晓燕,陈红松,郭芳,高燕	人民医院
科技进步奖	2	1	涎腺肿瘤功能性外科治疗	俞光岩,马大权,高岩,彭歆,郭传瑸,黄敏娴,孙开华,吴奇光,毛驰	口腔医学院
科技进步奖	1	2/3	抑郁症中医证候学规律的研究	周东丰(4/7)	精神卫生研究所

表 8-31　2008 年度北京市科学技术奖

获奖等级	单位排序	获奖人	项目名称	完成单位
2	1	陈敏华,吴薇,戴莹,严昆,丁红,王文平,杨薇,范智慧,尹珊珊,廖盛日	超声造影在肝癌早期诊断应用研究	临床肿瘤学院
2	1	陆林,刘志民,时杰,翟海峰,李素霞,赵苓,刘昱,鲍彦平,赵成正,邓艳萍	药物依赖戒断后心理渴求的神经机制及干预措施	药物依赖研究所
3	1	李国平,薛领	京津冀区域科技发展战略研究	政府管理学院
3	1	晏磊	数字成像与感光智能成像技术方法、系统实现及产业化	地球与空间科学学院
3	1	吴国盛	科学的历程(第二版)	哲学系
3	1	顾晋,李吉友,李明,杨志,李振甫,方竞	结直肠癌综合治疗的临床和基础研究	临床肿瘤学院
3	1	王宪,张芹,曾晓坤,戴晶,王广,张振民	高同型半胱氨酸血症加速动脉粥样硬化发生的免疫机制	第三医院
3	1	杨勇,沈岩,王晓良,朱学骏,王云,韩重阳	一种疼痛性遗传病致病基因的确定及其功能研究	第一医院
3	1	廖秦平,温宏武,张岩,于丽,陆叶,吴成	性激素及其受体在妇科恶性肿瘤中的表达及功能的研究	第一医院

续表

获奖等级	单位排序	获奖人	项目名称	完成单位
3	1	陈贵安,蔡学泳,廉颖,郑晓英,陈新娜,乔杰	玻璃化冷冻兔及人卵母细胞的研究及首例三冻试管婴儿诞生	第三医院
3	1	樊东升,张俊,邓敏,康德瑄,郑菊阳,徐迎胜	肌萎缩侧索硬化/运动神经元病的基础与临床研究	第三医院
3	1	于长隆,余家阔,敖英芳,王健全,陈连旭,阎辉	基因治疗和组织工程治疗难治性运动创伤	第三医院
3	1	曾慧慧,楼雅卿,武凤兰,方家椿,窦桂芳,林飞	创新抗肿瘤药物乙烷硒啉发现及创制研究	药学院

表 8-32 2009 年度中华医学科技奖

获奖等级	单位排序[1]	项目名称	获奖人	所在单位
3	1	一种疼痛性遗传病致病基因的确定及其功能研究	杨勇、沈岩、王晓良、朱学骏、王云、韩重阳、李颂、林志淼、马琳、徐哲、李恒进、樊建峰、张黎黎、卜定方、刘博	第一医院
3	1	亚急性皮肤型红斑狼疮临床和免疫学研究	张建中、马圣清、徐子刚、金江、郭利劭、丁敏、刘云杰	人民医院
3	1	胸交感神经链手术及相关疾病的基础与临床研究	王俊、刘彦国、杨劼、李剑锋、刘军、姜冠潮、黄宇清、赵辉、李运、杨帆、周足力、卜梁、崔健、隋锡朝、陈应泰	人民医院
3	1	我国早产儿视网膜病变防治模式的建立及相关研究	黎晓新、陈宜、赵明威、于文贞、尹虹、姜燕荣、梁建宏、曲进峰、石璇、周鹏、张巍、王颖、刘红、张雪峰、朴梅花	人民医院
3	1	骨盆环肿瘤的切除及功能重建	郭卫、杨荣利、汤小东、杨毅、姬涛、燕太强、唐顺、曲华毅、李大森、董森、李晓	人民医院
3	1	生精障碍发生的分子机理及治疗途径探索	蔡志明、桂耀庭、丁沾、肖晓素、唐爱发、郭新、崔光辉、秦洁、石敏、刘晓翌、张芳婷、叶静、李贤新、周永翠、周德荣	深圳医院
3	1	气流阻塞性疾病的临床和基础研究	姚婉贞、陈亚红、赵鸣武、孙永昌、唐朝枢、王国扬、沈宁、刘政、丁艳苓、常春、路明、伍蕊	第三医院
1	2/6	细胞、器官衰老的分子机制研究与个体化衰老评价的建立及应用	童坦君(3/15)、张宗玉(7/15)、王文恭(10/15)	基础医学院

表 8-33 2009 年度 SCI 数据库收录的北京大学为第一作者单位的论文及分布总体情况

单 位	国内刊物			国外刊物	总 计	占比/(%)	平均影响因子	最高影响因子
	中文	英文	小计	英文				
数学科学学院	0	16	16	101	117	4.49	1.10	3.97
工学院	0	17	17	159	176	6.76	1.97	10.37
物理学院	12	59	71	317	388	14.89	2.22	10.37
化学与分子工程学院	29	14	43	332	375	14.40	3.59	12.18
生命科学学院	2	7	9	90	99	3.80	3.97	31.43
地球与空间科学学院	48	36	84	101	185	7.10	1.01	6.33
城市与环境学院	1	4	5	76	81	3.11	2.90	31.43
环境工程学院	2	9	11	83	94	3.61	2.08	4.93
心理学系	0	3	3	35	38	1.46	3.83	7.80
信息科学技术学院	4	22	26	171	197	7.56	1.75	10.37
计算机科学技术研究所	0	0	0	6	6	0.23	1.59	2.95
分子医学研究所	0	0	0	7	7	0.27	10.81	31.43
光华管理学院	0	0	0	12	12	0.46	2.12	3.01

续表

单 位	国内刊物			国外刊物	总 计	占比/(%)	平均影响因子	最高影响因子
	中文	英文	小计	英文				
前沿交叉学科研究院	0	0	0	1	1	0.04	2.58	2.58
科维理天文与天体物理研究所	0	0	0	1	1	0.04	5.19	5.19
人口研究所	0	2	2	3	5	0.19	1.21	2.41
其他	0	0	0	8	8	0.31	1.03	1.95
医学部	9	0	9	770	779	29.90	2.64	50.01
深圳研究生院	0	0	0	23	23	0.88	2.78	5.52
总 计	107	189	296	2296	2592	100	2.56	50.02

(科学研究部 廖日坤 整理)

表 8-34 2009 年度 SCI 数据库收录的医学部的论文及分布总体情况

单 位	国内刊物			国外刊物	总 计	占比/(%)	平均影响因子	最高影响因子
	中文	英文	小计	英文				
基础医学院	0	0	0	121	121	15.53	3.59	31.25
药学院	5	0	5	113	118	15.15	2.48	10.88
公共卫生学院	0	0	0	45	45	5.78	2.42	5.68
第一医院	1	0	1	140	141	18.10	2.91	50.02
人民医院	0	0	0	107	107	13.74	1.98	6.49
第三医院	2	0	2	106	108	13.86	2.20	13.17
口腔医院	0	0	0	47	47	6.03	2.07	7.06
精神卫生研究所	0	0	0	9	9	1.16	3.45	12.54
肿瘤医院	1	0	1	40	41	5.26	3.47	17.16
深圳医院	0	0	0	13	13	1.67	1.29	2.92
药物依赖性研究所	0	0	0	17	17	2.18	2.86	8.67
生育健康研究所	0	0	0	3	3	0.39	3.11	4.48
其 他	0	0	0	9	9	1.16	2.08	3.98
总 计	9	0	9	770	779	100.00	2.65	50.02

(医学部科研处 许术其 整理)

北京大学理工医到校科研经费增长趋势

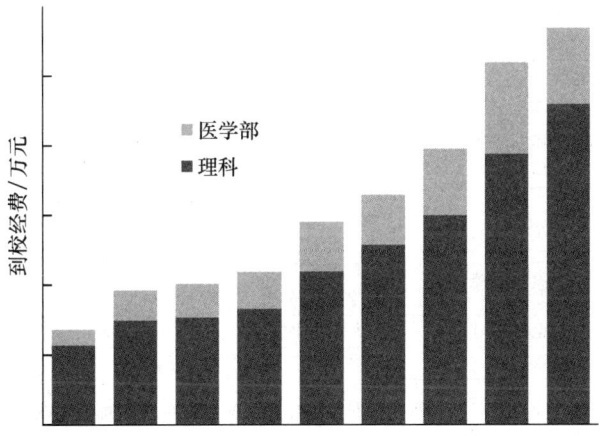

图 8-3 北京大学 1999—2009 年 SCI 收录论文情况

表 8-35　北京大学 2009 年专利申请受理、授权情况统计表

单　位	申请专利受理/项			授权专利/项	
	国内专利	国际专利	外国专利	国内专利	国际专利
信息科学技术学院	150	2	2	79	1
计算机科学技术研究所	42			24	
化学与分子工程学院	29			34	
环境科学与工程学院	10			14	
工学院	14			10	
物理学院	14			9	
生命科学学院	11			6	
地球与空间科学学院	6			5	
深圳研究生院	4				
城市与环境学院	3				
数学科学学院				1	
软件与微电子学院	1				
考古文博学院	1			2	
中国语言文学系	1				
医学部	65	1		37	2
总　计	351	3	2	221	3

表 8-36　北京大学 2009 年度授权专利清单

序号	院系	发明人或设计人	发明名称	专利号	类型
1	地球与空间科学学院	晏磊　李英成　段晓辉　赵世湖　丁晓波	一种二次成像摄影方法及装置	200710099585.7	发明
2	地球与空间科学学院	晏磊　段晓辉　赵世湖　连宙辉　武斌　罗斌　沈添天	一种数字航空摄影系统	200810115306.6	发明
3	地球与空间科学学院	晏磊　孙道虎　赵红颖　王可东　赵博　张罡　吕书强	高速摄像方法及其系统	03157107.7	发明
4	地球与空间科学学院	范晨子　鲁安怀　王长秋	一种锰钾矿型八面体分子筛的制备方法	200710118596.5	发明
5	地球与空间科学学院	鲁安怀　周建工　王长秋	一种处理中晚期垃圾渗滤液的方法	200710118775.9	发明
6	工学院	喻俊志　王龙　范瑞峰　翟继延　谢广明　胡永辉	智能机器海豚	200510064201.9	发明
7	工学院	喻俊志　王龙　范瑞峰　方奕敏	小型仿生机器鱼	200510064202.3	发明
8	工学院	米建春　杨立清	一种火焰稳定燃烧器	200610080971.7	发明
9	工学院	胡永辉　王龙　赵惟　谢广明　楚天广　王琦　张乐	一种模块化仿生机器鱼	200610164981.9	发明
10	工学院	赵惟　王龙　胡永辉　张乐　王琦　谢广明	一种具有两极自由度鳍肢机构的仿生机器海龟	200710064131.6	发明
11	工学院	王启宁　麦金耿　王龙　谢广明　楚天广	一种主被动运动结合的弹性机械腿	200710120157.8	发明
12	工学院	庄杰　吕东娇　王晶　陈惠军　许玉峰　王霄英　张钰　方竟	一种基于磁共振三维肾图的图像处理系统	200710175997.4	发明
13	工学院	刘凯欣　李旭东　姚学峰	一种基于数字散斑相关方法的动态固体力学实验系统	200820108607.1	实用新型
14	工学院	王亚利　魏庆鼎　王建明	一种程控两级联动风洞移测架装置	200820122494.0	实用新型
15	工学院	郑殿峰　张海洪	一种自吸式旋流气动雾化喷嘴	200820123302.8	实用新型
16	化学与分子工程学院	陈芳　卿泉　吴忠云　刘忠范	一种制备纳米间隙电极的反馈控制系统	200410091452.1	发明
17	化学与分子工程学院	唐定国　慈云祥　其鲁　刘建红　晨辉　安平	一种聚合物锂离子二次电池及其制备方法	200510059301.2	发明

续表

序号	院系	发明人或设计人	发明名称	专利号	类型
18	化学与分子工程学院	余泉茂 王稼国 荆西平	一种 $Y_3(AlGa)_5O_{12}$ 稀土荧光粉	200510079808.4	发明
19	化学与分子工程学院	余泉茂 荆西平	一种制备稀土荧光粉的方法	200510080233.8	发明
20	化学与分子工程学院	王远 张俊岭 梁明会 王小东 魏永革 桂琳琳	一种过渡金属—磁性氧化铁纳米复合材料及其制备方法与应用	200580042717.1	发明
21	化学与分子工程学院	陈继涛 刘红英 徐斌	一种聚合物复合隔膜及其制备方法	200610078127.0	发明
22	化学与分子工程学院	郭海清 赖仁福	一种聚醋酸乙烯酯接枝共聚物及其自由基/正离子转化聚合法	200610081371.2	发明
23	化学与分子工程学院	张锦 张永毅 张依 刘忠范	一种用于纳米材料合成的催化剂的定位方法	200610113179.7	发明
24	化学与分子工程学院	张锦 张莹莹 刘忠范 罗刚	一种制备多级硅纳米器件的方法	200610113196.0	发明
25	化学与分子工程学院	张锦 段小洁 刘忠范 凌星	一种进行碳纳米管焊接的方法	200610113246.5	发明
26	化学与分子工程学院	寇元 颜宁 赵晨	一种制备多元醇的方法	200610113797.1	发明
27	化学与分子工程学院	郭海清 赖仁福	一种主链含液晶高分子基元的嵌段共聚物及其自由基/正离子转化聚合法	200710064312.9	发明
28	化学与分子工程学院	朱月香 林莉 郑仁垟 谢有畅	一种高活性磷掺杂氧化钛光催化剂及其制备方法与应用	200710065289.5	发明
29	化学与分子工程学院	刘海超 罗琛	利用纤维素生产山梨醇和甘露醇的方法	200710099683.0	发明
30	化学与分子工程学院	王金泳 许军舰 李彦	碳纳米管的制备方法	200710099705.3	发明
31	化学与分子工程学院	王远 郝锐 马严	光敏发光铕配合物及其光敏配体分子与它们的合成方法	200710118978.8	发明
32	化学与分子工程学院	张锦 张永毅 张依 刘忠范	一种制备半导体性单壁碳纳米管的方法	200710178428.5	发明
33	化学与分子工程学院	刘海超 沈宜泓 李宏佳	一种利用甘油合成乳酸的方法	200810057540.8	发明
34	化学与分子工程学院	来鲁华 刘莹 刘振明 范可强 黄常康 魏平 裴剑锋 刘士勇 陈浩	非肽类SARS冠状病毒3CL蛋白酶抑制剂及其用途	200510086932.3	发明
35	化学与分子工程学院	宓捷波 闫瑾 徐菁 赵美萍	罂粟碱的酶联免疫定量检测方法及其试剂盒	200610011570.6	发明
36	化学与分子工程学院	席振峰 王从洋	从1,4-二卤-1,3-丁二烯和氰化亚铜合成2,4-己二烯二腈的方法	200610011698.2	发明
37	化学与分子工程学院	谢有畅 唐伟 张佳平 蒋化	多级串联流化床轮流切换分子筛离子交换工艺	200610011875.7	发明
38	化学与分子工程学院	谢有畅 王培 朱月香	低温制备α-氧化铝细粉的方法	200610012112.4	发明
39	化学与分子工程学院	李星国 谢镭 王云涛 李岩 刘洋 曲江兰	氢化镁纳米颗粒及其制备方法和应用	200610089131.7	发明
40	化学与分子工程学院	席振峰 宋志毅 张慧君 刘光臻 王从洋	从1,4-二卤代-1,4-二(三甲基硅基)-1,3-丁二烯衍生物制备1,1,4,4-四卤代-1,3-丁二烯衍生物的方法	200610089527.1	发明
41	化学与分子工程学院	邹德春 范兴 简蓉	染料敏化太阳能电池及其工作电极结构	200610089645.2	发明

续表

序号	院　系	发明人或设计人	发明名称	专利号	类　型
42	化学与分子工程学院	陈卓　刘忠范　吴忠云　童廉明	一种金属性和半导体性单壁碳纳米管的同步分离与组装方法	200610113211.1	发明
43	化学与分子工程学院	刘忠范　焦丽颖　现晓军　张莹莹　张锦	单壁碳纳米管轴向能带调控的实现方法	200610113212.6	发明
44	化学与分子工程学院	范蒋　焦丽颖　刘忠范　张锦　张侬	控制转移单壁碳纳米管阵列结构的方法	200610113213.0	发明
45	化学与分子工程学院	刘忠范　焦丽颖　现晓军　张莹莹　张锦	单壁碳纳米管器件集成方法	200610113214.5	发明
46	化学与分子工程学院	邹德春　范兴　简蓉	染料敏化太阳能电池及其工作电极	200610114454.7	发明
47	化学与分子工程学院	卞祖强　黄春辉　陈芳芳　刘志伟	一种四齿桥联配体及其铱配合物　铱-稀土离子双金属配合物和它们的制备方法与应用	200710003496.8	发明
48	化学与分子工程学院	谢镭　曲江兰　李瑶琦　李星国	氨基镁纳米颗粒储氢材料及其制备方法	200810113001.1	发明
49	化学与分子工程学院	刘宇　李彦	一种气流诱导制备碳纳米管的方法及其产品	200810114486.6	发明
50	环境科学与工程学院	籍国东　周游　郭丰　李仰斌　谢崇宝　张国华	多介质地下渗滤乡村污水处理系统的装置	200920104814.4	实用新型
51	环境科学与工程学院	籍国东　宗成坤　郭丰　邹鹏　于亮　周游	散户型生活排水生态处理装置	200920104813.X	实用新型
52	环境科学与工程学院	籍国东	深层布水多介质生态湿地污水处理系统的装置	200920104812.5	实用新型
53	环境科学与工程学院	蔡旭晖　康凌　陈家宜	大气扩散的随机游走粒子——烟团模式软件	2009SR026180	发明
54	环境科学与工程学院	蔡旭晖　康凌　陈家宜	WINDIAM 三维风场诊断模式软件	2009SR026181	发明
55	环境科学与工程学院	曾立民　董华斌	一种氨检测方法及装置	200710118829.1	发明
56	环境科学与工程学院	曾立民	一种多支路气体采样管	200710118830.4	发明
57	环境科学与工程学院	藉国东　周国辉	一种用于修复老化稠油污染土壤的多元复配淋洗液及其修复方法	200610152986.X	发明
58	环境科学与工程学院	叶正芳	多组分复杂废气进行处理的装置及其方法	200710000528.9	发明
59	环境科学与工程学院	倪晋仁　王志民　叶正芳　黄文	从黄姜加工到废水处理一体化工艺	200610000162.0	发明
60	环境科学与工程学院	黄文　欧阳琦　张歆　倪晋仁	一种从黄姜中提取薯蓣皂素的方法	200610000161.6	发明
61	环境科学与工程学院	温丽丽　倪晋仁　叶正芳　崔峰　张宝刚	一种中老龄垃圾渗滤液处理方法	200710119367.5	发明
62	环境科学与工程学院	黄文　倪晋仁　张劲　刘葳	黄姜生产纤维素和葡萄糖的物理生物方法	200610000897.3	发明
63	环境科学与工程学院	高海燕　倪晋仁　贾政　左航	具有抗氧化作用的棉籽多肽干粉生产方法	200610090587.5	发明
64	计算机科学技术研究所	韦韬　毛剑　邹维　王铁磊　李佳静　王伟	一种 Web 通信加密方法	200610170718.0	发明
65	计算机科学技术研究所	李鸿　彭宇新　肖建国	一种视频字幕提取的方法	200710118595.0	发明

续表

序号	院　系	发明人或设计人	发明名称	专利号	类　型
66	计算机科学技术研究所	易剑　彭宇新　肖建国	一种图片文字检测的方法	200710122155.2	发明
67	计算机科学技术研究所	冯洁　陈亮　周秉锋	一种用于视觉凸壳绘制的高光亮斑消除方法及其装置	200710123089.0	发明
68	计算机科学技术研究所	冯洁　陈亮　周秉锋	一种用于视觉凸壳绘制的高光区域选取方法及其装置	200710123090.3	发明
69	计算机科学技术研究所	朱新山	一种自适应的扩展变换抖动调制水印方法	200610113776.X	发明
70	计算机科学技术研究所	韦韬　李佳静　毛剑　邹维　王铁磊　王伟	一种嵌套循环结构的识别方法	200710090003.9	发明
71	计算机科学技术研究所	梁知音　韦韬　邹维　韩心慧　诸葛建伟　陈昱　毛剑	一种恶意代码自动识别方法	200710121933.6	发明
72	计算机科学技术研究所	付妍　周秉锋　宋本聪	一种三维模型网格重建方法	200710142989.X	发明
73	计算机科学技术研究所	周扬荣　韩心慧　张行功　陆腾飞　邹维	一种Windows隐蔽性恶意软件检测方法	200710304083.3	发明
74	计算机科学技术研究所	彭宇新　肖建国	集成颜色和运动特征进行镜头检索的方法	200510084212.3	发明
75	计算机科学技术研究所	张建宇　韦韬　邹维	对网络流进行分类 状态跟踪和报文处理的装置和方法	200510086440.4	发明
76	计算机科学技术研究所	彭宇新　房翠华　陈晓鸥　吴於茜	一种基于语音分类识别的新闻视频检索方法	200610007965.9	发明
77	计算机科学技术研究所	韩心慧　韦韬　诸葛建伟　邹维　叶志远　游红宇　张行功　梁知音	用于重定向网络通信连接的方法及装置	200610113380.5	发明
78	计算机科学技术研究所	王毅　汤帜　袁灯山　杨雪峰	一种数字内容按时间控制的版权保护方法及系统	200710062790.6	发明
79	计算机科学技术研究所	李海峰　亓文法　马世雄　杨斌　王立东	一种利用半色调图像挂网隐藏及提取图文信息的方法	200710064204.1	发明
80	计算机科学技术研究所	汤帜　洪献文	一种数字文档的加密保护方法及客户端设备	200710118917.1	发明
81	计算机科学技术研究所	李平立　袁浩　龚健	一种基于模板节的表格快速生成系统及方法	200710177996.3	发明
82	计算机科学技术研究所	王长桥　贾爱霞　汤帜　刘志云	标记语言文档的存储方法及装置和输出方法及装置	200710187142.3	发明
83	计算机科学技术研究所	汤帜　李松峰　王长桥　贾爱霞　张会	数字内容的授权文件与移动终端绑定的方法	200710187143.8	发明
84	计算机科学技术研究所	李平立　龚健　王保华　陈代娇　杨浩	一种预排版的实现方法及系统	200710304783.2	发明
85	计算机科学技术研究所	高良才　汤帜　贾爱霞　王长桥	一种自动识别数字文档版心的方法	200710063772.X	发明
86	计算机科学技术研究所	刘家瑛　郭宗明	用于视频编码的帧内预测编码最佳模式的选取方法及装置	200710119777.X	发明
87	计算机科学技术研究所	龚健　赵天越　丑成业　李平立	基于自定义模板的通用业务数据通讯方法与系统	200710179937.X	发明
88	考古文博学院	刘伟	一种漫反射装置	200820233698.1	实用新型
89	考古文博学院	刘伟	一种颜色观测系统	200920105074.6	实用新型

续表

序号	院系	发明人或设计人	发明名称	专利号	类型
90	生命科学学院	张崇本	一种改善糖耐量和治疗糖尿病及肥胖症的药物及其制备方法	03136653.8	发明
91	生命科学学院	安成才 谭桂红 高音 石苗 张欣跃 何善平 陈章良	一种PCR方法	200510080550.X	发明
92	生命科学学院	李毅 朱士锋 魏春红	一种提高水稻对矮缩病毒抗性的方法	200510114386.X	发明
93	生命科学学院	邓宏魁 丁明孝 刘艳霞 宋治华 赵扬 张虹 王广文	人胚胎干细胞的培养方法及其专用培养基	200610078382.5	发明
94	生命科学学院	顾军 傅璟	一种抑制p38激酶活性的多肽及其应用	200610089136.X	发明
95	生命科学学院	蔡宏 朱玉贤	一种布鲁氏杆菌核酸疫苗	200710064817.5	发明
96	数学科学学院	杨建生 周铁 姜明 周蜀林 孔强 郭晓虎	三维锥束CT图像重建的处理系统	200510103153.X	发明
97	物理学院	俞大鹏 宋祎璞 王朋伟	一种制备GaMnN稀磁半导体纳米线的方法	200710121747.2	发明
98	物理学院	陈佳洱 郭之虞 刘克新 方家驯 谢谊 颜学庆	一种加速器质谱装置及加速器质谱^{14}C测量方法	200510086258.9	发明
99	物理学院	王宇钢 张伟明 薛建明	Si基膜纳米孔道及其制备方法	200510130743.1	发明
100	物理学院	张家森 杨景 龚旗煌	近场光纤探针及其制备方法	200610058714.3	发明
101	物理学院	张国义 杨学林 陈志涛 于彤军 杨志坚	一种GaN基自旋发光二极管及其制备方法	200710119158.0	发明
102	物理学院	康香宁 章蓓 包奎 代涛 张国义	薄膜型光子晶格结构GaN基发光二极管的制备方法	200810105178.7	发明
103	物理学院	王勋 李中达 魏星斌 焦洁青 佟玲 高吉 王为 蒋密 高铭 马平 戴远东 聂瑞娟 王福仁	一种心磁测量区域极值点的测定方法	200810119854.6	发明
104	物理学院	连贵君 熊光成	一种用于制备氧化物薄膜或金属薄膜的加热器	200820108886.1	实用新型
105	物理学院	陈志忠 康香宁 秦志新 于彤军 胡晓东 章蓓 杨志坚 张国义	在金属热沉上的激光剥离功率型LED芯片及其制备方法	200410009841.5	发明
106	信息科学技术学院	樊亮 李琛 廖怀林 黄如 王阳元	一种流水线式模数转换器的前向误差补偿校正方法及装置	200710179873.3	发明
107	信息科学技术学院	汪德祥 戴恩光	多个级联光纤光栅的制作方法	03138361.0	发明
108	信息科学技术学院	吴文刚 韩翔 郝一龙 王阳元	一种加工周期性纳米结构器件的方法	200610113830.0	发明
109	信息科学技术学院	高文 黄倩 陈熙霖	一种在IPTV中实现画中画的方法	200610165131.0	发明
110	信息科学技术学院	高文 霍龙社	一种数字家庭网络中同源流媒体的快速切换装置及方法	200610169707.0	发明
111	信息科学技术学院	高文 霍龙社	固定移动融合网络流媒体同源视频流的切换方法及系统	200610169708.5	发明
112	信息科学技术学院	霍龙社 王威 高文	一种用于多视点视频采集的时间同步方法及系统	200710063582.8	发明
113	信息科学技术学院	霍龙社 高文 王威 王振宇	一种多视点视频流的自由视点视频重建方法及系统	200710063583.2	发明

续表

序号	院系	发明人或设计人	发明名称	专利号	类型
114	信息科学技术学院	霍龙社　王振宇　曾炜　刘雪蕾　高文	一种支持多视点视频合成的网络流媒体播放器及方法	200710098823.2	发明
115	信息科学技术学院	丁海涛　杨振川　郭中洋　迟晓珠　郝龙　闫桂珍	一种微电子机械系统圆片级真空封装及倒装焊方法	200710121384.2	发明
116	信息科学技术学院	于晓梅　汤雅权　刘毅　马盛林　易玉良　王兆江	一种平面电容谐振器及其制备方法	200710121563.6	发明
117	信息科学技术学院	李甲　田永鸿　黄铁军　高文	一种快速检测在线视频流中静态叠加文字的方法及系统	200710176126.4	发明
118	信息科学技术学院	张盛东　李定宇　陈文新　韩汝琦	一种制作FinFET晶体管的方法	200710176291.X	发明
119	信息科学技术学院	张盛东　李定宇　陈文新　韩汝琦	一种制作准双栅MOSFET晶体管的方法	200710176292.4	发明
120	信息科学技术学院	高文　孙俊　王悦	一种基于率失真函数分析模型的SVC平滑重建方法	200710176293.9	发明
121	信息科学技术学院	李琛　廖怀林　周发龙　黄如　王阳元	一种硅片表面图形刻蚀方法及其硅片	200710178369.1	发明
122	信息科学技术学院	吴文刚　陈庆华　王子千　闫桂珍　郝一龙　王阳元	一种实现共面和离面运动的微驱动结构及其制备方法	200810056981.6	发明
123	信息科学技术学院	陈庆华　吴文刚　王子千　闫桂珍　郝一龙　王阳元	一种微型光学器件及其制备方法	200810056983.5	发明
124	信息科学技术学院	李文新　赵蔚楠　王国生　许卓群	便携式脑高级功能的心理生理参数实用测试系统	1100477.0	发明
125	信息科学技术学院	田勇　赵玉萍	OFDM系统的信道均衡方法	200410009163.2	发明
126	信息科学技术学院	吉利久　刘越　蒋安平　盛世敏	信息安全集成电路针对加解密操作的处理方法	200410009318.2	发明
127	信息科学技术学院	姜飞　戴恩光	偏振模色散补偿器	200410009357.2	发明
128	信息科学技术学院	李文新　赵蔚楠　王国生　许卓群	基于光学照相的掌纹图像获取设备	200410009381.6	发明
129	信息科学技术学院	阮勇　李静　罗葵　田大宇　王玮　李婷　乔东海　胡维　张大成	微硅麦克风及其制备方法	200410033638.1	发明
130	信息科学技术学院	焦现军　项海格　尚勇　陈江　蒋伟	使用了前后缀信号的正交频分复用通信方法	200510011280.7	发明
131	信息科学技术学院	王子宇	基于低频锁相环的高速光接收机	200510011302.X	发明
132	信息科学技术学院	迟惠生　吴玺宏　黄松芳　高勤　吕春霞　吴昊　田浩	自动加配字幕的方法和系统	200510011770.7	发明
133	信息科学技术学院	迟惠生　吴玺宏　曲天书　屈宏伟	适合汉语语音编码策略的人工耳蜗方法	200510011783.4	发明
134	信息科学技术学院	李维　黄安鹏　谢麟振　李正斌　徐安士	大文件业务光传输的自相似集群组包方法	200510086709.9	发明
135	信息科学技术学院	迟惠生　吴玺宏　曲天书　赵硕	小尺度麦克风阵列语音增强系统和方法	200510086876.3	发明
136	信息科学技术学院	迟惠生　吴玺宏　韩润强　张志平	用于助听器的语音增强方法	200510086877.8	发明
137	信息科学技术学院	陈景标	产生直接用作光频段频率标准激光的方法及其设备	200510086934.2	发明

续表

序号	院系	发明人或设计人	发明名称	专利号	类型
138	信息科学技术学院	陈兢 王莎莎	薄膜应力测试方法及测试结构	200510126258.7	发明
139	信息科学技术学院	吴建军 董明科 项海格 梁庆林	一种加权非相干超宽带接收方法及装置	200510136311.1	发明
140	信息科学技术学院	刘志敏 罗艳 王东 赵玉萍	基于单播的无线局域网 VoIP 传输方法	200610002886.9	发明
141	信息科学技术学院	李志宏 施文典	RF MEMS 开关的互联结构的实现方法	200610089304.5	发明
142	信息科学技术学院	袁驰 李正斌 单樑 程雯 张平 胡经纬 陈宇 李建学 徐安士	用平行光纤解决 OBS 中竞争的链路结构及波长分配方法	200610090117.9	发明
143	信息科学技术学院	李朝晖 黄爱根 栾桂冬 张金铎	碟型发射换能器	200610090118.3	发明
144	信息科学技术学院	陈景标 庄伟 于得水 黄凯凯	用分离场技术实现激光输出的方法及分离场激光器	200610109657.7	发明
145	信息科学技术学院	宋飞 廖怀林 黄如	超宽带射频发射端系统	200610112896.8	发明
146	信息科学技术学院	李建业 焦秉立	一种码分双工的通信方法	200610113248.4	发明
147	信息科学技术学院	魏贤龙 陈清 彭练矛	精确切削连接纳米材料的方法及其应用	200610113318.6	发明
148	信息科学技术学院	袁驰 李正斌 徐安士	支持突发数据包和 IP 分组的交换方法及节点结构	200610113381.X	发明
149	信息科学技术学院	朱柏承 孙云刚 李翔 张宏	对 TFM 信号进行判决的方法	200610113540.6	发明
150	信息科学技术学院	刘新元 谢柏青 何定武 白云	基于数字信号处理的心磁信号采集处理方法及其装置	200610114000.X	发明
151	信息科学技术学院	朱柏承 张宏 李斗 孙云刚 李翔	现场可编程门阵列中 RAM 的三维读写方法	200610137693.4	发明
152	信息科学技术学院	田豫 黄如 王逸群 王润声 王阳元	一种体硅纳米线晶体管器件的制备方法	200710098812.4	发明
153	信息科学技术学院	赵慧周 辜新星 严伟 赵通 李晓明	一种仿真移动自组织网络的方法	200710099382.8	发明
154	信息科学技术学院	周发龙 吴大可 黄如 王润声 张兴 王阳元	一种双鳍型沟道双栅多功能场效应晶体管及其制备方法	200710105963.8	发明
155	信息科学技术学院	周发龙 吴大可 黄如 张兴	一种分裂槽栅快闪存储器及其制备方法	200710105964.2	发明
156	信息科学技术学院	梅宏 周明辉 曹东刚 李研	应用服务器公共服务松耦合接入方法	200710110674.7	发明
157	信息科学技术学院	梅宏 周明辉 曹东刚 林泊 文沛	动态网页的分块方法	200710110675.1	发明
158	信息科学技术学院	吴大可 周发龙 黄如	鳍型沟道双栅多功能场效应晶体管及其制备方法	200710111248.5	发明
159	信息科学技术学院	罗英伟 汪小林 周志远	一种虚拟机的外存在线迁移方法	200710118597.X	发明
160	信息科学技术学院	罗英伟 汪小林 周晓鲁 许卓群	一种网络地图服务中未登录地名的定位方法	200710120547.5	发明
161	信息科学技术学院	罗英伟 汪小林 周晓鲁 许卓群	一种文本上下文中实体地址信息的提取方法	200710120548.X	发明

续表

序号	院系	发明人或设计人	发明名称	专利号	类型
162	信息科学技术学院	田明军　王靖轩　严伟　李晓明	一种无线网状网络的客户机节点定位方法	200710120549.4	发明
163	信息科学技术学院	张盛东　李定宇　陈文新　韩汝琦	一种部分耗尽的SOI MOS晶体管的制备方法	200710121802.8	发明
164	信息科学技术学院	彭练矛　梁学磊　陈清　张志勇　王胜　胡又凡　姚昆	一种基于半导体纳米材料的CMOS电路及其制备	200710121804.7	发明
165	信息科学技术学院	张盛东　李定宇　陈文新　韩汝琦	一种利用外延工艺制备鳍形场效应晶体管的方法	200710122156.7	发明
166	信息科学技术学院	张盛东　李定宇　陈文新　韩汝琦	一种准双栅MOS晶体管及制备方法	200710176207.4	发明
167	信息科学技术学院	刘宏　吴奇　查红彬　陆叶	一种复杂结构文档图像倾斜快速检测方法	200710176208.9	发明
168	信息科学技术学院	刘宏　陆叶　吴奇　刘凡	圆形印章的印鉴图像检索方法	200710176751.9	发明
169	信息科学技术学院	张盛东　廖聪维　孙雷　陈文新　韩汝琦	MOS晶体管体区的掺杂方法	200710177105.4	发明
170	信息科学技术学院	罗英伟　陈昊罡　汪小林　张彬彬　孙逸峰　许卓群	一种虚拟机管理器的动态内存映射方法	200710178118.3	发明
171	信息科学技术学院	王达　管武　董明科　金野　项海格	一种LDPC级联码的编码方法译码方法及其译码器	200810056049.3	发明
172	信息科学技术学院	刘晓彦　刘福东　康晋锋　金锐	验证非挥发存储器电路功能的方法	200810089413.6	发明
173	信息科学技术学院	李胜　汪国平	一种在图形处理器上拾取三维几何图元的方法	200810103054.5	发明
174	信息科学技术学院	肖韩　黄如　王鹏飞　杨淮洲	一种横向双扩散场效应晶体管的制备方法	200810103871.0	发明
175	信息科学技术学院	李科佳　王金延　田大宇　张录　张太平　金玉丰	超薄硅基粒子探测器及其制备方法	200810105938.4	发明
176	信息科学技术学院	朱广飞　王衡　汪国平	一种文件标签的智能提示方法	200810106157.7	发明
177	信息科学技术学院	薛炯微　张凯　吴湛　龚巍巍　许胜勇	一种三水合三钼酸钾纳米线的制备方法	200810119770.2	发明
178	信息科学技术学院	李朝晖　喻飞雄	正交环型压电加速度计	200810222531.X	发明
179	信息科学技术学院	贾春燕　刘国超　冉书能　孙鼎　蒋莹莹　荀坤　邢启江	变温肖特基二极管特性测试仪	200920106228.3	实用新型
180	信息科学技术学院	罗武　申畅　董明科　项海格	矢量旋转型定时误差检测器及其获得定时误差信号的方法	200510099369.3	发明
181	信息科学技术学院	罗武　申畅　董明科　项海格	准时臂辅助参考检测器及其获得定时误差信号的方法	200510099367.4	发明
182	信息科学技术学院	罗武　刘安　梁庆林	定时恢复装置和方法	200610099524.6	发明
183	信息科学技术学院	梅宏　曹东刚　田刚　张晓薇	网页资源发布方法和发布系统	200710100294.5	发明
184	信息科学技术学院	缪旻　张锦文　武国英　金玉丰　郝一龙	内部公布	200410028883.3	发明

续表

序号	院系	发明人或设计人	发明名称	专利号	类型
185	信息科学技术学院	Guizhen Yan, Yong Zhu, Jie Fan, Xuesong Liu, Jian Zhou, Yangyuan Wang	Method for fabrication high aspect tatio MEMS device with integrated circuit on the same substrate using post-CMOS process（使用后 CMOS 工艺制造高深宽比的 MEMS 器件的方法）	US7618837B2	发明
186	医学部	尚永丰 梁静 张华	SIP45 基因及其编码的蛋白和应用	200610076276.3	发明
187	医学部	王应 张颖妹 韩文玲 马大龙 刘雅楠 李丹	具有多种功能的多肽	200410098627.1	发明
188	医学部	王凡 贾兵 杨志	一种用于胃癌诊断的药物及其制备方法	200610088963.7	发明
189	医学部	郑杰 邱晓彦 黄晶 朱小辉 柳世庆	人癌来源的 Ig 轻链可变区序列和 CDR3 序列以及它们的用途	200510107833.9	发明
190	医学部	王应 张颖妹 韩文玲 马大龙 刘雅 靳彩宁 田林杰 李丹	Polypeptide fragments of CKLF1	美国专利授权号：US 7465453 B2 美国专利号 11/810 590 国际专利申请号：PCT/CN2005/002179	发明
191	医学部	徐萍 付翌秋 邹晓民	具有蛋白酶体抑制功能的化合物及其制备方法与应用	200610012149.7	发明
192	医学部	曾慧慧 崔景荣 况斌 朱永红	苯并异硒唑酮衍生物及其制备方法与应用	200410046102.3	发明
193	医学部	郭洪祝 田茵 果德安	原人参三醇衍生物及其制备方法与应用	200510053615.1	发明
194	医学部	张礼和 古险峰 杨振军 张亮仁	环焦磷酸酯类化合物及其制备方法	200410047887.6	发明
195	医学部	曾慧慧	Benzoisoselenazole derivates with anti-inflammation antivirus and antithrombosis activity and their use	US7495019B2	发明
196	医学部	齐宪荣 马会利	四氧化三铁磁流体及其制备方法和应用	200410096497.8	发明
197	医学部	李润涛 卫军 王一强 葛泽梅 崔景荣 程铁明	芳甲氨基二硫代甲酸酯类化合物及其制备方法和应用	200410054686.9	发明
198	医学部	林文翰 陈英玉 顾佳 马大龙 张婷	Tagalsin C 及其同系物在制备抗肿瘤药物中的应用	200610081051.7	发明
199	医学部	叶新山 周建 张礼和 章晓联	一类 N-烷基化 1,6-双脱氧氮杂糖类化合物 其合成方法及应用	200510109138.6	发明
200	医学部	张烜 杨照罡 张春晖 张强	口服分散体型多潘立酮控释凝胶剂及其制法	200610056788.3	发明
201	医学部	李中军 李庆 赵致辉 孟祥豹	一类抗黏附活性的乳糖簇及其荧光标记物	200610078665.X	发明
202	医学部	黄河清 李中军 王安邦 蔡孟深	降高血压药拉西地平的合成工艺	200410050176.4	发明
203	医学部	左力	肾小球滤过率计算尺	200930126160.0	外观设计
204	医学部	李晓红	一种人卵母细胞的贮存方法	200410042875.4	发明
205	医学部	王宁华 秦宏平 谢斌 肖飞	电刺激下肢训练器	200930026780.7	外观设计
206	医学部	王宁华 秦宏平 谢斌 肖飞	一种辅助下肢训练的功能性电刺激器	200920037645.7	实用新型
207	医学部	王宁华 秦宏平 谢斌 肖飞	一种功能性电刺激下肢训练器	200920037652.7	实用新型
208	医学部	梁治矢 刘来福	无创颅内压监测设备	200710062835.X	发明
209	医学部	杜湘珂 霍天龙 张森 李绪斌	一种 MRI 分子影像探针及其制备方法	200710062715.X	发明
210	医学部	潘孝本 魏来	应用肝细胞系 QSG-7701 感染乙型肝炎病毒	200710003228.6	发明

续表

序号	院系	发明人或设计人	发明名称	专利号	类型
211	医学部	阮国瑞　刘艳荣　陈珊珊　黄晓军　李玲娣　秦亚溱　李金兰　王峰蓉	检测JAK2V617F突变的方法及其专用引物与TaqMan-MGB探针	200610113417.4	发明
212	医学部	杨明　姜保国　张殿英　傅中国　陈建海　徐海林　王天兵　张宏波	防旋转自锁骨折内固定器	200710121931.7	发明
213	医学部	乔杰　李莉　石晶　张秋芳　李蓉　赵磐琳　黄铄　陈媛	一种子宫内膜刮除器	200820123202.5	实用新型
214	医学部	乔杰　严杰　闫丽盈　廉颖　刘平	一种生物材料玻璃化冷冻载体	200820123203.X	实用新型
215	医学部	石晶　刘瑞生　聂振强	胸腹联合拉钩	200820124436.1	实用新型
216	医学部	石晶　刘瑞生　聂振强	一种动物固定装置	200820124348.1	实用新型
217	医学部	石晶　王月生　聂振强	动物固定装置	200820124435.7	实用新型
218	医学部	石晶	动物麻醉喉镜	200820124437.6	实用新型
219	医学部	石晶	一种动物麻醉喉镜	200820124347.7	实用新型
220	医学部	石晶	骨髓穿刺针	200820124438.0	实用新型
221	医学部	石晶	动物用手术台面	200820124349.6	实用新型
222	医学部	桂耀庭　蔡志明　刘春霖	核糖核酸酶保护实验试剂盒	200510101128.8	发明
223	医学部	陈敏华　杨薇	提高超声造影图像分辨力的方法和超声造影成像仪	200510103582.7	发明
224	医学部	陈敏华　杨薇	一种重叠覆盖椭球体的消融灶产生系统及方法	200610089259.3	发明

6注：校本部专利授权数据主要来自国昊天诚、君尚、路浩、商泰、纪凯、同立钧成六所北京大学签约知识产权代理事务所。

（科学研究部　顾邱岚　侯荣菊　整理）

表8-37　北京大学校本部2009年主办的理工类国际学术会议和研讨班情况统计（23项）

会议时间	会议名称	主办单位
2009.08.23—27	Some New Facts of Nuclear Physics	物理学院
2009.04.20—23	IEEE Pacific Visualization Symposium 2009	信息科学技术学院
2009.07.11—15	中美化学系主任/院长论坛	化学与分子工程学院
2009.04.12—17	用LAMOST研究大尺度结构及星系的形成	科维理天文与天体物理研究所
2009.05.04—06.19	伽马暴物理	科维理天文与天体物理研究所
2009.06.01—15	高红移类星体的多波段研究	科维理天文与天体物理研究所
2009.04.10	2009年中国动力锂电子电池技术及电动汽车产业发展国际论坛	化学与分子工程学院
2009.07.20—25	星系核中的超大质量双黑洞及其并合国际研讨会	科维理天文与天体物理研究所
2009.06.15—18	第三届国际流体物理研讨会	工学院
2009.07.19—21	生物系统中的信号处理国际研讨会	理论生物学中心，前沿交叉学科研究院
2009.07.08—09	2009年计算机视觉国际研讨会	机器感知与智能教育部重点实验室
2009.10.24—26	纪念达尔文"论物种起源"发表150周年国际学术会议	生命科学学院
2009.07.06—10	第十八届流体动力学的离散计算国际会议	工学院
2009.06.27—30	国际神经行为科学研讨会	心理学系
2009.07.26	2009年两岸储能材料技术与电动汽车产业发展国际论坛	化学与分子工程学院
2009.09.21—25	International Symposium on Turbulence	工学院
2009.08.27	Asian Workshop on Sensing and Visualization of City-Human Interaction（城市与人、感知与可视化 亚洲研讨会）	信息科学技术学院

续表

会议时间	会议名称	主办单位
2009.07.26	2009年海峡两岸电动汽车关键技术研讨会	化学与分子工程学院
2009.11.08—14	气候变化与领导力：影响与创新国际会议	生命科学学院
2009.12.22—23	环太平洋集成电路科技展望论坛	科研部
2009.10.14—17	第二届中加双边生命分析化学研讨会	化学与分子工程学院
2009.12.12—19	系外行星的形成、结构与演化	科维理天文与天体物理研究所
2009.11.21—24	东亚地区碳循环的时空格局国际科学会议	城市与环境学院

（科学研究部　张琰　整理）

表8-38　北京大学医学部2009年主办的医学类国际学术会议和研讨班情况统计

会议时间	会议名称	主办单位
2009.2.19—20	中澳干细胞科学卓越研究中心第三届研讨会	基础医学院
2009.3.20—22	男科学新进展高层论坛暨男科中心开业三周年庆典	第一医院
2009.3.20—22	男科学新进展高层论坛暨男科中心开业三周年庆典	第一医院
2009.4.10	北大医学部-苏格兰爱丁堡大学干细胞国际研讨会	基础医学院
2009.4.22	ACMRC 2009 Pre-Conference Symposium Immunology and Cancer	基础医学院
2009.4.7—17	中德夏令营	第一医院
2009.5.15—17	第四届影像新技术及介入性超声学习班	肿瘤医院
2009.5.17—19	第一届中.德联席科学研究研讨会	第一医院
2009.5.21—24	第14届中国心律学论坛	人民医院
2009.5.29—31	ISHAM 2009 Satellite Symposia	第一医院
2009.6.6	中国-土耳其临床心脏病学进展会议	人民医院
2009.7.6—10	IAEA C1. RAS. 2.013 9007 01 Meeting to establish strategies for training and qualification for radiopharmacists and radiopharmaceutical scientists.	第一医院
2009.7.9—12	2009国际肾脏病高峰论坛	第一医院
2009.8.2—10	中德神经科学学习班	第一医院
2009.8.21—23	中韩泌尿男科学新进展论坛	第一医院
2009.8.3—5	中日研讨会"中日空气污染及其健康影响的比较"	公共卫生学院
2009.9.8—10	物质滥用和成瘾行为国际研讨会	药物依赖性研究所
2009.9.11	第5届中韩日小儿心脏论坛	第一医院
2009.9.18	类风湿关节炎国际论坛	人民医院
2009.9.19—21	儿童癫痫专家共识高层研讨会暨第二届北大国际小儿神经论坛	第一医院
2009.10.9—12	第二十届长城国际心脏病学会议	第一医院
2009.10.20	韩国延世大学："健康与环境——最近的话题及应采取的预防措施"	公共卫生学院
2009.10.21	国际乳腺学术大会	第一医院
2009.10.22—24	北京大学临床肿瘤学院肺癌多学科国际会议	肿瘤医院
2009.10.9	国际临床研究培训课程	第一医院
2009.10.9—14	2009国际介入性肺脏病学技术培训班	第一医院
2009.11.14—17	第十一届腔内泌尿外科新技术学习班暨2009年国际外科医师学院北京学术大会	第一医院
2009.11.3—5	Quantitative functional neuroimaging using positron emission tomography	第一医院

（医学部科研处　许术其　整理）

表 8-39　北京大学 2009 年理工医科获得基金委国际(地区)合作研究项目(共 11 项)

项目编号	项目名称	负责人	所在院系	起始日期	终止日期	附注说明
70910107022	我国城乡居民社会经济状况与健康之间的关系研究	赵耀辉	中国经济研究中心	2010.01	2013.12	重大国际(地区)合作研究项目(非组织间协议项目)
60910002	大规模图信息处理 DNA 计算模型研究	许进	信息科学技术学院	2010.01	2012.12	重大国际(地区)合作研究项目(非组织间协议项目)
40920124002	二叠纪末大绝灭后的早—中三叠世海洋生态系复苏辐射过程中海生爬行动物群辐射演化事件序列及全球迁移—演变模型	江大勇	地球与空间科学学院	2010.01	2013.12	重大国际(地区)合作研究项目(非组织间协议项目)
30910103904	水稻矮缩病毒(RDV)与传毒介体叶蝉相互作用研究	李毅	生命科学学院	2010.01	2013.12	重大国际(地区)合作研究项目(非组织间协议项目)
30910103902	β-肾上腺素受体非经典信号转导途径在心脏重塑中的作用及其意义	张幼怡	医学部	2010.01	2013.12	重大国际(地区)合作研究项目(非组织间协议项目)
30910103901	文化和社会关系对共情的影响——社会认知神经科学研究	韩世辉	心理学系	2010.01	2013.12	重大国际(地区)合作研究项目(非组织间协议项目)
20920102030	主族与稀土活性金属有机化合物的合成、分离与应用	席振峰	化学与分子工程学院	2010.01	2012.12	重大国际(地区)合作研究项目(非组织间协议项目)
60911130236	硅基纳米自旋电子学研究	于晓梅	信息科学技术学院	2009.09	2012.08	NSFC-RCUK 项目(中英)
50911130509	气候和土地利用变化条件下海岸带流域水资源的耦合模拟和不确定性分析	张东晓	工学院	2010.01	2012.12	NSFC-DFG(中德)
40911130505	基于环境示踪剂和数值模拟耦合方法的华北平原地下水补给量研究	郑春苗	工学院	2010.01	2012.12	NSFC-DFG(中德)
40921160380	梅雨锋面中尺度对流系统的机理分析及可预报性研究	张庆红	物理学院	2010.01	2012.12	两岸项目

(科学研究部　刘超　整理)

表 8-40　北京大学理工医科 2009 年获得科技部政府间国际合作项目(9 项)

负责人	项目名称	所在单位	期限	合作国家
李凌松	间充质干细胞在肝肺等重要器官损伤修复中调节纤维化的作用机制	基础医学院	2009.08—2012.07	澳大利亚
周彦恒	低温等离子体生物学效应及其医学应用研究	前沿交叉学科研究院	2009.08—2012.07	美国
张成飞	炎症对牙髓干细胞分化功能和修复功能的影响	口腔医院	2009.08—2012.07	美国
李毅	水稻全基因组单核苷酸多态性可视芯片的创制及应用	生命科学学院	2009.08—2012.07	美国
陈景标	新型可产品化的钙原子束光钟	信息科学技术学院	2008—2010	俄罗斯
吴晓磊	微生物采油技术提高难开采油藏石油采收率的研究与应用示范	工学院	2008—2010	俄罗斯
叶沿林	放射性核束物理及相关探测技术	物理学院	2008—2010	俄罗斯
孟杰	原子核结构及相关天体物理研究	物理学院	2009.11—2011.10	克罗地亚
贺金生	生物多样性与气候变化风险分析研究	城市与环境学院	2009.01—2013.06	欧盟

(科学研究部　张琰　整理)

表 8-41　北京大学理工医科 2009 年获得其他国际(地区)合作项目(45 项)

所在单位	项目来源	负责人	项目名称	项目期限
工学院	Stanford University（GCEP，Exxon Mobil Corporation，General Electric Company，Schlumberger Technology Corporation and Toyota Motor Corporation）	蔡庆东	Modeling—Develop models for microscopic interactions	2009.08—2011.08
生命科学学院	China UNDP-ECBP Project	王大军	云南老君山国家公园社区物候和气象监测试点	2009.06—2010.02
信息科学技术学院	Micro Soft China	王腾蛟	Intelligent partitional and load balancing for cloud database in product	2009.03—2010.02
生命科学学院	The John D. and Catherine T. Macarthur Foundation	吕植	Integrated policy researches on biodiversity conservation and sustainable development in China	2009.04—2010.03
国际关系学院	欧盟	查道炯	EU-GRASP——Changing Multilateralism: The EU as a Global-regional Actor in Security and Peace	2009.02—2011.01
城市与环境学院	欧盟	贺金生	BACCARA——Biodiversity and Climate Change, A Risk Analysis	2009.02—2012.01
信息科学技术学院	欧盟	黄罡	CONNECT—Emergent Connectors for Eternal Software Intensive Networked Systems	2009.02—2011.07
计算所	Xerox Corporation	周秉峰	Efficient Text Vectorization and XPS Conversion	2009.06—2010.06
化学与分子工程学院	Glaxosmithkline R&D company limited	金长文	药物测试经费	2009—2011
信息科学技术学院	ARTI	张海霞	Agreement with ARTI	2009.06—2010.01
分子医学研究所	F. Hoffmann-La Roche Ltd Dr. Gianni Gromo Head, Metabolic & Vascular DBA	分子医学研究所	Material Transfer Frame Agreement (Efficacy of Roche proprietary compound RO151 in obese rhesus monkeys with Metabolic Syndrome（MS）)	2009.1—2010.01
城市与环境学院	NIH-OREGON STATE UNIVERSITY	陶澍	PAHs from China: Composition, Exposure, Mutagenicity and Health Impact	2009.06—2010.03
化学与分子工程学院	IAEA	陈庆德	Formation of Nanoparticles in Water-in-oil Microemulsions Controlled by the Yield and Properties of Hydrated Electrons	2009.01—2012.01
计算所	IV China	周秉峰	Connectivity Similarity based Graph Learning for Interactive Multi-label Image Segmentation	2008.08—2009.08
化学与分子工程学院	IV China	李士杰	A new cerium aluminum sosoloid oxygen storage material	2009.03—2010.03
化学与分子工程学院	IV China	WEI Yu Xiangyun Wang	Method for synthesizing chloroaromatics under ultrasounic conditions	2009.03—2010.03
工学院	IV China	葛子钢	Standardized research model for in vitro chondrogenesis	2009.03—2010.03
计算所	IV China	周秉峰 yan Fu	An Extended Poisson-Disk Method for Two-dimensional Importance Sampling	2008.08—2009.08

续表

所在单位	项目来源	负责人	项目名称	项目期限
工学院	IV China	王昊	An extraction method of oil sand using supercritical carbon dioxide in a solar Rankine system	2009.02—2010.02
计算所	IV China	周秉峰 jie Feng	An image—based method for realistic lighting simulation	2008.08—2009.08
计算所	IV China	周秉峰 jie Feng Bencong Song	Concave Surface Modeling In Image-Based Visual Hull	2008.08—2009.08
工学院	中国航空研究院	王建平	中欧航空科技合作项目 AERICHINA2	2007.01—2009.10
化学与分子工程学院	GlaxoSmithKline（China）R&D Company Limited	王剑波	Agreement on Peking University-GlaxoSmithKline R&D China Post-doctoral Research Sponsorship	2009.01—2013.12
环境科学与工程学院	University of Rhode Island	徐晋涛	Doctoral Dissertation Research：The effect of risk, ti preference, and poverty on the impacts of forest property rights reform	2009.05—2009.08
化学与分子工程学院	Samsung Electronics Co., Ltd.	张锦	Synthesis of single crystalline grapheme and nano carbo structure	2009.07—2010.06
生命科学学院	香港海洋公园保育基金 Ocean Park conservation Foundation, Hong Kong	王昊	Case study on Giant panda corridor retoration in qinling and pingwu	2009.07—2010.12
科研部	IV China	科研部	Donation of IV	2009.03—2010.03
信息科学技术学院	IBM 中国	黄罡	Management as a Service for Cloud Computing	2009—2010
信息科学技术学院	IBM 中国	代亚非	Measuring Service Dynamics and Availability in Cloud Environments	2009—2010
信息科学技术学院	IBM 中国（国际商业机器（中国）投资有限公司）	梅宏	2006 年 12 月 31 日签署北京大学和国际商业机器中国有限公司方案工程联合研究实验室 协议号 JL20061102	2009—2010
中国经济研究中心	NIH（with University of Southern California）	赵耀辉	Biomarkers in the China Health and Retirement Longitudinal Study	2009—2012
环境科学与工程学院	UNEP	黄艺	1. Chinese version of the UNEP AP integrated environmental assessment training manual and related products. 2. Vulnerability assessment of urban freshwater resources to climate change in mongolia report enhanced through technical assistance.	2009.07—2009.12
生命科学学院	Conservation International Foundation	王大军 (13701246587)	云南丽江古城水源地保护优先区域研究	2009.07—2009.12
城市与环境学院	EU-China River Basin Management Programme	陈效逑	Yellow River Climate Change Scenario Development Project，Inception and Rapid Assessment	2009.08—2010.02
数学科学学院	ExxonMobil Upstream Research Company	张平文	Developing an Efficient Solver for Long Time Simulation of the River Topography Erosion	2009.11—2011.11

续表

所在单位	项目来源	负责人	项目名称	项目期限
生命科学学院	MONSANTO	郭红卫	保密协议	2009.11—2010.11
城市与环境学院	USDA Forest Service-Arlington VA	方精云	中国森林碳收支研究	2008.01—2012.12
地球与空间科学学院	日本东京大学	陈永顺	中美日合作东北地区深部地震探测	2009—2010
生命科学学院	Johnson & Johnson Services. INC.	饶毅	Co-managed fund program	2009—2010
工学院	Energy Foundation	郑一	To support for Barriers Assessment and Integrated Policy Development of Critical Energy-saving Technologies Promotion: A Case Study in Metallurgy and Coal Industries	2009.12—2010.11
生命科学学院	ICGEB	郑晓峰	ICGEB 项目	2009—2011
心理学系	微软亚洲研究院	苏彦捷	Being an efficient learner	2009.12—2010.11
环境科学与工程学院	欧盟	胡敏	SPRING—Scoping China's Environmental Research Excellence and major Infrastructure: Foresight, Potentials, and Roadmaps	2010.03—2012.02
城市与环境学院	欧盟	朴世龙	CARBONES—30-year re-analysis of CARBON fluxES and pools over Europe and the Globe	2010.04—2012.03
工学院	教育基金会（Coulter's 基金会捐赠）	葛子刚 罗莹 席建忠 熊春阳 张珏	六项种子基金项目	2009.11—2010.12

（科学研究部　张琰　整理）

文　科　科　研

【概况】　2009 年，北京大学人文社会科学研究领域，成绩斐然，硕果累累。北京大学社会科学部继续锐意进取，努力探索，深化改革，奋发向上，积极探索符合人文社会科学发展特点的现代科研管理体制，以制度创新、管理创新带动和服务于科研创新、学术创新，以优异的成绩向国家和学校交上了满意的答卷。

2009 年 1 月，北京大学召开全校人文社会科学研究与发展工作会议，结合人文社科各学科未来 5～10 年的重大基础性、战略性和前瞻性课题进行研讨，深入探索如何完善学校人文社会科学科研体制和学术机制问题，并提出符合实际的政策建议。会上，常务副校长林建华指出，不论是国家提出的和谐社会建设，还是学校创建世界一流大学的工作，北京大学人文社会科学都将发挥举足轻重的作用。张国有副校长给大会作了"关于北大人文社会科学领域研究与发展方向的相关问题"的工作报告，在报告中他提出了衡量人文社科院系发展成效的几方面指标：毕业生的能力和成就；产出科研成果的数量和质量；为社会提供服务的质量及社会影响力；国际交流与合作的成效及国际影响力；资金筹措的数量、风险和持续性；人均运行费用；和谐的管理和运行机制。周其凤校长在讲话中指出北京大学应当具有长远的战略视野和严肃的社会责任，北大人文社会科学尤其要深切关注国家的现实需要，为国家的可持续发展作贡献。周校长勉励全体人文社科教师要继续奋发努力、严谨治学，以更高要求和更好成果来回报母校。

【文科科研大事记】　1. 北京大学荣获 59 项 2009 年教育部"高等学校科学研究优秀成果奖（人文社会

科学)"。教育部组织评选的2009年教育部"高等学校科学研究优秀成果奖(人文社会科学)"共评选出649项人文社科研究成果,其中一等奖38项,二等奖205项,三等奖393项,成果普及奖13项。北京大学获奖成果总数达59项,其中一等奖8项,二等奖19项,三等奖27项,普及奖5项。获奖总数比并列第二位的高校多出27项,并且在一、二、三等奖数以及普及奖数方面均位列第一。

2. 北京大学喜获国家社科基金2009年度项目立项第一。6月初,全国规划办公布了国家社会科学基金2009年度项目的评审结果。北京大学共有32个项目榜上有名,位列全国高校第一名。32个项目分布在16个一级学科之中,学科分布较为广泛与均衡。北京大学人文社会科学青年学者的科研实力与学术影响力持续增强,今年约80%的项目由45岁以下的中青年学者担任负责人。跟往年相比,项目负责人平均年龄继续降低,其中最年轻的项目负责人仅为30岁。

3. 北京大学召开第二届人文社会科学优秀科研机构表彰大会。10月26日下午,北京大学第二届人文社会科学优秀科研机构表彰大会于秋林报告厅举行。北京大学党委书记闵维方、副校长张国有、人文学部主任袁行霈、社会科学部部长程郁缀作为颁奖嘉宾出席了大会。经过院系推荐、机构自荐、专家评审和公示,北京大学文化产业研究院等24个机构被评为北京大学第二届人文社会科学优秀科研机构。党委书记闵维方在致辞中对北大人文社科研究机构取得的成就给予了充分肯定。世界传记研究中心主任赵白生等4位优秀机构的代表先后做了大会发言。最后,张国有副校长就优秀机构评选、机构发展与管理以及前瞻性研究等问题发表讲话。

【基地管理和制度创新】 2009年,北京大学的13个教育部人文社会科学重点研究基地发挥学术"国家队"和重要创新平台的重要作用,积极探索,开拓创新。在教育部的第二次全面评估工作指导下,在学校和社科部的支持下,各基地以评促建,系统整理并不断完善基地的各项工作,使之更加制度化、系统化,在科学研究与学科建设、人才培养、政策咨询、社会服务、国际合作等方面都做了重要工作,为促进北京大学各学科的交流和借鉴起了积极作用。

2009年,北京大学继续实施基地主任圆桌会议和实地学习考察活动,有力地促进了基地主任的学术交流和管理水平的提高。本年度在政治学与政府管理研究所、外国哲学研究所、宪法与行政法研究中心、中国经济研究中心、邓小平理论研究中心举办了第四、五、六、七次基地主任圆桌会议,加强了基地工作的横向联系和制度化管理,同时促进了各基地主任之间的借鉴、学习和交流。

2009年12月,北京大学组织各基地主任赴山东学习考察。考察内容为北大本科生田野实习基地——东平陵城遗址,以及青州博物馆、山东省考古所以及文化遗址。该活动由北京大学中国考古学研究中心承办,社会科学部、人事部以及各基地主任参加,社会科学部部长程郁缀带队。此次活动也得到了山东省文化厅、省文物局、省文物考古研究所的大力支持。该活动理论联系实际,给不同学科的基地主任提供了很好的学术交流平台。

基地评估工作顺利有序进行。2009年11月,评估工作进入第二阶段,即准入评估,各基地填报了《评估申请书》,各基地主任参加了教育部组织的专家评审,对基地提交的2项标志性成果、20项代表性成果和3项学术会议进行了评估。2009年底,各基地主任再一次就基地管理工作进行了网上互评。预计此次评估工作将于2010年上半年完成。

1. 北京大学获得61项教育部人文社会科学研究一般项目。10月底,2009年教育部人文社会科学研究一般项目立项结果出炉,北京大学获得立项共61项,立项数居各高校首位,其中规划项目28项,青年项目33项。共有110名专家参加了本次评审工作。

2. 教育部召开《儒藏》工程工作会议。2009年1月12日,由教育部社科司主办、北京大学承办的"教育部重大攻关项目《儒藏》工程工作会议"在北京大学隆重召开。教育部社科司司长杨光、副司长张东刚,北京大学校长周其凤、党委常务副书记吴志攀、副校长张国有出席了会议。《儒藏》编纂首席专家汤一介、北京大学《儒藏》编纂中心和国内21个《儒藏》工程合作单位的校长、社科处处长以及《儒藏》项目负责人共100多人参加了会议,共商《儒藏》编纂大计。

周其凤校长在致辞中表示,感谢教育部和各合作单位的支持与付出。北大是《儒藏》工程的牵头单位,周其凤校长代表学校总结了《儒藏》工程在人才培养、国际学术交流、科研管理机制探索等方面发挥的作用和取得的成绩。他表示,为保证《儒藏》工程的顺利进展,学校将继续加大投入,营造宽松自由的学术环境。《儒藏》首席专家汤一介先生向大家介绍了《儒藏》工程的总体情况和编纂工作的流程、进度。作为合作单位代表,吉林大学、山东大学、苏州科技学院、华东师范大学的老师分别介绍了各自的管理与点校经验。

3. 北京大学青年教师科研启动基金项目正式启动。4月,张国有副校长召集青年教师座谈会,北京大学人文社会科学青年教师科研启动基金项目正式启动。会议就启动基金项目的相关事宜作出具体部署,并针对青年教师的发展等问题进行了深入讨论。在青年教师座谈会上,青年教师代表针对人事制度改革、住房制度改革、图书馆资源共享、科研评价体系、社会服务工作、学校环境等关系个人成长与学校发展的重要问题展开了热烈讨论。与会领导针对上述问题,做了耐心细致的说明与讲解。张国有副校长做总结发言。他希望,通过科研启动经费的资助,大家能够早日确定发展方向、明确发展目标。大家所遇到的各种问题有的具有普遍性,也有的具有特殊性。只要大家共同努力,各种问题一定能够得到更加圆满的解决。

4. 北京大学获得4项2009年度教育部重大攻关项目。2009年教育部重大攻关项目招标结果出炉,北京大学共申报10项,入围10项,约占全国入围数的1/20,中标4项,约占全国中标数的1/10,在各高校中居于首位。中标的4个项目分别是历史学系徐勇"日本侵华史料整理与研究"、社会学系王思斌"中国特色社会工作制度和模式研究"、国际关系学院王缉思"中国国际战略环境预测与国家应对战略研究"、历史学系阎步克"西汉竹简整理与研究"。

5. 国家人口计生委与北京大学委校合作正式签约。7月23日下午,国家人口和计划生育委员会、北京大学委校合作签约仪式在国家人口计生委10层会议厅隆重举行。国家人口计生委主任李斌、副主任江帆,北京大学校长周其凤、常务副校长林建华、副校长张国有、社会科学部常务副部长萧群等近百位同志出席了签约仪式。国家人口计生委副主任江帆、北京大学副校长张国有签署了委校合作协议书。国家人口计生委发展规划与信息司、科技司、中国人口与发展研究中心分别与北京大学中国社会科学调查中心、人口研究所、国家发展研究院签署了合作协议书。

国家人口计生委与北京大学将以"统筹解决人口问题,促进经济社会发展"为主题,开展长期合作。国家人口计生委为北京大学依托人口和计划生育网络开展科研活动提供支持;北京大学为统筹解决人口问题,促进人口和计划生育工作健康发展提供智力支持。国家人口计生委与北京大学还将就事关全局的人口与经济社会重大问题开展专题合作研究。双方将共同开展人口家庭与经济社会相关领域的调查与监测,建立数据共享机制,并不定期联合召开高层研讨会,为人口和计划生育领域国家决策服务。

6. 北京大学部分教授参加教育部人才培养与学术繁荣座谈会。2009年2月27—28日,北京大学副校长张国有带领北京大学10余名教授赴国家教育行政学院参加"教育部新时期高等学校文科人才培养与学术繁荣工作座谈会"。此次会议的目的是深入贯彻落实科学发展观,根据新时期高等学校文科教育发展的新形势新要求,全面推进高等学校文科人才培养工作,促进学术繁荣。会议有三个重要主题:第一,研究高等学校文科人才培养和学术研究存在的主要问题,探索文科人才培养模式及学术研究改革发展的新思路、新举措,开创高等学校文科教育工作新局面;第二,探讨高等学校文科学术研究与人才培养相结合,形成学术研究与教育教学良性互动,相互促进的良好局面,促进文科学术繁荣和教育质量全面提高;第三,探讨如何进一步推进文科学生社会实践,不断提高学生创新精神和实践能力的具体举措。张国有副校长向大会提交并做了《多领域推进人文社会科学研究能力跨学科培养高素质创新型人才》的主题汇报;北京大学人文学部主任袁行霈教授应教育部邀请作了特邀发言。

7. 北京大学中央高校基本科研业务费专项资金管理人文社科评审委员会召开首次会议。9月17日,北京大学中央高校基本科研业务费专项资金管理人文社科评审委员会成功召开了第一次会议。评审委员会副主任、社会科学部部长程郁缀向会议作了关于科研事业费基本情况的说明;专项资金管理办公室副主任、社会科学部常务副部长萧群作了关于《北京大学人文社会科学重大问题前期研究资助管理办法(讨论稿)》的说明,和关于前期研究资助候选课题的说明;评审委员会主任、副校长张国有在讲话中着重强调了重大课题的前瞻性等问题。参会的各位评审委员就管理办法、候选资助课题以及自主科研经费的使用等问题展开了热烈讨论并就做出了相关决定。

8. 社会科学部、人事部、发展规划部、教育学院领导和老师赴北京大学20个人文社科院系进行学科和人才建设调研。在张国有副校长带领下,社科部、人事部、发展规划部、教育学院的相关领导和老师赴北京大学所有人文社科院系进行调研,取得了预期效果。此次调研是为了给2010年1月召开的"北大人文社科科学研究与发展工作会议"做充分的第一手资料和政策准备。会后,社科部全体老师对20个院系的调研内容进行了分类整理和深入分析,提出了若干管理制度的建议和一些实施办法(讨论稿),供校领导参考以及大会上进行研讨。

【项目管理】 1. 纵向项目立项情况。2009年,北京大学纵向项目立项总数大幅增加,并在各类项目的申报中几乎都取得了领先的位置。社科部加强管理服务工作的力度,注重加强申报动员工作,提高解决问题的针对性,调动教师申报的积极性；加强校内项目申报咨询专家队伍的建设，发挥北大专家的学术专长和社会影响力。在重大项目申报中，举行多轮预演答辩，推动申报者不断修改完善标书，提高中标率，并在教育部哲学社会科学研究重大课题攻关项目和国家社科基金重大项目的申报中取得了非常可喜成绩，教育部重大攻关项目中标4项。

2009年各类纵向项目申报和立项情况如下：

表8-42 2009年各类纵向项目申报和立项情况

项目名称	申报数	立项数
2008年度国家社科基金重大项目	10	2
2009年度国家社科基金一般项目	181	36
2009年度国家社科基金后期资助项目	6	1
2009年度全国教育科学规划项目	28	4
2009年度全国艺术科学规划项目	8	2
2009年度教育部哲学社会科学研究重大课题攻关项目	10	4
2009年度教育部人文社会科学研究一般项目	210	60
2009年度教育部哲学社会科学研究后期资助项目	1	1
2009年北京市哲学社会科学"十一五"项目	—	8

2. 纵向项目中期管理与结项情况。为保证纵向项目按时按质完成，社会科学部加强监管力度，积极配合好上级部门的中检和结项工作。教育部人文社科一般项目的结项，由于历史遗留问题，存在大批严重逾期未结的项目，经过今年的集中清理，取得很大进展，成效明显。国家社科基金项目、北京市哲学社会科学规划项目在结项激励政策的引导下，结项积极性较高，有6个国家社科基金项目获得优秀结项。

3. 纵向项目评审组织。社会科学部组织校内专家参与国家社科基金、教育部等上级科研管理部门布置的项目评审工作，大多数教师积极配合，圆满完成了各项评审任务，展现了北大知名专家集中、学科门类齐全的优势。社会科学部将进一步做好对评审专家的服务工作，发挥好评审专家的经验和智慧，使专家不仅在对外咨询服务中扩大影响，而且能够促进北京大学自身项目申报的质量提升。

2009年纵向项目评审组织情况如下：

表8-43 2009年纵向项目评审组织情况

项目名称	评审份数	评审专家人数
国家社科基金项目通讯评审	5386	262
国家社科基金项目会议评审	—	17
教育部人文社会科学研究一般项目通讯评审	3101	90

*以会议方式进行的评审无法统计评审份数。

4. 各类项目到账经费总额。继2008年北京大学文科科研经费一举突破亿元大关后，2009年经费继续保持高速增长态势，超过1.3亿元。

近五年科研经费情况如下：

年　　度	2005	2006	2007	2008	2009
到账经费总额	56738928	66775782	71910536	106890300	133131083

【基地管理】 北京大学13个教育部重点基地以开放的姿态、务实的作风不断完善科学研究和管理工作，锐意进取，努力探索，在学校与基地、院系与基地、基地与基地的沟通方面积极主动，形成了一个有效的纵横向网络，促进了不同学科之间、不同基地之间以及校内外的人员和学术交流。

基地管理办公室强调各基地主任和人员的基地意识和开放意识，以及为国家和社会发展提供政策咨询、社会服务的意识。2009年11月，评估的第二阶段，即准入评估，各基地填报了《评估申请书》，各基地主任参加了教育部组织的专家评审，对基地提交的2项标志性成果、20项代表性成果和3项学术会议进行了评估。2009年底，各基地主任再一次就基地管理工作进行了网上互评。预计此次评估工作将于2010年上半年完成。

【机构管理】 2009年是机构管理

工作卓有成效的一年,北京大学在研究机构的科学管理、机构的制度建设、机构的队伍建设等方面都取得了丰硕的成果。

首先,加快了机构管理的科学化。在3年机构年度总结的基础上,建成了北京大学文科科研机构管理数据库。数据库为学校领导一再倡导和强调的用北大数据研究北大问题奠定了基础。各研究机构的工作充实了北京大学文科科学研究、人才培养、学术交流、咨询服务的力量,研究机构成为北京大学与社会良性互动的平台。

其次,拟定优秀科研机构的评审办法,该办法经过校长办公会审核通过后成为正式文件下发。经过近三年的探索总结,初步把握了机构运行的一般规律,制定出优秀机构的评审办法,加强了事前管理,使机构制度建设和科学管理提高到新的层次。

第三,成功组织优秀研究机构的评选。2009年机构的评优在文科主管校长的亲自主持下,前后几乎持续半年时间。按照优秀机构的评审办法,社科部首先确定各院系优秀机构名额,由各院系推荐候选优秀科研机构,一共有42个候选机构参加第二轮评选。然后,张国有副校长任组长,组成专家评审小组听取各候选机构的汇报和答辩,汇报答辩持续了一天半时间。最后由专家评议组投票,选出了24个优秀研究机构,并对选出的优秀研究机构进行了为期一周的全校公示。经过这次评选,学校决定,三年评选一次优秀研究机构以后将作为制度在北京大学持续下去。

第四,进行大规模优秀研究机构的表彰活动,用激励机制调动全校机构比学赶帮的积极性。经过精心准备,10月26日,北京大学第二届人文社会科学优秀研究机构表彰大会在国际关系学院秋林会议厅召开。校党委书记闵维方、文科主管校长张国有到会发言,4个优秀研究机构的代表就机构建设在会上发言。文科各院系主管领导、各单位科研秘书和文科研究机构的负责人出席了会议。

第五,成功举办了优秀研究机构成果展览。为了进一步展示优秀研究机构的风采,为全校237个文科研究机构树立学习的榜样,经过认真组织和策划,在图书馆展览厅举办了为期10天的北京大学第二届人文社会科学优秀研究机构工作成就展,24个机构每家机构各用2个展板,图文并茂地向观众介绍了本机构近年的工作。

第六,在改革开放的大好局面下,北京大学文科教师踊跃参加科学发展的实践,申请成立新机构的热情十分高涨。2009年受理了全校教师申请成立研究机构的报告材料共21份,经审核,学校最终批准14个机构的成立申请。14个新成立机构共到账启动经费折合人民币702.1万元,为进一步改善北京大学文科的科学研究条件提供了极大的帮助。

第七,配合教育部、国家新闻出版总署完成了校内公开发行刊物的审读工作及负责人资格认证工作;完成民政部布置的挂靠北大各协会的年审工作。

第八,以优秀研究机构的工作成就为内容,编写一期文科通讯作为2010年全校文科战略研讨会的会议材料,扩大北京大学文科研究机构的影响,努力打造并进一步发挥研究机构跨学科联合攻关、协作稳定等优势,使研究机构成为北京大学创建世界一流进程中的一只独特生力军。

表8-44 2009年各院系文科科研机构数量统计

所属单位	机构数量 2008	2009	所属单位	机构数量 2008	2009
法学院	34	34	历史系	21	20
光华管理学院	21	23	马列学院	4	6
教育学院	7	8	人口所	3	3
经济学院	13	12	社会学系	9	9
外语学院	27	28	艺术学院	6	4
新闻传播学院	10	10	哲学系	11	10
考古文博学院	7	7	体育教研室	1	1
政府管理学院	18	17	中文系	13	13
国际关系学院	13	14	国家发展研究院	2	2
对外汉语教育学院	1	1	跨学科	9	12
图书馆	3	3	信息管理系	1	2
其他	5	6	共计	239	245

表 8-45　2008 年文科科研机构参加总结情况

机构类别	机构数量	机构总经费/万元	机构平均经费数/万元	参加总结比例
跨学科	10	1068.35	106.8	90%
中国语言文学系	8	127.6	16	75%
历史学系	21	246	11.7	95%
考古文博学院	6	533	88.8	100%
国际关系学院	13	322.2	27.8	84.6%
经济学院	13	418.62	32.2	84.6%
哲学系	11	151.45	13.8	100%
光华管理学院	21	743.5	35.4	95.2%
法学院	34	615.21	18.6	97%
外国语学院	25	397.25	15.9	80%
艺术学系	5	0	0	0%
新闻传播学院	10	503.7	50.4	100%
社会学系	8	1003.3	125.4	100%
政府管理学院	18	635.3	39.7	37.5%
人口研究所	3	396.5	132.2	100%
马克思主义学院	4	39	9.8	75%
教育学院	7	548.5	91.4	100%
国家发展研究院	2	427.7	212.35	100%
对外汉语学院	1	0	0	0%
体育教研部	1	当年成立		
信息管理学院	1	当年成立		
图书馆	3	24.4	8.1	100%
医学部	2	8	8	80%
深圳研究生院商学院	2	126	126	100%
环境学院	1	0	0	0

【成果管理】　1. 人文社科科研成果统计。2009 年文科各单位共发表各类科研成果 3628 项，其中专著 257 部、论文 2890 篇、编著和教材 269 部、工具书和参考书 18 部、古籍整理作品 8 部、译著 88 部、研究咨询报告 107 篇、译文 36 篇、电子出版物 7 部。

2. 人文社科 SSCI、A&HCI、SCI 论文奖励工作。北京大学人文社科 2009 年发表单位署名为北京大学的 SSCI、A&HCI、SCI 论文共计 114 篇，另外，新统计到 2009 年奖励时尚未检索出的 2005、2006、2007 年论文 21 篇。实际奖励篇数为 111.5 篇，奖励科研经费为 506050 元。为了贯彻落实学校对人文社科教师和学生在 SSCI 和 A&HCI 杂志上发表文章的鼓励措施，响应教育部倡导加强高校人文社科推进国际化的要求，2009 年 3 月 31 日社科部与图书馆联合，特别邀请 SSCI 和 A&HCI 数据库出版商——汤森路透科技信息集团（Thomson Reuter Scientific）首席培训师张帆女士为北京大学师生举办了一场 SSCI、A&HCI 专题讲座。

3. 组织北京市社科理论著作出版基金资助和教育部全国高校社科文库出版资助申报工作。2009 年 5 月，组织申报第 34 批资助，12 项成果获得资助。2009 年 3 月中旬，社科部组织申报教育部全国高校社科文库出版资助成果 18 份，共 3 项成果获得全额资助。

4. 北京市高等教育学会第七次优秀高等教育科研成果奖和司法部第三届全国法学教材与科研成果奖揭晓。2009 年 4 月，北京市高等教育学会公布了第七次优秀高等教育科研成果奖获奖名单，北京大学共 9 项成果入选，高居单位获奖数榜首。其中专著一等奖 1 项，论文一等奖 3 项，专著二等奖 1 项，论文二等奖 1 项，论文三等奖 3 项。2009 年 3—9 月，社科部会同法学院组织司法部第三届全国法学教材与科研成果奖的申报工作，共申报 28 项成果，14 项成果获奖。其中一等奖 1 项，二等奖 5 项，三等奖 8 项。

【人才队伍建设】　1. 高校哲学社会科学教学科研骨干研修班学员的推荐与管理。2009 年社科部组织推荐 17 位文科教师参加在中央党校举办的 2009 年高校哲学社会科学教学科研骨干研修班的学习，并分别于 4 月和 10 月先后两次组织召开 2009 年北京大学高校哲学社会科学教学科研骨干研修班毕业学员座谈会,同时邀请学员所在院系领导和校组织部领导参加了会议。座谈会上,学员们结合本人在中央党校30天的理论和实践学习谈了各自的收获和体会,并联系学习科学发展观对研修内容以及如何落实和推广研修形式和内容提出了建议性意见。

2. 组织新世纪人才推荐工作。2009年9月上旬,社科部组织召开学校人文、社科学部会议,遴选2009年教育部新世纪人才人文社科候选名单。今年教育部将新世纪人才"校内申报名额"的一部划归为"海外申报名额",因此"校内名额"较往年有大幅下降。社科部根据往年中标情况给各人文社科院系下达了推荐名额。最后,人文学科有7人申报,社会学科有9人申报。本次学部评审会议采取了个人陈述环节,由被评成果申报人本人或委托他人进行陈述。经过激烈竞争,人文、社会学科各有4人进入正式候选名单。此外,考虑到北京大学符合海外新世纪人才要求的"海外申报名额"未能报满,经两个学部评审,又各增加了2个"校内申报名额"推荐名额,积极向教育部争取。

【对外学术交流】 1. 国际学术会议申报情况。2009年,社会科学部受理的北京大学人文社会科学国际学术会议申请达40项。其中,参会人数在50人以上的有23项。主办单位囊括了中文、历史、哲学、考古、外院、新闻、经济、政管、法学、教育、体育等15个院系或机构,单位数量最多的是外国语学院(共申报国际会议9项,与校外单位共同主办的有6项)。

2. 北京论坛。2009年11月6日,第六届"北京论坛"在北京开幕,来自全球各地的300多位专家、学者探寻"危机密码",为金融危机等人类所面对的各种危机寻找解决"良方"。全国人大常委会副委员长蒋树声,教育部副部长郝平,北京市副市长黄卫出席论坛开幕式。本次论坛大部分分论坛都设在北京大学校内,北大师生们也与大师们分享学术智慧。论坛上各位专家的真知灼见将汇编成册,赠送给政府部门以及企业单位,为决策提供智力支持。

【人文大楼建设】 人文大楼建设如期进行。2009年3月,人文大楼正式开工建设。2009年,学校聘用了一位使用方派驻建筑工地的工程师,全程监督工程进度和质量。人文大楼开工以来,萧群常务副部长代表使用方参加人文大楼每周一次的监理例会。社会科学部、中文系、历史系、哲学系等单位还就人文楼未来的内部装修、布局等事宜进行了数次会议协商。截至2009年底,人文大楼的5、6号楼即将封顶,其他几栋楼也已经出正负零(出地面)。

【工作展望】 面对2009年北京大学人文社会科学取得的喜人成绩,北大社科人保持清醒,居安思危。在新的一年里,社会科学部将进一步深化体制机制改革,提高管理服务水平。2010年1月,社会科学部将组织召开全校人文社科学科建设和发展大会,进行2009年度人文社科科研表彰,深入分析北京大学人文社科人才队伍的现状、特点和面临的挑战,创新人才队伍建设和学科发展的体制机制,保证北大人文社科队伍人才梯队的健全、合理和有序,为北京大学人文社会科学的持续繁荣和稳定发展提供坚实的人才保障,为国家和社会发展做出更大贡献。

【大事记】 1月初,北京大学正式批准成立了6个文科研究机构,分别是北京大学汇丰金融研究院(挂靠深圳研究生院)、北京大学视觉与图像研究中心(挂靠考古文博学院)、北京大学国际知识产权研究中心(挂靠法学院)、北京大学中国改革理论与实践研究中心(挂靠政府管理学院)、北京大学—香港理工大学汉语语言学研究中心(挂靠中国语言文学系)、北京大学国际高等教育研究中心(挂靠教育学院)。

1月8日,在北京大学廖凯原楼召开了北京大学教育部人文社会科学重点研究基地主任第三次圆桌会议,由北京大学政治发展与政府管理研究所承办。所长谢庆奎教授作工作报告,副所长燕继荣教授以"政治研究的新趋势和新进展"为题,做了学术前沿简介。北京大学13个基地的主任,及社会科学部部长、常务副部长、基地办公室负责人出席会议。

1月15日,社会科学部全体成员与各院系科研秘书齐聚一堂,召开年终总结会,送别两位即将退休的科研秘书,并为2007—2008年度优秀科研秘书颁发证书,感谢所有同仁一直以来的辛勤工作和对社科部的宝贵支持。

1—2月,社会科学部组织了教育部应急课题"应对国际金融危机研究"的申报工作。我校法学院、经济学院、政府管理学院等二十余位老师在寒假期间进行了申报。本次申报突出了两个特色:一是青年教师非常踊跃地申报,部分讲师和博士后担当课题负责人,大部分课题组也吸收了大量讲师和学生参与;二是申报人所在院系并不局限于传统的、与金融危机直接相关的政治经济法学领域,申报人中还包括来自北京大学软件与微电子学院、邓小平理论研究中心、医学部医学人文研究院的老师,充分体现了北大学科齐全、学术交叉的优势,也反映了各领域的研究对国家重大现实问题的关注。

1月底,2008年度"新世纪优秀人才支持计划"入选名单揭晓。我校申报的12位人文社科教师全部入选。他们是中文系李杨老师,历史学系罗新老师,哲学系徐凤林老师,国际关系学院王勇老师,经济学院张博老师,光华管理学院雷明老师,法学院王锡锌老师,社会学系方文老师,外国语学院董强老师,外国语学院陈贻绎老师,国家发展研究院唐方方老师,教育学院蒋凯老师。

1月21—23日,2008年度国家社科基金重大招标项目复评答辩工作进行,我校参加答辩的有朱善利、关世杰、郭志刚三位教授,其中朱善利、关世杰申报的课题通过复评,等待批准立项。

1—2月间,法学院甘培忠老师、经济学院宋芳秀老师提交北京市哲学社会科学规划项目结项材料,并已完成鉴定。

2月6日,教育部下达"加强社会主义核心价值体系建设研究和宣传"专项任务通知,我校法学院张千帆老师和马克思主义学院阎志民老师获得立项。

2月7日,2008年度教育部哲学社会科学研究重大课题攻关项目"中国特色国际关系与外交理论创新研究"举行开题会,首席专家朱锋教授介绍课题设计情况,来自中央外办、外交部、国防大学、中国社科院、上海外国语大学等单位的7位专家担任评委,教育部社科司张东刚司长、北京大学张国有副校长等领导出席会议。

2月20日,教育部下达"高校人文社会科学发展报告"专项任务项目,我校历史系钱乘旦、国际关系学院王缉思、信息管理系吴蔚慈、社会学系马戎、政府管理学院王浦劬几位老师获得立项。

2月下旬,北京大学2008年全国普通高等学校人文社会科学研究统计工作结束。北京大学人文社科教师2008年共完成3172项成果。其中出版著作(包括专著、编著、工具书、古籍整理、译著)548部;发表论文2586篇;另有32篇译文和6件电子出版物。

2月底,2008年下半年北京市社科理论著作出版基金资助评审工作结束,我校申报的14项成果得到资助。

2月底,历时5个月的教育部人文社会科学重点研究基地评估准备工作暂告一个段落。北京大学13个基地按照教育部的要求,认真填报网上数据库,并提交了共计24箱的相关证明材料。

2月底,全校大部分研究机构已上交2008年年度工作报告,目前,正在进行登记汇总工作。同时,开始受理新一轮机构成立申请。

3月3日,北京大学在国务院新闻办新闻发布厅举办了《中国报告2009·民生》出版座谈会暨新书发布会。本书是由北京大学中国社会科学调查中心所主要承担的"中国家庭动态跟踪调查"于2008年进行测试调查后得出的第一本描述性分析报告。出版座谈会由北京大学副校长张国有主持,北京大学党委副书记杨河致词,来自教育部、民政部、国家计生委、国家信息中心的领导和专家,以及来自中国社科院、清华大学、人民大学、北京大学的学者出席了出版座谈会。新书发布会由北京大学社会科学部常务副部长萧群主持,北京大学中国社会科学调查中心主任邱泽奇教授、该书执行主编刘世定教授对该书相关内容和意义进行了介绍。新华社、人民日报、光明日报、中国青年报、中国教育报、北京日报、北京青年报等媒体记者出席了新书发布会,并就"中国家庭动态跟踪调查"和《中国报告2009·民生》中涉及的问题与专家进行了现场交流。

3月10、11日,教育经济研究所举办两场开题报告会。2008年度教育部基地重大项目——陈学飞教授主持的"教育政策目标与执行过程偏离问题研究——以独立学院为例"和陈良焜教授主持的"中国高等职业教育的经济与非经济收益"相继进行了开题汇报与讨论。课题组成员对课题的内容和计划进行了介绍,来自教育部、中国教育电视台、北大光华管理学院等单位的5位专家从实践和理论的不同角度对课题设计提出了非常有价值的意见。社会科学部以及教育经济研究所的其他老师和同学参加了开题报告会。

3月10日,社会科学部召开部务会,集体学习教育部人才培养与学术繁荣座谈会材料,吸取兄弟院校在文科科研组织方面的有益经验,提高我校科研管理与服务水平。

3月上旬,社科部会同法学院组织第三届司法部教学科研成果奖的申报工作,共申报28项成果。

3月中旬,社科部组织申报教育部全国高校社科文库出版资助成果18份。

3月中旬,社科部对2008年人文社科教师发表的SSCI、A&HCI和SCI论文开展统计工作。

3月中下旬,受北京师范大学社科处委托,社科部组织了对北师大出版社资助出版基金20份申报材料的评审工作。

3月中下旬,2009年教育部高等学校科学研究优秀成果奖(人文社会科学)开始申报。社科部根据此次报奖变化大,时间紧的特点,为全校申报工作制定了严密的申报推送程序。

3月18日,北大-清华2009年度欧盟第七框架计划研讨会举行。北大社会科学部、科学研究部、国际合作部以及部分教师参加了会议。"欧盟科研框架计划"是欧盟成员国共同参与的中期重大科技研发计划,此研讨会旨在促进两校教师深入了解该项目的申报和执行情况,为推进两校与欧盟之间的合作打下基础。

3月26日,2008年度国家社科基金重大招标项目评审结果揭晓。42个招标方向受理投标613项,经过资格审查、专家初评、复评答辩、网上公示等规定程序,共有62项课题中标。北京大学申报12项,入围3项,其中2项中标,分别是光华管理学院朱善利教授的"生产三要素市场统一构建与城乡经济社会一体化战略实施"和新闻与传播学院关世杰教授的"我国对外传播文化软实力研究",另一未中标的入围项目转为国家社科基金重点项目,即社会学系郭志刚教授的"我国人口发展与经济社会可持续发展战略研究"。

3月27—29日,北京大学召开"985工程"二期建设项目验收会,周其凤校长主持召开动员大会,随后各科技创新平台、哲学社会科学创新基地等逐一进行了汇报和讨论。社会科学部主要承担了7个哲学社会科学创新基地的组织和协调工作。

3月下旬,受吉林大学社科处委托,社科部组织专家对吉林大学第二批资深教授评审材料进行了评审。

4月9日上午,北京外国语大学学习实践活动第二调研组(郝平任组长)赴北京大学进行调研,并重点与社会科学部同志进行了深入交流。双方详细探讨了北京大学和北京外国语大学在发展战略和哲学社会科学学科规划方面的情况。

4月9日,北京大学汉语语言学研究中心2008年度教育部基地重大课题"汉语多功能语法形式的语义地图研究"举行开题研讨会。课题负责人、中心研究员李小凡主持会议。中心兼职研究员张敏(香港科技大学)、郭锐、项梦冰、陈宝贤等课题组成员参加开题会。中心主任王洪君、方言学教授王福堂、语法学教授沈阳、少数民族语言学副教授汪锋等同行专家出席会议并发表了意见。

4月10日,社会科学部党支部成员在部长程郁缀、常务副部长兼党支部书记萧群的带领下,赴密云县蔡家洼村参观,作为学习实践科学发展观的一项重要活动。在村干部的带领下,党支部同志参观了村民住宅楼和豆制品加工厂,向村民们了解了村里的经济资助、住房、就业等政策。随后,村支书王大林与党支部同志座谈,并提出希望与北大开展合作,吸引北大学子来村工作锻炼。通过此次学习,党支部同志更深刻地体会到社会主义新农村建设对于深化改革、促进发展、升级产业结构、利民惠民的重要意义。

4月10日,2009年霍英东基金申报截止,我校推荐教育学院蒋凯和中文系汪锋申报。

4月初,经教育部组织专家评审,北京大学申报的两项"国际金融危机应对研究"应急课题正式批准立项。这两项课题分别是法学院刘燕教授申报的"控制'风险控制'——中国企业金融衍生交易重大损失案件研究",以及社会学系朱晓阳副教授申报的"农村实质经济对金融危机冲击下农民工返乡生计和发展的影响"。其中前者是重大课题,获得经费8万元;后者是一般课题,获得经费5万元。

4月上旬,北京市高等教育学会正式公布了第七次优秀高等教育科研成果奖获奖名单,我校共9项成果入选,高居单位获奖数榜首。其中专著一等奖1项,论文一等奖3项,专著二等奖1项,论文二等奖1项,论文三等奖3项。获得一等奖的是党办校办张彦老师的专著《高校学生管理危机研究——典型案例与处理机制》,教育学院陈向明老师的论文"从北大元培计划看通识教育与专业教育的关系",教育学院刘云杉、王志明老师的论文"女性进入精英群体:有限的进步"以及马克思主义学院陈占安老师的论文"积极推进高校思想政治理论课"。

4月17日,社科部组织召开2009年北京大学高校哲学社会科学教学科研骨干研修班第一、二期学员座谈会。会议由社科部常务副部长萧群主持,组织部张庆东副部长应邀出席会议。会议首先由参加研修学习的教师代表发言。老师们结合本人在中央党校30天的理论和实践学习谈了各自的收获和体会,并联系学习科学发展观,对研修内容和时间的安排以及如何落实和推广研修形式和内容提出了建设性的意见。马克思主义学院院长陈占安、新闻与传播学院常务副院长徐泓、中文系党委副书记窦克瑾、经济学院党委副书记王永健代表院系作了发言,肯定了骨干研修学习对教师本人思想觉悟以及教学科研工作的促进作用,并表示今后将大力支持这项工作的开展。此外,陈占安院长还对以骨干研修学习促进北大相关工作的开展提出了几点建议。

4月20日,国家体育总局项目申报截止,我校共6项申报。

4月22日,北京市哲学社会科学规划办公室召开"北京社科专家信息采集工作会议",组织相关单位采集具有正高级专业技术职称的专家信息,社科部项目办倪润安参加会议。

4月23日,北京大学中国社会与发展研究中心蔡华教授承担的教育部基地重大项目"中国社会文化变迁的社区史研究——以亲属制度研究为主线"结项研讨会举行。

4月25日,"《儒藏》工程编纂工作研讨会"在北京大学博雅会议中心举行,韩日等国家学者与中国学者齐聚一堂,共叙儒藏编纂事宜。北京大学副校长张国有,教育部社科司成果处处长魏贻恒出席并致辞,《儒藏》总编纂安平秋、孙钦善主持会议。海内外专家在研讨会上交流本国的研究成果和实际工作经验,以推动《儒藏》精华篇收录的"域外文献"的进一步落实。

4月28日,北京大学隆重举行"五四运动与民族复兴——纪念五四运动90周年暨李大钊诞辰120周年理论研讨会",此次研讨会由北大党委宣传部、社会科学部、马克思主义学院、邓小平理论研究中心以及北大出版社等单位共同主办。出席会议的有教育部、北京市委教育工委、中共中央党校、中国社会科学院、中共中央党史研究室、中共中央文献研究室以及北京大学等单位的领导和专家。会议主题是共同探讨在新的时代条件下如何继承和发扬五四精神和传统,为推进中华民族伟大复兴努力奋斗。

2005年新世纪优秀人才支持计划顺利完成结题。13位入选者经过4年的努力共发表论文71篇,出版著作10部,获国家级教学和科研奖励1项、省部级6项。

4月份,社科部根据北京大学文科科研机构2006—2008年年度总结,对文科科研机构的运行情况进行了调研,并与部分机构负责人座谈。

4月份,根据中共中央办公厅《关于进一步加强和改进报刊管理工作的意见》和教育部相关精神,社科部完成了我校文科院系主办的共9种刊物的审读工作。

5月6日,教育学院承担的北京市高等教育学科群项目召开验收会。

5月15日,教育部留学服务中心召开在京高校座谈会,了解各在京高校留学回国人员启动基金申报情况。

5月19日,政治发展与政府管理研究所2008年度教育部基地重大项目"当代中国廉政预警体系建设研究"和"政府治理机制研究"举行开题研讨会。

5月,为贯彻教育部下发的"关于进一步加强高等院校保密工作的通知"精神,加强我校哲学社会科学研究领域保密工作,成果办起草了《北京大学哲学社会科学研究领域保密工作暂行条例》。

6月6日、12日,邓小平理论研究中心承担的教育部基地重大项目"党的执政能力与政治文明建设研究"和"公平正义与和谐社会"分别召开结项报告会。

6月9日,新任北京市社科联副书记丁力一行4人来我校调研。调研内容涉及关于编撰出版《北京市哲学社会科学优秀成果奖第一届至第十届获奖成果简介》方案的可行性研讨;关于第11届北京市哲学社会科学优秀成果奖评奖工作的建设性意见;北京市社科联委托课题管理经验交流等方面。社科部全体同志参加了调研会。双方进行了坦诚而务实的交流,进一步增强了社科部与北京市社科联之间的工作联系和友谊。

6月15日,2009年教育部人文社会科学研究一般项目申报工作截止,北京大学共申报了224项科研项目。

6月16日上午,中国社会与发展研究中心举行2008年度教育部基地重大项目"和谐社会建设中企业社会责任的社会学研究"开题研讨会。

6月16日下午,中国古代史研究中心2008年度教育部基地重大项目"战国秦汉简牍所见制度与社会综合研究"举行开题研讨会。

6月26日上午,中国经济研究中心巫和懋教授主持的2008年度教育部基地重大项目"并购重组在中国股票市场的经济功能研究"举行开题报告。

2008年人文社科SSCI、A&HCI、SCI论文统计奖励工作结束,共发表论文114篇。此外,新统计到2008年奖励时尚未检索出的2005、2006、2007年论文共21篇。最后经院系确认和文章类型筛查,实际奖励篇数为111.5篇。

2009年教育部社科司开展遴选部分高校哲学社会科学类优秀年度研究(发展)报告进行资助的工作,我校经过各方动员和努力,共有9项年度报告进行了申报。

2009年上半年,经校长办公会通过,有4个科研机构被批准成立,有5个机构被批准撤销。目前,学校人文社会科学研究机构共有237个。

7月初,8项教育部人文社科重点研究基地重大项目提交结项材料。

7月初,2009年下半年北京市理论著作资助出版工作申报结束,我校共有14项成果申请资助。

7月9日,北京大学获得2009年北京市哲学社会科学"十一五"项目立项共6项。

7月11日,北京大学资深教授季羡林先生因病逝世。19日,社科部部长程郁缀等人参加了遗体告别仪式,并敬献了花圈,以表示对先生的深切悼念。

7月上旬,社科部党支部组织党员远赴贵州遵义,参观了息烽集中营、遵义会议会址等地,在国庆60周年之际重温了新中国建立的艰辛之路和伟大之路,在温故知本的基础上勇往直前开创未来。

7月29、30日,复旦大学文科科研处处长杨志刚率全处一行8人访问北大社科部,社科部全体同志参加了座谈会。

8月底,北大13个教育部人文社科重点研究基地进行了2009年度基地重大项目投标工作。

7月,社科部进行了人事调整:原项目办公室主任倪润安调离,新聘吴明同志主要负责项目和成果方面的工作。

7至8月,社科部配合北京市社科联"北京市哲学社会科学优秀成果集萃"有关特等奖和一等奖材料的收集和编辑工作,此项工作涉及我校113人、130项成果。

7至8月,社科部联合档案馆、校史馆为教育部提供"建国60周年高等学校科学研究成就展"的相

7至8月,社科部配合党办校办提供教师节光荣册内容。

8月,北京大学获得2009年广电总局项目立项共4项。

8月,北京大学申报2009年北京市哲学社会科学重大项目共2项。

8月30日,2009年教育部重大和后期资助项目申报截止,北京大学共申报重大攻关项目10项,后期资助项目1项。

9月2日,第36次人文社科领导人工作例会在办公楼103召开。会议邀请了北京市哲学社会科学规划办公室主任陈之昌,介绍了北京市科研项目的总体布局、重点工作和申报事项。张国有副校长主持会议,并表示北大将积极关注北京市未来的发展,做好社会服务工作。会上,社科部汇报了近期工作情况,各院系领导参加了讨论。

9月初,社科部组织各院系科研秘书一同前往江西景德镇和婺源参访交流,期间同事们愉悦了身心,增进了感情,交流了工作。

9月9日,社科部部长程郁缀、副部长耿琴出席教育部召开的"教育部哲学社会科学研究重大课题攻关项目成果出版座谈会"。汤一介先生作为首席专家代表做大会发言。

9月12日,副校长张国有、社科部部长程郁缀出席全国社科规划办公室召开的国家社科基金管理工作会议。

8月27日至9月9日,社科部发布"北京大学第二届人文社会科学研究优秀机构评选结果公示的公告",对选出的24个拟表彰机构名单进行了公示,公示期间未收到任何异议。

9月11日,新闻与传播学院关世杰承担的国家社科基金重大项目举行了开题报告会,并举行了首席专家及子课题负责专家合作协议的签字仪式。

8月15日到9月15日,我校共110名专家教授参加了2009年教育部一般项目的评审工作,参评人数在各高校中居于首位。

9月中旬,北京市教育科学"十一五"规划2009年度课题名单揭晓,我校共有8项课题获得立项。

9月15日,社科部新服务器开始正式运行,新服务器由计算中心托管,运行将更加稳定可靠。

9月16日、27日,在林建华常务副校长、于鸿君校长助理的主持下,社科部组织召开了两次民族政策研讨会,邀请各相关学科的专家围绕民族理论、政策及现状等问题进行交流研讨。

9月中下旬,社科部组织我校11位专家承担了武汉大学人文社会科学学术丛书评审工作。

9月中下旬,马克垚、严家炎、汪永铨等几位先生应社科部的邀请,承担了北京师范大学2009年资深教授的同行评审工作,评审项目共计12项,涉及历史、中文、教育、经济、艺术、哲学、心理等多个学科。

9月23日,宪法与行政法研究中心湛中乐承担的教育部重点研究基地重大项目"公立高等学校相关法律问题研究"召开结项报告会。

9月25日上午,教育经济研究所丁小浩作为负责人承担的教育部基地重大项目"进城务工人员培训与继续教育的供给模式研究"结项会在教育学院召开。

9月28日,我校获得1项国家社科基金后期资助项目。

9月,我校15项教育部一般项目、32项基地重大项目、2项重大攻关项目提交了中检材料。

为宣传"高等学校科学研究优秀成果奖(人文社会科学)"获奖成果,展示高校人文社会科学研究的水平和面貌,教育部社科司决定出版《高等学校科学研究优秀成果奖(人文社会科学)获奖成果简介》。在我校各位获奖老师和科研秘书的大力支持下,社科部组织59项获奖成果圆满完成稿件编写工作,字数总量达7万余字。

10月21日,在第37次人文社科院系领导人例会上,社会科学部做了2009年教育部高等学校科学研究优秀成果奖(人文社会科学)的分析报告,全面具体地分析了全国高校及北大各学科的科研实力和成果竞争力,与会领导和各院系领导对此进行了反馈和讨论。

10月30日,教育部推选国家出版基金评审专家,我校11名专家受到推选。

10月下旬,我校国家社科基金重大招标课题预评审会议成功举办。经过一个多月的准备工作,各首席专家陆续提交课题投标书初稿。社会科学部聘请相关专家专门召开了课题投标书的预评审会议,以帮助首席专家提高项目论证质量,取得了良好效果,赢得了广泛好评。

11月上旬,法学院朱苏力、哲学系丰子义等13位专家承担了96项教育部基地重大项目的评审工作。

11月8日,宪法与行政法研究中心2006年基地重大项目"公关治理领域的软法问题研究"举行结项研讨会,会议围绕项目最终成果——罗豪才、宋功德二位教授的新作《软法亦法——公共治理呼唤软法之治》,探讨了软法中的重大理论问题。国务院法制办副主任袁曙宏、最高人民法院副院长江必新、中共中央编译局副局长俞可平等近60位专家学者出席了研讨会。

11月11日,社科部组织召开教育部重点研究基地评估工作会议,总结了第一阶段的工作,详细分析了教育部评估方案,布置了下一步申报评估的流程和要求。社科部部长程郁缀、常务副部长萧群出席会议,对各基地的工作表示了肯定和感谢,也表达了学校对于基地建设的支持和要求。

11月14日,宪法与行政法研究中心主持召开08年基地重大项目"风险管制与行政法新发展研究"的开题研讨会。来自国务院法制办、环保部、卫生部、国家质检总局、药监局等实务部门的领导同志以及来自北京大学、清华大学、中国人民大学、耶鲁大学等高校的著名学者参加了本次会议。会议共分四个单元,围绕行政机关对风险的规制以及由此带来的行政法的新发展等问题,汇合了学术界的理论研究和实务界的具体案例思考,取得了很好的效果。

根据学校决定,强世功担任社会科学部副部长(挂职),任期一年。胡坚不再担任社会科学部副部长(挂职)职务。11月16日,社会科学部全体对胡坚教授多年来的工作表示了感谢,对强世功教授的到来表示了欢迎。

11月20日,社科部召开学术队伍建设调研专家咨询会,详细讨论了我校人文社科学术队伍建设调研的提纲和实施方案。社科部将根据调研方案,于12月中上旬走访全校文科院系。

11月27日,外国哲学研究所2008年度基地重大项目"印度婆罗门教哲学与佛教哲学比较研究"举行开题研讨会。

11月27日,中国古代史研究中心2008年度基地重大项目"《至正条格》与元代法制研究"举行开题研讨会。

11月30日,对外经济贸易大学科研处长王强一行来我校社会科学部调研。张国有副校长、程郁缀部长、萧群常务副部长、社科部相关人员参加了座谈。双方就项目管理、成果管理、基地管理以及人才队伍建设等方面进行了深入详细的交流,加强了两校人文社会科学的沟通。

12月4日,全国哲学社会科学规划办公室向北京大学党委发出《关于北京大学周其仁同志研究成果受到有关领导和部门重视的通报》。《通报》表示,北京大学国家发展研究院周其仁教授的研究成果"成都土地制度改革实践调查与经验总结"经《成果要报》发表后,文中提出的观点与建议受到国家有关部门负责同志的重视。《通报》还表示,作为哲学社会科学研究工作者,周其仁同志带领课题组坚持正确导向,自觉关注现实问题,深入开展调查研究,努力推出高质量的理论研究成果,体现了高度的责任感和使命感,为国家社科基金更好地服务党和国家工作大局作出了贡献。

12月8日上午,北京大学国际汉学家研修基地揭牌仪式在北大英杰交流中心阳光大厅举行。教育部副部长郝平、国务院新闻办公室副主任王仲伟、国家汉办主任许琳、北京大学党委书记闵维方、北京大学校长周其凤、基地主任袁行霈教授以及国际汉学知名学者、部分国内外著名大学领导人和北大相关职能部门负责人等出席了该仪式。仪式由北京大学副校长张国有主持。国际汉学家研修基地在北京大学揭牌,将成为汉学逐步推广、走向世界的新起点。

12月11—14日,社科部、人事部、各基地主任赴山东学习考察考古文化遗址。本活动由北京大学中国考古学研究中心承办,同时得到了山东省考古所的大力支持。考察团参观了北京大学考古文博学院本科生的考古田野实习基地——东平陵城遗址,青州博物馆,山东省考古所等。该活动有效地促进了各基地主任的交流。

11月中旬到2010年1月15日,受理教育部人文社科重点研究基地重大项目结项工作。

12月1—25日,社会科学部、人事部、发展规划部、教育学院领导和老师赴我校20个人文社科院系进行学科和人才建设调研。此次调研是为了给2010年1月召开的"北大人文社科科学研究与发展工作会议"做充分的第一手资料和政策准备。会后,社科部全体老师对20个院系的调研内容进行了分类整理和深入分析,提出了若干管理制度的建议和一些实施办法(讨论稿),供学校领导参考以及科研大会研讨。

12月30日,2009年"高等学校科学研究优秀成果奖"(人文社会科学)颁奖大会在人民大会堂金色大厅隆重召开,国务委员刘延东出席并发表讲话。我校张国有副校长、程郁缀部长、教育部社科委委员、获奖代表等共42人参会。

【附录】

表8-46A 2008年度国家社科基金重大招标项目立项名单

序号	课题名称	首席专家	所在单位	计划完成时间
1	我国对外传播文化软实力研究	关世杰	新闻与传播学院	2012
2	生产三要素市场统一构建与城乡经济社会一体化战略实施	朱善利 范恒山	光华管理学院	2012

表 8-46B 2009 年度国家社科基金项目立项名单

序号	项目名称	负责人	单位	项目类别
1	汶川地震遗址的旅游吸引力与深度开发潜力研究	卿前龙	城市与环境学院	一般项目
2	服务行政的原理与制度研究	蔡乐渭	法学院	青年项目
3	请求权基础方法在中国	葛云松	法学院	青年项目
4	侵权损害赔偿范围研究	刘凯湘	法学院	一般项目
5	农民权利与国家利益的宪法保障研究	张千帆	法学院	重点项目
6	实现经济稳定增长目标的促进型法研究	叶 珊	法学院	青年项目
7	利用海关档案对近代物价与工资的研究	颜 色	光华管理学院	青年项目
8	海外藏独的历史演变及其现代形态：兼论反分裂的对策	张植荣	国际关系学院	一般项目
9	企业并购反垄断审查中相关市场界定的理论及应用研究	李 虹	经济学院	一般项目
10	中国近代金融危机的理论与对策研究	张亚光	经济学院	青年项目
11	北方地区宋代新建城市的考古研究	杭 侃	考古文博学院	一般项目
12	考古学礼制文化研究	高崇文	考古文博学院	一般项目
13	隋唐长安社会文化的研究	荣新江	历史学系	一般项目
14	马克思恩格斯的民族精神观及其当代启示	宇文利	马克思主义学院	青年项目
15	国家与农村妇女就业——对西部三个村落60年变迁的比较研究	胡玉坤	人口研究所	一般项目
16	中国分区域残疾人口需求与服务利用研究	张 蕾	人口研究所	青年项目
17	土耳其的世俗化与伊斯兰复兴问题研究	昝 涛	社会学系	青年项目
18	清东陵乾隆裕陵地宫佛教题材梵、藏铭文及雕刻艺术之研究	张保胜	外国语学院	一般项目
19	敦煌文献中的于阗文咒语对音对音研究	李建强	外国语学院	青年项目
20	非传统安全视角下的中蒙关系研究	王 浩	外国语学院	一般项目
21	犍陀罗雕刻艺术与民间文学关系考证	孔菊兰	外国语学院	一般项目
22	十一届三中全会以来外国文学研究 30 年	罗 芃	外国语学院	重点项目
23	大学生英语学习社会心理：高年级阶段跟踪研究	高一虹	外国语学院	一般项目
24	大学生求职行为的追踪研究	施俊琦	心理学系	青年项目
25	县以下基层图书馆的可持续发展与图书馆基金会运作机制研究	刘兹恒	信息管理系	一般项目
26	面向文本内容提取的生成性组件库研究与建设	穗志方	信息科学技术学院	一般项目
27	巩固和发展新型农村合作医疗制度研究	王红漫	医学部	一般项目
28	柏拉图未成文学说研究	先 刚	哲学系	青年项目
29	中世纪阿拉伯神秘主义思想——照明哲学研究	沙宗平	哲学系	一般项目
30	社区自治中多主体合作的演化模拟研究	黄 璜	政府管理学院	青年项目
31	新世纪第一个十年小说研究	邵燕君	中国语言文学系	一般项目
32	晚清小说与"十七年小说"之关联研究	李 杨	中国语言文学系	一般项目

表8-46C　2009年度国家社科基金后期资助项目立项名单

序号	项目名称	负责人	所在单位
1	信息科学：概念、体系与展望	闫学杉	信息管理系

表8-46D　2009年度国家社科基金教育学项目立项名单

序号	姓名	单位	课题名称	课题类别
1	陈洪捷	教育学院	知识转型下的博士生培养：类型、过程与评价	国家一般
2	刘云杉	教育学院	高赋权教育的兴起：知识经济社会中的高等教育	国家一般
3	孙拥军	心理学系	有氧运动参与对ADHD儿童认知发展的影响及其心理机制	国家青年
4	王添淼	对外汉语教育学院	国际汉语教师专业发展研究	国家青年

表8-47　2009年度国家社科基金艺术学项目立项名单

序号	课题名称	负责人	所在单位	项目类别
1	东南亚宗教艺术的特点及其在保持社会稳定中的作用	吴杰伟	外国语学院	青年项目
2	当代中国电影的创意研究：理论与实践	陈旭光	艺术学院	一般项目

表8-48　2009年度北京大学人文社会科学重大问题前期研究资助项目名单

序号	项目名称	项目类别	负责人	所在单位
1	百年中国文学与当代文化建设	基础研究	陈晓明	中国语言文学系
2	中国古代文学和文化的阐释与当代价值	基础研究	刘勇强	中国语言文学系
3	东西方的国家建构与政治文化变迁	前瞻研究	钱乘旦	历史学系
4	历史文献学与经学史基础研究	基础研究	桥本秀美	历史学系
5	统一的多民族国家的形成与早期发展	前瞻研究	赵化成	考古文博学院
6	中国农业起源及其早期发展	基础研究	张弛	考古文博学院
7	古典学与西学传统研究	基础研究	赵敦华	哲学系
8	中国宗教关系史研究	基础研究	李四龙	哲学系
9	大中东地区的民族、宗教冲突与中国国家利益	前瞻研究	吴冰冰	外国语学院
10	现代转型中的19世纪英国：文学、社会与思想	基础研究	丁宏为	外国语学院
11	中国艺术的传统价值与现代意义	基础研究	丁宁	艺术学院
12	我国国际环境的综合评估与预测	前瞻研究	王缉思	国际关系学院
13	亚洲经济一体化与安全合作机制	前瞻研究	王正毅	国际关系学院
14	创新型国家建设的法律保障	前瞻研究	张平	法学院
15	国家经济安全的法保障	前瞻研究	甘培忠	法学院
16	转型过程中的中国社会研究：现状、问题与对策	前瞻研究	谢立中	社会学系
17	海外社会的实地调查和比较研究	基础研究	高丙中	社会学系
18	国际汉语能力标准研究	前瞻研究	赵杨	对外汉语教育学院
19	高等教育质量和毕业生就业问题研究	前瞻研究	岳昌君	教育学院
20	教育技术发展与电子化学习研究	前瞻研究	汪琼	教育学院
21	新媒体（互联网、手机等）的发展及其影响研究	前瞻研究	陈刚	新闻与传播学院
22	大学"校园体育文化"创新模式研究	基础研究	郝光安	体育教研部
23	我国市场化进程中经济增长特点	前瞻研究	刘伟	经济学院
24	城乡经济一体化发展	前瞻研究	朱善利	光华管理学院
25	中国企业行为与成长模式	前瞻研究	武常岐	光华管理学院
26	开放经济条件下的宏观经济管理与发展	基础研究	卢锋	国家发展研究院
27	医学观念的转变与我国卫生体制改革	前瞻研究	张大庆	医学部
28	高新医学技术引发的社会伦理法律问题	前瞻研究	丛亚丽	医学部
29	中国不同区域出生缺陷发生现状及其环境和健康危险因素的基础性探索研究	基础研究	郑晓瑛	人口研究所
30	基于网络使用的中文科技期刊及论文评价机制和方法研究	前瞻研究	李广建	信息管理系

表 8-49　北京大学人文社会科学青年教师科研启动基金资助名单(2008—2009)

序号	姓名	工作单位	报到日期	学位	职称	学术规划
1	常鹏翱	法学院	2009.01	博士	副教授	财产法　法律中的行为　民法适用研究
2	章永乐	法学院	2008.11	博士	讲师	国家建设理论视角下的法律史研究
3	颜色	光华管理学院	2008.06	博士	讲师	通过近代海关原始档案研究中国近代物价与工资
4	马力	光华管理学院	2008.08	博士	讲师	工作中的内在激励
5	王锐	光华管理学院	2008.08	博士	讲师	公司首席执行官信息选择视角研究
6	陈磊	光华管理学院	2008.07	博士	讲师	管理会计信息与方法研究
7	徐敏亚	光华管理学院	2008.08	博士	讲师	使用多重假设检验方法和统计方法的市场营销研究
8	韩亦	光华管理学院	2008.12	博士	讲师	领导力与决策模型　社会网络分析和配置组合方法
9	郭洁	国际关系学院	2008.09	博士	讲师	冷战时期社会主义国家关系
10	王栋	国际关系学院	2008.04	博士	讲师	冷战史　中美关系　美国外交
11	魏建国	教育财政所	2008.04	博士	讲师	教育财政法律制度交叉研究
12	尚俊杰	教育学院	2008.01	博士	副教授	虚拟现实与教育游戏
13	杨钋	教育学院	2008.01	博士	讲师	职业教育高等教育财政研究　教育生产函数研究
14	锁凌燕	经济学院	2008.02	博士	讲师	医疗保险中政府与市场关系研究
15	张鹏飞	经济学院	2008.07	博士	讲师	内生经济增长理论与制度经济学
16	管汉晖	经济学院	2008.07	博士	讲师	中国历史上的重大货币危机研究
17	李力行	国家发展研究院	2008.09	博士	讲师	地方政府竞争与城市化
18	鄢萍	国家发展研究院	2008.09	博士	讲师	中国劳动力市场研究
19	张海	考古文博学院	2008.09	博士	讲师	GIS与遥感考古　田野考古　新石器时代考古
20	张成渝	考古文博学院	2008.07	博士	讲师	文化遗产保护与利用研究
21	刘岚	人口研究所	2008.07	博士	讲师	人口老龄化与社会保障
22	吴利娟	社会学系	2008.11	博士	讲师	社会服务与社会福利资源使用与分配机制研究
23	黄棕源	外国语学院	2008.04	博士	副教授	韩国东学思想研究
24	苏祺	外国语学院	2009.01	博士	讲师	当代外国文学纪事数据库的构建及检索平台研究
25	王秀丽	新闻与传播学院	2008.06	博士	讲师	国家形象与新媒体研究
26	许欢	信息管理系	2008.01	博士	讲师	出版文化与阅读史研究
27	刘哲	哲学系	2008.07	博士	讲师	主体性论题研究
28	宁晓萌	哲学系	2008.08	博士	讲师	现象学视域下绘画哲学研究
29	李猛	哲学系	2009.01	博士	副教授	早期现代西方伦理思想转型研究
30	严洁	政府管理学院	2008.07	博士	讲师	中国政治发展的实证研究
31	陈宝贤	中国语言文学系	2008.07	博士	讲师	闽南方言研究
32	柳春蕊	中国语言文学系	2008.07	博士	讲师	先秦诸子(庄子)研究
33	宋亚云	中国语言文学系	2008.09	博士	讲师	汉语名动转形研究
34	路云	对外汉语教育学院	2008.07	博士	讲师	海外母语缺失背景下加强学生文化语用能力培养问题研究
35	袁琳	外国语学院	2008.07	硕士	助教	蒙古语研究
36	谢昂	外国语学院	2008.07	硕士	助教	越南高台教研究
37	姚骏	对外汉语教育学院	2008.07	博士	讲师	针对韩国人的汉语教学国别研究
38	甘祥满	哲学系	2008.07	博士	助理研究员	典籍诠释学比较研究
39	林锋	马克思主义学院	2008.07	博士	讲师	马克思晚年哲学思想研究
40	张亚光	经济学院	2008.07	博士	讲师	民国金融思想史研究
41	倪润安	考古文博学院	2009.03	博士	讲师	魏晋南北朝墓葬考古研究
42	昝涛	历史学系	2009.04	博士	讲师	中东伊斯兰近现代史(土耳其为切入点)
43	郭金华	社会学系	2009.04	博士	讲师	医学人类学

续表

序号	姓名	工作单位	报到日期	学位	职称	学术规划
44	刘晓南	对外汉语教育学院	2009.06	博士	讲师	跨文化交际研究
45	路江涌	光华管理学院	2009.06	博士	副教授	中国企业国际化问题研究
46	高翔	社会学系	2009.09	博士	讲师	儿童福利政策研究
47	唐应茂	法学院	2009.09	博士	讲师	国际金融法
48	李怡宗	光华管理学院	2009.06	博士	教授	交易成本管理研究
49	刘银良	法学院	2009.09	博士	副教授	知识产权法理论、生物技术法
50	秦雪征	经济学院	2009.07	博士	讲师	卫生经济学研究
51	韩巍	历史学系	2009.06	博士	讲师	中国上古史
52	孙铁山	政府管理学院	2009.07	博士	讲师	中国大都市发展研究
53	陈绍锋	国际关系学院	2009.09	博士	讲师	非传统安全、区域化及中国周边关系研究
54	陈凯	经济学院	2009.08	博士	讲师	养老基金管理
55	王京	外国语学院	2009.08	博士	讲师	日本民俗学与中国
56	朱国忠	光华管理学院	2009.06	博士	讲师	房地产经济学
57	冯米	光华管理学院	2009.07	博士	讲师	组织生态理论研究
58	眭依凡	教育学院	2009.11	博士	教授	大学内部资源科学配置研究
59	朱红	教育学院	2009.06	博士	讲师	高校学生工作研究
60	任润	光华管理学院	2009.08	博士	讲师	人力资源管理
61	古市雅子	外国语学院	2009.07	博士	讲师	沦陷时期日本在华电影机构研究

表8-50　2009年北京大学教育部一般项目立项名单

序号	单位	项目分类	项目名称	项目批准号	项目负责人
1	国际关系学院	规划基金项目	巴基斯坦的塔利班化与美国阿富巴（Af-Pak）战略研究	09JAGJW002	王联
2	国际关系学院	规划基金项目	从"文明标准"到"新文明标准"——中国与国际社会规范的变迁	09JAGJW003	张小明
3	国际关系学院	规划基金项目	国际体系与俄罗斯兴衰——俄罗斯经济发展道路演变的国际因素	09YJAZH003	张丽
4	城市与环境学院	规划基金项目	地方感研究及其在城市历史地段保护更新中的应用	09YJZH004	汪芳
5	体育教研部	规划基金项目	构建高校安全教育体系深化研究与推广实验	09YJA880003	张锐
6	教育学院	规划基金项目	建国六十年我国高等教育发展观研究	09YJA880004	展立新
7	教育学院	规划基金项目	现代大学学科制度的形成：1780—1920	09YJA880005	李春萍
8	教育学院	规划基金项目	培养可持续性发展观：北京与伦敦两地中学生相关知识、态度与行为的比较研究	09YJA880006	刘云杉
9	教育学院	规划基金项目	研究型大学中外国专家学术业绩及影响因素分析	09YJA880007	马万华
10	教育学院	规划基金项目	印度高等教育发展问题研究	09YJA880008	施晓光
11	教育学院	规划基金项目	影响高校教师网上开放课程资源的因素及对策研究	09YJA880009	王爱华
12	经济学院	规划基金项目	经济改革、经济增长与我国农村反贫困	09YJA790005	夏庆杰
13	经济学院	规划基金项目	中国电力价格体制改革研究——煤电价格联动的政策效应分析	09YJA790006	李虹
14	国家发展研究院	规划基金项目	上市公司投票机制优化设计实验研究	09YJA790007	唐方
15	经济学院	规划基金项目	社会资本与农民工经济地位——基于北京市农民工样本的研究	09YJA790008	叶静怡
16	历史学系	规划基金项目	现代化进程中的农民与国家——墨西哥经验研究	09YJA770001	董经胜
17	历史学系	规划基金项目	20世纪印度发展观的历史演变	09YJA770002	王红生

续表

序号	单位	项目分类	项目名称	项目批准号	项目负责人
18	社会学系	规划基金项目	中国六省市县级建制区吸毒人群规模的社会——经济因素分析:HLM模型的定量分解	09YJA840003	刘能
19	图书馆	规划基金项目	民国时期图书馆学著作出版与学术传承	09YJA870001	范凡
20	信息管理系	规划基金项目	大规模中文搜索引擎日志挖掘及其应用研究	09YJA870002	王继民
21	外国语学院	规划基金项目	厨川白村社会批评研究	09YJA752001	李强
22	外国语学院	规划基金项目	西班牙当代女性成长小说	09YJA752002	王军
23	外国语学院	规划基金项目	高德汶、雪莱及布朗特姐妹小说中的人物地位可换性	09YJA752003	苏耕欣
24	中国语言文学系	规划基金项目	普通话语调的音系描写和语音实现——语调与声调和重音关系的量化研究	09YJA740006	王韫佳
25	中国语言文学系	规划基金项目	辽宋金异读字综合研究	09YJA740007	张渭毅
26	中国语言文学系	规划基金项目	《朱子语类》句法研究	09YJA740008	刘子瑜
27	哲学系	规划基金项目	虚拟对象的名字及其指称理论	09YJA720003	叶闯
28	哲学系	规划基金项目	欧美佛学思想研究	09YJA730002	李四龙
29	法学院	青年基金项目	平衡预算与赤字控制法律问题研究	09YJC820002	叶姗
30	法学院	青年基金项目	法教义学的基本要素研究——以民法概念与规范为重点	09YJC820003	许德峰
31	经济学院	青年基金项目	中国古代讼师和讼师秘本再研究	09YJC820005	孙家红
32	国际关系学院	青年基金项目	从天下意识到世界意识:中国世界观念的历史演变(1500—1911)	09YJCGJW001	李扬帆
33	医学部	青年基金项目	北方某城市中小学生校园暴力行为流行现状、影响因素及干预研究	09YJCZH003	星一
34	医学部	青年基金项目	中国儿童健康公平性的社会决定因素研究	09YJCZH004	冯星淋
35	经济学院	青年基金项目	低碳城市评估体系与经济—能源—环境多目标优化调控	09YJCZH005	季曦
36	教务长办公室	青年基金项目	学术生产力视域下的博士生培养质量评价体系研究	09YJC880002	张存群
37	教育学院	青年基金项目	大学史研究在美国:以学术谱系和问题意识为中心的考察(1899—1999)	09YJC880003	沈文钦
38	科学研究部	青年基金项目	新型工业化背景下的工程人力资源开发研究——工程教育的视角	09YJC880004	李晓强
39	经济学院	青年基金项目	全球化对我国收入分配的影响:基于近代历史(1840—1936)的研究	09YJC790010	管汉晖
40	光华管理学院	青年基金项目	基于能源和环境约束的内生经济增长:理论模型与数值模拟	09YJC790011	李金铠
41	光华管理学院	青年基金项目	从清代粮价研究政府在经济波动中的作用	09YJC790012	颜色
42	经济学院	青年基金项目	公用事业改革的误区与出路:基于预算软约束的研究	09YJC790013	张鹏飞
43	经济学院	青年基金项目	中国农村金融改革与机制创新	09YJC790014	王曙光
44	考古文博学院	青年基金项目	从拓跋到北魏的墓葬考古研究	09YJC780001	倪润安
45	考古文博学院	青年基金项目	铁质文物脱氯保护技术研究	09YJC780002	胡钢
46	历史学系	青年基金项目	西周晚期青铜器铭文综合研究	09YJC770001	韩巍
47	马克思主义学院	青年基金项目	社会主义新农村建设背景下大学生"村官"政策研究——以北京、安徽为例	09YJC710001	王久高
48	人口研究所	青年基金项目	基于GIS平台的我国区域残疾人口致残因素分析	09YJC840002	武继磊
49	社会学系	青年基金项目	城市社区中公民意识培育的人类学研究——基于社会治理的视野	09YJC840003	张金岭
50	信息管理系	青年基金项目	网络阅读中的共享行为研究	09YJC870003	许欢
51	图书馆	青年基金项目	中文图书评价体系研究	09YJC870004	何峻

续表

序号	单位	项目分类	项目名称	项目批准号	项目负责人
52	外国语学院	青年基金项目	永远的"唐土"——日本平安朝叙事文学中的中国形象	09YJC752001	丁莉
53	新闻与传播学院	青年基金项目	美国密苏里新闻教育模式在中国的传播和实践研究	09YJC860002	邓绍根
54	外国语学院	青年基金项目	针对中国学生的韩国语形容词多维释义研究	09YJC740001	王丹
55	马克思主义学院	青年基金项目	马克思早期六部主要著作历史地位新探讨	09YJC720001	林锋
56	哲学系	青年基金项目	魏晋南北朝儒家经典诠释中的方法与问题研究	09YJC720002	甘祥满
57	哲学系	青年基金项目	二十世纪法国绘画哲学研究	09YJC720003	宁晓萌
58	医学部	青年基金项目	《十字路口的科学》及其影响研究	09YJC720004	唐文佩
59	中国语言文学系	青年基金项目	从"中国气派"到"文化寻根"——当代文学的民族性建构及其文化认同	09YJC751006	贺桂梅
60	法学院	青年基金项目	合法性与正当性理论研究		刘毅
61	外国语学院	后期资助（重点）	乌尔都语汉语词典	09JHQ033	孔菊兰

（刘睿 制表）

表8-51A　2009年北京大学教育部专项项目立项名单

序号	单位	项目名称	申请人	项目批准号
1	马克思主义学院	"中国近现代史纲要"教学案例解析	仝华	09JDSZK001
2	政府管理学院	高校辅导员实践工作的差异分析——从学生需求角度出发的实证分析	李海燕	09JDSZ3001
3	党办校办	高校网络舆论领袖的形成、作用和管理研究	张彦	09JDSZ2044
4	马克思主义学院	高校宣传思想工作创新研究	李征	09JDSZ2028

表8-51B　2009年北京大学教育部重大攻关项目立项名单

项目批准号	课题名称	课题类别	所在单位	负责人
09JZD0040-1	中国国际战略环境预测与国家应对战略研究	重大攻关	国际关系学院	王缉思
09JZD0026	中国特色社会工作制度和模式研究	重大攻关	社会学系	王思斌
09JZD0013	日本侵华史料整理与研究	重大攻关	历史学系	徐勇
09JZD0041	西汉竹简整理与研究	重大攻关	历史学系	阎步克
09JZDMG010	中华文明史	重大攻关（马工程）	国学研究院	袁行霈

表8-52A　2009年北京市哲学社会科学"十一五"规划项目

序号	课题名称	负责人	课题级别	所在单位
1	美国次贷危机成因的政策法律分析及其对我国的启示	楼建波	一般项目	法学院
2	人大推进首都基层群众自治作用的加强和完善——创建北京模式	王磊	重点项目	法学院
3	北京水资源的应用历史地理学思考与研究	韩光辉	重点项目	城市与环境学院
4	北京市中小企业集群融资模式创新设计与研究	王一鸣	重点项目	经济学院
5	北京市产业空间结构研究	刘伟	重点项目	经济学院
6	北京市流动人口宗教信仰研究	卢云峰	一般项目	社会学系
7	应对国际金融危机，加速北京外贸发展方式转型——基于产业内贸易理论的对策研究	姜万军	一般项目	光华管理学院
8	新中国文学发展60年	张颐武	一般项目	中国语言文学系

（吴明 制表）

表 8-52B 2009 年度北京市教育科学规划项目立项名单

序 号	课题名称	负责人	课题类别	所在单位
1	科学发展观与首都环境教育发展研究	李 虹	重点课题	经济学院
2	首都高校国际化发展现状与策略研究	马万华	重点课题	教育学院
3	高校人才培养中博士后群体的认同及其制度建设研究	于惠芳	重点课题	社会学系
4	博士生培养模式的多样化、国际化以及结构化趋势	沈文钦	青年专项课题	教育学院
5	师生关系紧张的现状与和谐师生关系的构建研究	贺武华	青年专项课题	教育学院
6	首都学习型城市构建教育信息资源建设和应用研究	侯建军	重点课题	远程教育
7	中学教师的工作压力应对与干预	甘怡群	重点课题	心理学系
8	初中生预防校园暴力教育研究	陈晶琦	重点课题	医学部

（吴明 制表）

表 8-53 2009 年度国务院侨务办公室立项课题名单

序 号	课题名称	负责人	所在单位
1	未来 5—10 年侨情发展趋势与侨务对策研究	李安山	国际关系学院
2	海外华人对中国大陆直接投资影响因素研究	王文平	经济学院

（吴明 制表）

表 8-54A 2009 年度国家广电总局立项课题名单

序 号	课题名称	负责人	所在单位
1	网络视听节目内容审查评估制度研究	周庆山	信息管理系
2	中国网络电影产业发展研究	邱章红	艺术学院
3	电视传播与国家影响力战略研究	俞 虹	艺术学院
4	网络电影创作生产研究	陈 宇	艺术学院
5	中国电视新闻节目形态演变与创新研究	徐 泓	新闻与传播学院

（吴明 制表）

表 8-54B 2009 年度国家司法部立项课题名单

序 号	课题名称	负责人	所在单位
1	西方学者论中国法律传统	徐爱国	法学院
2	国家法治与法学理论研究项目	王世洲	法学院
3	中国法规审查标准及其评价系统	姜明安	法学院
4	我国非上市公司证券法律制度研究	郭 雳	法学院
5	我国能源安全保障的经济法机制	肖江平	法学院
6	网络技术条件下的不正当竞争规制	杨 明	法学院
7	欧洲私法一体化研究	薛 军	法学院
8	公民生育权与社会抚养费制度研究	湛中乐	法学院

（吴明 制表）

表 8-55 2009 年度教育部留学回国人员科研启动基金项目立项名单

序 号	单 位	负责人	课题名称	经费/元
1	教育学院	杨 钋	中国高等职业教育收益研究	30000
2	光华管理学院	王铁民	汽车制造企业在华筹供战略——对丰田和大众的案例研究	20000
3	光华管理学院	翟 昕	供应链环境下采用动态策略的运输—库存整合优化研究	20000
4	社会学系	张金岭	法国公民社会的人类学个案研究	20000
5	外国语学院	苏薇星	自然现象与精神境界：论四位现当代欧美诗人	20000

（吴明 制表）

表 8-56　北京大学荣获 2009 年教育部"高等学校科学研究优秀成果奖(人文社会科学)"名单

一等奖

序号	成果名称	成果形式	获奖者	所在单位
1	石涛研究	著作类	朱良志	哲学系
2	触摸历史与进入五四	著作类	陈平原	中国语言文学系
3	日藏汉籍善本书录(三卷)	著作类	严绍璗	中国语言文学系
4	罗马-拜占庭经济史	著作类	厉以宁	光华管理学院
5	《1P理论》——网状经济时代的全新商业模式	著作类	王建国	光华管理学院
6	财税法疏议	著作类	张守文	法学院
7	探索教育变革:经济学和管理政策的视角	著作类	闵维方等	教育学院
8	Regression coefficient and autoregressive order shrinkage and selection via the lasso	论文类	王汉生等	光华管理学院

二等奖

序号	成果名称	成果形式	获奖者	所在单位
1	中华文明史(四卷)	著作类	袁行霈等	中国语言文学系
2	Comparison of Languages in Contact-The Distillation Method and the Case of Bai	著作类	汪　锋	中国语言文学系
3	Laryngeal Dynamics and Physiological Model	著作类	孔江平	中国语言文学系
4	英美小说叙事理论研究	著作类	申　丹等	外国语学院
5	意识形态与美国外交政策:以 20 世纪美国对华政策为个案的研究	著作类	王立新	历史学系
6	Deutsche Plaene zur europaeischen wirtschaftlichen Neuordnung 1939—1945	著作类	李　维	历史学系
7	中国远古人类文化的源流	著作类	王幼平	考古文博学院
8	唐代的丧葬观念习俗与礼仪制度	论文类	齐东方	考古文博学院
9	国有银行与股份制银行资产组合配置的差异研究	论文类	贾春新	光华管理学院
10	"先征后返"、公司税负与税收政策的有效性	论文类	吴联生等	光华管理学院
11	中国货币流通速度下降的影响因素:一个新的分析视角	论文类	赵留彦等	经济学院
12	健康、村庄民主和农村发展	著作类	姚　洋	国家发展研究院
13	中国工薪所得税有效税率研究	论文类	刘　怡等	经济学院
14	The long-term health and economic consequences of the 1959—1961 famine in China	论文类	陈玉宇等	光华管理学院
15	法人与行政主体理论的再探讨	论文类	葛云松	法学院
16	"十一五"京津冀区域科技发展规划研究与确定	研究报告类	李国平等	政府管理学院
17	Leader-Member Exchange as a Mediator of the Relationship Between Transformational Leadership and Followers' Performance and Organizational Citizenship Behavior.	论文类	王　辉等	光华管理学院
18	A New Perspective in Guiding Ethnic Relations in the 21st Century:'De-politicization' of Ethnicity in China	论文类	马　戎	社会学系
19	中国学位与研究生教育发展报告	著作类	陈学飞等	教育学院

三等奖

序号	成果名称	成果形式	获奖者	所在单位
1	《逻辑哲学论》研究	著作类	韩林合	哲学系
2	海德格尔传	著作类	张祥龙	哲学系
3	心学论集	著作类	张学智	哲学系
4	韩国新宗教的源流与嬗变	著作类	金　勋	外国语学院
5	中国古代小说史叙论	著作类	刘勇强	中国语言文学系
6	中国民间文学研究的现代轨辙	著作类	陈泳超	中国语言文学系

续表

序 号	成果名称	成果形式	获奖者	所在单位
7	印度的罗摩故事与东南亚文学	著作类	张玉安等	外国语学院
8	《圣经》的文学性诠释与希伯来精神的探求	著作类	刘 锋	外国语学院
9	图像缤纷——视觉艺术的文化维度	著作类	丁 宁	艺术学院
10	可汗号研究——兼论中国古代"生称谥"问题	论文类	罗 新	历史学系
11	祖宗之法——北宋前期政治述略	著作类	邓小南	历史学系
12	中国医药卫生体制改革总体方案	研究报告类	李 玲等	国家发展研究院
13	中国品牌发展报告	研究报告类	杨岳全等	光华管理学院
14	流动人口、覆盖偏差和GPS辅助的区域抽样方法	论文类	沈明明等	政府管理学院
15	程序性制裁理论	著作类	陈瑞华	法学院
16	软法的兴起与软法之治	论文类	姜明安	法学院
17	法律与文学	著作类	朱苏力	法学院
18	立法者的法理学	著作类	强世功	法学院
19	中外环境影响评价制度比较研究:环境与开发决策的正当法律程序	著作类	汪 劲	法学院
20	刑法知识论	著作类	陈兴良	法学院
21	选择:国企变革与工人生存行动	著作类	刘爱玉	社会学系
22	第二次全国残疾人抽样调查数据分析报告	研究报告类	郑晓瑛等	人口研究所
23	年龄论:社会空间中的社会时间	著作类	刘德寰	新闻与传播学院
24	从启蒙者到专业人	著作类	刘云杉	教育学院
25	规模扩大与高等教育入学机会的均等	论文类	丁小浩	教育学院
26	美国强大的原因及其外交优势与特色	研究报告类	王缉思等	国际关系学院
27	地缘政治学:二分论及其超越	著作类	李义虎	国际关系学院

普及奖

序 号	成果名称	成果形式	获奖者	所在单位
1	宗教学是什么	著作类	张志刚	哲学系
2	佛教入门——历史与教义	著作类	姚卫群	哲学系
3	汉语和汉语研究十五讲	著作类	陆俭明等	中国语言文学系
4	兵以诈立——我读《孙子》	著作类	李 零	中国语言文学系
5	社会学是什么	著作类	邱泽奇	社会学系

表8-57　北京大学新世纪优秀人才入选者名单(2004—2008)

年 份	编 号	姓 名	所在单位
2004	NCET-04-0006	龚六堂	光华管理学院
2004	NCET-04-0007	郭 锐	中国语言文学系
2004	NCET-04-0009	黄桂田	经济学院
2004	NCET-04-0015	刘浦江	历史学系
2004	NCET-04-0017	王 博	哲学系
2004	NCET-04-0018	王 建	外国语学院
2004	NCET-04-0019	王余光	信息管理系
2004	NCET-04-0025	姚 洋	中国经济研究中心
2004	NCET-04-0027	张 弛	考古文博学院
2004	NCET-04-0029	张 静	社会学系
2004	NCET-04-0030	张守文	法学院
2004	NCET-04-0032	赵成根	政府管理学院
2005	NCET-05-0027	傅 军	政府管理学院
2005	NCET-05-0028	韩林合	哲学系
2005	NCET-05-0029	金 勋	外国语学院
2005	NCET-05-0030	王立新	历史学系

续表

年　份	编　号	姓　名	所在单位
2005	NCET-05-0031	张　健	中国语言文学系
2005	NCET-05-0032	苏耕欣	外国语学院
2005	NCET-05-0033	陆正飞	光华管理学院
2005	NCET-05-0034	李　玲	中国经济研究中心
2005	NCET-05-0035	宋新明	人口研究所
2005	NCET-05-0036	章　政	经济学院
2005	NCET-05-0037	陈瑞华	法学院
2005	NCET-05-0038	佟　新	社会学系
2005	NCET-05-0039	王　军	信息管理系
2006	NCET-06-0018	蔡洪滨	光华管理学院
2006	NCET-06-0019	陈岗龙	外国语学院
2006	NCET-06-0020	郭润涛	历史学系
2006	NCET-06-0021	李道新	艺术学院
2006	NCET-06-0022	李国平	政府管理学院
2006	NCET-06-0023	李绍荣	经济学院
2006	NCET-06-0024	刘华杰	哲学系
2006	NCET-06-0025	汪建成	法学院
2006	NCET-06-0026	文东茅	教育学院
2006	NCET-06-0027	赵耀辉	中国经济研究中心
2007	NCET-07-0007	陈　刚	新闻与传播学院
2007	NCET-07-0009	陈　明	外国语学院
2007	NCET-07-0019	梁根林	法学院
2007	NCET-07-0020	刘　怡	经济学院
2007	NCET-07-0021	邱泽奇	社会学系
2007	NCET-07-0024	吴联生	光华管理学院
2007	NCET-07-0025	吴晓东	中国语言文学系
2007	NCET-07-0028	徐向东	哲学系
2007	NCET-07-0029	岳昌君	教育学院
2007	NCET-07-0030	张　帆	历史学系
2008	NCET-08-0017	徐凤林	哲学系
2008	NCET-08-0018	董　强	外国语学院
2008	NCET-08-0019	李　杨	中国语言文学系
2008	NCET-08-0020	陈贻绎	外国语学院
2008	NCET-08-0021	罗　新	历史学系
2008	NCET-08-0022	张　博	经济学院
2008	NCET-08-0023	雷　明	光华管理学院
2008	NCET-08-0024	唐方方	国家发展研究院
2008	NCET-08-0025	方　文	社会学系
2008	NCET-08-0026	王锡锌	法学院
2008	NCET-08-0027	王　勇	国际关系学院
2008	NCET-08-0028	蒋　凯	教育学院

表 8-58A　2008 年下半年北京市社科理论著作出版基金资助名单

序　号	申报著作	申请人	所在单位
1	叙事、文体与文本——重读英美经典短篇小说	申　丹	外语学院
2	苏联作家肖洛霍夫的传奇人生	李毓榛	外语学院
3	哥特小说:社会转型时期的矛盾文学	苏耕欣	外语学院
4	转型期中国城镇医疗保险体系中的政府与市场——角色定位与模式选择	锁凌燕	经济学院
5	"里约"十年中国资源-经济-环境绿色核算(1992—2002)	雷　明	光华管理学院

续表

序号	申报著作	申请人	所在单位
6	中国图书馆学研究史稿(1949.10—1979.12)	周文骏	信息管理系
7	普通话韵律词的实验研究	邓丹	对外汉语教育学院
8	南非史	郑家馨	历史学系
9	中国农村生殖健康卫生资源优化和转型实证调查报告——基层的声音	郑晓瑛	人口研究所
10	财政转移支付法的理念与制度	徐阳光	法学院
11	朝向真无限的思想自由	刘哲	哲学系
12	东坡词研究	郑园	北京大学学报
13	中国一至十六世纪政治文化研究	陈苏镇	历史学系
14	宋辽金元城市发展研究	韩光辉	城市与环境学院

表 8-58B 2009年上半年北京市社科理论著作出版基金资助名单

序号	申报著作	申请人	所在单位
1	"十一五"期间北京城市管理的观念、体制、机制研究	张国庆	政府管理学院
2	预防青少年网络被害的教育对策研究	赵国玲	法学院
3	澳大利亚均等化转移支付制度研究	吕晨飞	学生工作部
4	刑事诉讼的宪政基础	陈永生	法学院
5	隋唐医疗与外来文明	陈明	外语学院
6	《山海经》学术史考论	陈连山	中国语言文学系
7	菲尔丁研究	韩加明	外语学院
8	强调范畴及其若干句法研究	汲传波	对外汉语教育学院
9	现代汉语离合词离析形式功能研究	王海峰	对外汉语教育学院
10	北大史学系早期发展史研究(1899—1937)	尚小明	历史学系
11	服务型政府建设:政府再造七项战略	燕继荣	政府管理学院
12	判例刑法学	陈兴良	法学院

表 8-59 2009年度各类项目、成果、人才评审专家名单

评审类别	评审方式	姓名	所在单位	姓名	所在单位
新世纪人才	会议评审	朱苏力	法学院	丁小浩	教育学院
		许平	历史学系	周志忍	政府管理学院

表 8-60 选送2009年哲学社会科学教学科研骨干研修班学员名单

	姓名	性别	所在单位
第一期	程曼丽	女	新闻与传播学院
	孙熙国	男	马克思主义学院
第二期	孔庆东	男	中国语言文学系
	施晓光	男	教育学院
	王一鸣	男	经济学院
第三期	王红漫	女	医学人文研究院
	张静	女	社会学系
	王建	男	外语学院
第四期	程美东	男	马克思主义学院
	张浩达	男	信息管理系
	颜海英	女	历史学系
第五期	燕继荣	男	政府管理学院
	潘建锋	男	法学院
	雷明	男	光华管理学院
第六期	王幼平	男	考古文博学院
	张光明	男	国际关系学院
	陈旭光	男	艺术学院

表 8-61A 2008 年北京大学人文社科 SSCI、AHCI、SCI 论文奖励院系统计

所在院系	成果形式				实际奖励总数	科研经费奖励总计/元
	论文	书评	资料	其他		
光华管理学院	44	0	2	2	48	220800
考古文博学院	13	0	0	1	14	64600
国家发展研究院	8	0	0	2	10	44600
人口研究所	8	0	0	0	8	37600
教育学院	5.5	0	0	2	7.5	32850
经济学院	3	0	1	2	6	24600
哲学系	5	0	0	0	5	23500
外国语学院	3	1	0	0	4	17600
中国语言文学系	3	0	0	0	3	14100
国际关系学院	2	1	0	0	3	12900
社会学系	2	0	0	0	2	9400
法学院	0	1	0	0	1	3500
合　计	96.5	3	3	9	111.5	506050

表 8-61B 2008 年北京大学人文社科 SSCI、A&HCI、SCI 论文奖励作者统计

所在院系	作者	奖励篇数	奖励经费/元
法学院	白桂梅	1	3500
光华管理学院	陈丽华	1	4700
光华管理学院	陈丽华	1	3500
光华管理学院	陈松蹊	1	4700
光华管理学院	董小英	1	3500
光华管理学院	龚六堂	4	18800
光华管理学院	姜国华	0.5	2350
光华管理学院	金赛男	2	9400
光华管理学院	李　东	1	4700
光华管理学院	林莞娟	1	4700
光华管理学院	刘国恩	2	7000
光华管理学院	刘玉珍	1	4700
光华管理学院	彭泗清	3	14100
光华管理学院	任　菲	1	4700
光华管理学院	苏　萌	1	4700
光华管理学院	苏良军	3	14100
光华管理学院	田利辉	1	4700
光华管理学院	王　辉	1	4700
光华管理学院	王汉生	5.5	25850
光华管理学院	王明进	1	4700
光华管理学院	王其文	1	4700
光华管理学院	王亚平	0.5	2350
光华管理学院	吴联生	1.5	7050
光华管理学院	阎丽静	1	4700
光华管理学院	翟　昕	1	4700
光华管理学院	张　然	2	9400
光华管理学院	张　翼	1	4700
光华管理学院	张红霞	1	4700
光华管理学院	张建君	1	4700
光华管理学院	张一弛	1	4700
光华管理学院	张志学	1	4700

续表

所在院系	作者	奖励篇数	奖励经费/元
光华管理学院	郑晓娜	1	4700
光华管理学院	周黎安	1	4700
光华管理学院	周长辉	2	9400
国际关系学院	贾庆国	2	8200
国际关系学院	张海滨	1	4700
国家发展研究院	陈平	1	3500
国家发展研究院	何茵	1	4700
国家发展研究院	李玲	1	3500
国家发展研究院	林毅夫	2.5	11750
国家发展研究院	沈艳	1.5	7050
国家发展研究院	沈明高	1	4700
国家发展研究院	张鹏飞	1	4700
国家发展研究院	赵耀辉	1	4700
教育学院	丁小浩	1	4700
教育学院	丁延庆	1	4700
教育学院	郭建如	1	4700
教育学院	李文利	1	3500
教育学院	刘明兴	2.5	10550
教育学院	王蓉	1	4700
经济学院	李连发	1	4700
经济学院	林双林	4	16400
经济学院	郑伟	1	3500
考古文博学院	陈建立	1	4700
考古文博学院	何嘉宁	1	4700
考古文博学院	黄蕴平	1	4700
考古文博学院	李水城	1	4700
考古文博学院	权奎山	1	4700
考古文博学院	宋向光	1	4700
考古文博学院	吴小红	5	22300
考古文博学院	原思训	1	4700
考古文博学院	徐天进	1	4700
考古文博学院	张晓梅	1	4700
人口研究所	陈功	1	4700
人口研究所	任强	1	4700
人口研究所	武继磊	1	4700
人口研究所	郑晓瑛	5	23500
社会学系	卢云峰	1	4700
社会学系	佟新	1	4700
外国语学院	申丹	2	8200
外语学院	高一虹	1	4700
外语学院	郝田虎	1	4700
哲学系	刘哲	1	4700
哲学系	孙尚扬	1	4700
哲学系	汤一介	1	4700
哲学系	徐凤林	2	9400
中国语言文学系	戴锦华	1	4700
中国语言文学系	汪锋	1	4700
中国语言文学系	叶文曦	1	4700

表 8-62 2008 年人文社科 SSCI,A&HCI,SCI 论文目录

序号	所在院系	中文姓名	英文署名者	英文题目	期刊名称	具体刊号	文章类型
1	法学院	白桂梅	B. A. I. Guimei	Dui guonei zhanzhengzui de pubian guanxia yu guojifa (universal jurisdiction over war crimes in non-international armed conflicts and international law)	Chinese Journal of International Law	(2008) Jul. 7, (2) 586	Book Review
2	光华管理学院	陈丽华	L. Chen, Y. Fang and M. Fukushima	A mixed R&D projects and securities portfolio selection model	EUROPEAN JOURNAL OF OPERATIONAL RESEARCH		Article
3	光华管理学院	陈丽华	Lihua Chen1, Yinyu Ye2 and Jiawei Zhang3	A Note on Equilibrium Pricing as Convex Optimization	Lecture Notes in Computer Science		Proceedings Paper
4	光华管理学院	陈松蹊	Chen, S. X., Leung, D. Y. H. and J. Qin	Improving semiparametric estimation by using surrogate data	Journal of the Royal Statistical Society Series B-Statistical Methodology		Article
5	光华管理学院	董小英	R. Davison, S. Siew Kien and Dong Xiaoying	Introduction to the special issue on information systems in China	Information Systems Journal		Editorial Material
6	光华管理学院	龚六堂	L. T. Gong, W. Smith and H. F. Zou	Asset prices and hyperbolic discounting	Annals of Economics and Finance	(2007) Nov. 8, (2) 397	Article
7	光华管理学院	龚六堂	X. Y. Cui and L. T. Gong	Foreign aid, domestic capital accumulation, and foreign borrowing	Journal of Macroeconomics	(2008) Sep. 30, (3) 1269	Article
8	光华管理学院	龚六堂	Cui Xiaoyong and Gong Liutang.	Macroeconomic Policies and Foreign Asset Accumulation in a Finite-Horizon Model	Annals of Economics and Finance		Article
9	光华管理学院	龚六堂	X. Y. Cui, L. T. Gong, J. F. Yang and H. F. Zou	Marshallian time preferences and monetary non-neutrality	Economic Modelling	(2008) Nov. 25, (6) 1196	Article
10	美国华/王汉生	美国华/王汉生	Guohua Jiang, Hansheng Wang	Should Earnings Thresholds be used as Delisting Criteria in Stock Market?	Journal of Accounting and Public Policy	SEP-OCT 2008	Article
11	光华管理学院	金赛男	P. C. B. Phillips, S. Jin and L. Hu	Nonstationary discrete choice: A corrigendum and addendum	Journal of Econometrics	(2007) Dec. 141,(2) 1115	Article
12	光华管理学院	金赛男	Y. X. Sun, P. C. B. Phillips and S. A. Jin	Optimal bandwidth selection in heteroskedasticity-autocorrelation robust testing	Econometrica	(2008) Jan. 76,(1) 175	Article
13	光华管理学院	李东	Huang W,Li D	Opening up the black box in GSS research: explaining group decision outcome with group process	COMPUTERS IN HUMAN BEHAVIOR		Article
14	光华管理学院	林莞娟	J. Currie, S. Decker and W. C. Lin	Has public health insurance for older children reduced disparities in access to care and health outcomes?	Journal of Health Economics	(2008) Dec. 27,(6) 1567	Article

续表

序号	所在院系	中文姓名	英文署名者	英文题目	期刊名称	具体刊号	文章类型
15	光华管理学院	刘国恩	LIU Gordon, Eggleston K. and HU T	Emerging health economics and outcomes research in Asian Pacific Region	Value in Health		Editorial Material
16	光华管理学院	刘国恩	G. G. Liu, W. H. Dow, A. Z. Fu, J. Akin and P. Lance	Income productivity in China: On the role of health	Journal of Health Economics	(2008) 27,(1) 27	Proceedings Paper
17	光华管理学院	刘玉珍	Y. T. Lee, Y. J. Liu and N. Zhu	The costs of owning employer stocks: Lessons from Taiwan	Journal of Financial and Quantitative Analysis	(2008) Sep. 43,(3) 717	Article
18	光华管理学院	彭泗清	P. P. Fu, X. H. Yan, Y. J. Li, E. P. Wang and S. Q. Peng	Examining conflict-handling approaches by Chinese top management teams in IT firms	International Journal of Conflict Management	(2008) 19,(3) 188	Article
19	光华管理学院	彭泗清	Kim, Y-h., Peng, S. Q., & Chiu, C-y.	Explaining self-esteem differences between Chinese and North Americans: Dialectical self (vs. self-consistency) or lack of positive self-regards	Self and Identity		Article
20	光华管理学院	彭泗清	X. P. Chen and S. Q. Peng	Guanxi dynamics: Shifts in the closeness of ties between Chinese coworkers	Management and Organization Review	(2008) Mar. 4,(1) 63	Article
21	光华管理学院	任菲	S. Dewan and F. Ren	Risk and return of information technology initiatives: Evidence from electronic commerce announcements	Information Systems Research	(2007) Dec. 18,(4) 370	Article
22	光华管理学院	苏萌	Neeraj Arora, Xavier Dreze, Anindya Ghose, James D. Hess, Raghuram Iyengar, Bing Jing, Yogesh Joshi, V. Kumar, Nicholas Lurie, Scott Neslin, S. Sajeesh, Meng Su, Niladri Syam, Jacquelyn Thomas and Z. John Zhang	Putting One-to-One Marketing to Work: Personalization, Custcmization and Choice	Marketing Letters		Article
23	光华管理学院	苏良军	L. J. Su and H. White	A consistent characteristic function-based test for conditional independence	Journal of Econometrics	(2007) Dec. 141,(2) 807	Article
24	光华管理学院	苏良军	L. J. Su and A. Ullah	Nonparametric prewhitening estimators for conditional quantiles	Statistica Sinica	(2008) Jul. 18,(3) 1131	Article
25	光华管理学院	苏良军	Liangjun Su, Zhijie Xiao	Testing for Parameter Stability in Quantile Regression Models	Statistics & Probability Letters		Article
26	光华管理学院	田利辉	L. H. Tian and S. Estrin	Retained state shareholding in Chinese PLCs: Does government ownership always reduce corporate value?	Journal of Comparative Economics	(2008) Mar. 36,(1) 74	Article

序号	所在院系	中文姓名	英文署名者	英文题目	期刊名称	具体刊号	文章类型
27	光华管理学院	王辉	H. Wang, K. S. Law and Z. X. Chen	Leader-member exchange, employee performance, and work outcomes: an empirical study in the Chinese context	International Journal of Human Resource Management	(2008) 19, (10) 1809	Article
28	光华管理学院	王汉生	Hansheng Wang, Chenlei Leng	A Note on Adaptive Group Lasso	Computational Statistics & Data Analysis		Article
29	光华管理学院	王汉生	Jun Shao, Hansheng Wang	Confidence intervals based on survey data with nearest neighbor imputation	Statistica Sinica		Article
30	光华管理学院	王汉生	D. Huang, H. S. Wang and Q. W. Yao	Estimating GARCH models: when to use what?	Econometrics Journal	(2008) 11, (1) 27	Article
31	光华管理学院	王汉生	Hansheng Wang, Liqiang Ni, Chih-Ling Tsai	Improving dimension reduction via contour-projection	Statistica Sinica		Article
32	光华管理学院	王汉生	Hansheng Wang, Yingcun Xia	Sliced Regression for Dimension Reduction	Journal of the American Statistical Association		Article
33	光华管理学院	王明进	Fan Jianqing, Wang Mingjin, Yao Qiwei	Modelling multivariate volatilities via conditionally uncorrelated components	JOURNAL OF THE ROYAL STATISTICAL SOCIETY SERIES B-STATISTICAL METHODOLOGY		Article
34	光华管理学院	王其文	Deng HH (Deng, Honghui) 1, Wang QW (Wang, Qiwen) 2, Leong GK (Leong, G. Keong) 1, Sun SX (Sun, Sherry X.)	The Usage of Opportunity Cost to Maximize Performance in Revenue Management	DECISION SCIENCES		Article
35	光华管理学院	王亚平/吴联生	Y. P. Wang, S. Chen, B. X. Lin and L. S. Wu	The frequency and magnitude of earnings management in China	Applied Economics	(2008) 40, (24) 3213	Article
36	光华管理学院	吴联生	Y. X. Bai, S. K. Chen, B. X. Lin and L. S. Wu	Firm performance, asset acquisition and the method of controlling rights transfer: Evidence from the Chinese market	International Review of Economics & Finance	(2008) 17, (1) 138	Article
37	光华管理学院	阎丽静	Lauderdale DS (Lauderdale, Diane S.) 1, Knutson KL (Knutson, Kristen L.) 1, Yan LL (Yan, Lijing L.) 2, 3, Liu K (Liu, Kiang) 2, Rathouz PJ (Rathouz, Paul J.) 1	Self-Reported and Measured Sleep Duration How Similar Are They?	EPIDEMIOLOGY		Article

续表

序号	所在院系	中文姓名	英文署名者	英文题目	期刊名称	具体刊号	文章类型
38	光华管理学院	翟昕	J. H. Wu, X. Zhai and Z. M. Huang	Incentives for information sharing in duopoly with capacity constraints	Omega-International Journal of Management Science	(2008) Dec. 36,(6) 963	Article
39	光华管理学院	张然	J. Largay and R. Zhang	Do CEOs worry about being fired when making investment decisions?	Academy of Management Perspectives	(2008) Feb. 22,(1) 60	Article
40	光华管理学院	张然	R. Zhang and J. A. Largay	Does Government Ownership Always Reduce Firm Values? Evidence from Publicly Listed Companies in China	Academy of Management Perspectives	(2008) Aug. 22,(3) 116	Article
41	光华管理学院	张翼	K. C. J. Wei and Y. Zhang	Ownership structure, cash flow, and capital investment: Evidence from East Asian economies before the financial crisis	Journal of Corporate Finance	(2008) Apr. 14,(2) 118	Article
42	光华管理学院	张红霞	J. H. Chang and H. X. Zhang	Analyzing Online Game Players: From Materialism and Motivation to Attitude	Cyberpsychology & Behavior	(2008) Dec. 11,(6) 711	Article
43	光华管理学院	张建君	J. Zhang	State power, elite relations, and the politics of privatization in China's rural industry—Different approaches in two regions	Asian Survey	(2008) Mar—Apr. 48,(2) 215	Article
44	光华管理学院	张一驰	L. Q. Wei, J. Liu, Y. C. Zhang and R. K. Chiu	The Role of Corporate Culture in the Process of Strategic Human Resource Management: Evidence from Chinese Enterprises	Human Resource Management	(2008) Win. 47,(4) 777	Article
45	光华管理学院	张志学	M. M. Chao, Z. X. Zhang and C. Y. Chiu	Personal and Collective Culpability Judgment: A Functional Analysis of East Asian-North American Differences	Journal of Cross-Cultural Psychology	(2008) Nov. 39,(6) 730	Article
46	光华管理学院	郑晓娜	F. Bernstein, J. S. Song and X. Zheng	Bricks-and-mortar vs. "clicks-and-mortar": An equilibrium analysis	European Journal of Operational Research	(2008) Jun 16, 187,(3) 671	Article
47	光华管理学院	周黎安	H. B. Li, L. S. Meng, Q. Wang and L. A. Zhou	Political connections, financing and firm performance: Evidence from Chinese private firms	Journal of Development Economics	(2003) Oct. 87,(2) 283	Article
48	光华管理学院	周长辉	J. Li and C. H. Zhou	Dual-edged tools of trade: How international joint ventures help and hinder capability building of Chinese firms	Journal of World Business	(2008) Oct. 43,(4) 463	Article
49	光华管理学院	周长辉	C. H. Zhou and J. Li	Product innovation in emerging market-based international joint ventures: An organizational ecology perspective	Journal of International Business Studies	(2008) Oct—Nov. 39,(7) 1114	Article

续表

序号	所在院系	中文姓名	英文署名者	英文题目	期刊名称	具体刊号	文章类型
50	国际关系学院	贾庆国	Jia Qingguo	Peaceful development: China's Policy of reassurance	Australian Journal of International Affairs	(2005)Dec	Article
51	国际关系学院	贾庆国	J. Qingguo	Power shift: China and Asia's new dynamics	International Relations of the Asia-Pacific	(2007) 7, (2) 280	Book Review
52	国际关系学院	张海滨	C. Holzer and H. B. Zhang	The potentials and limits of China-EU cooperation on climate change and energy security	Asia Europe Journal	(2008) Jun. 6, (2) 217	Article
53	国家发展研究院	陈 平	P. Chen	What economists can learn from complex dynamics? Future dynamical foundation of economic theory	PROCEEDINGS OF THE 2007 CONFERENCE ON SYSTEMS SCIENCE, MANAGEMENT SCIENCE AND SYSTEM DYNAMICS: SUSTAINABLE DEVELOPMENT AND COMPLEX SYSTEMS.	VOLS 1—10 (219—233) 2007	Proceedings Paper
54	国家发展研究院	何 茵	Y. He	Who is better off from trade liberalization? An experience from urban China	Asian Economic Journal	(2007) Sep. 21, (3) 283	Article
55	国家发展研究院	李 玲	K. Eggleston, L. Ling, Q. Y. Meng, M. Lindelow and A. Wagstaff	Health service delivery in China: A literature review	Health Economics	(2008) Feb. 17, (2) 149	Review
56	国家发展研究院	林毅夫	G. Gong and J. Y. Lin	Deflationary expansion: An overshooting perspective to the recent business cycle in China	China Economic Review	(2008) Mar. 19, (1) 1	Article
57	国家发展研究院	林毅夫	J. Y. Lin and Z. Y. Li	Policy burden, privatization and soft budget constraint	Journal of Comparative Economics	(2008) Mar. 36, (1) 90	Article
58	国家发展研究院	沈 艳	C. Hsiao, Y. Shen, B. Q. Wang and G. Weeks	Evaluating the effectiveness of Washington state repeated job search services on the employment rate of prime-age female welfare recipients	Journal of Econometrics	(2008) Jul. 145, (1—2) 98	Article
59	国家发展研究院	沈明高	A. Park and M. G. Shen	Refinancing and decentralization: Evidence from China	Journal of Economic Behavior & Organization	(2008) Jun. 66, (3—4) 703	Article
60	国家发展研究院	沈艳/姚洋	Y. Shen and Y. Yao	Does grassroots democracy reduce income inequality in China?	Journal of Public Economics	(2008) Oct. 92, (10—11) 2182	Article
61	国家发展研究院	张鹏飞	P. F. Zhang and V. Shih	Deficit estimation and welfare effects after the 1994 fiscal reform in China: Evidence from the county level	China & World Economy	(2008) May— Jun. 16, (3) 22	Article

续表

序号	所在院系	中文姓名	英文署名者	英文题目	期刊名称	具体刊号	文章类型
62	国家发展研究院	赵耀辉	J. S. Zhang, J. Han, P. W. Liu and Y. H. Zhao	Trends in the gender earnings differential in urban China, 1988—2004	Industrial & Labor Relations Review	(2008) Jan. 61, (2) 224	Article
63	教育学院	丁小浩	F. L. Li, W. J. Morgan and X. H. Ding	The expansion of higher education, employment and over-education in China	International Journal of Educational Development	(2008) Nov. 28, (6) 687	Article
64	教育学院	丁延庆	Y. Q. Ding	The challenges in building an adequate and comprehensive fund-ensuring system for rural compulsory education in China	Chinese Education and Society	(2008) Jan—Feb. 41, (1) 30	Article
65	教育学院	郭建如	J. R. Guo	Implementation of "Two Exemptions and One Subsidy" (TEOS) in China's minority nationality rural areas and ample guarantees for impoverished students	Chinese Education and Society	(2008) Jan—Feb. 41, (1) 37	Article
66	教育学院	李文利	W. L. Li	Family background, financial constraints and higher education attendance in China	Economics of Education Review	(2007) Dec. 26, (6) 724	Proceedings Paper
67	教育学院	林毅夫/刘明兴	Justin Y. Lin and Mingxing Liu	Rural Informal Taxation in China: Historical Evolution and an Analytic Framework	China & World Economy	Vol. 15. No. 3, pp. 1—18, May—June 2007	Article
68	教育学院	刘明兴	M. X. Liu, B. W. Song and R. Tao	Perspective on local governance reform in China	China & World Economy	(2006) Mar—Apr, 14, (2) 16	Article
69	教育学院	刘明兴	M. X. Liu, R. Tao, F. Yuan and G. Z. Cao	Instrumental land use investment-driven growth in China	Journal of the Asia Pacific Economy	(2008) 13, (3) 313	Proceedings Paper
70	教育学院	王蓉	W. Rong	Reform of the rural compulsory education assured funding mechanism—Policy design perspective	Chinese Education and Society	(2008) Jan—Feb. 41, (1) 9	Article
71	经济学院	李连发	S. G. Cecchetti and L. F. Li	Do Capital Adequacy Requirements Matter for Monetary Policy?	Economic Inquiry	(2008) Oct. 46, (4) 643	Article
72	经济学院	林双林	S. L. Lin	China's value-added tax reform, capital accumulation, and welfare implications	China Economic Review	(2008) Jun. 19, (2) 197	Article
73	经济学院	林双林	J. L. Li, S. L. Lin and C. J. Zhang	On the existence of Nash equilibriums for infinite matrix games	Nonlinear Analysis-Real World Applications	(2009) Feb. 10, (1) 42	Article
74	经济学院	林双林	S. L. Lin	China's Exchange Rate and Monetary Policies: Structural and Institutional Constraints and Reform Options Comment	Asian Economic Papers	(2008) Fal. 7, (3) 50	Editorial Material

序号	所在院系	中文姓名	英文署名者	英文题目	期刊名称	具体刊号	文章类型
75	经济学院	林双林	J. L. Li and S. L. Lin	Existence and uniqueness of steady-state equilibrium in a two-sector overlapping generations model	Journal of Economic Theory	(2008) 141,(1) 255	Proceedings Paper
76	经济学院	郑伟	W. Zheng, Y. D. Liu and G. Dickinson	The Chinese insurance market: Estimating its long-term growth and size	Geneva Papers on Risk and Insurance-Issues and Practice	(2008) 33,(3) 489	Proceedings Paper
77	考古文博学院	陈建立	Li QL, Zhu JX, Ying Q, Mao ZW, Wang CS, Chen JL	The application of trace element analysis to the study of provenance of copper minerals in ancient bronzes	SPECTROSCOPY AND SPECTRAL ANALYSIS	ISSN: 1000-0593	Article
78	考古文博学院	何嘉宁	Renyi Fu, Guanjun Shen, Jianing He, Hongkui Ren, Yue-xing Feng, Jian-xin Zhao	Modern Homo sapiens skeleton from Qianyang Cave in Liaoning, northeastern China and its U-series dating	JOURNAL OF HUMAN EVOLUTION	ISSN: 0047-2484	Article
79	考古文博学院	黄蕴平	Zhu C (Zhu Cheng), Ma CM (Ma ChunMei), Jie OY (Jie-OuYang), Li ZX (Li ZhongXuan), Yin Q (Yin Qian), Sun ZB (Sun ZhiBin), Huang YP (Huang YunPing), Flad RK (Flad, R. K.), Li L (Li Lan), Li YM (Li YuMei)	Animal diversities and characteristics of environmental change revealed by skeletons unearthed at Zhongba Site of Chongqing City, China	CHINESE SCIENCE BULLETIN	ISSN: 1001-6538	Article
80	考古文博学院	李水城	McGahern A (McGahern, A.), Bower MAM (Bower, M. A. M.), Edwards CJ (Edwards, C. J.), Brophy PO (Brophy, P. O.), Sulimova G (Sulimova, G.), Zakharov I (Zakharov, I.), Vizuete-Forster M (Vizuete-Forster, M.), Levine M (Levine, M.), Li S (Li, S.), MacHugh DE (MacHugh, D. E.), Hill EW (Hill, E. W.)	Evidence for biogeographic patterning of mitochondrial DNA sequences in Eastern horse populations	ANIMAL GENETICS	ISSN: 0268-9146	Article
81	考古文博学院	权奎山	Feng XQ (Feng, X. Q.), Fan CS (Fan, C. S.), Zhang WJ (Zhang, W. J.), Quan KS (Quan, K. S.)	Provenance and indirect dating study on Hongzhou Kiln porcelains by INAA	JOURNAL OF RADIOANALYTICAL AND NUCLEAR CHEMISTRY	ISSN: 0236-5731	Article

续表

序号	所在院系	中文姓名	英文署名者	英文题目	期刊名称	具体刊号	文章类型
82	考古文博学院	宋向光	X. G. Song	The development of private museums in China	Museum International	(2008) May, 60, (1-2) 40	Article
83	考古文博学院	吴小红	Liu XD (Liu, Xiaodong), Sun LA (Sun, Liguang), Wei GJ (Wei, Gangjian), Wang YH (Wang, Yuhong), Yan H (Yan, Hong), Liu KX (Liu, Kexin), Wu XH (Wu, Xiaohong)	A 1,100-year palaeoenvironmental record inferred from stable isotope and trace element compositions of ostracode and plant caryopses in sediments of Cattle Pond, Dongdao Island, South China Sea	JOURNAL OF PALEOLIMNOLOGY	ISSN: 0921-2728	Article
84	考古文博学院	吴小红	Liu XD (Liu, X. D.), Zhao SP (Zhao, S. P.), Sun LG (Sun, L. G.), Luo HH (Luo, H. H.), Yin XB (Yin, X. B.), Xie ZQ (Xie, Z. Q.), Wang YH (Wang, Y. H.), Liu KX (Liu, K. X.), Wu XH (Wu, X. H.), Ding XF (Ding, X. F.), Fu DP (Fu, D. P.)	Geochemical evidence for the variation of historical seabird population on Dongdao Island of the South China Sea	JOURNAL OF PALEOLIMNOLOGY	ISSN: 0921-2728	Article
85	考古文博学院	吴小红	Liu XD (Liu, Xiao-Dong)1, Sun LG (Sun, Li-Guang)1, Cheng ZQ (Cheng, Zhong-Qi)1,2, Zhao SP (Zhao, San-Ping)1, Liu KX (Liu, Ke-Xin)3, Wu XH (Wu, Xiao-Hong)4, Xie ZQ (Xie, Zhou-Qing)1, Yin XB (Yin, Xue-Bin)1, Luo HH (Luo, Hong-Hao)1, Ding XF (Ding, Xing-Fang)3, Fu DB (Fu, Dong-Bo)3, Wang YH (Wang, Yu-Hong)5	Paleoenvironmental implications of the guano phosphatic cementation on Dongdao Island in the South China Sea	MARINE GEOLOGY	ISSN: 0025-3227	Article
86	考古文博学院	吴小红	Liu KX (Liu, Kexin), Ding XF (Ding, Xingfang), Fu DP (Fu, Dongpo), Pan Y (Pan, Yan), Wu XH (Wu, Xiaohong), Guo ZY (Guo, Zhiyu), Zhou LP (Zhou, Liping)	A new compact AMS system at Peking University	NUCLEAR INSTRUMENTS & METHODS IN PHYSICS RESEARCH SECTION B-BEAM INTERACTIONS WITH MATERIALS AND ATOMS	ISSN: 0168-583X	Proceedings Paper

序号	所在院系	中文姓名	英文署名者	英文题目	期刊名称	具体刊号	文章类型
87	考古文博学院	吴小红 原思训	Liu KX, Han BX, Guo ZY, Wu XH, Yuan SX, Kutschera W, Ma HJ, Priller A, Steier P, Wild EM, Zhao CQ	AMS radiocarbon dating of bone samples from the Xinzhai site in China	RADIOCARBON	ISSN: 0033-8222	Article
88	考古文博学院	吴小红 原思训	Guo ZY, Liu KX, Yuan SX, Wu XH, Li K, Lu XY, Wang JX, Ma HJ, Gao SJ, Xu LG	AMS radiocarbon dating of the Fengxi site in Shaanxi, China	RADIOCARBON	ISSN: 0033-8222	Article
89	考古文博学院	徐天进	Wei GF (Wei Guofeng), Qin Y (Qin Ying), Hu YL (Hu Yali), Huang FC (Huang Fengchun), Xu TJ (Xu Tianjin), Wang CS (Wang Changsui)	Determining foundry area of bronze vessel using REE in clay mould residues	JOURNAL OF RARE EARTHS	ISSN: 1002-0721	Article
90	考古文博学院	张晓梅	Richardson, Emma; Graham, Martin; Wyeth, Paul; Zhang, Xiaomei	State of the art: non-invasive interrogation of textiles in museum collections	Microchimica Acta	0026-3672	Article
91	人口研究所	陈 功	Chen, G (Chen, Gong); Song, XM (Song, Xinming); Ji, Y (Ji, Ying); Zhang, L (Zhang, Lei); Pei, LJ (Pei, Lijun); Chen, JP (Chen, Jiapeng); Liu, JF (Liu, Jufen); Li, CF (Li, Chengfu); Zheng, XY (Zheng, Xiaoying)	Prevention of NTDs with periconceptional multivitamin supplementation containing folic acid in China	BIRTH DEFECTS RESEARCH PART A-CLINICAL AND MOLECULAR TERATOLOGY	2008	Article
92	人口研究所	任 强	Ren, Q (Ren, Qiang); Fan, J (Fan, Jie); Zhang, ZZ (Zhang, Zhizhong); Zheng, XY (Zheng, Xiaoying); DeLong, GR (DeLong, G. Robert)	An environmental approach to correcting iodine deficiency: Supplementing iodine in soil by iodination of irrigation water in remote areas	JOURNAL OF TRACE ELEMENTS IN MEDICINE AND BIOLOGY	2008	Article
93	人口研究所	武继磊	Wu, JL (Wu, Ji-Lei); Chen, G (Chen, Gong); Song, XM (Song, Xin-Ming); Li, CF (Li, Cheng-Fu); Zhang, L (Zhang, Lei); Liu, L (Liu, Lan); Zheng, XY (Zheng, Xiao-Ying)	Spatiotemporal Property Analysis of Birth Defects in Wuxi, China	BIOMEDICAL AND ENVIRONMENTAL SCIENCES	2008	Article

续表

序号	所在院系	中文姓名	英文署名者	英文题目	期刊名称	具体刊号	文章类型
94	人口研究所	郑晓瑛	Zhang, HY (Zhang, Hong-Yang); Luo, GA (Luo, Guo-An); Liang, QL (Liang, Qiong-Lin); Wang, Y (Wang, Yong); Yang, HH (Yang, Hui-Hua); Wang, YM (Wang, Yi-Ming); Zheng, XY (Zheng, Xiao-Ying); Song, XM (Song, Xin-Ming); Chen, G (Chen, Gong); Zhang, T (Zhang, Ting); Wu, JX (Wu, Jian-Xin)	Neural tube defects and disturbed maternal folate— and homocysteine-mediated one-carbon metabolism	EXPERIMENTAL NEUROLOGY	2008	Article
95	人口研究所	郑晓瑛	Chi, WX (Chi, Wenxue); Wang, JF (Wang, Jinfeng); Li, XH (Li, Xinhu); Zheng, XY (Zheng, Xiaoying); Liao, YL (Liao, Yilan)	Analysis of geographical clustering of birth defects in Heshun county, Shanxi province	INTERNATIONAL JOURNAL OF ENVIRONMENTAL HEALTH RESEARCH	2008	Article
96	人口研究所	郑晓瑛	Song, YZ (Song, Yuan-Zong); Li, BX (Li, Bing-Xiao); Hao, H (Hao, Hu); Xin, RL (Xin, Ruo-Lei); Zhang, T (Zhang, Ting); Zhang, CH (Zhang, Chun-Hua); Kobayashi, K (Kobayashi, Keiko); Wang, ZN (Wang, Zi-Neng); Zheng, XY (Zheng, Xiao-Ying)	Selective screening for inborn errors of metabolism and secondary methylmalonic aciduria in pregnancy at high risk district of neural tube defects: A human metabolome study by GC-MS in China	CLINICAL BIOCHEMISTRY	2008	Article
97	人口研究所	郑晓瑛	Wang, Y (Wang, Yong); Zhang, HY (Zhang, Hong-Yang); Liang, QL (Liang, Qiong-Lin); Yang, HH (Yang, Hui-Hua); Wang, YM (Wang, Yi-Ming); Liu, QF (Liu, Qing-Fei); Hu, P (Hu, Ping); Zheng, XY (Zheng, Xiao-Ying); Song, XM (Song, Xin-Ming); Chen, G (Chen, Gong); Zhang, T (Zhang, Ting); Wu, JX (Wu, Jian-Xin); Luo, GA (Luo, Guo-An)	Simultaneous quantification of 11 pivotal metabolites in neural tube defects by HPLC-electrospray tandem mass spectrometry	JOURNAL OF CHROMATOGRAPHY B-ANALYTICAL TECHNOLOGIES IN THE BIOMEDICAL AND LIFE SCIENCES	2008	Article

续表

序号	所在院系	中文姓名	英文署名者	英文题目	期刊名称	具体刊号	文章类型
98	人口研究所	郑晓瑛	Zhang, BY (Zhang, Bao-Yuan); Zhang, T (Zhang, Ting); Lin, LM (Lin, Liang-Ming); Wang, F (Wang, Fang); Xin, RL (Xin, Ruo-Lei); Gu, X (Gu, Xue); He, YN (He, Yu-Na); Yu, DM (Yu, Dong-Mei); Li, PZ (Li, Pei-Zhen); Zhang, QS (Zhang, Qing-Shan); Zhao, J (Zhao, Jin); Qin, YF (Qin, Yu-Fu); Yang, XF (Yang, Xiu-Feng); Chen, G (Chen, Gong); Liu, JF (Liu, Ju-Fen); Song, XM (Song, Xin-Ming); Zheng, XY (Zheng, Xiao-Ying)	Correlation between birth defects and dietary nutrition status in a high incidence area of China	BIOMEDICAL AND ENVIRONMENTAL SCIENCES	2008	Article
99	社会学系	卢云峰	Y. F. Lu, B. Johnson and R. Stark	Deregulation and the religious market in Taiwan: A research note	Sociological Quarterly	(2008) Win. 49,(1) 139	Article
100	社会学系	佟新	T. Xin	Women's Labor activism in China	Signs	(2008) Spr. 33,(3) 515	Article
101	外国语学院	申丹	D. Shen	Text world theory: An introduction	Journal of Literary Semantics	(2008) 37,(1) 91	Book Review
102	外语学院	高一虹	Gao Yihong, Zhao Yuan, Cheng Ying and Zhou Yan	Relationship between English learning motivation types and self-identity changes among Chinese students	Tesol Quarterly	(2007) Mar. 41,(1) 133	Article
103	外语学院	郝田虎	T. H. Hao	Geography and ideology in Pericles and Four Prentises of London	Foreign Literature Studies	(2008) Feb. 30,(1) 94	Article
104	外语学院	申丹	D. Shen	Edgar Allan Poe's Aesthetic Theory, the Insanity Debate, and the Ethically Oriented Dynamics of "The Tell-Tale Heart"	Nineteenth-Century Literature	(2008) Dec. 63,(3) 321	Article
105	哲学系	刘哲	Zhe Liu	HEGEL ON FICHTE'S CONCEPTION OF PRACTICAL SELF-CONSCIOUSNES A FUNDAMENTAL CRITICISM OF THE SITTENLEHRE IN THE DIFFERENZ-SCHRIFT	Philosophy Today	(2008) Fal-Win. 52,(3—4) 282	Article

续表

序号	所在院系	中文姓名	英文署名者	英文题目	期刊名称	具体刊号	文章类型
106	哲学系	孙尚扬	S. Y. Sun	The relationship between Catholicism and Protestantism in China in the time of Robert Morrison	Logos & Pneuma-Chinese Journal of Theology	(2007) Fal, 27) 31	Article
107	哲学系	汤一介	Y. J. Tang	Constructing "Chinese Philosophy" in Sino-European cultural exchange	Journal of Chinese Philosophy	(2007) 33	Article
108	哲学系	徐凤林	F. L. Xu	The origin and types of Christ icon of the Orthodox Church	Logos & Pneuma-Chinese Journal of Theology	(2007) Spr. 26) 203	Article
109	哲学系	徐凤林	Xui FL (Xui Fenlin)	The sense of 'Bibleyskoy Filosofii' by Leo Shestov	VOPROSY FILOSOFII	2007 No5	Article
110	中国语言文学系	戴锦华	J. H. Dai and J. Y. Zhang	Hou Hsiao-Hsien's films: pursuing and escaping history	Inter-Asia Cultural Studies	(2008) 9, (2) 239	Article
111	中国语言文学系	汪锋	F. Wang	On initial correspondences of Sino-Tibetan related words	Language and Linguistics	(2007) Jul, 8, (3) 821	Article
112	中国语言文学系	叶文曦	W. X. Ye and L. K. Qiu	Computing the degree of difficulty in understanding Chinese compounds	Language and Linguistics	(2008) Apr. 9, (2) 435	Article

表 8-63　北京大学 2009 年人文社会科学国际学术会议申请名单

编　号	会议名称	时　间	主办单位
20090414	东西方视野中的英国历史	2009 年 4 月 14—18 日	北京大学历史系世界史研究院
20090423	"五四与中国现当代文学"国际学术研讨会	2009 年 4 月 23—25 日	北京大学中文系
20090424	《儒藏》工程海外编委会	2009 年 4 月 24—25 日	北京大学儒藏编纂中心
20090518	"中国向大众化高等教育转变"课题结题研讨会	2009 年 5 月 18—20 日	北京大学教育经济研究所
20090526	中国当代艺术理论与批评国际研讨会	2009 年 5 月 26—29 日	北京大学美学与美育研究中心
20090530	北京大学第三届中华武术文化国际论坛	2009 年 5 月 30—31 日	北京大学武术研究中心
20090622	生态文明·全球化·人的发展国际研讨会	2009 年 6 月 22—24 日	北京大学哲学系人学研究中心
20090628	Fourth Annual Umich/PKU Tax Conference	2009 年 6 月 28 日	北京大学财经法研究中心
20090717	北京大学-高丽大学韩国文学国际学术会议	2009 年 7 月 17—18 日	北京大学外国语学院东语系朝鲜语言文化专业
20090719	亚太风险与保险学年会——2009 北京年会	2009 年 7 月 19—22 日	北京大学中国保险与社会保障研究中心（经济学院）
20090730	第二届中国健康与养老国际研讨会	2009 年 7 月 30—31 日	北京大学国家发展研究院
20090819	生态文学与环境教育	2009 年 8 月 19—24 日	北京大学外国语学院世界文学研究所
20090823	新兴市场公司金融与治理主题会议	2009 年 8 月 23—25 日	北京大学光华管理学院
20090824	对立中的共存与发展——从古到今的巴勒斯坦地区	2009 年 8 月 24—28 日	北京大学外国语学院希伯来语专业
2009080A	汉译佛典语法研究研讨会暨第四届汉文佛典语言学国际学术研讨会	2009 年 8 月	北京大学汉语语言学研究中心
20090912	德国哲学与文献和文本	2009 年 9 月 12—13 日	北京大学外国哲学研究所、哲学系
20090927	中蒙关系六十年：回顾与展望	2009 年 9 月 27 日	北京大学蒙古学研究中心
20091013	权力的纵向配置与地方治理国际学术研讨会	2009 年 10 月 13—14 日	北京大学宪法与行政法研究中心
20091015	身体作为文化记忆——身体、动作和情感的跨学科、多学科维度研讨会	2009 年 10 月 15—18 日	北京大学外国语学院德语系、德国研究中心
20091015-2	第三届北京大学-汉城大学-东京大学法学研讨会	2009 年 10 月 15—17 日	北京大学法学院
20091016	北京大学知识产权保护与运用国际研讨会	2009 年 10 月 16—17 日	北京大学法学院国际知识产权研究中心
20091017	认知语言学与日语教学研究国际研讨会	2009 年 10 月 17—18 日	北京大学外国语学院日语系暨日本文化研究所
20091017-2	品牌创新发展论坛——高风险时代的挑战与机会	2009 年 10 月 17—18 日	北京大学新闻与传播学院；美国西北大学 Medill 传播学院
20091023	第一届北京大学-洪堡大学企业社会责任国际研讨会	2009 年 10 月 23—25 日	北京大学光华管理学院
20091028	贸易、城市化与环境国际研讨会	2009 年 10 月 28—30 日	北京大学经济学院、威立雅环境集团
20091029	北京大学光华管理学院国际顾问委员会第三次会议	2009 年 10 月 29—31 日	北京大学光华管理学院
20091031	高等教育评估与质量保障国际研讨会	2009 年 10 月 31 日—11 月 2 日	北京大学教育学院
20091031-2	多元视角下的公民身份与共同体	2009 年 10 月 31 日—11 月 2 日	北京大学新闻与传播学院
20091107	宗教社会学理论与方法工作坊	2009 年 11 月 7—8 日	北京大学中国宗教与社会研究中心
20091112	2009 年高等教育财政国际学术研讨会	2009 年 11 月 12—14 日	北京大学中国教育财政科学研究所
20091113	俄国文学的传播与中国现代文学建构国际学术研讨会	2009 年 11 月 13—15 日	外院俄罗斯语言文学系

续表

编号	会议名称	时间	主办单位
20091120	2009年汉唐西域考古:尼雅-丹丹乌里克国际学术研讨会	2009年11月20—22日	北京大学中国考古学研究中心、新疆文物局/考古研究所、日本佛教大学
2009110A	古代东方文明学科前沿问题学术会议	2009年11月下旬	北京大学外国语学院东语系东方文化教研室、北京大学古代东方文明研究所
20091201	亚太地区世界遗产地管理者论坛	2009年12月1—6日	世界遗产培训与研究中心、世界遗产中心、国家文物局
20091204	韩国文学·文化教育国际学术会议	2009年12月4—6日	北京大学外国语学院东语系朝鲜语言文化专业
20091205	第二届亚洲城市与区域国际研讨会	2009年12月5—9日	政府管理学院城市与区域管理系
20091205-2	亚太经合组织生命科学创新论坛健康投资专家会	2009年12月5日	北京大学人口研究所;亚太经合组织
20091207	世界自然和文化遗产在灾害和气候变化影响下提高区域能力建设的研讨会	2009年12月7—13日	世界遗产培训与研究中心(国际合作部)、世界遗产中心
20091211	中国义务教育财政改革:成效与展望国际学术研讨会	2009年12月11—12日	北京大学中国教育财政科学研究所
20091212	中美社会保险立法比较研讨会	2009年12月12—13日	北京大学法学院劳动法与社会保障法研究所

(郭琳 制表)

表8-64A 2009年度教育部人文社科重点研究基地重大项目立项名单

序号	基地名称	项目名称	负责人	项目批准号
1	邓小平理论研究中心	从马克思《资本论》到中国特色社会主义的科学发展观	聂锦芳	2009JJD720001
2	邓小平理论研究中心	当代国际金融危机与社会主义市场经济的"中国模式"创新	孙蚌珠	2009JJD790003
3	东方文学研究中心	波斯古典文学中的中国形象研究	王一丹	2009JJD750001
4	东方文学研究中心	丝绸之路的文学与文化交流——新出于阗语及梵语文献研究	段晴	2009JJD770004
5	汉语语言学研究中心	现代汉语语篇的结构和范畴研究	王洪君	2009JJD740001
6	汉语语言学研究中心	区域类型视角下的汉语方言计量性比较研究	项梦冰	2009JJD740002
7	教育经济研究所	高等教育经费需求与供给的实证研究	岳昌君	2009JJD880001
8	教育经济研究所	高等教育资源配置区域特点的空间分析	丁小浩	2009JJD880002
9	美学与美育研究中心	中学生美育问题研究	叶朗	2009JJD750003
10	美学与美育研究中心	中国美学造化、心源问题研究	肖鹰	2009JJD750004
11	外国哲学研究所	"德国唯心主义"与"德国浪漫派"的冲突和融合:对德国古典哲学的再认识	张祥龙	2009JJD720002
12	外国哲学研究所	舍斯托夫与西方哲学家的对话	徐凤林	2009JJD720003
13	宪法与行政法研究中心	行政自由裁量权规制研究	姜明安	2009JJD820001
14	宪法与行政法研究中心	城市化进程中的农村土地制度研究	张千帆	2009JJD820002
15	政治发展与政府管理研究所	培育社会资本与政府信用的实证研究	杨明	2009JJD810002
16	中国古代史研究中心	于阗与敦煌——以国家图书馆藏新出与未刊和阗、敦煌汉文文书为中心	荣新江	2009JJD770003
17	中国古代史研究中心	朱熹礼学研究——以祭礼为中心	陈苏镇	2009JJD770007
18	中国古文献研究中心	《韩国文集丛刊》中的中国文献相关资料选粹——中国文献在韩国的流传与衍变	安平秋	2009JJD770005
19	中国古文献研究中心	日藏《论语》古钞本综合研究	高桥智	2009JJD770006
20	中国经济研究中心	老年照料成本与照料者负担的人口经济学分析	曾毅	2009JJD790001

续表

序号	基地名称	项目名称	负责人	项目批准号
21	中国经济研究中心	金融危机和贸易保护主义冲击下的CGE多国模型定量分析	徐滇庆	2009JJD790002
22	中国考古学研究中心	云冈石窟补凿遗迹的考古调查与研究	杭 侃	2009JJD780001
23	中国考古学研究中心	华南砾石工业的发展——以荆州鸡公山等遗址为中心的研究	王幼平	2009JJD780002
24	中国社会与发展研究中心	转型时期的社会冲突与秩序形成	张 静	2009JJD840001
25	中国社会与发展研究中心	民国时期我国西北地区（新疆、青海、甘肃、宁夏）国家政权建构和民族政策演变过程研究	马 戎	2009JJD840002

（郭琳 制表）

表 8-64B　2009 年度教育部人文社科重点研究基地重大项目结项名单

序号	基地名称	课题名称	负责人	项目批号
1	邓小平理论研究中心	党的执政能力与政治文明建设	黄宗良	05JJD710001
2	邓小平理论研究中心	社会公平与共同富裕	夏文斌	05JJD710124
3	外国哲学研究所	20世纪西方逻辑哲学和数学哲学	刘壮虎	05JJD720190
4	中国社会与发展研究中心	中国社会文化变迁的社区史研究——以亲属制度研究为主线	蔡 华	01JAZJD840001
5	中国古文献研究中心	清人文集篇目分类索引全编	安平秋 漆永祥	05JJD870155
6	教育经济研究所	教育经费保障的法规、制度和政策的经济学分析	张 力	05JJD880001
7	教育经济研究所	进城务工人员培训与继续教育的供给模式研究	丁小浩	06JJD880002
8	中国考古学研究中心	浙江余姚田螺山遗址自然遗存综合研究	赵 辉	05JJD780101
9	中国经济研究中心	经济发展中的金融结构研究	林毅夫	04JJD790001

（郭琳 制表）

表 8-65　北京大学人文社会科学研究机构名单
（截至 2009 年 12 月 31 日）

序号	机构名称	负责人
跨学科		
1	国学研究院	袁行霈
2	东方学研究院	王邦维
3	老龄问题研究中心	林钧敬
4	文化产业研究院	叶 朗
5	欧美文学研究中心	申 丹
6	亚太研究院	李 玉
7	中国产业发展研究中心	刘春航
8	贫困地区发展研究院	厉以宁
9	诗琳通科技文化交流中心	林建华 薄文泽
10	中国埃德加·斯诺研究中心	李岩松
11	宗教学院	张志刚
12	北京大学儒学研究院	汤一介
中国语言文学系		
13	法国文化研究中心	段映红
14	中国古代文体研究中心	葛晓音
15	跨文化研究中心	乐黛云
16	语文教育研究所	温儒敏
17	中国新诗研究所	谢 冕
18	中国古代诗歌与诗学研究所	傅 刚

续表

序　号	机构名称	负责人
19	文化资源研究中心	李　零
20	二十世纪中国文化研究中心	陈平原
21	数据分析研究中心	李小凡
22	中国古代思想文化研究所	李　零
23	电影与文化研究中心	戴锦华
24	北京大学-香港理工大学汉语语言研究中心	王洪君　沈　阳
25	北京大学文学艺术批评理论中心	张旭东
历史学系		
26	世界现代化进程研究中心	董正华
27	东北亚研究所	宋成有
28	当代企业文化研究所	王天有
29	现代史料研究中心	杨奎松
30	中外关系史研究所	王晓秋
31	希腊研究中心	彭小瑜
32	国际东亚学研究中心	郝　斌
33	历史文化研究所	张希清
34	明清研究中心	徐　凯
35	东南亚学研究中心	梁志明
36	拉丁美洲研究中心	林被甸
37	中外妇女问题研究中心	岳素兰
38	历史文化资源研究所	牛大勇
39	历史地理与古地图研究中心	李孝聪
40	中国传统艺术文化研究所	杨重光
41	中韩历史文化研究中心	王春梅
42	孙子兵法研究中心	刘华祝
43	历史人物研究中心	徐　勇
44	台海两岸现代化研究中心	杨奎松
45	现代中国研究中心	牛大勇
考古文博学院		
46	陶瓷考古研究所	权奎山
47	震旦古代文明研究中心	李伯谦
48	宗教考古研究所	宿　白
49	中国古代玉器暨玉文化研究中心	赵朝洪
50	文化遗产保护研究中心	孙　华
51	公众考古与艺术中心	徐天进
52	视觉与图像研究中心	朱青生
哲学系		
53	人学研究中心	黄枬森　陈志尚
54	中国哲学暨文化研究所	李中华
55	北京大学应用伦理学研究中心	赵敦华
56	现代科学与哲学研究中心	赵光武
57	科学传播中心	吴国盛
58	儒商文化研究中心	胡　军
59	儒学研究中心	陈　来
60	法国哲学研究中心	杜小真
61	道学(道家与道教)研究所	王　博
62	佛教研究中心	姚卫群
国际关系学院		
63	日本研究中心	李　玉
64	韩国学研究中心	杨通方

续表

序 号	机构名称	负责人
65	国际组织研究中心	王 杰
66	台湾研究中心	张国有 李义虎
67	中国与世界研究中心	潘 维
68	美国研究中心	袁 明
69	非洲研究中心	陆庭恩
70	华侨华人研究中心	周南京
71	东西方文化研究中心	梁守德
72	国际和平与安全中心	梁守德
73	当代俄罗斯研究中心	黄宗良
74	中国战略研究中心	叶自成
75	国际战略研究中心	王缉思
76	东北亚区域一体化研究中心	王正毅
光华管理学院		
77	国际经营管理研究所	张国有
78	国际会计与财务研究中心	王立彦
79	金融与证券研究中心	曹凤岐
80	金融数学与金融工程研究中心	徐信忠
81	管理科学研究中心	厉以宁
82	工商管理研究所	张维迎
83	中国中小企业促进中心	朱善利
84	管理案例研究中心	周长辉
85	网络经济研究中心	张维迎
86	二十一世纪创业投资研究中心	朱善利
87	华人企业管理研究中心	厉以宁
88	国际MBA案例教学研究中心	王建国
89	国家高新技术产业开发区发展战略研究院	马颂德 厉以宁 王其文
90	中国经济与WTO研究所	单忠东
91	中国医药经济研究中心	刘国恩
92	(中美)新市场经济与管理研究中心	王建国
93	企业业务流程管理和信息战略研究中心	李 东
94	商务智能研究中心	陈 嵘
95	战略研究所	于鸿君
96	流通经济与管理研究中心	陈丽华
97	莫里斯经济政策研究所	蔡洪滨
98	联泰供应链应用系统研究发展中心	李 东
99	北京大学财务分析与投资理财研究中心	陆正飞
经济学院		
100	经济研究所	睢国余
101	外国经济学说研究中心	王志伟
102	市场经济研究中心	晏智杰 郑学益
103	国际经济研究所	王跃生
104	中国金融研究中心	胡 坚
105	中国信用研究中心	章 政
106	中国国民经济核算与经济增长研究中心	李德水
107	中国保险与社会保障研究中心	孙祁祥
108	产业与文化研究所	黄桂田
109	金融与产业发展研究中心	何小锋
110	经济与人类发展研究中心	刘民权
111	公共财政研究中心	林双林

续表

序　号	机构名称	负责人
社会学系		
112	社会调查研究中心	王汉生
113	社会理论研究中心	谢立中
114	人类学与民俗研究中心	蔡　华
115	北京大学-香港理工大学社会工作研究中心	王思斌
116	中国工人与劳动研究中心	佟　新
117	企业社会责任与雇主品牌传播研究中心	王汉生
118	多元文化教育研究中心	钱民辉
119	口述史研究中心	杨善华
120	中国宗教与社会研究中心	方　文
法学院		
121	国际法研究所	饶戈平
122	犯罪问题研究中心	康树华　赵国玲
123	比较法与法社会学研究所	朱苏力
124	科技法研究中心	张　平
125	法学院金融法研究中心	吴志攀
126	资源与环境法研究中心	汪　劲
127	税法研究中心	刘隆亨
128	法学院劳动法与社会保障法研究所	贾俊玲
129	法学院人权研究中心	龚韧刃
130	国际经济法研究所	邵景春
131	法学院非营利组织法研究中心	金锦萍
132	刑事法理论研究所	陈兴良
133	海商法研究中心	郭　瑜
134	人民代表大会与议会研究中心	张千帆
135	实证法务研究所	白建军
136	世界贸易组织法研究中心	邵景春
137	近代法研究所	李贵连
138	法律经济学研究中心	邓　峰
139	房地产法研究中心	楼建波
140	财经法研究中心	刘剑文
141	宪政研究中心	朱苏力
142	法学院公众参与研究与支持中心	王锡锌
143	法学院民法研究中心	尹　田
144	公司财务与公司法研究中心	刘　燕
145	廉洁社会研究中心	梁根林
146	法学院软法研究中心	姜明安
147	中美法律与政策联合研究中心	杰弗里·雷蒙/ 吴志攀　朱苏力等
148	北大-耶鲁法律与政策改革联合研究中心	Paul Gewirtz 王锡锌
149	竞争法研究中心	肖江平
150	企业与公司法研究中心	甘培忠
151	慈善、体育与法律研究中心	凌　斌
152	国际知识产权研究中心	郑胜利　刘江彬
153	北京大学现代法治研究中心	强世功
154	北京大学教育法研究中心	湛中乐
政府管理学院		
155	电子政务研究院	杨凤春
156	公共经济管理研究中心	黄恒学
157	欧洲研究中心	李　强

续表

序 号	机构名称	负责人
158	企业与政府研究所	路 风
159	人力资源开发与管理研究中心	肖鸣政
160	政党研究中心	金安平
161	政府绩效评估中心	周志忍
162	中国公益彩票事业研究中心	沈明明
163	中国国情研究中心	沈明明
164	公民社会研究中心	袁瑞军
165	地方政府治理与创新研究中心	万鹏飞
166	中国城市管理研究中心	李国平
167	公共管理研究中心	张国庆
168	人本管理研究中心	江荣海
169	社会经济发展与服务型政府研究中心	燕继荣
170	中国政府治理研究中心	徐湘林
171	中国改革理论与实践研究中心	李成言
艺术学院		
172	书法艺术研究所	王岳川
173	京昆古琴研究所	楼宇烈
174	戏剧研究所	叶 朗
175	电视研究中心	彭吉象
外国语学院		
176	南亚文化研究所	王邦维
177	伊朗文化研究所	王一丹
178	英语语言文学研究所	丁宏为
179	东南亚研究所	裴晓睿
180	泰国研究所	薄文泽
181	澳大利亚研究中心	胡壮麟
182	世界传记研究中心	赵白生
183	西班牙语研究中心	赵振江
184	中世纪研究中心	高峰枫
185	蒙古学研究中心	王 浩
186	印度研究中心	王邦维
187	巴西文化研究中心	丁文林
188	梵文贝叶经及佛教文献研究所	段 晴
189	古代东方文明研究所	拱玉书
190	法语语言文化研究中心	杨国政
191	英语教育研究所	王逸梅
192	外国戏剧和电影研究所	程朝翔
193	外国语言学及应用语言学研究所	彭广陆
194	语言中心	程朝翔
195	新西兰研究中心	刘树森
196	巴基斯坦研究中心	唐孟生
197	加拿大研究中心	陈燕萍
198	阿拉伯伊斯兰文化研究所	谢秩荣
199	朝鲜(韩国)文化研究所	王 丹
200	日本文化研究所	金 勋
201	俄罗斯文化研究所	查晓燕
202	印度尼西亚-马来西亚文化研究所	罗 杰
203	北京大学希伯来与犹太文化研究所	陈贻绎

续表

序号	机构名称	负责人
新闻传播学院		
204	文化与传播研究所	龚文庠
205	现代出版研究所	肖东发
206	市场与媒介研究中心	谢新洲
207	世界华文传媒研究中心	程曼丽
208	创意产业研究中心	杨伯溆
209	中国竞争情报和竞争力研究中心	谢新洲
210	现代广告研究所	陈 刚
211	新媒体营销传播研究中心	陈 刚
212	新闻学研究会	邵华泽
213	北京大学视听传播研究中心	陆 地
人口研究所		
214	中国人口健康与发展研究中心	郑晓瑛
215	老年学研究所	陈 功
216	中国残疾人事业发展研究中心	张国有
马克思主义学院		
217	社会发展研究所	易杰雄
218	社会经济与文化研究中心	陈占安
219	中国民营企业研究所	钱淦荣
220	和谐社会研究中心	郭宝平
221	港澳研究中心	饶戈平
222	北京大学中国当代文化发展研究中心	孙熙国
教育学院		
223	德国研究中心	陈洪捷
224	中国教育与人力资源研究与咨询中心	李文利
225	基础教育与教师教育研究中心	陈向明
226	企业与教育研究中心	吴 峰
227	数字化学习研究所	汪 琼
228	教育领导与政策研究所	陈学飞
229	国际高等教育研究中心	马万华
230	北京大学教育信息化国际研究中心	贾积有
中国经济研究中心		
231	老龄健康与家庭研究中心	曾 毅
232	中国经济研究中心(CCER)-奥美品牌研究中心	海 闻
对外汉语学院		
233	汉语教学研究中心	李晓琪
体育教研部		
234	体育科学研究所	郝光安
信息管理学系		
235	信息化与人类行为研究所	陈建龙
236	北京大学信息化与信息管理研究中心	王益明
图书馆		
237	数字图书馆研究所	王义遒
238	亚洲史地文献研究中心	朱 强
239	中国影视资料研究中心	朱 强
医学部		
240	医史学研究中心	张大庆
241	临床心理中心	崔玉华
环境学院		
242	历史地理研究所	岳升阳

续表

序 号	机构名称	负责人
深圳研究生院商学院		
243	中国直销行业发展研究中心	海 闻
244	汇丰金融研究院	海 闻
中古史研究中心		
245	北京大学出土文献研究所	朱凤瀚

(邹培 制表)

医 院 管 理

【概况】 2009年，北京大学医学部医院管理处在深化医药体制改革的新形势下，贯彻执行"服务国家战略，坚持科学发展，创建世界一流大学"的总体目标，充分发挥北京大学医学部的资源优势，以高度的社会责任感和使命感高质量地完成各级政府交办的任务；继续加强所属医院医疗安全和医疗服务质量的持续改进；在韩启德副委员长的亲自倡导和学校领导的直接领导下，围绕目前护理管理工作热点问题，举行以"护理工作改革与发展"为主题的研讨会，为探索我国护理技术服务质量和护理管理水平的提高开拓了思路和研究方向，体现了高等医学院校在国家医疗卫生体制改革工作中所显现出来的能力和作用。

【政府服务与医改】 2009年北京大学医学部医院管理处组织医学部所属医院的专家完成了22个病种（首批为112个病种）临床路径起草工作，约占总体工作量20％。另外，在卫生部临床路径技术审核专家委员会成员中，北京大学医学部及所属医院有37位专家分别进入25个专业组，其中姜保国、黎晓新、胡大一、王兴、那彦群教授分别担任所在专业组组长。

为加强中央保健工作服务能力，有效地整合医学部医疗资源，高质量、高水平的完成中央保健任务，北京大学医学部成立保健领导小组、保健工作小组及保健办公室（设在北京大学医学部医院管理处）。

为加强对北京地区临床诊疗（手术和有创操作）技术服务的质量和安全监管，北京市卫生局将建立符合北京地区特点的、科学的、高质量的北京地区手术分级管理作为2008—2009年的一项重要工作内容。为此，北京市卫生局将此项工作委托给北京大学医学部医管处。在北京地区各级医院、医疗行政部门等有关专家的密切配合下，经过一年多的反复论证，最终于2009年完成了北京地区4000余种具有标准化名称的、常见手术的分级目录，同时完成了北京地区手术分级管理办法的起草工作。

【中国医院协会大学附属医院分会】 2009年9月18日，中国医院协会大学附属医院分会换届工作顺利进行，北京大学医学部副主任姜保国教授当选为主任委员，王德炳教授当选为名誉主任委员，医院管理处张俊处长当选为秘书长。第二届委员会成员有全国62所大学附属医院的院长、副院长等。

【优秀医疗管理工作者表彰】 2009年北京大学医学部除继续对所属医院优秀科主任进行表彰，首次推出来自北京大学第一医院、人民医院、第三医院、口腔医院、第六医院、肿瘤临床学院、深圳医院、首钢医院等8家医院的14名优秀医疗管理工作者，对他们在医疗服务管理岗位上不辞辛苦、兢兢业业，为医院和医学部各项工作的支持和有效协调的工作成绩进行表彰。

【支援西部卫生项目工作】 北京大学医学部继续承担西部支援项目工作，在医管处的协调及各附属医院的努力配合下，高质量地完成了2009年度卫生部布置的支援西部的全部工作内容。北京大学第一医院举办妇产儿科培训班一期，其中妇产科、儿科培训时间各15天，共接收河北、山西、安徽、江西等10个省市自治区学员60名，学员对学习班满意度100％。另外，北大医院接收陕西省神经内科和外科进修生共2名，接收云南省泌尿外科、内科、妇产科进修生共3名。

北京大学人民医院组织了包括内、外、妇、儿、麻醉、B超等专业的8人医疗队，于10月12日—11月12日，赴西双版纳傣族自治州人民医院执行为期一个月的医疗任务，期间完成院级授课8次（包括县医院授课），累计听课人数1300人次，科级授课33次，累计听课人数680人次。组织了西部医院管理及医学论坛，听课人数281人，门诊1220人次，B超300例，疑难病例会诊103次，ICU急救13次、临床病例讨论8次、临床教学查房10次，共完成手术119台、麻醉42台。11月5日由北京大学人民医院王杉院长亲自主持召开的西部医院管理及医学论坛上，王杉院长等4位院级领导和5位科主任分别就医院资源规划系统研究与实践、医院后勤管理、整合型医疗卫生服务体系建立、静脉铁在肾性贫血中的应用、细菌耐药和抗生素的合理应用、活体磁共振氢质子波谱在脑瘤诊断中的应用、骨与软组织肿瘤的诊治进展、腹腔镜在腹部外科的应用做了专题讲座。西双版纳电视台、西双版纳报对医疗队的工作均给予了高度评价。黄姗副州长指出，北京大学人民医院通过派驻医疗队、召开医学论坛，给西双版纳州带来了医疗卫生管理的新理念、新方法、新技术，增长了知识、开拓了视野，北京医疗队送医到傣乡，体现了党和国家对边疆少数民族同胞的关怀与爱护。另外，人民医院还接收内蒙古自治区骨科、放射科、妇产科进修生共4名。

北医三院于8月30日—9月27日派出了骨科、心血管内科、耳鼻喉科、泌尿外科、普通外科、中医科、肾脏内科、消化科共8名医师组成的医疗队，对陕西省子长县人民医院进行了为期一个月的医疗技术支援。全体医疗队队员克服了生活和工作上的种种不便，在当地相对艰苦的条件下，帮助子长县人民医院开展了关节置换、骨折内固定、疝修补、消化道内镜、鼻内窥镜等手术及大量的门诊工作，完成了数十次教学查房和讲座，并进行了大型的健康咨询义诊活动，在老区人民中引起了极大反响。为此，子长县医院写来感谢信及送来锦旗表示感谢。

【护理服务管理新模式】 在北京大学医学部附属医院范围内，进行了"护理工作现状及垂直管理模式认同度"的问卷调查。在韩启德副委员长的亲自倡导下，举行了"护理工作改革与发展"座谈会。座谈会围绕目前护理管理工作的一些热点问题，安排了6个主题发言。

【医疗管理体制新模式】 2009年天津市第五中心医院正式挂牌为"天津市塘沽区人民政府-北京大学医学部共建医院"，为使合作单位能够在新的医院管理模式中快速发展，达到合作预期目标，确立了首批重点建设的学科，即骨科、儿科和妇产科。5月16日，医学部组织各附属医院的优秀科主任、知名专家教授进行了周末义诊。12月10日，由医学部姜保国副主任亲自主持了北医系统专家对共建医院首次进行的较大规模的学科评估。参与评估学科有骨科、儿科、妇产科三个重点发展学科，以及心血管科、急诊科、外科、神经科、消化科、耳鼻喉科、内分泌科、儿外科等8个非重点科室。各位评审专家结合自己的专业研究方向以及临床和学科工作经验，针对各学科目前的发展状态予以专业点评，并提出建设性意见。

科 技 开 发

【概况】 2009年科技开发部和医学部科研处积极收集校内科研成果，对外通过全国各省市的科技成果展洽会、网上技术市场、政府科技部门等各种渠道与企业保持联系，拓宽学校与企事业单位的合作，推广北京大学技术成果为社会服务；对内严格技术合同的审查与管理，规避学校风险，规范管理项目经费使用，为教师提供全面服务，促进教学科研。2009年共签订技术合同796项，合同额26037万元，到款14671万元。其中校本部签订技术合同401项，合同额15387万元，合同到款9862万元；医学部签订技术合同395项，合同额10650万元，到款4809万元。2009年，科技开发部被国家科学技术部认定为"国家技术转移示范机构"。

【科技成果宣传】 为了做好北京大学科技成果推广转化的基础工作，2009年科技开发部和医学部科研处继续密切与各院系教师及科研管理人员的联系，了解各院系科研动态，特别是加强与工学院、信息科学技术学院等应用性较强的院系教师的交流，收集可以推广和进行合作的项目。2009年印制的《北京大学重点科技成果推广项目汇编》中共编录最新高新技术成果57项，其中材料和信息工程类15项、能源环保类9项、医药和医疗器械类33项；收录2008年北京大学授权专利摘要近150项，并登录了2009年北京大学申请专利目录。印制了北京大学《科技开发彩色宣传册》，内容包括北京大学主要理科院系介绍、国家重点实验室介绍、主要科技成果介绍、科技成果目录和专利目录。

【与地方科技合作】 2009年科技开发部和医学部科研处通过各种形式加强与地方政府和企业的联系，如参加全国各省市的产学研促进会和科技成果展示洽谈会、接待来访、网上技术市场信息发布等，积极宣传推广北京大学科技成果。重视与经济发达的长三角、珠三角、海峡沿岸的福建、环渤海、中部地区等的政府和企业合作的同时，也积极与东三省和西部地区的政府和企业合作。

2009年科技开发部和医学部科研处代表北京大学参加的展洽会有：4月，主题为"新光源，新能源，新材料"的2009中国扬州科技创新成果展暨洽谈会；5月，北方技术交易市场创新网络工作座谈会，2009中国常州先进制造技术成果展示洽谈会、浙江新昌·首都高校（科研院所）科技对接活动、如皋经济技术（科技·人才）洽谈会等；6月，第七届中国海峡项目成果交易会、浙江嘉兴首届高校高科技成果展示与交流会；7月，满洲里召开的中蒙俄科技成果展示会；8月，烟台市三校两分院高新技术成果发布洽谈会；9月，第五届中国·湖北产学研合作暨创业投资项目洽谈会、中国·江苏第二届产学研合作成果展示洽谈会；10月，江西技术、人才、项目对接会、2009中国（无锡）国际半导体及平板显示博览会、第一届中国昆明大院名校科技成果展示交易会、2009中国（长沙）科技成果转化交易会、2009中国·长兴高新（实用）技术成果对接洽谈会、2009中国（合肥）自主创新要素对接会、无锡民高会、中国·金华工业科技洽谈会；11月，2009年盐城市科技成果（专利）交易会、2009百所高校昆山行产业科技人才合作洽谈会、2009年辽宁（盘锦）科技成果对接洽谈会、江苏省人才科技对接洽谈会；12月，创新中关村2009主题活动，云南科技局在京推介招展会、辉瑞公司的生物制药研究及开发对话会、中关村产学研合作展、美国美迈斯律师事务所组织的中国高等院校科技成果转化及商业化研讨会、全国技术市场中介机构峰会等。在这些会议上，科技开发部积极推广北大科技成果，与更多的企业建立了紧密联系，也促成了一批项目的成功转化，为学校赢得良好的社会声誉。

除了参加展洽会，科技开发部还与各地网上技术市场增强联系，宣传学校的科技成果，并与首都高校信息网、北方技术交易市场、中国技术交易所等行业组织也进一步加强合作，积极参与组织内部活动，与院校科研院所互相交流经验。

【技术合同管理】 科技开发部继续严格技术合同的审查，2009年校本部共签订技术及相关合同474项，合同总额15679万元，其中技术合同401项，合同额15387万元，其他合同73项，合同额292万元。技术合同中，进款合同292项，进款合同额12912万元。在签订的技术合同中，以技术服务咨询和技术开发合同为主，占合同总数的90%多。按承接项目的多少，排在前四位的院系是：信息科学技术学院承接各类技术项目70项，合同经费约2356万元；环境科学与工程学院承接项目51项，合同经费1969万元；地球与空间科学学院承接46项，合同经费2810万元；工学院承接39项，合同经费2319万元。

2009年，科技开发部承接的合同额在100万元以上的项目共有34项，总计合同额7330万元，占进款合同额的近57%，主要涉及石油勘探开发、核电工程相关气象研究、环境保护及工程、土地利用规划等项目，与国家的经济发展相适应，体现了北京大学科技服务社会的职能。其中与石油石化企业合作到款共计1414万元，与核电企业合作到款1563万元。医学部100万元以上合同共计14项，合同金额3547万元，主要集中在药物研发领域。

2009年，科技开发部与海外企业等签订技术合同16个，合同金额759万元，到款额415万元，包括美国、英国、加拿大、瑞典、日本、韩国等国的企业、大学和国际组织等。

2009年，科技开发部与北京市企事业单位技术合作项目共有221项，合同金额6926万元，项目涉及电子信息、生物医药、环保、能源、化工等多个领域，为北京市的发展建设做出了贡献。

【经费管理】 科技开发部对项目经费严格按照合同管理，积极与财务部门沟通，尽可能为教师提供全面服务。2009年度科技开发部到款总计9862万元，其中，技术开发合同到款3570万元，技术转让208万元，技术服务及咨询6084万元。按院系分，地球与空间科学学院2247万元、物理学院1693万元、环境科学与工程学院1578万元、信息科学技术学院1423万元、工学院1268万元、城市与环境学院665万元、化学与分子工程学院261元、数学科学学院92万元、生命科学学院43万元、心理学系63万元，综合所及其他529万元。医学部到款4809万元中，技术开发1183万元，技术转让80万元，技术服务与咨询1056万元，其他2540万元。

【环保项目合作】 2009年，科技开发部所签合同中环保项目与以往相比有明显增多，除城市与环境学院、环境科学与工程学院承接有关环境监测、污染治理等环保方面的项目外，工学院也承接了多个企业的环保项目，如工学院王习东"新型复合炭基脱硫剂""煤炭清洁生产新工艺开发""利用高炉渣与粉煤灰制备矿渣纤维材料"等项目；籍国东"生活排水生态湿地处理技术"项目，在张家港地区开展了规模较大的推广示范工程。这些项目都取得了较好的经济效益和社会效益，为国家节能减排、降低污染、改善大气环境作出了贡献。

【"国家技术转移示范机构"认定】 2009年9月24日，科技开发部等58家机构被科技部认定为第二批国家技术转移示范机构。国家技术转移示范机构以促进知识流动和技术转移为主要工作，以促进高新技术向企业辐射和转移、改造传统产业，培育新兴产业、全面推进产业升级为目标，在促进科技创新和高新技术产业发展中发挥示范引领作用，带动本地区、本行业技术转移机构的健康发展。对技术转移示范机构的管理将纳入科技部创新环境与产业化建设的工作内容，在国家科技政策引导计划中安排技术转移专项经费,促进技术转移的服务行为和示范机构的能力建设。科技开发部因为其在技术转移方面灵活的机构优势,多层次、多形式、多渠道的合作机制,以及对地方或行业经济发展与技术进步作出的贡献,对技术转移行业发展的引领作用等获得此项殊荣。

【医学部专利工作】 2009年医学部(含附属医院)申报专利66项,其中国内专利申报65项,PCT申报1项;发明专利59项,实用新型5项,外观设计2项。2009年医学部(含附属医院)获授权专利39项,其中国内专利授权37项,国外专利授权2项;发明专利26项,实用新型11项,外观设计2项。

【获奖情况】

奖项名称	获奖项目(姓名)	授奖单位
第四届金桥奖先进集体奖	北京大学科技开发部	中国技术市场协会
第四届金桥奖优秀项目奖	新型变压吸附制氧设备技术研发及产业化	中国技术市场协会
金桥奖个人一等奖	姜玉祥	北京技术市场协会
金桥奖项目二等奖	语言知识库	北京技术市场协会

【附录】

表8-66　2009年度北京大学科技开发部签订的进款技术合同统计

院系	技术开发		技术转让		技术服务与咨询		其他		合计	
	合同数/个	合同额/万元	合同数/个	合同额/万元	合同数/个	合同额/万元	合同数/个	合同额/万元	合同数/个	合同额/万元
数学科学学院	6	50	0	0	1	10	0	0	7	60
物理学院	9	154	0	0	23	1595	1	100	33	1849
化学与分子工程学院	2	40	1	6	3	16	0	0	6	62
信息科学技术学院	48	2007	10	57	12	292	0	0	70	2356
城市与环境学院	1	35	0	0	14	772	0	0	15	807
环境科学与工程学院	6	639	0	0	44	1330	0	0	50	1969
地球与空间科学学院	23	1007	0	0	23	1833	0	0	46	2840
工学院	15	1703	0	0	23	581	1	35	39	2319
生命科学学院	2	150	0	0	1	20	0	0	3	170
其他	2	40	1	1	19	349	1	90	23	480
校本部小计	114	5825	12	64	163	6798	3	225	292	12912
医学部	22	2169	7	302	77	1077	295	7102	395	10650
合计	136	7994	19	366	240	7875	298	7327	687	23562

表8-67　2009年度北京大学科技开发到校经费统计

院系	到款额/万元				
	技术开发	技术转让	技术服务及咨询	其他	合计
数学科学学院	53	0	39	0	92
物理学院	125	0	1568	0	1693
化学与分子工程学院	69	152	40	0	261
信息科学技术学院	1018	54	351	0	1423
城市与环境学院	0	0	665	0	665
环境科学与工程学院	140	0	1438	0	1578
地球与空间科学学院	1374	0	873	0	2247
工学院	621	0	647	0	1268
生命科学学院	43	0	0	0	43
心理学系	0	1	62	0	63
其他	133	0	396	0	529
校本部小计	3576	207	6079	0	9862
医学部	1183	80	1056	2540	4809
合计	4759	287	7135	2540	14671

表 8-68 2009 年科技开发部签订的 100 万元以上技术合同

项目名称	院系	合同对方	合同额/万元
张家口市土地利用总体规划修编项目	城市与环境学院	张家口市国土资源局	550
不同类型盆地火山作用与油气成藏关系研究	地球与空间科学学院	中国石油勘探开发研究院石油地质实验研究中心	500
利用高炉渣与粉煤灰制备矿渣纤维材料研究	工学院	长治市瑞通耐火材料有限公司	460
深圳市环境科研课题合同	环境科学与工程学院	深圳市人居环境委员会	447.5
建立移动通信数据仓库联合实验室	信息科学技术学院	亚信科技（中国）有限公司	300
煤炭清洁生产新工艺开发研究	工学院	侯马市新利焦化煤气有限公司	290
SerDes(SD)芯片设计研发	信息科学技术学院	中国航空工业集团公司第六三一研究所	280
浙江龙游核电厂厂址大气扩散试验研究	物理学院	中国核电工程有限公司	280
福建莆田核电厂厂址大气扩散试验研究	物理学院	中国核电工程有限公司	271
新型复合碳基脱硫剂的研制	工学院	山西国际电力技术咨询有限公司	260
深圳市灰霾与大气污染的机理关系研究项目	环境科学与工程学院	深圳市环境保护局	217.8
特提斯以北及北美、北大西洋地区含油气盆地构造研究	地球与空间科学学院	浙江大学	204
无人机遥感载荷定标综合保障车系统	地球与空间科学学院	北京市信息技术研究所	200
SiRNA 文库应用研究	工学院	北大工学院绍兴技术研究院	200
学习超市总体运营发展创意规划	信息科学技术学院	中国教育电视台	190
扎格罗斯褶皱带石油地质特征及油气富集规律	地球与空间科学学院	中国石油天然气股份有限公司勘探开发研究院	170
浙江龙游核电厂厂址气象塔和地面气象观测和资料统计分析（1）	物理学院	中国核电工程有限公司	162.8
福建三明核电厂厂址气象塔和地面气象观测和资料统计分析	物理学院	中国核电工程有限公司	162.8
超细颗粒物聚并器新技术开发	工学院	长治市丰雨机械有限公司	160
七区古生界潜山油藏综合评价及井位部署	地球与空间科学学院	中美石油开发公司秘鲁分公司	160
鄂尔多斯盆地东缘煤层气高产富集区优选与煤层气产能预测研究	工学院	中石油煤层气有限责任公司	160
固体废物资源化技术服务	环境科学与工程学院	淄博霞石微晶材料技术开发有限公司	150
激光冷却聚焦纳米制造技术	信息科学技术学院	北京合强永成航空航天技术研究所	150
断块细分及开发指标评价与确立	地球与空间科学学院	大庆油田有限责任公司呼伦贝尔分公司	150
北京国门商务区"数字园区"总体规划纲要与发展战略研究	地球与空间科学学院	北京国门金桥置业有限公司	150
RESEARCH AGREEMENT	生命科学学院	Toyota Motor Corporation	148.33
储层矿物与微生物交互作用改善储层黏土矿物特性可行性研究	地球与空间科学学院	大庆油田有限责任公司勘探开发研究院	147.9
Molecilar and Physiological Responses to Drastic Changes in PM Concentration and Composition	环境科学与工程学院	University of Medicine and Dentistry of New Jersey	139.69
湖南桃花江核电厂可行性研究阶段气象补充调查	物理学院	湖南桃花江核电有限公司	128
数字化口腔综合治疗台原理样机研发	工学院	咸阳西北医疗器械（集团）有限公司	120
掌纹特征提取和识别技术	信息科学技术学院	北京汉林信通信息技术有限公司	120
商用铷原子钟的研制	信息科学技术学院	成都可为科技发展有限公司	100
成立燕垣光伏能源有限公司	物理学院	河南东起机械有限公司	100
RNA 干扰集成芯片筛选技术	工学院	北大工学院绍兴技术研究院	100
中药配方颗粒研究	医学部	三九医药股份有限公司	700
丹红注射液二次开发	医学部	菏泽步长制药有限公司	470
乙型和丙型病毒性肝炎诊断及临床监测的研究	医学部	北京万泰生物药业股份有限公司	452
AB 胶囊的开发研究	医学部	湖北华恒医药有限公司	367
氯桂丁胺及氯桂丁胺片的转让	医学部	迪沙药业集团有限公司	300

续表

项目名称	院系	合同对方	合同额/万元
参麦注射液二次开发补充协议(3)	医学部	河北神威药业有限公司	182
药物体内整体药效动态可视化研究	医学部	天津天士力制药股份有限公司	173
双黄连注射液药学研究	医学部	多多药业有限公司等	100
糖尿病及其并发症特殊营养膳食的基础和应用研究	医学部	默克保健食品贸易(上海)有限公司	100
《中国药典》2010版:一部败酱草等83个品种的质量标准增修订研究协议	医学部	北京市药品检验所	210.5
我国艾滋病流行规律、疫情评估和预测方法研究分题Ⅲ	医学部	CDC	136
加强地震灾后健康教育能力建设项目方案委托书	医学部	卫生部妇幼保健与社区卫生司,联合国儿童基金会	136
中药济泰片对阿片类药物依赖治疗临床综合评价研究	医学部	中南大学湘雅二医院;四川大学	120
委托开展"我国吸毒人群中艾滋病的流行规律、疫情预测和评估、网络监测和干预措施"的协议	医学部	CDC	100

表8-69　2009年医学部专利申请及授权情况统计

发明人单位	申报专利受理/项		授权专利/项	
	国内专利	国际专利	国内专利	国际专利
基础医学院	10	1	4	1
药学院	28	0	11	1
公共卫生卫学院	2	0	0	0
护理学院	0	0	0	0
公共教学部	0	0	0	0
药物依赖研究所	2	0	0	0
生育健康研究所	0	0	0	0
第一医院	8	0	5	0
人民医院	4	0	5	0
第三医院	5	0	9	0
口腔医院	2	0	0	0
精神卫生研究所	0	0	0	0
临床肿瘤学院	4	0	2	0
首钢医院	0	0	0	0
深圳医院	0	0	1	0
合　计	65	1	37	2

表8-70　2009年推广科技项目目录

科技项目	科技项目
磁电材料和新器件产品开发	纤维太阳能电池
光纤陀螺仪	皮江法炼镁工艺
柔性半导体光电器件	微生物采油技术
SiC MEMS压力传感器	煤矸石生产高性能氮氧化物耐火材料技术
数字化综合信息传输终端	新粉煤灰与矿渣制备高性能矿渣纤维技术
大型通用双引擎数据库管理系统CoSQL RX	新型高效复合脱硫、脱硝材料与技术
脉搏监测系统	煤炭发电过程余热高效回收技术
多模式SAR干涉处理软件(PUMSIP)	提高热效率降低氮氧化物排放的无焰燃烧技术
InSAR技术在地形测量及地表形变中的应用	纳米材料的大规模组装及能源应用
古画互动多媒体展示	工业印染废水矿物法脱色新技术
石灰皂化萃取分离工艺	固定化微生物污水处理技术
联动萃取分离工艺优化与设计	新型牙科仿生修复材料
生物硬组织修复用稀土稳定氧化锆纳米陶瓷材料	磁性纳米材料造影剂

续表

科技项目	科技项目
生物医用金属材料医疗制品	创新药物筛选平台
基于动态行走机理的智能助残肢体的开发与应用	药物通过载体吸收/出能力测定的模型建立
C-Sight 人工视觉假体	药物跨越血脑屏障 BBB 渗透能力测定的实用模型建立及抗老年痴呆症铜—草药联合制剂开发研究
先进医学图像处理系统商业计划	
恢复脑缺血及再灌注损伤的药物研究	新靶点的筛选方法和模型
生物信息网上实验室 WebLab	新型药物制剂
二苯甲酰甲烷(DBM)及其类似物的钒配合物作为糖尿病治疗药物	抗糖尿病钒化合物合成及抗糖尿病效应
	新型糖氨基酸的设计、合成及抗癫痫活性
替尼泊苷微乳注射剂	以 SGLT-2 为靶点的 II 型糖尿病药物
多潘立酮口服凝胶剂	吲哚类 5-HT3 受体拮抗剂，PDE-IV 和 TXA2 酶抑制剂的设计、合成、生物活性及构效关系研究
红花提取物(黄酮类或多酚化合物)抗帕金森病药效学评价	
具有免疫抑制作用一类新药的研制	角蒿酯碱的构效关系研究
抗菌药物黄芩素	一类抗炎、抗休克糖类药物
抗脑缺血的中药复方制剂	一类抗肿瘤糖螺杂环化合物
用于肿瘤早期诊断的放射性药物	具有抗炎及抗肿瘤潜力的 N-糖基(取代)邻苯二甲酰亚胺类化合物
体外测异型增生恶变潜能的方法及所用人工核苷酸序列	
靶向微米栓塞制剂	具有良好抗菌活性的卡那霉素 A 衍生物 FYP-417
临床医学智能诊断辅助系统项目	

(刘淑媛　郑思芳)

国　内　合　作

【概况】　2009 年，国内合作办公室按照"积极稳妥、量力而行、互惠互利"的原则，围绕学校教学科研中心环节，不断加强与地方政府、高校和企业的合作，使教学科研工作更加贴近国家及地方经济建设和社会发展的第一线。同时，办公室努力做好西部对口支援石河子大学工作，认真完成抗震救灾的援建项目的协调、拨款和监督，加大服务首都的力度，增强学校的社会影响力，为学校核心工作提供了有力的支持。

【交流合作】　1. 北京大学与湖南省的合作。6 月 10 日，湖南省委副书记梅克保一行访问北京大学，商讨省校合作事宜。北京大学校长周其凤、副校长岳素兰、党委副书记张彦等参加会晤。8 月 15 日至 17 日，北京大学校长周其凤率团赴长沙出席湖南省教育强省会议，并签署省校合作协议，在共同开展人才交流、干部挂职锻炼、长株潭地区"两型社会"建设、科技合作等方面达成共识。党委副书记杨河、副校长鞠传进等随行。9 月 3 日，长沙市副市长何寄华一行访问北京大学，邀请北大参加中国长沙科技成果转化交易会，并商讨在长沙建立北大博士生实习基地、推荐优秀毕业生到长沙创业发展等事宜。北京大学副校长岳素兰参加会晤。

2. 北京大学与广西壮族自治区的合作。8 月 12 日至 14 日，北京大学校长周其凤率团赴广西壮族自治区，商讨区校合作事宜，并开展了考察崇左生物多样性基地、参加广西崇左市中小学青少年科普教育基地揭牌仪式、考察古生物化石点、考察中华白海豚基地、与广西壮族自治区领导进行区校合作座谈等活动。广西壮族自治区政府副主席陈章良，北京大学党委副书记杨河、副校长鞠传进等参加了座谈会。

3. 北京大学与江苏省的合作。2 月 26 日，江苏省科技厅专程赴北京大学开展合作交流，北京大学副校长岳素兰参加会晤。5 月 11 日，"北京大学首期南京软件企业家高级研修班"开学典礼举行，北京大学常务副书记吴志攀出席，杨芙清院士做首场报告。9 月 3 日，江苏省科技厅赴北京大学洽谈科技合作事宜，北京大学副校长岳素兰出席交流会。10 月，北京大学副校长岳素兰率团参加江苏省第二届产学研合作成果展示洽谈会，北京大学 200 余项科研成果在南京展示。

4. 北京大学与哈尔滨市的合作。3 月 14 日，哈尔滨市党政代表团访问北京大学，双方在城市发展规划、文化创意产业等软课题方面签署合作协议。北京大学常务副校长林建华、副校长岳素兰出席协议签署仪式。

5. 北京大学与广州市的合作。6 月 3 日，广州市与北京大学在广州大学城签约共建"数字视频编解码技术国家工程实验室广州研究开发与产业化中心"，共同打造涵盖芯片与软件设计、整机设计与制造、媒体制作与运营的较为完整的数字媒体产业链,广州市政府给予3000万元经费支持。广州市市长张广宁、副市长徐志彪,北京大学副校长岳素兰出席签约仪式。

6. 北京大学与曲阜市的合作。11月5日,山东曲阜市与北京大学国内合作办公室在开展孔子文化研究、尼山规划、出版孔府档案等方面签署了一系列合作协议。北京大学副校长张国有、岳素兰出席协议签署仪式。

7. 北京大学与常州市的合作。3月23日,常州市科技局访问北京大学,寻求在生物医药、文化创意产业等方面建立合作,北京大学副校长岳素兰出席座谈会。5月18日至19日,北京大学副校长岳素兰率团参加"2009中国常州先进制造技术成果展示洽谈会"。

8. 北京大学与佛山市的合作。3月14日,佛山市市委副书记、市长陈云贤一行访问北京大学,洽谈在法务等方面的合作。岳素兰副校长参加会晤。

9. 北京大学与云南省的合作。3月11日,云南省教育厅访问北京大学。岳素兰副校长参加会晤。10月19日,云南省委常委、宣传部部长张田欣一行访问北京大学。党委书记闵维方、副校长岳素兰出席座谈会。同日,云南师范大学访问北京大学,洽谈高等教育合作事宜,岳素兰副校长参加会晤。同月,海闻副校长出席云南昆明大院名校交易会。

10. 北京大学与上海市的合作。3月10日,上海陆家嘴人才金港负责人访问北京大学,洽谈引进高级经济、金融及相关管理人才事宜。

11. 北京大学与烟台市的合作。6月19日,烟台市副市长张广波、烟台大学党委书记崔明德、烟台大学校长房绍坤一行访问北京大学,讨论第十次援建会事宜。北京大学常务副校长林建华、副校长岳素兰参加会议。8月29日至9月1日,北大清华支援烟台建设委员会第十次会议举行。北京大学常务副校长林建华、副校长岳素兰出席。11月11日,支持烟台大学建设专项会议在北京大学举行。常务副校长林建华、副校长岳素兰出席。

【支援援建】 1. 对口支援石河子大学。3月25日,石河子大学党委书记周生贵、校长向本春一行访问北京大学,与北京大学校长周其凤、副校长岳素兰等商谈有关援建事宜。8月21日,石河子大学校长向本春来访,商讨邀请北京大学校领导出席石河子大学六十周年校庆事宜。北京大学常务副校长林建华、副校长岳素兰参加会晤。9月11日至12日,北京大学常务副校长林建华、校长助理于鸿君带队参加石河子大学建校60周年校庆暨对口支援石河子大学例会。10月9日至14日,石河子大学副校长陈创夫、郑旭荣率团访问北京大学,并考察了考察医学部、生命科学学院。北京大学常务副校长林建华、副校长岳素兰参加会晤。10月15日,石河子大学党委书记周生贵来访,与北京大学党委书记闵维方商讨对口支援、联合开展民族等热点问题研究等事宜。11月26日,教育部对口支援工作大会召开,北京大学常务副书记吴志攀参加会议。

2009年,北京大学安排石河子大学10名插班生就读于校本部及医学部;全年安排接待石河子大学校领导、教师以及中层干部到校访问、学习60余人次;派遣多位北京大学知名学者赴石河子大学短期讲学;安排石河子大学与新疆大学12名相关进修教师和挂职干部来校学习锻炼;审核了27人"质量工程"挂职和进修计划;批准了24人的挂职和进修计划。

2. 对口支援昌平五中。11月20日,北京大学副校长岳素兰赴昌平五中洽谈支援项目事宜。

3. 支持新疆大学建设。10月20日,新疆大学副校长塔西甫拉提·特依拜访问北京大学,参观考察城市与环境学院、遥感所等。北京大学副校长岳素兰参加会晤。

【服务首都】 1. 北京大学与海淀区的合作。3月25日,北京大学副校长岳素兰带队赴海淀区调研;6月19日,海淀区委常委、区委办公室主任刘鸿一行访问北京大学,讨论区校合作事宜。岳素兰副校长参加会晤。8月18日,海淀区委区政府与北京大学合作协议签字仪式举行。海淀区区委书记谭维克、区长林抚生,北京大学党委书记闵维方、校长周其凤、副校长岳素兰、鞠传进,党委副书记王丽梅等出席签字仪式。

2. 北京大学与中关村管委会的合作。4月9日,共建中关村自主创新示范区座谈会举行。北京大学常务副校长林建华、副校长岳素兰出席,与中关村管委会沟通探讨北大服务中关村自主创新示范区建设的相关事宜。4月23日,中关村国家自主创新示范区领导小组第二次会议召开,北京大学副校长岳素兰与会。5月7日,参与中关村国家自主创新示范区建设校内协调会召开,北京大学常务副校长林建华、副校长岳素兰出席。5月13日,中关村管委会周云帆副主任一行赴北京大学生命科学学院洽谈新型研究机构方案。岳素兰副校长会见。

主要区域发展服务机构

首都发展研究院

【概况】 2009年是北京大学首都发展研究院（以下简称"首发院"）强化北京大学服务首都北京桥梁作用，积极服务首都城市发展的重要一年。在北京市委市政府和北京大学的领导下，首发院积极配合首都发展的战略需求，围绕"人文北京，科技北京，绿色北京"发展战略，发挥职能作用，取得了显著的成绩。2009年的工作重点表现在自身能力建设、整合北大力量服务首都以及开展决策支持研究等方面。

【能力建设】 2009年，首发院从软、硬两个方面着手，不断加强自身能力建设。主要成绩体现在以下几个方面：

1. 北京大学明确了首发院在北京大学的地位和职能，配置相应的人员编制和领导干部。2009年初，刘淇书记、郭金龙市长、周其凤校长等领导指示要把首发院做实，市委市政府为此专门组织召开了关于加强首发院建设的工作协调会。为贯彻执行学校和北京市关于加强首发院建设的精神，提升服务首都的能力，调整、充实和完善首发院机构和队伍建设是十分必要和紧迫的。为此，首发院开展了相关调查研究，提出了首发院机构调整和队伍建设方案，并呈请学校批示。

2. 首发院逐步建立和完善了应用经济学博士后流动站。截止到2009年，先后培养了29名博士后，目前在站9人，博士后队伍成为首发院的"高层流动研究队伍"。为发挥博士后制度优势服务首都，首发院已经提请学校在首发院设立应用经济学（区域经济学）博士后流动站工作点，正式接纳国内外专家及北京市市委政府领导干部进站参加首都发展的研究工作。

3. 首发院形成了一支小而精的队伍，建立了广泛的国内外联系，"小核心，大网络"的发展格局形成。

4. 2009年，在原有办公研究用房的基础上，首发院的办公场所得到逐步健全和完善。办公室、实验室、多媒体教室、资料室、会议室、内外网络办公、文印室等各类基础设施完备，首发院的办公形象和工作效率得到了提升。

【服务首都发展】 1. 围绕"三个北京"建设，加强与市政府合作。为进一步加强北京大学与北京市的合作，更好地服务首都经济社会建设，1月8日、1月11日，周其凤校长率队分别拜访了北京市市长郭金龙等北京市领导。北京大学常务副书记吴志攀、副校长岳素兰、鞠传进及首发院常务副院长杨开忠参加了会面。

为贯彻落实北京大学和北京市委市政府领导座谈会的精神，以及中共北京市委、北京市人民政府关于"三个北京"建设的意见，加快建设世界一流大学的进程，为首都发展和创新型国家建设做出新贡献，受学校委托，首发院起草了北京大学立足北京，服务首都的纲领性文件：《北京大学关于服务"三个北京"建设的意见》。《北京大学关于服务"三个北京"建设的意见》遵循"提高认识，解放思想，明确重点"的基本思路，提出了"提升服务首都的科技创新研究能力，加强技术转移体系建设，加强决策咨询体系建设，完善首都人才建设服务体系，完善健康北京促进体系，完善文化创意促进体系，完善绿色北京促进体系"等七大行动计划以及"加强统筹领导，科学评价考核，落实政策协调"具体的组织实施内容。目前，该意见已经通过学校会议讨论，正式成文并已函至首发院在北京市的牵头联系单位——北京市发展和改革委员会，为下一步北京大学和北京市合作奠定了基础。

2. 继续承办"北京大学国子监大讲堂"，加强"北京大学国子监大讲堂"的建设。2009年是"北京大学国子监大讲堂"品质提升、影响进一步扩大的一年。本年度"北京大学国子监大讲堂"共授课十二讲，其中，为了贯彻落实北京市委市政府建设"人文北京，绿色北京，科技北京"的战略部署，"北京大学国子监大讲堂"以"人文北京"为主题举办了三次系列讲座，掀起了市民知北京、爱北京、建北京的热潮。《北京大学国子监大讲堂市民读本》及音像制品即将由北京大学出版社出版。

3. 继续与北京市经济与社会发展研究所合作主办《决策要参》。该刊紧扣首都发展中的重大问题，力求为市委、市政府相关政策制定提供针对性强的海内外重要政策研究成果。2006年2月创刊至2009年，已出版53期，在北京市政机关起到了良好的咨询作用，成为各级政府的主要理论阅读材料。2009年度《决策要参》内容涉及我国城市土地一级开发模式介绍、金融危机及其给我们的启示、服务全球化发展、职业就业与失业的基本概念及国际比较、香港差饷（物业税）征收史、人口老龄化特征比较与应对政策的国际经验借鉴、统筹城乡发展理论与实践、北京市流动人口调控形势与对策、"低碳经济"正向我们走来等。

4. 随着首发院在北京市决策咨询中品牌的逐步树立、影响力的逐步扩大,目前首发院已经成为了北京市各政府部门和各区县的重要智囊机构之一。为进一步促进城市发展,巩固奥运成果,北京市提出了要申报国家城市管理综合配套改革试验区这一重要战略,受北京市发展和改革委员会委托,首发院作为总体方案研究起草牵头单位,在首席科学家杨开忠教授的带领下,目前已经完成了总体方案的研究与起草工作,《城市管理综合配套改革试验区总体方案》获得了专家和北京市相关部门的肯定,预计2010年一季度将上报国家发展和改革委员会。

5. 11月6日北京市发布了《促进城市南部地区加快发展行动计划》,这是奥运会之后,北京市政府推出的事关南城百姓的重大战略决策,北京电视台《成长在北京》制作了7期系列节目《城南行动》,首发院作为行动计划研究起草的主要参与单位,由杨开忠教授作为学者代表、特邀嘉宾参加了节目的录制,就行动计划的总体目标、思路和任务一级南城五区的发展规划进行了诠释和解析,形成了良好的社会效应。

6. 由杨开忠教授领衔的国家社科基金重大招标项目《新区域协调发展理论与政策研究》课题组,发表了我国第一份生态文明研究报告,研究成果"谁的生态最文明——中国各省区市生态文明大排名"发表在2009年第32期的《中国经济周刊》。研究一经公布,引起了各地政府官员、新闻媒体以及热心网友的巨大反响。除被广泛转载之外,众多媒体以此为基础进行了评论或深度报道。

【决策支持研究】 2009年是"十二五"规划研究的启动年,首发院通过公开招标,中标了北京市发改委"北京市'十二五'社会管理与社会政策重点课题"和朝阳发改委"朝阳区'十二五'社会建设重点课题",并先后接收委托承担了北京市"十二五"文化创意产业发展思路研究、北京海淀区"十二五"经济社会发展规划框架思路研究等北京市和部分区县的"十二五"重点研究项目。此外,在北京市的一些重要决策中,首发院也起到了重要的思想库作用。由万鹏飞副院长向北京市政市容委提出的关于生活垃圾零废弃概念和建议被采纳,并被写入由北京市委、市政府通过北京市关于生活垃圾治理的决议中。

(一)科研项目

杨开忠,海淀区"十二五"经济社会发展规划框架思路研究,海淀区发改委,2009.10,未结题

杨开忠,山东省日照市综合发展战略规划研究,山东省日照市人民政府,2009.08,未结题

杨开忠,深化城市管理体制改革研究报告,杨开忠、北京市发改委,2009.07,未结题

杨开忠,北京市文化创意产业发展思路研究,北京市发改委,2009.07,未结题

杨开忠,中国科技人力资源与区域经济发展研究,中国科学技术协会,2009.03,未结题

杨开忠,我国旅游产业升级转型战略研究,国家旅游局,2009.06,结题

杨开忠,哈尔滨城市发展定位研究,哈尔滨市发展与改革委员会,2009.06,未结题

杨开忠,北京市城市管理综合配套改革试验区总体方案研究总体方案及研究报告,北京市发改委,2009.03,未结题

杨开忠,北京市城市管理综合配套改革试验区前期研究之现代社区管理体制专题研究,北京市发改委,2009.03,未结题

李国平,京津冀区域协调发展研究,国家社会科学基金项目,2007.07—2009.06,未结题

李国平,北京2030:首都发展趋势分析与展望,北京城市系统工程研究中心,2009.06—2010.06,未结题

李国平,北京市怀柔区"十二五"规划纲要编制,北京市怀柔区发展和改革委员会,2009.07—2010.12,未结题

李国平,京津产业合作发展研究,北京市发展和改革委员会区域经济合作处,2009.08—2009.12,未结题

李国平,北京市第二次经济普查重点研究课题:北京经济空间布局研究,北京市第二次经济普查领导小组办公室,2009.09—2010.03,未结题

沈体雁,宣武区广外街道发展战略研究,宣武区广外街道办事处,2009.04—2009.12,未结题

陆军,北京周边地区产业转移的网络组织机制与空间影响研究,北京市规划委员会,2008.06—2009.06,结题

陆军,北京市国际化大都市发展进程及趋势研究,北京市"十一五"规划项目,2008—2009,未结题

薛领,"区域协同创新与首都经济发展科学决策服务平台构建"项目中的子课题"首都区域协同创新的预警模型开发",北京城市系统工程研究中心,2009.12—2010

张波,北京市"城市管理"综合配套改革试验区申报文案框架性研究,北京市发展和改革委员会,2008.07—2009.12,结题

张波,北京市宣西地区开发策略研究,金融街集团,2009.07,结题

张波,北京市五元桥北地区开发策略研究,金融街集团,2009.08,结题

孙智利,北京市对外联络服务理论与实践研究,北京市人民政府对外联络服务办公室,2009年,结题

万鹏飞,北京市综合防灾减灾规划研究——公共安全专题,市规委,2009,结题

万鹏飞,北京市地震应急避难场所专项规划专题研究,市规划设计院,2009,结题

万鹏飞,政府社会管理与社会政策研究,市发改委,2009,结题

万鹏飞,首都社会建设与社会管理体制机制改革研究,市发改委,2009,结题

万鹏飞,比较视角下的北京健康城市研究,市科委,2009,未结题

万鹏飞,北京生活垃圾"零废弃"的实施及标准研究,市政市容委,2009,未结题

万鹏飞,"十二五"期间北京社会管理体制改革与社会政策研究,市发改委重点课题,2009,未结题

万鹏飞,"十二五"期间朝阳区社会建设工作研究,朝阳区发改委重点课题,2009,未结题

(二)科研报告

杨开忠主持,"我国旅游产业升级转型战略研究"报告

陆军主持,"北京周边地区产业转移的网络组织机制与空间影响研究"报告

张波主持,"北京市'城市管理'综合配套改革试验区申报文案框架性研究"报告

张波参与,"北京市宣西地区开发策略研究"报告

张波参与,"北京市五元桥北地区开发策略研究"报告

万鹏飞主持,"北京履行首都功能的体制机制研究——以市政府外联服务办为例"报告

万鹏飞主持,"北京市综合防灾减灾规划研究——公共安全专题"报告

万鹏飞主持,"北京市地震应急避难场所专项规划专题研究"报告

万鹏飞主持,"政府社会管理与社会政策研究"报告

万鹏飞主持,"首都社会建设与社会管理体制机制改革研究"报告

(三)论文

孙大鹏,杨开忠,制造业企业科技跟踪内涵和模式研究,2009年第18期,科技进步与对策

杨开忠,谁的生态最文明——中国各省区市生态文明大排名,2009年第32期,中国经济周刊

杨开忠,探索试行城镇管理的职业经理制,2009年第7期,中国流通经济

杨开忠,国外的"县官"如何当——城镇管理职业经理制的国际借鉴,2009年第13期,人民论坛

孙大鹏,杨开忠,制造业企业服务外包决策模型研究,2009年第2期,研究与发展管理

杨开忠,冯等田,空间计量经济学研究的最新进展,2009年第2期,开发研究

杨开忠,马晓河(点评),房地产业作为支柱产业与国情相适应,2009年第7期,人民论坛

杨开忠,中国正形成六个核心经济圈带,2009年第10期,中国经济周刊

杨开忠,"人"的改革:新一轮改革的重点,2009年第3期,人民论坛

拜琦瑞,杨开忠,中国省域知识产出份额演变及其影响因素研究,2009年第1期,江苏社会科学

李国平,陈秀欣,京津冀都市圈人口增长特征及其解释,地理研究,2009年第1期

李国平,京津冀地区协调发展的目标定位及战略构想,北京规划建设,2009年第5期

李国平,从首都经济到首都科技……兼论京津冀区域科技发展视角下的科技北京建设,北京社科,2009年第5期

孙铁山,李国平,卢明华,基于区域密度函数的区域空间结构与增长模式研究——以京津冀都市圈为例,地理科学,2009年第4期

孙铁山,李国平,卢明华,京津冀都市圈人口集聚与扩散及其影响因素——基于区域密度函数的实证研究,地理学报,2009年第8期

沈体雁,张红霞,李迅,李熙,GIS与ABM集成的房地产开发模拟研究,北京大学学报,2009年第4期

冯等田,沈体雁,中国地方财政支出的空间外部效应研究,财会研究,2009年第6期

冯等田,沈体雁,中国省区投资驱动型经济增长及其空间效应,开发研究,2009年第3期

张波,刘江涛,周波,张丹,环渤海与长三角空间成长模式比较研究,经济问题探索,2009年第7期

(四)著作

改革开放30年来中国区域经济理论与实践,杨开忠等,(待出版)

城市和区域复杂空间演化模型与模拟系统研究,薛领、杨开忠,科学出版社(待出版)

基于人口移动和知识溢出的经济增长与集聚,谭成文、杨开忠,北京大学出版社(待出版)

城市体系的经济集聚模型,陈良文、杨开忠,北京大学出版社(待出版)

中国标准经济区划研究,姜玲、杨开忠,北京大学出版社(待出版)

京津冀区域合作与首都发展,李国平[中共北京市委组织部等组织编写,《建设"人文北京、科技北京、绿色北京"》公共知识讲座教材](第十讲),北京出版社

京津冀区域视角下的科技北京建设,李国平、李岱松[中共北京市委宣传部等编写,《人文北京、科技北京、绿色北京论集》],同心出版社

安全社区创建手册,万鹏飞,2009,中国社会出版社

社区居民安全手册,万鹏飞,2009,中国社会出版社

(五)译丛主编

日本地方政府法选编(与白智立共同主编),万鹏飞,2009,北京大学出版社

英国地方政府,万鹏飞,2009,北京大学出版社

(六)获奖情况

李国平等,"十一五"京津冀区域科技发展规划研究与确定,获高等学校科学研究优秀成果奖(人文社会科学)(研究报告类)二等奖。

(程 宏)

深港产学研基地

【概况】 2009年,面对金融危机冲击,深港产学研基地对内整合资源,强化管理,提升能力,对外拓宽发展空间,实现强强联合,各项工作在原有基础上实现了新的突破,同时为下一步发展奠定了坚实基础。

【国家技术转移示范机构】 深港产学研基地在成功申请成为"国家级科技企业孵化器"的基础上,完善创业服务体系,继续研究推出基于网络的海量企业标准化服务产品,基地被成功认定为深圳市科技企业孵化器并获市区各级资助;产业发展中心已被认定为深圳市创业辅导示范基地,并备案为专业服务机构。2009年,深港产学研基地被科技部认定为第二批国家技术转移示范机构。

【孵化器建设】 深港产学研基地在产业孵化的广度和深度两方面均有所突破。2009年与20家企业新建立全面合作关系,为50多家企业提供了各类增值服务,深入开展管理咨询、财务顾问、研发管理、市场营销等增值服务,孵化企业总计达到130家,其中10多家企业达到了科技发展公司投资标准,并对部分公司进行了投资。通过合作方式,积极探索建立新的孵化基地:总结在留学生创业园、桑达科技大厦、龙泰利科技大厦合作孵化基地的经验,与龙岗区科技局和中海信公司合作新建了深港中海信科技园,新增孵化场地6.5万平方米。

【公共研发平台建设】 2009年,深港产学研基地加大对研发部门的投入,利用产学研合作基金等方式扶持引导实验室、研发中心进行面向市场的应用研究。同时根据深圳市产业、经济发展的需求,在目前已经建立的实验室、研发中心基础上进行了资源整合,整合为4个研究领域:信息技术与装备自动化研究、环境安全与再生资源开发研究、生物医学工程研究,为下一步发展奠定了基础。2009年,各实验室、研发中心共承担参与国家"863"、广东省、深圳市、区各级课题项目研究35项,发表论文12篇,申请发明专利6项,软件著作权2项。

【高层次人才培养】 培训市场逐步拓宽。基地培训课程已立足深圳,辐射珠三角地区,2009年与广州市、东莞市、珠海市都建立了沟通渠道,达成合作意向。同时大力推进培训网络的建设,与天津南开大学周恩来政府管理学院、上海中国浦东干部学院等院校和机构签署合作协议,实质运作的北大-南开班、上海中浦班的培训项目取得良好的效果。在国际合作上,与加州大学伯克利分校、牛津大学、剑桥大学和伯明翰大学相关院系也建立起合作关系。

作为中组部、教育部首批13所高校干部培训基地之一北京大学的一部分,首次设计了深港创新圈课程和高新技术企业管理班课程,为国内高层次干部培训提供了可选择的方案。民营及中小企业高级工商管理课程逐渐成为培训中心的核心品牌课程。经过三年的努力,中小企业高级工商管理课程越来越受到民营企业家的欢迎,报读人数逐年攀升。

【深港合作模式研究】 深港发展研究院依托北大、香港科技大学智力资源,面向深港合作与区域发展,大力开展深港合作的政策研究,科技与产业经济发展规划研究,区域可持续发展和社会发展研究。2009年,承担了"深圳创新型城市建设中科技团体的作用与评估""深港口岸交通便捷化研究与检讨""香港资讯科技中小型企业如何利用'深港创新圈'增加优势""深圳RFID产业发展与应用研究""民盟广东省委'数字珠三角'调研""医疗器械产业创新路线图调研""南山区自主创新规划纲要""南山区科技企业摸底调研""龙岗区参与'深港创新圈'建设,打造三个产业基地""南山区IC产业创新支撑平台建设与技术路线图研究"等一系列软课题研究,为深港区域合作及科学发展提供智力支持。

校办产业管理

【概况】 2009年,北京大学校办产业稳步发展,资产总额达520亿元,所属企业收入已超过550亿元,其中方正集团480亿元,青鸟集团20亿元,资源集团36亿元,未名集团近6亿元,科技园0.89亿元,维信公司2.5亿元,先锋公司2亿元,先行公司3亿元,所属企业总资产和各企业的销售收入较前两年都有较大幅度提升。校办产业所属企业利润总额28亿

元,上缴税金15.5亿元,上缴学校利润1.1亿元,企业从业职工数3万余人。

【产业党工委及工会工作】 1.积极开展深入学习实践科学发展观活动。产业党工委严格按照学校党委的部署,紧密结合校办产业工作实际,学习实践活动收到了很好的效果。产业党工委认真组织调研活动,到校办企业广泛征求意见;深入开展解放思想讨论,领导班子成员带头讲真话、讲实话;精心组织召开党政领导班子专题民主生活会。在此基础上形成了产业系统领导班子分析检查报告,并进而提出了校办产业系统深入学习实践科学发展观活动整改落实方案。

2.高度重视党的组织建设。产业党工委指导各支部对要求入党的同志积极进行培养,不断为党增添新鲜血液。今年有5位同志加入了中国共产党,有11位同志参加了党校的学习,并获得结业证书。

3.继续开展党的传统教育。11月12日,产业党工委组织优秀党员、先进党支部代表和部分党支部书记到革命圣地遵义学习,进行党的传统教育。党员先后参观了息烽集中营、遵义会址等地。

【医学部产业工作概况】 1.企业规范化建设主要工作。支持优势企业(北京医大时代科技科发展有限公司、北京医大时代教育咨询有限公司等)科学管理体系的推进,建立了比较规范的人力资源管理制度,包括岗位任职资格体系、绩效考核管理体系、薪酬管理体系;全面实施预算管理,完善了财务内部控制体系;推动办公自动化管理,提高工作效率和规范管理流程。

2.改制及关停并转情况。(1)完成在职培训中心改制,促进现代企业制度的建立和完善。(2)北京北医投资管理有限公司怡达科技开发中心和医学科技开发分公司进入关闭程序,开始清理资产、账务,于年底进行了审计工作。(3)北京北医投资管理有限公司亿康分公司进入关闭程序,按照有关规定进行资产处理,目前已基本完成。(4)博士苑宾馆停业后,为推进账务核销工作进行了二次审计。(5)印刷厂进行了后续审计工作。5月初,由医学部财务、资产管理、审计、监察等有关部门组成的评标委员会,采取招标竞卖的方式处理了印刷厂大型二手设备。(6)7月7日完成了北京华医神农医药科技有限公司董事长及法定代表人工商变更手续。至此,校领导在医学部企业没有任职情况。(7)完成了医疗投资公司董事长更换及法人变更工作。(8)困扰学校多年的北大药业问题有所突破。

【医学部共建天津市医院】 天津市第五中心医院于2008年11月27日正式挂牌"天津市塘沽区人民政府-北京大学医学部共建医院"。2009年是启动共建工作的第一年,在理事会的领导下,共建医院项目执行小组与理事会办公室密切配合,努力协调共建医院严格执行和落实理事会有关决议和工作意见,有条不紊地推进医院各项工作向前发展,主要完成工作如下:

1.临床业务和学科建设工作。首批三个重点学科顺利完成科主任聘任工作,制定学科三年规划和年度工作计划,定位清晰,目标明确;大外科各项工作全面稳步推进;11月5日由北京大学医学部姜保国副主任带队,对共建医院11个学科进行了评估,为今后各学科的发展打下了良好的基础;2009年下半年,医学部科研处沈如群处长带队,分三次到共建医院调研,争取重点学科和重点科室完成临床建设后,在1~2年内进行科研项目的实质性申请;3月7日开设"北大专家门诊日",共有16个强势学科专家于每周六赴共建医院开展门诊,现已在塘沽地区形成特色品牌;5月16日在姜保国副主任的带领下,北大医学系统的近20位优秀科主任赴共建医院进行了义诊,效果显著;10月17日为"奉献日"组织临床医务人员(北医18位专家、塘沽80位专家)进社区医疗咨询服务和义诊活动。截至10月,首批共建重点学科及外科系先后有21名北大临床专家和5名管理专家到共建医院工作;70人次有关专家赴塘沽指导工作;组织各种学术讲座55次,受益1000余人次;参与教学查房及疑难病例讨论89人次,指导完成大中型疑难手术42例。

2.医院日常管理逐步加强。医学部派出专家指导医院财务工作,结合医院实际情况建章立制,明确医院的经济责任,制定财务各项岗位职责及经济责任制,加强医院资金审批制度,保证医院的资金安全。

3.加大管理培训的力度。医学部在职教育培训中心在共建医院分三期开设了管理干部EMBA课程,医院中层干部全体参加学习,为进一步提高医院管理水平增强了动力;应共建医院的邀请,医学部副主任李鹰在中层干部培训班开办医院管理的系列讲座;北京大学医学部在塘沽召开了EMBA研修班论坛,专家学者从多个角度对医院管理等问题进行了广泛和深入的研讨。

4.改扩建工程按计划进度平稳施工。北京大学派附属医院基建专家一名常驻第五中心医院协助工程项目管理工作。年初完成了工程招标工作。4月7日正式开工以来,综合医疗大楼一期工程进展顺利,目前已按照计划完成大楼封顶。

【医药卫生EMBA高级论坛】 北京大学医学部第四届全国医药卫

生行业 EMBA 高级论坛于 2009 年 8 月 23—24 日在天津市塘沽区瑞湾酒店举行,约有 200 余名 EMBA 校友及卫生行业管理人员参加了论坛。论坛专题报告由医学部李鹰副主任、姜保国副主任、继续教育处孟昭群处长分别主持,全国人大常委会副委员长韩启德院士发来贺信。论坛期间,围绕"医药卫生体制改革与医院管理"的主题,中国医院协会曹荣桂会长、卫生部医疗服务监管司张宗久司长、北京大学常务副校长柯杨教授等专家、政府官员分别作了题为"公立医院要在深化医改中有所作为""医改中的医疗服务"和"浅谈医疗体制改革"以及与医改、医院管理相关的专题报告。与会校友和代表们纷纷表示,北京大学医学部搭建了一个医药卫生行业多层次共融的交流平台,通过参加论坛,大家提升了对国家医改政策的认识,开拓了完善医院管理的思路,特别是对逐步推进公立医院改革的理解更加深刻具体。

【**主要企业名录(35 家)**】
北大资产经营有限公司
北大方正集团有限公司
北京北大资源集团有限公司
北京北大青鸟软件系统有限公司
北京北大未名生物工程集团有限公司
北京北大科技园有限公司
北大科技园建设开发有限公司
北京北大临湖科技发展有限公司
北京开元数图科技有限公司
北大英华科技有限公司
北京北大宇环微电子系统有限公司
北京北大明德化学制药有限公司
北京燕园天地科技有限公司
北京北大学园教育投资有限公司
北京北大方正乒乓球俱乐部有限公司
厦门北大泰普科技有限公司
北京北大先锋科技有限公司
北京北大金秋新技术有限公司
北京北大软件工程发展有限公司
北京北大太平洋电子科技有限公司
北京北大维信生物科技有限公司
北大软件教育发展有限公司
北京北大天创信息技术有限公司
北京北大先行科技产业有限公司
北京时代博雅咨询有限公司
北京北大众志微系统科技有限责任公司
北大星光集团有限公司
北京燕园隶德科技发展有限公司
北京北大创业园有限公司
江西北大科技园区发展有限公司
北京博雅方略管理咨询有限公司
北京燕园科玛技术发展有限公司
北京北大教育投资有限公司
北大国际医院集团有限公司
北京北医投资管理有限公司
北京医大时代科技发展有限公司

(刘俊英 左婧 吴问汉)

主要高科技企业

北大方正集团有限公司

【**方正品牌建设**】 2009 年 12 月 20 日,在人民网和《中国经济周刊》共同举办的共和国六十年经济盛典系列评选活动中,"方正"品牌荣获中国品牌百强榜"共和国 60 年最具影响力品牌 60 强"称号。12 月 17 日,经第四届中华电子企业最有价值品牌评议组委会评测,方正集团的企业品牌价值在 2009 年度达 262.45 亿元,相比 2008 年有了大幅度的提升。是年,方正集团还获得了组委会颁发的"中华电子企业最有价值品牌"以及"中华电子企业十大社会责任品牌"奖。

【**方正制定新三年战略**】 2009 年,是方正集团新三年战略规划的起始年。未来三年,方正集团的管控模式将逐渐改变,将根据业务发展需要,对下属公司逐步采取战略管控模式或财务管控模式管理,并最终完成从产业集团向投资控股集团的过渡。方正集团将依托北京大学,发挥 IT、医疗医药、房地产、金融等产业优势,塑造产业品牌形象,提高管理及经营绩效,不断拓展新投资领域,获取高效的投资回报,成为有社会责任感、有重要影响力的投资控股集团。

【**方正承担国家数字工程**】 国家数字复合出版系统工程是列入《国家"十一五"时期文化发展规划纲要》的国家重大工程。新闻出版总署经过评审和考察,决定由方正集团承担复合出版工程,并为此专门成立工程总体组。数字复合出版工程建设目标是研发一套从传统出版向数字出版转型所需的装备,实现知识标引、多重应用、一次制作、多元应用,最终实现降低行业的运行成本,打造出版新业态的目的。复合出版工程作为国家确立的重大工程,是第二个"748 工程",承载了国家、行业能够在世界上取得竞争优势的重大责任,不同于普通的政府项目。2009 年 6 月,工程总体组的组织机构和职能分工已完成,7 月,复合出版工程技术方案、实施方案和预算报告已提交新闻出版总署,总体组其他工作正顺利推进。

【**方正出版技术日趋完善**】 方正数字出版系统提供包括电子书、数字报、移动阅读以及数字内容阅读平台等在内的丰富多样的数字资源产品。截至 2009 年,全国 90%

以上的出版社正在应用方正阿帕比数字出版系统,39家报业集团中的30家采用方正数字报刊技术;500多种报刊正在采用方正数字报刊系统同步出版数字报纸。方正数字手机报为广大移动终端用户提供丰富的内容和个性化的阅读体验。此外,全球4000多家学校、公共图书馆、教育城域网、政府、企事业单位机构用户应用方正阿帕比数字资源及数字图书馆软件为读者提供网络阅读及信息检索服务。

【方正完成激打国家标准】 2009年初,由方正集团作为第一主笔单位完成的《黑白单色激光打印机测试版》国家标准GB/T22372—2008获得了国家标准委员会的批准,2月1日起正式颁布实施。判断激光打印机的品质优劣主要根据该设备输出的印品。而在此之前,中国还没有对激光打印机的技术性能进行全面技术质量测试的测试版的国家标准。由于标准缺失,长期以来,国家质检部门无法对激光打印机整机及部件的品质、参数做统一要求。2004年底,方正集团正式接受标准委员会的通知,作为第一主笔人开始起草该标准。从2005年至2007年近三年的时间内,标准起草组对该标准进行了近10次修改,2006年9月,起草组提交了送审二稿,2007年4月,提交了标准的终审稿。标准的制定填补了国家相关标准类型的空白,也为方正集团今后从事标准制定工作积累了经验。

【方正任版式技术产业应用联盟主任】 4月9日,版式技术产业应用联盟成立大会在北京举行,来自工业和信息化部、商务部、国家档案局、国家标准委、中共中央对外联络部等相关部委局的领导出席了会议。会上,方正集团当选为首届主任单位。版式技术重点应用于档案管理、数字出版、数字办公、信息发布等领域。长期以来,我国版式技术领域难以形成统一的产品和标准,不仅对重要信息的长期存储构成直接威胁,也对原始档案的保存安全造成严重影响。两年来,方正集团经过艰苦努力,促成了我国版式技术产业应用联盟的成立。这对于方正集团自身版式技术以及相关产品的规划和研发具有深远的影响。

【重庆方正PCB产业园投产】 6月8日,重庆方正PCB产业园在"西部硅谷"重庆西永微电子工业园正式投产,来自重庆市政府、北京大学和方正集团的领导以及社会各界嘉宾出席投产仪式。重庆方正PCB产业园的落成既标志着方正科技PCB战略布局基本形成,PCB业务成为方正IT产业的战略业务单元,更意味着方正IT产业开始深入构建完整产业链,并向最终成为IT综合服务商迈出了坚实的一步。目前,产业园具备15万尺/月产能的一期已建成投产,方正将于2010年初继续追加投资,届时月产能将达30万尺。预计到2011年初,通过继续追加投资,产业园月产能将达50万尺,完全达产后,销售收入将超过15亿元,从而逐步成为方正PCB一站式服务战略中的重要一环。

【瑞信方正隆重开业】 2月26日,方正证券与瑞士信贷共同出资组建的合资证券公司——瑞信方正证券有限责任公司开业庆典在北京隆重举行。瑞信方正是合资券商新政实施之后首家获得批准成立的合资投行。中国证监会、中国保监会、财政部、北京市证监局、中国证券业协会等领导出席了庆典,多家重点客户公司的高级代表200余人应邀参加了此次庆典。瑞信方正此次"携手并进,共赢未来"的主题庆典,体现了公司以及双方股东对于瑞信方正实现在三年内成为具备国际视野和专业智慧的中国一流投资银行、跻身中国投行第一梯队发展目标的坚定信心。

【方正银企合作取得突破】 4月2日上午,星展银行领导一行到访方正集团,双方针对方正集团目前的产业经营和发展情况等进行了沟通与交流;5月19日,国家开发银行领导一行到访方正集团,双方针对国开行商业化改制以及方正集团目前的产业经营和发展战略等方面进行了探讨和交流;5月27日,中国进出口银行领导对方正集团调研工作,进出口银行领导对方正集团清晰的战略脉络和取得的成绩给予充分的肯定,并表示会以其丰富的金融资源支持方正的未来发展;7月24日,北京农村商业银行与北京大学在京签署战略合作协议。农商行领导热情称赞了方正集团在市场竞争中表现出的强劲竞争力,并指出将进一步加强与方正集团的合作。

【方正企业文化建设】 9月26日,由27支代表队,共30余家企业参加的第二届"方正杯"篮球赛总决赛在北京大学乒乓球馆举行。最终,三元盈辉力克方正世纪荣获本届杯赛的冠军,方正科技(北京)以微弱优势战胜大新药业获得季军;11月18日,"秀在方正"员工才艺大赛在北京大学百周年纪念讲堂圆满举行。集团总部代表队等6支代表队选送的29个声乐、舞蹈及表演类节目轮番上演展开竞争。最终,综合事业群《歌为你放纵》、集团总部《花木兰》、IT事业群《新闻胡博》获得声乐、舞蹈及表演类节目的一等奖。集团篮球赛和"秀在方正"既是集团所属企业和员工展现的舞台,也是集团企业文化建设的重要载体,通过这些赛事,来自五湖四海的方正人同台竞争,不仅展现了参赛队的高超水平,更增进了方正人的友谊。

【方正所获荣誉】 3月,方正家用电脑——卓越E200荣获德国红点全球产品设计大奖;5月,方正集团荣获"2008中国软件产品出口示范企业"称号;9月,方正集团荣获"2009中国最佳人力资源典范企业"称号,王选教授当选"100位新中国成立以来感动中国人物";10月,方正集团荣获"北京影响力——影响百姓生活十大企业"称号;11月,方正集团荣获"2009中国版权产业最具影响力企业"称号,荣获"国家认定企业技术中心成就奖";12月,"方正兰亭黑"系列字体和"方正雅宋"系列字体荣获"亚洲最具影响力设计大奖"铜奖和优秀奖,荣登"中关村Top100"两大榜单(实力榜和创新榜)三甲,方正集团下属企业——方正科技与方正电子双双入围两大榜单,方正阿帕比荣获"2009—2010年度国家文化出口重点企业"称号。

北大青鸟集团

【刘淇看望杨芙清院士】 6月30日,中共中央政治局委员、北京市委书记刘淇一行,在北大党委书记闵维方陪同下,到北京大学看望优秀党员代表、中国科学院院士、北京大学教授、青鸟集团创始人杨芙清。刘淇指出,杨院士在人才培养、团队建设、学科建设等方面为北京大学做出了重大贡献,是知识界共产党员的优秀榜样。科技界要向杨院士学习,充分发挥聪明才智,创造世界顶尖的科技成果。

【青鸟灾区学生返蜀中考】 5月12日,在北京、珠海、南宁北大附属实验学校复课的四川灾区学生完成初三学业,返回家乡中考。这批学生共113名,是"5·12"汶川特大地震发生后,全国青联常委、致公党中央委员、青鸟集团总裁许振东提议,由青鸟集团与致公党联手,在青鸟集团旗下三所北大附属实验学校建立"四川班"免费培养的。孩子们一年的异地复课生活丰富、幸福、愉快,学校不仅为他们补上了原先缺课,而且还在生活和心理上关心、照顾他们。

【青鸟与海航战略合作】 11月5日,青鸟集团与海航集团签署战略合作协议,启动双方全面、深入的合作。北大校长助理刘伟,海航集团副董事长兼首席执行官王健,北大产业党工委副书记韦俊民,青鸟集团董事长许振东、总裁初育国出席签约仪式。青鸟与海航将在金融、能源、地产、教育培训等多个领域开展战略合作,充分发挥各自优势,整合资源,形成"强强联合,优势互补,开创共赢"的局面,开拓更广阔的发展空间。

【青鸟投资造城市湖】 11月28日,青鸟集团与湖南省长沙县政府签署合作协议,共同开发建设长沙松雅湖,拟将其打造成湖南最大城市湖泊,推动长沙县经济腾飞。松雅湖综合开发项目规划控制区总面积16.98平方千米,是长沙县单项投资额度最大项目。青鸟集团将充分利用自身在项目建设融资和招商引资以及管理方面所拥有的资源优势和丰富经验,把松雅湖区域建设成为集商贸、会展、旅游、休闲、居住于一体的宜居创业新城。

【北大资源学院喜迁新址】 11月22日,北大资源学院结束了租用校园的历史,新校址正式揭牌启用。北大青鸟集团总裁初育国、副总裁张万中为新校址揭牌并讲话。北大资源学院瞄准社会高等职业人才需求,以精品专业发展高等职业教育,2009年应届毕业生就业率到8月初已达到93.36%,学校本、专科毕业生的平均就业起薪高于全国平均水平。国庆前夕,学校3000多名在校生搬进了新校园。

【青鸟培养IT高能人才】 8月31日,中央广播电视大学与北大青鸟IT教育公司签约,正式启动联合培养IT高技能人才(JBNS网站工程师)项目。中央电大副校长李林曙与青鸟集团副总裁、青鸟IT教育CEO杨明代表各方签订合作协议。中央电大拥有世界最大的远程教学系统,青鸟IT教育是国内IT职业教育机构龙头。双方强强联手,推进高等教育和职业培训的结合,将有效提升毕业生竞争力。此次试点合作,既可培养更多社会亟须的IT高技能人才,同时也为中国IT教育模式的多样化拓宽了思路。

【青鸟获"产业脊梁"奖】 9月19日,在"2009中国(南海)软件和服务外包高峰论坛暨中国软件行业协会成立25周年庆典"上,青鸟国际软件技术有限公司董事长李锋荣获25年来推动中国软件产业发展的"中国软件产业杰出企业家"称号,该公司获得25年来推动中国软件产业发展的"中国软件产业脊梁企业"奖。以上奖项由中国软件行业协会颁布。

【青鸟安全业内品牌第一】 青鸟安全系统工程技术有限公司荣获中国智能建筑"十大系统集成商品牌"第一名。由千家网旗下千家品牌实验室组织的"中国智能建筑品牌奖"评选,以全年品牌指数为核心依据,综合市场调查、用户反馈和专家评议而产生,并根据评分进行奖项排名。该奖分为十大品牌奖和单项奖,分别颁给行业领域中品牌建设成就突出的十大品牌企业和某单项表现卓越的品牌企业,被誉为我国智能建筑行业的"奥斯卡"。

【青鸟环宇消防效益大增】 青鸟环宇消防公司2009年完成经营收入超过1.6亿元,比上年增长55%;实现利润比上年增长70%以上,连续5年效益良性增长。2009年房地产业的回暖,为公司业务增长提供了有利环境。

北大临湖科技发展有限公司

【概况】 北京北大临湖科技发展有限公司是2006年5月25日经北京大学批准，由北大资产经营公司和北京大学科技开发部出资建立的新企业。目前主要负责北京大学周边房地产的经营管理工作，主营业务为写字楼租赁业和宾馆服务业，主要负责资源大厦、资源东楼、资源燕园宾馆三个项目的经营管理。2009年公司获得了物业管理企业三级资质证书。

北大未名生物工程集团有限公司

【科技研发】 2009年北京北大未名生物工程集团有限公司及下属企业获得国家及地方各级政府部门资助的各类科研项目共27项，获得的科研资助金额近亿元，其中11个是国家转基因重大科技专项，6个是国家重大新药创制专项；未名凯拓"国家作物分子设计工程技术研究中心"及"国家植物转基因技术研究中心"获得有关部门批准，在已获批"国家作物分子设计中心"之后，未名凯拓同时拥有了三个国家级研发中心。

北京北大科技园有限公司

【概况】 2009年北京北大科技园有限公司与北京大学科技开发部共同签署了《北京大学科技开发部、北京北大科技园有限公司关于共同促进产学研发展的合作协议》；被授予"B类大学科技园""2009年海淀区大学科技园产学研合作示范基地"；承接了教育部《儒藏》工程会议；接待了台湾政治大学中国大陆研究中心师生、"方正杯"全国高校校长乒乓球代表团、新疆石河子大学调研、广西党委办公厅和科技厅领导来访；承办了"中关村留学人员企业精品项目推介会""变革中的机遇、挑战、合作、共赢论坛"等一系列交流活动。

北京北大先锋科技有限公司

【北大先锋成立十周年】 10月15日，北京北大先锋科技有限公司隆重举行成立十周年庆典，北京大学校长周其凤等校领导出席了庆典仪式。公司自成立以来，保持了较高的增长速度，并以良好的品牌形象占据了国内变压吸附气体分离净化设备领域龙头地位。

【尾气净化工艺】 北大先锋选择固相催化氧化路线，自主研制了可再生脱磷催化剂，围绕可再生脱磷催化剂设计并搭建了下厂成套小试设备，与云南弥勒磷电达成合作协议，现场试验效果良好。这一工艺如成功推广，将为国内黄磷厂家的节能减排作出重大贡献。2009年公司生产工艺的重大革新包括滚球试验和焙烧工艺革新，这两项技术革新将有效地降低公司吸附剂产品的生产成本，同时优化产品质量，使得公司生产的吸附剂符合国际标准，有望大幅度提高吸附剂产品的出口量。

北大维信生物科技有限公司

【概况】 8月，北京北大维信生物科技有限公司主导产品血脂康作为唯一的调脂中药入选国家2009版《基本药物目录》。11月，血脂康胶囊和片剂分别入选2009年版医保目录。围绕血脂康技术，北大维信拥有57项发明专利，其中13项已授权（国内5项，国际8项）。11月，国家"九五"重点科技攻关课题"血脂康调整血脂对冠心病Ⅱ级预防的研究（CCSPS）"被评为"中西医结合学会科学技术进步一等奖"。该项长达7年的研究结果表明，血脂康可降低冠心病死亡事件33%，长期服用安全有效。该项研究被认为是我国循证医学研究的先锋，对我国的冠心病防治工作产生重大的影响，是现代中药治疗冠心病的里程碑。

北大英华科技有限公司

【概况】 北大英华科技有限公司以"北大法宝"为主品牌，以"北大法律信息网"为主媒介。"北大法宝"包括"法律法规库""司法案例库""法学期刊库""英文译本库"四套数据库，是法律信息优秀品牌，客户遍布世界各地。"北大法律信息网"提供在线中文法律法规数据库和法学专家论文资料等综合法律信息，是国内最大、最早的综合性法律信息服务平台。2009年，北大英华与最高人民法院合作研发了"中国审判应用支持系统"，在全国各级人民法院推广使用；编写了《办案艺术与技巧丛书》；"北大法律网·法学在线"上线；全国律协助力成长计划提升法律检索能力；承办中国法律信息建设研讨会；北大法宝4.0版本发布；司法案例、法学期刊检索系统光盘版发布；中国检察官教育培训网开通；12月18日，北大英华10周年庆典在北大博雅国际会议中心隆重

北大先行科技产业有限公司

【概况】 北大先行科技产业有限公司主要业务是为纯电动汽车、纯电动环卫车、双源无轨电车等提供磷酸铁锂动力电池。2009年5月8日,青洽会上北大先行与青海西宁开发区西部矿业集团签署了原材料碳酸锂项目合作协议;9月25日北大先行磷酸铁锂动力电池组在西城区环卫电动车示范项目中交付使用;11月14日,北大先行等四家公司出资设立的北京普莱德新能源电池科技有限公司在大兴区采育经济开发区揭牌成立。中共中央政治局委员、市委书记刘淇,全国政协副主席、科技部部长万钢,市委副书记、市长郭金龙为公司成立揭牌,参加此次揭牌仪式的还有北京大学校长、中科院院士周其凤,北京市委常委赵凤桐,北京市副市长苟仲文,中国工程院院士、吉林大学原副校长郭孔辉,军事交通学院院长张伟,中科院院士、北京大学化学学院院长高松,北汽控股董事长徐和谊等;12月17日,北大先行顺利通过首批56家中关村国家自主创新示范区创新型企业。

北京北大软件工程发展有限公司

【概况】 北京北大软件工程发展有限公司成立于2000年12月,由著名计算机软件科学家、中国科学院院士杨芙清教授担任公司董事长,其前身是成立于1996年7月的北京大学软件工程国家工程研究中心。2009公司被评为中关村企业信用等级Azc+级及"瞪羚五星级"企业。目前,公司拥有软件著作权共计38项、获得软件产品证书22项,其中北大软件分布业务协作支撑环境、北大软件干部管理信息系统、北大软件人事与工资统发管理系统等产品被列为"2009年北京市自主创新产品"。

燕园隶德科技发展公司

【概况】 北京燕园隶德科技发展有限公司是融教育、服务、产业为一体的企业,是全国高校后勤系统社会化改革的成功典范之一,业务范围涵盖商贸流通、宾馆、餐饮、物业管理、生产加工等。隶德公司自成立以来持续盈利,在不动产投资方面,先后投资购置了中国农业大学博雅西园底层、北京大学燕东园正白旗1号、五道口华清嘉园等不动产,是年投资年回报率达10%。

主要教学科研服务机构

图书馆

【概述】 在校领导和相关部门的大力支持下,2009年,图书馆党政班子默契配合,带领全馆职工努力工作,图书馆在管理、业务与服务等各方面工作稳步推进。在管理工作上,进行了业务流程和机构的部分重组和调整,顺利实施了新一轮的全馆聘任,积极制定相关措施,加强队伍建设和在职培训。图书馆业务与服务工作的亮点主要体现在:信息资源建设注重文献体系和特色资源建设;在主要的开架阅览区实现了读者带书包入室;自助借还服务项目启动;储存图书馆建成并提供服务;创新了用户教育的形式和内容;多媒体服务成为主流的读者服务之一;信息基础设施建设有序推进;馆务信息化向前推进,内部网投入使用;建设新的英文主页并取得阶段性进展;国内外合作交流增多;CALIS三期建设可行性研究报告通过专家论证;CASHL项目进展顺利。

【文献资源建设】 传统文献采访以满足学校的学科建设和发展为目标,平稳发展全年中外文图书采访54530种、113681册,中外文期刊5829种。在期刊订购方面做了较大调整,包括:与期刊供应商签署期刊采访协议;兼顾印刷版和网络版的特点,考虑到学科之间的差异、一次文献与二次文献的差异、重点学科与非重点学科的差异、核心期刊与非核心期刊的差异,停订了139种网络数据库捆绑订购的印刷版外文期刊,占捆绑订购总量的1/3,比上年节省经费约150万元。根据院系要求及读者请求,增订了部分新的外文期刊,系统订购了一些重要全集、丛书及大套图书。总计购入古文献6353册/份,包括:家谱219种4619册,墓志、碑刻、法帖拓片8批,新收集拓片1370份、1734张/册。

1. 电子文献和多媒体资源方面:根据师生需求积极拓展资源采购渠道。最突出的是通过全文直接下载和原文传递可以获取的中文电子图书增长至180万种,其中

100万种可直接点击阅读,大大丰富了图书馆电子书的收藏。年度新增中外文电子资源库有:读秀知识库、EAI(美国历史文档系列数据库)、Sage、Project Muse、CUP(剑桥大学出版社)等期刊数据库。新订包含23000套试题的VERS维普考试资源系统,电影、语言、音乐、节目、学习参考等类DVD共840余种2270余张盘,购买SPSS统计分析软件1套。

表8-71A 2009年度总馆书刊采访工作统计

项 目		文 科		理 科		总 计	
		/种	/册	/种	/册	/种	/册
图 书	中文	34330	84333	5812	10307	40142	94640
	外文	9236	13342	1973	2141	14388	18941
	图书总计	43566	97675	7785	12448	54530	113581
报 刊	中文	2335	5110	1550	1796	3885	6906
	外文	1323	1079	621	931	1944	2010
	报纸						644
	报刊总计	3658	6189	2171	2727	5829	9560
学位论文		889	889	823	823	1712	1712
音像资料						835	2800
年新增总计						62906	127653

表8-71B 2009年总馆电子资源订阅情况统计

项 目	中文/种	外文/种	年采访量/(种/个)	累积量/(种/个)
数据库	168	143	311/321	455/478
电子期刊	21941	25732	47673	48078
电子图书	1720896	343936	2064832	2308683

2. 接受捐赠方面。全年共接受中文赠书3746种、8709册,外文赠书3179种、3458册。大宗的文献捐赠包括:钱端升赠书、日本立命馆大学赠书、美国历史学会前任主席Eric Foner教授赠书、香港大学图书馆"香港报纸剪辑"资料,继续承担香港大学和香港科技大学中文图书的代购业务及"中国之窗"赠书工作。医学图书馆接受中外文赠书403种/423册。

【馆藏数字化】 图书馆特色收藏的数字化工作及特色资源库的建设均稳步发展,本馆年新增数字加工总量约6.1TB。截至年底,本馆数字加工资源累积总量已达35 TB。

1. 自建丰富的北大讲座、电视节目及模拟资料、教学课件、多媒体特藏、学术报告会等多媒体资源。完成了张曼菱赠《西南联大人物访谈录》的全部录音资料、崔永元赠《我的长征》原始素材的采集与简编。多媒体自建资源年度新增9 TB,2438小时。

2. 在数字加工和数据加工方面,开展本馆民国报刊数字化加工二期、三期工作以及教学参考书和拓片的数字化加工工作。完成外文期刊和民国报刊的元数据加工14万余条,方正古籍数据连接5.6万余条。

3. 为校内进行包括侯仁之珍藏地图、李政道数字图书馆、人事部古旧档案等的数字化加工约1.26 TB。

【李政道数字图书馆】 "李政道数字图书馆"于1月正式发布。除了为其本人提供的19部经典著作量身定做电子书之外,还全面搜集传记资料、新闻资料、研究文献、照片图片和相关视频等,并精心加以整合设计。

【北大讲座网】 自2002年至今已累积讲座资源1000余个。为满足师生日益增长的需求,近两年在学校的支持下图书馆不断加大采集力度,仅2009年就采集发布北大讲座360个,点播频率居高不下。与现代教育技术中心共同建设的"北大讲座网"于下半年在校园网试验发布。

【文献编目与馆藏清点】 全年共完成普通书刊及学位论文(含分馆)文献编目123242种/257244册。共向CALIS提交中外文书刊编目记录合计20663条。继续推进未编古籍的回溯编目工作,并开始进行满文未编古籍的编目工作。全年共新增古籍记录14769条。其中新编古籍4100种(52630册8070函);新编剔除复本古籍372种;完成张芝联赠书中古籍线装书66种(1095册164函)的编目,其中全套的《四明丛书》,书品完好,弥补了以往馆藏的不足。新编拓片1370种(1734张/册),回溯细编馆藏拓片2238张。

【古籍与特藏整理】 重点整理了

西文善本书,与台北胡适纪念馆签署合作协议、合作整理胡适藏书,参与香港中文大学"中国现代作家研究网"的合作建设,提供书目数据和作家作品信息7000余条。5月,馆藏134种古籍被收入第二批《国家珍贵古籍名录》,加上第一期入选的103种,共有237种古籍入选该名录。

【读者到馆服务】 全年入馆人次为2122408人次,比上年减少5%。全年借书总数为839620册次,与上年基本持平。

表8-72 2005—2009年总馆读者服务总体情况统计

统计项目		2005	2006	2007	2008	2009
入馆人次		1695312	2286294	2894178	2234675	2122408
外借册次		1011486	1069049	896715	832682	839620
续借册次		451507	479742	481253	458640	468892
预约册次		60255	69516	57657	50410	50361
借出预约册次		32279	34646	29870	23910	23256
馆际互借/文献传递		28103	44752	31614	35078	42461
网上咨询		5735	6110	6977	5450	2007①
课题咨询		634	513	432	527	525
用户培训(一小时讲座)	场次	91	123	114	116	113
	人次	2582	3072	3005	3057	4789②
电子资源检索人次		12139732	10704419	10594522	14987614	21733782
电子资源全文下载篇次		8797261	13161115	10068375	10641990	12812356
多媒体资源在线检索与点播频次				146896	343369	397284
主页登录次数		5904754	7826935	5339185	6694728	5361281
储存馆外借册次						198③

注:①②2009年重新调整统计指标。③仅12月份的统计数字。

【读者自助服务】 为方便读者、实现科学化服务管理,6月,图书馆在阳光大厅率先启动读者自助服务。自助服务基于校园卡功能,实现包括自助上机、打印、复印、扫描的一体化管理和自助缴款等项目。在管理上实现了读者使用校园卡进行自助认证与结算,在服务上实现了读者自助服务,大大减少了人力支出。

【电子资源检索服务】 馆内电子资源检索服务全年共接待到馆读者111421人次,比上一年增长50%。除了接待到馆读者外,授权用户还可在校园网上检索电子资源,由于资源的增加以及服务、宣传等方面工作的不断开展,据不完全统计,2009年网上电子资源检索量达到21733782频次,比上年增长45%,全文下载量达到12812356频次,比上年增长20%。

引进电子图书服务平台——读秀。读秀以260万种中文图书(含可直接下载全文的图书100万种)为基础,为用户提供深入内容的章节和全文检索。以读秀平台为基础,进行中文电子书与纸本书的整合服务,至年底,已可实现在读秀平台上显示本馆的纸本馆藏;对本馆没有电子和纸本馆藏的图书,读者还可向本馆馆际互借系统发送馆际借书请求,使资源整合服务跨上新台阶。

【实时咨询服务】 对原有的实时咨询服务进行了重新设计,保留CALIS虚拟参考咨询系统,探索符合用户需求的嵌入式即时互动服务方式,启用QQ和MSN咨询服务。自4月下旬改版至年底,实时咨询量同比增加3倍多。同时,把北京大学BBS论坛中的图书馆版嵌入图书馆主页中,及时为用户在线解答问题。

【馆际互借与文献传递】 图书馆积极开展馆际互借和文献传递,拓宽文献来源渠道,继续借助CASHL项目和CALIS文理中心的建设,提高文献保障率尤其是外文书刊论文的保障率,共借入(获取)文献9905册/件,借出(提供)文献32556册/件。与国内外180余所院校和文献提供机构建立了馆际互借与文献传递协议关系。2009年新增协议馆5家。不断扩大境外合作图书馆,与韩国成均馆大学图书馆等签订了馆际互借协议;年底加入SUBITO和OCLC跨域的文献传递服务系统,进一步扩大文献来源和服务范围。

圆满完成CASHL全国中心的工作:处理外馆提交给北京大学的文献传递请求27431件,其中通过期刊目次申请的文献23159件,满足率为93.59%;代查代检请求数量为4272件。文献传递总满足率为89.26%。完成总量和满足率均比上年提高。

【用户信息素质教育】 除开展日常的用户培训外,新生入馆培训全新改版。经过精心准备,新生入馆教育全新改版。同时在图书馆主页上开辟"新生空间"栏目,拓展读者培训渠道,也体现对新生的人文关怀。"一小时讲座"视频课件上网服务。在线发布17个课件,读者可以随时随地选择专题进行自主学习,很大程度上拓宽了讲座的受益面。

【阅读推广活动】 在促进"2009年全民阅读活动"中,开展"学问·读书·人生"活动,将北京大学教授们认为对自己的学问和人生最有影响力的书籍推荐给读者。2009年,图书馆被中国图书馆学会授予"全民阅读"先进单位称号。

【数字图书馆门户】 中文门户主页年内新增5个栏目:北大教授推荐(书目)、电纸书/随书光盘(借阅/下载)、电影/音乐欣赏、数字加工制作、新生空间。同时对"咨询台"栏目进行了改版,为读者提供更多服务项目,进一步优化、深化服务。

表8-73　2007—2009年总馆主页访问情况

统计栏目		2007	2008	2009
点击率	点击总数	324195113	247995327	234208153
	平均每天点击率	888206	679439	653141
浏览页面数	浏览页面总数	38297099	30598501	19611685
	平均每天浏览页数	104924	46335	27326
	平均每位访问者浏览页面数	28	23	16
访问量	访问总量	5339185	6694728	5361281
	平均每天访问量	13180	11684	7469
	平均每次访问停留的时间	0:07:36	0:07:09	0:06:55
访问者	不同访问者的数量	1543540	1804965	1214178
	只一次访问本主页的访问者	1061378	1369460	902897
	多次访问本主页的访问者	482162	435505	311281

英文主页的建设工作于4月启动,成立英文主页建设小组,在国内外同行网站的调研基础上,出台了建设方案。年底,基本完成主页的设计、内容建设和测试工作。

【多媒体服务】 多媒体资源点播量比上年增长15.7%,其中,北大讲座和新东方网络课程占点播量的绝对优势。

表8-74　2007—2009总馆多媒体服务情况

项　目	2007	2008	2009	说　明
多媒体学习中心读者人次	37007人次	40182人次	24714人次	
多媒体学习中心接待时间	26722小时	43578小时	43578小时	
视听欣赏区服务读者人次	1600人次	15000人次	33000人次	试听、试看机,电视机(含讲座、新闻、电影)
空间和设施服务读者人次	693场	404场 75480人次	560场 58300人次	包含经典音乐欣赏、音乐课、影视欣赏、文艺活动、讲座、培训、研讨等。
多媒体平台浏览和检索频次	26114	63239	64817	
外购多媒体库点播频次	120782	268109	227802	包括新东方多媒体学习库、爱迪科森网上报告厅、知识视界视频教育库、KUKE数字音乐图书馆(KUKE曲目点击量:6612236)
随书盘在线服务系统	—	—	3996	2009.09.24—11.30统计数据

2009年推出的多媒体特色服务和新服务有:"每周电影赏析"服务、经典音乐欣赏服务、视听欣赏主题推广服务、电纸书借阅服务、随书光盘服务等。其中,接受汉王科技公司捐赠的电纸书于5月开始外借服务,受到读者的热烈欢迎。

【北京大学文献信息资源体系】 图书馆在2009年继续深化分馆建设工作。7月,收编了马克思主义学院资料室;12月,举行了北大附中分馆的开馆仪式。在业务培训方面,组织分馆人员参加了清代档案文献库演示会、多媒体与数字加工中心培训、上海交大图书馆服务创新论坛等培训活动。

【储存图书馆】 昌平园校区图书馆改建为储存图书馆,并顺利完成搬迁工作。昌平储存馆设计容量100～120万册,目前共有中文、西文、日文、俄文图书约65万册,西文、日文、俄文工具书约3.5万册,中文期刊复本、民国旧报刊复本、日文期刊、俄文期刊、西文期刊复本共计11.5万册;中文、西文、东方文等报纸合订本2万多册。储存馆共计存放82万多册馆藏。

起草了《储存图书馆运行与管理办法（暂行）》《储存图书馆服务方式》《储存图书馆工作人员岗位职责》等一系列工作规范，经相关部门多次讨论定稿并执行。12月1日，储存图书馆开始试运行。

为实现昌平储存馆的书库架位的科学化管理与运行，开发"远程储存书库管理系统"。该系统在北京高校数字图书馆"技术变革与服务创新"学术研讨会上获得技术应用案例评比二等奖。

8月完成搬迁工作后，经过调整，12月开始试运行，即陆续有读者提出使用文献需求。图书馆在阳光大厅设置了"文献请求箱"。从开始的不定期取书，到试运行后每周两次定时取书，共为读者取书198册次。

【信息化设施建设】 在硬件设施方面，除了对基础设施进行日常维护外，进行了存储扩容及安装调试。2009年，对富士通光纤存储阵列进行了存储扩容，新增存储容量18T（光纤盘阵），完成了安装调试及新增存储空间的分配等工作，并开始提供正常服务。完成Netapp数字资源近线存储、昆腾离线带库和Veritas数据备份及数据归档系统建设，达到数据三级存储的目标。

与学校数据中心配合，完成了学校数据中心在图书馆数据中心存储系统上扩容40T SATA磁盘空间和容灾备份授权的项目。图书馆数据中心为学校新版的邮件系统正式提供存储服务。

此外，还开展了精简网关应用、服务器应用分配与整合、刀片服务器安装与应用、Unicorn系统服务器采购调研与升级测试服务器搭建、邮件系统升级、UPS安装及线路改造、新增机房空调采购安装、光纤网络改造及规划实施KVM、机房设备管理，以及为支援西部地区民族高等教育建设捐赠微机等相关工作。

在系统开发、更新与维护方面，暑假期间，完成了Unicorn系统SIP2协议接口的开发，突破了实现自助借还服务的技术瓶颈。

年内研发并投入使用的系统有：短信平台系统、Unicorn系统SIP2协议接口、远程储存书库管理系统、馆员空间平台、随书光盘系统、设备管理系统、摄影展网上投票和展示系统等。其中短信平台的推出受到读者的欢迎。截至年底，读者注册数为1.1万余人，发送短信4.5万余条。

【基础设施保障】 全年共接待来自校方参观、访问人员共39批；接待国内外图书馆界来访、交流等共86批；安排各种会议及其他活动184场次；举办重要赠书仪式2次；安排在图书馆举办的各种展览共9场次。

1. 图书馆内部网的研发与推广使用。"馆员空间"系统于4月正式发布，年内进行了主要功能的推广使用。

2. 重新审核服务部门收费项目，加强图书馆的财务管理。配合学校开展2009年秋季教育收费自查自纠工作，图书馆重新审核了相关服务部门的收费状况，结合读者自助服务项目的启动，新增了部分对外服务收费项目和降低了部分服务的收费标准，加强财务管理，保障图书馆的正常运转。

3. 图书馆宣传工作的加强与创新。加强对图书馆工作的宣传和报道力度，努力开辟宣传渠道，及时、全面地做好宣传工作。2009年学校采用图书馆的稿件83篇次。利用博客方式改版面向馆员和同行的《图书馆通讯》，全年最高日访问量达到1032次。

【数字加工服务】 数字加工中心大幅度地扩展服务项目，新增个人数字图书馆、学术活动（会议、讲座等）摄制、实物资源拍摄/三维加工、元数据加工及数字资源保存服务等。从1月起正式面向全校提供数字加工服务。全年共完成1681046页，15922拍，524片（缩微）以及2500余小时的各类数字资源采集、加工任务，完成数据加工任务196921条，加工总量约17TB（其中多媒体自建资源年度新增9TB），为历年来最高。

【党委工作】 按照学校统一部署，图书馆党委全面开展学习实践科学发展观工作，馆领导班子召开"深入学习实践科学发展观"民主生活会。主动积极地学习党中央和胡锦涛的有关文件和讲话精神，加强领导班子成员的人生观、世界观、价值观教育；讲党性、讲原则、讲政策，为建设世界先进水平的大学图书馆竭尽全力地工作；以科学发展观统领图书馆的业务工作和发展，做好为学校的教学和科研服务、为教师和学生服务的各项工作；处理好主要矛盾和次要矛盾，争取做到"抓大放小"，充分调动群众中蕴藏的积极因素，认真做好为群众服务的各项工作，改变工作作风、广泛联系群众。

图书馆党委根据上级部署，坚决执行有关反腐倡廉的各项机制、保证反腐倡廉各项工作的进行。在一年中两次召开专题民主生活会，分别以学习和实践科学发展观、反腐倡廉为主题，在馆领导班子中开展学习讨论，批评与自我批评，保持团结向上、民主和谐的风气，领导图书馆全面工作。馆党委完成"反腐倡廉"量化考核工作、向学校提交量化考核工作报告。

各支部在做好学习与讨论的同时，开展了丰富的活动。7月，古籍期刊支部组织了在职党员、退休党员及入党积极分子参加的"西柏坡—天桂山"红色之旅教育活动。11月，医学图书馆党支部组织全体党员及入党积极分子前往昌平蟒山公园郊游采摘，欣赏金秋景色，活跃生活、愉悦身心。

【机构重组与岗位聘任】 图书馆

经过将近两年的准备,基本完成部门机构重组、岗位设置和岗位聘任工作。原采访部与编目部合并成立"资源建设部";原信息咨询部与期刊阅览部合并成立新的"信息咨询部";原分馆办公室增加文献典藏职能,更名为"文献典藏与分馆办公室",优化工作流程,提高运行效率。

在人事管理上,实行固定编制与流动编制的分类管理制度;在岗位聘任上,实行岗位级别与个人职称资历脱钩的制度,力求突破原有人力资源管理体制的限制。拟定了一系列相关文件,本着"公开、公正、透明"、"竞争上岗、双向选择"的原则启动岗位聘任工作。

3月,首先启动部门干部的聘任工作。全馆共有28位馆员提出申报,新干部在全部22名受聘干部中占22.7%。6—9月,召开两次部主任会,就各部门业务范围、工作流程等进行重审,完成部门业务范围的界定、岗位设置及岗位描述等项工作。12月底,完成全馆普通岗位的聘任工作,各岗位人员全部到位,为下一年度全面推进工作做好准备。

【人力资源建设】 竞聘上岗新部门主任:杜晓峰、何峻、李晓东、裴微微、王亚林,医学馆张燕蕾、沈霞、殷蜀梅、李维、黄应申。馆领导:医学馆王金玲任副馆长、李春英任馆长助理

馆员培训 图书馆为馆员创造各种机会和条件,积极开展业务培训,提高人员队伍的整体素质。全年共派出进修学习27人次、社科考察36人次、参加学术会议216人次。其中,12月,组织总馆、医学馆和部分分馆的17位馆员参加了上海交通大学图书馆主办的"第二届图书馆管理与服务创新论坛",并于会后考察了上海交通大学图书馆、华东师范大学图书馆、复旦大学图书馆和上海图书馆。

【工会工作】 2009年,在学校工会和图书馆馆领导的帮助和支持下,图书馆文体活动开展得有声有色。与清华馆共同举办摄影展,并选出优秀照片印制新年台历;在图书馆通讯博客上增设"摄影天地"栏目。在北京大学爱心基金捐款活动中,图书馆工会会员108人捐款7049.50元。邀请校医院的专家到馆举办健康专题讲座,联系中医药大学的实习生来馆做健康咨询。加大了宣传与沟通的力度。在内部网"馆员空间"中增设"工会工作"栏目,加强会员沟通。

【学术与交流】 2009年图书馆的科研项目共11项,其中新立项4项,全年拨入图书馆的科研经费共36.3万元。图书馆职工共发表学术成果72种(含医学图书馆9种),其中著作9种,发表在各类核心期刊上的论文22种,其他论文28种,参编著作13种。其中,刘素清的论文"Surviving in the digital age by utilizing libraries' distinctive advantages"被 SCI 收录。

表8-75 2009年图书馆新增科研项目一览

项目名称	负责人	项目来源	项目状态
中文图书评价体系研究	何 峻	教育部人文社科研究项目	新增/进行
民国时期图书馆学著作研究	范 凡	教育部人文社科研究项目	新增/进行
国家图书馆专门元数据标准与著录规则:古籍、拓片、舆图	肖 珑	企事业单位委托项目	新增/进行
中文核心期刊要目总览(2011年版)	蔡蓉华	其他项目	新增/进行

信息资源共建共享可持续发展的研究取得阶段性成果 2009年底,CALIS 管理中心与北京大学图书馆联合课题组的研究课题成果报告通过全国哲学社会科学规划办公室的审核。该报告对于促进信息资源共建共享与社会环境和谐发展,推动信息共建共享事业走上良性循环的道路,提高中国参与国际社会可持续发展领域的合作能力,提供全面指导和借鉴。

1. 学术成果获奖情况。(1)图书馆开设多年的"全方位、多学科的信息素质教育创新系列"课程以其内容丰富、特色鲜明、形式多样、设计合理、实用创新等特色荣获北京市优秀教学成果(高等教育)二等奖。(2)"北京大学存储图书馆密集书库管理系统设计与应用""北京大学图书馆自助服务管理系统"2个案例分别获得北京高教学会图书馆工作研究会数字图书馆专业委员会2009年"数字图书馆技术应用案例征集和评比活动"二、三等奖。(3)沈正华、段明莲(北京大学信息管理系)负责统稿的《中央电视台音像资料编目细则3.0版》获得广电总局年度科技创新奖·软科学类二等奖。

重要的学术活动 包括:参加重要的国际学术会议;朱强、肖珑、朱本军、韦成府、张岩、陈瑞金参加2009年数字环境下图书馆前沿问题研讨班;聂华参加环太平洋数字图书馆联盟(PRDLA)2009年年会;肖珑、姚晓霞、王静参加数字资源建设与共享研讨会(Workshop on the Digital Collection Development and Sharing)。2009年图书馆职工参加各类学术会议提交的论文及大会主题发言共有24次。

2. 举办学术会议。(1)图

馆第九届五四科学讨论会。10月30日召开，总馆、医学图书馆及其他院系分馆的馆员近200人参会，就图书馆事业发展的前沿与热点、业务工作中的问题与对策进行交流和讨论。讨论会的主题为"未来图书馆发展——理论与实践"。

（2）承办Unicorn系统中国用户年会。5月，Unicorn系统中国用户年会在图书馆召开，SirsiDynix公司负责中国区销售与服务的团队以及中国全部14家用户单位的代表共50余人参会。

3. 国际交流。来访近40人次，出访13人次，合作项目/课题6个。美国伯克利加州大学图书馆助理馆长、东亚图书馆馆长周欣平作"美国图书馆面临的挑战和机遇"的报告并与馆员交流；美国伊利诺大学香槟分校图书情报学院院长John M. Unsworth教授作"美国数字图书馆管理和研究的新进展"的报告；斯坦福大学东亚图书馆馆长邵东方博士作"斯坦福大学数字图书馆的规划和实践"的报告，并介绍"著名华人学者口述史数据库"建设情况；美国约翰·霍普金斯大学图书馆的图书馆系统专家张甲教授作"有关图书馆系统工作的几个前沿问题"的报告。

6月9日，朱强馆长高票当选国际图联（IFLA）管理委员会委员，成为继孙蓓欣、吴建中、张晓林以后的第四位IFLA管理委员会的中国籍委员。9月16日，北京大学图书馆成为环太平洋数字图书馆联盟（PRDLA）轮值馆，朱强馆长当选PRDLA指导委员会主席。

【北京大学数字图书馆研究所】研究生培养 2009年毕业研究生5人，招收研究生4人。截止到2009年底，研究所已培养和正在培养的研究生达到10个年级，共42人。

国家数字图书馆工程子项目《国家图书馆元数据总则》根据招标要求，已完成并提交文档：国家图书馆核心元数据标准、国家图书馆数字资源分析报告、元数据标准设计调研报告、国家图书馆专门元数据设计规范、国家图书馆核心元数据标准著录规则及例子、CNMARC XML研制说明、CNMARC XML Schema、CNMARC-DC-国家图书馆核心元数据集的对照转换以及MARC21-DC-国家图书馆核心元数据集等。图像数据资源加工标准与工作规范应用调研报告、音频（视频）数字资源对象加工与管理规范调研报告、（图像、视频）音频数据资源加工标准、（图像、视频）音频数据资源加工操作指南等。该子项目待验收。

国家数字图书馆工程子项目"专门元数据规范——古文献"（古籍、拓片、舆图部分）项目组按照招标要求，正在编写中的文档：古籍元数据调研报告、古籍元数据规范、古籍元数据著录规则及实例、拓片元数据调研报告、拓片元数据规范、拓片元数据著录规则及实例、舆图元数据调研报告、舆图元数据规范、舆图元数据著录规则及实例。

国家科技基础性工作专项资金重点项目之子项目"数字资源描述标准规范的完善与扩展建设"已提交子项目要求的文档，并根据总项目组要求做申报国家标准的准备。

【其他科研机构】北京大学中国影视资料研究中心 主要对影视素材资料及其他相关资料进行整理、利用和研究。本年度共加工700盘800小时DV带、总数据加工量达到8TB。同时对已加工完成的资料进行编目整理。加工和编目完成的《我的长征》素材资料年终正在进行内容编辑和场景编目，《我的长征》部分内容已经测试发布，《西南联大启示录》全部素材资料已发布。

北京大学亚洲史地文献研究中心 完成《侯仁之存北京地图》的编辑工作；地图筛选和主要图幅的说明编写工作。预计2010年出版。该图集将收录侯仁之所购买的老北京地图和研究、教学用绘制地图100余幅，不但体现北京的历史变迁，也反映出侯仁之的学术历程，将是一个很有价值的图集。

【中国高等教育文献保障系统（CALIS）】 CALIS三期建设可行性研究报告通过教育部组织的专家论证。专家组论证意见认为：CALIS在前期建设中建立了有效的资源保障和三级服务体系，提高了国内高校学术资源收藏与获取水平，促进了高校文献资源的共知共建共享。专家组也在引进外文学术资源、加强服务机制建设与整合服务体系等方面提出建议。2009年，CALIS推出了资源协调订购平台，开展了中文分类主题整理项目的评估工作，拓展了馆际互借与文献传递服务，对三期系统部署方案逐步开展测试，同时进行了小语种编目项目的准备工作。

【CALIS全国文理中心】 除继续做好文理中心承担的资源引进、咨询以及相关的牵头工作以外，在CALIS三期未启动的情况下，主要维持21个数据库集团的采购工作，维护文理中心主页的正常运行。在高校古文献数据库《学苑汲古》的建设上，参与馆达到7家，其中年度新增成员3家，共提交新数据16406条。

【CALIS全国医学中心】 4月22—23日，由CALIS全国医学文献信息中心/北京大学医学图书馆主办的第三届CALIS全国高校医学图书馆工作会议召开。来自59所高校医学图书馆的84位馆长和部门负责人以及16家数据商代表出席会议。会议主题为"共参与、同发展、构建和谐图书馆"，就即将启动的CALIS"十一五"（三期）建设项目内容，围绕CALIS"十一五"建设目标设想，CALIS医学中心工作汇报、生物医学电子资源建设、循证医学与医学图书馆、生物医学学科馆员与学科化服务以及 OPAC2.0 在图书馆中的应用等几个方面进行广泛的学术交流。

自 2007 年 3 月正式启动"CALIS 全国医学图书馆员继续教育网络课堂"项目至 2009 年底,医学中心共举办 27 次专家讲座,会员馆 46 所,共计 646 馆次,参与馆员近万人次,取得较大的社会效益和经济效益。

【**中国高校人文社会科学文献中心 (CASHL)**】 围绕着"国家人文社会科学信息资源平台"的最终建设目标,CASHL 初步建立了有特色的资源体系,进一步扩大影响,大幅度提高服务水平、服务能力,提前完成 2008—2010 规划的服务指标,内部运行管理也逐步进入正轨。

多元化拓展资源,协调采购,构建强大的资源体系 9 月正式推出"文科专款外文图书订购信息平台",截至年底,共发出协调采购订单 11756 笔,自主采购 3018 笔。完成 9 套大型特藏的建设工作。期刊和电子资源建设稳步增长,总量又比上一年度增加 1378 种。订购电子图书 4425 种。在揭示和报道数据库建设方面,加强电子期刊的目次数据的揭示以及纸本现刊目次数据的加工,总量达到 1390 万条;西文图书统一编目进展顺利,全年共完成 29482 条书目数据。图书联合目录的检索频次是上年的两倍。

多种举措加强宣传推广,继续扩大"开世览文"服务品牌影响 继续开展 CASHL 宣传、推广活动,深入到山东、河南、辽宁、河北、重庆、海南、西藏 7 个省份,并走入中国社科院,同时利用多种途径宣传 CASHL 服务。全年共增加 140 家成员馆,成员馆总数达到 508 家,年度注册文献传递服务用户 12034 名,累计用户总数达 35431 个,受益用户总量超过 500 万人。

服务实现多项突破,大幅提升服务数量和质量,效益明显: 文献传递申请全年达到 157447 篇,文献传递总量突破 44 万笔。满足率达到 93.36%,比上年提高近 3 个百分点;借书 825 册,是上年的 2 倍。文献传递完成时间为 2.25 天,比上年缩短 2.36 天。完成 10618 篇文献代查代检请求,即在 CASHL 没有收藏或者没有对文献揭示报道的情况下,为用户从其他途径查找文献,弥补 CASHL 馆藏不足。使用 CASHL 原文传递服务的成员馆逐年增加。使用量最高的用户馆为河南师范大学,全年共发出请求 13957 笔。电子期刊全年共下载全文 230 多万篇。电子图书下载全文 9 万多篇。95% 收藏的期刊被点击、检索或发送过文献传递请求。"开世览文"门户主页全年点击量达到 1990 万次,比上年增长 50.5%。"高校人文社科外文期刊目次数据库"和"高校人文社科外文图书联合目录"全年的检索请求量为 807 万次,比上年增长 50 多万次。据"用户满意度调查"显示,93% 以上的用户对 CASHL 的服务表示满意或者比较满意。中心馆服务全部达到优质或较优质水平。上年订购的 28 种特藏,如《美国早期印刷品》《日本立法资料全集》《外交部中国文档》《国务档案》等多种第一手的原始文献,在国内基本都是首次和唯一引进,受到专家学者的高度赞扬。

【**高校图工委与中国图书馆学会高校分会**】 高校图工委 完成 2008 年普通高等学校图书馆事实数据的网上填报与发布工作。9 月,委托北京胜古创业科技发展中心编辑的大型工具书《建国 60 年高校图书馆发展图册》由中国画报出版社出版。11 月 15—18 日,第三届教育部高等学校图书情报工作委员会高职高专组第一次工作会议在无锡举行。为中国图书馆学会主编的年度白皮书《中国图书馆事业发展报告:2008》撰写高校图书馆事业的年度进展。《大学图书馆学报》在中国科技信息研究所发布的 2009 年科技期刊引证报告中,五年影响因子、五年被引频次、单篇文章最高被引次数、2008 年影响因子、H 指数等名列图书情报类期刊第一。

中国图书馆学会高等学校图书馆分会 密切配合全国学会的工作。按照全国学会的要求,积极做好"八大"换届和"八大"代表大会相关筹备工作,认真推选理事长、理事和代表。组织各高校认真开展"2009 年全民阅读活动"。积极协助"国家图书馆文津图书奖"推广活动,推动高校形成良好的阅读风尚。上报年鉴组委会"2007、2008 中国图书馆年鉴"组稿材料并撰写《中国图书馆事业发展报告》相关部分。向中国图书馆学会推选高校优秀会员、先进工作者。协助全国学会推荐"峰会""青年论坛"和"青年人才"人选,等等。

11 月 25 日—27 日,高校分会与中国图书馆学会建筑与设备专业委员会、西南交通大学图书馆、台湾大学图书馆联合主办"第三届海峡两岸图书馆建筑研讨会"。会议主题是"变迁中的大学图书馆建筑"。与教育部培训中心合作共举办五次学术会议,其主题涉及"高校图书馆工作社会化综合管理""高校数字图书馆建设暨文献资源整合""高校图书馆馆长及业务骨干培训班"等业界亟须探讨的问题,取得良好的经济效益和社会效益。

医学图书馆

【**概况**】 北京大学医学图书馆历史悠久、专业藏书丰富。始建于 1922 年,现馆于 1989 年建成并投入使用,馆舍面积为 10200 平方米,提供阅览座位 600 余个。医学图书馆藏书以生物及医药卫生类为主，截止到2009年底，共有各类藏书近54万册；中外文纸本期刊近4000种，其中中外文现刊766种。医学图书馆注重数字化信息资源的建设，已引进或自建医药卫生数据库近70多个，中外文医药电子期刊25198种，其中生物医学类电子期刊5000余种，是目前国内医学专业文献资源充实、网络环境优良、软硬件设施较为先进的医学图书馆。

医学图书馆文献资源与北京大学各附属医院图书馆文献资源协调配套，共同形成全校医、教、研工作所需的医药卫生文献保障系统。医学图书馆特藏有珍、善本古代图书，其中有中国大陆唯一珍善本——手抄本《太平圣惠方》一部十函共100卷100册。

2009年，医学图书馆本着"一切为读者服务"的宗旨，围绕优化服务、拓展图书馆教育和信息的功能，从读者服务、业务管理、提高人员素质入手，通过一年扎扎实实的努力，圆满完成了2009年的各项工作。

【读者服务工作】2009年，医学图书馆不断提高自身服务水平，继续把"读者至上，服务第一"的服务宗旨贯穿到各项基础服务工作之中，同时努力改善服务环境、创新服务措施，想读者所想，增加多项特色服务：

基本开馆时间全面延长：2009年6月1号开始，医学图书馆的闭馆时间由晚9点延长至晚10点，每天开放时间延长到14个小时。将周日的开馆时间调整为15:00—22:00，开馆模式与学生作息时间更为一致，最大程度地方便了师生们的学习和研究。样本书阅览室开放到晚10点，与大阅览室的开放时间保持一致。文艺书阅览室增加开放时间到每周14小时，同时实行开架管理，增设阅览桌，方便读者在馆内阅览。目前医学图书馆每周开放时间达76.5个小时。本年度医学图书馆流通阅览部借出图书75467册，还回图书85483册；做新书导读1期；指导读者查阅文献、解答读者咨询问题共计154人次；去北京大学异地还书9629册，带回医学图书馆图书1119册。

工具书室提供更为灵活的服务方式。医学图书馆工具书室的馆藏专业性强，与普通中外文阅览室及样本库相比，受众面略窄，本年度适当缩减了工具书阅览室的开放时间。不开放时，急需使用工具书的读者也可以在部室主任或值班老师的帮助下临时进入工具书室进行查阅，这种灵活机动性使得医学图书馆有限的人员可以为读者提供更多的服务。同时，流通部老师主动开发利用工具书、开展新书导读工作，向读者介绍工具书的使用、编制出版年代及内容简介等。

电子阅览室开展多种优惠上网活动，满足读者的多种需要。现电子阅览室共有机位111个，其中读者可用的机位有81个，每天接待大量读者上网浏览、查找资料或从事其他网络活动。截止到2009年底，全年共接待读者34707人次，累计使用机时40836.65小时，提高了医学图书馆设备的使用率，取得了明显的社会效益。

本年度爱心书架收到赠书49册，取走图书63册。新书介绍园地设置在总出纳台对面的墙板上，不定期以彩页形式介绍到馆新书。本年度出版4期，为广大读者介绍了60余种新书。还书箱设置在图书馆正门外，方便读者在闭馆时间归还图书。

2009年医学图书馆英语版主页进行了整体完善、改版，加大力度开展各项相关工作。2009年9月24日对外正式发布英文版图书馆网站，该英文版网站是中文图书馆网站的功能完全版，不仅包括文字介绍，还可以在英文版下得到书刊检索等中文版下的所有网上服务项目，为国外读者全面了解医学图书馆提供了较为有效便捷的途径。目前，医学图书馆英语版主页已真正成为对外宣传和对外交流的重要窗口，医学图书馆国际交流的网络纽带，受到广大读者的好评。

截至2009年12月31日，医学图书馆主页访问量已达1717275人次。各级页面访问量见下表：

表8-76 2009年图书馆各级页面访问量统计

排　名	具体页面	点击量	分　　类
1	图书馆首页	719008	首页
2	电子期刊首页	400723	电子期刊
3	文摘索引	70580	数据库
4	电子图书首页	63255	电子图书
5	引文页	30269	数据库
6	数据库首页	26269	数据库
7	全部库页	26801	数据库
8	参考咨询页	20113	参考咨询

续表

排　　名	具体页面	点击量	分　　类
9	综合库页	3133	数据库
10	多媒体	15437	多媒体资源
11	学位论文首页	4566	学位论文
12	自建库页	470	数据库

【资源共享】 医学图书馆馆际互借与文献传递服务稳步发展，2009年1月1日至12月31日共处理馆际互借申请3901篇。同时图书馆面向全国医药院校积极开展馆际互借与文献传递的宣传工作，回复邮件2380封，接待用户总计309人次。

【用户培训】 图书馆的用户培训包括各种数据库讲座、新生入馆教育、医学部通选课等。2009年完成用户信息素质教育项目情况见下表：

表8-77　2009年完成用户信息素质教育项目情况

培训对象	授课学时数/学时	授课人次数/人次
本科生	32	1584
专升本	45	2435
研究生	36	2352
长学年制PBL教学	8	554
继续教育	48	1772
北京大学医学网络教育学院和中央电大卫生视事业管理专业	3	2000
Ovid北京地区培训中心	10	130
新生入馆教育	10	279
合　　计	192	11106

医学图书馆也将实习生的教学纳入常规的工作任务，由专人负责此项工作，并正式成为了医学信息学专业的毕业实习基地。2009年2月—6月，滨州医学院又选派了2名学生到医学图书馆进行了一个学期的毕业实习。

【学科馆员工作】 医学图书馆2009年开展了药学院、病理生理学系、神科所、遗传学系、病理学系、生理学系、医学信息学系、卫生管理学系和医学人文学院的学科调查研究工作，了解了各学科的研究人员和学生对医学图书馆相应专业图书、期刊和数据库等各类资源的使用情况，是否有特殊需求等，评估相关数据库7个、组织培训讲座1次、参与专题文献检索3次，还参与了卫生管理学系的科研课题"国际医师制度的比较研究"的研究工作。

【资源保障】 2009年，图书馆印刷型资源平稳发展，具体采购情况如下：

表8-78　书刊采购统计

资源类型	数量统计
中文图书	采购3803种9326册
外文图书	采购490种448册
中文报刊	597种
外文期刊	184种
赠刊	3000册
赠书	403种423册

近年来，医学图书馆注重数字化信息资源的建设，通过引进或自建电子资源的方式，电子资源大幅度增长，已逐步形成完整体系，成为目前国内医学专业文献资源充实、网络环境优良、软硬件设施较为先进的医学图书馆。

2009年医学图书馆电子资源整体情况如下：

数据库共计43种（新订7个数据库）。其中与北大合订数据库27个，详细数字如下：

电子期刊数据库：21个

电子图书数据库：5个

文摘数据库：10个

事实型数据库：4个

引文数据库：2个

其他：3个

外文电子期刊。12433种，其中北医单独订购的电子期刊2049种

中文电子图书。2031种4062册（方正Apabi公司）

外文电子图书。1053种1053册（LWW：869种、Karger：136种、Thieme：48种）

医学部学位论文。1200个纸本、1547篇电子版论文

国外优秀博硕士学位论文。60篇

【基础设施】 2009年医学图书馆计算机硬件环境不断改善，个人电脑、服务器等都有增加。具体情况如下：

个人用电脑。近198台，其中读者用机120台。

服务器。共计19台，具体品

牌、型号和数量如表4。

其他设备。交换机3台。

表8-79 医学图书馆服务器一览

品牌	型号	数量
DELL	2850	4
DELL	2650	2
DELL	2950III	2
DELL	R200	1
HPProLiant	DL380 G5	1
IBM	X336	2
IBM	8665-61Y	1
IBM	X3400	1
SUN	E3500	2
SUN	V240	1
宏基	7100-M	1

馆内网络系统。2009年网络环境较大改善。医学部骨干网为千兆网络，并以百兆光纤连接至北京大学本部。医学图书馆现有网络是千兆网，支持IPv6。医学图书馆现有交换机3台，共有可使用的端口226个左右，接入为百兆。全馆共有信息点700多个。学生阅览区和自习室都有无线网覆盖，最高速率达到54 M。

2009年，经过前期的情况调查、计划制定、参数设置以及建立监督机制、制定操作规范、进行人员培训，医学图书馆积极发展附属医院6个图书馆更换Unicorn图书馆管理系统，目前北大医院图书馆已经完全正常使用，口腔医院图书馆、精研所图书馆完成中文书回溯工作，肿瘤医院图书馆正在进行中文书回溯。

2009年，由医学图书馆自动化部自主设计的图书馆综合信息管理系统在功能上得到了进一步完善。该软件使医学图书馆各部门的业务数据（如采购、编目、借阅书刊种册；回答读者咨询人次等）汇集于一个数据库中，并可实现多角度检索和各方面统计，使医学图书馆业务信息作为一个体系计算机化。该系统已投入使用，录入了医学图书馆采编、流通、信息咨询等五个部门最近三年的业务数据。在使用过程中，其数据录入、修改、删除、检索和分项统计功能得到了进一步的完善。

【CALIS 医学中心】 2009年CALIS医学中心通过调查分析选择了一些高质量的电子期刊数据库，由医学中心牵头与外商谈判，组织协调全国医学院校图书馆联合引进数据库共计43个。

CALIS医学图书馆员网络课堂基于因特网的远程教育培训系统，以Centra实时互动远程教学会议系统为技术平台。结合当前医学图书馆的发展方向，设计继续教育课程和专题讲座，聘请国内外相关领域的专家学者作为主讲人，定期举办网络实时讲座或讨论。同时，建立教学效果评估和考核机制，授予学分，逐步建立馆员业务水平资格认证制度。网络课堂继续教育模式可以大量节省馆员因参加学习而发生的路途时间和花费，让教育工作更快速、更有效，共享学习资源，节省时间，降低教育成本。另外，馆员自主选择学习内容、学习时间及学习进度，无需受时间及地点的限制。

2009年网络课堂授课9次，参与馆35所，共计218馆次，参与馆员近4000人次，取得了极大的社会效益和经济效益。参与馆员纷纷表示这种学习方式形式便捷、效果明显。

【人力资源发展】 2009年5月，医学图书馆正式实行岗位责任制改革，新的岗位责任制明确了图书馆从馆长到各部门岗位的岗位职责，进一步提高图书馆从一线服务人员到后台支持部门的工作效率，调动了各岗位职工的工作积极性。

职务变动情况。

馆领导：副馆长 王金玲

馆长助理 李春英

竞聘上岗新部门主任：沈霞 张燕蕾 殷蜀梅 李维 黄应申

2009年9月，医学图书馆按学校要求完成2009年度考核、聘任及评优工作，2008—2009学年度考核优秀人员名单：尹源、刘宗玲、张怡宁、高勇、柳和、刘春艳。中国图书馆学会优秀会员：李春英。2007—2009年度华北地区高等学校图书馆先进工作者：张建静、缪瑞彬

【工会工作】 医学图书馆工会在上级工会领导下，紧紧围绕图书馆工作部署和全年工作目标，结合工会自身特点，充分发挥职工的聪明才智，开拓进取，与时俱进，不断强化自身建设，突出维权、参与、创新职能，推进图书馆民主管理，推进职工素质工程建设，增强凝聚力和职工队伍的战斗力，为医学部图书馆全面实现全年的工作目标作出了应有贡献。2009年10月27日，医学部工会、机关工会联合组成评审小组，对医学图书馆教职工工会小家进行考核验收，最后给予96.5分的评分，授予"北京大学模范职工工会小家"称号。

【科研学术成果】 医学图书馆职工发表论文情况：

沈霞.高校图书馆员继续教育的新手段——网络课堂.大学图书馆学报 2009,（3）：72—74

杨莉.我国高校学位论文著作权保护调查分析与研究.情报理论与实践，2009.32（10）：34—36

邵丹.《色·戒》非色——品读历史中的性医学.中国性科学.2009,18（1）：46—48

高琴.浅议图书馆营销与学科馆员服务.情报科学，2009,12月增刊

翁蕾明.浅析高校图书馆图书采访工作若干问题,情报科学2009,6月增刊

徐速.LOCKSS：永久网络出版和存取系统.北京大学图书馆第九届五四科学讨论会论文集

王爱华.特藏文献馆际互借的指导原则.北京大学图书馆第九届五四科学讨论会论文集

李维.本体研究对生物医学检

索的影响.北京大学图书馆第九届五四科学讨论会论文集

刘春艳.基于 Web of Science 的 1975—2008 年信息素质研究文献的定量分析.北京大学图书馆第九届五四科学讨论会论文集

吴春光.纸质图书与电子图书的差异化价值探讨[J].河南图书馆学刊,2009(3)

殷蜀梅.从 GDLIS 到 Unicorn 系统的期刊数据转换.北京大学图书馆第九届五四科学讨论会论文集.

张晓雁.CALIS 医学图书馆员网络课堂.北京大学图书馆第九届五四科学讨论会论文集.

秦岷.医学图书馆服务模式的改革探讨.北京大学图书馆第九届五四科学讨论会论文集.

张皓敏.关于现代图书馆流通部工作的一点认识.北京大学图书馆第九届五四科学讨论会论文集.

黄应申.高校图书馆如何实现个性化读者服务.科技文献信息管理,2009,(1)

黄应申.知识经济下高校图书馆个性化服务新解.北京大学图书馆第九届五四科学讨论会论文集,2009.

黄应申.群体智能在图书馆信息化改造中的应用.图书馆学刊,2009,(8)

张建静.国内外合作数字参考咨询服务比较分析.内蒙古科技与经济 2009 年,(8)

张燕蕾,谢志耘.从毕业实习环节看我国医学信息专业教育.图书情报工作,2009,增刊(2):132—134,121

张燕蕾.智库:图书馆发展的新机遇.图书馆学研究,2009,(11):5—7

张燕蕾.SciFinder Scholar 数据库自然语言处理规则初探.情报科学,2009,增刊:67—69

张燕蕾.因特网食品卫生参考信息源导航.北京大学图书馆第九届五四科学讨论会论文集.155—158

【交流合作】 医学图书馆努力开拓合作交流渠道,在交流深度、广度和交流方式上都有了一定的拓展,也更加注重追求实效。2009 年 8 月 23 日至 9 月 1 日,医学图书馆李刚、谢志耘、张晓雁率 CALIS 医学图书馆团赴台参访台大、阳明大学、台北医学大学、高雄医学院、成功大学图书馆,并出席荣民总医院建院 50 周年图书馆研讨会。

2009 年 1 月 16 日,医学图书馆邀请北京大学图书馆及附属医院图书馆参加在医学图书馆举行新春联谊会,共有近 80 人参加,北大图书馆朱强馆长、医学图书馆李刚馆长及各附属医院图书馆馆长代表致辞。

2009 年 5 月 14 日,内蒙古医学院图书馆李红军馆长率 5 人来馆访问,双方就馆藏资源建设、馆际互借、读者服务等方面进行了讨论。

北京大学出版社

【发展概况】 2009 年,北京大学出版社出版图书 3998 种,实现销售码洋 4.3 亿元,销售收入 2.8 亿元。上缴学校利润 1500 万元(含音像社 100 万元),同时,支持学校教材建设专项基金 100 万元,上缴国家各种税费 4676 万元(含音像社 57 万元)。

出版的 3998 种图书中,新版 1932 种、重印 2066 种。新版图书中,教材新书 815 种、学术新书 567 种、大众新书 550 种。教材、教学参考书和学术著作出版占比达 71.53%,保持增长势头。

截至 2009 年年底,出版社有职工 323 人,其中事业编制 78 人,其他人员 245 人;正高职称 9 人,副高职称 30 人,中级职称 95 人;博士学历 13 人,硕士学历 122 人,本科 83 人,大专 36 人。硕士以上学历占全社职工人数比例达到 41.80%。

【重点项目】 "中外物理学精品书系"获得国家出版基金立项,资助金额 1911 万元。

【转企试点】 2009 年,在学校相关部门的组织下,公开招标确定了清产核资中介机构,并顺利完成了资产清查工作,结果已报请教育部、财政部审查批准。资产清查工作的完成,为体制改革工作的顺利进行打下了坚实的基础。

【版权工作】 2009 年出版社完成签约的版权引进新项目共计 183 项,其中教材 91 种、学术著作 65 种、一般图书 27 种。由于受到全球性金融危机影响,2009 年北京大学出版社完成签约项目共计 48 项,数量比上年有所下降,其中教材 33 种、学术著作 10 种、一般图书 5 种。2009 年,出版社积极推进"走出去"战略,认真组织法兰克福书展中国主宾国活动,被新闻出版总署评为法兰克福书展中国主宾国活动"优秀活动一等奖""版权输出先进二等奖"。田秀玲被中国版协评为"优秀版权经理人"。《美国人民》一书获中国版协"第八届引进版优秀图书"奖。

【出版社荣誉】 2009 年,北京大学出版社被新闻出版总署评为首批"全国百佳图书出版单位";被国务院新闻办、新闻出版总署授予"中国图书对外推广计划特别奖";被商务部、文化部、新闻出版总署等六部委认定为"2009—2010 国家文化出口重点企业";被中国旅游协会旅游教育分会授予"2009 年全国优秀旅游教材评选优秀组织奖";在中国图书商报社、中国出版科学研究所组织的"60 年中国最具影响力的 600 本书"评选活动中被评为荣誉入选出版社。

2009年，北京大学出版社图书获奖102项，其中省级奖49项。《中华人文精神读本·青少年版》入选新闻出版总署2009年（第六次）向全国青少年推荐百种优秀图书；在2009年度高等学校科学研究优秀成果奖（人文社会科学）评选中，《IP理论：网状经济时代的全球商业模式》《财税法疏义》《触摸历史与进入五四》《石涛研究》获得一等奖，《动态声门与生理模型（英文版）》《存在主义视野下的鲁迅》《基督教文化与西方文学传统》《健康、村庄民主和农村发展》《金融支持过度与房地产泡沫——理论与实证研究》《天朝遥远：西方的中国形象研究》《意识形态与美国外交政策：以20世纪美国对华政策为个案的研究》《英美小说叙事理论研究》《中华文明史》获得二等奖，《〈理想国〉的诗学研究》《〈圣经〉的文学性诠释与希伯来精神的探求》《禅宗美学》《地缘政治学：二分论及其超越》《顾客资源管理：资产、关系、价值和知识》《秦汉时期生态环境研究》《诗与意识形态——西周至两汉诗歌功能的演变与中国诗学观念的生成》《虚拟经济及其法律问题研究》《用益物权基本问题研究》《中国古代歌诗研究——从〈诗经〉到元曲的艺术生产史》《中国古代小说史叙论》《中国民间文学研究的现代轨辙》《中外环境影响评价制度比较研究：环境与开发决策的正当法律程序》获得三等奖，《韩国的文学》《韩国的社会》《韩国语言》《韩国的地理和旅游》《韩国的政治和外交》获得2009年度河南省社会科学优秀成果二等奖；《神话与诗的"演述"：南方民族叙事艺术》获得第九届中国民间文艺山花奖文艺学术著作奖（2007—2009）一等奖；《简明新全球史（翻译版）》《科学的旅程（插图版）》获得第五届国家图书馆文津图书奖，《大学有精神》《中国思想之渊源》入选第五届国家图书馆文津图书奖推荐图书；《罗马法与现代意识形态》获得福建省第八届社会科学优秀成果奖一等奖；在司法部第三届全国法学教材与科研成果奖评选中，《民法总论（第二版）》《财税法专题研究（第2版）》获得二等奖，《中国银行业创新与发展的法律思考》《知识产权犯罪中的被害人：控制被害的实证分析》《英美合同解除制度研究》获得三等奖，《特免权制度研究》《法治国家架构下的行政紧急权力》获得优秀作品奖。

【社会公益】 2009年，出版社向北京大学爱心基金捐款10000元。全年累计向社会捐赠图书码洋约75万元：（1）3月，向中国民主促进会捐赠图书，共900册，码洋26800元；（2）4月，向井冈山干部学院捐赠图书，共2500册，码洋34280元；（3）4月，向宁夏青少年发展基金会捐赠图书4000册，合计码洋62546元；（4）5月，向北大幼儿园、北大附小、北大附中分别捐赠图书900册、800册、800册，码洋分别为21423元、29821元、28935元，合计码洋80179；（5）5月，向湖南汨罗市一中捐赠图书，共2000册，码洋18714元；（6）5月，向江苏睢宁特殊教育中心捐赠图书，共6000册，码洋79296元；（7）5月14日，响应新闻出版总署向四川灾区中小学校捐赠图书号召，北京大学出版社向四川灾区捐赠3万册图书。

【重大记事】（1）12月15日，学校发文任命出版社新一届行政领导班子。社长：王明舟；总编辑：张黎明；副社长：孙晔、张涛、李东；副总编辑：杨立范、张凤珠、李东（兼）。校党委同日发文，同意出版社党员大会和新一届委员会第一次全体会议选举结果：中共北京大学出版社新一届委员会委员9名（以姓氏笔画为序）：王明舟、田秀玲、刘乐坚、李霞、李成保、张黎明、金娟萍、郭红勇、商鸿业；金娟萍为书记，刘乐坚为副书记。

（2）2009年，《中国哲学简史》（冯友兰著,涂又光译）、《中国经济改革与股份制》（厉以宁著）、《未来之路》（〔美〕比尔·盖茨著，辜正坤译）、《联想为什么》（陈惠湘著）入选"改革开放30年最具影响力的300本书"和"新中国60年中国最具影响力的600本书"。

（刘洋　陈健）

医学出版社

【制定并通过2009—2012年四年经营目标责任制方案】 董事会经研究通过了医学出版社2009—2012年四年经营目标责任制方案。方案主要内容包括：

（一）指导思想

坚持邓小平理论和"三个代表"重要思想为指导，学习和贯彻党的十七大精神，深入贯彻落实科学发展观，正确处理好改革、发展、稳定的关系，坚持"教材优先，学术为本"的办社理念，强化"出精品，创品牌"的意识，以改制为契机，抓住机遇，优化结构，加强管理，提高质量，争取社会效益和经济效益的最佳结合。

（二）目标与任务

1. 坚持为社会主义、为人民服务的办社方向。立足本校，坚持为全国高等医学院校教学、科研、医疗服务，为全社会人民健康服务的办社宗旨。

（1）落实"十一五"出版社规划，制定"十二五"出版社规划。

（2）做好国家"十二五"重点图书、国家重大出版工程项目以及教育部"十二五"国家级规划教材的申报和出版工作。

（3）进一步调整选题结构。在多年提倡"教材优先、学术为本"的前提下，逐步过渡到教材、专著两翼并重，教材与学术专著（译著）

在可供品种上的比例基本持平。四年内出书2800种(2009、2010、2011、2012年分别为600种、660种、730种、810种),其中新版书占55%,重版、重印书占45%。选题结构比例:教材、教参占50%,学术专著25%,译著20%,科普书占5%。每年出版光盘20种,网络出版物3种。

(4)配合国家医学教育改革,有计划地修订长学制及大专、高职、中专专业的教材,开辟小专业学科,特别是交叉学科的教材建设。重视教师用书的出版,从"教"方面促进医学教育改革。同时,引进和缩编国外优秀医学教材,做到外版教材与本版教材互补。

(5)大力推出一批医学领域前沿学科的原创性著作。完成已中标《中国药用植物志》13个分册。争取四年内再申请国家重大出版工程项目6套,100个品种,成为国内重要的学术著作出版基地之一。

(6)充分发挥北医-爱思唯尔编辑部的作用,做出品牌。形成国内重要的译著出版基地之一。在国家政策允许条件下,筹建合资企业北医-爱思唯尔出版股份有限公司。

(7)要有前瞻性,重视网络出版,重视电子杂志、图书的开发与出版,建立网络医学教育服务的平台。加强网络出版中心建设,开发网络出版新领域,在网络出版物、数据库方面有所建树。

(8)加大对北京大学医学部科学出版基金会的支持力度。四年内出版社出资240万元,配合学校,支持本校中青年专家教授出版学术著作,发挥出版育人的作用,为学校建设学术梯队服务。

(9)根据新闻出版总署和教育部批准的我社改制方案,2009年内完成出版社的改制任务。

2. 深入贯彻落实科学发展观,处理好改革、发展、稳定三方面的关系,把出版社办成特色鲜明、整体实力和社会竞争力更强的国内一流医学专业出版社。

(1)根据国务院的《出版管理条例》,北医出版社已实行企业法人登记。完成改制后进行有限责任公司的登记,通过改制取得国有资产经营性授权,成为自主经营、自我发展、自负盈亏的市场主体,进而加快出版产业发展,加快做强做大。

(2)坚持发展是第一要务的思路,改革和管理要服从并服务于发展。改革就是要创新体制、转换机制、面向市场、壮大实力。争取每年有10%的增长速度。计划销售码洋四年为42000万元(2009、2010、2011、2012年分别为9000万元、10000万元、11000万元、12000万元);计划利润四年为6600万元(2009、2010、2011、2012年分别为1500万元、1600万元、1700万元、1800万元);四年上缴医学部2000万元(2009、2010、2011、2012年分别为430万元、480万元、520万元、570万元)。利润的20%为职工奖励基金,10%为职工的福利基金,两项合计1950万元。国有资产增值2650万元,为出版社发展基金。

(3)改制后,出版社保持事业编制35人,2012年底社总人数控制在89人。出版社如发展需要增人,一律聘用企业编制职工、返聘职工和合同制职工。现阶段出版社事业编制干部职工的工资由学校先发放,每年分两次由出版社全额返还学校,四年约为500万元。企业编制职工、返聘职工、合同制职工工资由出版社发放。事业编制人员退休安排,根据"老人老办法、新人新办法"的原则,退休后进入学校退休人员管理系统,享受同等待遇。

(4)管好、用好北京大学医学部科学出版基金。2009年起从现在的每年50万元增到60万元(四年共240万元)。

(三)完成改制进程,推动出版产业发展

进一步完善适应社会主义市场经济的管理体制和运行机制,推进出版社的规范管理,调整组织结构,搞好队伍建设。

1. 领导管理体制、运行机制。

出版社是医学部直属单位,按教育部大学出版社管理办法和医学部规定,与行政脱钩,实行社长负责制。

社长由学校考核、董事会聘用,实行任期目标责任制。社长对医学部负责,社长为企业法人代表,独立承担经营风险和法律责任。社长对出版社工作全面负责。社领导班子组成为3~5人,由社长提名,经董事会同意后由社长聘任,聘期4年。总编辑、副社长、副总编辑协助社长工作。

出版社组织结构。由出版社根据市场需要可自行设立和撤销。各部门主任由社长提名,经社务会讨论后由社长聘任,聘期4年。

出版社运行机制。在董事会领导下,出版社设社务委员会、编辑委员会和日常工作协调委员会,由社长主持。社务委员会由社长、总编辑、副社长、副总编辑、党支部书记组成。职责:制定出版社长期规划、年度经营目标责任制、年度工作要点及重大行政问题并形成决议。编辑委员会由社长、总编辑、副社长、副总编辑和编辑室主任组成,其职责为制定出版社中长期选题规划、年度出版计划及编辑业务中的重大问题并形成决议。日常工作协调委员会由社长、领导班子及相关部门主任组成,协调编辑、出版、市场销售、财务、对外合作等具体事宜,形成快速反应机制,提高办事效率。对所有事务,社长有最后决定权。

定期召开职工大会(通常有两次,年中、年末各一次),审议工作报告、年度经济目标责任制、职工福利事宜,发挥全体职工民主参与、民主监督的作用。

向董事会提交四年规划、年度经营目标责任制等事宜。

2. 组织结构、人员编制、管理办法和激励政策。

基本原则:(1) 根据出版社发展和市场竞争环境的变化,设置相关部门。(2) 根据组织设置,合理配置相应人员。原则上停止进事业编制职工,扩大企业编制和合同制职工。逐步缩小事业编制职工的比例。

出版社实行多种形式的用人制度,事业编制固定,新增人员一律采用企业编制、返聘和合同制的用人模式。并聘请社外编辑和社外校对以补充完成季节性任务。四年内全社职工总数控制在89人(含外企4名,其费用由爱思唯尔公司承担)。

在定编、定岗和岗位责任制的基础上,全社实行全员聘任制。聘任期间与岗位目标责任制挂钩。员工(含企业编制)职称由学校评定,出版社聘任,实行评聘分开,可以高职低聘和低职高聘。行政职务实行逐级聘任的原则,做到能上能下、能进能出。

3. 进一步深化分配制度改革。

(1) 社内实行经营目标责任制。在医学部董事会批准的总体政策框架内(利润的20%为奖励金),按照各种岗位制定指标定额,超过定额奖励,不足定额扣罚。每年初修订目标、考核办法。年中、年底分别考核兑现。激励干部职工为达到目标而努力。连续两年完不成任务者自动解聘。

(2) 社内事业编制职工享受学校的工资等待遇(以工资条为准,出版社按半年一次,分两次返还学校),按照国家政策调整,并参照学校规定设立特岗制度,岗贴在福利基金(规定的10%)中列支。取消寒暑假制度,社内职工实施带薪休年假制度。

(3) 企业编制职工、合同制职工、返聘人员工资、奖金、"五险一金"参照上级有关规定和出版社视其承担的岗位所确定的标准按月发放。

(4) 社外编辑、社外校对、社外美术设计、社外运输等的酬金,由出版社制定标准,采取计件形式发放。

(5) 改制后将研究出版社薪酬制度,设计与之相适应的方案。

4. 推进出版社的规范管理,为出版社的总体战略目标服务。

出版社已成长为中型社,管理模式和组织结构均应作相应的改革,因此需要对组织结构相应调整。原有六大方面17万字的规章制度要重新修订以适应改制后的需要。

(1) 四年经营目标责任制方案。经董事会批准后,出版社要制定年度工作要点和年度目标责任制,经董事会批准制定落实年度计划,保证四年经营目标经济责任制落到实处。

(2) 做好管理的基础工作。在目前财务和发行联网的基础上,逐步实现社内局域网,四年内实现全社网络信息化管理。

(3) 党支部工作是出版社工作的重要组成部分。要积极发挥党支部的战斗堡垒作用和共产党员的先锋模范作用,带领出版社全体干部职工开拓进取、团结奋进,以出色的业绩为北大医学部增添光彩。

(4) 进一步强化监督机制,健全廉政建设制度,用制度设计防范措施,以保证出版社各级干部职工沿着健康的道路发展。

【制定并通过2009年经营目标责任制方案】 董事会经研究通过了出版社2009年经营目标责任制方案。方案主要内容包括:

1. 品种。620种,其中图书600种(新版书330种,占55%;重印书270种,占45%)、电子出版物20种(含网络出版3种)。重点书包括国家重大出版工程项目、国家"十一五"重点图书、教育部"十一五"国家级规划教材、北京市精品教材。

2. 发稿品种。380种(新版含影印书)。

3. 出版字数。27000万字(其中重印12150万字)。

4. 销售码洋。10000万元(退货率:10%);实洋5850万元;销售收入4680万元。书店另计。

5. 利润。1600万元。

6. 上缴医学部。430万元。

7. 造货码洋。11000万元。总册数:280万册。

8. 净资产增值。700万元。

9. 质量。合格品率100%(根据国家新的质量分类:合格、不合格。今年仍执行合格优质品30%,合格一等品30%,合格品40%)。

10. 争取获国家级奖品种2～4种,教育部、北京市精品教材5～8种。

11. 加强管理,积极推进局域网建设,逐步实现管理信息化。重点建立完善各项制度,以适应改革后的管理体制,形成良好的运行机制。

【完成各项经济指标】 在经济形势十分不利的情况下,完成了年初制定的各项经济指标:

1. 出书品种。593种,其中新书236种,重印书332种,电子出版物25种。

2. 造货码洋。9787万元,总册数234万册。

3. 发货码洋。1.03亿元;其中销售码洋8446万元(退货率:18%);销售收入4670万元。

4. 利润。1503万元。

【调整组织结构,完善适应社会主义市场经济的管理体制和运行机制】

1. 董事会通过医学部部务会议确定社长人选,聘用陆银道同志为社长,任期四年。

2. 董事会通过由陆银道同志提名的出版社领导班子人选。任赵荫为常务副总编，王凤廷为副社长兼副总编，白玲为副总编，任期三年，程伯基为出版社顾问。

3. 出版社社务会议通过赵荫等十余人为各部门主任，任期三年。

4. 为理顺中型出版社的组织结构和运行机制，落实事业部机制，原编辑室均改造为事业部。具体如下：一编室改为药学事业部，二编室改为临床医学事业部，三编室改为基础医学事业部，四编室改为编辑加工中心，综合编辑室改为综合事业部，教材编辑室改为教材出版中心，国际合作室改为国际合作部，电子编辑室改为数字出版中心，北医-爱思唯尔编辑室改为北医-爱思唯尔编辑部，并制定各个事业部的年度工作总目标。

【采取积极措施面对经济危机】2009年是建社20年来极为困难的一年，出版社从年初开始就采取各种措施积极应对。

1. 确立教材建设和推广为今年的工作重点。由社领导带队分别到全国各地进行教材推广十余次，并与三家学校建立战略合作伙伴关系。

2. 启动全国高职高专学校教材和广东省省编的中等职业学校教材。

3. 调整产销结构，扩大销售渠道。如压缩出版品种，加大适销产品的出版；减少初次和重印册数，做到产销平衡；外版图书与作者、药厂联系，以销定产；加强推广力度，直接与各个医学院校联系，采取更为灵活的销售政策。

4. 确立"农村书屋"建设与推广体系。有15种图书进入国家"农家书屋"重点推荐项目。

5. 积极发展数字出版。建立了考试书的数字出版物，形成书网互动体系。

【完成清产核资工作】根据新闻出版总署和教育部批准的我社改制方案，已完成财政部改制清产核资立项，清产核算也基本完成，12月底报财政部审批。北京大学医学出版社已实行企业法人登记。完成改制后将进行有限责任公司的登记，通过改制取得国有资产经营性授权，成为自主经营、自我发展、自负盈亏的市场主体，进而加快出版产业的发展。

【制定2010年选题计划】我社根据新闻出版总署要求，制定2010年出版计划，制定出了2010年选题总量853种，其中新版图书(含重版书)593种，重印图书260种。

【人才培养】

1. 2009年编辑暴海燕被评聘为编审，张其鹏、罗德刚、药蓉被评聘为副编审，另有初级职称晋升为中级职称者5人。

2. 8人通过新闻出版总署组织的全国出版专业技术人员职业资格考试。

3. 出版社派十余名编辑参加了在厦门举行的2009年全国大学出版社订货会兼海峡两岸图书交易会。

【加强对外合作交流，扩大版权贸易】出版社与爱思唯尔公司签订了新一轮三年合作计划。

陆银道、陈然、吕晓凤三人参加了第五十三届法兰克福国际书展。

【获奖情况】

1. 出版社被国家新闻出版总署评估为国家一级出版社，在大学出版社中名列第七，被授予"全国百佳图书出版单位"荣誉称号。

2. 《中华临床影像学系列丛书》获国家出版基金资助360万元；《多囊卵巢综合征》等3本专著获国家科学技术学术著作出版基金资助共18.6万元。

3. 《组织学与胚胎学》《医学寄生虫学》和《医护心理学》入选教育部"普通高等教育精品教材"，《预防口腔医学》《口腔修复学》《护理学基础》和《护理科研》入选北京市精品教材立项项目。

4. 完成北医科学出版基金评审，《脊柱肿瘤学》等40种图书获得资助。

【出版基金】2009年度北京大学医学部科学出版基金评审工作已经圆满结束，现将结果公布如下经评审结果见附表：

表8-80 2009年度北京大学医学部科学出版基金项目评审结果

序 号	书 名	作 者	字数/万字
1	受体研究技术(第二版)	贺师鹏	80
2	肾活检病理学(第二版)	邹万忠	50
3	乳腺活检临床病理学	阚 秀	80
4	诊断病理读片指南	廖松林	80
5	病理生理学(第二版)	吴立玲	55
6	功能生物化学原理	杨晓达	50
7	生物膜与医学(第三板)	程 时	45
8	骨科临床康复学	周谋望	80
9	北京大学血研所临床疑难病例集	黄晓军	30
10	部位别皮肤病及性病图谱	王双元	30

续表

序号	书名	作者	字数/万字
11	肿瘤介入诊疗典型病例荟萃	杨仁杰	80
12	妇科恶性肿瘤化学治疗	李小平	30
13	老年患者的口腔修复治疗	冯海兰	50
14	现代口腔正畸学——口腔颌面正畸学:科学与艺术的统一(第4版)	林久祥	160
15	皮肤外科学基础	李航	40
16	现代冠心病防治系列丛书	胡大一	300
17	临床麻醉手册系列丛书	冯艺	120
18	临床心电图系列丛书	郭继鸿	150
19	神经精神医学	于欣	60
20	男科手术学	郭应禄	60
21	直肠肛门部肿瘤疑难病例精选	顾晋	30~40
22	神经系统疾病的诊断思路	袁云	40
23	肾脏病学临床手册	王海燕	50
24	整形美容外科学	李健宁	120
25	医疗知情同意书手册	黎晓新	50
26	人工膝关节置换术术前患者必读	吕厚山	15
27	Ganoderma (Lingzhi): from mystery to science	林志彬	20
28	卫生项目评估方法	陈大方	30
29	健康管理学	王培玉	60
30	卫生服务研究的理论与实践	陈育德 张拓红	60
31	公共卫生伦理学	郭岩	30
32	中国医学人文评论(Ⅲ)	张大庆	25
33	心血管疾病介入治疗护理实用技术	侯桂华	30
34	护理学基础技术操作	尚少梅	光盘
35	血管医学	王宏宇	180
36	纳米医药手册	张幼怡	60
37	纳米粒药物输送系统	张强	50
38	老年精神科药物使用手册	于欣	20
39	脊柱肿瘤学	郭卫	150
40	点评百年诺贝尔生理学或医学奖	饶毅	50~60

档案馆

【概况】 档案馆成立于1993年4月,既是学校档案工作的职能管理部门,又是永久保存和提供利用本校档案的科学文化事业机构。根据工作职能,档案馆设收集指导、管理利用和技术编研三个办公室,编制13人,2009年全馆有工作人员10名,其中高级职称1名,中级职称8名。

档案馆馆藏档案有北京大学、西南联合大学、日伪占领区北京大学、北平大学和燕京大学5个全宗,涉及党政、学籍、科研、基建、人物、出版、会计、声像、设备和实物10个档案门类。截至2009年12月,馆藏档案排架长度达1800余米。

【档案收集】 根据业务工作的需要,结合学校编码体制的调整,在注重档案管理历史延续性的基础上,根据档案馆有关规章制度和整理要求,对馆藏十大门类档案的分类方法和档号编制规则进行了局部调整。

1. 常规业务档案收集。遵循不断提高案卷质量的基本工作方针,档案馆坚持"简化立卷,指导在先"的原则,加强对专兼职档案员队伍的管理和业务指导。工作人员深入各归档单位对兼职档案人员进行业务指导和上门培训服务,从材料的收集整理等初期阶段入手,为提高档案归档质量打好基础。通过文件材料立卷部门预审、接收进馆前档案馆复审、进馆后再核审的"三审制",从"录入、检查、收集、汇总"四个流程把关,确保档案的归档质量。此外,根据学校机构设置的变化,为新成立和发生变化的机构设置归档单位,明确新的归档范围,使归档工作能够根据归档单位工作职能的变化及时调整,确保归档档案的完整性和准确性。

2009年已接收进馆并进行馆内移交的常规业务档案合计15237卷件,其中:

文书	学籍	科研	基建	声像	实物	已故人员
7060卷(件)	5883卷	45卷	1129卷	1068卷(件)	4件	48卷

2. 人物档案征集。2009年重点进行了林庚、王瑶、谢家荣、林昌善、江绍原、董申保、王选、黄子卿、周先庚、田德旺十位人物档案的征集整理工作。本年度接收进馆1220卷(件)。在中文系及林庚先生家属的大力支持下,林庚先生人物档案239卷、照片437张全部整理完毕归档。

3. 奥运档案整理。在2008年奥运档案收集工作的基础上,涉及奥运申办、筹办、举行过程中具有纪念意义的物品、影像、图片、文字资料,特别是奥运场馆团队在此期间形成相关材料共398卷(件)全部完成整理、复审、卷内目录录入及入库核审工作。

【档案利用与服务】 1. 档案核查入库。依据档案入库"三审制"的要求,对2009年新归档档案和部分插卷档案在核查的基础上移交入库,其中:党政管理类7998卷(件)、学籍5365卷(件)、照片236卷(张)、人物530卷、实物97件、基建676卷、科研115卷、出版2卷。

2. 档案利用工作。围绕中心,服务学校和社会是档案利用工作的首要任务。全年接待来馆利用档案者1372人次,利用档案4728卷(件)次,其中:工作查考2176卷(件)次、学术研究720卷(件)次、编史修志1096卷(件)次、宣传教育135卷(件)次、其他601卷(件)次,复制档案6191张。

【学术交流与编研】 2009年,档案馆接待了来自大连理工大学、浙江大学、东南大学以及北京市11所高校档案馆同行来访。2009年档案馆参加了北京高校档案研究会"课题申报评审会"(北京,9月)和北京高校档案研究会"年会暨学术交流会"(北京,12月)。档案馆王淑琴、郭鹏申请的"浅论基于网络化数据集成与共享的高校档案信息管理模式研究"及贾永刚、刘晋伟申请的"基于多智能体的档案检索系统研究"得到北京市高校档案研究会立项支持。郭鹏、侯荣菊的论文"电子文件生命周期中元数据的变迁"获2008年度北京高校档案研究会学术论文评选二等奖(2009年5月)。

【信息化建设】 1. 保障档案管理信息系统正常运行。根据工作需要,为各归档单位安装档案管理系统客户端并解决相关的技术问题。每日进行数据备份,每周进行一次全库备份,确保数据的安全和完整。2009年全年档案电子数据没有发生一例遗失、损坏等故障,保证了系统的安全运行。

2. 对档案系统数据库和数据接口进行了局部升级改造。由于工作的需要,将人物门类库结构改为案卷/卷内两层结构,便于人物档案的编目整理;新建了学籍表专题库。为适应教务系统和研究生系统的变化,对档案系统的数据导入功能进行了修改,完善对本科、硕士、博士、在职硕士、在职博士、双学位以及成教生档案数据的管理,增加了分类查询、部门数据导入等功能。

【基础建设】 扩大馆藏容积,改善馆藏条件。在学校主管领导和"985/211"办公室的大力支持下,几年来制约档案馆发展的库房设备得到解决。档案馆一层南库计划由原来的老式铁柜装具改建为密集架,并为三楼库房安装空调。经过学校统一招标,确定宁波圣达公司为密集架供应商,上海大金空调为空调供应商。目前相关设备的安装准备工作正在进行之中。

【安全保密工作】 档案馆是学校的保密要害部门,负责集中存放和管理全校各类涉密档案,档案安全与保密责任重大。档案馆在全体工作人员中确立了"保密工作无小事"的思想观念,加强安全教育,加强档案库房安全管理。把"强化教育,明确责任,落实制度,加强管理,保住秘密"作为档案馆保密工作的总思路。按照学校质量体系认证和保密工作的有关要求,从档案材料的收集、整理、借阅到档案库房的日常管理、温湿度记录等都建立了相应规范和工作记录。

(刘晋伟 马建钧)

医学部档案馆

【档案管理】 为加强档案资源建设,在全校范围内对各部门档案工作情况进行调研,重新修订了26个部门的"文件材料的归档范围和保管期限表"。

根据国家及北京大学的有关规定,调整了医学部有偿利用档案收费标准。

开展档案宣传工作,强化各部

门的档案意识。制作《档案知识宣传手册》分发给各部门档案员。改版档案馆的网页,新增"业务指导""档案拾贝"等栏目,通过网络普及档案管理的业务知识。开辟档案馆"兰台之窗"宣传橱窗,多角度、全方位宣传档案工作。

召开第一次全校档案员工作会议,学习《高等学校档案管理办法》(27号令),布置全校档案工作,重新明确部门档案员建制。

完成2008年以前形成的各门类档案案卷目录的录入工作,规范移交档案的电子版格式和移交目录。对升级档案信息管理系统进行前期的调研。

按照相关程序对1988年—1990年的财会凭单实施销毁,共计销毁1035册。

2009年档案馆继续做好纸质档案的收集和整理工作。全年接收永久和长期档案共2528卷(件)。其中党群、行政档案249卷、教学档案1697卷、科研档案445卷、基建档案5卷、出版物档案12卷、财务档案120卷。提供查借阅档案785卷次。完成老照片翻拍300余张。

【百年大事记撰写】 根据医学部主任办公室党委办公室工作的安排,档案馆开始梳理和撰写医学部百年大事记。确定了大事记条目筛选标准和撰写要求,并组织人员撰写了21年的大事记。

校 史 馆

【概况】 校史馆于2001年9月1日落成,2002年5月4日正式对校内外开放。展览内容主要分为"北京大学校史陈列"和"北京大学杰出人物展(一)"两个部分。其中:校史陈列以光荣革命传统和优良学术传统为主线,将北大历史分为九个阶段依次展示,有图片、图表800余幅,实物展品440余件,展板273块,展线长度400余米;"北京大学杰出人物展(一)"为北大历史上217位杰出革命家、思想家、理论家、教育家、科学家的生平简介及照片。校史馆内设研究室、办公室、资料室,编制7人,兼职1人,返聘14人。日常工作主要为校史展览、校史研究及校史文物的征集、保管和展出。

本年度通过学习、实践科学发展观活动,领导班子成员进一步明确了校史馆发展的总体思路,在全体工作人员的共同努力下,以向教学科研、师生员工提供优质服务为目标,围绕校史展览、校史研究及校史文物的征集和保管主要任务,重点加强了制度建设、队伍建设以及信息化的建设。

【校史展览】 高度重视、精心准备,配合学校圆满完成了国家副主席习近平到馆参观的接待工作。完成了2009级新生入学教育、新生党员培训,校庆校友返校的参观接待。积极满足学校教学、科研、管理各个部门的需要,接待到访国内外客人总计15572人次,其中本校师生员工、校友及客人4373人次,工作团组72个。如部属高校深入学习实践科学发展观活动第一指导检查工作组、云南省教育考察团,北京市高校工会主席代表团,全国妇联系统领导科学研修班,台湾高校杰出青年赴大陆参观团,北大平民学校第4期学员班,人大常委会副委员长华建敏,湖南省委副书记梅克保、副省长郭开朗,云南省教育厅厅长罗崇敏,北京市总工会党组书记、副主席韩子荣,广西财经学院党委副书记、纪委书记黄光云,江苏大学党委副书记姚冠新,台湾中华两岸科技人文学术交流协会理事长、台湾"中国文化大学"教授江岷钦,台湾大学兼职教授、"台湾司法院"前院长、"大法官"翁岳生,泰国公主诗琳通,中共早期党员、校友李梅羹之子、西安交通大学教授李蔚严,京师大学堂总监督劳乃宣侄孙劳元瑚等。

选聘、培训了第二批志愿讲解员,成员均为北大师生。其中有年逾7旬的退休教师,更多为一二年级本科、硕士、博士生。他们利用业余时间,很好地完成了校庆期间校友返校、新生入学教育及日常参观展览的讲解工作。

【专题展览】 围绕学校教学与科研、学生培养等主体工作,举办、协办各种形式和内容的专题展览,是校史馆可持续发展的重要工作之一。本年度与校团委合作举办了"纪念五四运动九十周年图片展";为纪念李大钊诞辰120周年,举办了"李大钊在北京大学——纪念李大钊诞辰120周年图片展";与蔡元培研究会、北大德国研究中心及德国莱比锡大学孔子学院等单位联合举办的"蔡元培——中国的洪堡"专题展览,成为莱比锡大学600周年校庆活动内容之一;推出校史馆"书生本色 学者风范"系列展览之"张岱年先生百年诞辰图片展"和"高小霞院士诞辰九十周年图片展";均获得各方面好评。

【校史研究】 校史研究是校史展览、宣传工作的重要基础。本年度完成了《北京大学图史》的调整、补充和修改,形成定稿,交付出版。由王学珍主持的《北京大学校志》及《李大钊年谱长编》等均在编写中。为纪念李大钊诞辰120周年,筹划了《北京大学校报》纪念专版(1203期,12月25日),组织撰写了"李大钊在北京大学""中国李大钊研究会二十年""改革开放三十年来李大钊研究书目一览""李大钊故居、纪念馆及烈士陵园简介"等文章。在社科部科研经费的支持下,启动了"1952全国高等学校院系调整中的北京大学"等校史专题研究。设计制作了校史系列（六）2010年校史台历。

馆内同仁发表了"西方传教士与京师大学堂的人事纠葛"（《社会科学研究》2009年第1期），"同乡、同门、同事、同道：社会交往与思想交融——〈新青年〉主要撰稿人的构成与聚合途径"（《近代史研究》2009年第1期），"胡适出任北京大学文学院院长的经过"（《安庆师范学院学报（社会科学版）》2009年第1期），"《每周评论》等报刊若干撰稿人笔名索解"（《历史研究》2009年第3期），"从宏大叙事到回归现场——建国以来五四运动研究出版物简介"（《中国社会科学院报》，4月16日），"纪念与解释：1919—1949五四运动研究述评"（《北京大学校报》1184期，4月25日），"李大钊和去庵"（《中国社会科学院报》，5月16日），"鲍德阴、古里天森等人究竟是谁？"（《中国社会科学院报》，6月23日），"知人论世 秉笔直书"（《中国社会科学报》，12月17日），"袁振英在北大的历史留痕"（《北京大学校报》1202期，12月19日），"浅议北大精神"（《先进文化建设中的大学文化研究》，高等教育出版社2009年1月版），"北京大学首任校长严复辞职原因补证"（《中西融通——严复论集》，宗教文化出版社2009年7月版），"遵守规范 辨清史实 探析研究 准确注释李大钊文章——答李继华教授"（《李大钊研究论文集》，云南教育出版社2009年10月版）等校史研究文章。参加了由北京大学、中国社科院和北大历史学系等单位分别举办的纪念"五四运动"九十周年学术研讨会（5月，北京）；"中国大学文化百年研究"课题论证会（7月，哈尔滨）；"纪念袁振英诞辰115周年学术研讨会"（8月，上海）；"郑天挺先生110周年诞辰暨中国古代社会高层论坛"（9月，天津）；"纪念李大钊120周年诞辰学术讨论会"（10月，北京）等学术研讨会。参与编辑出版《李大钊研究论文集》（云南教育出版社2009年10月）；组织参加《北京大学文化百年》三章的编写工作。以郭建荣为主编的《北大的才女们》7月由北京大学出版社出版。

【校史文物实物的征集】 征集了姜伯驹、罗荣渠、侯仁之、程民德、周一良、冯至等人物照片392幅。校史馆现有藏品335种579件，礼品639种705件，其中本年度新增藏品6件，礼品16件。为了充分发挥藏品和礼品的作用，对部分展柜中陈列文物进行调换，使参观者能看到更新的内容，增强了展览效果。

【日常行政工作】 针对展馆对外服务和自身建设的需要，在继续落实、完善一系列行之有效的规章制度基础上，努力做到日常管理的规范化和专业化。

注意发挥安保小组成员的作用，及时沟通情况，做到分工负责；定期进行安保检查，发现问题尽快解决。加强人防与技防，制定了"保安员接待访客细则""保安员突发事件处置预案（草案）""校史馆突发事件处置预案（草案）"等规定，并绘制了消防设施布置平面图、消防设施报警地址对照表、疏散通道示意图等，逐步使安保工作整体达到规范化、制度化和直观化。利用多种形式经常性地进行保安员岗位要求培训，同时注意主动加强与保安中队、大队有关领导的沟通联系。校史馆安保工作已连续八年做到"十无"达标。

继续加强校史馆图书分馆的规范化管理。在搞好自身基础建设、为展览和本馆人员服务的同时，每周定期对社会开放。2009年新购图书122种127册，收到校友等各方面赠书44种46册；校史馆图书增至3344册，中文图书2826种3090册，中文刊131种142册，工具书106种112册；接待校内外读者阅览633人次；出借图书1519册次。本年度开展了分馆建立以来首次清库工作。

开始着手进行校史馆网站的建设。

【交流工作】 为提高全体工作人员的管理水平和业务能力，校史馆党支部、工会、行政先后组织大家参观了中国人民抗日战争纪念馆、新文化运动纪念馆、李大钊故居、李大钊烈士陵园、老北大校址等。与中央财经大学、北京师范大学、中国军事医学科学院、国防科技大学等院校的同行进行业务交流与探讨。

（马建钧　周爽）

体 育 馆

【概况】 2008年第694次校长办公会讨论通过《北京大学体育馆管理规则》，总则规定，"北京大学体育馆作为2008年北京奥运会乒乓球比赛场馆，应充分利用学校优越的无形资产与专业的硬件设施，依托学校深厚的文化底蕴与良好的国内外影响力，通过专业化、规范化的管理，满足学校体育教学科研与训练需求，满足师生体育健身与文化活动需求，成为一流大学一流体育设施与服务的标志。"2008年9月16日，根据校发[2008]126号文件，成立北京大学体育馆暨体育馆临时管理小组；10月14日，校长办公室发文增设体育馆临时管理小组，编码为668。至2009年12月31日，体育馆临时管理小组接管体育馆的日常管理工作一年零两个月。2009年，体育馆组织工作人员到运行较好的高校综合体育馆进行参观学习，轮流派部门负责人去参加各类有关大型综合体育馆运营管理知识的培训，参加过培训的人员为馆内全体工作人员进行二次培训，定期的培训工作明显改善了员工的工作方式，提高了员工的服务意识和热情。体育馆组织有关人员对赛后改造事宜进行专门讨论，到周边较好的综合体育馆进行考察，邀请体育建筑领域专家提供建议和指导，使体育馆赛后改造设计方案最终得到学校的认可。体育馆建立独立网站、在北大电台进行广告宣传、在校内张贴宣传画及发放宣传册、在校内网站进行相关报道、在体育馆入口处设置宣传栏，吸引广大校内师生来馆健身。2009年全年，体育馆通过加大过渡期运行团队建设，完善软硬件条件设施，保障校内活动，积极筹备赛后改造等事宜，既确保了场馆安全过渡，又实现了开源节流，在有限条件下，为全校师生提供了良好的服务。

【年度工作】 2008年10月至2009年9月，体育馆开放了主赛场，日常作羽毛球场地使用；2009年10月，体育馆陆续开放了B2的训练大厅及周边两个厅房作篮球、排球、台球、乒乓球等项目日常使用。除日常开放外，体育馆其他服务内容如下：

1. 在2009年，体育馆添置了高品质的篮球、排球、羽毛球、台球等项目的设备器材，馆内健身人数显著增加。为满足举办大型体育及文化活动的需要，体育馆购置了一些大型音响设备、裁判电子设备及会议会务系统，在几次大型活动中这些先进的设备发挥了重要作用。

2. 2009年7月，北京大学本科生及研究生毕业典礼在体育馆内举行，体育馆与校内各部门通力配合，使典礼圆满结束，得到领导及师生们的好评。

3. 承接校内各部门组织的一些大型活动。包括北大教职工的乒乓球比赛，学生羽毛球协会、乒乓球协会、棋牌协会的新生杯比赛等。

4. 承接校外的大型公益体育赛事及活动等。如北京市高校健美操、艺术体操比赛，中央财政部专员办乒乓球比赛，九三学社全国农民乒乓球联赛，CUBA赛事，两岸三校学生运动友谊赛，全国高校校长杯乒乓球赛，上海罗氏北京年会，百度公司年会等。

5. 为学校排忧解难。2009年7月，体育馆接受了学校下达的法学楼周转房任务，专门聘请了一家物业公司负责这些单位的物业管理，定期与各周转房单位召开碰头会，保证周转房各单位人员办公的安全性、舒适性，使周转房任务顺利进行。

北京大学学报（自然科学版）

【《北京大学学报（自然科学版）》编辑部】 1. 刊载论文情况。《北京大学学报（自然科学版）》2009年出版6期共1080页，刊载学术论文160篇。其中数学3篇，力学8篇，物理学12篇，化学1篇，生命科学5篇，电子学与信息科学39篇，地球与空间科学46篇，地理学与环境科学39篇，心理学7篇。

《北京大学学报（自然科学版）》2009年有65篇论文通过中国学术期刊（光盘版）电子出版社，在中国知网数字出版平台分4期出版了网络版（预印本）。

2. 被国内外权威数据库收录情况。《北京大学学报（自然科学版）》2008年刊载的论文在2009年仍被多家国际权威检索数据库和国内检索机构收录。表8-81列出2008年刊载论文被国际权威数据库美国《化学文摘》（CA）、英国《科学文摘》（SA）、美国工程索引网络版（EI）等检索机构收录情况的部分数据。2008年开始，ISI Web of Knowledge平台上推出中国科学引文数据库服务（Chinese Science Citation Database，CSCD），《北京大学学报（自然科学版）》作为CSCD收录的核心期刊，2009年可在ISI Web of Knowledge数据库检索。

3. 文献计量指标。据中国科技信息研究所出版的《2009年版中国科技期刊引证报告（核心版）》中对国内1868种主要科技期刊的统计，《北京大学学报（自然科学版）》2008年主要文献计量指标变化不大，见表8-82（同时列出2007年数据）。

4. 获奖情况。据中国科学技术信息研究所2009年12月9日"2008年度中国科技论文统计结果发布会"公布，《北京大学学报（自然科学版）》入选"2008年中国百种杰出学术期刊"，是83个自然科学综合类学术期刊中获得这一奖项的4个期刊之一。至此，《北京大学学报（自然科学版）》已连续5年荣获此殊荣。

为纪念新中国成立60周年，中国期刊协会、中国出版科学研究所联合举办了"新中国60年有影响力的期刊"评选活动，表彰在国家科学技术、文化、经济、生活和社会发展领域中起到重要作用的期刊。《北京大学学报（自然科学版）》荣获"新中国60年有影响力的期刊"称号。

此外，《北京大学学报（自然科学版）》还获得教育部科技发展中心"2009年度中国科技论文在线优秀期刊"一等奖。

表 8-81 《北京大学学报(自然科学版)》2008年刊载论文被国际检索机构收录情况

学　科	刊载论文篇数	CA	SA	Ei
数学	4	0	2	4
力学	6	1	6	6
物理学	10	8	10	9
化学	3	3	2	3
生物学	5	5	0	1
电子学与信息科学	31	2	31	30
地球与空间科学	42	5	33	39
地理学与环境科学	45	15	23	43
心理学	6	0	0	3
合计	152	39	107	138
收录占比/(%)		25.66	70.39	90.79

表 8-82 《北京大学学报(自然科学版)》文献计量指标

年份	总被引频次	影响因子	他引率	即年指标	引用刊数	扩散因子	学科影响指标	学科扩散指标	被引半衰期
2007	927	0.589	0.97	0.065	424	45.74	0.39	4.87	6.27
2008	875	0.529	0.96	0.079	419	47.89	0.35	5.05	6.61

北京大学学报(哲学社会科学版)

《北京大学学报》(哲学社会科学版)在2009年继续坚持以邓小平理论和"三个代表"重要思想为指导,坚持和贯彻科学发展观战略思想,贯彻党和国家的新闻出版方针、政策,坚持正确的人文导向,贯彻"双百"方针,走理论联系实际、学术结合时代之路,刊物不断取得新成绩。

【被评为"新中国60年有影响力的期刊"】 2009年是新中国成立60周年,中国期刊协会、中国出版科学研究所联合举办了"新中国60年有影响力的期刊"评选活动,表彰在国家科学技术、文化、经济、生活和社会发展领域中起到重要作用的期刊。《北京大学学报(哲学社会科学版)》荣获"新中国60年有影响力的期刊"称号。此次评选,全国共有9000多种参评期刊,经过全国各省市行业期刊协会推选和专家评审委员会的严格评审,最终有161种期刊入选。

【新一届编委会成立】 为了更充分地发挥编委会的指导、咨询和监督作用,使编委会工作制度化,不断提高学报的学术质量,由原编委会主任黄枬森教授提议,报请学校主管校长批准,经过较长时间的酝酿,本刊成立了新一届编委会,并制定了编委会章程。新的编委会组成如下:

主　任　厉以宁
副主任　阎步克　申　丹
顾　问　宿　白　黄枬森
委　员(按姓氏笔画为序)
　　马　戎　王　博
　　王邦维　王思斌
　　王浦劬　王缉思
　　丰子义　厉以宁
　　申　丹　刘　伟
　　刘曙光　陈平原
　　陈兴良　陈保亚
　　林毅夫　郑　园
　　赵　辉　赵敦华
　　萧　琛　曹凤岐
　　阎步克　董学文
　　程郁缀
主　编　程郁缀
副主编　刘曙光　(常务)郑　园

【办刊思路】 《北京大学学报》(哲学社会科学版)召开了新一届编委会。编委会积极、主动地为学报的发展出谋划策,编辑部办刊思路进一步明确为:结合本校实际,突出本校特色,树立精品意识,尽量多刊载一些研究解决国家或地区经济、社会发展中具有全局性、前瞻性、战略性的重要研究成果,一些在基础理论方面有创新意义、特别是具有原创性意义的学术成果。

力求反映北大的个性和特色,这已成为北大学报主编、编辑办刊实践中的自觉追求。学科编辑在积极面向校外、面向国际组稿件的同时,深入到各院、系、所、中心,积极主动地向有深厚学术造诣的著名学者和中青年骨干教师组稿、约稿,了解他们的研究专长和研究动态,在和学者充分沟通和交流的基础上,根据学术热点问题、前沿问题来策划选题、组织稿件和遴选稿件。同时,还发动一些著名学者为学报组稿、约稿,聘请他们担任学报相关栏目的特约主持人。

【优秀论文奖评奖】 2009年举办了第八届北京大学学报优秀论文评奖活动,评奖范围是2006—2008

年发表在本刊上的学术论文,共有13位作者的优秀论文和优秀栏目入选。2009年7月3日召开了第八届北京大学学报优秀论文颁奖大会,向获奖作者颁发了证书和奖金。

获奖作者和论文篇名如下(以发表先后为序):

(一)优秀作者

张志刚　宗教是什么?——关于宗教概念的方法论反思

袁行霈　古代绘画中的陶渊明

吴志攀　论构建和谐社会中的农地权问题

马　戎　差序格局——中国传统社会结构和中国人行为的解读

张世英　本质的双重含义:自然科学与人文科学——黑格尔、狄尔泰、胡塞尔之间的一点链接

钱志熙　"鸿都门学"事件考论——从文学与儒学关系、选举及汉末政治等方面着眼

厉以宁　论城乡二元体制改革

蒙培元　朱熹关于世界的统一性与多样性——"理——分殊说"

周裕锴　惠洪文字禅的理论与实践及其对后世的影响

白建军　坚硬的理论,弹性的规则——罪刑法定研究

(二)优秀栏目

潘建国　刘勇强　李鹏飞　古代小说前沿问题

古代小说研究以前一直是北京大学的优势学科;但随着老一辈学者的去世和退休,优势慢慢失去。近几年,为了配合学科建设,北京大学学报推出了"古代小说前沿问题"栏目,连续几年,影响渐大,也鞭策和鼓励了年轻学者的成长,促进古典小说学科建设。

【对外交流】　在"全国高等学校文科学报研究会成立二十周年庆典暨第六次会员代表大会"上,基于北京大学学报在全国期刊界的地位以及学报主编在全国学报界的影响和作用,主编程郁缀当选为全国高等文科学报研究会副理事长,主要负责研究会学术委员会工作,组织、策划了第四届全国高等学校文科学报研究会优秀学报的评选工作,组织了学会2005—2009年度编辑学课题的验收和2009—2010年度编辑学课题的评审工作,组织了新形势下学报的数字化、专业化、国际化等问题的研讨;常务副主编刘曙光也当选为全国高等学校学报研究会副秘书长以及北京高教学会社科学报研究会副理事长,负责全国高校文科学报研究会的宣传工作和北京市高校文科学报学术委员会工作。《北京大学学报》在全国高等学校文科学报中越来越多地起到引领、示范、带动和导向作用。

【学术影响】　入选教育部首届哲学社会科学名刊以来,经过各级领导特别是学校领导的支持和编辑部的不懈努力,《北京大学学报》这些年名刊建设成效显著,在国内外享有良好声誉,已成为国内期刊界的一面旗帜。

根据中南财经政法大学图书馆期刊信息检索中心2010年的检索报告,《北京大学学报》(哲学社会科学版)2009年共被中国人民大学书报资料中心、《新华文摘》、《高等学校文科学术文摘》、《报刊文摘》等检索途径转载的文章105篇,在全国综合性大学学报中位居第一。

根据中国学术期刊(光盘版)电子杂志社、中国科学文献计量评价研究中心和清华大学图书馆编写的《中国学术期刊综合引证报告》(2009版),《北京大学学报》(哲学社会科学版)在大学学报社会科学类综合高校中的总被引频次、基金比、影响因子、5年影响因子和即年下载率均名列前茅。

进入数字化、信息化时代,各期刊的纸质发行量不断减少,大多数学术期刊的发行量维持在2000册左右。《北京大学学报》虽然也受到一些影响,但发行量一直稳居人文社会科学期刊的前列,保持在4500册左右,产生了较好的社会效益和经济效益。

北京大学学报(医学版)

【刊庆活动】　2009年6月26日,北京大学学报(医学版)举办了创刊50周年庆典。会上,全国人大常委会副委员长、医学部主任、北京大学学报(医学版)主编韩启德,北京大学常务副校长、医学部常务副主任柯杨以及多位编委在发言中对学报50年所取得的成绩予以了肯定,认为学报传播了北医人"严谨求实,开拓创新"的科学精神,见证了几代北医人的学术探索之路。提出了北京大学学报(医学版)作为以学校研究为主要内容的期刊,在今天面临着诸多挑战与冲击,并对学报提出了殷切希望,希望学报今后能与时俱进,敢为人先,奉献于学术,服务于读者。同时,将学报从1959年至2008年所发表的论文全部刻录成盘;并由韩启德主编、柯杨常务副校长和方伟岗副主任共同组织了一期专辑,集中展示了医学部及其附属医院近期的研究成果。

【获奖情况】　2009年11月22日,在广州东莞召开的中国高校自然科学学报研究会第6次会员代表大会暨第13次年会上,北京大学学报(医学版)荣获了全国高校科技期刊优秀编辑质量奖。在本次年会上,北京大学学报(医学版)当选为中国高校自然科学学报研究会常务理事单位,学报负责人当选为该研究会的常务理事。

【组稿与出版情况】　2009年全年出版6期正刊,共计722页。召开

了6次编委定稿会议,保证了发表论文的学术质量和论文评审的公正和公平。

北京大学学报(医学版)编辑部在相关编委的大力支持下,2009年共完成了4个重点(专题)号的组稿工作,由俞光岩副主编、李铁军编委负责组织第1期"口腔专题号"。第2期由郭岩编委组织"卫生管理小专题号"。第3期由韩启德主编、柯杨常务副校长和方伟岗副主任共同组织刊庆重点号。第4期学报邀请了医学遗传学系钟南教授组织了"医学遗传学重点号"。

【信息化建设情况】 2009年4月启动了学报网络化办公系统,使评审速度得到了很大的提高,同时也加快了科研成果的传播速度。

【重要会议】 2009年12月30日,在方伟岗副主编主持下,召开了本刊第8届编辑委员会第5次会议,就本刊的现状、存在的主要问题和今后的工作重点进行了研讨,尤其是在本次编委会议上确定了"公共卫生研究专题号"和"泌尿外科研究专题号"将作为长期的专题来打造,这为学报获得优质的稿源和可持续发展打下坚实基础。

计 算 中 心

【发展概况】 2009年底,计算中心共有职工90人,其中:正式在岗职工64人,返聘9人;正高级职称5人,副高级职称19人,中级职称37人,初级职称2人,无职称1人。具有硕士及以上学历的人数37人,占中心总人数57%以上,其中具有博士学位的6人,在读博士生3人,学历结构逐年升高。2009年中心退休4人,招聘1人。

2009年,计算中心党政工领导团结奋进,工作不断创新、深入,形成了党政工齐抓共管、上下联动、齐抓共创的良好局面。一年来,中心始终坚持强化管理,优化服务,围绕学校教育发展的总体战略规划,在继续加强和完善校园网基础设施建设的同时,积极拓展信息服务范畴,整合学校相关信息资源,建设面向全校教学、科研、行政单位及个人的业务操作和信息服务体系,使学校的校园网管理水平进一步提高,电子校务开发不断完善,为学校教学、科研、管理等各项工作提供了稳定良好的信息网络保障,为维护校园安全稳定、促进学校学科发展作出了自己的贡献。

2009年,计算中心分别与华侨大学、北京化工大学、中国人民大学附属中学等多个院校、单位进行了交流互访,并于11月成功举办了北京大学高性能计算平台建设技术研讨会。来自校内近十个院系单位的专家学者、计算中心技术人员以及联想、IBM等六家国内外知名企业的代表参加了研讨会并发言,计算中心的技术人员就如何通过最佳技术方案建立高效节能的计算环境、稳定可靠的系统平台、高性能的存储架构以及最新硬件技术在高性能计算中的应用前景等技术问题与专家和厂家进行了深入探讨。

2009年,计算中心教职工以第一作者身份发表论文30篇,其中被SCI或EI检索2篇。2009年6月在学校"北京大学第五届实验技术成果奖"评比中,计算中心"北京大学信息化基础设施监控平台"获得一等奖、"北京大学学生网上选课系统"获得二等奖、"大型仪器开放测试基金信息管理系统"获得三等奖。

2009年,计算中心的成人教育工作仍旧稳步进行,包括夜大学和远程教育两种办学类型,均为专科起点本科业余学习形式。2009年度招收新生476人,毕业学生357人,共有在校学生近1200人,分布在全国44个教学中心。计算中心的成教工作在中心领导和各室的关心支持下,注重教学质量,进行科学管理,一直受到继续教育部的好评

(孙光斗 杨雪)

【公共教学资源环境建设服务与管理】 2009年,公共教学资源环境建设服务与管理方面完成了以下工作。

1. 完成建设良好的教学资源环境,保证高质量教学任务。面向全校大型公共计算机、英语系统,机器完好率和实习课完好率连续9年保持在99%及以上;圆满完成全校计算机、英语教学实习机时共65万小时的任务,本实验室是全校同学受益面最大,利用率最高的实验室。

2. 对大型公共计算机、英语教学系统进行更新升级改造。2009年8月16至9月28日,实施了大型公共教学系统的更新改造工程,先后完成了工程的调研、规划、方案、标书的撰写、评标、实施;更新后500台机器,技术先进,稳定可靠,处目前主流先进水平,3.0GHz主频4核中央处理器,4GB内存,320G硬盘,19英寸液晶显示器,为全校本科生、研究生计算机和英语教学实习提供了更加可靠、快速、便捷、人性化的教学实习资源环境。

3. 构建良好的英语网络考试环境与平台。2009年7月,教学室和网络室精诚合作,共同创建了计算中心TOEFL网络考试考点的软硬件平台、网络支撑环境,先后完成了向教育部TOEFL网络考试中心提交的"考点申报"及教育部网络考试中心对计算中心申报考点的验收。

4. 充分发挥示范中心的辐射功能。2009年6月8—18日,第二次圆满完成高考北京市网上语文阅卷技术支持任务,包括网络安全技术支持、软硬件环境构建、镜像和克隆、考卷服务器实时监控系

统,负责其运行、服务和管理;增强了凝聚力,加强了合作。继续提供了良好的大赛服务,先后完成北大第八届 ACM 大赛、首届秋季 ACM 大赛、北大第七届数学建模大赛、首届全校秋季数学建模大赛、ACM 大赛等工作;教学室一如既往,做好赛前、赛中软硬件网络技术支持和全天候值班服务及赛后的恢复工作。

5. 增进国际交流。2009 年 11 月 6 日至 23 日,来自北大、清华、西交大、哈工大、杭电科大和兰州交大 6 所大学共 15 人组成的教育部国家级计算机实验教学示范中心代表团,赴美国西北部 6 所大学校园参观访问,重点考查实验教学,全面学习如何培养同学实践动手能力。

(丁万东)

【校园网建设】 2009 年,计算中心完成建设 500M 校园网第二出口,利用第二出口,对校园网二级主页及部分网站进行公网访问加速,共加速主页 124 个,各院系主要网络服务实现访问加速;实现 IPv6 校园网路由调整,校内所有 3 层交换机全部实现 IPv6/IPv4 双栈配置,基本实现校园网 IPv6 覆盖;分别完成了学生宿舍 33 楼、34B 楼、45～48 楼网络设备和布线系统的升级改造,共涉及 1087 间学生宿舍,新增信息点 3266 个,增加交换机 126 台;完成经济学院、教育学院、北招科维雅等楼群的校园网接入工程,圆明园应用文理学院光纤入地工程,共涉及信息点 3353 个,交换机 88 台以及 AP71 台。

校园网核心网络建设。2009 年,在学校 985 经费支持下,将网络使用量较大的 3 个汇聚交换机的上联接口从千兆升级为万兆,包括万柳、物理楼、理科 1 号楼。至此,校园网全部 9 个汇聚交换机的 18 个上联接口中有 7 个为万兆速率,其他为千兆速率。

IPv6 校园网路由调整 2009 年上半年完成 IPv6 校园网路由调整,经过核心交换机引擎升级后,目前校内所有三层交换机全部实现 IPv4/IPv6 双栈配置,实现 90% 以上校园网 IPv6 覆盖。

无线网二期建设 2009 年 10 月,北京大学校园网完成无线网二期建设:实现无线网络全面覆盖公共教室、会议室等公共区域。包括一教、二教、三教、四教、理教、电教、文史楼、国际关系学院教室、哲学楼教室、化学楼教室、俄文楼等共 11 个教室楼 245 间教室。根据 2009 年 8 月—10 月的统计,目前全校上网用户中,约 30%～40% 为无线上网。

新建楼宇及网络改造。2009 年 1 月至 12 月,共完成体育中心一体、二体、五四体育场、燕南园 61 号楼、教育学院、经济学院、物理金工实验楼 7 个楼宇网络设备安装调试,新接入楼宇 8 座,新接入园区 1 个,不完全统计,涉及信息点共约 2440 个,安装交换机 88 台、无线 AP71 台。

学生宿舍网络改造及设备升级。在学校 985 经费支持下,完成学生宿舍 33 楼、34B 楼、45～48 楼共 6 栋学生宿舍楼的布线系统改造和网络系统改造,共涉及 1087 间学生宿舍,新增信息点 3266 个,增加交换机 126 台。

教工家属区网络设备升级。在国家发改委下一代互联网 IPv6 校园网升级扩展项目经费支持下,完成燕北园、西二旗二期、蓝旗营三个家属区 35 栋楼网络设备升级工作,共更新设备 176 台。

新邮件系统上线及优化。在学校 985 经费的支持下,采用新邮件系统替换在校园网服务了 10 年的旧邮件系统。新邮件系统除了支持用户邮箱扩容到每人 1G 空间之外,具有个人黑白名单、网络硬盘、日程管理、邮件组管理等功能。新邮件系统上线后,增加了为毕业本科生和研究生终身保留北大邮箱的功能,每人 100M 空间。

新编码规则使用和校园网系统升级。2009 年 12 月 26 日,配合信息办编码系统升级工作,对校园网账号进行升级,受影响系统主要包括网络服务(IP 网关)、邮件系统、VPN 系统、入校代理系统等。新编码体系中人员编码的变动对校园网相关系统影响较大。编码升级之后,教工和学生的校园网账号升级为 10 位数字。

校园网账号网上支付功能投入使用。2009 年 6 月 1 日,校园网账号网上支付系统投入使用,6 月份,共通过该系统缴纳网络费 93 笔,合计 4400 元。从 2009 年 9 月至年底,通过网上缴费系统共缴纳网费 2776 笔,合计 114318.76 元。网上缴费平台的开通方便了用户随时随地缴纳网费,免受计算中心用户账号管理办公室和校园卡管理办公室工作时间的限制。为了更好地提供网上缴费服务,2009 年 12 月,计算中心与支付宝公司签订了服务合同,新增支持支付宝支付平台。2009 年 9 月,为了配合网上缴费系统上线,新增一个 SSL-VPN 系统,专为账户无余额用户提供使用,该系统目前运转稳定。

实现校园网全部二级主页公网访问加速。2009 年 4 月,利用校园网第二出口,对校园网二级主页及部分网站进行公网访问加速,共加速主页 124 个。

新增漏洞扫描和安全风险评估系统。2009 年 8 月,在学校 985 经费支持下,采购漏洞扫描和安全风险评估系统,对校级服务器及计算中心内部服务器进行漏洞扫描,发现安全隐患,对安全级别进行评级,提供修补漏洞的建议。在 10 月对整个校园网进行漏洞扫描、安全评估,进行首次摸底,扫描机器近万台,发现非常危险的机器 500 余台,收集校园网安全的初始数据,逐步建立北京大学自己的安全监控、安全服务体系。

以此系统为基础,逐步开始面向全校关键部门提供网络安全事件应急响应服务,对特殊部门、用户提供上门服务,逐步摸索出一套应急响应方式、方法,成功处理了北京大学科学研究部被投诉滥发垃圾邮件、燕园街道办事处网站被挂马、北京大学林肯研究中心国际流量异常等问题。

实现多应用系统之间密码自动同步。2009年8月26日,教工、学生账号启动了多种应用系统间的密码同步工作,包括网络服务、邮件、综合信息门户、选课系统、校园卡查询等。实现在其中任一系统中修改密码,其他系统的密码都将同时被设置为新修改的密码,改变了以往教工和学生需要记录多个密码的状况,实现图书馆、校内信息服务、校园网等校内主要应用系统之间的密码同步。

信息网络技术培训顺利开展。北京大学2009年信息网络技术培训于2009年4月9日和16日分两个时间段共6个主题展开,培训对校园网建设与进展情况、信息系统应用、高性能计算、信息服务、新邮件系统、校园网安全以及IPv6等专题进行了详细的介绍,来自学校70多个单位的近百位部门负责人、信息化主管和信息化助理参加了培训。培训共回收反馈表112份,收到反馈意见543条,中心对反馈意见逐一进行了回复。针对与会老师的反馈意见,首先解决短期之内可以解决的问题,对短期之内无法解决的问题将在进一步的工作予以考虑,力争不断提高服务水平,改善校园网服务质量。

推动高校间信息化建设经验交流。2009年中心接待来自教育部科技司、华侨大学、北京化工大学、华南理工大学、清华大学、江南大学、中国农业大学以及美国乔治城大学等单位的领导和同行,交流高校信息化建设中取得的成绩和经验,并讨论信息化建设中存在的关键问题。2009年10月21日和2009年11月19日,中心代表北京大学参加泛太平洋地区高校联盟(APRU)CIO会议,并做题为"Grid Computing Activities in PKU"大会报告。2009年12月14日至12月17日,中心代表北京大学参加"中国教育和科研计算机网(CERNET)第十六届学术会议暨会员代表大会",分别就校园网安全和跨域资源共享进行了分组报告,本次会议共录用中心所发表学术论文5篇,已被《天津大学学报》出版。

【视频会议室使用情况】 2009年,视频会议共支持了两个国际远程教学活动:教育学院与荷兰阿姆斯特丹大学开展的"社会网络分析"课程和经济学院与阿姆斯特丹大学开展的"实验经济学"课程,共计60多个小时。另外,还支持了城环学院与美国普渡大学、密苏里大学、瑞典斯德哥尔摩大学,法学院与美国加州大学、佛罗里达中学,历史系与德国柏林自由大学等多次学术讨论或讲座。

配合学校的活动,多次为教育部举办的视频会议提供技术支持,并用视频会议的方式向深圳研究院直播了学校的"科学发展观"动员大会。为校办、生物医学工程系、光华管理学院MBA项目、国际关系学院、国际合作部、计算中心等单位提供紧急会议、远程教学、学术交流、远程答辩、远程面试、远程鉴定会、公网视频转播等形式的服务。

【科研情况】 2009年,网络室在研项目13项,包括国家发改委下一代互联网项目9项,国家科技部项目3项,军方项目1项,工信部项目1项。共有3个项目通过国家验收。

(陈萍)

【管理信息系统建设】 2009年1月为学校餐饮中心定制开发的新财务系统上线运行,新系统完善了各类报表,规范了数据上报的过程。

2009年2月,根据学校制定的职工编码、单位编码、学生编码升级的规则,开始对大约20项电子校务应用系统进行程序改造和数据升级的准备工作。在2009年12月26日,统一完成了综合信息服务、统一用户管理、办公系统、财务、科研、学籍管理等十几个系统的升级工作。

2009年4月,"电子校务远程应用接入系统"开始推广使用,在不改变C/S业务系统体系结构的前提下采用B/S的工作模式,把集中到服务器端的业务应用程序,实时的向远程网络客户端进行发布,有效地减轻了维护工作的强度。接入的业务系统包括房地产管理系统、设备管理系统、设备采购系统、学生资助系统、科研管理系统、网上办公系统等。

2009年7月,信息网络存储中心新增100TB本地容量存储,为Email新系统提供12TB的容量和安全保障,同时初步构成以计算中心、图书馆、昌平为主体的两地三中心的数据存储安全保障体系。

2009年9月组织部党校培训班管理系统开始上线运行,功能包括学生网上报名、培训班管理、学生课程考勤、学生成绩及结业管理等功能,该系统的使用规范了培训工作的流程,极大地方便了党建系统组织培训工作的管理。

2009年10月北京大学人事管理系统中薪酬管理系统正式推广到全校使用,实现了人事系统与财务系统工资发放的对接,取消了纯手工传递数据的方式,保障了工资数据的完备性和准确性。人事系统中的入校报到流程、人员离校流程、调配信息管理、通用岗位管理、"985"岗位管理等功能也于2009年12月正式上线使用。

北京大学综合信息服务系统不断完善和丰富,修改完善学生健康档案查询,2009年11月增加了研究生证书照片上传核对功能。

(李庭晏)

【高性能并行计算】 1. 工学院新机群建设。该机群为64片刀片式Linux Beowulf机群,每片2个4核CPU。性能4T,存储20T。计算中心承担了:(1)编译器和并行环境的安装;(2)LUSTRE并行文件系统的安装;(3)开放的作业调度软件Torque的定制和修改;(4)用户登录方面的控制。新机群使用率比较满,排队等待状态从来没有消失过。

2. 惠普旧机群维护。加强机器维护,保证计算能力。HP Beowulf投入使用4年半时间,已经有包括主控节点在内的多个节点的节点本身和相关的网络性能不稳定,随着时间推移,机器老化,出现的问题更多,学密切注意机群的情况,加强监控、及时维护保证用户使用。增加数据存储容量,降低数据风险。HP机群上的所有的存储硬盘目前都已起用,迁移部分用户的数据,降低用户数据风险。

2009年11月11日下午,由计算中心主办的北京大学高性能计算平台建设技术研讨会在理科1号楼1149会议室成功举行,来自校内近十个院系单位的专家学者、中心技术人员以及联想、IBM等6家国内外知名企业的代表参加了本次研讨会。

【网络服务与建设】 2009年,计算中心不断增强服务意识,提高运行与服务保障能力,完成的工作包括:全年新联通用户196户;为学生区、家属区和办公区上门服务500多次;敷设光纤6500米,熔接光纤240多芯。

【电力及制冷系统】 借鉴1136网络机房电力系统改造成功的经验,结合1340主结点机房的实际情况,在各类设备正常工作的情况下,新、旧UPS电源切割成功,使用已近10年的旧UPS电源也已安全移出机房。

上半年先后维修了34B楼、红二楼、1136网络机房等4台5P空调和燕北园312楼、畅春园55楼、物理大楼、畅春新园4号楼等处的机房和办公室等5台1.5P空调。为防止灰尘、柳絮影响机房空调的制冷效果,先后数次清洗中心所有的机房空调及学生宿舍、家属区网络机房空调。

(朱洪起)

【党建与工会工作】 2009年,计算中心党支部继续开展学习型支部建设,结合形势、任务和自身特点,向书本学习,强调党员以自学为主,注重比较系统地学习中国特色社会主义道路理论体系,尤其是重点学习马克思主义中国化的最新成果,认真学习贯彻科学发展观,以人为本,统筹兼顾,全面可持续发展,坚持走中国特色社会主义道路不动摇。现任班子党员干部更加注重向已离任党员干部学习,向群众学习,向实践学习。

注重发展新党员工作。2009年,一名预备党员转为正式党员,5年来,共发展了7名新党员;同时要求入党的积极分子增加到5人。

工会积极发挥纽带、桥梁作用,开展丰富多彩的文体活动,包括每周100分钟的声乐训练,每周两小时羽毛球训练,乒乓球循环赛,台球循环赛,郊游,北大清华两校计算中心第二次体育活动友谊赛,下午5点后的毽球、乒乓球、台球等。2009年,计算中心荣获校运动会团体总分第6名和精神文明奖杯,毽球连续两年荣获冠军,女子团体乒乓球荣获第3名,中心工会荣获校工会先进集体之家。积极做好宣传工作,向校工会投稿和完成工会专题论文质量数量处领先地位。积极参加校工会组织的献爱心基金捐款和组织部组织的党员献爱心捐款活动。

(丁万东)

现代教育技术中心

【概况】 2009年,"北大教学网"已逐渐发展成为北京大学教学改革的重要技术支持平台;人物网、讲座网、教室网纷纷上线运行;教室管理委员会成立并开始工作。现代教育技术中心在学校相关部门的配合下,在全体员工的共同努力下,各项工作都取得了长足的发展。

【网络平台建设】 1. 北大教学网。据网站的不完全统计,"北大教学网"2010年1月的活跃课程数已达到2400余门,日平均用户访问量达到11000余人次。2009年,项目组共实施4次针对全校师生的教学网应用效果调研,1600余名教师、助教和学生参加了调查。调查数据显示,有85.9%的同学在"北大教学网"上有一门以上的课程。在这些课程中,专业课比例最高(63.7%),其次为通选课(28.4%);47.7%的同学表示"每周登录北大教学网在5次以下",19.2%选择"每周使用6～7次";学生平均每周上教学网的时间为6.47小时,约占其每周上网时间的四分之一。在被问及"对今后在学习中使用北大教学网的态度"时,62.3%的受访者表示有兴趣。北大教学网已经成为师生教与学过程中的重要辅助工作,在学校教学工作中扮演着重要的角色。

2. 北大讲座网。中心在苹果PODCASTING系统之上,自主开发了讲座信息的发布和讲座拍摄管理子系统,并实现了与北京大学统一认证系统的对接,有效支持分布式工作模式。2009年下半年开始试运行,截止到2009年底,讲座网在讲座信息发布、讲座录制和讲座视频发布等资源建设方面日趋正常化,共发布讲座信息712条,发布讲座视频205个,其中中华文化占110个,秋季学期讲座发布95个。

3. 北大人物网。2009年北大人物网正式启动,目前已经利用WordPress开源管理系统完成了系统架构,形成了人物动态网站创建的工作流程。截止到2009年底,8位北大名师的完整个人网站已经上线,其中包括4位院士(徐光宪、杨芙清、张恭庆、王选),4位教学名师(阎步克、蒋绍愚、温儒敏、丘维声)。此外,北大人物网中已经聚集56位北大名师的照片、个人简介等信息,在人物网首页中均可以浏览或查询到这些信息。

4. 北大教室网。北大教室网在原有多媒体教室信息检索的基础上增加了多媒体教室内部管理功能,有效地支持中心内部教室管理人员的考勤和设备维修工作。

【教学支持工作】 1. 顺利完成"教学新思路"1期和2期教改项目。在2009年,共培训来自23个院系的57名教师。在项目实施过程,集中培训2次(每次2~3天),中期研讨会4次(每次2小时),每周五的主题培训30余次(每次2小时,共285人次),教师自愿开放课程60余门,教师教学改革论文57篇,制作教师的教学成果展板27个,拍摄项目宣传和案例教师专题片4部。教学新思路项目促进了我校教学信息化发展。

2. 举办了多次"北大教学网"宣传与培训活动。举办了各种形式的宣传、交流与培训活动,包括:举办北大第2届网络课件大赛,有12门参赛课程(包括医学部)进入现场决赛,一门课程被推荐至2009年教育部第9届多媒体课件大赛,获得2等奖;与大英教研部举办3次讨论会,探讨大英网站的迁移问题;在经济学院和教育学院各举办1次推介会;举办1次2009级新生推介会(共187名新生参加);举办第1届助教学校(600余名助教参加);与北大图书馆举办讨论会,商量教学网与教参系统连接问题;参加香港城市大学举办的"亚洲E-learning会议"并做主题发言;参加赛尔毕博年会并做主题发言,同时在北大医学部举办教学信息化讲座1次。这些活动宣传了我校的教学信息化建设经验,在兄弟院校中产生了重要影响,西南大学、四川大学、江南大学和北京联合大学都来访问取经。

3. 利用北大教学网的"视频课堂"功能促进了北大教师与国内外的教学和学术交流。2009年,共有信息学院、国际关系学院、经济学院、光华管理学院、信管系、中文系、图书馆和出版社9个北大院系单位使用视频课堂功能进行教学和学术交流活动,使用的方式包括:答疑、直播授课、教研组开会、网上修改论文、研究生指导、工作会议。其中典型案例有:利用"视频课堂"支持光华管理学院暑期MBA项目教学(8月24日)、"视频课堂"支持中文系对台湾政治大学的直播授课(11月13日—12月2日)。

4. 顺利完成403培训教室改造工程,建立"北大教学网体验中心"。该项目经费共30万元,共签订15个合同,内容涉及培训桌定做、教室装修、录播系统、液晶电视和电子白板等设备的采购。其中,现代中庆公司赠送了1套价值20万的录播系统(包括中控)。松博科技同意将他们的互动反馈系统以低于市场价30%卖给我们并赞助教学新思路等相关活动。正海公司赠送安装两台网络高清摄像头进行403教室直播,价值5万余元。同时,新加坡的爱格升公司免费提供了一台可安装55寸电视的移动展示架,价值约1万元。共计获得26万余元的赠送设备,为今后的工作提供了良好的基础设施。

5. 成功举办了"教育技术一级培训"活动。2009年举办了一期北京大学教职工教育技术一级培训,共培训了36人(34人符合免试条件),同期举办了1期教育技术水平测试考试,共有16人参加了考试(15人合格),最终49人取得了教育技术一级证书。根据现场培训反馈,参加培训的教师对于培训都表示非常满意,认为培训内容能够结合自己的工作实践,培训活动活泼生动,培训师讲解精彩。

6. 成功举办了北京大学第一届助教学校。助教学校由北京大学教务部、研究生院、现代教育技术中心以及心理健康教育与咨询中心共同主办。现代教育技术中心为助教学校设计开发了四套助教课程,共计112课时,其中包括有15课程的网上自学课程。该系列课程包括助教工作指导课程(在线15课时)、教学平台使用进阶(25课时)、资源制作基础课程(27课时)、视频资源高级认证课程(45课时)。2009年10月,第一届助教学校正式开学,95位助教成功报名并选修了助教学校的系列课程,共有62位助教符合要求,可获得助教学校毕业证书。根据每次课程实施后的培训效果调查问卷的助教反馈,参加学习的助教对于每次课程内容以及实施都十分满意,整体满意度达95%。

7. 《北大教学促进通讯》。《北大教学促进通讯》创刊于2007年9月,为季刊,出版形式为"电子版+印刷摘要",其目的与宗旨是促进北大教学工作,记录北大教学成就,传承北大文化传统,发扬北大人文精神。到2009年底的统计数据为:发放印刷摘要18000份,网站访问量超过25万次,留言100多条,采访名师70余位,出版《教学的魅力——北大名师谈教育》丛书的第一本。另外,中心出版了《高校教师应该知道的120个问题》(邢磊,北大出版社)

【教学资源建设】

1. 教学过程实录。2009年共录制课程19门,798学时(见表8-83)。

表8-83 现代教育技术中心2009年录制的课程

序号	课程名	院系	任课教师	学时数
1	保险原理	经济学院		43
2	变态心理学	心理学系	钱铭怡	32
3	法理学	法学院	朱苏力、周旺生	44
4	西方文明史导论	历史系	朱孝远	30
5	影视鉴赏	艺术学院	陈旭光	30
6	中国现代文学史	中文系	温儒敏	57
7	操作系统	信息科学技术学院	陈向群	50
8	电路分析	信息科学技术学院	胡薇薇	43
9	公共行政学概论	政府管理学院	张国庆	45
10	计算概论	信息科学技术学院	李戈	56
11	力学	物理院	田光善	58
12	软件工程	信息科学技术学院	梅宏、孙艳春	36
13	世界文化地理	城环学院	邓辉	22
14	数据结构	数学学院	张乃孝	42
15	数据结构与算法	信息科学技术学院	张铭、赵海燕	59
16	数字化学习与生活	教育学院	尚俊杰	30
17	微机原理	信息科学技术学院	王克义	42
18	信息安全引论	信息科学技术学院	陈忠	28
19	自然地理概论	城环学院	陈效述	42
石河子直播课程				
20	文化哲学与文化产业			26
21	西方美学与西方艺术			29
22	艺术史			28
23	中国边疆问题概论			30
24	中国历史地理			27
实验课程				
25	数字逻辑电路实验七个			

2. 精品课申报工作。在2009年北京大学精品课申报工作中,完成了申报示范课程的录制和申报网站的更新与维护,保证了我校的精品课申报工作的顺利完成。申报情况(见表8-84)。

表8-84 现代教育技术中心申报示范课程情况

序号	申报课程	申报院系	申报人
1	人类生存发展与环境保护	环境学院	邵敏,白郁华
2	环境科学	环境学院	朱彤,王奇
3	电路分析	信息科学学院	胡薇薇
4	刑法分论	法学院	郭自立,王世洲,王新
5	数字逻辑电路	信息科学学院	毛新宇,段家辉,罗伍
6	电动力学	物理学院	郑汉青,陈晓林,朱守华

3. 视频专题和多媒体制作。(1)教学促进通讯访谈实况录像12个;(2)北大党校课程转码和DVD光盘制作24个,刻录和打印光盘241张;(3)钟锡华课程光盘制作62张;(4)人物专题片2个:《求新求实的实践与精神——记北京大学物理学院钟锡华教授》《以教书做学问为"志业"——记北京大学中文系温儒敏教授》。其中《求新求实的实践与精神——记北京大学物理学院钟锡华教授》专题片在北京高校教育技术协会获得金竹奖。

【教室管理工作】 2009年教室管

理工作首先启用了新的合同工聘任制度,规范了考勤制度,明确了学生助管招聘管理制度,建立并实施了岗位巡查制度,确立了岗位人员轮换制度,以及提出了计划采购的要求等。这一年教室管理工作是在不断探索、调整和整顿中展开的。

1. 规范化管理。新的"合同工聘书"较以前更加细化,附件部分增加了具体约束条款,可操作性大大提高。考勤制度的执行使加班、休息、上岗等出勤信息有据可查,工资支配有据可依。2009年共招聘学生助管员220名(每学期110名),对学生助管员进行技术培训2次。评比优秀学生助管员2次。

2. 岗位巡查制度。日常岗位工作检查制度化、常规化,以及时发现问题及时解决。下半年共对教室管理岗位进行专项检查约10次,例行工作检查40多次。及时纠正了工作中出现的各种不规范行为。

3. 岗位人员轮换制度。为了解决以往合同工岗位固定、工作量不平衡、技术得不到全面锻炼的弊病,2009年试行了岗位人员轮换制度。具体做法是每个教学楼每学期抽调一名管理员到其他教学楼工作,周期性调换。目前为止已经调换岗位的人员有8人,效果较好。今后将继续做下去。

4. 教室技术服务。2009年教室管理组圆满地完成了9个教学楼(230个多媒体,22个语音教室)所有正常排课教室的设备管理和技术服务工作,克服了管理人员减少和学生助管缺编的困难,使工作最终顺利完成。维修工作是教学设备正常运行的保障,2009年维修人员共更新教室计算机11台,投影机集中除尘2次(约500台件),更换投影机灯泡60余只。为教室提供各种维修保障约200多次,电脑软件更新约300台次。2009年教室管理组配合学校相关单位,完成校内、校外各种大型重要考试的设备支持20多次,没有出现任何技术问题。

【有线电视】 天线维修人员圆满完成了全校8000多户的有线电视网的维护、维修工作,共出动维修1000人/次左右。完成学校各种直播任务多次。

【获奖情况】 1.《北京大学优质教学资源建设路径与技术实现研究》获得北京大学教学成果二等奖。2. 专题片《求新求实的实践与精神——记北京大学物理学院钟锡华教授》在北京高校教育技术协会获得金竹奖(二等奖)。

医学部信息通讯中心

【网络、电话、一卡通工作】 进行电话、网络、一卡通系统及托管服务器的正常运行维护;完成行政楼的网络及电话改造工程;配合完成毕业生及新生的一卡通办理;家属区9号楼北侧开通无线上网;毕业生典礼实现网上直播;建立 IPv6 实验网;开通教授网络专线;开通医学部电子邮箱自助开通平台。

【信息工作】 建立新版主页发布系统;移植或新建各单位主页共30余个;开通校内门户网站;开通新版财务信息查询系统;制作网上杀病毒课件;继续推广医学部新生迎新系统。

【服务工作】 进行上千次网络及电话用户问题的上门服务及电话解答;上万次的网络及电话用户的手续办理;新办及补办一卡通几千张;每周三上午免费对网络用户进行培训。

【廉政建设工作】 对重点岗位进行廉政教育,使用技术手段和群众监督的方式堵住漏洞;每月一次主任会议集中协商本室重大事项并集体决策;完善各项规章制度。

医药卫生分析中心

【实验室建设】 建立小动物活体成像系统测试平台,作为"985工程"三期重点建设项目,投资约500万,购置 IVIS Spectrum 和 Maestro 2 活体成像系统。

作为"985工程"三期重点支持项目,为了大大提高服务通量,同意购置两台高端流式分选仪(MolFulo XDP 流式分选仪和 FACS LSR II 流式细胞仪)。基于仪器更替的需要,购置一台 ICP-MS,同时配备微波消解系统以及辅助气系统工程。

【服务测试工作】 医药卫生分析中心各实验室圆满完成校内和校外测试服务,测试收入共计近120万元。

【教学工作】 2009年共培养研究生15名,其中博士4名,已毕业2名硕士,目前在读硕士9名。

承担《高级医药卫生仪器分析课》《激光共焦显微镜与流式细胞术》《实验核医学》《放射性同位素技术与安全》《医学生物物理学》《生物质谱和两维凝胶电泳等蛋白质组学实用技术》实验教学工作。参加医学部研究生院组织的教改课程工作,首次开设大型仪器上机操作证书课程:流式细胞分析操作培训,医学图像分析,以及 Confocal 仪操作培训。

【实验室资质认证】 圆满完成国家认监委三年一次的计量认证复查换证工作,并通过考核。

【获奖情况】 医药卫生分析中心作为大型仪器平台,被评为医学部实验技术先进集体。

实验动物科学部

【概况】 2009年是实验动物科学部各项工作取得较大进展的一年。在北京市实验动物管理办公室组织的对北京地区实验动物工作单位大检查中,实验动物科学部被评为先进单位,得到了北京市科学技术委员会的通报表扬。按照北京大学和医学部领导的总体部署,实验动物科学部认真组织进行了落实科学发展观的学习实践活动。通过学习,统一和提高了认识,并意识到实验动物科学部的工作要着眼于服从北京大学建设世界一流大学的总目标;着眼于如何更好地为医学部的教学和科研工作服务。通过调查、分析目前教学和研究中对实验动物工作的实际需要,对工作重点进行了及时调整,使服务更有针对性,并注重基础设施、设备和人员队伍的建设包括知识的更新与储备,做到可持续发展。

【实验动物生产供应】 向校内、外供应合格(达到SPF/VAF标准)实验动物22.6万只。

【动物实验】 协助各教研室及附属医院等110家单位进行动物实验499项;受校内外33个兄弟单位委托,以合同形式独立承担并完成有关毒理学、一般药理学、免疫学、肿瘤学等方面的动物实验52项。特别值得提出的是,为了配合北京大学第三医院、口腔医学院等实验外科学的需要,着力开展了大动物实验,如猪腹腔镜实验、犬胃切除后空肠代胃术、绵羊正畸牙在牵引成骨中的移动、绵羊髓内钉比术、绵羊创伤性颞下颌关节强直发病机制研究、家兔坐骨神经的修复、家兔关节炎实验等。

【教学与培训】 1. 完成北京大学药学院本科生《实验动物学基础》教学工作32学时。

2. 完成北京大学医学部研究生分院《医学实验动物学》课程,4个班(每班32学时)1000多人的教学工作。

3. 举办了19期实验动物从业人员(包括需做动物实验的教学及研究人员、研究生)岗位证书培训班。

4. 指导了北京大学基础医学院免疫学系1名研究生的动物实验;指导了北京联合大学文理学院1名本科生的毕业论文;指导了北京城市学院2名本专科生的毕业实习。

【教材编写及发表论文】 1. 周淑佩、郑振辉主编了《实验动物饲养工国家职业标准》(人力资源与社会保障部)。

2. 郑振辉主编了《实验动物专业人员培训教材》(初、中、高级)(北京市实验动物管理办公室主持科技部课题,已完成、待出版)。

3. 郑振辉、康爱君参编了《医学实验动物学》(人民卫生出版社,秦川主编)等。

4. 在本专业核心期刊发表论文3篇。

【设施设备改造】 1. 在医学部后勤管理处的帮助下完成了旧实验动物楼外立面改造和楼顶防水工程(自筹资金15万元)。

2. 自筹资金30余万元,更换了新动物楼两台早已到报废年限的高压灭菌器,消除了安全隐患,保证了工作的正常开展。

3. 建立了转基因动物服务平台实验室(自筹资金15万元)。

4. 自筹资金10万元,建立了大动物手术室。

5. 自筹资金6万元,对实验动物部院内进行了绿化美化。

北京大学中国药物依赖性研究所

【发展概况】 2009年,北京大学中国药物依赖性研究所事业有了进一步发展,承担22项科技部和国家自然科学基金项目,其中包括国家自然科学基金杰出青年基金、国家自然科学基金面上项目、国家自然科学基金国际合作项目、"973"计划子课题、国家"十一五"科技支撑计划项目及子课题、艾滋病和病毒性肝炎等重大传染病防治科技重大专项课题、科技部新药创新大平台建设、北京大学"985"学科建设项目等。在社会服务方面,针对药物滥用防治和禁毒工作中的问题,受卫生部、国家食品药品监督管理局和公安部禁毒局的委托,研究所开展了大量的流行病学研究。设立在研究所的国家药物滥用监测中心,建立了覆盖全国的药物依赖性监测网络。作为国家镇痛药物和戒毒药物的临床研究基地,研究所承担着国家食品药品监督管理局和卫生部下达的任务及世界卫生组织合作项目。作为国家药物依赖性研究中心,我们开展了新药的临床前药理毒理学评价研究,并从整体、细胞和分子水平开展了与药物依赖性有关的基础研究。

【学科建设】 北京大学中国药物依赖性研究所的主要特色和学术思路是建立一套完整的国家级综合性药物依赖研究的科研体系,成为中国各种依赖性药物的临床前和临床药理评价中心,为国家的禁毒和药物滥用防治工作服务。研究所各研究室建设上既有分工又有联系。神经药理研究室主要为戒毒药和镇痛药进行临床前的药理研究;临床药理研究室在神经药理研究室工作的基础上,进行临床评价;药物流行病学研究室在全国范围内,对毒品种类、吸毒人群状况等进行调查、监测和分析,从而为中国政府部门制定禁毒、戒毒政策提供科学依据;药物信息研究室负责提供国内外药物滥用的状况和动态,同时出版《中国药物依赖性杂志》和《降低危害资讯》,编辑、出版各种科普读物,开展预防教育等宣传工作。目前研究所正在积极筹备教育部重点实验室及GLP实验室的建设,并筹建药物依赖新药开发研究室。

【科研工作】 2009年北京大学中国药物依赖性研究所新申请到基金项目7项,包括国家自然科学基金国际会议1项、新教师启动基金3项、博士点基金1项、第六轮中国全球基金艾滋病项目1项、中盖艾滋病项目1项。在研基金项目有国家自然科学基金项目6项,杰出青年基金1项,艾滋病和病毒性肝炎等重大传染病防治科技重大专项课题1项,北京市自然科学基金重点项目和面上项目各1项,国家"十一五"科技支撑计划项目子课题6项,"973"子课题/分课题6项,科技部新药创新大平台建设2项,北京大学"985"学科建设项目1项,国际合作研究项目1项。

开展了全国药物滥用监测调查、兴奋剂管理调研及部分受管制药品管理文献和调研工作。完成临床前研究项目3项,临床研究项目7项。

2009年,北京大学中国药物依赖性研究所发表(或提交)各类研究论文、报道、综述、调查报告共45篇,其中在国外杂志发表论文18篇,在国内期刊发表论文15篇,会议交流论文10篇,提交研究报告2篇。药物依赖性研究所编辑出版《中国药物依赖性杂志》6期、《降低危害资讯》6期。此外,还完成了编译及参编书籍8部。专利申请3项。组织召开的"物质滥用和成瘾行为国际研讨会"获得中国科协第11届年会优秀分会场奖。

【学术活动】 2009年9月8—10日,第十一届中国科协年会第三分会场"物质滥用和成瘾行为国际研讨会"在重庆召开。会议由中国毒理学会和北京大学中国药物依赖性研究所承办,中国毒理学会药物依赖性专业委员会、《中国药物依赖性杂志》编辑部和重庆心理学会协办。会议取得圆满成功。来自美国、加拿大、英国、德国、澳大利亚、奥地利等国家的22名专家和港澳台、内地代表共123人参加了会议。北京大学中国药物依赖性研究所所长陆林教授主持开幕式,中国毒理学会副会长兼秘书长周平坤教授致贺信,北京大学中国药物依赖性研究所所长陆林教授及军事医学科学院秦伯益院士在开幕式上致词。会议内容涉及酒依赖及治疗、尼古丁依赖及治疗、新型毒品滥用及治疗、网络成瘾、药物滥用预防、药物滥用政策、药物滥用机制、药物替代治疗的安全性、药物治疗的心理社会支持等综合治疗措施的实施,对药物成瘾者治疗后的职业康复和就业项目、美沙酮维持治疗等相关问题。此次特邀大会报告共23个;参加壁报展示的有24个。会议代表在会议期间充分交流和探讨了物质滥用和成瘾行为的研究现状和进展,为今后的研究工作开阔了思路。会议为国际、国内的学术交流提供了一个平台,得到了与会者的好评。

【学术交流】 2009年,北京大学中国药物依赖性研究所接待了外宾来访3次。8月,台湾中正大学校长吴志扬博士一行3人到北京大学中国药物依赖性研究所交流访问,并就药物滥用现状、治疗方法和如何预防做了交流。9月6—8日,美国贝勒医学院院长Thomas R. Kosten一行2人到北京大学中国药物依赖性研究所交流访问,并做了题为"酒精和精神兴奋剂依赖的遗传药理学治疗"的学术报告;参观了北京安康医院等戒毒治疗中心,并做学术交流。11月21日,日本千叶大学(Division of Clinical Neuroscience Center, Chiba University for Forensic Mental Health)临床神经中心的桥本谦二教授一行2人,到北京大学中国药物依赖性研究所交流访问,双方就药物滥用领域的问题进行了探讨,并希望在今后的科研工作中进行合作研究。

【教学工作】 在教学方面,为北京大学医学部研究生讲授"药物滥用与成瘾"课程,同时讲授"神经精神药理学""药理学研究方法导论""实验药理学""临床药理学""药理学进展"课程。2009年药物依赖性研究所有在读博士后3名,博士研究生8名,硕士生18名,八年制学生5名,联合培养研究生8名,专题生1名。

【社会与政府部门服务】 受国家禁毒委员会办公室、北京市禁毒办、北京市禁毒教育基地委托开展禁毒宣传教育活动,参加CCTV毒品预防的节目录制;受禁毒局委托进行专家网上答疑活动;与北京市禁毒办北京市禁毒教育基地合作,进行新型毒品知识的宣传;为配合禁毒法实施,参加卫生部和禁毒局专家研讨会;参加艾滋病日社区宣传工作;在安康医院等戒毒机构开展同伴教育辅导工作。

【实验室建设】 准备SPF动物实验室验收资料;完成一楼大厅装饰工程;起草修订药物依赖性研究所规章制度22篇(略)。

北京大学生育健康研究所

【概况】 北京大学生育健康研究所(Peking University Institute of Reproductive and Child Health)是北京大学医学部直属单位,为"卫生部生育健康重点实验室"依托单位,"中美妇女儿童与家庭健康合作项目"执行单位和教育部"流行病与卫生统计学"重点学科的组成部分。现有教职员工19人,其中,副教授以上专业人员6人,10人拥有博士学位,3人拥有硕士学位。生育健康研究所招收流行病与卫生统计专业硕士和博士研究生,提供博士后研究人员岗位。生育研究所编辑出版《中国生育健康杂志》。现任所长为任爱国教授,副所长为刘建蒙教授。

【科学研究】 1. 国际合作项目。

(1) 中美合作项目:继续进行"孕期营养项目"。中美合作项目出生缺陷监测培训班于1月14—15日在医学部召开,河北省5个项目县的近20余人接受了培训。9月22—24日,2009年度中美合作项目工作会议在北京召开。5月11—25日,美国疾病控制中心国家慢性病与健康促进中心专家Zuguo Mei、Mary K. Serdula博士来所进行工作访问;5月15日,美国疾病控制中心 Laurence Grummer-Strawn、Rafael C. Flores-Ayala博士来访,会见了医学部主管领导,与药物依赖性研究所研究人员就孕期营养项目的进展情况交换了意见,并到项目现场河北省乐亭县和满城县检查、指导项目工作。10月2—26日,美国疾病控制中心科学家Zuguo Mei博士和项目官员Michael Brown来访,与研究所研究人员就孕期营养项目的进展情况交换了意见,Zuoguo Mei和Michael Brown到项目现场河北省元氏县、香河县和满城县检查、指导项目工作。

(2) 与美国Texas A&M大学开展有关神经管畸形病因方面的合作研究,双方签署了协议。

2. 国内科研项目。

(1) 国家自然科学基金科普项目:完成了课题申报和样本章节撰写;拟定了章节和体例结构;召开了课题启动会;确定了三级编写提纲。目前课题进展顺利。

(2) 国家"973项目"——妇女和儿童健康队列的综合信息资源研究:完成了科研设计;确定了研究现场;编写了现场实施手册;完成了宣传材料制作、软件开发与测试以及前期准备;完成了部分预试和培训。目前进展顺利。

(3) 国家"十一五"课题——社区儿童哮喘健康管理信息系统的建立研究:完成了软件系统的总体设计;完成了电子表格、数据库设计和计算机编程;完成了软件系统测试、调试和试运行,以及《使用手册》的编写;目前项目成果已投入使用。

(4) 国家科技重大专项——核心电子器件、高端通用芯片及基础软件产品:通过调研和专家论证,确定课题研究方向和申报名称;完成了课题设计和预算;提交了课题申报书及相关材料。

3. 发表论文。本年度发表论文17篇,其中SCI论文4篇,国内13篇。

【研究生教学】 承担北京大学公共卫生学院"流行病学现场实验"研究生课程。本年度5名博士生、3名硕士生毕业。新招收研究生6名。

【国际交流】 5月12—15日,国际Micronutrient Forum在中国国际会议中心召开,任爱国教授应邀在大会上作报告。美国疾病控制中心专家Laurence Grummer-Strawn、Michael Brown等博士于5月和10月来访,双方就中美合作项目交换了意见。加拿大Zhongcheng Luo博士和Shiliang Liu博士于7月来访,双方就今后开展科研合作的可能性交换了意见。10月1日,美国Texas A&M大学Huiping Zhu博士和Richard H. Finnell博士来访,双方决定合作开展出生缺陷病因研究。

【项目推广及社会服务】 7月,参与中国日报(China Daily)有关出生缺陷的宣传活动。11月,参加中央电视台出生缺陷防治宣传片的制作。

管理与后勤保障

"985工程"与"211工程"建设

【概况】2009年"211工程"三期建设进入了第二年,本年度中央财政专项资金9500万元已全部到位。"985工程"二期接近尾声,为迎接国家验收,我校完成了"985工程"二期建设的校内验收和总结工作,并开始筹划下一阶段"985工程"的建设任务。

【"985工程"建设】"985工程"二期建设的总结验收2009年2月,由学校领导、校内专家组成的评审组,对我校科技创新平台和哲学社会科学创新基地项目进行了验收总结。组织编写了《北京大学"985工程"二期建设总结报告》。

"985工程"下一阶段预研究建设方案。按照教育部要求,进一步拟定和完善了《北京大学"985工程"下一阶段预研究建设方案》。根据国家需求和北京大学的学科特点,我校在下一阶段的"985工程"中将继续支持若干在二期取得明显成果的重点科技创新平台建设,包括北京分子科学国家实验室、分子医学、物质科学前沿、数学科学国际化、创新药物与药学、微纳系统、信息科学技术、前沿交叉学科、地球与环境科学、先进技术与工程科学等;同时还要建设马克思主义中国化研究、宪政与政治文明研究、现代语言学及应用研究、中国经济与社会研究、中华传统文化与现代化、考古学与中国古代文明研究、全球化与区域国际关系、中国社会调查系统等哲学社会科学创新基地;并将根据加快创建世界一流大学的新要求,适时进行新的重点学科布局。按照《北京大学"985工程"下一阶段预研究建设方案》,学校筹措资金3亿元预先启动"985工程"三期建设项目,重点解决学校科技创新能力的瓶颈问题,汇聚高水平的人才队伍。

2009年,"985工程"重点支持了物理学科的建设,通过组建量子材料科学中心,形成了在物理学科吸引优秀人才的新机制。还推动建立了功能成像研究中心、宗教文化研究院等前沿研究机构,大力促进学科结构的优化,不断增强学科发展活力。功能成像研究中心的建设拟加强校本部与医学部在脑认知科学和医学影像学等方面的交叉科学研究。"北京大学生态与环境观测系统塞罕坝试验站"顺利验收,为全校师生提供了一个多学科的野外科研和教学服务的基地。实验动物中心二期工程建设如期开工实施建设。

多层次的人才计划"985工程"继续加强人才队伍建设,建设国际一流水平的学术群体。引进王恩哥(物理学院院长)、谢心澄(量子材料科学中心主任)、高家红(磁共振成像研究中心主任)、任秋实(工学院生物医学工程系主任)、徐韬(口腔医学院院长)等教授为代表的一些著名学者来校工作。"北京大学百人计划"和"北京大学海外学者讲学计划"继续得到实施。2009年还启动了"北京大学海外学者研究计划"。

2009年"985工程"投入大量经费,确保了图书信息教学科研资源建设(图书、期刊、电子资源、多媒体、古籍等)和软硬件设备的维护工作;确保了校园网扩展与升级、校园信息服务及运行管理系统、校园网机房环境改造、北京大学网上办公系统、北京大学校园电子校务平台、数据存储系统扩展与升级、信息网络运行维护等工作。在"985工程"建设中,人文大楼、数学中心大楼、微纳科技大楼、医学科研楼陆续开工建设。

【"十一五""211工程"建设】2009年"211工程"三期建设进入了第二年,本年度中央财政专项资金9500万元全部到位。在项目执行上,财政部和教育部特别强调资金的预算管理,强调专项经费与学校正常的工作预算的区别。项目进展不平衡,部分文科和人才培养项目的进展还有待加强推进力度。此外,实行了"零余额"的财政拨款制度,给学校执行工作带来了一些新的问题。针对新的管理办法,"211工程"办公室与财务部积极研究对策,尽可能地提前安排好预算,以便更好地服务院系的学科建设需要。同时要求各院系加强预算管理,推进工作力度。

【学科建设研讨活动】"211工程"办公室先后组织了十多次学科建设座谈会;创新药物、宗教文化、海洋科学、材料科学、气候变化、语言文化等学科建设研讨会。调研成立了北京大学化学基因组学与转化医学、海洋科学、材料科学、新能源等研究机构。开展了建设磁共振成像(fMRI)研究中心的调研论证工作以及电镜室的设备更新调研和建设工作。2009年暑期成功承办了国内九所顶尖高校参加的"第十四次'211工程'建设管理研讨会"。

发 展 规 划 工 作

【概况】 2009年,在北京大学党委和行政的领导下,结合学习实践科学发展观活动,发展规划部进一步推动了北京大学发展战略和北京大学章程的制定工作;积极响应党中央、国务院建设资源友好型、环境节约型社会的号召,推动可持续·绿色校园建设;坚持"统筹规划资源为学科建设服务"的工作理念,开展昌平校区的征地与规划工作;紧密围绕三个规划委员会,加强调研论证和统筹协调功能,开展学科规划、事业规划和校园规划工作。

【《北京大学发展战略》】 2009年,发展规划部深入学习和实践科学发展观,重点研究了国家中长期教育改革和发展规划纲要。在此基础上,结合北京大学院系调研情况,修改完善了"北京大学发展战略",还在参与撰写"北京大学学习实践科学发展观分析检查报告"和"北京大学领导班子贯彻落实科学发展观整改落实方案"的过程中,将"发展战略"中的思路与举措融入其中,以推动"发展战略"的制定与落实。

围绕"北京大学发展战略",发展规划部还开展了两项专题调研:

(1) 关于"学部制与管理体制"的调研。发展规划部同"985/211"办公室、教务长办公室的相关负责同志调研了浙江大学学部制改革实施情况,认真总结和讨论形成了"关于浙江大学学部制改革实施情况的调研报告",并在"调研报告"的基础上起草了《北京大学关于加强学部建设的若干意见(试行)》和《北京大学学部暂行办法(修订稿)》,就学部制调研情况和相关建议在暑期战略研讨会上做了汇报。

(2) 关于本科生院改革实施情况的调研。根据教务长办公室的提议,发展规划部会同教务长办公室、教务部、学生工作部、校团委以及学宿中心相关同志赴浙江大学、复旦大学进行了调研,草拟了有关本科生院系改革实施情况的调研报告,提出了意见建议。

结合专项调研情况,发展规划部进一步修改与完善了"北京大学发展战略",还应组织部、校团委的邀请,先后向北京大学第一期中青年骨干研修班和团系统工作人员汇报了发展战略制定工作相关情况,听取了他们的意见和建议。

【大学章程】 2009年,张国有副校长在北京大学第五届教职工暨第十七次工会会员代表大会第五次会议上汇报了北京大学章程制定工作相关情况。之后,张国有副校长召集起草工作组和秘书组召开会议,部署了国内外大学章程的翻译工作。

根据张国有副校长指示,发展规划部业已编校了包括港澳台地区在内的中国大学章程共20余部,正组织人员翻译、编校包括牛津大学、剑桥大学、斯坦福大学、伦敦大学、巴黎高等师范学校、慕尼黑大学、莫斯科国立大学、东京大学、澳大利亚国立大学以及希伯来大学等著名大学在内的共21部国外著名大学的章程,这些大学遍布北美洲、欧洲、亚洲、大洋洲和非洲。

【制定"985"三期规划】 发展规划部积极与"985/211"办公室合作,对北京大学学科发展状况进行了调研,整理分析了"985"工程实施以来北大学术机构的变化情况,还对ESI数据进行了分析。在此基础上,发展规划部积极参与了"985"三期规划的制定工作。此外,发展规划部还协同"985/211"办公室,组织财务部、基建工程部相关负责人共同讨论形成了计划列入"985"三期预算的2009年基建工程项目名单。

【组织有关中国事业单位改革的咨询报告】 2009年,按照中国共产党的十七大和十七届二中全会关于加快推进事业单位分类改革的精神,为做好全面推进事业单位改革的准备工作,对改革涉及的有关重点、难点问题进行研究并提出针对性的政策建议,中央编制委员会办公室委托北京大学针对"关于中外公益服务机构的对比研究"这一题目进行深入研究,提出咨询报告,供其起草中国事业单位分类改革意见时参考。

根据校领导指示,发展规划部组织学校相关领域专家经认真研究和讨论,形成了《中外公益服务机构对比研究报告》,报中央编制委员会办公室并受到了好评。为此,中央编制委员会办公室还专门发来了感谢信。

【完善校园规划,满足用房需求】 为有效地整合和利用学校的空间资源,2009年,发展规划部进一步完善了校内用地、用房规划及使用分配方案。具体包括：协调外国语学院、对外汉语教育学院、新闻与传播学院、艺术学院与歌剧研究院、生命科学学院、分子医学研究所、财务部、学生与教工文化活动中心等用房规划；推动成府园科技成果转化中心工程顺利移交；研究确定老校医院区域改造方案；推动南校门区域5栋教学科研建筑规划报批；完善物理学院区域改造规划；协调工学院地块风洞迁建；协助国家蛋白质科学基础设施项目立项报批；推进电话室区域迁建和沙特国王图书馆分馆建设工作以及协调北京国际数学研究中心建设区域的天线设备拆除等。

【推动可持续·绿色校园建设】建设资源节约型、环境友好型社会是十七大提出的重要战略举措。北京大学是中国唯一加入IARU国际研究型大学联盟的大学，同时也是构成社会的重要社区。北京大学应积极引领中国高校乃至全社会树立可持续意识与文化，主动承担起建设可持续发展的绿色校园的重任。

发展规划部积极推动北京大学可持续·绿色校园的建设工作。具体包括：

1. 构建绿色校园工作体系与组织机构。发展规划部草拟了北京大学绿色校园建设委员会和工作小组名单并报请学校党政联席会审核批准。此外，发展规划部还将校园规划办公室更名为"校园规划与可持续发展办公室"以加强建设可持续·绿色校园的职能。

2. 明确绿色校园建设的具体目标。即，根据建设部和教育部发布的《高等学校节约型校园建设管理与技术导则》，争创教育部"节约型校园"第二批示范项目。开展北京大学可持续发展校园调查，建立北京大学"碳排放清单"，制定符合北大校情的减排目标。

3. 建设多元化、立体化的绿色教育体系。如：整合学校课程资源，开设相关公共课；依托学工部、团委和学生社团，开展绿色校园活动日宣传。

4. 切实推进节能减排措施，建设可持续发展的绿色校园。如：节能减排、节水、中水回用、生物多样性等。

5. 进一步加强宣传，提高认识，扩大影响。发展规划部先后组织召开了多次校内专题研讨会，承办了"第五届首都高校环境文化周"大型活动和"国际研究型大学联盟可持续项目组会"；正式开通了北京大学绿色校园网站，计划通过网络平台对校园节能减排和环境保护工作实行监测和动态分析。

【促进昌平校区的征地与校园规划】为满足学校日益增长的空间需求，发展规划部在2009年北京大学寒假战略研讨会上汇报了"北京大学昌平校区规划方案"及在昌平校区周边征地的设想。2009年1月，由校领导率队，发展规划部及学校相关部门负责人赴昌平区洽谈北京大学在昌平区征地事宜。之后，发展规划部形成了《北京大学关于建设昌平科学园的申请报告》，经学校党政联席会议审议通过后报教育部立项。经多次沟通和协调，北京大学同昌平区相关领导和部门就征地范围达成了初步共识。

此后，围绕昌平校区的发展定位，发展规划部会同基建工程部等相关职能部门，完成了拟征地区域的地形图测绘工作，正在积极落实立项报批手续，征集规划设计方案。此外，发展规划部还积极配合昌平区管理办公室完成了现有办公面积的改造，协助校内教学科研单位尽快入驻昌平校区；配合昌平校区管理办公室研究制定校区管理运行机制和收费标准，多次协调分管校领导和"985/211"办公室、财务部等相关职能部门讨论昌平校区运行机制和收费标准。

【学科规划、事业规划和校园规划工作】2009年，发展规划部进一步加强了调研功能，通过学科规划委员会、事业规划委员会和校园规划委员会，参与学科、事业、校园方面重大事项的论证与决策，充分发挥在学校管理中的整体协调功能，促进北京大学人、财、物等各方面资源使用效益的最大化。

2009年，发展规划部共组织召开学科规划委员会、事业规划委员会以及校园规划委员会会议11次，审议相关事项共81件，撰写各种会议纪要、发展规划简报13期。

1. 学科规划方面。包括：(1)关于社会学系拟成立"社会研究和社会政策学院"的调研；(2)关于研究型大学创新力的研究；(3)关于中国大学分类问题的研究；(4)关于国外一流大学科技园、工业园建设的调研；(5)关于"综合性大学GF科研现状科研定位及发展战略"的研究。

2. 事业规划方面。包括：(1)调研国内外兄弟院校关于教师队伍、科研队伍、职员队伍以及后勤队伍建设的成功经验与创新举措，提出有关北京大学人员分类管理机制的意见和建议。(2)组织召开事业规划工作会议共4次，审议事业规划项目共25项，发放事业规划项目审批意见书共13份。经由事业规划工作会议审议，并提请党政联席会批准，对行政办公室建制或行政人员编制进行了调整与明确的院系和研究机构包括信息科学技术学院、北京国际数学中心、人工微结构和介观物理国家重点实验室以及北京大学量子材料科学中心；职能部门包括党办校办、发展规划部、组织部、保卫部、人事部、财务部、教务长办公室、教务部、实验室与设备管理部、基建工程部以及校友工作办公室。此外，事业规划工作会议还通报了学校党政联席会关于北京大学体育馆建制和恢复设置离退休工作部的决议。(3)进一步跟进了教育部人事司拟出台《部属高校机构与编制测算办法》相关事宜,主动将教育部的改革思路融入北京大学人员分类管理研究与队伍建设工作。

3. 校园规划方面。包括:(1)地铁四号线振动影响评估和地下人行专用通道建设。(2)成府园区市政工程和东校门景观工程。(3)关于在北京大学建设统一车棚和无偿提供自行车租赁服务的调研。(4)组织召开校园规划委员会会议共7次,讨论、审议的事项共56项,发放校园规划项目审批意见书21份和项目确认函8份。经由校园规划委员会讨论审议的事项包括:国家发展研究院建筑设计方案、物理学院区域规划设计方案、南校门区域规划调整方案、学生活动中心设计方案、校医院区域改造设计方案、成府园科技成果转化中心大楼改造装修方案、沙特国王图书馆及电话室搬迁改造方案、全斋地下车库设计方案、城市环境与景观大楼外立面设计修改方案;城市环境与景观大楼项目采用绿色建筑设计的申请、联通北大基站建设申请、在校内设置宣传橱窗及其管理维护工作的申请、落实成府园市政工程后续事宜的申请、在静园草坪设立地震避难场所标志牌的申请、哲学系1979级校友立泰山石的申请以及在一教北侧设置纪念石的申请等。(5)积极努力同北京市轨道交通建设管理有限公司沟通,在学校相关职能部门的协助下,确定了地铁4号线北京大学东门站地下人行专用通道施工方案,并督促该工程完成了实施建设,以便于北京大学师生安全、快捷地穿越中关村北大街和成府路。(6)修改、汇总"北京大学重大投资项目调查表"。

【学习实践科学发展观活动】2009年,根据北京大学深入学习和实践科学发展观活动的部署,发展规划部成立了专门的工作小组,研究制定实施计划,参加建言献策活动,召开民主生活会,并紧密结合日常工作实际,在校内外开展专题调研共计45次,接待外校调研5次。在上述基础上,发展规划部撰写了高质量的分析检查报告和整改落实方案。

此外,发展规划部还随同校领导赴全校各院系进行了调研,配合学校完成了"北京大学学习实践科学发展观分析检查报告"和"北京大学领导班子贯彻落实科学发展观整改落实方案"。

【党风廉政建设责任制】2009年,为加强党风廉政建设工作,发展规划部坚持以党的十七大精神和科学发展观为指导,围绕北京大学创建世界一流大学的目标,坚持抓学习、抓预防、抓制度、抓勤政廉政,大力推进学习、责任、制度、实施四位一体,落实廉洁自律规定,执行集体决策制度,确保各项工作在顺利有序开展的同时明确党风廉政建设责任制,形成廉洁自律的工作氛围与风气。

发展规划部积极完善党风廉政建设责任制,通过明确分工和严格考核落实责任制,坚持谁主管,谁负责;一级抓一级,层层抓落实;发展规划部坚持规划委员会制运行模式,严格贯彻集体决策制度;发展规划部强化党风廉政教育、加强自律,严格执行党风廉政工作相关要求与规定,组织部门同志学习相关文件。此外,发展规划部还在做好保密工作的同时实施部务公开,通过发展规划部网站以及与广大教职工座谈的方式,一方面增加了工作透明度,主动接受社会各界监督,另一方面也加强了同广大教职工以及兄弟院校的沟通交流,促进了工作的廉洁、勤政、务实和高效。

对 外 交 流

【概况】2009年,北京大学的国际合作与交流继续紧密围绕学校教学科研与人才培养的中心任务,不断提升国际化的质量与层次。截止到2009年底,北京大学已与世界60个国家和地区的265所大学和研究机构建立了校际交流关系,新增了塞尔维亚、亚美尼亚、保加利亚、斯洛伐克和哈萨克斯坦共5个国家,合作伙伴也比上年度增加12个。2009年,北京大学与海外高校及机构新签或续签校际交流协议、重点项目协议46个;共接待国外来访代表团392团次,总人数超过13000余人次。其中,海外知名高校校领导代表团包括美国洛杉矶加州大学、宾夕法尼亚大学、英国剑桥大学、伦敦政治经济学院、沙特阿拉伯国王科技大学、日本东京大学、新加坡国立大学等校长/副校长代表团,共计137个。同时,为进一步拓展与海外相关高校的交流与合作,全年累计派出校级交流代表团15次,其中欧洲7次,美大3次,亚非5次。

2009年度,到访北京大学的外国政要包括美国财政部长盖特纳、美国能源部长朱棣文、美国前国务卿舒尔茨、英国前首相布莱尔、英国能源与气候变化事务大臣爱德华·米利班德、比利时前首相伏思达、荷兰前首相吕德·吕贝尔斯、联合国前秘书长安南、沙特能源部长纳伊米、韩国前总统金大中、泰国公主诗琳通、越南副总理阮善成、新西兰总理约翰·基；财经知名人士包括索罗斯基金管理主席索罗斯、日本财团主席加藤、中法科学与应用基金会主席雅克·冈等。此外，10余位外国驻华大使也先后访问北大，拜会校领导，出席"北京大学第六届国际文化节""国际汉学家研修基地揭牌仪式"等活动，并探讨加强与我校的科研合作。

【学生国际交流】 1. 学生海外学习项目。2009年是北京大学学生海外学习项目（EAP）飞速发展的一年。北京大学通过与海外高校等机构新签项目协议等方式，使项目数和派出学生数额都实现了较大增加。新增项目包括：西班牙桑坦德银行资助学生海外学习项目、欧盟中国之窗交换留学项目、北京大学-日本先端科技大学校际交换生项目、UC系统交换生项目、纽约州立大学石溪分校交换生项目等。

2. 国家建设高水平大学公派研究生项目。2009年度高水平项目我校总录取人数为258人，其中校本部213人（联合培养博士生134人，攻读博士学位研究生79人），医学部45人（联合培养博士生28人，攻读博士学位研究生17人）。

【大型交流活动】 1. 北京大学第六届国际文化节。2009年10月25日，北京大学第六届国际文化节隆重举行。本届文化节以"语言的文化之旅"为主题，历经长达半年的精心筹备，吸引了来自57个国家和地区的北大在校留学生积极参与，涵盖了17项形式活泼、内容丰富的活动，前后持续近一个月。本届国际文化节从多方面努力扩大国际文化节的参与度与影响力，与海淀区委区政府再度联手，致力于打造区校联合推动国际化交流的新模式，从文化交流的各个方面继续推进双方的交流共建。在"语言的文化之旅"这一主题之下，国际文化节还首次举办了北京大学留学生汉语演讲比赛，达到了语言传播与文化交融的效果。

2. 北京论坛（2009）。作为目前国际人文与社会科学领域最重要的学术论坛之一，"北京论坛（2009）"于2009年11月6～8日在钓鱼台国宾馆隆重举行，主题为"文明的和谐与共同繁荣——危机的挑战、反思与和谐发展"。来自世界42个国家和地区的319位知名专家学者在五个分论坛和三个高层次学术研讨专场中进行了深入探讨。为期三天的会议取得了丰硕的学术成果，在国内外学术界产生了强烈反响，得到了广泛的赞誉。

【外国专家工作】 据不完全统计，2009年北京大学利用各种引智平台共聘请外籍学者481人，其中长期专家140人。这些专家分布在全校各个院系，其中自然科学院系和人文社科院系的外籍专家比例为6：4。

1. 海外学者讲学/研究计划。2009年通过该计划邀请外籍教师230多人次，其中85%为短期访问专家，15%为长期讲学研究类专家。另外，为了满足院系聘请外籍专家的不同需要，规范外籍专家的聘请和管理工作，2009年北京大学推出了海外学者研究计划这一新的引智平台，规范了来校访学三个月内的研究型学者的管理工作，为北大有效推进前沿性科研任务或开创性研究活动提供了有利条件。

2. 111科学引智创新基地成果丰硕。"基础医学创新引智基地"在2009年聘请外籍专家参与了"慢性炎症参与动脉粥样硬化早期发病的独立危险因子""血管损伤后修复机制""疼痛与镇痛机制""肿瘤的表观遗传学"等十余项研究课题，并为北大师生做了60余场学术报告，在国际知名杂志联合发表7篇论文。外籍教师与国内青年骨干教师组成教学、科研创新团队，积极开展教学与科研活动，使多项"863"和"973"科研项目取得了突破性进展，增加了北大人员在权威刊物上的论文发表数，扩大了北大在国际学术界的影响。同时，外籍专家在指导学生从事科研工作上也做出了很大的贡献，不但联合培养了多名研究生，而且通过开办暑期学校，录取了包括4名来自国外三所大学的博士后青年学者在内的来自全国47个科研院所和高校的110名正式学员，扩大了引智创新基地的受益面。

3. 开展特色授课项目。除开展学科创新引智项目和教育部重点项目外，北京大学在2009年继续支持分子医学所和生命科学院等院系举办"科技论文英文写作课程"，并重点支持元培学院开设"批判性思维与写作英文课程"。全年共聘请三位外教面向元培学院开设了六个班次的课程。学生反应热情积极，表示能从课上学习到一定的批判性思维与英语写作技能。元培学院讲座特色项目计划以此为基础，建设一个写作中心（Center），为学生的写作提供日常的咨询服务。此外还计划每年出版一本学生习作年刊，刊登学生的优秀作文。

4. "与大师对话——诺贝尔奖获得者中国校园行"活动。2009年度，北京大学组织了2次"与大师对话——诺贝尔奖获得者中国校园行"活动，邀请到1987年诺贝尔物理学奖获得者贝德诺尔茨博士、2007年诺贝尔医学奖获得者奥利弗·史密斯博士来我校访问演讲，为我校师生提供了近距离接触学术大师并与其交流的平台。演讲的内容涉及相关发现的研究过程、研究思路和方法以及科学研究中折射出的人文精神。诺贝尔获奖者们严谨、踏实和审慎的科学精神对我校师生的科研工作产生了直接积极的影响。

5. 国际会议。2009年我校各院系共主办承办了84场各种规模的国际学术会议。其中有较大影响的会议有：第27届国际格点场论年会（物理学院）、第60届国际电化学年会（化学学院）、贸易·城市化与环境国际研讨会（经济学院）和第三届国际流体物理研讨会（工学院）。

【派出工作】 2009年，北京大学因公出访3628人次，较2008年增长12.81%。出访人员包括教师、学生、辅助教学人员、行政人员及各类专业人员。其中，学生出访1560人次，占总人次的43%，较上年增长12.88%；教师出访2068人次，占总人次的57%，较上年增长12.76%。

【港澳台交流】 1. 基本情况。2009年，北京大学与港澳台地区的交流呈现出良好的上升态势，北京大学（校本部）因公赴港澳台地区参加校际交流、合作研究、学术会议、短期学习、访问考察的师生共计1072人次，其中赴港506人次，赴澳117人次，赴台449人次。在出访团组中，由校领导率领的校级团组11个，五人以上的出访团组29个。

与此同时，北京大学与港澳台地区高校的教育、学术交流不断深化。本年度，台湾大学、台湾成功大学、台湾清华大学、台湾新竹交通大学、台湾师范大学、台湾中央大学、台湾逢甲大学、台湾铭传大学、台湾云林科技大学、台湾"建国"科技大学、台湾中研院、香港中文大学、香港理工大学、澳门大学等14所高校及科研机构的校长、院长来访。另一方面，北京大学校领导率团出访了台湾大学、台湾师范大学、台湾东海大学、台湾中国文化大学、台湾中研院、香港中文大学、香港理工大学、香港科技大学、澳门大学、澳门科技大学等10所高校及科研机构。此外，我们还充分利用多边平台，扩大交流与合作，主办或参与了第三届京港大学校长高峰论坛、第五届海峡两岸暨港澳地区大学校长联谊活动、两岸四地大学高峰会等一系列有重大影响的活动。

2. 澳门回归十周年系列庆祝活动。2009年是澳门回归祖国十周年，北京大学以重点项目的实施为依托，开展了一系列纪念活动，加深了北京与澳门高等教育及社会各界人士的交流。11月10日，由北京大学主办的"成功的十年：'一国两制'在澳门的实践——纪念澳门回归祖国十周年学术研讨会"于在北京大学隆重举行。来自澳门、香港、台湾及内地的120余名与会专家、学者就澳门回归以来在政治、经济、法律、社会和文化等方面取得的成就进行了初步总结，并就澳门未来的发展前景展开了热烈讨论。会议收到学术论文30余篇，并编辑成册；12月16—21日，由岳素兰副校长领队，来自北京大学学生乒乓球队、学生合唱团、学生辩论协会的36名师生赴澳门大学参加"北京大学-澳门大学体育文化交流活动"，以此庆祝澳门回归祖国十周年，以及澳门大学横琴新校区奠基，进一步深化北大与澳大的友好合作。

3. 北京大学国家事务研习课程。2009年，受国务院港澳办委托，北京大学与香港特区政府合作，共举办"北京大学国家事务研习课程"3期，共有来自特区政府各政策局的68名高级公务员参加。7月，与香港特区立法会合作举办一期特别课程，香港特区立法会秘书处14名工作人员参加。此外，受中央人民政府驻香港特区联络办公室委托，由对外交流中心协办8期课程，共有240余名香港各界人士参加。

人 事 管 理

2009年，北京大学面向人力资源强国和创新型国家建设的宏伟目标，紧密围绕创建世界一流大学的中心工作，重点抓好高层次人才队伍建设、专业技术职务评聘、工资、福利待遇以及考核和岗位设置与岗位聘任等工作，为北京大学的教学、科研、管理等各项工作提供可靠并有效的人力资源保障。

2009年北京大学教职员工队伍的建设继续朝着规模适度、结构合理的方向发展。截至2009年12月31日，北京大学校本部在职人员共6494人。离退休人员4987人（其中离休284人）。教职工总规模11481人。职工队伍的年龄、学历结构趋于合理。教师队伍中具有博士学位1861人，基本达到了预期目标，硕士学位390人，大学毕业（含学士学位）76人。教师的平均年龄为44岁，其中教授平均年龄为50岁，45岁以下教授337人，占教授总人数的31%。

北京大学校本部在职人员的专业技术职务分布（不含博士后）：正高级职务1084人，其中教授894人；副高级职务1649人，其中副教授928人；中级职务1703人，初级职务428人，员级职务17人，无专业技术职务1058人。

截止到2009年12月31日，医学部在职职工总数10480人，比2008年增加33人，增幅0.32%。其中医学部本部1728人，比2008年减少27人，增幅-1.56%。附属医院8752人，比2008年增加60人，增幅0.69%。

高层次人才引进39人，其中院士1人、双聘院士1人、长江学者2人、百人计划17人、新体制单位9人。

北京大学校本部组织了2009年的奖教金申报评审工作，共13个奖项，获奖人数共122人。

2009年，校本部办理公派出国人数共计74人，医学部选派90名骨干教师出国留学。

【院士】 1.校本部。推荐2009年中国科学院院士增选候选人15名，中国工程院院士增选候选人3人，最终2人（地空学院陶澍、医学部尚永丰）当选中国科学院院士；推荐2009年全国模范教师1人，生命学院张传茂，已经获奖；推荐2009年全国教育系统先进集体1个，北大第一医院"以器官系统为主线的临床医学教学团队"，已经获奖；推荐2009年北京市优秀教师13人，优秀教育工作者1人，已经获奖；获批2009年度政府特殊津贴人选17人（2008年推荐）。

2.医学部。现有两院院士12人，国家级有突出贡献专家15人，"新世纪百千万人才工程"国家级人选6人。2009年基础医学院尚永丰教授当选中国科学院院士，公共卫生学院王陇德院长当选中国工程院院士。中国药物依赖研究所陆林研究员获聘第十批长江学者特聘教授，口腔医学院柴洋获聘第十批长江学者讲座教授。基础医学院尚永丰教授、第三医院乔杰教授入选"新世纪百千万人才工程"国家级人选。继续执行《北京大学医学部人才引进和支持计划的实施方案（试行）》，2009年共有4人纳入人才计划，其中正高职3人，副高职1人，医学部给予430万元的科研启动经费支持。

【千人计划】 1.校本部。为进一步落实人才强国战略，国家于2008年底启动"海外高层次人才引进计划"（简称"千人计划"）。实施海外高层次人才引进计划，是党中央、国务院做出的重大战略部署，对于更好地实施人才强国战略，加快建设创新性国家具有重要意义。北京大学积极贯彻落实千人计划，截至目前，国家布置申报3批千人计划，已完成2批千人计划人员的审批工作。截至2009年底，校本部共有千人计划人员8人，其中，2008年获批3人，2009年度第一批获批5人。

2.医学部。2009年入选"千人计划"获批1人。

【长江学者】 柴洋、姜钟平、林志宏、谢晓亮、谢宇、张康、张人一、张旭东、赵宏凯9位长江学者讲座教授候选人获得批准，并于2009年7月与北京大学正式签订合同。

【百人计划】 4年来，北京大学共批准引进优秀青年人才66人（2009年批准15人），已经报到52人（2009年报到18人）。

【离退休工作】 1.校本部。截至2009年12月31日，北京大学校本部共有离退休人员4987人，其中离休干部284人，现从事离退休专职工作人员4人。离休干部平均年龄在82岁，其中有一半人能保持外出活动，有一半人身体状况较差，较少参加集体活动。

2.医学部。截止到2009年12月31日，医学部（包括附属医院）有离退休人员4442人，其中离休干部263人，退休人员4179人。其中医学本部有退休人员1199人，离休干部96人。

【博士后管理工作】 1.校本部。截至2009年12月31日，北京大学共设立39个博士后科研流动站（其中校本部33个，医学部6个），涵盖了理学、工学、医学、人文、社科5大学部的39个国家一级学科，81个国家重点学科，220个国家二级学科。2009年新增3个一级学科博士后科研流动站（新闻传播学、艺术学和测绘科学与技术）获得国家批准。北京大学累计招收博士后2851名，出站2094名，在站757人。2009年招收博士后研究人员365名。

2009年北京大学在站博士后主持各类科研项目194项，北京大学在站博士后共获得国家自然科学基金34项，经费总额713万元，在站博士后共发表论文603篇（其中国际期刊论文87篇，国内核心期刊论文293篇，国际会议论文81篇，其他论文142篇）。出版专著31部，译著10部，编写教材7部，完成教学时数1730课时。北京大学在站博士后共获得各种奖励26项。

2.医学部。2009年5月13日医学部批准成立了博士后管理办公室，为人事处下设科室（北医（2009）部人字69号）。2009年6月5日研究生院和人事处完成了博士后工作的交接。截止到2009年12月31日在站78人，累计进站489人。2009年共办理进站31人，出站16人。

财　务　工　作

【财务收支概况】 2009年学校收入总额434611万元，比2008年的446623万元减少12012万元。其中，专项经费拨款52310万元，比2008年的86444减少34134万元；主要是2009年没有"985工程"拨款；扣除专项经费拨款后的各类收入为382301万元，比2008年的360180万元增加22121万元。除其他经费拨款、上级补助收入、经营收入比上年略有减少外，其他各项收入均比上年有所增加。其中，科研经费拨款增加9514万元，教育事业收入增加3565万元，附属单位缴款增加150万元，其他收入增加11826万元。

2009年学校支出总额为386498万元，比2008年的613231万元减少226733万元，主要是

2009年学校开工的基建项目减少,还是2009年学校在前期已经启动的985项目因当年拨款没有到位,年末学校垫付导致支出减少。年末固定资产总额为617610万元,比2008年的560230万元增加57380万元,增长10.24%。

总体看来,2009年学校固定资产总量保持了稳健增长趋势,收支总量受拨款因素的影响有所降低。这表明学校教学科研事业发展活跃、办学实力进一步增强。

【财务专题分析】 1. 多渠道筹措办学经费。2009年学校收入具体构成情况如下:教育经费拨款111229万元,科研经费拨款102188万元,其他经费拨款23303万元,上级补助收入168万元,教育事业收入98083万元,科研事业收入24657万元,附属单位缴款2710万元,经营收入824万元,其他收入71449万元。国家拨款(包括教育经费拨款、科研经费拨款、其他经费拨款和上级补助收入)占总收入的54.51%,是学校办学财力的主要来源;学校自筹资金(包括教育事业收入、科研事业收入、附属单位缴款、经营收入和其他收入)占总收入的45.49%,是弥补办学经费不足的重要来源。学校的事业发展不再单纯依靠国家拨款,而是逐步形成了以国家拨款为主、多渠道筹措办学经费的格局。

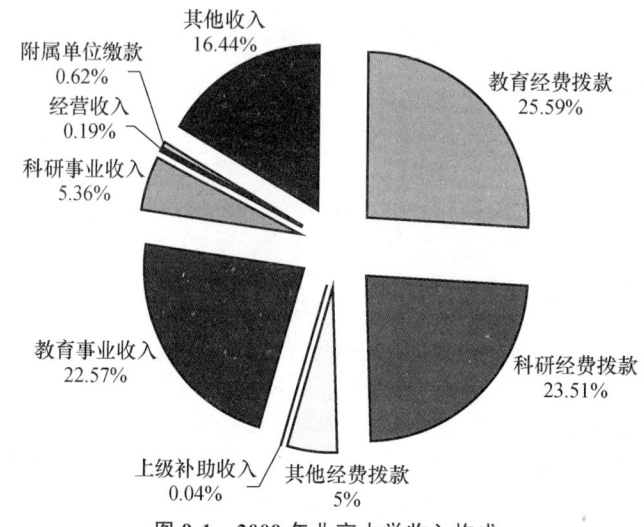

图9-1 2009年北京大学收入构成

(1)自筹经费能力增强。为弥补办学经费的不足,促进学校的可持续发展,在保证正常教学、科研工作的前提下,学校充分利用自身条件,积极开展各种社会服务,努力发展校办产业,广泛争取海内外捐赠和社会资助。2009年学校自筹经费收入达197723万元,占总收入的45.49%,比上年的180931万元增加9.288%,与2007年基本持平。从图9-2可以看出,学校在一定程度上反映出学校自筹经费的能力有所增强,一定程度缓解了学校事业发展和办学经费不足之间的矛盾,为增强办学实力、提高办学效益提供了资金保障。

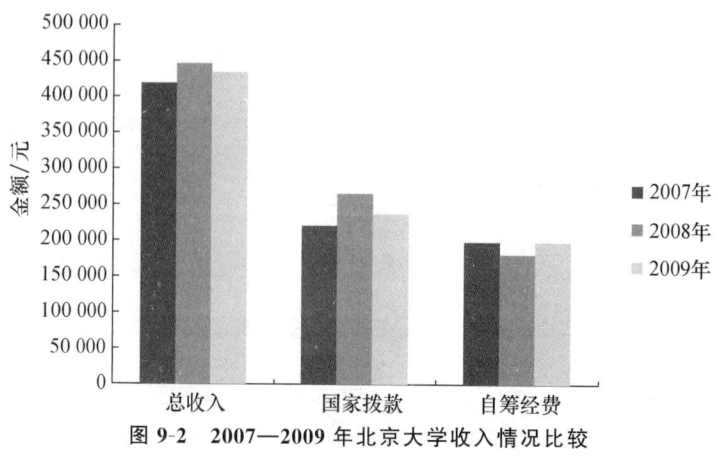

图9-2 2007—2009年北京大学收入情况比较

（2）支出结构合理。2009年学校总支出为386,498万元，教学支出和科研支出占总支出的41.71%和31.31%。这表明学校在支出预算安排上始终以教学、科研为核心，资金投向明确，支出结构合理。

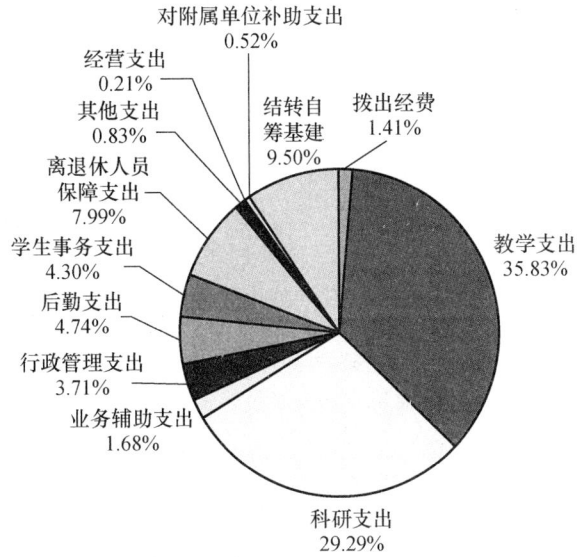

图 9-3　2009年北京大学支出构成

同时，通过与2008年支出的各项对比可以看出，学校支出情况与上年相比除拨出经费、科研支出和离退休人员保障支出略有增加外，其他支出均有所下降，尤其是教学支出和结转自筹基建下降很多，主要是2008年比较特殊，结转自筹基建和房屋购置支出较大，2009年受当年经费来源的影响，此类支出大大减少，暂以暂付款形式挂账。

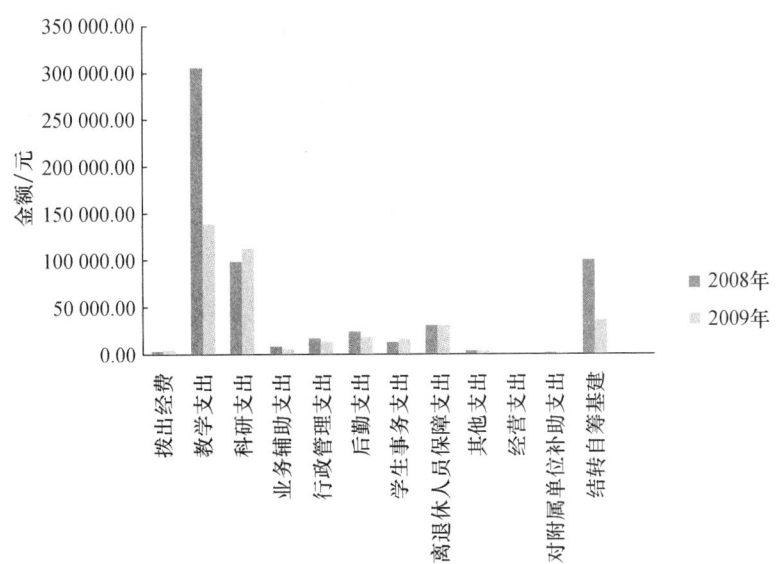

图 9-4　2008、2009年北京大学支出构成比较

2. 财务指标评价良好。2009年学校现实支付能力13.14个月，潜在支付能力11.35个月，非自有资金余额占年末货币资金的比重为78%，资产负债率为11%，总支出占总收入的比重为89%，自有资金动用程度占59%。从整体上看学校2009年各项发展潜力指标与2008年相比普遍有所好转，维

持在合理的范围之内,学校财务状况处于良性循环状态。

【财务管理工作】 1. 强化预算管理,统筹学校资源。在学习实践科学发展观的过程中,学校充分认识到统筹学校资源,提高资金使用效益是今后学校财务管理的主要任务,而实现校内资源合理配置,提高预算的科学性是提高资金使用效益的重要抓手,在深入调研、多方论证的基础上,学校于2009年下半年成立了包括学校主要领导和学校有预算分配权的职能部门负责人组成的预算工作小组,预算工作小组全面参与经费预算编制的审查与预算执行的监督,从预算中发现学校的管理问题,从问题中分析原因,从而完善财务管理体制,提高资金使用效益。下一步,学校还计划成立预算办公室,将预算管理工作制度化、规范化。

2. 多种形式检查,开展"小金库"专项治理。按照中共中央办公厅、国务院办公厅印发的《关于深入开展"小金库"治理工作的意见》(中办发〔2009〕18号)和《教育部直属机关、直属高校和驻外机构开展"小金库"专项治理工作的实施办法》(教财〔2009〕13号)文件要求,以及袁贵仁部长2009年在教育部"小金库"治理工作视频会议上的讲话精神,我校迅速启动"小金库"专项治理工作,于2009年5月,成立了治理"小金库"工作领导小组和领导小组办公室,深入学习领会中央和教育部精神,高度统一思想认识,切实做好组织保障,认真制定专项治理工作方案和步骤。在近八个月的时间里,我校认真开展了动员部署、自查自纠、重点检查、整改落实四个阶段的工作。这次专项治理工作,给校内各单位敲响了警钟,起到了警示作用。

3. 各方高度重视,清理结余资金。我校高度重视清理结余资金工作,为规范和加强财政拨款结余资金管理,优化资源配置,提高资金使用效益,我校2009年初即制定了工作方案,明确了任务和目标,通过召开会议,为校内各单位负责同志细致讲解国家对于结余资金的政策要求,统一思想,同时加强了学校内部各业务主管部门的交流沟通,避免存在清理盲点。经过一年的努力,2009年底我校结余资金清理取得了较好效果,各项财政资金的使用效益得到有效提高。

4. 深化科研服务,提升科研经费管理水平。科研经费是高校经费来源的重要组成部分,规范科研经费管理,提高经费使用效益,对学校的发展有着至关重要的作用。2009年,我校在细化科研经费管理与服务方面重点做了以下工作:一是从学校层面对各项科研经费均有对口的管理机构,并在财务部成立专门负责科研经费管理的科室,强化财务监督。二是重点抓住科研预算的编制环节,通过评审专家讲解预算编制要点,科研部门和财务部门对项目预算逐一审核和指导等方式提高经费预算的准确度。三是对我校200多位课题组科研秘书开展财务培训,增强课题小组对科研经费使用管理的重视程度,提高科研经费的使用效率。四是向上级主管建言献策,反映学校科研经费管理中存在的困难,提出建设性的建议。

5. 制度与管理并举,加大国有资产管理力度。2009年我校国有资产管理工作上了一个新的台阶,主要表现在以下四个方面:一是学校国资办会同相关职能部门,组织调研、论证,起草了"北京大学国有资产管理暂行办法""北京大学家具管理暂行办法"和"北京大学机动车固定资产管理暂行办法",进一步规范了我校国有资产的管理体制。二是筹办国有资产管理办公室对外网站,通过网站对内宣传管理政策,对外公开发布信息,加强校内各单位的信息交流,主动接受社会与舆论监督。三是开展新一轮学校家具清查和建账工作,进一步扫除国有资产管理中的盲点和难点。四是组织完成2008年度国有资产决算报表填报工作,并以此为契机,进一步摸清家底,做到"心中有数"。

6. 规范会计核算,夯实财务工作基石。会计核算工作是财务工作中最基础的环节,也是一个检验学校财务管理水平最直接的窗口。长期以来,我校狠抓这一基础工作,定期组织人员培训,安排岗位交流,不断增强会计人员的责任心和熟练度。2009年,我校在近年来会计制度变化较大的背景下,组织编写了《北京大学财务报销指南》,印发给全校会计人员,进一步规范我校日常报销业务的核算工作。同时,根据事业和学校发展需要,修订了"北京大学考察费管理办法""北京大学差旅费管理办法""北京大学实习费管理办法",目前正在对往来款管理、大额资金使用管理、派驻会计管理和财务部信息化管理等管理办法进行修改和完善。医学部重新修订了计财处工作流程,严格按照"北大医学部资金管理内控制度及经济责任制"的要求,进一步明确了各岗位的分工、责任及工作程序。进一步完善附属医院系级财务系统,积极与附属医院财务进行核对,发现差异及时处理。

7. 加强信息化建设,提高财务工作效率。2009年,为进一步加强财务信息化建设,更好地开展财务工作,我校组织有关专家和技术力量,开发并投入运行了多项财务子系统。一是建立支票查询系统,完善支票的购入、领出、使用、作废和核销程序,规范支票使用流程。二是开发并启用了汇款查询系统,可根据金额、付款单位名称等信息确认该笔款项的归属,以便及时办理入账手续,大幅提高了工作效率。三是升级职工薪酬系统和学生奖助学金发放系统,并进一步完善了校内门户网上查询系统。四是完善院系负责人和项目经费负责人经费网上查询系统。医学部规范校外人员劳务费发放业务程序,用税务报税系统实现了校外人员各项报酬累计计税,同时也做到与税务系统数据一致。

8. 加强监督检查,严控财务风险。2009年,我校成立了派驻会计工作检查工作组,对全校实行会计派驻的96个单位的76名派驻会计工作进行了专项检查,重点督查现金管理和票据使用情况等。通过检查,发现了个别安全隐患和不合理的做法,检查组及时进行了纠正。检查结束后,我校对派驻会计工作进行了全面总结,并专门召开派驻会计全体会议,以案例的形式,逐一讲解工作中容易疏忽错漏的环节,提出确保资金安全的具体工作要求,收到了一定的效果。

9. 接待各类审计检查,以检查促发展。2009年,对我校各项科研经费专项检查和审计基本没有间断,我校认真按检查组和审计人员要求提供相关财务资料,及时沟通答疑,在为审计工作提供便利条件的同时加强学校对科研经费的管理。在2009年国税和地税的各项检查中,我校按照税务机关要求,积极参与由北京市地税局召开的集体约谈、税务政策宣讲等活动,重点针对独立核算单位、营业税收涉税项目、收费票据管理、个税合并纳税和明细申报等方面工作进行了认真自查,并按时报送了自查报告。

审 计 工 作

【项目与工作绩效】 2009年,共完成审计审签项目(出具审计报告、意见)1370项,包括财政审计、建设工程审计、企业审计等三个方面,涉及财务审计、管理审计、经济责任审计、合规性审计、绩效性审计等类别。

1. 为学校增收节支、创造效益。通过加强内部审计的管理控制作用,促进学校资源利用效益不断提高,除去隐性效益之外,通过对建设工程审计,为学校直接减少支出2600多万元;直接减少月度进度款、拨付款等3100万元。

2. 为学校防范风险。揭示资金资产管理控制风险,防范资金资产安全风险;纠正和调整违法违规事项,防范学校违规风险;经过学校内部审计的项目或单位,在外部审计或检查时普遍反映良好。

3. 促进内部管理与控制机制建设。提出促进内部管理控制机制建设的意见和建议数十条,促进了二级单位内部控制建设和管理活动的规范运行。

【财政管理审计】 1. 学校预算执行审计。2009年,按照学校上年制定的《北京大学预算执行与决算审计规定》的要求,组织开展预算执行审计。

根据此项业务长期持续开展而且学校资金量大、二级单位较多、业务复杂等特点,着重体现了"一个理念,两个目标,三个导向,四个重点,五个结合"。一个理念就是,内审开展的预算执行审计不同于国家审计部门开展的预算执行审计,它不仅是一项单独的审计,而是内部审计各类业务的一个统领,应结合各类业务统筹考虑,全面审计,突出重点。两个目标就是,通过预算执行审计促进资源管理运行控制机制有效改善、资源配置和利用效益有效提高。三个导向就是管理审计导向、绩效审计导向、过程审计导向。四个重点就是特别关注重大事项、重要资源利用、非常规业务、管理衔接部位等。五个结合就是把预算执行审计与大额资金月度审计审签相结合,与二级单位财务与管理审计相结合,与领导干部经济责任审计相结合,与科研项目审计相结合;与建设工程审计相结合。

2. 大额资金月度审计审签。严格执行教育部"银行对账单双签制"的有关规定,坚持对10万元以上大额资金支出严格执行审计程序,特别是对非经常性业务开支重点审核。

2009年,在学校上年制定发布的《北京大学大额资金审计审签办法》的基础上,将大额资金审计审签范围扩大到学校二级独立核算单位,进一步促进了学校大额资金的管理。

3. 二级单位财务与管理审计。开展二级单位财务与管理审计(包括内部控制、预算执行)12项,包括院系5项,机关5项,直属附属单位2项。通过审计,处理了"小金库"、收入不上缴、资产管理失控等问题,促进了二级单位的内部管理机制建设,防止了学校资源、资产收益的流失,防范了学校风险。

4. 科研审计审签。根据国家有关规定,完成科研项目审签294项。

5. 专项审计工作。根据学校要求,配合学校收回科技园科技成果转化中心工程,对其成本支出进行审核,为学校决策提供依据。根据学校要求,组织北大出版社和北大音像出版社改制审计与评估。2009年完成清产核资专项审计工作。2009年,根据国家要求,学校开展清理"小金库"专项工作,审计部门作为成员单位参加领导小组和工作小组，参与开展了相关工作，进一步规范了学校的财经秩序。

【建设工程审计】 建设工程全过程审计继续深入开展，建设项目前期投资立项监管机制逐步完善，积极探索施工阶段过程审计新模式，促进建设工程管理机制不断完善，建设资金使用效益不断提高。

1. 推动建设项目投资立项评审机制逐步完善。加强了对建设工程投资的监管，规范了立项批准程序。投资评审小组对投资计划、投资估算、设计概算等进行评审，确定建设投资的控制目标，促进工程管理部门进行限额设计，在确保满足工程项目使用功能和质量性能的前提下，尽可能节约经费，控制工程建设开支，提高建设经费使用效益。建设工程投资评审小组对北京大学国家发展研究院等13项新建工程和修缮改造工程投资计划进行了评审，确定了投资标准和规模，对建设投资形成了有效约束，为提高建设资金使用效益打下了基础。投资评审办公室由学校审计部门兼管，根据新建工程和改造工程的不同特点，采用切实可行的方法和程序，及时有效地为建设工程投资评审小组审定投资计划和设计概算提供决策支持。学校总务部门、会议中心管理的工程也逐步纳入学校建设投资评审管理范围。

2. 促进建设项目招标机制不断完善。继续推动招标工作的制度化、规范化。2009年参加学校有关部门组织的50万元以上招标评审100次。在基建部、总务部、中关新园留学生公寓项目部等部门的招标评标工作中，促进材料设备市场询价机制的建立和落实，促进招标评标环节进一步完善。

3. 积极探索施工阶段过程审计新模式。学校审计部门在对过去几年开展的第一阶段全过程审计项目分析研究的基础上，在以人文大楼为起点的第二阶段全过程审计中更加强调了"突出重点"。在施工过程中，对洽商变更和招标文件两类审计内容分别确定了10万元和50万元的起审点，更加突出了对重要内容的重点审核，较好地处理了管理控制与运行效率的关系，促进了施工阶段过程审计的有效开展。通过对基建部等工程管理部门和单位的月度工程拨付款进行审计，规范了建设资金的使用，减少学校工程款支付的风险。2009年全年送审金额50706万元，审定金额47606万元，审减3100万元。

通过对工程建设进行全过程审计，建设投资得到有效控制。第二阶段全过程审计项目目前进展顺利，建设投资都控制在学校建设投资评审小组批准的范围内。

4. 继续开展建设项目竣工结算审计。在竣工阶段，继续对10万元以上的经过监理公司和工程管理部门初审的工程项目进行竣工结算审计。2009年，审结工程项目155项，其中送审金额65606万元，审定金额63 000万元，审减金额2606万元，二次审核审减率为4%。

【经济责任审计业务】 按照学校党委要求，2009年开展领导干部经济责任审计12项，包括院系领导干部经济责任审计5项，党政机关领导干部经济责任审计5项，直属附属单位领导干部经济责任审计2项。

进一步加强了经济责任审计联席会议的作用，2009年共召开经济责任审计会议3次。学校主管组织、纪检工作的副书记、主管审计工作的副校长以及学校组织、纪检、审计等部门共同研究经济责任审计中遇到的问题，强化审计结果的利用。

通过审计，为学校党委选拔和任用干部提供参考，促进领导干部和领导班子全面掌握本单位管理状况，促进领导干部认真履行所承担的经济责任，促进单位进一步完善内部管理机制，规范内部管理。

【内部审计建设与管理】 1. 发挥内部审计过程控制的作用，发挥内部审计提高学校资源利用效益的作用。在审计方式上，从事后审计为主向过程审计为主转变，把传统的检查处理问题的工作方式转变到通过建立审计控制机制或促进建立其他控制机制防止问题发生的工作方式上来。2009年实现了过程审计比例在审计工作中占到70%的目标。在审计目标上，从合规性审计为主向管理与绩效性审计为主不断转变。2009年实现了管理与绩效性审计比例在审计工作中占到70%的目标。

2. 发挥内部审计的建设性作用。2009年，在内部审计工作中不断强化"建设性"理念，努力探索促进问题解决与机制建设的途径。

3. 2009年，校本部80%的审计人员具有经济类、管理类研究生学历，70%的审计人员具备国际注册内部审计师资格，40%的审计人员具有注册会计师资格。此外，还有注册造价工程师、注册税务师、注册资产评估师、注册价格鉴证师等专门人才。审计人员既拥有多种职业资格，又具有较强的解决复杂问题的能力，这成为北大审计队伍的重要特点。

4. 坚持集体学习制度，打造学习型、研究型组织。2009年进一步规范、加强了集体学习制度。全年组织集体学习10次，对10个专题进行学习和研究。学习内容主要包括内部审计与内部控制的前沿课题、国家和行业有关制度与政策的最新变化以及审计技术与策略等。

表9-1　2009年审计项目情况

大类	审计项目分类	数量	目的		内容			方式	
			合规性审计	绩效性审计	财务审计	管理内控审计	经济责任审计	事前事中审计	事后审计
一、财政审计	1. 学校预算执行审计	1	√	√	√	√		√	√
	2. 二级单位审计	12	√	√	√	√	√		√
	3. 学校大额资金月度审计审签	12	√		√				√
	4. 重要项目事前审计	1	√					√	
	5. 科研项目审计	1	√		√				√
	6. 科研项目审签	294	√		√			√	
	小　计	321							
二、工程审计	7. 投资计划、估算评审	13	√	√				√	
	8. 概算预算审核	2	√	√				√	
	9. 招标文件、合同、洽商等审核	850	√					√	
	10. 月度拨付款审核	24	√					√	
	11. 结算审核	155	√						√
	12. 施工过程管理审计	3	√					√	
	小　计	1047							
三、企业审计	13. 企业改制审计、评估复核	2	√		√				√
	小　计	2							
	合　计	1370					12		

房地产管理

【概况】 2009年底,北京大学占地面积2742343平方米;各类房屋建筑面积2377170平方米,其中教学、科研及辅助用房759382平方米,行政办公用房35826平方米,学生宿舍413521平方米,教职工住宅(含集体宿舍)577743平方米。

(殷雪松)

【房地产管理】 2009年,房地产管理部顺利完成公用房调配与管理、教职工住房和教师公寓的管理与服务、土地与房屋产权管理等方面的工作。

1. 公用房调配与管理。(1)公用房调配与管理。收回化学与分子工程学院3704平方米公用房,分配给工学院、物理学院、地球与空间科学学院、环境科学与工程学院等多家单位。(2)公用房拆迁。配合工学院大楼一期建设,拆除力学大院东平房,建筑面积约2100平方米。8月中旬前,法学楼内13家单位搬至体育馆、电教大楼及17楼等处周转,搬迁周转建筑面积约1万余平方米,确保了法学楼改造工程按期开工。(3)公用房验收交接及工程招标。参加中关园留学生公寓6号楼、北京大学医院楼、教育学院楼、经济学院综合楼、静春园83号等新建工程的竣工验收与交接,新建工程建筑面积64036平方米;参加五四运动场改造工程验收;参加基建工程部组织的工程招标42次。(4)医学部完成测试楼一层东侧及四层房屋交接工作;完成行政1号楼搬迁及收房工作。以中心实验楼为试点单位,启动物业管理的前期筹备工作,主要包括:加强硬件设施改造完成门禁系统维修改造;成立中心实验楼物业管理委员会;拟定中心实验楼物业管理方案;组织专人完成电检、消检并出台整改方案;着手进行燃气开水炉置换工作等。拟定离退休人员活动中心管理办法,落实离退休人员活动中心线路改造工程,为离退休人员活动中心安装标识。

2. 教职工住房和教师公寓的管理与服务。(1)房屋维护。安排公寓粉刷检修9套(间);开具住房维修单132项。(2)房屋清理。因各种原因,北京大学存在一批历史遗留借房、占房户和购买住房后未能及时交回学校原住房人员,经过努力,清理收回房屋42套(间)。(3)供暖费、物业费支付。支付无房教职工自购房及住外单位福利房职工供暖费约62万余元;支付西二旗供暖费约207万元;支付西三旗育新花园小区、六道口静淑苑小区供暖费约100万元和物业费约43万元。(4)办理住房调查表、开具住房证明330人次;办理退休、病故、调出转单289人次;房租调整728人次。(5)医学部组织2009年公寓房申请、审核、排序、挑房工作,30余名教职工入住公寓房。完成7号楼更换主水管工作,27楼青年公寓、7号楼博士后公寓门禁系统安装工程,启动门禁系统的试运行。完成22套公寓房的装修、验收工作,清退收回被调出职工常年违规占有的公寓房2套。

3. 土地与房屋产权管理。(1)取得中关村北二条7号北、教养局10号土地预登记证。(2)填报2008年京内宗地统计表和2010年土地利用计划表。(3)完成燕园资源大厦房屋测绘。(4)办理成府园东区、西区、篦斗桥学生公寓、北河沿3号楼、蓝旗营商建、上地14号院和中关村北二条7号北等土地总登记。(5)为相关单位办理注册、年检、卫生许可证等出示房屋产权证80余份。(6)医学部推进《国有土地使用证》变更、完成土地测绘、周边单位指界工作。

4. 地下空间管理。(1)完成北京大学教育学院大楼、经济学院大楼和校医院大楼人防工程验收工作。(2)完成北京大学南门教学科研楼人防工程前期规划设计申请。(3)安装中央国家机关发放的人防工程和地下空间编号牌。

(姜如、杨晶、刘钊、谢国康、郑人仁)

【房改工作】 1. 房改售房工作。(1)完成蓝旗营住宅小区房屋产权证办理。10月,在海淀区建委等有关部门的大力支持下,蓝旗营小区3号、8号楼、10号、12号楼教师个人房产证办理并发放完毕,共计办理房产证173本。(2)为11户新申请购房的教职工办理完成登记、审核、制定和上报售房办法、备案等工作。(3)发放房产证204本。(4)办理由学校回购房屋的产权变更手续。向中央国家机关住房制度改革办公室报送"北京大学房改售房由单位回购房屋的函"及北京大学回购房屋明细表,整理了188户已购房户的产权证及回购契约,确保学校房产资源的安全

和规范管理。(5)操作两批共17户购房户超标计价处理工作,办理完成超标款收取、签订补充协议等相关手续,并发放房产证。

2. 住房补贴发放和预算决算报送工作。(1)住房补贴发放。2009年,校本部发放住房补贴资金3951.9万元,涉及职工2648人,其中在职无房教职工2470人。截至2009年底,北京大学老职工的住房补贴已基本发放完毕。医学部发放住房补贴资金约1346万元,其中无房户职工约999.5万元,新启动职工住房补贴约347万元。(2)住房补贴预算决算报送。编制完成"2008年北京大学住房改革支出决算报表""2010年北京大学住房补贴预算报表"和"2009年住房改革支出预算报表",并按时上报教育部。

3. 住房调查及审核工作。2009年,校本部组织412名教职工填报"中央在京单位住房情况登记表"和"北京大学教职工住房补贴申请审核表"等有关住房资料,并与人事部协商及配合,进一步完善和规范了北京大学教职工住房情况调查的审核及签章等工作程序,累计建立教职工住房档案11212份。

4. 住房制度改革工作小组会议。2009年住房制度改革工作小组召开了1次工作会议,就房改售房及发放住房补贴工作过程中遇到的特殊情况进行讨论并达成具体、可操作的共识。

(杜德华、周磊)

【重点专项工作】 2009年,房地产管理部在完成日常服务保障工作的同时,重点完成北京市限价商品房申购及原住房腾退、五道口住宅项目建设,公用房制度改革等方面的工作。

1. 圆满完成龙湖-大方居限价商品房的组织申报工作。2009年6月,为帮助青年教职工解决住房困难,学校组织和安排通州区龙湖-大方居限价商品房申购工作。校本部和医学部顺利完成申报、初审和最终上报工作,共有70名教职工通过摇号程序取得选购资格。截至年底,摇号中签教职工已陆续自愿选购龙湖-大方居限价商品住房,并与开发商签订了购房合同。

2. 认真做好购买限价商品房家庭原住房腾退工作。2009年10月前后,清河美和园及西三旗旗胜家园限价商品房陆续交付使用。房地产管理部就房屋腾退流程、经济补偿办法、提前退房奖励等事宜做了详细安排,已启动逐户登记交房日期、核实面积、核算奖励金额等程序。预计2010年将收回成套房130套,这些房屋将用作教师公寓使用,以缓解北京大学教师公寓房源紧缺的压力。

3. 积极推进五道口经济适用房项目进展。2009年五道口项目面临的最大问题是100多户居民的回迁问题(该项目从学生公寓变更为教师经济适用房,原拆迁居民坚持要求回迁)。因为回迁问题没有解决,审核定价工作无法进行,房屋价格还不能确定。为最大限度保障学校利益,北京大学不同意居民回迁,已多次商请北京市教育委员会、规划委员会等有关部门,帮助协调五道口项目拆迁居民回迁方案的落实工作,争取使问题早日得到解决。截至年底,五道口经济适用房已经完成结构封顶,正在进行内部装修和周边市政建设,预计2010年上半年具备入住条件。

4. 多渠道联系和争取房源,为尽早启动工学院大楼、国家发展研究院大楼拆迁工作做好前期准备。2009年学校与北京上地房地产公司、北京翰阳房地产公司达成协议,整体预购上地安宁华庭(上林溪)项目36号住宅楼,用于工学院大楼以及国家发展研究院大楼建设的拆迁工作。同时,积极向北京市政府争取60套苏家陀经济适用房,专项用于工学院大楼项目拆

迁,以促进该项目早日动工建设。

5. 为在全校范围内推行"公用房管理条例"做好前期准备工作。为在全校范围内推行"公用房管理条例",房地产管理部做好前期基础数据核对和测算工作。包括:核实各院系现有公用房面积数据;对各院系公用房面积进行定额测算;对各院系的房产资源使用费进行初步核定。房地产管理部和财务部密切配合,初步拟订房产资源使用费收取、交纳和结算工作流程,同时就公用房有偿使用相关问题与各院系进行沟通和座谈,听取意见反馈。

（刘钊 殷雪松）

表 9-2 2009 年北京大学土地基本情况汇总

序　号	土地坐落	面积/平方米
1	海淀区海淀路 5 号	1016971.00
2	海淀区颐和园路 102 号（蔚秀园）	84851.11
3	海淀区北京大学畅春园	60644.06
4	海淀区成府路燕东园	185073.10
5	海淀区北京大学中关园	160200.70
6	海淀区北京大学承泽园	58748.41
7	海淀区清华南路 4—7 公寓	15732.44
8	海淀区骚子营北京大学燕北园	94472.54
9	海淀区中关村 19 号楼	663.66
10	海淀区中关村 23 号楼	651.55
11	海淀区中关村 25 号楼	1017.84
12	海淀区中关村 26 号楼	1045.24
13	海淀区中关村北二条街 3 号	13182.95
14	海淀区中关村北二条街 7 号	1527.07
15	海淀区大泥湾北大附中	55485.32
16	海淀区北河沿 3 号楼	581.68
17	海淀区上地朱房	7529.80
18	海淀区教养局 10 号	353.80
19	海淀区苏家坨镇金仙庵	16779.40
20	海淀区苏家坨镇金仙庵朝阳院	6667.00
21	海淀区苏家坨镇寨口村 44 号	1681.83
22	东城区黄米胡同 7 号	837.00
23	东城区黄米胡同 9 号	400.00
24	东城区礼士胡同 141 号	375.20
25	东城区东高房胡同 21 号	3093.00
26	昌平区十三陵镇北京大学昌平园区	346296.00
27	昌平区十三陵镇西山口村南	3935.00
28	昌平区十三陵镇西山口村南苗圃	11260.00
29	昌平区十三陵镇太陵园村东南侧	1938.00
30	昌平区南口镇太平庄村	6667.00
31	昌平区十三陵镇北京大学昌平园区污水处理池	120.00
32	海淀区海淀路 36 号	589.44
33	海淀区海淀路 38 号	777.79
34	海淀区海淀路 44 号	132.61
35	海淀区海淀路 46 号	1548.05
36	海淀区海淀路 50 号	2150.52
37	海淀区蓝旗营教师住宅小区	25323.84
38	海淀区蓝旗营教师住宅小区商建	5964.45

续表

序号	土地坐落	面积/平方米
39	海淀区北京大学畅春新园学生宿舍	19999.94
40	海淀区北京大学篦斗桥学生宿舍	7775.00
41	海淀区北京大学成府园	102212.30
42	海淀区万柳大学生公寓	23557.61
43	海淀区学院路38号(医学部)	389130.90
44	西城区草岚子胡同8号(医学部)	4398.60
合计		2742342.75

(杨晶 谢国康)

表9-3 2009年北京大学房屋基本情况汇总

类别	校本部建筑面积/平方米	医学部建筑面积/平方米	合计建筑面积/平方米
一、教学科研及辅助用房	608796	150586	759382
公共教室	59283	33530	92813
图书馆	57438	10024	67462
体育馆	35485	2700	38185
会堂	12419	3492	15911
实验室其他教学科研及辅助用房(院系)	444171	100840	545011
二、行政办公用房	23795	12031	35826
三、生活用房	577657	157285	734942
学生宿舍	274294	139227	413521
教工集体宿舍	22136	1530	23666
学生食堂	39312	3173	42485
生活福利及其他附属用房	241915	13355	255270
四、教工住宅	489447	64630	554077
五、产业用房	197696	5630	203326
六、附小、附中用房	89617		89617
总计	1987008	390162	2377170

(尹双石 谢国康)

表9-4 2009年北京大学教职工住宅现状情况

	建筑面积/平方米	使用面积/平方米	居住面积/平方米	实住户数/户	有成套房户数/户	住房成套率/(%)
校本部	534227	401674	241004	8505	7226	82
医学部	109012	75916	59326	1655	1491	90
合计	643239	477590	300330	10160	8717	86

注:"建筑面积"(校本部)中包括蓝旗营小区以及部分校外购福利房建筑面积。
"教职工住宅"指已购公有住房和承租公有住房。

(赵月城 王雨丽)

表9-5A 2009年北京大学成套家属房汇总统计

区片	套数/套	建筑面积/平方米
主校园内	96	9834.00
医学部校内	1312	82642.88
附中	108	6000.00
中关园(含科学院)	1286	79083.00
蔚秀园	817	43403.00
畅春园	320	20068.00
承泽园	386	24961.00
燕东园(含清华园)	884	51698.00

续表

区片	套数/套	建筑面积/平方米
燕北园	1390	96700.00
蓝旗营	641	75600.00
西三旗（一期）	368	25949.80
其中 1. 校本部	316	22387.00
2. 医学部	52	3562.80
西三旗（二期）	165	17350.49
其中 1. 校本部	129	14575.00
2. 医学部	36	2775.49
六道口	102	7539.90
其中 1. 校本部	83	6166.00
2. 医学部	19	1373.90
燕东园小楼		4198.00
燕南园小楼		3475.00
合　计	7875	548503.07

（赵月娥　王雨丽）

表 9-5B　2009 年北京大学非成套家属房汇总统计

房类别	使用面积/平方米	建筑面积/平方米
一、平房	7518.6	10020.8
校本部	7012.6	9347.8
医学部	506.0	673.0
二、筒子楼	5440.4	7252.0
三、集体宿舍	17754.0	23666.0
校本部	16606.2	22136.0
医学部	1147.8	1530.0
合　计	30713.0	40938.8

注：筒子楼为蔚秀园 23 楼、科学院 19 楼、校内 44 楼部分；医学部无筒子楼。

（赵月娥　王雨丽）

肖家河项目建设

【概况】 2009 年以来，在学校和肖家河教师住宅建设领导小组的正确领导下，在相关职能部门的大力配合下，肖家河项目建设办公室秉承"公开、透明、廉洁、高效"的工作基本原则，在项目建设征地工作中取得突破性的进展，妥善解决了西郊机场导航台对项目建设规模的影响问题，与土地方签订了征地补偿安置协议，将项目建设又向前推进了一大步。同时，在项目建设办公室内部人员和制度建设工作上也取得了长足的发展。

【妥善解决导航台影响】 2009 年中期，在梳理排查项目建设用地的过程中，发现 E'地块内的西郊机场导航台对项目建设存在巨大影响。为了在保证导航台正常使用的前提下尽可能降低其对项目建设的不利影响，在校领导的带领下，肖家河项目建设办公室积极与军队相关部门建立起对话机制，就导航台的位置问题进行反复磋商，初步拟定了导航台位置调整方案，并已得到市政府的认可。

【签订征地补偿安置协议】 2009 年，在学校的正确领导下，在周其凤校长、鞠传进副校长和李强校长助理的带领下，肖家河项目建设办公室与土地方——圆明园农工商公司就征地补偿安置问题进行了多次积极的沟通和协商。

2009 年 12 月 28 日上午，北京大学与海淀乡经济合作总社、圆明园农工商公司在北京大学百周年纪念讲堂纪念大厅隆重举行肖家河教工住宅项目征地协议签字仪式。

协议的签署为项目的后续工作打下了坚实的基础，标志着肖家河教工住宅项目建设取得了实质性进展，正式进入征地拆迁工作阶段。

【第二次规划调整】 为控制建设

成本和房屋价格的进一步增长,同时弥补西郊机场导航台迁移后肖家河项目仍损失的部分建筑规模,肖家河项目建设办公室提出通过适当提高圆明园西路各地块的建筑高度,增加部分围合式住宅的方式来增加总建筑规模。

2009年8月份后,经过肖家河项目建设办公室多次与市规委建管处和市文物局文保处进行沟通、咨询。2009年11月2日,市政府张玉平副秘书长主持召开会议,鞠传进副校长代表北京大学向与会领导进行了项目相关情况的汇报,希望能够协调解决项目建设中遇到的困难。

【职工代表参与监督机制】 为了维护广大教职工的切身利益,2009年3月24日下午,在校工会协助下,肖家河项目建设办公室在工会会议室召开户型方案和教工参与机制征求意见座谈会,邀请工会生活福利委员会委员、教代会福利委员会和院系教工代表参加。与会老师针对户型方案等重要问题提出了建设性意见。会后,肖家河项目建设办公室参考上述意见对户型方案进行了修订和完善,并已于2009年4月6日提请肖家河项目建设领导小组会议审议获得通过。

【设计方案招标】 2009年4月,肖家河项目整体规划设计方案征集工作正式启动。在报经肖家河项目建设领导小组审议决定,邀请北京市建筑设计研究院、北京市住宅建筑设计研究院有限公司、CDG国际设计机构、中国建筑设计研究院和北京大学建筑设计研究院5家单位参与肖家河项目整体规划设计方案征集工作。

【法律顾问遴选】 2009年4月,肖家河项目建设办公室正式启动法律顾问的遴选工作。本着"对北京大学有感情、对房地产项目有丰富经验、对肖家河项目法律服务有明确思路"的原则,在综合比较其工作业绩、承办律师团队、服务设想、服务承诺和收费标准等条件的基础上,经领导小组审议决定,鉴于中伦文德律师事务所在目前北京市房地产法律服务领域居于领先地位,其指派的承办团队也有着丰富实务经验和良好声誉,决定聘请其担任肖家河项目常年法律顾问。

【办公室内部建设】 2009年,按照精干、高效、专业、廉洁的队伍建设原则,肖家河项目建设办公室通过多种渠道面向社会公开招聘,择优录用4名合同制员工。由此,肖家河项目建设办公室构架基本搭建完成,人员初步充实到位。同时,建设办严格坚持公平、公正、公开的原则,加强绩效考核,并与员工的薪酬待遇、岗位调整等挂钩,实现人才在单位内部各岗位的优化配置。

实验室与设备管理

【概况】 2009年,实验室与设备管理部的工作重点是:以促进人才培养和支撑学科建设为目标,推进学校大型公共平台建设,完善校级科研条件保障体系;进一步推进实验教学改革,组织落实各级实验教学示范中心的评建工作;继续加强实验技术队伍建设,组织完成年度实验技术系列职称评审、实验室先进集体和个人评审以及校级实验技术成果奖评审等工作;继续承担学校"985/211"仪器设备经费的管理和执行;进一步规范仪器设备采购的各个环节,加大招标采购、集中采购和政府采购的执行力度,为学校争取更大的利益;根据教育部、财政部、科技部和北京市教委要求,组织完成大型教学科研仪器设备使用情况调查和实验室、设备相关各类数据的年度统计上报工作,为相关决策提供数据依据;进一步加强实验室与仪器设备的开放与管理,充分发挥优质资源的使用效益;进一步加强免税科教用品的政策宣传与管理;加强环境保护、辐射防护以及实验室废物和实验动物安全管理;承担教育部、科技部、北京市科委相关研究项目的建设工作;承担并组织开展国家级实验教学示范中心联系会秘书处的各项相关工作。以制度化建设和信息化建设为手段,进一步完善管理运行机制,落实各项规章制度的执行。此外,协助先进技术研究院完成相关认证工作。

(黄 凯)

【实验室建设与实验教学改革】 截至2009年底,北京大学共有实验室107个,其中校本部78个,医学部29个(校本部部分详见表9-6 2009年北京大学实验室基本情况一览)。2009年实验室建设和实验教学改革的主要工作如下:

1. 实验教学示范中心评建。2009年,北京大学考古实验实践和临床技能实验教学中心被评为北京市级实验教学示范中心,其中考古实验实践中心被评为国家级实验教学示范中心。至此,北京大学共有国家级实验教学示范中心8个,即:基础物理实验教学中心、化学基础实验教学中心、生物基础实验教学中心、经济管理实验教学中心、计算机实验教学中心、地球科学实验教学中心、生物医学实验教学中心和考古实验实践中心;北京市级实验教学示范中心11个,除上述8个国家级实验教学示范中心是北京市级实验教学示范中心外,另外3个分别为:电子信息科学基础实验中心、药学实验教学中心和临床技能实验中心。

2. 实验教学改革。实验室与设备管理部作为牵头单位组织申报的"依托学科优势，建设创新型人才培养实验教学体系"项目于2009年获得"第六届高等教育国家级教学成果二等奖"。同时，成果中的一些做法已被部分高校所借鉴，具有良好的示范意义和辐射作用。

3. 教学实验室建设。2009年度北京大学实验教学改革经费共支持实验教学改革项目10项，金额48.385万元；2009年度北京大学实验教学设备补充经费共支持本科教学实验室建设项目20项，金额88.23万元。

4. 实验技术队伍建设。2009年，北京大学新评聘教授级高工1人，高级工程师/高级实验师12人（其中1人为代评），工程师/实验师21人（其中9人为代评）。

实验室与设备管理部在全校范围内组织开展"北京大学第五届实验技术成果奖"（每2年一次）的申报和评审工作。经过院系推荐、校评审专家组评审和公示等阶段，共从7个院系，35项评审成果中评选出一等奖3个，二等奖5个，三等奖10个。

【大型科研公共平台建设】 2009年，学校共有校级大型科研公共平台5个，分别为：实验动物中心、分析测试中心、电子显微镜实验室、微/纳米加工超净公共实验室和北京核磁中心，仪器设备总价值1.01亿元。其中，2009年学校对实验动物中心和电子显微镜实验室进行了重点建设。

1. 北京大学实验动物中心建设。实验动物中心三期工程竣工并投入使用。实验动物中心三期是基因工程小鼠培育技术平台，总投资近1500万元，全部采用目前国际上最先进的IVC笼具，最大设计容量达7000个笼位。中心三期的建成极大缓解了北京大学实验动物资源紧张的状况，为更好地满足校内科研需求创造了条件。

2. 电子显微镜实验室建设。电子显微镜实验室2009年一次性更新电镜设备3台，极大改善了电子显微镜实验室的装备水平，并使得资源配置更加合理，显著提升了平台的服务能力。在开放共享模式建设方面，电子显微镜实验室实现了全年、全天开放（除检修外）和分时段的计费模式，有效缓解了北京大学电子显微镜使用紧张的局面。

（张 媛 张聂彦 周勇义）

【仪器设备管理】 截至2009年底，北京大学在用仪器设备总量增至150828台，价值人民币26.08亿元（校本部107242台，价值人民币20.01亿元；医学部43586台，价值人民币6.07亿元），其中，40万元以上大型仪器设备650台，价值人民币8.25亿元（校本部505台，价值人民币6.54亿元；医学部145台，价值人民币1.71亿元）。

2009年，北京大学新增800元以上仪器设备19742台，价值人民币3.00亿元（因新增仪器设备数据以设备建账时间为统计标准，因此与下述"仪器设备采购"条目中的统计数据略有区别）。其中，校本部新增16316台，价值人民币2.19亿元；医学部新增3426台，价值人民币8061.59万元。

2009年，北京大学新增40万元以上大型仪器设备49台，价值人民币8579.87万元（见表9-7）。其中，校本部新增40万元以上大型仪器设备34台，价值人民币4396.21万元；医学部新增40万元以上大型仪器设备15台，价值人民币4183.66万元。

1. 北京大学第十七期大型仪器设备开放测试基金的执行。第十七期大型仪器设备开放测试基金共完成测试项目740个，使用测试费529.92万元，测试机时210845小时，测试样品115758个。受益单位包括化学与分子工程学院、生命科学学院、物理学院、地球与空间科学学院、城市与环境学院、环境科学与工程学院、信息科学技术学院、考古文博学院、数学科学学院、工学院、分子医学研究所、心理学系、医学部等。

2. 北京大学第十八期大型仪器设备开放测试基金的申报和评审。第十八期大型仪器设备开放测试基金共收到课题申请902个，测试费申请总额达1146.87万元，申请机时15.78余万小时，申请样品测试14.95万余个。通过评审，最终获得批准的课题共892个，测试基金总额达740万元，其中学校出资370万元，申请人配套经费370万元（详见表9-8 北京大学大型仪器设备开放测试基金使用情况）。参加第十八期开放的仪器设备增加到132台（详见表9-9 第十八期大型仪器设备开放测试基金开放仪器一览）。

3. 北京科学仪器协作共用网入网仪器的管理。2009年，北京大学加入北京科学仪器协作共用网的仪器共10台（详见表9-10 2005—2009年北京大学参加北京科学仪器协作共用网情况）。

4. 大型仪器设备测试服务。2009年，北京大学大型仪器设备测试服务总收入达1159.0万元（含北京科学仪器协作共用网入网仪器设备服务收入，不含大型仪器设备测试基金部分）（详见表9-11 1998—2009年北京大学大型仪器设备测试服务收入统计）。

5. 40万元以上大型仪器设备购置可行性论证工作75台/套（表9-12）。

6. 大型教学科研仪器设备使用情况调查及分析。根据教育部和北京市教委文件要求，完成校本部425台40万元以上的教学科研仪器设备的年度使用情况调查和分析，其中，年使用机时800小时以上的仪器占66.38%，年使用机时2000小时以上的仪器占

25.07%。

7.首都科技条件平台北京大学研发实验服务基地建设。2009年,北京大学作为首批成员单位,入围"首都科技条件平台"建设。6月3日,周其凤校长代表学校与北京市科委签约,共建"首都科技条件平台北京大学研发实验服务基地"。实验室与设备管理部作为基地建设具体执行单位组织了基地一期建设工作,在平台年终绩效考评中位列高校基地榜首,并荣获首都科技条件平台建设"优秀管理奖"。

8.北京大学仪器创制与关键技术研发中心建设。2009年,为充分发挥北京大学基础科研优势,整合仪器和技术研发力量,提高自主创新能力,提升北京大学承担国家相关重大专项和参与国际竞争的实力,经学校批准,实验室与设备管理部组织建设了"北京大学仪器创制与关键技术研发中心",并由学校拨专款设立研发基金。2009年共组织完成两期评审工作,最终从41个申请项目中遴选出15个项目给予相应额度支持。

9.国家科技基础条件资源调查。根据科技部、财政部《关于开展科技基础条件资源调查数据更新工作的通知》要求,实验室与设备管理部完成了向国家科技部、财政部上报北京大学2009年度科技基础资源信息数据工作,上报数据主要包括研究实验基地基本信息、科研仪器设备概况、大型科学仪器设备(50万元以上)基本信息、人员概况、高层次科技人员基本信息、财务概况等。

10.旧仪器设备的报废、调剂与回收。规范旧仪器设备的报废程序,及时发布拟报废仪器设备信息,供全校教学、科研单位调剂使用,充分发挥仪器设备的使用效益。对确实没有利用价值的旧仪器设备进行分类集中、招标出售,2009年全校旧仪器设备变价收入为155.23万元。

(周勇义 李小寒 张黎伟
盛路 崔洪伟)

【仪器设备采购】 2009年,实验室与设备管理部进一步推进和完善了招标采购制度,规范仪器设备采购申报、审批程序以及招标采购的流程。北京大学校本部共采购仪器设备3.19亿元。

1."985工程"设备经费管理与执行。截至2009年底,校本部"985工程"二期、三期仪器设备经费累计拨款5.55亿元,累计执行4.33亿元。其中,2009年执行1.12亿元。

2."十一五""211工程"设备经费管理与执行。截至2009年底,校本部"十一五""211工程"仪器设备经费累计拨款1.51亿元,累计执行1.14亿元。

3.招标采购工作。2009年,实验室与设备管理部共组织仪器设备招标采购83次,招标金额共计1.2亿元。其中校本部仪器设备招标58次,招标金额共计8745.63万元;医学部仪器设备招标25次,招标金额共计3334.79万元。通过招标方式采购,为学校节省了大量经费。

4.国内仪器设备采购。2009年,校本部采购国内仪器设备1.46亿元人民币。校本部共审核通用设备采购4678.41万元;审核并签订5万元以上合同381份,合同金额共计1.28亿元。医学部审核并签订3万元以上合同25份,合同金额共计352.80万元;审核并签订政府采购合同343份,合同金额约430.16万元。

5.国外仪器设备采购。2009年,校本部采购国外仪器设备1.73亿元人民币。其中,使用"985工程"设备费签订进口采购合同154项,合同金额折合人民币7028.75万元,购置仪器设备558台(件、套、批);使用"211工程"设备费签订进口采购合同119项,合同金额折合人民币约5308.31万元,购置仪器设备498台(件、套、批);除"985工程""211工程"经费外,使用其他科研经费签订进口采购合同273项,合同金额折合人民币约4956.46万元。

6.接受境外赠送。2009年,共接受境外友好赠送的仪器设备、图书等10批,折合人民币1096.89万元。其中,校本部共接受9批,折合人民币1078.30万元;医学部接受1批,折合人民币18.59万元(详见表9-13 2009年北京大学接受境外赠送科教用品一览),全部赠送仪器设备均办理了申请接受赠送的行文、报审、进口审批手续。

7.办理科教用品免税情况。2009年,北京大学校本部共办理免税540项,免税合同金额折合人民币约18041.18万元,按平均税率25%计算,免除税款约4510.30万元。

(石铄 张媛 荆明伟 盛路)

【实验室安全与环境保护】 1.危险化学废物管理与处理。2009年,实验室与设备管理部在化学与分子工程学院的积极配合下,共组织处理化学废液及废旧试剂共计52689.5千克,支付处理费用79万元。处理实验动物废弃物共计2619千克,支付处理费用7860元。2009年,完成了北京市环保局、北京市安全生产监督管理局、北京市教委下发的各项实验室危险化学品、危险废物情况的调查和统计工作。

2.实验室安全管理。为确保北京大学的实验室安全,实验室与设备管理部采取多种方式加强管理:(1)编制《北京大学实验室安全指导手册》,方便师生员工了解和掌握相应的实验室操作及应急措施;(2)采取定期检查与不定期抽查相结合的方式,对物理学院、信息科学技术学院、化学与分子工程学院、生命科学学院等实验室比较集中的院系进行了多次安全检查,并对检查中发现的问题及时提出整改要求;(3)签订实验室安全责任书,将实验室安全责任层层落实到人;(4)推动实验室安全课程;(5)管理北京大学特殊工种人员保健费发放工作,调整从事有害健康工种工作人员营养保健费发放标准,切实保护特殊工种人员的身体健康,确保队伍稳定。

[辐射安全与防护] 1. 放射源管理。2009年完成了14枚闲置废旧放射源及500升放射性废物的处置工作。依据北京市环保局文件要求,对北京大学历史遗留的49枚V类以下放射源,进行豁免资格认定及豁免手续办理。完成了对全校10处放射性物品库的国庆60周年安保辐射防护监控系统复查工作。

2. 放射工作人员管理。2009年实验室与设备管理部组织完成全校放射工作从业人员基本情况调查,并经过保卫部最终审核,确保放射工作人员政治上合格;对全校放射工作人员定期进行个人剂量监测。聘请北京市卫生局辐射防护专家对北京大学放射工作人员进行放射防护相关知识和法规的培训及考核,共有139人参加了培训及考核。为确保国庆期间实验室安全,根据上级要求,实验室与设备管理部代表学校与全校各院系放射工作人员签订辐射安全责任书。

[环境保护] 1. 水质和室内空气质量监测。为北京大学师生员工营造健康、快乐的生活环境,环境保护办公室对学校环境进行监测:(1)水质监测。定期对饮用水和未明湖水质进行监测。(2)室内空气质量监测。组织人员对北京大学办公楼、红一至六楼、考古文博学院、化学南楼、化学北楼等学校主要办公区的室内环境进行了集中抽样检测,检测指标包括甲醛(HCHO)、可吸入颗粒物(IP)、总挥发性有机物(TVOC)、苯系物(苯、甲苯、二甲苯)、新风量、空气流速、氡气浓度、温湿度及放射性本底等。

2. 环保宣教活动。为推进北京大学"绿色校园"建设,实验室与设备管理部环境保护办公室组织开展了以"青春北大,绿色校园"为主题的一系列环保活动:(1)新生入学的环保宣传工作。(2)与校园规划与可持续发展办公室联合承办第五届"首都高校环境文化周"开幕式。(3)制作"绿满燕园"宣传片,介绍北京大学的建设"绿色校园"所取得的成果。(4)与电视台合作开展环保影片展播,与校刊合作,开辟环保专栏,刊发环保系列小贴士。(5)开展低碳校园先锋计划项目。(6)对全校废旧电池进行集中回收处置。

3. 地铁四号线振动影响评估工作。地铁四号线途经北京大学东门地下,而北京大学东门东西两侧是理科单位主要集中区域,全校近80%、价值数亿元的大型仪器设备均分布在这一区域,地铁运行产生的振动将对其中部分精密仪器产生重大影响。为及时掌握地铁运行产生的低频振动对北京大学仪器设备可能产生的影响,在北京大学地铁四号线振动影响评估领导小组和工作小组的指导下,实验室与设备管理部积极建议与协调相关事宜,并牵头撰写完成"北京大学校区环境振动背景情况报告""北京大学东门北京四号地铁重载试验环境振动报告"和"北京地铁四号线北京大学物理楼环境振动监测报告",同时还积极组织专家对"北京地铁四号线北京大学物理楼环境振动监测报告"的监测成果进行了评审。此外,还配合FEI公司完成"环境振动对场发射扫描电镜Tecnai20、Tecnai30的影响监测报告",以及获得北京交通大学"四号线运营后北大物理楼振动测试"的同期监测报告,为相关工作提供了有力的支持和佐证。

(张志强　张聂彦)

[附录]

表9-6　2009年北京大学实验室基本情况一览(校本部)

序号	单位	实验室个数	实验室使用面积/平方米	教学实验(2008—2009学年)			仪器设备		其中20万元以上	
				实验个数	实验时数	实验人时数/万	数量	金额/万元	数量	金额/万元
	合计	78	92866	1400	25587	152.76	76501	164913.30	1144	84121.75
1	数学科学学院	2	2106	21	63	0.18	2738	1857.37	2	80.41
2	工学院	5	2227	36	1654	0.44	4320	7683.94	42	3086.27
3	物理学院	10	15472	200	2164	17.25	10020	26363.85	157	15382.19
4	信息科学技术学院	14	15866	289	10735	70.93	11734	28921.86	209	15671.77
5	化学与分子工程学院	14	20437	164	1930	28.04	10146	24088.55	219	15048.13
6	生命科学学院	7	10447	262	2285	21.5	8316	19048.91	142	8630.38
7	地球与空间科学学院	5	5035	181	1091	4.26	5176	8587.38	56	3398.34
8	环境科学与工程学院	3	3040	6	2880	0.29	2802	6344.34	68	3088.01
9	城市与环境学院	2	2042	85	553	2.20	3659	4808.45	42	1671.97

续表

序号	单位	实验室个数	实验室使用面积/平方米	教学实验(2008—2009学年)			仪器设备		其中20万元以上	
				实验个数	实验时数	实验人时数/万	数量	金额/万元	数量	金额/万元
10	心理学系	4	1600	102	962	3.08	960	934.94	4	248.80
11	中国语言文学系	1	80	8	462	0.52	930	882.54	0	0
12	考古文博院	1	1200	0	0	0	1301	2041.02	17	774.40
13	光华管理学院	1	450	39	787	4.02	3190	3410.87	12	481.96
14	北京核磁共振中心	1	2000	0	0	0	291	3623.61	10	3257.84
15	现代教育技术中心	1	1128	0	0	0	2241	2602.03	12	460.13
16	计算机科学技术研究所	1	1100	0	0	0	507	957.33	6	322.00
17	计算中心	1	2000	0	0	0	4186	10653.32	74	5520.30
18	图书馆	1	400	0	0	0	2120	4925.60	38	2109.71
19	分子医学研究所	1	997	0	0	0	1364	3019.82	20	1208.91
20	北京大学实验动物中心	1	4139	0	0	0	243	329.37	4	144.23
21	电子光学与电子显微镜实验室	1	500	7	21	0.05	221	3771.17	10	3536.00
22	北京现代物理研究中心教育部重点实验室	1	600	0	0	0	36	57.03	0	0

(李小寒　张媛)

表9-7　2009年新增40万元以上大型仪器设备一览

序号	设备名称	单价/万元	经费来源	单位
1	激光共聚焦显微镜	274.2	科研经费	生命科学学院
2	四室超高真空系统	58.1	科研经费	物理学院
3	压电陶瓷扫描控制系统	64.29	科研经费	物理学院
4	风廓线雷达系统	80	"211"工程	物理学院
5	平板探测器	40.99	科研经费	物理学院
6	液氮立式贮罐	51.5	科研经费	物理学院
7	氮气立式贮罐	60.75	科研经费	物理学院
8	2K低温系统	1584.93	"985"工程	物理学院
9	水冷机组	45.12	科研经费	物理学院
10	荧光显微镜探针台	48.33	"211"工程	化学与分子工程学院
11	多功能镀膜机	45	"211"工程	化学与分子工程学院
12	多功能圆二色光谱仪	71.95	"211"工程	化学与分子工程学院
13	服务器	42.97	科研经费	化学与分子工程学院
14	高性能计算机服务器	48.66	"985"工程	化学与分子工程学院
15	等温滴定微量热仪	93.79	科研经费	生命科学学院
16	不间断电源	54.97	科研经费	生命科学学院
17	激光显微切割仪	117.7	"211"工程	生命科学学院
18	高效液相色谱仪	41.78	"211"工程	环科学院
19	投影机	49.8	科研经费	光华管理学院
20	视频会议系统	112.89	捐赠	光华管理学院
21	场发射环境扫描电镜	173.68	"211"工程	信息科学技术学院
22	半导体参数测试仪	42.84	"985"工程	信息科学技术学院
23	反应离子刻蚀机	242.91	"985"工程	信息科学技术学院
24	探针台	66.68	"985"工程	信息科学技术学院
25	水冷螺杆冷水机组	45.75	"211"工程	信息科学技术学院
26	水冷螺杆冷水机组	45.75	"211"工程	信息科学技术学院
27	半导体参数分析仪	65.43	科研经费	信息科学技术学院
28	任意波形发生器	81.55	"211"工程	信息科学技术学院
29	数字荧光示波器	91.47	科研经费	信息科学技术学院

续表

序　号	设备名称	单价/万元	经费来源	单　位
30	机械印刷平台	61.25	科研经费	计算机研究所
31	数字喷墨印刷平台	67.5	科研经费	计算机研究所
32	数字喷墨印刷平台	62.45	科研经费	计算机研究所
33	材料试验机	175.1	捐赠	工学院
34	基因芯片测试系统	186.12	"985"工程	分子医学研究所
35	透射电镜成像系统	52.03	教学	病理学系电镜室
36	透射电子显微镜	133.30	教学	病理学系电镜室
37	场发射冷冻透射电子显微镜	1255.02	科研	生物物理学系分子室
38	减震仪	53.96	科研	生物物理学系结构生物室
39	多功能细胞定量分析系统	45.75	科研	预防医学实验教学中心实验室
40	核磁共振波谱仪	165.10	科研	天然及仿生药物国家重点实验室
41	等离子体发射光谱仪	48.61	科研	医药卫生分析卫生与环境室
42	双光子激光共聚焦显微镜	440.25	科研	医药卫生分析细胞分析室
43	变性高效液相色谱仪	78.67	捐款	中奥生物标志物研究中心
44	重组蛋白和抗体自动化系统	41.69	捐款	中奥生物标志物研究中心
45	上床下柜	90.72	教学	后勤与基建管理处房地产中心
46	PACS/RIS影像传输系统	996.00	教学	北大一院放射科
47	荧光定量基因扩增仪	41.22	科研	人民医院血液病研究所
48	小动物分子影像分析系统	539.36	教学	北大三院骨科
49	生物力学实验机	201.97	教学	北大三院骨科
合　计：				8579.87 万元

（周勇义　张黎伟　盛路）

表9-8　北京大学大型仪器设备开放测试基金使用情况

序　号	年　份	校拨测试费/万元	经费来源	资助课题/个	测试费总额/万元
十一期	2002—2003	70.00	"985"一期	374	91.00
十二期	2003—2004	152.00	"十五""211"	443	198.00
十三期	2004—2005	204.00	"十五""211"	564	306.00
十四期	2005—2006	249.14	"十五""211"	628	373.70
十五期	2006—2007	299.75	"985"二期	690	449.63
十六期	2007—2008	350.00	"985"二期	792	571.00
十七期	2008—2009	300.00	"985"二期	808	600.00
十八期	2009—2010	370.00	"985"三期	892	740.00

（李小寒）

表9-9　第十八期大型仪器设备开放测试基金开放仪器一览

序号	仪器编号	仪器名称	型　号	所属院系	仪器负责人
1	0201581	气相色谱仪	Agilent 6890	城市与环境学院	刘煜
2	0201580	气相色谱-质谱联用仪	HP6890/5973N	城市与环境学院	刘煜
3	9901713	总有机碳分析仪	TOC-5000A	城市与环境学院	蒙冰君
4	0001685	激光粒度仪	FRITSCH A22	城市与环境学院	蒙冰君
5	0103753	快速溶剂提取仪	ASE-300	城市与环境学院	蒙冰君
6	0108579	大幅面扫描仪	Atlas Plus P-93	城市与环境学院	刘雪萍
7	0510102	微波消解/萃取系统	MARSXPRESS	城市与环境学院	蒙冰君
8	0805823	气相色谱仪	7890A	城市与环境学院	刘煜
9	0108949	液相色谱-质谱仪	Alliance2690-ZMD	城市与环境学院	胡建英
10	0703605	气相色谱质谱联用仪	GC-MS-QP2010plus	城市与环境学院	胡建英
11	0804131	纳米粒度仪	Nano-ES90	城市与环境学院	蒙冰君
12	0510080	高效液相色谱仪	Agilent 1100	城市与环境学院	刘煜

续表

序号	仪器编号	仪器名称	型号	所属院系	仪器负责人
13	9902809	原子吸收分光光度计	Z-5000	城市与环境学院	蒙冰君
14	0307604	元素分析仪	PE2400	城市与环境学院	贺金生
15	0307516	离子色谱仪	792IC	城市与环境学院	蒙冰君
16	0001352	激光粒度分析仪	MS2000	城市与环境学院	周力平
17	9902810	气相色谱仪	HP-6890	城市与环境学院	王永华
18	0306881	极谱仪	757VA	城市与环境学院	蒙冰君
19	0407727	气相色谱-质谱联用仪	5973 I	城市与环境学院	刘 煜
20	0510101	气相色谱仪	Agilent 6890N	城市与环境学院	刘 煜
21	0805824	三级四极杆串联质谱仪	320 MS	城市与环境学院	刘 煜
22	0809816	气质色谱/质谱联用仪	5975C/7890A	城市与环境学院	刘 煜
23	0210230	激光显微定年系统	MS5400	地球与空间科学学院	季建清
24	0108955	电子探针	JXA-8100	地球与空间科学学院	舒桂明
25	8801723	激光显微探针定年系统	VSS	地球与空间科学学院	刘玉琳
26	0407725	顺序式X射线荧光光谱	ADVANTXP+	地球与空间科学学院	杨 斌
27	0210622	激光拉曼光谱仪	RM-1000 型	地球与空间科学学院	任景秋
28	0806017	电感耦合等离子质谱仪	Agilent 7500 Ce	地球与空间科学学院	马 芳
29	0606221	多功能X射线粉末衍射	X'pert Pro MPD	地球与空间科学学院	王河锦
30	0210472	聚焦离子束系统	STARTA DB235	电镜实验室	徐 军
31	9400782	透射电子显微镜	H-9000NAR	电镜实验室	陈 晶
32	0407723	环境扫描电子显微镜	Quanta 200FEG	电镜实验室	陈 莉
33	0302852	场发射透射电子显微镜	Tecnai F30	电镜实验室	尤力平
34	2000000	高性能肖特基场发射扫描电子显微镜	Nova Nano SEM 430	电镜实验室	张会珍
35	2000002	透射电子显微镜	Tecnai G2 T20	电镜实验室	李雪梅
36	2000001	场发射透射电子显微镜	Tecnai F20 S-Twin	电镜实验室	张敬民
37	2000003	病理组织形态学检测系统	RM2235/CM1900/VIP-5-JR-J2/TEC-5/ST5020/BX51/IX71	分子医学研究所	张秀琴
38	1001591	日立高分辨扫描电子显微镜	S-4800	工学院	张杨飞
39	0407504	扫描探针显微镜	Nspm-6800	工学院	强 明
40	0103757	激光测振仪	OFV-3001/353	工学院	强 明
41	0108948	粒子成像流场测量系统	Y120-15E	工学院	强 明
42	0604089	原位纳米力学测试系统	Tribo Indenter	工学院	强 明
43	0303559	500兆核磁共振谱仪	AV 500	核磁共振中心	金长文
44	0303325	800兆核磁共振谱仪	AV 800	核磁共振中心	金长文
45	0303326	600兆核磁共振谱仪	AV 600	核磁共振中心	金长文
46	0608986	600M核磁共振谱仪	AVANCE DRX 600MHz	核磁共振中心	夏 斌
47	0608985	400M核磁共振谱仪	AV400	核磁共振中心	夏 斌
48	8400195	色谱质谱联用仪	ZAB-HS	化学与分子工程学院	贺晓然
49	9703476	热分析系统	TA3100	化学与分子工程学院	章 斐
50	0006914	超高真空镀膜机	ULS-400	化学与分子工程学院	王银川
51	0108938	等离子发射光谱仪	PROFILE SPEC	化学与分子工程学院	张 莉
52	9900780	气相色谱仪	HP6890	化学与分子工程学院	刘虎威
53	9900777	高压液相色谱仪	HP1100	化学与分子工程学院	刘虎威
54	0210195	激光光散射仪	ALV/DLS/SLS-5022F	化学与分子工程学院	郑 容
55	8600050	透射电子显微镜	JEM-100CX	化学与分子工程学院	黄建滨
56	9801106	荧光光谱仪	FL4500	化学与分子工程学院	陈明星
57	9400785	核磁共振波谱仪	ARX-400	化学与分子工程学院	张 秀
58	0108939	热台偏光显微镜	DMLP	化学与分子工程学院	潘 伟
59	9801798	毛细管电泳仪	P/ACE 5500	化学与分子工程学院	张新祥

续表

序号	仪器编号	仪器名称	型号	所属院系	仪器负责人
60	9900528	凝胶渗透色谱	515+2401+2487	化学与分子工程学院	孙 玲
61	9801799	高效液相色谱仪	HP1100	化学与分子工程学院	孙 玲
62	9802240	比表面和孔径分布测定	ASAP 2010	化学与分子工程学院	章 斐
63	9400803	紫外可见近红外光度计	UV-3100	化学与分子工程学院	周永芬
64	9400783	X射线衍射仪	DMAX-2400	化学与分子工程学院	廖复辉
65	0401834	液相色谱-质谱联用仪	SURVEYOR-LCQDECA	化学与分子工程学院	袁 谷
66	9802238	色-质联用仪	GCQ GC/MS	化学与分子工程学院	张新祥
67	0303529	核磁共振谱仪	300MHz Mercury Plus	化学与分子工程学院	林崇熙
68	0108930	影像板X射线衍射仪	RAPID-S	化学与分子工程学院	张文雄
69	9803387	元素分析仪	VARIO EL	化学与分子工程学院	王智贤
70	0507397	稳态/瞬态荧光光谱仪	FLS920	化学与分子工程学院	陈明星
71	0502371	多功能成像电子能谱	Axis Ultra	化学与分子工程学院	谢景林
72	0303532	扫描探针显微镜	SPI3800N,SPA-400	化学与分子工程学院	潘 伟
73	9400801	傅氏变换拉曼红外谱仪	Raman950/Magna-IR750	化学与分子工程学院	潘 伟
74	0210194	X射线荧光光谱仪	S4-Explorer	化学与分子工程学院	张 莉
75	0201512	X射线粉末衍射仪	X'PertPro	化学与分子工程学院	陈小芳
76	0805821	小角X射线衍射仪	SAXsess	化学与分子工程学院	陈小芳
77	0807358	傅立叶变换高分辨质谱	APEX IV	化学与分子工程学院	周 江
78	0401840	全自动旋光仪	P-1030	化学与分子工程学院	宛新华
79	0404637	圆二色光谱仪	J-810	化学与分子工程学院	宛新华
80	0210191	多功能电泳仪	MultiphorⅡ	化学与分子工程学院	袁 谷
81	0804693	元素分析仪	Vario MICRO CUBE	化学与分子工程学院	王智贤
82	9500572	红外光谱分析仪	SYSTEM 2000	化学与分子工程学院	王银川
83	0108925	接触角测定仪	OCA20	化学与分子工程学院	刘忠范
84	0508249	MBE/SPM电学测量系统	Multiprobe	化学与分子工程学院	王银川
85	0508250	多针尖纳米刻蚀系统	830-ABC/SP/N	化学与分子工程学院	刘忠范
86	0609791	紫外/可见光谱仪	Lambda 950	化学与分子工程学院	王银川
87	0307671	高压液相色谱	AGILENT 1100	化学与分子工程学院	王银川
88	0201511	X射线衍射仪	D8 Discover	化学与分子工程学院	陈小芳
89	0210465	调制式扫描量热仪	Q100	化学与分子工程学院	章 斐
90	0604084	热重分析仪	Q600SDT	化学与分子工程学院	章 斐
91	0308369	核磁共振谱仪	JEOL-300MHZ	化学与分子工程学院	林崇熙
92	9703268	核磁共振仪	Varian 200MHzMercury	化学与分子工程学院	林崇熙
93	0604091	冷场发射扫描电镜	S-4800	化学与分子工程学院	王银川
94	0706424	核磁共振波谱仪	AM-300	化学与分子工程学院	林崇熙
95	0108956	高分辨气相色谱-质谱联用仪	MSTATION 700-D	环科学院	陈左生
96	0301647	液相色谱-质谱联用仪	1100LC/MS Trap SL	环科学院	孙卫玲
97	0210480	石墨炉原子吸收分析仪	AAS Zeenit 60	环科学院	孙卫玲
98	0510134	气相色谱-质谱联用仪	5973I	环科学院	孙卫玲
99	0210218	总有机碳/总氮分析仪	Multi TOC/TN 3000	环科学院	孙卫玲
100	0407733	离子色谱	ICS-2500	环科学院	孙卫玲
101	0201583	高性能计算服务器	9076-550	计算中心	孙爱东
102	0405161	制备超速离心机	L-80XP	生命科学学院	潘 卫
103	9703266	中压液相色谱系统	18-1112-41	生命科学学院	任燕飞
104	0210467	流式细胞分选仪	MOFLO	生命科学学院	杜立颖
105	0108941	激光共聚焦显微镜	Tcs-sp	生命科学学院	桑华春
106	0201576	蛋白质序列分析仪	Procise 491	生命科学学院	沈为群
107	0605224	串联飞行时间质谱仪	Ultraflex	生命科学学院	纪建国
108	0000000	实验动物开放平台		实验动物中心	朱德生
109	0107670	脉冲激光溅射沉积系统	PLD-IV	物理学院	聂瑞娟

续表

序号	仪器编号	仪器名称	型号	所属院系	仪器负责人
110	0407740	碳14测量加速器质谱仪	1.5SDH-1	物理学院	刘克新
111	9301743	瞬态荧光及喇曼谱仪	XY	物理学院	杜为民
112	9701789	材料研究衍射仪	X'PERT-MRD	物理学院	王永忠
113	0404088	磁学性质测量系统	MPMS XL-7Tesla	物理学院	陈晋平
114	0404087	物理性质测量系统	PPMS 9Tesla	物理学院	陈晋平
115	9401760	离子刻蚀机	LKJ-1C	物理学院	马平
116	8601027	串列静电加速器	5SDH-2	物理学院	马宏骥
117	0508027	精密阻抗分析仪	Agilont 4294A	物理学院	沈波
118	0508028	半导体参数分析仪	Agileut 4155C	物理学院	沈波
119	0608982	高温高阻霍尔测量系统	Accent	物理学院	沈波
120	0703602	诱导耦合等离子刻蚀机	KYICP-T888036	物理学院	康香宁
121	9703475	交变梯度磁强计	2900-04C	物理学院	陈海英
122	0210231	128导脑电采集分析仪	ESI-128system	心理学系	韩世辉
123	0404726	场发射扫描电镜	XL30SFEG	信息科学技术学院	陈清
124	0805818	扫描探针显微镜	MultiMode V	信息科学技术学院	彭练矛
125	0803978	原子层沉积系统	Savannah	信息科学技术学院	陈清
126	0806015	紫外近红外成像光谱仪	JYIHR320	信息科学技术学院	高昱
127	0806018	单面紫外光刻机	MJB4	信息科学技术学院	岳双林
128	0807301	椭偏谱仪	UVISEL FUV	信息科学技术学院	岳双林
129	0807302	单双面紫外光刻机	2000S/A	信息科学技术学院	岳双林
130	0805819	扫描探针显微镜	Innova	信息科学技术学院	彭练矛
131	0911517	反应离子刻蚀机	Minilock	信息科学技术学院	潘华勇
132	0301559	电子显微镜	TECNAI20	信息科学技术学院	王晶云

(李小寒)

表9-10　2005—2009年北京大学参加北京科学仪器协作共用网情况

年 份	测试项目/个	测试样品/个	测试机时/小时	测试费收入/万元	获运行补贴费/万元
2005	204	4404	6971	94.79	12.55
2006	256	4643	7725	128.09	16.14
2007	316	8732	11986	197.00	16.31
2008	204	5524	9701	202.36	16.73
2009	220	7271	7870	221.80	结算中*

* 北京科学仪器协作共用网预计于2010年年底结算完毕。

(李小寒)

表9-11　1998—2009年北京大学大型仪器设备测试服务收入统计

年 度	金额/万元
1998	54
1999	80
2000	100
2001	138
2002	178
2003	270
2004	328
2005	436.8
2006	454.8
2007	625.2
2008	693.3
2009	1159.0

备注:此表统计的测试服务收入不含大型仪器设备测试基金部分。

(李小寒)

表 9-12　2009 年北京大学大型仪器设备购置论证统计

序号	仪器名称	拟购型号	预算金额/万元	经费来源	所在单位	申请人	论证日期
1	便携式光合作用测量系统	LI-6400XT	45.00	"985"二期	城市与环境学院	朴世龙	2009-12-25
2	宽范围颗粒粒径谱仪	WPS 1000XP Configuration A	61.00	"985"三期	城市与环境学院	陶 澍	2009-10-22
3	扫描电子显微镜	S-3700N，Quanta 650，JSM-6610LV	190.00	"211"三期	地球与空间科学学院	刘建波	2009-12-01
4	计算机集群	曙光、浪潮、联泰、Dell	110.00	"211"三期	地球与空间科学学院	陈永顺	2009-09-24
5	六面顶压机实验系统	四川大学 6×14 MN	120.00	"985"工程	地球与空间科学学院	刘 曦	2009-04-15
6	高温材料合成系统	QuickPress 型	92.70	"985"二期	地球与空间科学学院	刘 曦	2009-03-13
7	激光共聚焦显微镜	德国 Zeiss 公司 LSM700	115.00	"973"项目经费	分子医学研究所	程和平	2009-04-27
8	多普勒全场速度测量系统	自行设计	240.00	国家重点实验室建设经费	工学院	李存标 袁辉靖	2009-12-01
9	多功能原子力显微镜	MSP-3D-SA	200.00	"211"三期	工学院	李法新	2009-11-20
10	多光子激光扫描显微镜	FV1000，LSM710	300.00	"985"三期	工学院	黄岩谊	2009-11-16
11	皮秒光学参量振荡器	APE Levante Emerald	47.00	自筹	工学院	黄岩谊	2009-11-16
12	低湍流度风洞	风速 3～50 米/秒,湍流度 0.02%	480.00	"211"三期、其他经费	工学院	李存标	2009-04-27
13	双通道大规模三维数据可视化系统	双通道被动立体	180.00	国家科技部设备费	工学院	陈十一	2009-11-04
14	非接触式材料及结构应力场成像系统	FLIR SC7300M	150.00	"211"三期	工学院	刘凯欣	2009-10-29
15	三维点阵复合材料平板编织机	北京赛迪机电新技术开发公司 DZ-PB100	45.00	"985"二期	工学院	方岱宁	2009-09-07
16	风洞	研制,喷管出口截面尺寸 Φ120mm	400.00	"973"经费、重点实验室经费	工学院	李存标	2009-05-15
17	气相色谱-质谱联用仪	Shimadzu GCMS-QP2010 Plus	51.00	"985"二期	工学院	汤岳琴	2009-01-14
18	偏光光谱系统	美国 Olis DSM 17	72.00	"211"三期、科研业务费	化学与分子工程学院	宛新华	2009-12-02
19	光电子发射谱仪	日本 Hitachi AC-2	136.00	"211"三期、国重经费	化学与分子工程学院	邹德春	2009-09-24
20	计算机集群	32 计算节点双路 INTEL 至强 CPU 5540，24G 内存	100.00	国家重点实验室科研运行经费	化学与分子工程学院	严纯华	2009-09-24
21	微量等温滴定量热仪	Nano IIC 2G	49.00	"211"三期	化学与分子工程学院	沈兴海 刘克新	2009-04-21
22	多功能圆二色光谱仪	MOS-450/AF-CD	68.00	"211"三期、科研经费	化学与分子工程学院	来鲁华	2009-04-14
23	液体闪烁计数仪	Tricarb3110 TR	65.47	"211"三期	化学与分子工程学院	刘春立	2009-03-31

续表

序号	仪器名称	拟购型号	预算金额/万元	经费来源	所在单位	申请人	论证日期
24	流式细胞仪	FCAS CALIBUR	50.00	"211"三期	化学与分子工程学院	孙红芳	2009-01-13
25	质子转移反应质谱仪	奥地利 Ionicon Analytik 公司 HS-PTR-MS	230.00	"211"三期	环境科学与工程学院	邵敏	2009-05-19
26	快速迁移颗粒物粒径谱仪	美国 TSI 3091	55.00	"211"三期	环境学院	朱彤	2009-09-28
27	高分辨率飞行时间气溶胶质谱仪	美国"飞行器研究"公司 HR-ToF-AMS	379.70	重点实验室经费	环境学院	胡敏	2009-07-01
28	10L-100L-1000L 微生物发酵系统	定制	59.00	"211"三期	环境学院	童美萍	2009-01-08
29	数字彩色喷墨印刷机 C4200 部件机械平台	方正桀鹰 C4200	160.00	工程研究中心创新能力建设项目	计算机科学技术研究所	杨斌	2009-07-16
30	数字彩色喷墨印刷机 C420 机械平台	方正桀鹰 C420	46.00	工程研究中心创新能力建设项目	计算机科学技术研究所	杨斌	2009-04-09
31	漏洞扫描和安全风险评估系统	绿盟（中国），启明星辰（中国），HP（美国）	45.00	"985"二期	计算中心	吴震	2009-07-15
32	高性能磁盘阵列	Etenus 400/M600	150.00	"985"二期	计算中心	宋式斌	2009-02-20
33	光学热膨胀计	DIL 806	50.00	"211"三期	考古文博学院	崔剑锋	2009-11-24
34	X射线分析显微镜	日本崛场电子 XGT-7000V	69.00	"211"三期	考古文博学院	崔剑锋	2009-07-14
35	等温滴定微量热仪	iTC200	79.00	"211"三期	前沿交叉学科研究院	来鲁华	2009-04-14
36	遗传合成阵列点样仪	Singer ROTOR HDA	58.10	"211"三期	前沿交叉学科研究院	李方廷	2009-03-30
37	流式细胞仪	BD-LSRII	175.00	"211"三期	前沿交叉学科研究院	欧阳颀	2009-03-17
38	细胞芯片自动扫描显微镜系统	TI-E,RoperCCD,尼康显微镜配件	105.00	"211"三期、"973/863"项目	前沿交叉学科研究院	罗春雄	2009-03-17
39	3.0T 磁共振成像系统	GE	2000.00	"985/211"经费	前沿交叉学科研究院	高家红	2009-01-16
40	透射电子显微镜	加速电压为 120 kV 或 200 kV	650.00	"985"三期	生命科学学院	张传茂	2009-12-01
41	数码微珠芯片系统	BeadXpress	111.00	科研经费	生命科学学院	邓兴旺	2009-10-20
42	荧光差异蛋白表达分析系统	Ettan DIGE	100.80	"985"二期	生命科学学院	顾军	2009-07-17
43	蛋白质液相层析系统	GE,AKTA Explorer10S	100.00	"985"二期	生命科学学院	朱玉贤	2009-06-26
44	不间断电源	美国 APC,模块化 UPS,功率 80 KVA	100.00	"211"三期经费、科研经费	生命科学学院	魏丽萍	2009-06-23
45	等温滴定微量热仪	MicroCal 公司，美国 ITC-200	93.00	重点实验室经费	生命科学学院	苏晓东	2009-05-14
46	激光显微切割仪	德国徕卡 Leica LMD7000	128.00	"211"三期	生命科学学院	瞿礼嘉	2009-04-27

续表

序号	仪器名称	拟购型号	预算金额/万元	经费来源	所在单位	申请人	论证日期
47	激光共聚焦显微镜	德国 Zeiss 公司 LSM710	115.00	重点实验室/"863"项目经费	生命科学学院	王世强	2009-04-27
48	场发射高分辨扫描电镜系统	S-4800 type-II	340.00	"985"二期	生命科学学院	张传茂	2009-03-09
49	双光子激光共聚焦显微镜	Leica TCS SPE，蔡司 LSM710	450.00	"985"二期	生命科学学院	陈建国	2009-03-06
50	激光共聚焦显微镜	Leica TCS SP5	205.20	"985"二期、北京市科协	生命科学学院	饶毅	2009-03-06
51	德国双通道 PAM-100 荧光仪	Dual-PAM-100	50.00	国家重点实验室仪器设备经费	生命科学学院	赵进东	2009-02-19
52	X 光生物学辐照仪	美国 Rad,RS 2000	90.00	"985"二期	生命科学学院	邓宏魁	2009-01-09
53	1.3 GHz 高功率放大器	美国 CPI，法国 THALES	400.00	教育部专项经费	物理学院	郝建奎	2009-12-24
54	紫外曝光系统	MJB4	160.00	国重实验室设备更新费	物理学院	康香宁	2009-12-11
55	核电子信号处理和数据采集系统	CLOVER DAQ01	87.80	国重实验室专向经费	物理学院	郑涛	2009-12-09
56	稀释制冷机	英国牛津 Kelvinox MX250	300.00	"211"三期、百人计划	物理学院	吴孝松	2009-11-20
57	微波辐射计	Radiometric Inc. MP-3000A	200.00	"985"三期	物理学院	刘晓阳	2009-10-30
58	风廓线雷达	中国航天科工集团二院23所/北京爱尔达	180.00	"211"三期	物理学院	刘晓阳	2009-10-30
59	亚微米精度键合机	Finetech Fineplacer Lamda	198.00	重点实验室自主科研经费	物理学院	冉广照	2009-09-04
60	扫描探针显微镜系统	美国 VEECO 公司	79.80	科研经费	物理学院	肖立新	2009-07-14
61	宽带自动调谐飞秒激光系统	美国相干公司 OPERA SOLO	290.00	"211"三期和重点实验室经费	物理学院	李焱	2009-06-23
62	低气压化学气相沉积系统	自行设计	60.00	项目经费	物理学院	俞大鹏	2009-04-26
63	激光分子束外延	中国科学院沈阳科仪公司定制	90.00	创新团队基金	物理学院	胡小永	2009-04-15
64	近场扫描光学显微镜	MV4000，NTEGRA solaris，Alpha300S	150.00	国重设备更新改造费	物理学院	吕国伟	2009-04-15
65	微电子工艺超净间	北京希达	1600.00	"985"三期、自筹	信息科学技术学院	张大成	2009-12-24
66	微电子大厦冷冻站	美国开利	300.00	"985"三期	信息科学技术学院	张大成	2009-12-24
67	Cadence EDA 软件	Cadence EDA 软件	70.00	科研项目	信息科学技术学院	于敦山	2009-07-02
68	矢量信号发生器	安捷伦 E4438C	80.00	"211"三期	信息科学技术学院	金野	2009-04-23

续表

序号	仪器名称	拟购型号	预算金额/万元	经费来源	所在单位	申请人	论证日期
69	矢量信号分析仪	安捷伦 89650S	77.00	"211"三期	信息科学技术学院	赵玉萍	2009-04-23
70	近场扫描光学显微镜	MultiView 4000,Alpha300S	198.00	国家重点实验室科研设备经费	信息科学技术学院	李艳萍	2009-03-20
71	安捷伦(RF)片上测量/器件建模系统	安捷伦	70.00	"985"项目	信息科学技术学院	程玉华	2009-03-16
72	(1/f Noise)片上测量/器件建模系统	安捷伦	38.00	"985"项目	信息科学技术学院	程玉华	2009-03-16
73	安捷伦(CV)片上测量/器件建模系统	安捷伦	50.00	"973"项目	信息科学技术学院	程玉华	2009-03-16
74	数字荧光示波器	Tektronix DPO72004B	97.00	"211"三期	信息科学技术学院	张帆	2009-02-20
75	任意波形发生器	Tektronix AWG7122	76.00	"211"三期,重点实验室经费	信息科学技术学院	张帆	2009-02-20

(周勇义 张黎伟)

表 9-13　2009 年北京大学接受境外赠送科教用品一览

序号	品名	折合人民币/元	受赠单位
1	气相色谱仪、热量计	319468.50	工学院
2	离子色谱仪	341757.00	工学院
3	材料试验机	1485900.00	工学院
4	路由器	154865.64	光华管理学院
5	图书	257955.26	光华管理学院
6	服务器	609748.49	软件与微电子学院
7	生物乙醇发酵系统	3654038.21	工学院
8	生物乙醇发酵系统	3761685.87	工学院
9	石英晶体微天平	197590.00	化学与分子工程学院
10	微循环显微观察系统	185900.00	天士力微循环中心（医学部）
	合计	10968908.97	

备注：外币兑人民币折算汇率按 2009 年 12 月 31 日数据统计。

(张宇波 盛路)

昌平校区管理办公室

【概况】　北京大学昌平校区位于北京市昌平区西北 4 千米的天寿山脚下,目前占地面积 550 余亩,已有建筑面积 5.6 万平方米,是北京大学 60 年代建设的分校区。1994—1999 年间,北京大学文科一年级新生迁入昌平校区,2000 年之后成为成人教育学院的办学基地。2008 年,北京大学做出决定,对昌平园区的功能定位进行调整,把北京大学昌平校区建设成集大科学装置、开放性公科研平台、国家重大科研项目和国家重点实验室于一体的科学研究基地,建设成基础研究向实际应用转化的研发平台。2009 年昌平校区完善机构人员设置,建立相关规整制度,基础设施改造工程启动,将教学楼 A、B 座改造为实验用楼。

【主要工作】　1. 完善内设机构,

建立规章制度。对内设的各室人员重新进行了优化扩充,根据实际需要分别配置了:行政室7人(办公室2人,司机班3人,会计1人);发展与联络室4人(办公室主任兼行政室主任1人,办公室1人,负责实验室入驻1人,对外联络1人);安全保卫室2人(办公室主任1人,监控室1人);运行保障室3人(办公室主任1人,办公室2人)。

根据国家及北京市相关政策的出台以及学校文件精神,制定了《北京大学昌平校区公用房管理办法(试行)》(校发[2009]129号)、《北京大学昌平校区院务公开制度》《昌平校区管理办公室关于落实"三重一大"制度的实施办法》《北京大学昌平校区入驻实验室管理细则》《北京大学昌平校区车辆管理办法》《北京大学昌平校区管理办公室公章管理细则》《北京大学昌平校区劳动合同制职工管理办法》《北京大学昌平校区劳动合同制职工考核实施细则》《北京大学昌平校区劳动合同制职工考勤实施细则》《北京大学劳动合同制职工酬金发放实施细则》等规章制度。

2. 入驻实验室。截止到2009年12月共有5个学院入驻昌平校区:先进技术研究院、工学院、物理学院(宽禁带半导体研究中心)、环境科学与工程学院、地球与空间科学学院。

3. 发展与联络。(1)科学研究部、先进技术研究院、"985/211"工程办公室在昌平校区欢度教师节。(2)北京大学第36期干部培训班在昌平校区开展治校理教能力培训。(3)北京大学高等教育管理课题汇报会在昌平校区召开。

4. 工程改造。主楼A、B座水、电改造;电站更换直流柜及避雷装置;锅炉房供暖系统维修、管道保温、除尘器改造、软水设备及水泵改造;水井房装修更换沉沙罐及变频器;主楼前绿地增设喷灌设施;将原老医务室平房装修改造成校区的办公区,办公室从主楼搬到现办公区;公寓装修,更换木门;26个公寓房间,办公区会议室和值班室新购液晶电视;校区安装有限电视;多功能厅设备更新;新建多功能厅配套卫生间;八达岭高速辅路旧西路口安装校区指路牌。

5. 党组织建设。昌平校区教工党支部组织参观"辉煌六十年——中华人民共和国成立60周年成就展"。

基建工作

【概况】 学校批准北京大学基建工程部岗位编制为32人,2009年退休3人,调入2人(含1名应届毕业生)。截止到2009年年底,在编人员29人。其中,计划办公室12人,维修管理办公室8人,工程建设办公室5人。在编人员中教授级正高职称1人,副高级职称6人,中级职称12人,其他工作人员10人。

【党建工作】 2009年基建分党总支带领全体党员与行政领导班子密切配合,在党员、干部中继续坚持勤政、廉政的思想教育,继续保持共产党员先进性教育成果,积极开展学习实践科学发展观活动,联系基建工作实际,在行政、党务工作中,加强党员教育,明确工作中心任务,增强党员、干部工作的责任感、使命感,发挥党员的先锋模范作用,以实际行动确保学校基建任务圆满完成。

经后勤党委批准,2009年5月29日,基建党总支讨论并通过了王云鹏和王延文两位同志按期转为正式党员的决定。截止到2009年12月底,基建工程部党总支共有党员43人,其中在职一支部党员为22人(北京大学建筑设计院4人),占在职人员64%,退休二支部党员为21人。

【工程管理】 2009年基建工程部在工程管理中,积极配合各类监督工作,工程项目严格执行招投标管理制度(设计、施工、监理、材料设备),接受政府相关部门监督,招标过程接受校内及社会相关部门监督,2009年,工程项目全过程跟踪审计全面展开,基建工程部积极主动配合校审计室及国家审计署的工作,共同完善审计程序,共同监督工程建设。2009年工程竣工结算继续接受审计室监督,工程项目无论大小,无论政府监督还是校内监督,均实施阳光工程。2009年完成政府监督招标工程6项,校内招标94项,送交学校审计工程结算87项。2009年校本部新建和改造工程开复工主要项目为16项,建筑规模约为359879平方米。其中,竣工项目6项,竣工面积为69581平方米,在施项目10项,建筑规模约290298平方米。

1. 竣工工程。(1)北大医院大楼,建筑面积32768平方米,2007年3月开工,2009年1月竣工。(2)射频超导加速实验室改造,建筑面积850平方米,2008年12月开工,2009年6月竣工。(3)五四运动场修缮,建筑面积32617平方米,2009年6月开工,2009年10月竣工。(4)一教东阶梯教室改造，建筑面积546平方米，2009年6月开工，2009年11月完工。(5)镜春园83号（温德公寓）修缮，建筑面积600平方米。2009年3月开工，2009年8月竣工。(6)北大办公楼挑顶装修改造，建筑面积2200平方米，2009年7月开工，2009年9月完工。

2. 在施工程。(1)新法学楼工程建筑面积12158平方米，2009年4月开工，计划于2010年11月竣工。(2)人文大楼工程建筑面积24660平方米，2009年4月开工，计划于2011年7月竣工。(3)科技成果转化中心工程，建筑面积14200平方米，2007年10月开工。(4)中关园留学生公寓1～6#工程建筑面积125339平方米，2007年3月开工，预计于2010年5月竣工。(5)微电子大厦建筑面积18000平方米，其中地上面积13583平方米，地下建筑面积4417平方米，2009年10月开工，计划于2010年12月竣工。(6)北京国际数学研究中心建筑面积10990平方米，2009年7月开工，计划2011年6月竣工。(7)工学院与交叉学科大楼建筑面积62730平方米，2009年12月开工，1号楼计划于2011年6月竣工。(8)北达资源学生食堂，建筑面积1852平方米，建新建食堂占地面积扩大至707平方米，2009年12月开工，计划于2011年6月竣工。(9)老化学南楼改造，建筑面积3083平方米，2008年12月开工，计划2010年9月竣工。(10)法学楼内部改造，建筑面积17286平方米，2009年11月开工，计划于2010年6月竣工。(11)岛亭装修改造，建筑面积218平方米，2009年11月开工，计划于2010年10月竣工。

3. 工程前期报批。(1)南门区域教学科研综合楼是本年度前期报批的重点项目，其建筑面积69620平方米，南门区域的建设的特点是占地面积大，建筑单体数量多，基建工程部于10月向教育部申报了项目建议书，目前正在审核中，与此同时，可行性研究报告正在编制过程中，深化设计工作也在持续进行，如前期各项工作进展顺利，预计2011年开工建设，2012年可建设完成投入使用。(2)国家发展研究院大楼建筑面积29590平方米，该工程本年度进展顺利：2009年初即完成设计方案征集，2月取得北京市规委规划意见书，5月向教育部申报立项，8月中旬即获准立项，11月向市文物局申报了设计方案，12月底，可行性研究报告编制完成并上报教育部审核中。2009年国家发展研究院大楼前期工作进展顺利，目前该项目正在办理设计勘察招投标工作，在进展顺利的前提下，预计2011年即可开工建设，2012年可建成投入使用。(3)物理西楼项目，建筑面积为25165平方米。2009年7月正式开始方案征集工作，通过校园规划会两轮慎重筛选，确定最终方案。11月取得北京市规划委员会规划意见书，并向教育部申报立项，及向北京市文物局申报了设计方案。预计本项目2010年底可以开工建设，2012年底可竣工投入使用。(4)景观设计学大楼建筑面积22300平方米，目前正在办理报批手续，预计2009年初即可完成新方案的报批工作，2010年底开工。

【制度建设】 1. 进一步加强管理，加强集体决策，定期召开部务会和全体职工大会，及时沟通情况，发挥集体智慧作用，重大事件集体决策，使得各项工作得以顺利进行。为了使管理工作更好的开展，进一步改革完善机构设置，在将专业办公室明确划分为土建、机电及设备管理办公室的基础上，将计划办合理划分为综合办和计划办，前者主要负责行政、前期报批及设计工作，后者主要负责计划、统计、招投标及预决算管理。该机构改革报告已报相关校领导，待校领导批示后具体执行。

2. 控制投资造价，加强内外监督，完善工作制度。为配合2008年清单计价规范的使用，我部从领导班子到具体工作人员，对新清单规范展开认真的学习和讨论，并将其实际运用到数学研究中心等一批新工程的招标工作中，进一步完善资审文件、招标文件的范本，保障了学校的利益。为有效控制造价投资，要求各方人员在评标工作前加强市场调研和沟通，专业工程师、各专业办公室主任和造价人员认真审核监理及施工提供的询价单及评标报告，以保障评标工作有效开展。

3. 加强施工管理，提升建筑品质。为进一步规范施工管理，今年开始正式确立项目负责人制，同时充分发挥三个专业办公室的力量，加强专业管理，统一材料设备的建设标准。工程招标中的暂估价、暂定金额、参考品牌清单要由专业办公室统一研究制定；工程中暂估价、暂定金额的招标文件（含资审文件）中技术部分由专业办公室研究讨论逐步汇总出范本。每个工程的招标文件（含资审文件）要以范本为基础，结合本工程特点进行修改；明确工程中暂估价、暂定金额的招标文件（含资审文件），在专业管理人员签字后，要由专业办公室主任签字确认；10万以上的暂估价、暂定金额的评标报告要由专业主任签字后再安排上评标会。要求专业管理人员及时了解材料设备市场价格，对招标评标的经济部分要认真负责审核，要对学校负责；细化了洽商办理细则，要求工程管理人员要认真审查图纸，严格控制施工过程中的洽商办理，贯彻落实学校对工程投资控制的要求，工程洽商变更实行分级管理：1万元（含1万元）以下洽商变更由专业管理人员签字确认；1～5万元（含5万元）的洽商变更要上报专业主任签字；5～10万元（含10万元）洽商变更要上报主管副部长签字。10万元以上洽商变更按照学校要求的程序办理增加费用审批表，由学校批准后实施。

4. 服务大局，加强沟通，创造宽松和谐的工作环境。作为从事校园建设的职能部门，我们树立服务理念，顾全大局，注意协调与其他部门之间以及与各政府主管部门之间的工作关系，创造和谐的工作环境，一切从解决实际问题的立场出发，遵守规章程序，注重提高效率。

5. 适应当前人手不足的工作状况，今年聘请了经验丰富的原设计院专业人员入职我部，加强了前期设计技术力量，并招聘了一名应届毕业生作为新生力量加强电器办公室技术力量。

2009年，按照教育部要求，参与制定了北京大学"十二五"期间基本建设计划，为北京大学分期实施校园建设总体目标提供了依据。

【基建投资】 1. 投资计划。截止2009年底，北京大学当年新建、改造项目共有17项，建设总规模360097平方米，计划总投资191019万元。其中新建项目9项，建筑面积302697平方米，计划总投资182670万元；改造项目8项，建筑面积57400平方米，计划总投资8349万元。

2. 投资完成。新建工程项目完成情况：截止到2009年底，教育部下达当年计划项目的本年度累计到位资金有34436万元；其中国拨到位资金1247万元、自筹到位资金33189万元。本年度累计完成投资35013万元，其中完成国拨资金1247万元、自筹资金33529万元；校本部完成投资为32999万元，医学部完成投资为2014万元；实际完成投资为本年工程建设投资计划的50%。另外，还完成由会议中心自筹资金项目中关园留学生公寓投资12318万元（截止到2009年底）（该项目由北京市立项，不在教育部计划内）。

3. 改造工程项目完成情况：2009年完成维修改造工程投资4562万元。其中法学楼内部改造833万元，万柳教师周转楼改造746万元，生物东中西馆改造105万元，三、四教改造216万元，东操场改造45万元，北招改造265万元，五四运动场改造382万元，镜春园83号（温德公寓）修缮335万元，射频超导加速实验室改造215万元，校办挑顶维修改造278万元，老化学南楼改造716万元，一教东阶梯教室改造113万元，其他改造资金约326万元。 （黎 黎）

总 务 工 作

【概况】 2009年，总务部在校党委和行政的领导下，深入学习实践科学发展观，进行基础设施建设与改造营造良好的硬件环境，增强服务意识、提高服务水平的软实力，财务管理安全收支平衡，职工队伍建设取得了进展，廉政建设、规范化管理、营造和谐后勤等内部建设不断推进，确保全年提供安全优质的后勤保障服务。在做好常规性工作的同时，密切围绕迎接华诞和校庆的核心工作，积极应对甲型H1N1流感和罕见的大雪低温天气，完成好相关后勤保障服务。

【后勤保障服务】 总务部与各中心加强分工合作，全力做好后勤保障服务工作，确保全年供水、供电、供热系统的安全运行和餐饮、学生宿舍、学生教室、浴室、校内环境、运输、幼教、通讯的良好服务。

1. 餐饮。餐饮中心管理全校食堂12个，全年服务师生40000余人/每天。克服食品原材料价格上涨压力，保证学校伙食价格稳定。为师生提供安全稳定优质的餐饮服务。

2. 供水供电。2009年全校供水量262万吨，供电量10948万度，提供了学校安全稳定的用水用电保障。

水电收费。实行全额收费管理制度，做好水电收费和节水节电工作。

零星维修。全年共完成校内教学、科研、生活楼宇零星维修小票22386张，燕北园家属区水电零修小票7480余张，圆满完成零修任务，基本满足了师生员工的需求。

3. 供暖。2009年供暖总面积170万平方米。其中：燃煤供暖130万平方米，燃气供暖31万平方米，北大附中6.56万平方米，科学院四栋楼为0.95万平方米，技物楼为1万平方米。供暖设备管网安全，保证温度供给，为师生员工及家属提供温暖舒适的教学、科研和生活条件。

洗浴。2009年洗浴约221万人次，去年洗浴约197万人次，增加约11.7%。其中：学生宿舍浴室日均3972人次，大浴室日均1625人次，教工浴室日均350人次，畅春新园浴室日均723人次,总计约6670人次/天,高峰时达到10553人次/天,为师生员工提供了安全优质的洗浴服务。

4. 校园绿化。校本部绿地总面积90万平方米,古树514株。做好绿地日常养护管理和古树保护工作。

校园保洁。道路清扫保洁面积38万平方米,湖面清理保洁面积10万平方米。

教室管理。承担学校公共教室楼272间教室,22050个座位的日常管理和保洁服务工作,保洁面积6.31万平方米。营造了美观舒适的校园环境和教学环境。

收发。负责全校180个单位的报刊、杂志、信件的分发、登记、投递。2009年年分拣量报纸646560份,杂志42816本,挂号信、单98875份;信件268275封;国际信件54021;印刷品,国内181.772吨,国际30.662吨。

订票。全年完成火车票35340张、飞机票2310张。

茶饮服务。管理6个开水房和120台饮水机,提供全校的饮水供应,全年供水量17000吨,保证师生员工饮水安全供给。

5. 学生宿舍。管理燕园、畅春新园、畅春园(篓斗桥)三个宿舍区,共有33栋宿舍楼,建筑面积,入住学生21044人。克服宿舍紧张状况,保证新生入住。为学生住宿提供了安全优质健康文明的软硬件条件。

6. 运输。2009年安全无事故运行96万公里。班车:全年投入8辆班车运行,平均每日接送教职工800人左右,全年累计接送教职工上下班17.4万人次,为教职工上下班提供了安全优质的班车服务。

7. 幼教。2009年在园儿童710名,其中:校内二代366人,占52%;校内三代157人,占22%;外单位子女187人,占26%,较好地为教职工子女入托解决了后顾之忧,并为学校引进人才做出了贡献。

8. 电话。2009年新安装电话1500余部,修复各类电话故障600余部,检修电话8000余部(其中学生宿舍201电话6000余部),维修电话电缆。保障了通讯畅通。

【年度重点工作顺利完成】

1. 迎接新中国六十周年华诞,全力以赴做好相关后勤保障服务工作。总务系统学生餐饮、住宿、教室、浴室、全校用水用电、校内环境、运输、幼教、通讯等等各项工作,全力以赴确保安全有效优质运转,为北京大学安全稳定地迎接新中国六十周年华诞作出了积极贡献。配合学校迎接六十周年华诞庆祝活动,校园管理服务中心摆花(包括地栽)达12万盆(株),装扮了校园环境,增添了节日期间校园的喜庆气氛。运输中心较好地完成了学校大量庆祝活动的用车服务工作,确保与国庆相关的各种用车服务。北京大学有3000多名师生参加了国庆群众游行和广场联欢,餐饮中心圆满完成了2300人游行方队的供餐任务。校园管理服务中心增派大量素质优良的保洁员,较好地完成了游行方队彩排期间食物发放和休息环境维护等后勤工作。运输中心全力确保与游行相关的学工部、团委等组织单位的用车服务。

2. 积极防控甲型H1N1流感,确保后勤无疫情,为学校整体防控工作和无疫情作出了贡献。在全国甲型H1N1流感高发期和国家、北京市及北京大学防控疫情的工作中,总务系统各单位统一思想,提高认识,积极动员,每个单位都成立了防控领导小组和工作小组,制定防控工作预案,建立信息报送机制。做好后勤职工工作场所的消毒工作,通过本单位加强对职工的培训、组织职工参加学校工会组织的"防控甲型H1N1流感"平民学校讲座等教育方式,提高后勤职工防控流感的意识和能力,做到后勤职工无疫情,为全校师生员工提供更加安全放心的保障服务。学生食堂、宿舍、教室、浴室、水井、办公楼宇、运输用车和幼儿园等为师生员工和服务对象提供保障服务的场所,每天专人按照要求进行消毒,在这些服务场所设置防控甲型H1N1流感的宣传栏,提醒服务对象做好防控工作,有力确保人员多、流动性大、易感人群无疫情出现。学校将教工宿舍16号楼作为隔离观察区,校园管理服务中心保洁部仅用一天将全楼打扫干净,以最短的时间达到学校的隔离观察区的卫生保洁要求,甲型H1N1流感发生至今,始终保证留有保洁部人员在楼内值班保洁。

3. 积极应对罕见的大雪天气,做好全方位的后勤保障服务工作。2009年冬天,北京遭遇了罕见的大雪天气和52年来的最低温度,面对恶劣的自然气候,总务系统按照学校的指示和要求,全面做好应对处置工作,为全校教学科研和师生员工的工作、学习、生活创造了良好的保障服务条件。餐饮中心克服道路湿滑难行、蔬菜水果等价格在雪后上涨的压力困难,及时保质保量地为师生员工提供良好的饮食服务。供暖中心全力确保实现在室外温度低于往年的情况下提供室内温度同于往年的供暖条件,为师生员工创造了温暖舒适的室内环境条件。全力确保全校水电网络安全运行,通讯网络畅通,校内无积雪、无冰面,运输服务安全及时。总务系统各个中心共同努力,做好大雪天气全方位的后勤保障服务工作。

4. 利用自筹资金妥善修复石

舫,保护好国家级文物。国家级文物未名湖石舫于2009年年初意外塌落,面对这一突发事件,总务部克服没有处理过文物修缮事件缺乏相关工作经验的困难,第一时间积极组织相应的人力、物力在石舫周边设置围堰,确保石舫及其周边的安全,并为将来石舫的修缮创造良好的条件。按照学校的指示,总务部相关工作人员积极寻求上级主管部门的帮助,组织相关的专家论证会和办理石舫抢修的各种手续,利用自筹资金,妥善修复石舫,确保石舫在校庆之前修缮完成,使得具有200多年历史的石舫以崭新的面貌迎接北京大学111周年校庆。

5. 完成专项资金对昌平校区基础设施进行改造,满足教学科研实验的需求。根据学校整体规划,昌平校区将作为学校科研的实验基地、研发基地和产业化基地,由于使用性质的改变,需要对现有基础设施进行改造,以满足教学科研实验的需求。在整个改造过程中,克服昌平校区距离学校较远、工程管理较难的困难,较好地控制了工程进度与造价,在暑假结束前完成了整体工程的验收工作,为教学科研实验室的进驻提供了必要的条件。

6. 完成专项资金对集中供暖锅炉房脱硫除尘系统进行改造,达到北京市新颁布的"锅炉污染物排放标准"。对集中供暖锅炉房消烟除尘系统,重点是脱硫除尘系统进行改造。改造后的脱硫除尘系统,已在2009年供暖季全面投入使用。通过前期运行,并经过环保局的例行检测,除尘效果改善显著,达到北京市环保局要求的最新排放标准,实现了节能减排和建设绿色校园的目标。

7. 完成专项资金对校内学生大浴室进行全面改造,为学生创造了更加优良舒适的洗浴条件。为持续改善学生的洗浴条件,总务部和供暖中心对校内学生大浴室进行全面装修改造,包括对水、电、暖系统进行全面改造,粉刷墙壁,更换墙砖、防滑地砖,重砌楼梯,增加淋浴隔断等人性化设施改造等等。改造后的大浴室于新学期开学正式投入使用。崭新的大浴室在硬件设施、安全性能和人性化服务条件等方面,都有较大的提高和改善,受到了学生的一致好评。

8. 完成专项资金对学生宿舍楼内及室外消防设施进行改造,满足消防要求,消除安全隐患。为消除学生宿舍安全隐患,对全校学生宿舍进行安全检查,并分期、分批对学生宿舍楼内及室外消防设施进行改造,以达到国家标准的消防设施要求,消除安全隐患,确保学生宿舍的消防安全。

9. 加强节能减排工作,创建"绿色校园""低碳校园"。(1)充分调研,反复论证,参与学校绿色校园建设方案草拟工作。2009年初,学校提出建设绿色校园设想,总务部作为学校绿色校园建设的主责单位之一,承担绿色校园建设工作的前期论证和调研工作,从硬件建设和软件建设两个方面着手,提出绿色校园建设初步方案,并结合学校整体规划,多次进行了方案修改和整理。(2)收集、汇总学校基础信息和数据,完成能源审计工作。能源审计是通过了解学校能源利用状况来确认其利用水平,查找能源利用过程中存在的问题和漏洞,分析对比挖掘节能潜力,提出切实可行的节能措施和建议,从而指导学校提高能源管理水平,以实现"十一五"总体节能目标,建设节约型校园,促进经济和环境的可持续发展。总务部通过协调房地产管理部、人事部、水电中心、供暖中心等单位,收集和整理了大量资料和基础数据,完成了海淀区发改委对学校的能源审计工作,形成的能源审计报告书对北京大学未来的节能减排工作亦具有积极的指导意义。(3)完成节能减排年度重点工作。按照上级单位对校内外能源归口的要求,加强与兄弟院校和校内院系学生社团的联系,开展节能减排的宣传教育活动。在对学生宿舍实行"定额管理,计量收费"的基础上,继续安装智能用电识别器,安装识别器后,杜绝了学生宿舍内使用违章电器的情况,为学校学生宿舍用电安全管理和节能管理提供了可靠保障。对集中供暖锅炉房消烟除尘系统,重点是脱硫除尘系统进行更新改造。改造后的脱硫除尘系统,除尘效果改善显著,达到北京市环保局要求的最新排放标准。餐饮中心学一食堂、学五食堂、艺园食堂由原来的供暖中心统一供热改为节能蒸箱,平均节能可达30%以上,大大降低了伙食成本。经过几年来的不断努力,北京大学卓有成效地开展节能减排工作,走在兄弟院校前列,总务部多次代表北大赴全国、北京市高校节能工作会议介绍经验,全年接待兄弟院校节能工作考察团二十余次。

10. 完成开放校园参观管理、冰场管理等的相关组织协调工作,维护校园秩序、保护校园环境。总务部牵头继续做好暑期、法定节假日开放校园参观管理工作,营造了有序、友好、和谐的校园参观氛围,学校的教学、科研和师生生活秩序井然,环境卫生、绿化、文物古迹、设施等面貌较好,受到校领导和师生好评。继续做好冰场管理工作,进一步修改"关于未名湖冬季冰场管理办法"和"未名湖冰场管理公告",增设安全设施,改善服务水平,进一步确保冰上活动的良好秩序和为广大师生及校外冰上运动爱好者提供良好服务。

11. 同学校相关部门密切配合，完成好学校组织的各种大型活动。如毕业生离校、迎接新生、学军、毕业生就业招聘会、"两会"、北京论坛、全国高校校长乒乓球比赛、国际文化节等大型活动和学校重大外事活动的保障服务工作，为这些活动提供后勤保障，保证各项活动圆满完成。

12. 在完成各项保障服务工作中，总务系统始终把"做好安全稳定工作"放在首位，切实做好安全生产、防火防盗、食品卫生、交通运输等方面的安全工作。(1)高度重视安全稳定工作，总务部利用中心主任会议和安全保卫专项会议等各种机会，传达上级安全工作精神与要求，提高中心负责人对学校稳定和安全保卫工作的认识。(2)在总务系统内部，通过加强安全管理，形成"重视安全，加强安全，全员讲安全"的有利局面和日常安全工作的良好规范：一是完善应急预案体系和责任体系，组织健全，制度落实，责任到人，防范到位；二是进行经常性的安全教育和安全常识演练；三是做好供暖、供电、供水、消防各种设备设施和学生宿舍、公共教室、公共浴室等安全设施的维护、检修工作，确保安全生产和管理服务安全。四是做好外来务工人员管理，减少安全稳定隐患。(3)总务部牵头，会同保卫部、学工部等七个单位配合学校开展的以"排查安全隐患，构建和谐校园"为主题的安全教育和联合检查活动。对校本部、畅春新园和万柳学区学生宿舍的消防设施和违章用电现象进行安全检查，排查安全隐患，在院系和学生中反响较好。目前，此项工作已经形成一种长效机制，并成为我校"文明生活，健康成才"活动的重要组成部分。(4)配合学校，做好重大活动和临时活动的用电安全保障。(5)按照爱卫会的部署进行全校消杀工作——灭蟑和灭蚊蝇。灭蟑工作主要涉及餐饮中心所属食堂、幼儿园食堂、附小食堂、部分学生宿舍和搬入家具后的学生宿舍楼。灭蚊蝇工作主要涉及全校的教学楼、办公楼、宿舍楼、家属楼和机关单位。(6)经过总务系统共同努力，多年来，各中心均无安全责任事故发生。特别是餐饮中心创造了52年未发生群体食源性疾患的佳绩，运输中心被评为"海淀区交通安全先进单位"。

【运行管理办公室】

1. 贯彻落实科学发展观，坚持服务宗旨，强化规范管理。2009年运行管理办公室坚持以党的十七大报告提出的深入贯彻落实科学发展观、促进社会和谐作为开展一切工作的首要指导原则，坚持围绕国庆六十周年的基础保障工作，坚持总务部"管理、协调、监督、服务"的八字方针，一方面将事关教学科研和广大师生学习、工作、生活的问题及保障工作摆在日常工作的首位，尽可能满足师生员工的需要；另一方面，努力为各中心服务，认真帮助解决中心的实际困难和问题，促进各中心转变观念、转换机制，强化成本核算，控制运行预算等，为学校提供更加优质的后勤保障服务，努力构建和谐校园环境。同时，运行管理办公室对负责的所有基础设施维修改造工程项目，都严格按照党风廉政建设要求和《北京大学关于党政领导班子落实"三重一大"制度》《北京大学工程建设项目招标管理办法》及《北大总务部关于新建改造维修工程管理规定》的要求，坚持"四制"原则，坚持严格程序的原则，成立各项目工程招投标小组，2009年所有60余项工程一律依照上述办法和程序实施，做到项项工程都是"阳光工程"，保证了学校基础设施改造工程的科学和规范管理。

2. 完善基础设施建设与改造，确保水、电、暖设施的安全运行。2009年恰逢建国六十周年，学校各项后勤基础设施软硬件的保障成为重中之重。在这一年里，根据学校和总务部的要求，运行管理办公室协调配合总务系统各中心，对全校的餐饮、水电、供暖、学生宿舍、校园环境、运输服务、幼儿教育服务及电话通讯等诸多服务工作进行了较为全面的管理和监督。为确保各项基础设施的安全运行，运行办在2009年先后完成未名湖石舫、学生大浴室改造、昌平花房新建工程、幼儿园场地平整工程、昌平给排水改造工程、供暖脱硫除尘改造工程、学生宿舍消除消防管道改造、技物楼外电源改造工程、昌平电气改造、奥运场馆外围恢复工程等等。涉及全校水、电、暖、土建、园林绿化各个方面的大小工程约60余项，总投入资金2275万元。这些工程的完成，为构建和谐校园，更好地迎接建国六十周年大庆，提供了可靠的后勤保障和支撑条件。

3. 提升服务水平。2009年运行管理办公室在总务部的领导下，将十七大精神贯彻到日常工作中，突出为教学科研、为师生员工服务的宗旨，突出国庆六十周年保障工作，一切以大局为重，在完善基础设施的同时，还充分做好水电暖运行维修、水电全额收费、校园环境卫生管理、浴室管理、学生宿舍服务管理、协调餐饮维修、节能减排、安全检查、能源统计、审结工程合同和预决算等多项服务工作，并力求使服务工作能够得到广大师生的认可，为建设和谐校园贡献力量。

表 9-14　2009 年主要工程项目列表

分　类	序　号	项目名称	工程造价/万元
土建工程类	1	未名湖石舫修缮工程	28.9
	2	未名湖石舫围堰	6.7
	3	学生宿舍粉刷工程	150
	4	学生宿舍家具维修及检修	14.28
	5	公共教室的综合检修	11.77
	6	校园内围墙修缮	3.26
	7	大浴室改造工程	207
	8	昌平花房新建工程	63
	9	幼儿园场地平整工程	14.38
	10	奥运场馆外围恢复工程	30
	11	畅春新园栏杆刷漆	13.8
水暖工程类	1	昌平给排水改造	127.7
	2	东操场西围墙上下水改造工程	9.9
	3	全校宿舍楼水表更新	9.7
	4	学生宿舍消除消防管道改造	83
	5	供暖脱硫除尘改造	740
	6	炉排改造工程	69
	7	炉拱改造工程	17
	8	全校道路维修	42
	9	燕北园进户水改造	9.47
	10	305~308、312、314 给水管进户	9.6
	11	学生区 31、29、45 楼排水管道改造	8.96
	12	畅春园洗车房电气、给水外线	4.07
	13	畅春园 55 楼上水改造	4.14
电气工程类	1	技物楼外电源改造工程	130
	2	办公楼配电线路检修	10
	3	学生宿舍安装限电装置	57.4
	4	燕北园小区路灯系统检修	10
	5	防雷检测	9.6
	6	学生宿舍集控柜改造	25.9
	7	中关园外线电缆改造	34.5
	8	理科楼教室更换空调	10
	9	昌平校区喷灌	7.5
	10	昌平电气改造	109.7
	11	大浴室外线电源工程	1.84
	12	幼教中心电气改造工程	3.64
	13	校门照明安装工程	3.89
	14	家属区安装分界负荷开关	38
	15	科学院 19 楼电气线路改造	18.66
	16	学校变配电室除缺消隐	24.58
其他	1	购买学生卧具	78
	2	33 楼宿舍家具更新	23.04
合　计			2273.88

【计划管理办公室】　根据学校工程建设投资管理办法、工程建设招标管理办法,总务部 2009 年工程项目中 98% 以上(超过 10 万元的)项目都严格执行学校的工程建设管理办法来进行每一步的具体工作。计划办公室完成的工作是:负责编制 50 万元以上的工程项目投资申请报告,项目立项后,审核招标文件,审核各类设备及工程合同,参与招标及评标,工程完成后参与工程验收,工程结算审核,工程结算送审,对于专项工程负责给审计提交总务部用款计划,年终进行与中心的结算审核,完善工程项

目或管理过程中各种具有法律效力的文件资料的审核、收集与整理,便于今后的审计及文件资料的可追述性。

1. 2009年初计划完成的工程项目情况。专项工程项目资金总计2710万元。(1)专项工程共9项,资金合计2000万元(含昌平)。(2)其他项目共15项,资金计划710万元。

2. 2009年底计划完成情况。完成的工程项目资金共计3063万元。(1)专项工程共10项,共完成专项资金2333万元。(2)其他项目共72项,资金合计约730万元。

3. 所完成的3000多万元资金全部用于学校基础设施的改造与建设。其中:54%用于学校基础设施的水网系统、电网系统、校内绿化;26%用于节能减排(如集中锅炉房除尘设备的改造等);15%用于改善学生学习、生活,如大浴室改造、粉刷宿舍及栏杆等,更新、维修学生宿舍家具等;其他用于消除校园安全隐患,如进行学生宿舍消防改造、变配电室除缺消隐;还对中心的建设进行大力支持,如对幼教的绿化、地面铺装、锅炉房的改造等一共约52万元,幼儿园加层100万元等。

4. 从完成的工程项目上分析,单项工程50万元以上的项目共11项,资金总额约2600万元,单项工程10万元以上的项目共30项,资金总额约3000万元,其余50余项为小于10万元的工程项目。

【财务办公室】 2009年度总务部预算经费为6754.56万元,预算支出为6754.56万元。年度总务部预算资金收支平衡。

1. 预算支出情况。(1)供暖费支出3797万元。(2)修缮及零星维修费880.821483万元。(3)公用水电费支出1060万元。(4)校园管理服务环境卫生保洁支出550.786184万元。(5)学生宿舍管理服务运行支出299.4222万元。(6)全校水电运行费用支出为123.260402万元。(7)职工班车费为20万元。(8)办公费及其他支出为23.259731万元。

2. 学校投入专项资金并完成的工程情况。(1)昌平学区基础设施改造800万元。(2)学校部分单位水电表安装38.6万元。(3)电教东侧围墙拆出及环境整治11.762802万元。(4)两眼地热井连接工程36.24957万元。(5)技物楼外电源增容改造159.8万元。(6)南门北侧及校内环境整治41.779695万元。(7)办公楼配电室及线路维修改造工程57.092万元。(8)34B楼学生家具制作23.04万元。合计:1168.324067万元。

3. 总务部自有资金使用情况。利用自有资金共计389.98万元。其中用于公共基础设施维修改造工程支出91.94万元,用于学校环境绿化卫生支出48.9万元,购置班车支出154.988万元,灭蟑螂蚊蝇费用支出34.15万元,昌平学区学生食堂炊事维持费20万元。

4. 上交学校款项情况。上交学校水电费差价款554.941745万元,上交学校供暖费包括以前年度及本年收取的校外单位款共计626.834815万元。

【人事办公室】 截止到2009年12月,总务系统事业编制428人(其中总务部15人)、流动编制39人、合同制1556人、短期工和施工队等95人、返聘23人,共计2141人。

1. 规划后勤人事队伍建设。后勤社会化改革十年来,"老人老办法,新人新办法"的制度变革,一方面带来了用人制度的多元化,职工由于年龄、学历、职称等不同特点形成的多样化,也达到了减员增效的目的;另一方面,随着事业编制人员大量减少,新的、年轻的、具有高学历的其他编制人员无法进入到事业编制的队伍,事业编制由于普遍年龄偏大、学历偏低的特点,给后勤带来了人才流动性强,用人成本高,岗位与身份矛盾突出,面临管理技术骨干断层的巨大风险。这是众多高校社会化改革向纵深发展的进程中普遍面临的十分紧迫的问题。在现有的体制机制下,一方面总务部撰写《关于北京大学后勤岗位设置及收入分配制度改革难点探讨暨后勤队伍建设报告》,明确提出分阶段分步骤地逐步解决中心主任待遇、非事业编制骨干进入事业编制队伍、科室干部待遇、技师待遇等问题和困难,从根本上要对后勤的编制总数和岗位设置进行规划;另一方面,各中心也对本单位职工队伍的未来发展状况进行了规划,按照工作现状和未来发展的要求,对科室进行了进一步的规划和调整,对科室干部进行聘任。

2. 通过管理岗位聘任,加强管理干部队伍建设。2009年6月,按照学校的指示和要求,对总务部干部进行管理岗位首次聘任,通过聘任,管理干部的工作业绩和效果得到进一步认可,待遇获得进一步改善,有利于加强总务部管理干部队伍建设。2009年6月,按照学校的指示和要求,对总务系统各中心管理岗位首次聘任工作进行前期准备,由于后勤的情况特别复杂、遗留问题很多,经过反复和人事部沟通、协商,决定采取分步实施的办法,条件成熟的中心主任、退休人员和后勤改革之前有过正式任命的干部先进行,中心其他的管理干部和机构设置分阶段分步骤实施。通过这项工作,调动了中心管理干部积极性,有利于加强管理干部队伍建设。2009年4月,学校任命徐晓辉为总务部副部长,任命王晓如为餐饮中心副主任。2009年,餐饮中心、水电中心、供暖中心、幼教中心对科室管理干部进行了调整和聘任,聘任更多年轻的骨干加入到管理干部的行列,形成管理干部的梯队化建设,有利于科室管理干部队伍建设。2009年,餐饮中心主任王建华获得方正(优秀管理奖)奖教金,调动了后勤管理干部的积极性。

3. 加强对职工教育培训,使职工业务操作更加规范,业务能力提高,为师生员工提供更好的管理保障服务。餐饮中心举办"学习贯彻《食品安全法》全员卫生知识培训"。水电中心加强对服务人员的岗位技能和职业操守培训。供暖中心加强对浴室服务人员规章制度、礼仪规范、服务规范方面的培训。校园管理服务中心加强对不同岗位、不同层级职工的培训,提高职工知识水平,增强职工专业技能;加强对年轻职工的培训;加强职工执业上岗资格培训,通过多种渠道多种形式培养人才。学生宿舍管理服务中心在本年度是楼长队伍更替较大的一年,面对大量的新楼长,制定了详细的培训方案,使新楼长能够快速树立"全心全意为同学服务的意识",掌握服务技能更好地为同学服务;对外来务工人员,每半个月召开一次全体会,集中学习各种规章制度,并进行安全教育。运输中心对职工开展操作规范教育、安全生产教育、服务规范教育等等。幼教中心尽量将每一位教师安排在恰当的岗位,促其发挥最大的作用,在队伍的培养方面,更加注重提高教师的教和研的综合能力。电话室对职工加强业务知识、标准化服务和安全操作教育培训。

4. 加强对年轻骨干职工的培养和服务,促进青年人才队伍建设。截止到2009年12月,总务系统35岁以下,具有大学本科(含)以上学历的青年职工共有63人,共有三种编制,其中事业编制4人、流动编制39人、合同制20人。他们在后勤保障服务的日常性工作和学校后勤基础设施建设与改造、后勤自身规范化建设的重要工作中,都独立承担了很多任务,发挥了关键性作用。他们中的很多人也担任了部门的负责人和单位的中层干部,目前,已有22人担任科室负责人,已有13人具有中级职称(含)以上职务。这些青年骨干将逐步成为后勤职工队伍中一支不可或缺的力量,并逐步进入后备干部培养梯队,将在后勤的工作和学校未来的发展中发挥不可替代的作用。但是,由于学校体制和机制的原因,在这支队伍的引进和培养过程中,还存在着较大的问题和困难。总务系统不断探索建设好这支队伍的途径和方式。(1)召开后勤系统青年骨干职工座谈会。2009年12月,后勤系统举办青年骨干职工座谈会,鞠传进副校长,工会、人事部、宣传部主管领导,副总务长、后勤党委副书记和后勤13个单位的行政负责人与19名青年骨干职工代表一同参加了座谈会。会议紧密围绕青年骨干职工在后勤工作的感想和体会,对后勤职工队伍建设和学校后勤工作科学发展的意见和建议展开。本次座谈会对于如何建设好这支队伍、促进其在后勤未来工作中发挥更大的作用建言献策,收到了较好效果。(2)继续探索优秀的青年骨干职工转入事业编制的途径。(3)中心陆续将优秀的青年骨干职工聘任为科室管理干部和技术岗位负责人,加强对这支队伍的培养和建设,形成保障中心发展的人才梯队建设。

5. 加强对从事一线保障服务工作的合同制职工的管理和服务,促进队伍建设。后勤聘用了大量的从事一线保障服务工作的,从外地赴北京工作,年龄较轻、学历偏低的合同制职工,随着后勤保障服务工作发展的需要,这个群体的总数在不断增加,这个群体占职工总数的比例也在不断扩大。加强好这支队伍的建设,对后勤的工作具有举足轻重的作用。(1)各中心都从管理理念和队伍建设的角度高度重视加强这支队伍建设的重要性,通过签订合同、缴纳保险和公积金实现规范管理,通过加强教育培训提高其从业技能和服务水平,通过加强服务实现好对其人本化管理。(2)组织参加平民学校,主要是文化素质提高和学校认同感等方面的培训,截止到2009年12月,已经组织总务系统合同制职工参加四期培训班学习,共有239人获得结业证书。通过参加平民学校,大量从事一线保障服务工作的合同制职工感到温暖,感到学校和用人单位的关心和培养,努力构建和谐的用工环境。

6. 加大对职工的服务力度。党政工团共同努力,尊重职工,关心职工,积极为职工组织各种丰富多彩的文体和学习考察活动,为职工谋福利,关心帮助困难职工。

7. 做好对离退休人员的服务工作。各中心管理和服务大量的离退休人员,做好各项服务工作,使离退休人员在安度晚年幸福生活的同时,能够及时了解学校和单位的变化,感受到学校和单位的温暖。

【综合办公室】 1. 公文处理。公文运转是一个部门工作的重要表现形式,公文流转的效率是办公室服务质量和管理水平的重要体现。2009年办公室全面规范公文的处理环节,利用OA系统优化公文处理程序,努力提高公文运转效率。全年上报校领导文80份、发布信息、公告39条、收文192件;整理上交归档5卷。

2. 信访接待。严格贯彻国务院颁布的信访条列,与学校督察办配合和相关职能部门协调处理,督办解决有关如"高汽"搬迁补偿问题。及时流转和处理校长信箱意见25项。

3. 标识管理和使用。按照

《北京大学视觉形象识别系统管理办法实施细则》，学校标识办授权总务部对总务系统标识使用进行管理，特别是对有经营活动并使用学校标识的单位，严格把关，合理使用。并配合学校督查室对不按《细则》的后勤经营单位予以提醒和制止，使用标识规范化。

4. 完成重大活动的服务保障。完成学校组织的各项大型活动的服务保障工作，2009年毕业生离校和迎新活动、北京大学开放日、毕业生就业招聘会、110周年校庆、国庆60周年及国庆游行团队服装的定制、燕大校友90周年返校活动、北京论坛、国际文化节等大型活动提供后勤服务保障。圆满完成学校重大外事活动（接待泰国公主、新西兰总理等）的协调工作。

5. 治理"教育乱收费"的工作。根据北京市《关于认真做好2009年春季教育收费检查工作的通知》和北京大学《关于开展2009年春季教育收费自查自纠工作的通知》要求，由部长牵头严格把关，办公室具体负责，财务人员认真检查核对总务系统服务和管理收费项目标准，无发现违规收费现象，对新项目的收费标准严格审核和申报。

6. 总务部负责牵头，综合办公室完成了2009年新生学生月票IC卡6809张。

【节能办公室】 2009年，节能办公室积极响应党中央及北京市有关部门的要求，按党的十七大提出的节能减排工作目标和要求，坚持协调、推广、宣传和监督的原则，切实做好学校各项节能减排、保护资源、持续发展的工作，将节能减排的理念贯彻到学校的实际节能工作中。

1. 水电运行管理。为保障学校教学科研及师生生活的正常用水用电，协调水电中心进一步强化管理、加强巡视、按期维修、保证运行，并制定了相应的应急预案，确保了全校水电运行的安全。

2. 安全用电。2009年，根据北京市教委《关于加强高校学生公寓安全卫生工作的通知》要求，认真贯彻校领导和部领导的指示精神，协同学校有关职能部门，学工部、团委、保卫部、总务部、水电中心、学生宿舍管理服务中心在春季、秋季开展了两次安全卫生宣传、教育和检查活动，取得了较好的效果。

3. 继续坚持执行全校用水用电全额收费的市场运作机制，将节约能源纳入到市场经济的轨道。2009年是执行全额收费办法的第八个年头，也是执行学生宿舍"定额管理、计量收费"制度的第四个年头。全校各单位及广大师生的节约意识、资源意识和环境意识有了显著提高，各单位的成本核算观念也进一步增强。全年水电费总支出为5749万元，总收费为6638万元，收支基本平衡，略有节余。

4. 深化节能改造，推行学生宿舍安全用电科学管理。学生宿舍是学校安全管理工作的重点部位，而用电安全则是学生宿舍安全工作的关键环节，做好宿舍安全用电管理工作对保护学生生命安全，维护校园稳定具有重要意义。为认真落实北京市教委有关规定，进一步做好学生宿舍用电安全管理工作，利用科学方法在技术层面"管住电"，通过调研、考察、借鉴经验，完成我校学生宿舍智能用电识别器和管理系统安装工程，为学生宿舍用电安全管理提供可靠安全屏障。

5. 响应国家节能减排号召，全方位做好学校节水节能工作。为促进校园建设全面、协调、可持续发展，经过充分调研、反复论证，从硬件建设和软件建设两个方面着手，结合学校整体规划，完成学校绿色校园建设方案草拟工作；协调学校房地产管理部、人事部、水电中心、供暖中心等职能部门，收集、汇总和整理学校基础信息和数据，完成了海淀区发改委对学校的能源审计工作；按时完成全校能源统计数据的汇总、上报工作，并保证上报数据的真实、准确。

6. 加强节能宣传。积极配合各级政府的能源管理部门及市区节水办在世界节水日、全国节水宣传周及节能宣传周开展节水、节能宣传。加强与兄弟院系的沟通，学习一些周边学校切实可行的节水、节能经验和技术；与学校相关学生社团联系，组织学生进行座谈，介绍学校历年来所采取的节能减排新措施、新技术、新设备，使同学们对学校近年来在节能减排方面所做的工作有更加全面深入细致的了解，同时引导学生树立节能环保观念，关注生活中节电、节水、节约资源的方式方法，从自己做起，从身边的小事做起，真正把节能减排工作落实到学校。

【爱卫会办公室】 2009年，爱卫会的工作紧紧围绕国庆六十周年大庆和防治甲流两个重点，积极采取相应的措施，投入了大量的人力、物力除"四害"和防控甲流疫情，确保学校安全、稳定地举办各种庆祝活动和正常的教学秩序。全年累计购买各种药品26万元，投入人工费8万元。

（总务部）

医学部后勤

【深入开展学习实践科学发展观活动】 3月至8月，医学部后勤在党员干部和职工中广泛开展了深入学习实践科学发展观活动。召开后勤深入学习实践科学发展观活动动员大会暨报告会，并邀请公教部王玥教授作科学发展观报告；深入走访5个学院、12个机关部处，广泛征求意见建议；开展深入学习实践科学发展观解放思想大讨论，为学习实践活动奠定了扎实的基础；邀请博景泓律师事务所资深合伙人王冬梅等五名律师与后勤中层干部就基建、房产、劳动用工等方面工作进行了现场答疑和交流。召开深入学习实践科学发展观专题民主生活会，进一步加深对科学发展观、后勤定位及发展目标的认识。后勤中层以上领导干部由宝海荣处长、王运生书记分别带队，分两批赴东南大学、南京大学和浙江大学进行考察，学习先进经验、寻找差距、拓宽视野。召开两次发展规划暑期研讨会，就后勤未来发展思路和与国家有关政策相配套的人事、财务等方面的战略规划进行了探讨。对照各实体具体整改措施，对行政1号楼、教学楼、药学院、学生公寓、学生餐厅及部医院进行实地检查。6月底至9月初，后勤党委带领工会相关领导，深入各基层党支部走访调研，与9个在职党支部书记、支部委员及实体工会小组长进行座谈。通过学习实践活动，后勤共征集群众意见121条，查找出影响和制约后勤科学发展的突出问题24个，制定10类整改方案，具体整改落实措施89条，全面、系统、具体地解决师生职工反映的问题和影响制约后勤科学发展的问题，较好地实现了"学习调研广、分析检查深、组织实施紧、整改措施实"的目标。

【圆满完成各项重大服务保障任务】 (1) 9月5日，后勤处各实体和办公室密切配合、加班加点，克服重重困难，圆满完成近1700名本专科生、研究生新生迎新任务。(2) 校园管理中心组织相关人员进行节前安全大巡查，完成校园内及门前三包范围内的环境清洁、摆花、彩灯悬挂等工作。房地产管理中心、饮食服务中心、教室管理服务中心等实体分别对学生公寓楼、学生餐厅、教学楼等各个区域进行精心布置，营造节日喜庆气氛。(3) 针对甲型H1N1流感疫情不断升级的防控形势，后勤强化防控宣传、细致监控甲流，部医院、房地产管理中心和运输服务中心24小时值班，随时待命，饮食服务中心为发烧隔离学生派送可口饭菜，直至康复解除隔离，圆满完成各项防控工作任务。(4) 11月1日至2010年元旦期间，北京两次普降大雪，后勤各相关部门在处领导的带领下，不畏严寒、齐心协力，圆满完成积雪清扫、食堂食品供给及校园供暖保障等任务。

【基本建设工作稳步推进】 基本建设3项重点工程进展顺利，14项专项修购工程（表9-15）和20项其他建设项目（表9-16）圆满完成。全年共组织招标会议39次，完成招标项目51项。

8月12日上午，学生综合服务大楼举行结构封顶仪式。该项目建筑面积20395平方米，荣获北京市结构长城杯金奖。建成后可以有效缓解师生就餐紧张的局面，改善学生社团活动条件。

10月19日上午，在拆除后的运动场看台现场，举行医学部运动场看台改造工程奠基仪式。该多功能体育看台拥有室内活动空间，将与运动场整体环境相协调，为和谐校园文化建设提供重要硬件保障。

城内学生宿舍施工进入收尾阶段，建成后可满足约650名学生同时入住，有效缓解校内住宿压力，改善了医院实习学生的住宿环境（见下页表）。

【学生公寓环境逐步改善】 学生公寓3号楼、4号楼家具置换已完成，学生公寓2号楼家具更新正在进行，共更新家具计1966套。与此同时，对各学生公寓楼房间进行强电改造、门窗检修等工作，较大地改善了学生住宿条件。学生公寓2、3、4号楼浴室、盥洗室、卫生间改造工程顺利完工，共装修改造公共厕所5间、公共卫生间30间、浴室13间、盥洗室14间、洗衣房15间，安装不锈钢盥洗槽170个，安装水控机57台、热水器9台，完善了学生公寓的生活基础设施。

【后勤服务专业化、职业化进程加快】 通过前期调研与公开招标，引进托管单位负责公共区域卫生保洁服务，拟定《北京大学医学部卫生保洁工作托管方案》，提出对托管单位服务工作质量的监管办法。同时，依法与原承担公共区域保洁工作的临时务工人员解除劳动合同，并安置了愿意留在托管单位工作的部分人员。至此，医学部绿地养护、室内保洁、公共区域保洁、供暖维修、电梯维保、全校电开水器维保等项目均实现了托管，城内学生宿舍物业管理托管项目也已启动。

表 9-15　14 项专项修购工程项目一览

序号	专项修购项目名称	竣工时间
1	行政 1 号楼装修改造	2009.01.15
2	教学区屋面防水工程	2009.11.10
3	教学区水电消防安防综合改造工程给水工程	2009.11
4	教学区水电消防安防综合改造工程消防水泵及控制系统检修	2009.11
5	2、3、4 号楼卫生间、盥洗室、洗衣房、浴室和公共厕所及公共卫生间改造	2009.08.26
6	教学区医疗污水管线工程	2009.11.30
7	2、3 号学生公寓临时卫生间工程	2009.08.20
8	5 号学生公寓公共卫生间修缮工程	2009.08.25
9	运动场看台改造三通一平工程	2009.10.28
10	学生公寓热水外线改造工程	2009.08.15
11	教学区水电消防安防综合改造工程消防管线及设施工程	2009.12
12	教学区智能用电管理系统改造工程	2010.08
13	体育看台改造工程	2010.11
14	东区热力交换站热水系统改造工程	2009.12

表 9-16　20 项其他建设项目一览

序号	其他建设项目名称	竣工时间
1	教学区部分车棚改造工程	2009.10
2	实验动物部外走廊修缮和防水工程	2009.10
3	中心试验楼、7 号楼和 27 号楼安装门禁系统	2009.10
4	2009 年供暖管线及设备大修项目	2009.10
5	西北区道路、两所前道路绿化工程	2009.10
6	5 号楼热水管线改造	2009.08
7	生化楼 1～3 层粉刷工程	2009.08
8	运动场东侧绿化隔离带苗木种植和全校树木补种等项目	2009.11
9	国合处污水改造工程	2009.09.14
10	家属区单套住房装修	2009.08
11	学生餐厅一层改洗碗间	2009.10
12	2009 年水平衡测试表井清理及给水改造工程	2009.09
13	24 号、26 号及新公卫楼供水水泵大修项目	2009.09
14	2009 年清洗水箱项目	2009.07
15	体育馆局部改造	2009.09
16	幼儿园维修工程	2009.07
17	3 号楼学生公寓房间强电改造工程	2009.08
18	2 号楼、4 号楼学生公寓房间强电改造工程	2009.12
19	部分公寓房装修工程	2009.12
20	8 号楼院内铺停车场	2009.09.29

【加强干部队伍建设】　建立科学规范的中层干部选拔任用体系,公开选聘校园管理中心、居委会、饮食服务中心、运输服务中心、幼儿园、部医院及机关综合办等实体和部门的正副主任岗位。共有 44 人次报名,38 人参与竞聘答辩,选出 26 名后勤中层干部,包括主任 11 人,副主任 15 人。其中硕士学位 5 人,大学学历 9 人,占干部的 53.8%;新上岗干部 11 名,跨部门上岗 4 人;35 岁以下干部 8 人,干部平均年龄降到 39.8 岁,初步实现了干部的年轻化、知识化和专业化。

同时,在后勤、实体两个层面开展"坚定理想信念,服务师生员工"干部教育培训系列活动。邀请敖英芳书记作"学习贯彻十七届四中全会精神,做好新形势下基层党组织工作"讲座。组织中层干部分批赴革命圣地考察学习,接受革命传统教育和爱国主义教育。11 月 13—16 日,后勤党委副书记吕晓明率领以工会干部为主的首批后勤中层干部赴古田会议遗址接受革命传统教育。

【深化党风廉政建设】 继续开展党风廉政建设试点工作,促进防范腐败风险关口前移、源头治理腐败。4月,北京市教育纪工委周燕书记检查后勤廉政风险防范管理试点工作进展情况,后勤党政领导班子参加了会议并作试点工作汇报。从5月开始,所有项目方必须与后勤签署"廉洁承诺书",承诺恪守职业道德、做阳光工程。截止到2009年底,已有79家项目方签署"廉洁承诺书"。6月,后勤所有中层以上领导干部43人签署《廉洁承诺书》。

【信息化建设初见成效】 按照"全面规划,重点突破"的方针,积极推进后勤信息化建设工作。医学部教室管理系统1.0版的开发及测试工作基本完成,正式公开上线试运行;并启动了后勤维修申报系统、房地产管理信息系统建设,目前处在前期筹划和开发阶段。

【安全稳定工作】 1月,与各实体职工和外来务工人员595人、合作单位100余人签订"后勤职工安全责任书",与合作单位116人签订"交通安全与各单位、个人承包责任书"。邀请海淀区交通局、消防局工作人员给后勤职工讲交通法规和防火、灭火知识,参加人员180多人。启动"关爱生命、安全发展"主题安全月宣传活动。

合作交流 在医学部会议中心礼堂举办"歌唱祖国,祝福祖国——北京大学本部·医学部后勤文化艺术节"活动,北大本部后勤、医学部后勤系统欢聚一堂,共庆伟大祖国六十华诞,促进了医学部后勤与本部后勤之间的文化交流。

(医学部后勤)

后勤党委工作

1. 概况。2009年,后勤党委进一步加强领导班子思想建设、组织建设、干部队伍建设和廉政建设,继续做好党支部建设与党员的教育管理,继续支持老干部和群众团体工作。与此同时,在新的社会历史时期下,后勤党委创新工作思路与方式,创造性地开展了一些工作,形成了特色,取得了进展。

后勤党委所属党总支4个,党支部30个(其中在职17个、退休8个、混编5个)。党员489名(预备9名,正式480名;在职289名,离退休200名),分布在后勤14个单位、总务部、房地产管理部、基建工程部、会议中心、燕园社区服务中心、特殊用房管理服务中心、餐饮中心、水电中心、供暖中心、校园管理服务中心、学生宿舍管理服务中心、运输中心、幼教中心和电话室。

2. 坚持正确的思想指导和理论指引,组织党员深入学习实践科学发展观。2009年3月至9月,按照学校党委和行政的部署,全校开展深入学习实践科学发展观活动。后勤党委协调检查所属各单位科学发展观的学习,督促及时有效地完成好学习调研、分析检查和整改提高三个阶段的任务,按照学校《关于以"学习和实践科学发展观"为主题开好处级领导班子民主生活会的通知》的要求召开好"学习和实践科学发展观"处级领导班子民主生活会、提交方案、征求意见表、民主生活会纪要、分析检查报告、整改方案和总结等相关材料。同时,结合后勤实际特点,协调召开"深入学习实践科学发展观 发挥工会桥梁纽带作用"座谈会,校工会领导和后勤14个单位的党政领导结合学习实践活动,共话后勤在队伍建设、发展空间等等方面的问题困难,帮助群众"解难事,办实事",取得实际效果。通过学习实践活动,全体党员特别是党员领导干部准确把握科学发展观的重大意义、科学内涵、精神实质和根本要求,着力转变不适应、不符合科学发展观的思想观念,促进统一思想,提高认识,用科学发展的观点指导一切实践;查找影响和制约学校后勤工作和后勤自身发展以及领导班子和党员科学发展的突出问题,特别突出的是后勤人事队伍建设和后勤生存发展空间的困难,分析主客观原因;制定整改落实方案,谋求学校相关职能部门的支持,着力解决突出问题,谋划科学发展的理念、思路和举措。

3. 做好廉政风险防范管理工作试点推进工作,促进党风廉政建设工作和后勤保障服务工作的双赢。2009年7月开始,推进廉政风险防范管理工作校本部试点首先在后勤展开。后勤党委协调好后勤14个单位开展好这项工作,在校纪委的指导帮助下,帮助各单位制定方案,确定风险查找范围,找准风险点,制定好防控措施,做好总结和经验交流等各项工作。通过开展这项工作,促进党员干部加强廉政意识、自律意识,提高党员干部自觉接受监督、主动参与监督和积极化解廉政风险的意识;促进单位和个人更好地履行岗位职责,加强制度建设和规范管理,提高管理水平,确保各项后勤管理保障服务工作更加有序有效顺利运转;促进逐步形成廉政风险防范管理长效机制,深入推进反腐倡廉建设。

4. 发挥好政治核心作用,围绕中心,服务大局,指导支持配合行政,带领广大党员群众,做好年度重点后勤保障和日常保障工作。(1)做好全年后勤保障服务工作,完成基础设施建设与改造,确保供水、供电、供热系统的安全运行和餐饮、学生宿舍、学生教室、浴室、校内环境、运输、幼教、通讯的良好服务,以及会议接待、住宿接待、社区服务和房地产资源规划与调配等服务工作。

(2)迎接新中国60周年华诞,全力以赴做好相关后勤保障服务工作。餐饮、住宿、教室、浴室、全校用水用电、校内环境、运输、幼教、通讯等等各项工作,全力以赴确保安全有效优质运转,为北京大学安全稳定地迎接新中国60周年华诞做出了积极贡献。

(3)积极防控甲型H1N1流感,确保后勤无疫情,为学校整体防控工作和无疫情做出了贡献。

(4)积极应对罕见的大雪天气,做好全方位的后勤保障服务工作。2009年冬天,北京遭遇了罕见的大雪天气和52年来的最低温度,面对恶劣的自然气候,后勤系统按照学校的指示和要求,全面做好应对处置工作,为全校教学科研和师生员工的工作、学习、生活创造了良好的保障服务条件。

(5)完成111周年校庆筹办和保障服务。

(6)在完成各项保障服务工作中,始终把"做好安全稳定工作"放在首位,切实做好安全生产、防火防盗、食品卫生、交通运输等方面的安全工作。

(7)加强后勤人事队伍建设,提出后勤人事队伍发展规划并多次组织协调后勤各单位负责人向校领导和相关部门汇报,力争解决好后勤"老人"与"新人"的问题;引导后勤各单位认真学习贯彻《劳动合同法》,规范后勤用工管理,确保学校安全稳定和构建和谐校园。

(8)进一步指导监督后勤各单位加强制度建设,实现规范管理。

(9)积极探索实践后勤社会化改革的方法路径,总结经验,查找不足,提出后勤事业发展规划。

5.落实学校党委工作要求,开展特色活动,迎接新中国六十周年华诞。(1)按照《教育部办公厅关于转发中共中央组织部、人力资源和社会保障部〈关于在中华人民共和国成立60周年之际开展走访慰问老干部、老工人、老党员活动的通知〉》(组党字[2009]34号)的通知》要求,慰问后勤离休老干部、老工人、老党员共计25人。

(2)本年度组织了迎接新中国60周年华诞,"北京大学校本部·医学部后勤职工歌唱祖国祝福祖国合唱比赛"暨北京大学后勤第二届文化节。

6.加强领导班子思想政治建设、组织建设和干部队伍建设。(1)思想政治建设。坚持领导班子学习制度。重点是国家路线、方针、政策,"三个代表"重要思想和十七大精神,反腐倡廉教育,学校党政会议精神和后勤社会化改革文件纪要。在学习中,注意理论联系实际,强调"三个结合",即结合基层党组织建设,结合后勤改革发展,结合领导干部自身修养提高。坚持学习制度,做到有计划、有记录、有考勤。

(2)组织建设。坚持民主集中制,认真落实中央关于"重大事项决策、重要干部任免、重要项目安排、大额度资金的使用,必须经集体讨论作出决定"的"三重一大"制度。每月至少召开两次党委会,讨论党建和干部等重要工作。重要事项,召开党委委员扩大会,邀请行政领导干部或者基层党支部书记,共同议事。党委检查并监督民主集中制和党政联席会议制度等在基层单位的落实情况。

(3)干部队伍建设。① 配合学校党委,贯彻执行《党政领导干部选拔任用工作条例》,进一步建立健全干部选拔、任用、考核、交流、监督机制,认真履行干部选拔任用中的推荐、考察、测评等方面的程序,从制度上防止和克服用人上的不正之风。② 支持干部上岗培训和在岗教育,认真落实《中共北京大学委员会关于做好2004—2008年干部培训工作的意见》,根据《北京大学2004—2008年干部培训工作实施办法》,做好后勤干部培训工作。后勤有18名党员领导干部参加了北京市在线学习,丰富了培训形式,缓解了工学矛盾,促进了队伍建设。后勤干部通过参加培训,不断提高做好后勤管理服务工作的领导能力与决策水平。③ 配合党委组织部做好干部选拔、干部交流的组织考察与民意测评工作。2009年2月,学校任命卢永祥为昌平校区管理办公室常务副主任。2009年4月,学校任命徐晓辉为总务部副部长。2009年5月,学校任命王晓如为餐饮中心副主任。2009年6月,学校任命李贡民为燕园街道办事处主任、燕园街道党工委委员、书记(兼)。④ 贯彻落实中共中央颁布的《关于党员领导干部报告个人有关事项的规定》(中办发[2006]30号),严格按照《北京大学关于贯彻落实党员领导干部报告个人有关事项规定的实施办法》,做好副处级以上干部2009年个人有关事项报告和收入申报的相关工作。⑤ 在管理岗位聘任工作中,积极协调后勤中心主任和在改革后保留副科(含)以上待遇仍在管理岗位上的干部进行了聘任,这对于干部是增加了管理岗位聘任的晋升渠道并获得了待遇的相应提高,对于干部队伍建设是后勤干部统一进入学校管理岗位聘任序列的大事,有利于学校对后勤干部的统一管理,有利于提高后勤干部的积极性,加强了这支队伍的建设。⑥ 餐饮中心主任王建华获得方正(优秀管理奖)奖教金,调动了后勤管理干部的积极性。

7.加强党风廉政建设。后勤系统各单位管理和使用学校大量的资产,后勤干部手中掌握着一定的人权、财权和物权,后勤党委严格按照学校党委和纪委的要求,加强党员领导干部的法制观念和廉政意识,落实党风廉政建设责任制和相关配套制度,坚持重点人员、重点环节、多种形式监督,在党风廉政建设方面取得了一定成效。

(1)加强领导干部党风廉政建设。坚持思想预防为主,不断丰富学习教育的形式,在广大党员特别是党员领导干部中,逐步建立了反腐倡廉的教育机制。

(2)做好廉政风险防范管理工作试点推进工作,促进党风廉政建设工作和后勤保障服务工作的双赢。

(3)2009年9月,按照学校《关于转发教育部办公厅开展对落实〈关于加强高等学校反腐倡廉建设的意见〉情况进行量化考核工作的通知》等文件的通知(党发[2009]34号)和关于印发《落实〈关于加强高等学校反腐倡廉建设的意见〉进行量化考核检查工作方案的通知》(党发[2009]35号)文件的精神,后勤14个单位进行自查,促进了规范化建设和廉政建设。

(4)坚持干部选拔任用、财政资金运行等重点环节的监督,发挥党内监督、审计监督、社会监督等多种形式的监督作用,推行和完善党务公开、政务公开,后勤系统涉及人、财、物的大宗项目向校内公开、向社会公开,加大监督力度。

8. 加强党支部建设与党员的教育管理。(1)加强党支部建设。① 各单位党支部设置合理,能够按时进行换届选举。2009年,会议中心、餐饮中心党总支及所属支部完成换届。② 抓好党支部书记培训和有关登记备案工作。利用支部换届选举,严格考察书记人选,把选好一个称职的支部书记当成党委第一责任,目前,党支部书记中具有高级职称的比例基本达到50%。③ 支部的工作有计划、措施和总结,党委对支部的工作有指导、帮助、检查和评比。④ 后勤评选学校优秀党务工作者2人、优秀党务和思想政治工作奉献奖3人。

(2)加强党员教育管理保障服务。① 抓学习教育,认真组织党员学习邓小平理论和"三个代表"重要思想,科学发展观,党的基本路线、方针、政策,组织党章学习和反腐败教育等。不断丰富教育的内容和形式,将理论学习与讨论活动充分结合。② 健全党内组织生活制度,严格每月一次的组织生活,监督领导干部参加双重组织生活。③ 保障党员权利,扩大党内民主。认真贯彻《中国共产党党员权利保障条例》,尊重并保障党章规定的党员各项权利的实施。④ 尊重、理解、关心和爱护党员,坚持"上级党组织为下级党组织服务,党组织为党员服务",了解党员的需求与困难,有针对性地为离退休党员、一线党员、有困难党员和青年党员提供多方位多层次的服务。根据《关于申报北京大学2010年"生活困难党员帮扶补助对象"的通知》的精神,后勤党委申报生活困难党员共计8名,在党委组织部的帮助下,每名党员获得2000元补助金。⑤ 服务人民群众。进一步明确新阶段党组织的工作职责,把工作重点放到凝聚群众共同奋斗上来,始终坚持全心全意为人民服务。⑥ 发挥好党员的先锋模范作用。

(3)加强党员发展工作。克服"等人上门"的观念,主动工作,积极培养。党支部有年度发展计划,党委年初审批备案,年底对落实情况检查。针对后勤一线党员少,年轻党员少的状况,加大了在生产一线工人技术骨干和中青年中发展党员的力度。在吸收新党员方面坚持发展原则,既严格依照党章,又不求全责备,坚持"成熟一个,发展一个",慎重发展党员。在发展党员的过程中,认真进行外调和谈话,开好发展会和审批会,做到严谨、规范,各种材料齐备。2009年,发展党员8人。积极主动培养积极分子,组织后勤26人参加党校2009年度积极分子培训班,有25人结业,并且做到每个积极分子都有明确的联系人。

(4)加强党费收缴工作。根据党委组织部关于转发《中共中央组织部印发〈关于中国共产党党费收缴、使用和管理的规定〉的通知》的通知(组发[2008]22号),认真做好党费收缴,全年共收缴党费67476.95元。

9. 坚持办好《北大后勤》,加强宣传工作。以更加迅速快捷地传递后勤信息,在学校和后勤各单位中获得了较好的评价,成为向校内各单位特别是服务对象宣传后勤工作的一个重要载体。

10. 支持老干部和群众团体工作。支持学校的离退休和老干部工作。请离退休老同志到单位,主动向他们介绍学校和后勤工作的近期动态与发展变化,向他们发放《北大后勤》等宣传杂志,主动听取意见,改进工作。关心他们的思想状况和现实困难,帮助解决问题。组织好年底慰问和团拜。

支持后勤工会与共青团的工作。针对职工最关心、最急需解决的问题,努力为大家排忧解难谋利益,通过工会,努力做好每年节假日看望病号和慰问工作,把温暖送到职工的心中。积极支持工会开展多种形式的体育健身活动,增强职工体质,活跃文化生活。加强后勤团组织建设,于2009年4月指导后勤团委完成换届,支持后勤团委开展适合青年特点的活动,指导"青年文明号"、"青年岗位能手"的评选,指导团组织的评优工作,进一步增强了团组织的凝聚力,收到了较好的效果。

(朱滨丹整理)

主要后勤保障服务机构

会议中心

【概况】 北京大学会议中心是1999年9月正式组建的专业化服务实体,主要负责组织承办各类会议,开展各种形式的对外学术、文化交流活动;管理经营群众文化活动场所,组织校园文化艺术活动;为外国专家、留学生和中外宾客提供住宿、餐饮等服务。

会议中心组建时下设办公室、会议与学术交流部(对外称"北京大学对外交流中心")、百周年纪念讲堂管理部、勺园管理部、和中关新园管理部。

范强任会议中心主任,陈振亚、张胜群、刘寿安、孙战龙、杨敏任副主任。郝淑芳任中心办公室主任。2009年共有员工789人,其中学校编制员工168人。2009年会议中心被评为海淀区交通安全先进单位。

2009年会议中心克服困难,加强统筹,积极挖掘潜力,千方百计增收节支,保持整体经营状况基本稳定,取得良好效益,全年总收入8919万元,利润2001万元,上缴学校800万元。其中对外交流中心收入1269万元,利润413万元,上缴学校50万元;讲堂收入1381万元,利润356万元,上缴学校50万元;勺园收入4514万元,利润1172万元,上缴学校700万元(含上缴学校教育基金会100万元纳入北大正大基金,支持学校教学科研工作);中关新园收入1755万元,利润60万元。

2009年交流中心会场对校内单位免收、减收费用85.4万元;讲堂支持校内活动免收112万元;为师生艺术团体免费排练177次,在低价位基础上以兑换券形式再为师生让利20%,2009年销售兑换券2580本,优惠6.45万元,坚持帮助贫困生走进高雅艺术殿堂,为贫困生免费发送兑换券折合6000元。

在会议中心总体框架下,2009年对外交流中心、讲堂、勺园、中关新园继续紧密合作,在管理、经营上相互借鉴,在人员、设备等方面相互支援、互通有无,齐心协力,优势互补,共同承担和高水平完成了第60届国际电化学大会、首届中美省/州级立法领导人论坛、北京论坛(2009)、北京大学全国中学生模拟联合国大会、学校春节团拜会等多项工作,进一步显示了会议中心在承担学校重大对外接待、组织会议与学术交流、开展校园文化活动和提供涉外生活服务等方面独特的专业化优势和整体综合实力。

2009年,会议中心继续加强自身班子、队伍和制度建设,着力提高中心整体化程度和管理工作水平。坚持主任班子分工负责、集体领导作用,全体成员更加全面地关注中心整体运行与发展状况,共同承担管理责任。

会议中心注重加强干部队伍建设,2009年利用会议中心成立十周年的契机,以"回顾历程,总结经验,推进会议中心科学发展"为主题,认真回顾过去历程,总结成功经验与切身体会,深入研讨规律,积极思考未来,增强了为北京大学创建世界一流大学提供服务的使命感和责任感;提高了为北京大学创建世界一流大学多作贡献的自觉性和主动性;提出了争创一流会议中心的发展目标。

2009年会议中心开展了庆祝成立十周年系列活动,由总结性、学习性、娱乐性、宣传性、酬宾性、庆典性活动共六个部分组成,分三个阶段进行,历时约10个月。以总结经验、宣传成果、传承精神、凝聚队伍、鼓舞士气、促进发展为目的,陆续组织"我与会议中心同成长"主题征文和乒乓球、象棋、卡拉OK、游戏大联欢、文艺汇演等文体竞赛活动,编制会议中心画册(2009版)、制作"走过十年"电视专题片、发行北京大学校报会议中心专刊,为师生发放近万张电影招待券,举办招待会,评选表彰优秀集体和员工等系列活动,丰富企业文化,营造和谐氛围,增强会议中心整体性,进一步提高管理水平和服务质量,为会议中心未来发展奠定基础,收到良好效果。

(范 强 郝淑芳)

【对外交流中心】 对外交流中心由陈振亚兼任主任,崔岩任副主任,2009年共有员工34人,其中学校编制3人,另有学生助理30余名。

1. 重要活动接待。2009年接待重要会议和活动93场次,其中包括新西兰总理约翰·菲利普·基阁下北京大学演讲会、刘延东国务委员北京大学座谈会、英国能源与气候变化事务大臣爱德华·米利班德北京大学演讲会以及北京论坛(2009)等。

2. 会议筹办。2009年参与筹备策划国际国内学术研讨会议11个,其中大型会议数量居多,超过500人的会议3个,最大规模的会议参会代表达1300人,"首届中美省/州级立法领导人论坛"的高级别、高规格打破了国际会议的接待惯例。

3. 海外团队。2009年接待"香港演艺学院北京大学国情研修班"等海外交流团队、国情研修班17个共500余人;接待14个国家和地区5000余名宾客参观。

4. 会场租赁。2009年共为

3849场活动、25.6万人次提供会场服务。

(陈振亚　刘昕果)

【百周年纪念讲堂】 2009年讲堂遵循"正视现实,挑战自我;强基固本,稳中求进"的年度工作方针,继续致力于繁荣校园文化、弘扬高雅艺术、服务素质教育、开拓文化市场,承办各类演出、电影、会议等总计975场。百周年纪念讲堂管理部由刘寿安兼任主任。2009年共有员工74人,其中学校编制员工6人,另有学生志愿者115人。

1. 贴近师生需求,策划精品节目。2009年讲堂开展观众满意度调查、进行节目上座率分析,从师生欣赏需求出发,推出演出188台,电影119场,展览16个,艺术课堂9讲,观众达44万人次。除新生音乐会、新年芭蕾音乐会、北京国际音乐节等品牌外,还策划大讲堂·相声空间、经典京剧场、经典梆子唱响北大等系列活动,赴俄罗斯引进优秀项目,受邀参加中央芭蕾舞团、北京京剧院等研讨活动,巩固拓展与国内外艺术团体的合作。基本实现电影大片、新片与社会院线同步放映,策划《南京,南京!》《建国大业》等"影人交流",面向校内师生推出九期大讲堂电影公选活动。

2. 突出宣传优势,承接亮点活动。2009年讲堂网站发布消息、专访、评论近300篇,稿件质量和时效性均大大提高;规范《大讲堂》期刊编辑流程,明确了"推广艺术,传递信息,展示内涵,搭建平台"的办刊理念。

继续承办"影响世界华人颁奖盛典""最受尊敬企业家颁奖典礼"等广受社会各界关注的大型活动;配合学校接待党和国家领导人14人次,部委领导251人次,各国使节15人次,还接待了张艺谋、冯小刚、乔羽、杨澜、范曾等重要嘉宾。

3. 配合学校工作,切实服务师生。在抢时间、保安全的前提下,讲堂全力配合学校完成"纪念五四运动90周年暨建校111周年庆祝大会"、悼念季羡林先生、国庆庆典转播等重大活动。

4. 推动人力资源"规范化"拓展。运用现代人力资源管理理论,从"纵、横、点、面"四个维度,设计了新的薪酬体系;规范了招聘流程;制定《讲堂培训管理制度》,构建了含岗前培训、在岗培训、转岗培训及自我培训的培训管理系统。

5. 促成ISO体系"本土化"融合。发挥ISO9001国际质量体系的过程控制作用,借助内、外审核,进一步与实际工作相结合,完善各项流程、记录,联系实际,繁简相宜,加深了全员的理解认识,并成立质检小组,形成长效检查机制。

6. 体现队伍建设"人性化"因素。注重基层管理者培养,切实发挥班组长例会、读书会、部门晨会等作用;提升员工综合素质,聘请校内外专家进行北大传统、礼仪规范、企业文化等各方面专题讲座;确保员工合理休息,对一线岗位尝试分班轮换上岗;装修宿舍改善员工生活条件。

(刘寿安　李春亮)

【勺园】 勺园管理部由范强兼任总经理,马钧任常务副总经理。范强还兼任北京大学正大国际中心总经理,马钧兼任北京大学正大国际中心常务副总经理。2009年共有员工399人,其中学校编制员工154人。

1. 秉持宗旨,服务主体,完成各项接待任务。2009年接待宾客18457人次住宿;各类会议516批,短训班40批;年平均住房率85.3%;30多万人次在勺园就餐。承担了一系列学校重要接待活动,如庆祝燕京大学建校90周年、北京论坛、联合国基金会、沙特石油大臣来访等。安排了506名新生入住,来自70多个国家的近千名长期留学生和外国专家居住在勺园,接待了近600名短期留学生。

2. 完善宾客满意度保证体系,改进服务品质。2009年勺园就建立完善宾客满意度保证体系提出了目标,制定短信形式感谢、"我最喜欢的饭菜品种"调查等措施。规范VIP接待报送流程,提高了VIP接待水平。圆满完成中心财务整合任务,实现由久其系统转换,为收银点申请了多台税控机。

3. 注重质量提高和结构优化,加强队伍建设。优化干部队伍结构,选聘2号楼餐厅经理,首次从社会和中心兄弟单位选聘干部。对316名员工逐一进行岗位确认,新录用62名员工。首次引进石家庄旅游学校烹饪专业实习生,增加了实习生专业和来源渠道;共接收4批实习生44人,又有3批32名同学完成实习任务顺利结业。

4. 强化目标责任,努力提高经营效益。首次明确了2009年经营总体目标,在总体目标和预算下,各部门明确经营责任,圆满完成经营目标,按时足额完成上缴任务。

5. 紧扣工作需要,开展学习和交流。制定学习计划,组织骨干外出参观学习,及时就考察内容进行总结汇报。深化联合会单位的交流合作,接待20余所高校50多批同行来访交流。训导网络构建、运行进一步成熟。33名训导员全年共开展培训230次,受训员工2600人次。开展现代酒店基层管理专业培训、新聘任上岗干部培训等培训,提高管理和服务水平。

6. 保持稳定运行,进行设施改造和设备更新。在保持稳定运行基础上,对局部硬件设施进行改造,改善餐厅的运作及就餐条件,优化了留学生住宿条件。

7. 倡导核心价值,加大文化建设。继续全面实施劳动合同法有关要求,保障员工权益。规范员工薪酬待遇体系,进一步完善工资结构,提高待遇水平。总经理班子成员等干部节假日与员工共度佳节;国庆期间组织员工观看国庆阅兵直播。安排44名员工旅游;组织离退休人员活动,安排员工健康体检。贯彻学校的统一部署,制定防控甲流预案,有效地预防控制,保证各项工作的有序进行。不断提高勺刊质量,规范办刊标准,进行勺刊满意度问卷调查。

(马 钧 杨晓雨)

【中关新园】 中关新园管理部由张胜群兼任总经理,孙战龙兼任副总经理,王桂云任副总经理。2009年共有员工282人,其中学校编制员工5人,学校财务部派驻会计1人。

1. 6~9号楼良好运行。7月15日接收6号楼留学生公寓,在完成配置家具等筹备工作基础上,9月1日首批留学生入住。至年底共有来自24个国家的134名留学生在住。11月6日,和园主题餐厅试营业,填补了中关新园餐饮服务功能的空白。8号楼博士后公寓232名博士后在住,2009年共入住138户。6月底完成中央制冷分户计量工程改造,7月初开始分户计量。9号楼经过了一年的完整运行,客房部分年平均入住率为44.43%,2009年共接待215批次团队的11942人住宿;专家公寓部分年平均入住率60.37%,针对宾客的不同需求,制定并实行了标准服务、有限服务、有偿服务三种服务方式。8月8日,中关新园邮电所正式营业,在服务宾客的同时也为中关园居民提供了便利邮政服务。

2. 1~5号楼工程接近尾声。继续协助基建工程部推进1~5号楼工程建设。至年底1~3号楼内部精装修已经完成90%;4~5号楼地上部分基本完工;楼宇配套外线工程已全面开工并接近完成;第168号地热井水处理房工程已进入验收阶段。

3. 招标工作稳步推进。2009年共推进23个项目(招标总金额约5586万元)招标工作,至年底已完成1~2号楼酒店灯具采购等17个项目,另有6个项目正在进行中。

4. 队伍建设逐步加强。以多种形式广揽人才,针对新建队伍特点,加大培训和管理力度。从实际出发,逐步理顺并解决了工时排班、劳动合同等诸多难题。2009年组织各类培训102余次,举办第一届业务技能大赛。2009年共招聘、选拔、调任各级管理干部18名。

5. 日常管理向制度化、规范化迈进。建立每月召开经营分析会制度,对上月经营情况进行汇报和分析,对当月工作进行规划安排。制定并完善各项管理制度,2009年共出台和修订制度15个。完成留学生公寓房价标准申报及备案工作。在调研工作基础上,进一步完善客房和专家公寓房价体系,针对不同来源客人采取不同销售策略,以应对激烈的市场竞争。推进并完成项目收费立项工作,根据学校要求和业务开展需要安装使用税控机,规范各类收据、发票等票据使用,切实降低财务和税务风险。借助泰能酒店管理系统等五大管理系统规范信息化管理工作,进一步理顺各项工作流程,提高工作质效。

(张胜群 何海燕)

餐饮中心

【食品安全】 2009年,餐饮中心通过定期培训与日常监督相结合的方式,规范工作流程,严格卫生制度,确保了全年未发生任何食品安全事件。迄今为止,餐饮中心已经连续52年未发生群体性食源疾患,有效保证了全校师生的饮食安全。餐饮中心于4月份,分两次举行《食品安全法》专题培训,特邀海淀区卫生监督所专职高校餐饮监督员讲授,餐饮中心全体员工参加了培训。

【保证伙食价格稳定】 2009年,食品原材料价格仍处在高位运行,保持学校伙食稳定工作依然严峻。为应对压力,餐饮中心通过参加北京高校联合采购、节约挖潜、开发新菜品及内部统筹调控等方式平抑物价上涨给伙食管理造成的冲击,保持了全年伙食基本稳定和财务安全运转。作为北京高校联合采购中心主任单位,2009年,北大餐饮中心积极倡导并牵头组织了第十届和第十一届北京高校食品原材料联合采购招标大会,北京市74所高校参加了联合采购活动,占北京高校总数的80%以上,全年采购总量达27223.4382万元,比2008年增加了19%。

【重要荣誉】 2009年6月,艺园食堂、康博思快餐、燕南美食、畅春园食堂4个食堂全部一次性通过市卫生局验收,被评定为北京市食品卫生等级A级食堂。至此,餐饮中心8个学生食堂已有7个达到A级标准,A级食堂普及率达87%。

【节能减排】 2009年暑期,餐饮中心完成了对学一食堂、学五食堂、艺园食堂的节能蒸箱改造,将统一供应改用全国各高校食堂普遍采用的"直蒸法",并将蒸箱更新为节能蒸箱。此项措施大大降低了能耗,同时餐饮中心将节约的伙食成本直接补贴到日常学生伙食,让同学们从中受益。

(甄 涛)

水电中心

【概况】 全年北京大学供电量约

为10947.7483万度;全年供水量约为262.3834万吨;全年共完成零修小票22386张;全年燕北园维修室供电量约为347万度;全年燕北园维修室供水量约为15万吨;全年燕北园维修室完成水电零修小票7480余张。

【校园供电系统】 2009年,水电中心电管科负责运行管理的校园供电系统全年8760个小时无一次人为原因造成全校停电,为学校教学科研工作创造了良好的用电条件。完成对校园电网包括1座110 kV电站、9座开闭站、30多处10kV配电室、10余座箱变、100多台变压器在内的清扫、检修、试验等工作。对用电负荷不断增加家属区输配电线路及设备进行了调整并加大维修力度,加强线路巡视,保证了家属区全年的用电安全。共完成了5次高低电缆故障抢修工作,保证了校园电网的稳定运行。对全校近2000盏路灯进行巡视和检修;对全校建筑防雷、避雷器51处509个点进行了检测,对检测不合格的地方进行了检修,并按照上级检测部门的要求对部分老楼进一步完善防雷系统提供了改造方案。

【校园给排水系统】 安排人员清通校内雨水管道,特别是对学校重点部位进行了疏通和清理。将全校的排水和上水系统进行检修,重点针对场主管线排水、给水系统,消除一切安全隐患。完成对全校6台水井的消毒设备的运行管理工作。确保了北京大学水源的清洁,保证全校师生喝上放心水。认真做好挖漏抢修、检修阀门、疏通下水管道、夏季换纱、清修全校污水泵等,为全校师生的教学和生活提供了良好的用水环境。

【校园水电收费管理】 水电中心收费科完成了对全校近千户公用单位、7300多户居民、30余座学生宿舍楼、近6400户IC卡售电户的查表、检修和水电收费等工作。

【校园零星维修】 2009年,水电中心维修班组共完成水电维修小票22386多张,检修更换各类应急灯1131套;挖挖漏抢修98处,检修阀门水表400余处,挖淘下水井16座,疏通下水管道30000余米,夏季换窗纱240平方米,清修全校污水泵10处。燕北园家属区维修组完成上下水零票3500张左右;玻璃等其他零票350张左右;电工零票3200张左右;公共设施零票430张左右;挖漏6处。继续推行校内维修车流动维修服务,该车校园维修服务工作行程超过11000千米,完成维修服务小票5800余张。

【防汛抢险工作】 汛前,水电中心加强校园日常排雨系统维护,保证学校排水系统畅通;做好排水系统的疏通检修工作。汛期,防汛小组共接居民报修电话83个,出险抢修71次,清掏雨水沟1610米,清理雨水井88座,清理渣土40立方米,为居民修缮漏雨房屋、阳台10余处。

【校园水电施工工程】 2009年共完成昌平园区改造工程、办公楼配线系统改造工程、物理学院电力改造工程、企业家研修院室外电气安装工程、55楼上水改造工程、学生区新建消防给水工程、校医院给水及消防外线工程、北大留学生公寓2期外线给水工程、人文大楼水系暗涵改线工程、家属区水电表更换工程、学生宿舍暑期检修工程等60多项水电设施、线路的新建和改造工程。

【校园水电物业管理】 2009年,水电中心继续完成理科楼群、光华楼、生命科学大楼、第二教学楼和畅春新园学生公寓等20余万平方米的楼宇的物业管理工作。

(张海峰)

供暖中心

【概况】 2009年,供暖中心有正式职工73人,流动编制11人,外来务工人员60人。中心下设综合办公室、财务室、生产技术科、预算合同科、供暖运行科、燃气运行科、外网维修科、电气维修科、材料科等9个部门。

【供暖工作】 2009年供暖中心辖区供暖面积1701732.4平方米,其中燃气锅炉房315169平方米、集中供暖燃煤锅炉房1299303.68平方米、北大附中65637平方米、科学院四栋楼9540平方米、技物楼12082.72平方米。2009年中心对集中供暖锅炉房脱硫除尘系统进行改造,此次改造工程拆除原有三套旧的麻石除尘装置和原有风机,新建麻石主塔、副塔和文丘里装置,并安装脱水器,引风机。2009年6月中心利用夏季检修完成了集中供暖锅炉房2#炉前后拱拆除修复和集中供暖锅炉房1～4#锅炉炉排大修任务。此外中心对各锅炉房设备进行维修保养,更换燕北园锅炉房一次水泵配电柜,更换14台各类水泵。中心还对室内外管网进行了检修和更新,包括燕北园部分居民楼的外线管道、畅春园洗车房暖外线、幼儿园暖气系统改造、燕东园38楼、40楼进户及回水更新、光华楼回水更新、化学楼进户更新、农园食堂暖管更新、老生物楼干管更新、社区服务中心蔚秀园粮店室内采暖改造、昌平校区外管网保温、采暖室内系统、锅炉房设备改造、中关园留学生公寓二期采暖外线工程、镜春园83号院采暖外线工程等并完成了蔚秀园、燕北园锅炉房装修工程。

【浴室工作】 2009年6月总务部会同中心对校内学生大浴室进行全面装修改造。更换水、电、暖系统,粉刷墙壁、更换墙砖、防滑地砖、重砌楼梯,增加淋浴隔断等,校内学生大浴室于9月1日正式投入使用。2009年校内学生大浴室连续三年被校团委授予"青年文明号"的光荣称号,得到广大师生的认可。

【党总支工作】 从2009年3月23日至2009年7月上旬，认真开展学习实践科学发展观活动，中心党总支深入贯彻党的十七大和中央纪委三次全会精神，认真落实《北京大学关于加强反腐倡廉建设的实施意见》，以科学发展观为统领，深入推进中心反腐倡廉建设工作。2009年中心党总支发展三名新党员，为党组织注入新的血液。

【工会工作】 2009年供暖中心工会积极发挥桥梁和纽带作用，关心职工生活，大力开展送温暖活动，积极开展丰富多彩的文体活动，对患病、特困职工进行慰问帮助、组织职工去贵州休养等，在活动中增强职工主人翁精神，得到上级工会的认可。

（解　芳）

校园管理服务中心

【概况】 2009年校园管理服务中心有正式在岗职工48人，合同制职工220人，离退休职工273人，代管职工7人。下设中心办公室、财务室、绿化环卫服务部、保洁服务部、茶饮服务部、收发室、订票室等职能部门。

【绿化管理养护】 完成全校87万平方米绿地、514株古树的日常绿化养护管理，配合建国六十周年大庆、节日摆花包括地栽植物达12万(盆、株)，完成200余个会场的摆花任务。全年挖蛹30余斤，打药360车。

【荒山绿化】 完成3505亩山地荒山义务植树的日常管理与养护工作。全年种植树木500株；抚育野生树2100株；修剪树苗折合任务量13750株，修割防火道143000平方米，修山间小道3500平方米。全年计划植树37750株，实际完成植树任务37845株。新建改建绿化项目有北大出版社大兴园区环境绿化工程、幼儿园土建改造工程、蔚秀园幼儿园道路铺装工程、中关园道路铺装工程、岛亭甬路铺装工程、石舫围堰工程、牡丹种植等6项工程。

2009年7月至12月完成了校本部绿化普查，绿地面积78.99公顷；绿化覆盖面积82.04公顷；绿化率45.14%；绿化覆盖率46.89%；胸径10厘米以上乔木27643株；灌木58083株；古树514株，对今后工作安排、业绩考核提供了更翔实的参考资料。

【环卫保洁工作】 2009年完成校本部38万平方米校园的清扫保洁和10万平方米湖泊的清理保洁工作，公共教室272间22050个座位、63100平方米的清扫保洁工作，负责校内50个院系、所、室77181平方米的保洁清扫有偿服务工作。2009年校本部清运生活垃圾4745标准箱，粪便清掏清运603车，清运树枝及建设垃圾970车，配合学校爱委会对校本部200多座教学、办公、宿舍楼灭蟑灭蝇工作。

【其他工作】 2009年分拣、投递报纸646560余份，杂志42816本，挂号信、单98875份，国内信件268275封，国际信件54021封，国内印刷品181.772吨，国际印刷品30662斤。现售火车票35340张，飞机票2310张，完成寒暑假预订火车票18216张。饮用开水供应17000吨。9月1日在北京站、北京西站设立迎新站，接待新生到校及行李发放工作。

（刘凤梅）

运输中心

【概况】 2009年为做好安全运输，中心将安全生产管理的科学化制度化与司机安全驾驶、法规教育有效结合，注重安全薄弱环节的跟踪检查，使各项安全管理措施落实到位，保证了学校各项运输任务的顺利完成。

【迎新工作】 2009年9月中心动员全部大客车总运力15台投入迎新工作，在车辆紧张、道路戒严等不利情况下，圆满完成新生党员和新生及家长安全送校任务，2009年接新工作，为中心今后接新工作提供了宝贵经验。

【车辆维护】 2009年中心车辆调整基本到位，完成了黄标车更新淘汰工作。车辆结构符合发展预期，车型比较统一，大中小车辆配置符合学校用户要求，从全年车辆运行情况汇集来看，能够为学校提供的综合运输能力有了很大提升，班车更新后乘车环境得到提高，运行平稳。

（牛林青）

幼教中心

【概况】 幼教中心目前有教职员工141名，其中在编职工42名，外聘人员99名。现有教学班27个，亲子班1个。在园儿童721名，教职工子女432人，占总数的60%；三代子女154人，占总数的21.3%；外单位子女135人，占总数的18.7%。

【重要活动】 1. 承办第七届全国学前儿童健康教育学术研讨会现场观摩活动。2009年4月21日，来自中国学前教育研究会的10位专家及全国50多所幼儿园教师代表来到北大幼教中心观摩交流。

2. 高度重视幼儿园疾病预防工作。2009年幼教中心全面加强幼儿卫生保健工作，制定一系列幼儿园相关的预防措施及防控预案，并明确指示幼儿园要采取严格的疾病防范措施，将工作做到前面，防患于未然，全力保障在园所有儿童的健康安全。2009年6月10日,幼教中心召开了"防控甲型H1N1流感工作"会,成立了防控甲型H1N1流感领导小组,关注甲型H1N1流感动态,做好防控传染病工作。中心王燕华主任针对托幼园所如何防控进行了进一步的部署,传达了"海淀区疾控中心为全区保健医培训会"的精神,并呼吁所有家长协助幼儿园共同做好防控甲型H1N1流感工作。

3. 中心舞蹈获得北京高校第二届文化节文艺汇演一等奖。2009年11月4日,在北京外国语大学礼堂内举行的北京高校第二届文化节文艺汇演共有海淀区十余所高校单位参加,幼教中心的教师舞蹈代表团经过层层选拔代表北京大学受邀参赛,最终获得了文化节一等奖。

4. 坚持科学发展观的理念,努力加强两支队伍的建设。2009年,中心加大对管理干部队伍及教师队伍的建设。教师参加中国学前教育研究会和北京市教育研究会的征文评比活动,10多篇论文获得一等奖、二等奖和三等奖;2名教师在全国第七届学前儿童健康教育学术会获得论文二等奖和三等奖;4名教师获得海淀区的优秀教育工作者和优秀青年教师;1名骨干教师获得北京市优秀教师称号;1名教师获得北京市教师教育技能基本功优秀奖;2名教师获得优秀教育活动创新奖;9名教师获得海淀区学科带头人和骨干教师的称号;8名教师获得北京市学前教育研究会优秀论文奖10名教师的教育活动案例分获海淀区幼儿园优秀教育活动评选的创新奖、一、二、三等奖。

5. 参加中国学前教育研究会组织的四川支教活动。2009年7月1日,幼教中心委派两位骨干老师参加了由中国学前教育研究会冯晓霞教授、早教所梁雅珠所长等呼吁和精心组织的"流动幼儿活动",来到5.12地震后的四川,为来自广元市区以及下属的青川县、剑阁显、旺苍县、苍溪县共250名幼儿教师进行为期3天的培训与交流。

6. 加大力度,改善办园条件。在学校及总务部领导的大力支持下,2009年幼教中心两所幼儿园的主教学楼、办公楼、特教资源楼、伙房、部分户外活动场地、院墙、大门等进行了装修、改造和扩建,消除了重要的安全隐患,保障了基本的安全。为幼儿户外活动场地铺装橡胶软地垫,为儿童添置玩具、图书、套床、消毒柜、装置教室展版、添置教学用电脑、投影仪,为伙房添置A级食堂所需的炊具设备等等,大大改善了中心的办园条件,为孩子们营造了一个安全、美观的教育环境。

【党总支工作】 坚持抓好党团建设。幼教中心党支部目前有党员31名,其中大专以上学历的党员29名,青年党员5名。支部重视党员思想建设,积极开展学习和民主生活。利用假期,组织党员开展了红色之旅活动,使党员在思想上有了进一步提高。6名党员积极分子的参加学校党课培养并获得结业证书。连续荣获校级"青年文明号"的称号。

【工会工作】 积极发挥工会组织的作用。为调动职工的工作积极性,增强职工的主人翁意识,中心积极发挥工会组织的作用,多方面关心职工生活。幼教中心部门工会也被校工会评为"先进教工之家"。

(张玉萍)

电 话 室

【概况】 2009年在完成学校电话通信保障工作任务中,认真贯彻落实科学发展观,树立全面发展、协调发展和可持续发展的思想,认真贯彻党的十七大会议精神,认真抓好党风廉政建设,抓好党员干部的政治理论学习,提高了理论水平和政治素质,在各个岗位上发挥了模范带头作用和班组长的骨干作用。

电话室现有职工34人,其中在职职工9人,务工人员8人,退休职工17人。现有电话业务、电话线务、电话收费、IP长途电话、电话号码查询及文印等岗位。

【任务完成情况】 新安装电话1500余部;迁移电话1000余部;检修电话8000余部,其中学生宿舍201电话6000余部;安装电话宽带(ADSL)350部;维修电话电缆2.6万米;修复各类电话故障600余个;受理各类电话业务900余宗;收缴电话费20万余户;电话号码查询5.8万人/次;打印各类文件1.38万份,印刷复印文稿19.6万余页。

【线务增改情况】 物理学院金工车间新楼新增20对电缆200米。数学学院改接线路200对电缆150米。工学院改接线路200对电缆300米。电教新增100对电缆400米。

【通信保障工作】 2009年完成老法学楼改造,新体育馆周转办公,及时新装、迁移电话200余部,保障了院系电话的使用。经济学院新综合大楼正式启用,时间紧、任务重,在保障电话不影响使用的情况下,迁移电话110余部,新装电话60余部,保障了经济学院电话通信。校医院新楼投入使用,迁移电话60部,新装电话20部,全部及时到位,保障了校医院正常使用。新学期迎新工作开始,电话室协调联通公司及学生宿舍管理中心为新生赠送201及手机卡6000份,保证了学生的使用。

【内部管理】 认真落实岗位责任制,明确分工,责任到人,层层负责,坚持一级抓一级的原则。按照联通公司对电话通信任务时限和标准化服务要求,做到对电话安装、迁移、业务办理等方便、快捷、高效,不断提高整体服务的水平。严格按照岗位需要聘用务工人员,签订劳动合同,并按照单位制度进行规范化管理。提高务工人员服务意识,强化遵纪守法教育,增强安全意识和法制观念。关心务工人员生活,不断提高务工人员待遇,及时解决生活中遇到的困难,使务工人员全身心投入到工作中去。

把好安全关,在各项工作中严格遵守各项规章制度安全操作规程,明确重点,强化安全意识,并把安全工作和津贴奖金挂钩,把安全工作进一步得到落实。严格考勤制度,合理调配人力,积极完成通信保障服务任务。

(马红梅)

学生宿舍管理服务中心

【概况】 目前中心共管理校本部燕园校内、畅春新园、畅春园(簸斗桥)3个学生宿舍园区,共计33栋学生宿舍楼,分37个楼管组进行管理。额定住员20754人。中心共有职工195人,其中校编10人,返聘4人,流编1人,外聘楼长111人,保洁员54人,维修人员15人。

【毕业生离校】 今年北京大学本部住宿毕业生5970人,分布在25栋宿舍楼。中心先后召开多次会议布置毕业生离校期间的各项工作,学生宿舍秩序井然,学生心平气和没有出现违纪行为和不文明行为。毕业生离校后,中心配合各施工单位开展了暑期宿舍修缮工程。

【迎新工作】 中心在暑假期间就做好了6490名新生入住的各项准备工作。中心各部门职工分散到总指挥站、学宿中心办公室、宿舍区,真正做到了关心新生,体贴新生,服务新生。

【"文明卫生宿舍"创建】 2009年12月有1134间学生宿舍荣获"文明卫生宿舍"称号,有3528名同学获得"文明卫生先进个人"称号。同时有491名楼委会同学获得"优秀组织"表彰嘉奖。

【安全保卫工作】 2009年中心多次组织安全检查,落实日常安全检查工作机制,各楼管组每月三次对楼内安全设施、设备、标识等进行逐一检查,确保安全可靠。同时配合北京大学做好春秋季联合安全检查,今年的两次大型检查覆盖全部学生宿舍。

【甲型H1N1流感防控工作】 为加强学生宿舍甲型H1N1流感防控工作,中心成立防控领导小组。制定防控工作预案,做好应急处置准备工作;完善防控工作网络,建立快捷的信息报送机制;购买消毒液、体温计等防控物资,并发放到各个楼管组,确保满足防控救治工作的需要;加强卫生管理,做好宿舍楼公共场所的卫生消毒工作。

【未名木器厂】 未名木器厂承担了21000余套学生家具、全校165个公共教室16274个座椅、办公楼、部分院系办公室、实验室家具的维修、保养任务。同时作为安全防火重点单位,严格执行安全制度、制定安全预案及定期排查隐患。

(宋 飞)

特殊用房管理中心

【概况】 特殊用房管理中心(简称"特房中心")成立于2007年4月10日,主要负责北京大学万柳公寓的运行和管理工作。万柳公寓总建筑面积10.06万平方米,其中:学生公寓4.32万平方米、高级教师公寓4.32万平方米、商业部分1.42万平方米,共四栋塔楼。

万柳公寓1~3区共计147套房,873间。4~6区高级教师公寓共计168套房,715间。北大学生和老师入住房源占总房源的54.2%,校外入住房源占总房源的45.8%。万柳公寓现共入住4025人,北大师生入住2094人,占总人数的52%。校外入住1931人,占总人数的48%,房屋入住率几乎达到100%。

【科学发展观学习】 按照学校的要求,特房中心成立了深入学习实践科学发展观领导小组和工作小组,制定了学习实践科学发展观活动实施方案,分阶段深入学习落实科学发展观。

在学习调研阶段,特房中心组织主管以上干部和全体机关工作人员,认真学习了温家宝总理政府工作报告,学习闵维方书记专题报告,并邀请社会科学部部长程郁缀教授作题为"中国传统文化与深入学习实践科学发展观"的报告。

在整改落实阶段,特房中心领导班子重点回顾了特房中心在发展中需要解决的问题,对关系到特房中心组织建设、队伍建设的问题进行了认真梳理,针对特房中心162名工人、22名管理人员队伍的发展需要,经报告学校批准,成立了特房中心党支部和部门工会。

【房屋使用】 按照学校青年教师入住万柳公寓的三年规划(2007至2009年),2009年特房中心顺利完成154名青年教师的住宿,对于申请入住万柳公寓的16个院系的686名新生全部稳妥地安排入住。

2009年国家知识产权局705名公务员先后于1月和8月入住万柳公寓4至6区;9月4日人大400名HND新生入住万柳公寓3区。截止到2009年底,万柳公寓住房已满负荷运行。

【财务收支】 2009年,特房中心实现收入4741万元,运行费支出1667万元,在保证正常运转的前提下，上交学校2000万元，教师住房抵冲712万元，合计上交2712万元，圆满完成了收支预算计划。

【硬件建设】 特房中心按照现代化公寓的标准，自7月份开始对1～3区进行装修及安装空调和热水器。

继续4～6区后续改造工程，完成入口大堂、辅助用房的吊顶拆换、墙面粉刷、卫生间和顶板防水改造工程；基本解决4至6区非北大产权的底商餐厅油烟造成的楼道内异味、噪音、室外污水井堵塞等问题。重铺沥青地面4800平方米，新砌筑围墙180米，新建自行车棚108平方米，增加汽车泊位50个，维护绿化1453平方米，在观景平台上新建不锈钢玻璃连廊132平方米，不锈钢避风阁28平方米、石塑地面铺装117平方米。

【甲流防控】 在全校抗击甲型H1N1流感的特殊时期，特房中心从大局出发，为学校分忧解难，想方设法、创造条件保证入住万柳公寓师生的身体健康和生命安全，制定了甲型H1N1流感防控预案，构建了甲型H1N1流感应急和快速反应机制；在万柳公寓设立24小时值班及疫情监控联系电话，设置了专门隔离区，完善了消毒应对措施；加强了宿舍、食堂、会议室、多功能厅等师生、住户学习、生活等地通风，保持空气流通。

为了抗击甲型H1N1流感，缓解学校教室和食堂的人流压力，让住在万柳公寓的学生尽可能留在万柳上自习和就餐，特房中心自6月以来，拿出3区二层通风和光线较好的经营用房788平方米，改建、装修成学生自习室，取名"学思堂"。"学思堂"可同时容纳500多名学生上自习和无线上网。

【安全管理】 安全工作是万柳公寓的重中之重。2009年，中心对安全规章制度进行全面梳理、完善，制定了"北京大学万柳公寓安全管理规定""万柳公寓消防安全管理规定""工程施工安全管理规定""食品卫生安全管理规定"等文件制度，形成了完整、规范、科学、有效的安全管理规章制度体系。

开展了全员安全培训，通过专家讲解、观看消防演习光盘，实际演练消防器材，使全体员工熟知防火基本知识和万柳公寓安全规定。加大对一线员工的安全管理知识、安全操作规程、安全操作技能及特种作业安全操作等方面的安全专项培训，努力提高各工种的安全素质。全年安全培训700人次，培训率100%。2009年，全园区范围内安全综合检查10次，安全抽查26次。

【公寓运行】 客务部全年接待104200人次，接听咨询电话31025个，收取1408名北大学生住宿费及补贴电费。住宿收费率达到100%。服务台分拣、投递挂号信、快件、包裹12700件，分发报纸10950件；客房服务热情周到，全年除接待散客外，还接待了11批团队客人，没有一例投诉。

万柳食堂由年初日均营业额6000元增加到12000元，日客流由1000多人增至近3000多人，全年实现收支平衡。食堂饭菜品质好，安全可靠，货真价实，深受师生和客人的好评，获得2009年中国行政管理协会后勤工作管理委员会授予的"优秀规范化食堂"的奖牌和荣誉证书。

运行部全年接到了老师、同学的报修电话累计10960次，报修及时率、合格率达到98%，全年零投诉率，获得学生赠送"爱岗敬业、服务大众"锦旗，多次受到师生的表扬。

热力站顺利完成了全年的供暖、制冷计划，保证供暖室温16摄氏度以上，制冷25摄氏度以下。2009年空调制冷面积1.7万平方米，供暖面积12万平方米。

配电站365个日夜不间断运行，全年未出现计划外停电事故，全年完成供电653.42万度，全年利用低谷时段道闸17次，全部设备保养检修。全年在调整变压器节能运行、在配合商户查表等方面节约了资金，为万柳公寓的正常运转做出了贡献。

保洁部将每一个卫生区域落实到人，责任到岗，做到窗明几净，地面干净清洁，卫生间无异味。全年卫生保洁面积14万平方米。保洁部同时还兼职承担师生室内有偿保洁的服务。

【节能减排】 特房中心按照学校建设可持续绿色校园的目标要求，积极推动、落实节能减排、节水节电和使用中水，营造绿色环境，将节约和环保贯穿于服务与管理之中，取得了良好的社会效益和经济效益。全年节能耗约76800度。万柳公寓使用中水冲厕，每年节约自来水3万多吨。

特房中心工程部借助万柳公寓原有建筑格局，增建了500多平方米的房屋，建成了万柳公寓多功能厅、观景连廊、小餐厅、库房和商铺等。在学生宿舍地板工程招标上，特房中心相关人员不辞辛苦，亲赴天津、江苏、东莞等地的地板厂家考察，直接从厂家招标，排除中间代销商，最后招标价比市场同类产品价低50%，节省上百万元材料费。

此外，特房中心各部门还互通有无，共同建设绿色、和谐、节能万柳园区。工程部将重修万柳公寓院墙剩下的旧砖以及4～6区施工剩余的钢板，提供给运行部用来修建隔油池。食堂将使用过的大米、面粉袋搜集起来，提供给工程部用来装运工程渣土。经营部将商号废弃的钢化玻璃、钢柜建成了20多米长的玻璃通廊及餐厅内多处玻璃隔断等。

【服务育人】 特房中心高度重视为学生生活服务的工作，广泛听取服务对象的意见，中心先后聘请了10名学生助理，参与特房中心的管理,通过校园 BBS、总服务台 24 小时服务热线、院系辅导员、特房中心学生助理联系制度,认真听取学生意见,积极为学生生活排忧解难。

在学生自主管理方面,给学生提供锻炼的机会,为学生自主管理架构服务平台。中心将原由专职人员管理的体育活动中心、学思堂、健美操房,全部交给学生自主管理,即让学生接触工作实践,又让学生经济上有所收获,以减轻学生生活压力。

在学生文化活动方面,由中心出资聘请专业教员,开设健美操课,让更多的学生在活动中育乐、育心、育身。同时与学生联合组织"万柳杯"小球联赛,中心出资金购买奖品,这些丰富多彩的文体生活,增进了师生之间、同学之间的交流机会与情感融和。

在新生入住时,特房中心发扬连续作战的精神,提供 24 小时不间断办理入住手续,并为新生家长提供优惠的住宿条件;对毕业的学生,特房中心在万柳园区内组织了毕业大卖场,协调铁路部门、邮政部门、帮助学生托运行李等。

在为学生献爱心方面,特房中心对病情需要特殊照顾的学生,为他们安排单独房间住宿,原住宿收费标准不变。经济学院一名单证班的学生,因精神不正常,在中心的关照下,已于 2009 年 7 月顺利毕业;法学院一名学生因患淋巴癌,在两年多的时间里,这位同学一直由母亲陪住,特房中心不仅为其提供单间,还为学生家长买了被褥、捐了钱。这位同学已经恢复健康,并于 2009 年 7 月顺利毕业。现外国语学院的一名女博士也因身体原因,仍旧住在万柳公寓的单间,接受特殊照顾,身体健康处于恢复之中。

【文化建设】 为了让住在万柳公寓的北大师生感受到学校的文化氛围,2009 年初,特房中心在万柳公寓 6 区 202 室挂牌设立"杨辛艺术工作室",陈列展示杨辛教授的书法精品。

2009 年 12 月 13 日,周其凤校长到万柳公寓视察,特房中心赵桂莲主任进行汇报。万柳公寓为拉近与学校的距离,在公寓的室内外悬挂了 800 多幅校园风光画,处处可看到北大教授的书法作品。

燕园社区服务中心

【概况】 北京大学燕园社区服务中心成立于 1999 年 11 月 16 日,2009 年社区中心迎来了自己十周岁的生日。十年间,社区中心在理事会的领导和校内各部门的支持、帮助下,在服务和经营两方面进行了深入的探索和实践,经历了艰辛困难的创业时期和特殊的"非典时期",走过了体制改革、规范化管理的摸索之路,在社区服务、园区建设、公益服务、社区文化、合作交流等方面付出了不懈的努力,做出了一定的成绩。在回顾过去、总结经验的基础上,社区中心党政领导班子带领全体职工扎实努力、勤奋工作,始终坚持"以人为本"的服务原则,逐步深化和拓展服务细节和服务内容,在稳定中求发展,圆满完成了 2009 年工作计划的各项内容。

【社区服务】 2009 年社区中心对服务管理部人员进行了充实,吸收年轻人上岗,为社区服务增添了新的力量,将服务内容注入了新的内涵。

1. 呼叫系统的运行。坚持做好呼叫系统、热线电话及 96156 的运行、处理和维护工作。全年呼叫器使用次数 779 次,其中家政呼叫 571 次、医疗呼叫 94 次、治安呼叫 114 次。继续认真做好 96156 小呼叫方面的工作,在 30 分钟内给予处理和反馈。

2. 家政服务。家政服务热线电话共计 19776 次,直接和用户面谈的保姆 256 人次,成功签订合同的约 164 人次,小时工介绍成功 1176 人次,登记注册小时工 61 人,有一支相对稳定的小时工队伍。

3. 便民活动的开展。在各家属园区共举办四次便民活动,共有 79 家商家参加,接待人数 17547 人次,销售金额 22.19 万元。在秋季活动中新增了"爱心环保,TCL 以旧换新"公益活动,便民活动的开展,拉近了与居民之间的感情。

4. 社区服务队维修服务。维修服务全年服务量达到了 3160 余次,其中免费服务达 436 次,维修服务是和居民联系最紧密、接触最频繁的一项工作,也是园区老年人最急需的服务内容之一。要求服务人员要提高服务品质,加强服务态度,尤其是要热情、耐心、细致,做到服务完后不返工,力所能及的小事不收费。良好的长期服务,使服务队的师傅们与老师们成了亲密的好朋友,生活中最可信赖的贴心人。

5. 便民服务站送货上门服务。为规范便民服务站的有效管理,服务管理部为几个园区的便民服务站统一做了规范的标识牌,同时加大对服务站卫生与食品的质量监督抽查。全年购物人数达到了 26879 人次,上门送货 7386 人次,义务服务 441 人次,尤其是对行动不便的老师采取的送货上门服务,实实在在地为老年人解决了大麻烦。

6. 留学生交流活动。2009 年社区中心共接待了九批 161 名留学生参加了各种形式的交流活动,如住家活动、家访活动及厨艺活动。自留学生住家活动开展 5 年来,不断筛选出优秀家庭,拓展新的中国家庭,为留学生在住宿条件及学习氛围上提供保障。

7. 居家养老服务。居家养老服务是指政府和社会力量依托社区,为居家的老年人提供生活照料、家政服务、维修等的一种服务形式。自2008年10月开展以来，我们不断在摸索中前进，在工作中总结和积累经验，至2009年12月，社区中心共完成了50967元的服务量，其主要集中于清洗、维修、家庭保洁、上门理发、代购物品及住敬老院等项目。

8. 老年需求调查按计划进行。随着北大各园区老龄人口的不断增加，为老年人服务成为了工作的重中之重。为了解老年人的真实想法、掌握老年人的迫切需求，服务管理部于10月中旬与各居委会通力合作，开展了广泛深入的老年服务需求调查问卷活动。此次调查问卷主要针对两个方面：一是社区现有的服务项目需求量的调查，二是对便民活动的建议及希望增加的新服务内容。本次共发放调查问卷1000份，回收有效问卷956份。下一步将对这些问卷进行科学的统计与分析，得出调查报告，以问卷得出的数据为参照，结合老年人的真实需求进一步调整或增加相应的服务项目，使社区服务更加贴近于居民。

9. 日照教授花园售后工作。为了让老师们能够方便地在假期前往日照休闲度假，每年派发班车二到四次，通知并组织老师集体前往。售后服务工作还包括为老师们收取物业管理费、咨询购房程序及费用、了解房屋信息等。

【社区服务设施建设】 2009年社区中心按照年初工作计划投入了241万元用于新建、改造、装修及零星维修工作，保证了各企业的安全正常运营，美化了社区环境。

1. 圆满完成燕欣宾馆硬件完善工作。主要是完善客房内部消防喷淋系统，使之符合国家防火安全规范要求。调整改造太阳能热水系统，完善三层多功能厅室内灯光音响系统，美化宾馆周边环境，完善宾馆交通设施。

2. 保证企业运行安全，根据国家相关要求，进行维修改造项目。对燕东园宾馆、超市发招待所进行消防设施的增加及改造。为保证西门外方正楼南面经营用房的用电安全，于8月对其进行了电增容改造工程。根据企业的要求，对禾谷园书店给水设备进行了检修，对燕北园小市场男女卫生间设备进行了改造，对燕东园红黄蓝服务站等服务网点进行了设施完善工作。

3. 对燕东园7公寓招待所室内装修、水电设备进行了全面改造，增设独立卫生间，大幅提高了招待所的住宿标准。并根据原蔚秀园粮店经营不理想的现状，按标准间模式进行全方位改造并入蔚秀园招待所进行统一管理。

4. 根据街道办事处的要求，经社区主任办公会讨论决定后，配合街道办落实园区环境的修缮改造任务，先后完成了园区停车场地建设、自行车棚翻新工程及各园区其他修缮工程。

【经营管理】 2009年社区中心按照深化管理、完善制度、稳定发展、保持增长的指导方针，努力提高对企业和市场的管理水平。

1. 圆满完成学校布置的甲型流感隔离区住宿工作。为了有效地抵御甲型流感病毒的蔓延、防止甲型流感在我校师生间的传染扩散，社区中心按照校长办公室、校甲流防控小组的决定，将48楼招待所北院18间客房设为甲型流感隔离区，隔离区共接待329名发热学生，其中确认甲流患者7人。社区中心发扬抗击非典的敬业精神，在时间紧、任务重的情况下，反应迅速、落实有力，保证了在学校规定的时间内所开展的甲流防控、服务工作，有效防止了甲流在全校师生间的扩散，圆满地完成了上级交给的抗击甲型流感的重大任务。

2. 按照建立规范、完善的企业管理制度的要求，积极推进重点企业的计算机网络化，在各部门的通力合作下，社区中心宾馆、招待所管理软件已经基本成型，即将进入测试阶段，为社区中心重点企业的计算机网络化管理打下了基础。

3. 重点加强了对燕欣宾馆的管理工作，在完成燕欣宾馆管理班子调整的基础上，按照开源节流的原则，主要做了四方面的工作：一是完善企业管理制度，理顺关系、堵塞漏洞；二是加强人员调整，精兵简政、减员增效；三是开展市场调查，制定营销方案、组织营销团队、建立奖励制度，积极开拓客源；四是寻找合适的合作伙伴。

4. 继续做好学生监督员的工作，在考评、调研、谈话的基础上，与两名学生监督员续约，调整一名。在学生监督员的监督、帮助下，社区中心企业服务质量、服务水平不断提高，学生投诉数量不断减少，在构建和谐社区工作中发挥了重要作用。

5. 2009年在与街道办事处协商并征得同意的情况下，承担了北京大学教工生活区域各社区的日常保洁、保养服务工作。社区中心由此开始了园区物业管理工作的尝试。

6. 2009年经营管理部加强了对市场管理中心工作的指导和监督，除了定期听取汇报，督促、检查相关工作的落实，还经常到各园区了解整个园区市场的经营情况，并组织市场管理中心工作人员每月对市场进行一次全面的抽查，包括消防安全、卫生、服务和商品质量，特别是用水用电方面加大了检查力度，发现问题及时解决或提出改正方案，对各园区市场安全经营、优质服务起到了很好的监督作用。

【党支部、工会活动】

1. 加强理论学习和宣传工作，提高全体教职工的思想政治素质、职业道德水平，增强责任感。

2. 积极落实"中华全国总工会关于组织各种所有制企业、事业单位及机关的劳务工加入工会的通知"要求和将要出台的"北京大学非在编人员入会的暂行规定"，

3. 做好职工各种生活福利工作。继续组织给职工发放水果和春节节日礼品,继续做好职工各种文体工作。为庆祝社区中心成立十周年,工会还组织职工开展了职工运动会,项目包括职工羽毛球比赛和趣味运动项目,充分调动了职工的积极性。

【综合管理】
1. 加强领导班子建设,重视党风廉政建设工作,定期召开民主生活会,明确职责与责任,在具体的工作中领导干部能够相互配合、重大问题在领导班子内进行广泛讨论,求同存异,并实行民主集中制。
2. 根据中共北京市委及北京大学深入学习实践科学发展观的相关文件精神及实施方案的部署,高度重视并认真组织全体党员及非党员干部开展学习实践科学发展观活动,在学习调研、分析检查、整改落实阶段开展多种形式的宣传教育活动,广泛征求群众意见和建议,查找自身存在并制约本单位发展的问题,进一步完善体制和制度建设。
3. 加强干部及职工的学习,提高队伍整体素质。为全体职工安排了安全知识问卷及社区成立十周年知识问卷二项活动,调动了职工的学习积极性,加强了对安全知识和社区成长经历的了解和认识。
4. 加强消防安全管理力度,建立和健全了消防安全组织机构;为保国庆安全,与各企业签订了治安综合治理和防火安全责任书。
5. 继续在场地和资金上支持各种老年团体活动的开展,积极支持北大老龄研究中心开展老龄问题的研究。并与人事部和街道办事处等单位共同支持北大老年书画协会、工艺协会在百周年纪念讲堂举办了庆祝新中国成立六十周年老年书画、工艺、摄影作品展,充分展现了北大老年人的风采,表达了与国同庆的喜悦心情。
6. 继续做好资助家庭经济困难新生工作,加大捐赠力度,为全校各院系 400 名新生和医学部 30 名新生赠送爱心大礼包,积极促成北京电信与学生资助中心的合作,为 400 名新生捐赠了实用手机。并在 2009 学年学生资助工作大会上因表现优秀获得了"学生资助先进单位"及"个人先进新人奖"的表彰。
7. 以社区成立十周年为契机,开展一系列庆祝活动。回顾社区中心十年来的工作,在学校三角地举办了庆祝社区中心成立十周年图片展;开展了全校范围内以"我心目中理想的社区"为主题的征文活动;为职工举办了庆祝社区成立十周年的职工运动会。这一系列丰富的庆祝活动极大地提高了职工的"爱国、爱社区"的工作激情,汇聚了人心,提高了队伍的整体凝聚力。

燕园街道办事处

【概况】 燕园街道位于海淀区中部,成立于 1981 年 12 月,属于大院式街道办事处,受海淀区和北京大学双重领导。辖区面积约 2.66 平方千米,下辖 7 个社区居委会。辖区户籍人口约 4.2 万人,流动人口 7540 人。2009 年 6 月,北京大学党委、行政对街道领导班子进行调整,任命李贡民担任街道党工委书记、办事处主任。

【党建工作】 以学习实践科学发展观活动为统领,深入开展党建工作。根据北京大学党委的统一安排和部署,街道开展了各项学习实践活动:成立了开展深入学习实践科学发展观活动领导小组及办公室,确定了联系人;制定了突出实践特色的《燕园街道深入学习实践科学发展观活动方案》;开展了"四个一"活动,暨一次学习动员、一次党日活动、一次解放思想大讨论、一次建言献策,先后收到各类意见建议 200 多条;召开各种人员座谈会 20 余次,领导班子专题民主生活会;组织机关党支部全体党员、群众代表 20 人前往西柏坡参观学习,并举行了重温入党誓词、研讨等活动;对于街道工作中存在的不符合、不适应科学发展的问题进行了分析检查,并以此为基础和依据制定了整改措施。经过学习调研、分析检查、整改落实"三个阶段六个环节"的活动,使党员普遍受到了一次全面系统的科学发展观教育,思想观念和思维方式更加符合以人为本、科学发展的要求。完成了 2009 年社区党支部换届工作和反腐倡廉制度建设自查工作。

【国庆环境建设】 2009 年是新中国成立 60 周年,街道以迎国庆 60 周年为契机,深入推进环境整治工作。围绕优化辖区环境这一目标,对园区内一些较为突出的问题进行了整治,取得良好的效果。共完成自行车棚油漆粉饰达 8198 平方米;对部分裸露地面进行硬化作业,铺设渗水砖 843 平方米、草坪砖 1892 平方米;加装路灯照明 22 处、整修办公用房 12 间;对园区内的 6 个公共厕所、中关园下水道改造;进行绿色照明推广和节能推广活动,园区 2862 户家庭安装节能灯、400 多户居民安装节能水箱;完成畅春园社区无障碍改造;在北大西门、东门各设立一个固定城管岗亭,查处无证摊贩、黑车、黑导等,确保了北大校门的环境秩序。落实"国庆平安行动",有效推进社会治安防控工作。制定了《燕园街道群防群治工作勤务工作方案》,与各社区党支部书记、居委会主任签署了《推进"平安燕园"建设,加强社会治安综合治理责任书》;发动志愿者近千余人,并对他们进行国庆安保业务知识培训,同时印发了便于携带的《群防群治勤务工作防控事项和任务》和《群防群治勤务工作"四个熟悉"和"六个报告"》卡片,先后组织 500 人以上安保演练活动数次;对社区矛盾纠纷、在册各类重点人群、园区安全隐患、出租房屋安全隐患等有可能影响辖区安全稳定、涉及社会治安和环境秩序的问题进行了深入细致的排查,仅出租房一项就排查了住户 559 户、1627 人次。

【迎国庆活动】 为了迎接国庆 60 周年的到来,街道开展了"庆祝新中国成立 60 周年爱国歌曲大家唱"群众性歌咏活动。各社区结合自身特点,以中央文明办推荐的百首爱国歌曲为重点,组织居民传唱红色经典歌曲,准备了七场形式多样、内容丰富的爱国歌曲大家唱活动。9 月 18 日在北京大学百周年纪念讲堂多功能厅进行了"祖国颂·燕园情"优秀节目汇演,辖区 300 余名居民参加了此次演出。

【居委会换届】 2009 年是社区"两委"换届年。上半年,燕园街道以进一步扩大基层民主、加强社区建设为核心,结合各社区实际,认真规划、精心组织、周密部署、切实依法指导,经过了宣传准备、选举实施和总结验收三个阶段的工作,完成了燕园地区第七届社区居委会换届选举。通过选民登记、居民代表推选、提名候选人、正式投票等法定程序,产生新一届居委会干部 31 名,其中新当选居委会干部 13 人,居委会干部的年龄、知识层次均有较大改善,平均年龄下降了 4.5 岁,学历水平由初中提高到了中专以上。

【民生与社会保障】 住房保障、居家养老及残疾人工作。完善了保障性住房资格评议制度;完成了 449 户限价房、28 户经济适用房、5 户廉租住房的年度核查工作;完成了限价房资格审核 62 户、经济适用房资格审核 7 户。2009 年,辖区共 250 多户家庭入住限价房。为辖区残疾人落实了保险补助等多项政策,惠及 75 人,200 多人次,累计发放补助约 22 万元;为辖区 177 名自愿换证残疾人更换二代残疾证;开展居家养老服务和调研工作,为辖区 810 位老人办理了老年优待卡,"对北京大学老年服务工作体系建设的思考"一文获民政系统调研一等奖。

劳动与社会保障工作为辖区"一老一小"及无业人员办理医疗保险 617 人、城乡居民养老保险 33 人;解决劳务工资纠纷 23 起,涉及农民工 120 人,讨要工资 268 万余元;接收失业人员档案 113 人次,办理就业转出档案 146 人次,为失业人员办理求职证 162 人次、再就业优惠证 94 张、办理灵活就业 75 人;报销各类人员医药费 479 人次 140 余万元,;对"一小"288 人、退社人员 217 人"持卡就医"信息进行采集和比对;采集招聘单位空岗信息 267 个。

【计划生育工作】 调整"北京大学计划生育委员会委员"成员;牵头制定了"北京大学在校学生计划生育管理规定";完成了国家人口计生委"重点地区流动人口检测试点调查"抽样工作;办理了北京市一胎随父入户 45 本、一胎《生育服务证》130 本、《独生子女父母光荣证》82 本、新生儿入户手续 151 人;为 267 名无业人员发放独生子女父母奖励费 15385.00 元,为 11 名无业人员发放一次性奖励 16500.00 元;为 182 名北京大学教职工发放一次性奖励 273000.00 元;为 808 名青少年、幼儿办理了"独生子女平安、意外伤害医疗、住院"保险、"独生子女家庭意外伤害"保险、"独生子女备用金"保险。

【其他工作】 全力维护社区公共卫生安全,有效防范甲型 H1N1 流感病毒。街道本着"密切追踪、积极应对、联防联控、依法科学处置"的原则,街道采取多种措施有效防范甲型 H1N1 流感病毒。成立了街道防控甲型 H1N1 流感领导小组,全面负责辖区的甲型 H1N1 流感防控工作;充分利用学校网络、闭路电视、板报、张贴宣传画、专题讲座等多种形式,普及甲流防治的科学知识;加强日常监测并积极组织专业人员开展流行病学调查,在 7 个社区居委会设立疫情监测点,做到对疫情早发现、早处置;组织园区居民进行环境卫生大扫除,消除卫生死角、蚊蝇滋生地;对入住辖区宾馆的归国人员进行跟踪并宣传甲型 H1N1 流感防控知识;对每日从政府网传过来的密接者名单一一核实并上报,做到准确无误。

在海淀区经济普查办公室的指导下,街道开展第二次经济普查工作。完成了健全经普机构、开展宣传、专业培训、地理区域划分、绘图、建筑物编码、单位清查、个体经营户登记、对普查单位方案部署、填表说明、经普表的收审、核对、录入等工作。共清查登记 1042 个单位,其中 862 个法人单位,180 个个体经营户。正式普查登记单位数为 447 户,其中工业 6 家,建筑业 4 家,邮电运输业 3 家,批发零售业 237 家,住宿餐饮业 5 家,服务业 189 家,房地产业 3 家。

(高大应)

北京大学医院

【概况】 在岗职工总数232人(含劳动合同制及劳务人员),其中卫生技术人员204人,包括正高职称11人,副高职称39人,中级职称78人,初级职称76人;行政后勤28人。年底医疗设备总价值2541万元。本年度新购置医疗设备总值29.36万元。

获北京市卫生局首都卫生系统文明单位、海淀区交通安全先进单位、北京大学安全保卫工作先进集体、海淀区卫生局授予高校结核病控制工作表现突出奖、肺结核报告转诊工作成绩突出奖;1人获北京大学优秀党务和思想政治工作者。

【改革与管理】 继续实施ISO9001:2000质量管理体系文件,完善各项规章制度和操作规程。9月,对125名在职职工及5名流动编制人员进行上学年岗位考核及新学年岗位聘任。

开展创建"平安医院""首都公共卫生文明单位"活动。成立领导小组和工作小组,落实工作计划。医院与各科室签订安全责任书,排查隐患,安全检查,进行全院应急演练及消防安全培训,抓服务,改善医患关系,确保安全稳定。

为强化医院民主管理、民主监督,推动民主政治建设,深化医院改革,落实院务公开制度。召开医院二级职代会2次,审议院长工作报告,讨论通过新医院发展规划及成本核算办法等。

4月,召开校内监督员座谈会,与大学生定期见面沟通,聘请2名大学生监督员,每天在院工作两小时。对学生的投诉和网上批评积极调查了解,认真分析,查找原因,进行整改,对因不理解和误会产生的矛盾,直接与学生或通过监督员进行沟通,做耐心解释。设立投诉箱,公布投诉电话。及时反馈和解决病人的问题。通过各种方式征求到意见建议31条,条条有处理结果。构建和谐医院是我院的办院宗旨。要求医护人员将文明服务贯穿在医疗服务的全过程。坚持"服务质量无小事",注意从小事做起,把服务做得更细更实,进行门诊、住院病人满意度调查,满意率分别为95%、99.5%。

认真落实纠风工作责任制,规范医务人员医疗行为,开展多种形式的教育,采取行风建设措施,执行和落实国家相关政策,按照规范程序招标和采购;6月药品采购员和物资采购员调整岗位;各科室填报医德医风情况季报表。学校开展"小金库"专项治理,进行自查。市发改委组织专家来院进行物价检查指导,未发现问题。

【医疗工作】 门诊255562人次,急诊32745人次,急诊危重症抢救6人次,抢救成功率100%。实有床位101张,年入院257人次,出院280人次,床位周转2.97次,床位使用率22.62%,平均住院日30.64天,七日确诊率100%,出入院诊断符合率100%,治愈率32.7%,好转率53.75%,死亡率5.63%,住院手术29例。

查体32102人次,其中学生16527人次,教职工8935人次,妇科4283人次,幼儿697人次,三大员981人次,其他679人次。

【医疗管理】 慢病管理继续推广健康知己管理,对糖尿病、高血压和筛检的高危人群进行健康宣教、健康管理,效果明显。针对北大教职工在查体中普遍存在的慢病问题组织健康大课堂讲座、咨询28次。

病案管理加强病案质量的管理,每月定期对医疗文书进行抽查,手术、麻醉、特殊检查、特殊治疗等履行患者告知率达到100%,入出院诊断符合率≥95%。手术前后诊断符合率100%,住院病案甲级病案率100%,抽查各种申请单、报告单书写,合格率≥95%,传染病报告率100%,无漏报、漏登事件发生。处方合格率≥95%。全年共发表科研论文12篇。

医院感染管理加强对医院各科室的感染监控检查和督导,重点科室微生物监测255件,合格率96%。空气培养435间/次,合格率99%,符合卫生局要求的质控标准。加强抗生素使用情况的监测和合理使用,全年住院病人抗生素使用人数154人,使用率为57.15%,院感率为2.86%,漏报率为0。

进一步完善和制定医疗规章制度,依法开展各项医疗工作,依法执业,严格医疗诊疗流程,加强医疗质量的管理,加强"三基三严"业务知识培训和技术练兵活动,组织法律法规、传染病知识、慢病管理各种知识培训20余次,年终对所有在岗医技人员进行理论与实践的考核,加强医技人员岗位练兵自觉性。

加强甲流防控工作,成立甲流防控领导小组,院长负责,制定、完善、发布甲流防控相关制度及预案。针对甲流进行全员培训四次,在学校范围内多次进行甲流防控知识的宣传。具体采取防控措施,落实疫情报告制度,对患者进行治疗、密接者进行有效隔离,保证学校正常的教学秩序。

【医保工作】 出院总人次18人

(其中区医保7人,市医保7人,大病统筹医疗人员4人),出院总费用109408.43元(其中区医保出院总费用58795.30元;市医保出院总费用50613.13元),出院医保病人次均费用6078.25元。

【医疗支援工作】 对密云东邵渠镇卫生院18名医务人员进行院前急救知识的培训,并进行义诊咨询服务,包括内、外、妇、中医针灸、测血压等,共120人咨询,发放宣传品130份,摆放宣传板10块。11位医务人员参加活动,共支出费用3510元。

【护理工作】 定期召开护士长工作会议,贯彻落实医院"以病人为中心"医疗安全检查活动方案,开展医疗护理安全教育,提高护理安全意识,改进护理安全管理,提高护理服务质量,为患者提供安全、有效、方便的医疗护理服务。根据《医院管理评价指南》及医院管理年活动有关要求,完善护理工作制度、岗位职责、护理常规、操作规程等,并保证实施。修改补充《护理规章制度》22款。加强护理安全管理,制定管路护理、不良护理事件管理制度及报告程序。落实护理质量和护理安全管理与持续改进的核心制度,对医院护理安全工作进行督导检查,及时进行护理质量与护理安全指标分析,医院护理文件书写合格率90%,护理病历书写合格率90%,基础护理合格率90%,一级护理合格率90%,技术操作合格率90%,安全护理合格率90%,急救物品完好率100%。

做好护士在职培训,全年共组织护士到三级医院参观学习3人次,3名护理骨干到北大口腔医院中心供应室参观学习一周,4人参加中日口腔护理培训班,参加海淀区卫生局护士长管理培训班4人次,组织护士集中在岗学习培训4次,理论考核1次,技术操作考核1次。

【科研工作】 与北京市心肺血管疾病研究所协作"代谢综合征发病趋势及综合控制研究",对观察人群进行随访追踪。参加卫生部北京医院组织的国家"十一五"科技支撑计划课题"2型糖尿病及其并发症的干预控制研究"(课题编码:2006BA102B08)中的糖尿病患病高危个体生活方式干预研究工作,全年共发表科技论文十余篇。

1名新入医师参加北京市组织的全科医师培训,并取得全科医师证书,全院医师从不同途径参加各种业务学习,每月组织全院医务人员进行相关法律法规、慢病管理、急诊急救等知识培训,加强聘用人员的培训和考核,择优上岗,定期组织理论和技能考核。

【国际交流与合作】 继续与日本渡边牡蛎研究所继续合作,7月渡边贡先生一行3人来院进行友好访问,拟赠送15株樱花树绿化美化新院环境。

【信息化建设】 完成新大楼信息系统整体迁移、HIS系统软件、PEIS(体检)部分、LIS(实验室)部分、RIS部分等数十个模块;完成医保刷卡结算认证程序改造;系统上线前进行多次大规模培训。完成万兆骨干、千兆到桌面的网络建设,点位2000个左右;完成服务器存储设备的"2+2"的集成工作;完成内外网终端200多个点位的部署。

【后勤与基建】 7月医院大楼竣工并通过验收;12月10日医院大部分科室搬迁;12月14日对外试运行。

【其他工作】 按照中央和学校党委的统一部署,落实医院学习实践科学发展观活动实施方案,医院领导班子以迁新院为契机,总结经验,开展调研,制定新医院发展规划,谋划发展思路举措,着力构建充满活力、富有效率、更加开放、有利于医院科学发展的机制。医院以领导班子民主生活会、"科学发展与医院经营管理"专题报告、调研、支部研讨、建言献策、座谈会等丰富多彩的形式将学习实践科学发展观落到实处。对医院发展和建设中存在的问题,提出了从落实十二件实事入手的切实有效的改进措施和对策。抓住机遇,找准定位,开创一条校医院独具特色的新的发展之路,坚持不懈地改革内部运行机制,在管理上不断创新,更好地推动医院可持续发展。

为配合北京大学参加国庆60周年群众游行活动,选派4名优秀医护人员随团医疗,在完成训练任务的同时做好甲流防控工作,获得首都国庆群众游行指挥部的好评和北京大学的表彰。

院党委组织知识竞赛、评优等活动,40名在职党员和入党积极分子参观涉县129师。利用周末全员分7批接受专家的服务礼仪培训。

与各科室签订安全责任书,职责明确。各科室认真检查安全隐患,填写安全工作自查表。行政实行现场办公,全面检查安全,针对科室安全自查中需解决的13个问题逐一进行落实。利用午休时间组织党、团员、入党积极分子等40多人对医院南侧竹林进行清理,消除安全隐患。派专职干部1名负责物业安保部安全管理,新大楼安全设施完善,楼宇自控24小时监控,保安人员培训上岗,定时巡视。组织3批参观海淀安全教育馆,丰富灾害自救及逃生知识。召开全院驾驶员会议,组织学习交通法规及医院交通安全制度。与78位驾驶员签订责任书,并进行交通知识有奖问答,获得海淀区交通安全先进单位、北京大学安全保卫工作先进集体的荣誉称号。

红十字会开展2次初级急救培训,120余人获得初级救护证。为各暑期实践团队100余位同学集中举办了户外救护培训。550余名师生参与了无偿献血,共献血148000毫升。举办预防艾滋病同伴教育活动和4期青年"同伴教育"普及班,培训102名青年学生,对8个班共430名高中生进行了同伴教育的培训。开展健康讲座7次100人次。开展义诊、骨髓造血干细胞、艾滋病宣传、计划生育知识、红十字知识、传染病知识宣传、暑期实践活动等十余次,30所高校的1500人次参加,20余家媒体报道,发放宣传单2.1万份。

重阳节组织90余名离退休人员到顺义七彩蝶园参观活动。

(叶树青)

北京大学附属中学

【概况】 北大附中创办于1960年,地处中关村高科技园区。北大附中是北京市重点中学,北京市示范高中。北大附中是北京大学的重要组成部分,北京大学的重要教育教学实验基地和后备人才的培养基地。学校占地70亩,建筑面积65000平方米。学校环境优美,教学设施齐全。

北大附中现有高中教学班34个,初中教学班16个,学生2500多人,在岗教师188人,其中特级教师15人,高级教师119人,全国先进教育工作者6人,全国优秀教师2人。市区学科带头人和骨干教师56人,硕士以上学历教师39人。

【教学评比】 2009年5月和9月,教务处、教师工作部共同组织了"课堂教学评比"和青年教师"说课比赛",旨在相互学习中提高教师的教育教学水平。全校共推出了38节课堂教学评比课;并有29位青年教师参加了"说课比赛",程鸿等10位老师获一等奖;张丽萍等18位老师获二等奖;景志国等10位老师获三等奖。在"说课比赛"中,秦蕾等13位老师获一等奖;毛华均等12位老师获二等奖;于万达等4位老师获三等奖。

【重要荣誉】 在两年一次的北大工会评优活动中,北大附中工会被评为北京大学先进工会委员会。3月5日下午,工会主席杨文焕到北大参加会议并领取了奖杯。

在2009年全国中语会"语文教育资源的开发和运用"课题论文评比中,北大附中三位语文教师获奖。其中刘丽燕老师的论文"关于'读书报告'的报告"和赵燕老师的论文"我指导学生学习高中新课程'梳理探究''名著导读'专题的一些尝试"、陈寄芳老师的论文"玉经雕琢方成器"获一等奖,杨晨波的论文"一堂开掘学生潜能的作文课"获二等奖。

在上年举行的全国青少年信息学奥林匹克联赛中,北大附中学生任东昊获一等奖;王达伟、杨名、刘昕旸、张博洋获二等奖。在第十届全国"春蕾杯"征文活动中,北大附中占瀛虞、王雪舟、王爽、樊昭玥等4位同学获一等奖,贺虞瑶等11位同学获二等奖;李云蔚等38位同学获三等奖;朱宇航等24位同学获优秀奖。在南昌大学举办的"2009第四届中国国际小号艺术周暨全国小号展演"活动中,北大附中高一年级陈盛多同学获得了金奖第一名的好成绩。

【学习科学发展观】 3月30日下午,党委在图书馆报告厅召开学习和实践科学发展观动员大会。康健书记结合北京大学的文件要求,从学习活动的意义、基本原则、基本要求、日程安排、分工任务等方面做了详细的解释与部署。全体党员认真聆听报告。会后各支部分发了学习材料、各支部制定了学习安排,本学期党员学习和实践科学发展观活动拉开帷幕。

5月12日,党委召开扩大会议,党委委员和基层支部书记出席会议。北大附中新任党委书记生玉海就深入学习科学发展观第二阶段的工作开展做出部署,并认真听取了党委委员和支部书记对附中党组织工作的汇报。生书记强调党委要在学校工作中与行政部门配合,发挥党组织的支持保障作用,并做到党务公开,尽快落实教代会等问题。

6月17日下午,学校党政领导班子在南楼会议室召开民主生活会,贯彻落实科学发展观学习活动第二阶段的工作要求,生玉海书记主持了会议。党政领导班子坦诚交流,表达了对学校现阶段存在问题的关切和对学校未来建设的想法和良好意愿。

【学术交流】 3月28—31日,日本立命馆中学田中博校长带领4名老师和该校管乐团的60名学生访问北大附中。4月3—9日,芬兰罗素高中师生一行18人来访。4月6—14日,法国德比西师生一行22人来到北大附中进行一年一度的友好交流。9月8日上午,日本早稻田大学政治经济学院院长饭岛升藏教授等一行8人访问了北大附中。10月8日，日本早大本庄高等学院师生100多人来到北大附中，两校之间进行第二十三回交流，王铮校长、生玉海书记、杨文焕副书记等参加接待。12月22日上午，"香港教育局建国六十年北京学习交流团"一行45人前来北大附中参观访问。

【领导班子换届】 4月23日下午，在图书馆报告厅召开了全校教职工大会。大会由北京大学副教务长吴宝科教授主持，北京大学党委常务副书记吴志攀教授宣读了北京大学党委和北京大学关于王铮、生玉海任职的文件。王铮同志担任北大附中校长，生玉海同志担任北大附中党委书记，原北大附中校长、党委书记康健同志因年龄原因自然免职。

【教育教学改革】 5月7日下午，在南楼会议室召开了行政办公会。根据学校发展决定成立学术委员会，分设初中部、高中部，并重新确立三个教学楼的功能和定位，并就学生工作、毕业年级工作、启动校庆50周年工作、图书馆新馆的设备、书籍等的购置、学校5~10年的发展规划的制定等进行了说明。

【预防甲流　众志成城】 甲型流感疫情自5月爆发以来，北大附中在海淀区防控甲流领导小组和北京大学防控甲流领导小组的领导下，严格按市、区卫生、教育部门的部署开展工作。学校成立了以校长和书记为组长的防控领导小组，以健康工作部为主体的工作小组，牵头制定各种工作预案，落实各类防控措施。多次召开全体班主任会，启动北大附中防范甲型H1N1流感工作应急预案，并在2009年6月4日专门成立了高考预防甲型H1N1流感工作小组，启动高考预防甲型H1N1流感预案，确保高考顺利进行。

【科普报告】 5月13日下午，在学校礼堂，著名数学家、中科院院士张景中应邀到北大附中为高一、高二和部分初中同学做"动态几何的探究"报告。通过图形的不同变化的演示和讲解，张景中院士引导同学们走进动态几何世界。张景中院士还向北大附中赠送了一套超级画板软件。

6月15日下午班会时间，高一年级全体学生在校西楼礼堂聆听了北京大学考古文博学院齐东方教授的精彩讲座，讲座的题目是"走进青藏高原"。讲座以青海吐蕃文化考古为载体，从考古的价值、意义、科研、兴趣、艰辛、收获等方面，全方位展现了考古的魅力。

12月15日，北大生命学院院长饶毅教授在学校礼堂面向高二及部分高一学生进行了题为"科学的文化"的专题讲座。饶教授通过丰富多彩的实例，讲述了科学与文化的关系，科学的有益有趣，希望同学们保持乐观心态，快乐生活。

【北大附中学术委员会会议】 6月3日下午，在南楼会议室，北大附中学术委员会召开了第一次会议。会议通过了聘请生玉海书记为学术委员会顾问，姜民老师为秘书的决定。强调学术委员会应在关注教师发展，促进教师成长，在教师聘任、职称评定、评优、评教、年度考核、教科研成果鉴定及推荐等方面把关。会议任命王铮校长为学术委员会主任，张思明副校长为副主任。

【办学条件】 根据学校发展需要和校长办公会决议，学校后勤部门在暑期对教学楼进行了一系列改造，三个教学楼均改造了上下水，排除安全隐患，同时按照北京市安全卫生用水要求，取消桶装饮用水，改为全自动饮水系统。

将教学西楼原来的教师小办公室改为大办公室，每个大办公室均设有会议室、公用打印系统等，一线教师每人配发一台笔记本电脑，方便教师上课；并将一层的教室改为团委、学生会、社团活动室等，增加学生活动空间。

【暑期教育教学研讨会】 2009年8月19—21日，北大附中召开了暑期教育教学研讨会，王铮校长从学校的制度建设、组织体系、岗位设置、薪酬体系以及学校的发展定位等方面进行了系统性说明。随后进行了分组讨论和总结汇报。与会人员从新课程的培养目标、模块教学、教学实施以及过程性评价等方面进行了细致的解读。李冬梅老师的"信息技术及应用"、张思明老师的"我们的机遇和挑战——数学项目组第一阶段实验汇报"、程翔老师的"阅读教学的实施"等报告阐述了对新课改实施的思考。

【布局调整】 为进一步加强学校建设，为教育教学改革创造良好的环境，根据职能划分，北大附中于2009年9月始，正式划分为初中部、高中部、机关后勤部门等三大部分；原教务处、学生处工作人员根据工作需要分属初中部、高中部。

为继续规范教学管理，加强学科建设，在高中部、初中部设立后，撤销年级主任，同时将原来的教研组长改称为学科主任，教研组改称为教研室，同时分部管理，初中部设有语文、数学、英语、社会（含历史、地理、政治学科）、科学（含物理、化学、生物、心理、健康等学科）5个教研室；高中部设有语文、数学、英语、化学、物理、生物、历史、地理、政治、计算机（含通用技术）等11个教研室。在学校艺体中心成立后，艺术（含音乐、美术）、体育归属艺体中心统一管理。

【教师聘任改革与实践】 2009年，学校成立了学术委员会，负责北大附中的职评、招聘及各种评选等事宜。学术委员会成员由全体教师投票选出,具有较强的学术公信力。2009年入职的教师实行全员岗位聘任,特别是严格教师的进编程序,把住"入口"关。

学校的新进编教师采用公开招聘和考核的形式,所有招聘环节及指标名额及学科分布全部透明。2009年北大附中共录用了4名应届毕业生(其中3名应届硕士,1名应届博士生),1名海外归国人员,2名在职教师(均为骨干教师,在所在学科独当一面)。

【副校长竞聘】 为加快干部人事制度改革,经北京大学批准,由北京大学党委组织部牵头,成立北大附中副校长遴选委员会,主任吴宝科,王铮、生玉海、曲春兰、束鸿俊、郭海担任委员。

经过投票、民主推荐及个人自荐,并经遴选委员会审核资格,共有张思明、程翔、姜民、崔岩、陈伟聪、马慨、陈寄芳7人参加副校长竞聘,张思明、姜民、陈伟聪新任副校长。

【教师职称评定】 随着教师招聘改革的顺利完成,北大附中教师的职称评定也进行了较大改革,学术委员会的成员在各自学科均有较深造诣,同时与过去相比缩减了评委人数,使得大家更容易对教师的学术能力进行判断形成一致意见。同时严格职称评审程序,在广泛听取意见并结合学校实际的基础上,制定了"北大附中职称评审条件及相应的细则",面向全体教师公布,使大家对职评条件心中有数。采用网上公开申报、公示名单、公开答辩等程序,对于不符合条件的参评人及时提出质疑及建议。

【校长实名制推荐】 2009年,北大附中作为"校长实名推荐制"学校之一,高度重视并专门成立"校长实名推荐制"遴选委员会,在校内通过全体高三学生票选方式,保证了推选过程的民主、公开,每名同学可以推荐包括自己在内的两名同学,然后在票数比较集中的学生中,由任课教师组成的评选小组进行进一步筛选,最后,"校长实名推荐制"遴选委员会召开专门会议。

【北京大学图书馆附属中学分馆】 12月28日上午九时,北京大学图书馆附属中学分馆开馆仪式在西楼礼堂隆重举行,500多名师生欢聚一堂,其余学生在教室内收看实况转播,庆祝附中图书馆重张开馆。

新落成的图书馆以中学教育藏书为鲜明特色,由学术报告厅、综合阅览室、外文原版图书阅览室、教师阅览备课区及"康幔屋"休闲体验区等部分组成,总面积3000平方米,预计可藏书30余万册,可同时供400余名读者阅览和自习。新馆可提供书刊借阅、教学参考资料检索、电子资源浏览和下载、信息咨询、用户培训、学术交流、阅读休闲、多媒体点播等多类型多层次服务,是北大附中最重要的教学科研公共服务体系之一,也是师生共同营筑并诗意栖居的理想精神家园。

(王欧阳)

北京大学附属小学

【概况】 2009年,北京大学附属小学占地26850平方米,建筑面积19837平方米,有76个教学班,学生3116人,教职工180人(不含外籍教师)。其中专任教师150人,中学高级教师6人,北京市学科带头人2名,北京市中青年骨干教师5名,海淀区学科带头人31名,海淀区骨干教师11名。专任教师本专科以上学历达到98.7%。

【支部换届】 在北京大学党委组织部的组织领导下,通过党员大会选举,附小支部于2009年12月31日换届完毕,新一届委员会委员5名:尹超、闫来凤、汤红、孙江红、李宁。尹超为党支部书记,孙江红为党支部副书记。

【国庆活动】 10月1日,北大附小六年级学生236人及教师55人共计291人参加了首都建国60周年群众游行活动。在7月到10月两个多月的艰苦训练中,师生们不畏烈日的炙烤,克服了种种困难,接受了一次又一次的考验,圆满完成了国庆游行这项艰巨而光荣的任务。同学们不仅在意志和体能上得到了磨炼,同时也为自己的人生画卷添上了浓墨重彩的一笔,成为终生难忘的回忆。

【现场会】 4月16日,以"育人为本文化立校追求幸福教育"为主题的北京市小学规范化建设工程系列展示活动之"走进海淀"现场会在北京大学附属小学召开。附小全体师生进行了古诗文诵读展示、课堂展示、学生论坛展示,校长尹超作了以"隐形的翅膀——为孩子终生幸福奠基"为题的工作报告。

4月23—24日,全国首届新课程小学优秀课例颁奖大会暨全国小学课堂教学研讨会在京召开,北大附小作为此会分会场迎来了美术教学上的专家、学者和几百位来自全国各地的美术教师。在23日的大会开幕式上，北大附小尹超校长致辞，并播放了介绍北大附小的短片，使与会者更全面地了解了我校的教育教学情况。阳光大厅中展示了北大附小学生的美术作品和海淀区其他几所小学的作品，精美的展览受到与会者的一致好评。在24日的会议中北大附小贾继红老师还进行了现场课的展示。

5月21日，海淀区"文明养犬从我做起，做有爱心的小公民"——共同努力，让狂犬病成为历史的现场会在北大附小召开，此次活动系北大附小同海淀区教委、海淀区公安局、海淀区预防医学会等部门共同开展的。这次活动通过专家讲授、警犬现场表演、有奖知识问答等生动活泼有趣的形式让学生们在娱乐中掌握了如何科学养犬、文明养犬，如何自我保护远离狂犬病。

6月18日海淀区疾控中心"甲型H1N1流感防控宣传活动进学校"启动仪式在北大附小进行。参加此次宣传活动的有海淀区疾病预防控制中心江初主任、北京大学附属小学尹超校长、北京大学附属小学潘东辉副校长、北京大学附属小学白雪生主任、海淀区疾病预防控制中心工会晁玉凤主席、海淀区健康教育所田青所长等领导。此次活动通过现场疾控中心大夫普及防控知识、小品展示、知识抢答、具体操作等生动形象的方式，使学生们进一步了解防控知识，印象深刻。

【艺术教育】 6月5日，北大附小金帆艺术团"博雅乳燕飞，京韵扬国粹"专场汇报演出在北京大学百周年纪念讲堂拉开帷幕。北京大学校长周其凤，北京市教委各位领导、海淀区各位领导，以及全国政协委员，以及京剧界的各位专家、前辈和一直支持附小的各相关单位的领导和各兄弟学校的校长均光临活动现场。北京大学周其凤校长在现场发表了讲话。此次汇演，艺术团继续以"弘扬民族艺术，继承中华传统"为宗旨，在保留原有特色和风格的基础上，推陈出新，展示了不少新节目。在节目的选材和编排上力求创新，在音乐、唱段、舞美等方面都进行了新尝试和再创作；在表演阵容上，给更多爱好京剧的孩子提供了展示的机会，使传统节目变得更加丰满，更具观赏性。整场演出行云流水、恢宏大气，令人印象深刻。来宾与家长高度评价北大附小师生良好的精神风貌和较高的艺术素养。随后，多家新闻媒体报道了演出实况。

此外，北大附小学生在北京市艺术节中获得多项市一、二等奖，特别在北京市戏曲比赛中获得4个一等奖。暑假，我校艺术团160多位师生参与的"民族艺术进校园暨中小学生京剧进课堂一周年汇报演出"，在国家大剧院精彩上演。我校精选出的8个节目成为整场晚会的亮点，艺术团师生的强大阵容以及表现出的良好的艺术修养，受到市教委领导和专家的高度赞誉。同时，京剧团参加了在北京展览馆举行的庆祝建国60周年、北京市学校艺术教育成果展示暨北京市第十二届学生艺术节闭幕式的演出。学生表演的节目"贵妃醉酒"和"天女散花"，风格高雅、表演到位，赢得了观众热烈的掌声，同时也受到了区教委领导的好评。学校被评为2009年"海淀区艺术教育特色校"。莫晖老师获得2009年海淀区"艺术之星"荣誉称号，朱小云论文"如何传承民族文化——引发思考"荣获北京市中小学音乐教育论文二等奖。

【公益活动】 3月22日国际水日，北大附小的科普短剧"水"参加了在北京展览馆举行的"2009中国国际节能减排和新能源科技博览会"的科普短剧专场演出。

4月28日，北大附小的同学参加了重庆电视台等多家电视台主办的"大爱中华特殊记忆"纪念5·12地震一周年特别节目的表演。同学们和解小东表演了"天使不寂寞"，与武警战士一起为参加救援的战士们演唱了"生日歌"，还录制了广播剧中的一些片段。

六一前夕，北大附小26名同学参加了由国内著名导演陈蔚与国际顶级大腕——雅典奥运会开幕式总导演帕帕约安努及北京奥运会舞美总设计马克·菲舍联手打造的"北京传说"的演出，在水立方度过了一个有意义的儿童节。

【合作交流】 2009年9月，北大附小4位教师访问美国印第安纳州弯水小学，并在该校用英文授课。2009年11月初，新加坡公教中学附属小学访问北大附小，北大附小的三位老师为他们上课。2009年11月15日至20日，日本岩手大学附属小学教师及学生代表访问北大附小，受到师生的热烈欢迎，他们还与北大附小五、六年级的同学一起上课。

信息化建设与管理

【以科学发展观指导信息化建设】信息化建设与管理办公室根据学校统一部署和要求,提出深入贯彻落实科学发展观的信息化长期、中期及近期举措:2009年至2020年,继续完善信息化建设管理体制,逐步整合各种信息化资源;2009年至2015年,优化信息化基础设施建设,提供高效、稳定、安全的信息网络环境;建立优质的教学科研平台,促进教学质量和创新性科研能力的提高;加快建设一流的学科文献信息资源体系,加强信息资源的整合共享;构建集成的、高效的电子校务系统,提高学校的管理水平和决策支持能力;推进北京大学网站群建设,发挥各级中英文主页在形象宣传和对外交流上的积极作用;2010年12月底之前,完成如下工作:增加网络可用性;提高电子邮箱性能,将师生邮箱空间增加到4G;适当增加网络出口带宽,使校园网更加快捷、高效。加快推进教学平台和教学资源建设,使教学网课程(活跃课程)达到上千门;数字加工中心年数据加工能力达到20～30个T。构建高效的电子校务体系:完成新编码体系的上线运行;实现学生综合信息服务系统核心业务的上线运行;组织决策支持项目组,提供学校部分业务领域的数据分析。规范北京大学英文网站群建设,启动北京大学中文网站群的规范工作。建设可实施的二级单位信息化建设评估体系。

【完善信息化政策法规体系】修订信息化规章制度《北京大学校园网管理条例》《北京大学关于违规使用网络行为的处罚办法》是学校网络管理方面的基础性制度文件,因制定较久,已难以准确向校园网用户反映要遵守的规章制度情况。信息化建设与管理办公室根据北京大学发展的需求和党委办公室校长办公室的要求,推动北京大学校园网管理相关规定的修订和发布。在《关于开展高校上网场所清理整顿工作、进一步加强校园网管理的紧急通知》(教电[2004]90号)、《教育部、共青团中央关于进一步加强高等学校校园网络管理工作的意见》(社教政[2004]17号)等文件指导下,信息化建设与管理办公室与计算中心多次协调,编制了《北京大学校园网用户守则》,明确定义和规范了校园网管理的要求和准则。

制定信息化规章制度 信息化建设与管理办公室起草并发布了《北京大学二级网站建设管理规范》,对北京大学二级单位建设网站的主体、流程、技术规范等作出了明确要求。

【北京大学英文网站建设和规范】按照"2008年信息化建设工作会议"上学校提出的要求,信息化建设与管理办公室启动北京大学二级英文网站建设和规范工作,于4月发布了《北京大学二级网站建设规范(草案)》,从权责、设计、技术、管理和内容五个方面对北京大学二级网站进行了全面的规范与管理;发布《北京大学二级网站栏目设置规范》(教学科研单位英文网站),对各单位英文网站的内容和栏目规划提出指导性意见。6月,信息化建设与管理办公室联合党委宣传部、国际合作部于启动北京大学教学科研单位英文网站评估工作。本次评估旨在于提高教学科研单位英文网站整体水平,促进教学科研单位英文网站健康发展。经过几个月的工作,评估按照高校网站调研、教学科研单位自我评估、专家评审、工作组评审既定环节顺利开展,评选出15个先进单位和15个先进个人,在"2009年信息化建设工作总结暨教学科研单位英文网站建设表彰大会"上予以表彰。

【北京大学人员编码和单位编码调整】信息化建设与管理办公室通过调研北京大学各单位现行系统中的编码使用情况,掌握需要改造的系统以及内容,据此编制编码调整工作的时间计划表和每个阶段的具体任务。经过与人事部、研究生院、教务部多次讨论,在《北京大学人员编码和单位编码方案》的基础上确定了《北京大学编码升级规则》,并将此规则发送通知至全校各单位,要求各单位对本单位的现行系统进行自查,制定升级方案和工作计划,编码调整的实施工作全面展开。2009年下半年,信息化建设与管理办公室协调完成了各独立系统的代码改造与测试工作,制定了系统切换顺序及方案。12月进行整体切换测试,确保了新编码体系按计划上线运行。

【启动二级单位信息化建设评估体系建设】高校二级单位信息化建设评估指标体系建设是一项探索性的工作,目前在国内基本没有可借鉴的工作实践及参考文本。建设二级单位信息化建设评估体系,对于深入了解基层单位信息化建设的状况和需求,统筹协调地推进学校整体信息化建设的水平具有重要意义。5月,信息化建设与管理办公室启动北京大学二级单位信息化建设评估体系建设工作,成立了信息化建设评估体系建设工作小组。在借鉴国内外相关领域研究成果的基础上,工作小组完成了院系、职能部门(含直属、附属单位)两种信息化建设指标体系框架搭建,两种指标体系框架均包含一级指标、二级指标和考察因素,在此基础上深入基层信息化建设单位进行调研,听取各信息化建设部门领导和工作骨干对评估体系的意见、建议,并据反馈的意见对评估体系进行了完善,于7月提交信息化建设与管理办公室全体会议审议。为检验该指标体系的适用性,工作小组设计了针对院系、职能部门以及普通用户的3种调研问卷,对指标体系的各项指标进行概念化,并形成相应的态度量表。10—12月,工作小组共发放425份调查问卷,调查的主要对象为二级单位信息化主管、信息化助理以及部分师生。通过调研问卷的回收和数据统计,工作小组经再次修订,形成院系、职能部门信息化建设评估指标体系初稿。

【推动信息化常规服务项目】 新建楼宇信息网络建设及维护工作 协调基建工程部、计算中心,实施了中关新园1~3、5号楼、教育学院楼、经济学院楼等楼宇的设备安装;与学校相关部门沟通,对计算中心施工经费限额(原为10万元人民币)进行适度调整,进一步规范了楼宇信息网络建设和维护的工作方式,提高了工作效率。

正版软件共享平台建设 信息化建设与管理办公室与计算中心合作,完成正版软件平台一期建设,向学校教职员工免费提供vista、office、visio等软件的下载服务,同事启动正版软件平台二期建设。

数字加工中心建设 2009年3月,北京大学数字加工中心建成,面向全校单位和个人提供数字资源加工、存储和发布等公共服务。信息化建设与管理办公室牵头成立数字加工中心管理委员会,加强对数字加工中心的管理。数字加工中心旨在为北京大学教学、科研和管理信息资源提供集约化、高质量的数字加工和数据整序服务,进一步整合校内资源,促进数字化资料的保存、管理和共享。2009年,数字加工中心已经完成馆藏10万余册古籍、2万余幅拓片和6000余幅舆图的数字化加工。

教育基金会与校友会工作

【捐赠概况】 2009年,在学校领导和基金会理事会的高度重视和正确领导下,在各院系、各部门的共同努力下,教育基金会共获得1616笔捐赠,实际到账捐赠3.1亿元,实现年度投资收益近7000万元。

2009年到账捐赠中,用于基础设施建设的约占27%;用于教师发展的约占30%;用于学生奖助的约占17%;院系发展基金约占16%;非限定资金约占7%;其他用途约占3%。用于教师项目的资金超越基础建设项目,成为第一大捐赠使用领域。其他用途的资金比例相对稳定。

到账捐赠中,来自北京大学教育基金会(美国)的捐赠约2050万元,来自北大医学部的捐赠约280万元,来自校友的各类校友基金约1050万元。主要成绩如下:

1. 大额捐赠稳定增长。2009年,基金会继续加强大额捐赠的工作力度,成功获得香港李兆基基金2亿元人民币的捐赠承诺(本年度到账4000万元),以及黄志源校友、黄怒波校友、李彦宏校友、俞敏洪校友、美国廖凯原基金会、新加坡邱德拔基金、泛海集团、碧桂园集团、香港道德会、香港蒙民伟先生等多人次的大额捐赠。同时,顺利完成了香港新昌国际集团主席叶谋遵博士捐赠500万元设立的"北京大学叶氏校友等额配比基金"的全部筹款和配比工作;完成了美国科特基金会提供的总额为250万美元配比基金中的100万美元的筹款和配比工作。

2. 奖助学金增幅明显。2009年,基金会管理的校级和院系级奖学金、助学金、奖教金和研究资助项目共计318项,年度捐赠总额超过4340万元人民币,共奖励资助6000余名教师和学生。项目总数和捐赠金额均比上年有大幅增长。

3. 国家配比成绩显著。2009年,为引导和鼓励社会资金支持高等教育的发展,中央财政第一次提出总额为10亿元的配比计划,为高校募集到的社会捐赠提供配比。基金会与学校财务部一道,精心准备、积极申报,为学校争取到1.413亿元的国家配比资金,有力地支持了学校发展。

【筹款体制】 构建和落实学校院系二级筹款体制,协调资源全面推动筹款和校友工作,是学校在第二届筹资与发展工作研讨会上做出的重要战略部署,也是基金会2009年工作的重要思路和特色。在学校和各院系的大力支持下,截至2009年底,共有37个院系建立了专兼职相结合的筹款工作队伍,共计38位总负责人,39位主管负责人,49位联络员。二级体制院系工作人员的到位大大推动了院系校友工作和筹款的开展,院系筹款热情高涨,潜力初现。

2009年4月和11月,基金会及时组织召开了两次学校院系筹款工作会议,来自30多个院系的

80余人出席会议。闵维方书记、周其凤校长分别为两次会议做重要讲话和明确指示,极大鼓舞了基金会与各院系筹款工作的信心和热情。

2009年3月,基金会理事会决定设立总额为6000万元的配比基金,进一步激励院系筹款工作。2009年9月基金会理事会审批通过了第一批配比项目,共有来自15个院系的23个项目获得配比支持。下半年,各院系更加主动发挥配比基金的作用,积极开展筹款,取得了良好的效果。

【重要活动】 2009年,全球经济形势严峻,基金会主要捐赠来源地香港、东南亚和美国等地区受到严重影响。基金会认真分析捐赠人的实际情况,精心策划各种典礼仪式,加大联系频率和开拓力度。通过授予汇丰控股有限公司集团主席斯蒂芬·葛霖先生北京大学名誉校董,以及举办北京大学桐山教育基金十周年纪念大会、思源基金会思源社2009年周年大会、旧金山和休斯敦筹款晚会等活动,进一步增进了捐赠人对北大的感情和信任。

基金会还和校友会紧密合作,通过邀请校友代表出席开学典礼、毕业典礼,以及举办各类校友返校和聚会活动等,增进校友对母校的感情和认同。此外,双方还共同举办了第四届全美北京大学校友会代表大会以及北京大学第七届校友工作研讨会暨校友代表大会,有力推动了各地校友会工作的开展。

【基础工作】 截至2009年12月31日,基金会管理的各类项目达1083项,比2008年增加150个,包括学生奖励资助、教师队伍建设、学术创新研究、基础设施建设和部分社会公益项目。在数目迅速增长、项目日益复杂化的情况下,基金会一方面加强筹款工作与项目管理工作的协调配合,另一方面与人事部、学生工作部、学生资助中心、财务部、各院系等兄弟单位紧密联系和沟通,进一步调整规范了项目流程、项目额度和项目文本,确保了项目执行的公正、公开、公平。

2009年,基金会组织专门力量,设计开发出新型校友数据库,并结合院系二级体制,为北大校友数据的动态更新和有效利用创造了基础条件,为筹款和校友工作的进一步发展奠定了重要基础。

2009年,基金会积极推进与捐赠人和校友的沟通联络,共寄出《北大人》24000份,《北大发展通讯》4500份,发放《北大基金会2008年年报》近1000份,以及以重要节日问候和学校新闻为内容的电子邮件70余万封,使常规联系工作更加扎实。

【机构建设】 2009年3月和9月,基金会分别召开第四届理事会第二、三次会议,充分讨论当前的形势和筹款工作状况,初步制定筹款工作目标,为进一步动员各方力量、拓展筹款资源做出重大部署,充分发挥理事会的领导职能。

根据《基金会管理条例》等相关法律法规要求,基金会于2009年3月顺利完成审计和年检工作。2009年,基金会继续协助北京大学教育基金会(美国)的规范化工作,帮助北美基金会完成了审计,补充了相关法律文书,并在与北美基金会合作过程中尤其注重尊重其独立性,使各项工作均符合当地法律要求。

基金会加强学习,努力营造进取、开拓、务实、快乐的组织文化。利用出访机会,与美国斯坦福大学、加州大学伯克利分校等高校的筹款和校友工作人员进行工作探讨和学习;接待、参访国内多所大学基金会和校友会并进行交流;参与慈善、公益和非营利组织相关的政策研讨会和高校基金会工作研讨会等工作经验交流会议。

2009年,通过公开招聘,两名新成员加入基金会,推进了繁重的财务工作和项目管理工作。

【附录】

表9-17 2009年社会捐赠奖学金、助学金、奖教金、研究资助概览

项目数	奖学金	助学金	奖教金	研究资助	合计
校级项目	77	36	12	44	169
院系项目	105	23	6	15	149
合计	182	59	18	59	318

表 9-18 2009年奖教金获奖情况统计

奖 项	金额/万元	人数 小计	人数 其中特等	人数 其中女性	职称 正高级	职称 副高级	职称 中级	职称 无职称	学位 博士	学位 硕士	年龄 30岁以下	年龄 31-40	年龄 41-50	年龄 51-60	年龄 61岁以上
杨芙清-王阳元院士奖教金	40	17	6	16	1			13	2			7	7	1	
方正教师优秀奖	44	18	1	3	11	6	1		16	1		6	6	5	1
方正优秀管理奖	6	12		5	5	3	3		2	3	1	2	2	7	
正大奖教金	18.5	33	4	9	11	20	2		27	5		13	13	5	2
宝钢优秀教师奖	14	5	1	2	4	1			3	1		1	2		2
东宝奖教金	2	2		1	2				1				1		1
宝洁奖教金	4	4		2	4	2			4				2	2	
树仁学院奖教师	4	4		2	2	2			2				3		1
工商银行奖教师奖	13	13		3	7	5	1		8	1		3	4	4	2
北京银行奖教师奖	4	4		2		3	1		3	1		1	2	1	
王选青年学者奖	10	2			1	1			2			2			
IBM奖教金	2	2		2		2			2			2			
国华杰出学者奖	100	6	1	1	6				2	1				2	4
合计	261.5	122	7	38	69	44	8	1	85	15	3	37	42	27	13
比例			5.7%	31.1%	56.6%	36%	6.5%	0.9%	69.7%	12.3%	0.9%	26.2%	34.4%	27%	11.5%

党建与思想政治工作

组织工作

【党建工作】

（一）组织党员干部认真学习领会党的十七届四中全会精神，深入开展学习实践科学发展观活动

1. 组织党员、干部深入学习党的十七届四中全会精神。党的十七届四中全会召开后，及时向全校党员发放《中共中央关于加强和改进新形势下党的建设若干重大问题的决定》单行本和相关辅导学习材料，通过主题报告、专题培训、座谈交流等形式组织党员、干部切实领会十七届四中全会的精神实质，把学习贯彻十七届四中全会精神与教学、科研、管理、医疗、服务等各项日常工作紧密结合起来。

2. 在学校深入学习实践科学发展观活动领导小组统一安排部署下认真组织学习实践活动。根据学校深入学习实践科学发展观活动领导小组的统一指挥协调，动员、指导各基层党委（党工委、党总支、直属党支部）按照既定时间进度和工作要求，圆满完成学习调研、分析检查、整改落实等各个阶段的任务。为全校党员干部购买发放学习材料，通过组织"深入学习实践科学发展观，我为北大发展献一策"教工党支部主题党日活动和"传承五四精神，深入学习实践科学发展观"学生党团日联合主题教育活动，发动全校1029个基层党支部积极开展建言献策活动，共汇总各类意见、建议1555条。指导各基层单位撰写分析检查报告，制定切实可行的整改落实方案，努力解决制约基层单位科学发展的体制机制问题和师生员工反映强烈的突出问题。群众对学习实践活动总体满意度为99.68%。

3. 扎实做好深入学习实践科学发展观活动整改落实工作，建立健全学习实践科学发展观长效机制。在学校党委统一领导下，结合党的十七届四中全会做出的重大战略部署，根据学习实践活动整改落实方案中关于组织工作和干部工作的整改要求，逐一对照、深入分析、狠抓落实，扎实开展整改落实工作，进一步明确学校党建工作的目标要求和工作重点。通过整理《北京大学贯彻落实科学发展观分析检查报告汇编》和《北京大学贯彻落实科学发展观整改落实方案汇编》，全面总结开展学习实践活动的经验和收获，不断巩固和扩大学习实践活动成果，建立健全学习实践科学发展观的长效机制。

（二）大力加强基层党组织建设，不断夯实学校党的建设的组织基础

1. 贯彻落实《党建和思想政治工作基本标准》，持续加强基层党组织规范化建设。为进一步巩固和深化党建迎评的主要成果，进一步提高基层党建工作的制度化、规范化水平，将《北京大学院（系）级党委（工委、总支、直属党支部）贯彻〈北京普通高等学校党建和思想政治工作基本标准〉实施细则》作为贯穿基层党建工作的一条重要线索，为基层党组织开展党建工作提供标准化依据，为下一次党建迎评奠定基础、早做准备。通过制定下发《北京大学入党积极分子培养考察登记表》，将入党积极分子培养、党员发展等重要工作纳入统一有序的制度化、规范化轨道。

2. 把握重点环节，加强对基层党建工作的精细化指导。抓住毕业生毕业教育和新生入学教育的有利契机，编印《毕业生党员教育、管理注意事项》和《新生入党指南》，为基层单位有针对性地开展工作提供精细化的过程指导。针对基层党建工作工作中出现的新情况、新问题，深入总结基层党建工作经验，组织编写《北京大学基层党建工作指导手册》（试用版），广泛征求各方面意见，逐步完善内容、体例，为基层党建工作提供全方位指导。

3. 加大支持力度，推动基层党建工作创新。根据中共北京市委教育工委《关于推进高校基层党建工作创新的意见》（京教工[2006]10号）的有关要求，继续按照党员年人均100元的标准核定党支部工作和活动经费，向各基层党委（党工委、党总支、直属党支部）下拨经费1285000元，鼓励和支持基层党组织和广大党员创造性地开展丰富多彩的组织活动。继续通过基层党建创新立项激发基层党组织创新活力，并将立项项目分为一般项目和重点项目两类，一般项目每学期集中申报一次，重点项目随时可以申请。全年共支持一般项目94项，累计支持经费

87000元。全面总结2006年以来开展党建创新立项的成果与经验，编撰《北京大学基层党建创新立项优秀成果汇编》。

(三)大力加强党员队伍建设，不断提高党员队伍整体质量

1.利用重大时间节点和重要事件，开展评优表彰和党员集中教育。以纪念建党88周年和开展深入学习实践科学发展观活动为重要契机，开展党务和思想政治工作优秀个人及先进集体评选表彰工作，共评选出"北京大学党务和思想政治工作先进集体"11个，"北京大学优秀党务和思想政治工作者——李大钊奖"获得者11名，"北京大学优秀党务和思想政治工作者"81名，"北京大学党务和思想政治工作奉献奖"获得者71名。学校党委隆重举行表彰大会，以此对全校党员和广大党务工作者进行集中教育。"七一"前夕，组织"共产党员献爱心"捐献活动，在短短一周时间内为市慈善协会助老、助学等慈善项目捐献善款50万元，用实际行动纪念中国共产党成立88周年。

2.着力完善党员管理、服务体系，健全党内激励、关怀、帮扶机制。梳理党员发展、党员组织关系接转、党费收缴与管理、党务经费管理与使用、流动党员管理、留学回国人员党员恢复组织生活等各项工作流程，出台指导性意见或办法，及时研究解决党员日常管理工作中出现的具体问题，不断完善符合学校实际的党员日常管理体系和工作机制。注重对生活困难党员的帮扶工作，年底一次性为51名生活困难教职工党员补助人民币102000元。围绕建党88周年和建国60周年等重大节庆日，组织开展看望慰问老党员、老干部、老工人活动，在日常管理工作中不断融入为党员服务的内容，并努力搭建党员联系、服务普通群众的桥梁。

3.注重规划与落实，保证质量，积极稳妥地做好党员发展工作。指导各基层单位根据实际情况，制定党员发展规划并提出完成规划目标的具体工作方案，加大指导、督促、检查工作力度。坚持"成熟一个，发展一个"的原则，针对不同学科、不同年级的学生党员发展问题，采取有针对性的措施，提高发展质量。通过工作上鼓励、生活上关照、感情上凝聚，积极主动做好对教工入党积极分子的培养，努力推动在青年教师中发展党员的工作。上半年，对直属党支部、党总支的党员发展对象的志愿书填写情况集中检查，指导基层组织保证党员发展质量。不断探索完善学校党委统筹协调、各部门齐抓共管、各基层党委具体实施的党员发展领导体制和工作机制，形成工作合力。2009年，全校共发展党员1420名，其中发展在岗教职工党员127人，发展学生党员1282人，全校党员比例达到37.22%，学生党员比例达到30.22%。

4.以培训交流为切入点，大力加强基层党务工作队伍建设。抓好对基层党委书记、党支部书记、党委秘书的培养培训工作，将上述三支队伍纳入学校人才队伍体系。加强对教工党支部委员会换届选举工作的规范和指导，开展教工党支部书记登记备案，以贯彻落实党的十七届四中全会精神为契机，举办教工党支部书记培训示范班，全校各单位推荐的50名教工党支部书记参加，交流工作经验，开拓工作视野，提升工作能力，选派8名教工党支部书记参加北京市高校教工党支部书记培训示范班，接待天津大学优秀教工党支部书记研讨班并组织工作交流。会同学生管理部门，开展学生党支部书记培训班，提高学生党支部书记的理论水平和工作能力。举办基层党务工作培训交流会，对参会的36名党委秘书进行培训，搭建基层单位党委秘书沟通交流的平台，准确把握党委秘书队伍的整体情况和实际特点，健全对基层党委秘书的激励、保障措施，探索组织员试点方案。

(四)扎实做好党建研究会秘书处工作，深入开展党建理论研究

从基础性、常规性和品牌性的工作入手，统筹协调全国党建研究会高校党建研究专业委员会、北京高校党建研究会和北大党建研究会三个研究会秘书处日常工作。以全国党建研究会高校党建研究专业委员会为依托，参与《〈中国共产党普通高等学校基层组织工作条例〉解析读本》的编撰工作，编印《高校党建研究通讯》第一期。做好北京高校党建研究会2009年年会、常务理事会和秘书处会议的组织工作，开展好研究会年度课题立项申报、中期检查和结项答辩工作，举办"北京高校纪念建党88周年暨党建工作论坛"，编印《北京高校党建研究》三期，提高各项工作的专业化水准。继续拓展北大党建研究会的交流、研讨功能，编辑出版《北大党建》12～14期，探索建立专刊、特刊的思路与方法。继续开展高中入党新生党员思想状况调研，参与"改革开放三十年北京高校党的建设实践与探索"课题研究。

【干部工作】

(一)加强领导班子思想政治建设

1.组织校级领导班子和机关干部年度考核工作。2月，在全校干部大会上，向全校正处级干部发放校级领导测评表106份，对现任校级领导班子和领导班子成员进行了民主测评;9月下旬，组织全校35个校部机关(含直属附属单位及群团组织)开展了干部年度考核工作，共有642名干部参加了考核，其中638人考核合格，有4人因长期病休、出国未归、停薪留职等各种原因考核不合格。

2. 在领导班子学习实践科学发展观专题民主生活会中,由组织部牵头协调,纪委办公室监察室、党委办公室校长办公室和组织部的负责同志陪同校领导列席了33个基层院系的民主生活会。通过深入了解基层情况,增强整治用人上不正之风工作的合力,健全组织系统内部分工合作机制和联系沟通机制,有效推动了各项工作的开展。

3. 深入开展党风廉政建设活动,加强从严管理干部的力度。按照北京市委《关于加强国家工作人员因私出国(境)管理实施办法》的要求,对所有领导干部出国实施请假和报批制度,并按时前往北京市公安局出入境管理处更新干部报备数据库。认真落实党员领导干部报告个人有关事项制度和处级干部收入申报制度。对51名干部进行了任前谈话,对2位领导干部进行了函询,委托审计室对14个单位进行了领导干部任期经济责任审计,免去1名违反纪律的干部职务。对领导干部正确行使权力、勤政廉政、始终做到立党为公、执政为民起到了较好的督促和促进作用。按照纪委要求,完成党风廉政建设自查报告、《关于加强高等学校反腐倡廉建设的意见》落实情况量化考核表、北京普通高校惩防体系基本制度建设自评自建情况反馈表及相关支撑材料,为学校顺利通过教育部党风廉政建设高校互查考评组的检查作出贡献。

(二)做好领导班子换届和干部调整工作

1. 精心组织,全面完成了院系换届工作和届中考察工作。2009年,共完成7个基层党组织班子、6个院系行政班子和2个直属附属单位领导班子的换届工作;完成4个基层党组织,4个院系行政班子,16个机关部处,7个直属附属单位的领导班子的调整和充实工作。

2. 在干部任免工作中,坚持"德才兼备,以德为先"的用人标准,充分发扬民主,广泛听取意见,严格按照干部任免程序办事。2009年,校本部共任命中层干部104人次,与去年相比基本持平(2008年108人次),其中新任干部46人,提任(副处提为正处)干部7人,连任干部31人,调配任命干部20人次,免职干部61人次。同时,还完成党口科级干部的任命60人次。截至2009年12月31日,校本部中层处级干部共有369人,其中正处级干部119人,副处级干部250人。

3. 认真做好教育管理和德育系列专业技术职务评审工作。2009年,共有16人申报晋升正高、46人申报副高,相较往年,工作量显著增大。经过精心准备,严密组织,共评出正高级5人,副高级18人,顺利完成了教育管理和德育系列的专业技术职务评审工作。

4. 圆满完成校级后备干部推荐考察工作。按照中管高校后备干部考察工作的统一部署,中组部于11月7—9日对我校校级后备干部进行推荐考察。党委组织部作为主要责任部门,组织了包括校领导班子成员、近期退出班子校领导、教授代表、中层正职干部、教职工代表等五类不同身份类别人员,共计223人参加的北京大学校级后备干部民主推荐大会。积极配合中组部考察组圆满完成了前期材料准备、民主推荐、五类代表共计155人参加的个别访谈、汇总材料上报等相关推荐考察程序,协助中组部圆满完成了此次推荐考察任务。

(三)坚持推进科学化、民主化、制度化,深化干部人事制度改革

1. 按照"民主,公开,竞争,择优"的原则,加大竞争性选拔干部的力度,把那些能有效服务教学科研一线、善于开展群众工作、善于统筹协调的学科带头人充实到管理岗位上。2009年11月,对附属中学副校长的选聘采取了公开选拔、竞争上岗的形式,取得良好效果。通过公开选聘程序,提高了选人用人公信度,最终人选顺应民心,群众满意。

2. 在干部选拔任用工作中,既注重充分发扬民主,根据单位性质和队伍特点,从内部选贤举能,又能从实际需要出发,进一步拓宽视野,从校内其他单位或校外兄弟单位选拔优秀人才充实到学校的中层干部队伍中,努力构建全方位、多渠道的干部选拔任用体系。在物理学院行政换届工作中,学校党委经过广泛调研和慎重考虑,将视野投向国内物理学领域的杰出人才。经过学校主要领导的努力,聘请到原物理系毕业生、中国科学院副秘书长王恩哥院士出任物理学院院长,得到广泛认可。

3. 积极推进院系优秀教师到机关职能部门挂职担任管理工作。为促进院系与机关之间干部交流、加强教师与机关干部间的了解与沟通,有效调动教学科研一线教师参与学校管理工作的积极性,满足学校各级管理岗位后备干部选拔培养的需要,同时,学校坚持多途径、多方式锻炼年轻干部,从2008年底开始启动优秀骨干教师到机关职能部门挂职担任副职,2009年共任命5名中青年教授到机关挂职。

4. 严格执行干部退休规定,认真做好到龄干部退休工作。在充分与所在单位沟通并征求本人意见的基础上,今年共安排6位到龄干部退休,既保证了学校工作的正常开展,又妥善解决了中层领导干部的新老交替,并认真落实好退休干部政治、生活等各项待遇。

5. 提高党员干部队伍素质,加大对年轻干部的培养和锻炼力度,切实做好后备干部培养工作,确保中层干部队伍组成日趋多元、

结构更加合理。目前中层干部中，96.7%的干部具有大学本科以上学历；具有高级专业技术职务的干部比例超过80%。截至2009年12月31日，45岁及以下中青年干部共有193人，占干部总数的52.3%。中层领导干部平均年龄基本稳定在46—47岁间。女干部、党外干部、少数民族干部总量和比例也都稳中有升，形成了干部队伍多元化、科学化、合理化的局面。

（四）配合上级党组织和校内有关部门，做好人才工作

1. 按照上级党组织要求，做好有关专家的联络和资助工作。协助市委组织部做好北京市优秀人才培养资助个人项目申报工作，最终我校工学院、社会学系、第三医院、护理学院的4位教师的4项课题成功入选。积极配合北京市委完善全市局级退休干部基本信息库，完成了我校7位局级退休干部的信息采集工作。

2. 配合有关部门，完善人才激励保障机制。与人事部等单位一起拟定管理岗位设置和聘任工作方案，并参与落实，推动管理人才队伍建设。

3. 加强对后备人才队伍的培养和锻炼。自2008年从应届硕士毕业生中选拔优秀人才留校培养计划顺利实施，2009年，第一批开始转岗到校内综合部门挂职；第二批共选拔了6人，分别在校团委和院系人才培养一线任职锻炼。

4. 探索和完善干部交流工作，编制《干部交流工作手册》。以挂职锻炼工作作为开展体验式干部教育培训工作的一条重要途径和培养教育学生的一个辅助手段；以全过程跟踪管理为目标，落实程序管理和环节管理，健全管理制度。通过建立人才交流合作协调机制，推进干部交流和人才培训，开展决策咨询与学术交流，加强合作研究与技术开发等多种合作项目。

5. 根据对口支援、省校合作计划、校地合作等项目，有组织、有计划、成规模地选派干部到政府机构从事挂职锻炼。2009年，巩固和加强了北京市东城区、宣武区、海淀区和江苏省无锡市等4个挂职锻炼基地，新拓展了河北省唐山市、江苏省南京市等挂职锻炼基地，并与重庆市商讨市校人才交流合作框架协议。

6. 根据教育部"质量工程"的要求，党委组织部积极协调安排西部高校干部来校学习、挂职，并妥善安排他们在北大期间的生活、学习和工作。2009年7月，新疆大学人文学院一位干部完成了在中文系1年的挂职锻炼；10月，新疆大学选派化学化工学院副院长挂职我校化学与分子工程学院副院长，时间为半年。

【党校工作】

（一）内容教育与过程教育并重，落实大规模培训干部任务

1. 5月29日至12月16日举办北京大学第36期干部培训班，培训对象主要是2008年5月1日以来新上岗和新晋升职务的38位中层领导干部。在总结以往干部培训经验的基础上，本期培训班通过发放问卷、座谈会等形式，在内容设计上充分考虑干部实际学习需求，遵循"理念与实务并重、政治素质与管理能力并重"的原则，根据干部提出的学习需求，除集中培训以外，先后举办了培训班与财务部专题沟通会，组织学员到光华管理学院、化学与分子工程学院和人民医院开展现场教学；分阶段集中培训，注重搭建干部交流平台；注重培训班的文化建设，首次在干部培训班中成立班委会，增强凝聚力和吸引力；强调人文关怀，强调服务干部，在服务中增强干部的服务意识；推进干部培训学时制，加强干部教育培训工作的规范化管理。结合结业典礼，举办了北京大学干部培训班管理论坛。

2. 2008年12月至2009年12月尝试举办北京大学第1期中青年骨干研修班。42位学员都是由各院系党政领导班子集体讨论推荐、年龄在45周岁以下、从事教学科研一线工作、具有副高级以上专业技术职务的专任教师。根据学员特点和学习需求，采取了"授课与沟通相结合，考察与体验相衔接"的培训方式，除课程讲授式培训以外，开展无锡市现场教学，并分别组织学员与研究生院、教务部、科学研究部、社会科学部和发展规划部的领导和工作人员进行了5场专题沟通会。

3. 继续组织干部参加北京市干部在线学习。按照北京市委组织部、北京市委教育工委、北京市干部在线学习中心的统一部署和安排，继2007年开始组织干部参加北京市干部在线学习以来，党校办公室2009年继续动员和组织全校中层领导干部和科级干部参加北京市干部在线学习。全年共有194名干部自愿报名参加，其中处级领导干部82人，科级干部112人。党校办公室坚持在每月底核实每位学员的学习进度，根据学员完成任务的情况，通过短信平台及时提醒干部当月学习情况，保证按月及时完成学习任务，分解学习压力。同时，以干部在线学习课程为基础，根据干部选课的集中程度，不定期面向全校干部举办课程面授和专题讲座，在"督学促学"的基础上创造性地开展"帮学助学"工作。全年共有135位干部完成规定的40学时学习任务，占学员总数的70%，创历年之最。

（二）加强党员教育工作，充分发挥新生党员的先锋模范作用

2009年8月29日至9月2日，党委组织部、党校、学生工作部联合举办"北京大学2009年度本科新生党员培训班"，对432名新生党员进行了培训。培训内容包

括理想信念教育、校情校史教育、骨干素质培养等方面。圆满实现"时代先锋、青年表率、追求卓越、勇于担当"的培训目标。

（三）全面管理全程服务，开展教职工和学生入党积极分子培训

1. 3月至6月，举办北京大学第16期党校教育读书班，对经党的知识培训班系统培训并结业、表现突出的学生入党积极分子进行有针对性的培训。与党的知识培训班相比，党性教育读书班在培训内容上更加强调"党性修养"、"党员先锋模范作用的发挥和保持党员的先进性"等内容。党校办公室自编了《北京大学党性教育读书班辅导教材》，使培训内容能够与时俱进；继续强化优秀学员和优秀领队的激励机制。本期培训班历时3个月，1216名学生入党积极分子通过"听报告，读经典，论时事，写笔记，受教育"等活动顺利结业，结业率为96.2%。

2. 3月下旬至5月底，举办北京大学第1期教职工党的知识培训班。本期培训班的培训对象，既包括事业编制教职工，也包括事业编制以外的流动编制教职工和劳动合同制职工，涉及学校教学科研单位、党政管理机构、后勤产业系统的92位教职工入党积极分子。在组织实施上，主要以专题讲座、党课辅导报告、读书自学、结业考试等形式为主。党校办公室精心设计了《中国共产党章程》、中国特色社会主义理论体系、科学发展观与改革开放30年、共产党员的修养、如何争取早日入党等五次专题党课，组织开展了一次分组讨论，参观了"西藏民主改革50年大型展览"。在扩展培训内容、丰富培训形式之外，党校在组织实施上对第1期教职工党的知识培训班也做了一些改进，包括编印实施方案、规范结业总结等。

3. 10月至12月，举办北京大学第22期党的知识培训班，主题是"坚定理想信念，弘扬爱国主义，树立社会主义核心价值观"，旨在对本科生、硕士研究生和博士研究生群体中的学生入党积极分子进行党的基本知识和基本理论的系统培训。培训内容由三次党课专题辅导报告、一次院系自主党课、一次教育电影、两次集体讨论以及院系开展的创新性实践活动组成。本期培训班首次试用网络在线报名系统，广大同学学习热情高涨，共2026人自愿报名，人数创近年新高。经过三个月的系统培训，共有1936名学生入党积极分子顺利结业，结业率为95.6%。在本期培训班的组织实施方面，党校在反复研讨、进行尝试的基础上采取了一系列新的做法，包括：第一，动员和邀请各基层院系党委书记走进党课课堂，结合学科特色和院系文化为学员讲授"共产党员的基本条件以及如何争取早日入党"。第二，严格考勤管理，规范请假程序，引导学生主动加强理论学习，确保培训效果。第三，全方位、多渠道与学员直接沟通，提供贴身服务，通过群发短信、电子邮件、《学员手册》、学员证、专用笔等途径向学员全程服务，落实以人为本，提高党组织的吸引力和凝聚力。第四，制作多媒体课件，组织请假学员进行集中补课；集中补课仍旧不能参加的，组织学员通过北大教学网进行在线学习，以此确保每位学员都能有充分的学习机会。第五，进一步健全培训评估和反馈机制，通过在全体学员范围内的匿名问卷调查和在培训中后期多次召开学员代表座谈会，充分听取学员对培训内容和组织实施的意见建议。第六，在北大未名BBS上开通"党课大家庭"版面，给学员提供更多的贴近他们使用习惯的交流平台。

（四）加强内部建设，提高工作的科学化、规范化和信息化水平

为进一步提高管理效率、增强培训效果，党校在2009年重点进行规范化和信息化建设，练好内功，提高水平。

1. 开发党校培训班管理信息系统。为推进培训班管理的科学化信息化水平，规范工作流程，提高工作效率，党校专门组织开发了"培训班管理信息系统"，并在第22期党的知识培训班组织实施过程中进行了试用和改进。信息化技术的使用大大减少了党校繁琐的事务性工作，使得党校能够集中精力搞创新、抓落实。

2. 总结党校经验和培训工作规律，制定工作规范，优化工作流程。在对近几年的党校培训工作进行系统总结和科学梳理的基础上，2009年，党校围绕办公自动化、日常办公、培训班管理等三大块内容，组织撰写工作规范，并在党校内部进行讨论和修订，初步形成了体系相对完整、操作性强、有明确指导意义的党校培训工作指南。

3. 健全和完善档案收集整理。北京大学党校自1991年建立以来，已经培训了数万名入党积极分子和上千名各类干部，形成了大量的文书档案，本年度党校对历史档案进行了系统整理，并全部电子化，便于今后的统计和分析。从2009年开始，党校进一步规范内部管理，及时记录和更新党校办公室大事记，加强日常工作总结和积累。

【机关建设】 1. 在学校党委统一安排部署下认真组织深入学习实践科学发展观活动，全面开展学习十七届四中全会精神活动。

2. 继续深入开展"讲党性，重品行，作表率"活动。党委组织部党支部带头开展了学习型党支部建设活动，通过"组工论坛""每周学习会""党支部例会"和定期研讨务虚制度，强化对组工干部的理论武装、业务培训和实践锻炼；通过轮流邀请学校各部门负责人举办

讲座,进一步完善了组工干部日常学习、短期集训制度,学习管理、计划、督促和考评机制不断健全。

3. 坚持每周党支部组织生活,召开民主生活会和学习例会。针对组织部新同志多、年轻同志多的特点,发挥组织部党支部领导同志多、老同志老干部多的优势,定期组织支部生活会和学习会,积极开展"十七大精神"系列学习活动。把继承发扬组织部的优良传统、营造团结向上的工作氛围、提高业务技能、提高学习能力、掌握办公知识密切结合起来。

4. 把信息化建设作为提高服务水平和管理效率的重要工作加以推进,以信息化推动规范化。2009年,组织部网站不断拓展新功能。党员和干部管理系统包括入党积极分子管理、党员管理、党组织管理、教育培训管理、党费管理、组织关系接转、干部任免管理、民主生活会等多个模块,涵盖了组织工作的各个方面,将北京大学组织工作的信息化建设向前推进一大步。

5. 2009年,组织部全面推进调研工作,以《中层领导班子和干部队伍建设》课题为依托,把深入基层和兄弟院校调研作为推动党建和干部工作上层次、上水平、更好地服务基层的重要手段,也作为推动年轻干部尽快掌握情况、熟悉业务的重要渠道。

(党委组织部)

宣 传 工 作

【理论工作】 1. 开展纪念五四运动90周年系列活动。4月28日上午,"五四运动与民族复兴——纪念五四运动90周年暨李大钊诞辰120周年理论研讨会"隆重举行。5月初,《求是》杂志以学校党委名义在开篇的重要位置发表了"弘扬五四爱国主义精神,推进中华民族伟大复兴"文章。编辑出版《五四运动与民族复兴》《当代北大学者论五四精神》两本著作。

2. 做好学校和院系两级理论中心组集体学习工作。邀请专家讲解五四运动、把深入学习实践科学发展观提高到新水平、党的十七届四中全会精神、知识产权与技术转让、国际战略格局和中美关系、气候变化和低碳经济等问题。

3. 举办高水平研讨会。8月28日,由大学文化研究与发展中心主办、北京大学党委宣传部承办的"大学文化与思想解放高层论坛",在北京大学守仁国际会议中心中馆举办。9月23日,第二届中国特色社会主义理论体系论坛在北京大学召开。

4. 承担上级部门交办的重要研究项目。"国际金融危机加深引发发展理念、社会思潮之争""关于实施国家形象战略的研究""关于弘扬传统文化的研究"等研究报告被有关部门和单位采用。

5. 做好舆情信息报送工作。共报送舆情信息100余条,被单条采用16条,受到了中宣部和北京市委宣传部的充分肯定。

(余 锴)

【新闻宣传和校园文化建设】 2009年,党委宣传部的新闻宣传工作继续围绕学校的中心工作积极开展,进一步加强与媒体的联系,注重对北京大学全方位的报道。据不完全统计,2009年,对外宣传方面,平均每周协助校内大型活动或其他部门邀请,接待校外媒体3~5次。校外各类媒体对北京大学不同内容的直接报道有2000多条。中央电视台、中国教育电视台、人民日报、人民日报海外版、光明日报、中国教育报、中国青年报、北京日报等重要媒体上都对北大重要的新闻进行了报道,新华网、新浪网、中新网、千龙网等主要网络上也都发布了大量的新闻、图片和专题报道。

新闻宣传工作积极把握国家和北京大学宣传工作要求部署的精神,结合北大实际,围绕若干重点、热点问题开展了一系列的重要工作:(1)北大111周年校庆期间,宣传办公室筹备和举办"学问、读书、人生"北京大学学术人物展览。(2)组织筹备创作原创歌曲《红旗三部曲》歌颂共和国六十年,加强师生爱国主义教育。这是落实中宣部"庆祝新中国成立六十周年 深入进行爱国主义教育"重要活动,教育部关于"我爱我的祖国"主题教育活动通知及视频会议精神的重要举措。(3)筹划编辑出版庆祝建国六十周年学术文集《北大视野:新中国六十周年学术流变记》,由北京大学出版社出版发行,是2009年学校重要的学术文化成果。(4)组织力量撰写第二届蔡元培奖获得者事迹。

同时,进一步做好校园文化的宣传工作,努力为广大师生营造美育、德育的优良环境。为纪念五四运动九十周年,宣传部参与策划筹备了北京大学原创的红色歌剧《青春之歌》。此外,宣传部还主办了杨辛教授书法艺术展和张汉瑛先生书画艺术展。这些活动有力地活跃和繁荣了北京大学的校园文化。

(张 琳)

【电视台】 2009年,北大电视台共完成新闻拍摄和编辑663条,专题片18部,重要活动和学术交流活动的全程录像60余场,现场直播12次(场)。

在第十四届全国优秀教育电视节目评奖活动中，北大电视台制作的新闻《胡锦涛考察北京大学》获新闻类节目一等奖，专题片《永恒的光辉——北京大学与五四运动》获专题类节目二等奖，学生栏目《90-60-30之影视新生代甲子望》获栏目类三等奖，北大电视台获"全国教育电视工作先进集体"称号。

（陈　波）

【校报】　2009年，北大校报本着办报育人、不断创新的精神积极开拓进取，在理论和新闻宣传上保持新鲜的活力，高质量地完成出报任务。全年共出报27期，其中专刊4期，发表文章1300多篇，共计近90万字。4期专刊包括地质学系建系百年专刊、北京论坛专刊、学生工作部表彰专刊、会议中心十年专刊。根据学校及各院系的主要工作，校刊还策划了数个专版，包括"许智宏：我做北大校长的九年""北大学习实践发展观活动的报道""坚持科学发展，推进世界一流大学建设步伐（闵维方讲话）""纪念五四运动学术专版""2008岁末宏观经济研讨会""北京大学优秀党务和思想政治工作者介绍""纪念季羡林""儒藏工程""财政学系十周年庆"等。校刊全年共编辑、策划专栏近30个，如医学部信息、记者观察、长者风范、十佳教师、国际热点分析、走出校园、新闻快递、学在海外、读者沙龙、燕园聚珍、我观北大、受教育记等。2009年，北大校报刊载的文章获第十八届北京市新闻奖三等奖1项；北京新闻奖（高校校报系列）一等奖5项，二等奖3项，三等奖1项。

（李　彤）

【新闻网】　2009年，新闻网共发布新闻稿件1935篇，其他相关栏目稿件1000余篇，共发布新闻图片近10000张；撰写燕萱评论文章11篇，制作新闻专题24个；新闻网制作内容经由校外报刊转载20余篇，网络转载百余篇。2009年，加大专题策划力度，新建了国华杰出学者奖、王选青年学者奖、李大钊奖得主风采等特色报道专题；在十七届四中全会学习、庆祝新中国六十周年华诞、北大资深教授季羡林逝世等重大事件中，组织力量采访、报道，赢得了校内外的广泛认可；在北京市新闻奖及高校校报新闻奖评选中，北大新闻网报送的20余个专题、文章，有15个最终入选一、二、三等奖。随着编辑人员的日益增多，北大新闻网认真推进与完善各项制度建设，特别是在新闻稿件的编审方面进行规范，初步形成了编辑、责任编辑、主编三级编审机制。

（刘　静）

【广播台】　2009年，广播台共制作、播出节目26周，节目共计337期。广播台节目分为五类：新闻资讯、访谈、文学、娱乐、音乐。广播台的节目主要通过以下方式传播：燕园校区的有线广播系统、燕园之声网站、其他载体（光盘、手机、播放器等）。暑假期间对有线广播系统进行了一次维修改造工程，恢复了南门一线全部、宿舍区部分、办公楼区部分的广播线路。修订并印制本学期新版工作手册，并发放到每个成员的手中用以指导全台工作。播出环节采用《机务手册》对每天播出情况进行记录反馈。对新入台的成员进行了业务培训。

（刘乃勇）

【英语新闻网】　2008年11月20日，新版英语新闻网站随同新版北大英文首页正式上线；2009年，英语新闻网在保证每个工作日新闻更新的基础上致力于建设新版网站。英语新闻网在新闻报道工作中继续坚持国际化、专题化、创新性、开放性四大特色，分为Global、Focus、Campus、Outlook四个专题对北大进行多角度的报道。以主题为"走向世界的北大学术"对第六届北京论坛进行了有深度、有特色的系统报道，总计撰写报道和采访15篇，共计1.5万单词，报道内容结集为《北京论坛2009英文网报道集》。

（刘乃勇）

【办公室工作】　2009年，办公室工作人员充分发挥工作积极性和主动性，认真负责地为部机关和各校园媒体做好服务保障，加强与院系宣传员和各部门的日常联系，确保了宣传部和各校园媒体的正常运转，为全校宣传工作作出了应有贡献。

2009年，宣传部还大力加强工会工作，体现人文关怀，打造"健康工作，健康生活"的新环境。宣传部除部机关外，挂靠的北大电视台、北大新闻网、北大校报、北大广播台等单位分布在学校东、南、西、北不同的位置，部工会克服各单位工作地点分散的困难，积极开展各项文体活动和集体活动。部工会组织同志参加校运会的开幕式表演，每周坚持训练，体现了部门的风貌；工会同志代表机关队参加校运会，获得4×100米第6名、女子跳远第8名；组织宣传部25名同志参加机关运动会，共参加四类五组项目，获得集体项目拔河第三名的好成绩。部工会积极关心教职工生活，组织教职工购买计划生育家庭意外伤害保险；关心教职工结婚、生子、家庭重大事件，代表组织予以慰问。特别是今年宣传部临时聘用人员王云飞不幸摔伤，工会积极组织人员自愿捐款，共筹得善款2470元。配合校工会做好工会会员信息登记工作，为进一步做好工会工作打好基础。定期看望退休老干部，关心老干部生活、身体，并送去温暖。

（胡运起）

统战工作

【概况】 1. 工作创新。党外代表人士工作是学校统战工作的重点。2009年,党委统战部遵照《北京市2007—2013党外代表人士队伍建设规划》和《北京高校党外代表人士队伍建设规划(2006—2013)》的精神,总结出"人才充足、涵盖齐全,素质优良、业务突出,计划周密、措施得当,加强培养、适时推荐"的党外代表人士工作方针,不断加强党外代表人士队伍建设。学校统战部进一步加强了与党外代表人士的联系,组织部分无党派人士参加市委统战部召开的主题教育活动总结会;安排有关中青年党外人士参加市里组织的学习培训活动;并根据上级统战部门的工作要求,增补了党外代表人士后备人选名单。

每年"两会"召开前,召开代表委员见面座谈会已成为北大的工作惯例,但由于距"两会"开幕时间较近,座谈会上提出并受到"两会"代表委员关注的一些问题,往往来不及深入探讨、达成共识。为此,统战部提出在年底前增加一次代表委员见面座谈会,在会上提前把将一些问题、建议梳理归纳,为代表委员更好地发挥群体作用提供便利。这个想法得到了学校领导的肯定和支持。12月2日,学校邀请校内的全国、北京市及海淀区、西城区人大代表、政协委员举行座谈会,为2010年的各级人大、政协全会做准备。

2. 民主党派组织建设。2009年,北大各民主党派组织加大了组织发展工作力度,注重有计划地稳步发展新成员。统战部受各党派上级组织委托,协同相关院系党委认真做好民主党派发展新成员前的考察工作,在工作中还注意协助民主党派物色、发展有助于保持党派特色的高层次成员。九三北大第二委员会、九三北大委员会、致公党北大支部等党派学校组织进行了班子换届或届中调整增补。在七一前夕学校优秀党务和思想政治工作评选表彰活动中,九三学社北京大学第二委员会被评为先进集体,贾庆国、符国群、唐晓峰、陈新等民主党派干部被评为优秀个人;还有一些党派成员受到党派上级组织的表彰。

北大各党派组织注意结合加强自身建设,积极开展有特色的活动。每年与九三北大第二委员会、清华委员会共同举办专题活动是九三北大委员会的特色活动之一。4月21日,九三学社以"传承五四精神,弘扬民主科学"为主题,在北京大学举行"纪念五四运动90周年"访谈会。10月28日,民盟北大委员会在前三届论坛的基础上,与北大医学部委员会和清华大学委员会联合,在北大共同举办了"第四届民盟高教论坛——大学体制"。

医学部党委统战部积极协助各民主党派组织根据自身特点开展以"树信心,保稳定,促发展"为主题的形势教育和组织各种活动,各附属医院民主党派支部在京内外开展一系列有特色、群众急需的医疗服务活动,得到了各地的欢迎和好评。

3. 民族宗教工作。多年来,北大坚决贯彻落实党的民族政策,在建国六十周年前夕国务院举行的第五次全国民族团结进步表彰大会上,北大荣获"全国民族团结进步模范集体"称号,是唯一获此殊荣的教育部部属高校。2009年,海淀区进行了第六届民族团结进步评选表彰,北大学生资助中心被评为先进集体,沙丽曼、李少军、宋纯理等被评为先进个人。

经北大主管领导批示、统战部协调,中国西藏文化保护与发展协会、中国西藏信息中心、西藏文化网在北大举办"西藏文化讲堂——走进北京大学"系列讲座,自6月30日到7月30日总共举办了四讲,北大师生、统战干部和校外来宾共约1000人次聆听了讲座。

4. 港澳台和归侨侨眷工作。2009年9月下旬,中国和平统一促进会第八届理事大会在北京召开,韩启德当选为统促会副会长,林毅夫、卢咸池当选为常务理事,李义虎、湛如、饶戈平、李绍荣和高炜担任理事。11月初,受国务院台办委托,北大台湾研究中心与全球华人政治学家论坛联合主办"两岸关系新思路研讨会"。此外,北大台湾问题专家还分别向中国统促会、全国台联、北京市台联、台盟北京市委举办的台湾民情研讨会、两岸关系展望研讨会以及市委教工委涉台教育座谈会上提交了研究论文或作专题发言。自2009年起,北大对港澳台学生全面实行奖学金制度,新入学的港澳台研究生不必再单交学费,在港澳台学生中引起了强烈反响,并受到普遍欢迎。

2009年8月,北大归侨侨眷代表参加了第八届全国归侨侨眷代表大会。会上,北大物理学院龚旗煌教授被表彰为"全国归侨侨眷先进个人",医学部陈淑华教授获"全国侨联系统先进个人"称号。

5. 统战研究、宣传、信息工作。2009年10月中下旬,第14次全国高校统战工作研讨会在北京召开。统战部积极参与了研讨会的筹备工作,向会议提交了研究论文,并认真、细致地参与了研讨会全部征集论文的审稿、评议工作。会议期间,统战部还承担了在北大举行分组讨论的分会场任务,与会部分代表参观了北大校园和校史馆,并就学校统战工作交流了做法和想法。为了更有针对性地开展统战工作,医学部统战部专门申请了"医学部民主党派基层组织状况调查"课题,已获党建研究课题立项。

2009 年,党委统战部在校内外媒体上发表了多篇文章和报道,介绍北大统战工作动态、宣传北大统战传统和统战人士事迹。全年共向上级统战部门报送了 22 份统战简报,市委统战部统计的统战信息积分数在北京市高校继续保持领先。

【主要工作】 1. 积极开展学习实践科学发展观活动。2009 年上半年,北大开展了深入学习实践科学发展观活动。党委统战部深入调研,广泛听取党内外的意见建议,先后与多位党外代表人士作了个别访谈,在此基础上写出了详尽的调研报告。召开了民主生活会,对个人及工作中存在的不足进行认真评议。通过认真思考,就如何贯彻落实科学发展观,推动学校统战工作实现服务科学发展、实现自身科学发展提出了具体建议。形成了党委统战部深入学习实践科学发展观活动整改落实方案。医学部统战部也召开座谈会,认真听取了统战人士对学校、医学部及统战部工作的意见和建议。

2. 结合纪念五四运动九十周年,忆传统、谈感受。2009 年是五四运动九十周年。"五四"前夕,党委统战部负责人接受《科学时报》的专题采访,就"五四精神的传承与北京大学党外知识分子"作了详尽的阐述。中央文史馆馆长、北大国学研究院院长、民盟中央原副主席袁行霈教授和民进北大委员会主委张颐武教授也分别撰写了纪念文章,从不同的角度回顾光荣传统、宣传五四精神。

3. 隆重庆祝新中国成立六十周年。2009 年是中华人民共和国成立六十周年,同时也是人民政协成立和多党合作制度确立六十周年。北大统战系统于 9 月 22 日召开了庆祝中华人民共和国成立六十周年暨人民政协成立与多党合作制度确立六十周年座谈会。医学部党委统战部组织统战人士和统战干部参观了"辉煌六十年——中华人民共和国成立 60 周年成就展"。9 月 23 日,人民医院召开了"纪念多党合作制度确立六十周年暨统战人士研讨会"。各民主党派组织还积极参加了各党派中央、市委组织的相关庆祝活动。

4. 中共北京市委常委、统战部长牛有成一行到北大调研。3 月 20 日上午,中共北京市委常委、市委统战部长牛有成到北大就学校统战工作进行调研。学校党委统战部部长卢咸池从"中国共产党领导的爱国统一战线的传统阵地和重要窗口""关于党外知识分子工作""北京大学党外代表人士工作的几点做法"和"坚持党委统一领导,加强统战干部队伍建设"等几个方面,介绍了北大统一战线的历史沿革与发展现状、当前高校党外知识分子关心的热点问题及面临的新情况、学校党外代表人士工作做法和体会。牛有成部长与北大部分党外代表人士举行座谈。与会代表人士分别就统战工作的多个方面谈了做法、体会和意见、建议。

5. 九三学社在北京大学举行"纪念五四运动九十周年"访谈会。4 月 21 日上午,九三学社以"传承五四精神、弘扬民主科学"为主题,在北京大学举行"纪念五四运动九十周年"访谈会。全国人大常委会副委员长、九三学社中央主席韩启德院士,九三学社中央副主席邵鸿教授,九三学社中央副主席兼北京市委主委、北京市政协副主席马大龙教授出席访谈会。

韩启德主席在总结讲话中就如何传承"五四精神"作了精炼概括。他强调,作为"九三人",要大力加强历史感、时代感和责任感。爱国主义是贯穿九三学社 60 多年历史的一条主线,追求民主、科学与爱国主义在本质上是一脉相通的。建设富强民主文明和谐的现代化国家,实现中华民族的伟大复兴,始终是九三学社广大社员坚持不懈、努力奋斗的目标。

6. 北京市委督查组到北大督查中央 5 号文件贯彻落实情况。7 月 17 日下午,北京市委统战部副部长李卫东率北京市委督查组到北大督查贯彻落实中央[2005]5 号文件和北京市委[2005]9 号文件情况。

统战部部长卢咸池受学校党委委托,向督查组汇报了北京大学党委贯彻落实中央 5 号文件和市委 9 号文件,以及在深入学习实践科学发展观活动中对学校统战工作进行认真调研和回顾、分析检查的情况,并重点介绍了在中央 5 号文件指引下,北京大学近年来在民主党派和党外代表人士工作方面的工作思路、取得的成效,以及工作方式方法的发展和创新。

7. 北京大学统战系统召开庆祝中华人民共和国成立六十周年暨人民政协成立与多党合作制度确立六十周年座谈会。9 月 22 日,北京大学召开统战系统庆祝中华人民共和国成立六十周年暨人民政协成立与多党合作制度确立六十周年座谈会。校长周其凤,北大各民主党派主要负责人及成员、无党派人士、归侨侨眷、少数民族师生、台胞台属和统战干部等共 30 多人参加了座谈会。校党委副书记杨河主持座谈会。

周其凤校长讲话中强调多年来北大统战系统的同志们为学校各项事业作出了突出的贡献,统战人士在学校具有重要的地位,在工作中要进一步加强同广大党外人士的联系,尊重他们的意见。

与会代表人士就中国特色社会主义政党制度、人民政协在共和国创建过程中及建国六十年来在国家政治生活中的作用、加强基层民主建设、侨务工作、党的民族政策、思想政治工作等多个领域发表了看法。北京市政协委员、校党委统战部部长卢咸池回顾了人民政协和多党合作制度六十年的发展历程,并就如何以科学发展观为指导进一步做好统战工作谈了看法。

8. 第四届民盟高教论坛在北大举行。10月28日下午,民盟北京大学委员会、北京大学医学部委员会和清华大学委员会在北京大学正大国际中心联合举办了第四届"民盟高教论坛——大学体制"研讨会。

与会人员就大学的不同层次、不同目标,医学教育的挑战与思考,正确处理学术权力与行政权力的关系,中国大学制度的问题与改革,中国大学的治理与财政,大学的使命与体制等问题进行了深入阐述,既分析了目前大学体制存在的诸多问题,又提出了许多建设性的意见建议。主题发言后,几位盟员自由发言,就大学体制中存在的一些问题发表了各自的看法和意见。

表9-19　2009年年底校本部民主党派组织机构状况

党派名称	委员会数	支部数	本年度发展人数	总人数
民革		1	1	28
民盟	1	9	7	207
民建		1		24
民进	1	6	2	112
农工		1		9
致公党		1	1	34
九三	1		6	142
台盟				1
总计	3	26	17	557

表9-20　2009年年底医学部民主党派组织机构状况

党派名称	委员会数	支部数	本年度发展人数	总人数
民革		1		37
民盟	1	5	12	160
民建				3
民进				18
农工	1	5	8	276
致公党		1		21
九三	1		10	347
台盟				
总计	3	21	30	862

纪检监察工作

【党风廉政建设】　1. 召开党风廉政建设工作会。4月15日上午,学校党委在英杰交流中心新闻发布厅召开北京大学2009年度党风廉政建设工作会议。会议的主要任务是贯彻落实十七届中纪委三次全会和胡锦涛总书记重要讲话精神,深入学习实践科学发展观,按照全国教育纪检监察工作会议的有关要求,部署2009年北京大学党风廉政建设与纪检监察工作。会议由校长周其凤主持。校党委书记闵维方作重要讲话,他强调:要以科学发展观统领党风廉政建设工作,严格要求,扎实工作,要着力加强党性修养,着力强化责任机制,着力开展廉洁教育,着力完善制度建设,要以深入学习实践科学发展观活动为契机,进一步加强全体党员特别是领导干部的作风建设和反腐倡廉工作的制度建设,为维护校园和谐稳定,加快创建世界一流大学步伐提供更加坚强有力的政治保证。党委副书记、纪委书记王丽梅在会上作党风廉政建设工作报告。她从深入开展反腐倡廉教育、切实加强反腐倡廉制度建设、扎实推进学校惩防体系建设、加强信访与办案、纠风与监督检查工作、开展党风廉政建设责任制等方面,通报了2008年度学校党风廉政建设工作和有关案件情况。

2. 纪委监察室协助校党委、校行政起草制定《2009年北京大学党风廉政建设和反腐败工作主要任务分工》,将本年度党风廉政建设任务加以细化分解为24项具体内容,分别落实到有关主管领导和相关部门。经3月31日第8次校党政联席会议讨论通过,以党发[2009]10号文件发至校内各单位。

3. 推进惩防体系建设。认真落实《中共教育部党组关于印发贯彻落实〈建立健全惩治和预防腐败体系2008—2012年工作规划〉实施办法》(教党[2008]17号)、中纪委、教育部、监察部联合颁布的《关于加强高等学校反腐倡廉建设的意见》(教监[2008]15号)、《关于加强普通高等学校惩治和预防腐败体系基本制度建设的意见》(京纪发[2008]28号),制定《北京大学关于加强反腐倡廉建设的实施意见》,以制度建设为重点,以制度规范"人、财、物"等关键岗位和工作环节,推进学校反腐倡廉工作。在系统总结学校2005—2008年贯彻落实建立健全惩治和预防腐败体系工作的基础上,纪委协助学校起草《北京大学关于加强反腐倡廉建设的实施意见》。经3月31日第8次党政联席会讨论通过,印发全校执行。《北京大学关于加强反腐倡廉建设的实施意见》是中央纪委、教育部、监察部联合颁布的《关于加强高等学校反腐倡廉建设意见》的细化与延伸,是学校贯彻落实该意见的重要举措。纪委监察室还协助学校起草和制定了《北京大学招标工作监督办法》(校发[2009]128号)、《北京大学招生工作监督办法》(试行)(校发[2009]127号)。7月,纪委办公室监察室汇编了《北京大学规范管理与反腐倡廉建设制度汇编》,包括制度162项。医学部梳理出医学部层面的规范管理与反腐倡廉建设制度91项。

4. 量化考核检查。9月,转发《教育部办公厅关于开展对落实〈关于加强高等学校反腐倡廉建设的意见〉情况进行量化考核工作的通知》和《北京普通高等学校惩治和预防腐败体系基本制度建设检查工作方案》(党发[2009]34号),印发《北京大学落实〈关于加强高等学校反腐倡廉建设的意见〉进行量化考核检查工作方案》的通知(党发[2009]35号)。学校成立落实《关于加强高等学校反腐倡廉建设意见》进行量化考核检查工作小组,在学校党委、行政的统一领导下开展工作。组长:王丽梅,副组长:叶静漪、孔凡红,成员:缪劲翔、郭海、赵为民、周有光,检查工作小组办公室设在纪委办公室,具体负责组织、协调等工作。

9月上旬组织全校各单位按照量化考核的要求,开展自查,自查的重点是:制定、完善党风廉政建设责任制实施办法及执行情况;有关"人、财、物"等重点岗位和关键环节的制度建设和规范管理情况;落实民主集中决策制度,有无院(系)党政联席会议制度;是否制定并严格执行党政领导班子议事规则和决策程序;是否坚持重大决策、重要干部任免、重要项目安排、大额度资金使用等问题经党委会集体决定的制度;有无(院系名义、个人名义)各种形式对外开展经营活动和投资活动;院(系)务公开方面的情况和问题(包括是否建立院(系)务公开制度);加强对教职工反腐倡廉教育及加强师德建设等方面的情况。各单位在自查的基础上撰写自查报告,填报"关于加强高等学校反腐倡廉建设的意见"落实情况量化考核表和"基本制度建设自评自建情况"反馈表,至9月底,学校27个院系、51个职能部门(含群团单位、后勤系统各中心),以及医学部各单位上报了自查报告以及相关统计表。经纪委办公室监察室汇总、分析后,形成学校《坚持科学发展,不断开创北大党风廉政建设新局面——北京大学贯彻落实〈关于加强高等学校反腐倡廉建设的意见〉的总结报告》和《北京大学基本制度建设自评自建情况反馈表》,学校自评打分96.1,结果上报北京市教育纪工委。

9月24日,教育部量化考评第一考评组进驻学校检查,检查组采取听取汇报、互动调查、查阅资料等方式对我校近年来反腐倡廉工作进行全面考评。考评组组长:杨树林(东南大学党委常务副书记、纪委书记),副组长:李耀建(驻教育部纪检组监察局党风室副局级室主任),成员:赵丹(东北师范大学纪检监察员)。9月24日上午,在勺园七号楼三楼301会议室召开北京大学落实"关于加强高等学校反腐倡廉建设的意见"情况汇报会,党委副书记兼纪委书记王丽梅主持会议并围绕落实党风廉政建设责任制,构建责任体系;完善制度,加强管理和监督;突出思想教育,加强廉政文化建设;坚持惩防并举,认真查办案件等四方面内容及25个量化考核项目逐一进行了汇报。教育部考评组对北京大学反腐倡廉的整体工作给予了充分肯定和高度评价。他们的评价是:北京大学对中央的精神领会到位,贯彻有力,扎实全面,成效明显,有自己的特色。在考评组反馈给学校的"关于对北京大学落实意见的考评报告"中认为值得总结的经验有:落实党风廉政建设责任制,构建反腐倡廉责任体系;完善制度、深化改革,加强管理和监督;突出思想教育,加强廉政文化建设;坚持惩防并举,认真查办案件四方面20个项目。同时也提出存在的问题和不足:学校党风廉政建设责任制的落实取得重大进展,但还要高度重视责任制贯彻落实不均衡的问题,落实责任追究方面还要加大力度;学校重视以制度建设为重点,推进惩防体系建设,成效明显,但有的制度还不够健全,有的还没有完全落实,制度的执行力有待进一步加强,尤其提出应该健全北京大学教职工管理的奖惩制度;学校重视反腐倡廉教育,形成大宣教格局,但教育的针对性、有效性还有待进一步加强。量化考核的评分为98分。

校党委结合党的十七届四中全会精神的贯彻落实,在全校各院系、单位负责人参加的党委扩大会上对检查考评情况进行了全面的反馈和总结,并向各单位提出了进一步落实整改意见的具体意见:①进一步做好党风廉政建设责任制落实工作,尤其是抓好部处、院系等二级单位的推进和落实;②进一步加强制度建设,提高制度的执行力;③完善"大宣教"格局,加强对重点岗位、重点人群的反腐倡廉教育,提高教育的针对性和有效性。12月8日,形成北京大学落实《关于加强高等学校反腐倡廉建设的意见》整改情况的报告报教育部办公厅并中纪委驻教育部纪检组、监察局(北党发[2009]20号)。12月16日,中纪委、教育部对北京大学贯彻落实《关于加强高等学校反腐倡廉建设意见》推进惩防体系建设任务完成情况进行考核抽查。考核抽查组抽查的重点内容为:北京大学贯彻落实三部委《意见》、推进惩防体系进行量化考核情况以及对考评组所提出的整改意见的落实情况;开展工程建设领域突出问题专项治理工作方案的分阶段落实情况;中央扩大内需项目的落实和资金使用情况。党委常务副书记吴志攀向考核抽查组作了题为"北京大学落实《关于加强高等学校反腐倡廉建设意见》推进惩防体系任务完成情况"的专题汇报。王新民组长充分肯定了北京大学在贯彻落实《意见》工作中不回避问题,真心实意、扎扎实实进行整改的做法,并对我校党委重视全面落实党风廉政建设责任制,在加强惩防体系建设和依法治校、规范管理方面取得的突出成绩给予了高度评价。

5. 推进廉政风险防范管理。为深入贯彻党的十七大精神,结合贯彻落实《北京大学关于加强反腐倡廉建设的实施意见》,经6月9日第17次学校党政联席会讨论决定,在北大逐步推进廉政风险防范管理工作,并将《北京大学推进廉政风险防范管理工作实施方案》(党发[2009]27号)印发全校各单位执行。成立北京大学推进廉政风险防范管理工作领导小组(党发[2009]26号),组长:闵维方、周其凤,副组长:吴志攀、林建华、柯杨、成员:岳素兰、张彦、王丽梅、杨河、鞠传进、张国有、敖英芳、海闻。成立领导小组办公室,办公室主任:王丽梅(兼),办公室副主任:叶静漪、孔凡红、周有光、缪劲翔,办公室成员(以姓氏笔画为序):王雷、闫敏、李国斌、张宝岭、周岳明、赵为民、郭海。

以医学部后勤系统为试点,率先推进廉政风险防范管理工作。医学部35名中层以上干部共查找风险点180个,制定防控措施189个,修正完善规章制度42项,梳理决策、工程项目招投标、工程款支付、物资采购、人事管理等工作流程9项,几乎涵盖了医学部后勤部门工作的各重要环节。后勤中层以上干部签署了廉政承诺书。已有79个项目方递交了廉洁承诺书。2009年底在后勤党政工各级干部、党员、入党积极分子、非在编职工代表90人中进行问卷调查,对"领导班子在开展廉政风险防范管理工作"满意的达65.4%。医学部作为北京市教育纪工委廉政风险防范管理工作的联系单位,工作得到北京市教育纪工委的肯定,经验在北京市委召开的高校系统廉政风险防范管理工作会和上海来京学习座谈会上交流,并辑入《北京市推进廉政风险防范管理工作资料汇编》。

后勤廉政风险防范管理试点工作有计划、分步骤、重实效的推进,按照自上而下和自下而上相结合的方式,在各个层级、各个领域全面排查廉政风险点。经统计,后勤党委14个单位,风险点查找范围涉及部门77个、个人222人,共查找风险点1322个,制定防控措施1500余条,完善规章制度近200项。

【领导干部廉洁自律】 监督检查重点是中央纪委提出的"严禁领导干部违反规定收送现金、有价证券、支付凭证和收受干股""纠正领导干部违反规定发放住房补贴、多占住房""严禁领导干部相互请托,违反规定为对方的特定关系人在就业、投资入股、经商办企业等方面提供便利,谋取不正当利益""不准利用外单位或个人银行账户隐匿公有资金,设立小金库,滥发钱物"等禁止性规定。

【主题实践活动】 5月9日,中纪委驻教育部纪检组印发《关于在深入学习实践科学发展观活动中开展"做党的忠诚卫士、当群众的贴心人"主题实践活动的意见》的通知(驻教纪[2009]6号)。校纪委共组织专题辅导5次、举办培训班(研讨班)2期、组织专题调研3次、形成调研报告2篇,征求意见和建议48条,查找突出问题8个,制定整改措施13项,新建制度2项。6月10日,教育部在中国农业大学召开京津地区直属高校"做党的忠诚卫士、当群众的贴心人"主题实践活动座谈会,学校党委副书记、纪委书记王丽梅作了"学习身边先进 找准存在问题 靠制度提升素质和能力"会议发言,介绍了北京大学开展主题实践活动的有关情况。驻教育部纪检组监察局6月16日向部直属各高校纪委、监察处印发了"北京大学等六所高校主题实践活动经验交流材料"(驻教纪函【2009】55号)。

【反腐倡廉教育】 深入开展多层次有针对性的反腐倡廉宣传教育，营造校园风清气正的良好氛围。

1. 干部廉洁从政教育。纪委监察室主要负责同志对54名新选拔领导干部进行了任前廉政谈话，组织干部对身边发生的经济案件的庭审旁听等形式开展以案说法、以案说纪的警示教育。学校党委副书记、纪委书记王丽梅结合学校开展的干部培训学习，对41名新上岗的干部进行了廉洁从政的培训和集体廉政谈话。她从分析教育系统党风廉政建设的总体形势及高校职务犯罪案件的特点规律入手，要求全体干部遵守党纪、廉洁自律，把廉洁作为干部最基本的的素质和品格，严格要求，管好自己、管好家人、带好队伍，履行好党风廉政建设责任。

医学部纪委组织医学部纪委委员和二级单位主管纪检监察工作书记专题学习最高人民法院、最高人民检察院《关于办理商业贿赂刑事案件适用法律若干问题的意见》，纪委书记孔凡红作"启示与反思"报告，剖析近年北京市教育系统职务犯罪案件。

2. 教职员工廉洁教育。教师节期间组织观看电影《孟二冬》，闭路电视播放"扬正气、促和谐"全国优秀廉政公益广告，结合"七一"评优表彰活动开展向优秀共产党员学习等活动，弘扬正气、表彰先进，营造反腐倡廉的良好校园氛围。

3. 大学生廉洁教育。召开毕业生廉洁教育座谈会。7月2日，2009届毕业生廉洁教育座谈会召开，座谈会由学生工作部部长马化祥主持。党委副书记兼纪委书记王丽梅在座谈会上向毕业生们提出了三点期望：要弘扬中华民族传统美德，努力锻造廉洁品格；要树立远大理想追求，始终坚定报国信念；要传承北大精神传统，不负祖国人民重托，并结合五四运动九十周年、建党八十八周年以及建国六十周年的时代背景，希望北大毕业生高擎北大精神的火炬，爱岗敬业、廉洁自律，在各行各业创造出无愧于时代的人生辉煌。董晓华、杨晓雷两位老师结合各自的人生体会和多年的工作经验，希望同学们在未来的岗位上牢固树立廉洁意识，把握做人的基本原则，把握事业中的关键选择，克己奉公、敬业乐群，用实际行动为母校增光添彩。外国语学院本科毕业生李冲现场宣读了"廉洁奉公、爱岗敬业、科学发展——致北京大学2009届毕业生的倡议书"，号召2009届毕业生树立爱岗敬业的职业观念，胸怀报效祖国的人生抱负，培养廉洁修身的职业素养，锻造风清气正的道德品格，践行科学发展观的科学内涵和精神实质，为中华民族的伟大复兴贡献北大人的青春和力量。医学部纪委书记参加教育处优秀毕业生廉洁教育座谈会，畅谈廉洁从医。应基础医学院邀请，为即将进入临床见习的学生做"廉洁，修身，成才"讲座。

新生党员廉洁教育。8月29日—9月2日，党委组织部、学生工作部共同组织本科新生党员培训班，相继举办专题报告、两场工作坊、三次参观活动以及观看教育影片、重温入党誓词、党的知识自学、结业闭卷考试等多项培训活动。

廉洁文化征文。为了在校园中深入开展此次征文活动，进一步推动大学生廉洁文化教育，纪委、监察室、学生工作部联合举行了北京大学大学生廉洁文化主题征文活动。活动共设一等奖2名，二等奖5名，三等奖8名。根据专家评委的评审结果，法学院邓成杰同学的"常修廉洁之德，常怀廉洁之心"、新闻与传播学院谢宁的《秋水明心》荣获一等奖，对外汉语教育学院陆尧同学等荣获二等奖，医学部护理学院尹恋秋同学等荣获三等奖，法学院钟家正同学等获得鼓励奖。其中，法学院邓成杰同学的"常修廉洁之德，常怀廉洁之心"获首都大学生廉洁文化征文活动二等奖。

廉政文化作品展。医学部纪委结合学习实践科学发展观活动，与工会、团委、宣传部联合筹办廉政文化作品展。展出的摄影、书法、绘画等作品115件均由医学部师生创作。经过近500名师生员工代表参与投票和评审小组的评选，评选出一、二、三等奖共21人，受到医学部党委表彰。与宣传部等部门编印了《北医人》廉政建设特刊。

【信访与案件】 1. 信访。2009年共收到信访161件(本部74件，医学部87件)。检举控告类共118件(本部67件，医学部51件)，批评建议类24件(本部4件，医学部20件)，其他无关类19件(本部3件，医学部16件)。本部67件检举控告类信访中，反映组织人事问题5件，经济问题7件(贪污2件，索取收受财物礼品2件，公款吃喝玩乐3件)，违反社会道德1件，违反社会管理秩序2件，其他52件(招生考试25件，学术规范4件，教育收费1件，违规办班办学5件，其他类17件)。涉及党员26人，其中处级干部18人。医学部51件检举控告类信访中，组织人事类2件，经济类24件(索取收受礼品2件，违反规定从事营利活动2件，贿赂18件，贪污2件)，失职类1件(徇私舞弊1件)，其他类24件；批评建议类20件；其他类16件。

2. 案件。信访初核5件，其中违反廉洁自律3件，违反财经纪律1件，其他违纪1件。有2名党员(1名教师、1名处级干部)和1个部门被通报批评，1名党外处级干部被免职。

立案1件，涉案人因贪污罪被

法院判刑4年,受到开除党籍和解聘处理。为学校挽回经济损失97万余元。

3.案件检查。北京市教育纪工委4月15日发《关于进行2009年度高校案件质量检查工作的通知》,要求对2008年内审结并上报教育纪工委结案的案件质量按照高校自查、互查、教育纪工委审查、市纪委抽查四个步骤进行,并分派华北电力大学纪委对北大案件进行检查,邀请曲春兰参加教育纪工委审查组对高校案件进行审查。

纪委监察室列席学校学生申诉受理委员会会议,参与15件次学生申诉的复议。

【监督检查工作】 1.纪委监察室参加基建工程部、总务部、房地产管理部、实验室与设备管理部、校医院、科技园、中关新园等单位的设备与大宗物资采购、工程建设项目招标196项。医学部纪委对医学部内部进行的设备采购、基建工程招标现场实施监督达51项。

2.干部工作监督。坚持与组织人事部门干部监督工作联席会议制度,针对有关干部信访问题,与组织部召开联席会议,及时沟通有关涉及干部任用、干部信访的问题,参与组织部对相关院系党政领导班子换届的干部考察工作。

根据中央组织部和教育部党组有关文件规定,校纪委为76位拟任副处级以上领导干部出具廉政方面的意见。

3."小金库"专项治理工作。根据中共中央办公厅、国务院办公厅印发《关于深入开展"小金库"治理工作的意见》和《教育部直属机关、直属高校和驻外机构开展"小金库"专项治理工作的实施办法》(教财[2009]13号)文件要求以及教育部副部长袁贵仁在教育部"小金库"治理工作视频会议上的讲话精神,协助学校开展"小金库"专项治理工作。学校下发《北京大学关于开展"小金库"专项治理工作的通知》,成立治理"小金库"工作领导小组和办公室,同时要求各单位成立治理"小金库"工作小组。学校治理"小金库"工作领导小组组长:周其凤,副组长:王丽梅、廖陶琴,成员:闫敏、叶静漪、缪劲祥、郭海、孔凡红、王雷。学校治理"小金库"工作领导小组办公室 主任:闫敏,成员:权忠鄂、郑庄、曲春兰、束鸿俊、衣学磊。

专项治理的范围:根据教育部要求,除企业以外的校内各单位。专项治理的内容:凡违反法律法规及其他有关规定,应列入而未列入符合规定的单位账簿的各项资金(含有价证券)及其形成的资产,均纳入治理范围。重点是2007年以来各项"小金库"资金的收支数额,以及2006年底"小金库"资金滚存余额和形成的资产。

经过检查,学校个别单位还存在着"小金库"的现象,主要表现为出租房屋收入未入账、经营收入未入账、资产处置未入账等形式。学校治理"小金库"工作领导小组召开全体成员会议,要求尚未入账的单位必须入学校财务账,相关单位按要求全部上缴学校财务。

【医德医风建设】 各医院按照卫生部和教育部反腐倡廉工作意见要求,结合医疗质量万里行和医院管理年活动,继续推进行风建设。结合行业特点,围绕质量、安全、服务、费用等,深化管理,巩固治理医药购销领域商业贿赂工作成果。严格执行医务人员医德考评等制度,深入开展职业道德、纪律法制、廉洁从业和专业技术教育,坚持患者满意度调查和院外监督员监督等,以有效的激励和约束机制树立行风正气,塑造医院良好形象。

【调研工作】 1.调研课题。纪委监察室参加了由复旦大学牵头承担的教育部指定调研课题"十六大以来加强高校领导干部作风建设的主要做法、成效和基本经验",牵头组织了课题组其他十所教育直属高校纪检监察单位多次研讨,完成了课题报告。

2.调研活动。7月27日,由党委副书记、纪委书记王丽梅带队,学校纪委、医学部纪委专职纪检监察干部到山西大学进行工作交流。两校纪检监察干部围绕贯彻落实中共中央《建立健全惩治和预防腐败体系2008—2012年工作规划》和《中共中央纪委、教育部、监察部关于加强高等学校反腐倡廉建设的意见》开展校园廉政文化建设、学校物资设备采购和工程招标监督以及其他工作进行了座谈交流。

3.座谈会。3月19日,纪委监察室召开有校工会、教代会代表、民主党派代表、院系教师代表、机关和后勤有关人员参加的,以学校党风廉政建设为主题的座谈会,请大家就学校党风廉政建设方面的现状、存在的问题和对学校反腐倡廉工作的意见和建议建言献策。会议由党委副书记兼纪委书记王丽梅主持。

4.调研成果。北京大学纪委课题组撰写的"高校领导干部作风建设研究"被北京教育纪检监察研究会评为一等奖;医学部教育处、医学部纪委撰写的"北京大学医学部医学生廉洁教育模式初探"被评为二等奖;北京大学纪委课题组撰写的"高校作风绩效管理研究:一个分析框架"、北京大学纪委姚奇撰写的"论影响制度效用之若干因素"被评为三等奖,医学部赖林涛"纪检证据规则研究"获北京市纪检监察系统调研成果优秀奖。

【片组会议】 教育部直属高校纪委第一片组第三次会议。会议于5月10日至12日在深圳市召开,会议由北京大学纪委承办,主要内容是研究讨论第一片组承担的"十六大以来加强高校领导干部作风建设的主要做法、成效和基本经验"课题。

教育部直属高校纪委第一片

组第四次会议。会议于 12 月 2 日至 3 日在广州召开,会议由华南理工大学纪委承办,主要内容是交流贯彻《中共中央纪委、教育部、监察部关于加强高等学校反腐倡廉建设的意见》的基本经验,北京大学纪委王丽梅、孔凡红、房玉元参加会议。

北京教育纪检监察工作研究会第五片组会议。会议于 4 月 30 日上午在中央财经大学中财大厦会议室召开,主要内容是落实北京市教育纪工委 2009 年北京教育系统纪检监察工作会议精神和北京教育纪检监察工作研究会会议精神。

【纪委会】 3 月 11 日,召开北京大学第十四次纪律检查委员会,会议主要内容:一是传达有关会议精神;二是通报 2008 年党风廉政建设责任制检查情况;三是审议 2009 年度纪检监察工作计划;四是讨论有关案件的处理问题。

9 月 7 日,召开北京大学第十五次纪律检查委员会,会议主要内容:一是审议 2009 年下半年纪检监察工作计划;二是讨论教育部《关于加强高等学校反腐倡廉建设的意见》情况进行量化考核等工作的落实问题;三是审议《中共北京大学纪委全委会会议议事规则》。

12 月 30 日,召开北京大学第十六次纪律检查委员会,会议主要内容:一是通报 2009 年纪检监察工作;二是传达上级有关会议精神;三是商议 2009 年党风廉政建设责任制重点检查相关工作。

【纪检监察干部队伍建设】 18 名纪检监察干部(含医学部 11 人)参加教育部监察学会组织的教育纪检监察干部业务培训班。2 名专职纪检监察干部参加北京市干部在线学习。

纪委监察室选留了一位应届博士毕业生进入纪委监察室工作。医学部纪委新增干部 1 人,纪检干部转其他岗位 1 人。口腔医院换届选举产生了新一届纪委。

【获奖情况】 纪委监察室侯志山、医学部纪委范春梅被评为北京大学党务和思想政治工作先进个人,曲春兰同志荣获方正管理奖,姚奇同志被评为北京大学 2008 年度青年岗位能手。

(纪委监察室)

保 卫 工 作

【概况】 2009 年,北京大学保卫部荣立北京市公安局文化保卫系统集体二等功,应急分队被文安公司授予 2009 年集体嘉奖,有 1 人荣立北京市公安局文化保卫系统个人二等功,2 人荣立个人三等功,有 16 人分别获得市级、区级先进个人,有 10 人获得"2009 年度校园安全保卫先进工作者"荣誉称号。医学部保卫处被北京市公安局授予集体嘉奖,有 1 人被北京市公安局授予三等功,有 5 人分别获得市级、区级先进个人荣誉称号。

【体制机构改革】 在上级领导、学校党委行政和学校相关职能部门的重视和支持下,保卫部机构人员改革调整于 2009 年 8 月顺利完成,更加适应新时期的安全稳定工作形势和需要。

1. 调整机构设置和人员结构。按照新时期校园安全稳定工作的要求,保卫部调整了内设机构设置,在原有校卫队、治安综合治理办公室、外来人口与出租房屋办公室的基础上合并建立"校园秩序管理中心",中心下设中心办公室和三个区队,将校园分为办公区、教学区和生活区三个区域进行"网格化"管理;设立应急分队,改进加强应急处置;燕园派出所强化了治安预防职能,增强治安宣传、治安防范等方面工作;在原有综合办公室的基础上成立综合与宣教办公室,突出安全宣传教育工作;将保卫办公室改为信息调研办公室,突出调查研究工作。同时,调整人员结构:将保卫部编制由 66 人精简为 59 人;选拔任命了一批中青年干部担任领导岗位,并对原科级干部实行轮岗;招聘了 3 名应届硕士研究生充实保卫队伍,运用新老交替之机提高保卫队伍整体文化水平。

保卫部新成立了校园秩序管理中心,负责校园秩序管理工作,将工作战线前移,狠抓安全稳定工作的执行,夯实学校安全稳定工作的基础。(1)一线工作人员数量大大增加,遍布校园的各个部位,每天工作 14 个小时(8:00—22:00,节假日和寒暑假照常上班),实现"处处有人管,事事有人抓"。(2)坚持"网格化"管理策略,根据校园环境、建筑物分布和师生的活动特点将校园分为生活区、教学区、办公区等三个区由校园秩序管理中心三个区队分别管理,各区队承担本区域内的稳定、防火、防盗、防事故及秩序管理等方面的工作,各负其责。(3)争取执法支持,提高保卫部燕园派出所内设机构的建制级别,加强与海淀公安分局的共建工作。增设了 1 名副部长兼任派出所政委、1 名副政委,协调与派出所的关系,组织落实派出所的工作任务,特别强调派驻在派出所的保卫部干部要在协助派出所民警出警的同时,重点做好治安预防和矛盾纠纷调解工作。

2.完善考核奖惩激励机制。制定完善了一整套考核奖惩制度,明确了所有科室、人员的工作目标、考核指标和方式、奖惩措施等,实行"奖优罚劣",激励广大职工认真做好本职工作、出色完成工作任务。考核、奖惩机制做到细致到位,照顾到安全管理工作的特殊性和工作岗位的特殊性,奖励政策向一线工作人员倾斜,保证基层工作人员的积极性。

【重点安保工作】 做好国庆安保工作。2009年是中华人民共和国成立60周年,北京大学组织了"我的中国心"方阵参与群众游行活动,并在校园内举行了各种庆祝活动。保卫部圆满完成了国庆期间上级和学校交给的各项任务:(1)选派多名保卫干部参与"我的中国心"方阵的组织和管理,负责集结、疏散指挥和安保等工作,确保2000余人的方阵游行顺利进行,取得了良好的成绩。(2)加强国庆期间校园安保工作,严格校园秩序、治安、交通、消防等管理工作,采取了特殊时期的校园安全管理模式,有力维护了校园的安全稳定,确保了各项庆祝活动的顺利进行,没有发生任何安全事故。

【校园秩序管理】 1.严格校门管理。实行人员入校验证登记制度、校外机动车辆入校预约制度和团体参观入校预约制度,控制入校人员、车辆的人数和规模,将问题人员、车辆拦在校门之外,规范节假日校园开放参观管理,减轻校园秩序的压力。据统计,自9月1日至12月31日,各校门共拦截无证人员入校58000余人次,阻拦未预约团队入校90余次。

2.加大重点区域秩序整治力度。2009年,共办理临时出入证13321个、家属证768个,审批横幅280余个、展位130余个;对6个校门的出入通道设立统一标识、导流带,清理艺园前自行车停放区域,设置东南门内自行车停放区域,开辟二教北侧路面临时停车区。

【消防安全管理】 1.查找、整改消防安全隐患。先后开展了"雷霆行动"和校园百日消防安全大检查,查找、整改消防隐患。医学部消防安全检查100余次,特别是包括实验室、学生宿舍、易燃品库等重点防火部位。全年共发现各类安全隐患40余处,已整改消防隐患20余处,并在检查过程中收缴各类违章使用的电器器具40余件。

2.加强消防基础设施建设。及时更换老旧消防设施和器材,建设学生宿舍消防广播系统,为各单位代购、配备灭火器等消防器材。2009年,共为校内单位代购ABC干粉灭火器2817具,二氧化碳灭火器189具,消防应急包2套,灭火毯3条,警戒带30盘,灭火器箱215具,禁止吸烟标志30块,维修灭火器1007具;暑假期间为学生宿舍增配灭火器2000具;建筑消防验收6次;医学部维修保养各种型号灭火器3281具。

3.及时、稳妥地处置火情火险。2009年,校园及家属区共发生火情火险14次,保卫部均及时接报赶赴现场将火扑灭,并协助消防部门做好善后处置工作,没有造成重大损失。保卫部改革建立的应急分队在处置火情火险工作上发挥出了重要作用。

4.严格施工管理。强化对校内施工单位的安全监督检查。2009年,共办理施工证20个、动火证37次。

5.加强消防宣传。2009年,为体育教研部、生命科学学院等单位举行消防讲座并进行演练9次,医学部首次将消防安全知识课、消防演练放在军训基地进行,收到良好效果。对师生员工及外来务工人员进行多次消防安全知识的讲授和宣传。

6.完善规章制度。医学部修改制定了《医学部消防安全管理规定》和《保卫处消防工作职责》,制定了《医学部防火责任书》,并首次在医学部签订落实。

7.加强危险品的管理。严格按照国家有关规定对放射源、毒麻品和易燃易爆品等危险品加强安全管理,对危险品的存储地进行了技防设施设备的安装。2009年,共审批备案购买化学危险品固体651010克、液体57500毫升、支剂1800支。

【交通安全管理】 1.控制入校车辆的数量,深化交通分区域管理。通过实行校内车辆办理车证、校外车辆预约入校两项制度,有效控制了校园的机动车辆数量;同时加强对违规行驶、停放车辆的管理,采取提醒、贴条、警告等办法,规范校园内的交通秩序。医学部继续实行就近分区停车管理,印制区域通知停车1000份,发放给持车证驾驶员告知其应停放车位;放大区域通知100份,张贴到二级单位及医学部各停车场和北医三院各楼区;制作提示告知牌12块,放置于相应区域;利用计算机数据库每天查出车辆所停车位,告知应放位置,各停车场共查车辆5000辆,电话通知322人次,锁控车辆6台,没收违章3次以上的机动车的通行卡5张。

2.加强校园交通基础设施改造。2009年,保卫部到北京大学各单位进行走访调研,了解各单位交通安全管理工作情况,统计校园内的交通基础设施数据,整体规划校园的交通基础设施建设;组织力量重新统计校园内各类标识标牌、隔离桩、机动车与非机动车停车位等三大类设施的基本信息,进行了校园交通基础设施改造。医学部增加校园机动车指示标志牌8块、限时禁行标志4套、购置可移动路桩20个。安装减速带4条,购置可移动黄色隔离墩40个。重新规划校园及家属区停车位676个,家属区新增加停车位55个。

3. 加大交通安全宣传的力度。进行多次大型交通安全宣传教育活动,邀请海淀区交通民警李希宝来校讲授交通安全课。医学部国庆期间制作横幅2条,提示牌8块,印制安全宣传提示800份,发放给进出的车辆驾驶员。同时严格对违章司机及其单位进行教育和管理,落实校园交通安全责任制,与各二级单位签订交通安全责任书,与所有公车驾驶员签订《国庆交通安全责任书》。

【校园治安管理】 2009年,燕园派出所共接报警1543起(件),其中110报警682次,出动警力赶赴现场近2000人次;发生刑事案件108起,治安案件8229起。处理非正常死亡案件2起,共抓获、处理各类违法违纪人员657人次,其中受拘留以上处理的29人。

1. 外勤基础工作。对重点人员区分不同情况,分别落实了监护、监管、管控措施。加强对社区的管理,办理培训人员临时住宿登记427人,对在辖区居住的境外人员进行检查100余人次,协助、配合有关部门检查暂住人口423人,出租屋162户,调查各类纠纷40余人次,出具各类工作、户籍证明300余份。

2. 治安预防。印制治安宣传提示单共三万余份,采用多种形式向群众发放。在学校闭路电视中播放公安机关制作的宣传片,以提高师生员工的防范意识。制作有警示内容的桌贴1200余张,粘贴在各食堂的餐桌上;通过学生资助中心,组织40名勤工俭学的学生,担任食堂安全员,佩戴明显标志,以宣传、提醒同学为主要任务;在二体、五四运动场等体育场设置存储柜,以方便锻炼的学生存放贵重物品。医学部在网上开辟专栏,进行警情提示;对各教学楼、学生宿舍楼门卫值班人员进行培训,增强

他们的工作责任心,提高他们发现问题解决问题的能力;对外来务工人员进行了法制、校规教育。

3. 户籍管理。2009年,全年共办理户口市外迁入1800人次,迁出2360人次;市内迁入600人次,迁出1800人次;出生报户口173人,死亡注销69人。处理疑难户口问题58件,户口项目变更2208人,办理身份证2893人,纠错22件。集体户口管理,借出户口卡登记24000人次,开具各类证明500余份,接待群众来访1000余人次。

医学部保卫处2009年配合公安机关侦破4起案件。校园1110开通以来,培养了一支能迅速出动、特别能战斗的队伍。2009年,共接报警求助电话354次(其中送病人32次、处理治安事件76次、交通事故12起、火险6起、开门开锁60次)。

【安全宣传教育】 自2009年8月机构改革后,保卫部大力推进安全教育工作,充分发挥保卫部机构人员改革后新体制新模式的优势,组织开展了形式丰富、内容多样的教育活动。

1. 开展迎新安全教育。在9月份精心筹划和开展了"树立安全防范意识"主题教育活动,窦书霞副部长分别为医学部、校本部的近3000名新生同学作"安全教育"专题报告;制作张贴宣传海报120份、发放《安全服务指南》折页5000份;撰写了"请同学们注意防盗防骗""北京大学两教工识破电话诈骗"和"北京高校两起火灾情况通报"等文章,发布到校园网校内信息和未名BBS,点击率都超过了3700次。

2. 开展常规安全教育。(1) 开辟网络安全教育阵地。在北京大学综合信息服务部门公告、保卫部网站和未名BBS等校园网络上,结合校园警情和社会安全事故案例,及时撰写转发"'十一'假期安全提示""银监会向广大银行卡消费者发出五点提示"等多篇安全提示,提醒广大师生注意安全。(2) 开展专题安全教育。于"119消防宣传日"期间开展了为期一周的"消防安全"专题教育活动,编写了"火灾自救与逃生"展板(14块)、《北京大学消防安全指南》折页(5000份)和"火灾自救与逃生技巧"宣传笔(1万支)等宣传材料,11月9日在三角地开展消防安全宣传教育活动;11月15日,在学生宿舍38楼举办北京大学2009年消防演习,200余名师生参与演练,300余名师生现场观摩,切实推进消防安全意识培养和防范技能教育。(3) 积极引进校外资源。邀请海淀交通支队李希宝警官入校开展交通安全教育,邀请海淀区双榆树消防中队支援北京大学的学生宿舍消防疏散演习。(4) 医学部保卫处对师生开展了维护国家安全、保守国家秘密的教育。组织召开了"保密工作宣传教育会议",并组织中层领导干部观看了《新时期窃密手段》和《警钟长鸣》等纪录片。开展覆盖医学部各单位范围的保密工作普查,对"涉密计算机、涉密计算机移动存储介质、涉密网和内部网、上互联网计算机"的统计和调研工作。

【技防设施建设】 2009年,校本部及时改造了学生宿舍楼的夜间监控设备,确立了技术防范的规章制度。医学部安防系统新增点位7个,可监控图像达到558路,其中固定点位379个,云台点位179个。目前,监控中心下联有9个分控室,各监控点位24小时不间断进行校园内治安、交通、消防情况视频监控以及重点要害部位报警监控。2009年,在监控巡检中共发现问题36件(次),其中发现校园消防安全问题3件,治安安全问题16件,道路交通和校园环境问题11件;查索录像67件(次),其中有效查索37件(次),有效率达

55%;为公安机关破案提供录像光盘及彩色图片20余件(次);监控中心共进行大型活动和重点项目监控39件(次),分时段、重点部位监控,起到了很好的预防作用。

【大型活动管理】 严格学校大型活动安全管理,做好中大型活动的安全警卫工作。2009年,大型活动警卫共计82次,其中高规格活动41次,三级以上警卫工作16次,内外事警卫工作26次。包括习近平副主席来北大视察,彭珮云、顾秀莲、陈至立等出席的新中国六十年优秀女性人才研讨会,以及外国多名元首、政要来北大交流的安全警卫工作。

【理论研究】 2009年,完成了教育部思政司委托的"高校安全保卫体制及机构改革研究"课题研究;承接了高教保卫学会委托的"大学生安全教育研究"课题,用理论指导实际工作;形成论文21篇,参加北京市高教保卫学会2009年度优秀论文评比活动,全部获奖,其中一等奖2篇,二等奖3篇,三等奖及优秀论文奖16篇。

(保卫部)

保 密 工 作

【概况】 2009年,北京大学保密工作坚持以邓小平理论和"三个代表"重要思想为指导,深入学习实践科学发展观,认真贯彻党和国家的保密工作方针政策、法律法规,积极落实上级的要求和部署,紧紧围绕学校中心工作,配合协调校内各业务单位,通过不断深化保密宣传教育,完善保密规章制度,提升保密防范技术,狠抓保密监督检查,加强保密调查研究,强调管理与服务相结合,做到既确保国家秘密的绝对安全又便于各项工作的顺利开展,全力促进国家、学校和师生的全面协调可持续发展。

【学习实践科学发展观】 组织开展保密委员会办公室学习实践科学发展观民主生活会,开展保密工作情况调研并向林建华常务副校长和张彦副书记报送了调研报告;在学习调研和召开专题民主生活会的基础上,广泛听取各方面意见,认真查找问题,深入剖析原因,科学制定对策,提交深入学习实践科学发展观活动领导班子分析检查报告、整改方案、整改落实方案和学习实践科学发展观活动总结。

【保密委员会】 两次召开学校保密委员会全体会议,传达上级文件精神,通报失泄密事件查处情况,审议年度工作安排和保密先进集体、先进个人候选名单,讨论武器装备科研生产单位保密资格审查认证相关事项。

【教育培训】 组织相关部门分别对承担涉密科研项目单位进行有针对性的保密培训,通报上级文件精神,结合失泄密案例宣讲保密形势,通报全校保密检查中发现的主要问题,并提出针对性的解决方案。

召开北京大学军工保密资格审查认证培训会,邀请国家保密局督查室副主任李学锋、北京市国家保密局技术检测中心主任刘建华和北京市认证办专家金益民等对学校保密委员、主管保密工作领导、涉密科研人员、保密干部等101人进行了认证标准讲解培训,林建华常务副校长和张彦副书记出席会议并发表重要讲话。

为全体入学新生和新留校教职工发放《保密须知》;编印保密工作简报10期,保密教育专栏3期;在《北京保密工作》刊载信息4条。

【涉密载体管理】 进一步加大技术防护投入,添置防护软件;完善涉密计算机管理规章制度;组织全校各单位统一销毁材料共12吨。

【监督检查】 根据上级单位文件要求和年度工作计划,认真开展自查,并上报自查报告;修订保密检查制度,协助二级单位做好保密自查工作,并在自查结果基础上,有针对性地开展抽查。

【组织签订保密承诺书】 为落实中共北京市委组织部、北京市国家保密局、北京市人力资源和社会保障局联合下发的通知精神,遵照学校领导的批示,经与医学部保密负责人商讨,联合相关职能部门在全校范围内开展《保密承诺书签订》工作。

【撰稿工作】 根据教育部通知要求,承担《高等学校保密工作手册》部分章节编写工作。

【调研工作】 分别接待吉林大学保密处、北京理工大学保密处前来调研;接待《保密工作》杂志记者、北京市国家保密局宣传法规处处长姚非来校调研。与发展规划部就学校保密工作重点、难点问题进行讨论。

【表彰工作】 评选、表彰北京大学2008年保密工作先进集体6个、先进个人20名。

(保密委员会办公室)

工会与教代会工作

【概况】 2009年，北京大学工会在校党委的领导和上级工会组织的指导下，全面落实《中共北京市委关于加强和改进工会工作的意见》和北京市工会第十二次代表大会提出的六项重点工作包括加强工会组建和发展会员工作、健全协调劳动关系机制、加强法律服务工作、深化"送温暖"工程、建设工会三级服务体系、推进首都职工素质建设工程的精神，较好地发挥了教代会、工会在组织、引导、服务、维护教职工中的作用，为北京大学的改革和发展作出了应有的贡献。2009年，北京大学荣获"首都劳动奖状"称号，北京大学工会荣获"2009年北京市教育工会先进工作单位"称号。北京大学工会创建的"校领导与教职工见面会制度暨主题沟通会"获得北京市教育工会十大成果奖第一名。

【民主建设】 1. 精心筹备召开双代会。北京大学第五届教职工暨第十七次工会会员代表大会第五次会议于2009年1月8日召开。校党委书记闵维方发表重要讲话，校长周其凤作了2008年学校行政工作报告和财务工作报告，常务副校长林建华作了北京大学战略发展纲要报告，常务副校长、医学部常务副主任柯杨作了2008年医学部工作回顾，副校长张国有作了《北京大学章程》起草情况报告。教代会代表对校长工作报告进行审议和讨论，并提出建议，使教代会代表的知情权、参与权和监督权得到保障。

2. 加强二级教代会制度。2009年，在院党委的领导和行政的支持下，北京大学院系二级教代会稳步推进，教职工民主管理民主参与以及院（系）务公开的力度不断加大。院系工会按照《关于建立健全二级单位教职工代表大会制度的意见》的要求认真组织召开二级教代会（或全体教职工大会），认真答复落实教职工代表提案和意见、建议。医学部的二级教代会还完善了干部述职和民主评议干部制度，取得了较好的效果。

3. 积极推进教代会提案的落实。2009年3月27日，北京大学教代会提案委员会召开提案工作会议。2009年教代会代表提案共21件。工会与校领导和有关职能部门协作，通过书面答复、电话答复和沟通会等方式，对提案和意见进行答复和落实。医学部教代会共征集代表提案33件，医学部组织召开了提案工作委员会会议，对教代会代表的提案进行审核立案并推动落实。

4. 继续组织"校领导与教职工主题沟通会"。2009年，工会组织召开了3次校领导与教职工面对面暨主题沟通会。（1）北京大学"形象建设与宣传"主题沟通会。校党委副书记杨河出席会议，与参加会议的近30位教代会代表、教师代表和部分单位工会主席进行了深入交流。（2）校领导与青年教师主题座谈会。副校长、工会主席岳素兰，副校长张国有与青年教师们就教学、科研、学术创新等做了深入交流。（3）为广泛征求教职工对学校调整教学作息时间的意见和建议，工会及时组织见面会，邀请副教务长关海庭以及教务长办公室、教务部等部门领导与教代会代表、教师代表进行了沟通。

5. 教代会代表民主参与力度不断加大。2009年教代会召开后，工会召开代表组长汇报会，听取各组讨论情况，将各代表组讨论的意见形成报告上报学校有关领导，为学校的改革发展献计献策。2009年，教代会代表参与对学校领导班子进行民主评议，参加学校科学发展观整改落实方案、工资改革及岗位津贴调整、教职工购买北京市限价商品房家庭原住房腾退及补偿暂行办法等的征求意见会，积极反映广大教职工的呼声，提出了很多意见和建议。

【维护教职工合法权益】 1. 为教职工排忧解难。工会充分发挥教代会劳动争议调解委员会、工会教职工接待室等调解机构的作用，2009年，校本部工会共接待教职工来访20多人次，医学部工会接待来访10人次，调解、协助解决有关纠纷，并参与学校人事争议调解工作。

2. 做好教职工健康服务工作。2009年，工会与校医院合作，以教职工的体检结果为依据，在"健康大讲堂系列讲座"中增加"基层巡讲"的内容，相继在会议中心、外国语学院等单位进行巡讲，真正做到关心和改善教职工健康状况。

3. 开展慰问等活动，真诚服务教职工。2009年元旦、春节期间，工会代表学校党政慰问教职工，向11108位教职工发放总价值111.07万元的慰问品；同时慰问知名学者和骨干教师27位，劳动模范51位；节日送温暖49户，发放慰问金24900元。在"五一"劳动节和教师节期间，组织慰问了骨干教师、资深教授、优秀教师代表、部分老工会主席及国庆群众游行工作团队教职工等。医学部工会慰问劳动模范、骨干教师等120多人次。

2009年，工会继续组织单身教职工联谊活动，为他们搭建相互沟通的桥梁。从教职工的需求出发，组织了暑期驾驶员培训班、办理牡丹中油卡、手机优惠套餐、优惠购买公园年票、为教职工免费更换牡丹交通卡等各种活动，受到教职工的欢迎。

4. 继续做好爱心基金和保险工作，完善扶贫帮困长效机制。2009年，工会继续做好职工互助保险工作，参保人数达到8820人，参保率在75%以上。2009年，校本部新参保119人。"北京大学工会爱心基金"2009年共收到教职工捐款240433.5元，支出89000元，有10名患病的教职工得到了爱心基金的资助，感受到了学校大家庭对他们的关怀，其中还有非在编员工得到了工会爱心基金的资助。

5. 不断丰富女教职工工作的内容、形式和方法。工会举办了庆祝"三八节"女教授座谈会，校党委常务副书记吴志攀出席；举办了女职工京郊健身活动、女干部"享受工作 品味生活"庆"三八"活动。工会充分利用北京大学的学术资源，以论坛和讲座的形式探讨新时期女性成长成才的发展趋势。2009年6月，工会与中外妇女问题研究中心联合举办"中国和印度妇女问题研究"专题讲座；2009年11月，启动了女教授沙龙。医学部工会开展了评选表彰"女教职工之星"活动，结合"三八"妇女节到来，召开"庆三八，促和谐，迎挑战"女教授茶话会等活动。

【学习实践科学发展观】 为了深入基层，密切联系群众，更好地落实科学发展观，学校工会围绕"学习实践科学发展观，提高工会服务教职工和服务大局的能力"这一主题，向基层工会发放调查问卷200多份，广泛征求教职工对学校教代会、工会以及学校发展建设的意见和建议。同时，在副校长、工会主席岳素兰的带领下，工会先后走访了数学科学学院、社会学系等院系，并与清华大学、北京外国语大学、吉林大学等兄弟院校进行了工作经验交流。此外，工会邀请后勤系统各部门、中心的党政工领导召开了"深入学习实践科学发展观、发挥工会组织桥梁纽带作用"研讨会，组织召开了青年教师、中老年教师思想政治状况座谈会，了解广大教职工的实际需要，广泛征求教职工对学校以及工会工作的意见和建议，从而进一步树立科学理念、明确工作定位，提升为教职工服务的能力和水平，更好地为学校的建设发展大局服务。

【建国六十周年庆祝活动】 为抒发全校师生的爱国情怀，展现新时期北大人积极投身国家建设的昂扬风貌，工会与学生工作部联合举办了庆祝新中国成立六十周年暨"我与祖国共奋进"主题征文活动和摄影比赛，从180多件作品中评选出优秀作品62件。工会举办了"我与祖国共奋进"共和国同龄人座谈会和北京大学工会建会六十周年新老工会干部座谈会；主办了庆祝新中国成立六十周年"祖国万岁"合唱音乐会；积极参与北京大学国庆群众游行工作，选派2名工会干部担任"我的中国心"彩车的车长和副车长，带领由40余名技术保障人员、推车人员和展演人员组成的彩车运行团队圆满完成各项工作任务，得到了上级部门和学校的肯定；医学部工会举办了"爱我中华，祝福祖国"第三届教职工"白衣巧手"工艺展，激发了职工的爱岗敬业、不断进取精神。

【发挥工会"大学校"作用】 1. 组织青年教师教学演示竞赛。2009年1月，北京大学第八届青年教师教学演示竞赛顺利举办（包括人文社科类、理工类和医科类），59位青年教师参加了比赛。在北京市高校第六届青年教师教学基本功比赛中，北京大学参赛的15名教师全部获奖，2名教师获得一等奖，7名教师获得二等奖，6名教师获得三等奖，北京大学工会获得优秀组织奖。校工会对在教学演示竞赛中获奖的集体和个人做了表彰，由周其凤校长、林建华常务副校长为获奖代表颁发荣誉证书。

2. 举办"教学论坛"和"网络课程大赛"等活动。工会与教务长办公室、教务部等部门联合举办两届"北京大学网络课程大赛"，并与教务部等多家单位联合举办"教学论坛"，聘请名师与青年教师谈教学经验。有些院系还组织了教师沙龙，互相学习交流教育教学经验。医学部工会组织举办了"白衣天使"护士技能竞赛，不断提升护理工作质量。

3. 组织开展社会实践和师德师风建设活动。暑期，工会组织37名青年教师进行社会实践，由副校长、工会主席岳素兰、副校长张国有带队赴四川成都市彭州区白鹿镇九年制义务教育学校地震遗址和湖北恩施进行考察。医学部工会组织了34名中青年骨干赴贵州遵义进行参观考察学习。

工会组织召开了以"青年人的历史使命"为主题的北京大学与澳门高校青年教师交流座谈会，围绕学科、师德建设和学术创新等重要问题，进行了深入交流。医学部工会举办了"名师风范——新老教师座谈会"，加强教师之间的交流。

4. 举办教职工素质教育课堂。学校工会积极贯彻北京市总工会"推进首都职工素质建设工程"的意见，应教职工的要求，面向行政管理和教辅岗位的教职工开设了"职工素质教育课堂"讲座。2009年，聘请唐登华教授和金正昆教授分别作了"情绪管理"和"教师礼仪"两期讲座，受到教职工的好评。

5. 不断完善平民学校的各项工作。2009年，北京大学平民学校将第四期培训班的办学时间调整到上半年，102名新学员的招生、教学、管理等各方面工作都进展顺利。在课余时间，举办了学员和志愿者交流会，组织学员参观校史馆和校内文物古迹，举办了素质拓展、演讲比赛、环保爱校等活动。组织了第四期师生座谈会和工总结会,以总结经验,不断提高。著名化学家徐光宪院士为平民学校捐款1万元资助办学。校党委常务副书记吴志攀教授为平民学校第四期学员作结业讲座。工会结合平民学校学生的特点作了调研,并有针对性地举办了3期健康知识讲座,更多外来务工人员走进平民学校,从中受惠。

【文化体育活动】 2009年,工会举办了全校教职工运动会和医学部第47届教职工田径运动会,组织教职工网球、羽毛球、乒乓球等专项比赛,继续举办"京华杯"棋牌赛、教职工冬季长走月活动、工间操示范活动、"推进全民健身构建和谐校园"教职工第八套广播操展示周等活动,为教职工开办瑜伽、太极拳、健身操等培训班,全年共计有4万多人次参加。大力推进教工社团活动的开展,教职工健美操团、教工合唱团、教授合唱团等参加了学校"一二·九"合唱比赛、新年音乐会等多个文艺表演。有计划地增加运动场地和体育器材,开展系列体育文化、健康知识普及活动,增进教职工的身体健康,活跃校园文化。

【工会组织自身建设】 1. 深入开展"建家"验收活动。学校工会高度重视"建家"工作,严格按照《北京大学工会关于深入开展建设教职工之家活动的实施意见》、《北京大学部门工会"教职工之家"验收标准》和《北京大学医学部建设教工之家量化考核评分标准》开展建家工作。

为了探讨"建家"工作新形势,工会邀请基层单位的35名党委书记召开了北京大学"党工共建"主题研讨会;组织召开了党政领导和工会干部的"建家"工作研讨会,共同研讨"建家"工作的深入开展与创新发展。医学部工会组织召开了激活基层工作经验交流会,积极探索重心下移、激活基层的工作途径。

校工会成立"建家"验收工作小组,相继对城市与环境学院、马克思主义学院、机关分工会、后勤分工会、地球与空间科学学院、教育学院、环境科学与工程学院等单位的"建家"工作进行验收,促进"党政工共建一个家"良好局面的形成。北京大学肿瘤医院荣获"北京市模范职工之家"称号。此外,在二级建家工作逐步规范化的同时,也稳步探索三级"建家"模式。2009年,北京大学第一医院儿科、北京大学人民医院中医科分别荣获"北京市模范职工小家"称号。

2. 积极推进新职工入会工作。工会从实际出发,积极稳妥地推进非在编人员入会工作,在2009年相继召开了两次座谈会讨论非在编人员入会的原则和办法,重新修订了《北京大学非在编人员加入工会组织暂行办法》,并大力推进。截至2009年底,北京大学非在编人员入会人数已经达到2265人,口腔医院的合同工护士已经与事业编制人员实现了同工同酬。同时,校工会按照北京市总工会的要求,积极推进会员信息采集工作,截至2009年底共采集到8700余名会员信息。

3. 组织评优创先,激活基层,夯实基础。2009年3月5日,工会组织召开第十七届八次委员(扩大)会议,隆重表彰了在2008年工会工作中作出突出贡献的先进集体和先进工会委员会。2009年,工会组织开展了一系列评选活动,主要包括:北京市奥运立功奖状(章)、标兵评选、首都教育先锋评选;模范工会主席、优秀工会干部和工会工作积极分子等工会工作优秀个人评选;"和谐北大 共建共享"精品活动评选;第二届"好新闻奖"评选活动;医学部工会组织了"学习一个身边的先进人物"评选活动,召开了2009年度模范工会小组评审会。

4. 搭建工会干部学习和交流的平台。2009年3月5日,学校工会召开第十七届八次委员(扩大)会,传达了北京市总工会第十二次代表大会的会议精神,并就落实北京市总工会提出的六项重点工作向全校工会干部明确提出了要求。

在2009年7月8日召开的北京大学工会干部暑期培训暨经验交流会上,校党委书记闵维方发表重要讲话,对各基层党委贯彻落实中共北京市委《关于加强和改进工会工作的意见》提出了明确要求。学校工会下发了《关于学习贯彻闵维方书记在2009年工会干部培训会上重要讲话精神的通知》,要求各基层工会学习宣传和落实闵维方书记的讲话精神。北京市总工会党组书记、副主席韩子荣在会上作了专题报告,介绍了北京市工会工作发展大局,并阐述了北京市总工会加强工会工作的六项措施。副校长、工会主席岳素兰作了主题为"强化服务,科学发展"的专题报告,为工会干部统一思想、提高认识,促进工会工作科学发展奠定了思想和理论基础。医学部也召开了工会、教代会干部培训会议,还与人事处联合举办了"劳动争议案例分析"专题讲座。

暑期,校工会组织基层工会主席与工会工作主管领导社会实践考察团,由副校长、工会主席岳素兰亲自带队赴复旦大学与广西大学,与工会同仁们进行工作经验交流,并前往绍兴蔡元培故居、鲁迅故居等进行参观,激发了工会干部的荣誉感和责任感。

5. 开展课题立项,鼓励理论研讨与调查研究。2009年初,工会下发了"关于开展2009—2010年度北京大学工会理论研究与调研工作的通知",要求和鼓励全校工会干部积极参与对工会工作规律、工会工作实际问题以及工会工作发展走势等方面的研究。工会组织课题研究立项,为重大研究课题提供一定额度的资助。在2009

年北京市教育工会开展的2008年基层工会调研报告及论文评选中,北京大学有1篇调研报告获得一等奖,5篇调研报告和论文获得二等奖,1篇论文获得优秀奖。

为了总结回顾工会60年来的发展经验,进一步推动工会理论和调研工作的开展,工会推选出近年来的优秀理论及调研成果,出版了《中国劳动关系学院学报》理论研究专刊。

6. 提高宣传工作的质量和水平。2009年,工会继续加大宣传工作力度。《北大教工》杂志出版4期,医学部《教工之声》杂志出版6期。整理并编辑出版了《和谐北大共建共享——纪念北京大学工会成立60周年》等书刊,医学部工会也编辑出版了《我们的家》等书刊,以上出版物的质量和水平逐步提高,有效地加强了会员之间的沟通和交流。

2009年,学校工会网站发布各类文章405篇,图片544张。同时,工会通过校内外宣传媒介,介绍教代会、工会工作情况,通过校园网发布通知77篇,新闻稿件71篇,图片53张;校内综合信息服务网发布工会工作信息75条;北京市教育工会网页登载北京大学工会新闻稿件166篇,图片59张;《北京教工》刊登北京大学工会信息23篇,图片6张;《中国教工》刊登北京大学工会信息7篇。

(工会)

学 生 工 作

【概况】 2009年,学生工作部人民武装部深入开展学习实践科学发展观活动,牢固树立学生工作"精致化"的发展目标,充分利用五四运动九十周年、建国六十周年等重要教育契机,开展了卓有成效的大学生思想政治教育工作。同时,为纪念中央16号文件颁布五周年,系统梳理和全面展示北大五年来的大学生思想政治教育工作。

【国庆六十周年庆祝活动的组织协调工作】 为针对群众游行第33方阵——"我的中国心"方阵的训练和组织工作,学校在第一时间组建了工作领导体系,由校党委闵维方书记担任方阵总队长,校党委张彦副书记担任常务副总队长,学生工作部马化祥部长担任副总队长,总务部、校工会、保卫部、校医院等部门为成员单位。学生工作部在"集中训练""合练提高""快乐冲刺""国庆实战当天"四个阶段的工作过程中,按照上级单位提出的"组织到位,人员到位,机制到位,保障到位"的工作要求,确立了"科学训练,高效训练,快乐训练"的指导思想,制定了科学合理的工作方案和周密完备的应急预案,全力保障方阵训练及组织工作的推进与落实。经过三个多月的艰苦努力,以2008级本科生为主体、总人数达2323人的游行方阵,践行了"隆重、喜庆、节俭、祥和"的方针和"高质量,有创新"的原则,出色完成了祖国和人民交给的任务,圆满实现了上级要求的"六个100%",即:思想动员率、综合素质审定合格率、训练合格率、出勤率、后勤保障率、游行人员激励率等六项指标均为100%。学生工作部也因为优异的工作表现获得了"首都国庆六十年群众游行优秀组织单位"荣誉称号。

学生工作部将国庆群众游行工作视为进一步加强和改进大学生思想政治教育的良好契机,将其纳入"文明生活,健康成才"主题教育活动的整体框架,开展了形式多样、内容丰富、贴近学生、贴近实际的思想政治教育活动,取得了显著的育人成效。

【队伍建设】 2009年,学生工作部坚持以科学发展观为指导,贯彻落实刘延东国务委员回信精神和中央、教育部、北京市的工作部署,按照"精致化"的工作要求,以"明确'四项标准'、加强能力建设、优化队伍结构、重视理论研究"为主线,努力打造一支具备现代化特征、适应新形势要求的高水平辅导员队伍。

1. 完善规章制度。为进一步规范工作程序,充分调动辅导员工作积极性,学生工作部对现有的规章制度进行梳理,修订了《北京大学辅导员班主任工作条例》,制定了《进一步加强北京大学辅导员队伍建设实施意见》《北京大学辅导员工作考核办法》《北京大学辅导员津贴发放办法》等相关条例。

2. 加大培训力度。继续坚持岗前培训和专题培训相结合,定期培训与不定期培训相结合,理论培训与实践工作相结合的理念。2009年,学生工作部进一步加大培训力度,提高辅导员参加市级以及校级培训的频率,在培训项目数以及课程次数、接受培训人次等方面有一定增加。据统计,北大辅导员平均每人每学期参加培训学习20学时。2009年,共选派10名辅导员参加了北京高校辅导员发展辅导与心理咨询专业化培训,15名辅导员参加了高校危机干预流程与案例分析专题培训。

3. 开展辅导员深度辅导工作。按照北京市教工委的工作部署,学生工作部于2009年5月全面启动了辅导员深度辅导工作。

为确保深度辅导落到实处、取得实效,学生工作部制定了《北京大学辅导员深度辅导工作实施方案》,对深度辅导的工作目标、工作原则、工作流程和时间安排等作出了细致说明和明确要求。

为全面掌握辅导员深度辅导工作的开展情况,确保工作取得实效,由学生工作部长带队,各专业中心和各办公室工作人员组成督查小组,于2009年10月下旬至11月上旬深入校本部所有院(系、所、中心),督导院系开展深度辅导工作,并现场办公解决困难和问题。在全体辅导员的共同努力下,北大的深度辅导工作取得了显著成效,实现了工作资源的最大化利用。

4. 继续做好统计工作。为全面及时准确了解学校辅导员队伍建设情况,学生工作部继续做好辅导员队伍基本情况统计工作,形成了《北京大学2009年辅导员队伍统计报告》,对2008和2009年的队伍基本情况进行了全面的比较,详细深入分析了其中的变化以及原因,查找队伍建设存在的问题,为进一步加强辅导员队伍建设奠定了基础。

5. 加强学生骨干队伍建设。2009年,学生助理学校秘书处锐意创新,在完成常规工作的同时,不断更新理念,努力改进方法,在团队内部形成了"重效率、重创造"的良好氛围,推动北京大学学生助理工作稳步前进。

【学生思想政治教育】 1. 举办工作回顾展览。为纪念中央16号文件颁布5周年,系统展示五年来北大学生思想政治教育工作的发展历程与工作成绩,学生工作部举办了以"引路青春、助航成长"为主题的工作回顾展。12月17日,展览隆重开幕,教育部李卫红副部长、校党委闵维方书记作了重要讲话,教育部思想政治工作司杨振斌司长宣读了刘延东国务委员给北大辅导员的回信。展览在全社会引起了强烈反响、获得了广泛好评。

刘延东同志给北大辅导员回信中对五年来全国加强和改进大学生思想政治教育所取得的成绩予以充分肯定,并对辅导员的工作提出希望和要求。为深入学习领会刘延东国务委员回信精神,学生工作部组织召开了"北京大学辅导员学习落实刘延东同志回信精神座谈会",随后又在北京市委教育工委的指导下,承办首都高校学习刘延东同志回信精神座谈会。

2. 举办本科新生党员培训班。8月29日—9月2日,2009年本科新生党员培训班顺利开展。本科新生党员培训班紧密结合庆祝建国60周年的时代主题和教育主线,以专题报告为载体、以团队活动为支撑、以自学考试为检验,圆满实现"时代先锋、青年表率、追求卓越、勇于担当"的培训目标,取得了良好的育人效果。通过为期5天的理想信念教育、校情校史教育、骨干素质培训和人文素质培养,使得包括医学部新生在内的434名本科新生党员理想信念更加坚定、骨干意识明显增强、综合素质全面提升,在拓展学生党建工作新途径、促进新生党员全面成长成才、彰显学生党员示范带动效应等诸多方面取得了显著成效。

3. 启动学生党建旗帜引领计划。4月,学生工作部、党委组织部联合下发《关于实施北京大学学生党建旗帜引领计划的通知》,以"身边的党员、飘扬的旗帜"为主题,通过举办学生党支部书记培训班、开展"身边的旗帜"系列报道等教育活动,促进学生党员正确理解、充分发挥模范带头作用,引导学生党员积极投身服务工作,鼓励学生党支部成为发挥旗帜引领作用的有效载体。

4. 实施党团日联合主题教育活动。2009年,学生工作部联合党委组织部、校团委,先后以"传承五四精神,深入学习实践科学发展观""感悟祖国发展成就,开启青春奋进征程""学习贯彻党的十七届四中全会精神"为主题,组织实施三次学生党团日联合主题教育活动,有效激发了学生党员的模范带头作用,进一步推动了学生党团建设的协同发展。在北京市委教育工委组织开展的"2009年首都大学生思想政治教育工作实效奖"评选中,由学生工作部组织申报的"统筹资源形成合力 高举旗帜全员育人——北京大学探索构建'424'学生党团日联合主题教育新模式"工作成果荣获二等奖。

5. 开展红色"1+1"活动。4月,按照北京市委教育工委、市教委的工作部署,党委组织部、学生工作部联合下发了《关于开展2009年度红色"1+1"活动的通知》,组织动员了全校各院系的20余个学生党支部开展红色"1+1"活动,积极引导学生党员牢固树立服务人民、团结互助、艰苦奋斗的精神品质,助力京郊农村的社会主义新农村建设,进一步增强了支部战斗力和凝聚力,为推进学生党建工作打造了新载体、拓展了新途径。12月,北京大学在北京市委教育工委的最终评审中荣获"2009年北京高校红色'1+1'活动优秀组织单位",3个学生支部分获二、三等奖。

6. 加强对先进学生典型的宣传工作。学生工作部联合北大新闻网继续开展"青春的榜样——北京大学优秀研究生系列报道"工作,共完成对5位优秀个人和4个先进集体的采访报道,广泛宣传了北大研究生群体中的优秀典型,有效激励了全体研究生奋勇争先、成长成才。4月,由学生工作部负责推荐的工学院2004级直博生王启宁,荣获"2008中国大学生年度人物"荣誉称号;6月,王启宁获得了学校通令嘉奖,为全体学生树立了人生楷模和成长榜样。为充分发挥奖励、奖学金评审工作在学生中的教育作用,学生工作部还在2009届毕业生离校前夕,在三角地集中展示了优秀毕业生的先进事迹,营造了奖掖先进、激励全体的教育氛围。

7. 纪念五四运动九十周年主题教育活动。学生工作部以纪念五四运动九十周年为契机,动员全校学生认真学习胡锦涛总书记5月2日在中国农业大学的讲话精神,联合党委组织部、校团委组织开展了以传承"五四"精神为主题的学生党团日联合主题教育活动,并先后组织学生观看了教育电影《李大钊》、歌剧《青春之歌》及电影《孟二冬》,在校内掀起重温五四历史、传承五四精神的热潮,切实增强了全体学生的爱校荣校意识和爱国主义精神。

8. 开展新生入学教育和毕业教育。在新生入学教育中,学生工作部在新生代表座谈会、新生音乐会、校情校史报告会等传统教育活动的基础上,重点抓好新生安全与健康教育,邀请保卫部、校医院和学生心理健康教育与咨询中心的领导、专家集中举办专题讲座,有效增强了广大新生的安全防护意识和整体健康观念。

在毕业教育中,学生工作部在开展毕业生代表座谈会、毕业生廉洁教育、编撰《我的北大青春纪事》(2009卷)等传统教育活动的同时,创新工作形式,联合学生就业指导服务中心举办了"职场新鲜人训练营"。

9. 持续开展形势政策教育。3月,学生工作部组织召开了"国际金融危机背景下的'两会'"形势政策教育报告会,引导学生关注社会发展和国计民生,培养公民意识和社会责任感。9月,学生工作部组织100名学生参加在人民大会堂举办的"辉煌六十年"系列形势报告会,帮助学生更加全面地了解建国六十年来的辉煌成就。10月,学生工作部组织学生观看了大型音乐舞蹈史诗《复兴之路》、聆听了北京市副市长陈刚、丁向阳的形势政策报告会,增强了广大学生服务首都建设、服务祖国发展的志向决心。11月,学生工作部举办了"21世纪空天安全与中国空军"主题讲座,有效引导广大学生认真学习科学文化知识,为科技强国和人才强国战略贡献力量。

【学生日常管理中的评奖评优工作】 2009年共评出校级优秀毕业生830人,推荐北京地区高等学校优秀毕业生163人,在此过程中继续对自愿到边远地区、艰苦地区或者基层工作的毕业生予以优先考虑,鼓励毕业生深入边区、深入基层;对于获得各级优秀毕业生荣誉的学生,除颁发荣誉证书外,还将优秀毕业生登记表存入学生本人档案。

2009年共评出各项校级个人奖励共4227名,获奖比例为16.97%。其中,三好学生标兵249人、创新奖112人、三好学生1709人、优秀学生干部99人、社会工作奖807人、学习优秀奖1208人、红楼艺术奖27人、五四体育奖16人,推荐57名学生为北京市三好学生,推荐19名学生为北京市优秀学生干部;共评出"学生工作先进单位"7个,团体创新奖3个,校级优秀班集体32个、先进学风班67个,同时推荐19个班集体为北京市优秀班集体。

2009年共设立奖学金74项,奖金总金额高达1361余万元,其中单项奖学金最高额度为每人15000元;共评出获奖学生3031人,人均奖金额度4490余元。同2008年相比,本年度我校奖学金的奖金总额和人均获奖金额均有大幅度提高。此外,按照学校的整体安排和个别奖学金设奖单位的要求,组织了一系列专项奖金的颁奖会、签字仪式以及与设奖单位的联谊活动。

【国防教育】 1. 学生军训工作。2009年正值祖国六十周年大庆,按照部署,2008级2638名本科生在怀柔军训基地顺利完成军事技能训练,承训官兵来自中国人民解放军66329部队。军训期间,共编印了4期简报《集结号》,并开展了板报比赛、歌咏比赛、演讲比赛、文艺晚会、心肺复苏知识讲座、防火安全知识讲座等一系列教育活动,强化了军训育人功能。

2. 征兵宣传工作。2009年征兵工作于10月底启动,12月中旬顺利结束。经过上级部门的反复筛查,共有7名北大学生(4男3女)获得了上站体检资格。经过随后的严格体检和政审,外国语学院2008级本科生陈炎、中文系2006级本科生梁勇、国际关系学院2007级本科生王馨安3名男同学顺利通过各项考核,获得服现役资格;社会学系2008级本科生金婷同学(女)在体检和政审合格后,经过严格的面试和才艺展示等考察环节,也顺利成为一名光荣的女兵。

3. 国防教育工作。举办了"北京大学国防教育活动月",本次活动得到了上级领导的重视和学校相关单位的大力支持,举行了大型签名、专家讲坛、图片展览、越野比赛、参观纪念、电影展播、真人CS对抗等系列活动,以增强广大师生的国防意识,进一步拓展国防教育的育人功能。支持学生定向运动协会举办全校新生定向运动比赛、定向运动周、北京高校定向越野邀请赛等大型赛事活动;组织学生定向运动协会参加北京市及全国比赛,屡获佳绩,常常位列前三;指导学生军事爱好者协会举办军事爱好者讲坛等大型活动,普及了军事知识,丰富了国防教育的内容。

4. 军事理论课教学工作。2009年,较好地组织完成了2008级文科学生和2009级理科学生近3000人的军事理论课教学工作。

在教学工作中,狠抓了课堂纪律的管理,军事课到课率达到了99%以上。中共中央委员、国防大学政委童世平中将也莅临北大并对学校军事理论课程进行了指导。军事类相关课程建设依然稳步发展,针对同学们比较感兴趣的领域,继续开设了通选课《当代国防》,拓展育人范围,强化国防理念。

【学生心理健康教育】 1.完善监控网络,全方位开展心理危机排查与干预工作。依托严密的心理危机监控网络开展定期和临时危机排查上报工作,及时有效地识别了学生中的危机个体。同时以心理健康普测的结果为基础,结合危机排查、院系临时危机情况汇报等信息,完善并及时更新问题学生心理健康档案,给予定期的追踪、监控、建议和治疗。对在校的受玉树灾地区学生进行灾后心理团体辅导,帮助他们稳定情绪。并进行了针对专项助理招聘以及分层培训的心理专项助理制度的改革。

2.制度化推进心理咨询与治疗工作。修改完善了《专兼职心理咨询师考核制度》《兼职心理咨询师接受督导条例》《病例及相关档案管理条例》《心理咨询中心缓考评估工作办法》等一系列咨询制度和条例。坚持为专、兼职咨询师安排每周一次的专业督导,帮助他们及时更新知识体系。组织在线咨询共计54个小时;开展在线心理讨论主题91个,有效帖达780余条。同时,在三角地开展现场咨询活动,为同学们答疑解惑。

3.拓展工作平台,提高工作效率,多渠道宣传心理健康教育知识。加强课堂教育的主渠道功能,开设大学生心理素质拓展课。举办以"心理咨询与生活"为主题的第十二届整体健康活动月,内容包括开幕式暨中国心理名家讲坛开坛讲座、现场咨询、精品讲座、心理情景剧剧本征集、"工作坊式"特色心理主题班会大赛活动、心理电影展播、闭幕式暨杨凤池教授主题讲座等。通过举办一系列内容丰富、形式多样的活动,在学生中提倡心理咨询意识,并借此开展生命教育。根据院系选择的主题,深入院系开展心理健康知识讲座以及组织工作坊活动。按照重点指导、自主发展等原则指导北京大学整体健康协会,继续编办心理健康教育报《燕园心声》。因优异表现被专家组评定为"北京高校心理素质教育示范学校"。

4.感受团体力量,收获一生成长,工作坊活动蓬勃开展。2009年是朋辈辅导工作坊普及推广的第三年,学生的总覆盖面约1936人次,新生适应工作坊660人次,素质拓展工作坊190人次,涵盖了人际交往、情绪管理等十余个主题。工作坊的形式实现了由单一的一次性团体向一次性团体和多次会面短程团体并存的跨越。

5.切实做好与兄弟院校之间的沟通与合作。作为承办方,组织完成首都大学生心理健康节系列活动之趣味定向比赛。积极参加首都高校百万大学生阳光心语传递活动,组织整体健康协会参加北京高校心理社团专题论坛活动等。

【学生资助工作】 1.积极开展常规资助服务。2009年,在学校党委、行政大力支持下,学生资助中心认真开展学生资助工作,下发的各类资金总额达3600万元。在主管校领导张彦副书记的亲切指导下,专项资助形成特色,建立应急资助机制,做好应对金融危机等专项资助工作,资助受金融危机影响家庭经济困难学生。继续实施蜀燕助学金关爱计划。创建"育苗"项目,关爱农村同学。实施"燕翔工程",关爱家庭经济困难的毕业生。强化少数民族家庭经济困难学生资助关爱工作,学生资助中心荣获"海淀区民族团结进步先进集体"称号。继续深入开展"温馨家园计划",在元旦、春节、中秋节等重大节假日举办联欢活动,发放营养补助。组织近10次较大规模的捐赠仪式。

2.完善自身队伍。通过充实正式编制人员、聘用临时工作人员、培养选留工作人员、引入校财务部特派会计等方式,完善自身队伍。2009年底学生资助中心在岗人员达9人。加强基层院系的学生资助工作队伍建设。邀请上级主管部门的有关专家、助学贷款合作银行的业务负责人,为学生资助工作人员开展培训。举办党风廉政建设活动。

信息化建设方面,升级学生资助管理信息系统。加强信息报送,共向全国学生资助管理中心上报工作简报25篇,北京大学在部属高校学生资助工作信息报送中积分排名第一。学生资助中心荣获北京大学信息工作先进集体奖。

3.探索精致化学生资助工作。2009年,学生资助中心创编家庭经济困难学生励志教育读物《我心所依》,闵维方书记作序,周其凤校长题写书名。张彦副书记任编委会主任。学生资助中心主任杨爱民任主编。该书由北京大学出版社于2009年9月出版。《我心所依》辑录了百余位北大师生校友关于青年成长的探讨。《我心所依》的出版得到教育部、财政部有关部门和领导的大力支持和高度肯定。学校领导高度赞扬,并在2009年迎新绿色通道上亲手向家庭经济困难学生发放《我心所依》。家庭经济困难学生收到《我心所依》后,表示深受鼓舞。

举办学生资助工作论坛和经验交流会,总结和研讨学生资助工作,编辑《学生资助工作精致化探索与实践》系列文集。建立和完善奖励激励机制,授予22个单位"北京大学学生资助工作先进单位"荣誉称号,授予62名同志"北京大学学生资助工作先进个人"荣誉称号,授予38名同志"北京大学学生资助工作新人奖"荣誉称号。学生资助中心工作人员先后20余次深入基层院系现场监督助学金评审过程,提出建议和意见。强调对家庭经济困难学生的能力建设,举办精品讲座30余场。

【学生就业工作】 1. 不断完善就业工作机制。制定出台《北京大学关于引导和鼓励毕业生面向基层和西部地区就业的意见》和《北京大学2009年引导和鼓励毕业生面向基层和西部地区就业的若干政策措施》,进一步加大对北大毕业生面向西部和基层就业的政策支持力度。推出了三项创新制度:校系两级就业工作例会、就业工作简报制度和基层院系调研制度。选聘了首批12位"北京大学学生生涯发展辅导师",组织校系两级40多名工作人员参加了美国职业协会认证的全球职业规划师系统培训。

2. 分类指导就业重点人群。面向全体毕业生进行多次全面调查,对骨干典型、意向去西部就业、意向去城乡基层就业、意向自主创业、家庭经济困难和有就业障碍的六类重点人群进行分类登记,建立动态档案库。对家庭经济困难和有就业障碍的毕业生,提出以"开展一次全面排查、进行一次深入谈话、提供一次就业信息、实施一次组织推荐、报销一次求职费用"为内容的"五个一"帮扶措施,组织进行"午餐沙龙""就业力提升培训周""职业茶空间"等;对意向去西部地区和城乡基层就业的毕业生,开通专人负责的"西部基层就业热线电话",召开各类专题座谈会,及时做好就业信息传递、就业机会推荐、就业政策咨询等方面的服务工作;对有意向创业的毕业生,组织开展了"青年创业大讲堂""多元化创业新路线""大学生自主创业政策解析和实务指导"讲座、创业校友专题谈等系列主题创业教育活动。

3. 加强就业思想政治教育。在2009年金融危机影响就业形势的大背景下,发挥思想政治教育的强大优势,整合校内外经济金融学者、就业指导专家、高校就业工作教师、用人单位、毕业生等各方资源,积极开展了以就业形势教育为重点的"五会一刊话就业、师生协力度危机"校园就业指导服务系列活动,先后组织召开形势研讨会、师生座谈会、专家报告会、专场招聘会、心理咨询会等"五会",编辑出版《北大学生就业指导》报"金融危机与就业形势"特刊。同时,推出"到祖国最需要的地方去"就业榜样系列报道,引导毕业生到西部、基层和祖国最需要的地方建功立业,自觉地将个人的成长发展同国家社会的需要紧密结合起来。

4. 努力拓宽就业渠道。借用经济学中的"蓝海战略"概念,相继到上海、南京、苏州等"长三角"地区和广西壮族自治区调研。为2009届毕业生共组织了220余次专场宣讲招聘会、5次10~30家用人单位参加的中型规模招聘会、1次200家以上用人单位参加的大型洽谈会,为用人单位发布的需求岗位达5万余个。

2009年北大本科毕业生和毕业研究生年底就业率双双超过98%,七成以上的签约毕业生能够到国家重点行业与领域、到国民经济主战场建功立业。学校被评为2009年度全国毕业生就业典型经验高校、全国普通高等学校毕业生就业工作先进集体以及北京地区高校毕业生就业工作先进集体。

【青年研究中心】 1. 切实加强网络监管工作和舆情报送工作。继续贯彻落实教社政[2004]17号文件精神,在"用户实名制"和"建成校内网络用户信息交流平台"的基础上,进一步加强网络监管和舆情报送工作。加强舆情调研,通过归纳、总结和分析2009年未名BBS的网络记录和数据,形成"2009年北京大学网络舆情分析报告",对校内外网络热点事件、学生思想动态和学校应对网络突发事件的措施利弊进行了系统的整理分析。

2. 继续做好《北京大学青年研究》编辑出版工作。共编辑出版《北京大学青年研究》杂志4期,发表文章80余篇,共计40多万字。杂志在校内外的影响力继续提高,2009年度刊登的文章已有34篇被校外核心期刊选用。中心对杂志的版式、封面、文章排版等多方面进行了改革,并制定了《北大青年研究》投稿规范,从源头上规范稿件质量,大幅提高杂志的编辑设计水平、学术水准;工作流程和编辑时间更加明确、规范,编辑队伍的结构更加优化、力量更加壮大。

3. "北京大学·地带"网站建设稳步推进。不断丰富内容、加强选题策划,通过开学迎新、线下宣传等方式,加大网站宣传推广力度。2009年度,共有50多万人次访问网站,日平均访问量达到1471次,北大·地带成为未名BBS和北大新闻网之后的第三大受关注的校园媒体。地带网站还通过网上征召与网下推荐相结合,集合了一批对网站工作有兴趣并愿意踏实工作的学生编辑;设立了编辑日常值班制度和奖励制度,规范化编辑队伍的管理;网站编辑还配合未名BBS助理分担部分网络监控职责,提高了政治觉悟、业务素质和反应能力。

4. 推动学生工作和青年问题的理论研究。青年研究中心利用掌握的网络资源优势,依托《北大青年研究》杂志,继续推进学生思想政治教育领域的理论研究。继2007年完成"高校BBS管理研究"、2008年参加"新时期维护高校稳定工作体系及机制研究"课题后,2009年,青年研究中心又成功申报了教育部哲学社会科学重大委托项目"高校校园网络舆论的现状、影响因素和引导策略"课题。

此外，中心还先后组织力量围绕"90后"青年群体、"网络暴力现象""山寨文化""改革开放30年大学生思潮变迁"等主题开展专题研究，并撰写了"当代中国社会政治思潮和北大BBS舆论状况"分析报告，在对北大学生思想状况的研究上取得了重大突破。

共青团工作

【概况】 2009年，北大团委始终高举中国特色社会主义旗帜，以邓小平理论和"三个代表"重要思想为指导，深入学习实践科学发展观，认真学习贯彻党的十七大和十七届四中全会、团的十六大和十六届三中全会、北京市第十二届七次全委会精神，按照学校党委对共青团与青年工作的要求，积极落实北京大学第十八次团代会精神，坚持"务求实效，内涵发展"和"眼睛向下，重心下移"的原则，突出思想引领、成才服务和基层团建三条主线，狠抓青年马克思主义者培养工程、大学生素质拓展计划和团建强基工程三大重点，积极参与维护校园稳定、促进就业创业工作，在率先实现"两个全体青年"的目标上迈出了重要步伐，开创了北大共青团工作的新局面。

2009年10月，在学校党委的亲切关怀和直接领导下，共青团北京大学委员会的领导班子进行了调整。韩流调离团委，学校任命吕晨飞为团委书记。

【学生思想政治教育】 北京大学团委坚持以邓小平理论和"三个代表"重要思想为指导，深入学习实践科学发展观，继续落实中央16号文件要求，贯彻"育人为本、德育为先"的工作理念，将大学生思想政治教育摆在各项工作的突出位置，以深入学习实践科学发展观活动为统领，以纪念五四运动九十周年、建国六十周年、李大钊诞辰一百二十周年等重大主题纪念活动为主线，认真落实团中央开展青年分类引导试点工作部署，不断提升思想政治教育工作新实效，努力推进思想政治教育工作"精致化"，取得了显著的育人效果。

上半年，北大团委按照学校党委的工作部署，紧紧抓住五四运动九十周年这一重要契机，结合深入学习实践科学发展观，大力开展"传承五四精神，勇当时代先锋"系列主题活动。积极组织各院系广泛开展学生党团日联合主题教育活动。通过讲座、艺术节、"社团大观园"、诗歌朗诵活动、纪念五四运动爱国电影展映等多种形式，充分利用社团文化平台，将五四主题植入其中，深受好评。组织北大师生参加了"迎校庆"长跑活动，深情表达了"爱国爱家爱北大，强身强心强中华"的真挚祝福和青春誓言。在5月中旬，北大"南下之旅"实践团在四川绵阳、德阳等地震灾区开展了纪念宣誓、原创歌会、图书捐赠、企业走访、座谈交流等多种教育与实践活动，用实际行动传扬和弘扬伟大五四精神。

下半年，北大团委认真落实团中央在大学生中开展青年分类引导试点工作的部署，圆满完成试点单位"五个一"的具体任务。针对时尚文化、流行游戏对广大青年学生的深刻影响，开展了大规模、深层次的专题调查研究，形成了丰富的学术和实践成果。编制了《领航青春——北大共青团思想引导工作手册（2009—2010）》，得到北京大学校领导、团中央的充分肯定。推进完善《北大青年》电子化、日报化办报模式，探索推出手机报这一新鲜载体，得到广大师生的高度好评。为纪念新中国六十周年华诞，北大团委一方面配合学校相关部门，积极为国庆游行方阵提供服务，择优选拔了88名优秀师生，历经67天的刻苦训练和扎实筹备，圆满完成了国庆合唱任务。另一方面在校内精心组织红色歌曲演唱会等系列庆祝活动，有力激发了团员青年的爱国热情。2009年6月至8月，举办了"报国志·西部行——第四期北京大学学生骨干训练营"，引导北大优秀青年树立到祖国和人民最需要的地方去建功立业的理想抱负。9月10日，"让红旗永远飘扬——新中国成立六十周年北京大学升旗仪式"在百周年纪念讲堂广场举行。为纪念李大钊诞辰120周年，10月23日，组织了"丰功伟绩千秋颂，大钊精神代代传"主题宣讲活动，对李大钊精神进行了广泛宣传和深入传播。

圆满举办第五届中国青少年发展论坛。12月3日至4日，第五届中国青少年发展论坛（2009）在北京大学隆重开幕。本届论坛以"科学发展观与青少年和青少年工作"为主题，共收到参会论文385篇，共有来自全国25个省、市、自治区及香港地区的青少年工作者和青少年研究专家、学者近300人到会，围绕"社会主义核心价值体系与青少年的教育引导"等话题，进行了广泛而深入的交流探讨。本届论坛是第一次与高校合作主办，北京大学被授予"第五届中国青少年发展论坛主办纪念牌",北京大学团委荣获"第五届中国青少年发展论坛优秀组织奖"。

【纪念五四运动九十周年】 2009年是五四运动九十周年。北大共青团围绕"传承五四精神,勇当时代先锋"的主题,开展了理论研讨、系列讲座、主题展览、青春歌会等一系列丰富多彩的活动。

3月份,启动"纪念五四运动九十周年"专题讲座,邀请沙健孙、杨奎松等知名学者,面向全校同学举办讲座,主题涉及现代中国与五四运动、北京大学与五四运动等诸多方面。在此基础上,五四前夕公开发行了《北大讲座》丛书纪念五四运动九十周年特辑。3月28日下午,周其凤校长、张彦副书记和学生志愿者一道参加了北京大学"五四青年林"植树活动。周其凤校长亲手为"五四青年林"种下了第一株树苗。4月26日,举办第二届"社团大观园"大型游园活动,共有90家社团参加。同日,600余名北大师生参加了"迎校庆"长跑活动,深情表达了"爱国爱家爱北大,强身强心强中华"的真挚祝福和青春誓言。同日,"北大第十七届挑战杯——五四青年科学奖竞赛及跨学科竞赛优秀作品展"在三角地正式推出。4月29日,举办第三届北京大学五四诗歌朗诵会"金色的五月,庄严的诗意"。5月2日,北京大学档案馆校史馆、共青团北京大学委员会在三角地推出了纪念五四运动九十周年图片展,全面展示了五四运动的历史进程,以及九十年来北大青年弘扬精神、发扬爱国主义的生动实践。5月3日,由团市委指导、北大团委主办、《北大青年》报社具体承办的"新五四·新青年·新精神"首都高校团属传媒主题论坛在英杰交流中心举行。

5月4日清晨,200名北大青年学子在天安门广场参加升国旗仪式,在齐声高唱雄壮的国歌、目视五星红旗冉冉升起之后,北大学子举臂宣誓:"继承先辈遗志,弘扬五四精神,胸怀祖国人民,坚定理想信念,勤奋学习,深入实践,奉献社会,为北大续写光荣,为祖国再创辉煌,团结起来,振兴中华!"铿铿誓言表达了当代北大青年继承和发扬五四精神、勇担时代使命、矢志成才报国的坚定决心。5月4日晚,由中宣部、教育部和共青团中央联合主办的"我与祖国共奋进——纪念五四运动九十周年主题歌会"在百周年纪念讲堂举行。五四期间,由北大医学部团委组织的"纪念五四运动九十周年医学部青年医疗服务志愿活动"在沙滩红楼东翼、五四大街北侧举办。5月中旬,北大"南下之旅"实践团在四川绵阳、德阳等地震灾区开展了纪念宣誓、原创歌会、图书捐赠、企业走访、座谈交流等多种教育与实践活动,用实际行动传扬和弘扬伟大五四精神。

【庆祝建国六十周年】 牢固树立"祖国利益高于一切"的政治意识、大局意识、责任意识,择优选拔了87名优秀师生,历经67天的刻苦训练和扎实筹备,扎实有效地开展了思想动员、组织训练、激励保障、成果转化等工作,圆满完成了国庆合唱任务。他们克服了持续站立近3小时的疲惫,坚持用饱满的精神、嘹亮的声音唱响16首爱国经典歌曲,为祖国母亲献上生日的祝福。

10月1日,北京大学团委组织机关及院系团委师生代表参加了校内升旗仪式;上午,组织团员青年在大讲堂、食堂和宿舍内观看了庆典实况转播,共同见证伟大祖国母亲六十华诞的光辉时刻,有力激发了团员青年的爱国热情。

10月1日至8日,591名北京大学青年志愿者圆满完成海淀公园国庆游园志愿者工作、国庆城市志愿者工作以及北京大学国庆城市志愿者工作。11月7日,北大团委举办主题为"非常动感·缤纷校园·献礼国庆"的第三届"社团大观园",共有60家社团参加。

【理论研究与宣传引导】 2009年,北京大学团委宣传调研部推进集中学习与自学相结合的方式,邀请专家学者就五四运动、金融危机、科学发展观等主题为广大团干部作讲座,共向团干部推荐了15本书籍,举办了3次读书会、3次学习交流会,充实了《理论前沿》《热点参考》等理论学习载体。同时,北京大学团委在人人网上开设了"青春之歌"主页,进一步增强对学生的吸引和凝聚。围绕北大青年网络生活、和谐成长等重要课题,开展了科学化、规范化、精致化的调查研究。2009年12月,宣传调研部完成《北大青年和谐成长全程调研报告(2009)》,为关注和改善当代青少年健康和谐地成长提供重要参考。

2009年,北京大学团委继续探索和完善《北大青年》电子化、日报化后的办报模式,坚持正确的政治导向,坚持贴近青年、贴近生活、贴近实际的原则,引导北大青年积极开展社会观察,增强使命感和责任感,不断提高办报质量,努力扩大报纸的影响力,取得了显著的成效,受到了广大师生的高度评价和热烈欢迎。2009年全年,《北大青年》在内容建设上不断创新,基本确定了"3+X"的内容框架,即3个固定栏目(看里瞰外、论衡、雕龙)和若干机动栏目(包括未名调查、博雅等栏目在内的机动栏目、新闻眼、点到即止等)。2009年下半年开始,报纸采用社会媒体通行的"采编分离"体制,将主编、责编从采编部门分离出来,设立编辑部;

另将原先从属每日采编部的记者组建记者团,设立机动记者组,从而形成了"编辑部、记者团、评论部"三驾马车,细化了责任分工,提高了采编效率,为培养独立的采编人才提供了专门渠道。自2009年1月1日起,截止2010年1月1日,出版常规号258期,同时出版包括《毕业生专刊》《季羡林先生专刊》《国庆特刊》《共青视点专刊》在内的特刊、专刊共24期,纸质印刷特刊2期。

医学部团委于2009年初启动了"天使之星"评选活动,宣传先进,树立典型,挖掘广大团员青年中理论、艺术、学术、创新等人才,以他们的成长事迹为青年学子提供借鉴,启发、感染、激励、引导更多青年学生全面成长、健康成才。2009年6月,医学部团属刊物《北医青年》创刊号正式发行。《北医青年》作为北医共青团组织与广大团员青年沟通的重要桥梁,在内容的选择和编排上时刻结合当代青年的成长特点,并根据团员青年的切实需求不断改进,力争成为医学部团员青年思想的引领者,更好地服务于广大北医青年健康成长、全面成才。2009年11月,《北医青年》网络版推出,进一步增加了团属宣传阵地的影响力,营造了积极向上的校园网络氛围。

【大学生素质教育】 2009年,学生课外活动指导中心以"普遍性教育"和"针对性指导"为基础,探索构建惠及每一个学生的第二课堂育人体系。2009年4月,举办主题为"飞畅雪花 非常校庆 缤纷社团"的2009年五四文化节开幕式暨第二届"社团大观园"大型游园活动,共有90家社团参加。2009年8月,面向2008级本科生开展素质教育的经验和相关调研结果,编辑完成了《预习北大》电子书,该电子书以"北京大学2009届优秀毕业生成长调查报告"为基础,向新生集中介绍新生入学前准备、第一课堂学习方法、第二课堂参与方式、校园生活信息以及相关提示。继续开展品牌活动——"爱乐传习"项目,该项目寓教于乐,以人文艺术教育为切入点,以团队艺术文化活动为载体,从艺术认知、艺术感悟和艺术实践三个层面培养学生的艺术素养。"爱乐传习"以"一二·九"文艺汇演为主线,指导学生在学习与实践中锻炼音乐技能,提高艺术素养。2009年11月,举办主题为"非常动感·缤纷校园·献礼国庆"的第三届社团大观园活动,60家各类社团积极参加文艺表演并举办特色活动。2009年12月,学生课外活动指导中心秘书处向学校团委机关各部门、各学生社团发放北京大学校园生活简历数据统计表,收集2009—2010学年第一学期学生参与第二课堂活动的有效数据,标志着校园生活简历认证工作全面进入试运行阶段。

2009年,医学部团委结合团员青年成长成才的切实需求,以"爱·责任·成长"为主题开展一系列主题鲜明、形式丰富的文化实践活动,提高大学生的综合素质。在"爱·责任·成长"的主题下,医学部团委积极推进第二课堂建设,指导医学部35家学生社团开展丰富多彩的活动,中医协会的中医技能培训、爱心社的手语学习班、心理协会的心理健康嘉年华等社团品牌活动已成为提高学生综合素质、促进身心和谐发展的有效载体。

【学术科研与社会实践】 2009年,北大团委学术科创部成功举办了"北京大学第十七届挑战杯——五四青年科学奖竞赛",参赛作品共计359件,甄选出12件作品代表北大参加第五届首都"挑战杯"竞赛,为北京大学获得首都"挑战杯"特等奖3件、一等奖3件、三等奖3件。2009年6月,在之前的基础上评选出6件作品代表北京大学参加第十一届全国"挑战杯"竞赛,为北京大学捧得了优胜杯,共获得一等奖2件、二等奖1件、三等奖3件。2009年4月,成功举办第六届"江泽涵杯"数学建模竞赛,共有176支团队、514名同学报名参赛,较去年参赛队伍数量有较大突破,创历史最高纪录。2009年11月,在全国大学生数学建模竞赛中,北京大学共有4支团队摘得全国一等奖,2支团队获得全国二等奖;同时,还有8支团队获得北京市一等奖,12支团队获得北京市二等奖。2009年4月,顺利组织第二届计算机应用设计大赛,本届竞赛共有24支团队报名,团队涵盖生科、信科、化院、环科、中文、外院等18个院系;经过校内竞赛,选拔了其中三支文科代表队入围2009年(第二届)全国文科类大学生计算机设计大赛终审决赛,最终外国语学院贺询的平面设计作品《彩墨佳节系列图案》,外国语学院贾一夫、中文系周萌宣、汪强强3位同学联合创作的Flash动画"关注",获得二等奖;医学部医学英语专业的肖贵超、刘小峰、张吉祥三位同学合作完成的CAI课件The Nightingale And The Rose,获得优胜奖。

学术文化方面,举办了五四学术文化节、研究生"学术十杰"评选、医学部青年科技文化艺术节等品牌活动,结合国庆六十周年与五四运动九十周年等重要事件,举办了"纪念五四运动九十周年"系列讲座、"庆祝建国六十周年"系列讲座、"金融危机与中国机遇"系列讲座、"青春北大,燕园韶华"迎新系列讲座,举办了"学术演讲大赛""德赛论坛""燕园论衡"学术沙龙、研究生学术年会等学术活动,并结合热点焦点适时推出职场美语面试的策略与技巧讲习会等专题讲座。结合"挑战杯"校内学术竞赛举办了"挑战杯"参赛指导系列讲座,结合2009年北京大学暑期社会实践活动举办了暑期社会实践系列培训讲座。编辑出版了《北大讲座》第二十辑暨"纪念五四运动九十周年"特辑,"结合重大主题—举办系列讲座—文稿编辑整理—出版讲座特辑"的工作模式进一步成熟,增强了《北大讲座》编纂的思路设计与主题操作。

2009年,为了庆祝新中国建立六十周年,开展了主题为"我爱我的祖国"的社会实践活动,根据赴全国各省、自治区、直辖市、香港特别行政区以及台湾地区开展实践的团队收集而来的第一手资料,整理并制作成为《国情报告》(北大2009版)电子书。2009年,北大团委结合时政热点和自身工作实际,在暑期社会实践活动中开展了五项重点团队计划:"我爱我的祖国"国情教育计划、"报国志·西部行"2009年学生骨干训练营、"城乡并进,和谐发展"城乡同行计划、"我爱我'家',携手共进"班团同行计划、中国大学生环境教育基地环境教育推广计划。重点团队计划的实施有利于引导学生围绕时政热点开展特色鲜明的社会实践活动,形成有针对性、有实用价值的实践成果,也进一步明确了社会实践的育人着力点。

2009年6月,在医学部团委的指导下,由医学部学生会和研究生会分别组织开展的第二届本科生"学术希望之星"和第七届研究生"学术之星"评选活动相继举办,活动集中展示了医学部青年学子的研究能力和研究成果,极大地激发了青年学子投身科研工作的热情和学术创新精神,营造出浓郁的校园学术氛围。在庆祝新中国建立六十周年之际,以"辉煌60年,变革中的医学发展——新中国医学事业的发展历程与国际展望"作为主题的第十届北大生物医学论坛成功举办。2009年8月,医学部团委组织部分团干部、优秀青年医护工作者和学生骨干赴青海省进行了暑期社会实践和医疗志愿服务活动。实践团成员通过座谈、调研、参观等一系列形式加强了与青海各族青年学子的相互交流,并克服种种困难,开展了志愿医疗诊断、咨询以及健康知识宣传活动,并且认真考察了当地基层卫生发展现状,在增进当地人民健康的实际行动中获得了锻炼,增长了才干。

【青年志愿者】 2009年,北大团委根据教育部、北京市的有关要求,结合北大实际,拟定了"北京大学建立和完善学生志愿服务长效机制实施方案",并上报学校党委。"北京大学建立和完善学生志愿服务长效机制实施方案"坚持自愿参与和学校倡导相结合,既尊重学生的自主参与,又强调青年的社会责任;坚持志愿服务与学生、学校和社会需求相结合,有针对性地设计项目,务求实效。2009年,积极推动志愿者网络信息平台建设,实现志愿服务项目申报、审批、认证、评价的全过程管理和志愿者招募、注册、培训、上岗、激励等环节的全方位记录;利用网络平台完善服务认证机制建设,提高运转效率。蓬勃开展"院系青年志愿者协会服务日"活动,各院系青协立足校园情况,根据"就近就便"原则,结合"中国青年志愿者服务日""五四青年节""国际志愿者日"等重要节日和院系特色开展内容多样的志愿服务活动,服务全校师生和学校各项工作,营造浓厚的志愿服务氛围,截止11月底,共29个院系青年志愿者协会累计开展了81次"青协日"服务活动,参与志愿者超过1000人次。

围绕"中国青年志愿服务日"、五四青年节、奥运一周年、国庆60周年、"国际志愿者日"等重要时间节点,通过立体、多样和创新的宣传模式,全方位弘扬志愿服务精神,展现北大志愿者的良好风貌。相继编辑出刊第二、三、四期《精·志》杂志。

研究生支教工作继续推进。2009年,第十一届研究生支教团团员们在各自的服务地投入了支教扶贫工作中。在西藏,完成了2009—2010年度"北京大学-拉萨中学Zhang Foundation晓苓助学金"发放;在青海,签订了"大通回族土族自治县奖助学计划"的协议和援建两个学校图书室的协议。2009年9月,根据《关于在全校招募免试研究生参加"北京大学第十二届研究生支教团"的通知》,第十二届研究生支教团招募工作全面展开,最终确定18名应届本科毕业生入选第十二届研究生支教团。

2009年5月4日,在五四爱国运动九十周年到来之际,医学部团委组织各附属医院的医护工作者和学生志愿者在沙滩红楼东翼、五四大街北侧举办了以医疗咨询志愿服务和健康知识宣传为内容的"纪念五四运动九十周年医学部青年医疗服务志愿活动"。在医学部各级团组织和广大团员青年中进一步弘扬"爱国、进步、民主、科学"的五四精神,将爱国主义教育和理想信念教育贯穿于整个实践活动之中。2009年11月30日,第二十二个世界艾滋病日即将来临之际,医学部四名防艾志愿者代表参加了首都防治艾滋病志愿者活动,并在活动中有幸与胡锦涛总书记等领导亲切交流,并一同制作了象征着"世界人民携手一心抗击艾滋病"的红丝带,从而更加坚定了医学部青年从事防治艾滋病志愿服务工作的决心,用自己所学的医学专业知识,回馈社会,回报人民,为中国的艾滋病防治事业贡献自己的力量。

【文化体育活动】 2009年,在由中宣部、教育部、共青团中央主办的五四红歌会上,经过积极协调、努力争取,北大学子上演的歌伴舞《国家》和北大原创歌曲《团结起来,振兴中华》登上舞台,在全国人民面前展示了当代北大青年的爱国心声和昂扬风貌;通过影响世界华人盛典、爱国爱校歌曲征集活动、"祖国万岁"我最熟悉的爱国歌曲评选活动,激发广大青年的爱国热情和成才信念。"岁月流金"纪念五四运动爱国电影系列展映深深吸引和感动了千余名观众,我国教育系统首部抗震题材电影《生命的托举》首映式演出等活动,通过选拔一批表达爱国热情、富有北大特色的节目、制作电子相册等形式,积极践行五四精神和抗震救灾精神,先后被新华社、《中国教育报》、《中国青年报》等媒体报道,展现了北大学子的民族精神和时代关怀。同时,还举办了新生文艺汇演、新年联欢晚会、校园十佳歌手大赛、演讲十佳大赛、剧星风采大赛、"一二·九"文化节系列活动、"北大杯""硕士杯"等多项传统文体品牌活动,使校园文化得以进一步繁荣。十佳"DV"大赛、平面设计大赛等特色活动蓬勃发展。校庆师生长跑活动、趣味项目选拔赛、第11届中国大学生篮球联赛(CUBA)女篮总决赛文明观众、拉拉队工作、第五届两岸三校学生运动友谊赛、"方正杯"第五届校长杯乒乓球赛、首都高校普通学生田径运动会等活动中都吸引了大量同学参与,增强了文体活动的育人效果,强化了部门的组织动员能力。

2009年,医学部团委在校园文化建设方面也取得了丰硕成果。十佳歌手大赛、新生月系列活动、社团文化节、"北医杯"体育联赛、神厨大赛多项传统文体品牌活动有力地营造了医学部生动活泼、人文日新的校园文化氛围。推出医学部毕业生晚会、北医首届社长论坛、北医研究生乒乓球团体赛等创新文体活动。以北医97周年庆典为契机,医学部团委还联合医学部团委结合团员青年成长成才的切实需求,以"爱·责任·成长"为主题开展一系列主题鲜明、形式丰富的文化实践活动,提高大学生的综合素质。为迎接北医97周年庆典,医学部与有关部门共同组织了"爱祖国,爱母校"主题升旗仪式、"祝福母校"签名祝福活动、迎百年庆典,创一流大学"主题长跑活动。

【青年团干与学生骨干培养】 北大团委高度重视团组织的队伍建设,不断加大青年团干与学生骨干的培养力度。北大共青团深入推进"123"学习计划,以"学教育,懂教育"为主题开展2009年团干部系统学习。组织聆听闵维方书记"服务国家战略,坚持科学发展,加快推进创建世界一流大学步伐"报告,听取时任教育部部长周济的"深入贯彻落实科学发展观 加快推进创建世界一流大学步伐"专题报告,观看中共中央党史研究室副主任李忠杰教授来北大举行的关于"把深入学习实践科学发展观提高到新水平"的专题报告录像。同时还举办一系列读书沙龙和专题问题的研讨,提高《理论前沿》等学习载体的美誉度,进一步扩大"青年调研奖"的影响力,鼓励基层院系团委的理论研究多出成果。广大专职团干部的知识得到了扩充、视野得到了拓宽、能力得到了提升,产生出一批高质量的研究成果。

巩固完善办学体制,成功举办机关团校和高级团校。2009年,北大团委对高级团校和机关团校进行了一定的改革。第25期高级团校把握学生会主席同质性较强的特点,将这支队伍独立出来,专门成立"学生会主席培训班",并聘请有过学生会经历的共青团干部作为辅导员,开展了读书学习活动、"'十佳教师'评选活动如何科学发展"课题调研、院系学生会品牌活动经验交流、中外选举制度讲座及中山大学直选现象讨论等活动。机关团校于11月初启动了岗位交流培训,即"轮岗"工作。共有来自学校团委机关8个部门的13名学生骨干参与了"轮岗",分别被派往校团委其他部门参与岗位交流活动。

"报国志·西部行"2009年北京大学学生骨干训练营圆满成功。2009年6月至7月,北大共青团举办了第四期北京大学学生骨干训练营。本期训练营以"报国志·西部行"为主题,实践地点包括内蒙古包头、内蒙古阿拉善盟、新疆石河子、甘肃天水、青海西宁、重庆、云南昆明、贵州贵阳、湖北宜昌、广西北部湾、湖南长沙共十一个在共和国经济社会发展历程中有重要地位和典型意义的中西部地区,旨在鼓励同学们到西部去、到基层去、到祖国和人民最需要的地方去。本次训练营的参训学员总计125人,主要包括各院系学生骨干、优秀志愿者骨干、学生服务总队骨干,以及学校政治、理论、学术科技、文化、体育五支代表队的骨干等。本期骨干训练营旨在引导北大优秀青年树立到祖国和人民最需要的地方去建功立业的理想抱负;"志"与"行"意指将报国之志转化为积极投身改革开放和社会主义现代化建设的实际行动,同时暗合"知行合一"的主题精神。

医学部团委于2009年3月起

举行第22期新生团校,通过团校的学习帮助团员青年明确自身任务,树立远大理想,进一步引导广大团员青年坚定跟党走中国特色社会主义道路的理想信念。2009年8月15—22日医学部团委组织部分团干部、优秀青年医护工作者和学生骨干赴青海省进行了暑期社会实践和医疗志愿服务活动。医学部团委还进行了"天使之星"评选活动,宣传先进,树立典型,挖掘广大团员青年中理论、艺术、学术、创新等人才,以他们的成长事迹为青年学子提供借鉴、启发、感染、激励,引导更多青年学生全面成长、健康成才,引导团员青年树立模范意识。

【学生组织与学生社团】

（一）学生会

2009年5月16日,北京大学第三十届学生会中期调整执委会全会召开。通过选举对学生会执委会主席团、常代会会长团成员进行了中期调整。经过无记名投票,余洲、翁庚、华怡晨、李新宇、刘笑吟、华若筠、高传炬当选主席团成员。

积极参与校园文化建设。2009年是中华人民共和国成立六十周年,北京大学学生会紧密围绕学校国庆活动的大局,承担了"国庆六十周年系列纪念徽章",完成了34枚省(自治区、直辖市)徽、一枚纪念徽章以及一件国庆纪念T恤的设计、制作、发放工作。北京大学学生会继续开展第十四届"我爱我师——最受学生爱戴的老师"暨"十佳教师"评选活动、十佳歌手大赛、"北大剧星"风采大赛、"新生杯""北大之锋"辩论赛、"英语之星"风采大赛、"十佳菜肴""十佳服务员"评选、"北大杯"系列体育赛事、女生文化节和光棍节系列活动,留学生十佳歌手大赛等品牌活动,以及"薪火相传北大人"活动、"爱·生活"之迎新书市、"爱·生活"之温馨生活提示、消防宣传活动、生活信息报活动等与同学日常生活息息相关的系列小活动。学生会通过一系列的校园文化活动,引领校园文化潮流,倡导广大同学文明生活,健康成才。

开展会庆活动,推进自身建设。2009年是北京大学学生会成立九十周年,在九十周年系列活动中,北京大学学生会拓展宣传渠道、建设舆论阵地,发挥三角地宣传栏、BBS相关版面的宣传作用,以多元化的形式在校内宣扬五四精神,总结北京大学学生会九十年的光辉业绩、回顾近年来北京大学学生会的品牌工作、展望未来一段时间北京大学学生会的发展方向,通过会庆九十周年的大好机遇进一步扩大学生自治组织的影响。北京大学学生会重新修订《青春北大》一书,作为会庆九十周年的献礼图书,于会庆期间出版。

（二）研究生会

2009年5月17日,北京大学第二十五次研究生代表大会召开,来自校本部、医学部及深圳研究生院的300多名研究生代表出席了大会,听取并审议了大会工作报告和提案工作报告,选举产生了新一届执委会主席团。张妙妙、尹俊、王小龙、肖达、祁家宏、杨雷、廖凯举七位同学当选第三十届研究生会执委会主席团成员。当天下午,第三十届研究生会执委会召开一次会议,外国语学院2007级硕士研究生张妙妙同学当选北京大学第三十届研究生会执委会主席。随后,第二十届研究生会常代会召开第一次全体会议,工学院2007级硕士研究生孙丽君当选北京大学第二十届研究生常代会主任,袁泉、王艺当选副主任。

2月上旬,校学生会和研究生会联合举办了包括假期留校学生联谊及慰问后勤教职员工在内的寒假系列活动。3月,北大研究生会与北京大学中欧交流协会联合举办"风韵爱尔兰"系列活动。4月4日,进行清明公祭活动,缅怀革命先烈,追忆北大先辈为民族独立、国家富强和人民解放事业甘于奉献、不怕牺牲的崇高精神。10月,北京大学研究生会和光华管理学院研究生会联合举办北京大学文化与管理论坛第一讲,论坛邀请了著名男高音歌唱家李光羲老师做客北大,带来了题为"美育教育与音乐文化"的精彩演讲,在师生中引起热烈反响。11月,举办北京大学文化与管理论坛的第二讲,著名男高音歌唱家郁钧剑为北大学子做了精彩演讲。11月12日,北大研究生会对2009—2010年度的"硕博杯"体育联赛进行了宣讲介绍,呼吁研究生同学积极广泛地参与到比赛和活动中来,增强体质,以更好地投入专业的学习。11月20日,北京大学研究生会主办的"北京大学2009研究生求职交流酒会"成功举行。12月28日,"青春颂"——北京大学研究生会成立30周年庆典闭幕式暨2010年研究生新年晚会在北京大学百周年纪念讲堂隆重上演,在师生中引起了强烈反响。作为会庆献礼,研究生会还编纂了《研立燕园——北京大学研究生会发展30年》,成立了北京大学研究生会校友联谊会,各项活动获得了圆满成功。2009年,研究生会顺利完成了本年度学术年会的各项组织工作,"学术十杰""学术演讲大赛""德赛论坛"等活动在研究生群体中引发了强烈反响。

（三）学生社团

紧扣"育人"主题,加强资源整合力度,推动对学生社团的分类指导。截止2009年12月,已有130多项重大活动登记在案,与以往同期相比，活动数量显著上升。另一方面，积极发现社团活动中的各类问题，依据管理条例和校规校纪及时予以纠正或制止，避免负面影响的扩大化。在不断总结、积累经验和分析、反思的基础上，团委还对《〈北京大学社团管理条例〉实施细则》进行了即时修订，并添加《北京大学学生社团组织工作条例》，合订印制成"社团管理小白本"，以方便更好地开展对社团的管理与指导工作。

在北京市委教工委开展的首都大学生思想政治教育研究课题评审工作中，北京大学申报的《学生社团组织与学生成长成才的关系研究》项目中标，并被列为两个战略课题之一。2009年9月，《北大社团学术作品合集》的征稿和编辑工作开始启动。该书分为"学术探研"和"社会调查"两编，所收录的社团学术作品涉及多个领域，其作者来自北大的各个院系，使得北大的学术资源优势得以充分发挥。2009年底，北大团委、学生课外活动指导中心出版发行了北京大学优秀社歌专辑《且歌且行——北京大学学生社团社歌精选》。

继续推进社团文化节等精品活动的开展。北大团委积极组织第十三届社团文化节活动，于2009年4月26日和11月7日成功举办了第二届、第三届"社团大观园"大型游园活动。两届"社团大观园"活动分别有90家、60家社团参与展示，活动当天还在百周年纪念讲堂广场中央搭设舞台，由学生社团在舞台上进行符合社团特色和文化节主题的文艺演出。12月，为了庆祝澳门回归十周年，澳门文化交流协会筹划举办了"拾年追忆"大型文艺汇演，以七子之歌谱写北大学子对于澳门回归庆典的热切关注。

2009年12月，北大团委成功举办了本年度的社团评优表彰活动。其中，爱心社、山鹰社、自行车协会、台湾研究会和中医协会（医学部）成功卫冕品牌社团；模拟联合国协会、阳光志愿者协会等社团当选为十佳社团。本次社团评优活动有效地激励社团重视内部建设、树立品牌意识。评选出的一批优秀社团以高质量的品牌活动和积极的校内外影响，在繁荣校园文化方面作出积极贡献，成为带动北大社团整体质量不断上升的重要力量。

【团的自身建设】 1. 作风建设。2009年，北大团委深入贯彻落实科学发展观，认真学习党的十七大、团的十六大、北京市第十二次团代会有关精神，对机关的各项工作制度和管理制度进行了集中整理，重点加强了民主集中制建设，巩固了党员岗位工作责任制度、党的基层组织建设制度、党风廉政建设制度等，努力探索团结凝聚青年、教育引导青年、服务学校建设发展的长效工作机制，建立经常性的党员教育管理机制，用制度约束和规范党员言行，用制度促进机关作风建设，形成常抓不懈的长效工作机制。

2. 信息与财务工作。2009年，北大团委继续及时、主动地向机关各部门和各基层院系团委收集和整理有关团委工作的信息，编辑每周一期的《北大团内信息》，及时上报团中央、团市委、校党委、校行政，并下发到各院（系、所、中心）团委。坚持每周例会制度，总结上一周的工作，认真查找并有效解决信息编辑中出现的问题。完成北大共青团2009年工作大事记，共计53501字，650余条。

财务工作运转良好。2009年以来，团委开展了一系列丰富多彩的大型活动——棋牌冬令营、"挑战杯"竞赛、创业大赛、丰田环境保护项目、社团文化节、暑期社会实践、学生骨干训练营、"一二·九"文艺汇演等，都在同学们中引起了良好反响。为保障这些工作和活动的顺利进行，北大团委稳扎稳打，严格执行财务管理制度，理清每一笔账目收支状况，尽量提高资金的使用效率，发挥服务职能，为各部门做好财务收支统计和报销工作。

3. 组织建设。2月27日，共青团北京大学第十八届委员会第二次全体（扩大）会议举行。校党委副书记张彦出席会议并发表重要讲话，共青团北京大学第十八届委员会委员以及全校共青团系统的60余名同志与会。会议总结了2008年度北大团委工作，并按照上级精神对2009年度北大团委工作进行部署。

北大共青团高度重视团支书在落实全团工作中的基础性作用，推进团支书党员化。要求各院系团委（总支）在党委（总支）支持下，推选和任用党员、预备党员、条件比较成熟的党员发展对象或入党积极分子担任团支书。截至2009年底，校本部586名团支书中有党员407人，党员比例达69.45%。推进党、团、班干部兼职或交叉任职，减少党、班、团工作的交叉与重叠，截至目前，兼任党支书或班长的团支书有119名，占团支书总数的20%。6月，举行了基层团组织基本职责落实情况述职，由各基层院系团委书记就落实基本职责达标要点的情况，推进基层团建工作的思路和方法等进行述职，并将达标情况作为评优资格、划拨团建经费的参考。将资源向基层与一线转移，按照"变暗补为明补，变奖金为拨款，变权利为责任"的思路，正式编列和下拨基层团建经费，着力改善基层团组织资源配给的不平衡状况，共划拨经费310200元。

北大共青团创新基层团建模式,积极探索推广宿舍建团、社团建团、自组织建团、网络建团等团建新模式。4月,开展了团建创新试点工作,在试点单位实践探索的基础上,全面推行宿舍建团工作。9月以来,将2009级本科生全部纳入宿舍建团工作试行范围。研究制定了《北京大学学生社团团组织工作条例》,明确社团团支书为社团负责人之一,截至目前,全校123家学生社团建立了团支部。

为进一步建设学习型组织,加强团干部的理论素养和专业知识,北大团委从2009年下半年起,采取集中学习与自学相结合的方式,不断培养团干部队伍的优秀品质和过硬作风。11月11日,邀请校党委组织部副部长张庆东为团干部做"青年干部的培养与成长"讲座。11月29日,共青团中央学校部副部长杨松就"学校团干部的学术素养与政治追求"进行了详细阐述。除了相关讲座,北大团委还向全体团干部推荐了近20本著名书籍,内容涵盖哲学、社会学、政治学、经济学等,要团干部从中挑选一本进行自学,撰写读书笔记,进行充分交流。目前,已经完成了项目实施方案的设计,对专家学者、行业从业人员及普通同学共100多人进行了一对一深度访谈,并设计制作了诸子百家"三国杀"、机关"三国杀"等彩色卡片,为工作的深入开展打下了坚实的基础。

2009年11月起,北大团委创新开展了2008—2009年度评优表彰工作,在总结原有评优情况及基层调研的基础上,为达到鼓励后进、敦促先进、激励创新、共同发展的目的,北大团委对团体奖的评优表彰规则作了一定调整。同时,加大了评优表彰后续工作力度,总结、推广基层团组织工作成功经验,结合"每周一星"等活动,宣传了共青团标兵等先进个人的典型事迹,彰显北大优秀青年典型的模范引领作用。经过严格评审,评选出经济学院团委等红旗团委8家、艺术学院团委等先进团委4家、医学部基础医学院2006级临床五班团支部等优秀团支部41个、数学科学学院2005级本科生孙启明等共青团标兵10名、环境科学与工程学院2007级博士研究生郭松等十佳团支书10名、新闻与传播学院2008级本科生郑琬莹等优秀新生团支书6名、历史学系2005级本科张洪秋等优秀团干部129名、工学院2007级硕士研究生孙丽君等优秀团员192名。

· 人 物 ·

在 校 院 士 简 介

中国科学院 数学物理学部

姜伯驹 男,1937年9月生,汉族,祖籍浙江苍南。1957年毕业于北京大学数学力学系,留校任教至今。曾在美国普林斯顿高等研究所、美国伯克利数学科学研究所等处作研究访问,在美国加州大学、德国海德堡大学等校任客座教授。1980年当选为中国科学院数学物理学部委员,1985年当选为第三世界科学院院士。1995—1998年为北大数学科学学院首任院长,现任数学科学学院教授。

姜伯驹教授长期从事拓扑学研究。20世纪60年代,在不动点理论中Nielsen数的计算方面取得突破性进展,所创的方法在国外称为"姜子群""姜空间"。80年代,运用低维拓扑学的理论和方法,证明了曲面自同胚的最少不动点数等于Nielsen数;并以辫群为工具发现了与高维情形相反,曲面自映射的最少不动点数一般不等于Nielsen数,全面解答了已有50年之久的Nielsen不动点猜想。之后又开拓了Nielsen式的周期点理论,并进一步探索其与低维动力系统的联系。2000—2005年曾任科技部973计划《核心数学中的前沿问题》项目的首席科学家。

姜伯驹于1982年和1987年分别获国家自然科学奖三等奖和二等奖。1988年获陈省身数学奖,1996年获何梁何利基金科学技术进步奖,2002年获华罗庚数学奖。2002年获中华全国总工会的全国五一劳动奖章。2006年获教育部的高等学校教学名师奖。

姜伯驹是第七、八、九、十届全国政协委员。1995—2000年曾任教育部理科数学与力学教学指导委员会主任。

张恭庆 男,1936年5月生,汉族,上海市人。1959年毕业于北京大学数学力学系,曾在美、英、法、德、意大利、瑞士、加拿大等国作研究访问。1991年当选为中国科学院数学物理学部院士,1994年当选为第三世界科学院院士。张恭庆现任北京大学数学科学学院教授。

张恭庆教授曾在非线性泛函分析及非线性偏微分方程理论研究中获得了国际领先成果,特别是他建立和发展了孤立临界点无穷维Morse成果,把几种不同的临界点定理纳入了一个新的统一的理论框架,由此又发现了好几个新的重要的临界定理,运用这一理论,得到了一批重要理论成果。其代表作为:1. Chang, Kung-ching; Solutions of asymptotic linear operator equations via Morse theory Comm. *Pure Appl. Math.* (1981) 693—712. 2. Chang, Kung-ching; Heat Flow and Boundary Value Problems for Harmonic Maps. Analyse non lineaire, *Ann. Inst. H. Poincare*, (1989), Vol. 6, 363—395. 3. Chang, Kung-ching, Infinite Dimensional Morse Theory and Multiple Solution Problems, 1993, Birkhauser. 4. Chang, Kung-ching, Liu, Jia-quan; An evolution of minimal surfaces with Plateau condition. *Calc. Var. Partial Differential Equations* 19 (2004), No. 2, 117—163. 此外,他发展了集值映射拓扑度和不可微泛函的临界点理论,解决了一批有实际应用的非线性偏微分方程的自由边界问题。代表作有:1. Chang, Kung-ching; The Obstacle Problem and Partial Differential Equations with Discontinuous Nonlinear Term, *Comm. Pure & Appl. Math.* 3, (1980), 117—146. 2. Chang, Kung-ching; Variational Methods for Non-differentiable Functionals, *J. Math. Anal. Appl.* 80 (1981), 102—128.

张恭庆教授曾在1982年获得国家自然科学三等奖;1986年获得陈省身数学奖;1987年获得国家自然科学二等奖;1993年获得第三世界科学院数学奖;1995年

获得何梁何利科技进步奖。他还在1994年的世界数学家大会上作了45分钟的应邀报告。

张恭庆是第八、九、十届全国人大代表。现任国务院学位委员会数学学科评议组召集人,高校数学研究与人才培养中心主任,北京大学校学术委员会委员。曾任北京大学数学研究所所长(1998—1999年),第七届中国数学会理事长(1996—1999年)。他还是许多国际数学核心刊物的编委。

陈佳洱 男,1934年10月生,汉族,中共党员,上海市人。1954年毕业于吉林大学。1963—1966年曾为英国牛津大学和卢瑟福高能研究所访问学者,1982—1984为美国纽约州立大学石溪分校核物理实验室和劳伦斯伯克利实验室访问科学家。曾在1996年8月至1999年12月任北京大学校长,1999年12月至2003年12月任国家自然科学基金委员会主任、党组书记。1999年以来先后获美国加州门罗学院、日本早稻田大学、香港中文大学、英国拉夫博鲁大学等院校荣誉理学博士学位,并当选为英国物理学会特许会员(Chartered Physicist)、纽约科学院院士。1993年当选为中国科学院数理物理学部院士,2001年当选为第三世界科学院院士。现为北京大学物理学院技术物理系教授。

陈佳洱长期从事加速器的教学与科研工作,在开拓发展我国的射频超导加速器、加速器超灵敏质谱计、射频四极场加速器、高压静电加速器以及束流物理等众多的低能加速器及相关的应用领域,取得了突出的成果,发表论文150余篇。

陈佳洱1986年被评为我国有突出贡献中青年专家,先后获得国家高技术研究发展计划先进个人一等奖、国家科技进步二等奖、省部级科技进步一等和二等奖各三项以及光华科技基金一等奖、何梁何利基金科学与技术进步奖等奖励。

陈佳洱现任全国政协十届常委,国家自然科学基金委员会顾问,国务院学位委员会委员,中科院研究生院物理科学学院院长,中国科协荣誉委员、北京市科协名誉主席、中国博士后科学基金会名誉主席以及国际纯粹与应用物理学联合会(IUPAP)执委会副主席、萨拉姆国际研理论物理研究中心科学理事会理事等职。曾任中国物理学会六、七届理事长,北京市科协五、六届主席以及中国科学院数学部主任,亚太物理学会联合会理事长等职。曾当选中国共产党十五届中央候补委员,中国共产党十六次全国代表大会代表。

甘子钊 男,1938年4月生,广东省信宜县人。1959年10月毕业于北京大学物理系,1959年10月至1963年1月在北京大学物理系读研究生,后留校任教至今。1991年当选为中国科学院数学物理学部院士。现任北京大学物理学院教授,北京现代物理中心副主任,国家超导实验室学术委员会主任,人工微结构和介观物理国家重点实验室学术委员会主任。

甘子钊的研究领域是固体物理和激光物理。1960年至1965年间,主要从事半导体物理的研究工作。曾在半导体中的电子隧道过程、杂质电子状态、磁共振现象等方面进行过理论研究,解决了锗中隧道过程的物理机理。1970年至1978年间,主要从事激光物理的研究工作,曾在二氧化碳气体激光器和燃烧型气体动力学激光器的研制,气体激光器的频率特性等方面进行过实验和理论研究,对发展我国的大能量气体激光作出一定贡献。1978年至1982年间,主要从事光与物质的相互作用的研究,曾提出多原子分子光致离解的物理模型和光在半导体中相干传播的理论。1982年至1986年主要从事固体电子状态的研究,曾在半导体中杂质的自电离状态、量子Hall效应、绝缘体-金属相变、磁性半导体中磁极化子、低维系统中电子输运等方面进行理论研究。从1986年开始,转入高温超导电性的实验和理论研究,主持北京大学的高温超导和全国超导攻关项目的研究工作,对我国高温超导研究的发展作出重要贡献,并负责组建国家重点实验室"人工微结构物理实验室"的工作,在国际与国内学术刊物上发表论文50余篇。

甘子钊学术工作的特点是致力于在凝聚态物理与光学物理的前沿研究,并总是力求把理论研究与实验研究结合起来。1984年被授予"国家级有突出贡献中青年专家"称号。

甘子钊兼任中国人民政治协商会议第九、十届常委,《中国物理快报》(Chinese Physics Letter)主编,中国物理协会副理事长。

文兰 1946年3月生,汉族,安徽省泾县人。1969年毕业于北京大学数学力学系;1981年于北京大学数学系获硕士学位;1986年于美国西北大学数学系获博士学位。1988年至今在北京大学数学学院工作,其间多次在美国西北大学等国外院校作学术访问。文兰1999年当选为中国科学院数理学部院士,2005年当选为第三世界科学院院士。现为北京大学数学学院教授。

文兰主要从事微分动力系统方面的研究,在C1封闭引理、非扩张双曲吸引子、C1连接引理、稳定性猜测、星号猜测、Palis猜测等动力系统的若干困难的基本问题上作出了重要贡献,产生了令人瞩目的国际影响。代表性工作有:The C1 closing lemma for nonsingular endomorphisms (*Ergod Th Dynam.*

Syst，11（1991），393—412）；Anosov endomorphisms on branched surfaces（J. Complexity 8（1992），239—264）；On the C1 stability comjecture for flows（J. Diff. Eq.，129（1996），334—357）；C1 connecting lemmas（Trans Amer. Math. Soc.，352（2000），5213—5230，With Z. Xia）；Homoclinic tangencies and domonated splittings（Nonlirearity，15（2002），1445—1469）；Generic diffeomorphisms away from homoclinic tangencies and heterodimensional cycles（Bull Braz. Math. Soc.，35（2004），419—452）；Robustly transitive singular sets via approach of an extended linear Poincare' flow（Disc. Cont. Dynam. Syst.，13（2005），239—269，With M. Li & S. Gan）；Nonsingular star flows satisfy Axiom A and the no-cycle condition（Invent. Math.，164（2006），279—315，With S. Gan）.

文兰是我国动力系统学术带头人，曾主持自然科学基金委重点项目"动力系统与哈密顿系统"，"973"重大项目"核心数学的前沿问题"中的"动力系统"子课题等。

文兰1996年获陈省身数学奖，1997年获香港求是杰出青年学者奖。主要社会兼职有《数学学报》等国内刊物编委，美国 Discrete and Continuous Dynamical Systems 编委，中国数学会理事长。

杨应昌 男，1934年5月生，北京市人。1958年毕业于北京大学物理系，留校任教至今。期间曾在法国国家科研中心路易·奈尔实验室和美国密苏里-罗拉大学材料研究中心工作。现任北大物理系教授，凝聚态物理博士生导师，中国科学院院士。

杨应昌教授研究物质的磁性，研究宏观磁性与微观结构的联系，以基础研究为先导，结合我国资源特点，在探索新相，发现新效应，开发新型稀土磁性材料方面取得一系列在国际上领先的研究成果，曾获得国家自然科学二等奖、王丹萍科学奖、国家教委科技进步一等奖等。

丁伟岳 男，1945年4月生，上海市人。1968年毕业于北京大学数学系，"文革"后以优异的成绩考取中国科学院数学研究所研究生，1986年获博士学位。现为中国科学院院士。丁伟岳在几何分析这一当代基础数学的前沿领域许多重要而困难的课题上做出了令人瞩目的成果。他推广了著名的 Poincare-Birkhoff 定理并将其应用于常微分方程周期解的存在性问题；他在著名的 Nirenberg 问题研究上取得了突破性进展，首次证明了该问题有解的充分条件，这一结果与其他一系列相关研究有力地推进了具共形不变性的半线性椭圆方程的理论；他在调和映射的存在性问题和热流方法、Kahler-Einstein 度量的存在性等一系列重要问题上也获得了有国际影响的结果。目前丁伟岳指导的一个几何分析青年研究中心，集中了一批该领域的优秀青年数学家，并取得了丰硕的成果。丁伟岳曾获国家自然科学二等奖、陈省身数学奖和求是杰出青年奖，他在1991年被国家教委和国家学位委员会授予"作出突出贡献的中国博士学位获得者"。

陈建生 男，1938年7月生。1963年毕业于北京大学地球物理系天体物理专业。1979—1980年在英澳天文台访问，1982—1983年在欧洲南方天文台访问，现任中国科学院北京天文台研究员，中国科学院-北京大学联合北京天体物理中心主任，1986年起任博士生导师，1991年当选为中国科学院院士，中国科学院数理学部副主任，兼任：中国科学院天文学科专家委员会主任，国家自然科学奖等国家评审组专家，中国科技大学兼职教授，国际天文学会第9届、第28届委员会组委，美国 Fundamental of Cosmic Physics 学报编委，国务院学位委员会及人事部博士后，专家组成员，中科院学位委员。主要研究领域：类星体巡天、类星体吸收线、星系际介质、星系物理、施密特CCD测光及大视场、大尺度、大样本天文学，现领导BATC（北京-亚里桑那-台湾-康奈狄克）CCD多色巡天计划。现主持"九五"中科院重大基础研究项目及国家基金委重点项目。第八届全国政协委会、第九届全国人大常委会、为教科文卫委员会委员，中-德议会友好小组成员。现任北京大学天文系主任。

田刚 男，1938年7月生。1963年毕业于北京大学地球物理系天体物理专业。1979—1980年在英澳天文台访问，1982—1983年在欧洲南方天文台访问，现任中国科学院北京天文台研究员，中国科学院-北京大学联合北京天体物理中心主任，1986年起任博士生导师，1991年当选为中国科学院院士，中国科学院数理学部副主任，兼任：中国科学院天文学科专家委员会主任，国家自然科学奖等国家评审组专家，中国科技大学兼职教授，国际天文学会第9届、第28届委员会组委，美国 Fundamental of Cosmic Physics 学报编委，国务院学位委员会及人事部博士后，专家组成员，中科院学位委员。主要研究领域：类星体巡天、类星体吸收线、星系际介质、星系物理、施密特CCD测光及大视场、大尺度、大样本天文学，现领导BATC（北京-亚里桑那-台湾-康奈狄克）CCD多色巡天计划。现主持"九五"中科院重大基础研究项目及国家基金委重点项目。第八届全国政协委会、第九届全国人大常委会、为教科文卫委员会委员，中-德议会友好小组成员。现任北京大学天文系主任。

赵光达 男，1939年10月出生于陕西省西安市。1963年毕业于北京大学物理系。现任北京大学物理学院理论物理所教授。1994年被评为国家有突出贡献的中青年专家。1997年获中国物理学会评选的周培源物理奖。2001年当选为中科院院士。

在粒子物理学的强子物理和量子色动力学等方面，赵光达教授取得了有意义的研究成果，首次从QCD轴矢流反常的基本关系出发，研究了h，h℃与赝标重夸克偶素之间的混合及现象学，解释了J/Y的辐射衰变实验，对$\Psi(2S)$的预言与之后的实验一致。与研究生一起对NRQCD和重夸克偶素物理进行了研究，首次给出了强衰变中色八重态对QCD辐射修正的贡献，证明了红外发散的抵消，并得到了符合实验的P波粲偶素强衰变宽度；指出色八重态可将D波粲偶素在许多过程中的产生率提高一两个数量级，是对NRQCD产生机制的关键性检验；预言了正负电子对撞中J/Y的产生截面以色八重态的贡献为主，得到了美国和日本两个B介子工厂最新实验结果的支持。与合作者预言了奇异数等于-2，-3的重子谱，并被之后发现的$W*(2250)$等重子所验证。有关夸克模型和重子谱、重子磁矩、胶子球及B介子衰变的四篇论文被国际粒子物理界权威评述机构"粒子数据组"连续引用。

徐至展 男，1938年12月16日生，汉族，江苏省常州市人。1965年北京大学物理系研究生毕业。1967年3月至今在中国科学院上海光学精密机械研究所工作，曾任该所所长，现任该所学术委员会主任。徐至展1991年当选为中国科学院数学物理学部学部委员（院士）。2004年当选为第三世界科学院院士。徐至展现为中科院上海光学精密机械研究所研究员，从2000年10月起被聘为北京大学物理学院教授，并担任中科院-北京大学激光物理与超快光科学联合研究中心主任。

徐至展主要从事并主持现代光学、激光物理、强场超快科学等领域的研究。作为首席科学家曾长期主持并出色完成包括国家攀登计划、国家"973计划"等国家级重大科技项目，2006年再次被聘任为国家"973计划"项目首席科学家。在国内外重要学术刊物上发表论文300余篇，近年约30余次被邀在重要国际学术会议作大会主题或特邀报告。

作为第一获奖人曾获国家科学技术进步奖一等奖一项（2004年），国家自然科学奖二等奖两项（1995年、2001年）、三等奖一项（1989年），国家技术发明奖二等奖一项（1999年），全国科学大会重大成果奖一项（1978年）等多项国家级科技奖励。1998年获何梁何利基金（香港）科学与技术进步奖。他培养的3位博士相继获得全国优秀博士学位论文奖。他是1990年国家人事部批准的国家级有突出贡献的中青年专家，1995年被国务院授予全国先进工作者。1993年度上海市十大科技精英，1996年度上海市科技功臣。

目前还担任全国政协常委，国务院学位委员会学科评议组成员，《光学学报》、*Chinese Optics Letters* 主编，国际量子电子学理事会理事，美国光学学会Fellow，美国光学学会 Fellows & Honorary Members 委员会成员等。

李政道 美国物理学家。1926年11月25日生于中国上海市，原籍江苏苏州。1944—1946年先后就读于浙江大学、西南联合大学。1946年入美国芝加哥大学物理系研究院学习，1950年6月获哲学博士学位。1953—1960年历任美国哥伦比亚大学助理教授、副教授、教授，1960—1963年任普林斯顿高等研究院教授，1964年至今任哥伦比亚大学费米物理教，1984年至今任哥伦比亚大学教授。

李政道教授曾获：诺贝尔物理学奖（1957年）、爱因斯坦科学奖（1957年）、法国国立学院布德埃奖章（1969，1977年）、伽利略·伽利莱奖章（1979年）、意大利共和国最高骑士勋章（1986年）、埃·马诺瑞那爱瑞奇科学和平奖（1994年）等。他是美国艺术和科学院院士（1959年）、美国国家科学院院士（1964年）、意大利林琴科学院院士（1986年）和台湾"中研院"院士（1957年）。

李政道教授关于弱相互作用中宇称不守恒定律以及其一些对称性不守恒的发现，是极为重要的划时代贡献，为此，李政道教授和杨振宁教授共获1957年诺贝尔物理学奖。

从40年代末到70年代初，李政道教授在弱相互作用研究领域做出了许多具有里程碑性质的工作：除去宇称不守恒定律，还有二分量中微子理论、两种中微子理、弱相互作用的普适性、中间玻色子理论以及中性K介子衰变中的CP破坏等重要研究成果。

在统计力学方面，李政道和杨振宁研究了一阶相变的本质（1952年）；完成了稀薄玻色硬球系统低温行为的分析（1956年）；他们还对量子多体系统的维里展开做了一系列的研究（1956—1959年），并和黄克孙一起研究了量子玻色硬球系统的能级（1956—1957年）等等。这些研究对多体理论作出了开创性的和重大的贡献。

70 和 80 年代,李政道教授创立了非拓扑性孤子理论及强子模型方面的研究,具有经典意义。量子场论中的"李模型"对以后的场论和重整化研究有很大影响。"KLN 定理"的提出,为分析夸克-胶子相互作用奠定了理论基础。"反常核态"概念的提出,深化了人们对真空的认识,推动了相对论重离子碰撞的理论和实验研究工作。用随机格点的方法研究量子场论的非微扰效应,并建立离散时空上的力学,理论上受到广泛重视。李政道教授近年来关于高温超导的系统理论研究工作,也是别具一格的。

从 70 年代起,李政道教授为中国的教育事业和科学技术的发展作出了重大的贡献。为了在中国发展高能物理和建立高能加速器,在李政道教授的建议和安排下,自 1979 年,由几十位中国学者到国外学习和培训,后来成为建立北京正负电子对撞机(BEPC)、北京谱仪和进行高能物理实验的骨干;1982 年当我国高能物理事业举棋不定的关键时刻,他帮助我国选择了一个既先进又符合国情的 BEPC 方案,并促成了中美高能物理合作,使 BEPC 工程在选择方案、进行设计和建设中都得到了美国高能物理界的帮助和支持,对撞机如期建成,并成为当今世界上在 c-τ 物理研究能区的高亮度电子对撞机,并做出了重要的物理结果,这与他的努力是分不开的。

为年轻人的尽快成才,李政道教授除在国内开设长期讲座外,还倡议并创立了中美联合招考物理研究生计划(CUSPEA),在 1979 年到 1989 年的十年内,共派出了 915 位研究生,并得到美方资助。

1985 年,他又倡导成立了中国博士后流动站和中国博士后科学基金会,并担任全国博士后管理委员会顾问和中国博士后科学基金会名誉理事长。1986 年,他争取到意大利的经费,在中国科学院的支持下,创立了中国高等科学技术中心(CCAST)并担任主任,每年回国亲自主持国际学术会议,并指导 CCAST 开展多种形式的学术活动,对提高科技人员的水平起了重要作用。同时,在北京大学建立了北京现代物理中心(BIMP);其后,成立了在浙江大学的浙江近代物理中心,和在复旦大学的李政道实验物理中心。他是中国科技大学、北京大学等 11 所大学的名誉教授。

1994 年 6 月 8 日当选为首批中国科学院外籍院士。

苏肇冰 1937 年 6 月生。1953 年苏州中学毕业,1953—1958 年就读于北京大学物理系。1991 年被选为学部委员。现为博士生导师,中科院院士,第三世界科学院院士。1994—1998 年任中科院理论物理研究所所长。

目前主要研究领域为强关联多电子系统,介观系统,低维凝聚态系统和非平衡量子统计。他与周光召、郝柏林、于渌合作,系统地把现代量子场论与统计格林函数结合,发展了适用于平衡和非平衡统计的闭路格林函数方法,已经应用到相变临界动力学等多种问题。与合作者论证了电磁波在粗糙金属表面传播的安德逊局域化,提出了在金属小颗粒悬浮液体中可能通过测量吸收系数观察电磁波局域化的迁移率边界的建议。与于渌合作,推广了黄昆的多声子晶格弛豫理论,建立了准一维有机导体系统中非线性元激发的量子跃迁理论。

1987 年获中科院科技进步一等奖,1999 年获中科院自然科学一等奖,2000 年获何梁何利基金科学与技术进奖,2000 年获国家自然科学二等奖。

张焕乔 核物理学家,1933 年 12 月 23 日生,重庆人。1956 年毕业于北京大学技术物理系,一直在中国原子能科学研究院工作,现任研究员、博士生导师和北京串列加速器国家核物理实验室主任,兼任北京大学教授、中核集团公司科技委高级顾问、国防科工委专家咨询委员会委员、中国物理学会常务理事。1997 年当选为中国科学院院士。

先后从事中子物理、裂变物理和重离子反应的实验研究。为我国第一台中子晶体谱仪和第一台中子衍射仪的建立作出了重要贡献。参与压电石英单晶中子衍射增强现象的发现,并提出合理解释。为国防需要测量部分重要核数据,提供若干测试手段和方法。系统研究自发裂变和中子诱发裂变的中子数及其与碎片特性的关联,提供了高精度 ^{252}Cf 自发裂变的平均中子数,成为国际上"热中子常数和 ^{252}Cf 自发裂变中子产额"这组重要初级标准中被收入的唯一中国数据。系统研究近垒和垒下重离子熔合裂变角分布,在国际上首先采用碎片折叠角技术实现将熔合裂变与转移裂变分开,发现碎片角异性的异常现象,并参加提出理论解释,最近得到国外实验支持。在国外合作研究垒下重离子熔合反应的平均角动量激发函数和熔合势垒分布中,首次揭示双声子激发引起熔合势垒分布劈裂成三个峰,表明复杂的核表面振动影响垒下熔合增强。该工作成为这方面研究的一个典型工作。采用转移反应作探针和发展 ANC 方法,首次研究稳定核激发态中子晕,观测到 ^{12}B 第二、第三激发态和 ^{13}C 第一激发态为中子晕态,扩大了晕核研究范围。

在国内外杂志发表上百篇文章,在国际学术会上提出 16 次邀请报告。曾获国家自然科学奖等多项奖励,1991 年被评为核工业总公司优秀科技工作者,2004年获何梁何利奖。

解思深 男,1942年2月生,汉族,中共党员,山东青岛人。1965年毕业于北京大学物理系,1983年毕业于中科院物理所,获理学博士学位。1965年至1978年在宁夏钢铁厂任技术员,1984年至1986年在美国科罗拉多大学电机工程与计算机科学系做博士后,1986年至今,历任中国科学院物理研究所副研究员、研究员。2003年当选为中国科学院数学物理学部院士,2004年当选为第三世界科学院院士。解思深现任中国科学院物理研究所研究员、博士生导师、国家纳米科学中心主任首席科学家,从2005年5月起被聘为北京大学信息科学技术学院教授。

解思深1987—1992年主要研究高温氧化物超导体的合成、相关系和晶体结构。在超导氧化物体系的相关系和晶体结构测定上有过重要的贡献。编写《高温超导》一书,由湖南出版社出版;合著《高温超导电性》一书,由上海科学出版社出版。1991年至今主要从事碳纳米管及其他一维纳米材料的合成、结构和物理性质的研究,在定向碳纳米管的制备、结构和物理性质的研究方面取得了一系列的重要进展。先后在 Science、Nature 上发表三篇文章,并在 Phys. Rev. Letts., Phys. Rev. B, Appl. Phys. Letts., Advanced Materials 等发表多篇学术论文;论文被引用3500余次。

解思深1989年获国家自然科学一等奖;1991年获国家自然科学三等奖;1998年中科院科技进步三等奖;2000年获何梁何利科学技术进步奖、桥口隆吉基金会材料奖、国际科学检索系统(ISI″)1981—1998年经典论文奖;2001年获中科院自然科学奖一等奖;2002年获国家自然科学奖二等奖和周培源基金会物理奖。

王诗宬 男,1953年1月生,汉族,江苏盐城人。1981年获北京大学硕士,留校任教至今。1988年获加州大学洛杉矶分校博士。访问过五大洲的30余所高校和研究院。2005年当选为中国科学院数学物理学部院士。现为北京大学数学科学学院教授。

研究低维拓扑,涉及几何群论,不动点,动力系统和代数拓扑等领域。与人合作有成果如下:发现三维流形中本质浸入曲面不能提升成有限覆叠中嵌入曲面的第一个例子;观察到卫星结上循环手术的障碍,证明了双曲流形中的浸入本质曲面边界数的有限性;在有限群作用、手性、流形嵌入、吸引子与流形拓扑间的制约等方面均有颇具创意的研究;特别是开拓和发展了三维流形间的映射这个研究领域,在探索覆叠度的唯一性、非零度映射的存在性、有限性、标准型及其与三维流形拓扑的相互作用中,有一系列预见和佳作。

1994年获中国青年科学家奖,1995年获求是杰出青年奖,1998年获陈省身数学奖,2001年获国家自然科学奖二等奖。2002—2006年曾是北京大学长江学者。

王诗宬还是 Algebr. Geom. Topology, Topology Appl., 中国科学、数学年刊等杂志的编委。

贺贤土 男,1937年9月生,汉族,浙江宁波人。1962年毕业于浙江大学物理系理论物理专业,随后进入中国工程物理研究院,在北京应用物理与计算数学研究所工作。1986年至1987年底任美国马里兰大学高级访问学者。1988—1997年任研究所科技委员会副主任、副所长(1991年起)。1995年当选为中国科学院数学物理学部院士。1996—2001年任国家"863计划"惯性约束聚变主题首席科学家。2001—2006年先后任中国科学院数理学部常委、副主任、主任和中国科学院学部主席团成员和执行委员会成员。曾兼任科技部国家"863计划"顾问组成员、国家自然科学奖评审委员会委员,以及国家中长期科技规划战略能源组组长委员等职。现兼任中国工程物理研究院专家委员会委员;"863计划"领域委员会委员;浙江大学理学院院长;北京大学应用物理与技术研究中心主任;高功率激光物理国家重点实验室学术委员会主任;中国计算物理学会理事长和 Communications in Computational Physics 国际杂志主编等职。

长期从事国家重大任务以及核聚变与等离子体物理、理论物理专业研究。在国家任务的物理理论研究、设计及实验室模拟研究中完成了大量开拓性工作。在惯性约束聚变研究方面,曾组织领导了我国这一领域的研究工作,建立了我国独立自主的研究体系。在基础研究方面,主要从事高能量密度物理、非平衡统计物理、激光与等离子体相互作用、激光核聚变物理和非线性科学方面的研究。发表科学论文150多篇,多次在国际学术会议上作大会邀请报告,并多次担任有关国际会议的主席、合作主席和科学顾问委员会成员。

1985年获国家科技进步一等奖,1991年获国家自然科学二等奖,1993年获国家技术进步二等奖,2000年获得何梁何利科技进步奖,2001年获国家"863计划"突出贡献先进个人奖,获部委级奖八项。

霍裕平 男,1937年8月生,汉族,湖北黄冈人。1959年毕业于北京大学物理系。曾任国家学位物理评审组成员,国家"863"高技术计划能源领域专家委员,国家重点基础研究规划专家顾问组成员,国际热核聚变试验堆(ITER)计划中国专家委员会首席科学家。1993年当选为中国科学院数学物理学部院士,现任郑州大学教授。从2007年9月起被聘为北京大学物理学院教授。

主要从事理论物理的研究工作,研究内容涉及凝聚态物理、光学和光信息处理、非平衡态统计理论、高温等离子体物理和受控热核聚变等。在当时极其困难和屡受冲击的情况下坚持科学研究工作,在国内外主要刊物上发表近五十篇论文,主要有"稀土离子对铁磁共振的影响""用光学方法实现任意线性变换""等离子体静态稳定性"等,并出版专著《非平衡态统计理论》(科学出版社),受到国内外高度重视。60年代初,与实验物理学家孟宪振合作,发展了强耦合共振系统的理论,完全解决了国际上关心的,稀土离子引起铁氧体铁磁共振诸多特异反常的现象。70年代初,与杨国桢等合作,将泛函分析方法引入光信息学中,讨论了现代光学设计的基本问题:用全息光学系统实现任意光学变换的可能性,并发展了一些可能的具体设计途径。这一系列工作在国内外引起较大的反响。70年代末,有关"等离子体的静态稳定性"研究,提出了"降低受控热核装置设计精度的可行途径",并在以后用于我国大型托卡马克装置的物理设计中,1977年完成具有自己特色的物理设计,其后国际上也陆续采用了这种观点。90年代初,成功地领导和组织了世界第四个大型超导托克马克的建设。

1978年获全国科技大会个人奖,1984年获中科院科技成果二等奖,1986年获中科院科技进步一等奖,1988年获国家"五一"劳动奖章,1989年获全国劳动模范称号,2000年获河南省科技功臣荣誉称号。

周又元 天体物理学家,1938年7月生于上海,原籍江苏南京。1960年毕业于北京大学物理系。曾任中国天文学会星系和宇宙专业委员会主任。现为中国天文学会常务理事和中国天文学会教育工作委员会主任。2001年当选为中国科学院院士。

主要从事类星体和活动星系核的研究,同时涉及宇宙学、宇宙大尺度结构和高能天体物理等的研究。20世纪70年代与他人合作采用射电类星体子源之间的距离作为判据进行光度标定,改善了类星体的Hubble图,支持了类星体红移的宇宙学起源本质;80年代中期与他人合作,在国际上较早利用类星体获得100Mpc的超大尺度结构的观测证据,并被大样本星系巡天所证实;90年代他与合作者通过对活动星系核内部结构和辐射机制的深入研究,首次得到活动星系核大蓝包形状参数方程,确认了大蓝包的辐射来自吸积盘及其冕区,得到大蓝包的温度分布,给出了估算中心黑洞质量的新方法;并发现Fe Kα短时标变化规律新类型,用耀斑模型对各种类型的变化规律进行了统一解释。发表论文100余篇,其中在国际一流杂志(Ap. J,A&Ap.,M. N. R. A. S.)发表13篇,在《中国科学》发表10篇。他的论文受到国际学术界重视,有15篇论文被国际权威杂志(Nature,Science,天文和天体物理年评,Physics Report等)介绍和引用,Nature(270,205,1977)曾发专文介绍他及合作者研究的内容和意义。

1980年和1990年两次获中科院自然科学二等奖,1992年获中科院有突出贡献中青年科学家奖。

王恩哥 男,1957年1月生,汉族,辽宁省沈阳市人。1982年毕业于辽宁大学,获学士学位;1990年毕业于北京大学,获博士学位。1990年8月至1991年12月在中国科学院物理研究所做博士后;1992年1月至1995年7月在法国和美国做博士后及副研究员;1995年8月起在中国科学院物理研究所工作;1999年5月至2007年4月任中国科学院物理研究所所长;2001年4月至2002年3月在日本东北大学做JSPS访问教授;2004年9月至2009年8月任北京凝聚态物理国家实验室(筹)主任;2005年6月至2009年5月任德国Fritz-Haber研究所做AvH访问教授;2007年10月至2008年3月在美国斯坦福大学做GCEP访问教授;2008年2月至2009年12月任中国科学院副秘书长、中国科学院研究生院常务副院长;2009年10月至12月在美国加州圣巴巴拉大学做KITP访问教授。2007年当选为中国科学院数理学部院士,2008年当选为第三世界科学院院士。现为北京大学物理学院教授(2009年),中国科学院物理研究所研究员。

王恩哥主要从事凝聚态物理研究,在纳米新材料探索及其物性、原子尺度上的表面生长动力学以及受限条件下水的复杂形态等方面做出了有重要影响的工作。他首先提出利用掺杂来调制纯纳米管的结构和物性,与合作者首次制备出管状碳纳米锥、CN聚合纳米钟和BCN单壁纳米管;与合作者共同发现并证实了表面原子运动的一些新规律,完善和发展了原子尺度的薄膜/纳米结构生长动力学;与学生在SiO_2表面预言并发现了一种全新的二维镶嵌冰,建立了有助于解释冰表面预融化的新序参量。已在国际学术期刊上发表论文260余篇(包括Science,Nature Nanotechnology,Physics Review Letters,J. Am. Chem. Soc.),在国际学术会议上做邀请报告70余次,获国家发明专利5项。

王恩哥2005年获第三世界科

学院物理奖,德国洪堡研究奖,周培源物理奖,2004年获国家自然科学二等奖,2003年获世界华人物理学会"亚洲成就奖",北京市科学技术一等奖,中国科学院杰出成就奖,2008年获美国斯坦福大学"GCEP"访问学者称号,香港理工大学"杰出中国访问学人"称号,1996年获香港"求是"青年学者称号,1994年入选中国科学院"百人计划"。

王恩哥现为美国物理学会Fellow,英国物理学会Fellow,香港大学物理系荣誉教授,日本国立材料研究所、智利大学和英国伦敦大学国际学术顾问,国家中长期科技规划"量子调控"专项副组长。同时担任Journal of Physics: Condensed Matter, Solid State Communication, IEEE Transactions on Nanotechnology等国际学术期刊的副主编或编委。2002年10月—2005年9月任国际纯粹与应用物理联合会(IUPAP)专业委员会副主任。

中国科学院化学部

唐有祺 男,1920年7月生,汉族,中共党员及九三学社社员,原江苏省南汇县人。1942年毕业于同济大学理学院化学系,获理学学士学位;1950年毕业于美国加州理工学院,师从化学界泰斗L. Pauling,获博士学位。1950年5月至1951年5月在美国加州理工学院为博士后研究员,1951年8月在清华大学化学系任教,在院系调整中转入北京大学化学系至今。1980年当选为中国科学院化学部委员(院士)。唐有祺现为北京大学化学与分子工程学院教授(1962年)。

唐有祺一直从事物理化学和结构化学研究,为我国晶体结构和结构化学研究做了重要奠基和发展工作。早在50年代就撰文关注生物大分子结构研究,后相继提出和指导胰岛素晶体结构测定工作,领导开展了蛋白质结构和分子设计研究,以及多肽合成和表征,并历任"生命过程中重要化学问题研究攀登项目首席科学家"。在载体自发单层分散等研究基础上,又提出建设分子工程学倡议,在攀登项目"功能体系的分子工程学研究"项目,以及在尔后入选的973基础科研项目中任顾问,在此强调了功能意识和组装设计思想,对新形势下的科研工作起指导和推动作用。著有《结晶学》(1957年)、《统计力学及其在物理化学中的应用》(1964年)、《化学动力学和反应器原理》(1974年)、《对称图像的群论原理》(1977年)、《有限对称群的表象及其群论原理》(1979年)和《相平衡,化学平衡和热力学》(1984年),发表论文400余篇。

1982年"胰岛素晶体结构测定"获国家自然科学奖二等奖;1987年"晶体体相结构与晶体化学的基础研究"获国家自然科学奖二等奖;1991年"胰蛋白酶和Bowman-Birk型抑制剂复合物系列立体结构研究"获国家自然科学奖三等奖;2006年"使用单层分散型CuCl/分子筛吸附剂分离一氧化碳技术"获国家科技发明奖二等奖,以及国家教委等省部级奖九项。

1978年以来,先后担任北京大学物理化学研究所所长;分子动态与稳态结构国家重点实验室主任和学术委员会主任;国家教育委员会科技委主任;第三届国家自然科学奖励委员会副主任以及第一届国家科技奖励委员会成员;国际晶体学联合会第十四届执委会副主席;中国化学会第二十二届理事会理事长;中国晶体学会理事长;全国政治协商会议第八届和第九届常委及第九届科技委副主任等职。

徐光宪 男,1920年11月生,浙江绍兴人。1944年毕业于上海交通大学化学系,1951年获美国哥伦比亚大学博士学位,回国后在北京大学任教。1980年当选为中国科学院化学部院士。现任北京大学化学与分子工程学院教授、博士生导师,稀土材料化学国家重点实验室学术委员会名誉主任。

徐光宪与合作者在量子化学领域中,提出了原子价的新概念nxcπ结构规则和分子的周期律、同系线性规律的量子化学基础和稀土化合物的电子结构特征,被授予国家自然科学二等奖,他编著的《物质结构》被授予国家优秀教材特等奖。他创建"串级萃取理论",并与严纯华等合作者,深入发展这一理论,并在全国普遍推广应用,使我国单一高纯稀土的生产与外贸占到全世界90%以上的份额,迫使美日稀土分离厂停产,取得国际领先水平和巨大的经济及社会效益。

徐光宪曾获1994年首届何梁何利科技进步奖,2005年又获何梁何利科学成就奖。2006年获北京大学首届蔡元培奖。2008年获全国最高科学技术奖。

张滂 1917年8月生,江苏省南京市人。1942年毕业于国立西南联合大学化学系,1949年获英国剑桥大学博士学位。曾任中国化学会常务理事等职。1991年当选为中国科学院化学部院士。现任北京大学化学与分子工程学院教授,博士生导师。

张滂教授在有机化学领域有很深的造诣,他特别着重于基础理论研究,取得了独创性的成果,在国内外重要期刊上发表了数十篇高水平的论文。他在以天然产物为中心的有机合成、新型化合物、试剂和方法的研究及新的有机反应的发现等研究领域都作出了突出的贡献。他还长期担任国家化学课程改革的学术领导工作,为我国有机化学人才的培养,教材建设及教学改革作出了重大贡献,深受全国同行的敬仰。

黎乐民 1935年12月生,广东电白人,1959年毕业于北京大学技术物理系,留校任教;1965年北京大学研究生毕业。曾任美国能源部能源与矿物资源研究所客座科学家。1991年当选为中国科学院化学部院士。现任北京大学化学与分子工程学院教授、博士生导师、院学术委员会主任;北京大学校学术委员会和理学部学术委员会委员;北京大学稀土化学研究中心主任。

黎乐民教授早年从事核燃料配位化学和萃取化学研究,用正规溶液理论解释了萃取过程中惰性稀释剂的溶剂效应;把两相滴定法推广应用到生成复杂萃合物的情况。1977年以后主要从事量子化学和物理无机化学研究。在同系线性规律、双层点电荷配位场模型、分子中的原子与原子轨道、某些麻醉镇痛剂的构效关系等的研究中取得有特色的成果;系统研究镧系化合物的电子结构和成键特征以及相对论效应产生的影响,阐明了这类化合物稳定性变化规律的微观机制;发展了四分量、两分量和标量相对论以及非相对论的高精度密度泛函计算方法和程序;提出新的大体系分区计算和局部高精度计算或相对论计算的方法以及接合相对论-非相对论密度泛函计算方法等。研究成果"应用量子化学——成键规律和稀土化合物的电子结构"获得1987年国家自然科学奖二等奖。还获得过部委省级科技成果奖多项。合作编著有《量子化学——基本原理和从头计算法》(上、中、下三册)、《量子化学——基本原理和从头计算法题解》、《分子对称性群》等研究生教材;其中《量子化学——基本原理和从头计算法》一书得到读者的好评。

黎乐民教授还兼任中国科学院学部化学学部常务委员会副主任;《稀土材料化学及应用》国家重点实验室学术委员会主任;《理论与计算化学》国家重点实验室学术委员会主任;中国材料研究会计算材料学分会副主任;《中国科学》(B辑:化学)执行副主编,《高等学校化学学报》《中国化学快报》和《分子科学学报》副主编。

刘元方 男,1931年2月生,汉族,中共党员,浙江省镇海人。1952年毕业于北京燕京大学。1952年起在北京大学任教。1980—1981年在美国 Lawerance Berkeley 国家实验室进修,师从诺贝尔奖获得者 G. T. Seaborg 教授。1987—1988年作为访问教授在瑞士 Paul Scherrer 研究所工作。1991年当选为中国科学院化学部院士。现为北京大学化学与分子工程学院教授(1983年)。

刘元方40年来在核化学与放射化学领域作过许多开拓性和创造性的工作。在创立和建设我国第一个放射化学专业的教育事业中作出了贡献。例如1960年领导建成了我国第一台5万转/分的浓集^{235}U的雏型气体离心机;利用超铀元素重离子核反应首次直接制得^{251}Bk,解决了从几十种元素中快速分离纯 Bk 的难题,重制了^{251}Bk 的衰变纲图等;1994年以来,在生物-加速器质谱学研究中作出了优良成果,研究了尼古丁、MTBE、丙烯酰胺等分子的基因毒性;2001年以来,积极从事纳米材料的生物效应研究。在 Phys. Rev. C, Nucl. Phys. A, Nature Nanotechnology, Radiocarbon, Carbon 等杂志上发表论文约160篇,著有《放射化学》(科学出版社,1988年)、《核化学与放射化学》(北京大学出版社,2007年)等书四种。1986年获得国家教委科技进步一等奖。

现兼任上海大学纳米化学与生物学研究所所长,国防科工委高放射性废物处置专家组副组长等职,国际《放射化学学报》顾问编委。曾任中国核化学与放射化学学会理事长,国际化学联合会(IUPAC)放射化学和核技术委员会主席,中国科学院化学学部副主任。

周其凤 男,1947年10月(农历)生,汉族,中共党员,湖南省浏阳市人。1965年入北京大学化学系,1970年留校工作;1981年9月于美国麻省大学获得硕士学位;1983年2月于美国麻省大学获得博士学位。1983年5月起在北京大学化学与分子工程学院任教,1990年被聘为教授。1999年当选为中国科学院化学部院士。2001年6月至2004年7月任国务院学位委员会办公室主任、教育部学位管理与研究生司司长。2004年7月由国务院任命为吉林大学校长(副部长级),同时继续担任北京大学化学与分子工程学院教授、高分子科学与工程系主任、高分子科学研究所所长、教育部高分子化学与物理重点实验室主任等职务。

周其凤教授的主要研究领域是高分子合成、液晶高分子、高分子的结构与性质等。在液晶高分子方面,周其凤创造性地提出了"Mesogen-Jacketed Liquid Polymer"(甲壳型液晶高分子)的科学概念并从化学合成和物理性质等角度给出了明确的证明。此外,还对液晶高分子的取代基效应进行了系统而深入的研究,得到了有重要科学意义的成果;最先发现通过共聚合或提高分子量可使亚稳态液晶分子转变为热力学稳定液晶高分子两个原理;并发现了迄今认为是最早人工合成的热致液晶高分子等。近年来,周其凤和他在北大的同事们一起,对甲壳型液晶高分子及其在材料结构与性能设计中的应用进行了系统而深入的研究,不断取得新成果。在 2007 年 6 月于纽约召开的 IUPAC 高分子会议 IUMACRO-07 上,他应邀代表其研究小组作了 45 分钟的大会报告。在 *J. Am. Chem. Soc.*(2003,125,6854;2005,127,15481)、*Macromolecules*(2003,36,6565;2004,37,7610;2004,37,2854;2004,37,7188;2006,39,517;2006,39,948;2006,39,4894;2006,39,6887;2007,40,840)等国内外著名刊物上已发表学术论文两百余篇;其他主要学术论著有:周其凤、王新久著,《液晶高分子》(科学出版社,1994);周其凤、胡汉杰主编,《高分子化学》(化学工业出版社,2001);Xin-Jiu Wang and Qi-Feng Zhou;Liquid Crystalline Polymers,*World Scientific*,Singapore,2004;周其凤、程正迪,Contemporary topics in advanced polymer science and technology(北京大学出版社,2004);周其凤、范星河、谢晓峰,《耐高温聚合物及复合材料》(化学工业出版社,2004)。取得中国发明专利 3 个,主持国家自然科学基金委重点项目 2 个,科技部"973"子项目 1 个等。

周其凤教授曾经获得 1986 年北京大学教学优秀奖,1988 年中国化学会高分子基础研究王葆仁奖,1988 年教育部"霍英东青年教师基金",1991 年国家教委科技进步二等奖,1992 年中国青年科学家提名奖,1997 年国家教委、人事部"全国优秀留学回国人员"称号,1997 年国家自然科学三等奖,2001 年中国化学会高分子化学创新论文奖,2001 年获北京大学教学成果一等奖、北京市教育教学成果一等奖等。

周其凤教授主要社会兼职为:国务院学位委员会委员,中国科学院化学部常委,教育部化学和化工专业教学指导委员会主任委员,人事部博士后管理委员会委员,国家自然科学基金委员会委员,清华大学兼职教授等以及中国科学院化学所、东华大学、北京化工大学等多个国家重点实验室学术委员会主任等。

王夔 男,1928 年 5 月生,汉族,无党派人士,天津市人。1949 年毕业于燕京大学,获理学学士学位。1949—1952 年先后为燕京大学和北京大学化学系研究生。1952 年,分配到北京大学医预科任教。1953 年起在北京医学院(现北京大学医学部)从事教学和科研工作。1991 年当选为中国科学院化学部院士。现为北京大学药学院化学生物学系教授。

王夔是我国生物无机化学研究的先行者之一,是细胞无机化学开拓者之一。他的课题组在细胞层次上研究无机物的生物效应的化学基础,跟踪细胞应答过程中发生的化学事件,研究它们与病理和毒理过程的关系,从而阐明无机物干预生命过程的机制,研究无机药物。目前,王夔主持国家自然科学基金重点项目"稀土元素的生物化学反应和有关细胞化学过程的干预"的研究,目的在于阐明稀土生物效应的化学机制,解释稀土金属离子生物效应的两面性和非线性浓度依赖关系,为稀土农用和药用提供合理基础。此外,他还参加了国家"863 计划"和北京市科技计划的创新药物和中药研究的 ADMET 研究平台建设,开展了考虑 ADMET 性质合理设计抗糖尿病无机药物的工作。王夔课题组在 *Coordination Chemistry Reviews*、*Biochemistry*、*Clinical Chemistry*、*Journal of Biological Inorganic Chemistry*、*Pharmaceutical Researches*、*Journal of Bioinorganic Chemistry*、*Journal of Cellular Biochemistry*、*Journal of Cellular Physiology*、*Chemo-Biological Interactions* 和《科学通报》《中国科学》等国内外有影响的杂志上发表多篇论文。

曾获国家科委科技进步奖二等奖两次、三等奖一次、教育部科技进步奖一等奖一次,北京市科技进步奖二等奖一次,中科院科技进步奖二等和三等奖各一次。2000 年获何梁何利科学与技术进步奖。2006 年获北京大学蔡元培奖。目前担任《化学进展》和 *Frontiers of Chemistry in China* 主编。

张礼和 男,1937 年 9 月生,汉族,中共党员,江苏省扬州人。1958 年毕业于北京医学院药学系;1967 年于北京医学院药学系研究生毕业。1967 年至 1981 年在北京医学院任助教、讲师;1981 年至 1983 年在美国弗吉尼亚大学化学系做访问学者;1983 年至 1985 年在北京医科大学药学院任副研究员;1985 年至 1999 年在北京医科大学任教授;1999 年至今在北京大学药学院任教授。1995 年当选为中国科学院化学学部院士。现为北京大学药学院教授、天然药物及仿生药物国家重点实验室学术委员会主任。

张礼和院士主要从事核酸化学及抗肿瘤、抗病毒药物方面的研究。自 1990 年以来系统研究了细胞内的信使分子 cAMP 和 cADPR 的结构和生物活性的关系,在此基础上发展了作用于信号传导系统,能诱导分化肿瘤细胞的新抗癌剂,发展了结构稳定、模拟 cADPR 活性,并能穿透细胞膜的小分子,成为研究细胞内钙释放机制的有用工具。系统研究了人工修饰的寡核苷酸的合成、性质和对核酸的识别,提出了酶性核酸断裂 RNA 的新机理,发现异核苷掺入的寡核苷酸能与正常 DNA 或 RNA 序列识别同时对各种酶有很好的稳定性,寡聚异鸟嘌呤核苷酸有与正常核酸类似形成平行的四链结构的性质,发现信号肽与反义寡核苷酸缀合后可以引导反义寡核苷酸进入细胞并保持反义寡核苷酸的切断靶 mRNA 的活性,研究了异核苷掺入 siRNA 双链中去对基因沉默的影响,为发展基因药物提供了一个新途径。共发表论文 200 多篇;获得中国专利 3 项。

张礼和曾获日本 Hoshi University 名誉博士学位(1990年);美国密苏里-堪萨斯大学 Edgar-Snow Professorship(1992年);何梁、何利科技进步奖(1999年);国际药联(FIP)Millennium Pharmaceutical Scientists Award (San Francisco,USA)(2000年);国家自然科学二等奖(2004年)。兼任国务院学位委员会学科评议组药学学科召集人;中国药学会副理事长;IUPAC, Organic & Biomolecular Chemistry 委员会委员(Titular Member);英国皇家化学会高级会员(FRSC)亚洲药化学会主席(1998—1999年)及 *Organic & Biomolecular Chemistry*, *ChemMedChem*, *Medicinal Research Review* 和 *Current Topics of Medicinal Chemistry* 编委;《中国药物化学》杂志主编,《高等学校化学学报》副主编等职。

黄春辉 女,1933 年 5 月生,汉族,中共党员,江西省吉安县人。1955年毕业于北京大学化学系,同年留校工作至今,黄春辉作为访问学者于 1981—1983 年间在美国能源部 Ames 国家实验室和 Arizona 大学化学系进行合作研究。2001 年当选为中国科学院化学部院士。现任北京大学化学与分子工程学院教授(1988 年至今)。

黄春辉教授主要从事稀土配位化学和分子基功能膜材料方面的研究。前者内容涉及稀土元素的萃取分离、稀土配合物的分子设计、合成、结构及性质研究,特别是稀土配合物的光致发光及电致发光性质的研究。在分子基功能材料的研究中,将二阶非线性光学材料分子设计的原理引入到光电转化材料的设计中,发现了两者在构效关系上的相关性,开发了一类新的光电转化材料。

黄春辉教授著有《稀土配位化学》(1997 年)、《光电功能超薄膜》(2001 年)和《有机电致发光材料与器件导论》(2005 年)。此外,还参加编写了《无机化学丛书(第七卷)钪及稀土元素》《稀土》等专著。在国内外重要学术期刊 *J. Am. Chem. Soc.*, *Adv. Mater.*, *Science in China B* 等发表论文 300 余篇,他引 1800 余次。

黄春辉教授先后主持国家重点基础研究"973"子课题、中国高科技研究发展计划"863"子课题以及国家自然科学基金等项目。她 2005 年获何梁何利基金科学与技术进步奖,2003 年获国家自然科学二等奖。现兼任《中国稀土学报》常务编委、中国稀土学会常务理事。

高松 1964 年 2 月生,男,汉族,安徽省泗县人。1985,1988 和 1991 年先后获北京大学化学系理学学士、硕士和博士学位。1988 年 7 月留校任教至今。1995 至 1997 年初,作为洪堡学者在德国亚琛工业大学访问研究。1999 年,作为求槎学者在香港大学进行合作研究。2007 年当选为中国科学院化学部院士。现任北京大学化学与分子工程学院教授(1999 年),长江学者(2002 年)。

高松主要从事配位化学与分子磁性研究,他及其研究组结合分子设计合成与各种物理方法,系统研究分子固体中磁性离子的相互作用、磁弛豫、磁有序等与分子结构、晶体结构、单离子各向异性等的关系,在发现新的磁现象,发展新类型分子磁体方面取得了一些重要进展。例如,系统发展出设计分子磁体的一些新途径:新短桥分子磁铁、混桥杂化磁体、微孔磁体、不对称"三原子单桥"构筑分子弱铁磁体等;发现一些弱作用体系外磁场依赖的慢的磁弛豫行为,得到第一例同自旋单链磁体等。1998—2007 年,高松及其合作者在配位化学和分子磁性领域发表 SCI 论文 200 余篇,累计 SCI 引用 4000 余次,h 指数 34。10 余次应邀在相关重要国际会议上作报告。正在主持基金委重大项目"分子固体的控制合成与功能性质的研究"。

2006 年获国家自然科学二等奖;2004 年获第八届中国青年科技奖;指导的博士生 2002 年获全国百篇优秀博士论文奖。英国皇家化学会会士(FRSC,2007—)。

中国化学会常务理事,北京化学会副理事长。*Chem. Soc. Rev.*,《中国科学 B》《化学进展》《无机化学学报》《中国稀土学报》、*CrystEngComm*, *Inorg. Chem. Commun* 等杂志顾问编委或编委。

吴云东 1957 年 5 月生,男,汉族,江苏溧阳人。1982 年和 1986 年先后获得兰州大学化学学士学位和匹兹堡大学化学博士学位。之后在加州大学洛杉矶分校和德国埃朗根大学从事研究工作。1992 年到香港科技大学化学系任教,并于 2001 年升为教授。2005 年当选为中国科学院化学部院士。现任北京大学深圳研究生院化学生物学与生物技术学院教授。

吴云东主要从事理论与计算有机化学的研究,他的研究跨越有机化学、生物化学、材料科学及药物设计等多个领域,主要研究领域为金属有机催化及不对称合成,多肽及蛋白质的二级和三级结构,基于多肽的药物设计,以及发展有效的计算方法用来研究蛋白质结构及蛋白质与蛋白质相互作用,并在此基础上进行抗癌症,抗病毒,及抗老年痴呆症等的药物设计。至今已在主流化学刊物上发表论文近170篇(已被SCI库收录165篇),其中60多篇发表在 *Science*, *PNAS*, *Acc. Chem. Res.*, *JACS* 和 *Angew. Chem.*。论文他引5800多次,H-index=44。吴云东曾67次在国际和国内学术会议上作邀请报告或大会报告,亦被邀请在世界70多所知名大学和研究所作了80场学术报告。

自1999年以来吴云东担任世界理论与计算化学家协会理事会理事,也是亚太理论与计算化学家协会的共同发起人之一,同时担任包括 *Acc. Chem. Res.* 等多个国际和国内专业学术刊物的顾问编委,编委或副主编。

中国科学院地学部

侯仁之 男,1911年12月生,山东恩县人。1940年毕业于燕京大学,1949年获英国利物浦大学博士学位。1952年任教于北大地质地理系,曾兼任地质地理系主任和北大副教务长等职。1980年当选为中国科学院地学部院士。现任北京大学城市与环境学院教授、博士生导师。

侯仁之教授长期致力于历史地理学的教学与科学研究,1950年发表"中国沿革地理课程商榷"一文,第一次在我国从理论上阐明沿革地理与历史地理的区别及历史地理学的性质和任务。其在对北京历史地理的研究中,解决了北京城市起源、城址转移、城市发展的特点及其客观规律等关键性问题,为北京旧城的改造、城市的总体规划及建设作出重要贡献。其还在西北干旱及半干旱地区的考察中,揭示了历史时期不合理的土地利用是导致沙漠化的重要原因,为沙区的治理,在决策上提出了重要的科学依据。1984年被英国利物浦大学授予"荣誉科学博士"称号。

侯仁之还兼任北京市人民政府首都发展战略顾问组顾问等职。

赵柏林 男,1929年4月生,汉族,辽宁省辽中县人。1952年毕业于清华大学气象系。其后在北京大学物理系及地球物理系任助教和讲师。1979年越级晋升为教授。1984年为博士生导师。1957—1959年在苏联莫斯科大学和苏联科学院应用地球物理所进修。1991年当选为中国科学院地学部院士。1994年当选为莫斯科国际高等学校科学院院士。现任北京大学物理学院大气科学系教授。

赵柏林是大气科学及遥感技术专家。他在云降水物理和人工影响天气,大气(光学,微波)遥感,无线电气象,卫星气象及气候变化等领域作出重大贡献。他在苏联进行了人类首次人乘气球入云测量云中电荷的试验。研究雨层云人工增雨和冰雹机制,用于人工影响天气实践。研制多频微波辐射计系列监测天气变化,微波辐射计与雷达联合测雨,提高了精度。建立微波地物实验室遥感水面油污和土壤湿度。研究了微波传播在大气云雨中的衰减和大气波导预报。建立光学遥感大气污染(大气气溶胶和二氧化氮)的新方法。利用卫星遥感东亚尘暴和大气臭氧的分布。建立海洋低空大气遥感系统,并参加中日合作西北太平洋云辐射实验,得到良好的结果。主持世界气候研究计划项目——中日合作全球能量与水分循环试验的淮河流域试验,取得成功。提高了淮河流域气象水文的预报。著作有《大气探测原理》(1987年)和《赵柏林文集》(2001年)等。

赵柏林曾获全国科学大会奖(1979年),国家科学技术进步奖一等奖一项(1987年),教育部科技进步奖一等奖二项(1986和2006年),其他部委二等奖三项(1992和1997年)和何梁何利科学与技术进步奖(2004年)。被授予"国家中青年有突出贡献的专家"称号(1989年),全国高等学校科技先进工作者(1990年),全国气象科技先进工作者(2006年)。

社会兼职有中国气象学会常务理事和全国博士后管理委员会专家组专家。

涂传诒 男,1940年7月生,汉族,北京市人。1964年毕业于北京大学地球物理系。先后于1980—1981年在美国天主教大学、1988—1990年在德国马克斯普朗克学会高空研究所从事合作研究。2001年当选为中国科学院地学部院士,2006年当选为第三世界科学院院士。现任北京大学地球与空间科学学院教授。

涂传诒教授主要从事太阳风湍流和形成机制方面的研究,发表的代表性论文:The Damping of Interplanetary Alfvenic fluctuations and the heating of the solar wind (Tu, 1988, *Journal of Geophysical Research*, Vol. 93, Pages 7—20) 和 Solar wind origin in coronal funnels (Chuan-Yi Tu, Cheng Zhou, Eckart Marsch, Li-Dong Xia, Liang Zhao, Jing-Xiu Wang, Klaus Wilheilm, 2005, *Science*, Vol. 308, Pages 519—523)。至2006年5月,涂传诒(含合作)发表论文中有75篇共被SCI引用1766次,其中涂传诒为第一作者的文章共被引用1206次。其中4篇第一作者论文每篇被SCI引用超过100次,16篇第一作者论文每篇被SCI引用20次以上。涂传诒在该领域中取得自主重大原始创新成果,包括如下内容:发现太阳风中存在湍流串级过程。发现太阳风加热的能源来自湍流串级能量。提出太阳风能量供给和传输机制。首次

把阿尔芬波传播理论与磁流体湍流理论结合起来,创建了描述太阳风湍流传输特性的"类 WKB 湍流理论"。在此基础上又创建了太阳风阿尔芬湍流串级加热理论和推广的湍流间歇理论,从而开辟了新的研究道路。通过合作研究发现太阳风流动起源于极区冕洞磁漏斗结构中光球层上方 5000～20000 km 的高度范围。提出沿径向的太阳风流动是由垂直径向大尺度对流运动驱动的新观点,突破以往学术界流行的太阳风起源于一维流管的想法和理论。提出 5000 km 尺度或更大的磁圈在磁漏斗结构中的磁重联供给太阳风初始的质量动量和能量。

涂传诒教授作为唯一获奖人,两次获得国家自然科学二等奖(1989 年和 2001 年),获得国际科联空间研究委员会(COSPAR)颁发的 Vikramsarabhai 奖章(1992 年),获得首届王丹萍科学奖(1992 年),获得何梁何利科学与技术进步奖(2002 年),获得陈嘉庚科学奖(2006 年)。

陈运泰 1940 年 8 月 10 日生于福建厦门,原籍广东潮阳,中共党员,地球物理专业,研究员,中国地震局地球物理研究所名誉所长。

1962 年毕业于北京大学地球物理系。1966 年研究生毕业于中国科学院地球物理研究所。1966 至 1978 年任中国科学院地球物理研究所研究实习员。1978 至 1982 年任中国地震局地球物理研究所副研究员。1981 至 1983 年为美国洛杉矶加州大学(UCLA)地球和行星物理研究所(IGPP)访问学者。1982 年 3 月至今任中国地震局地球物理研究所研究员。1986 至 2000 年任中国地震局地球物理研究所所长。现任中国地震局地球物理研究所名誉所长。1986 年至今任中国地震学会理事长(1986—1991 年,1995 年至今),副理事长(1991—1995 年),中国地球物理学会常务理事,《地震学报》(中、英文版)主编,《地球物理学报》副主编,《中国科学》《科学通报》《自然科学进展》编委。1989 至 1991 年任国际数字地震台网联合会(FDSN)副主席,1995 至 1999 年任国际学术刊物《纯粹和应用地球物理》(PAGEOPH)编委;现任国际学术刊物《地震学刊》(JOSE)编委(1998 年至今),联合国际地质对比计划(IGCP)"大城市地区的地震地面运动"项目学术委员会委员(1995 年至今)。曾任中国科学技术协会第三届全国委员会委员(1986—1991 年),现任中国科学技术协会第五届全国委员会委员。1998 年至今任国际大地测量和地球物理学联合会(IUGG)中国委员会副主席,国际地震学与地球内部物理学协会(IASPEI)中国委员会主席。1991 年当选为中国科学院院士。1998 至 2000 年任中国科学院地学部副主任。1999 年当选为第三世界科学院(TWAS)院士。

陈运泰从事地震学和地球物理学研究,并在地震波理论、地震源理论和数字地震学研究中作出了突出贡献。他用地震波、大地测量、形变和重力等资料反演与综合研究邢台、昭通、海城、唐山等大地震震源过程的工作,是我国震源研究领域的先驱性工作,并因此获 1978 年全国科学大会奖。

童庆禧 男,1935 年 10 月生,湖北武汉人。1961 年毕业于苏联敖德萨水文气象学院。遥感学家,中国科学院遥感应用研究所研究员,我国最早从事遥感研究的专家之一。早年从事气候学、太阳辐射和地物遥感波谱特征研究。在我国首先提出关于多光谱遥感波段选择问题,并在理论、技术和方法上进行了研究。主持了中国科学院航空遥感系统的研制,"七五"攻关中发展成为具有国际先进水平的"高空机载遥感实用系统"。倡导和开展了高光谱遥感研究,在岩石矿物识别、信息提取和蚀变带制图方面取得突破。根据植被光谱特征研究发展的高光谱导数模型和光谱角度相似性匹配模型等为高光谱遥感这一科技前沿的发展与应用奠定了基础。

1997 年当选为中国科学院院士。

马宗晋 男,1933 年 1 月生,汉族,吉林省长春市人。1955 年毕业于北京地质学院,获学士学位,留校任教一年半。1957 年考入中国科学院,受教于孙殿卿,1961 年毕业于地质所获硕士学位。毕业留所任助研,为构造力学实验室组长。1967 年调地震工作系统逐步进任中国地震局分析预报中心副主任,1988 年 4 月调地震局地质研究所任所长,1991 年当选中国科学院院士,1995 年 11 月至今任地质研究所名誉所长。2001 年起被聘任为北京大学地球与空间科学学院教授,学位委员会主任。2005 年任国家减灾委员会专家委员会主任。

马宗晋主要从事地质构造、震震地质、减轻自然灾害、全球构造动力学研究,1964 年完成节理定性分期配套等小构造研究,在全国构造地质教学中广为选用。提出长、中、短临渐近蕴震模式,成为中国预报强震的主要思想和工作程序。提出现今地球动力学,建立了三个全球的现今构造系统,论证了地球变动的韵律性和非对称性,从而提出以壳、幔、核细分层角差运动为基础的地球自转与热、重、流联合的动力模式构想,对全球构造动力模式进行了新的分析与综合,为灾害和矿产科研提供了部分基础。提出了综合减灾的减灾系统工程设计。发表论文 200 余篇,专著 5 部,编著 18 本。主持地震综合预报、国家重大自然灾害对策研究、中国地壳变动网络工程(一期、二期)、全球构造双重非对称性研究。

马宗晋1978年获全国劳动模范称号、1981年获国家出版局优秀图书奖《1966—1976 九大地震》、1982—2002年间获中国地震局科技进步一等奖六次(排名第一)。2002年"中国重大自然灾害对策研究"获国家科技进步二等奖、"中国地壳变动网络工程项目"获2006年度国家科技进步二等奖。

马宗晋现担任《中国地震》《地震地质》、中国科学D、中国石油等刊编委。

叶大年 男,1939年7月生,汉族,中共党员,民盟盟员,广东省鹤山市人。1962年毕业于北京地质学院地质系岩石和矿物专业本科;1966年9月研究生毕业于中国科学院地质研究所。1966年9月至今在中国科学院地质与地球物理研究所工作,历任研究实习员、助理研究员、副研究员和研究员。1991年当选为中国科学院地学部院士。叶大年现任中国科学院地质与地球物理研究所研究员,从2001年9月起被聘为北京大学地球与空间科学学院教授。

叶大年主要从事矿物学、晶体化学和矿物材料方面的研究,开拓了矿物学的新领域——结构光性矿物学,并著有世界上第一部此领域专著(1988年,地质出版社);解决了用X射线粉末法鉴定长石、辉石、角闪石、石榴石等造岩矿物的鉴定难题,出版了《X射线粉末法及其在岩石学中的应用》专著(1984年,科学出版社);研究了铸石学的理论和工艺各种主要问题,主编了《铸石研究》(1980年,科学出版社);在统计晶体化学方面,开展了颗粒随机堆积的研究,发现一些重要的堆积常数,揭示了地球圈层氧离子平均体积守恒定律。近年来研究城市地理,揭示城市分布的对称性,著有《地理与对称》(2000年上海科技教育出版社)。叶大年发表的论文有170余篇。

叶大年1978年因"结构光性矿物学研究"获全国科学大会奖,1986年因"结构光性矿物学研究"获中国科学院自然科学二等奖,1986年因"沸石在水泥中的应用"获国家科技进步奖三等奖。

张弥曼 女,1936年4月生,汉族,浙江嵊县人。1960年毕业于苏联莫斯科大学地质系。1982年获瑞典斯德哥尔摩大学博士学位。1960年至今在中国科学院古脊椎动物与古人类研究所工作。1991年当选为中国科学院地学部院士。现为中国科学院古脊椎动物与古人类研究所研究员,从2001年9月起被聘为北京大学地球与空间科学学院教授。

张弥曼主要从事比较形态学、古鱼类学、中—新生代地层、古地理学及生物进化论的研究。曾发表"渤海沿岸地区第三纪鱼化石""浙江中生代晚期鱼化石""The Braincase of Youngolepis, a Lower Devonian Crossopterygian from Yunnan, southwestern China"等著作及编撰"Early Vertebrates and Related Problems of Evolutionary Biology"、《热河生物群》(中、英文)等书籍,曾获中国科学院重大科技成果一等奖,中国科学院自然科学一等奖,国家自然科学二等奖,以及何梁何利科学技术进步奖。

秦大河 男,1947年1月生,汉族,山东泰安人。1970年毕业于兰州大学地质地理系自然地理专业,1992年获理学博士学位。1978年起在中科院兰州冰川冻土研究所工作。先后任中国科学院兰州冰川冻土研究所副所长,冰芯与寒区环境重点实验室主任、中国科学院兰州分院副院长、中国科学院资源环境科学与技术局局长、中国气象局局长。秦大河2003年当选为中国科学院地学部院士,2004年当选为第三世界科学院院士。现任第十一届全国政协常务委员、人口资源环境委员会副主任,中国科学院地学部主任,中国科学院冰冻圈国家重点实验室主任,政府间气候变化专门委员会(IPCC)第一工作组联合主席。从2009年1月起被聘为北京大学城市与环境学院教授。

秦大河长期从事冰冻圈与全球变化研究,多次参加、主持南、北极、青藏高原和中国西部地区的科学考察和研究,取得了许多创新性成果。他对南极冰盖表层雪内的物理、化学过程与气候环境记录之间关系进行了深入的研究,有关降水中稳定同位素比率的分布规律与温度的关系、水汽和多种杂质来源与输送路径的研究结果,是迄今为止国际上对南极冰雪表层最广泛、最全面的研究成果,得到了国内外同行的认可,使中国南极冰川学研究跃登国际先进行列;他率先在中国西部开展雪冰现代过程和雪冰生物地球化学循环实验观测研究,论证了我国山地冰芯中气候环境指标的适用性;他对珠穆朗玛峰地区冰川变化、环境变迁和冰芯综合研究,揭示了地球最高海拔地区近现代气候环境的变化特征。他主持研究国家重点基础研究发展计划("973计划")"我国冰冻圈动态过程及其对气候、水文和生态的影响机理与适应对策研究"项目,为西部地区水资源持续利用、寒旱区生态保护与治理、西部社会经济可持续发展提供重要科学依据和对策建议。他主持"中国气象事业发展战略研究",凝练出"公共气象,安全气象和资源气象"的发展理念。积极倡导学科交叉渗透,推动部门合作,实行科学数据共享。作为IPCC主席团成员、IPCC第一工作组联合主席,他前期参加并成功组织了IPCC科学评估活动。在努力构建和传播有关人类活动影响地球气候重要科学结论方面作出了巨大贡献,从而为人类必须积极应对气候变化的行动奠定了坚实的基础,为此获得了2007年诺贝尔和平奖。

秦大河院士迄今发表论文256篇(其中SCI论文56篇),著作12部。研究成果被国际冰川学界著名教科书《冰川物理学》和Nature等SCI刊物引用207次(他引102次)。获国家、中国科学院和省部级自然科学奖10项。

1990年4月,被国家南极考察委员会记一等功,获全国五一劳动奖章;1991年7月成为享受政府津贴的专家;1992年2月,获国家"有突出贡献的中青年科学家"荣誉;2007年获诺贝尔和平奖;2008年获得第53届世界气象组织奖(IMO奖);2009年获得法国格勒诺布尔金质奖章。秦大河在国际上也担任过各类重要职务,曾任国际南极研究科学委员会(SCAR)冰川学常设工作组副主席、主席,国际雪冰科学委员会副主席、国际冰川学会(IGS)理事。现任IPCC第一工作组联合主席,世界气候研究计划气候与冰冻圈计划(CliC)科学指导组成员,国际地圈生物圈计划(IGBP)科学委员会(SC)委员和IGBP中国全国委员会副主席,《中国科学》《科学通报》编委,《气候变化研究进展》主编等职务。

陶澍 男,1950年8月生,汉族,江苏省无锡市人。1977年毕业于北京大学地质地理系,1981年、1984年获美国堪萨斯大学硕士、博士学位。1984年至今在北F京大学工作。2009年当选中国科学院地学部院士。现为北京大学城市与环境学院教授(1991年),长江学者(2000年)。

陶澍主要研究微量有毒污染物排放、行为、归趋和效应等区域尺度环境过程;建立了中国高分辨多环芳烃排放和全球多环芳烃排放清单;证明了同分异构多环芳烃在迁移过程中的分异;建立了多介质源解析方法;在污染物区域环境归趋研究中,建立了具有空间分辨率的多介质模型、阐明了决定土壤中持久性有机污染物空间分异的主要机理、建立多环芳烃从产生、迁移、暴露到健康危害的系统模拟方法、揭示了有机氯农药摄入量与人体组织残留水平之间的定量关系;揭示了多环芳烃呼吸暴露对中国人群的健康危害,将基因易感性等参数的变异特征引入风险模型,定量阐明了健康风险的变异和不确定性。在国外学术刊物发表第一或通讯作者论文百余篇,其中包括ES&T论文18篇。曾主持国家杰出青年基金、创新研究群体、重点项目、国际合作项目、973课题等多项国家自然科学基金项目。

2004年获教育部提名国家科学技术奖自然科学奖一等奖,2001年获全国模范教师荣誉称号。目前兼任中国地理学会环境地理专业委员会主任、国际环境毒理与化学学会亚太分会主席、ES&T顾问编委、IEAM、EP、JEGH、JESH等国际刊物编委。

中国科学院
信息技术科学部

杨芙清 女,1932年11月生,汉,中国共产党党员,江苏无锡人。1958年毕业于北京大学数学力学系(研究生)。1957—1959年在苏联科学院计算中心和莫斯科大学数力系学习,1962—1964年任苏联杜勃纳联合核子物理所计算中心中国专家。1959年至今在北京大学工作。1991年当选中国科学院信息技术科学部院士。现任北京大学信息与工程科学学部主任、软件工程国家工程研究中心主任、软件与微电子学院理事长、北京大学信息科学技术学院教授。

杨芙清主要从事系统软件、软件工程、软件工业化生产技术和系统等方面的教学和研究工作。主持研制成功我国第一台百万次集成电路计算机多道运行操作系统和第一个全部用高级语言书写的操作系统;倡导和推动成立北京大学计算机科技系,1983—1999年担任系主任期间,将该系建成国内一流和国际知名的计算机科学技术研究和人才培养基地;在国内率先倡导软件工程研究,创办了国内第一个软件工程学科;开创了软件技术的基础研究领域;主持了历经4个五年计划的国家重点科技攻关项目——青鸟工程和国家"863计划"若干重点课题的研究;创建了软件工程国家工程研究中心;提出"人才培养与产业建设互动"的理念,创建了以新机制、新模式办学的示范性软件学院。发表论文150余篇,著作8部,培养了百余名硕士、博士和博士后。

杨芙清1978年获全国科学大会奖、1998年、2007年获国家科技进步二等奖、1996年获电子工业部科技进步特等奖、2005年获国家级教学成果奖一等奖等17项国家及部委级的奖励。

兼职情况:担任国务院学位委员会学科评议组第一召集人,中国软件行业协会副理事长,北京市人民政府专家顾问团顾问,IEEE Fellow(2003年),贝尔实验室基础科学研究院(中国)高级顾问,《中国科学》《科学通报》《电子学报》副主编,清华大学、复旦大学、浙江大学、香港科技大学等校兼职教授。

王阳元 男,1935年1月生,汉,中国共产党党员,浙江宁波人。1958年毕业于北京大学物理系;1958

年至今在北京大学工作,1982年至1983年美国加州大学伯克利分校高级访问学者。1995年当选为中国科学院信息技术科学部院士。王阳元现为北京大学信息科学技术学院教授(1985年)、微电子学研究院首席科学家。

王阳元主要从事微电子学领域中新器件、新工艺和新结构电路的研究。二十世纪70年代主持研究成功我国第一块三种类型1024位MOS动态随机存储器,是我国硅栅N沟道MOS技术开拓者之一。80年代提出了多晶硅薄膜"应力增强"氧化模型、工程应用方程和掺杂浓度与迁移率的关系,被国际同行认为"对许多研究者都有重要意义""对实践有重要的指导意义"。研究了硅化物薄膜及深亚微米CMOS电路的硅化物/多晶硅复合栅结构;发现磷掺杂对固相外延速率增强效应以及$CoSi_2$栅对器件抗辐照特性的改进作用;90年代在SOI/CMOS器件方面,提出了器件浮体效应模型的工艺设计技术。研究成功了多种新型器件和电路;与合作者一起提出了多晶硅发射极晶体管的新的解析模型,开发了成套的先进工艺技术,对独立自主发展我国集成电路产业有重要意义。90年代后期研究微机电系统(MEMS),任国家重点实验室主任,主持开发了三套具有自主知识产权的MEMS工艺,开发了多种新型器件并向产业转化,获得一批发明专利。近期又致力于研究纳米级集成电路。在任全国ICCAD专家委员会主任和ICCAT专家委员会主任期间,领导研制成功了我国第一个大型集成化的ICCAD系统,使我国进入能自行开发大型ICCAD工具的先进国家行列。为推动我国微电子产业的发展,作为发起人之一,创建中芯国际集成电路制造有限公司,领导建设成功了我国第一条12英寸纳米级集成电路生产线,使我国集成电路大生产技术水平处于国际先进水平。共培养百名硕士、博士和博士后。发表科研论文230多篇,出版著作6部。

王阳元有20项重大科技成果。1978年获全国科学大会奖,1991年获国家教委科技进步一等奖,2003年获何梁何利科技进步奖,2007年获国家科技进步二等奖,等19项国家级和部委级奖励。

王阳元长期担任中国电子学会副理事长,《半导体学报》和《电子学报》(英文版)副主编。信息产业部科技委委员(电子),美国IEEE Fellow和英国IEE Fellow等。

秦国刚 男,1934年3月生于南京,原籍江苏昆山。1956年7月毕业于北京大学物理系,1961年2月研究生毕业于该系(固体物理方向)。北京大学物理学院教授。长期从事半导体材料物理研究。

他和他带领的研究组在半导体杂质与缺陷和多孔硅与纳米硅镶嵌氧化硅发光领域做出系统的和创造性的成果,例如:在中子辐照含氢硅中检测到结构中含氢缺陷在导带以下0.20eV深能级,在国际上最早揭示硅中存在含氢深中心,提出的微观结构,被实验证实;发现退火消失温度原本不同的各辐照缺陷在含氢硅中变得基本相同;最早揭示氢能显著影响肖特基势垒高度。测定的硅中铜的深能级参数被国际权威性半导体数据专著采用。1993年对多孔硅与纳米硅镶嵌氧化硅发光提出量子限制-发光中心模型,成功解释大量实验,得到广泛支持;首次观察到p-Si衬底上氧化硅发光中心的电致发光现象。在此基础上,设计并研制出一系列硅基电致发光新结构,如:半透明金膜/纳米($SiO_2/Si/SiO_2$)双垒单阱/p-Si等。发光波长从近红外延伸到近紫外。所提出的电致发光机制模型,被广泛引用。

获国家教委(教育部)科技进步一等奖和二等奖各一次,中科院自然科学奖二等奖一次,获物理学会2000—2001年度叶企孙奖。在国内外重要期刊上发表论文180余篇,其中SCI论文130余篇。

黄琳 男,1935年11月生,汉族,江苏扬州人。1957年毕业于北京大学数学力学系,1961年同系研究生毕业。1957年8月至2006年3月先后在北京大学数学力学系、力学系工作,1984年特批为教授。1985年9月至1986年9月,1989年3月至1989年9月和1994年12月至1995年4月三次在美国UMAS等高校做访问学者进行合作研究,期间曾访问包括哈佛大学在内的多所大学进行学术交流。1990年和1996年他还对日本与澳大利亚分别进行过短期的学术访向。2003年当选为中国科学院信息技术科学部院士。现任北京大学工学院力学与空天技术系教授。

黄琳院士一直从事系统稳定性与控制理论方面的研究工作,早在1959年结合飞机安定性分析提出多维系统衰减时间概念并给出估计方法,该成果作为中国的两项成果之一参加1963年第二届国际自动控制联合会(IFAC)学术大会;1964年就解决了现代控制理论中的一些基本问题:给出单输入系统极点配置定理,并且给出了二次型最优控制的存在性、唯一性与线性控制律。后来又给出了输出反馈实现二次型最优控制的充要条件,并指出在一般情况下该问题无解。1986年,首先给出了稳定多项式其凸组合保持稳定的充要条件,及利用顶点集与边界集判断多面体多项式族稳定的一组充分条件。随后与美国学者一起给出并证明了分析多项式系统族稳定性的棱边定理,有效地降低了计算复杂性,被业界誉为里程碑式的结果。与国内学者合作给出了更为基础的边界定理,在多项式稳定性理论中相继提出了值映射、参数化等概念,建立了一系列重要定理,形成了一套系统的理论体系。进一步在鲁棒控制前沿领域、控制器与对象同时摄动问题、积分二次约束问题、模型降阶问题、非线性系统总体性质等方面指导开展了一系列研究工作,作出了有价值的成果。1993年至1997年,主持国家八五重大基金项目"复杂控制系统理论的几个关键问题"(验收评价为优)。此外先后主持"973项目"子课题,攀登项目子课题,以及多项面上项目的研究任务。出版3部著作,其中:《系统与控制理论中的线性代数》被评为科学出版社1984年优秀科技图书;《稳定性理论》1996年获国家教委优秀学术著作特等奖;2003年由科学出版基金优先资助出版《稳定性与鲁棒性的理论基础》,在该书中首次将鲁棒性与稳定性这两个基本概念统一于同一框架下,提炼与总结出了相关的基础理论成果。目前正主持基金委重点项目"非线性力学系统的控制"。目前研究兴趣在航空航天中复杂运动控制、非线性力学系统的总体特性及其控制等。

在人才培养上作出了突出贡献,培养的研究生中有不少已成长为国内外知名学者,其中有航天控制领域专家(神舟飞船系列控制系统副总设计师)、长江学者与杰出青年基金获得者、中国科学院1999年十大优秀博士后称号获得者等。

黄琳院士曾获包括国家自然科学三等奖在内的多项奖励。

黄琳院士兼任北京航空航天大学、浙江大学、东北大学、南京航空航天大学、华南理工大学、中南大学、南京理工大学等多所院校兼职教授或名誉教授,任中科院科学出版基金技术科学组组长。

李启虎 男,1939年5月生,汉族,浙江温州人。1963年毕业于北京大学数学力学系,1984至1986年应美国普林斯顿大学邀请在美国工作,1997年当选为中国科学院信息技术科学部院士。曾任中国科学院声学研究所所长,现任中国科学院声学研究所研究员、厦门大学通信工程系教授、博士生导师。从2007年10月起被聘为北京大学先进技术研究院教授。

李启虎院士长期从事信号处理理论和声呐设计、研制工作。结合我国浅海声传播的特点,应用信息论、数字信号处理、水声工程等理论,解决了一系列水声信号处理中的问题。研究了自适应波束成形的稳态特性,给出了用频率域最优传输函数求解波束指向性的表达式。给出在海洋噪声背景下检测微弱信号的增益计算方法。解决了在时间上非平稳、在空间上不均匀的噪声场对经典理论应作的修正问题。提出了指导声呐设计的重要依据——声呐方程的一种新的表达方式。在水下目标的被动检测中提出利用声信号的相位信息估计目标方位的新方法,还提出了用自适应阵处理方法完全分离在空间上不生叠的多个点源信号的新算法。

1976年因参加自适应滤波的研究而获得中国科学院重大科技成果一等奖;1978年因参加001岸用声呐站的研究而获得全国科学大会一等奖;1984年因负责262声呐研制而获得六机部科技进步奖。发表论文数十篇,其中有:"自适应噪声抵消滤波器抵消能力的研究""声呐设计中的计算机模拟技术""自适应阵信号分离理论"等。专著有《数字式声呐设计原理》《声呐信号处理引论》《计算机图形学》(合作编译)等。

陆汝钤 男,1935年2月生,汉族,江苏苏州人。1959年毕业于德国耶那大学数学系,获学士学位。1959年至今在中国科学院数学与系统科学研究院数学研究所工作,其中部分时间在国外工作。1978年从研究实习员破格提升为副研究员,1983年晋升为研究员,1984年起任博士生导师,1988年被人事部授予"国家级有突出贡献的中青年专家"称号。1987年至1990年任中国科学院数学研究所副所长,1991年至1994年担任中国科学院数学研究所学术委员会主任。1999年当选中国科学院信息技术科学部院士。从2008年3月起被聘为北京大学信息科学技术学院教授。

陆汝钤在知识工程和基于知识的软件工程方面作了系统的、创造性的工作,是我国该领域研究的开拓者之一。设计并主持研制了知识工程语言 TUILI 和大型专家系统开发环境"天马"。首次把异构型 DAI 和机器辩论引进人工智能领域。研究出基于类自然语言理解的知识自动获取方法,把 ICAI 生成技术推进到以自动知识获取为特征的第三代,并开发出基于知识的应用软件自动生成技术。研究出能把中文童话故事自动转换成动画片的计算机动画全过程自动生成技术,在艺术创造领域内推进了人工智能。

陆汝钤曾获中国科学院重大成果一等奖、国家科技进步二等奖等重大奖项。

中国科学院技术科学部

叶恒强 男,生于1940年7月,广东省番禺市人,汉族。1963年毕业于北京钢铁学院(现北京科技大学);1967年中国科学院金属研究所研究生毕业。曾任金属研究所副所长(1990—1998年)、所长(1998—2001年);中国电子显微镜学会理事长(2000—2004年);"973计划""材料计算设计与性能预测基础问题"项目（2001—2004年）首席科学家。1981、1985 年在美国 Arizona State University；1982 年在比利时 Antwerp University；1988 年在日本东北大学做访问学者。1991 年当选为中国科学院技术科学部院士。现任中国科学院金属研究所研究员（1986年—   ）、北京大学物理学院教授（2002年—   ）。

叶恒强主要从事材料科学与工程（一级）学科下的材料物理化学（二级）。20 世纪 70 年代，他对高温合金材料的故障分析中，发现了冲击韧性随硅含量出现马鞍形变化的规律，为冶金产品的质量改进作出了贡献。80 年代初，对层状晶体的长周期结构进行了系统的探索，发现了两种新的相畴、用高分辨点阵像确定了碳化硅中 6 种多型体的结构。80 年代中，他与合作者与国外同时独立地发现晶体块体中传统晶体学不允许的五次对称性，进而与合作者发现并研究了二十面体对称、八次对称等准晶相，为我国在准晶实验研究居于国际前列作出了贡献，为此获 1987 年国家自然科学奖一等奖。作为我国最早从事固体原子像的研究者之一，他对固体材料结构与缺陷进行了深入的研究，在高温合金长时间时效析出的拓扑密堆相中发现了四种新相及大量的平移畴、旋转畴结构，总结出这类相结构的晶体学构造规律。此成果获 1986 年中科院科技进步一等奖。用高分辨像直观揭示合金非公度结构的原子模型、在固体表面与界面中观察到新的重构与界面及应产物。已发表 250 余篇学术论文，合作出版了《电子衍射图》《高分辨电子显微学》《高空间分辨分析电子显微学》等六部著作。他先后主持重大基金项目两项："材料表面与界面研究"（1992—1996 年）；"金属间化合物关键基础性问题研究"（1998—2001 年）。他重视培养青年人才，协助郭可信先生指导的博士生张泽、硕士生王大能获首届（1985 年）吴健雄物理奖。指导的博士生已有 2 人获全国百篇优秀博士论文奖，3 人获中国科学院院长奖学金特别奖。

叶恒强还于 1982 年获得国家自然科学三等奖。"晶体精细结构的电子衍射与电子显微镜研究"，1989 年获国家自然科学四等奖；"电子微衍射图及解释"，1994 年获钱临照奖（中国电子显微镜学会），1996 年获何梁何利科学技术进步奖，1999 年获国家自然科学四等奖；"材料界面结构的研究"，2002 年获辽宁省科学技术一等奖；"机械合金化过程中非晶态与纳米晶形成及结构研究"。

社会兼职有："973 计划"顾问专家组成员（第三届 2004—2006 年；第四届 2007 年—   ）；国务院学位委员会学科评议组（材料科学与工程）成员（1998年—   ）；中国科学院研究生院学位委员会成员（2000 年—   ）。现任《Materials Letters》主编之一（2003年—   ）；《材料研究学报》主编（2001年—   ）。

中国科学院生命科学和医学学部

翟中和　男，1930 年 8 月生。江苏溧阳人。汉族。中共党员。1950—1951 年在清华大学学习。1956 年毕业于苏联列宁格勒大学。1959—1961 年在苏联科学院生物物理研究所进修。1984—1986 年在美国麻省理工学院生物学系做访问教授。1991 年当选为中国科学院生命科学和医学学部院士。现为北京大学生命科学学院教授。

翟中和教授曾在细胞超微结构、放射生物学、病毒与细胞生物学等领域从事科研与教学。较早建立细胞超微结构技术，首次研制成鸭瘟细胞疫苗，在动物病毒复制与细胞结构关系的研究方面取得了突出成就。近二十多年来，主要进行核骨架-核纤层-中间纤维体系、非细胞体系核重建、细胞凋亡等方面的研究，取得了许多创新成果，被国内外所引用。先后在国内外发表论文 280 余篇，专著 15 部。主编的《细胞生物学》被评为全国高校优秀教材一等奖，发行 50 万册。

曾获得国家自然科学奖三次（二等、三等、四等各一次）国家科技进步奖三等奖、教育部科技进步一等奖五次、何梁何利科技进步奖、桥本初次郎（日本）电子显微学奖。培养硕士生、博士生与博士后共 80 余名，有三名博士生先后被评为全国优秀博士论文奖。

翟中和教授现为北京市学位委员会副主任，全国博士后管委会专家组召集人，清华大学双聘教授。曾任香港科技大学、南京大学、武汉大学、南开大学、中山大学等学校兼职教授或客座教授。现任分子细胞学报，微生物学报编委。曾任国家重点科研规划专家顾问委员会委员、国务院学位委员会学科组召集人、亚洲-太平洋地区细胞生物学会联盟副主席、中国细胞生物学会副理事长、中国电子显微镜学会副理事长。美国细胞生物学会第六届大会、第十四届世界电子显微学会大会、亚洲-太平洋细胞生物学大会组委与顾问。中国医科院分子肿瘤开放实验室、中国医科院医学分子生物学开放实验室等十多个重点实验室学术委员。曾任 Cell Research、美国电子显微学报、实验生物学报、动物学报、植物学报、电子显微学报等杂志编委。

韩济生　男，1928 年 7 月生，汉族，中共党员，浙江省萧山市人。生理学家,博士研究生导师。1953 年毕业于上海医学院医学系。在大连医学院生理高级师资班进修后,先后在哈尔滨医科大学(1953年)、北京卫生干部进修学院(1956年)、北京中医学院(1961 年)、北京医学院(1962 年)等单位生理系任教。1979 年由讲师直接晋升为教授。1983—1993 年任北京医科大学生理教研室主任,1987 年任北京医科大学神经科学研究中心主任。1993 年任卫生部神经科学重点实验室主任,神经科学研究所所长。1993 年当选为中国科学院生命科学与医学学部院士。现为北京大学神经科学研究所、北京大学医学部神经生物学系教授。

从 1965 年开始从事针灸原理研究,1972 年以来从中枢神经化学角度系统研究针刺镇痛原理,发现针刺可动员体内的镇痛系统,释放出阿片肽、单胺类神经递质等,发挥镇痛作用;不同频率的电针可释放出不同种类阿片肽;针效的优、劣取决于体内镇痛和抗镇痛两种力量的消长。研制出"韩氏穴位神经刺激仪(HANS)",对镇痛和治疗海洛因成瘾有良效。1987—2000 年连续 13 年获美国国立卫生研究院(NIH)RO1 科研基金用以研究针刺镇痛原理。2004—2009 年获 NIH 重点科研基金与哈佛大学合作研究针刺戒毒原理,其间兼任哈佛大学精神病学科兼职教授。2007 年担任中国科技部"基于临床的针麻镇痛的基础研究(973)"首席科学家。在国内外杂志及专著上发表论文 500 余篇,编写中文专著 9 册,英文教科书 1 册。

获国家自然科学二等奖和三等奖各一次,国家科技进步三等奖一次,卫生部甲级奖三次、乙级奖二次,国家教委一等奖二次,二等奖一次,国家民委一等奖一次,北京市科技进步一等奖一次,国家中医药局二等奖一次。1992 年获北京医科大学"桃李奖"。1984 年被评为有突出贡献的中青年专家。1995 年获何梁何利科技进步奖,被评为北京市先进工作者。2006 年获北京大学先进党员标兵,2006 年获北京大学首届蔡元培奖。

1979 年以来应邀到 27 个国家和地区的 100 余所大学和研究机构演讲 206 次。多次担任国际学术会议主席和大会报告人,1990—2002 年任世界卫生组织(WHO)科学顾问,1991 至今任美国国立卫生研究院(NIH)顾问。获国际脑研究组织与美国神经科学基金会联合颁发的"杰出神经科学工作者奖学金"(1985 年),被选为瑞典隆德皇家学院国际院士,国际疼痛研究会(IASP)教育委员会委员(1991—1995 年)和中国分会会长(1989 年—),担任两届国际麻醉性物研究学会(INRC)执委会委员。2007 年任国际神经肽协会中国分会主席。现兼任国务院学位委员会学科评议组成员,中国博士后科学基金会理事会医学组长;北京神经科学会名誉理事长;中华医学会疼痛学分会主任委员;《生理科学进展》杂志名誉主编,《中国疼痛医学杂志》主编,《国际神经科学杂志》《中国药理学通报》《中国中西医结合杂志》(英文版)、《中国药物滥用防治杂志》等编委。

韩启德 男,1945 年 7 月生,汉族,中共党员,九三学社成员,上海市人。病理生理学家。1968 年毕业于上海第一医学院医学系,1982 年在西安医学院获医学硕士学位,1985 年 9 月至 1987 年 8 月在美国埃默里大学药理系进修。曾任北京大学常务副校长、研究生院院长、北京医科大学副校长、研究生院院长、北京医科大学心血管基础研究所所长。1997 年当选为中国科学院院士,2004 年 12 月当选为第三世界科学院院士。现任全国人大常委会副委员长、九三学社中央主席、中国科学技术协会主席、欧美同学会·中国留学人员联谊会会长、北京大学医学部主任、北京大学前沿交叉学科研究院院长、国际病理生理学会主席、国际心脏研究学会中国分会主席、中国病理生理学会理事长。

韩启德教授长期以来从事分子药理学与心血管基础研究。在 α1 肾上腺受体 α1-AR 亚型研究领域获重要成果,1987 年在国际上首先证实 α1-AR 包含两种亚型,后系统研究 α1-AR 亚型在心血管分布、功能意义以及病理生理改变。近年来,关注学科交叉研究,开始研究生物单分子在细胞中的转运及其生物学意义,用复杂系统手段研究肾上腺素受体的网络调节。发表学术论文 200 余篇,据不完全统计,发表的论文被 SCI 收录刊物引用 1700 余次。讲授心血管病理生理学、受体学等诸门课程。

韩启德教授曾于 1992 年获国家教委科技进步一等奖,1993 年获卫生部科技进步三等奖,1994 年获国家自然科学三等奖,1995 年获国家教委科技进步一等奖,1998 年获何梁何利科技进步奖,2000 年获得高校自然科学奖一等奖,1990 年获卫生部授予的"优秀留学回国人员"称号,1991 年获国家人事部与教委授予的"作出突出贡献的留学回国人员"称号,1994 年获国家人事部授予的"有突出贡献的中青年专家"称号,1993 年被聘为博士研究生导师,已培养博士 30 人,硕士 7 名,博士后 7 人。

吴阶平 男,1917 年 1 月生,江苏常州人。中科院院士、医学家。1952 年加入九三学社。1956 年 1 月加入中国共产党。北平协和医学院毕业,医学博士。医学家、医学教育家、泌尿外科专家。中国科学院、中国工程院院士。著名的医学科学家、医学教育家、泌尿外科专家和社会活动家,九三学社的杰出领导人,第八届、第九届全国人民代表大会常务委员会副委员长,九三学社第九届、第十届中央委员会主席,第十一届名誉主席,中国科协名誉主席,中国医学科学院名誉院长,中国科学院、中国工程院资深院士。

主要科研成果包括:提出肾结核对侧肾积水的新概念,使原来不能挽救的病人获得康复机会;计划生育研究中在输精管结扎术的基础上提出多种输精管绝育法,国际已承认我国居于领先地位;经 17 年临床资料的积累确立了肾上腺髓质增生为独立疾病;对肾切除后留存肾的代偿性增长自 80 年代起进行了系统的实验和临床研究。

1982 年编著《性医学》为我国开展性教育打下基础,发表医学论文 150 篇,编著医学书籍 21 部,其中 13 部为主编。获得全国性的科学技术奖 7 次。

许智宏 1942 年 10 月出生于江苏省无锡市。1965 年毕业于北京大学生物系植物学专业;随后考上中国科学院上海植物生理研究所研究生,毕业后留在该所长期工作。1979 年至 1981 年,先后在英国约翰依奈斯研究所和诺丁汉大学从事研究工作;自 1983 年起,历任上海植物生理研究所副所长、所长兼植物分子遗传国家重点实验室主任。1992 年 10 月至 2003 年 2 月任中科院副院长;1999 年 11 月至 2008 年 11 月任北京大学校长。曾任中国细胞生物学会理事长,中国植物学会副理事长,中国生物工程学会副理事长;现任国际植物组织培养和生物技术协会主席,中国植物生理学会理事长,联合国教科文组织人与生物圈中国国家委员会主席,中国科学院学部科学道德建设委员会主任。1995 年当选为第三世界科学院院士;1997 年 10 月当选为中国科学院院士。现为北京大学生命科学学院教授、中国科学院上海植物生理研究所研究员。

许智宏教授长期从事植物发育生物学、植物细胞培养及其遗传操作、植物生物工程的研究。在植物发育、组织和细胞培养以及生物工程领域,已发表论文、综述、专著共 200 多篇(册)。

许智宏教授曾获中国科学院自然科学一等奖、国家自然科学三等奖等奖项,1988 年被评为国家级有突出贡献的中青年专家,1991 年被评为全国作出突出贡献的留学回国人员,并先后获香港大学荣誉教授、英国 De Montfort 大学和诺丁汉大学、香港城市大学、日本早稻田大学、加拿大麦吉尔大学荣誉理学博士学位、澳大利亚墨尔本大学荣誉法学博士学位和加拿大蒙特利尔大学荣誉博士学位。

朱作言 男,1941 年 9 月生,汉族,湖南省澧县人。1965 年毕业于北京大学生物系,1980 年毕业于中国科学院研究生院。自 1965 年起,先后在中国科学院水生生物研究所任研究实习员、助理研究员、副研究员、研究员和研究所所长,其中,1980—1983 年和 1998—1994 年间分别在英国和美国的大学和研究所进修和工作。1997 年当选为中国科学院院士,1998 年当选为第三世界科学院院士,2007 年被授予英国阿伯丁大学科学博士荣誉学位。现任中科院水生生物研究所研究员,国家自然科学基金委员会副主任,《科学通报》执行主编,中国国际科技合作协会会长,从 2000 年 5 月起被聘为北京大学生命科学学院教授。

主要从事遗传发育生物学及生物技术方面的研究。取得了多项具有开创意义的重要成果,为鱼类基因育种奠定了理论基础,发表相关论文 100 多篇,其中 3 篇已成为转基因鱼领域公认的经典文献,先后 6 次获得国家和部级科技成果奖。

方精云 男,1959 年 7 月生,汉族,安徽怀宁县人。1982 年毕业于安徽农学院林学系,同年考入北京林学院教育部政府派遣出国研究生;1983 年赴日本留学,分别于 1986 年 3 月和 1989 年 3 月获日本信州大学和大阪市立大学硕士和博士学位。1989—1996 年在中科院生态环境中心工作,先后任助研、副研、研究员和中科院重点实验室副主任。其间,于 1992—1993 年任日本学术振兴会博士后研究人员,1996 年度在加拿大 McGill 大学生物系做访问学者。1997 年 5 月起在北京大学城市与环境学系工作。其间,先后在美国 Missouri 大学(2001)、日本筑波大学(2002)、美国北卡大学- Chapel Hill(2004)和宾州大学(U Penn,2007)以及德国柏林自由大学(Freie Universität Berlin,2007)等地短期工作或交流。方精云 2005 年当选为中科院生物学部院士,现为北京大学生态学系教授、长江学者。方精云主要从事全球变化生态学、植被生态学以及生物多样性等方面的研究,在国内外发表学术论文 210 余篇(SCI 刊物 70 余篇),其中 Science 2 篇,美国科学院院刊(PNAS)2 篇。他建立了我国陆地植被和土壤碳储量的研究方法,系统研究了我国陆地生态系统的碳储量及其变化,较早地开展了碳循环主要过程的野外观测,构建了中国第一个国家尺度的陆地碳循环模式,为我国陆地碳循环的研究奠定了基础;系统研究了我国大尺度的植被动态及时空变化,揭示了我国植被生产力的变化趋势、空间分异及其对气候变化响应的规律;系统开展了我国植被分布与气候关系的定量研究,提出了基于植被气候关系的我国植被带划分的原则和依据,首次采用统一的调查方法,较系统地研究了我国山地植物多样性的分布规律。他还较为系统地研究了我国一种重要的木本植物属——水青冈属（Fagus L.）植物的生物学及生态学特性，较深入地研究了长江中游湿地50年来的生境变迁及其生态后果。

方精云重视野外调查工作。20多年来，对中国和日本的主要植被类型都曾做过实地考察或定点观测，研究地点涉及我国西藏、青海、新疆、黑龙江、海南等25个省区和日本的一些地区。1995年参加我国首次北极科学考察，对加拿大高纬度地区的生物、冻土、冰雪和大气进行过研究。方精云于1994年获首届国家杰出青年科学基金，1996年入选国家劳动人事部百千万人才工程第一、二层次，2001年获宝钢教育奖，2003年获教育部自然科学一等奖，2004年度国家自然科学二等奖（均为第一完成人），2006年获教育部-李嘉诚基金会"长江学者成就奖"，2007年获"何梁何利科学技术进步奖"（生命科学）。

方精云在国内外多个学术机构中任职，现任中国生态学会副理事长、北京市学位委员会副主任委员、全球陆地碳观测（TCO）工作组成员、国际学术刊物 Frontiers in Ecology and the Environment、Ecosystems、Global Environment Change、Ecological Research、Research Letters in Ecology 编委会成员、日本 Tropics 科学指导委员会成员，是国内多个学报的副主编或编委，并为 Science、Nature 等20多个国际重要刊物的审稿人。

童坦君 男，1934年8月生，汉族，浙江慈溪人。1959年毕业于北京医学院医疗系，1964年研究生毕业，师从生化专业刘思职院士。1964年4月留校任教至今，历任讲师（1978年— ）、副教授（1985年— ）、教授（1988年— ）等职。1978年12月被教育部选拔为中美建交前首批访美学者，先在约翰·霍普金斯大学作研究访问，后在美国国立卫生研究院（NIH）进行博士后研究训练，1981年回国。1986—1988年在美国加州大学戴维斯分校、纽约大学等地再次作研究访问。2005年当选为中国科学院生命科学和医学学部院士。现为北京大学基础医学院教授，北京大学衰老研究中心主任。

童坦君主要从事老年医学基础研究，在国内外学术期刊上共发表研究论文160余篇。20世纪70年代末，揭示生物体液中存在抑癌活性物质，此物质对癌细胞具有杀伤作用，但不抑制自身骨髓细胞，成果发表在《中国科学（英文版）》1979年第7期；后主攻衰老分子机理，率先将细胞生物学与分子生物学理念和技术引入我国老年医学基础研究。童坦君领导的研究组系统揭示 p16 等细胞衰老相关基因的作用机制，基因调控及信号转导，证实环境因素不仅可直接作用，也可引发基因变化，间接影响衰老；在国际上首先证明 p16 不通过端粒酶，可影响端粒长度与 DNA 修复能力；为观察不同因素对衰老影响，创建了估算人类细胞"年龄"的基因水平生物学指征，建立了一套国际承认的评估细胞衰老的定量指标，可用于衰老研究，也可检验药物抗衰作用。童坦君曾主持国家自然科学基金重点项目、承担国家攻关课题等多项，现主持国家重点基础研究发展规划项目的"细胞复制性衰老的机制"课题，已培养博士生20余名、硕士生10余名，主编了《医学老年学》《医学分子生物学》《生物化学》，参编各种专业书籍数十部，并创立了"中华健康老年网"。

童坦君主持的课题获2006年高等学校自然科学一等奖，北京市科学技术一等奖各1项；2002年获中华医学科技二等奖，1995—2001年获省部级科技进步二等奖3项；相关课题曾入选"2002年度中国十大科技进展""2002年度中国高等学校十大科技进展"；同年被选为"北京市教育创新工程"创新标兵。童坦君1992年起获国务院颁发的政府特殊津贴，1993年曾获北京市普通高校优秀教学成果一等奖。

赵进东 男，1956年11月11日出生于重庆，江苏武进人。植物生理学及藻类学专家。1982年毕业于西南师范大学，1990年在美国德克萨斯大学获博士学位。1993—1994年在美国加州 ABI 公司任研究员。1994年至今在北京大学任教。2007年当选为中国科学院生物学及医学学部院士，2010年当选第三世界科学院院士。现为北京大学生命科学学院教授（1996年），长江学者（2000年）。

长期从事藻类生物学研究，对蓝藻细胞分化和格式形成有系统研究，尤其对蓝藻异型胞分化中的信号转导和基因表达调控有深入研究。揭示了钙结合蛋白和钙离子信号在蓝藻细胞分化中起到的重要调控作用。对蓝藻藻胆体吸收光能在两个光系统间的分配与调节开展了系统研究，对揭示藻胆体吸收光能向光系统1传递的途径和调控方式有重要贡献。

曾获得全国优秀华侨称号（1999年）；2006年获得教育部自然科学奖一等奖；2007年获得国家自然科学二等奖，2008年获何梁何利科学与技术进步奖。

现任中国植物学会常务理事，中国植物生理学会常务理事。

蒋有绪 男，1932年5月生，回族，江苏南京人。1954年北京大学生态学与地植物学学士毕业，1957—1959年在前苏联科学院森林研究所进修，1999年当选为中国科学院生物学部院士。现为中国林科院森林生态环境与保护研究所研究员，国际竹藤网络中心兼职博士生导师，从2008年1月起被聘为北京大学城市与环境学院教授。

蒋有绪院士是我国著名的森林群落学家、林型学家,长期从事森林生态系统结构与功能森林地理学、森林群落学、生物多样性、森林可持续经营等研究,先后培养了生态工程和系统生态研究方向的博士10余人。他深刻地分析了我国亚高山针叶林与寒温带针叶林在发生上的历史联系和相对独立性,提出我国西南亚高山森林的发生在生态学上受外区成分水平幅凑、垂直分异和区域内部差异的生态隔离三过程所影响的学术假说。在加深认识亚高山森林功能的基础上提出川西高山森林经营应以水源涵养作为主要方向,其研究成果成为我国建设长江中上游水源涵养林体系工程项目的理论依据。80年代,他又建立了江西大岗山杉木、毛竹林生态定位站,促进了林业系统其他生态定位站的建设和发展,目前,国家林业局已建立了13个森林生态定位研究站,推动我国森林生态系统结构与功能的研究发展。

蒋有绪先生是中国科学院生态系统网络科学咨询委员,长白山开放试验站和植物数量生态学开放实验室的学术委员,《林业科学》副主编,《林业科学研究》《植物生态学报》《自然资源学报》《自然资源科学》以及国际《病虫害管理和野生动物杂志》等刊物编委,国家气候委员会委员,IGBP中国委员会委员,SCOPE中国委员会委员。

尚永丰 男,1964年6月生,汉族,甘肃省通渭县人。1986年毕业于甘肃农业大学兽医系;1989年毕业于中国兽药监察所,获硕士学位;1999年毕业于美国宾夕法尼亚州立大学,获博士学位。1999年至2002年在美国哈佛大学进行博士后工作。2009年当选为中国科学院生命科学和医学学部院士。现为北京大学基础医学院生物化学与分子生物学系教授(2002年)、系主任,长江学者(2002年)。

主要从事基因转录调控的表观遗传机制及性激素相关妇科肿瘤分子机理的研究。提出、验证并从分子机理上诠释了雌激素受体转录起始复合体在靶基因启动子上循环反复结合的假说以及雌激素受体所介导的基因转录具有"双相性"和"两维性"的特点,为基因转录调控的理论增添了新的内容;揭示了雌激素受体拮抗剂三苯氧胺诱发子宫内膜癌的分子机理,克隆了多个肿瘤相关基因,对肿瘤分子生物学的理论发展有重要意义;揭示了组蛋白去乙酰化和组蛋白去甲基化在染色质重塑中协调作用的机理,对认识表观遗传调控的分子机制具有创新性的理论意义;在世界上首次建立了哺乳动物细胞染色质免疫沉淀技术(ChIP),对DNA与蛋白质相互作用的研究作出了贡献。多年来在 Cell、Nature 和 Science 等杂志上发表了一系列的研究论文。

2006年获第九届"中国青年科技奖"、美国 ELI Lilly 公司的"礼来科研成就奖";2007年获"中华医学科技奖"一等奖、"教育部自然科学奖"一等奖和"何梁何利科学与技术进步奖";2008年获"国家自然科学奖"二等奖;指导的博士生获2007年度全国百篇优秀博士论文奖。

2004年起担任《中国生物化学与分子生物学学报》副主编,2007年被国际著名学术杂志 *Journal of Biological Chemistry* 聘为编委(Editorial Board)。

中国工程院

吴阶平 (双院士,详见中国科学院生命科学和医学学部)

陆道培 男,1931年10月生,汉族,浙江省宁波市人。农工民主党党员、中共党员。1955年毕业于同济医学院,获学士学位。后分配至原北京中央人民医院(今北京大学人民医院)内科,1957年起主要从事血液病临床和实验研究。于1980年及1986年获世界卫生组织和世界癌联奖学金分赴英国皇家医师进修学院 Hammersmith 医院及美国哈佛大学医学院 Brigham & Women Hospital 专修白血病和骨髓移植。1981年起任北京大学血液病研究所所长,1984年7月任北京大学人民医院内科学教授,1985年起任北京大学人民医院内科主任、北京大学血液病国家重点学科带头人(首席专家)、北京市和上海道培医院医学总监。

1996年当选为中国工程院(医药卫生学部)院士。

陆道培教授对我国血液病学发展作出了多方面的杰出贡献,其中最重要的是开创了我国异基因骨髓移植事业的先河,并促进了造血干细胞移植事业在我国的迅速发展。在国际上进行了首例异基因骨髓移植治愈无丙种球蛋白血症;率先在临床上证实第三者细胞有利于 HLA 配型不全相合的造血干细胞移植;发现了硫化砷在急性白血病的治疗作用。同时还是我国出凝血疾病领域少数奠基人之一,也是再生障碍性贫血诊断和治疗的先驱,并在白血病治疗中起着学术带头人的作用。已发表360余篇(部)著述,包括主编《白血病治疗学》等4部专著,参与编写19部著作。多次主持召开国际或全国专业学术会议,2002年当选亚洲血液学会(AHA)副主席,并被国际血液学会(ISH)推举为第11届国际血液学会(ISH-APD)2007年大会主席。

鉴于陆道培教授对我国血液病学发展作出的重大贡献,陆道培教授除荣获国家科学技术进步二等奖(排名第一)等多项重大奖励外,还荣获何梁何利奖和陈嘉庚奖。由于他在开展单倍型造血干细胞移植的带头作用与贡献,已获2007年北京市科技进步一等奖(仅此一项,排名第一)与2006年中华科技奖(二等奖,排名第一)。

2005年被复旦大学聘为教授,并担任复旦大学第五人民医院血液病中心主任。他自1994年至2005年担任中华医学会副会长,随后任中华医学会常务理事、中国医学名词审定工作委员会主任、中华医学会血液学分会名誉主任委员、造血干细胞学组名誉主任。同时担任国内外近10所大学的名誉教授或兼职教授。在国内外多种医学杂志任主编、副主编或编委。

唐孝炎 女,1932年10月生,汉族,江苏省太仓市人。1953年毕业于北京大学化学系;1959年1月至1960年5月,曾在苏联科学院地球化学与分析化学研究所进修;1985年9至1986年10月,先后在美国布鲁克海文国家实验室(Brookhaven National Laboratory)和美国国家大气科学研究中心(NCAR)任客座研究员。自1953年起,一直在北京大学工作。1995年当选为中国工程院农业、轻纺与环境工程学部院士。现为北京大学环境科学与工程学院教授、博士生导师。

唐孝炎教授在我国创建环境化学专业和开创、发展大气环境化学新领域方面有显著贡献。在环境化学前沿领域大气臭氧、酸雨和大气细颗粒物(气溶胶)化学方面作过许多具有开拓性和创造性的系统工作。领导组织了兰州光化学烟雾大规模现场综合研究,证实了光化学烟雾在我国的存在,发现了我国光化学烟雾不同于外国的成因。在国内,设计建造了第一个大气光化学反应模拟装置和最早建立了化学反应与大气扩散相结合的计算模式。对酸性雨水、雾水和云水开展了酸化过程的化学研究。在国际公约履约方面,尤其是在维也纳臭氧层保护公约和蒙特利尔议定书的履约过程中为国家作出了重要贡献,她主持编写的"中国消耗臭氧层物质逐步淘汰国家方案",1993年1月经国务院批准,3月获《议定书》国际执委会批准,被译成六国文字,作为其他国家的参考范本。1972年创建了我国最早的环境化学专业,率先开设了环境概论、三废治理、环境化学和大气化学等一系列环境新课程。1990年出版的《大气环境化学》教科书(2006年再版),先后获得教育部、国家环保局优秀教材一等奖、北京市先进教育集体和教材一等奖。30余年来,为我国环境科学的科研、管理和教学培养了大批学术带头人和骨干。唐孝炎教授曾参加国家中长期科技规划第十专题战略及其政策研究,多次主持国家攻关项目、"973""863"有关项目、国家自然科学重大基金项目和北京市空气质量达标战略研究、北京市大气污染控制研究等。

她于1998年获国家科技进步一等奖;1985年、1987年、1990年三次获得国家科技进步二等奖;1993年获国家教委科技进步一等奖;1996年获"何梁何利"科学技术进步奖;2003年获国家环保总局臭氧层保护个人特别金奖;2004年获国家环保总局第二届中国保护臭氧层贡献奖特别金奖,北京大学环境中心集体奖;2005年获联合国环境署和世界气象组织维也纳公约奖、美国国家环保局平流层臭氧保护奖、北京大学环境中心集体奖;2006年获北京市政府首都环保之星奖等。

唐孝炎教授曾任国际纯粹与应用化学联合会(IUPAC)的大气化学委员会衔称委员(类似常务委员)(1988—1996年)。自1993年起担任联合国环境署(UNEP)臭氧层损耗环境影响评估组共同主席。在国内曾任中国环境学会副理事长多届,教育部环境科学教学指导委员会主任、副主任等等。

郭应禄 男,1930年5月4日生,汉族,中国共产党党员,山西省人。1956年于北京医学院医学系本科毕业,1963年于北京医学院泌尿外科专业研究生毕业;1956年迄今在北京大学第一医院工作,先后担任泌尿外科主任、医院副院长、北大泌尿外科研究所所长等职务。1983年4月至1983年10月在加拿大麦吉尔大学医院移植科研修。1999年当选为中国工程院医药卫生学部院士。现任北京大学第一临床医学院名誉院长、北京大学泌尿外科研究所名誉所长、北京大学第一医院男科病防治中心主任、北京大学泌尿外科医师培训学院院长、主任医师、教授、博士生导师。

郭应禄是我国泌尿外科和男科学新一代学科带头人,主编著作32部,论文300余篇,成果20余项。曾获第一届吴阶平杨森医药学奖一等奖,荣获香港外科学院荣誉院士称号。1982年主持研制国内ESWL样机,1984年用于临床治疗肾结石,1987年首创俯卧位治疗输尿管结石,是国内ESWL领域的开拓者。80年代率先开展经尿道手术、输尿管镜、经皮肾镜和腹腔镜的微创手术,1991年主编第一部《腔内泌尿外科学》,为我国这一领域的奠基人。80年代主编第一部肾移植专著《肾移植》,1995年提出腔内热疗3个温度段的观点,澄清了国际上流行的模糊概念。1991年创建腔内泌尿外科和ESWL学组,1995年创建中华医学会男科学会。同年组建北京医科大学泌尿外科培训学院。为我国泌尿外科事业的快速发展作出了卓越的贡献。

近年来获奖成果有"腔内泌尿外科的应用与推广"获2005年中

华医学科学进步二等奖；"Uroplakin基因和启动子在人膀胱癌中的研究"获2004年北京市科技进步三等奖；"复式脉冲碎石机的研制及应用"获2003年湛江市科技进步一等奖和广东省科技进步二等奖；"局部热疗的三个温度段概念"获2002年北京市科技进步三等奖；"体外冲击波碎石系列研究"获2000年北京市科技进步二等奖。

曾任第八届、第九届全国政协委员，现任中国医师协会泌尿外科医师分会会长、中华医学会组织管理委员会副主任委员、中华临床医师杂志总编辑、中华医学会泌尿外科分会名誉主任委员、中华医学会男科学分会名誉主任委员、中华泌尿外科杂志名誉总编辑。

沈渔邨 女，1924年2月生，汉族，浙江省杭州市人，1951年毕业于北京大学医学院医学系，精神病学家、教授、博士研究生导师，1997年11月选为中国工程院院士。1951年赴苏联留学攻读精神病学研究生，1955年毕业，获医学科学副博士学位。曾任北京医学院第三附属医院精神科主任、副院长，北京大学精神卫生研究所所长，WHO/北京精神卫生研究与培训合作中心主任。现任北京大学精神卫生研究所名誉所长，卫生部精神卫生学重点实验室主任，中国心理卫生杂志社社长。

上个世纪50年代她率先改革精神病院约束病人的旧管理模式，创立人工冬眠新疗法，为控制病人兴奋，实行开放管理创造条件。70年代首创在农村建立精神病家庭社会防治康复新模式获得成功，获卫生部乙级科技成果奖，成果已在国内推广。80年代引进精神疾病流行病学调查的先进方法，组织国内六大行政区的12个单位进行了全国首次精神疾病流行学调查，使得我国精神疾病流行研究水平迅速与国际接轨，于1985年获卫生部乙级科技成果奖。并对老年期痴呆筛查和诊断工具、发病率、患病率及发病危险因素进行研究，开展抑郁症病人的生化基础与药物治疗机理研究。上述课题在1993年分别获得卫生部与国家教委科技进步三等奖。90年代研究我国不同民族酒瘾的遗传学，首先发现我国蒙古族为ADH多态。从60年代起，开始指导研究生。1984年被聘为博士研究生导师，为我国精神病学专业培养出第一名博士研究生和第一名博士后研究人员。

主编的大型参考书《精神病学》先后于1980、1988、1995、2001出版四版，分别获卫生部优秀教材奖、国家新闻出版署优秀科技图书二等奖、卫生部杰出科技著作、科技进步二等奖。目前正在进行第五版的编辑工作。主编卫生部规划教材《精神病学》（第二版、第三版）；主编的《精神病防治与康复》荣获中宣部颁发的全国首届奋发文明进步图书二等奖。发表论文百余篇，被SCI收录19篇。参加国际学术会议50余次。1986年被挪威科学文学院聘为国外院士。1990年12月被美国精神病学协会聘为国外通讯研究员。曾任WHO总部精神卫生专家组成员，卫生部精神卫生咨询委员会主任委员，国务院学位委员会医学科学评议组成员，《中华精神科杂志》总编辑。1959年被北京市授予文教卫生先进工作者荣誉称号。90年代是北京医科大学首批8位名医之一。2002年8月由国务院残疾人工作协调委员会、卫生部、民政部、财政部、公安部、教育部、中国残疾人联合会授予"全国残疾人康复工作先进个人"称号。2006年荣获中国医师协会首届杰出精神科医师奖。

庄辉 男，1935年1月生，汉族，中共党员，浙江省奉化市人。1961年毕业于苏联莫斯科第一医学院。1961年9月起在中山医科大学任教；1963年1月调入北京大学医学部工作至今。先后三次赴澳大利亚维多利亚州立传染病参比实验室（兼世界卫生组织病毒参考、生物安全性和协作研究中心）做访问学者。1991年5月至8月任日本大学医学院第一病理学教研室客座教授。2001年当选为中国工程院医药卫生学部院士。现为北京大学基础医学院病原生物学系教授。

庄辉主要从事病毒性肝炎研究。首先证实我国存在流行性和散发性戊型肝炎；在国内首先建立戊型肝炎实验室诊断技术和猕猴动物模型；研制成功"戊型肝炎病毒IgG抗体酶联免疫测定试剂盒"和"乙型肝炎病毒表面抗原胶体金试纸条"等。在国内外学术期刊上共发表论文450余篇，参加编写英文专著5部，中文专著30余部，译著1部。

庄辉曾主持国家"七五""八五""九五"攻关课题；参加国家"十五"攻关课题、"973计划""863计划"、国家科委重大专项课题、国家科技攻关计划引导项目、中比和中日科研合作课题（中方主持人）等。

2003年获美国专利一项、1993年和1999年获国家科技进步二等奖二项、1998、1999、2004年获国家新药证书三项；1991、1992、1997年卫生部科技进步一、二、三等奖各一项；1998年教育部科技进步二等奖（基础类）、1992年中国人民解放军总后勤部科技进步二等奖、2005年中华医学科技进步一等奖、1999年浙江省科技进步一等奖、1991年北京市科技进步一等奖等。1983年被评为北京市教育系统先进工作者、1986年获卫生部有突出贡献的中青年专家称号、1989年被评为北京市劳动模范、1991获国务院颁发的政府特殊津贴，1994年获光华科技基金二等奖。现任世界卫生组织西太区消灭脊髓灰质炎证实委员会委员、亚太地区肝病学会理事、国际疫苗研究所理事会理事、国务院学位委员会学科评议组成员、国家药典委员会委员、卫生部病毒性肝炎专家咨询委员会委员、中华预防医学会副会长、中华医学会理事、中华医学会肝病学会名誉主任委员及《中华肝脏病杂志》等十余种期刊的顾问、名誉总编、总编、常务编委或编委。

何新贵 男，1938年10月生，汉族，中共党员，浙江省浦江县人。1960年本科毕业于北京大学数学力学系，1967年研究生毕业于北京大学数学力学系，80年代初留学美国俄亥俄州立大学计算机和信息科学系，1960年4月至2002年8月先后在国防部五院、七机部（后改航天部）国防科委和原科工委任技术员、工程组长、室主任、工程总师、所科技委主任和总工程师等职。2001年当选为中国工程院信息与电子科学技术学部院士。2002年9月被聘任为北京大学信息科学技术学院第一任院长。现任北京大学信息科学技术学院教授。

何新贵长期从事计算机软件和人工智能的理论研究和工程实践工作，是我国首批计算机软件工作者之一。特别在模糊理论与技术、计算智能及数据库等领域作出了具有创造性和系统性的贡献。他提出了一套较完整的模糊数据库的理论与技术，提出了加权模糊逻辑、模糊计算逻辑、模糊区间值逻辑和模糊分布值逻辑等多种非标准模糊逻辑，提出了可执行模糊语义网、模糊H网和主动模糊网络等概念，并提出了一种巨并行的浸润推理模式和加权神经元网络理论，特别是近年来对其提出的过程神经元网络的研究等，对边缘科学《知识处理学》的最终建立和发展起了较大促进作用。此外，他对编译程序和数据库管理系统的实现技术，以及软件过程改进技术等也作出了较大贡献。至今，已发表第一作者学术论文130多篇，并著有《模糊知识处理的理论与技术》（初版和第2版）、《模糊数据库系统》《特种数据库技术》《知识处理与专家系统》《编译程序方法导引》《The Implementation of A Multi-backend Database System》（Prentice-Hall 出版）《过程神经元网络》（并由Springer出版社出版英文版《Process Neural Networks》）等11部专著，编撰《软件工程进展》《人工智能新进展》等5本文集，并是我国《信息科学技术百科全书》《数据库百科全书》《数据库大辞典》和《军事百科全书》等多部大型辞书的主编和主要撰稿人。在软件工程实践方面，上世纪60年初，他为我国导弹武器进行科学计算和数字仿真，提出了较有影响的最优分段逼近和有理平方逼近等的理论和方法；1962年在我国最早开发成功宏汇编系统，1973年在国产计算机上开发成多个FORTRAN编译系统；80年代中，他任总工程师领导实现了我国早期的一个计算机网络工程及其上的管理信息系统；从1986年开始长期担任我军大型软件工程"军用共性软件系统"的技术负责人和总设计师，负责该工程的总体设计和组织实施等全面工作；从1996年开始，长期担任中国载人飞船工程软件专家组组长，负责我国载人飞船工程的软件工程总体方案的设计和实施工作，进行全工程级的软件质量保证。

何新贵曾先后获国家或部委级以上科技进步等奖19项，其中12项排名第一。

何新贵长期担任北京计算机学会理事长、中国计算机学会抗恶劣环境计算机专业委员会主任、中国软件行业协会系统与软件过程改进分会会长，并任《计算机学报》副主编和《计算机工程与设计》和《智能系统学报》主编。

王陇德 男，1947年1月生，汉族，河南省开封市人。1969年毕业于原兰州医学院医疗系；1982年毕业于中国医学科学院，获医学硕士学位。1980年作为交换学者，赴美国纽约市大学西奈山医学院进修两年。1982年归国后，一直从事卫生行政管理工作，历任甘肃省卫生厅副处长、副厅长和厅长，1995年调任国家卫生部副部长，自1998年至2007年任国家卫生部党组副书记、副部长。王陇德2009年当选为中国工程院工程管理学部院士。现为北京大学公共卫生学院院长（2008年至今）。

他长期在公共卫生领域从事行政管理、流行病学和公众健康促进专业研究工作。他提出并领导组建了全国医疗机构传染病和突发公共卫生事件网络直报系统，提高了我国传染病控制工作的质量和水平，有效应对了近年发生的传染病突发公共卫生事件；研究提出了以控制传染源为主的血吸虫病控制新策略，并组织试点成功，此策略可解决我国湖区血吸虫病反复感染、无法彻底控制的难题，已在全国推广；推进慢性病防控策略向"预防为主"转移，提出并组织实施了全国"脑中风筛查及防控工程"。在 The New England Journal of Medicine、The Lancet、AIDS和《中华医学杂志》等期刊发表学术论文100余篇，主编多部专著。

他曾获国家科学技术进步奖二等奖1项（2005年），中华预防医学会科学技术奖一等奖1项（2009年）、二等奖1项（2008年）。2007年，因其在中国艾滋病和结核病控制领域作出的突出贡献，获得了联合国艾滋病规划署颁发的"应对艾滋病杰出领导和持续贡献"奖以及世界卫生组织颁发的结核病控制"高川"奖。他还曾获得"全国卫生系统优秀留学回国人员"（1990年）、"全国卫生防疫防治工作先进个人"（1993年）、"中华预防医学会公共卫生与预防医学发展贡献奖"（2008年）等荣誉。

王陇德现任第十一届全国人大常委、中华预防医学会会长、中国老年保健医学研究会会长、世界卫生组织结核病控制技术和策略专家组（Strategic and Technical Advisory Group for Tuberculosis）成员、UNAIDS亚太地区艾滋病控制和发展领导论坛指导委员会（Steering Committee of Asia Pacific Leadership Forum on HIV/AIDS and Development）委员、卫生部"健康中国2020战略研究组"首席专家、中国疾病预防控制中心健康教育首席专家等职。

文科资深教授简介

袁行霈 男，1936年4月生，江苏武进人。北京大学中文系教授、人文学部主任、国学研究院院长。1957年毕业于北京大学中文系，留校任教至今，1984年晋升教授，1986年取得博士生导师资格。1982年4月至1983年3月任日本东京大学外国人教师；1992年7月至1993年9月以及1998年任新加坡国立大学客座教授；1997年9月至12月美国哈佛大学哈佛燕京学社访问研究学者。2004年9月至11月任香港城市大学客座教授；2005年9月开始兼任新加坡南洋理工大学教授（与北大联聘）。此外，还先后在日本爱知大学，美国哈佛、耶鲁、哥伦比亚、华盛顿、夏威夷等大学，以及香港大学、台湾大学讲学。曾任第八、第九届全国政协常委，第十届全国人大常委，民盟中央副主席，中央文史研究馆馆长，国务院学位委员会委员。主要著述包括：《中国诗歌艺术研究》《中国文学概论》《中国文言小说书目》（合著）、《陶渊明研究》《中国诗学通论》（合著）《中国文学史》（四卷本，主编）《当代学者自选文库·袁行霈卷》《袁行霈学术文化随笔》《陶渊明集笺注》《唐诗风神及其他》《中华文明史》（四卷本，主编之一）《历代名篇赏析集成》（主编）《盛唐诗坛研究》《中国地域文化通览》（主编，已陆续出版13卷）等。曾获全国普通高校优秀教学成果奖国家级特等奖（个人），国家图书奖，北京市哲学社会科学优秀著作一等奖、特等奖，全国高等学校优秀教材一等奖，全国教育系统劳动模范称号暨人民教师奖章，北京市人民教师称号，北京市先进工作者称号。

田余庆 男，湖南省湘阴县人，1924年2月11日生于陕西省南郑县（今汉中市）。1950年毕业于北京大学历史系，1983年任教授，2005年被聘为北京大学资深教授。研究中国古代史、秦汉魏晋南北朝史等方向。曾担任北京大学历史学系主任、国务院学位委员会第二届学科评议组成员、国务院学术委员会历史学科评议组成员、国务院古籍整理与出版规划小组成员等职。著有：《中国史纲要》秦汉魏晋南北朝史部分；《东晋门阀政治》（北京大学出版社，1989年）；《秦汉魏晋史探微》（中华书局，1993年）；《拓跋史探》（三联书店，2003年）。主要论文："关于拓跋猗卢残碑及题记二则——兼释残碑出土地点之疑"，《中华文史论丛》2008年第1辑；"文献所见代北东部若干拓跋史迹的探讨"，《燕京学报》新十三期（北京大学出版社，2002）；"代歌、代纪与北魏国史"，《历史研究》2001年第1期；"贺兰部落离散问题——北魏离散部落个案考察之一"，《历史研究》1997年第2期；"孙吴建国的道路"，《历史研究》1992年第1期；"隆中对再认识"，《历史研究》1989年第5期；"说张楚"，《历史研究》1989年第2期。

宿白 男，1922年生，辽宁沈阳人。中国现代考古学家。1944年北京大学文学院史学系毕业，1948年北京大学文科研究所考古组研究生肄业。自1944年本科毕业后，即在本校文科研究所考古组任助教，1952年转北大历史系考古教研室工作。1978年任北京大学历史系教授，1983年任北京大学考古系主任兼校学术委员，同年任文化部国家文物委员会委员。1999年起当选中国考古学会荣誉理事长至今。

宿白先生是北京大学考古专业的主要创办人，一直从事历史考古学的教学和研究工作，为国务院公布的第一批博士生导师。研究范围广博，在宗教考古、建筑考古和古籍版本学等领域的造诣为学界所公认，尤其专长汉唐考古、宋元考古和佛教考古，在历史考古学领域是一位集大成者。主要学术论著有《白沙宋墓》《中国石窟寺研究》《藏传佛教寺院考古》《唐宋时期的雕版印刷》《魏晋南北朝唐宋考古文稿辑丛》等，其中《中国石窟寺研究》获国家社会科学基金项目一等奖和美国"岛田著作奖"。

黄枬森 男，1921年11月29日出生于四川省富顺县。哲学家，哲学史家，北京大学资深教授、博士生导师。1942年毕业于自贡市富顺二中，同年考进西南联大物理系，1943年转到哲学系，1948年毕业于北京大学哲学系，同年加入中国共产党，就读哲学专业究生。1950年起历任助教、讲师、副教授、教授、资深教授；1981—1987年任哲学系主任，1982年始任博士生导师；1981—1996年任国务院学术委员会评议组第一、二、三届成员，召集人，1983—2002年任国家社科基金学科评议组成员、召集人；1991年始任《北京大学学报》(哲学社会科学版)主编、编委会主任、顾问；1991年始任北京大学人学研究中心主任，1998年任邓小平理论研究中心研究员；曾兼任中国马哲史学会会长、中国人学学会会长、中国恩格斯学会会长、北京市社科联副主席、中国人权研究会常务理事，中国马哲史学会名誉会长、中国人学学会名誉会长、中国恩格斯学会名誉会长、中国北京市社会科学联合会顾问、北京市哲学学会名誉会长、中国人权研究会顾问等。黄枬森对列宁《哲学笔记》与《唯物主义和经验批判主义》强调研究和评价，他的这种研究开创了国内马克思哲学史研究的先河，为国内马克思主义哲学史研究的全面开展提供了方法和范式。由黄枬森、庄福龄和林利任主编、历时13年才完成的《马克思主义哲学史》，不仅是中国马克思主义哲学史之最，而且是世界上马克思主义哲学史研究著作之冠，更是一部中国和世界学术界最系统最全面地研究马克思主义哲学史的巨作。

季羡林 男，1911年8月6日出生，山东省聊城市临清人，字希逋，又字齐奘。2009年7月11日上午9时因病医治无效在北京逝世，享年98岁。季羡林先生是第二、三、四、五届全国政协委员、第六届全国人大常委，曾任民盟中央文化委员会副主任、中国科学院哲学社会科学部委员、北京大学副校长、北京大学东方语言文学系主任、中国社会科学院/北京大学南亚研究所所长。他先后担任中国外国文学学会会长、中国南亚学会会长、中国民族古文字学会会长、中国语言学会会长、中国外语教学研究会会长、中国高等教育学会副会长和中国敦煌吐鲁番学会会长等多种学术职务。

季羡林先生早年留学欧洲，上世纪40年代回国后，一直在北京大学任教，在语言学、文化学、历史学、佛教学、印度学和比较文学等方面建树卓著。他精通梵语、巴利语、吐火罗语、英语、德语、法语、俄语等多种语言，是世界上仅有的几位从事吐火罗语研究的学者之一。他驰骋于多种学术领域，翻译了大量梵语著作和德、英等国经典，尤其是印度古典文学经典《沙恭达罗》以及印度两大史诗之一《罗摩衍那》等，并撰写了大量的研究著作。上世纪90年代出版的《季羡林文集》，共有24卷，不仅体现了他学贯中西、汇通古今的才能，也是近百年来中国知识分子心路历程和精神追求的反映。

胡代光 男，1919年出生于四川新都。1947年7月毕业于南京中央大学研究院，同年到湖南大学任教。1949年在中国人民解放军第二野战军西南服务区工作，1950年1月任西南军政委员会财政经济委员会科长，1951年10月加入中国国民党革命委员会，1952年10月任民革重庆市分部筹备委员会宣教组副组长。1953年3月后在北京大学任教，历任经济系副教授、副主任、经济学院教授、院长。1956年1月加入中国共产党。曾兼任北京大学校务委员会委员、中华外国经济学说研究会副会长兼总干事、会长、名誉会长、中国《资本论》研究会副会长、北京市经济学总会副会长、北京大学外国经济研究中心主任等职。曾任第七届全国人大常委会委员，第六届、七届、八届民革中央委员会常务委员，北京大学经济学院院长。

胡代光教授长期从事经济学领域的教学与研究，为我国西方经济学的研究作出了重要贡献。他教授的主要课程有"现代西方经济思潮""当代国外学者论市场经济""西方经济学名著选读""西方经济学与中国经济体制改革"等。自1947年起，胡代光教授先后在《上海经济周报》《西南统计工作》《北京大学学报》《重庆新华日报》等报刊上发表论文多篇或阐述其经济观点，并于1996年12月出版《胡代光选集》(山西经济出版社)。胡代光教授出版学术专著多部，如《当代资产阶级经济学说：计量经济学》(与巫宝三等合著，商务印书馆)、《米尔顿·弗里德曼和他的货币主义》(商务印书馆)等，并且多次获得重要奖励。他主编的《评当代西方学者对马克思〈资本论〉的研究》获"孙冶方经济科学著作奖"(1990年)、"第二届吴玉章奖金"一等奖(1992年)；与厉以宁教授合著的《当代资产阶级经济学主要流派》获"北京市哲学社会科学和政策研究优秀成果"一等奖(1987年)；与罗志如教授等合著的《当代西方经济学说》获"北京市第二届哲学社会科学优秀成果"一等奖(1991年)。

厉以宁 男，1930年11月生，汉族，江苏仪征人。教授、博士生导师，北京大学社会科学学部主任、北京大学光华管理学院名誉院长。1988年至2002年任七届、八届、九届全国人大常委、全国人大财经委员会副主任、法律委员会副主任,2003年至今任十届、十一届全国政协常委、全国政协经济委员会副主任。

厉以宁教授在经济学理论方面著书多部,并发表了大量文章,是我国最早提出股份制改革理论的学者之一。他提出了中国经济发展的非均衡理论,并对"转型"进行理论探讨,这些都对中国经济的改革与发展产生了深远影响。曾主持《证券法》和《证券投资基金法》的起草工作,对推动国有企业改革、城乡二元体制改革以及促进民营经济和低碳经济等方面作出了重要的理论贡献。因为在经济学以及其他学术领域中的杰出贡献而多次获奖,其中包括"孙冶方经济学奖""国家中青年突出贡献专家证书""金三角"奖、环境与发展国际合作奖(个人最高奖)、第15届福冈亚洲文化奖-学术研究奖(日本)、教育部全国高等学校科学研究优秀成果奖(人文社会科学)一等奖、北京大学首届蔡元培奖等。厉以宁教授出版的《体制·目标·人:经济学面临的挑战》《中国经济改革的思路》《非均衡的中国经济》《中国经济改革与股份制》《股份制与现代市场经济》《经济学的伦理问题》《转型发展理论》《超越市场与超越政府——论道德力量在经济中的作用》《论民营经济》《中国道路与新城镇化》《资本主义的起源——比较经济史研究》《罗马-拜占庭经济史》《希腊古代经济史》《厉以宁经济史论文选》《二十世纪的英国经济:"英国病"研究》《工业化和制度调整》等主要著作具有重要的研究价值、文献价值和理论价值,为推动中国经济改革和发展提供了重要的理论指导。

芮沐 男,生于1908年7月14日,祖籍浙江吴兴。他1932年获法国巴黎大学法学硕士学位,1935年获德国法兰克福大学博士学位,毕业后回国工作。1939—1941年任重庆国立中央大学法律系教授,1941—1945年任西南联大法律系教授,后赴美国讲学。1947年归国参加革命工作,任北京大学法律系(法学院)教授,曾任北京大学法律系副系主任、经济法研究所所长、国际经济法研究所所长。他是我国经济法学和国际经济法学学科的创始人、民法大师,为我国培养了大批优秀的法学人才。他还曾担任全国人大常委会法制委员会委员、香港特别行政区基本法起草委员会委员、国务院经济法规研究中心常务干事、中国国际经济贸易仲裁委员会副主任委员、国务院学位委员会第一届学科评议组成员、中国社会科学研究院法学研究所副所长、全国第一批法学博士生导师、对外经济贸易与合作部条法司顾问、中国法学会顾问、中国国际法学会副会长、中国经济法学会副会长、欧中法律协会中国法常设委员会名誉主席等职务,为我国的法学发展和法制建设事业作出了杰出贡献。

严家炎 男,汉族,中共党员,1933年11月14日出生于上海。1958年10月副博士研究生肄业。历任教员、讲师、副教授、教授。曾任北大中文系主任(1984—1989年)、国务院学位委员会第二、三届语言文学学科评议员(1985—1997年)、中国现代文学研究会会长(1990—2002年)、北京市文艺界联合会副主席(1988—2003年)。2005年1月被聘为北京大学哲学社会科学资深教授。代表性成果有:《二十世纪中国文学史》,2002年以"百项精品教材"立项,后纳入"十五"教材规划,2010年高等教育出版社出版。此书由严家炎主编,全书约130万字,分为上、中、下三册,地区包括两岸三地,时间自十九世纪八十年代末至二十世纪末年共一百一十年的文学史,作者为严家炎、袁进、关爱和、方锡德、解志熙、陈思和、孟繁华、王光明、程光炜、黎湘萍十人。所获主要奖项有:1987年,《求实集》获北京市首届人文社会科学优秀成果奖二等奖;1988年,全国普通高校第一届优秀教材奖一等奖(《中国现代文学史》三卷本);1992年,全国普通高校第二届优秀教材奖一等奖(《中国现代小说流派史》);1993年,"国家级优秀课程"称号(中国现代文学史课程,教育部授予);2008年,《中国现代小说流派史》获改革开放三十年北京大学社会科学研究"百项精品成果奖"之精品奖。

马克垚 男,1932年生,山西文水人。1956年毕业于北京大学历史系,后留校任教,1985年任教授,2005年被聘为北京大学资深教授。研究世界中古史。曾任北京大学历史学系主任、北京大学学位委员会委员、北京大学学术委员会人文学部委员、中国社会科学院世界历史研究所学术委员会委员、中国世界中世纪史研究会副理事长、北京历史学会副会长、教育部人文社会科学研究专家咨询委员会委员等职。著作包括:主编《世界文明史》(三卷本)(北京大学出版社,2004);主编《中西封建社会比较研究》(学林出版社,1997);《亚欧封建经济形态比较研究》,朱寰主编,个人参加写作1/4内容(东北师大出版社,1996);《英国封建社会研究》(北京大学出版社,1992);Asian and European Feudalism: Three Studies in Comparative History, East Asia Institute (Copenhagen University, 1990);《西欧封建经济形态研究》(人民出版社,1985、2001)。主要论文:"编写世界史的困境",《全球史评论》第一辑,商务印书馆,2008;"英国封建时代的农业生产力",《历史教学》高校版,2008.1;"困境与反思:'欧洲中心论'的破除与世界史的建立",《历史研究》2006.3;"论超经济强制",《史学月刊》2005.2;"论封建社会的农业生产力",《北大史学》,2003;Feudalism in China and India: A Comparative Study, India and Far East, edited by N. N. Vohra, Delhi, 2002;"论地主经济",《世界历史》

2002.1;"评'早期奴隶制社会比较研究'",《世界历史》1997.3;"关于封建社会的一些新认识",《历史研究》1997.1。

严文明 男,1932年月生,湖南华容人。考古学家。1958年毕业于北京大学历史系考古专业并留校任教至今。曾任北京大学考古学系主任、中国考古学会副理事长,现为北京大学资深教授,为国家文物局专家组成员、联邦德国考古研究院通讯院士、国际史前学与原史学联盟(UIPPS)常务委员等。长期从事并引领中国新石器时代考古研究与教学,兼及商周考古。

严文明先生先后主持或参与指导了数十项田野考古和室内整理项目,发表论文近200篇,出版著作10余部。他全面系统地研究仰韶文化,找到了一把开启整个中国新石器时代考古研究的钥匙。综合梳理中国史前文化,建立了中国新石器时代文化分期和谱系框架,辩证地揭示出中国史前文化的"重瓣花朵"式格局。大力倡导聚落考古和文明起源研究,理清了中国新石器时代聚落形态发展演变的脉络,深刻揭示了中国文明起源和早期发展的基本历程和本质特点。积极倡导农业起源、环境考古和科技考古研究,提出稻作农业边缘起源论和长江起源说,深刻揭示了中国史前文化特殊的环境背景。长期探索东夷文化等,摸索出考古学与传说时代古史对证研究的有效方法。实事求是,勇于实践,对考古学一般理论与方法论的建设和中国新石器时代考古学史研究有重要贡献。

汤一介 男,1927年2月16日生于天津,湖北省黄梅人。1951年毕业于北京大学哲学系。现任北京大学哲学系资深教授、博士生导师,儒学研究院院长、《儒藏》编纂与研究中心主任、中国哲学与文化研究所名誉所长、中国文化书院创院院长,兼任中华孔子学会会长、中央文史研究馆馆员、中国哲学史学会顾问、国际儒学联合会顾问、北京外国语大学文学院名誉院长、上海社会科学院兼职研究员、中国炎黄文化研究会副会长、北京什刹海书院院长、国际道学联合会副主席。曾任国际中国哲学会主席(1992—1994),现任该会驻中国代表。1983年任美国哈佛大学访问学者,1986年任纽约州立大学宗教研究院研究员,1990年获加拿大麦克玛斯特大学(McMaster University)荣誉博士学位,2006年获日本关西大学荣誉博士学位。曾先后在美国俄勒冈大学(1986年)、麦克玛斯特大学(1986年、1990年)、香港科技大学(1992年)、澳大利亚墨尔本大学(1995年)等校任客座教授。1996年任荷兰莱顿大学汉学院胡适讲座主讲教授,1997年任香港中文大学钱宾四学术讲座主讲教授。主要研究领域:魏晋玄学、早期道教,儒家哲学,中西文化比较等。主要论著有

《郭象与魏晋玄学》《早期道教史》《魏晋南北朝时期的道教》《中国传统文化中的儒道释》《儒道释与内在超越问题》《儒教、佛教、道教、基督教与中国文化》《在非有非无之间》《汤一介学术文化随笔》《非实非虚集》《昔不至今》《郭象》《当代学者自选文库:汤一介卷》《佛教与中国文化》《生死》《和而不同》《我的哲学之路》《新轴心时代与中国文化的建构》等,在国内外哲学界产生很大影响。主编《20世纪西方哲学东渐史》丛书,第一次系统、完整地展示了20世纪西方哲学东渐的百年历程,被张岱年先生称为是"一项贯通中西哲学视野的难得的学术工程";2003年更是以耄耋之年发起并主持《儒藏》工程,一年间组织20多所高校两三百位学者投入此项工程,主要包括500多种约1.5亿字儒家典籍的《儒藏》精华本。

叶朗 男,1938年10月生,浙江衢州人。北京大学哲学社会科学资深教授。1960年毕业于北京大学哲学系,1986年9月起任教授,曾同时兼任北京大学哲学系、宗教学系、艺术学系三个系的系主任,并曾兼任教育部哲学教学指导委员会主任委员,国务院学位委员会哲学学科评议组召集人。现任北京大学哲学系教授,兼任北京大学艺术学院名誉院长、北京大学文化产业研究院院长、北京大学美学与美育研究中心主任、北京市哲学会会长、北京市社科联副主席、教育部艺术教育委员会主任委员。曾任第九届、第十届全国政协常委。主要著作有《美在意象》《美学原理》、《中国美学史大纲》《中国小说美学》《胸中之竹》《欲罢不能》《中国文化读本》(与朱良志合著),以及《文章选读》《现代美学体系》(主编)、《中国历代美学文库》(总主编)等。

胡壮麟 男,1933年3月31日生,上海市人,汉族。1950年入清华大学外文系,1952年转入北京大学西语系,1954年毕业,1979年1月—1981年5月在澳大利亚悉尼大学语言学系进修学习并获文学硕士学位。1992年1—9月美国圣巴巴拉加州大学语言学系高级访问学者;1995年9月—1996年1月香港中文大学联合书院访问学者;1998年8—9月香港岭南学院访问学者;2008年11—12月香港大学讲学。历任北京大学副教授(1984年),教授(1985年),博导(1986年),资深教授(2005.1),英语系主任(1985—1993年),澳大利亚研究中心主任。培养硕士生31名、博士生26名。中国高等学校外语专业教学指导委员会委员、英语组副组长(1987—1997年),中国英语教学研究会副会长(1987—2001年),国际系统功能语言学会委员会委员,中国语言与符号学研究会会长、中国功能语言学研究会会长、名誉会长,中国文体学研究会名誉会长,北京外国语大学中国外语教育研究中心学术委员会主

任(2000—2011年),教育部国家基础教育课程教材专家咨询委员会委员,国家基础教育实验中心外语教育研究中心顾问。北京师范大学兼职教授、博导(1997—2007年)、清华大学双聘教授,并国内40所大学兼职教授。完成专著7部,合著10部,主编10部,合编11部,译著1部,论文208篇。《语言学教程》获国家教委优秀教材一等奖,《系统功能语法概论》获第二届全国优秀教育图书二等奖,《语篇的衔接与连贯》获北京大学优秀教材奖,《语言学教程》修订版获北京市精品教材二等奖,"普通语言学教学实践"获北京市教育教学成果(高等教育)一等奖。1993年被评为北京市优秀教师。

刘安武 男,1930年7月生,湖南常德人,汉族。北京大学外国语学院南亚学系教授、博导,北京大学哲学社会科学资深教授。曾先后就读于湖南大学、北京大学、印度德里大学、贝拿勒斯大学。1958年毕业回国后,一直在北京大学任教。曾任北京大学东语系东方文学研究室主任、东语系学术委员会暨学位委员会主任、北京大学学术委员会委员、南亚文化研究所所长等职。历任中国印度文学研究会副会长、会长,现为名誉会长;并为中国作家协会会员。主要著作有《印度印地语文学史》《普列姆昌德和他的小说》《普列姆昌德评传》《印度两大史诗评说》《印度两大史诗研究》《印度文学和中国文学比较研究》等。获得过陆文星-韩素音中印友谊奖、全国高校人文社科优秀成果二等奖、北京市社科优秀成果奖二等奖(两次)、北京大学文科优秀科研成果奖(三次)等。此外,还组织编写了《简明东方文学史》《东方文学史》(1996年获北京市社科优秀成果特等奖,1998年获全国高校人文社科优秀成果一等奖)、《东方文学辞典》《东方文学作品选》(1991年获第一届全国优秀外国文学图书三等奖)等文学论著、辞书、作品集多种。主要译著有《新婚》《如意树》《割草的女人》《普列姆昌德短篇小说选》以及泰戈尔剧本10种。选编或选译了《现代印度文学研究》《印度两大史诗评论汇编》《普列姆昌德论文学》《普列姆昌德短篇小说选》《印度古代诗选》《秘密组织和道路社》等著作。2000年出版了三人主编的24卷本《泰戈尔全集》。2004年中国译协授予其资深翻译家称号。

梁守德 男,1936年生于湖北武汉。1956年考入中国人民大学,1960年人民大学本科毕业,1963年人民大学研究生毕业。毕业后一直在北京大学政治系(后改名为国际政治系)工作。北京大学资深教授,北京大学国际安全与和平研究中心主任、东西方文化研究中心主任,《国际政治研究》主编,中国高校国际政治研究会理事长。

梁守德教授长期从事国际政治学理论和国际战略的教学和研究工作,是我国高校最早开设国际政治理论课程的教授之一,是全国高校公共政治理论课《世界政治经济与国际关系》的主要设计者之一,是教育部社科司组织编定的第一份该课教学大纲的主要参与者和该课教材的第一主编。作为长期担任院长和系主任的"双肩挑"教授,梁守德潜心科学研究,勤奋笔耕,出版的著作和教材虽不足20部,发表的论文也只有50余篇,但很有自己的特色,凸显了"立足现实,与时俱进,大胆探索,开拓创新"的科学精神。

梁守德教授的科学研究有一条主线,主要集中于中国国际政治学理论的学科建设。在学术界大量引进美国国际政治学理论的同时,他就和一些同行积极倡议学科建设要突出中国国家特色。他首先发表论文《论国际政治学的"中国特色"》(1991)、《国际政治学在中国——再论国际政治学理论的"中国特色"》,从哲学的高度上系统探讨了国际政治学中国特色的必要性、重要性,以及如何突出中国特色等问题。他主著的《国际政治学概论》(1991年写成初稿,曾校内铅印作教材使用,1994年正式出版)就是突出中国特色的初步尝试。主要代表作有:《民族解放运动史》《当代世界政治与国际关系概论》(第一主编)、《国际政治论集》(主编)、《国际政治概论》《国际政治新论》(主编)《国际政治学理论》《冷战后的国际政治》(主编)《冷战后国际关系中的"彼"与"己"》(主编)《邓小平的国际政治理论》。近几年来,在《国际问题研究》《太平洋学报》《中国评论》(香港)《国际政治〈日本〉》《国际政治研究》等学术刊物上发表:"论国际政治学理论的'中国特色'""国际形势的演变与美国的新霸权""冷战后国际政治的主权与人权""冷战后国际政治中的主权与'球权'""和平与发展主题时代的新阶段与中国对外工作的新思路"等有独到见解的论文。

赵宝煦 男,1922年11月18日生,北京人,祖籍浙江绍兴。政治学家,当代中国政治学主要奠基人之一。曾任曾任北京大学国际政治系主任、亚非研究所所长,北京大学校务委员会委员,校学术委员会委员。中央社会主义学院副院长、国务院学术委员会政治学评议组副组长、国家社会科学基金委员会政治学基金组组长,中国政治学会副会长,北京市政治学行政学会会长,中国世界民族学会副会长,中国欧洲学会理事,香港《中国研究》学刊主编,国际政治科学协会(IPSA)执行局委员、理事,《中国大百科全书·政治学卷》(国际政治分卷)主编。

赵宝煦教授在政治学基本理论、中国政治、中国对外关系、中美关系、台湾问题和国际政治等方面皆有建树,成果累累。在政治学方面,1982年出版了《政治学概论》，这是新中国成立后第一部以马克思主义为指导的政治学教材。1983年在美国出版了英文版学术演讲集《中国政治学的复兴》，并被译成日文、德文、韩文在日本、奥地利和韩国出版。同年，在北大建立了全国第一个政治学博士点，1985年起正式招生，3年后培养出中国有史以来第一批国内培养的政治学博士。1985年在德国出版了《当代中国政治专题研究》。在国际政治方面，1985年在北大建立了全国第一个国际政治博士点，成为国内为数不多的双学科博士生导师。在国情研究方面，白手起家，1988年在北大创办了跨学科综合性学术研究及咨询机构——北京大学中国国情研究中心，亲自担任中心主任。针对学界长期存在的教条主义盛行的严峻局面，明确提出搞实证研究，反对坐而论道。中心出版了《国情与现代化》和《国情与世界》两套丛书，为国家的战略决策提供政策咨询。曾承担国家"八五"重点科研项目"中国政治体制改革研究"，联合全国10所高校的政治学教师历时3年在全国进行三次大规模调查，出版了3本调查报告——《民主政治与地方人大》《政治机构与党的职能》和《行政机构改革透析》。

沈宗灵　1923年　月生于杭州，长期居住在上海。抗日战争期间，家住上海租界。1942年，沈宗灵中学毕业，进入光华大学，攻读政治学。一年后转入复旦大学法律系。1946年毕业于国立复旦大学，获法学学士学位。1948年在美国宾夕法尼亚大学研究生院获人文科硕士学位。先后在复旦大学、北京大学等校执教。曾任北大法律系法学理论教研室主任，北京大学比较法-法律社会学研究所所长，中国法学会法理学研究会总干事，中国法学会比较法学研究会总干事，国际法律哲学与社会哲学学会中国分会第一任主席。1994年当选为国际比较法科学院联系成员。主要从事法理学和比较法学研究。其著作《比较法总论》(1987年，北京大学出版社)1992年获首届高校出版社优秀学术著作特等奖；《现代西方法理学》(1992年，北京大学出版社)1995年获国家教委人文社会科学研究优秀成果一等奖、第三届全国高校出版社优秀学术著作特等奖；主编高校法学教材之一《法理学》(高等教育出版社，1994年)获1995年第三届普通高校优秀教材国家教委一等奖。1994年，沈宗灵教授获北京大学首届人文社会科学突出贡献奖。

梁柱　男，汉族，1935年生，福建福州人。1953年参加工作。1960年毕业于中国人民大学，后到北京大学工作。任教授、科学社会主义专业博士生导师，2005年聘为资深教授。曾任北京大学副校长，现任校务委员会副主任，兼任教育部邓小平理论研究中心副主任、国家哲学社会科学规划学科评议组副组长，全国高教自考"两课"专家组组长、中华人民共和国国史学会副会长、中国延安精神研究会副会长等职。此外，还被一些高等学校和研究机构聘为兼职教授、研究员。长期从事马克思主义理论教学与研究工作，先后出版的专著有《毛泽东民主政治建设的思想探析》《毛泽东思想若干理论研究》《国民革命的兴起》《蔡元培与北京大学》《社会主义初级阶段与四项基本原则》等十余部；在各种报刊发表了近200篇学术论文，并从中选编出版了《履冰问道集》。其在参与编辑的"居安思危·世界社会主义小丛书"中独著了《历史虚无主义评析》，广受社会各界人士好评。

汪永铨　1929年8月生，湖北鄂城县段店镇人。我国高等教育学科的主要奠基人之一。早年毕业于清华大学物理系，毕业后留校任教。院系调整期间，调至北京大学工作，历任物理系普通物理教研室主任、无线电电子学系主任、电化教育中心主任、教务长、高等教育科学研究所所长等职务。汪永铨教授还先后担任国务院学科评议组教育学科组成员、中国高等教育学会副会长、全国教育科学规划领导小组高等教育学科组副组长、《北京大学教育评论》创刊主编。汪永铨教授在我国高等教育学科发展、人才培养、学风建设等方面都作出了诸多开创性的卓越贡献，先后获得众多学术奖励，在国际国内学术界享有崇高的声誉。其代表作有《中国高等教育结构研究》《关于我国高等教育科学研究的几点思考》《关于政府对高等教育的管理》等。

吴慰慈　男，1937年生，安徽省安庆市枞阳县人。1961年7月毕业于北京大学图书馆学系。北京大学信息管理系教授、图书馆学专业博士生导师。曾任北京大学信息管理系主任、信息传播研究所所长、国家教育部高等院校图书馆学学科教学指导委员会主任委员，国务院学位委员会图书馆、情报与档案管理学科评议组第一召集人、中国图书馆学会学术委员会主任，《中国图书馆学报》《大学图书馆学报》《情报学报》《情报科学》等核心期刊的编委、编辑委员会副主任委员。他还被聘任为南京大学、南开大学、吉林大学、中山大学兼职教授。

吴慰慈主持国家社会科学基金、教育部、科技部等重大研究项目多项。已完成的研究项目有：国家教育部人文社会科学研究"八五"规划基金项目"当代中国图书馆事业发展战略研究"；国家科技部软科学课题"我国科技信息资源的开发与利用研究"；国家教育部博士点人文社会科学研究项目"信息技术革命对我国图书馆学情报学学科体系的影响"；与日本爱智淑德大学共同研究项目"依托数字化信息资源的信息服务"

等;北京大学文科"985"重点研究课题"20世纪中国图书馆学研究"等。已获奖励有:北京大学优秀教学奖(1985年)、国家教委优秀教材一等奖(1988年)、北京大学人文社会科学优秀著作奖(1993年)、中国图书馆学会优秀著作奖(1995年)、中国图书馆学报优秀论文奖(1996年)、国家教育部普通高校第二届人文社会科学研究成果二等奖(1998年)、北京大学优秀教学奖以及国家精品课程等奖项。

吴慰慈长期从事图书馆学基础理论的教学和研究工作,是全国高校图书馆学基础课程的主要设计者之一,第一部《图书馆学基础教学大纲》的主要执笔者和第一部示范性教材《图书馆学基础》(1981年)的主要参与者。他曾多次参加国际和国内主要的学术会议作学术演讲,还多次参加中美图书馆界高层论坛并担任组委会副主席。已有10余部著作出版,发表学术论文300余篇。据南京大学中国社会科学研究评价中心(CSSCI)的统计,在"图书馆、情报与档案管理"一级学科中吴慰慈论著被引率名列前茅。

吴树青 男,1932年1月生,江阴顾山人。经济学家兼教育家,教授。1952年被选送到中国人民大学研究生班学习,1955年加入中国共产党。1955年毕业留校任经济学助教,致力于经济学教学和理论研究工作。1984年评为教授。1985年任中国人民大学研究生院副院长,1987年起任中国人民大学副校长兼研究生院院长。1989年8月起任北京大学校长,1996年8月离任。1996年8月至今任北京大学教授、校务委员会名誉主任、教育基金会理事长、中国城市经济学会副会长。主要著作有《经济改革名词解释》(副主编,1981—1985年)、《政治经济学常识》(1981年)、《政治经济学入门》(主编,1982年)、《社会主义经济理论专题讲座》(参加编写,1982年)、《中国社会主义建设》(1986年)、《略论股份经济》(1986年)、《模式·运行·调控》(主编,1987年)等。主编的《中国社会主义建设》和《政治经济学》,分别于1991年和1995年获国家教委优秀教材一等奖;论文"坚持社会主义必须弄清什么是社会主义",1994年获中宣部"五个一工程"论文奖。

长江学者名录

批次	所在院系	姓名	岗位名称	岗位类别
1	数学学院	田 刚	基础数学	讲座
1	数学学院	夏志宏	基础数学	讲座
1	物理学院	欧阳颀	凝聚态物理	特聘
1	物理学院	龚旗煌	光学	特聘
1	化学学院	刘忠范	纳米科学与技术	特聘
1	生命学院	邓兴旺	生物化学与分子生物学	讲座
1	信息学院	彭练矛	纳米科学与技术	特聘
1	工学院	佘振苏	流体力学	特聘
1	信息学院	张志刚	光学工程	特聘
2	数学学院	鄂维南	计算数学	讲座
2	数学学院	许进超	计算数学	讲座
2	物理学院	刘晓为	天体物理学	特聘
2	化学学院	程正迪	高分子化学与物理	讲座
2	化学学院	严纯华	无机化学	特聘
2	化学学院	赵新生	物理化学	特聘

续表

批 次	所在院系	姓 名	岗位名称	岗位类别
2	城环学院	周力平	自然地理学	特聘
2	信息学院	查红彬	信号与信息处理	特聘
2	工学院	陈十一	流体力学	特聘
2	医学部	高晓明	免疫学	特聘
3	数学学院	张继平	基础数学	特聘
3	物理学院	孟 杰	粒子物理与原子核物理	特聘
3	生命学院	赵进东	遗传学与发育生物学	特聘
3	生命学院	邓宏魁	生物技术	特聘
3	城环学院	陶 澍	自然地理学	特聘
3	环境学院	朱 彤	环境科学	特聘
3	信息学院	丛京生	计算机软件与理论	讲座
3	医学部	王 宪	生理	特聘
3	医学部	叶新山	药物化学	特聘
3	医学部	吴 励	免疫学	讲座
3	分子医学所	程和平	细胞生物学	特聘
4	数学学院	刘 军	概率论与数理统计	讲座
4	化学学院	杨 震	有机化学	特聘
4	化学学院	刘文剑	理论化学	特聘
4	物理学院	马伯强	理论物理	特聘
4	化学学院	席振峰	有机化学	特聘
4	化学学院	夏 斌	生物化学及分子生物学	特聘
4	化学学院	金长文	无线电物理	特聘
4	化学学院	来鲁华	化学生物学	特聘
4	生命学院	朱玉贤	遗传学及发育生物学	特聘
4	地空学院	陈永顺	固体地球物理学	特聘
4	数学学院	王诗宬	基础数学	特聘
4	工学院	王 龙	一般力学与力学基础	特聘
4	医学部	刘国庆	心血管分子生物学	特聘
4	医学部	汪 涛	内科肾脏病学	特聘
4	医学部	李凌松	心血管分子生物学	特聘
5	数学学院	张平文	计算数学	特聘
5	物理学院	俞大鹏	凝聚态物理	特聘
5	物理学院	汤 超	凝聚态物理	讲座
5	化学学院	高 松	无机化学	特聘
5	生命学院	苏晓东	生物化学及分子生物学	特聘
5	地空学院	高克勤	古生物学与地层学	特聘
5	城环学院	方精云	自然地理学	特聘

续表

批 次	所在院系	姓 名	岗位名称	岗位类别
5	医学部	尚永丰	生物化学及分子生物学	特聘
5	分子医学所	肖瑞平	心血管分子生物学	特聘
5	工学院	韩平畴	一般力学	特聘
5	工学院	方岱宁	固体力学	特聘
6	数学学院	郁彬	概率论与数理统计	讲座
6	物理学院	沈波	凝聚态物理	特聘
6	物理学院	季向东	理论物理	讲座
6	化学学院	邵元华	分析化学	特聘
6	生命学院	张传茂	细胞生物学	特聘
6	生命学院	林硕	动物发育生物学	讲座
6	历史系	王希	世界史	特聘
6	外语学院	申丹	英语语言文学	特聘
6	法学院	陈兴良	刑法	特聘
6	人口所	郑晓瑛	人口学	特聘
6	国家发展研究院	约翰·施特劳斯	经济学	讲座
6	国家发展研究院	詹姆斯·赫克曼	经济学	讲座
6	医学部	管又飞	病理生理学	特聘
6	医学部	王克威	神经生物学	特聘
6	医学部	王存玉	口腔医学	讲座
6	信息学院	周治平	光电子	特聘
7	数学学院	王长平	基础数学	特聘
7	物理学院	陈勇	微流技术	讲座
7	化学学院	王剑波	有机化学	特聘
7	生命学院	王世强	生理学及神经生物学	特聘
7	生命学院	郭红卫	植物分子生物学	特聘
7	生命学院	龙漫远	神经信息学	讲座
7	地空学院	张立飞	矿物学、岩石学、矿床学	特聘
7	环境学院	何玉山	环境科学与工程	讲座
7	信息学院	梅宏	计算机软件与理论	特聘
7	医学部	张毓	免疫学	特聘
7	中文系	陈平原	中国语言文学	特聘
7	历史系	阎步克	中国古代史	特聘
7	经济学院	刘伟	政治经济学	特聘
7	社会学系	李中清	社会学	讲座
7	教育学院	曾满超	教育经济学	讲座
7	国家发展研究院	加里·贝克尔	经济学	讲座
7	国家发展研究院	约瑟夫·斯蒂格利茨	经济学	讲座

续表

批 次	所在院系	姓 名	岗位名称	岗位类别
8	地空学院	宗秋刚	空间物理	特聘
8	医学部	杜军保	儿科学	特聘
8	法学院	朱苏力	法理学	特聘
8	历史系	彭小瑜	世界史	特聘
8	数学学院	韩 青	基础数学	讲座
8	物理学院	涂豫海	凝聚态物理	讲座
8	化学学院	王植源	高分子化学与物理	讲座
8	地空学院	费英伟	地球科学	讲座
8	医学部	徐清波	生理学	讲座
8	物理学院	李 浩	理论与系统生物学	讲座
8	物理学院	徐 雷	信号与信息处理	讲座
8	国家发展研究院	爱德华J.格林	经济学	讲座
8	历史系	王晴佳	史学理论	讲座
8	工学院	任秋实	医学电子学	特聘
9	数学学院	姜 明	应用数学	特聘
9	工学院	王建祥	固体力学	特聘
9	生命学院	瞿礼嘉	植物分子生物学	特聘
9	历史系	荣新江	中国古代史	特聘
9	数学学院	郭 岩	基础数学	讲座
9	工学院	徐 昆	流体力学	讲座
10	数学学院	宗传明	基础数学	特聘
10	物理学院	朱世琳	理论物理	特聘
10	信息学院	黄 如	微电子学与固体电子学	特聘
10	医学部	陆 林	药理学	特聘
10	光华学院	蔡洪滨	经济学	特聘
10	数学学院	赵宏凯	应用数学	讲座
10	物理学院	林志宏	等离子体物理	讲座
10	生命学院	谢晓亮	分子生物物理	讲座
10	环工学院	张人一	大气化学	讲座
10	工学院	姜钟平	一般力学 力学系统与控制	讲座
10	分子医学所	张 康	人类遗传学	讲座
10	医学部	柴 洋	口腔基础医学	讲座
10	中文系	张旭东	中国文学（比较文学与文艺学）	讲座
10	社调中心	谢 宇	社会学	讲座

教 授 名 录

校 本 部

说明:本名录为2009年在职的具有正高级专业技术职务的人员。

数学科学学院

教授

宗传明	任艳霞	夏壁灿	朱小华	马尽文
王保祥	李 若	汤华中	丘维声	裘宗燕
王诗宬	郑志明	徐树方	刘和平	伍胜健
方新贵	李治平	王 鸣	莫小欢	李伟固
房祥忠	潘家柱	柳 彬	周 铁	刘旭峰
蔡金星	史宇光	丁 帆	周蜀林	王冠香
甘少波	刘力平	杨静平	邓明华	姜 明
许进超	鄂维南	孙文祥	陈大岳	冯荣权
徐 恺	葛力明	蒋美跃	何书元	高 立
刘培东	王长平	张继平	耿 直	林作铨
张平文	刘张炬	谭小江	姜伯驹	王正栋
张恭庆	田 刚	丁伟岳	文 兰	夏志宏
孙笑涛				

研究员

刘化荣　姚 远

编审

刘 燕

工学院

教授

陈十一	王健平	贺贤土	方岱宁	郑春苗

研究员

蔡 剑	郑 强	米建春	李克文	王习东
谢天宇	杨剑影	韩平畴	吴晓磊	孙 强
汤岳琴	董蜀湘	袁章福	曹安源	任秋实

物理学院

教授

俞大鹏	熊传胜	蒋红兵	王宏利	史俊杰
冒亚军	陈志坚	范祖辉	马中水	刘富坤
朱世琳	班 勇	冉广照	尹 澜	张家森
杨海军	钱思进	李 焱	李定平	吴学兵
刘树华	田光善	钱维宏	胡晓东	李振平
许甫荣	刘克新	张宏升	季 航	刘 川
盖 峥	赵春生	徐仁新	郑汉青	张庆红
戴 伦	马伯强	王福仁	张 杰	刘晓为
叶恒强	徐至展	陈建生	周又元	张焕乔
樊铁栓	王宇钢	刘玉鑫	朱守华	胡永云
沈 波	郭光灿	陈 斌	王晓钢	王世光
龚旗煌	谭本馗	王若鹏	朱 星	叶沿林
秦国刚	孟 杰	张国义	张 酣	李重生
甘子钊	杨应昌	陈佳洱	欧阳颀	赵光达
赵柏林	吕建钦	王稼军	霍裕平	杨金波
王恩哥				

研究员

陈金象	卢咸池	彭逸西	胡宗海	肖池阶
王新强	孟智勇	黎 卓	肖云峰	吴孝松
刘运全				

教授级高工

王建勇	陈 晶	陆元荣	方 胜	鲁向阳
王洪庆				

研究馆员

范淑兰

信息科学技术学院

教授

代亚非	王 漪	王厚峰	吴文刚	张海霞
谢昆青	夏明耀	于晓梅	陈 清	李正斌
傅云义	李红滨	胡薇薇	张 路	梁学磊
谢 冰	郭 瑛	刘新元	陈徐宗	焦秉立
朱柏承	陈章渊	杨芙清	王阳元	杨冬青
屈婉玲	王克义	陈向群	张 铭	王千祥
吴玺宏	张大成	张 兴	刘晓彦	黄 如
王捍贫	郝一龙	徐安士	程 旭	刘 宏
张耿民	李文新	封举富	陈景标	罗英伟
赵建业	许 超	金玉丰	汪国平	彭练矛
王子宇	康晋锋	罗 武	何新贵	赵玉萍
李志宏	郭 弘	侯士敏	张志刚	解思深
何 进	高 文	程玉华	梅 宏	邵维忠
李晓明	谭少华	陈 钟	查红彬	迟惠生

| 韩汝琦 | 黄铁军 | 苏开乐 | 陆汝钤 | 邬江兴 |
| 周治平 | 许 进 | 谭 营 | 金 芝 | |

研究员

张盛东	崔 斌	揭斌斌	姜玉祥	赵卉菁
王亦洲	袁晓如	肖 臻	陈一峯	曾 钢
宋令阳	解晓东			

教授级高工

| 于敦山 | 赵兴钰 | 王兆江 | 李 婷 | 闫桂珍 |
| 金 野 | 何永琪 | 高成臣 | | |

化学与分子工程学院

教授

寇 元	杨 震	席振峰	施祖进	陈尔强
张 锦	邵元华	黄春辉	钱民协	贾欣茹
刘虎威	王剑波	王 远	朱 涛	沈兴海
黄建滨	李 彦	王哲明	李子臣	齐利民
翟茂林	张亚文	刘文剑	裴 坚	徐东升
吴 凯	程正迪	其 鲁	刘海超	李星国
夏 斌	余志祥	施章杰	袁 谷	魏高原
来鲁华	邹德春	赵新生	金长文	刘 锋
高 松	张新祥	刘忠范	林建华	严纯华
宛新华	甘良兵	李克安	段连运	徐光宪
唐有祺	黎乐民	周其凤	刘元方	

研究员

| 付雪峰 | 郭雪峰 | 张俊龙 | 蒋 鸿 | 马 丁 |
| 陈 鹏 | 李笑宇 | | | |

生命科学学院

教授

白书农	郑晓峰	蔡 宏	苏晓东	昌增益
罗静初	于龙川	安成才	赵进东	张传茂
王忆平	陈建国	柴 真	饶 毅	张 博
吕 植	饶广远	王世强	顾 军	纪建国
樊启昶	秦咏梅	邓兴旺	范六民	魏丽萍
孔道春	郭红卫	邓宏魁	朱玉贤	许崇任
顾红雅	李 毅	陈章良	翟中和	朱作言
瞿礼嘉	苏都莫日根			

研究员

| 蒋争凡 | 魏文胜 | 陶乐天 | 刘 磊 | 刘 东 |
| 罗述金 | 谢 灿 | | | |

教授级高工

周先碗

地球与空间科学学院

教授

| 高克勤 | 鲁安怀 | 传秀云 | 陈永顺 | 胡天跃 |
| 傅绥燕 | 周仕勇 | 黄清华 | 徐 备 | 刘树文 |

王河锦	魏春景	秦 善	张立飞	陈 斌
朱永峰	吴朝东	涂传诒	赵永红	宁杰远
李 琦	程承旗	曾琪明	陈秀万	李培军
郝维城	关 平	侯贵廷	李江海	张进江
张弥曼	童庆禧	叶大年	陈运泰	郑海飞
宋述光	陈衍景	马宗晋	潘 懋	郭召杰
韩宝福	吴泰然	秦其明	侯建军	马学平
白志强	方 裕	邬 伦	蔡永恩	晏 磊
宗秋刚	沈正康			

研究员

| 宋振清 | 刘 曦 | 巫 翔 |

教授级高工

郭仕德

城市与环境学院

教授

周力平	徐福留	唐晓峰	刘鸿雁	胡建英
方 拥	贺灿飞	张永和	王红亚	方精云
陈效逑	王仰麟	李有利	许学工	吕 斌
王缉慈	冯长春	柴彦威	韩光辉	韩茂莉
曾 辉	吴必虎	阙维民	杨小柳	贺金生
王学军	刘耕年	莫多闻	蔡运龙	俞孔坚
陶 澍	蒋有绪	黄国和	满燕云	秦大河

研究员

| 朴世龙 | 李喜青 | 李永平 | 王喜龙 | 许云平 |
| 赵淑清 | | | | |

教授级高工

王永华

环境科学与工程学院

教授

马晓明	刘阳生	唐孝炎	栾胜基	郭怀成
宋豫秦	胡建信	蔡旭晖	张世秋	谢绍东
胡 敏	陈忠明	李文军	邵 敏	叶文虎
毛志锋	宋 宇	徐晋涛	朱 彤	倪晋仁
张远航				

研究员

| 童美萍 | 要茂盛 | 邱兴华 | 刘 永 |

教授级高工

曾立民

心理学系

教授

| 韩世辉 | 周晓林 | 钱铭怡 | 谢晓非 | 苏彦捷 |
| 吴艳红 | 李 量 | 王 垒 | | |

研究员

| 方 方 | 李 晟 |

计算机科学技术研究所

教授
肖建国

研究员
陈晓鸥　周秉锋　杨　斌　郭宗明　邹　维
汤　帜　赵东岩

分子医学研究所

研究员
周　专　程和平　梁子才　李　建　田小利
熊敬维

先进技术研究院

教授
李启虎

中国语言文学系

教授
刘　东　朱庆之　车槿山　王韫佳　陈晓明
董洪利　高路明　吴　鸥　耿振生　陈平原
陈跃红　傅　刚　戴锦华　杨荣祥　刘勇强
高远东　李　杨　张　辉　刘玉才　项梦冰
孔庆东　韩毓海　吴晓东　杜晓勤　郭　锐
漆永祥　商金林　卢永璘　王洪君　夏晓虹
王岳川　陈保亚　于迎春　孔江平　潘建国
李小凡　葛晓音　袁毓林　沈　阳　张　鸣
张颐武　李　零　曹文轩　钱志熙　杨　铸
袁行霈　程郁缀　宋绍年　孙玉文　龚鹏程
廖可斌

历史学系

教授
彭小瑜　王立新　吴小安　李孝聪　徐　勇
王红生　王小甫　朱孝远　郭卫东　刘浦江
张　帆　颜海英　许　平　郭润涛　陈苏镇
王新生　杨奎松　高　岱　辛德勇　朱凤瀚
李剑鸣　邓小南　董正华　牛大勇　赵世瑜
王晓秋　阎步克　荣新江　高　毅　罗志田
钱乘旦　王　希　欧阳哲生

研究员
王春梅　王奇生　黄　洋　井上亘

研究馆员
臧　健　王美秀

考古文博学院

教授
李崇峰　权奎山　刘　绪　黄蕴平　王　迅
赵　辉　宋向光　齐东方　王幼平　张　辛
徐天进　孙　华　张　弛　吴小红　高崇文
赵化成　李水城　林梅村　秦大树　杭　侃

哲学系

教授
聂锦芳　朱良志　吴国盛　靳希平　张祥龙
尚新建　姚卫群　刘壮虎　王宗昱　丰子义
周北海　任定成　章启群　陈　波　韩水法
徐凤林　韩林合　刘华杰　王　博　孙尚扬
王海明　徐向东　张学智　陈少峰　陈　来
何怀宏　赵敦华　胡　军　王　东　张志刚
叶　朗

研究员
冀建中

国际关系学院

教授
牛　军　杨保筠　李义虎　王正毅　袁　明
尚会鹏　叶自成　许振洲　李保平　孔凡君
张植荣　朱　锋　罗艳华　王　勇　唐士其
张小明　连玉如　潘　维　张世鹏　张光明
王缉思　李安山　贾庆国　张锡镇　张清敏
查道炯　王逸舟

经济学院

教授
章　政　平新乔　曹和平　王大树　王志伟
刘文忻　李心愉　叶静怡　王跃生　刘　怡
黄桂田　杜丽群　张　博　王一鸣　李绍荣
何小锋　宋新明　乔晓春　林双林　刘民权
雎国余　刘　伟　孙祁祥　李涌平　李庆云
萧国亮　郑晓瑛　胡　坚　萧　琛　穆光宗

编审
于小东

光华管理学院

教授
单忠东　邹恒甫　陈丽华　符国群　徐信忠
张志学　陆正飞　龚六堂　吴联生　武常岐
王　辉　陈　嵘　彭泗清　梁钧平　李　东
何志毅　王立彦　姚长辉　雷　明　王明进

张一弛	于鸿君	刘 学	张红霞	江明华	王继辉	韩加明	拱玉书	彭广陆	刘树森
蔡洪滨	刘 力	朱善利	王建国	涂 平	申 丹	周小仪	王辛夷	田庆生	刘 锋
曹凤岐	张维迎	张国有	厉以宁	刘玉珍	王东亮	李 玮	李 政	王 建	查晓燕
陈松蹊	刘国恩	李怡宗			赵桂莲	王 军	李先汉	梁敏和	丁宏为
					钱 军	姜景奎	陈岗龙	金 勋	张 敏
					金景一	赵白生	于荣胜	任一雄	刘建华

法学院

					杨国政	付志明	黄必康	孔菊兰	唐孟生
教授					刘曙雄	程朝翔	刘金才	赵 杰	谢秋荣
白建军	刘剑文	汪建成	刘凯湘	曲三强	高一虹				
张千帆	姜明安	王世洲	赵国玲	邵景春	**研究员**				
张 平	张 骐	汪 劲	马忆南	潘剑锋	吴新英				
钱明星	梁根林	王 磊	徐爱国	刘 燕					
张守文	陈瑞华	甘培忠	张建国	王锡锌	## 艺术学院
尹 田	白桂梅	强世功	李 鸣	郭自力					
贺卫方	周旺生	陈兴良	龚刃韧	吴志攀	**教授**				
朱苏力	饶戈平				李道新	李 松	彭吉象	朱青生	翁剑青
研究员					陈旭光	俞 虹	李爱国	丁 宁	
叶静漪	蒋大兴								

新闻与传播学院

信息管理系

教授									
教授					杨伯溆	徐 泓	程曼丽	肖东发	谢新洲
王余光	赖茂生	马张华	段明莲	张浩达	师曾志	刘德寰	陈 刚	陆绍阳	关世杰
刘兹恒	李国新	陈建龙	周庆山	李常庆	陆 地				
王子舟	祁延莉	李广建							

马克思主义学院

社会学系

教授									
教授					陈占安	程立显	李淑珍	郭建宁	白雪秋
蔡 华	秦明瑞	郑也夫	钱民辉	杨善华	康沛竹	李少军	仝 华	尹保云	黄小寒
王思斌	刘世定	张 静	佟 新	王铭铭	刘志光	孙代尧	孙蚌珠	祖嘉合	杨 河
刘爱玉	方 文	邱泽奇	谢立中	李建新	孙熙国	李毅红	程美东	郇庆治	
郭志刚	吴宝科	高丙中	王汉生	陆杰华	**研究员**				
马 戎	周 云				侯玉杰				

政府管理学院

教育学院

教授					**教授**				
路 风	肖鸣政	陈庆云	杨 明	袁 刚	岳昌君	康 健	陈学飞	马万华	汪 琼
吴 丕	李 强	沈明明	江荣海	周志忍	李文利	施晓光	文东茅	陈洪捷	丁小浩
金安平	燕继荣	赵成根	徐湘林	关海庭	陈向明	闵维方	阎凤桥	眭依凡	
张国庆	傅 军	李国平	黄恒学	杨开忠					
李成言	王浦劬				## 对外汉语教育学院
研究员					**教授**				
顾 昕					王顺洪	王若江	杨德峰	刘元满	张 英
					李大遂	李红印	李晓琪		

外国语学院

研究员
张秀环

教授					
王一丹	谷 裕	董 强	黄燎宇	赵华敏
秦海鹰	罗 芃	裴晓睿	姜望琪	唐仁虎
王邦维	辜正坤	段 晴	张世耘	李昌珂

国家发展研究院

教授
梁能　汪丁丁　张黎　马浩　李玲
胡大源　赵耀辉　姚洋　卢锋　霍德明
朱家祥　巫和懋　周其仁　宋国青　海闻
曾毅　林毅夫　唐方方　黄益平　杨壮

体育教研部

教授
董进霞　顾玉标　李德昌　张锐　郝光安
何仲恺
研究员
田敏月

党委办公室校长办公室

教授
张彦　许智宏　吴树青
研究员
陈文申　林钧敬

发展规划部

研究员
冯支越

纪委监察室

研究员
王丽梅　侯志山

组织部

教授
李文胜
研究员
郭海　岳素兰

宣传部

研究员
赵为民

统战部

研究员
付新

教务部

研究员
金顶兵　卢晓东

社科部

编审
刘曙光

研究生院

研究员
郑兰哲　魏志义

继续教育部

研究员
李国斌　张虹

人事部

研究员
蒋宗凤　刘波　周岳明　王红印

财务部

研究员
闫敏

国际合作部

研究员
刘新芝　李岩松　潘庆德　夏红卫

实验室与设备管理部

研究员
李小寒　史守旭

总务部

研究员
张宝岭　鞠传进

基建工程部

教授级高工
莫元彬

餐饮中心

研究员
崔芳菊

会议中心

研究员
陈振亚

图书馆

研究馆员
高倬贤　沈正华　沈乃文　朱　强　肖　珑
姚伯岳　陈　凌　张红扬　聂　华　宋力生

出版社

研究员
胡美香
编审
周雁翎　杨立范　张黎明　高秀芹　张凤珠
林君秀　王明舟　张　冰　金娟萍　杨书澜
徐万丽　刘　方

计算中心

教授级高工
张　蓓　黄达武　丁万东　种连荣　李庭晏

社区服务中心

研究员
赵桂莲

校医院

主任医师
张宏印　赵丽雅　张玉梅　杨萍兰　周广华
李　华

教育基金会

研究员
许　净

方正集团

教授
魏　新
研究员
张兆东　蒋必金　张炳贤
教授级高工
陈文先　汪岳林　黄肖俊　廖春生

未名集团

研究员
张　华
教授级高工
潘爱华

资源集团

研究员
张永祥　黄琴芳

青鸟集团

研究员
杨　明　初育国
教授级高工
田仲义　苏渭珍

科维理天文所

研究员
李立新　于清娟　闫慧荣　理查德　柯文采
马丁史密斯

科研部

研究员
周　辉　吴　錡

力学与工程科学系

教授
王建祥　段志生　刘凯欣　王　勇　李存标
陈　璞　耿志勇　刘才山　唐少强　黄　琳
方　竞　楚天广　白树林　佘振苏　谭文长
郑玉峰　王　龙　王金枝　陈国谦

软件工程国家研究中心

教授
吴中海
研究员
张世琨

维信公司

研究员
段震文

校办公司

教授
林金龙
教授级高工
周亚伟　王　川

中国教育财政研究所

教授
王　蓉

医　学　部

说明:本名录为2009年在职的具有正高级专业技术职务的人员。

基础医学院

教授

安秀丽	陈慰峰	陈英玉	崔彩莲	崔德华
方伟岗	高晓明	高远生	高子芬	顾　江
管又飞	郭长占	韩济生	韩晶岩	韩文玲
贾弘禔	李　刚	李凌松	李学军	李　英
刘国庆	刘树林	鲁凤民	马大龙	毛泽斌
梅　林	濮鸣亮	齐永芬	钱瑞琴	邱晓彦
沙印林	尚永丰	沈　丽	谭焕然	唐军民
田新霞	童坦君	万　有	汪南平	王　凡
王克威	王　露	王文恭	王　宪	王　韵
吴立玲	徐国恒	杨宝学	尹长城	尹玉新
于常海	张　波	张宏权	张书永	张炜真
张永鹤	张　毓	章国良	赵红珊	郑　杰
周春燕	钟　南	钟延丰	朱卫国	朱　毅
祝世功	庄　辉			

研究员

吴鎏桢

编审

安晓意　冯腊枝

教授级高工

尚　彤

药学院

教授

艾铁民	蔡少青	崔景荣	果德安	雷小平
李长龄	李润涛	李中军	梁　鸿	凌笑梅
刘俊义	卢　炜	吕万良	蒲小平	齐宪荣
史录文	屠鹏飞	王　超	王　夔	王　璇
王银叶	徐　萍	杨晓达	杨秀伟	杨振军
叶新山	曾慧慧	张礼和	张亮仁	张　强
张天蓝	周德敏			

研究员

车庆明	崔育新	傅宏征	郭绪林	解冬雪
林文翰	杨　铭			

公共卫生学院

教授

安　琳	常　春	曹卫华	陈　娟	郭新彪
郭　岩	郝卫东	胡永华	季成叶	贾　光
康晓平	李立明	林晓明	刘　民	马　军
马谢民	马迎华	钮文异	潘小川	王培玉
王　生	王晓莉	王　燕	吴　明	肖　颖
詹思延	张宝旭	张拓红	陈大方	王志锋

研究员

陈晶琦	康凤娥	李可基	李　勇	王京宇
武阳丰	余小鸣	周小平		

护理学院

教授

尚少梅

公共教学部

教授

丛亚丽	董　哲	贺东奇	洪　炜	胡佩诚
贾炳善	李　菡	刘大川	刘　奇	刘新芝
王　玥	吴任钢	张大庆	甄　橙	

研究员

王红漫

党政机关、后勤、直属及产业

教授

李　竹　田　佳

研究员

蔡景一	陈立奇	戴　清	邓艳萍	樊建军
高澍苹	郭　立	侯　卉	李　红	李　鹰
梁建辉	刘建蒙	刘穗燕	刘秀英	刘志民
陆　林	马长中	聂克珍	彭嘉柔	乔　力
任爱国	时　杰	王春虎	王　青	谢培英
徐白羽	张　翎	朱树梅	祝　虹	

主任医师

韩方群　王晓军　易　英　王振宇

研究馆员

林小平　谢志耘　尹　源

编审

安　林	白　玲	暴海燕	赵　莳	赵成正

第一临床医学院(北大医院)

教授

包新华	鲍圣德	崔一民	丁　洁	丁文惠
杜军保	高献书	郭晓蕙	郭应禄	黄建萍
黄一宁	霍　勇	姜　毅	姜玉武	蒋学祥
金　杰	李若瑜	李　挺	李小梅	李晓玫
廖秦平	刘梅林	刘新民	刘荫华	刘玉村
潘柏年	秦　炯	秦　永	任汉云	唐光健
涂　平	万远廉	王广发	王贵强	王海燕
王继琛	王　丽	王荣福	王薇薇	王蔚虹
王霄英	温宏武	吴新民	肖永红	谢鹏雁

辛钟成	徐小元	严仁英	晏晓明	杨慧霞	杜如昱	杜湘珂	冯传汉	冯 艺	高旭光
杨 欣	杨艳玲	杨尹默	姚 晨	于岩岩	高占成	郭 卫	何权瀛	洪 楠	胡大一
袁 云	张 宏	张仁尧	张彦芳	张月华	黄晓波	黄晓军	纪立农	姜保国	姜燕荣
张卓莉	章友康	赵明辉	周丛乐	周利群	解基严	冷希圣	黎晓新	李建国	栗占国
周应芳	朱 平	朱天岳	朱学骏	邹英华	刘开彦	刘玉兰	卢纹凯	陆道培	吕厚山
左 力	左文莉				苗懿德	那彦群	彭吉润	苏 茵	王德炳

主任医师

					王建六	王 俊	王 梅	王秋生	王 杉
白文佩	白 勇	岑溪南	柴卫兵	陈 倩	王晓峰	魏 来	魏丽惠	余力生	张建中
陈旭岩	陈永红	迟春花	段学宁	冯 琪	张庆俊	张小明	赵明威	赵 彦	朱继业
冯珍如	高 枫	高惠珍	高燕明	贺占举					

主任医师

洪 涛	黄 真	霍惟扬	季素珍	贾志荣	安友仲	白 文	曹照龙	陈 欢	陈 坚
金燕志	李淳德	李桂莲	李海潮	李海丽	陈源源	陈 彧	戴 林	冯国平	付中国
李 简	李建平	李巧娴	李淑清	李 岩	高承志	高 燕	关 菁	关振鹏	郭静竹
梁芙蓉	梁丽莉	梁卫兰	林景荣	刘玲玲	郭丹杰	郭淮莲	郭继鸿	韩 芳	何晋德
刘桐林	刘小颖	刘新光	刘雪芹	刘玉洁	何燕玲	胡肇衡	黄 迅	贾 玫	江 滨
刘朝晖	柳 萍	卢新天	米 川	年卫东	姜冠潮	寇伯龙	李剑锋	李书娴	李 琦
聂红萍	聂立功	潘英姿	庞 琳	齐慧敏	李 澍	李学斌	栗光明	梁建宏	梁梅英
乔歧禄	阙呈立	山刚志	时春艳	宋鲁新	梁冶矢	林剑浩	刘代红	刘桂兰	刘海鹰
宋以信	孙 洁	谭 伟	汤秀英	汪 波	刘慧君	刘 靖	刘 军	刘兰燕	刘文玲
汪 欣	王爱萍	王东信	王化虹	王建中	刘月洁	陆爱东	路 瑾	毛 汛	倪 磊
王 军	王宁华	王 平	王全桂	王仁贵	牛兰俊	曲星珂	任泽钦	沈晨阳	沈丹华
王维民	王文生	王 颖	文立成	吴士良	沈 浣	孙宁玲	唐 军	佟富中	万 峰
吴问汉	肖 锋	肖慧捷	肖江喜	肖水芳	王 波	王福顺	王 豪	王宏宇	王晶桐
许 幸	杨海珍	杨建梅	杨俊娟	杨 柳	王 茜	王山米	王少杰	王伟民	王智峰
姚 勇	邑晓东	殷 悦	张宝妮	张家湧	吴 夕	吴 彦	吴 燕	邢志敏	熊六林
张俊清	张澜波	张明礼	张淑娥	张晓春	徐 涛	许俊堂	许克新	许兰平	许清泉
张学智	章小维	赵建勋	朱廑荣岩		杨拔贤	杨德起	杨荣利	杨松娜	杨铁生
					叶颖江	于贵杰	袁燕林	曾超美	张殿英

研究员

高树宽	李惠芳	李敬伟	李六亿	刘晓燕	张海澄	张 欢	张乐萍	张立红	张 萍
马兰艳	潘 虹	戚 豫	王学美	辛殿祺	张万蕾	张文娟	张学武	赵 辉	周 波
徐国兵	俞莉章	张春丽	张庆林	张祥华	周殿阁	朱凤雪	朱继红	朱天刚	朱元民

研究馆员

黄明杰

研究员

陈红松	戴谷音	何申戌	何雨生	黄 锋
李月东	刘艳荣	路 阳	王吉善	赵 越
周庆环				

主任药师

孙培红

主任药师

顾 健	李玉珍

主任护师

陈建军	丁炎明	王 群

主任护师

张海燕

主任技师

艾 乙	刘静霞	卢桂芝	苗鸿才	孙孟里
王 彬	吴北生			

主任技师

李 丹

编审

单爱莲

编审

李燕华	林文玉	王 黛	张立群

第二临床医学院(人民医院)

教授

白文俊	鲍永珍	陈 红(女)	崔 恒

第三临床医学院(北医三院)

教授

敖英芳	陈跃国	陈仲强	丁士刚	董国祥
段丽萍	樊东升	高炜	韩启德	郝燕生
贺蓓	洪晶	洪天配	解基严	克晓燕
李东	李健宁	李邻峰	林共周	刘忠军
马芙蓉	马潞林	马庆军	马志中	毛节明
乔杰	万峰	汪涛	王金锐	王俊杰
王薇	王侠	王悦	王振宇	修典荣
徐智	杨孜	余家阔	翟所迪	张纯
张捷	张同琳	张燕燕	张永珍	周丽雅
周谋望				

主任医师

陈文	崔国庆	范家栋	冯新恒	付卫
高洪伟	葛堪忆	顾芳	郭长吉	郭红燕
郭丽君	郭向阳	郭昭庆	韩鸿宾	韩劲松
侯纯升	侯宽永	胡跃林	黄雪彪	黄毅
黄永辉	贾建文	姜辉	景红梅	李比
李东	李海燕	李惠平	李松	李伟力
李小刚	李选	李昭屏	李志刚	林发俭
刘桂花	刘剑羽	刘平	刘书旺	刘湘源
刘晓光	刘瑜玲	刘仲奇	鲁珊	吕愈敏
马彩虹	马力文	马勇光	么改琦	苗立英
聂有智	牛杰	朴梅花	齐强	沈扬
宋世兵	宋为明	孙宇	谭秀娟	田华
童笑梅	王爱英	王超	王贵松	王海燕
王健全	王军	王乐今	王丽	王立新
王少波	王雪梅	王颖	魏玲	吴玲玲
肖卫忠	胥婕	徐希娴	许艺民	闫明
闫天生	杨碧波	杨雪松	姚婉贞	叶蓉华
袁慧书	袁烔	张爱华	张凤山	张福春
张俊	张克	张立	张立强	张利萍
张璐芳	张媛	赵军	赵素焱	赵扬玉
郑丹侠	郑亚安	周方	周劲松	朱红
朱曦	朱昀	庄申榕		

研究员

艾华	陈东明	耿力	金昌晓	李树强
林丛	秦泽莲	沈韬	王新利	许锋
于长隆	张小为	张幼怡	赵一鸣	周洪柱

主任药师

段京莉

主任护师

张洪君

主任技师

吕志珍	杨池荪			

口腔医学院

教授

蔡志刚	冯海兰	傅开元	傅民魁	甘业华
高学军	高岩	葛立宏	郭传瑸	华红
贾绮林	姜婷	李铁军	李巍然	林久祥
林琼光	林野	刘宏伟	吕培军	栾庆先
马莲	马绪臣	毛驰	孟焕新	欧阳翔英
秦满	王伟建	王新知	王兴	魏世成
谢秋菲	徐军	徐韬	许天民	俞光岩
岳林	曾祥龙	张博学	张成飞	张刚
张建国	张益	张震康	周彦恒	

主任医师

陈洁	邓旭亮	董艳梅	樊聪	高娟
高雪梅	谷岩	何秉贤	和璐	胡炜
胡文杰	胡晓阳	姬爱平	姜霞	晋长伟
李彤彤	李自力	刘鹤	刘宇	刘玉华
柳登高	罗奕	马琦	邱立新	孙凤
谭建国	佟岱	王世明	王泽泗	王尊一
谢毓秀	徐莉	阎燕	杨亚东	伊彪
翟新利	张汉平	张清(女)		张万林
张伟	张祖燕	赵燕平	郑树国	周永胜

研究员

李盛林	林红	张筱林	郑刚	

主任技师

吴美娟

教授级高工

王勇

临床肿瘤学院(肿瘤医院)

教授

陈克能	陈敏华	邓大君	方志伟	顾晋
郭军	郝纯毅	季加孚	柯杨	李鸣
李萍	李萍萍	吕有勇	钱程	任军
寿成超	邢宝才	杨仁杰	游伟程	张力健
张青云	张珊文	张晓鹏	朱广迎	

主任医师

蔡勇	陈晓	邱立军	范志毅	高雨农
胡永华	解云涛	李金锋	刘宝国	张乃嵩
陆爱萍	马丽华	那加	欧阳涛	沈琳
苏向前	孙艳	王怡	王洁	卫燕
徐博	严昆	杨跃	张集昌	张晓东
章新奇	朱军			

研究员

胡亚洲	潘凯枫	张焕萍	张联	

主任药师

| 杨锐 | 张艳华 | | | |

编审
凌启柏

精神卫生研究所(第六医院)

教授
黄悦勤　沈渔邨　王玉凤　于　欣　张　岱
周东丰

主任医师
丛　中　甘一方　韩永华　李　冰　刘建成
刘　靖　马　弘　唐登华　田成华　王希林
王向群　张大荣　张鸿燕　周　沫

研究员
司天梅　汪向东

2009年逝世人员名单

所在单位	姓　名	性　别	出生年月	逝世年月
医学部	朱双月	男	1936年3月	2009年1月
医学部	马汉卿	男	1925年1月	2009年1月
北大附中	苏秉成	男	1921年7月	2009年1月
校医院	石慕淳	女	1931年11月	2009年1月
口腔医院	苏立和	男	1922年10月	2009年1月
教育学院	杨万禄	男	1927年7月	2009年1月
第一医院	任光新	男	1948年3月	2009年1月
医学部	刘九如	女	1922年11月	2009年1月
北医三院	李炳章	男	1925年1月	2009年1月
人民医院	付克刚	男	1929年1月	2009年1月
法学院	王作堂	男	1924年9月	2009年1月
青年公司	过富听	男	1935年12月	2009年1月
医学部	陈慰峰	男	1935年10月	2009年1月
方正集团	董德刚	男	1966年11月	2009年2月
医学部	高鼎昌	男	1924年9月	2009年2月
人民医院	孙尚武	男	1935年5月	2009年2月
物理学院	杨大升	男	1926年1月	2009年2月
北大六院	魏惠茹	女	1939年11月	2009年2月
医学部	张培林	男	1922年11月	2009年2月
外国语学院	黄鸣野	男	1920年11月	2009年2月
第一医院	白汉章	男	1929年11月	2009年2月
第一医院	马发生	男	1929年6月	2009年2月
信息科学技术学院	董立明	男	1933年11月	2009年2月
医学部	刘书田	男	1917年1月	2009年2月
北医三院	曹蕴华	女	1928年12月	2009年2月
人民医院	谢世良	男	1921年4月	2009年2月
人民医院	周正新	男	1926年11月	2009年3月
北医三院	廖世勤	女	1960年7月	2009年3月
化学学院	郭惠增	男	1936年12月	2009年3月
信息科学技术学院	王守仁	男	1936年7月	2009年3月
青年公司	于贵顺	男	1929年11月	2009年3月
昌平园区	杨兴旺	男	1951年11月	2009年4月
体育教研部	丘　震	男	1936年5月	2009年4月

续表

所在单位	姓　名	性　别	出生年月	逝世年月
第一医院	王　芃	女	1953年1月	2009年4月
医学部	杨振铎	男	1928年7月	2009年4月
校医院	聂宝瑜	男	1922年9月	2009年4月
物理学院	叶文祥	男	1931年11月	2009年4月
光华管理学院	杨岳全	男	1948年1月	2009年4月
生命学院	孙久荣	男	1944年8月	2009年4月
物理学院	马　楹	男	1941年5月	2009年4月
人民医院	刘淑云	女	1925年9月	2009年4月
艺术学院	梁月瑛	女	1946年8月	2009年4月
外国语学院	麻乔志	男	1932年5月	2009年4月
医学部	张　从	女	1947年8月	2009年4月
图书馆	刘小刚	男	1978年12月	2009年5月
校园管理服务中心	张彩云	女	1929年12月	2009年5月
出版社	杜旭升	男	1927年10月	2009年5月
人民医院	侯树坤	男	1935年8月	2009年5月
第一医院	黄德祥	男	1932年5月	2009年5月
历史学系	罗正清	男	1928年9月	2009年5月
图书馆	韩荣宇	男	1924年7月	2009年5月
医学部	薄云红	女	1936年1月	2009年5月
水电中心	刘革然	男	1930年1月	2009年5月
国际关系学院	包双荣	女	1938年11月	2009年5月
哲学系	周辅成	男	1911年5月	2009年5月
动力中心	陈永惠	男	1930年12月	2009年5月
校园管理服务中心	冯秀琴	女	1952年6月	2009年5月
医学部	肖文棠	男	1962年8月	2009年5月
会议中心	张　实	男	1948年3月	2009年5月
人民医院	骆冬英	女	1965年11月	2009年5月
外国语学院	王长厚	男	1929年10月	2009年6月
物理学院	王志光	男	1941年11月	2009年6月
餐饮中心	温树坡	男	1928年11月	2009年6月
国际关系学院	杨荫滋	男	1929年11月	2009年6月
化学学院	郑朝贵	男	1939年8月	2009年6月
校医院	金东珉	女	1942年2月	2009年6月
北大附中	齐　晖	女	1929年2月	2009年6月
第一医院	陈如法	男	1930年7月	2009年6月
化学学院	葛道英	女	1936年8月	2009年6月
校园管理服务中心	陈玉芳	女	1936年1月	2009年6月
校园管理服务中心	王素珍	女	1929年10月	2009年6月
会议中心	王和金	男	1935年1月	2009年7月
第一医院	夏国栋	男	1928年2月	2009年7月
外国语学院	朱士毅	男	1922年3月	2009年7月
医学部	鲁忠堂	男	1925年6月	2009年7月
保卫部	刘云甲	男	1933年9月	2009年7月
信息科学技术学院	李　椿	男	1929年7月	2009年7月
医学部	王申姬	女	1935年1月	2009年7月
城市环境学院	杨吾扬	男	1932年3月	2009年7月
外国语学院	季羡林	男	1911年8月	2009年8月
青年公司	李义蓉	女	1929年7月	2009年8月
物理学院	王　玲	女	1939年12月	2009年8月

续表

所在单位	姓　名	性　别	出生年月	逝世年月
第一医院	张相琦	男	1934年12月	2009年8月
国际关系学院	方连庆	男	1936年12月	2009年8月
医学部	安笑兰	女	1921年9月	2009年8月
医学部	王金生	男	1945年11月	2009年8月
人民医院	李自新	女	1924年11月	2009年8月
第一医院	刘志明	男	1935年12月	2009年8月
北医三院	赵光喜	男	1934年4月	2009年8月
燕园街道	王学泽	男	1930年11月	2009年8月
北大附中	刘德明	男	1927年11月	2009年8月
北医三院	律金兰	女	1944年4月	2009年8月
历史学系	荣天琳	男	1918年10月	2009年9月
北医三院	王双元	男	1918年8月	2009年9月
医学部	邵俊秀	男	1934年7月	2009年9月
第一医院	李嵩云	女	1910年11月	2009年9月
医学部	吴裕成	男	1926年4月	2009年9月
生命学院	李正理	男	1918年10月	2009年9月
医学部	傅丽玲	女	1950年12月	2009年9月
外国语学院	李文寿	男	1932年10月	2009年9月
餐饮中心	谭永红	女	1970年6月	2009年10月
北大青鸟	刁玉树	男	1941年11月	2009年10月
医学部	关蕴华	女	1913年5月	2009年10月
第一医院	左素勤	女	1926年12月	2009年10月
人民医院	严玲玉	女	1937年10月	2009年10月
北大六院	李桂霞	女	1940年10月	2009年10月
医学部	赵广华	男	1935年1月	2009年10月
经济学院	郑学益	男	1953年12月	2009年10月
第一医院	董蕴华	男	1921年5月	2009年10月
第一医院	张惠生	女	1933年7月	2009年10月
口腔医院	郑麟蕃	男	1919年10月	2009年11月
医学部	李崇育	男	1920年9月	2009年11月
校医院	李金敏	女	1947年1月	2009年11月
北大青鸟	胡连奎	男	1945年12月	2009年11月
第一医院	谢　忠	男	1964年9月	2009年11月
北医三院	李国佳	男	1934年2月	2009年11月
法学院	孔繁荫	男	1926年12月	2009年11月
水电中心	白震鹏	女	1921年10月	2009年12月
计算机所	陈竹梅	女	1929年2月	2009年12月
社区服务中心	黄元庄	男	1937年10月	2009年12月
第一医院	任淑英	女	1941年7月	2009年12月
教务部	周起钊	男	1934年6月	2009年12月
人民医院	罗婉华	女	1916年11月	2009年12月
保卫部	刘　彬	男	1931年4月	2009年12月
化学学院	黄旭东	男	1963年12月	2009年12月
幼教中心	孙安琳	女	1923年5月	2009年12月
第一医院	樊树哲	女	1923年9月	2009年12月

2009年北京大学党发、校发文件

党　发

党发[2009]1号	关于认真学习贯彻胡锦涛同志在纪念《告台湾同胞书》发表30周年座谈会上的重要讲话的通知
党发[2009]2号	关于北京大学数学科学学院党员大会选举结果的批复
党发[2009]3号	关于中共北京大学护理学院党员大会选举结果的批复
党发[2009]4号	关于中共北京大学基础医学院第二次党代表大会选举结果的批复
党发[2009]5号	关于北京大学医学部第十届工会会员代表大会选举结果的批复
党发[2009]6号	关于成立北京大学安全稳定工作领导小组并调整安全稳定一线工作小组组成人员的通知
党发[2009]7号	关于成立北京大学深入学习实践科学发展观活动领导小组及领导小组办公室的通知
党发[2009]8号	关于印发《北京大学深入学习实践科学发展观活动实施方案》的通知
党发[2009]9号	关于印发《北京大学关于加强反腐倡廉建设的实施意见》的通知
党发[2009]10号	关于印发《2009年北京大学党风廉政建设和反腐败工作主要任务分工》的通知
党发[2009]11号	关于印发《2009年北京大学纪检监察工作计划》的通知
党发[2009]12号	关于生玉海、康健职务任免的通知
党发[2009]13号	关于北京大学体育教研部党员大会选举结果的批复
党发[2009]14号	关于印发《北京大学机要文件管理工作规定》的通知
党发[2009]15号	关于评选表彰北京大学党务和思想政治工作优秀个人及先进集体的通知
党发[2009]16号	关于转发《中共北京市委关于深入学习实践科学发展观，开展弘扬北京奥运精神、加强领导干部作风建设年活动的通知》的通知
党发[2009]17号	关于调整北京大学保密委员会的通知
党发[2009]18号	关于认真开展领导班子深入学习实践科学发展观专题民主生活会的通知
党发[2009]19号	关于郑清文、陈永利职务任免的通知
党发[2009]20号	关于转发《中共教育部党组关于学习贯彻胡锦涛总书记在中国农业大学师生代表座谈会上的重要讲话精神的通知》的通知
党发[2009]21号	关于进一步做好深入学习实践科学发展观活动领导班子分析检查报告撰写工作的通知
党发[2009]22号	关于转发《中共教育部党组关于学习贯彻纪念五四运动90周年大会精神的通知》的通知
党发[2009]23号	关于李贡民、沈扬等职务任免的通知
党发[2009]24号	中共北京大学委员会关于表彰党务和思想政治工作先进集体与优秀个人的决定
党发[2009]25号	关于转发《教育部办公厅关于认真组织学习〈六个"为什么"——对几个重大问题的回答〉一书的通知》的通知
党发[2009]26号	关于成立北京大学推进廉政风险防范管理工作领导小组及领导小组办公室的通知
党发[2009]27号	关于印发《北京大学推进廉政风险防范管理工作实施方案》的通知
党发[2009]28号	关于中共北京大学历史学系党员大会选举结果的批复
党发[2009]29号	关于中共北京大学中国语言文学系党员大会选举结果的批复
党发[2009]30号	关于中共北京大学法学院党员代表大会选举结果的批复
党发[2009]31号	关于成立中国共产党北京大学计算机科学技术研究所直属支部委员会的通知
党发[2009]32号	关于中共北京大学马克思主义学院党员大会选举结果的批复
党发[2009]33号	关于张福旺任职的通知

党发[2009]34号	关于转发《教育部办公厅关于开展对落实〈关于加强高等学校反腐倡廉建设的意见〉情况进行量化考核工作的通知》等文件的通知
党发[2009]35号	关于印发《落实〈关于加强高等学校反腐倡廉建设的意见〉进行量化考核检查工作方案》的通知
党发[2009]36号	关于转发《中共教育部党组关于深入学习贯彻刘延东国务委员重要讲话精神的通知》的通知
党发[2009]37号	关于吕晨飞、韩流职务任免的通知

校 发

校发[2009]1号	关于表彰2008年度北京大学全国优秀博士学位论文及学校优秀博士学位论文获得者及其导师的决定
校发[2009]2号	关于调整部分委员会、领导小组负责人的通知
校发[2009]3号	关于李文新、孙华任职的通知
校发[2009]4号	关于同意聘请金士博先生为北京大学客座教授的决定
校发[2009]5号	关于同意聘请博斯维克先生为北京大学客座教授的决定
校发[2009]6号	关于同意聘请张国旗先生为北京大学客座教授的决定
校发[2009]7号	关于同意聘请张良杰先生为北京大学客座教授的决定
校发[2009]8号	关于同意聘请刘雅章先生为北京大学客座教授的决定
校发[2009]9号	关于同意聘请本林透先生为北京大学客座教授的决定
校发[2009]10号	关于同意聘请任方先生为北京大学客座教授的决定
校发[2009]11号	关于同意聘请王乙先生为北京大学客座教授的决定
校发[2009]12号	关于同意聘请青井考先生为北京大学客座副教授的决定
校发[2009]13号	关于同意聘请王其允先生为北京大学客座教授的决定
校发[2009]14号	关于同意聘请巫鸿先生为北京大学客座教授的决定
校发[2009]15号	关于转发《中共北京市委教育工作委员会北京市教育委员会 北京市人民政府教育督导室关于做好2009年寒假工作的通知》的通知
校发[2009]16号	关于白树林任职的通知
校发[2009]17号	关于卢永祥职务任免的通知
校发[2009]18号	关于同意何志毅辞职的通知
校发[2009]19号	关于印发《〈北京大学优秀青年人才引进计划〉考核实施细则(试行)》的通知
校发[2009]20号	关于印发《北京大学"211工程"三期建设项目实施管理办法》的通知
校发[2009]21号	关于批复教务部内设机构负责人招聘结果的通知
校发[2009]22号	关于落实教育部、财政部"985工程"二期验收工作的通知
校发[2009]23号	关于落实教育部、财政部"985工程"建设十年总结工作的通知
校发[2009]24号	关于落实教育部、财政部研究制定"985工程"三期建设规划工作的通知
校发[2009]25号	关于同意聘请罗智泉先生为北京大学客座教授的决定
校发[2009]26号	关于转发《财政部国家发展改革委关于公布取消和停止征收100项行政事业性收费项目的通知》的通知
校发[2009]27号	关于调整《北京大学章程》起草委员会工作小组及秘书组的通知
校发[2009]28号	关于印发《北京大学关于购买北京市限价商品住房家庭原住房腾退及补偿办法》的通知
校发[2009]29号	关于调整北京大学重点实验室建设管理委员会的通知
校发[2009]30号	关于批复科学研究部内设机构负责人招聘结果的通知
校发[2009]31号	关于北京大学精神卫生研究所、第六医院、精神卫生学院行政班子任职的通知
校发[2009]32号	关于张永宏任职的通知
校发[2009]33号	关于批复房地产管理部内设机构负责人招聘结果的通知

校发[2009]34 号	关于批复实验室与设备管理部内设机构负责人招聘结果的通知
校发[2009]35 号	关于批复教务部内设机构负责人招聘结果的通知
校发[2009]36 号	关于进一步加强因公出国(境)管理工作的通知
校发[2009]37 号	关于调整北京大学计划生育委员会的通知
校发[2009]38 号	关于印发《北京大学在校学生计划生育管理规定》的通知
校发[2009]39 号	关于同意聘请八岛荣次先生为北京大学客座教授的决定
校发[2009]40 号	关于同意聘请史安昌先生为北京大学客座教授的决定
校发[2009]41 号	关于同意聘请龙振强先生为北京大学客座教授的决定
校发[2009]42 号	关于同意聘请张燕文博士为北京大学客座教授的决定
校发[2009]43 号	关于同意聘请科瑞格·罗伯茨先生为北京大学客座教授的决定
校发[2009]44 号	关于同意聘请耿荣礼先生为北京大学客座教授的决定
校发[2009]45 号	关于成立北京大学气候变化研究中心的通知
校发[2009]46 号	关于成立北京大学—中科院近代物理研究所重离子直线加速器联合研究中心的通知
校发[2009]47 号	关于成立北京大学应用超导研究中心的通知
校发[2009]48 号	关于朱涛任职的通知
校发[2009]49 号	关于给予周杰开除学籍处分的决定
校发[2009]50 号	关于给予张智栋记过处分的决定
校发[2009]51 号	关于给予刘欢记过处分的决定
校发[2009]52 号	关于给予张博记过处分的决定
校发[2009]53 号	关于给予王聪记过处分的决定
校发[2009]54 号	关于刘克新任职的通知
校发[2009]55 号	关于同意创办《中国血液免疫学杂志》的批复
校发[2009]56 号	关于同意授予弗朗西斯·高锐先生为北京大学名誉教授称号的决定
校发[2009]57 号	关于批复教务长办公室负责人招聘结果的通知
校发[2009]58 号	关于印发《北京大学讲席教授职位管理办法》的通知
校发[2009]59 号	关于张俊任职的通知
校发[2009]60 号	关于北京大学口腔医学院、口腔医院行政班子任职的通知
校发[2009]61 号	关于调整北京大学国有资产管理委员会和委员会办公室的通知
校发[2009]62 号	关于成立北京大学人才工作领导机构的通知
校发[2009]63 号	关于成立北京大学创新药物研究院的通知
校发[2009]64 号	关于转发《教育部关于严肃处理高等学校学术不端行为的通知》的通知
校发[2009]65 号	关于王晓如任职的通知
校发[2009]66 号	关于徐晓辉任职的通知
校发[2009]67 号	关于生玉海任职的通知
校发[2009]68 号	关于王铮、康健职务任免的通知
校发[2009]69 号	关于北京大学体育教研部行政班子任职的通知
校发[2009]70 号	关于解除财务部会计派驻中心王友琳聘用合同的决定
校发[2009]71 号	关于给予连欣记过处分的决定
校发[2009]73 号	关于调整北京大学农业转基因生物安全小组的通知
校发[2009]74 号	关于批复教务部内设机构负责人招聘结果的通知
校发[2009]75 号	关于调整北京大学学术委员会的通知
校发[2009]76 号	关于调整北京大学专业技术职务评审委员会及其分会和学科评议组的通知
校发[2009]77 号	关于调整北京大学汉语国际推广工作领导小组的通知
校发[2009]78 号	关于成立北京大学发展委员会的通知
校发[2009]79 号	关于解除地球与空间科学学院孙旭光聘用合同的决定
校发[2009]80 号	关于解除北大资源集团公司郑亚林聘用合同的决定
校发[2009]81 号	关于关海庭、李克安职务任免的通知

校发[2009]82号	关于方新贵、关海庭职务任免的通知
校发[2009]83号	关于印发《关于引导和鼓励毕业生面向基层和西部地区就业的意见》的通知
校发[2009]84号	关于成立北京大学治理"小金库"工作领导小组及领导小组办公室的通知
校发[2009]85号	关于调整北京大学学术道德委员会的通知
校发[2009]86号	关于许崇任、朱庆之职务任免的通知
校发[2009]87号	关于同意聘请格瑞格利·付先生为北京大学客座教授的决定
校发[2009]88号	关于同意聘请周郁先生为北京大学客座教授的决定
校发[2009]89号	关于同意聘请黄汉森先生为北京大学客座教授的决定
校发[2009]90号	关于同意聘请文正先生为北京大学客座教授的决定
校发[2009]91号	关于同意聘请张大鹏先生为北京大学客座教授的决定
校发[2009]92号	关于调整北京大学收入分配制度改革领导小组的通知
校发[2009]93号	关于印发《北京大学管理岗位聘用实施细则》的通知
校发[2009]94号	关于对王启宁同学予以通令嘉奖的决定
校发[2009]95号	关于同意聘请理查德·波特先生为北京大学客座教授的决定
校发[2009]96号	关于同意聘请本哈德·施密德先生为北京大学客座教授的决定
校发[2009]97号	关于同意聘请菲利普·希埃斯先生为北京大学客座教授的决定
校发[2009]98号	关于聘用2009年应届高校毕业生参与科研项目研究工作的通知
校发[2009]99号	关于成立北京大学东北亚区域一体化研究中心的通知
校发[2009]100号	关于成立北京大学现代中国研究中心的通知
校发[2009]101号	关于成立北京大学宗教文化研究院的通知
校发[2009]102号	关于成立北京大学出土文献研究所的通知
校发[2009]103号	关于成立北京大学王选青年学者奖评审委员会的通知
校发[2009]104号	关于成立北京大学国际汉学家研修基地的通知
校发[2009]105号	关于成立北京大学风洞建设工作小组的通知
校发[2009]106号	北京大学关于表彰2009届优秀毕业生的决定
校发[2009]107号	关于陆忠行任职的通知
校发[2009]108号	关于北京大学企业管理案例研究中心更名的通知
校发[2009]109号	关于张东晓等职务任免的通知
校发[2009]110号	关于北京大学马克思主义学院行政班子任职的通知
校发[2009]111号	关于给予李玉苳记过处分的决定
校发[2009]112号	关于按期终止张小磊留校察看的决定
校发[2009]113号	关于成立北京大学留学生工作管理委员会的通知
校发[2009]114号	关于陈效述免职的通知
校发[2009]116号	关于张虹职务任免的通知
校发[2009]117号	关于郑清文任职的通知
校发[2009]118号	关于成立北京大学管理职员聘任委员会的通知
校发[2009]119号	关于成立北京大学管理职员校本部机关聘任小组的通知
校发[2009]120号	关于周健任职的通知
校发[2009]121号	关于成立北京大学-洛杉矶加州大学理工联合研究所的通知
校发[2009]122号	关于同意聘请王斌先生为北京大学客座教授的决定
校发[2009]123号	关于同意聘请菲利普·沃克先生为北京大学客座教授的决定
校发[2009]124号	关于同意聘请雷蒙·沃意斯先生为北京大学客座教授的决定
校发[2009]125号	关于批复实验室与设备管理部内设机构负责人招聘结果的通知
校发[2009]126号	关于成立北京大学防控甲型H1N1流感工作领导小组和领导小组办公室的通知
校发[2009]127号	关于印发《北京大学招生工作监督办法(试行)》的通知
校发[2009]128号	关于印发《北京大学招标工作监督办法》的通知
校发[2009]129号	关于印发《北京大学昌平校区公用房管理办法(试行)》的通知
校发[2009]130号	关于刘波、周岳明职务任免的通知
校发[2009]131号	关于对北京大学山鹰社予以通令嘉奖的决定

校发〔2009〕132 号	关于表彰北京高校第六届青年教师教学基本功比赛和北京大学第八届青年教师教学演示竞赛获奖单位和个人的决定
校发〔2009〕133 号	关于表彰北京大学第四届实验技术成果奖获奖人员的决定
校发〔2009〕134 号	优秀博士学位论文表彰
校发〔2009〕135 号	博士研究生校长奖学金
校发〔2009〕136 号	关于做好教师节期间有关工作的通知
校发〔2009〕137 号	关于给予杨双留校察看一年处分的决定
校发〔2009〕138 号	关于给予蔡明可留校察看一年处分的决定
校发〔2009〕140 号	关于给予生命科学学院博士研究生于某警告处分的决定
校发〔2009〕141 号	关于同意授予奥利弗·史密斯先生北京大学名誉教授称号的决定
校发〔2009〕142 号	关于给予金轲严重警告处分的决定
校发〔2009〕143 号	关于韩流任职的通知
校发〔2009〕144 号	关于吕晨飞、韩流职务任免的通知
校发〔2009〕145 号	关于刘波、周岳明职务任免的通知
校发〔2009〕146 号	关于秦春华、刘明利职务任免的通知
校发〔2009〕147 号	关于刘明利任职的通知
校发〔2009〕148 号	关于给予杜毅留校察看一年处分的决定
校发〔2009〕149 号	关于同意聘请胡春惠先生为北京大学客座教授的决定
校发〔2009〕150 号	关于同意聘请杨培东先生为北京大学客座教授的决定
校发〔2009〕151 号	关于同意聘请张文卿先生为北京大学客座教授的决定
校发〔2009〕152 号	关于给予娜美记过处分的决定
校发〔2009〕153 号	关于给予陆晓记过处分的决定
校发〔2009〕154 号	关于给予朴上河记过处分的决定
校发〔2009〕155 号	关于给予郭芝希记过处分的决定
校发〔2009〕156 号	关于批复人事部内设机构负责人招聘结果的通知
校发〔2009〕157 号	关于批复教育基金会内设机构负责人招聘结果的通知
校发〔2009〕158 号	关于给予彭越峰记过处分的决定
校发〔2009〕159 号	关于给予司政留校察看一年处分的决定
校发〔2009〕160 号	关于北京大学《儒藏》编纂中心更名的通知
校发〔2009〕161 号	关于调整从事有害健康工种工作人员营养保健费发放标准的通知
校发〔2009〕162 号	关于同意聘请王革先生为北京大学客座教授的决定
校发〔2009〕163 号	关于同意聘请唐永春先生为北京大学客座教授的决定
校发〔2009〕164 号	关于同意聘请罗思高先生为北京大学客座教授的决定
校发〔2009〕165 号	关于调整北京大学收入分配制度改革领导小组的通知
校发〔2009〕166 号	关于北京大学教育学院行政班子任职的通知
校发〔2009〕167 号	关于叶志远任职的通知
校发〔2009〕168 号	关于聘任王恩哥为研究生院院长的通知
校发〔2009〕169 号	关于聘任王恩哥为物理学院院长的通知
校发〔2009〕170 号	关于强世功、胡坚职务任免的通知
校发〔2009〕171 号	关于张立任职的通知
校发〔2009〕172 号	关于杨荣祥任职的通知
校发〔2009〕173 号	关于授予姜伯驹等六位教授2009年度北京大学国华杰出学者奖的决定
校发〔2009〕174 号	关于北京大学物理学院副院长任职的通知
校发〔2009〕175 号	关于成立北京大学光电研究中心的通知
校发〔2009〕176 号	关于成立北京大学聚变模拟中心的通知
校发〔2009〕177 号	关于成立北京大学现代食品科学研究中心的通知

校发[2009]178号	关于成立北京大学清洁能源研究院的通知	
校发[2009]179号	关于同意聘请肖书海先生为北京大学客座教授的决定	
校发[2009]180号	关于同意聘请李军先生为北京大学客座教授的决定	
校发[2009]181号	关于同意聘请李卫平先生为北京大学客座教授的决定	
校发[2009]182号	关于同意聘请孙惠方先生为北京大学客座教授的决定	
校发[2009]183号	关于成立北京大学量子材料科学中心的通知	
校发[2009]184号	关于印发《北京大学专业技术岗位青年人才支持计划》的通知	
校发[2009]185号	关于成立北京大学工程建设领域突出问题专项治理工作领导小组及领导小组办公室的通知	
校发[2009]186号	关于给予邬伦、陈秀万保密处罚的决定	
校发[2009]187号	关于北京大学出版社行政班子任职的通知	
校发[2009]188号	关于同意聘请常瑞华博士为北京大学客座教授的决定	
校发[2009]190号	关于北京大学药学院行政班子任职的通知	
校发[2009]191号	关于同意聘请约翰·华莱士博士为北京大学客座教授的决定	
校发[2009]192号	关于表彰北京大学2009年优秀博士后的决定	
校发[2009]193号	关于表彰2008—2009学年北京大学学生资助工作先进单位和个人的决定	
校发[2009]194号	关于印发《北京大学仪器设备使用收费管理暂行办法》的通知	
校发[2009]195号	关于印发《北京大学"211工程"建设项目仪器设备购置与管理办法》的通知	
校发[2009]197号	关于成立北京大学信息化与信息管理研究中心的通知	
校发[2009]198号	关于成立北京大学现代法治研究中心的通知	
校发[2009]199号	关于成立北京大学中国当代文化发展研究中心的通知	
校发[2009]200号	关于成立北京大学希伯来与犹太文化研究所的通知	
校发[2009]201号	关于成立北京大学视听传播研究中心的通知	
校发[2009]202号	关于成立北京大学教育信息化国际研究中心的通知	
校发[2009]203号	关于成立北京大学财务分析与投资理财研究中心的通知	
校发[2009]204号	关于成立北京大学教育法研究中心的通知	
校发[2009]205号	关于成立北京大学文学艺术批评理论中心的通知	
校发[2009]206号	关于成立北京大学儒学研究院的通知	
校发[2009]207号	关于北京大学国际关系学院行政班子任职的通知	
校发[2009]208号	关于北京大学哲学系宗教学系行政班子任职的通知	
校发[2009]209号	关于生命科学学院傅里叶共振质谱仪损坏事件的通报	
校发[2009]210号	关于表彰2008—2009学年度学生优秀个人和先进集体的决定	
校发[2009]211号	关于表彰2009年教学科研单位英文网站评估先进单位和先进个人的决定	
校发[2009]212号	关于表彰2009年优秀本科新生的决定	
校发[2009]213号	关于印发《北京大学科学技术成果奖励办法》的通知	
校发[2009]214号	关于同意授予彼得·卡赞斯坦先生北京大学名誉教授称号的决定	
校发[2009]215号	关于同意授予王士元先生北京大学名誉教授称号的决定	
校发[2009]216号	关于同意授予李银珩先生为北京大学顾问教授称号的决定	
校发[2009]217号	关于印发《北京大学家具管理暂行办法》的通知	
校发[2009]218号	关于印发《北京大学专业学位研究生奖助方案设立暂行办法》的通知	
校发[2009]219号	关于印发《北京大学机动车固定资产管理暂行办法》的通知	

· 表彰与奖励 ·

2009年度党建与思想政治工作奖励

北京大学党务和思想政治工作先进集体
（11个）

工学院党委
外国语学院党委
信息科学技术学院党委
地球与空间科学学院党委
法学院党委
艺术学院党总支
成人教育学院党总支
人民医院党委
药学院党委
口腔医学院党委
九三学社北京大学第二委员会

北京大学优秀党务和思想政治工作者
——李大钊奖
（11人）

刘雨龙	数学科学学院党委副书记　校团委副书记　讲师
董晓华	物理学院党委副书记　副研究员
曲振卿	心理学系党委副书记　党委办公室行政办公室主任　党委秘书　学生工作办公室主任　助理研究员
白志强	软件与微电子学院党委书记　副院长　教授
梁根林	法学院党委委员　《中外法学》主编　教授
祁延莉	信息管理系党委委员　教授
秦春华	党委办公室校长办公室副主任　副研究员
丁万东	直属单位党总支委员　计算中心副主任　党支部书记　教授级高工
王燕	公共卫生学院党委书记　妇女与儿童青少年卫生学系　主任　教授
刘新民	第一医院党委书记　老年科副主任　主任医师　教授
侯利平	医学部产业党总支书记　北京北医投资管理有限公司　副总经理　助理研究员

北京大学优秀党务和思想政治工作者
（81人）

闫静	工学院党委秘书　助理研究员
肖庆	物理学院党委委员　党委办公室行政办公室主任　党委秘书　行政教工党支部书记　助理研究员
韩临	信息科学技术学院微电子教工第二党支部书记　工程师
张超	信息科学技术学院信息科学中心党支部书记　信息科学中心副主任　副研究员
荆西平	化学与分子工程学院无机所党支部书记　工会主席　副教授
刘宇	化学与分子工程学院党委秘书　副研究员
高凤茹	生命科学学院党委委员　党委秘书　工会副主席　副研究员
许崇任	生命科学学院副院长　原党委书记　国家教学示范中心主任　教授
于超美	地球与空间科学学院党委副书记　副研究员
唐国军	地球与空间科学学院党委委员　团委书记　讲师
冯长春	城市与环境学院城市与经济地理党支部书记　城市与经济地理学系　主任　教授
刘萍	城市与环境学院党委秘书　教工行政党支部副书记　研究实习员
邵可声	环境科学与工程学院教工第四党支部书记　教授

杨 铸	中国语言文学系文艺理论党支部书记 教授	王宏昌	后勤党委委员 建筑设计研究院院长 高级工程师
徐 勇	历史学系中国近现代史党支部书记 中国近现代史教研室主任 教授	任金锁	餐饮中心分党总支委员 第三党支部书记 农园食堂经理 高级厨师营养配餐师
金 英	考古文博学院党委副书记 党委秘书 学生工作办公室主任 讲师	白秀贞	图书馆党委秘书 人事干事 实验师
于晓凤	哲学系党委副书记 学生工作办公室主任 讲师	赵京环	出版社离退休党支部书记
		朱建华	北京大学医院党委副书记 党委秘书 护理部主任 主管护师
沈青兰	国际关系学院外交系教工党支部书记 副教授	王文成	附属中学机关后勤党支部书记 党委办公室主任 行政办公室主任 中学高级教师
张海滨	国际关系学院党委委员 世界政治教研室党支部书记 副教授	李 胜	成人教育学院党总支副书记 助理研究员
户国栋	政府管理学院团委书记 学生工作办公室副主任 助教	修亚冬	街道党工委副书记 机关一支部党支部书记 综合办公室主任 助理研究员
洪 宁	经济学院经济学第一党支部书记 《经济科学》副主编 副编审	王海峰	对外汉语学院党总支副书记 副教授
		沙丽曼	元培学院学生工作办公室主任 助理研究员
孙 薇	经济学院国贸、财政、环境党支部书记 副教授	张国梁	深圳研究生院党总支办公室院长办公室主任 助理研究员
丛月芬	光华管理学院党委副书记 教务办公室主任 副研究员	李平原	艺术学院党委秘书 教工党支部书记 办公室主任 助理研究员
吴 安	光华管理学院行政教辅党支部书记 技术服务中心主任兼计算机 实验室主任 高级实验师	李德昌	体育教研部党支部宣传委员 教授
		贾庆国	民盟中央常委 北京市委副主委 全国政协常委 国际关系学院副院长 教授
王 磊	法学院党委委员 教授	符国群	民建北京市委副主委 海淀区委副主委 北京市政协常委 海淀区人大常委 光华管理学院市场营销系主任 教授
陈宝剑	党委宣传部副部长 社会学系党委副书记 学生工作办公室主任 讲师		
张冬梅	外国语学院党委委员 党委秘书 行政办公室主任 讲师	唐晓峰	致公党北京大学支部主委 北京市政府参事 城市与环境学院历史地理研究所所长 教授
刘振泉	外国语学院日语系党支部书记 副教授		
王文章	马克思主义学院党委委员 社会发展研究所党支部书记 副教授	崔彩莲	基础医学院神科所心血管党支部书记 教授
赵为民	学校副秘书长 党委宣传部部长 新闻与传播学院党委书记 研究员	赵兰菊	基础医学院离退休第一党支部书记 助理研究员
侯华伟	教育学院党委副书记 团委书记 助理研究员	杜永香	药学院党委办公室院长办公室主任 助理研究员
陈 钟	软件与微电子学院党委委员 院长 教授	侯淑肖	护理学院党委副书记 工会主席 讲师
王 卫	教务部党支部书记 教务办公室主任 助理研究员	吴玉杰	医学部公共教学部党委书记 副研究员
		杨 柳	第一医院党委副书记 眼科中心副主任 主任医师 副教授
李小寒	实验室与设备管理部党支部书记 设备管理办公室副主任 副研究员	马兰艳	第一医院纪委书记 人事处处长 研究员
侯志山	监察室副主任 研究员	李 航	第一医院学生党总支书记 副主任医师
冯支越	发展规划部党支部书记 副部长 研究员	李建平	第一医院心内科党支部书记 心研所副所长 副主任医师 副教授
季鑫林	国际合作部党支部副书记 港澳台办公室副主任 副研究员		
		刘宪义	第一医院骨科党支部书记 副主任医师

王少杰	人民医院中医科党支部书记　中医科主任　主任医师		办公室主任　副研究员
苗懿德	人民医院纪委委员　老年医学科主任　教授	陈佳俊	政府管理学院行政党支部书记　工会副主席　副研究员
徐国英	人民医院急诊科党支部书记　副主任护师	李生俊	外国语学院阿语系党支部书记　副教授
刘幸芬	第三医院工会常务副主席　助理研究员	张　寅	保卫部副部长　助理研究员
周　蕾	第三医院党委办公室院长办公室党支部书记　党委办公室院长办公室　副主任　讲师	季连贞	保卫部安警办主任
		李小菲	保卫部党支部委员
		陈凤明	保卫部保卫办副主任
		杨宝生	保卫部流动人口办主任
王健全	第三医院运动医学所党支部书记　主任医师	王朝京	保卫部校卫队队长　研究实习员
		王炳勇	保卫部交通办主任
郑凤云	第三医院医务处党支部书记　助理研究员	张福旺	保卫部党支部副书记　助理研究员
鲍慧玲	第三医院儿科党支部书记　儿科门诊组长　副主任医师	孙建国	保卫部治安组组长　研究实习员
		邓朝元	保卫部内勤组组长
高雪梅	口腔医学院党委办公室主任　睡眠呼吸障碍口腔诊疗中心副主任　主任医师、副教授	李领娣	保卫部燕园派出所干部
		冯金芝	保卫部燕园派出所干部
		李纬华	学生工作部人民武装部国防办主任　助理研究员
张瑞颖	口腔医学院党委副书记　纪委书记　工会主席　副研究员	程郁缀	机关党委委员　社会科学部部长　教授
黄悦勤	精神卫生研究所党委书记　副所长　教授	崔芳菊	学校副总务长　餐饮中心分党总支书记　餐饮中心主任　研究员
张燕群	临床肿瘤学院门诊党支部书记　口腔科主任　副主任医师		
杨　跃	临床肿瘤学院外科第二党支部书记　胸外二科主任　主任医师	赵桂莲	学校副总务长　特殊用房管理中心党支部书记　特殊用房管理中心　主任　研究员
		裴晓航	特殊用房管理中心综合管理部主任　助理研究员
孙晓华	医学部党委组织部副部长　副研究员		
范春梅	医学部纪委党支部书记　办公室主任　副教授	季　红	图书馆党委副书记　流通特藏党支部书记　流通阅览部主任　副研究馆员
李　红	医学部教育党支部书记　教育处副处长　学生思想工作部副部长　副研究员	药　征	校办产业党工委秘书　高级工程师
		赵玉香	校办产业党工委机关党支部书记　副研究员
赵淑珍	医学部教室管理服务中心党支部书记　幼教高级教师	黄琴芳	校办产业党工委委员　北大临湖科技发展有限公司党支部书记　北大临湖科技发展有限公司副总裁　研究员
陈　新	九三学社北京大学第二委员会副主委　九三学社中央医药卫生委员会委员　九三学社北京市委医药卫生委员会委员　副研究员		
		刘亚平	元培学院教工党支部书记　办公室主任　副研究员

北京大学党务和思想政治工作奉献奖

（71人）

		罗绍光	深圳研究生院党总支委员　学生工作办公室主任　教授
肖　健	原心理学系党委书记　教授	石建春	第一医院学生党总支书记　助理研究员
孙　岩	国际关系学院中国政治教研室党支部书记　工会女工委员　副教授	王宝新	第一医院药剂科党支部副书记　副主任药师
王其芬	原国际关系学院党委副书记　副研究员	赵建勋	第一医院纪委委员　普外整形科党支部书记　外科副主任　主任医师
江荣海	政府管理学院党委委员　教授		
李凤兰	政府管理学院党委委员　党委秘书　综合	郝金瑞	第一医院泌尿外科研究所党支部书记　副主任医师

关力达	第一医院党委办公室院长办公室党支部书记 副主任 副研究员
韩祥云	第一医院感染疾病科党支部组织委员 门诊感染疾病科总护士长 主管护师
刘晓海	第一医院总务基建党总支组织委员 总务处处长(代) 研究实习员
石印芝	第一医院退休第六党支部组织委员
齐焕兰	第一医院退休第七党支部书记
李景武	人民医院离休党支部书记 主治医师
潘 印	原人民医院党委书记
刘翠兰	原人民医院党委副书记 研究员
李 凡	人民医院纪委委员 审计室主任 高级会计师
李春英	人民医院中心实验室党支部委员 中心实验室主任 研究员
王淑云	人民医院机关第三党支部组织委员 人事处副处长 副研究员
孙宁玲	人民医院纪委委员 心脏中心副主任 高血压病房主任 主任医师
岳 兰	人民医院老院党支部书记 主管护师
孙 焱	原人民医院肝病研究所党部委员 副主任医师
石广香	原口腔医学院儿科主任 主任医师
沈渔邨	精神卫生研究所名誉所长 中国工程院院士 教授
柴立钧	精神卫生研究所离退休党支部书记
梁力军	精神卫生研究所主任科员 主管技师
韩永华	原精神卫生研究所门诊党支部书记 主任医师
谭春香	原精神卫生研究所门诊党支部书记 副主任技师
王婉新	原精神卫生研究所图书馆党支部书记 馆员
张津尊	原精神卫生研究所党委书记 研究员
李从培	原精神卫生研究所党委书记 教授 主任医师
郑婉若	原精神卫生研究所党委副书记 副研究员
李萍萍	临床肿瘤学院党委书记 中医科主任 主任医师
王 伦	临床肿瘤学院机关第一党支部书记 政工师
廉志坚	原医学部党委办公室主任办公室主任 研究员
温发和	原医学部研究生院研究生思想工作部部长 研究员
刘 昱	医学部工会办公室副主任
张瑞珊	医学部行政退休第二党支部副书记 研究员
王凤田	原医学部保卫处干部
蒋 蓓	医学部团委艺术教研室教师 实习研究员
王金华	医学部工会办公室主任
邵海中	医学部工会福利部部长
梁 雁	医学部工会文体女工部部长
谷卫胜	医学部离退休人员办公室主任
刘文玲	医学部机关党委副书记 助理研究员

北京大学优秀德育奖获奖名单

获奖者	单 位	获奖者	单 位
林山君	数学科学学院	魏 巍	外国语学院
于 杰	工学院	侯玉杰	马克思主义学院
孙力强	物理学院	李 静	艺术学院
于超美	地球与空间科学学院	丁夕友	元培学院
魏中鹏	信息科学技术学院	张 蕾	人口研究所
王 菲	化学与分子工程学院	李国斌	成人教育学院
丁 勇	生命科学学院	汲传波	对外汉语教育学院
赵天旸	城市与环境学院	郑清文	校团委
刘 卉	环境科学与工程学院	杨爱民	学生资助中心
刘同华	中国语言文学系	王怡萍	学生就业指导服务中心
李隆国	历史学系	左祖晶	学生心理健康教育与咨询中心
金 英	考古文博学院	杨俊峰	学生工作部
杨弘博	哲学系	杨 虎	学生工作部
刘赫丹	国际关系学院	张旭东	学生工作部
刘乃铭	经济学院	吕轶舟	学生工作部
冒大卫	光华管理学院	陈 红	第二临床医学院
粘怡佳	法学院	杜秉华	第三临床医学院
张广钦	信息管理系	焦 岩	医学部团委
匡国鑫	社会学系	张 娟	医学部研究生工作部
孙 华	新闻与传播学院	张斯琴	第二临床医学院
黄 璜	政府管理学院	周 姝	深圳研究生院

2009年度教学科研奖励与奖教金

北京大学荣获第五届高等学校教学名师奖名单

获奖者	单位
段连运	化学与分子工程学院
王 杉	第二临床医学院
赵敦华	哲学系

北京大学荣获第五届北京市高等学校教学名师奖名单

获奖者	单位
陈平原	中国语言文学系
刘玉村	第一临床医学院
刘 锋	化学与分子工程学院
王 杉	第二临床医学院
昌增益	生命科学学院
雎国余	经济学院
田光善	物理学院
李学军	基础医学院
陈效逑	城市与环境学院

北京大学荣获2009年全国模范教师名单

获奖者	单位
张传茂	生命科学学院

北京大学荣获2009年北京市优秀教师名单

获奖者	单位
张传茂	生命科学学院
陈向明	教育学院
王正毅	国际关系学院
朱天飚	政府管理学院
高 毅	历史学系
罗 芃	外国语学院
李子臣	化学与分子工程学院

续表

获奖者	单位
钱铭怡	心理学系
王建祥	工学院
张礼和	药学院
郝卫东	公共卫生学院
陈 红	第二临床医学院
马绪臣	口腔医学院

北京大学荣获2009年北京市优秀教育工作者名单

获奖者	单位
许崇任	元培学院

北京大学荣获第六届高等教育国家级教学成果奖名单

一等奖

名称	主要完成人	单位
从实验班到元培学院——北京大学本科培养模式和管理体制改革	林建华、李克安 庆之、张庭芳 段连运	北京大学
基于网络环境的临床医学自主学习体系及其信息化平台的建设与应用	王 杉、陈 红 刘 帆、周庆环 姜可伟	第二临床医学院

二等奖

名称	主要完成人	单位
创造更广阔的选择空间——北京大学1998—2008本科教学管理制度改革	李克安、金顶兵 卢晓东、王 卫 贺凯丰	教务部
概率统计课程体系的发展变革	何书元、耿 直 陈大岳、房祥忠 任艳霞	数学科学学院
基础医学本科生创新型人才培养模式的研究和实践	李学军、管又飞 宫恩聪、王 宪 张 燕	基础医学院

续表

名　称	主要完成人	单　位
计算机科学与技术专业发展战略暨专业规范的研究与推广	李晓明、陈道蓄周立柱、王志英蒋宗礼	北京大学
建设面向世界一流水平的西方哲学教学体系	赵敦华、靳希平韩水法、尚新建张祥龙	哲学系
求新求实,持续建设光学课程三十年	钟锡华、王若鹏陈志坚、张瑞明周岳明	物理学院
社会主义政治经济学课程建设与创新	刘　伟、黄桂田李绍荣、蔡志洲方　敏	经济学院
生物学本科基础课程教材的研究与持续建设	生命科学学院	生命科学学院
世界历史本科课程体系改革	高　毅、钱乘旦彭小瑜、许　平吴小安	历史学系
行政法学科建设和基础理论创新	姜明安、湛中乐王锡锌、沈　岿	法学院
医学研究生综合素质内涵及指标体系的构建与实践	柯　杨、段丽萍王　青、侯　卉王晓军、唐志伟	医学部
依托学科优势,建设创新型人才培养实验教学体系	张新祥、黄　凯刘　雨、张　媛王小玥	实验室与设备管理部
中国传统历史文化通识教育的教学实践	邓小南、阎步克张　帆、叶　炜	历史学系
数学专业本科生课程体系建设	王长平、张继平伍胜健、莫小欢冯荣权	数学科学学院

续表

名　称	主要完成人	单　位
建设面向世界一流水平的西方哲学教学体系	赵敦华、靳希平韩水法、尚新建张祥龙	哲学系
行政法学科建设和基础理论创新	姜明安、湛中乐王锡锌、沈　岿	法学院
社会主义政治经济学课程建设与创新	刘　伟、黄桂田李绍荣、蔡志洲方　敏	经济学院
整合资源、厚植基础、内外兼修、问题导向、创新发展:行政管理学课程建设	张国庆、赵成根白智立、胡　华	政府管理学院
加强基地建设,以科研带动教学——"田野考古实习"课程建设	张　弛、徐天进赵化成、樊　力雷兴山	考古文博学院
中国传统历史文化通识教育的教学实践	邓小南、阎步克张　帆、叶　炜	历史学系
世界历史本科课程体系改革	高　毅、钱乘旦彭小瑜、许　平吴小安	历史学系
普通语言学:课程建设与教学实践	胡壮麟、何　卫姜望琪、燕　翎	中国语言文学系
基于网络环境的临床医学自主学习体系及其信息化平台的建设与应用	王　杉、陈　红刘　帆、周庆环姜可伟	第二临床医学院
医学研究生综合素质内涵及指标体系的构建与实践	柯　杨、段丽萍王　青、侯　卉王晓军、唐志伟	医学部
基础医学本科生创新型人才培养模式的研究和实践	李学军、管又飞宫恩聪、王　宪张　燕	基础医学院
数学专业本科生课程体系建设	王长平、张继平伍胜健、莫小欢冯荣权	数学科学学院
"分析化学Ⅰ(定量分析)"的教学实践	李　娜、刘　锋李克安	化学与分子工程学院
以实验教学为依托,培育生命科学类本科创新型基础人才的持续实践	苏都莫日根郝福英、柴　真饶广远、周先碗	生命科学学院
概率统计课程体系的发展变革	何书元、耿　直陈大岳、房祥忠任艳霞	数学科学学院
求新求实,持续建设光学课程三十年	钟锡华、王若鹏陈志坚、张瑞明周岳明	物理学院
计算机科学与技术专业发展战略暨专业规范的研究与推广	李晓明、陈道蓄周立柱、王志英蒋宗礼	北京大学
创造更广阔的选择空间——北京大学1998—2008本科教学管理制度改革	李克安、金顶兵卢晓东、王卫贺凯丰	教务部

北京大学荣获2009年北京市级教学成果奖名单

特等奖

名　称	主要完成人	单　位
从实验班到元培学院——北京大学本科培养模式和管理体制改革	林建华、李克安朱庆之、张庭芳段连运	北京大学

一等奖

名　称	主要完成人	单　位
生物学本科基础课程教材的研究与持续建设	生命科学学院	生命科学学院

续表

名称	主要完成人	单位
依托学科优势,建设创新型人才培养实验教学体系	张新祥、黄凯、刘雨、张媛、王小玥	实验室与设备管理部
建设融自然与人文科学为一体的通选课"中国历史地理"	韩茂莉、辛德勇、邓辉、唐晓峰	城市与环境学院

二等奖

名称	主要完成人	单位
教学方法创新与经济法学科建设	张守文、吴志攀、刘燕、肖江平、邓峰	法学院
宗教学课程体系的全面建设	张志刚、姚卫群、王宗昱、孙尚扬、李四龙	哲学系
历史语言学系列课程	王洪君、陈保亚、董秀芳、王超贤、汪锋	中国语言文学系
药学研究型人才培养模式的创新研究与实践	刘俊义、张亮仁、郭敏杰、卢炜、蔡少青	药学院
以公共卫生问题为中心的综合教学	郝卫东、王志峰、王生、林晓明、康凤娥	公共卫生学院
"以器官系统为主线"教学模式改革	刘玉村、杨尹默、王颖、李海潮、高嵩	第一临床医学院
口腔医学仿真教学模式的建设	刘宏伟、岳林、欧阳翔英、江泳、贾培增	口腔医学院
多学科交叉平台下的地球科学类研究生创新型人才培养研究与实践	秦其明、陈永顺、魏春景、张进江、吴朝东	地球与空间科学学院
北京大学信息大类课程体系改革与建设	信息科学技术学院基础教育部	信息科学技术学院
野外地质教学创新实践与实习基地建设	季建清、张志诚、宋述光、韩宝福、李文博	地球与空间科学学院
北京大学本科主干基础课课程体系建设	关海庭、方新贵、宋鑫、于瑞霞、祝诣博	教务部
全方位、多学科的信息素质教育创新系列	肖珑、刘素清、张春红、廖三三、关志英	图书馆
开放的暑期学校——北京大学暑期学校的办学实践与探索	卢晓东、董南燕、宋鑫、田勇强、林莉	教务部
临床技能型研究生的集中培训与管理	王新知、冯海兰、徐军、周永胜	口腔医学院

北京大学2008—2009年度教学优秀奖名单

获奖者	单位
孙文祥	数学科学学院
刘勇	数学科学学院
史一蓬	工学院
张朝晖	物理学院
姚淑德	物理学院
王志军	信息科学技术学院
胡俊峰	信息科学技术学院
朱月香	化学与分子工程学院
张奇涵	化学与分子工程学院
贺新强	生命科学学院
张博	生命科学学院
谢伦	地球与空间科学学院
陈斌	地球与空间科学学院
李双成	城市与环境学院
朱彤	环境科学与工程学院
吴艳红	心理学系
沈阳	中国语言文学系
陈连山	中国语言文学系
颜海英	历史学系
叶闯	哲学系
王锦民	哲学系
权奎山	考古文博学院
袁瑞军	政府管理学院
钱雪梅	国际关系学院
李心愉	经济学院
方敏	经济学院
张俊妮	光华管理学院
涂荣庭	光华管理学院
葛云松	法学院
王慧	法学院
赵丹群	信息管理系
李康	社会学系
周飞舟	社会学系
孔菊兰	外国语学院
苏薇星	外国语学院
马小琦	外国语学院
向勇	艺术学系
王辰瑶	新闻与传播学院
秦维红	马克思主义学院
陈向明	教育学院
朱家祥	国家发展研究院

续表

获奖者	单位
余 潜	体育教研部
董琳莉	对外汉语教育学院
吴立玲	基础医学院
许雅君	公共卫生学院
徐小元	第一临床医学院
王晓峰	第二临床医学院
蒋协远	第四临床医学院

北京大学荣获2009年全国教育系统先进集体名单

获奖集体	单位
"以器官系统为主线"的临床医学教学团队	第一临床医学院

北京大学2009年奖教金获奖名单

杨芙清—王阳元院士奖教金

特等奖

获奖者	单位
龚旗煌	物理学院

优秀奖

获奖者	单位
胡建英	城市与环境学院
谢绍东	环境科学与工程学院
闫桂珍	信息科学技术学院
谢 冰	信息科学技术学院
朱柏承	信息科学技术学院
白书农	生命科学学院
刘 萍	中国语言文学系
郭建宁	哲学系
叶自成	国际关系学院
陈学飞	教育学院
吴中海	软件与微电子学院
张幼怡	第三临床医学院
俞光岩	口腔医学院
顾 晋	临床肿瘤学院
王玉凤	第六医院
段丽萍	护理学院

正大奖教金

特等奖

获奖者	单位
冯长春	城市与环境学院
王厚峰	信息科学技术学院
周晓林	心理学系
李孝聪	历史学系

优秀奖

获奖者	单位
孙卫玲	环境科学与工程学院
英向华	信息科学技术学院
杜世宏	地球与空间科学学院
马尽文	数学科学学院
于彤军	物理学院
肖立新	物理学院
刘春立	化学与分子工程学院
田曙坚	化学与分子工程学院
王习东	工学院
董秀芳	中国语言文学系
韦 正	考古文博学院
杨立华	哲学系
陈少峰	哲学系
欧阳良宜	经济学院
陶 涛	经济学院
张双根	法学院
金锦萍	法学院
印红标	国际关系学院
王延飞	信息管理系
杨善华	社会学系
卢晖临	社会学系
谷 裕	外国语学院
李 政	外国语学院
张守民	马克思主义学院
张 戈	体育教研部
王若江	对外汉语教育学院
鲍 威	教育学院
马 浩	国家发展研究院
吴 靖	新闻与传播学院

东宝奖教金

获奖者	单位
郑晓峰	生命科学学院
罗静初	生命科学学院

方正奖教金

教师特等奖

获奖者	单位
杨 震	化学与分子工程学院

教师优秀奖

获奖者	单位
李文新	信息科学技术学院
赵克常	地球与空间科学学院
张立飞	地球与空间科学学院
朱学贤	数学科学学院
张华伟	物理学院
于龙川	生命科学学院
苏卫东	工学院
李 虹	经济学院
沈 岿	法学院
田 凯	政府管理学院
辜正坤	外国语学院
吴联生	光华管理学院
巫和懋	国家发展研究院
马大龙	基础医学院
詹思延	公共卫生学院
卢 炜	药学院
王建六	第二临床医学院

优秀管理奖

获奖者	单位
田立青	数学科学学院
王忠立	历史学系
任羽中	党委办公室校长办公室
迟行刚	组织部
曲春兰	纪委
蒋宗凤	人事部
张贵龙	财务部
程郁缀	社会科学部
张新祥	实验室与设备管理部
王建华	餐饮中心
解冬雪	药学院
方伟岗	医学部

树仁学院奖教金

获奖者	单位
刘子瑜	中国语言文学系
裴晓睿	外国语学院
滕炜莹	体育教研部
梁子才	分子医学研究所

中国工商银行教师奖

获奖者	单位
王丽丽	中国语言文学系
徐 凯	历史学系
王宗昱	哲学系
苏 剑	经济学院
汪 劲	法学院
梁云祥	国际关系学院
赖茂生	信息管理系
郭志刚	社会学系
路 风	政府管理学院
刘红中	外国语学院
洪 波	外国语学院
龚六堂	光华管理学院
王 玉	对外汉语教育学院

北京银行教师奖

获奖者	单位
毛 亮	外国语学院
贾春新	光华管理学院
侯锡瑾	艺术学院
李 琨	新闻与传播学院

宝钢奖教金

特等奖

获奖者	单位
刘玉村	第一临床医学院

优秀奖

获奖者	单位
李重生	物理学院
裴伟伟	化学与分子工程学院
董 珊	考古文博学院
孙蚌珠	马克思主义学院

王选青年学者奖

获奖者	单位
郭大立	城市与环境学院
史宇光	数学科学学院

国华杰出学者奖

获奖者	单位
阎步克	历史学系
王缉思	国际关系学院
姜伯驹	数学科学学院
唐有祺	化学与分子工程学院
张震康	口腔医学院
王海燕	第一临床医学院

北京大学荣获北京市第十届哲学社会科学优秀成果奖名单

特等奖

成果名称	成果形式	获奖者	单位
中华文明史(四卷本)	专著	袁行霈 严文明 张传玺 楼宇烈等	中国语言文学系

一等奖

成果名称	成果形式	获奖者	单位
日藏汉籍善本书录(三卷本)	专著	严绍璗	中国语言文学系
系统功能语言学概论	教材	胡壮麟等	外国语学院
中国教育与人力资源发展报告 2005—2006	专著	闵维方等	教育学院
中国学位与研究生教育发展报告 1978—2003	专著	陈学飞等	教育学院
自我、他人与道德(上、下卷)	专著	徐向东	哲学系
时间的观念	专著	吴国盛	哲学系
中国工薪所得税有效税率研究	论文	刘怡等	经济学院
中美经贸关系	专著	王勇	国际关系学院
美国对台军售政策研究:决策的视角	专著	张清敏	国际关系学院
刑事制裁:方式与选择	专著	梁根林	法学院
大国卫生之论:农村卫生枢纽与农民的选择	专著	王红漫	医学部公共教学部
信念、偏好与行为金融	专著	刘力等	光华管理学院
进化论与中国激进主义(1859—1924)	专著	吴丕	政府管理学院
中国银行业创新与发展的法律思考	专著	郭雳	法学院
祖宗之法:北宋前期政治述略	专著	邓小南	历史学系
近代普鲁士官僚制度研究	专著	徐健	历史学系
赫梯条约研究	专著	李政	外国语学院
企业信息化与竞争情报	专著	谢新洲等	新闻与传播学院
东方民间文学概论	专著	张玉安等	外国语学院
中国现当代文学学科概要	教材	温儒敏等	中国语言文学系
Comparison of Languages in Contact—The Distillation Method and the Case of Bai	论文	汪锋	中国语言文学系
Intratextuality, Extratextuality, Intertextuality: Unreliability in Autobiography versus Fiction	论文	申丹	外国语学院
陀思妥耶夫斯基小说艺术研究	专著	彭克巽	外国语学院
中国当代电影史:1977年以来	专著	陆绍阳	新闻与传播学院

二等奖

成果名称	成果形式	获奖者	单位
发展的反思与探索	专著	丰子义	哲学系
心学论集	专著	张学智	哲学系
艾滋病、污名和社会歧视:中国乡村社区中两类人群的一个定量分析	论文	刘能	社会学系
对2000年人口普查出生性别比的分层模型分析	论文	郭志刚	社会学系
供给管理与我国现阶段的宏观经济调控	论文	刘伟等	经济学院
经济社会发展视角下的中国保险业:评价、问题与前景	专著	孙祁祥等	经济学院
国际企业制度创新	专著	王跃生等	经济学院

北京大学2009年优秀博士学位论文指导教师名单

一等奖

指导教师	获奖学生	单位
赵光达	张玉洁	物理学院
刘忠范	段小洁	化学与分子工程学院
荣新江	余欣	历史学系
彭练矛	王鸣生	信息科学技术学院
闵维方	郭丛斌	教育学院

二等奖

指导教师	获奖学生	单位
张平文	周栋焯	数学科学学院
严纯华	贾春江	化学与分子工程学院
李毅	周锋	生命科学学院
郑海飞	乔二伟	地球与空间科学学院

续表

指导教师	获奖学生	单位
赵 辉	张 海	考古文博学院
方连庆	宋 伟	国际关系学院
陈兴良	车 浩	法学院
胡建英	万 祎	城市与环境学院
郭怀成	刘 永	环境科学与工程学院
赵明辉	杨 瑞	第一临床医学院
夏铁安	李志艳	第一临床医学院
尚永丰	张 映	基础医学院
马大龙	马 曦	基础医学院
朱玉贤	施永辉	生命科学学院
肖建国	万小军	信息科学技术学院

续表

指导教师	获奖学生	单位
冯长春	欧 雄	城市与环境学院
陈仲强	范东伟	第三临床医学院
黎晓新	陶 勇	第二临床医学院
吕有勇	徐 晔	临床肿瘤学院
张震康	张非煜	口腔医学院
张 强	刘 瑜	药学院
赵明辉	徐丽霞	第一临床医学院
黄晓军	赵翔宇	第二临床医学院
谢敬霞	徐 辉	第三临床医学院
叶新山	范秋华	药学院

三等奖

指导教师	获奖学生	单位
王 铎	郑 敏	数学科学学院
赵春来	谢兵永	数学科学学院
俞大鹏	廖志敏	物理学院
沈 波	唐 宁	物理学院
王宇钢	覃怀莉	物理学院
席振峰	王 超	化学与分子工程学院
高 松	赵 飞	化学与分子工程学院
贾欣茹	王冰冰	化学与分子工程学院
张传茂	马 妍	生命科学学院
周 专	郑 慧	分子医学研究所
徐 备	湛 胜	地球与空间科学学院
张志刚	李 林	哲学系
李中华	任蜜林	哲学系
许振洲	梁晓君	国际关系学院
刘文忻	张元鹏	经济学院
孙祁祥	锁凌燕	经济学院
厉以宁	刘玉铭	光华管理学院
刘 力	熊德华	光华管理学院
徐淑英	张 燕	光华管理学院
陈瑞华	韩 流	法学院
姜明安	王贵松	法学院
王锦贵	王应宽	信息管理系
谢庆奎	汪 波	政府管理学院
程朝翔	时晓英	外国语学院
王阳元	田 豫	信息科学技术学院
徐安士	肖 峰	信息科学技术学院
张 兴	郭 奥	信息科学技术学院
林毅夫	孙希芳	国家发展研究院
陈学飞	王书峰	教育学院
郑晓瑛	张 蕾	人口研究所
王 龙	张丹丹	工学院

北京大学2008—2009年度优秀班主任获奖名单

一等奖

获奖者	单位
赖 勇	地球与空间科学学院
王 源	信息科学技术学院
厉建龙	化学与分子工程学院
童美萍	环境科学与工程学院
宁晓萌	哲学系
宋 伟	国际关系学院
张 健	经济学院
龚文东	法学院
刘 宁	外国语学院
毕明辉	艺术学院
许 静	新闻与传播学院
韩 婷	元培学院
程化琴	药学院
李 虹	第九临床医学院
李 健	第一临床医学院
于岩岩	第一临床医学院
陈娇娇	深圳研究生院

二等奖

获奖者	单位	获奖者	单位
田 陆	数学科学学院	王宝茹	法学院
张贺信	数学科学学院	吴 婧	信息管理系
胡 俊	数学科学学院	卢晖临	社会学系
史一蓬	工学院	王丽萍	政府管理学院
陈 宇	物理学院	魏丽明	外国语学院
杨 军	物理学院	付志明	外国语学院
付 强	物理学院	张会峰	马克思主义学院
刘玉琳	地球与空间科学学院	冯雅新	马克思主义学院

续表

获奖者	单 位	获奖者	单 位
吴才聪	地球与空间科学学院	范璐君	教育学院
项 燕	信息科学技术学院	唐金楠	艺术学院
刘志敏	信息科学技术学院	王辰瑶	新闻与传播学院
曹东刚	信息科学技术学院	夏海伟	元培学院
兰玉茹	化学与分子工程学院	王逸鸣	元培学院
朱 斌	化学与分子工程学院	赵长征	对外汉语教育学院
郭大立	城市与环境学院	武继磊	人口研究所
汪 芳	城市与环境学院	裴剑锋	前沿交叉学科研究院
孔 雷	生命科学学院	雷晓燕	国家发展研究院
韩 凌	环境科学与工程学院	王春超	深圳研究生院
潘建国	中国语言文学系	陈丽颖	公共卫生学院
王元周	历史学系	邹 红	护理学院
徐一方	考古文博学院	谷士贤	第三临床医学院
徐龙飞	哲学系	沈 勇	口腔医学院
张锡镇	国际关系学院	孙悦东	第九临床医学院
叶自成	国际关系学院	肖军军	基础医学院
张 悦	经济学院	王山米	第二临床医学院
张 峥	光华管理学院	景红梅	第三临床医学院
臧文素	法学院	周治波	口腔医学院

三等奖

获奖者	单 位	获奖者	单 位
范辉军	数学科学学院	张慧玲	外国语学院
包志强	数学科学学院	沈一鸣	外国语学院
王立中	数学科学学院	肖伟山	外国语学院
李法新	工学院	苏耕欣	外国语学院
龚 斌	工学院	刘 能	社会学系
许应瑛	物理学院	周 皓	社会学系
张 洋	物理学院	刘小龙	艺术学院
贾鹏翔	物理学院	曹 璐	新闻与传播学院
李 梅	地球与空间科学学院	王秀丽	新闻与传播学院
施伟红	地球与空间科学学院	严 洁	政府管理学院
孙 敏	地球与空间科学学院	于艳新	元培学院
郭等柱	信息科学技术学院	刘亚平	元培学院
马黎黎	信息科学技术学院	吕凤霞	成人教育学院
王延辉	信息科学技术学院	刘爱萍	成人教育学院
段艳萍	信息科学技术学院	李俊杰	深圳研究生院
何 阳	化学与分子工程学院	崔小乐	深圳研究生院

续表

获奖者	单 位	获奖者	单 位
肖 卿	化学与分子工程学院	金 鹏	深圳研究生院
周加才	化学与分子工程学院	俞荔琼	基础医学院
蔡 宏	生命科学学院	姬 萍	护理学院
潘 卫	生命科学学院	张 皓	第一临床医学院
赵华章	环境科学与工程学院	郝徐杰	第二临床医学院
陈 萍	心理学系	王培忠	第五临床医学院
朱效民	哲学系	刘铁梅	中日友好临床医学院
潘华琼	历史学系	赵亚飞	航天临床医学院
张 硕	经济学院	车 颖	首钢临床医学院
岳 衡	光华管理学院	崔博华	药学院
徐 菁	光华管理学院	何丽华	公共卫生学院
高小吉	法学院	王 玲	基础医学院
高 霞	法学院	孔俊彩	第五临床医学院
凌 斌	法学院	宋 虹	第四临床医学院
许 欢	信息管理系	田春萍	中日友好临床医学院
冯 健	城市与环境学院	姜玉武	第一临床医学院
罗 杰	外国语学院	王 妮	城市与环境学院

北京市高校第六届青年教师教学基本功比赛北京大学获奖名单

一等奖

获奖者	单 位
许雅君	公共卫生学院
杨松霖	第一临床医学院

二等奖

获奖者	单 位
陶 勇	第二临床医学院
张媛媛	第二临床医学院
王 妍	第三临床医学院
龚 侃	第一临床医学院
崔 鸣	第三临床医学院
李湘庆	物理学院
梁 菠	外国语学院

三等奖

获奖者	单 位
黄岩谊	工学院
金锦萍	法学院

续表

获奖者	单位
王久高	马克思主义学院
许德峰	法学院
陈 东	经济学院
马小琦	外国语学院

最佳教案奖

获奖者	单位
许雅君	公共卫生学院

最佳演示奖

获奖者	单位
杨松霖	第一临床医学院
许雅君	公共卫生学院
王 妍	第三临床医学院

最受学生欢迎奖

获奖者	单位
许雅君	公共卫生学院
陶 勇	第二临床医学院
张媛媛	第二临床医学院
黄岩谊	工学院
龚 侃	第一临床医学院
杨松霖	第一临床医学院
王 妍	第三临床医学院
梁 菠	外国语学院

优秀组织奖
北京大学工会

优秀指导老师

获奖者	单位
郝卫东	公共卫生学院
晏晓明	第一临床医学院

北京大学2009年在教育战线工作满三十年教职工名单

校本部

姓 名	单 位	姓 名	单 位
马文华	化学与分子工程学院	文 兰	数学科学学院
贺维军	化学与分子工程学院	高淑华	体育教研部

续表

姓 名	单 位	姓 名	单 位
李凤梅	生命科学学院	徐惠玲	图书馆
方 胜	物理学院	王继愈	图书馆
李善珍	物理学院	吴政民	图书馆
刘连博	信息科学技术学院	王 凤	图书馆
吴清平	信息科学技术学院	梁增怡	出版社
杨莘梅	信息科学技术学院	顾钟瑾	校医院
王 进	信息科学技术学院	金木子	校医院
李平曾	信息科学技术学院	叶树青	校医院
顾志福	工学院	吕克艰	校医院
赵晓梅	社会学系	田 霞	校医院
王智惠	外国语学院	李小寒	实验室与设备管理部
唐孟生	外国语学院	侯秋英	会议中心
孔菊兰	外国语学院	李建富	会议中心
沈定昌	外国语学院	陈玉红	校园管理服务中心
张桂珍	外国语学院	王秀菊	校园管理服务中心
于维雅	外国语学院	徐书华	校园管理服务中心
白贵松	社区服务中心	刘若虹	附小
田仲义	青鸟有限责任公司	刘世豪	供暖中心
王建华	方正集团有限公司	蔡永顺	供暖中心
徐梦毅	方正集团有限公司	芦自力	供暖中心
赵春来	维信生物科技有限公司	王春玲	现代教育技术中心
张绍田	附中	李久安	现代教育技术中心
史连元	附中	张国富	附中
李 冰	附中	蔡放明	附中
程致宪	附中	樊晓平	附中
王宝成	附中	赵良洪	附中
王淑香	附中	苏翌丹	附中
舒嘉文	附中	彭喜珍	附中
戴 杰	附中	王珠群	附中
赵明新	工会	朱良跃	附小

医学部

姓 名	单 位	姓 名	单 位
王晓燕	公共卫生学院	李庆芝	第三临床医学院
王庆弟	机关	孙 岭	第三临床医学院
解景朋	临床肿瘤学院	刘纪燕	第三临床医学院
高小琳	临床肿瘤学院	吕玉德	第三临床医学院
沙秀芬	第二临床医学院	刘蓓梅	第三临床医学院
韩玉峰	第二临床医学院	吴新力	第三临床医学院
马 平	第二临床医学院	佟玉芬	第三临床医学院
刘久国	第二临床医学院	徐宝丰	第三临床医学院

续表

姓 名	单 位	姓 名	单 位
李维宁	第二临床医学院	刘凌云	第三临床医学院
任学岐	第二临床医学院	王玉兰	第三临床医学院
方婉芝	第二临床医学院	寇桂芝	第三临床医学院
王秋华	第二临床医学院	马潞林	第三临床医学院
王淑玉	第二临床医学院	王玉荣	第三临床医学院
杨 瑞	第二临床医学院	王建华	第三临床医学院
郝 杰	第二临床医学院	樊东升	第三临床医学院
张柏林	第二临床医学院	冯 瑞	第三临床医学院
徐 莉	第二临床医学院	张庚月	第一临床医学院
胡世鹏	产业	张大双	第一临床医学院
王立平	产业	杨文艳	第一临床医学院
张志娥	产业	干汝起	第一临床医学院
孙曼霞	公共教学部	普程伟	第一临床医学院
乔 梁	药学院	邓学清	第一临床医学院

续表

姓 名	单 位	姓 名	单 位
李 琳	药学院	崔俊香	第一临床医学院
王 邠	药学院	魏增河	第一临床医学院
王淑伶	第六医院	刘 健	第一临床医学院
刘丽娟	第六医院	谢燕玲	第一临床医学院
何青宁	口腔医学院	秦瑞霞	第一临床医学院
蒋维革	口腔医学院	张唯唯	第一临床医学院
王 莉	口腔医学院	孙 英	基础医学院
张宝强	口腔医学院	刘秀敏	基础医学院
崔 凯	口腔医学院	张 莎	基础医学院
李成杰	口腔医学院	韩 玲	基础医学院
胡晓宏	口腔医学院	闫 武	基础医学院
刘世勇	口腔医学院	孟书聪	基础医学院
黄丽丽	口腔医学院	苏付荣	基础医学院
李春梅	第三临床医学院		

2009 年度学生奖励与奖学金

北京地区高等学校三好学生

数学科学学院
魏文哲　贾继伟

工学院
杨　声　岳新成

物理学院
姜洪岩　郝　阳

地球与空间科学学院
陈　静　卢　丹

信息科学技术学院
肖　达　罗　鑫

化学与分子工程学院
王子涛

生命科学学院
冉　辰

城市与环境学院
袁文旭

环境科学与工程学院
彭　瞳　郭　松

中国语言文学系
赵　昱　万　辉

历史学系
席会东

考古文博学院
梁　帆

哲学系
赵东坡

国际关系学院
李新宇　黄宇蓝

经济学院
刘　丛

光华管理学院
赵　宇　吴　慧

法学院
李　祥　黄　韬

社会学系
胡倩影

政府管理学院
陈鹏飞

外国语学院
贾　岩　吕　行

教育学院
胡　瑛

新闻与传播学院
方可成　何是非

元培学院
张康康　陈乃彬

	软件与微电子学院
张隽永	
	深圳研究生院
梁余音	
	基础医学院医学预科班
吴晓伟	
	口腔医学院
王 郁	
	第一临床医学院
陈 璨　孙浩林	
	第二临床医学院
王晓迪	
	第三临床医学院
高 超	
	第四临床医学院
阎 凯	
	航天临床医学院
徐 雪	
	公共卫生学院
马文杰	
	护理学院
郭 超	
	民航临床医学院
宋依临	
	公共教学部
张晓彤	
	基础医学院
付 玉　欧阳汉强	
	药学院
张巍巍	
	中日友好临床医学
种 红	

北京地区高等学校优秀学生干部

1　朱冰冰　数学科学学院2008级硕士生
2　杨婷云　工学院2007级本科生
3　曲一铭　国际关系学院2008级硕士生
4　田 妍　外国语学院2007级本科生
5　周 淳　元培学院2006级本科生
6　徐 钊　地球与空间科学技术学院2009级博士生
7　程 强　化学与分子工程学院2006级博士生
8　俞 挺　环境科学与工程学院2008级硕士生
9　崔金柱　历史学系2007级硕士生
10　张 健　经济学院2008级硕士生
11　杨宗威　法学院2006级本科生
12　马德林　新闻与传播学院2006级本科生
13　王胤奎　基础医学院（医预）
14　陈 卓　护理学院2005级本科生
15　原 宁　公共教学部2006级本科生
16　金 莹　中日友好临床医学院2006级本科生
17　唐 冲　航天临床医学院2006级本科生
18　廖凯举　公共卫生学院2007级硕士生
19　公 磊　第二临床医学院2007级硕士生

北京市高等学校优秀班集体

1	数学科学学院	2008级本科生4班
2	生命与科学学院	2008级博士生班
3	哲学系	2008级本科生班
4	外国语学院	2008级英语系本科生班
5	新闻与传播学院	2008级本科生
6	物理学院	2007级本科生天文班
7	政府管理学院	2008级硕士生班
8	工学院	
9	城市与环境学院	2008级本科生2班
10	国际关系学院	2008级本科生班
11	法学院	2008级法律硕士生3班
12	地球与空间学院	2007级地质地化本科生2班
13	信息科学技术学院	2007级本科生8班
14	环境科学与工程学院	2008级硕士生班
15	医学部（本科生）	基础医学院口腔医学06级
16	医学部（本科生）	药学院药学2005级1班
17	医学部（本科生）	护理学院护理本科2006级
18	医学部（研究生）	公共卫生学院社会医学与卫生事业管理研究生班
19	医学部（研究生）	公共教学部研究生班

三好学生标兵

数学科学学院
朱煦雯　魏文哲　唐云清　苏炜杰　勒　雅　王国祯
贾继伟　王洪艳

工学院
王圣凯　杨　声　白若冰　尹玉婧　岳新成　陈占明

物理学院
尹玉婧　岳新成　陈占明　韩炳鸿　唐克超　黄俊午
周普天　张嘉俊　褚赛赛　陈国兴　王小保

地球与空间科学学院
卢　丹　俞红玉　陈　静　郭丽爽　蔡　磊　吕雪峰

信息科学技术学院
王　鹏　姚金宇　余晓琦　赵　鑫　丁　惟　刘恩亚
肖冰峻　罗　鑫　蒋廷松　王继禹　许经纬　封　盛
石宗演　李　颖　肖　达　彭书萍　刘　坤　王　祥
李凌达

化学与分子工程学院
翟羽京　魏贺佳　赵晓堃　洪　果　陈丰坤　王金泳
党曦俭　王普舟　王子涛

生命科学学院
侯婷婷　冉　辰　靳雅娜　矫骏逸　安明瑞　侯英楠

城市与环境学院
邓蜀星　杨意峰　袁文旭　胡映洁　刘笑彤　王旭辉
王俊松

环境科学与工程学院
郭　松　谢　鹏　彭　暐

心理学系
李廷睿　高　隽

中国语言文学系
赵　昱　张丽婧　陈　曦　万　辉　李萌昀　陈　曦
刘　伟

历史学系
王　禹　席会东　边文锋

考古文博学院
梁　帆　路国权

哲学系
牟潘莎　于文博　赵东坡　闵　军　孟凡杰

国际关系学院
殷晴飞　李新宇　叶　琬　贾志谦　徐静毅　黄宇蓝

经济学院
曹　杨　周玖洲　戴恒琛　何碧婵　殷　洁　程　超
张　璨　曾　江

光华管理学院
赵　宇　顾　飞　李　玥　梁　艺　曾　田　代　毅
吴　慧　谭　悦　谢婧婧　林安霁　肖占彪　郑　卓
刘建颖　宗芳宇

法学院
刘　月　石　蹊　朱晓然　洪晔演　陈洁琼　李　浩
李　祥　叶　蕤　于小川　张蓓蓓　黄　韬　常　磊
焦旭鹏

信息管理系
段　烨　阎　慧

社会学系
胡倩影　王　浩　强子珊　翟宇航

政府管理学院
陈鹏飞　黄敬理　刘晓雯　王懂棋　宋　彭　赵　滕

外国语学院
茹　然　汪远航　姜　通　王　颖　刘　声　张友云
贾　岩　施顶立　吕　行

马克思主义学院
陈　稳

艺术学院
潘　彧

新闻与传播学院
何是非　杨丽娟　唐　诗　方可成　吴　琦

元培学院
李晓杰　杜　飞　张康康　刘一鸣　陈乃彬　陶　沁

对外汉语教育学院
周松涛

中国经济研究中心
黄　炜

教育学院
胡　瑛　冯　明

软件与微电子学院
王增光　谢海闻　李求索　王朝垒　张　清

深圳研究生院
刘　刚　陈奎林　张　璇　葛　俊　杜春伍　梁余音
史艳菊　李人龙　彭玲娟　冯晓星　李书舒

医学教育办公室
庞雨薇　胡　佳　吴晓伟　黄元升　柴　坷

医学部本科系统

基础医学院
付　玉　王　含　李　彭　郑博隆　洪　霞　毛丁丁
欧阳汉强

药学院
崔　伊　易湛苗　郑永祥　黄晓西

公共卫生学院

姚　希　马文杰

护理学院

肖怡娜　阳　方　郭　超　魏乾伟　鱼毛毛

公共教学部

张晓彤

第一临床医学院

陈　璨　高露娟　易铁慈

第二临床医学院

王晓迪　臧　鑫

第三临床医学院

高　超　刘　烨

口腔医学院

褚　祎　宋广瀛

北京大学第四临床医学院

黄　蔚

北京大学第五临床医学院

黄剑锋

中日友好临床医学院

种　红

航天临床医学院

徐　雪

民航临床医学院

宋依临

医学部研究生系统

基础医学院

石　虎　韩莹莹　崔媛媛　石　磊

药学院

张巍巍　向　宇

公共卫生学院

马秋霞　马爱娟

第一临床医学院

栾新华　孙浩林　孙　丹

第二临床医学院

张　果　李丽君

第三临床医学院

罗亚军　敖明昕

口腔医学院

柳大为

精神卫生研究所

宓为峰

临床肿瘤学院

李文庆

三好学生

数学科学学院

付潇鹏　冯鑫铿　徐　劼　张瑞祥　徐东昊　王　鹜
蒋　扬　王筑艺　汪哲楠　范晨捷　黄晨笛　匡宇明
叶子纯　张　原　柳智宇　王宇前　龚任飞　李　黎
张安如　赵一衡　程晓行　许文放　徐冰卉　林　铃
金　威　孙　鑫　潘丽芬　马　韦　崔庸非　杨子光
程　诚　岳元熙　俞锦炯　孙鹏飞　丁　鹏　苏　亚
闫博巍　姜子麟　沈才立　朱庆三　贺　鹏　周　达
唐雪颖　周晨璐　刘雨晨　王怀习　邓　剑　赵国庆
苏乃芳　洪阿丽　史　逸　刘　锐　张　超　朱艳乔

工学院

赵真龙　魏庆凯　李俊超　李伟轩　孙　凯　王国华
葛　妍　孟令怡　林修竹　李景超　周　啸　云　松
王国胤　金　泰　杨长东　未志杰　霍　达　孙　鹏
李渝哲　毛　晟　张汝达　李卓政　周　健　李应卫
吴蕴超　杨　翔　唐慧莹　汤哲文　李忠奎　杨　亮
罗　浩　王秋月　陈志杰　刘　伟　喻　敏　宋　磊
温广辉　尹　晨

物理学院

刘　实　傅善超　谭　腾　何　石　陆霏霏　林乔惟
李　政　郭文琼　於　韬　金　驰　周廷弢　金辰皓
严　羽　马　岳　一　禾　张小峰　孙　惠　郑　永
彭弱溟　汪世英　黄　浩　王　博　倪琼琳　李　琰
高　梅　王　冠　邵　帅　孙茂华　杨　洁　常　城
甘斯亭　张建东　许　尘　刘　一　别亚青　黄呈橙
李冠辰　杨海峰　王孜博　朱　江　高　玲　梁　思
邵　斌　王　鞅　杨起源　任　通　钱　文　陈　蕾
姜　杉　靳路昶　薛　驰　华　伟　方　浩　高向东
李俊泽　傅　成　杨光宇　李　丁　陶岳彬　牛一斐
郑一琦　杜容非　张树栋　吕林辉　齐胜利　金文涛
刘振鑫　周泉丰　张　兴　岳　嵩　王　飞　王　乔
何晏春　夏　炎　袁乃明

地球与空间科学学院

王世霞　黄　骞　于　勇　张华侨　王　璞　刘　钰
余　奕　于祥江　康　兴　王　雪　王人泽　林佩蓉
张镇琦　杨岸然　郭丽爽　彭一郎　王洪浩　邓世彪
随欣欣　卢　丹　王增振　宫建华　张　弛　胡晓敏
俞红玉　王　博　赵　泓　王　康　王　瑞　张　宁
徐　励　黄竹梅　陈　静　陆　忞　郭　宁　蔡　磊
包　项　林玉峰　谭佳奕　任　荣　李小伟　尹　超
谭娟娟　张　帆　陈　嘉　吕雪峰　王永福　丁林芳
贺元凯　赵　亮

信息科学技术学院

汪 燕　孙天博　黄柏彤　周家祯　江 翰　张弛丞
陈 林　倪 超　沈艳艳　王颖斐　韩 蕾　刘大河
吴天琪　陈 琪　郑 炜　李 冰　龙秋滕　罗舒颖
乐 天　王志扬　黄 鹏　陈德建　周伟明　吕 海
杜博超　张 磊　魏 鹏　李立松　年家震　欧阳锦林
陈 醒　黄芊芊　任双印　牛 力　印海友　张明明
郑 何　马 郓　付思迪　梁 昕　张 诚　李 浩
李 井　王恺然　李 辉　何士华　鲜　　　王靖轩
李 龙　李 冲　沈逸超　蒙新泛　庞 潇　夏 冰
王 靖　张辰飞　徐秋旻　郑晓东　方国栋　胡雅杰
王骏成　梁诗鸣　胡 薇　张顺廷　刘 诚　郭 岳
金 鑫　卢恬涛　张雅婧　徐连宇　方 傲　权冰心
许世泽　黄舒志　戚 凯　张 夙　赵 翠　朱 然
何梦文　廖泥乐　杨 挺　寿思聪　白 鹏　刘国鹏
李逸樵　于 弢　王承珂　赵 哲　林思聪　孙 柏
孙恒一　邓丽霞　吴志川　王 超　吴世东　徐蕊芯
袁 格　吕骁博　张 阳　张惠平　赵 莉　杨 智
张佳音　陈 鑫　何欣然　刘 博　蔡 琳　王铁磊
王睿智　何 鑫　赵大宇　胡慧琳　申 均　赵 祺
施维加　秦毅成　徐晓庆　毛海央　王心悦　王旭磊
赵 星　庄希威　华连盛　张 猛　黄 涛　孙 聪
朱利丰　刘宏志　黄舒琴　孙伟强　王 川　陈 星
袁 泉

化学与分子工程学院

赵 涵　胡 珂　伊里古玛　姜延龙　张一鸣　周 昂
宋 阳　敖银勇　程 进　蒋骏驄　邱 天　周礼楠
黄虹端　郑巨款　赵燕燕　彭 洲　王天民　王宇平
华 炜　于 一　梅 洁　张 驰　王 琳　李灿灿
马远驰　殷昊霖　王涵柳　孙 茂　李梦圆　梁海林
周 昕　应罕泽　柯 俊　周 焱　葛 静　曹 阳
李 昊　杨 阳　刁 硕　徐春虎　朱 洪　滕明俊
滕 欣　徐 磊　周 凡　纪天容　张 雪　周 琳
刘 佳　王 睿　李 箐　闫 慧　汉春伟　沈 杰
唐铮铭

生命科学学院

王 苏　刘 东　丛 虓　代骏豪　沈青骥　苏思明
夏 爽　胡以人　李倩怡　张 全　林 玟　潘 恒
王 杉　欧 洋　李伟强　杨永康　黄清配　陈佳佳
郭智坚　刘梦羽　张 景　任 姣　曹紫娟　辛广伟
王 涛　师成平　张浩千　黎荣昌　王 珺　夏薇薇
朱 昀　赵鸣堃　肖 澈　董其平　张 力　王 乔
李心欣　陈 赛　马一禾　刘 峰　殷海娣　傅天民
张存立　韩 娟　陈振夏　李 曦　刘小川

城市与环境学院

王锡泽　王玉瑜　游 鸿　王 钰　盘 超　范敬怡
刘明琦　刘 萌　刘 俊　纪 洋　钟愉佳　余常虹
金 璐　熊馥荔子　邓 婧　许诺安　朱利凯　陈义勇
汪 洋　宋丽青　李元青　孙小明　李 丞　薛 淼
卫 晓　张一凡　杨雪怡　黄 赟　史辰羲　何 峰
李彤超　张倩倩　张洪谋　汤璐瑛　李海龙　李春梅
吴春萍　金哲侬　陶静娴　刘保奎　郑 童　彭书时
杨琳琳　孙 瑜　林璐茜　李鹏飞　杜金锋　王长松

环境科学与工程学院

薄 宇　张宝刚　杨永辉　李 超　谭玉菲　吴 婧
邢 璇　姚 硕　江旭佳　刘 川　卢宇飞　陶晔彬
龙国瑜　常 迪　易 如　孙轶同　裘东盈　朱晓彤

心理学系

张泇源　陈 钺　林沐雨　张 凡　谢佳秋　孙小舒
牛启昆　黄哲瑞　施纯桐　刘 曦　俞宗火　王雨吟
王一棉　王英英　张金璐　高 隽

中国语言文学系

周 圆　唐田恬　沈 悦　王 笑　何兴中　邓百花
富嘉吟　魏 辰　何双双　李培艳　胡妍妍　耿 葳
王广雷　王春茵　张 玥　何瑞娟　胡光明　都轶伦
何雨殷　刘 杰　陈澹宁　王 嵘　张 林　梁 静
魏 航　黄 琪　白惠元　曲景毅　冯 巍　刘 斐
周天逸　黄新骏蓉　迟文卉　曾 恺　李 湘　张广海
徐艺峰　李 静　林 莹　马建平　徐 刚　秦兰珺
张灵羚　文建平　李 超　林 峥　徐奉先　徐昌盛
王 琼　张 娟

历史学系

徐静泊　张 星　俞天意　尤 李　张 静　周 佳
杨金峰　刘 钊　包 李　李文杰　曹 流　凌文超
苗思安　王宇飞　孙宇晨　张 龙　陈昱良　王 欢
徐 硕　王 楠　乐日乐　费 晟　李怡文　胡 丹
彭 勃　陈冠华　刘乳滨　乌 兰

考古文博学院

卢 一　冉宏林　贾 宁　喻 珊　张依萌　杨 琴
张 琼　陈春婷　谭 镭　张 钊　王冠宇　陈晓露
郭 明

哲学系

韩慧君　蔡海涛　赵 悠　杨 超　于 泓　郑 伟
白辉洪　雷本仲　王 姣　姚大志　周广友　李 强
徐丹羽　王少雄　张 雄　臧 勇　汪韶军　王文娟
柏宇洲　朱书广　周素丽　常 超　王云飞　孟庆楠
陈长安　张美丹　袁新宇　张 梧

国际关系学院

洪嘉泽　陈 曦　胡 烨　江东晛　薛妙羚　姚驭文
王 京　储云燕　戴武俊　母君晨　董钰婷　冯东明
郭晓钊　庄发琦　姜 波　吴韵曦　王霁宏　曲一铭
张 力　刘 毅　吴 蓉　黄星伟　寸志清　宋 晨

刘 斌	章辰磊	赫佳妮	忽晓萌	褚颖春	潘 晔	殷晓霞	朱荣芳	叶 桐	柴志申	蔡 锋	银 杰
张冠李	成亚曼	卢紫烟	陈 铭	张俊豪	俞力莎	梁景瑜	于哲平	贺 剑	陈洁琼	沈 冲	马茹婷
江东晛	薛妙羚	姚驭文	孙 敏	吴芳芳	张 婷			信息管理系			
母君晨	董钰婷	冯东明	邓 超	夏纪媛	蒋立群	戴海勇	王长宇	张芯苾	刘雅琼	李 雅	胡 磊
谭春霞	江 扬	贾志谦	李欣然	叶啸林		张艺山	沈昀浩	马 婕	潘 梅	王建冬	张 丽

经济学院

鲁洁琼	孟 越	谢 静			

刘思颖	武玲蔚	皋 璐	雷霏霏	曾蔚萍	冯颖杰			社会学系			
王晓月	邹 楠	阎 开	王 歆	刘 丛	陈思羽	朱旭斌	高明华	李 丁	秦长运	冯 路	汪栋杰
刘怡然	杜 月	于洪晨	许蓉蓉	冉宇航	邱 筠	张春泥	胡倩影	王 晶	翟昕怡	强子珊	王 维
胡蓓蓓	周梦荃	李承健	刘 帆	李宪泽	王 芳	武 琪	刘梦岳	常 超	邓 骁	翟宇航	李蓝天
石 钰	桓雅琦	郑 直	刘 琰	张晓捷	李抒怡	史普原	王 浩	王晓宁	王珏珏	万聪榕	
颜晖皓	李 丹	边 赛	王 蕾	何 惟	莫雨璐			政府管理学院			
吴越凡	刘笑黎	熊 璐	刘佳钰	沈泽承	刘 洋	魏园园	姬 懿	周 维	华亚丽	金剑苞	马 洁
李 杰	胡 迪	李四光	王 爽	王 琼	焦 芳	杨小雨	杨 帆	陈 怡	王 伟	张 丹	马 兰
盖 静	张树东	贺国超	梁 斌	王元道	张义博	曹天龙	王 策	张子晔	蔡曦亮	韩溪林	赛

光华管理学院

						刘懿冰	李亚薇	宋 灏	袁德良	丁 凡	方 然
谈文峰	胡 松	何天英	陈世诚	孙 喆	陈 珲	曾春阳	章梦昱	窦逸馨	刘娟凤	梁 涵	曹 胜
张瀚宇	何世悦	覃 颖	李 颖	汪明亮	肖 斌	李京京	郑若愔	尚 磊	谭玉刚	杨忠浩	刘小青
许 超	潘林晖	王云龙	王丽颖	刘侠璐	张国斌	伍 伟	候守李	庄永燊	王春杨	李加东智	迟洪涛
薛逢源	叶 婧	陈 默	孙树强	李博文	耿 博			外国语学院			
张 弛	贾雪萌	信 琪	张 微	胡家因	吕 静	韩 笑	高雅祺	张楚悦	刘荷真	方佳俊	邓睿豪
薛 敏	杨 乐	陶 胜	刘 超	贾玉玲	余 勇	高 冀	安 东	蒋 杨	项传龙	陈 璐	张晓雅
郭庆龙	陈 曦	高传炬	秦丽丽	金范洙	张静燕	陈宏章	赵文清	蒋 羽	郭艺华	田 阳	顾保罗
张沛瑞	邹 韵	薛 原	吴新建	赵一宁	陈功勇	霍 然	贡月梅	李鹭瑶	贺 飞	宋 悦	伊丽努尔
何 远	阮天悦	毕 麁	王秀丽	李云妮	马光星	程雪娇	周文仪	李雪瑶	梁崇一	陶 娟	张 博
张 戈	李 想	彭 程	李志鹏	宁丽立	薛 晶	巫 锐	季季青	夏 青	李 哲	袁 凯	陈爱云
侯希然	申屠李融	蒋海涛	郭婷婷	颜廷茂	李 琛	张 雯	祝 捷	杜金浩	杨任任	张新莹	雷孟静
蒋 蓉	文 博	刘超然	麻众志	张海波	陈 晓	邓亚姗	杜佳宁	陈畅言	许世欣	姜 莉	徐祖怡
王晓禹	田 野	樊晰心	孙曙光	李 猛	张会丽	沈丹玺	刘 璐				
魏维楠	江瑜希	邹 阳	王劲松	雍家胜	石 光			马克思主义学院			
牛韵雅	张玉龙	张 胤	纪文波	王春芬	彭璐路	陈 稳	陈 尧	沙朝彬	魏 强	都 岩	刘争先
沈 斐	牛雪帆	相 成	丁 瑛	蔡宇杰	段 顾	黄 硕	韩坤志	黄 茜	路克利	代玉启	杜 奇
黄雯雯	毕 然	蔡 寅				徐兵兵	胡 佳				

法学院

艺术学院

刘 月	蔡小萌	关尔加	金 勇	马春霞	闫春晓	潘 彧	马瑞青	董小红	刘 明	卞宇茜	苏 哲
于 勤	吾采灵	石 蹊	王业平	巩利娟	陈寅宇	杨惠萍	索天艺	尹一伊	毕志飞		
殷 铭	董一平	刘国锋	郝志涛	刘常新	邱 依			新闻与传播学院			
杜忻奕	范秋萍	彭蕴希	陈 园	邵 菲	张蓓蓓	吕 妍	张 宇	孙也程	刘志华	卞卓舟	周 晶
李 祥	吕玉梅	陈 然	李 浩	宋玉环	占 苏	李一涵	陈梦溪	陈鹤鑫	郑 雪	刘 畅	朱慕南
陈惠燕	廖秋子	刘 唱	郭文奇	王玉珏	朱丽华	孔 龙	胡 璇	张 天	左 灿	张 炀	李思闽
李松晓	周洁娴	余 峰	李 飞	沈 琼	章龙平	武传艺	乐 媛	张海华	田 丽		
朱晓然	侯 卓	郑舒婷	黄 韬	尤陈俊	李 扬			元培学院			
曾 思	杨 柟	马 姣	缪因知	常 磊	阳庚德	张 引	曲江寒	王秋鸿	王平平	求芝蓉	程 凌
冯 驰	吴 倩	姚希鸿	唐 勇	张学博	焦旭鹏	谷宇辰	王金石	邝玉婷	娄筱筱	龙雨林	陈 耕
方卓青	叶 蕻	冯 骏	蔡曦蕾	蔡桂生	时丕旭	张 琳	朱 琳	黄佳丽	李 冉	周 权	
郭剑桥	徐卓然	张美谷子	曹志勋	柯航锋	洪晔演	李文殊	冯 雷	张浩炜	朱子云	杭 天	赵蔼姗
马吾叶	于小川	叶 研	李姗姗	闫永廉	葛 娟						

彭 韬　任博雅　丁凯琳　陈 洁　陈恩石　张文岐　　庞明樊　林宏远　张 丛　陈锦超　王谦明　杨 松
张一弛　范广宇　李家祺　臧君怡　高茉人　陈耿佳　　王振星　刘梦然　张 希　杜雅丽　刘雅菲　陈加贝
李彧可　孙 佳　宦 佳　郑泽宇　高 雪　许维隆　　蔡晓宇
从群基

医学部本科生系统

人口所
邱 月　石孟卿　谈玲芳

对外汉语教育学院
谭金玲　解 枫　赵玉亲　李桂森　何文秀　张 璇
王 芳

中国经济研究中心
乔 攀　罗 弥　胡赟之　史若瑶

教育学院
王金龙　王雅雯　孙汭睿　王友航　蒋 静　张 倩
蒋 宇　戴甚彦　赵丽霞　马莉萍　许 申　王东芳
陈 晔　郑玮斯　刘子瑜　金 帷

分子医学所
谢文俊　李 耿　胡方园

软件与微电子学院
张 宇　陆云飞　王增光　毛艺霖　陈 茜　朱雪利
赵 鹏　李益杰　刘 贝　蒋慧金　何 帆　张 慧
胡敬坤　李 梅　厉 鹏　王朝垒　翟慕峰　钟 杨
宋夏玉　王 航　杨巍威　刘功平　王 璞　任 艺
刘国亮　张 清　吴兴丽　杨百忠　王晓琨　于 彬
董 旭　靳 松　朱 颖　解 婷　郝 丹　张伟芳
邵 华　马 喆　张隽永　卓呈祥　王振华　董 洁
李求索　谢海闻　吴晓雯　卢 威　刘丽颖　麻剑锋
唐大海　李冠村　刘仙丽　景 龙　范国华　王海彬
徐 焕

深圳研究生院
郑亚莉　高德念　吴桂荣　冯 亮　洪培真　吴 娜
俞 波　陈 思　李 莹　杨 凯　孙 滨　邓小兵
刘彦亮　张孝明　杨 伟　任贵奇　赵亚娟　单红梅
杜金花　郝小斐　陈 怡　郑 宇　耿佳丽　刘碧寒
袁 政　刘雪竹　李晓蕾　刘倩颖　许晓霞　陈 玥
肖 琼　周 帅　赵 越　吴 丹　徐 黎　刘晓萍
于颖欣　李振翔　陈艳羚　张 帆　邵景丽　张 鹏
邹小艳　曹 政　胡 睿　陈星睿　介勇虎　刘 帅
张幸伟　王慧中　韩 露　徐 淮　袁 恰　张 燕
童有军　王 腾　崔 伟　田雨松　刘 迪　秦 镜
孔春霞　蒋 立　苏 娜　周如丹　刘珍环　伍婉卿
于思昕　覃一珩

医学教育办公室
刘孟凡　冯佳佳　谢郭佳　李建国　吕蓓妮　冯 强
宋 刚　关文龙　杨婧祎　宁雪玲　孟庆娱　孟 帅
刘 清　黄杨佩韦　杨颖婷　包文晗　盛 晴　唐筱婉
刘向宇　李世赢　曾 成　常大桐　孙禹尧　吴若萌

医学部本科生系统

基础医学院
马 可　尤 然　王 珊　刘 洋　赖青颖　黄一平
胡 洋　赵 阳　韩 意　张大磊　路 然　张晓盈
鲜米·洗努尔　吕思霖　叶绽蕾　江晓丹　王 辉
倪彦彬　尹雪丰　安 宇　李思奇　陈 璐　王莉芳
谭梅美　骆涵之　郑 歌　王 超　李 潇　冷颖琳
王 莎　刘 晴　许 婕　王宗琦　张凌欣　何金山
刘冠伊　康 希　罗雨虹　辛 灵　戴允浪　赵晓蕾
吕 毅　闫 燕　张思宇　陈 峰　张 婧　王志新
臧思雯　彭 媛　王冠莹　付 伟

药学院
李捷思　郭羽佳　高泽深　刘 姗　范俣辰　马 绫
李新鹏　王云飞　唐婧姝　卢昕玮　于 宁　信枭雄
周冰莹　赵 欣　张金洋　李 彦　陈景贤　于 博
张 杨　李博彧　林 威　袁丽佳　宁妙然　王小星
石婉璐　唐绍庚

公共卫生学院
李云飞　王碧琦　博 伟　王倩怡　孙星河　王 萍
崔政坤　孙可欣　陈 森　刘爱春　律 颖　刘盟飞
王 欣　刘 淼　邬 娜　颜 力　王真真

护理学院
蒋 静　李春华　韩 旭　刘 颖　常 学　刘 璐
赵 宁　朱维娜　宋秋辰　韩 梅　纪小红　魏 岗
王俊美　王 璐　王明春　郭 法　王姣姣　张 冉
宁 贺　孙婉婷　王立业　周欣妍　杨 宋　洪梅亮
刘 佳　李海萍　颜 阳　顾娇娇　赵琳楠　房爱萍
马燕娟　钟丽君　王 璐　李金妮　陈益群　张萌萌

公共教学部
周 凯　范筱菲　骆大胜　郭玉婷　戴晓晨　陈小伟
刘 洋

第一临床医学院
张佳楠　郝 瀚　耿 研　李 丹　张 楠　李茞煦
黄远深　桑 田　范芳芳　郭惟霄　白 歌　周 寅
王 洁　丁 钐　吴 翔　方 冬　谭书韬　米 兰
刘 倩　牛悦青

第二临床医学院
韩 琳　钱 晶　金 彦　闫 琦　何 洋　王 芳
徐 力　赵 敏　马 燕　顾闻达　高 莉　张茉沁
高 辉　张 杨　田 雪　王江源

第三临床医学院
曹长琦　姜 宇　顾阳春　徐滢莹　李 圆　雍慧娟

邱素均　汲　婧　张　帆　赵　晨　张　沫　崔　莹
肖　博　曹彦硕　刘晓鲁

口腔医院
师晓蕊　刘晓默　廖雁婷　何丹青　钱　锟　王　鹏
王　晶　王涵彬　赵　旭　戴帆帆　肖雨萌　章晶晶

第四临床医学院
折剑青　宋关阳　范　爽　杨开来　余盈盈　王　晶

中日友好临床医学院
吴　浩

航天临床医学院
冷昆鹏　宋　祝

民航临床医学院
耿聪俐

医学部研究生系统

基础医学院
于　明　聂晶晶　贺晓辉　徐　娅　申　晨　任振宇
李会娟　权志鹏　周晓琳　高晋生　于文娟　李　跃
徐　芳　陈　柳　张　望　聂琰晖　凡　栋　卓德祥
陈　瑜　陈　宇　刘向宇　李贤慧　聂琰晖　王　静
安文娇

药学院
金　武　孙迎琪　张丰盈　尹昭军　马爱英　张友波
邓晨辉　李金霞　周　博　尚德为　冯旭东　葛跃伟
刘艳芳　柯艳蓉　万　劼

公共卫生学院
王胜锋　杨　雷　田寒梅　邢丽娜　赵予涵　王晋伟
王佳佳　韩　敬　张佳丽　侯杉杉　安　伟　马　奕

护理学院
赵艺媛

公共教学部
贾　茹　黄　芳

第一临床医学院
程　渊　曲　贞　朱　颖　陈　姬　郑启军　段鸿洲
苗　静　倪春雅　杨　昕　肖冰冰　郭超铭　孙海丽
梁银芳　孙慧慧　刘　爽　许　辉　赵丹华

第二临床医学院
章利琴　赵　舟　高志冬　刘婵桢　王　瑾　江　静
路　强　袁婷婷　刘燕鹰　孙　健　侯　婧　曾浩霞
王　莹

第三临床医学院
和清源　刘　畅　刘雪会　曾　进　高洁亮　周　华
刘洪安　刘德风　霍妍佼　罗丽莎　刘　磊　汪宇鹏

口腔医学院
刘中宁　郭竹玲　郝　挺　陈　桦　林碧琛　田　雨
王晓颖

精神卫生研究所
杨　蕊　杨　磊　唐　毅　李梓萌

临床肿瘤医院
连　斌　孙乃萍　董晓霞　严　颖　李艳玲　杨　宏
冯　勤　王秀红　刘　英

第四临床医学院
戎玉兰

第五临床医院
孙云闯　罗　南

中日友好医院
纪　翔　韩磊磊

首都儿科研究所教学医院
保　睿

航天临床医学院
董　健

深圳医院
刘　莹

创新奖

一、学术类创新奖

数学科学学院
阮云龙　沈　铨　田昊枢

工学院
徐式蕴　王彦波　吴苗苗　吴　特　贾永楠　朱　涛
张鲁辉　董　磊

物理学院
梁豪兆　吴培才　邵力晶　王　然　孙　玄

地球空间科学技术学院
谭佳奕　陈　石

信息科学技术学院
刘家瑛　李　扬　高　滨　王　川

化学分子工程学院
王金泳　吴雪军　蒋凌翔　谢　镭　李振兴

生命科学学院
赵燕婷　刘小桥　张晓妍　朱政霖　孙文香　肖　盟

城市与环境学院
张文佳

环境科学与工程学院
张宝刚　薄　宇　常　迪
心理学系
杜　忆　蒋晓鸣
历史系
胡　丹　尤　李　张　静　冯　佳
考古文博学院
黄　维　张闻捷
哲学系
张二平　李红文　王　巍
法学院
尤陈俊　伏创宇　缪因知
光华管理学院
孙　轶　祝继高
外国语学院
刘宏刚
信息管理系
刘　璇　郑　妮
马克思主义学院
代玉启
教育学院
胡　瑛
医学部
叶绽蕾　石　磊　于　佳　王　利　胡　琴　许戈阳
董　艳　赵莹颖　梁　平　许兰俊　史继云　熊德彩
牛　娜　郑兴征　任振宇　周　旺　向仕凯　史壮志
陈文静　徐正仁　刘俊含　王　都　李　琼　孙　燕
房立平　张荣媛　周旭杰　周旭杰　容　蓉　张　楠
宋　伟　王师尧　杨　晨　周继豪　葛献鹏　李文庆

学术类创新团队1：数学建模竞赛代表队

二、体育类

新闻与传播学院
赵　冉
社会学系
黄燕丽
政府管理学院
赵　雪
国际关系学院
颜凤超
体育教研部
邢衍安

体育创新团队：北京大学女篮队（14人）、北京大学赛艇队（12人）

三、文艺类

信息管理系
刘　翰

四、社会工作类

法学院
胡　超
政府管理学院
蔡曦亮
医学部
李　楠

优秀学生干部

数学科学学院
罗武林　王　海　朱冰冰
工学院
杨婷云　孙丽君
物理学院
徐新尧　郝　阳　姜洪岩　李　航
地球与空间科学学院
张天然　徐　钊
化学与分子工程学院
程　强　莫凡洋
生命科学学院
陈延哲　郭运波
城市与环境学院
韩　丹　刘　明
环境科学与工程学院
俞　挺　郭洪宇
心理学系
乔灵思　何陈晨
中国语言文学系
荣文汉　陈　益
历史学系
崔金柱　俞海萍
考古文博学院
梁天羽　牛健哲
哲学系
简成章　龙　鑫
国际关系学院
孙　源　曲一铭

经济学院
吴海燕　刘语潇　张　健

光华管理学院
王瀚民　孙一丁　陶　冶　尹　俊

法学院
杨宗威　王汀滢　凌　捷　王世强　董兴亮

信息管理系
艾　睿　杨　扬

社会学系
刘保中　庄姝婷

政府管理学院
叶尔肯　陈嘉玉

外国语学院
田　妍　唐俊杰　张妙妙

马克思主义学院
宁博然　王凛然

艺术学院
李梦同　郝　志

新闻与传播学院
马德林　方　堃

元培学院
周　淳　朱虹璇

人口所
张先振

对外汉语教育学院
陈　晨

中国经济研究中心
张　敏

教育学院
王小龙

分子医学研究所
张宛睿

软件与微电子学院
王　立　商乾倩

信息与科学技术学院
刘茂强　闫　崙　杨　森　杨筱舟

深圳研究生院
张盈盈　徐　程

医学教育办公室
王胤奎　吴骏宙

医学部本科生系统

基础医学院
华怡晨　吴　梦　谭　晗

药学院
李　丹

公共卫生学院
赵　锋

护理学院
陈　卓

公共教学部
原　宁

第一临床医学院
宋一帆

第二临床医学院
尉　然

第三临床医学院
王　宇

口腔医学院
谢　窈

第四临床医学院
谭文诗

中日友好临床医学院
金　莹

航天临床医学院
唐　冲

民航临床医学院
王景明(

医学部研究生系统

基础医学院
王　利

药学院
陈　东

公共卫生学院
廖凯举

第一临床医学院
赵亚元

第二临床医学院
公　磊

第三临床医学院
李　旭

口腔医学院
许永伟

精神卫生研究所
邱宇甲

临床肿瘤学院
李兆生

学习优秀奖

数学学科学学院

吴辰熙	陈 轩	李 健	秦历宽	张智元	陈瑜希
王汉超	陈宁远	范晓青	徐 祺	青慈阳	刘亚晶
牛宝东	谢 腾	许 雷	任智杰	刘 娜	周 游
张 牧	张 雷	陈 昊	蔡振宁	王 更	石亚龙
欧雨濛	张瑞勋	乔 磊	马世光	刘 健	单治超
强 华	付 雷	卢道帝	朱湘禅	张志海	陈瑜希
刘鹏飞	刘 晔	王 储	秦历宽	张智元	

工学院

陈昀峰	宋 娟	王 超	杨晓晨	尹 晶	申 洁
吕书明	崔 旭	张明磊	肖雅文	李文涛	庞 刚
梅文俊	谢金翰	梁文恺	卢艳艳	于嘉鹏	陈佳祺
褚世敢	黄潇文	李 翔	罗法毅	战亚鹏	尹新彦
徐敏义	李 超	吕 行			

物理学院

梁世博	靳 柯	许 晟	朱 瑞	张世勇	刘树全
林陈昉	徐 翰	马 雯	王 凯	李 琼	来小禹
肖 潇	陶丹丹	闫 佶	叶 晶	李 琳	陆 波
华 博	赵 昕	王福全	王宇星	马 楠	王 曦
陈 龙	李黄龙	夏启然	王鸿勇	毕 震	林 希
刘 畅	刘禹驰	张秋实	洪凌宇	戴琳逸	文 超
彭星月	王 胜	余 超	吴泰霖	卢吉光	胡 震
张宇昊	庾雄杰	席静怡	王志超	姚中元	靳 松
张雪霜	方小龙	李广如			

地球与空间科学学院

陈思燕	刘瑞娟	吴鹏飞	岳 汉	孟庆野	徐廷靖
焦 龙	马星华	鄢雪龙	张立伟	张 宇	郭 辉
邓小华	程海燕	陈 洁	王 泽	杨祯贞	张华添
朱婷婷	马筱月	杨晓雪	李 婷	邹 明	王慧媛
资礼波	宋本钦	蒋洪波	孟美岑	丁竑瑞	

信息科学技术学院

江 珊	盛拓耕	高云鹏	余 珊	肖永强	潘 越
王子南	王旭东	周 旺	刘国俊	薛 瑞	陈志杰
黄劲松	何 莲	李志男	缪雨壮	梁一中	余昊男
颜乐驹	闻茗萱	王东颖	李 铄	王绍迪	钱梦仁
胡骁巍	刘 恺	曾 旻	涂列捷	张 平	刘 蒙
盖 孟	郑 何	黄思儒	姚雨涵	李文怡	田 野
张前南	牟雁超	张增峰	黄雨青	邓 昊	叶树雄
王运美	隋 昕	蔡华谦	段 巍	熊 韬	梅 松
马永芳	蒋俊恺	李昌术	王永刚	江开华	刘守君
张 梦	潘俊华	石 磊	王 帅	冯 雪	丁 力
李博翰	赵立葳	张福强	贾玉祥	杨佳琦	何 俊
张 辉	罗 涛	彭 蔚	易 剑	弋泽龙	马晨甲

马剑竹	姚俊杰	柳亚鑫	王润声	王 峰	桂尼克
魏 然	刘大川	陈 亮	方跃坚	张鹏涛	李扬曦
罗雅枝	孟玥婷	周喆颐	翟跃阳	苏 娟	唐 伟
方 舒	刘德成	白光冬	赵春旭	司华友	吕雁飞
贾候萍					

化学与分子工程学院

戴小川	赵 婧	姚雯雯	韩晔华	刘 楠	李必杰
马 立	蒋 雯	张 伟	蒋凌翔	黄华璠	梅 雪
师付博	李跃星	王瑛琪	郑仁圩	高 阳	梁 洁
傅虹桥	韩书亮	贺 冲	董宜安	曲江兰	袁立永
邱 波	李红卫	肖 超	聂海瑜		

生命科学学院

韩 莹	孙 玥	王天宇	井 森	徐 婉	李纪为
李彬彬	王 菌	严 霄	阿木尔汗	罗诗琦	刘 熹
陆楷钧	沈佳驹	关 芮	陈素婷	张建军	赵汗青
林婧媛	李东阳	孙 昱	白效耘	吴 岚	侯仙慧
申 珊	吴 燊	闫临轩	刘 翔	朱自强	廖显智
白在玲	朱巧昀	江志强			

城市与环境学院

徐 曼	魏 筱	张冰雪	高 飞	李一星	陈诗弘
王 春	欧阳慧灵	马晨越	黄 欣	李泽林	陈 媛
傅江帆	汪宜龙	王宇凡	周佩玲	付 晓	孙建欣
张才玉	朱 敏	张一帆	徐 冰	李 昊	阚俊杰
宋天颖	乔 淼	菅一琪	李 爽	高 翔	吴世闽
武 媚	牛 薇	樊 星	古维迎	周琴丹	巫晓琴
陈学成	杨 昕	周杏雨	闫 炎	黄潇婷	颜 磊
檀文炳	赵 晶	王 斌			

环境科学与工程学院

朱秀萍	谢旭轩	万 丹	冯 宁	杜 芳	丁 嫚
盛 虎	张 璇	赵 翠	吴华峰	金 赤	马涵宇

心理学系

龙一萱	谭庆棱	相 峥	罗颖艺	马嫪娜	俞 青
杨斐瞳	游寒琳	苏君竹	胡楚苓		

中国语言文学系

张一帆	欧阳森	何 欢	李蔚超	冯 坤	吴嘉竹
罗 静	曾 小	王适文	艾溢芳	邵琛欣	张 博
李振华	严菲菲	伍观弟	李 春	张一南	郭浩瑜
顾晓路	徐仙萍	冷雪涵	崔 柯	胡艳琳	郭道平
许 倩	杜 佳	李林芳	李 榕	李凤英	魏 然
程 名	兰善兴	许维静	张静斐	于海峰	孙书杰
李子鹤					

历史学系

万 蜜	李 兮	郭洪伯	冯 佳	董文静	陈 巍
纪支雅男	刘彦伯	邱靖嘉	周 健	任燕翔	梁 心
刘会文	李坤睿	陈博翼	张 弛	董 洁	

考古文博学院

焦 佼	吕 梦	白 晨	方笑天	王寅娟	常怀颖
陈 盼	田 伟	王 敏	何晓琳	张薇薇	

哲学系

李 超	戴晓芳	赵之光	谷继明	曹润青	代 超
樊虹谷	王群韬	林起贤	张闵敏	崔晓红	钟治国
李墨秋	李 溪	徐诗凌	张二平	孙 帅	夏冬冬

国际关系学院

张 彦	王丁楠	徐 逸	王 伟	夏庆宇	李斯彦
张 冲	张瞳瞳	章颖博	柳 畔	胡 然	陈静静
李龙军	白雪妍	杨 郁	李 雪	石相宜	臧 励
关家惠	王涵洁	邹 蓓	沈 丹	张玉宝	朱中博
吴 林	聂敏涛	易 青	张 栋		

经济学院

刘 逸	金晟哲	曾德根	缪 思	宋 立	马晨薇
陈 曦	刘 叶	顾 宇	姜坤伴	王 征	胡修修
吴珍芳	王 睿	付丽莎	张露瑶	孙 玥	尹玉容
陈 禕	郭 瑞	何雨坤	张真诚	林永平	刘 扬
金芙杰	夏茂成	吴 逸	黄田帅	彭 超	刘 斌
段 誉	卫 哲	杜浩然	黄海晶	杨 光	褚文静
薄诗雨	杨 清	孙 娴	严 俊	黄文静	梁 莉
何 健	杨 帆	卢天伊	周晔馨	高国伟	官 皓
申汲龙					

光华管理学院

赵君秋	王 洋	邢 滨	何 雨	徐诗帆	侯 闯
陆京娜	唐英然	杨莹雪	柴颖颖	张轶群	龚 里
邹 韬	姜 晨	梁中华	尚 琼	周寅猛	谢添怡
王 琼	管 楠	田姗姗	张兴慧	陶 星	沈燕华
胡金戈	戎鸿敏	郭 薇	周李超	付 伟	秦 莉
安 雨	郭梦美	叶 杨	焉 嫣	冉梦婕	殷运平
陈 琨	王可倚	代龙脊	周 嫘	祝继高	申慧慧
唱丽娜	曾昭仪	王 辰	金 毅	陆 勇	隋 杨
王 祺	崔允善	徐立平	尹伟力	王 欢	中川幸司
邓建东					

法学院

陈 漠	徐 旸	吴一尘	李 丽	吴景霞	高 杨
林 荟	刘 新	苏 盼	卢 杰	贾 峥	黄维维
牟 媛	郭敬敬	邱晓琼	杨 悦	邢小婷	陈枫焱
袁 嘉	景 娜	舒 丹	孟 强	周海营	黄志和
周 游	黄 瑞	党 星	陈文娴	李 嫱	田 飞
唐文烨	余霏霏	杨伟竹	高 原	蒲 钰	叶 琦
陈 际	曹力为	刘劼祎	董 玉	杨红伟	张守凤
李 丹	王小溪	李祎璐	刘 敏	吴 瑶	俞 强
吕舒婷	陈铭宇	闻 宇	李义龙	宋雨轩	周平俊
韩 玮	胡诗雪	胡 达	郭维真	林 海	李 晟
劳佳琦	李 燕	曾燕斐	刘书燃	沈朝晖	马 聪

吴昕栋	钱思雯	嫣 妍	牛广济	文 姬	孙景新
李 坤	刘思俣	赵 磊	徐 凯	孙 宇	田飞龙

信息管理系

麦晓华	王启贤	许 云	杨薇薇	屈 鹏	朱 苟
杨冰心	孙鹏飞	邱奉捷			

社会学系

薛 品	马忠才	侯豫新	李 炜	徐晨馨	蒋 越
郑晓娟	纪莺莺	谭 颖	张勇军	谢琳璐	雷凯萌
胡 瑶	范 讓	李 翃			

政府管理学院

李国超	胡 鹏	刘 姗	李蔚楠	陈 昊	吴 津
于点默	付 睿	黎 薇	马世妹	王文广	汤 康
方 锐	于乐然	赵玉洁	李国正	刘红岩	葛耘娜
李宜轩	刘 莹	付相波	杨京宁	劳 婕	蒋 凯
寇瑞卿	郭佳良	赵姗姗	金志峰	宫经理	陈冀周
蒋 鲲	李 楠	李 春			

外国语学院

赵薇薇	唐泽龙	李 玲	张文思	姜玉润	魏丽萍
岳晓菲	吴 丹	王 梓	琚静辰	卜兴潼	杜 夏
王 韬	郭金灿	苑 宁	钱杨静	陈思齐	姜清远
王 蕊	何 昕	张 晨	马娇娇	周菲菲	董广芳
傅 越	孙晓雯	毛明超	魏彦平	周星月	杜 宇
李扬敏慧	苏东睿	杜 唯	刘宏刚	陈 琴	

马克思主义学院

王水红	王 琦	赵青峰	叶红云	丁小丽	张 超
章新若	曹素梅				

艺术学院

田 梦	白添夫	刘 静	吴 昊	李金汇	林菁菁
孙 珂					

新闻与传播学院

蒋 菡	李林营	谢 宇	王佳佳	张 也	李则曦
胡 悦	王诗蕊	安 静	李松蕾	崔远航	毕南怡
邹 阳	刘 晨	王 维	石晨旭	周斯源	李小玉

元培学院

李 晔	周 游	刘 熙	骆少君	朱天骢	汪馨予
王 欣	张博扬	王 卓	梁 好	南文瑞	蒋如洋
徐 萌	俞 萌	陈 思	郭洓杉	段默龙	王 楚
胡欣欣	盛扬惠	都珊珊	李翘楚	梁腾原	

对外汉语教育学院

王墨妍	章 欣

人口研究所

邓兴华	李翰炜	丘明峰	王美瑜

中国经济研究中心

茅 锐	魏 旭	柳庆刚	刘 航	陈菲菲

教育学院

姜中皎	胡 婧	李 瑛	杨 希	杨晓芳	宋涤尘

周森　李君　吴戬　冯倩倩　梁彦

分子医学所

洪俊梅　王黎　吴青

前沿交叉学科研究院

何康敏　周幸叶　苑亚夏

软件与微电子学院

陈国栋　王敏　杨苏丹　靳光洒　傅然　蒲小蓉
何苗　张志超　张曙丽　王鹏　连城　李伦
黄雪蒙　司洪霞　曹明洁　胡望成　冷兴平　黄宇
刘丹青　黎亮

医学预科

范丽君　梁令　袁青　黄可　孟园园　丁新强
陈津川　林晓清　张朦　贾胜男　孙婧茹　杜若
冯非儿　刘畅　郑涛　李丽红　吴泽璇　马天阳
谷明　罗丽达　邓超

医学部本科系统

付丽　史菊香　刘晴　刘莹娟　莫晓冬　周靖
高雅楠　邓红策　刘婷　王博　宋韩明　高那
郑亚菲　石爽　李娜　王思源　张洁　杜晨
张晓婷　倪平　王欢　王婕敏　周继豪　谢颖
龚庆南　耿丹　耿丽丽　王瞳　单学敏　于楠
吴秀娟　李琳　赵凌微　孟志超　季兰岚　周知
聂丽丽　付春玲　冯军军　李尚　杨冬红　陈欢
赵雁萍　王欢　路璐　赵梅莘　刘子源　魏越
赵汝佳　卓欣慧　王建营　卢松鹤　孙丽丽　宋颖
孙璐　井军君　刘立亚　王玮　黄慧雅　孟昭婷
吕志红　吴俊　李明　秦莹　孙川　刘诗铭
李小娇　关晓宇　郭婷　于洪馗　赵润蕾　毕海
郑璐　郑凯　丁耀武　王师尧　王璐　陈雯
王忱　罗萌　张顼　万苡辰　李荣雪　马妍
翟文雯　肖静波　张春丽　孙玥　郭晓丹　郑晓雪
王妍　李文竹　徐小机　张晔　张楚南　高慧敏
黄天晓　李畅　张晏畅　贾芃　郭枫林　尚诗瑶
王大为　徐小晴　石伟龙　唐琦　郭歌　王翰音
赵紫楠　雷洁萍　袁长征　张引红　张静　谌鉴
孙晟　杨婷　李昱　漆龙涛　陈昕　陈梦蝶
律宗霞　张燕　奥登　蒋欣彤　李妍　李星
张福誉　张雨帆　佟淑文　宋文君　张达　刘明月
李莎莎　冯硕　赵云龙　秦琪　舒影岚　杨芳
王刚　季双敏　曾新杰

医学部研究生系统

基础医学院

纪黎黎　崔明　刘妍　白雪　李晶　许文
陈亦兰　高凌云　薛学敏　张茜　腾飞　于姝
王惠　赵林　耿家宝　董艳　张峰　王晓红
王波　董林　许冬　赵革新　景丽　陈杰
周喆　龙锴　褚秀峰　胡琴　史妙

药学院

姜娟　司原琪　姜珊　刘国强　高中兰　李卉芳
吕慧敏　李天舒　武倩　林松文　戚娜　胡春梅
柯曦宇　宁显玲　俞飞

公共卫生学院

陈方方　张婷　凌颖蕾　王子昕　白国银　吴双胜
徐贤荣　乔毅娟　袁博成　李娟　聂玲　陈以偿
张伋

护理学院

袁翠

公共教学部

苏静静

第一临床医学院

马向娟　魏玉梅　贾晓玉　张重明　张海燕　张晶晶
孙丽霞　姚鲲　尹杰　茹喜芳　王硕　刘春艳
张凡　黄磊　赵静　李纯青　张晓光　康丽惠
郑颖颖　朱晓斐

第二临床医学院

蒋晶晶　薛超　杨德松　高磊　汪磊　邹姝丽
胡立宝　杨杰　王丽虹　陈勇华　曹珊　于媛
张瑶　龙丽　苏惠

第三临床医学院

王倩　肖博　于海奕　苗羽　宋飞　杜毅鹏
李莉　陈长宝　杜兆东

口腔医学院

王智　韩冰　李江明　宋冰　寇晓星　李娜
秦一飞　韩静

精神卫生研究所

刘璐　李俊　彭祖来　蒲城城　冯映映

临床肿瘤学院

王杉　赵丽丽　任艳　王晓红　阎石　黄真
危志刚　孙敏　王林　郭建海

第四临床医学院

李翔　黄金华

第五临床医学院

陈聪霞　杨合利

中日友好医院

曹俊武

世纪坛医院

姜娟　杨宝玲　郭林佳

航天临床医学院

司雨

首都儿科研究所

孟洪

深圳医院

代延朋　侯海峰

深圳研究生院

效烨辉	温河	王茜	效烨辉	温河	王茜
张博	刘敏	姜明	张博	刘敏	姜明
傅蓉	叶磊	樊石磊	傅蓉	叶磊	樊石磊
梁一雷	周昭信	李佳妮	梁一雷	周昭信	李佳妮
吴姣	冯超	周琰	吴姣	冯超	周琰
康泽宇	杨欣	龙进凯	康泽宇	杨欣	龙进凯
秦洁宇	何媛	姚欣	秦洁宇	何媛	姚欣
王健	石航	杨云芳	王健	石航	杨云芳

社会工作奖

数学科学学院

丁薇	杜涛	陈烨	李晓月	晋捷	苗旺
陈建羽	李波澎	刘鸣	孙艺博	常红燕	郭兆中
赵越	刘澜涛	詹婉苏	张帆	席雯雯	杨勇
张霄	房崇伦	李薇	李新服	查理	袁钢
贺鹏	张森斌				

工学院

郁苗苗	周敏	王世浩	廖明玮	张岩	陈嘉
钟芳盼	赵宇	温丽群	杨晴	单立	黄任含
刘传琨	殷秋运	严春云	董润莎		

物理学院

卢彦威	张鸣一	周萱	张双益	梁浩明	杜彦浩
闫晓东	汲翔	黄舒聪	吴桃李	王晓峰	曹学明
郑平辉	黄太武	徐志庆	王达	蒙康	夏磊
丛淼	周美林	厉潇渊	单晓龙	曹留烜	陈国英
张贺	汤亦多	李建法	涛	付星星	孙拓
梁凯荣	周荣堂	王一川	李硕	刘磊	王璐
孔维晟					

地球与空间科学学院

刘笑吟	徐慧辉	林牧	邓正宾	任翔	陈咪咪
高宁	陈凯晨	丁绿原	袁蔚林	王海峰	赵盼
邬锐	徐芹芹	张威奕	汪珊	胡俊翔	蒋生森
孙即才					

信息科学技术学院

张婷婷	王一然	孔令明	刘凯南	李赓	沙文鹏
马阳	焦一洋	李聪	李文超	李大为	祁晓霞
夏云	蒲敬	肖融	张姣	李尚遥	方赟
池煜	郑倩	闫丰润	陈昕	程楚夏	薛子骏
马郓	陈思靖	杨晶	牛爽	王艳玲	韩卓刚
付思迪	邵珊	马晓乐	李兆虎	郭海鹏	薛强

蒲昭昭	熊思亚东	陈一	邓柯	曹翠	姚斌
谭旭	兰天	李泽徽	黄靖清	苗小康	李强
严亚伟	刘翔	冷鉴霄	曹佳	李研	罗斌
赵树娟	宋京京	张天翔	张业展	张昆	臧家瑞
肖祥全					

化学与分子工程学院

高昂	刘艺斌	石臻锐	郑雨晴	李昕欣	李潇瀚
孙少阳	寇睿	李瑶	高梦溪	梁亚唯	常欢
李思特	崔绍巍	裴婷	李若铭	杨飚	蒋尚达
殷鸣	张行	巩昊	扈楠	周加才	刘肇芳
陈焕发	刘晓晗	相锟	雷霆	覃覃	夏玉琼
孙佳俊	侯觉	徐航	宋尔东	陈星	陈子天

生命科学学院

王迪	刘凯鹏	陶若婷	王顺昌	高露	闫晗
雷蕾	陶文琪	郭超然	陈龙	万硕	焦悦
杨富纲	洪鑫宇	杨纪元	黄晓	潘文博	卢雯雯
韩佳嘉	李林宸	陶青			

城市与环境学院

任疆	安顿	徐迪航	戴湘毅	赵莹	叶昱
曹晓煜	黎茜茜	杨骞	高阳	吴丹丹	唐琳
石雷	王天尧	杨琳琳	张钰	阿衫	钟愉佳
任疆	胡钧宇	张帆			

环境科学与工程学院

何霄嘉	占子玉	瞿艳芝	汪韬	万瑞	姜含宇
沈劲	申韵	王晓彦			

心理学系

杨燕萍	韦文琦	邹鑫	王鹜冰	蒋心怡	姜玮丽
吴昊	孙玥婷	耿雁			

中国语言文学系

张丽音	刘钰媛	李扬	欧阳泱	沈力	王建生
黄攀伟	苏展	王磬	陈殿	冯一鸣	郝幸仔
曹德超	周鹤	赵铁凯	苏颖	付佳	李萌昀
陈一帆	任一丁	许龙	孔楠	陈新榜	王苗

历史学系

吴国治	王元天	杜娟	田武雄	蔡萌	于艳茹
俞海萍	刘桉彤	高爽	曹鸿	伍黎明	边文锋
张素霞	信美利	栗河冰	陈昱良	席会东	李现红
胡晓丽					

考古文博学院

李下蹊　滕秋涛　冯乃希　张通

哲学系

吴雅文	余洲	陈茜雯	刘乐鸣	郑笑冉	郑元叶
楼俊超	张素芬	文浪	董滨宇	刘新华	劭铁峰
丁雪	于霞	李婷婷	李喆	陈培荣	王新宏
何叶	陈凌				

国际关系学院

梁 驰	努尔兰·巴合提努尔		贾韶罡	邹国煜	
冯 铮	刘 宁	徐粟影	周 权	张 维	曾 琼
张伟杰	蔡 宇	帅慧敏	胡希嫒	于诗哲	张 萍
杨小斌	孙丰怡	吕孝辰	胡 黉	王欣婷	林晓霏
张炜曌	娜迪娅	王 颂	林彬彬	李莉娜	甄兆平

经济学院

林 爽	危 然	郭 放	丁 雪	王 悦	陈 茂
夕 禾	王艺凝	李 晨	王宜然	谭 赛	曾 祥
常 遑	陈禹江	戴鐏德	颜 敏	何 彧	叶淏尹

光华管理学院

林 珑	高晶遐	陈 露	傅仰鹏	罗立蔚	陈希骅
谭 峰	巴秋蕾	赵 娟	赵 浩	王希彦	卢梦蕾
樊曾聪	王 琳	于 一	林秀凌	王锡蕊	吴 静
邢 尧	丁一博	张啸啸	黄迪舟	刘克之	王 田
金 雷	姜 卉	孔令鑫	郭 戈	富田建藏	刘 民
朱哈雷	刘昊翔	穆福林	张 璐	杜庆彬	庄鹏冲
周 芳	程 艳	胡 瑞	龚锡挺	张 诚	于 鸣
沙蔚颖	李禹衡	白 杰	陈 煦	巩见刚	王 颂
徐志燕	龚 娜	钱慰祖	施 丹		

法学院

殷 铭	覃甫政	黄 超	曹志勋	宋 鸰	陈如良
朱晓然	廖秋子	周洁娴	庄俊峰	黄维维	郭文奇
尹春阁	王 杨	罗吉刚	沈 昊	王 勇	焦旭鹏
杨 栴	徐卓然	姜 斌	况文婷	毛竹青	朱丁普
尤陈俊	刘振洋	何小锋			

信息管理系

周福元	黄晓磊	孙金奎	魏本貌	曹 磊	周 鑫
罗颖琳	孟 凡	黄 蓉	张梦雅	黄 容	曹冠英

社会学系

刘 阳	冯 猛	陈科科	蔡嘉殷	黄 亮	钱 庄
刘 欢					

政府管理学院

梁 玢	金玉秀	董 嫣	张新刚	蔡莹莹	袁德良
王 坤	吴玲玲	田 越	苏德钰洁	赵冠捷	邱偿璞
王思扬	林 力	张恒源	董英霞	陈冀然	吴 田
谢东敬	胡思慧	王晓芳			

外国语学院

白晨阳	郭 沫	王黄典子	洪宏烨	王 远	赵晓航
谢海宁	米 努	曹 潜	夏培源	贾一夫	方 斐
赵铁凡	崔 苗	胡正泽	倪闻天	张帝皇	汪 骥
王 梓	林芳芳	张铁琳	岳卓昕	王艳超	张家祥
贺 超	杨 阳	李 军	程欣跃	文史哲	宋亚男
王 瑶	华若药	虞丽娜	仵彦雷	焦 黎	金 璐
苗赫然	于若莹	刘 杰	洪宏烨	王 远	赵晓航

马克思主义学院

崔 银	杜 燕	罗根红	路 鹏	刘海波	李 丁
王 谆	肖文良	谢小庆			

艺术学院

周 蜜	张擎华	顾晓燕	孙 博	王 好	马 钰

新闻与传播学院

江 岸	梁瑾欢	易 晶	朱文婕	张 倩	宫 晨
苏孟迪	刘素楠	王颜欣	丁 立	张晓鸽	王菡婷
龙 昊	王 尧	周 南	谢 霞	刘杰尘	陈前军
张 烈	李星怡	谢思楠			

元培学院

赵 岳	李 明	李 倩	冯 博	王 晶	张 宇
贺环豪	王天宇	熊一璘	李 锋	柴 卉	肖 彦
马致远	双 博	黄 浩	刘超颖	任慧岩	刘从容
陈慧君	付伦策	马 煜	薛 元	李粟粟	黄 蒙
杨 帅	黄少东	高 原	伍银多	蒋 昭	陈乃彬
王福晗					

对外汉语教育学院

姚振娟	王江波	陈 兰	王景璞	杨知然	邵 滨

中国经济研究中心

刘天然	李殊琦	黄 鹤	张承启	周 羿	程 琛
张牧杨					

教育学院

安 超	潘昆峰	王 广	张承启	尚 辰	金 鑫
李 琳					

分子医学所

熊 彦	金 义

软件与微电子学院

胡 涛	祝旭巍	谢 丹	杨 扬	郑庆义	柴 楠
张 萌	霍金铎	刘勇成	张治平	陈紫瑄	林荟卓
孙了木	史俊平	高 婷	吴桂兰	吴颖慧	唐 纹
蒲 啸	戴胜蓝	樊家麟	周 晶	孔丽娜	黄一朕
余 浩	赵 欣	罗华阳	苏昊明	李尚上	赵 迪
葛 岩	刘 一	屠之晨	闫 婷	陈兴慧	

深圳研究生院

张 静	杨伟才	黄 维	孙 滨	李 伟	谢 婧
龚建贤	李 文	徐文杰	胡望舒	吴佳明	马 鑫
江 武	吴业涛	顾 鹏	杨 帆	赵 博	唐泽远
周婧婷	张士锋	刘丽娟	李林澍	梁 晓	闫化赟
郭 宁	范飞飞	郎磊杰	谢 梦	李玲丽	贾瑞华
韩普晓	刘 驰	李 扬	陈颖	杨 磊	

医学教育办公室

金音子	张 朦	胡晓丹	王 欢	陈施言	杨昆霖
连雨峥	周丽丽	金月波	王清波	丁 茜	曾焕虹
刘胜兰	边屹超	王华栋	石昊昱	胡攀攀	肖 安

医学部本科系统

赵艳超	尤亚静	张蔷	陈练	苏红	刘振云
邵钧	徐鹏	潘然	叶红强	胡展	马永蕨
张东奇	艾亚萍	郝羽	王捷夫	曾桢	张晓琳
曾庆奇	邓秋菊	王丽	王晓雯	谷潇雅	黄湉
李川	姚鹏	张旭光	刘帅	柴睿超	毛光楣
赵楠	张超亭	邰凯华	陈西	杨珏	符天旭
卫斌	陈江飞	魏艳红	罗扬	郅新	郭雨龙
黄森	倪婧	田野	刘笑	吕珑薇	李德润
于飞	林日远	林芊	王国强	文静	韩晶晶
王颖峥	刘倩	关旭颖	阿布都热西提		刘洋
钟艺	杨坚	刘家希	王丹丹	雷茜	王冰洁
王薇	汪伟	李晓	乐迪	杨腾蛟	王玲玲
张慧君	吴寸草	许晓诺	刘洋	王凯	丁雨竹
王博文	吕达	赵瑾	金怡汶	李忠民	赵建芳
李拓坯	孙摇遥	候艳茹	石砚		

医学部研究生系统

公共教育部
宁玉祥

药学部
李艳蕊　包宁疆

第三临床医学院
王艺　王新茂　高福强　田顺立　姚贝　祝斌
陈燕波

中日友好临床医学研究所
张启栋

五四体育奖

社会学系
刘晓轩　黄燕丽

软件与微电子学院
龚涛　范琳琳　张学楷　杨猛　周良

医学教育办公室
王冠龙　翟亚亚

医学部
杨琦　热孜万古丽　李超　姚林　王永强
谭旭　石依云

红楼艺术奖

信息科学技术学院
蒲昭昭　郭颂

城市与环境学院
任疆

中国语言文学系
齐薇莳

国际关系学院
康闰哲

生命科学学院
赵燕婷

法学院
高司雨　郭晨

社会学系
刘永晨　王雅静　蒋拓

信息管理系
刘翰

外国语学院
王黄典子

艺术学院
牟冬野

新闻与传播学院
王梓　李一村　顾晓春

软件与微电子学院
张瑞香　余慧婷　丁杨

医学教育办公室
张寓安

医学部
都潇　赵子方　刘擘　陈彦如　于丰源　周士源

校级优秀班集体

1	数学科学学院	2008级本科生4班
2	工学院	2008级硕士生班
3	物理学院	2007级本科生天文班
4	地球与空间学院	2007级地质地化本科生2班
5	信息科学技术学院	2007级本科生8班
6	信息科学技术学院	2007级电子硕士生班
7	化学与分子工程学院	2008级博士生班
8	生命与科学学院	2008级博士生班
9	城市与环境学院	2008级本科生2班
10	环境科学与工程学院	2008级硕士生班
11	哲学系	2008级本科生班
12	国际关系学院	2008级本科生班
13	法学院	2008级法律硕士生3班

14	光华管理学院	2007级本科生1班		地球与空间科学学院	2008级地质地化本科生1班
15	政府管理学院	2008级硕士生班		信息科学技术学院	2007级本科生7班
16	外国语学院	2008级英语系本科生班		信息科学技术学院	2007级本科生4班
17	新闻与传播学院	2008级本科生		信息科学技术学院	2007级本科生9班
18	元培学院	2008级本科生班		化学与分子工程学院	2008级本科生4班
19	经济学院	2008级本科生2班		化学与分子工程学院	2007级本科生4班
20	社会学系	2008级本科生班		化学与分子工程学院	2008级本科生5班
21	政府管理学院	2008级本科生班		生命科学学院	2008级本科生1班
22	医学部（医预）	基础医学院2008级临床4班		生命科学学院	2007级本科生1班
23	医学部（本科生）	基础医学院口腔医学2006级		生命科学学院	2006级本科生3班
24	医学部（本科生）	药学院药学2005级1班		城市与环境学院	2008级博士生班
25	医学部（本科生）	护理学院护理本科2006级		城市与环境学院	2008级本科生1班
26	医学部（本科生）	第一临床医学院临床医学2004级2班		环境科学与工程学院	2008级本科生班
27	医学部（本科生）	第三临床医学院临床医学2004级5班		环境科学与工程学院	2007级本科生班
28	医学部（本科生）	第四临床医学院临床医学2004级3班		心理学系	2007级本科生班
29	医学部（研究生）	公共卫生学院社会医学与卫生事业管理研究生班		中国语言文学系	2007级本科生2班
				中国语言文学系	2008级本科生1班
				历史学系	2008级本科生班
				历史学系	2008级博士生班
				考古与文博学院	2006级本科生班
				考古与文博学院	2007级研究生班
				哲学系	2007级本科生班
30	医学部（研究生）	公共教学部研究生班		国际关系学院	2007级本科生班
31	医学部（研究生）	精神卫生研究所科研研究生班		经济学院	2006级经济系本科生班
				经济学院	2008级本科生5班
32	深圳研究生院	汇丰商学院2008级管理—金融双硕士班		光华管理学院	2008级本科生1班
				光华管理学院	2007级博士生班
				光华管理学院	2008级应用经济硕士生班
				法学院	2008级本科生2班

先进学风班

		法学院	2008级本科生1班
数学科学学院	2007级本科生3班	法学院	2008级本科生4班
数学科学学院	2007级本科生1班	社会学系	2006级本科生班
工学院	2006级博士生班	政府管理学院	2006级本科生班
工学院	2008级本科3班	外国语学院	2007级朝韩语系本科生班
工学院	2006级本科2班	外国语学院	2008级英语系本科生班
物理学院	2008级本科生3班	外国语学院	2007级日语系本科生班
物理学院	2008级本科生5班	外国语学院	2008级蒙古语专业本科生班
物理学院	2008级凝聚态硕士生班	马克思主义学院	2008级硕士生班
地球与空间科学学院	2007级地球物理本科生班	教育学院	2008级硕士生班
地球与空间科学学院	2006级地质地化本科生班	对外汉语教育学院	博士生班

艺术学院	2008级本科生班
元培学院	2007级5班
医预	基础医学院2008级临床3班
医预	药学院2008级本科生2班
医学部(本科生)	基础医学院临床医学2006级2班
医学部(本科生)	公共卫生学院预防医学2007级1班
医学部(本科生)	第二临床医学院临床医学2004级4班
医学部(本科生)	口腔医学院口腔医学2003级
医学部(研究生)	第三临床医学院研究生外科班
医学部(研究生)	公共卫生学院营养与食品卫生学研究生班
医学部(研究生)	药学院研究生4班
医学部(研究生)	航天临床医学院研究生班
医学部(研究生)	药学院研究生1班
深圳研究生院	信息工程学院2008级微电子学与固体电子学1班
深圳研究生院	城市规划与设计学院2008级城市规划班
深圳研究生院	人文社会科学学院2008级社会学班
深圳研究生院	城市规划与设计学院2007级城市规划班

学生工作先进单位

1 工学院
2 光华管理学院
3 物理学院
4 外国语学院
5 艺术学院
6 护理学院
7 第二临床医学院

北京大学2009届市级优秀毕业生名单(163人)

数学科学学院(8人)
程修远(05本) 付 蓉(05本) 宋琪凡(05本)
孙启明(05本) 谭志宏(05本) 汪小琳(05本)
张兴潭(05本) 张 宇(05本)

工学院(3人)
熊向明(05本) 王 鑫(05本) 井庆深(05本)
物理学院(9人)
王春岩(05本) 池 航(05本) 侯 冲(05本)
蔡丞韻(05本) 汤夏平(05本) 杨 俊(05本)
罗洁莹(05本) 李志远(05本) 李 鹰(05本)
地球与空间科学学院(3人)
王文涛(05本) 周 阳(05本) 李四维(05本)
信息科学技术学院(17人)
马永强(05本) 赵思楠(05本) 冯 涛(05本)
温苗苗(05本) 张拳石(05本) 陈 驰(05本)
宋诗琴(05本) 康兆一(05本) 卞超轶(05本)
张 蕾(05本) 徐 聪(05本) 赵冀杰(05本)
杨 晔(05本) 余诗孟(05本) 王乐业(05本)
司 赢(05本) 乔 颖(05本)
化学与分子工程学院(8人)
窦乐添(05本) 冯孝文(05本) 师 安(05本)
汪 骋(05本) 汪 维(05本) 许 杰(05本)
贠 琳(05本) 赵 帅(05本)
生命科学学院(6人)
孟令瑶(05本) 陈 轶(05本) 高小井(05本)
于静怡(05本) 刘 琰(05本) 邢梦可(05本)
城市与环境学院(5人)
刘瑞楠(04本) 魏 文(05本) 宋 超(05本)
李 伟(05本) 黄 姣(05本)
心理学系(2人)
翁秋洁(05本) 黄 蔚(05本)
中国语言文学系(5人)
李 军(05本) 陈梦菲(05本) 王耐刚(05本)
刘 晨(05本) 陈 思(05本)
历史学系(2人)
谢 婷(05本) 吴奕锋(05本)
考古文博学院(1人)
张宇翔(05本)
哲学系(2人)
杨 卓(04本) 高广伟(04本)
国际关系学院(5人)
张 慧(05本) 姜 鑫(05本) 李 智(05本)
赵 宇(05本) 桂 丹(05本)
经济学院(6人)
曹青青(05本) 王梦婷(05本) 王 霞(05本)
王小溪(05本) 刘 源(05本) 彭 天(05本)
光华管理学院(9人)
余 音(05本) 成 鑫(05本) 罗 勍(05本)
郭 爽(05本) 黄 朵(05本) 秦 雨(05本)
高 明(05本) 石凌怡(05本) 谢 尼(05本)

法学院(8人)
刘 庄(05本) 吴华莎(05本) 符明子(05本)
蔡克蒙(05本) 陈 莹(05本) 冯 琦(05本)
李德妮(05本) 刘远萍(05本)
信息管理系(2人)
冯 时(05本) 何 冰(05本)
社会学系(1人)
房 瑶(05本)
政府管理学院(3人)
陈雪嵩(05本) 陈剑锋(05本) 李玉萍(05本)
外国语学院(10人)
高笑天(05本) 贺 曦(05本) 贾 盾(05本)
王琳琳(05本) 徐文凯(05本) 徐枢捷(05本)
周海东(05本) 钟 意(05本) 张琳娜(05本)
张婧一(04本)
马克思主义学院(4人)
王 吉(07本) 辛晓川(07本) 刘梅香(07本)
李 波(07本)
艺术学院(1人)
解 明(05本)
新闻与传播学院(4人)
李利军(05本) 刘 阳(05本) 王 婧(05本)
肖龙凤(05本)
元培学院(7人)
阚建容(05本) 孙 佳(05本) 王 珏(05本)
朱肖昱(05本) 屈仁丽(05本) 张画欣(05本)
黄华泰(05本)
软件与微电子学院(1人)
谢子彧(07二学位)

医学部本专科毕业生(31人)

基础医学院(2人)
鲁华菲(05本) 尚 维(05本)
药学院(3人)
范雪莱(05本) 唐月新(05本) 王赫然(05本)
公共卫生学院(1人)
穆 璠(04本)
护理学院(7人)
甘祎婷(06专) 陈思思(06专) 董司雯(06专)
张 蕊(06专) 武艳军(06专) 段 琳(04本)
韩启飞(04本)
公共教学部(2人)
赵晓曦(04本) 周志清(04本)
第一临床医学院(4人)
朱一辰(01八年制) 胡 君(01八年制)
刘晓宇(01八年制) 朱毓纯(01八年制)

第二临床医学院(4人)
周 城(01八年制) 王 喻(01八年制)
王 倩(01八年制) 范洋溢(01八年制)
第三临床医学院(3人)
钟沃权(01八年制) 梅 林(01八年制)
范 翔(01八年制)
口腔医学院(2人)
王雪东(01八年制) 黄 振(01八年制)
第四临床医院(1人)
黄 蔚(04本)
中日友好医院(1人)
林 琳(04本)
民航总医院(1人)
唐 胤(04本)

北京大学2009届校级优秀
毕业生名单(828人)

数学科学学院(29人)
曹 璞(05本) 陈昕韫(05本) 程修远(05本)
付 蓉(05本) 李纯毅(05本) 李 通(05本)
曲文卉(05本) 宋琪凡(05本) 苏 威(05本)
孙启明(05本) 谭志宏(05本) 童 心(05本)
汪小琳(05本) 张 浩(05本) 张兴潭(05本)
张 宇(05本) 赵晓磊(05本) 陈 琴(06硕)
黄 晶(06硕) 刘知海(06硕) 苗 纯(06硕)
沈烨锋(06硕) 谢 飞(06硕) 游佳明(06硕)
孙洪宾(07硕) 郭紫华(04博) 王彩芳(04博)
李 磊(05博) 张 静(06博)
工学院(8人)
熊向明(05本) 郑宇朋(05本) 王 鑫(05本)
井庆深(05本) 白 彬(05本) 邹克旭(06硕)
李开涛(06硕) 王启宁(04博)
物理学院(33人)
王春岩(05本) 池 航(05本) 侯 冲(05本)
蔡丞韻(05本) 汤夏平(05本) 杨 俊(05本)
罗洁莹(05本) 李志远(05本) 李 鹰(05本)
卢小川(05本) 郭泽磊(05本) 金宇航(05本)
丁燕妮(05本) 顾 超(05本) 李达梁(05本)
高 阳(05本) 谢旭飞(05本) 杨再宏(05本)
黄 琨(06硕) 徐冠杰(06硕) 陈 燕(06硕)
陈 颖(06硕) 刘 佳(06硕) 付伟杰(04博)
李洪云(04博) 江 萍(06博) 刘 喆(05博)
段佟杰(04博) 亓 冲(04博) 亓 斌(04博)
马仁敏(06博) 何 林(06博) 王 然(04博)
地球与空间科学学院(21人)
王文涛(05本) 袁一泓(05本) 吴飞龙(05本)

李四维(05本)　李　越(05本)　钟日晨(05本)
周　阳(05本)　初　旭(05本)　高危言(05本)
张　炜(06硕)　贺　电(06硕)　常　勇(06硕)
陶　欣(06硕)　田晓婷(06硕)　温俊军(06硕)
郑　南(04博)　黄　舟(04博)　刘迎新(05博)
林家元(05博)　胡才博(06博)　张　锐(05博)

信息科学技术学院(68人)
樊　波(05本)　阮一叶(05本)　牛明涛(05本)
刘飞龙(05本)　牟学昊(05本)　赵　思(05本)
王冠男(05本)　李思然(05本)　戴　梦(05本)
李　峰(05本)　黄敏华(05本)　冯熙炫(05本)
叶初阳(05本)　周　武(05本)　王　璐(05本)
马永强(05本)　赵思楠(05本)　冯　涛(05本)
温苗苗(05本)　张拳石(05本)　陈　驰(05本)
宋诗琴(05本)　康兆一(05本)　卞超轶(05本)
张　蕾(05本)　徐　聪(05本)　赵冀杰(05本)
杨　晔(05本)　余诗孟(05本)　王乐业(05本)
司　赢(05本)　乔　颖(05本)　王　锐(05本)
吴晓牧(05本)　卢一峰(06硕)　王丽丽(06硕)
王振华(06硕)　曹梦文(06硕)　潘玉龙(06硕)
邹　奎(06硕)　韩　瑜(06硕)　吉　敏(06硕)
蔡述宪(06硕)　吕国成(06硕)　窦明松(06硕)
李　杰(06硕)　董　琦(06硕)　万广鲁(06硕)
李荣兴(06硕)　曹俊玲(06硕)　张义尉(06硕)
杨　锟(06硕)　戴宏民(06硕)　李宏伟(06硕)
尹　铮(06硕)　李　合(06硕)　张良杰(06硕)
刘建珍(06硕)　邢国峰(06硕)　赵　益(06硕)
刘小兵(06硕)　周　斌(06硕)　黄开木(06硕)
魏贤龙(04博)　徐泉清(05博)　李军国(05博)
赵加奎(05博)　林子雨(05博)

化学与分子工程学院(25人)
丁　蓓(05本)　窦乐添(05本)　冯孝文(05本)
梁　竹(05本)　师　安(05本)　陶治源(05本)
汪　骋(05本)　汪　维(05本)　徐科锐(05本)
许　杰(05本)　贠　琳(05本)　张嘉迪(05本)
张　兴(05本)　赵　帅(05本)　赵　悦(05本)
周晓雪(05本)　朱叶子(05本)　范海明(06博)
范　兴(06博)　马小华(06博)　彭　程(06博)
任　亮(06博)　王秀腾(06博)　徐　超(06博)
颜　宁(06博)

生命科学学院(20人)
张　薇(05本)　刘　琰(05本)　李旻典(05本)
黄　岳(05本)　邢梦可(05本)　孟令瑶(05本)
陈　轶(05本)　周　舟(05本)　林继强(05本)
高小井(05本)　于静怡(05本)　朱庭娇(05本)
张　杰(05本)　李川昀(06本)　韩　佩(06本)
刁飞慈(06博)　彭智宇(06博)　王锐鹏(06博)
钟应福(06博)　秦　汉(06博)

城市与环境学院(19人)
刘瑞楠(04本)　宋　潇(04本)　胡　尧(04本)
魏　文(05本)　李　伟(05本)　宋　超(05本)
黄　姣(05本)　王　蕾(05本)　史　进(05本)
王清卿(05本)　刘　柯(06硕)　陈　默(06硕)
李晓瑭(06硕)　朱晟君(06硕)　谢志华(06硕)
张新平(06硕)　孙旭波(06硕)　张　巍(06博)
梅丽霞(05博)

环境科学与工程学院(7人)
李其林(06硕)　胡　珊(06硕)　彭建雄(06硕)
郑丽婷(06硕)　蔡佳亮(06硕)　周　丰(04博)
姚　磊(04博)

心理学系(9人)
翁秋洁(05本)　黄　蔚(05本)　刘　飔(05本)
王小雨(05本)　冯冬冬(06硕)　许晓婧(06硕)
喻　婧(06硕)　徐凯文(06博)　秦军刚(06博)

中国语言文学系(23人)
高　峰(05本)　李　军(05本)　余明发(05本)
翟　昊(05本)　陈　思(05本)　黄　帅(05本)
刘　晨(05本)　陈梦非(05本)　王耐刚(05本)
张　帅(05本)　王　禹(06硕)　范　雪(06硕)
尹　翀(06硕)　董思聪(06硕)　谢　俊(06硕)
周　明(06硕)　陈恒舒(06硕)　许　诺(06硕)
司　晨(05博)　王栋梁(05博)　孙铁旻(05博)
李　佳(05博)　万　娜(05博)

历史学系(10人)
谢　婷(05本)　吴奕锋(05本)　徐力恒(05本)
余　欢(05本)　王　浩(06硕)　陈　浩(06硕)
高　昊(06硕)　林晓洁(06硕)　王　玉(06硕)
穆鉴臣(05博)

考古文博学院(4人)
邓振华(05本)　王书林(06硕)　黄　珊(06硕)
燕生东(05博)

哲学系(11人)
杨　卓(05本)　李　林(05本)　贺　磊(05本)
高广伟(05本)　贺丹丹(06硕)　李　焕(06硕)
苏　阳(06硕)　张学龙(06硕)　林丽媛(06硕)
肖清河(05博)　王　轶(05博)

国际关系学院(16人)
张　慧(05本)　姜　鑫(05本)　李　智(05本)
赵　宇(05本)　桂　丹(05本)　梁　健(05本)
熊珊珊(05本)　程多闻(05本)　高　歆(05本)
马相伯(05本)　邓　砂(07硕)　刘　帅(07硕)
王　波(07硕)　丁德良(07硕)　邹建业(07硕)
黄　帅(07硕)

经济学院(26人)

曹青青(05本)　王梦婷(05本)　王　霞(05本)
王小溪(05本)　刘　源(05本)　彭　天(05本)
毛亦可(05本)　杨梦依(05本)　郑晶晶(05本)
董　纳(05本)　李晓琳(05本)　姚　爽(05本)
王　非(05本)　王　喆(05本)　李　苗(07硕)
李靖谦(07硕)　龚　欣(07硕)　文铭旭(07硕)
吴兴宁(07硕)　詹　昊(07硕)　时　炜(05博)
衣光春(05博)　马相东(05博)　滕贞旭(06博)
林　森(06博)　焦　健(06博)

光华管理学院(71人)

罗　勍(05本)　郭　爽(05本)　余　音(05本)
成　鑫(05本)　胡　淼(05本)　裴　娟(05本)
郭乃嘉(05本)　高　明(05本)　黄　朵(05本)
欧阳珊(05本)　秦　雨(05本)　石凌怡(05本)
张秀娴(05本)　邱　汛(05本)　谢　尼(05本)
王小语(05本)　赵　常(05本)　禹　洁(05本)
陈小犇(07硕)　赵胜利(07硕)　蔡秉宪(07硕)
罗　琦(07硕)　乔　木(07硕)　黄晓晖(07硕)
万　钊(07硕)　隋百荣(07硕)　陈　晓(07硕)
刘乡萌(07硕)　冯　博(07硕)　陈　溪(07硕)
王　琦(07硕)　章　节(07硕)　于　渤(07硕)
徐　超(07硕)　吴　刘(07硕)　曾朵红(07硕)
朱隆斌(07硕)　吕占甲(07硕)　冯　磊(07硕)
齐莉莉(07硕)　李海曦(07硕)　曹小明(07硕)
傅　娟(07硕)　吕新美(07硕)　马海军(07硕)
曲雪梅(07硕)　苏晓琳(07硕)　王　鹏(07硕)
谢江波(07硕)　张英磊(07硕)　赵瑞金(07硕)
卫道弘(07硕)　石鹏博(07硕)　王　冲(07硕)
黄愈男(07硕)　胡　月(07硕)　刘　欣(07硕)
董荣富(07硕)　陈彦君(07硕)　陈小满(07硕)
陈国定(07硕)　姜　平(07硕)　邢　楠(07硕)
张　格(05博)　张文慧(05博)　杜　创(05博)
刘向东(05博)　石　良(05博)　万　芊(06博)
于洪霞(06博)　滕　飞(06博)

法学院(64人)

刘　庄(05本)　吴华莎(05本)　符明子(05本)
蔡克蒙(05本)　陈　莹(05本)　冯　琦(05本)
李德妮(05本)　康　静(05本)　杨　彧(05本)
刘远萍(05本)　桑　蕊(05本)　徐凌波(05本)
高　原(05本)　茅少伟(05本)　戴　伟(05本)
于　宁(07法学)　苏　宇(07法学)　曹　斐(07法学)
裴铭光(07法学)　乔仕彤(07法学)　张金玉(07法学)
张云波(07法学)　叶明欣(07法学)　朱振媛(07法学)
李　月(07法学)　潘　磊(07法学)　胡全安(06法硕)
邢彦超(06法硕)　曹生民(06法硕)　王　晓(06法硕)
王　璐(06法硕)　乔现虎(06法硕)　张现龙(06法硕)
卢成建(06法硕)　郭文静(06法硕)　张永晖(06法硕)
邢　勇(06法硕)　贡方超(06法硕)　梁小立(06法硕)
焦　志(06法硕)　李明明(06法硕)　廖婷婷(06法硕)
邱福香(06法硕)　赵中华(06法硕)　樊琴亚(06法硕)
许　翀(06法硕)　施东帆(06法硕)　汤爱莲(06法硕)
陈乃元(06法硕)　王天瑜(06法硕)　张海军(06法硕)
王　莉(06法硕)　窦江涛(06法硕)　王宗鹏(06法硕)
曹满贵(06法硕)　李朝霞(06法硕)　王雨辰(06法硕)
吕长军(06法硕)　范媛丽(06法硕)　武　冰(06法硕)
王海涛(05博)　李瑞生(05博)　朱桐辉(05博)
韩　涛(05博)

信息管理系(9人)

冯　时(05本)　何　冰(05本)　翁　荔(05本)
计　瑞(05本)　窦曦骞(07硕)　李京京(07硕)
于　嘉(07硕)　张丽丽(07硕)　蔚海燕(05博)

社会学系(10人)

李　翾(05本)　房　瑶(05本)　韩　琳(05本)
黄美涛(05本)　徐　辰(05本)　陈　强(06硕)
关　婷(06硕)　王化起(06硕)　赵　蕊(06硕)
赵联飞(05博)

政府管理学院(16人)

陈雪嵩(05本)　陈剑锋(05本)　李玉萍(05本)
李　鑫(05本)　杨先哲(05本)　王雨霏(05本)
张　蕾(05本)　郝　路(07硕)　葛　斐(07硕)
王春明(07硕)　丁合明(07硕)　杨　威(07硕)
吴志翔(07硕)　周　茜(07硕)　王冰松(05博)
崔　佳(05博)

外国语学院(33人)

高笑天(05本)　贺　曦(05本)　贾　盾(05本)
王琳琳(05本)　徐文凯(05本)　徐枢捷(05本)
周海东(05本)　钟　意(05本)　张琳娜(05本)
张婧一(04本)　冯　姝(05本)　嘎松次成(05本)
李　冲(05本)　李　萱(05本)　孟雨菲(05本)
冉　杰(05本)　孙　皓(05本)　王思祺(05本)
吴　健(05本)　张庆霞(05本)　周　正(05本)
张忞煜(05本)　吴　非(05本)　郭晓春(06硕)
黄重凤(06硕)　梁美霞(06硕)　廉超群(06硕)
马筱璐(06硕)　方尔平(06硕)　邢燕燕(06硕)
徐　蓓(06硕)　王　倩(06硕)　张　哲(06硕)

马克思主义学院(13人)

王　吉(07本)　辛晓川(07本)　刘梅香(07本)
李　波(07本)　周红秀(07本)　李艳蕾(07本)
张金伟(07本)　李晓露(07本)　李慧远(07本)
张春香(07硕)　杨哲昊(07硕)　谢伟光(07硕)
姜云涛(06硕)

教育学院(7人)

陈伯栋(06硕)　黄　潞(06硕)　郝正元(02本)

曹 郁(07硕)　朱 丽(07硕)　刀福东(05博)
陈汉聪(05博)
国家发展研究院(6人)
邓昌荣(06硕)　周卫华(06硕)　王 韡(06硕)
潘幸兴(06硕)　李宗彬(06硕)　路 乾(06硕)
对外汉语教育学院(4人)
俞巧娜(06硕)　赵 玥(06硕)　王文龙(06硕)
秦唯佳(06硕)
艺术学院(4人)
解 明(05本)　靳 锦(05本)　金 子(06硕)
王 艳(06硕)
新闻与传播学院(17人)
李利军(05本)　刘 阳(05本)　王 婧(05本)
肖龙凤(05)　孙 强(05本)　弓 健(05本)
肖 芳(05)　郭雅静(05本)　陶雪璇(05本)
杨大伟(06)　唐 芳(06硕)　刘 欢(07硕)
张雪皎(07)　刘子祎(07硕)　翟 霖(07深圳硕)
李凌达(07深圳硕)　蔡金曼(07深圳硕)
元培学院(18人)
詹 韵(04本)　袁 哲(05本)　刘 欢(05本)
武阳乐(05本)　阚建容(05本)　张 韧(05本)
朱肖昱(05本)　屈仁丽(05本)　陈昌煦(05本)
王 珏(05本)　王 凝(05本)　张画欣(05本)
黄华泰(05本)　任启明(05本)　孙 佳(05本)
蒋君乐(05本)　殷 隽(05本)　毕 鹏(05本)
软件与微电子学院(44人)
谢子彧(07二学位)　孔令恺(07二学位)
王 聪(07二学位)　陈 良(06硕)
胡溢洋(06硕)　莫 巍(06硕)　黄华山(06硕)
李成凯(06硕)　孙 玉(06硕)　唐 臻(06硕)
李 华(06硕)　王 欢(06硕)　刁玉鹤(06硕)
李志芳(06硕)　翁志超(06硕)　耿丽敏(06硕)
梁成修(06硕)　向竹青(06硕)　郭 森(06硕)
刘 哲(06硕)　袁 锐(06硕)　郭维易(06硕)
柳英丽(06硕)　张大伟(06硕)　胡惠文(06硕)
马钰弦(06硕)　张 磊(06硕)　张 雪(06硕)
白晓岚(07硕)　贾燕娜(07硕)　李 奇(07硕)
叶 丹(07硕)　孔祥鑫(07硕)　申 士(07硕)
柴小飞(07硕)　孔宇光(07硕)　王丽媛(07硕)
戴黎黎(07硕)　李刚强(07硕)　曾思师(07硕)
杜嘉薇(07硕)　李 玲(07硕)　张潇潇(07硕)
赵 玲(07硕)
深圳研究生院(36人)
孙 晓(06硕)　曹 伟(06硕)　赵宇宁(06硕)
张 旭(06硕)　唐 维(06硕)　王升杨(06硕)
赖晓强(06硕)　高 毅(06硕)　吴云侠(06硕)
金晓峰(06硕)　祝佳杰(06硕)　马 强(06硕)

林 云(06硕)　刘永伟(06硕)　刘兴隆(06硕)
么 东(06硕)　王 垚(06硕)　薛建东(06硕)
杨巨帅(06硕)　杨 芊(06硕)　张韫黎(06硕)
卢 苏(06硕)　刘晓宁(06硕)　高文洁(06硕)
陈映辉(06硕)　梁 乐(06硕)　韩海峰(06硕)
饶呈方(06硕)　王 伟(06硕)　孙立金(07硕)
包布赫(07硕)　闫 硕(07硕)　麻 宁(07硕)
吴雅婷(04硕连博)　李正涛(06博)　易志斌(06博)

医学部本专科生(67人)

基础医学院(3人)
鲁华菲(05本)　尚 维(05本)　田 野(05本)
药学院(3人)
范雪莱(05本)　唐月新(05本)　王赫然(05本)
公共卫生学院(3人)
穆 璠(04本)　胡瑜超(04本)　范天藤(04本)
护理学院(19人)
黄 诺(06专)　袁 瑛(06专)　甘祎婷(06专)
杨丽娟(06专)　于 杰(06专)　陈思思(06专)
张 岩(06专)　陈 冉(06专)　董司雯(06专)
时文霞(06专)　陈晓欢(06专)　孙 雨(06专)
张 蕊(06专)　武艳军(06专)　相 盈(06专)
段 琳(04本)　韩启飞(04本)　李淑元(04本)
肖 星(04本)
公共教学部(4人)
赵晓曦(04本)　周志清(04本)　王晓莎(04本)
蒋艳芳(04本)
第一临床医学院(8人)
朱一辰(01八年制)　胡 君(01八年制)
刘晓宇(01八年制)　朱毓纯(01八年制)
林 玮(01八年制)　廖 莹(01八年制)
杨 柳(01八年制)　邱 丽(01八年制)
第二临床医学院(8人)
周 城(01八年制)　王 喻(01八年制)
王 倩(01八年制)　范洋溢(01八年制)
陈梦捷(01八年制)　余 洁(01八年制)
李 晖(01八年制)　盖 源(01八年制)
第三临床医学院(8人)
钟沃权(01八年制)　梅 林(01八年制)
张 珂(01八年制)　葛 淼(01八年制)
范 翔(01八年制)　郭金竹(01八年制)
孙丽娜(01八年制)　杜长征(01八年制)
口腔医学院(5人)
王雪东(01八年制)　朱凤华(01八年制)
黄 振(01八年制)　张 洲(01八年制)
陈 帆(01级八年制)

第四临床医学院(2人)
田 间(04本) 黄 蔚(04本)
中日友好医院(2人)
林 琳(04本) 许美邦(04本)
民航总医院(1人)
唐 胤(04本)
航天中心医院(1人)
高 玥(04本)

医学部研究生(81人)

基础医学院(14人)
刘婷婷(01八年制) 艾 玎(01八年制)
王 巍(01八年制) 赵 颖(04直博)
仲昭岩(04直博) 孙露洋(06博) 徐 冲(06博)
王淑梅(06博) 陈春花(06博) 姜长涛(06博)
郭 勇(06博) 唐植辉(06博) 常义宾(06硕)
丁 宁(06硕)
药学院(14人)
乔 雪(03长学制) 陆银锁(03长学制)
张姝玛(03长学制) 潘德林(03长学制)
李 然(03长学制) 杜 举(03长学制)
王 珣(06博) 吴 琦(06博) 张 龙(06博)
王俊峰(06博) 付丽娟(06博) 杨海玉(06博)
王冠男(04直博) 吴增宝(04直博)
公共卫生学院(11人)
曹栋栋(02硕) 王 辉(02硕) 王子云(02硕)
许涤沙(02硕) 丁彩翠(02硕) 陈耀辉(06硕)
李宏田(06硕) 丛 泽(06硕) 余灿清(04博)
杨睿悦(04博) 秦雪英(06硕)
护理学院(1人)
苏伟才(06硕)
公共教学部(1人)
李晓丽(06硕)
第一临床医学院(9人)
李 慧(06硕) 魏红玲(06硕) 郑兰斌(06硕)
刘 琳(06博) 杨学东(06博) 李 娌(06硕)
邢广群(06博) 邓雪蓉(07博) 马秀伟(07博)
第二临床医学院(8人)
仇晓亮(06硕) 张 柳(06硕) 李云鹏(06硕)
姚远洋(06博) 孙雅逊(06博) 刘 霞(06博)
张丽丽(06博) 刘传芬(07博)
第三临床医学院(6人)
冷玉鑫(04直博) 李会娟(04直博) 王艳芳(06科博)
贾 婷(06科硕) 饶文胜(06临硕) 朱 丹(07临硕)
口腔医学院(4人)
许振起(06硕) 陈晓播(06硕) 刘伟涛(06硕)
单小峰(07博)

精神卫生研究所(2人)
王文政(06硕) 孙 伟(07博)
临床肿瘤学院(4人)
袁 鹏(06硕) 陈 科(06博) 张晓燕(06博)
邢晓芳(04博)
深圳医院(1人)
郭吉敏(06硕)
第四临床医学院(积水潭医院)(1人)
夏韶华(06硕)
第五临床医学院(北京医院)(1人)
李广学(06硕)
中日友好医院(1人)
崔雅菁(06硕)
航天医学院(1人)
单俊燕(06硕)
第九临床医学院(世纪坛医院)(2人)
彭振兴(06硕) 刘博文(06硕)

2009年奖学金获得者名单

CASC奖学金

数学科学学院
李 超 张任宇 王 更 徐宙利
工学院
成 乔 张夏灵 汤哲文
物理学院
褚赛赛
信息科学技术学院
蔡延亮
地球与空间科学学院
项 楠 吴春雷 彤一镭 李 诺
环境科学与工程学院
朱余玲
经济学院
曾 江
光华管理学院
牛韵雅 周寅猛 刘志成

ESEC奖学金

考古文博学院
逄 博 王 音
哲学系
韩慧君 徐 琴

HD 经济学奖学金

经济学院
金芙杰
光华管理学院
张翀

Panasonic 育英基金

化学与分子工程学院
尹克华　郑　辰
信息科学技术学院
姜子臻　王　枭　过岩巍　雷新诚　韩　蕾　张汉星
地球与空间科学学院
李　宁　王增振
外国语学院
印　培　岳晓菲　宝丽格

POSCO 奖学金

数学科学学院
王少峰　蒋　扬
工学院
李　阳　张昆罡
物理学院
赵　博　贺卓然
化学与分子工程学院
顾亚雄　石　莹
地球与空间科学学院
王丽斌　余海平
生命科学学院
周　克　梅亚冲
环境科学与工程学院
姜含宇
心理学系
罗晓晨
中国语言文学系
李卓琳
法学院
赵笑竹　初　萌
元培学院
季张龙　董　煊

SK 奖学金

生命科学学院
鲍凡尘

化学与分子工程学院
杨诺亚
信息科学技术学院
李　上
光华管理学院
王　琼
外国语学院
项传龙

宝钢奖学金

化学与分子工程学院
张　腾　梁宇帆　刘　钫
考古文博学院
卢　一　张　琼
国际关系学院
吕　律　张冠李　陈燕妮
社会学系
汪栋杰　冯　路
元培学院
胡　琦　邓留纯　张文峣

成舍我奖学金

中国语言文学系
陈欣瑶　邵琛欣

戴德梁行奖学金

工学院
武　斌　温广辉
化学与分子工程学院
柯福佑
考古文博学院
张　钊　黄　维
城市与环境学院
刘　涛　王俊松
环境科学与工程学院
吴　婧　易　如
心理学系
王　刚　蒋晓鸣
哲学系
陈　晴　李永刚
国际关系学院
邹国煜　黄星伟　朱中博
信息管理系
孙鹏飞　刘雅琼

社会学系
胡倩影　吴情操

外国语学院
姜　莉　袁　凯　杨任任

艺术学院
章　超　马　骏

新闻与传播学院
方可成
卞卓舟

人口所
赵声艳

对外汉语教育学院
彭　怡

国家发展研究院
郭云南

德康霓克奖学金

数学科学学院
余　越

工学院
杜　广

物理学院
杜容非

化学与分子工程学院
郑海斌

信息科学技术学院
江文哲

地球与空间科学学院
彭雅俊

生命科学学院
鲁昊骋

东宝奖学金

生命科学学院
焦　悦　孔庆瑶　韩　晶　李　爽　齐　慧　俞　强
安明瑞

东港奖学金

化学与分子工程学院
唐铮铭　林　光　杨大志　刘　佳　丛日红　孙　昊
杨　容　崔荣丽　邱　波　潘　琼　杨宇斐　黄友元
曹瑞国　梁海琳　黄　腾　刘　楠　杨　倩　李　雁
靳　豪　扈　楠

生命科学学院
李炯棠　高　栋　刘　峰　殷海娣　崔　佳　孟　赓
申芬芬　胡家志　何润生　王　放　张金方　蒋　卫
刘　祥　李　政　张　力

医学部
冯旭东　熊德彩　付　强　杨婷媛　杨　杨　陈　哲
张友波　赵　欣　应　雪　管晓东　史壮志　周　旺

方树泉奖学金

考古文博学院
李　澜

国际关系学院
柳　畔

方正奖学金

数学科学学院
汪哲楠　李　健　陈宁远　范晓青　谢　腾　程　诚
俞锦炯　强　华　卢道帝　张　帆　王少鹏

工学院
吕佩涛　叶礼清　梁文恺　王世浩　黄潇文　朱　涛

物理学院
贺斐思　冉　靓　刘天博　於　韬　陶丹丹　刘　畅
黄舒聪　冯景辰　郑一琦　黄学骏　周恩平

化学与分子工程学院
徐林楠　赵伯谦　邱　天　王宇平　翟　峰　宫勇吉
翟　优　王　典　赵　婧　任　臻　陈朱琦

信息科学技术学院
李经宇　杜　菲　陈　醒　张晓迪　沈艳艳　姚雨涵
戴高乐　赵　星　刘　鹤　胡　薇　黄　鹏　姚卓志
王　波　周文航　蒲　敬　廖泥乐　赵铁璞　魏　莱
吴天舒　余超旻　张旭东　郑一林　叶　旻　孙嘉琪
孙　韬　景年强　齐璐晔　陈璐瑶　黄柏彤　陈静超
刘　斌　吕　阳

地球与空间科学学院
张湘云　周明亚　乐　超　肖芳峰　张　聪

生命科学学院
梁诗敏　乔　木　王　菡　肖　盟　黄子骥　但青云
孟　劲　宋诗娅

城市与环境学院
张文佳　金　鑫

环境科学与工程学院
张　璇

心理学系
陈霓虹　孟庆轩　毕泰勇

考古文博学院
刘佳莹　薛轶宁

中国语言文学系
罗　静　常方舟　徐仙萍　吴　可　冷雪涵　郑依菁
陈湘静　李　斌　侯瑞芬

历史学系
邱靖嘉　陈冠华　吴国治　杨金峰　刘　钊　刘继元
白　云

哲学系
蒋桓伯　赵之光　朱书广　蒋志琴

国际关系学院
李　原　欧阳鹏上　罗米拉　孙　敏　张瞳瞳　张　冲
曹疏野　林彬彬

经济学院
李四光　贺国超

光华管理学院
徐　一　安　悦　陈睿茜　王　硕　陈宇缘　安　雨
张　戈　王浩铭　王　凯　周　嫘

法学院
蔡小萌　范秋萍　王开元　殷秋实　杜忻奕　郭敬敬
廖秋子　陶丽娜　王　璟　张宇识　吴　倩　姚希鸿
吕舒婷　郭剑桥　关　典　杨　帆　张蓓蓓

社会学系
刘　琪　侯豫新

政府管理学院
王渝东　石　佳

外国语学院
谢　娟　张　怡　徐祖怡　冯玮炜　夏　青　韦　欣
施顶立　刘　璐　施天驰　刘荷真　邓睿豪　蔡　正

马克思主义学院
杨玉好　孙　荔　陶　娟　李宇茜　张　爽　戴　静

艺术学院
车　琳

新闻与传播学院
肖丽荣　范　超　张崇璞　张一爽　张怡然　刘晓桐
潘婧瑶　武传艺

元培学院
双　博　孙济明　朱姚瑶　洪　悦　陈　龙　曹　霆
黄劲草　楚天翔

人口所
董迷芳

对外汉语教育学院
陈　灿

国家发展研究院
林　念　潘　莉

教育学院
胡　瑛

分子医学研究所
黄　璜

丰田奖学金

经济学院
杜浩然　冉宇航　李　丹

光华管理学院
戎鸿敏　王铭明　王莎莎

法学院
余霏霏　李净植　景　婧

外国语学院
毛斯祺　姜　通　崔　敏

冯奚乔奖学金

物理学院
赵　耀　黄　朕

冈松奖学金

工学院
周　璇　李鹏飞

物理学院
余增强　张　琦

化学与分子工程学院
吴　思　支泽勇

信息科学技术学院
吕　品　宋程昱

光华管理学院
傅吉娜　霍　钊

法学院
邱　波　华煜雯

地球与空间科学学院
刘　京　刘祚东

国际关系学院
刘　佳　李　雪

经济学院
张　健　鲍延磊

深圳研究生
邱　波

顾温玉生命科学奖学基金

生命科学学院
赵燕婷　付文祥　陈　亮

光华奖学金

数学科学学院
樊昊阳　章颀　郝雪　王今　李小鸥　吴边
王静姝　彭沛超　黄晨笛　龚任飞　张智元　常一凡
杨勇　孙鹏飞　蒋维　单冶超

工学院
杨旻雯　张玲毓　刘开恩

物理学院
刘健　李航　谭腾　刘宏剑　孙蒙　李婷
王胜　曹鑫　许元达　袁骁

化学与分子工程学院
王熠　孙宇婷　姜军略　徐若愚　席雨濛　杨穗嘉
吕绳涛　彭志为

信息科学技术学院
柳迪　陈晨　杨帅　吕芃芃　曹宇　袁洋
姜胜寒　刘翔　符文杉　周伟明　梅松

地球与空间科学学院
戴萧　俞红玉　崔艳波　邵虎　韩薇　张莉
冯茵　刘子豪　曹毅　毛曦

城市与环境学院
黄赟　秦宁　许立言　李海龙　王戎　李丞
薛森

环境科学与工程学院
俞挺

心理学系
尚思源

中国语言文学系
张烨　俞昕雯　张蕴爽　何瑞娟　苏安国　胡森森
董岑仕　王琳　吕厦敏　张慧　赵楠　谢成名
孟婷婷　何旻　朱俊阳　张秀松　艾溢芳　马昕
谷屹欣　胡洋　王清辉　何雨殷　任荷　钟厚涛
宋睍　王苗

历史学系
周佳　董文静　周健　梁心　陈昱良　董洁
信美利　张素霞　乌兰　陈博翼

哲学系
丁雪　符鸽　张然　冯小芷　刘颖　张立波
龙鑫　裘梧　纳雪沙　张凯作

国际关系学院
庄发琦　周权　储云燕　夏雨　张晓旭　钟潇
吴蓉　付少勋　徐刚　吴芳芳　李斯彦　宋晨
张磊夫　陈杰　张栋

光华管理学院
郑浩　宁丽立　包冰　王丽颖　王君亦　许杏柏

柴颖颖　杜中明　申慧慧

法学院
张维肖　盛洁　蒋箴毅　段冰晶　李洋　胡诗雪
胡达　马姣　薛万宝　曹暑　赵磊　柴志申
陈洁琼　刘涛　胡远航　蒲钰　章龙平　李飞
邵菲　郭维真　文姬　伏创宇

信息管理系
许春雯　时翩翩

社会学系
王路璐　范譞　王佳　张翩翩　李炜　覃璇
胡吉

政府管理学院
吴文婷　张斌强　黄紫苓　李慧思　李思颖　马天娇
王乐　陈少毅　纪权凌　杨志勇　王军　钟诚
吕普生　肖俊奇　江永清　王军　尹艳红

外国语学院
郑春光　苏道　黄睿　姜磊　李雪瑶　安冬
信晓东　田晶　穆路遥　高诗源　李夏　李月平
刘慧　梁肖竹　聂可

马克思主义学院
程漫　荣倩倩　王佳佳　赵宁　刘翰飞　侯丹娟

艺术学院
姜晓潼　董小红　张宇星　周蜜　周翠

新闻与传播学院
李杰琼　安珊珊　张炀　宫晨

元培学院
王欣　周游　吴舒可　冯书豪　张悦　朱轶波
蒋如洋　丁丁　陈桑　荣秋艳

人口所
郭未

对外汉语教育学院
薛冬晗　李由　王丹

国家发展研究院
李殊琦　刘锋　吕焱　陶坤玉　王子　张牧扬

教育学院
王东芳　戴甚彦　陈晔　蒋宇

医学部
刘清　胡春阳　张丛　王谦明　孙禹尧　刘孟凡
黄杨佩韦　孟帅　耿轶群　李锐　葛跃伟　李功
郑兴征　张宇　丁银元　周烨　孙洪强　冯若鹏
陈芳　李文琪　洪超　付成来　牛娜　贾茹
王冬来　王新生　丛馨　薛非凡　金鹏　张磊
王琴　陈卓　刘国强　张燕惠　贾薇　赵艺媛
廖凯举　孙秀明　赵明　肖杨　夏愔愔　梁明斌
李琼　蔡丽伟　殷耀斌　高佳音　司雨　朱继超

郑启军	杨　昕	倪春雅	刘　爽	赵亚元	张海燕		化学与分子工程学院
康丽惠	孙海丽	张重明	朱晓斐	林小洁	禚传君	刘　茜	赵华博
高志冬	赵　舟	杨　杰	王丽虹	刘燕鹰	孙　健		信息科学技术学院
李丽君	于　媛	连　斌	孙乃萍	杨　宏	董晓霞	周　江	曲　强　曲　直　韩莽莎
罗丽莎	于海奕	刘　畅	霍妍佼	张绍兴	于琳琳		城市与环境学院
高洁亮	周非非	许永伟	周建峰	周绍楠	杨　祥	李　猷	
贺　洋	王秀红	严　颖	翟志伟	刘晓怡			环境科学与工程学院

深圳研究生院
柴志申　陈洁琼　刘　涛　赵　磊

韩国学研究基金奖学金

外国语学院
陈爱云　桑文秀　李　卉　王　坤　张友云

恒生银行奖学金

经济学院
夏茂成　薄诗雨

光华管理学院
张啸啸　韦　达　黄　晔

新闻与传播学院
乔聪睿

华为奖学金

数学科学学院
王志宇　刘秋霞

信息科学技术学院
张小娴　王铁磊　张亮亮　杨筱舟　华远志　周　冀
邓　飞　韩　冰

黄昆李爱扶奖学金（庄绍华奖学基金）

物理学院
刘　萃

季羡林奖学金

哲学系
路振召

外国语学院
黎　旻　刘　声　贾　岩

佳能奖学金

数学科学学院
许　雷　苏乃芳

物理学院
郭逸飞　梁昌支

卢宇飞

哲学系
赵　悠　吴敏燕

信息管理系
谢　静　沈昀浩

外国语学院
王　莹　傅　越　任　婧

建信基金优秀学子奖学金

数学科学学院
付潇鹏　欧雨濛　张　成　杨　奔　许文放

经济学院
杨　黎　任秋潇　刘阳阳　郭雯雯　何　杨

光华管理学院
郭运然　姜娅婧　王　洋　林　珑　傅仰鹏

政府管理学院
苏　政　赵楠琦

外国语学院
夏　雯　洪宏烨　卜兴潼

旧金山奖学金

信息科学技术学院
乐　天　沈　霞　崔雯雯

中国语言文学系
刘　伟　袁健慧

历史学系
徐　硕　刘乳滨

哲学系
于　霞　李　栋

国际关系学院
王庆玲　谭春霞

经济学院
吴　逸　何　健　杨　清　卢天伊　胡　渊　陈人可

光华管理学院
荣　膺　刘侠璐

法学院
王业平　邱　依

社会学系
薛伟玲　郑晓娟　管书旋　杜津威
新闻与传播学院
董湘君　李思闽
深圳研究生院
王业平

康宁奖学金

工学院
肖雅文　李文涛　周　健
物理学院
方哲宇　赵乘龙　张加祥
化学与分子工程学院
王　琳　赵　霞　吴雪军
信息科学技术学院
赵婷婷　周　春　陈玲玲　吴朝军　姜　松
生命科学学院
于　晨　谢文兵
分子医学研究所
李　扬
医学部
张剑钊

乐森旬白顺良奖学金（庄绍华奖学基金）

地球与空间科学学院
张华侨

李惠荣奖学金

数学科学学院
匡宇明　徐　禛　钱建贞
工学院
胡斯特　冯荣欣
物理学院
冯　涛　张大彤
化学与分子工程学院
曹　杰
信息科学技术学院
邹　森　王志扬　周　凯　谭裕韦　陈依敏
地球与空间科学学院
张天然　徐海卿
生命科学学院
高　瑜
城市与环境学院
侯树芳

考古文博学院
王　璞
中国语言文学系
李林芳　李　伟　都轶伦　袁一丹
历史学系
尤　李
哲学系
荣　鑫　林之聪　李高荣
国际关系学院
康思亮　俞力莎
经济学院
曾德根　盖　静
光华管理学院
沈　斐
法学院
俞　悦　尤陈俊　常　磊　焦旭鹏
社会学系
王敦猛　周燕华
政府管理学院
鲁思航　李　冷
外国语学院
茹　然　孙　彤
马克思主义学院
郑艳洁
艺术学院
肖妍琳
新闻与传播学院
崔远航
元培学院
王娟娟　俞若诚
国家发展研究院
马光荣
医学部
刘雅菲　金月波　廖凯原
数学科学学院
唐云清
工学院
杨　声　徐式蕴
物理学院
甘斯亭
化学与分子工程学院
朱　贺
信息科学技术学院
丁　惟　肖冰峻

地球与空间科学学院
舒启海
田　晖

城市与环境学院
周琴丹

环境科学与工程学院
龙国瑜　裘东盈

心理学系
陈　静　王　密

中国语言文学系
张静芬　宫睿哲

历史学系
席会东　俞天意

考古文博学院
路国权　陈晓露

哲学系
钟振博　王　巍

国际关系学院
洪嘉泽　李新宇　刘　毅　徐　静　赵寒玉

经济学院
胡蓓蓓　周玖洲　李承健　刘思颖　戴恒琛　张　璨

光华管理学院
张　弛　陶　冶　陈　曦　李　想　毕　尭　林景艺
丁　瑛　赵锦勇　龚锡挺　祝继高

法学院
夏　颖　刘　月　杜丽婧　石　蹊　侯　卓　郑舒婷
朱晓然　叶　蕤　冯　驰　刘劼祎　林　阳　刘思俣
洪晔演　金　勇　李　浩　董　玉　陈　园　黄　韬
张学博　蔡桂生

信息管理系
孙小婷　李　雅

社会学系
张春泥　秦长运

政府管理学院
徐　溯　王　栋　张　轩　孙宇锋　丛　聪　吴晓雪
旎　莎　徐　杰　张雅雯　张池弛　胥　博　蒋敏娟
张佳康　兰宗敏　张学艺　滕白莹　高　红　王　茹
秦　燕　余艳红

外国语学院
张妙妙

马克思主义学院
孙文博　田　花

艺术学院
刘　鹏　向　佳

新闻与传播学院
吴　琦

国家发展研究院
魏　旭　刘　航　黄　雯　柳庆刚　茅　锐

医学部
柴　珂　吴晓伟　黄元升

深圳研究生院
洪晔演　金　勇

林超地理学奖学金

城市与环境学院
覃金堂　张　纯

明德奖学金

数学科学学院
吴辰熙　柳智宇　甘文颖　赵　倩　沈才立　林　茜
傅　雷　金　龙

物理学院
李鹜西　彭星月　李佐鸿　李泽昊　毕　震　周廷弢
安硕明　贺卓然　彭　骋

生命科学学院
欧　洋　范佳琳　朱军豪　林济民　潘　靖　周　謇
鲁昊骋　刘　潇　冉　辰　董雅韵　路宇衡　赵旭照

中国语言文学系
常方舟　张　玥

经济学院
王晓月　郝　乐　何　彧　刘怡然　黄厚瀚　杨　珂
周孟颖　叶溟尹　陈芳芳　何润夏

外国语学院
黄文帝

元培学院
唐　靓　卢　毅　曾春明　李　明　韦　薇　裴东斐
陈亚玲　陈璇卿　闫　欣　孙　凌　高　原　曹　飞
叶　枝　张亦弛　求芝蓉　朱虹璇　都珊珊　樊玉伟
张友谊　李　燕　张一弛　胡　朗　陈　卓　邓　迪
何　聪　何　凡　李　冉　李竹天　刘　薇　刘漪文
吕天野　任俞铭　荣秋艳　尤卓越　张　航　赵蔼姗
郑　植　周　权

休斯敦校友会奖学金

经济学院
陈　褆　郭　瑞　陈　晖

社会学系
张好雨（07本）

政府管理学院
吴 田　王 伟
新闻与传播学院
王梦瑶

欧阳爱伦奖学金

生命科学学院
周传恺
经济学院
缪 思
外国语学院
李宛霖　吴 爽

三菱东京日联银行奖学金

经济学院
刘 洋　胡 迪　彭 超　刘 斌　黄海晶　齐 伟
杨 光　褚文静　严 俊　黄文静
光华管理学院
刘 敏　周 芳　陈姗姗　解佳男　赵亚男　张成守
洪 涛　王 夏　朱 佳　江瑜希　余晶晶　万佳慧
张婉怡　胡志国　钱 婷
法学院
叶 君　富 琪　姜 峰　纪艳琼　马 静　金姗姗
邢小婷　周 琦　许晔婷　陈 晰　刘常欣　陈文娴
张守凤　占 苏　李义龙
深圳研究生院
金姗姗　马 静　邢小婷　许晔婷　周 琦

三星奖学金

数学科学学院
姜子麟　王 储　王国祯
物理学院
吴泰霖
化学与分子工程学院
宋子元
信息科学技术学院
诸葛菁　吴峰锋　李 井　翁东旭　斯文骏　陈 蛟
马 骁
经济学院
雷霏霏
法学院
冯 博
社会学系
褚文璐

外国语学院
唐俊杰

沈同奖学金（庄绍华奖学基金）

生命科学学院
朱政霖

苏州工业园区奖学金

工学院
戴 鹏　金 泰　李 翔　张泽群　战亚鹏　尹新彦
杨晓晨　严春云　孙丽君　尹 晶　卢艳艳
化学与分子工程学院
毛悦之　陈 烨　吴东锴　喻 超　刘 一　许 潇
黄永棋　周 琳　刘 玥　申 茜　赵 莉
信息科学技术学院
武 隽　赵 磊　张令明　董正斌　高运凯　钱 闯
方 傲　杨元祖　何 莲　王宇昕　罗海鹏　张 伟
生命科学学院
张延晓　严 霄　徐志超　骆文珊　侯英楠　陈素婷
教育学院
马莉萍

腾讯科技卓越奖学金

数学科学学院
刘 健　秦历宽　青慈阳　周 游　黄华鹰
信息科学技术学院
杨 静　郭 健　赵兴鹏　张辰飞　蒲昭昭
信息管理系
张苾菠　邱奉捷　朱 荀

天然奖学金

物理学院
崔晓红　苑海波
光华管理学院
艾 研　孙 喆　司 政

西南联大国采奖学金

经济学院
李 杰　张树东　王 爽
光华管理学院
孙鲁平　厉 行　滕 腾

西南联大奖学基金

数学科学学院
李禄俊　费　燕

物理学院
肖　潇　温肖楠

化学与分子工程学院
张则尧　刘　玲

中国语言文学系
王雨佳　丁谨之

历史学系
张　星　杨如城

哲学系
郝　瀚　毛　翔

谢培智奖学金

历史学系
栗河冰　马　丹

星光国际奖学金

数学科学学院
朱煦雯　张　牧　林　希

工学院
张汝达　刘　晗　王　擎

物理学院
邵立晶　王　栋　余　超　庚雄杰　任铂宇　张小峰

化学与分子工程学院
惠静姝　冯　菊　戴小川

信息科学技术学院
凌　莉　赵皎皎　李文超　周天瑶　崔益霏　张敏林
李　辰　郭昕婕　郑泽宇　谢佳亮　王小龙

地球与空间科学学院
张　爽　陈　静　沈　阳

生命科学学院
吴小骥　马欣卫　张国晟

考古文博学院
陈春婷　王　晶　俞莉娜

中国语言文学系
蒋仁正　黄倩倩　仝十一妹　朱　泓　周天逸

历史学系
郭一杰　王元天　尹梓奇　赵　通

哲学系
吴雅文

经济学院
张华蕾　肖　潇

光华管理学院
文　博　刘超然

外国语学院
冯婧晨　张　晖　阮瑶莹　张　蕾　施　娱

马克思主义学院
赵　爽

艺术学院
查正琳　杨槃槃

新闻与传播学院
万京珺　黄文涛　武　萌　朱　博　汪玉龙

元培学院
王晓嫒　陶　萌　文熙韬　杨　帅　刘丹华　岳海岑
刘　颖　赵蔼姗　汪馨予　唐笑天

医学部
王振星　高娟娟　杨婧祎　翟亚亚　宋　刚

杨芙清—王阳元院士奖学金

数学科学学院
薛　原

工学院
李俊超

物理学院
傅　浛

化学与分子工程学院
陈硕冰

信息科学技术学院
古　亮　邝永变　张立宁　张　颖　施柏鑫　董雨双
蒋佳琪　廖　冰　陈　琪　黄芊芊

地球与空间科学学院
付宛璐

生命科学学院
张　曌

心理学系
马婧婧　赵　婧

考古文博学院
张闻捷

中国语言文学系
辛晓娟

历史学系
张　弛

哲学系
董桥声

法学院
苏如飞

信息管理系
王启贤

社会学系
杨扬荣

马克思主义学院
王学龙

新闻与传播学院
朱慕南

元培学院
任博雅　张晓雯

软件与微电子学院
吴兴丽　杨百忠

友利银行奖学金

光华管理学院
王捷薇　冯雪　沈婷　黄菲　陈琨　张航

外国语学院
余品澍　王梦月　傅希哲　尹航　范心露　吴傲
励佳媛　陈翠婷　耿曦

张景钺—李正理奖学金

生命科学学院
张迪　何文容

张昀奖学金

地球与空间科学学院
季承

生命科学学院
刘小桥　张莹　王珺

芝生奖学金

哲学系
郑元叶

中国工商银行奖学金

数学科学学院
田昊枢　程晓行　王筑艺　冯鑫铎　牛宝东　赵一衡
张雷　王海　乔磊　骆熠

经济学院
周梦荃　吴珍芳　陈曦　顾宇　武玲蔚　李宪泽
刘逸　杜月　刘叶皋　阎璐　阎开　李抒怡
于洪晨　颜晖皓　刘笑黎　熊璐　曾蔚萍　沈泽承

王歆　刘丛　许蓉蓉　刘帆　刘琰　张晓捷
郑直　王芳　王蕾　何惟　莫雨璐　刘佳钰

光华管理学院
腾添　陆京娜　宋琴楠　杨莹雪　吴双　孙萌
董梦琬　温韬　陈雷　张菁雯　周岳　靳晓龙
权五显　侯希然　黄奕磊　何远　汪巧莹　蒋海涛
田野　王晓禹

法学院
张瑞　袁嘉　刘李依　王婕　辛碧秋　刘真珍
徐旸　蒋道娟　唐文烨　李源粒　蒋晶晶　胡敏之
谢茵　王一盈　李祎璐　戚云辉　张美谷子　冯俊
马吾叶　孙智超

新闻与传播学院
包蓓蓓　刘秋萍　桑东　高嘉晗　杨丽娟　蔡融融
杨蕊　马小宇　易晶　阳广霞　易洁　殷晴
苏晓燕　何是非　栾琪　徐艺婷　袁馨晨　许宇司
郑婉莹　路璐

中国科学院奖学金

数学科学学院
沈铨

工学院
于浩

物理学院
梁豪兆

化学与分子工程学院
姚远

地球与空间科学学院
师蕾

中国平安励志奖学金

数学科学学院
刘雨晨　徐东昊

工学院
贡冀煊　周凯

物理学院
刘海瑞

化学与分子工程学院
陈鹏程　王涵柳

信息科学技术学院
陈燕飞　王朔　彭焯　宗伟健

地球与空间科学学院
张宇　马昱强

生命科学学院
陶文琪　代骏豪

城市与环境学院
贾 瑗　吴文婧

环境科学与工程学院
李 超　刘 川

心理学系
丁欣放　关嘉榆

中国语言文学系
国家玮　唐姑一秀　张玉瑶

历史学系
朱天啸　孙延征　李文杰

考古文博学院
王冬冬

哲学系
闵 军

国际关系学院
张 茗　李龙军　李欣然　刘 宇

社会学系
王 浩　苏晓童　宋 岳

外国语学院
范 晓　许世欣

国家发展研究院
戴 觅

教育学院
冯 明

中国石油奖学金

数学科学学院
雷辰奥　蒋智超　闫博巍　周晨璐　刘亚晶　任智杰
杨凤霞　张志海

工学院
韩 鹏　崔 旭　于嘉鹏　陈 晨

物理学院
韩晓冰　吴云飞　马 雯　严 昊　沈盛杰　洪凌宇
孙励新　谢东霖

化学与分子工程学院
马 立　光 洁　封 格　高 聪　王 潇　林艺扬
叶建锋

信息科学技术学院
丁 羽　王莹磊　周金果　毛宸宇　裘元俊　周剑韬

地球与空间科学学院
潘 路　谢亚彤　唐洪钊　闫彬彦　闫梦龙　孙华波

生命科学学院
辛广伟　谢 忱

城市与环境学院
吴丹丹　韩 丹

中国语言文学系
燕 子

历史学系
李坤睿

外国语学院
王 愫　李宇晴

中国石油塔里木奖学金

物理学院
丁 峰　陈 研

信息科学技术学院
戴帅夫　张小川　向永清　周 凯　柳明海

地球与空间科学学院
崔 容　张 磊

城市与环境学院
赵烽君　吴秀臣

环境科学与工程学院
沈 劲　杨永辉　丁 嫚

心理学系
贺 熙　刘 盼

国际关系学院
胡 然　蒋立群

中石化英才奖学金

工学院
陈昀峰　未志杰

物理学院
吴培才　赵 昕

地球与空间科学学院
何怡原　马文文　刘凤麟　俞春泉　陈 石　刘守偈

钟天心奖学金

历史学系
胡 丹　华 喆　王 欢

外国语学院
陶 娟　聂 骅　于 潼

住友商事奖学金

数学科学学院
张安如　康浩坤　陈 昊　孙文博　王林勃

物理学院
彭弱溟　汪世英　姜宇轩　吴 斌　鞠文华

化学与分子工程学院
顾 均 栾书 朱戎 黄虹端
地球与空间科学学院
卢丹 龚胜全
生命科学学院
王凯 宫畅 任庆鹏 熊哲浩

田村久美子奖学金
中国语言文学系
李云轩 黄湘金

膳府奖学金
数学科学学院
王宇前 刘锐
物理学院
余仕英 余力立
化学与分子工程学院
王天民
信息科学技术学院
董中倩 郑何
地球与空间科学学院
段玉婷 邹莹
中国语言文学系
李静 王毅
历史学系
曹流
考古文博学院
蒋宇超
哲学系
齐芳 刘胜利
国际关系学院
齐特 肖河
经济学院
边赛
法学院
史本懿
社会学系
朱旭斌 翟昕怡
政府管理学院
曹崴
外国语学院
李川琪 戴志轩
艺术学院
卞宇茜 杨惠萍

新闻与传播学院
谭卓 徐名宇 周晶
元培学院
张宇
人口所
黄清香
对外汉语教育学院
韩熙
国家发展研究院
冯仕亮
软件与微电子学院
张学楷 郑晓霞 樊家麟 司洪霞 黄雪蒙 余慧婷 金坤

李彦宏奖学金
信息科学技术学院
雷涛 蒋承龙 翁轩锴 刘孟奇 廖凯 陈曙威 邓丽霞 鲁金龙
城市与环境学院
年小美 王军军 何峰 于海波 杜金峰
环境科学与工程学院
邢璇 江旭佳 李红娜 蔡皓 孙轶同 常迪 薄宇 张宝刚 彭暐 谢鹏
心理学系
王凝 曹梦洋 李靖宇 盛子桐 于典 李想 许珊 王非 杜忆 黄韫慧
哲学系
龙捷 姚雪斐
国际关系学院
孙丰怡 廖忾 缪慧凌
光华管理学院
闵科玉 郭梦美 刘天羽 赵家璐 王可倚 范轶然 马骁 关景振 袁瑗 卞丹洋 高晶遐 李玥 巴秋蕾 郑文奇 许超 曾越丹 侯闯 李涛 龚娜 李云妮 孟宇光 袁名达 杨宁 杨剑锋 刘须怡 何雨 廖李庚 郭晓倩 黄雯雯 牛雪帆 相成 张玉龙 魏维楠 曲红燕 王春飞 施丹 蒋子熹 李茜 饶品贵 张丽君
社会学系
鲁娟 王钰珏
马克思主义学院
何海根 程建波
艺术学院
马瑞青

新闻与传播学院
沈　叶　张　天
元培学院
王天宇　余　嘉　张　鹏　孙伟奇　郑加贝　梁　曦
窦　帅　肖　彦　李天文　刘　洋

社会育才崔建华奖学金

经济学院
何雨坤　王　琼
信息管理系
张艺山　贾乃鑫　鲁洁琼　马　捷　杨薇薇　刘　璇
屈　鹏　张慧丽　王建冬　郑　妮

周昭庭奖学金

中国语言文学系
万　辉
国际关系学院
邓集龙
经济学院
赵　悦
政府管理学院
庄永燊
外国语学院
周利群　林芳芳
新闻与传播学院
陈梦溪
对外汉语教育学院
葛锴桢
国家发展研究院
蔡晓慧
教育学院
冯倩倩

航天科工奖学金

工学院
孙宛晨　高彦平　吴　特
物理学院
张嘉俊　钟凤娇　周　堃　一　禾
化学与分子工程学院
朱　地
信息科学技术学院
李仕琦　耿　博　姚　凯　西　鹏　郑雅丹
地球与空间科学学院
简　星　关　丽

方瑞贤奖学金

工学院
王国胤　王冠男　李　影　岳新成
化学与分子工程学院
董　璐　姜夕骞　彭　霄　梁　勇
生命科学学院
纪玉锶　侯婷婷　陈泽宇　谢怡然　李皖昆　孙文香
李芃芃　李伟强　丁　阳　杨　冰　董雅韵　吴丽虹
冯蔚然　边树蕊　程协南　韩倩倩　王　丽　游富平
张晓妍
城市与环境学院
陈艺鑫
环境科学与工程学院
吴华锋　陶晔彬　谭玉菲　朱晓彤
政府管理学院
石　萌　邱昌璞　齐云蕾　殷　柯　杨　阳

北京大学 1987 校友奖学金

数学科学学院
李光昊
工学院
谢金翰
化学与分子工程学院
李　晨
信息科学技术学院
杜博超　周易安
地球与空间科学学院
底　骞
生命科学学院
邱　烨
环境科学与工程学院
马涵宇
心理学系
刘　雨
中国语言文学系
马怡虹
历史学系
包　李
考古文博学院
刘　恋
哲学系
佘瑞丹

国际关系学院
章颖博

经济学院
朱燕琼　金晟哲

光华管理学院
陆依文　申屠李融

法学院
徐卓然

信息管理系
严越君

社会学系
陈洁灵

政府管理学院
赵国文

外国语学院
杜菁菁

马克思主义学院
宣　猛

艺术学院
潘　彧

新闻与传播学院
侯　佳

元培学院
张友谊　李　明

董氏东方奖学金

数学科学学院
刘　明

工学院
肖可超

物理学院
彭　骋

化学与分子工程学院
殷　杰

地球与空间科学学院
李展辉

信息科学技术学院
盛拓耕　梁一中　刘　石　江开华　赵红佳　谢少锋
陶　阳　郭　燚　王烨鑫　李　浩　谢子超　吴栋霞
刘国俊　钱梦仁　张　平　刘　飞　梁　劻　曹　佳
陈志杰　黄　群

城市与环境学院
李鹏飞

心理学系
林沐雨

中国语言文学系
徐昌盛

考古文博院
王佳月

哲学系
胡翌霖

国际关系学院
高　焕　杨如城

经济学院
黄田帅

光华管理学院
范丽波　刘忠轶　石　川　谭　悦　陶　星

法学院
宋求实

信息管理系
麦晓华

社会学系
王志娟

政治学与行政管理系
黎娟娟

外国语学院
代学田　周利群

马克思主义学院
巩京辉　纪　宁　毛金桦

新闻与传播学院
郭　超

艺术学系
蔡晓璐

元培计划委员会
陈晓晨

深圳研究生院
路　旭　林　菡　刘心任

五四奖学金

数学科学学院
吴天琦　匡斯萌　陈瑜希　周玄同　王　伟　杨子光
房崇伦　刘　徽　吴　洁　滕凯民　洪阿丽　史　逸

工学院
王龙飞　叶泰来　刘玺璞　邱明峰　王启晨　曲　姣
刘会央　朱金营　何建安

物理学院
李志攀　梁豪兆　姜黎黎　方　浩　韩晓冰　刘　萃

王 倩	孙杨慧	余 锴	朱华星	叶 堉	傅正平			历史学系			
高 祥	刘鹏飞	李文龙	徐光明	李文博	法 涛	陈先松	刘 峰	秦克宏	魏琳卡	王 楠	冯 佳
刘 博	孟 虎	王 翡	夏 炎	张艺宝	杨 柳	许翔云					
陈 超	皮 石	元旭津	朱新利	秦 毅	孙 玄			考古文博学院			
王 璞	许 晟	卢彦威	黄 煦	吴 迪	晏 乐	童 歆	滕 飞	冯乃希	张 敏	常怀颖	
马 文	李黄龙	赵宇心	王孜博	商宽平	李忠良			哲学系			
姜 杉	王一凡	张宇昊	范琳然	张 晖	薄连坤	铁丹丹	任劭婷	张 杰	韩永磊	沙春燕	周奇伟
杨光宇	梁 霄	郑琪野	刘天奇	邓硕青	汤亦多	许一苇	崔凯华	李 森	胡惊雷	刘春阳	贾辰阳
高 扬	周廷殷	欧永曦	易 煦	何 淏		贾向云					
		化学与分子工程学院						国际关系学院			
江蔚曦	冯嘉杰	蒋成皿	李昆霖	闵笑全	房华毅	何雅洁	邵开愚	郭晓钊	孙文竹	李伟红	尹伟文
程 进	黄明俊	刘 君	刘冉冉			高尔坦	钟逸婧	王 济	吕 晖	杨 莹	赵贝佳
		信息科学技术学院				沈贤元	胡希媛	陈 昭	李宇博	徐攀攀	徐静毅
李彦丽	王箫音	肖 赞	张若兴	叶 蔚	尤 朝	马明宇	张龙伊	叶 琬	章辰磊	吴 林	聂敏涛
邓 科	王 建	谭明星	邵 津	仇睿恒	宁 博	张伟杰	牛长振	王庆忠	赵东仿	谭林茂	肖海燕
崔 健	陈 星	张 超	雷 科	吕佳楠	高武强			经济学院			
刘 静	罗灵辉	樊 扬	叶广楠	郭雪东	黄艺燕	逯金才	韦 委	赵亚楠	何石文	王 睿	张露瑶
康 为	刘克东	杨碧姗	闫国庆	赵俊雷	曹 勇	宋 晨	丁 锐	李晨晨	李 晨	段 誉	刘丁华
陈 振	肖 锋	陈 巍	王玮琥	陈 赢	洪才富	卫 哲	何 舒	杨 帆	孙 娴	宋 立	胡修修
石福昊	王洋洋	赵 莉	陆顾婧	朱晓龙	李 森	马晨薇	姜坤伴	王 征	尹玉容	张真诚	林永平
戚红霞	江 珊	汪瑜婧	边靖文	金 丹	栾天昊	孙 玥					
李树节	郑 炜	余 杰	崔 阳	王 宝	孟祥云			光华管理学院			
洪 杰	林邦姜	吴 轲	李 昂	张 磊	刘仁直	陶 胜	郭庆龙	叶智鑫	毕 然	代瑞亮	邹 阳
关 焱	王 昊	薛 瑞	廖玮鸿	桑 燕	王兆岩	彭秋莎	孙 瑶	李 琛	徐诗帆	牟方理	钱慰祖
任双印	祁晓霞	李 博	邱会达	陈 瑜	余 默	李志鹏	郑 卓	李福高	熊 艳	姜瑞庆	韩晓强
陈国鹏	任轩乐	刘炜炜	顾张杰	高 戈	吴悦昕	张 弛	李广子	张金华	宋 乐	刘慧龙	曹英慧
张汉生	张 磊	严亚伟	李剑波	田 野	张 弛	雍家胜	尹 俊	孙 轶			
陆 敏	黄智聪	刘晴芸	马津晶	杜 岚				法学院			
		地球与空间科学学院				郭晶晶	殷 铭	崔汐淘	呼辰光	陈惠燕	韩 玮
倪 鹏	亢 豆	李展辉	明 镜	魏 斐	薛云兴	蓝 娴	赵 倩	李 扬	杨海燕	宋 鸽	温 馨
王 运	陈 博	赵 勇	孙 权	马 旭	汤好书	宁 韬	黄晓霞	李 强	徐仲波	吴景霞	张 巍
牛晓露	孙东霞	李百寿	马 燕			刘 月	刘 双	沈 冲	周海营	高 杨	鲁会清
		生命科学学院				刘 敏	吴 璠	叶 琦	李 嫱	茹庆谷	黄志和
李俐莹	王文媛	王诗瑶	李洪阳	王 涛	张 媛	田 飞	杨红伟	石晴川	陈 荣	林 海	李 锦
徐 腾	陈 问	万俊男	周一望	王 颜	庞 科	刘性仁	于 明	周华兰	牛广济	蔡曦蕾	万 琪
		城市与环境学院				李志强					
江艺东	朱高儒	刘寅春	唐 琳					信息管理系			
		环境科学与工程学院				王雪菲	曹雨佳	孟 越	周 鑫		
万 瑞	汪 韬	彭剑飞						社会学系			
		心理学系				林 易	白小瑜	田经纬	纪莺莺	梁 艳	徐晨馨
刘漪昊						孙 翙	古丽孜依帕·依力拉斯				
		中国语言文学系						政府管理学院			
曾 小	廖中培	陈小远	李计伟	袁 媛	成红舞	王宇成	王筱昀	王向东	杨 昇	曾颖妹	韩伟玮
魏 晨	宋欢迎	史 诗	凌玉建	李凤英	张 珊	柳 瑛	戴晓光	武倩倩	张 洁	王懂棋	胡本良
周 诺	蔡紫旭	胡宇芳	叶泽华	阎 婕	谢 琼	康子兴	邵勇波	赵 塍			
寇 陆	黄 英										

外国语学院

于 洋	肖晓梦	任 莹	肖 瀚	王 远	刘宏刚
李 雪	王晓丹	张烨雯	李 观	于 蒙	周李围
于 乐	王世岳	李文丹	袁雨航	贾一夫	许 珂
周 晨	周文仪	黎志青	梅华龙	官逸尘	张晓雅
乌兰娜	程雪娇	朱梦恬	夏切尔	原 璐	王 琰
赵文清	孙晓静				

马克思主义学院

胡晓明	王宝凤	宋考凤	刘丽娟	张 莉

艺术学院

周 琳	金晓聚	杨银萍	王 好

新闻与传播学院

黄 恬	彭 兵	相丹妮	王 瑶	李思源	孙 杰
祁文静	白 捷				

新闻与传播学院

左 灿	郑 雪	樊 敏	赵琬薇	张园园	谢 霞
方 堃					

元培学院

赵新侃	赵安琪	彭 韬	张琳弋	黄龙文	王金石
徐慧兰	贺环豪	王秋鸿	谷宇辰	张方舟	张 昕
张雨萌	于晨露	罗 昊	卢旷达	朱 伟	马 征
李晓璞	唐兴雨	陈施喆	刘 扬	范爱琳	田成喆
吴劭杰	张利华	朱国梁	梁 聪	杜嘉美	刘运鹏
李 代	周光耀	郭 聪	王 玥	陈秋澍	

人口所

陈三军

对外汉语教育学院

王 佳	刘小琳	胡海霞	张 菡	李兰霞

前沿交叉学科研究院

郑家新	何康敏	周幸叶	苑亚夏

国家发展研究院

程 琛	张川川	陈菲菲	黄 炜	王碧珂	王雪珂

教育学院

许 申	金 帷	安 超	胡 婧	王雅雯	姜中皎
潘昆峰	孙汭睿	王金龙	刘子瑜	王友航	蒋 静
杨 希	张 倩	赵丽霞	郑玮斯		

分子医学研究所

张 勃	熊 彦

软件与微电子学院

张 宇	陈国栋	郝 丹	刘丽颖	赵广婷	何 苗
谢 丹	祝旭巍	胡望成	麻剑锋	陈 庆	王 笑
邵 华	张志超	刘 一	谢海闻	杨志超	王旭亮
杨巍威	龚 涛	任 艺	卢 威	高振兴	张 慧
赵 鹏	张治平	葛 岩	孙世超	薛 健	李尚全
王增光	徐有福	孙洋洋	李求索	宋夏玉	厉 鹏
赵泽夏	余 浩	苏 畅	李冠村	范国华	赵 迪

董天一	黄一朕	杨苏丹	唐 纹	王 璞	商乾倩
朱 颖	靳 松	毛艺霖	夏国栋	解 婷	陆云飞
刘国亮	刘 贝	胡 涛			

医学部

程吟楚	王清波	徐海鹏	庞元捷	周艳玲	王 利
王冰玉	庞明樊	蔡晓宇	李建国	宁雪玲	陈 东
柳丹凤	胡 佳	陈锦超	刘 畅	孙婧茹	罗亚军
胡攀攀	林宏远	陈施言	黄 可	郭红斌	毋育伟
王华栋	丛端端	曾 成	迟雨佳	孟园园	丁 茜
孟庆娱	陈津川	林晓清	吴泽璇	盛 晴	罗丽达
李丽红	包文晗	胡晓丹	刘 沛	曾焕虹	唐筱婉
杨颖婷	谷 明	贾胜男	常大桐	冯 强	吴骏宙
袁 青	冯佳佳	边屹超	谢郭佳	王冠龙	卢加琪
冯非儿	王元强	丁新强	马天阳	张 璋	陈 博
吴哲萌	杨 松	张寓安	邓 超		

深圳研究生院

高 杨	刘 双	刘 月	沈 冲	吴景霞	徐仲波
张 巍	周海营				

体育教研部

王 希

国家奖学金

数学科学学院

魏文哲	叶子纯	徐 劼	金 威	孙 鑫	岳元熙
苏炜杰	张瑞祥	勒 雅	李 黎		

工学院

魏庆凯	毛 晟	白若冰

物理学院

郭文琼	高文斾	马 岳	邵 斌	戴 亮	韩炳鸿
林乔惟	金 驰	黄俊午	金辰皓		

化学与分子工程学院

王普舟	张一鸣	张 驰	张子旸	杨 扬	周 烨
秦 伟	郭 潇				

信息科学技术学院

王 鹏	姚金宇	孙天博	赵 鑫	陈 林	倪 超
焦一洋	缪雨壮	史 尧	张 姣	薛业翔	梁诗鸣
金 鑫	马 郓	臧 凯	刘 畅	于 彀	盛世伟

地球与空间科学学院

孙 艺	曹 强	孟浩然	陈 昭	汪 珊

生命科学学院

金武阳	李 鑫	王 杉	殷 译	叶永鑫	姚致远
刘代飞					

环境科学与工程学院

郭洪宇

心理学系

陈 卓	焦文娟

中国语言文学系
常　濛　吴　可　赵雪健　高华鑫　林　莹

历史学系
徐静泊　郭若璐

考古文博学院
梁　帆　贾　宁

哲学系
牟潘莎　于文博

国际关系学院
殷晴飞　陈　曦　姚驭文　董钰婷　赫佳妮　张　力

经济学院
曹　杨　殷　洁　何碧婵　邹　楠　石　钰　陈思羽
冯颖杰　桓雅琦　吴越凡　邱　筠

光华管理学院
赵　宇　谈文峰　何天英　贾雪萌　信　琪　薛　原
蒋　蓉　樊晰心　彭　程

法学院
马上云　苏　盼　吴一尘　李　祥　吕玉梅　余　峰
方卓青　李　丹　杨　栒

信息管理系
艾　睿　王长宇

社会学系
王　骁　李蓝天

政府管理学院
杨小雨　周　楚　曾春阳　李京

马克思主义学院
刘　曼　张菩陆

艺术学院
尹伊一　马　珏

元培学院
杜　飞　张浩炜　周　淳　张　引　孙　佳　李彧可
李家祺　高茉人　周　权　郑泽宇

医学部
刘梦然　吕蓓妮　关文龙　张　希　杜雅丽　陈加贝
庞雨薇　王　烁

唐仲英奖学金

数学科学学院
张子立

工学院
王圣凯

物理学院
冯思敏　史一鹏

信息科学技术学院
肖永强　杨增飞　郭宝宇　陈　诚

生命科学学院
蒋　毓　安　瑞　盛　盈　王长荣

考古文博学院
王姝婧

中国语言文学系
李臻颖　陈　刚　申金贤　彭　超

国际关系学院
袁静宇　龚　婷

经济学院
韩廷宇

信息管理系
隋巧涛　姜一挺　黄　容

政府管理学院
徐冠男　于加润　张晓东　梁群娣

外国语学院
米业成　李鹭瑶　李小舟　沈丹玺　熊苗苗

马克思主义学院
纪　宁　毛金桦

元培学院
高　雪　郑鸣昕

泽利奖学金

数学科学学院
范晨捷

信息科学技术学院
王颖斐

生命科学学院
矫骏逸

历史学系
伍黎明

国际关系学院
王丁楠

经济学院
程　超

马克思主义学院
巩京辉

元培学院
赵　岳

曾宪梓奖学金

数学科学学院
樊昊霏　熊　欢　许　欣

工学院
王祎轩

物理学院
许　晟　严　羽　李成超
信息科学技术学院
张延东　林清祥　毛　琛　顾　远　孔令明　卞俊杰
生命科学学院
郝庆松
考古文博学院
冉宏林
中国语言文学系
刘　芸　林　品
历史学系
万　蜜
国际关系学院
叶紫薇
信息管理系
仲书芬
政府管理学院
张丽敏　张　昊

元培学院
刘　炼　崔　璨
外国语学院
马洁宁　侯培龙　韩　笑

奔驰奖学金

物理学院
叶晓飞　华　博　邵　帅　郝　阳　唐克超　张树栋
中国语言文学系
张　雪　关思怡　张晓鸥　范　雯　于梦晓　张灵羚
外国语学院
吕姗姗　李　嘉　黎志青　季季青　毛明超　张雪玲
刘媛媛　余小翠

北美育才奖助学金

外国语学院
鲁蒙初　陆雨晨　刘　欢

2009年度工会、共青团系统奖励

北京大学荣获中华全国总工会抗震救灾重建家园"工人先锋号"名单

医学部抗震救灾医疗队

北京大学荣获中国教科文卫体工会"抗震救灾重建家园工人先锋号"名单

第一临床医学院
第二临床医学院
第三临床医学院
临床肿瘤学院
第六医院

2009年首都劳动奖状

北京大学

红旗团委

信息科学技术学院团委
国际关系学院团委
经济学院团委
法学院团委
外国语学院团委
元培学院团委
药学院团委
第三医院团委

先进团委

化学与分子工程学院团委
政府管理学院团委
艺术学院团委
北大医院团委

优秀团支部

数学科学学院08级本科四班团支部
工学院08级硕士一班团支部
化学与分子工程学院07级本科四班团支部
信息科学技术学院07级微电子系本科四班团支部
地球与空间科学学院08级本科团支部
环境科学与工程学院08级硕士团支部
心理学系07级本科团支部
历史学系07级硕士团支部
哲学系07级本科团支部

国际关系学院07级本科团支部
经济学院07级本科三班团支部
光华管理学院07级本科工商二班团支部
法学院07级本科一班团支部
社会学系07级本科团支部
政府管理学院07级本科团支部
外国语学院06级英语系本科团支部
艺术学院08级本科团支部
新闻与传播学院08级本科团支部
马克思主义学院08级硕士团支部
元培学院08级本科一班团支部
教育学院08级硕士团支部
成人教育学院06级本科英语二班团支部
北京大学幼教中心团支部
深圳研究生院人文与社会学院心理学专业08级团支部
方正软件技术学院07级经济管理系电子商务班团支部
基础医学院06级临床五班团支部
药学院06级药学三班团支部
公共卫生学院07级预防医学一班团支部
护理学院06级护理本科团支部
公共教学部05级医学英语团支部
第一医院儿科团支部
人民医院04级学生团支部
第三医院妇产科团支部
口腔医学院药剂科团支部
临床肿瘤学院门诊团支部
山鹰社团支部
自行车协会团支部
模拟联合国协会团支部
乒乓球协会团支部
阳光志愿者协会团支部
元火动漫社团支部

共青团标兵

孙启明	数学科学学院05级本科生
陈 熹	工学院08级硕士研究生
林思聪	信息科学技术学院08级硕士研究生
滕 飞	光华管理学院06级博士研究生
胡 超	法学院06级本科生
姚建文	社会学系07级硕士研究生
陈雪嵩	政府管理学院05级本科生
魏 巍	外国语学院团委书记
谷宇辰	元培学院06级本科生
张进瑜	护理学院团委书记

十佳团支书

滕 欣	化学与分子工程学院07级本科生
马 郓	信息科学技术学院07级本科生
底 骞	地球与空间科学学院07级本科生
李镓颖	城市与环境学院05级本科生
郭 松	环境科学与工程学院07级博士研究生
胡文静	光华管理学院06级本科生
王晓宁	社会学系08级硕士研究生
王 策	政府管理学院07级本科生
叶 纯	外国语学院07级本科生
刘一坤	北京大学人民医院骨科教研室团支部书记

优秀新生团支书

丁绿原	地球与空间科学学院08级本科生
阚俊杰	城市与环境学院08级硕士研究生
徐艺峰	中国语言文学系08级本科生
林 力	政府管理学院08级本科生
郑琬莹	新闻与传播学院08级本科生
吴骏宙	药学院08级本科生

优秀团干部

数学科学学院
郭兆中 常红燕 薛 原

工学院
刘璐瀛 吴天昊

物理学院
周普天 徐新尧

化学与分子工程学院
胡 珂 赵晓堃 郭 森

生命科学学院
杨永康 高 山

信息科学技术学院
马 然 王 正 田 昊 付思迪 闫 嵩 陈 星 张明明 郭 超

地球与空间科学学院
王增振 刘笑吟 陈 静 沈 阳 张威奕

城市与环境学院
刘 明 刘居正 张 纯 何龙斌

环境科学与工程学院
刘元博 陈海丹

心理学系
吴 昊 邹 鑫

中国语言文学系
赵　楠　韩沛奇

历史学系
张洪秋　彭　勃

考古文博学院
梁　帆

哲学系
王　姣　陈　涛

国际关系学院
叶　琬　李　丹　刘　斌　张丹彤　周　权
努尔兰·巴合提努尔　郭晓钊

经济学院
何雨坤　郭　放　姚　爽　常　邃

光华管理学院
丁一博　刘　宣　张俊玮　何世悦　曾　田

法学院
马文彬　王开元　许春彬　李　杨　杨宗威　解高洁

信息管理系
艾　睿　张艺山　麦晓华

社会学系
刘静东　蔡嘉殷

政府管理学院
李鹏程　陈鹏飞　徐世达　栾　吉　蔡曦亮

外国语学院
吕　行　张妙妙　林芳芳　周　晨　唐俊杰

艺术学院
王思泓　周　蜜　索天艺

新闻与传播学院
马德林　杨　蕊　武传艺

马克思主义学院
何海根　都　岩

元培学院
马　征　李晓杰　陈　耕　柴　卉

中国经济研究中心
乔　攀

教育学院
王友航　冯　明

人口研究所
胡国扎

成人教育学院
王　鹏　范可娜　高佑杰　钱　华　贾晓音

后　勤
余　丽　甄　涛

校医院
孙　莉

深圳研究生院
于思昕　李林澍　宋媛媛　张盈盈

方正软件技术学院
刘　佳　张晓东　周　杰　郭　斌　颜　璐

对外汉语教育学院
张　璇

前沿交叉学科研究院
郑家新

医学部
于　飞　王　丽　王　鹏　王　影　王思九　王晓迪
毛雅润　田　野　刘　笑　关旭颖　杨　丽　李德润
陈　威　张　莎　俞荔琼　顾珣可　翁　庚

优秀团员

数学科学学院
何妍君　张瑞勋　顾嘉雯　徐冰卉

工学院
孙丽君　李俊超　杨　亮　肖雅文　张　健　韩　松

物理学院
王　承　汤亦多　陈　琛　易祺坤　胡　杨　高　玲

化学与分子工程学院
孙轶伦　陈　阳　徐　航　蒋　雯

生命科学学院
代骏豪　刘凯鹏　汪　霞　张存立　席艳鹏　陶文琪

信息科学技术学院
王睿智　龙秋朦　叶剑文　刘国鹏　刘　翔　李　博
袁　泉　程楚夏　韩　冰　蒲昭昭　熊思亚东

地球与空间科学学院
马　捷　史冠中　任　翔　郑培晨

城市与环境学院
孙建欣　李小环　李德瑜　陈　岳　钟愉佳　韩　丹
曹梦洋

环境科学与工程学院
吴　婧　沈　劲

心理学系
牛启昆　关嘉榆

中国语言文学系
王　炎　冯　晨　张伟一　曹彦雁　曹德超　欧阳泱

历史学系
包　李　付富强　吴国治　杨金峰　俞海萍

考古文博学院
张　璐　蒋宇超

哲学系
于文博　陈茜雯

国际关系学院
冯东明　张昕阳　洪嘉泽　姜珊珊　胡　簧　秦　逸
谭　偲

经济学院
王　悦　李　晨　吴海燕　夏茂成
夏　爽

光华管理学院
尹　俊　刘　小　张啸啸　陈　曦　郭庆龙　陶　胜

法学院
王汀滢　王　京　朱晓然　杜雪娇　利冠廷　张　晟
陈　敏　庞纪坤　袁　雯

信息管理系
周煜东　俞治朕

社会学系
姜松延　胡　吉　强子珊

政府管理学院
于点默　吴玲玲　张华迪　黄紫苓　黎　薇

外国语学院
门泊舟　白晨阳　宋　悦　张轶琳　赵晓航　施天驰
贺　超　袁雨航

艺术学院
白添夫　崔情情

新闻与传播学院
王颜欣　殷　晴　郭　超　唐　诗

马克思主义学院
戴　静　魏　强

元培学院
王　晶　李　昆　李　锋　徐蕙兰　高　原

中国经济研究中心
胡　莹　张承启

教育学院
刘子瑜　金　鑫

人口研究所
孙慧杰　邱　月

成人教育学院
王步帅　苏柏文　李政陪　杜荣荣　张洪亮　娄冲冲
秦国强　黄连云

后勤
闫如冰　解　芳

校医院
王海峰　国汝洁

深圳研究生院
丁元宁　于思昕　刘　帅　李小环

方正软件技术学院
王浩杰　冯　飞　李　宁　李　珑　杨　阳　封　微
钱　琛　蒙一铭

对外汉语教育学院
陈　兰　洪　洋

医学部
王　岳　王晓锋　王　潇　王颖峥　付　玉　冯　强
冯建春　司　偲　刘　洋　刘　菲　刘　玲　刘培昊
齐文雯　米海波　许　珂　李　旭　李　智　李　雪
杨　雷　吴　梦　张　和　张　萌　张旭光　陈　佳
范筱斐　范鑫萌　赵　宇　赵　瑾　高雅楠　容晓莹
黄　森　龚元昆　尉　然　潘　玥　欧阳汉强

2009年毕业生名单

本专科毕业生

一、概况

北京大学(校本部)2009年应届普通本科毕业生总数2656人。本科毕业2571人,其中毕业并获得学士学位的有2564人,毕业但不符合授予学位条件的7人。本科结业72人,其中62人可按规定在一年内修满学分申请换发毕业证书,55人可按规定申请学位。专科毕业11人,肄业2人。

校本部2009届有外国留学生应届毕业生176人。正常本科毕业155人,其中毕业并获得学士学位的154人,1人毕业无学位。本科结业19人,他们可按规定在一年内修满学分申请换发毕业证书,其中16人可申请学士学位。专科毕业3人。

在获得学士学位的2564人中有:
理学学士1143人,
工学学士91人
文学学士385人
历史学学士65人
哲学学士35人
法学学士449人
经济学学士230人
管理学学士166人

医学部2009年共有全日制本科毕业生及长学制第一阶段培养结束后学生731人,其中本科毕业生470人(含留学生60人),长学制第一阶段培养结束后学生254人,毕业无学位1人,结业6人(含留学生3人),3人可按规定申请学位。肄业1人。获得学位的共有723人。

医学部本科毕业并获得学士学位的663人和留学生60人中有:
理学学生160人
医学学生465人
文学学生38人
留学生医学学士60人

同时获得双学位的人数为976人,辅修毕业为151人。

二、授予学士学位名单

理学学士(1143人)

数学与应用数学专业(94人)

姚绪超	贾 晨	谭 宁	张 凡	孙毅然	郑祺嵘
王适然	邹 信	薛晓峰	孙 鹏	高 萌	李骏驰
柳 莺	向朔东	宋 洋	宋 睿	王 珏	吴朔男
张泽州	张宇辰	李纯毅	李 通	张 浩	路 希
苏 威	赵晓磊	王 晁	胡 禹	张 博	左 越
刘正伟	李海林	景泰淞	张一木	孙 烨	王正彦
陈昕韫	肖 逸	刘 余	凌 清	程 俊	王 枫
李 岩	江 军	林江雪	张兴潭	林剑锋	詹德昕
位学鑫	鲍重铮	王婉洁	曲文卉	沙 涛	朱小明
张卫卫	宋昆鹏	杨 璇	刘文贵	陆宇澄	陈 俊
陈 全	谭灵一	孙若愚	蒋 为	谭志宏	童 心
张雨侠	陈慧明	王涵民	党豫川	王戴黎	殷 庆
刘 岩	王 璐	曹 璞	杨业伟	刘玉岿	杨娟丽
张 宇	韩 晓	王中要	杨 磊	史 钞	金 威
郭朝辉	陈 敏	贝光耀	彭 旭	陈颖川	姜志鹏
殷小平	袁成龙	王 凝	陈玉朋		

信息与计算科学专业(45人)

唐凤阳	曹云飞	王 维	周 游	梁 鑫	汪小琳
杨 凝	王雨佳	符 兴	朱向临	张文丑	梁 鑫
王崇熙	程修远	缪寅明	吕唐杰	姜 婷	金晓婷
孙启明	王乾屹	宋永佳	陈子娟	卢森堡	唐浩哲
杨丽霞	刘 萍	李 明	郑 琨	王 佩	夏 渊
姜博川	高 龙	陆晓宇	肖 谦	殷大鹏	戴江海
张 威	刘海洋	陈 旭	袁青野	张 韧	陈翼冬
伍 昱	雍大为	李筱光			

统计学专业(33人)

孙 邈　黄东睿　高思阳　齐 心　唐小徐　李祎晗
魏武韬　刘倩颖　赵彤远　李 申　李昊宇　文 潇
赵文军　张小可　邴旭明　周晓云　宋琪凡　黄 丽
寿昊畅　李 成　赵 鹏　伍世宁　张学斌　陈 浩
付 蓉　胡晓欧　张健威　廖应伟　林 达　郑 诚
刘婧媛　王 轩　陶雯雯

理论与应用力学专业(16人)

钱 力　贺 笛　司方伟　王 鑫　井庆深　邢济谦
谢 玉　杨 超　许瑞佳　张明洁　薛亚辉　马道林
刘 拓　白 彬　汤 凯　李 想

物理学专业(160人)

杨苏立　程奕源　章 乐　汪一夫　曾飞渊　如 是
王 烨　高亦斌　赵 晨　庞加宁　吴苏醒　刘梦曦
刘 赛　赫肇寒　梁琦语　张 虎　李 赞　王俊逸
卢小川　杜德川　包 玮　王永利　王 超　康杨森
吕鹏南　王维康　李则博　陈俊杰　王彦哲　魏玉科
王春岩　孙天意　康冬阳　杨 栋　廉 和　高雅博
程 睿　池 航　何 法　李柱松　李 博　李 博
郭泽磊　金宇航　芦佳宁　王朋博　李 震　甘昀谷
徐晓波　杨 俊　吴辰骋　蔡丞韫　季浩杰　夏俊超
施虓文　周 泉　黄 勇　李若言　鲁辞莽　俞 锋
支正春　邵华圣　丁 毅　柏志军　曹钟斌　王海龙
王 笃　胡颖哲　宋建邦　史亦非　李 阳　汤夏平
李兴斌　姜雪峰　贾 雷　余江雷　李 诣　蔡子星
杨幸辰　罗 恒　顾 超　侯 冲　张 睿　杨 薇
肖 佳　赵祥明　刘立腾　周 雄　赵 超　谢容思
白 雪　李智能　罗洁莹　刘政豪　李宏钊　林 科
高 原　张其星　单 晶　李达梁　陈宇轩　吴小刚
陈春林　李 科　余怀强　黄 林　李志远　王 钊
李 鹰　高 阳　杜仁众　段俊熙　尹 苓　盛卫文
廖衍清　鲁志勇　颜 来　翟森彬　袁 春　刘 通
吴 健　刘晟西　祝 韬　王瑜英　吴中义　莫钊洪
康亮环　胡颉迪　黄 胜　柯建林　陈梦曦　李晋云
甫跃成　刘晨星　罗 星　谢旭飞　田 尧　司 森
邓凯骅　王 诚　何 超　向清沛　杨再宏　杨治勇
田 飞　胡奇琪　王钟堂　武阳乐　王宇轩　蒋君乐
姜 斌　史团伟　毛寓安　李 寅　黄梦初　刘 莹
吴振坤　罗颖存　王秋实　郭超群

大气科学(25人)

姚伟烨　张 玮　朱 彤　应 越　周伊晓　李小伟
王伯睿　叶海涛　陈 昕　徐茂龙　林常青　孙永森
丁燕妮　孙 杰　郑 辉　马玉龙　吴多常　李 婧
何宗禹　石光明　杨 帆　黄俊灵　付 裕　张 利
张 薇

天文学专业(1人)

周 帅

化学专业(110人)

汪佳璋　俞 歌　吴琳曦　于芳汀　张 婧　许翠玲
赵 帅　贾 佳　李晓慧　时腾飞　徐科锐　李玉辉
黄禾琳　李冠天　王祖超　伍华兵　陈 锟　彭德高
师 安　肖怡岭　牛 林　张佳玮　祝 融　何玛伽
黄 睿　贝 琳　梁 竹　窦乐添　姚思宇　董健雄
顾 力　韩东燃　张 兴　王 恒　熊家悦　古江勇
李 珉　杨 潇　赵 悦　姜 珊　李毅捷　张 喆
赵婧伊　尹悦妍　乔 萌　孟 非　秦校军　贾世开
冯孝文　严 竞　汪 维　张德文　陈 震　钱 琪
丁 睿　王 翀　陶冶源　孟 虎　马晓明　李昉梅
郑轶丹　郭 颖　董 霄　朱叶子　赵 培　林子寅
李 威　张嘉迪　陈文泰　龚明星　饶国栋　汪 骋
李 伟　卓连刚　刘 易　冯大卫　于 聪　成彩峰
丁 蓓　周晓雪　王 琦　谈 琰　何晓瑾　刘逸佺
郭 然　张 鹏　何 强　姜 杰　许 杰　李 飞
王也夫　马 健　舒 良　章晨曦　陈良杰　贺 庆
李亦舟　吴 昊　周继寒　郭 琦　周 舟　段昊泓
修 远　徐欢云　田 禾　王 阳　段文涛　徐丽敏
杨 杉　罗思杰

应用化学专业(10人)

肖 齐　陈 驰　颜彬游　巩 政　张佳光　谢 星
孟令辰　高 尚　王 颖　钟泽民

材料化学专业(19人)

苏 凯　沈逸然　王一杰　李子龙　彭 晨　唐 鑫
宋 寅　李振东　王 衍　李 卉　高 腾　彭瀚达
隗 莹　蔡 斌　权 超　单健丰　万 旺　林中君
冯旭辉

生物科学专业(102人)

林 双　陈睿超　王 澜　傅 薪　黄任霞　陈 琪
徐露婷　李琪瑶　施 慧　王淳莹　陈 婧　陈 铁
吕原野　黄 浩　白公湜　张晓川　魏国兴　张 帆
董隽永　袁 旭　林继强　陈 坚　肖 旺　陈 诠
袁国栋　张 凌　鄢守宇　张 梁　冯 晖　周 舟
于静怡　黄祎祺　刘馨荷　郭 彤　黄秋时　屈紫薇
郁 茜　陈 曦　来婷婷　冯安丽　姜 英　华 余
陈昱霏　何泽苗　郭婧然　王 冉　吴 磊　高小井
王 磊　郑 瀚　张 乐　武凤君　施 杨　张跃平
林 源　朱重卓　李 钦　李 伟　王 栋　张 杰
高雄帅　周 航　卓星恺　丛 倩　谭子欣　黄斯涅
邢梦可　周 舟　张 晨　张 薇　肖 琦　姜婷婷
陈 哲　邵文筠　徐 磊　黄 岳　王 楠　朱腾飞
彭奕斌　赵一丁　王俊彦　吕 兵　刘利佳　李煜童
石 璞　刘 心　胡 婧　刘 欢　苏 喆　蔡丹枫

马 晴	毕 涛	汪丽丽	刘思阳	程晓光	刘诗泽	李 伟	李开阳	孙 康	张 雯	张 骞	王小青
姚 舜	石 欢	黄天毅	文 雅	马文江	方喻晓	何玘霜	王 雁	李镓颖	余颖龙	韩 旭	

生物技术专业（33人） / 电子信息科学与技术专业（92人）

陈 欢	黄 磊	李 萌	冯 佳	孟令瑶	潘丽丽	崔宏宇	王一然	徐 建	马宏飞	王帅其	牛明涛
金 艳	谭 验	杨永俊	尹意铭	朱庭娇	孙 婧	孙广敏	王贵重	蒋 曼	李 帅	李思然	窦宏浩
杨 霄	马 强	贾方兴	魏俐光	宋小春	张 霈	孟 青	刘鹏宇	王大雨	赵思楠	保蕴通	刘力力
窦 炜	张国杰	阮小娟	余真理	杨君娇	李佳昀	张荣庆	张 辉	宋诗琴	任 伶	罗华杰	杨 晔
黄江波	王 寅	李鹏松	陈 明	赵山岑	刘 琰	罗 瑞	战保宇	朱洺祎	吴 梦	王立峰	尹 卿
潘胜凯	李旻典	李东豪				王 宇	黄志远	陶 钧	刘星洋	杜少轩	王 青

地质学专业（21人）

王皓越	钟日晨	宁文鑫	李 越	毛 翔	蒋 林
耿 赫	初 旭	陈 旭	孔繁达	刘冬冬	涂继耀
高危言	闫 聪	杜江辉	张 鹏	张 锐	杨永飞
杨鹏飞	何 强	谢小琴			

地球化学专业（9人）

白 翔	贺敬博	宋 达	刘嘉超	王政华	胡张翼
田 猛	邹远航	石英霞			

地球物理学专业（12人）

曹玉良	杜 越	李 杨	徐伟慕	周腾飞	蔡 晨
荣扬名	曾道远	李四维	柳 正	姜祥华	
尼鲁帕尔·买买吐孙					

空间物理学专业（8人）

王显光	于 宁	张 亮	郑 昊	周 阳	赵璐璐
王承睿	陈文磊				

地理信息系统专业（25人）

王 睿	耿嘉洲	王焕炯	买 莹	侯紫薇	尚 坤
吴 楠	邵雨阳	刘 爽	侯晓丽	姚 尧	刘泽洋
段祺珅	张 森	蔡 啸	陈 敏	王星光	石 浩
苏怀洪	张鹏飞	路 桐	袁一泓	王文涛	马原飞
吴飞龙					

地理科学专业（13人）

袁薇薇	胡国铮	杜翔宇	尉杨平	潘元犁	陈 茜
郑辰鑫	崔桂鹏	黄 姣	冯 俊	邓 航	赵 舫
罗 涛					

资源环境与城乡规划管理专业（20人）

李思远	毕 梦	马菲菲	塔 娜	王 蕾	姚依婷
樊成丹	史 进	王清卿	陈 莺	钱玮琳	张庆楠
颜 琳	杜成圣	赵 曦	肖晓俊	黄 飚	王宇婷
旺 姆	孔明忠				

生态学专业（6人）

吴 蔚	李 昂	石 岳	宋 超	陈伟乐	吴胤婷

环境科学专业（29人）

侯 沛	廖虹云	关天嘉	王 田	马 杰	沈惠中
邵 帅	黄晨倩	谢辰琦	褚驰恒	张 雯	吕志江
鲍 晟	孙 芳	朱 毅	魏文汪	杰	万 霖

计算机科学与技术专业（115人）

申栋材	朱诗雄	张东颖	董 文	肖 何	黄宇心
隋 岩	樊 波	张振忠	王子恺	冯天骁	伍逸煊
陈 闹	马子桐	刘广宇	赵 思	杨致海	陈 桥
尚 舵	李 钊	房 路	杨 阳	李润东	江嘉睿
邱 瑞	林洪武	张慧超	彭之博	姜梦林	郭 超
刘晨星	高 宁	郝 力	李 想	张 龙	章彦星
张 蕾	林廷懋	杜仲轩	冯 原	王 潇	陈 磊
贺 航	郭少松	储小伟	王 珵	葛丽莎	戴 梦
任 然	宋 涛	原 帅	崔靖雯	陈文玑	王怡然
兰 倩	何慧虹	李霄翔	翁学天	果 实	李 春
刘轻舟	张 超	陈日闪	段一舟	刘 成	王松林
李 峰	鲁 鹏	胡 薇	吴 越	韦春阳	邓 丹
刘文硕	武 捷	姜 宁	王 敏	李德珠	付 强
余江波	冯熙铭	施兴天	黄义也	王新平	冯 涛
周琪山	樊志强	邓 龙	陈 驰	周 武	卞超轶
王林青	张 力	李雨钊	蔡卡尔	于文渊	王 栋
赵冀杰	树柏涵	王乐业	倪佳伟	周 恺	温 翔
高志同	陈立玮	丁晔磊	刘 晗	臧家瑞	蔡明宸
许万通	王芊帆	王 莹	陈明立	房福志	徐 幸
艾地哈木·阿地力					

微电子学专业（68人）

邹旭东	刘 锦	雒佳俊	杨 杰	刘飞龙	杜 兵
黄 泽	牟学昊	谢顺婷	王冠男	唐 昱	孔 雪
李 冉	吴佳珍	易 昕	杨恒明	李 灿	韩 旭
李 强	莫 离	王 婧	徐姣姣	唐 杨	苏 炜
李昊燚	王 旭	李夏禹	王逸潇	陶 晟	余力澜
吴 迪	赵 蕾	魏康亮	孙 波	康兆一	马立峰

王 勇	刘 博	徐 聪	朱韫晖	余诗孟	张小阳
孙 新	裴 幸	张利锋	杜岳林	黄一峰	朱明浩
刘宇希	高凌翔	林志钦	朱淑芳	刘俐敏	刘慧楚
戴阳刚	宗洪强	邹积彬	柳 阳	廖 毓	刘晓明
苗 微	陈 龙	江 洵	吴承昊	乔 颖	陈 玥
王云姗	车宇驰				

智能科学与技术专业(32人)

阮一叶	石 峥	黄舒颖	杨秉澍	胡梦蝶	刘寒未
张 桓	张拳石	徐潇然	顾 平	林 肯	温苗苗
丁若谷	郑中阳	俞金辉	侯璐璐	侯 越	王可斌
魏 嘉	顾鑫峰	薛 飞	胡亚非	舒尚斌	汪 潞
王 煦	李 琼	陈彦卿	唐 轲	王 璐	庞 宇
孔 亮	赵旭婷				

心理学专业(39人)

王若思	王竹夕	魏 依	范若谷	侯悠扬	刘 飚
吴 时	王小雨	修佳明	俞清怡	陆婧晶	王昳洁
潘星宇	翁秋洁	杨悦然	白建卫	张会强	王 琰
杨 鹏	邓 天	陈瑞云	涂艳苹	程 莹	周 乐
石振昊	陈雨露	李燕洁	万之菱	黄颂恩	黄 蔚
章 通	王栎樵	陈 刚	朱培元	王若菡	伍 珍
潘竞通	陈 燕	鲁 上			

应用心理学专业(二学位)(6人)

赵佳妮	邢衍安	班 磊	蔡 鹏	朱碧宇	张 涛

工学学士(91人)

工程结构分析专业(33人)

张 璐	龙 龙	叶林茂	胡 鉴	邓 昊	郑宇朋
熊向明	韩 韬	陆 鹏	许智菲	袁子峰	宋 琦
顾营安	欧 澜	郑木林	高媛萍	吴文琪	沈蓓蓓
赵 倩	隋 杰	董 青	李航宇	逯向明	李晓天
廖勤拙	杨 鲲	李铿铿	彭 浪	陈 楠	王春华
陈晓理	贾 森	张 晴			

软件工程专业(二学位)(26人)

夏智俊	邹 程	刘俞良	胡永丽	代美娟	李珏伶
李璐璐	梁 爽	刘海千	刘 一	邱海鹭	王 聪
刘晶晶	刘勇成	万 祺	吴玉龙	谢子彧	杨奇勋
岳 瑞	翟海平	张佳音	张 楠	朱孔亮	邹 婧
郭晶晶	孔令恺				

城市规划专业(32人)

纪 绪	王 轩	郜晓雯	王晓愈	祝昊冉	刘延航
周家丽	宋 潇	王 响	金燕妮	刘瑞楠	姜冀轩
马 旻	葛 军	陈 蔚	王颖莹	胡智超	颜 燕
姜文锦	陈 霄	莫 琳	万小媛	胡 垚	曹敏政
刘 洁	刘 扬	温 婷	乐晗宁	杨兴鹏	詹 韵
余金艳	肖 丹				

文学学士(385人)

广告学专业(27人)

赵 琳	冯 颖	王子菲	高雅莎	薛 寒	张 成
张若晗	王海涛	张明明	洪 宸	毛 俊	张 全
孙 强	张文静	徐 冬	纪雨风	马 航	丛余蓉
孙晓峰	王荻娜	郑亚林	唐寅生	常晓玮	杜梦溪
王 峥	庞安歌	周 榕			

新闻学专业(23人)

王晨瑜	于思齐	熊 寥	孙 源	周 菁	胡亚男
弓 健	张紫瑞	仇江涛	杜奕奕	吕钦钦	李星野
王 莉	肖 芳	王飞航	席淑静	邹雅婷	刘 阳
郑阳鹏	沈银芳	文 静	郭雅婧	杨寓哲	

编辑出版学专业(9人)

陈 路	龙 洋	周振亚	黄何林	侯俊企	李利军
王沁凌	张 思	王 寅			

广播电视新闻学专业(12人)

陈 悦	王 婧	陶雪璇	李 娴	肖龙凤	陈钰尧
王 源	伍嘉威	张 琦	傅 恺	郝 挺	毛 怡

广播电视编导(影视编导)专业(15人)

姜一博	李媛媛	王寅博	叶 赛	徐 寒	刘 从
罗媛媛	王海云	施 鸽	解 明	靳 锦	吕 菊
林 楠	何建航	郑慧懿			

广播影视编导专业(1人)

赵 博					

中国文学专业(64人)

张欣悦	黄 帅	许莎莎	黄 晨	孔小溪	曹 典
刘 琪	褚 玥	崔 乐	张 珊	李 卿	岳 娜
张凌健	李 妍	凌 超	李 峥	周若卉	曹 莉
季 星	王 芳	姚 华	钱 好	杨 柱	赖琳娟
廖雯颖	卓 敏	刘紫云	邵 鑫	刘怀辉	荆玉静
乔晓静	李龙飞	张晓玮	陈 周	丁宇文	田 颖
李 鑫	余明发	黎小夏	莫晓敏	王学强	罗 欢
罗吉森	刘 晨	李 莎	董 乐	薛晋蓉	黄 妍
翟 昊	刘月悦	史 画	张婧婧	马 佳	李 娜
刘文渊	陈 思	曾晓静	张咏思	王敏宝	刘天琦
商诺奇	王 晖	黄纯一	徐李斌		

汉语言学专业(24人)

张思宇	鲍 楠	陈 黎	吴婧文	张惠清	张 珺
李 军	承 欣	陈梦非	郑 远	王菲宇	林溢婧
范 莹	刘新华	刘一豪	陈姗姗	覃夕航	郑伟娜
叶瑞施	詹春立	马正玲	刘可有	周天天	张思慧

古典文献专业(12人)

王耐刚	陈 思	高 峰	李笑莹	苏扬剑	潘妍艳
牛田苗	杨元美	蔡妃娜	赖纪伟	迟晓耘	邹 旭

应用语言学专业(5人)
王琳琳　张　帅　董　理　彭楠赟　魏　雪

英语专业(50人)
王　丹　徐　莳　徐苏晨　杨　蔚　宗阳阳　崔晓菁
张瑞雪　田　萌　孙　峰　闫海笑　金　铭　林德韧
李清华　武　伟　孟雨菲　范文竹　刘晓萃　张琳娜
徐枢捷　谢　隽　左　为　葛　炯　王逸颖　陆笑天
吴　夏　杨文元　曹洁伊　胡永启　田　凯　张　婷
王敏燕　邱文晖　廖健雯　李　晶　胡　杨　丁芝兰
杨　媚　邓丞宏　杨壹茜　贾　盾　段坤优　师吉阳
黎　蓁　李燕霞　薛慧妍　梁慧文　吉　菁　李抒夏
王天航　周逸雯

德语专业(13人)
高笑天　姚敏多　苏　菁　金慧颖　黄　旭　冯　姝
倪　珺　罗　倩　李　萱　刘一璇　林　亚　蒋　莹
李诗颖

法语专业(20人)
易红娟　孟　然　宋　蕊　王　飞　莫　菲　靳　亮
朱江月　周海东　鞠文慧　王笑月　杨慧敏　古　欣
孙琴萍　崔　悦　章　慧　徐以安　陈　琛　丁若ంం
王　玉　孔茂颖

西班牙语专业(19人)
燕　燕　张婧一　芦思姮　刘海滋　陈一帆　李　晨
莫　寒　邓依然　王　音　陈奇达　陈　禹　宋凯茜
朱龙洋　张　文　冯婧时　霍建勋　吴　遥　白　雪
蒋士莹

俄语专业(13人)
肖秋实　黄晨茜　高　鹏　李　旻　宋元日　王　楠
吴　健　朱小琳　王梦雪　朱东山　钟　意　李　冲
张　珺

阿拉伯语专业(12人)
高　飞　刘　荻　李海鹏　刘　霞　吴　非　冯子寅
王兆卿　孙　婧　刘　乐　严悠悠　陈　楠　王倩茹

日语专业(13人)
杨　洋　于泓洋　赫　杨　郑若曦　贾晨阳　曹集云
钱一帆　王裕程　姜　悦　黄　卓　刁淑欢　刘苏曼
杨　洋

朝鲜语专业(10人)
毛　矗　郭　鑫　冉　杰　周　正　于　聪　周　毅
叶琼林　王琳琳　贺　曦　谭奇思

乌尔都语专业(1人)
陈　曦

梵语巴利语专业(8人)
钱　程　李膺函　孙　皓　吴蔚琳　李函思　皮建军
大普仓　次旺边觉

蒙古语专业(9人)
王　萌　张庆霞　王　磊　高晓珊　赵滨然　赵　越
刘超男　李雪梅　欧阳天

缅甸语专业(7人)
王　静　郑　娇　王思祺　齐　琳　白　帆　夏东仑
徐文凯

泰语专业(8人)
卢一顿　刘幸姬晨　李　企　张　帆　张　翔
杨宇桑　卢盈宇

印地语专业(10人)
李　玥　王立丽　李　聪　万进军　张忞煜　王山林
杨　磊　王靖泽　嘎松次成　四朗曲珍

历史学学士(65人)

历史学专业(20人)
梁殊疑　郑海霞　楼　滢　蔡　玮　赵　诺　于　月
毕　云　余　欢　林立扬　于凌云　孙　可　陈　浩
罗　潇　张洪秋　谢　婷　徐力恒　安培华　程仕才
陈若一　郑小悠

世界历史专业(24人)
吴海生　商兆琦　赵颖臻　王　蕾　贾　彤　孟　博
周晓菲　王　倩　吕　端　冯荣玉　冯宇菁　田　园
刘　寅　周丽娜　杨巧巧　刘　洁　隋　玥　吴奕锋
旷平江　李　熙　张　超　许美祺　阙建容
姜张翠子

考古学专业(7人)
高　玉　张　艳　程晋朋　黄　莉　李颐轩　余雯晶
邓振华

博物馆学专业(7人)
戴　萌　张宇翔　刘　杨　丁雨张　静　李　勇
刘　敏

文物保护专业(文物建筑方向)专业(7人)
张鹏宇　魏西凝　刘思然　于　宁　吕淑贤　韩　婧
刘　薇

哲学学士(35人)

哲学专业(29人)
柳　杉　李　林　孟　丹　孟　朔　杨洪源　高广伟
马伯乐　杨　卓　吴贞妮　马　凌　陈凌隽　童利民
丁雅萍　刘　慧　何顺红　窦秀芳　刘东东　王珮洁
张亚宁　李　欢　赵金刚　刘　耕　赵　曦　耿　宇
裴　理　刘婷婷　郭雨佳　贺　磊　马正峰

宗教学专业(6人)
杨维宇　曾水兰　刘凡子　刘文姗　柯　星　林　叶

法学学士(449人)

法学专业(167人)
吴绍卿　贾子楠　罗　希　刘晓蒙　刘子玉　邱方哲

王琦	杨晛	孙超	井珊珊	李逸男	江南
安然	蔡克蒙	温雅	霍旭阳	张佩瑶	高鸽
杨雪	郎希迪	张逸群	王倩	王梦遥	徐秋静
吕晓轩	陈莹	孙卓	曹宇	章悦	李德妮
张霁爽	张玥	王越端	牛一旸	曲鸣然	关重
柴华	陈晔	吴玉冰	肖宁	贺晓琳	叶瑞
徐静	王力	周侗	冯琦	白满平	徐晨
曹毅	张彪	吴蕙同	刘煜暄	金理娜	李晋
杨宝作	秦丹鸿	武智萌	钟震宇	邓若曦	董旭超
王琦	陈旭	魏薇	周飞	唐梦兰	朱可骏
茅少伟	倪佳音	颜严	陈香林	郭忆	叶开凯
吴华莎	胡夏	顾硕	董丹	徐雪霞	徐凌波
张晓晨	李洁	刘远超	傅肖宁	许昊	王湘羽
程诚	金印	张胜男	操健	陈日晶	刘远萍
陈鹭玲	陈兰	方明	邹兵建	于海杰	张音
高玉婷	郝银萍	于明君	冯艳楠	赵丽	贺鑫
杨帆	王飞	耿协阳	戴枞	康静	李小威
熊静	雷洋	瞿君达	谭刚	陈韵希	刘庄
胡雪婷	梁文璟	何瑞兰	潘心怡	詹德民	吴明阳
王玲	黄显道	黄敏	杨彧	姚谧	冉敏
赵莉波	张必将	陈墨	姜旻	李青	曾海卿
张晴	马西利	符明子	王瑛	刘金明	胡译之
高得莲	桑蕊	安琪	戴伟	赵云	高原
晋雯	程劲松	陈曦	蔡苕仪	彭禧雯	萧达莎
陈捷男	潘敏	韩其珍	殷隽	孙玏	辛琪
范春贤	黄影	李瑞峰	沈毓龙	赵雪	任启明
吴鹭超	杨楠楠	刘婧	方悦	张秋月	

外交学专业(15人)

王可	张飚	王立	马相伯	曾小顺	吴琼
石琳	赵鹏杰	王幽	包珮琳	程涵	查凌睿
王珏	朱肖昱	张磊			

国际政治专业(73人)

王璁	张元	周玎玎	赵宇	张画沙	梁健
黄晓童	张昊	孙颖	柏彦	张萌	朱宛玲
邵梦宇	姜鑫	李晶	宫若涵	远清扬	高歆
单金萍	张彪	邹天培	张超	侯俊玮	李智
夏鹏飞	张慧	汪佳良	张倩烨	周靓	熊姗姗
薛瑜	丁颖鹃	邱力戈	王嘉鑫	孙岚	程多闻
洪聿	陈淑卿	吴稚光	余莹	熊玥	谈奇铭
张林	殷鸿儒	王晓录	李玉磊	丁勐	李岩
李康安	陈洁	赖含	肖夏	贾如	胡渝
杨红	王立秋	姚燕	桂丹	章玥	冷艳
裴亮	韩剑	周子静	周志雄	张度	崔越
陈雅琴	于婉莹	陈昌煦	刘晨晨	全玲	廖垚
才仁卓玛					

国际政治经济学专业(22人)

郎小磊	杨若凝	李畅	尹东方	秦寅霄	马奇
罗一崛	周衍冰	吴楠	符琳琳	赵小凤	何燕
尹姝姝	肖桃	于帅	张茜	李宇敏	金天
郑义萨	陈函思	辛悦	俞安妮		

社会学专业(42人)

刘晓	杜月	刘爽	江梦雅	付静	赵曦玉
张珣	崔忱	郭欣然	韩琳	曹烨	侯超
荣珊	宫海韵	高菲菲	房瑶	周文佳	齐宇宁
傅晟	徐辰	虞吉千	鲍程亮	刘广秀	刘标
李魍	黄皓怡	蔡方会	黄国英	廖炳光	范金华
黄美涛	刘豪	孙超	齐永峰	刘东鑫	孙月悦
成晖	陈庆红	张铭	田思悦	陈宇淏	焦姣

社会工作专业(12人)

魏超	邓健	韩煦	刘媛	王霞绯	金舒衡
陈夏紫	陈正根	夏丽丽	郭晗	刘蔚然	向小玲

政治学与行政学专业(32人)

杨沛铮	张忻轶	李鑫	崔宏月	陈雪嵩	席文
谷溪	单威	侯志军	张慧妍	张蕾	刘越男
江俞颖	肖满忱	牛聪	许琴	刘第	尤宇川
曹茜	张志超	李珂涛	刘颜俊	胡婧炜	杨诗健
杨明旭	马杰	王丽君	马金梅	李德耀	贾真
徐晓红	拉姆卓玛				

思想政治教育专业(86人)

刘潇雨	周艳华	王吉	毛丹	李晓露	刘叶
金颖	孟鸥	刘小冰	越媛	周红秀	李倩
李万绘	陈文茸	彭晓铭	张倩	戚琳琳	张晓娅
董羽	辛晓川	崔晨霞	姚春彦	李艳蕾	刘国晶
王唯青	赵磊	伍玥	张丽华	任鹏	吕屹
王佳蕊	张麟秋	裴甲羽	刘佳	郭福平	朱冠一
王磊	张金伟	刘兴志	张伯涛	严朝钦	刘跃
闫妍	张昊	左雅	刘欣	刘金荣	田金平
张波	杜开礼	王新岗	嵇金华	姜国森	刘必翔
张文佳	张涛	丁静	袁涵	路英瑞	张兴旺
金铃	杨墨	平非凡	郭凌汐	李波	杨光
梁伟	蔡儵然	郭蕊	李诺	刘颖	丰硕
胡寇英	刘梅香	朱科红	袁帅	李郝	张扬
王心乐	丁雅宁	李慧远	刘炯	米川	郭林娜
刘宇佳	张新新				

经济学学士(230人)

保险专业(31人)

冯岫	刘源	王喆	张方舟	孙政	张丹丹
谈颖颖	程利忠	李晓琳	刘松	王亚楠	李环环
陈磊	陈岑	林潇	卢晓宇	刘洁纯	郭翌超
徐紘宇	沈冲	明了	刘善行	陈澂	周妍伶
陈曦	罗峥	张发强	孙莹	陆迪军	周聪
刘欢					

经济学专业(33人)

李漪　钱一思　钱芊　王倩　姜梦　杨希野
付丽　李冰冰　姚爽　毛亦可　步青　姜卉
刘振楠　姚学康　曾婷　孙赫　曹青青　肖才德
王舒婷　陈颖　沈舒滢　孙露晞　王欣婷　朴音花
郭斯旸　柴桉　吴海燕　徐语婧　潘钜桐　薛原
董懿　冯力　那仁格日乐

金融学专业(经济学院)(48人)

李月　吴峥嵘　高菲　严冬　季天鹤　刘睿轩
行星　卢新月　张传生　夏添　杨矛　黄嘉俊
许雯　乐思祥　朱逸清　鲁慧　杨梦依　张少君
施信远　陶兆波　邵宇平　王怡然　王梦婷　程思薇
任孟琦　方宁　张淑健　张弛　孟萌　邢茜
杨晓然　林榕　何凌珺　周舟　杨寒　蔡晨薇
夏雪　张原　秦邱月　吴忌寒　刘路遥　杨晓斌
陈聪　高墨艺　李一白　宋茜　吴军一　张云鸽

金融学专业(光华管理学院)(58人)

高明　李缘　秦雨　李可心　孙博　于沂
王雨希　侯嘉隆　许迪　刘冰　徐勖　李琳
季宇　朱传仁　张璐　胡元乔　高梓淇　张朵
何儒斯　程相源　黄朵　齐婧倩　王佳宁　茅茂
王玉　崔恩泽　仇斌　王垆　徐潇　刘小君
卓越　史丽燕　赵欢　林珊珊　陈铎　肖宇超
秦小深　刘曦　欧阳珊　朱雅卉　郭乃嘉　李慧
方杰　李桢　陈张昊　刘明曦　王雪　沈文婷
梁铭坤　武智　喻梦旸　李玲丽　贾辰琛　王文韬
袁哲　潘元济　孙佳　黄华泰

财政学专业(26人)

王森　侯思捷　沈靖　陶青　张才谦　王小溪
王非　王端　王祥　周培奇　曾紫娟　曾颖
赵攀　张魁　秦晨晓　董纳　胡雨斌　秦雨
李侠　胡月　李巍　师睿南　袁佳　徐真真
穆小天　韩笑

国际经济与贸易专业(26人)

张尚　陈晨　骆易　李爱勇　王韵芳　海琳娜
高明星　金初月　宋春丽　詹斌　陈雅卉　李晶
管浩　张荣　卢昫萤　王霞　毕宁瑞　卢博实
郑晶晶　邓天　陈清语　胡健儿　祭雅敏　韩慧子
周黎丽　贾蕾

环境、资源与发展经济学专业(8人)

石琳　周晟琰　肖高元　周文　田传金　彭天
罗钰　吴胤希

管理学学士(166人)

公共政策学专业(14人)

黄俊森　胡微微　李倩　冯俊晨　王莳　张昕
娄增辉　张长宏　高琼　张静　杨鸣宇　陈植
努尔言·乃买提　迪丽·米然别克

城市管理专业(24人)

高明　王雨霏　王爽　张纯　张玥明　刘文文
惠长虹　陈剑锋　周波　杨冰　毛琦梁　张欢
汪文姝　李玉萍　刘云洲　杨先哲　刘亦然　金轶男
徐正　李慧　毕鹏　赵益民　于雨彤　屈仁丽

会计学专业(52人)

辛毅　马若琦　卢璐　汪芊　黄亮　闫瑾
沈荣　池思远　程娟文　冯超　王小语　王慧
杨青　常江　王实　孙田宇　张璇　任飞
孔祥玮　郭青柏　王志飞　王俊杰　华千里　钱晶
余子宜　赵新　杜磊　唐圣添　肖梦君　徐瑞婷
万亚娟　白国锋　程强云　林洁婕　杨静好　杨逸
张秀娴　朱师慧　邱汛　石凌怡　吕薇　吴倩
刘景媛　陈文苑　苏靖　赵杰　倪涛　李欢欢
谢尼　张画欣　任博　谢宇宏

市场营销专业(29人)

方美燕　陈皓永　刘珺　李大宽　佟爽　胡淼
张文淑　成鑫　贾亮　黄军　朱潇　王忻恬
刘梦蕊　林小杰　周凌慧　周文星　陈博　冯文婷
董春　魏可　邨和平　裴娟　阮晨　余音
张涵　郭乐桦　李楚恒　林巧璐　武睿颖

人力资源管理专业(11人)

刘世靖　罗勍　冯长强　郭爽　黄达鑫　齐一
熊飞力　席芳滢　李宜萌　杨文娉　梁莹

信息管理与信息系统专业(32人)

刘玉　郑怡洁　邢博　白珊珊　陈茜　邓悦
王雅男　秦莽　李幻宇　付涵磊　王钦炜　肖卓霞
艾锋　许美静　康忠伟　齐晓玲　张扬扬　李新朝
曾嵘　刘一宁　何冰　李鸿斌　罗建岚　冯时
余频捷　陈诚　张海　计瑞　翁荔　张晓玥
刘锟　郑孝贤

图书馆学专业(4人)

王一帆　周文琦　李芙蓉　丁培

医学部学士(663人)

理学学士(160人)

医学实验学专业(28人)

马吟醒　王卓然　苏萌　李维　李妍　尚维
张园　陈曦　郑雪飞　解依荻　宋一萌　王也
杨帆　王学瑛　刘聘　鲁华菲　郭佳　张志豹
张旭　韩晓　王跃樊　苏炳男　郭芷萱　黄辰
朱倩　薛夏沫　田野　马涛

药学专业(92人)

晋雅卉　金鑫　潘鑫　黄菲霞　关祥宇　高海飞

陆世芳	李若婧	陈建仲	赵 欣	张力勤	张沛然	邹 曦	蒋媛嫄	荣艳波	郭福新	寇 毅	张 凯
律宗霞	吴锁薇	魏艳红	任宇鹏	贺锐锐	牛 壮	李 玼	白 静	赵梅莘	门月华	方 祎	宋 耕
赵子明	杨 婧	周冰莹	黄 鑫	李 珅	孙纯广	张 帆	宗亚楠	严钰洁	颜来鹏	卢耀甲	高 辉
杨 婷	杨 爽	刘策时	冯 帅	姜耀强	马银玲	许晋炫	苏永彬	董士勇	张庆芬	路国涛	王 渺
王 东	刘 义	李勇剑	韩利强	洪梦实	易湛苗	郑 山	肖 博	杨序程	邹显彤	李大宝	于利平
孙 曼	丁胜涛	戴 然	江静倩	张 浩	刘颖果	刘 辉	王 欣	齐 梦	臧东杰	许晓诺	白 洁
范爱丽	酒向飞	姚 瑶	何向辉	李 超	张承悦	杨影顺	陈 硕	徐健楠	杨冬红	陈 熹	钱佳丽
施 喆	吴 韬	武晓明	张金洋	薛小超	任倞漪	王博雅	周 一	杨 硕	张 杨	张 瑞	李 尚
张思思	于 欢	陈 忻	张 镇	李珺鑫	刘 强	李成鹏	马 瑞	高敏照	陈 欢	谢 友	闫 炎
詹先王	孙舒雯	钟 帼	王维为	王小宁	侯志忱	王 丛	吕 勇	海 艇	韩 笑	李儒军	张永保
黄荣华	李 猛	张 燕	刘 斐	关 巍	李博彧	曲 宁	马 彧	董文敏	邓 浩	谢 璐	黄 睿
贺华平	刘曈彤	罗来春	周立勇	张 杨	侯 哲	王道鹏	王晓芃	赵 通	温焕舜	刘 静	闫 涵
陈 欣	李 刚	王 萌	高 阳	王璨珏	孙 晟	赵 敏	史妍菲	刘 田	陈 波	杨 帆	李 轩
李 松	杨敬雄	潘 威	张力月	张 亮		姜俪凡	赵筱卓	宁显谷	张 琦	马 燕	颜勇卿
伊利夏提·肖开提 海沙尔江·吾守尔						金 韬	徐定婷	邱体红	黄 强	吴寸草	王建良
帕孜来提·亚库甫						刘 刚	贾子豫	阎乙夫	李 杨	邵 辉	曹彦硕

应用药学专业（40人）

申 昊	张紫妍	温 禾	唐月新	王元博	马茗舒	桂 琦	黄辰晔	仝亚琪	白 岚	刘欣欣	刘晓静
郑 华	赵之玥	殷诺雅	肖 柳	徐 超	齐 伟	刘子源	李 杰	李 农	杨 航	石泽锋	姚 颖
胡启帜	姜 尧	朱琳一	杨爱华	汪偌宁	周 洁	于 鹏	崔 岩	张如艳	袁 伟	李 嘉	沈 希
范雪莱	耿明惠	王 硕	杨 巍	李念稚	朱 贺	周金婷	向海炼	许艺兰	杜 伟	卢志华	王 琳
曲 枫	商维虎	邢 达	王赫然	姜 杉	张天慧	刘 烨	滕磊磊	苏白鸽	赵建辉	赵 瑾	侯 超
梁 鸥	刘 欧	高雅玥	孙 伟	朱 枫	程 茗	王 冠	罗 艺	李宗师	邱 敏	李秀茅	魏 越
杨 帆	王 晴	顿 珠	杨麦云			周 莹	沈 洁	周 妍	江丹凤	黄 辉	李莉娜

医学学士（465人）

护理学专业（41人）

秦雪娇	霍春燕	龚晶晶	怀鑫馨	李雪静	戴玉伶	韩冬冬	田 间	宁少南	黄 蔚	张丽杰	赵一妮
袁怡然	许丽敏	叶 芳	林金兰	李晓飞	杨 阳	刘 肖	金开基	李思琦	唐 渊	冯陈陈	靳永强
张明远	常亚男	关 悦	郑凡凡	甲芝莲	陈 丽	贾茜茜	吴 烁	许美邦	齐 尧	田 杨	田 天
李淑元	谢丽华	战 颖	冯志纯	张凯茵	刘亚芳	林 琳	刘 施	卢 葭	唐 胤	李沈铎	赵冰清
李孟颖	邓晓云	李 钰	崔淑婧	韩启飞	陈 颖	何 及	程艳娇	王 玫	高 玥	多 吉	郝 锋
刘晓云	刘湘连	王晓丹	何晓菲	赖韶婷	王 佳	李 磊	管卫勇	李丹檬	徐 良	覃佳宁	杨国楚
孙晓明	孙雅兰	段 琳	肖 星	宋晓禹		李祐仁	马维隆	赖彦任	苏怡帆	邱哲萱	卓幼真

临床医学专业（269人）

柳 蔚	杨 莉	李 珺	周 雪	陶 宇	岳 枚	曾世亮	傅国翔	杨昀书	粘铭轩	杨 彦	吴雅雅
霍东方	马 赛	付 磊	李增志	邓 劼	丁 钐	李 想	吴永耀	黄廷耀	美娅莎尔	阿依夏·那万	

预防医学专业（71人）

王 巍	李雅巍	杨 曦	张 芳	刘 佳	张 颂	吴 静	陈江飞	黄小迅	张耀文	杨一博	范雯怡
吴 翔	卓 敏	杜佳丽	李嘉华	叶锦宁	余 欣	梁舒婷	雷洁萍	傅锦秀	汤淑女	孔俊花	丁 明
韩治伟	孟一森	高 强	陈 科	高新营	季兰岚	李卫芹	许志远	崔文欢	肖晚晴	安维维	顾 文
赵 青	常志博	李春晶	王 洁	孟志超	王淳阅	王 薇	肖 康	李久存	王 欣	卢秀玲	王 璐
王小蕾	刘 凤	王佩茹	周 知	喻小娟	石 琳	邓陶陶	于永超	王宛怡	赵佳夕	敬 挺	杨学礼
马 丁	李 楠	于 喆	陈尔冬	孙 烈	周 瑾	胡广义	李 融	胡瑜超	宋彦超	曾 军	郭 健
李小璇	汲 婧	单学敏	罗 寰	米 兰	闫 涵	江清浩	徐文婕	宋 智	黎学海	陆宇青	董鹏程
于 楠	张 宁	高露娟	后 轩	潘元星	杜泠泠	袁 月	徐陆正	王子佳	杨 婷	付国颖	陶 辉
谢 昆	姚 林	刘 倩	崔 晨	包德明	黄 莹	徐 进	郑 薇	孙婷婷	林 兵	裴正存	焦士勇
牛悦青	胡冬至	汪 伟	邹 浪	金 哲	陈 施	董兆欣	张 勇	栗潮阳	范天藤	刘 淼	穆 瑶
郭 晋	黄 波	杨仪赫	杜莹珏	李 苗	刘 琦	刘 闯	曹 洋	阿尔帕提	彭茨克	杨晨颖	
						舒 正	李凤霞	李金柏	苏 畅	范 杰	
						穆尔扎·别克					

基础医学专业(40人)

巩 珊	裴晓言	顾名夏	马孔阳	桂 宾	张岩飞
马小骏	冯 刚	周 澧	雷 蕾	马岱龙	郑佳佳
唐 寅	刘萌萌	刘雅涵	王 涛	周 岩	宋金雷
王学伟	覃旺军	毛婧倬	孙 威	丁 力	纪 旭
张晶鑫	傅 娆	苗一非	孙 卓	王 萌	陈海靖
李伟继	闫 帆	董 然	黄先桃	李鸣佳	汪 康
陈 扬	周 允	张 重	刘振云		

口腔医学专业(44人)

汪冠宏	卢松鹤	王志辉	潘新磊	钟 波	黄 知
赵思铭	翁金龙	吕 达	韦金奇	刘立强	刘 洋
李儒煌	覃 建	赵 旭	李军心	阎 旭	王 超
宋 琨	黄志威	蒋 析	李 伟	闫 睿	谢 窈
王笑喆	陈 超	王涵彬	曹晓静	李芳芳	李 曼
崔秋菊	欧蒙恩	王 晶	曹 洁	姜 岚	刘宇楠
褚 祎	庄慧敏	王媛媛	刘 畅	夏 雪	翁萱容
沈敏琪	曲献文				

生物医学英语专业(38人)

王晓莎	韩志祥	赵晓曦	吕雅娟	蒋艳芳	杨越涵
毛方会	陈 颖	李梦雨	范国辉	占 婷	刘 茜
慈璞娲	刘 建	柴山山	周志清	李 云	王 姝
吕欣玥	汝丽霞	王廷欣	徐倩玮	崔 轶	邱 凯
颜济南	高弘扬	刘小金	孙美楠	刘高犁	吴 思
赵 迪	孙守云	杜民中	赵辰月	夏 静	唐汉红
陈晓东	邓文昊				

三、留学生获得学士学位名单

理学学士(3人)

生物科学专业(1人)

金多仁

计算机科学与技术专业(2人)

黄正云　朴男日

文学学士(53人)

广告学专业(5人)

金恩晶　金琇妍　李香周　金雪仁　孟和毕勒格

新闻学专业(1人)

韩承昊

广播电视与新闻学专业(9人)

梁晶雅	延振赫	伊藤玄	韩慧渊	吴雅黎	宋一朗
鲁淑姬	郑智云	崔精娥		

汉语言文学专业(30人)

黄浩宁	庄昉思	陈光德	李真光	张安娜	林欣蓓
吴欣慧	李真龙	车映周	吴济均	李树沃	朴修贤
辛淑贤	李碧娜	黄慕忆	程伟斌	黄志英	金礼珍
黎黄梅	周倩岚	权俊珉	朴松儿	金恩贞	秦素英
姜承美	崔仁英	李宰源	赵恩晟	欧阳良妍	
山佳淑岬|				

广播电视编导(影视编导)专业(8人)

朴娜俐	李宣杯	尹汉益	元东熙	琴昭伶	姜贤美
郑善娥	金起民				

历史学学士(11人)

历史学专业(7人)

金素恩	郑元硕	金元俊	郭西姬	禹进希	柳京嬉
方镐宣					

世界历史专业(1人)

关燕盈

历史学专业(1人)

边钰鼎

博物馆学专业(2人)

荻幸旗　崔长根

法学学士(42人)

法学专业(11人)

朴修延	李 然	潘颢元	阿扎拉	洪水晶	全垠贞
郑铉山	金民洙	郑贤京	千圣花	蔡源晰	

外交学专业(5人)

白宝侥　宋赞美　田英恩　金敬熙　诺民其木格

国际政治专业(14人)

朱索菲	高承佑	梁伟浩	阿西亚	倪瑞宁	尹 望
韩娜来	李韩娜	闵慧琳	朴宝兰	白奕鹏	吴骏扬
李炯直	川口南帆子				

国际政治经济专业(2人)

陈上智　陈伟恒

社会学专业(7人)

李祥溢	黄俊僖	禹丞姬	李升允	李在熏	闵东毕
国井雅史|				

社会工作专业(1人)

李智慧

政治学与行政学专业(2人)

权益铉　闵璔正

经济学学士(25人)

金融学专业(11人)

高秀炅	尹锡俊	华京京	林大卫	李愚皎	黄淳昊
丁相元	朴昶嬚	金廷恩	金到希	李庚训	

国际经济与贸易专业(13人)

白承用　金炯玟　陈燕桢　姜东勋　金素咏　黄民京

沈云英　何　娜　李允熙　李俊英　金成桓　申铉燮
许成瑀
　　　　　　经济学专业（1人）
张庆旭

管理学学士（20人）

　　　　　　财务管理学专业（1人）
申载国
　　　　　　会计学专业（2人）
李周熹　李昭娟
　　　　　　人力资源管理专业（8人）
全宰演　丁大和　李承旻　韩娜罗　南孝靖　秦成雅
邢成根　姜信真
　　　　　　市场营销学专业（6人）
朴有德　关丽思　白洁莹　李妊夏　权九烈　柳壮铉
　　　　　　城市管理学专业（3人）
辛钟羽　丁俊源　盖瓦基拉温

医学学士（60人）

　　　　　　临床医学专业（42人）
彩　虹　郑杰元　邓麦可　陈天钧　韩　莎　伊　莎
乌杨格　其木格　恩　和　李昭瑛　闵英俊　申艺娜
廖宏易　杨偕梅　郭子扬　郭怡秀　李名扬　蔡孟志
张育祯　林国剑　刘瑞菁　王郅敏　王信懿　吴佩璇
王渝霈　杨智超　蒋承安　龚欣华　王腾卫　白砡慈
黄致蓁　曾司彦　杨函烨　方宗伟　柯宜均　蔡沛怡
陈兆敏　小岛庆惠　　　　於保伸一　宫城华织
堀口静惠　　　　飞田美贵
　　　　　　口腔医学专业（8人）
崔仁硕　梁斗源　单儒楷　苏珮玟　张恒彦　尹昌培
李婷恩　岩崎隆之
　　　　　　医学英语专业（国际班）（10人）
赵惠璘　金敬雅　周韩悟　李昊宣　朱正姬　黄善一
朱施恩　山下亚由美　　　　野朴正邦　　　　龟井周作

四、授予双学位学士名单

1. 双学位 973 人

理学学士 168 人

　　　　　　数学与应用数学专业 28 人
彭明浩　骆伍巧　李超如　是　　　李则博
邵华圣　周　帅　高　阳　段俊熙　李振东
张　梁　李　杨　赵璐璐　杨希野　曹青青
杨晓然　沈　冲　张云鸽　叶开凯　徐语婧
郭超群　徐潇然　李润东　郑中阳　任　然

翁学天　李　琼　由　翀
　　　　　　统计学专业 53 人
张　敏　厉　行　贺　笛　来棽棽　邵文筠
陈　敏　王文涛　李　昂　王小雨　李　漪
刘睿轩　行　星　张传生　孙　政　杨　矛
许　雯　乐思祥　施信远　陶兆波　邵宇平
王怡然　步　青　程思薇　任孟琦　曾　颖
孙　赫　张淑健　邢　茜　林　潇　何凌珺
杨　寒　杨晓斌　宋　茜　吴军一　周妍伶
秦　雨　李可心　孙　博　侯嘉隆　刘　冰
胡元乔　齐婧倩　卓　越　赵　欢　杜　磊
秦　莽　李玲丽　袁　哲　刘　欢　顾　平
贺　航　于　喆　王绮昕
　　　　　　物理学专业 3 人
马原飞　魏康亮　朱明浩
　　　　　　化学专业 1 人
刘思然
　　　　　　生物化学与分子生物学专业 2 人
李毅捷　李　云
　　　　　　计算机软件专业 13 人
柯伟雄　李益杰　张　虎　杜德川　何　法
丁　毅　祝　韬　康亮环　田　尧　王　寅
杨鹏飞　付涵磊　翁　荔
　　　　　　微电子学专业 1 人
胡颖哲
　　　　　　心理学专业 67 人
王晓愈　陈　曦　马晓明　陈　坚　吴　磊
余真理　王　雁　陈　悦　孙　强　纪雨风
田　园　林立扬　陈　浩　陈凌隽　丁雅萍
陈　晨　付　丽　张　弛　李　侠　周　舟
吴忌寒　刘世靖　郭青柏　林洁婕　陈文苑
高　鸽　吴华莎　傅肖宁　王湘羽　李幻宇
刘　媛　齐宇宁　金舒衡　陈正根　夏丽丽
徐苏晨　李燕霞　冯　姝　李　萱　蒋　莹
靳　亮　王　玉　蒋士莹　刘　霞　刘　乐
刁淑欢　周　正　钱　程　王　静　叶　赛
朱肖昱　吴铁彬　丁　明　肖晚晴　安维维
杨晨颖　武　倩　杨　阳　王晓莎　蒋艳芳
陈　颖　占　婷　周志清　陈晓东　杨爱华
高雅玥　那仁格日

管理学学士 8 人

电子商务专业 8 人

张明远　孙晓明　宋晓禹　杨越涵　刘　建
刘小金　赵　迪　孙守云

历史学学士 11 人

历史学专业 9 人

弓　健　李利军　张画沙　毛亦可　朱可骏
侯志军　吴蔚琳　周逸雯　靳　锦

世界历史专业 2 人

冯俊晨　杨先哲

哲学学士 15 人

哲学专业 15 人

于　璐　陈睿超　宋琬如　方笑天　邱方哲
蔡曦亮　郑　华　王沁凌　张　思　李　妍
于　沂　徐凌波　李小威　周文琦　刘东鑫

法学学士 86 人

国际关系与对外事务专业 66 人

高　明　乐晗宁　禹进希　屈丽娜　戴甚彦
杨　霄　吴飞龙　孙　源　陶雪璇　仇江涛
吕钦钦　李星野　沈银芳　文　静　郭雅婧
陈钰尧　伍嘉威　崔　乐　赵颖臻　孟　博
吕　端　王　森　王　倩　海琳娜　高明星
王　非　姚　爽　王　祥　李晓琳　李环环
卢博实　刘　珺　罗　劼　张　璇　万亚娟
程强云　裴　娟　金理娜　马　杰　张瑞雪
胡永启　师吉阳　李　旻　苏　菁　罗　倩
刘一璇　章　慧　陈一帆　陈奇达　朱龙洋
刘　荻　吴　非　严悠悠　王倩茹　杨　洋
钱一帆　李　玥　齐　琳　徐文凯　刘超男
李孟颖　段　琳　吕雅娟　刘　茜　颜济南
夏　静

国际政治专业 9 人

椿允宽　七田惠　郭育瑞　星明由子
高桥优里　福岛广之　山田大介　山崎文也
狩野智江子

社会学专业 11 人

柳　杉　赵　萱　高雅莎　杜奕奕　肖　芳
秦　雨　王忻恬　黄达鑫　张忞煜　赵滨然
徐陆正

文学学士 41 人

艺术学专业 41 人

李　卉　赵　悦　俞清怡　邓天龙　洋
王　婧　张　琦　毛　怡　孔小溪　褚　玥
张凌健　李　峥　苏扬剑　张婧婧　王　晖
吕淑贤　周衍冰　倪瑞宁　朱索菲　骆　易
张丹丹　朱逸清　彭　天　卢晓宇　朱　潇
魏　可　谢　尼　贺晓琳　叶　瑞　操　健
江梦雅　赵曦玉　谢　隽　陆笑天　王　飞
李　聪　黄梦初　李　春　关　悦　王　姝
川口南帆子

经济学学士 644 人

经济学专业 644 人

王　楷　董喜贞　施军义　张　璐　杨子霄
张　鹏　李期偲　林　双　俞琦敏　纪　绪
李　猷　祝昊冉　刘延航　周家丽　宋　潇
李　响　刘瑞楠　姜冀轩　马　旻　葛　军
陈　蔚　王颖莹　胡智超　颜　燕　肖亚娜
陈　霄　胡　垚　曹敏政　刘　扬　王　滔
王　乐　刘　忱　王　宇　梁殊疑　吴海生
白喜超　时　维　金炳权　王　可　刘增雷
黄丽娜　周哲宇　孙鹏飞　尹浩灿　燕　燕
张婧一　李　晞　白潇祎　李　卓　詹　韵
姜　松　柳明海　梁正资　曹云飞　邹　信
向翊东　杨　凝　符　兴　邴旭明　詹德昕
赵　鹏　曲文卉　沙　涛　朱小明　杨东睿
张雨侠　王戴黎　殷　庆　刘　岩　杨丽霞
李　明　杨业伟　郑　琨　叶林茂　胡　鉴
邓　昊　郑宇朋　许智菲　宋　琦　欧　澜
郑木林　高媛萍　张明洁　沈蓓蓓　隋　杰
董　青　逯向明　刘　拓　李晓天　陈晓理
赵　晨　刘梦曦　王维康　杨　栋　徐晓波
施虓文　周伊晓　俞　锋　支正春　林常青
曹钟斌　宋建邦　贾　雷　侯　冲　肖　佳
刘立腾　李智能　李　婧　何宗禹　余怀强
黄　林　尹　苓　盛卫文　黄　胜　陈梦曦
谢旭飞　邓凯骅　田　飞　肖　齐　赵婧伊
李　卉　龚明星　彭瀚达　单健丰　郭　琦
徐欢云　王淳莹　陈　婧　陈　轶　魏国兴

郭彤	陈曦	朱庭娇	姜英	郭婧然	潘敏	刘玉	白珊珊	陈茜	邓悦
魏俐光	窦炜	周航	石璞	刘琰	王雅男	许美静	张扬扬	曾嵘	何冰
马晴	耿嘉洲	毛翔	宋达	侯紫薇	李鸿斌	罗建岚	冯时	陈诚	张海
于宁	邵雨阳	耿赫	侯晓丽	陈旭	计瑞	刘锟	郑孝贤	张珣	韩琳
刘冬冬	曾道远	张锐	路桐	毕梦	高菲菲	房瑶	傅晟	徐辰	刘广秀
关天嘉	马菲菲	塔娜	王蕾	黄晨倩	黄皓怡	蔡方会	齐永峰	张铭	王雨霏
姚依婷	樊成丹	宋超	尉杨平	朱毅	李鑫	王爽	崔宏月	陈雪嵩	张纯
潘元犁	魏文	陈茜	陈莺	钱玮琳	谷溪	刘文文	惠长虹	陈剑锋	周波
李伟	孙康	张庆楠	张雯	王小青	张慧妍	张蕾	刘越男	肖满忱	杨冰
颜琳	杜成圣	何玘霜	赵曦	肖晓俊	牛聪	李倩	毛琦梁	许琴	张欢
邓航	罗涛	王竹夕	陆婧晶	潘星宇	李玉萍	曹茜	张志超	刘云洲	刘颜俊
王琰	杨鹏	涂艳苹	李燕洁	万之菱	刘亦然	杨明旭	金铁男	刘波	胡韵
章通	赵琳	冯颖	王晨瑜	王子菲	李德耀	杨蔚	田萌	孟雨菲	范文竹
于思齐	熊寥	薛寒	张成	胡亚男	张琳娜	左为	吴夏	杨文元	王敏燕
张紫瑞	王海涛	张明明	洪宸	张全	廖健雯	胡杨	丁芝兰	贾盾	黎藜
周振亚	王莉	王飞航	张文静	徐冬	肖秋实	黄晨茜	高鹏	吴健	王梦雪
邹雅婷	刘阳	王源	杨寓哲	孙晓峰	朱东山	黄旭	倪珺	宋蕊	古欣
杜梦溪	王峥	王寅	张欣悦	王琳琳	孔茂颖	莫寒	邓依然	陈禹	冯婧时
承欣	陈梦非	郑远	乔晓静	陈周	王兆卿	贾晨阳	姜悦	毛毳	郭鑫
叶瑞施	蔡妃娜	彭楠赟	詹春立	商诺奇	冉杰	于聪	周毅	王琳琳	贺曦
王蕾	蔡玮	周晓菲	王倩	冯宇菁	王山林	张庆霞	高晓珊	卢一顿	姬晨
周丽娜	杨巧巧	于凌云	吴奕锋	旷平江	张帆	张翔	杨宇桑	卢盈宇	王天航
张洪秋	魏西凝	张宇翔	黄莉	张静	姜一博	吕菊	何建航	尹汉益	毕鹏
李勇	孟朔	高广伟	吴贞妮	曾水兰	黄影	李瑞峰	周榕	钟泽民	陈昌煦
窦秀芳	刘东东	刘凡子	张亚宁	郭雨佳	刘婧	刘锦	方悦	李筱光	樊波
郎小磊	杨若凝	邵梦宇	姜鑫	李晶	王子恺	阮一叶	刘寒未	李冉	李钊
单金萍	邹天培	王立	秦寅霄	马奇	黄志远	刘星洋	葛丽莎	涂昭	原帅
李智	夏鹏飞	张倩烨	罗一嵋	周靓	张禹铭	黄敏华	武捷	施兴天	万玉龙
邱力戈	王嘉鑫	孙岚	吴琼	陈淑卿	郑拓伦	邓龙	高凌翔	叶茸	李雨钊
吴稚光	余莹	熊玥	谈奇铭	张林	王璐	常铖	蔡卡尔	王栋	戴阳刚
殷鸿儒	赵鹏杰	李岩	符琳琳	赵小凤	孔亮	司赢	丁晔磊	刘晗	蔡明宸
何燕	杨红	于帅	张茜	程涵	王芊帆	赵旭婷	陈玥	汪康	雷洁萍
查凌睿	韩剑	李宇敏	崔越	陈函思	王薇	杨学礼	胡瑜超	曾军	徐文婕
杨晛	孙超	李逸男	江南	温雅	宋智	董兆欣	刘淼	范杰	韩志祥
张佩瑶	吕晓轩	张玥	曲鸣然	肖宁	赵晓曦	毛方会	范国辉	汝丽霞	徐倩玮
周偈	冯琦	曹毅	李晋	杨宝作	邱凯	高弘扬	孙美楠	刘高犁	邓文昊
陈旭	魏薇	茅少伟	倪佳音	胡夏	张金洋	王维为	唐月新	尚维	王学瑛
顾硕	徐雪霞	张晓晨	许昊	金印	鲁华菲	曾蔚瑛	刘振华	周宇	蔚欣欣
方明	于海杰	高玉婷	冯艳楠	贺鑫	赖立平	张琰	陈驰	刘杨	吕超
耿协阳	雷洋	瞿君达	潘心怡	詹德民	姚奕	王寅啸	李岳峰	刘畅	张雪静
姚谧	赵莉波	张必将	李青	高得莲	钱建军	李晶	王威	张吉华	李刚
桑蕊	安琪	赵云	蔡苾仪	陈捷男	王超	李丹	李一佳	张昊	王祎炜

翟峥	张晓平	李壮	张育浩	彭炜
姜全	王先伟	刘婷婷	梁勇	秦珺靖
高鑫	吴云	彭云	赵鹏	陈聪
程菲	郝淼	刘苏煜	邵藩凯	张钰
陈亿	张寅颖	沈旭栋	陆路	栾冬
马艳	付京艳	王惠仪	李墨	陈力
周奇伟	刘纯宇	李隽钦	赵益	席玥
胡伟	董升山	顾然	郭鑫	赵芃
孟斌斌	高剑茹	雷庭	叶景明	林垚
霍达	袁媛	王复婧	郭睿	杨涵
王盈盈	孙驰	黄力	张宇宁	管宇
刘祥玉	关劭轩	杨亮	苏莹	郭欣蕾
王霄鹏	杨佳	汤汇	方玮	孟虎
张杰	汪婕舒	安毅	章淑蓉	严佳钰
郭文星	吴冷冬	王翔	袁斐	姜启志
董蔚	褚项宁	李琦玮	孙江龙	陈观伟
贺宝华	王璐	周鸷雨	魏伟	杜昌
沈珊	颜媛	谢天驰	刘墨	石婵奇
王刊	戴岱	袁文旭	迪丽·米然别克	

2. 辅修 150 人

数学与应用数学专业 1 人

陈漖

统计学专业 5 人

| 吕骞 | 周文 | 高梓淇 | 刘明曦 | 陈植 |

计算机软件专业 2 人

邹远航　刘一宁

物理学专业 1 人

黄祎祺

化学专业 1 人

包玮

心理学专业 9 人

| 方宁 | 刘洁纯 | 郭翌超 | 王钦炜 | 肖卓霞 |
| 李诗颖 | 徐以安 | 李抒夏 | 邹良强 | |

哲学专业 3 人

陈路　姚华　曹宇

艺术学专业 1 人

李畅

行政管理专业 8 人

| 鲍晟 | 丛余蓉 | 马佳 | 童利民 | 李欢 |
| 李巍 | 沈舒滢 | 刘幸 | | |

日语专业 32 人

郑海霞	李卿	范莹	魏雪	李莎
薛晋蓉	于月	余欢	谢婷	张超
刘文姗	薛瑜	洪聿	闵慧琳	侯思捷
金初月	安然	秦丹鸿	程诚	陈日晶
谭刚	陈墨	晋雯	陈曦	李芙蓉
王逸颖	叶琼林	孙皓	李雪梅	李晓飞
甲芝莲	姜张翠子			

法语专业 28 人

刘爽	张晴	黄姣	黄晨	戴萌
刘婷婷	王立秋	章玥	季天鹤	钱芊
卢新月	王端	杨梦依	夏雪	袁佳
关重	王茵	张昕	徐茵	宗阳阳
金铭	杨媚	皮建军	廖垚	王菲
范天藤	崔淑婧	武晓明		

德语专业 15 人

邓立钧	魏臣熙	谭灵一	顾营安	张喆
郭颖	曹玉良	姜卉	张原	石凌怡
霍旭阳	李德妮	殷其蕾	赵伯君	叶芳

西班牙语专业 6 人

| 刘景媛 | 余频捷 | 张晓玥 | 崔晓菁 | 张婷 |
| 李企 | | | | |

经济学专业 38 人

池恒	高虹	杨璐	范譞	李妙寅
刘祺	吴施雨	龚翌旸	程轶潇	吴苏醒
李昉梅	刘利佳	白翔	张骞	张若晗
肖龙凤	郑亚林	庞安歌	张珺	凌超
季星	刘敏	马凌	桂丹	李韩娜
王琦	戴伟	崔忱	侯超	黄美涛
马金梅	孙峰	吴遥	杨磊	夏东仑

田思悦　徐　幸　陈　丽

五、毕业未获得学士学位名单

1. 普通本科生未能达到授予学士学位条件者(7人)

　　　地球化学专业(1人)
徐汀滢
　　　广播电视编导专业(1人)
卢　茜
　　　法学专业(2人)
张小磊　吴孝庆
　　　环境科学专业(1人)
张晓帆
　　　数学与应用数学专业(1人)
杨　锟
　　　医学实验专业(1人)
郭　洋

2. 普通本科生结业者(10人)

　　　电子信息科学与技术专业(2人)
万谋策　王　哲
　　　化学专业(1人)
黄　达
　　　计算机科学与技术专业(1人)
汤鹏飞
　　　理论与应用力学专业(1人)
苏雪昆
　　　物理学专业(1人)
王　磊
　　　应用化学专业(1人)
曹　争
　　　英语专业(1人)
范春莉
　　　智能科学与技术专业(1人)
曹淞维
　　　思想政治教育专业(1人)
吴英英

六、本科结业有资格换发证书的人员名单

1. 普通本科生结业可换发毕业证书者(7人)

　　　材料化学专业(1人)
蔡　狄
　　　数学与应用数学专业(1人)
李玉荵
　　　工程结构分析专业(1人)
赵　瑞

　　　金融学专业(1人)
龙菲菲
　　　计算机科学与技术专业(1人)
龚兆鹏
　　　广告学专业(1人)
王　鑫
　　　中国文学专业(1人)
何　涛

2. 普通本科生结业换发毕业证书和学位证书者(58人)

　　　生物科学专业(3人)
周　彦　王韵涵　高　喆
　　　生态学专业(1人)
陈　光
　　　生物技术学专业(2人)
吕　勃　徐　嫄
　　　城市规划专业(1人)
董立波
　　　中国文学专业(1人)
苏禹烈
　　　材料化学专业(1人)
张颂昕
　　　应用化学专业(1人)
吴　昊
　　　化学专业(7人)
陈　炜　孙腾虎　张　鸿　高　兴　刘文昊　沈　策
俞　昊
　　　大气科学专业(1人)
蒋晓萌
　　　地球化学专业(1人)
林浑钦
　　　国际经济与贸易专业(1人)
李则安
　　　经济学专业(1人)
孙　秒
　　　资源环境与城乡规划管理专业(2人)
徐　冀　吴边遥
　　　智能科学与技术专业(1人)
吴　垠
　　　哲学专业(2人)
李　花　徐勇平
　　　英语专业(1人)
施冬韵
　　　市场营销专业(3人)
赵　常　张显良　刘　琦

广播电视(影视)编导专业(1人)
刘思洋
　　　　　国际政治专业(2人)
冯可心　陈　倩
　　　　　思想政治教育专业(3人)
田阳阳　檀文晓　魏秋磊
　　　　　文物保护专业(1人)
宗晓龙
　　　　　社会学专业(1人)
文煦刚
　　　　　数学与应用数学专业(3人)
曾立帅　贺　璟　果育颖
　　　　　物理学专业(2人)
李继周　张　昆
　　　　　电子信息科学与技术专业(1人)
胡　韬
　　　　　计算机科学与技术专业(4人)
张亚楠　陶嘉森　那春雷　张睿俊
　　　　　地质学专业(1人)
李晓旭
　　　　　地理科学专业(2人)
孟翔宇　艾木入拉
　　　　　环境、资源与发展经济学专业(1人)
陈　琼
　　　　　环境科学专业(1人)
王　凯
　　　　　心理学专业(1人)
王馨恬
　　　　　信息管理与信息系统专业(1人)
贺传庆
　　　　　临床医学专业(2人)
阿布都热依木　詹惠涵
　　　　　药学专业(1人)
俞　琰
3. 留学生本科毕业无学位者(1人)
　　　　　法学专业(1人)
鹿　路
4. 留学生2009年结业2010年可换发毕业证书者(3人)
　　　　　法学专业(1人)
李秀炫
　　　　　国际政治学专业(1人)
卢美怡
　　　　　金融学专业(1人)
郭芝希

5. 留学生2009年结业2010年可换发毕业证书和学位证书者(19人)
　　　　　法学专业(3人)
韩在佑　李仁天　陶扬绎
　　　　　国际政治专业(3人)
文信允　周　耘　珍　妮
　　　　　社会学专业(3人)
宋贞仁　车垠锡　郑相弼
　　　　　外交学专业(1人)
金美珠
　　　　　国际经济与贸易专业(3人)
李制炫　赵在熙　中岛永惠
　　　　　金融学专业(1人)
崔汉守
　　　　　经济学专业(1人)
林赞默
　　　　　汉语言学专业(1人)
全源锡
　　　　　临床医学专业(3人)
方妍婷　王柏仁　袁晟辰

七、2009年大专毕业证书的人员名单

1. 2009年普通大专毕业人员名单
　　　　　环境科学专业(1人)
尹鹏飞
　　　　　电子信息科学与技术专业(4人)
白世华　潘　镇　申宗鹏　谢国文
　　　　　物理学专业(1人)
吴　斌
　　　　　计算机科学与技术专业(1人)
刘　昊
　　　　　生物科学专业(1人)
牛晓飞
　　　　　化学专业(1人)
肖剑白
　　　　　地球化学专业(1人)
杨　帆
　　　　　国际经济与贸易专业(1人)
张成元
2. 2009年留学生大专人员名单
　　　　　法学专业(1人)
尹硕希
　　　　　汉语言文学专业(1人)
郑显骏

历史学专业(1人)

朴 久

八、2008年结业2009年换发毕业证书补授学士学位名单

1. 普通本科生2008年结业2009年换发毕业证书人员名单

物理学专业(2人)

赵子龙　何志仁

金融学专业(经济学院)(1人)

吕 骞

计算机科学于技术(1人)

李 楠

金融学专业(光华学院)(1人)

贾俊岩

法学专业(1人)

马 蓓

会计学专业(1人)

徐憾憾

思想政治教育专业(2人)

魏立志　朱俊朋

2. 普通本科生2008年结业人员名单

思想政治教育专业(1人)

皱新光

德语专业(1人)

张 婵

统计学专业(1人)

林 杉

3. 普通本科生2008年结业2009年换发毕业证书补授学士学位名单

信息与计算科学专业(3人)

何俊嵩　游志泉　李 星

统计学专业(2人)

连子云　王盛楠

工程结构分析专业(1人)

刘 艳

物理学专业(3人)

于嘉鹏　刘连伟　郝 伟

化学专业(2人)

郭孝纯　刘 喆

生物科学专业(2人)

唐安兴　周 郎

电子信息科学与技术专业(1人)

卢睿斌

微电子学专业(1人)

郭 兴

计算机科学与技术专业(3人)

李 楠　贾海东　乐大山

心理学专业(2人)

李静枝　沈益飚

生态学专业(1人)

李鑫鹏

城市规划专业(1人)

张 娴

应用语言学专业(1人)

刘海东

古典文学专业(1人)

张鸣豪

法学专业(3人)

吴晓飞　李 昂　汤 旸　马 蓓

财政学专业(1人)

古丽青

金融学专业(经济学院)(1人)

李若昕

人力资源管理学专业(1人)

黄 侃

金融学专业(光华学院)(1人)

陈奕汛

国际政治专业(1人)

吴 丹

国际经济贸易专业(1人)

庄 婷

英语专业(1人)

邰 静

新闻学专业(1人)

马亚茜

乌尔都语学专业(1人)

孙 旭

4. 留学生2008年结业2009年换发毕业证书补授学士学位人员名单

国际贸易专业(1人)

全俊衡

保险学专业(1人)

张真镜

法学专业(1人)

李志贤

汉语言文学专业(1人)

饭岛茜

毕（结）业硕士研究生

数学科学学院

孙　玉	郑冠芳	孙冰冰	符自祥	顾　畅	贺财宝
江　萍	蒋长生	赖龙生	牛　钧	沈烨锋	宋　明
田　垠	汪世达	王　健	夏　桐	谢　飞	尹　超
张易辉	赵　杰	高博然	顾崇伦	黄　晶	林海峰
刘站营	陶大江	万媛妮	祝希贤	陈礼昕	陈　岩
葛　旸	刘知海	王　川	魏　巍	徐　翔	徐　徐
郑东勇	陈　镜	陈　琴	陈　鑫	方　圆	李华峰
刘　庆	马　蕾	苗　纯	祁婷婷	王恒宇	王璐璐
王若度	王　申	王中伟	吴　迪	徐成海	闫汝良
杨静毅	游佳明	张文祥	张　鹏	秦　晋	孙洪宾
邓　冲	鞠　川				

物理学院

沈　言	毛　宇	沈雷雷	陈　星	王　亮	陈宝仁
冯　波	焦春坤	刘　佳	杨世民	张　帅	刘　颖
马立英	马立勇	史　帆	张家国	刘翠红	单　于
黄　琨	黄柳冰	蒋　密	焦洁青	刘　亮	罗成伟
孟　胜	陶仁春	佟　玲	王　为	徐冠杰	杨子文
于　涛	张延召	朱　玲	陈羿廷	段来强	罗方闻
王　伟	姚昊旻	曾桂平	曾　奇	罗　浩	谭　放
辛　诚	李大玮	潘玲芬	钱胜利	韦　青	于　鑫
袁　为	郑明华	陈　颖	关佳欣	何　秀	茅宇豪
张　帆	张艳昆	陈　燕	何　群	凌松云	谢华木
谢彦博	辛天牧	徐雪峰	姚杏红	赵小松	

化学与分子工程学院

张爱欣	赵文竹

生命科学学院

吕　偲	宋士林	晋向前	陈厚强	阿娜莎

地球与空间科学学院

项涵宇	苗　青	卢宾宾	吴本立	郑　玲	沈晓洁
官小波	刘　婷	欧新潭	司康平	田晓婷	吴道政
吴　溪	杨　楠	张　博	张　贤	万元嵩	肖　恰
高　静	张鹏鹏	金　戈	周一杰	朱德瀚	褚项宁
师健伟	张　炜	钟　俊	常　勇	彭国亮	苏香丽
于红娇	于孝宁	李　瑞	卫　巍	吴峰辉	吴　嘉
杨　恺	曹　隽	陈　方	裴　睿	温俊君	贺　电

荆　旭	林传祥	孟家峰	陶　涛	王延欣	王　宇
赵　星	吴润江	张国伟	刘金秋	卢先春	王　健
杨心鸽	贾建瑛	金慧然	李淑坤	林陈斌	沈添天
宋姝婧	陶　欣	魏　然	于清德	胡加艳	董　攀
刘　玲	尹双石				

心理学系

赵艳兵	王　凡	侯　然	简　洁	敬一鸣	李东晓
李　惠	李　奇	刘冰云	刘　轩	吕晓晶	万　蕊
王　程	王正科	谢　宁	徐李娟	徐小红	许晓婧
喻　婧	张静婷	张佳昱	常诗晴	冯冬冬	胡月琴
李媛媛	秦　漠	商佳音	汤惠珍	魏　丽	叶柱轩
苑春永	由　飞	杨　芊	陈　慧	党君华	邓　红
韩晓燕	姜　峰	黎　彦	李崇亮	李　水	林　卉
刘　君	刘　鑫	刘一波	卢　苏	马　俊	马圆圆
潘珍燕	彭　娜	鄙　婧	史松衢	孙　鉴	王海妮
王雅楠	王竹娟	温　瑶	谢文静	谢晓飞	徐燕春
杨　凡	易云卿	张若谷	张韫黎	万美婷	汪智艳

软件与微电子学院

陈妮妮	廖闵闽	许靖添	姚　驰	包峰铭	程　翔
邓　晰	邸晓峰	高　昂	高芳芳	宫　鑫	贺知勤
黄颖玉	姜　凌	姜　檀	李　正	林　一	刘雯方
娄　莹	吕　鑫	彭　睿	施一飞	史胜平	王　虎
王　颖	吴泽会	徐　婷	严海明	张　飞	张佳音
赵小丽	刘彭飞	肖　璐	张启东	张　闯	白　贞
常双龙	陈超玥	陈　春	陈洪岭	陈礼宾	陈云飞
戴海军	董明健	董亚楠	范艺聪	费笑峰	甘霖心
高凯波	高　宇	郭　畅	郭　淼	哈晨音	胡惠文
黄　蓉	黄小明	贾大明	江少明	蒋剑波	瞿晓波
黎　珺	李丹品	李　涛	李　卜	刘春呈	刘　君
罗　斌	罗明佳	宁海蓉	裴国东	上官大堰	
石宝华	宋　扬	王　进	翁志超	吴　疆	熊　能
杨开元	姚　阳	喻黎明	曾　科	战　扬	张大伟
张海燕	张　雷*	张　莉	张　楠	张　岳	赵福升
赵　莹	周　强	周　瑶	朱　亮	朱　菘	王　刚
陈墨白	李　翔	聂晓英	陈凤云	陈　前	陈　阳
范从俊	韩　滔	李　华	李玉桥	梁　旭	刘　洋
彭　轶	王红旭	赵建清	钟　声	何常德	陈　良
陈雪静	戴晓锋	龚　艳	黄华山	李　季	李　岩
刘文思	刘晓利	王　珏	王　军	吴文政	向光成

肖又平	许浒	于小倩	张钰华	赵新刚	郑国旗	赵英翰	郅春阳	周巍		
裴广津	唐臻	白磊	蔡志琨	昌超	陈昶			新闻与传播学院		
陈琛	陈方	陈浩贤	陈俊年	陈柯	陈明鸣	崔赫麟	韩天旸	王晓申	赵翰露	董婧	冯薇
陈玉哲	程刘毅	邓结慧	邓赛	邓先俊	刁玉鹤	刘菁荆	刘妹彤	强晓霁	孙晓弋	唐芳	王漪清
方梅晶	符达明	高盈	高永泉	耿丽敏	龚海平	王禹娟	吴令飞	杨大伟	陈建平	郭爽	徐林
龚仆	巩世超	顾永超	郭稷	郭维易	韩孟军	虞立琪	张剑	冯震	季尚尚	贾昊	连乐
杭杰	何渊	侯磊	胡兵	胡江堂	胡涛	陈璐	付雁南	韩冰	李响	李亚楠	徐璐
胡晓廷	胡溢洋	黄诚	黄大伟	黄新民	黄煜宇	张雪皎	周凯莉	柳林何	白玫佳黛		白瑜
戢冯	纪东方	贾一鸣	姜焱	蒋宇	孔常柱	单蕊	郭彪	黄莉	贾若鑫	贾哲敏	李晶晶
雷红军	李成凯	李大明	李冠军	李华	李会乙	李尚	李英伟	李雨芩	刘欢	刘寰宇	刘子祎
李康年	李雷	李梦	李楠	李平	李庆国	李享	李岩	李玉明	李志芳	梁成修	刘超洋
楼数	宋佳	宋美凤	宋文健	宋扬	滕晓彦
刘芳	刘江锋	刘京	刘权	刘睿	刘硕	王一	望开力	魏俊雅	肖莎	张婷婷	周尧
刘文平	刘娅琦	刘扬清	刘哲	刘震华	柳英丽	周悦	周钊	朱亮亮	诸丛瑜	别震烁	蔡金曼
龙耀	鲁琳	鹿巍	路宽	罗侃	罗亚洲	蔡涛涛	曹耕子	曹环	陈红	陈佳宁	陈天白
马群凯	马钰弦	孟倩倩	苗经纬	苗文健	莫巍	陈增光	程晓博	谷博	顾鑫	桂珍	黄河
牧黎婧	泥雷	倪顺元	潘锐	彭晓晖	钱雨萍	蒋舒涵	荆婧	李鸿飞	李凌达	刘宁	麻宁
饶乐	史诗师	舒洋	帅冉	苏宇	孙培培	马骋怡	孟小连	牟良行	彭奕宁	石月	宋静丽
孙文涛	孙逸涵	孙玉	谭大伟	滕雪鸿	田玥	孙备超	唐琼	唐秋桂	田甜	王蓓	王聪
万荣	汪冲	汪平	王北辰	王昌录	王芳侠	王璀	王鹏	王拓坤	杨德倩	于跃	翟霖
王凤海	王冠	王欢	王亮	王森	王肃	张慧敏	张颉	张翼	张莹	赵曙光	钟雪娇
王伟涛	王旭	王亚伟	王阳	王尧	王颖			中国语言文学系		
王宗跃	温卫斌	文军	吴迪	吴芳	吴美清	卢学贤	聂海平	赵雪峰	陈颖男	丁幸娜	郭跃辉
吴桐	吴文俊	武振飞	夏俊峰	夏理	相慧如	刘彦君	马前	梅景珍	唐玮	杨伯特	张力
向竹青	熊捷	徐宁	徐佩	薛亮	严垄	周明	曹牧春	钱一凡	王路涵	韦雯潇	董思聪
杨健	杨磊	杨洋	杨振贤	姚咏	易玥	董振华	范晓蕾	高笑可	胡蔓妮	梁慧婧	刘建民
尹冬男	于攀	袁昆	袁锐	袁帅	恽珺	刘妍	刘玥妍	孙竹	覃士娟	曾惠娟	曾南逸
曾素芹	詹毅	张乐	张磊	张乃岳	张伟良	曾石铭	张淑卫	朱珠	崔仁瑛	崔主恩	金珉周
张译今	张弦	张学燕	张雪	张永年	张友书	李美京	陈恒舒	金玲	李菲	连凡	凌肖汉
张真	赵静	赵明	郑宏磊	周君	周力普	潘丕秀	王旭东	谢云	徐到稳	徐丽丽	曾涛
周倩	周晓杰	朱飞楠	朱乐睿	邹菁	安博锋	陈放今	林静	王黛薇	王禹	夏洁	许中科
白晓岚	范超库	冯煌	郝燚	贺诚	兰杰	杨杰	叶博	张力	张圣刚	林惠彬	文黛皙
李玉娟	刘强	孙亮星	索健	王瑞	夏长松	陈帅锋	陈振中	丛治辰	范雪	李娜	李松睿
肖哲文	谢力军	晏志鹏	杨力	叶丹	张磊	刘芳	欧阳国焰		庞书纬	彭敏	史竞男
周围	邹洪	艾铁军	毕成	曹明爽	柴小飞	孙春芳	孙佳山	王芸	吴新锋	谢俊	许诺
陈玮	代丹	戴黎黎	杜嘉薇	冯莉	冯亚斌	尹翀	尹艳霞	张红丽	张辉	周冰莹	陈蹊
付伟	甘振宇	高捷	高翔宇	耿艳坤	郭红卫	崔晓红	范晶晶	刘真	彭超	赵柔柔	郑仲桦
郭佳音	郭颖	韩星	何成云	何梦麟	胡增荣	罗言发	周守尖	蔡丽琼	朴希亘	达希达瓦	
纪佰川	贾燕娜	姜丽丽	金宝华	孔祥鑫	孔宇光	杨若晓					
雷霆	李婵	李改	李刚强	李海龙	李健伟			历史学系		
李玲	李奇	李泉	廖阔	刘超	吕旺	尹汉超	邓铭谦	刘梦玲	赵明昊	马唯超	殷志强
马冬	莫若	秦琴	秦之晶	邱慧	申士	刘瑞	曹庆伟	全业飞	王浩	陈嘉楠	丁义珏
宋兆毅	谭庆丰	田广超	王长松	王庚锐	王恒	林晓洁	刘怡宏	王涛	张宜婷	程昌怀	金绮寅
王火	王晶毅	王雷	王丽媛	王凌轩	王太宝	梁敏玲	王海洋	王俊云	徐娟	张亮	孙成旭
王文质	王真	吴晓芳	王延	向高	熊冰	包维维	陈浩	高昊	管晓宁	侯俊杰	姜恒尧
徐昴	徐庭松	叶忻	曾思师	张原铭	张宁						
张雯	张潇潇	张扬	张毅夫	赵玲	赵文博						

刘丽娜　刘　路　刘　元　孙世鳌　王　珞　王　玉
谢　焕　谢明光　张　倩　廪岭梅　锺春晖　周施廷
户张敬介

考古文博学院

柏　柯　常雯岚　程　石　干小莉　耿　坤　耿庆刚
耿　朔　郭　婷　黄　珊　冀洛源　金志斌　刘　怡
沈如春　苏玉敏　汪　盈　王书林　邢志丹　徐新云
岳　青　张小古　张　颖　郑　好　金蕙涵

哲学系

刘　鑫　姚骥坤　陈　霖　李　焕　李　珏　任建党
王　辉　余奇峰　张　瑾　蔡　杰　陈军燕　罗　旻
王　鑫　张永生　金汝珍　李光来　陈　晰　池志培
杜　鹃　雷思温　田　洁　赵　阳　刘　佳　朱　薇
付　影　周敬敬　谷红岩　何江宁　林丽媛　聂　萌
苏　阳　章　晟　房　青　贺丹丹　吴功青　吴　明
侯福龙　胡　镔　沈萌溦　宋　果　严　亮　庄士超
张学龙

国际关系学院

金馀援　杨式珩　姜珍善　李玉兰　程　炜　王小敬
闫　英　洪绍维　陈　可　韩　雪　路　阳　习　欣
程　蕴　徐丹丹　李昌宣　贾　恺　孙正则　王秋实
吴明静　陈　鑫　戴长澜　黄琨宇　姜　伟　李大威
李维斌　刘　浩　刘　俊　孙红岩　陶满成　晏　萌
张　晗　张　雷　张清东　赵　凌　甄旺达　朱　毅
朱淑娴　周小琴　金炤政　林乃玚　袁　梦　范赐沐
王剑英　薛琳砚　赵雅茹　丁德良　李　停　袁　杨
张　纯　邓　砂　刘　月　齐　鹏　张　程　陈　光
陈向阳　范维新　赖华夏　李　宁　麻永红　王　芳
吴国金　项　尹　徐党维　张　磊　邹建业　贝　克
莫家浩　周　游　顾　炜　何　霁　李云飞　刘　畅
马　翠　田肇寰　王　波　郑　帅　周陶沫　安达洋
韩钟旭　林上虹　蒋翊民　李芳芳　李潇潇　刘　帅
刘素兰　刘远政　马杰思　宋彦人　孙任公　王岑卉
王晓鑫　芳　蕾　颉缅祥宽　李　丹　邱东东
许　午　洪奕婷　石川晴美　颜銓颖　尼科罗
茱　莉　卡尔拉　康久龄　奥斯卡　金熙雄　艾　儿
林彩虹　郑惠锰　阿姆格朗　　　　赵纪文

经济学院

杜　婧　杜红霞　罗　凌　梁　枫　张荣乐　吕　阳
王慧媛　李富强　曾　亮　张　薇　解利艳　杨　凝
张　毓　翟　超　张　卓　张祖彬　周建青　范　彬
康　亮　李　波　李　欢　李晓静　买　慧　文铭旭
张　璇　张　圆　郭　强　汤智杰　王　青　许建文

杨　柳　张　威　方　丹　罗　云　葛明磊　龚　欣
官　靓　胡九成　黄　迈　旷　实　孙建云　孙　科
周　平　高丰臣　韩沛沛　何　伟　黄思婧　李　苗
李怡然　李真男　马玉苹　彭华雯　沙　莎　王家祥
张婧妍　叶千华　赵恩娇　陈　瑾　李瑜敏　温洁岚
熊　歆　杨　剑　尹一蒙　余　亮　崔　岩　杜美妮
纪伟伟　牛旭亮　邵　娜　苏　静　信　杰　徐子菲
金爱心　杜　珊　黄　芳　李寒森　李鉴羽　李婧谦
沈双莉　史　嫄　王栋栋　王　森　吴兴宁　杨美玲
杨美玉　杨　洋　虞源源　詹　昊　张　爽　张中为
赵　昉　郑裕耕　董　可　范春妍　刘　波　娄华锋
马亚伟　王庆丰　王娅萍　王　妍　夏小丽　向丽晖
陈志洁

光华管理学院

刘思远　董志新　郭志朝　何振峰　林观銮　周连海
刘　路　王任君　黄艳琼　林　晓　杨　蓉　黄　梅
李妍妍　刘丹丹　刘　夏　张雯婧　张志远　陈　晓
代珍波　曹双瑶　常　洁　陈文娜　陈　映　李熙静
李学丰　梁越峰　潘　伟　宋　萍　王晓昱　吴明源
杨　惠　翟骏魁　张宝宇　周　古　曹　蓓　贾智慧
刘　畅　刘　姝　李　麟　王智军　杨　静　于雪彦
韩永民　梁　珍　卢翠翠　钱　茜　邵　晴　白晓梅
白　雪　曹　波　曹红星　曹　坚　柴璐璐　常劲戈
陈海峰　陈　炯　陈立华　陈凌举　陈　明　陈秋卉
陈少华　陈子威　单玉芬　董大珩　杜木刚　杜松鹤
段永红　范春莹　范文涛　付继兰　傅　卫　高　立
高玉龙　葛　昂　葛青峰　龚　焘　管　仲　郭翠萍
韩　良　韩延军　何新苗　胡显河　黄柏集　黄锦云
黄开琢　黄新伟　贾卫星　蒋立群　蒋永建　金　伟
金　霞　金永峰　靳　然　康　越　孔凡超　匡军军
雷　岩　李含硕　李建新　李　路　李　鹏　李萍萍
李　涛　李庭芳　李小龙　李秀瑞　李学峰　李毅明
李忠雨　梁　敬　刘长江　刘　畅　刘　超　刘　辉
刘　鹍　刘培中　刘　韬　刘　彤　刘　玮　刘媛媛
娄　翔　罗小江　马　楠　马茹静　马　顺　马晓玲
牟德浩　穆家松　裴向宇　彭　卓　齐　辉　齐文韬
乔　非　曲华蕊　曲　康　曲　妍　任良川　邵志远
申　劼　申金虎　沈　宏　石明贵　石　禹　史周军
宋树兵　宋晓佺　苏锦锋　苏　醒　孙崇斌　孙森鑫
孙楠楠　孙　涛　孙翔宇　孙永健　孙智民　谭新华
唐炜强　唐　震　田传钊　田　原　帖　璐　汪春阳
汪　辉　王　成　王德群　王广日　王海运　王　佳
王　剑　王劲松　王巨岭　王　可　王　娜　王　硕
王　源　王震宇　王卓慧　韦德平　温　雅　文光洪
问存文　伍琼祁　武春辉　夏炳哲　向　荣　肖振冬
谢登峰　徐德已　徐　佳　徐晓俊　许永明　薛　武

法学院

李娜 石晶 高健 田苗苗 何时 柳尧广
卜传云* 宋晓云 许冰 黄薇 陈琳燕 高娜
李凤凤 李文斌 廖思宇 傅宏宇 冯迎 安娜
安宁 安思源 白星晖 卜蓉 蔡冬慧 蔡克君
蔡鹏 曹放 曹晶 曹满贵 曹生民 曹益逢
陈婵 陈琛 陈访雄 陈改 陈景愈 陈隽慷
陈磊 陈乃元 陈秋梅 陈珊 陈晞 陈晓岚
陈阳 陈义凤 陈勇 陈运璇 陈震 程诗鸿
程文传 迟煦 崔佳山 戴鑫栋 邓安民 邓威
邓伟 邓伟军 丁旦 丁继强 丁莹 东军
董洪涛 董莎 窦江涛 杜谢 段磊 段丽
樊琴亚 范奚菲 范晓璐 范媛丽 房俊 冯宁
冯艳 付光强 高笛 高飞 高原 贡方超
苟泰强 谷济宇 顾佰成 郭芳辰 郭文静 韩晶
韩中正 何京 何林生 何云 贺刚 贺海健
侯倩 侯晓玉 胡东波 胡芳 胡洪 胡莉
胡宁 胡全安 黄河辉 黄菁茹 黄款 黄娜
黄婷婷 黄文华 吉春生 冀业 贾旭 江晓影
姜俊浩 蒋翀 蒋敏 焦艳红 焦志 金鑫
景昊 康顺 孔利民 寇天功 黎翠 黎志飞
李朝霞 李丹 李冠宇 李广明 李昊天 李虹
李嘉惠 李俊 李明明 李娜 李庆林 李帅
李硕 李文峰 李想 李星珂 李洋洋 李毅凤
李莹莹 李永刚 李宇 李媛媛 李志安 李志光
连巧玉 梁鸿舜 梁小立 梁府 廖桉 廖衡勇
廖婷婷 林楠特 林潍锋 林蔚 林莹 林永森
林志毅 刘川 刘贵凭 刘红 刘键 刘娟
刘书涵 刘婷婷 刘伟 刘文娟 刘晓棠 刘炫孜
刘永利 刘钊华 龙羽婧 卢爱媛 卢成建 卢志成
陆地 陆旭昇 吕长军 吕丹丹 吕杰 罗超
罗岭 罗鹏程 罗睿 罗再华 马维洪 马兴芳
马燕 蒙瑞杰 孟宪峻 明聪 潘松 潘田永
庞付娟 裴铮 彭斌 彭慧 彭莱 彭胜利
朴斌 其布热 强敏恒 乔现虎 秦健 邱福香
任灿 任宏杰 商芳芳 邵鹤鸣 申楚晗 盛枫
施东帆 施思 苏萍 苏淑枝 孙瀚韬 孙璐璐
孙霞 孙晓雪 谭龙龙 谭峥 汤爱莲 汤光珺
唐述梁 唐莹 唐咏章 田静 田相伟 涂盛高
万义强 汪浩 汪志群 王甲正 王晶晶 王敬利
王静渝 王军平 王君 王君凤 王俊力 王莉
王琳 王璐 王秋雯 王天瑜 王为 王晓
王晓梅 王艳 王艳艳 王一鸣 王雨辰 王远东
王政莹 王志刚 王智锋 王宗鹏 韦华 邬志炯
吴博文 吴湘 吴燕 吴志君 武冰 武文
夏国梁 夏强 谢明辉 邢星 邢彦超 邢勇

杨方捷 杨涓子 杨永洪 仪馨 袁杰 曾岱
张斌斌 张峰 张革利 张红梅 张慧 张世义
张松毅 张星泉 张杨 张毅 张莹 张永龙
张宇 赵菲 赵剑 赵莉娟 赵苗 赵云
郑洁 郑巍 钟琪 周倩 周向喜 周志国
朱纯峰 朱晓毅 王铭新 赵晓璐 黄晓晖 李晓琳
李岩 乔木 曹映慧 冯磊 何理 黄翔
江艳 经惠云 孔维先 刘梦羽 罗浩 夏憺憺
徐超 杨颖 曾朵红 张柏岩 赵崇博 朱隆斌
陈晓文 陈遥 崔文亮 戴一帆 董安琪 费沁
郭汶锡 嵇杜鹏 纪玲云 贾梦婷 雷嘉源 李洋
李志鹏 梁翎佳* 林青 刘降才 吕占甲 马畅
毛海戎 毛振宇 聂小军 齐莉莉 石大怪 史晓亮
万晓丽 王婧如 王琦 王诗炜 温泉 吴刘
谢佳妮 熊飞 徐昕祎 薛世坤 叶鹏程 于渤
张博 张东撒 张蔷薇 张雅君 张严心 章节
赖德洋 黄思思 黄卓妍 任盼盼 万钊 张琼
陈晓 董艺 关婧 郭轶 刘乡荫 罗华伟
冉冉 隋百荣 王敬之 王力 武学奇 邢凯
郑先越 周密 朱磊 曹琉郡 陈溪 冯博
龚娜 蒿岚英 孔祥熙 欧阳婧 邢楠 严金国
张涛 郑晓博 曹剑 陈小犇 陈欣 黄屹
姜平 蒋多 李璇 李一超 刘斌 刘超飞
刘俊 刘雪楠 李媛媛 罗琦 毛叶菲 欧俊杰
潘洋 汤楠 王歌川 王光耀 王岚 肖洁
徐龙 姚飞龙 叶芝 易芳菲 禹洁 张文彬
张振 赵胜利 钟昌震 蔡秉宪 金撺美 蔡冰
曹小明 车轶 陈国定 陈皓 陈小满 陈云
董荣富 都原洛 杜瑞平 冯鸣 傅娟 高洁
宫力 关晶奇 郭崇 郭帅 侯鹏 胡月
华承玉 黄愈男 贾大钊 江国维 金基明 李海曦
李和贞 李华松 李建华 梁成逸 刘登峰 刘宏建
刘华东 刘锐 刘潇 刘欣 刘一 刘宇
卢祝华 吕剑飞 吕新美 马海军 马林林 齐若思
邱顶银 曲雪梅 任巍 沈瑜 慎泳锡 师嘉
石鹏博 宋乾生 苏晓琳 孙超颖 孙微微 孙兆荣
王冲 王芳玲 王海晶 王梓潢 王立 王鹏
王卿 王锡钢 王英杰 韦夏 武强 谢江波
谢静 谢致为 辛佳胜 熊燕 徐姣 许媛媛
薛瑛 余红平 张闯 张利军 张木夯 张亚庆
张英磊 张云 赵佳 赵瑞金 赵霄 赵志敏
郑宝年 周开谦 周晓波 周洋 周志军 汤黎明
郑铿鸣 卫道弘 谢姗筛 何慧莹 李红 莫妮卡
施克蒂 本杰明 陈彦君 黄筠棠 林晖顺 林思琳
朴秉洪 田在洪 许伟良 郑尚伟 吉苗 博凯
芝博 布博卡尔

熊文超	徐 斌	徐 然	徐淑波	徐艳勇	徐 志
许 波	许 翀	许 亮	许 强	薛 政	闫 猛
杨 帆	杨 光	杨桂林	杨建新	杨 进	杨 垩
杨 磊	杨 力	杨良明	杨 柳	杨曼娟	杨 旎
杨晓娜	杨雅茜	姚鹭宁	于靖民	余永洲	袁婷婷
袁谓凰	曾 军	张春雷	张方伟	张冠群	张光华
张海军	张海洋	张鸿凯	张军亮	张俊琪	张 莉
张 鹏	张 群	张 蕊	张 松	张 婷	张同庆
张文姬	张文佳	张雯雯	张现龙	张小宇	张笑铭
张晓楠	张逸远	张英杰	张颖媛	张永晖	张在民
张宗芳	赵国刚	赵囡囡	赵小丽	赵志国	赵中华
郑 磊	智 勇	钟凯文	钟丽丹	周鸿彬	周慧昊
周孟杰	周鹏飞	周 阳	周志贤	朱国红	朱瓅昊
朱志平	卓 锐	邹宇雄	李宣旼	蔡 冉	李 伟
刘 松	汪多加	杨叶茂	于 宁	岳 林	周晓宇
李小伟	田 野	房海强	黄珊珊	裴铭光	苏 宇
王铁章	王亚霖	魏娜娜	吴群峰	阎 天	姚富国
张玉琦	赵晓一	周 佳	毕亚博	贾丽丽	李 晗
李 鹏	李 倩	李宇铭	孙多娇	孙甜源	王 芳
张金玉	周红乐	朱静敏	段 莹	高 庆	李 锐
李 月	凌 捷	彭媛媛	宋颖婷	田 璐	王 丽
王秀英	王一君	徐劲草	叶明欣	张丁骅	张丽芬
张鹏程	胡 歌	黄俊豪	芮克林	周宏宇	安大维
杰弗里	燕凯汀	凯 文	刘维斯	燕迈锟	闵瑛美
程 莉	方 磊	胡 敏	黄祖欢	江 洁	林杭樽
王丽婷	王一鸣	谢志伟	朱振媛	蔡文清	柴兆民
丰 琴	林静颖	吕 超	王 欢	王 曦	邢 梅
张翠萍	张 舒	张天弘	赵银豪	许 煜	余德明
潘 磊	汪 瑜	方贝青	侯 昉	路姜男	马 鑫
饶丽丽	涂 铭	王婧瑶	张环影	左古月	程文婷
崔美强	张安琪	张云波	康文义	舒丽莉	杨超杰
邹丹莉	崔兴芬	龚杰秀	龚一朵	李华锐	刘孝堂
刘子佳	乔仕彤	武明明	叶菊芬	张霄杨	林珠蒂

信息管理系

胡耀明	骆 杨	吴懿咏	方 芳	陈凤麟	侯晓琼
胡丽芳	彭 陶	孙慧明	王 萱	王志勇	徐 珊
张美怡	张 宇	窦曦骞	窦玉萌	李瀚瀛	李京京
李 璐	刘 琳	孟超时	桑晓琦	宋景梅	王婧雅
王静疆	王 雯	徐 静	于 嘉	张丽丽	张有志
赵经纶	周怡雪	冀志贤	潘晓丽	王智红	李锦香
刘 亮	刘鲁亚	彭 琴	杨屹东		

社会学系

陈 亮	王春来	贺玉英	宋琳璘	蔡海珍	陈 强
狄 雷	冯 春	金 梓	李 楠	李荣山	李 蔚
连佳佳	梁 晨	林 男	刘 谦	鲁兴中	齐丽丽

沈 旭	魏 典	阳妙艳	杨 易	张劼颖	赵 蕊
周华杰	陈灿宇	陈锦霞	陈璐璐	陈旭峰	何 晶
洪海东	黄 娟	贾 伟	康正龙	邝光荣	雷 轲
李昌海	李慧婵	李 文	凌 洁	刘江波	刘近祥
么 东	潘利侠	史洪波	陶 珂	王 垚	吴 锋
薛建东	闫振永	杨 菁	杨巨帅	张慧鹏	张伟伟
朱亚坤	冯 娴	刘贞男	王 博	王丽娜	张 帆
关 婷	梁 昆	廖衍杨韬		刘东升	王化起
吴荃昱	吴肃然	卡玛塔	高海石	彭 锦	

政府管理学院

权 力	谢德强	马丽杰	王文伟	尹海云	张 曦
徐南生	严 超	董嗣伯	郭 群	郭 莹	贺 爽
侯维敏	黄于益	兰明宇	雷 磊	黎 勇	李建辉
刘 峰	马国元	闫祖宏	彭 敏	沈俊伟	吴传俊
吴建萍	薛 君	杨 嘉	于 昊	张 镔	张 健
张 莉	张丽娜	张利军	张 彤	郑学峰	郑祎鸥
周晓芬	李 勇	叶启亮	刘国兴	高国皇	段 磊
高永鹏	李思静	李婷婷	刘 增	罗柏宇	娜 敏
王 冰	周雪怡	邹书予	戴 诚	邓博宇	刘君扬
刘 蒙	娄 芳	宋媛媛	王春明	王 静	吴晓霞
陈慧晶	陈佳德	丁合明*	葛 斐	侯 芳	袁合静
具烔玟	郑 兰	陈智涛	高 扩	韩丽萍	田 栋
王 嘉	朱 戈	陈殿军	冯少静	桂小珍	郝 路
刘晓英	芦 杨	陆家欢	彭 宇	王 威	王阳亮
鲜 斌	闫立佳	杨 威	于家明	张连生	张 婷
张丁予	李 珊	孟燕茹	任 晓	俞晓波	张 冬
赵姣玉	顾善慕	胡飞翔	黄 玲	刘宗桥	陆雯雯
吴志翔	周 茜	阿力别克	陈宛甄*	须贺昭一	
吴淑洁	白小龙				

外国语学院

陈晓径	王丽平	王善涛	徐 泉	卞 岩	马筱璐
潘 珊	阎 静	张 扬	陈志远	黄司宇	黄重凤
姜晓林	匡 伟	黎 黎	李 盼	李玄珠	林梦茜
刘 瑾	刘宇婧	马 宁	阮 丽	阮敏桑	王 珺
魏 歌	吴雁翔	徐红霞	杨春升	杨 光	杨海利
李 雪	邵振华	王小婷	夏 雨	荀波淼	张 全
戴雨辰	方尔平	索丛鑫	王佳纪	梁美霞	宋 娍
杨 梦	陈 晶	马晓云	史 曼	王丽平	邢燕燕
徐 蓓	张 伟	胡 瑞	陆晓亮	任国芳	王巍巍
张雪杉	蔡潇洁	曹 廷	周 楠	廉超群	蔺 妍
徐 文	张 晶	章芳华	陈 铮	保 骏	郭晓春
焦 阳	林志亮	刘 虹	刘香兰	宋文志	王 倩
王 怡	王宇诺	闫 敏	尹蔚婷	于 佳	张 巍
张 哲	赵 嵩	王庆云	周雯玉		

马克思主义学院

吴一凡	杜桂剑	姜云涛	李传松	李思森	林　贤
王　杨	黄晓丹	李石生	任文启	王方建	王海涛
夏海亮	张树焕	蔡丽君	王晓琳	谢伟光	杨哲昊
郑建玲	段　蕾	李晓娟	田　瑜	杨秋红	祝猛昌
胡晶晶	李薇薇	孙秋花	孙　洋	张春香	

艺术学院

秦海燕	赖　春	鲍　晓	常皓皓	从吴刚	郝元义
王　略	吴楠楠	吴燕武	陈　婷	金　子	刘胜眉
萨林娜	王安安	王　镭	王　艳	许媚媚	

对外汉语教育学院

刘　杰	金恩廷	丁　婷	胡晓丹	刘　芬	罗　意
罗卓丽	孟若愚	俞巧娜	俞诸亮	张峤影	赵　玥
郑　莎	包红英	杜　坤	郝亚奇	金哲镐	李　欣
李　占	刘黎黎	马　雁	聂大昕	秦唯佳	邵　晶
王　帅	王文龙	王　欣	严　可	杨　穗	于晓伟
苑逸豪	张榆枋	赵　珊			

深圳研究生院

王建军	陈晓雅	黄　珏	金晓峰	李　萍	李　智
梁尧钦	林　鑫	刘　鲁	刘　譞	刘展展	马　强
庞　涛	苏　杭	孙智群	王林海	王志宝	吴卉晶
严　琳	曾海宏	张爱华	张　沛	张文娟	张玉清
张召兵	赵宏伟	赵金华	周　婷	祝佳杰	韩　龙
胡道远	林　云	刘　婷	刘兴隆	苏　琼	魏才健
徐雅莉	余香英	曾小瑱	张钢锋	张　辉	张美双
陈　寰	程李秋	李兆飞	刘永伟	毛　楠	曲晓燕
吴彦军	徐　翼	许丽敏	俞红燕	陈鑫森	胡鸣人
雷　宇	李　博	李　星	刘国杰	罗佳星	唐　维
庹　华	万　波	张仕兵	张　旭	段晓东	高　飞
何起济	赖晓强	李　林	连　平	任朝利	田伟森
田学志	王军朝	王开元	王伟东	吴元华	吴云侠
曾　勇	朱　力	白　肖	曹彦燕	陈国政	陈和春
陈　磊	陈　强	陈映辉	陈永伟	程卉超	崔多伦
崔少帆	崔舟航	丁春乐	高文洁	宫晓林	韩海峰
黄艳婕	江　浩	蒋俊阳	李　锐	李　瞻	梁　乐
林溪松	刘德明	刘　璐	刘　晓	刘晓宁	孟　棋
倪　军	聂　勇	蒲　逊	饶呈方	饶松松	饶　远
任　波	孙增元	汤玮林	童　强	王登峰	王　锋
王　昊	王进会	王　晶	王　伟	王宇杰	王振宇
吴俊彦	吴仕锦	谢小鹰	徐　栋	徐　飞	徐　俊
许南星	闫　玲	燕丽萍	杨　斌	杨　健	杨婷婷
杨秀科	杨雅洁	余丰瀚	袁　健	张楚天	张　默
张儒卓	张珊珊	张雯雯	章　晖	赵　迪	赵　龙

周　峰	朱　峰	朱珊庆	安　杰	陈剑锋	邓　鹏
胡淑花	黄盛刚	廖洪广	廖英豪	亓洪亮	苏　岩
王　莉	王升杨	王一峰	杨佳宁	于小家	张满仓
张　敏	张艳艳	赵　骞	甄红杰	周维娜	曹　雨
高　毅	李　浩	邵　阳	于海涛	张　捷	包布赫
陈　琳	成　颖	杜　菲	何　旭	胡佳文	李　瑾
李　青	李　婷	李怡然	李云圣	刘慧怡	刘文晋
刘　琰	牛　津	齐　奕	汤　敏	唐慧超	王萌萌
王　双	王　欣	王钰溶	熊　亮	徐慧琼	许　婵
闫　硕	钟　晨	刘　昊	陈　莎	贺　翀	刘　娜
孙立金	谢　闵				

信息科学技术学院

鲁发凯	许　顼	宋　岩	杨　宇	张卫华	傅正中
牛　凡	张　丹	杨鲲鹏	张　栋	黄　元	王　子
徐忠辉	王　磊	邱康敏	熊裕辉	曹　洋	郭　涛
金　哲	王丽丽	张　帆	张　勇	张远洋	于　闯
李　超	刘虹邑	秦艳龙	王艳新	张献祥	劳　健
李晓明	潘玉龙	王　恒	曹　伟	陈　江	陈　雨
樊　亮	谷卫青	关耀铧	黄贤炬	吉　敏	冀永辉
蒋　巍	李端梁	李　燕	刘奕臣	刘　畅	刘　峰
刘福东	刘　鑫	刘雪娇	刘　志	卢　峰	罗　鹏
潘君艳	潘卫星	任建国	石贵军	舒　琼	孙博韬
孙贵才	孙孟军	孙庆余	王　辉	王　佳	王文华
王振华	王卓妍	吴之尧	易玉良	殷积磊	张晋江
张　翔	赵　刚	赵宇宁	郑阿波	郑长和	邹　奎
覃士涛	边海梅	胡锦华	李　黎	周明达	褚孝鹏
刘　磊	吕士禄	蔡述宪	曹梦文	陈芊树	丁　宏
高　嵩	韩　瑜	惠　锐	李明进	廖　旺	刘　筱
吕国成	罗雪峰	马　乐	毛　震	倪永丽	阮　潇
王　飞	王　璐	王世彦	王小锭	邬　江	吴丹丹
徐雷鸣	徐颖清	许高雄	张林华	钟兆丰	周华旭
曹雪跃	代凯兵	郭振慧	牟洁静	裴文起	陈雅稚
董　琦	窦明松	耿艳林	龚宇波	韩小梅	何　苗
华　实	姜　虹	李黄煌	李　理	李雪梅	刘　琳
陆　叶	吕　敏	罗立冬	彭　卓	任启凤	石　颖
宋　毅	孙　琪	万广鲁	王道京	王以芳	张义尉
周旻哲	周　贤	邹雪飞	范孝荣	刘立志	蔡　涛
曹　伟	常　乐	陈秀义	陈亚宁	冯会彬	高晓飞
龚子明	辜新星	何翙东	李　超	李宏伟	李　辉
李　杰	李荣兴	梁　堃	柳　波	穆　轶	施云峰
孙　晓	孙晓军	涂启琛	王　超	王　磊	王　亮
王艳敏	王　珍	吴　俣	徐冬奇	徐　阳	杨　锟
杨寿贵	姚　霖	尹　铮	张　燕	郑穗欣	蔡竹华
曹俊岭	陈子文	戴宏民	邓鹏鹏	丁伟伟	郭文嘉
韩　爽	何　杰	何径舟	雷吉科	李　峰	李　合
李进辉	李　闪	李　宇	梁　双	刘　锋	刘　晶

刘 培	卢 阳	逯 斌	栾俊义	孟 娜	任铁男
孙大伟	孙 婷	孙薇薇	孙自然	汤 成	滕宇欣
田 超	汪 洋	文 沛	吴昊宇	伍 伟	谢 乐
谢 玲	邢 舟	徐茂兴	徐重远	许世峰	闫 研
杨 宇	张旦峰	张良杰	张 鹏	张云洁	赵庆亮
赵亦李	赵 益	郑丽丽	郑 莹	朱丹青	高 峰
黄开木	李晓东	李晓华	刘 强	田 刚	朱永杰
宗 宁	邴立东	陈长城	褚一民	崔尚卿	冯剑桥
高 壮	关 涛	胡 程	胡海峰	蒋前程	李 成
李 科	李牧群	林 帆	刘成城	刘建珍	刘小兵
卢一峰	陆腾飞	骆雄武	闵旺华	平夏雨	任鑫琦
王 超	王 慧	王秋实	王 旭	魏 欣	吴冷冬
吴小朋	邢国峰	杨 健	杨天颖	杨 阳	姚 嘉
余 军	喻立久	张阜东	张海涛	张 沛	张生明
赵齐圣	赵 青	赵 鑫	郑 爽	周 斌	周期律
周晓聪	和 斌	刘 靖	王稼驷	谢云开	朱兴辉

中国经济研究中心

邝 谧	胡军伟	凌华薇	杨晓冉	袁 扬	张俣非
张明霞	高金鹏	可 为	徐晓兰	闫 熔	赵予梁
陈国栋	邓昌荣	邓一婷	董 丰	范玉婷	高晶晶
高伟栋	韩 晗	黄 露	李冬婷	林美娜	路 乾
莫 迪	潘幸兴	乔佳晟	史 晨	陶 婧	王 瑾
王 鞾	徐文琪	俞浩君	岳大洲	张 珂	朱冬青
邹 奔	邱凉飞	李 楠	李宗彬	刘国东	王科舟
徐志鸿	张晓岚	郑 玲	周 伟	周卫华	曹曦予
程宏芳	侯 杰	柯晓晖	雷升记	刘 晶	王 芳
文仁娜	张 瀚	宫 彪	陈千红	李 净	夏襄蓉
邹文学					

教育学院

欧阳白晓	陈 彦	韩聿琳	夏振国	张安娜
张玉杰	朱知翔	陈伯栋	郝正元	金 坤	徐照银
于 晶	张 捷	周丽红	胡 丛	黄 潞	李 炜
刘 晗	刘积亮	路义亮	汪潇潇	张英轩	刘艳辉
曹 郁	杨延青	成 增	董 原	董子静	李 忱
刘 倩	刘云波	吴 晶	杨 滔	易 千	朱 丽

人口研究所

李庆峰	林 淦	吕智浩	孙铭徽	杨 爽	张前登
李 兰	常国珍	唐晓雪	陈 鹤	贺新春	田 阳
徐 蒙	张先振				

前沿交叉学科研究院

章蓓如

工学院

慕文品	杨笑山	王浙娜	吴东昕	陈 柳	宋婧婧
黄菲菲	吴 佳	邹轶群	盛小伟	闫大强	张 巍
张炜炜	郑明娜	蔺 冰	雷金华	刘得胜	宋 秋
张浩平	周应波	邹克旭	欧白羽	陈 鹏	李开涛
李 鑫	陆游龙	施国敏	张金竹	张 哲	郑 莹

城市与环境学院

王 印	陈 默	李 倞	孙旭波	王 乐	殷 贺
赵春红	李晓瑭	林静一	缪杨兵	吴 静	颜亚宁
朱晟君	陈丹正	贾敬禹	马 勍	王晓阳	陈文娟
黄斐玫	刘 柯	谢志华	鲍丽萍	蔡苏文	杜琛琦
高 娟	靳 京	李红举	刘 卉	马敏蕾	王 育
魏 蓓	徐 洁	郭小蕾	胡 钢	刘 峰	郑颖尔
高启辉	何思源	李 果	吴 漪	夏梦雪	张新平
苏 杭	悦 洁	张 翼	郑 晓	周 磊	窦 晗
李文慧	凌 晞	沈亚婷	肖 扬	袁慧诗	张迪宇
赵靖宇	朱 樱				

环境科学与工程学院

吕旭东	汪 婷	刘 冰	蔡佳亮	陈小鹭	程爱雷
刀 谞	冯 菁	邸 涛	龚 婕	侯可斌	胡 珊
黄道明	李昌凌	李 佳	李其林	李晓阳	李 阳
刘 勇	罗 锐	马雪蓉	马亿园	钱 健	隋玉梅
唐静玥	田 丰	仝宣昌	童晶晶	王 超	王 萌
吴宇声	杨 虹	杨 青	詹歆晔	张雯婷	张懿华
赵洪伟	赵佳宁	周 翠	周固君	邹文博	方志华
孔令才	李维佳	刘 颖	刘 哲	彭建雄	王 凤
王中友	郑丽婷				

北京大学医学部

基础医学院

张 瑶	田海燕	刘 闯	李康琦	常义宾	王 丽
陈江波	段红英	靳存敬	贺 琼	刘宝明	李 敏
史 祎	李红凯	郑晓璟	李英妮	滕隔玲	王 蓉
颜国迪	韩秀丽	何维清	刘 凯	石 屹	张肖丽
剌丽俊	吴国胜	吕瑞芳	金 晖	杜 强	徐春梅
王明群	陈丽婷	陈 丽	蒋素贞	尹文娟	李晶珏
丁 宁	耿 燕	张志伟	周 琦	陈阿静	霍 明
张立娟	谢步善	蒋斯博	李凌君	李 方	

公共卫生学院

马 丽	杜仙梅	万忠晓	吕 鹏	罗 昊	李 湛
娄 蕾	郭玉明	王凤清	许迎春	喻颖杰	陆 叶
缪之文	丛 泽	高素红	徐 莉	何英剑	黄月香

贾小芳	闫赖赖	张浩然	陈耀辉	王子云	臧嘉捷
刘 燕	伍燕珍	张 衡	赖丽娜	李晓婷	宋 岩
杜 存	汪 云	何舒青	张 颖	向 往	李庆伟
张春芳	沈明磊	吕颖坚	房洪军	涂华康	马亚婷
李宏田	李 莹	岳 川	赵安乐	吴少伟	孙 玮
王亚菲	杨 乐	高 伟	杨晓亮	李 勃	培顿
薛递洋	马 宁	江 芳	何 柳	曹栋栋	于文凤
郭旭君	刘 丽	叶丽娜	刘牧文	王 欣	董 巍
沈 娟	李东阳	徐 扬	黄丽巧	丁彩翠	吴 双
徐 锐	祁 琨	董 书	杜芳伟	朱 葛	王 辉
张 锋	邹志勇	张国钦	许涤沙	苏小路	张 晓
刘志刚	孙晓东	钟 堃	袁 平	郭晋臻	
阿提开木·吾不力					

药学院

黄民俊	赵 朗	曹 睁	张慧楠	梁雪丹	钟文和
熊玉兰	黎武杰	尹 进	李桃园	王 宁	刘卫东
潘德林	姚志容	李 静	王晓锋	黎后华	霍常鑫
张安阳	凌思凯	庄 崧	郭 佳	林柏川	陈晓梅
周 勇	杨 健	文冰亭	王 卓	刘 慧	邱学平
蔡报彬	李日东	白 婷	陆银锁	李 霞	张 婷
马晓庆	郭宇岚	王 刊	戴 岱	蒋亚杰	孙精伟
欧志强	袁惠燕	马 良	杜 举	孔 越	刘文俊
段松冷	林晓雯	王立辉	张雪妍	李一帆	闫汝锋
李 毅	苏毅进	李 丝	王 丹	余坤子	杜 萍
张长昊	钟旭丽	胡 涛	于 霞	张四维	李 立
刘 墨	廖 音	王 菲	李苏宁	李静姿	甄 鹏
赵月斌	张 萌	张 鑫	周斐然	李 然	陈曙光
刘敬毁	王琳娜	潘雅婷	胡辛欣	张 元	谭志武
唐菀晨	韩 婧	宋月林	李 璐	鲁凤云	孔旭东
乔 雪	张姝玛	李天琪	杨丽娟	杨亚平	

护理学院

周 芬	苏伟才	倪娟萍	张海娟		

公共教学部

李晓丽	魏征新	魏祎玲			

第一临床医学院

黄 巍	房秋园	魏晓琼	宋建美	江 晨	宋丽红
于宗东	郎升华	崔海龙	夏昌宇	杨宏彦	于利玲
李 慧	边凤芝	李 岩	孔 鲁	段亚景	张 莉
谢明斌	姬辛娜	冯丽娟	郑兰斌	张健华	周汝真
王 静	朱兴旺	崔永刚	刘洪慧	穆东亮	李冠慧
徐雪峰	魏红玲	关湘萍	彭 媛	吕德良	田 悦

第二临床医学院

刘 念	谢 敏	刘 艳	王艳华	刘乾文	梁莉明
侯瑞琴	马占锋	赵贺华	张在先	李云鹏	梁晓莹
谢兴旺	魏翠英	和 勇	李英杰	张 柳	黄 萍
林海荣	王桂莲	洪 莲	楚海华	刘 恒	李堃源
仇晓亮	李明晖	秦 峰	阿卜杜萨姆德		徐文展
汤 池					

第三临床医学院

王配配	张立卫	冯 研	童一帆	胡志萍	卫若昕
贾 婷	张文娟	江孟勋	曹旭光	王希涛	游震宇
黄晓彦	李学宇	宋泉生	饶文胜	张 莹	王文婷
都 伟	傅陶然	黄似建	唐凌峰	梅顺利	黄志卓
戈艳蕾	武文艳	王晶莹	王 栋	袁 杨	魏 滨

口腔医学院

秦秀荣	李 冬	付 坤	张 钢	刘怡然	彭 磊
刘 洋	许振起	倪永伟	刘 洋	许振起	倪永伟

精神卫生研究所

张 瑞	李小钧	徐玉玉	张燕波	梁 杰	张莉莉
王文政	耿 俊	李建颖	马俊红	张新乔	

临床肿瘤学院

李 衡	杜艳涛	黄晓韵	牟红梅	王书航	龚 磊
刘 音	李伟军	朱琰琰	吴 灿	闫万璞	吴诸丽
王 扬	段姗姗	郑宗方	袁 鹏	杨 勇	王 鑫
高 磊	刘素香	王 言	宋 燕		

深圳医院

苏 娜	郭吉敏	张 维	许 祥	李一冰	苏 娜

积水潭医院

陈志芳	王茂颖	郑康伟	庞 伟	刘 维	夏韶华
许玉芳	张宜远				

北京医院

郭敏杰	管斯斯	张奇瑾	杨 华	彭 好	钟秋子
周妮娜	郭 琦	郭 悦	许静涌		

中日友好医院

郝华鹏	崔雅菁	练 睿	宁 武	甄雅南	张国超
侯俊珍	王丽莉	陈广刚	王建峰		

北京世纪坛医院

张程燕	李 巍	牛鹿原	周江蛟	张秋强	彭振兴
赵楠楠	李朱勤	刘松杰	杜德晓	刘博文	李 娟
王俊英	赵旭宏	刘永波	王德仲	刘淑靓	

首都儿科研究所

冯顺乔　薛茹冰　张建昭

民航总医院

田俊媛

航天中心医院

吴涛　苏坤　王静　杜左萍　汤艳芬　单俊燕

注：名字后标注"＊"表示结业。

毕（结）业博士研究生

数学科学学院

李　龙	许现民	符文卿	蔡云峰	顾晓娟	贾金柱
生云鹤	邵嗣烘	宋学玲	梁友全	刘艳玲	周　晶
李　平	郭紫华	杨大伟	余昌涛	郭　蔚	韦　卫
韩励佳	池义春	段小刚	任　爽	蒋　欣	王彩芳
蔡　超	宋若虎	杨金红	岳志鸿	艾颖华	杜晓明
李澎涛	谭　寅	李保滨	周云华	张　华	李　磊
朱　梅	万　林	吴建春	张　静	姚　强	尹建鑫

物理学院

叶红学	邓雪娇	刘光华	娄春波	郭　维	张运华
赵洪斌	范　莹	张　冰	李　俊	郑　娜	宋学锋
李蓬勃	李抒璘	林云萍	陈华星	宫　明	郭志辉
李　钊	张　越	付伟杰	尧江明	朱剑钰	梁羽铁
陈田祥	杨宗长	代　涛	杨学林	赵璐冰	陈沅沙
许应瑛	张　洋	邹晨霞	陈　挺	黄　森	孙　凯
李洪云	王紫瑶	马媛媛	张喜鹏	梁青青	钱　磊
王　然	岳友岭	符娇兰	孙学金	段侪杰	徐文灿
王　芳	刘　啸	蒙国站	张　宇	陈　欢	刘军丰
鲁　麟	王　彦	刘文德	赵华波	尤文龙	刘　喆
刘初玉	黄森林	亓　斌	亓　冲	范凤英	何　林
孙永健	贺　丽	单旭东	马仁敏	江　萍	李柯伽
宋星灼	邹雪晴	何　颂	赖　林	汪晓滨＊	
孙海燕	裴　育＊				

化学与分子工程学院

江忠萍	段晓菲	梁欢欢	孟祥兰	孙立梅	崔仁发
陈清伟	祝小雷	董永全	王　竞	何懿峰	杜亚平
王秀腾	袁　荃	叶　柿	王珊珊	梁中伟	崔　毅
黄晓鸣	姚亚刚	沈宜泓	朱　毅	秦　瑶	鲁树亮
张　勇	王　平	刘一新	郑　波	张　振	葛国平
陈呼和	李慧珍	刘玉峰	刘　洋	雷　荣	吴建军
位灯国	肖滋成	俞　瀚	关　妍	初增泽	张建斌
冯　玮	张殊卓	尹从岭	李如茵	谢　镭	郑　捷
陈芳芳	褚海斌	王春海	王志永	陈泓序	花镇东

王晓红	周　爽	赖丛芳	庞楠楠	张政祥	孟　鑫
周雄飞	李正涛	彭　程	向　晶	蔡桂鑫	关冰涛
陈圆圆	王源源	罗　佳	王婕妤	蒋小蕗	杨　坤
刘洪全	马　严	徐晓光	杨　帆	钱　鹏	任　亮
现晓军	颜　宁	赵　晨	范海明	程　澜	汪　灿
罗　琛	谢黎明	旷桂超	林蔚然	马小华	郑　佳
严竞竞	陈　琳	范　兴	黄潇楠	童银银	袁　媛
王静娜	邹海霞	徐　超	邱景义	王　旻	

生命科学学院

殷丽洁	陈洪亮	陈慧敏	张　敏	靳　彤	李　晟
申小莉	蒋　智	胡继承	王冬梅	赵　扬	文　津
侯巧明	程　书	钱　丹	舒　畅	梅文倩	南　洁
高　锋	顾海涛	陈　艾	李　哲	魏　桐	臧百胜
邓国平	蒋　琳	李万峰	刘　毳	谭四军	张　静
梁中成	刘　芳	林小静	杨红波	杨勇飞	袁　圆
蔡青春	李维达	张莎莎	宋希军	于文玉	徐丽娟
孙治国	雷　剑	李桂澜	宋文强	赵　敏	赵树起
郭　勇	马志强	车南颖	艾瑞克	蔡　军	刁飞慈
王锐鹏	陈玥舟	李　洋	秦　汉	魏　巍	尹晓磊
连　敏	鲁　洁	刘晓艳	王　娟	韩　佩	逢　宇
彭智宇	钟应福	李川昀	段景琦	郭欣政	

地球与空间科学学院

李全国	龚咏喜	李建军	刘　疆	李　喆	付媛媛
梁晓峰	姜明明	刘振锋＊	彭　阳	倪金生	江　燕
任恒鑫	吴自兴	汪大明	马海建	黄　舟	李　翔
蔡晓刚	史烨弘	刘　政	祁新忠	罗春树	郑　南
高鹏骐	林家元	赵晓晖	张子民	陶建伟	朱　琳
张自力	杨金华	莫午零	娄玉行	柴华	李　华
姚卫浩	李　军	刘迎新	林　沂	张　清	朱　强
胡才博	吴飞翔	龚俊峰	陈建军	刘楚雄	

心理学系

| 张黎黎 | 岳珍珠 | 陈　侠 | 孔宪铎 | 葛鉴桥 | 徐凯文 |

肖震宇　邹智敏　魏　萍　黄　莹　秦军刚　　麻勇爱　衣光春　张　军　习江平　马相东　董继华
　　　　　　　新闻与传播学院　　　　　　　　　冯旭南　吕鹏博　时　炜　林　森　樊忻昕　焦　健
　　　　　　　　　　　　　　　　　　　　　　　滕贞旭　杨长涌
赵春梅　张向英　何明智　王金媛　郑寅淑　盖　博
冉继军　王维佳　顾宜凡　李　武　　　　　　　　　　　　　　　光华管理学院

　　　　　　　中国语言文学系　　　　　　　韩义民*　王培林*　赵琛徽　林长泉　王振源　戴晓娟
姜　南　李范烈　张明莹　张仙友　栾伟平　刘　刻　李　瑜　吴玉立　刘　丹*　沈梁军　崔　浩　王　骁
宋作艳　杨　贺　杜新艳　李　静　马俊江　尹玉珊　马庆林　石　良　张　格　朱　彤　杜　创　黄　达
张丽华　邓菡彬　陈　诚　万　娜　时胜勋　曹　晋　宋小华　薄仙慧　张文慧　金　英　刘向东　严成樑
裴雨来　白静茹　崔　蕊　洪　爽　罗琼鹏　张振亚　柴宗泽　万　芊　郑金国　滕　飞　于洪霞　罗荣华
苏晓威　王丰先　李　佳　梁海燕　王栋梁　王　媛　韩　晶　冯晓岚
余　洁　孙轶旻　张　惠　程鸿彬　程振兴　吉田薫
孟　娜　王晓冬　张　蕾　刘稀元　饶　翔　史　静　　　　　　　　　　法学院
司　晨　郭　勇　肖伟山　何　恬　李　阳　张慧瑜　宋　工　罗子发　古丽阿扎提　宋振武　谢川豫
文　韬　李婉薇　金美京　　　　　　　　　　　　刘玉波　崔光磊　张源泉　李　娟　刘晓春　赵春燕
　　　　　　　　　　　　　　　　　　　　　　　李晓霞　李斯特　韩　涛　王　旭　毕洪海　袁文峰
　　　　　　　历史学系　　　　　　　　　　　张世泰　魏　武　何庆仁　江　溯　李瑞生　刘孝敏
刘宪阁　李芝侠　朱晓罕　胡少诚　何　妍　袁良勇　宋建强　崔会如　王海涛　孙玉红　唐　艳　王永霞
张　祎　张祥明　李欣荣　戴海斌　张会芳　肖　瑜　刘明江　朱桐辉　陈杭平　王　晴　门金玲　汤洁茵
吴　浩　孙靖国　赵维玺　林永强　方诚峰　桂始馨　张小青　夏启明　王社坤　廖志敏　王云川　张聪德
包诗卿　马顺平　穆釜臣　崔军伟　谢　蔚　周继红　时　飞　胡永恒　邓　晔　郑艳丽　焦海涛
季爱民
　　　　　　　　　　　　　　　　　　　　　　　　　　　　　　信息管理系
　　　　　　　考古文博学院　　　　　　　　　张广钦　杜元清　滕娇春　张庆来　谷秀洁　王素芳
颜孔昭　朴载福　袁艳玲　庞　玥　沈睿文　马　健　陈　芬　刘　波　蔚海燕　李　毅　刘　佳　王沙骋
倪润安　燕生东　孟原召　袁　泉　筱原典生
马　赛　闫　志　　　　　　　　　　　　　　　　　　　　　　　社会学系

　　　　　　　哲学系　　　　　　　　　　　　解玉喜　李荣荣　李建立　马迎贤　张　燕　郭馨天
孙　焘　杨丹荷*　亓校盛　池耀兴　张锦志*　孙　彬　葛　婧　马林霞　任　敏　张　翔　胡　薇　马红光
白宗锡　李　欣　樊阳程　山口直树*　李凤丹　　　赵联飞　赵　蔚　朱　涛　吴世旭　肖　琳　吴　乔
覃志红　高在锡　石福祁　郑天喆　薛忠沫　柯遵科　龚建华　吴　莹　王旭辉　潘建雷　舒　瑜
郑　丹　王晓红　范丹卉　罗永剑　翟俊刚　王　诚
徐　强　翟奎凤　李　明　韩立坤　徐　陶　丛占修　　　　　　　　　政府管理学院
王　轶　崔树强　张　卉　肖清和　曹　彦　郗　戈　陈小平　冀光恒　周　翔　李兴乾　韩国瑜*　朱妙丽
郭丽兰　许　多　郑全雄*　　　　　　　　　　　刘君毅　李玉成　吉嘉伍*　葛　玮　龙　异　杨志钢
　　　　　　　　　　　　　　　　　　　　　　　王霄勇　王冰松　王　清　孔祥利　李相国　王雄军
　　　　　　　国际关系学院　　　　　　　　　霍伟岸　孔新峰　巫烈光　庄德水　郇天莹　汪锦军
夏红卫　奥克达沃　　　赵　宏　孙　华　陈才明　王启峰　崔　佳　冷　煜　石义霞　刘　追　饶伟国
曾　淼　胡九龙　杨劲松　孙升亮　张　莉　许宝友　向　勇　张相林　李剑珠　谢志得　黄琪轩　吴玉良
彭　云　关山健　黄瑞真　吉尤姆　郭翠萍　赵为民　单继友
齐顺利　张学昆　潘妮妮　钟飞腾　秦　禾　高望来
胡菁菁　孙　鸿　何　姝　李岩松　　　　　　　　　　　　　　　　外国语学院

　　　　　　　经济学院　　　　　　　　　　　吴小晶　李玉霞　邵雪萍　范慕尤　刘阳阳　阎雪梅
　　　　　　　　　　　　　　　　　　　　　　　胡　越　孙　敏　李美敏　曾　琼　刘　熠　许宏晨
齐福全　赵　顺　闪伟强　肖治合　王琛伟　刘　涛　冯　伟　周　新　侯建波　王大方　王晓侠　高西峰
　　　　　　　　　　　　　　　　　　　　　　　叶少勇　廖　波　王鸿博　姜根兄　林　毅　金　勇

马克思主义学院

黄瑞玲　陈雪娟　王　锋　李秀玲　陈　娟　周景彤
王小军　曹浩瀚　张　浩　彭颜红　王多吉　张毅翔

艺术学院

汪　瑞

信息科学技术学院

张卫华　张　淳　张　磊　靳　磊　陈　杰　陆俊林
赵　霞　辛谷雨　伊　林　冯　毅　荆　琦　武　勇
孙连山　孙　熙　李　琰　马　伟　杨　帆　陈庆华
季　旭　李巨浩　陈　婧　姚从磊　崔晓峰　顿海强
彭　翔　于利刚　张　暐　王展飞　王　逵　陈文广
李　明　史双宁　余剑纯　刘　欣*　夏　林　李　维
陈　鸿*　吴　昊　高　岩　李伟华　任术波　刘譞哲
谭继志　陈　薇　孙　冰　马祥音　于得水　魏贤龙
焦玉中　李光元　彭　超　陈　晨　张小欣　史　达
王子田　刘　一　杨　成　顾岁成　方　昊　刘　勇
钟　浩　曹　振　陈瑞川　陈冠华　朱　虹　李佳静
韩　博　穆亚东　齐向晖　祝世虎　侯姗姗　李军国
关　志　赵加奎　林子雨　徐泉清　金　澎　郭　锐
吴　霞　魏大鹏　何毓辉　宋　飞　吴大可　杨竞峰
林　腾　宋　颖　吴雅婷　葛文兵　朱嘉奇　张乘红

中国经济研究中心

曾宪新　蒋　承　李　冰　耿　林　顾　标　潘圆圆
赵　达　李飞跃　徐朝阳　林　淑　万晓莉　李　宾
宋　旺　杨汝岱　陈斌开　许　伟　傅雄广　梁　爽

教育学院

单　强　缪　蓉　王志明　周富强　胡庆喜　毛盛勇
任玉珊　王海燕　张　懿　郑东方　陈汉聪　刁福东
范皑皑　傅树京　孙毓泽　彭彧华　杨念鲁

人口研究所

崔　斌　李成福　刘菊芬　王存同　马伊努

工学院

孙元功　廖艳艳　蔡正方　陈　思　胡永辉　王启宁
赵　惟　秦　剑　成　名　王　刚　路益嘉　吕冬姣
胡钢清　李　嵘　黄建永　杨延涛　张杨飞　韩荣成

城市与环境学院

孙　灿　王毓蔺　黄秋昊　李　博　金晓哲　张　蕾
张歆梅　王志恒　吕红华　楚建群　刘霄泉　王开颜
谢苗苗　奚娴婷　孙　莉　于艳新　吕晓芳　陈　春
张　翼　梅丽霞　张　巍　谢鹏飞

环境科学与工程学院

金　军　黄　凯　古丽鲜　毛小苓　夏　朋　韩　梅
尚　羽　李晓倩　周　丰　张泽锋　程　鹏　付东康
卢　娜　麦家星　姚　磊　冯大军　孙莉英　柏耀辉
甘　晖　李　萱　朱高洪　易志斌

分子医学研究所

魏　盛　彭　薇　韩佩东

北京大学医学部

基础医学院

王贵彬　陈征山　戴　新　胡　玲　刘昭飞　刘婷婷
周　瑞　刘元泼　闫军浩　陈　辉　王现伟　王　颖
徐　冲　庞艳莉　杨保凯　谢微嫣　陈春花　杨春章
姜长涛　徐清问　迟英凯　岳　鑫　兰　峰　张　喜
兰晓梅　仲昭岩　王　程　李茂进　马　腾　李　逸
李　谧　谢志刚　胡胜娣　郭黎媛　田林杰　平星杰
张　婷　张晓燕　宋君秋　孙露洋　王　彧　张冬娟
孔雅娴　庞　炜　周业波　李彦明　李雅娟　刘　晗
李瑞芳　王昊旻　唐植辉　于　宇　黄远洁　郑　帅
张　晖　景黎明　冯　娟　韩丽敏　郭　勇　艾　玎
赵　颖　孟　莉　党怀欣　罗　娟　王教辰　邵璐宁
王丽珺　陈　颢　付　毅　赵励彦　陈丽红　王　巍
王琼玲　李　科　李亦婧　崔翔宇　张智国　王　艳
曹　琦　李　莲　何　冰　张　毅　郭家彬　黄　鹤
姚　璐　柳　正　张　黎　蔡　嫣　李宇华　王淑梅

公共卫生学院

王　波　冷俊宏　朱广荣　秦雪英　杨兴华　韩晓龙
余灿清　王　翔　张敬旭　王　亭　贾予平　陈晓荣
赵亚玲　路　潜　陶立波　邢　彦　赵海峰　郝长付
杨睿悦　王琳琳　陈　丽　孙　凤　朱翠凤

药学院

王仲清　王冠男　李耀利　代文兵　任晋玮　王俊峰
姚　赟　张鲸惊　冯　洁　陈文倩　毕　丹　李妍萍
徐　崑　岳　玥　韩方斌　王　珣　韩晓强　付丽娟
张　俊　王　婷　樊玉平　吴翠栓　吴　琦　张国良
何梅孜　张彦青　严日柏　尹　婕　杨海玉　张宏宁
石　翠　许珺辉　张　龙　杜新刚　曲　伟　姜　薇
吴增宝　樊兰兰　田保河　刘　薇　闫　滨　奚志芳

公共教学部

朱　润　姚云云　张　澜

第一临床医学院

敖彩卉　于　磊　陈　静　杨建勋　吴　昱　杨金霞
朱　厉　赵　娟　陈　彬　吴　冰　蔡　林　邓雪蓉
王燕飞　谭　强　殷宇慧　杨学东　伊　诺　李懿璇
李　康　刘　微　郑日亮　于明明　肖　豫　林连君
彭红玉　王静瑜　李　妍　刘　斯　潘住忻　刘芳勋
刘　琳　张　涵　马秀伟　胡明球　李　娌　时延伟
刘倩竹　赵　霞　王　鹤　牛晓华　王　斌　杨　洋
邢广群　边大鹏　穆大为　蒋　宁　赵轶国　赵新菊
周伟炜　黄伟明　汤　可　邹积艳　周　岩

第二临床医学院

郑　梅　庞　晓　赵晓甦　彭长亮　黄旅珍　陈　皓
徐梦麒　宋荟芬　刘志达　姬　涛　静媛媛　查　鹏
王　静　庄晓峰　杨　朵　郁　凯　刘元伟　张大方
乔正国　陈　琳　乔师师　朱前拯　刘传芬　王艳槟
靳文英　张秀英　王　刚　张丽丽　苏　琳　郭丽莉
孙雅逊　常英军　张彦斌　姚远洋　孙于谦　裴雪婷
赵运涛　罗小华　陈建飞　徐永胜　张晓梅　林运娟

第三临床医学院

冷玉鑫　姜升阳　尹　刚　吴　星　朱　丹　斯　坦
宋天然　祁建勇　陈　欣　刘玉雷　高文清　江　东
陈园园　史　琳　陈　媛　侯　宇　曾祥柱　刘　晨
张　弛　王艳芳　黄　铄　白　瑾　闫龙涛　余若晖
李会娟　王喜福　马瑞琼　王方芳

口腔医学院

陈晓播　周　苗　顾晓宇　董　青　曹　婕　曾百进
段晋瑜　黄明伟　曹　烨　潘　爽　单小峰　曹艳丽
孙　睿　陈慧敏　陈　斯　田福聪　王佃灿　周伟华
石　亮　朱一博　刘伟涛　路瑞芳　韩　冬

临床肿瘤学院

郭芳岑　陈　科　郑斐群　赵　翌　吕　超　陆　明
邢晓芳　赵一强　张晓燕　李燕宁　邢加迪　孙红梅
武　莹　侯毅斌　祁　萌　金克敏　应志涛　刘玉金
李　强

精神卫生研究所

帅　澜　张五芳　李岳玲　孙　伟　王力芳　韩　雪
阎　浩

积水潭医院

钱驭涛　韩　骁　边　臻　侯晓蕾　李　宁　钱驭涛

注：名字后标注"＊"表示结业。

毕业留学生(研究生)

姓　名	性别	培养层次	院　系	专　业	毕业结论	国家/地区
奥克达沃	男	博士	国际关系学院	外交学	毕业	墨西哥
李范烈	男	博士	中国语言文学系	汉语言文字学	毕业	韩国
朴载福	男	博士	考古文博院	考古学及博物馆学	毕业	韩国
谢德强	男	硕士	政府管理学院	行政管理	毕业	新加坡
金徐援	女	硕士	国际关系学院	国际关系	毕业	韩国
柳尧广	男	硕士	法学院	民商法学	毕业	美国
金恩廷	女	硕士	对外汉语教育学院	汉语言文字学	毕业	韩国
李芝侠	女	博士	历史学系	世界史	毕业	韩国
池耀兴	男	博士	哲学系	中国哲学	毕业	美国
张仙友	女	博士	中国语言文学系	汉语言文字学	毕业	韩国
白宗锡	男	博士	哲学系	中国哲学	毕业	韩国
山口直树	男	博士	哲学系	科学技术哲学	结业	日本
孔宪铎	男	博士	心理学系	基础心理学	毕业	美国

姓　名	性别	培养层次	院　系	专　业	毕业结论	国家/地区
郑寅淑	女	博士	新闻与传播学院	传播学	毕业	韩国
高在锡	男	博士	哲学系	中国哲学	毕业	韩国
薛忠洙	男	博士	哲学系	宗教学	毕业	韩国
关山健	男	博士	国际关系学院	国际政治	毕业	日本
黄瑞真	女	博士	国际关系学院	国际政治	毕业	泰国
吉尤姆	男	博士	国际关系学院	国际关系	毕业	贝宁
艾瑞克	男	博士	生命科学学院	生物化学与分子生物学	毕业	瑞典
顾宜凡	男	博士	新闻与传播学院	传播学	毕业	美国
吉田薰	女	博士	中国语言文学系	中国现当代文学	毕业	日本
孟娜	女	博士	中国语言文学系	中国现当代文学	毕业	伊朗
筱原典生	男	博士	考古文博院	考古学及博物馆学	毕业	日本
李相国	男	博士	政府管理学院	中外政治制度	毕业	韩国
马伊努	男	博士	人口研究所	人口学	毕业	孟加拉国
孙鸿	男	博士	国际关系学院	外交学	毕业	加拿大
金美京	女	博士	中国语言文学系	中国古典文献学	毕业	韩国
崔赫麟	男	硕士	新闻与传播学院	新闻学	毕业	韩国
阿娜莎	女	硕士	生命科学学院	生物化学与分子生物学	毕业	尼日利亚
姜珍善	女	硕士	国际关系学院	国际政治	毕业	韩国
李玉兰	女	硕士	国际关系学院	国际政治	毕业	韩国
洪绍维	男	硕士	国际关系学院	国际政治	毕业	新加坡
崔仁瑛	女	硕士	中国语言文学系	汉语言文字学	毕业	韩国
崔主恩	女	硕士	中国语言文学系	汉语言文字学	毕业	韩国
金珉周	女	硕士	中国语言文学系	汉语言文字学	毕业	韩国
李美京	女	硕士	中国语言文学系	汉语言文字学	毕业	韩国
林惠彬	女	硕士	中国语言文学系	中国古代文学	毕业	韩国
文黛皙	女	硕士	中国语言文学系	中国古代文学	毕业	保加利亚
周冰萤	女	硕士	中国语言文学系	中国现当代文学	毕业	马来西亚
蔡丽琼	女	硕士	中国语言文学系	汉语言文字学	毕业	新加坡
朴希亘	女	硕士	中国语言文学系	中国现当代文学	毕业	韩国
达希达瓦	女	硕士	中国语言文学系	比较文学与世界文学	毕业	蒙古
孙成旭	男	硕士	历史学系	中国近现代史	毕业	韩国
金汝珍	女	硕士	哲学系	中国哲学	毕业	韩国
李光来	男	硕士	哲学系	中国哲学	毕业	韩国
李昌宣	男	硕士	国际关系学院	国际政治	毕业	韩国
金焻政	女	硕士	国际关系学院	政治学(国际政治经济学)	毕业	韩国
袁梦	女	硕士	国际关系学院	政治学(国际政治经济学)	毕业	蒙古
李宣旼	女	硕士	法学院	民商法学	毕业	加拿大
卡玛塔	女	硕士	社会学系	社会学	毕业	马里
高国皇	男	硕士	政府管理学院	行政管理	毕业	越南
金哲镐	男	硕士	对外汉语教育学院	汉语言文字学	毕业	韩国
柳林何	女	硕士	新闻与传播学院	新闻学	毕业	韩国
户张敬介	男	硕士	历史学系	中国近现代史	毕业	日本
贝克	男	硕士	国际关系学院	国际政治	毕业	哈萨克斯坦
莫家浩	男	硕士	国际关系学院	国际政治	毕业	马来西亚
周游	男	硕士	国际关系学院	政治学(国际政治经济学)	毕业	奥地利
安达洋	男	硕士	国际关系学院	国际关系	毕业	日本
韩钟旭	男	硕士	国际关系学院	国际关系	毕业	韩国
林上虹	女	硕士	国际关系学院	国际关系	毕业	美国
芳蕾	女	硕士	国际关系学院	外交学	毕业	俄罗斯
纐缬祥宽	男	硕士	国际关系学院	外交学	毕业	日本
洪奕婷	女	硕士	国际关系学院	政治学(国际政治经济学)	毕业	新加坡

姓　名	性别	培养层次	院　　系	专　　业	毕业结论	国家/地区
石川晴美	女	硕士	国际关系学院	政治学(国际政治经济学)	毕业	日本
尼科罗	男	硕士	国际关系学院	国际关系	毕业	意大利
茱莉	女	硕士	国际关系学院	国际关系	毕业	德国
卡尔拉	女	硕士	国际关系学院	国际关系	毕业	墨西哥
康久龄	女	硕士	国际关系学院	国际关系	毕业	美国
奥斯卡	男	硕士	国际关系学院	国际关系	毕业	西班牙
金熙雄	男	硕士	国际关系学院	国际关系	毕业	韩国
艾儿	女	硕士	国际关系学院	国际关系	毕业	美国
林彩虹	女	硕士	国际关系学院	国际关系	毕业	泰国
郑惠锰	男	硕士	国际关系学院	外交学	毕业	新加坡
阿姆格朗	男	硕士	国际关系学院	国际关系	毕业	蒙古
叶千华	女	硕士	经济学院	世界经济	毕业	美国
赵恩娇	女	硕士	经济学院	世界经济	毕业	韩国
金爱心	女	硕士	经济学院	财政学(含:税收学)	毕业	韩国
郭汶锡	男	硕士	光华管理学院	金融学	毕业	韩国
梁翎佳	男	硕士	光华管理学院	金融学	结业	加拿大
毛海戎	男	硕士	光华管理学院	金融学	毕业	美国
赖德洋	男	硕士	光华管理学院	金融学	毕业	美国
蔡秉宪	男	硕士	光华管理学院	企业管理	毕业	南非
金撄美	女	硕士	光华管理学院	企业管理	毕业	韩国
都原洛	男	硕士	光华管理学院	工商管理硕士	毕业	韩国
江国维	男	硕士	光华管理学院	工商管理硕士	毕业	美国
金基明	男	硕士	光华管理学院	工商管理硕士	毕业	韩国
李和贞	女	硕士	光华管理学院	工商管理硕士	毕业	韩国
梁成逸	男	硕士	光华管理学院	工商管理硕士	毕业	韩国
齐若思	女	硕士	光华管理学院	工商管理硕士	毕业	美国
慎泳锡	男	硕士	光华管理学院	工商管理硕士	毕业	韩国
辛佳胜	男	硕士	光华管理学院	工商管理硕士	毕业	加拿大
何慧莹	女	硕士	光华管理学院	工商管理硕士	毕业	新加坡
李红	女	硕士	光华管理学院	工商管理硕士	毕业	印度尼西亚
莫妮卡	女	硕士	光华管理学院	工商管理硕士	毕业	印度
施克蒂	女	硕士	光华管理学院	工商管理硕士	毕业	瑞士
本杰明	男	硕士	光华管理学院	工商管理硕士	毕业	美国
陈彦君	女	硕士	光华管理学院	工商管理硕士	毕业	新加坡
黄筠棠	女	硕士	光华管理学院	工商管理硕士	毕业	马来西亚
林晖顺	男	硕士	光华管理学院	工商管理硕士	毕业	菲律宾
林思琳	女	硕士	光华管理学院	工商管理硕士	毕业	法国
朴秉洪	男	硕士	光华管理学院	工商管理硕士	毕业	韩国
田在洪	男	硕士	光华管理学院	工商管理硕士	毕业	韩国
许伟良	男	硕士	光华管理学院	工商管理硕士	毕业	新加坡
郑尚伟	男	硕士	光华管理学院	工商管理硕士	毕业	新加坡
吉苗	女	硕士	光华管理学院	工商管理硕士	毕业	缅甸
博凯	男	硕士	光华管理学院	工商管理硕士	毕业	利比里亚
芝博	男	硕士	光华管理学院	工商管理硕士	毕业	利比里亚
布博卡尔	男	硕士	光华管理学院	工商管理硕士	毕业	塞内加尔
张鹏程	男	硕士	法学院	民商法学	毕业	菲律宾
胡歌	男	硕士	法学院	民商法学	毕业	哥伦比亚
黄俊豪	男	硕士	法学院	民商法学	毕业	美国
芮克林	男	硕士	法学院	民商法学	毕业	意大利
周宏宇	男	硕士	法学院	民商法学	毕业	美国
安大维	男	硕士	法学院	民商法学	毕业	美国

姓　名	性别	培养层次	院　系	专　业	毕业结论	国家/地区
杰弗里	男	硕士	法学院	民商法学	毕业	美国
燕凯汀	女	硕士	法学院	民商法学	毕业	美国
凯文	男	硕士	法学院	民商法学	毕业	美国
刘维斯	男	硕士	法学院	民商法学	毕业	哥斯达黎加
燕迈锟	男	硕士	法学院	民商法学	毕业	美国
闵瑛美	女	硕士	法学院	民商法学	毕业	韩国
许煜	男	硕士	法学院	经济法学	毕业	韩国
余德明	男	硕士	法学院	经济法学	毕业	泰国
林珠蒂	女	硕士	法学院	经济法学	毕业	马来西亚
具炯玫	男	硕士	政府管理学院	中外政治制度	毕业	韩国
郑兰	女	硕士	政府管理学院	中外政治制度	毕业	泰国
阿力别克	男	硕士	政府管理学院	公共管理(发展管理)	毕业	哈萨克斯坦
须贺昭一	男	硕士	政府管理学院	公共管理(发展管理)	毕业	日本
吴淑洁	女	硕士	政府管理学院	行政管理	毕业	新加坡
艾哈桑	男	硕士	政府管理学院	行政管理	毕业	埃及
本达里	男	硕士	政府管理学院	行政管理	毕业	尼泊尔
博德	男	硕士	政府管理学院	行政管理	毕业	斯里兰卡
穆罕默德	男	硕士	政府管理学院	行政管理	毕业	马里
丹迪	男	硕士	政府管理学院	行政管理	毕业	坦桑尼亚
马克	男	硕士	政府管理学院	行政管理	毕业	加纳
季达	男	硕士	政府管理学院	行政管理	毕业	乌干达
思瓦妮	女	硕士	政府管理学院	行政管理	毕业	毛里求斯
黄孙红江	女	硕士	政府管理学院	行政管理	毕业	越南
佟卡姆	男	硕士	政府管理学院	行政管理	毕业	老挝
柯艾翰	男	硕士	政府管理学院	行政管理	毕业	埃及
马岩	男	硕士	政府管理学院	行政管理	毕业	莫桑比克
马达卡	男	硕士	政府管理学院	行政管理	毕业	马拉维
李胜利	男	硕士	政府管理学院	行政管理	毕业	南非
阿玛尼	男	硕士	政府管理学院	行政管理	毕业	老挝
潘斯	男	硕士	政府管理学院	行政管理	毕业	尼泊尔
鲍达尔	男	硕士	政府管理学院	行政管理	毕业	尼泊尔
傅森朗	男	硕士	政府管理学院	行政管理	毕业	老挝
玛丽索	女	硕士	政府管理学院	行政管理	毕业	莱索托
西蒙	男	硕士	政府管理学院	行政管理	毕业	马拉维
维岭风	男	硕士	政府管理学院	行政管理	毕业	老挝
王迪坤	男	硕士	政府管理学院	行政管理	毕业	埃塞俄比亚
胡萨楠	男	硕士	政府管理学院	行政管理	毕业	埃塞俄比亚
马妍珊	女	硕士	政府管理学院	行政管理	毕业	南非

医学部

国　籍	姓　名	性别	院　系	类别	专　业	备　注
也门	阿卜杜	男	医学部	硕士	外科学	毕业
印度尼西亚	梁莉明	女	医学部	硕士	妇产科学	毕业
加拿大	江孟勋	男	医学部	硕士	医学影像	毕业
马来西亚	李威廷	男	医学部	硕士	妇产科学	毕业
约旦	斯坦尼斯拉娃	女	医学部	博士	眼科学	毕业

2009 年大事记

1月

1月4日 科技部副部长曹健林一行到北京大学视察工作,在周其凤校长、林建华常务副校长的陪同下,参观考察了化学学院分子科学国家实验室、生命科学学院、信息科学技术学院纳米器件物理与化学实验室。

1月7日 北京大学2009年春季硕士、博士学位授予仪式暨2008年优秀博士学位论文表彰大会在北京大学百周年纪念讲堂召开,林建华常务副校长宣读了"北京大学学位评定委员会决定",宣布授予200名博士生、1022名硕士生学位。校党委书记闵维方宣读了2008年度全国和北京大学优秀博士学位论文的表彰决定。2008年我校有6篇博士学位论文获得全国优秀博士学位论文奖。

1月9日 中共中央、国务院在北京隆重举行国家科学技术奖励大会。北京大学化学与分子工程学院徐光宪院士、北大校友、中国神经外科事业开拓者王忠诚院士荣获2008年度国家最高科学技术奖。国家主席胡锦涛向王忠诚、徐光宪颁发奖励证书。这是北大教授和校友继2001年度王选、黄昆院士获奖之后第二次包揽国家最高科学技术奖。此外,北京大学还有4个项目(北大为第一完成单位)获国家科学技术奖,包括2项国家自然科学奖二等奖、1项国家技术发明二等奖、1项国家科学技术进步奖二等奖,成绩喜人。北大为非第一完成单位也有多项成果获国家科学技术奖。

1月9日 北京大学人文社会科学研究与发展工作会议在英杰交流中心阳光大厅召开。会议表彰了2008年度北大科研贡献突出者。吴同瑞、刘伟、阎步克作为获奖教师代表分别发言,同与会者分享了他们在课题研究和项目申报上的心得体会。张国有副校长作了"关于北大人文社会科学领域研究与发展方向的相关问题"的报告。

2月

2月5日 北京大学、美国埃默里大学和佐治亚理工学院在生物医学工程领域联合博士培养项目正式启动。根据项目协议,三校学生可以选择三校中的一所作为主校区,选择另一个国家的学校作为第二校区。学生将有一名主校区的导师和一名第二校区的合作导师。学生大部分课程和研究工作将在主校区内完成,但至少有一年时间在第二校区学习课程和参与合作导师的实验室工作。所有课程将采取英语教学,同时学生需要按照三所院校的共同要求完成毕业论文。

2月10日 关于在北京大学建立阿卜杜勒阿齐兹国王图书馆分馆的谅解备忘录在沙特阿拉伯首都利雅得签署。谅解备忘录表示,为了加强中华人民共和国与沙特阿拉伯王国的文化交往,决定在北京大学建立国王图书馆分馆,沙特阿拉伯王国将提供建立北京大学阿卜杜勒阿齐兹国王图书馆分馆必要的资金、资料等方面的支持。

2月24日 北京大学党委理论中心组举行学习报告会,邀请原中共中央党史研究室副主任、原北京大学副校长沙健孙教授作关于"五四运动"的专题辅导报告。报告会由北京大学党委书记闵维方主持,校领导和各院系、各部门党委(党工委、党总支、直属党支部)书记、党委系统职能部门负责人参加了学习报告会。

2月24日 美国西点军校校长哈根贝克将军率代表团访问北京大学,并在北京大学国家发展研究院做了题为"西点军校的领军之道"的演讲。哈根贝克将军全面介绍了西点军校的历史、教学特点和师资力量等。

2月26日 北京大学举行了全国人大代表、全国政协委员座谈会。周其凤校长向"两会"代表委员通报了学校2008年的工作情况,北大常务副校长、医学部常务副主任柯杨向代表委员通报了医学部的情况。

2月27日 北京大学共青团"青年就业创业见习基地"签约仪式举行。重庆市渝北区、南岸区、福建省泉州市、漳州市、浙江省人才交流中心、台州市,中国航天科技集团公司、中国建筑工程总公司、南方报业传媒集团和新兴铸管集团有限公司等10家单位与北大签署了共青团"青年就业创业见习基地"合作协议。"青年就业创业见习基地"的建立,不仅有助于青年学生积累工作经验,提高就业创业能力,增强就业创业信心,为他们将来步入社会打好基础;同时也为充分发挥北大的人才优势,服务地方建设和企业发展提供了崭新渠道,为相关单位更好地选人用人搭建了良好的平台。

3 月

3月2日 中国科学院发布《2009科学发展报告》,选择介绍了15项中国科学家在2008年取得的具有世界水平的研究成果,其中有3项是北京大学科研人员完成的,分别为:物理学院龚旗煌教授研究组在介观光学研究领域取得的重要进展,研究论文发表在《自然光子学》上;核物理与核技术国家重点实验室王宇钢教授研究组与中科院化学所合作在制备人工离子通道研究上获重要进展——酸碱响应性的合成DNA-纳米孔道体系,研究论文发表在《美国化学会会志》上,同时被《自然》杂志以"研究亮点"形式加以报道;分子医学研究所程和平教授研究组在活性氧族研究方面取得重大进展——单个线粒体"超氧炫",《细胞》杂志以"配图文章"形式发布了该研究成果。

3月3日 教育部正式发文,批准北京大学心理学系为"国家理科基础科学研究和教学人才培养基地"。该基地是国家为促进理科基础学科人才培养而推出的重要举措。

3月3日至8月底 按照党中央的要求和教育部党组的统一部署,北大开展了深入学习实践科学发展观活动。在中央和上级部门的领导下,在部属高校学习实践活动第一指导检查组的直接指导下,北大党委以"服务国家战略,坚持科学发展,加快推进创建世界一流大学步伐"为实践载体,紧紧围绕"培养什么人,怎样培养人"和"办什么样的大学,怎样办好大学"这两个根本问题,按照"党员干部受教育、科学发展上水平、人民群众得实惠"的总要求,科学谋划,广泛动员,精心组织,各级党组织、全体党员干部和全校师生员工共同努力,扎实有序地推进各项活动的开展。中央和上级部门对北大开展学习实践活动高度重视,给予了大力支持和悉心指导。学习实践活动期间,习近平同志、刘延东同志率领中央有关部门负责同志分别莅临我校视察指导工作,对北大突出实践特色确定实践载体,坚持开门询计问策,下功夫做好学习实践活动与当前工作结合等特点给予了充分肯定。以原浙江大学党委书记张浚生同志为组长的部属高校学习实践活动第一指导检查组的领导同志深入基层、深入实际,全方位、全过程指导和参与了北大学习实践活动,尽职尽责地履行了指导、检查和督促的职能,为北大学习实践活动的顺利开展提供了有力支持和巨大帮助。全校共有22921名党员、1029个党支部参加了学习实践活动,圆满完成学习调研、分析检查、整改落实三个阶段六个环节的主要任务,取得了显著成果。经公开测评,群众对学校学习实践活动满意度达99.68%。

3月4日 辉瑞公司赞助创办的"北京大学定量药理学高级人才培训教学中心"正式揭牌成立。定量药理学(Pharmacometrics)是一门新兴综合学科,作为其主要组成部分的群体药物动力学(PopPK)和药物动力学/药效动力学(PKPD)在新药研制与合理用药中的地位十分重要。合作首期为5年,辉瑞公司将无偿资助北大每年培养2~3名定量药理学方向的博士研究生/博士后研究员,并给予相关的技术支持、实习和就业机会。合作的顺利实施将对促进我国相关学科长期健康发展,进一步吸引优秀生源起到极为重要的作用。

3月14日 教育部党组书记、部长、部属高校深入学习实践科学发展观活动领导小组组长周济来到北京大学,在办公楼礼堂为北大师生作了题为"深入贯彻落实科学发展观,加快推进创建世界一流大学步伐"的专题报告。

3月14日至4月5日 来自北京大学环境科学与工程学院、城市与环境学院、国际关系学院的6名学生,参加了由英国探险家罗伯·斯旺及其机构"2041"组织的第8届南极极地领导力项目和2041 & BP(英国石油)第1届气候领导力项目。在南极期间,6名学生亲眼见证了南极生态环境发生的变化,并与来自其他国家的代表就气候变化及能源等问题展开深入交流。他们还参观了我国第一个南极科考站——长城站,与第25次南极科学考察队队员进行了交流。回国后,其中的5名学生还当选为"世博城市之星形象大使"。

3月21日 北京大学举行仪式,授予汇丰控股有限公司集团主席斯蒂芬·葛霖名誉校董称号,北大校长周其凤向斯蒂芬·葛霖颁发聘书。斯蒂芬·葛霖执掌的汇丰银行积极回馈社会,广泛支持中国教育、环保等慈善事业。在他的推动下,2008年8月,汇丰慈善基金向北京大学捐赠1.5亿元人民币,用于支持北京大学汇丰商学院和汇丰金融研究院的建设。

3月26日 中共中央政治局委员、国务委员刘延东到北京大学视察指导工作。刘延东同志视察了化学与分子工程学院、微处理器研究开发中心、国家发展研究院和国际关系学院,参观了王选院士纪念馆,亲切看望了徐光宪院士、王选院士夫人、孟二冬教授家属和部分师生、科研人员。刘延东国务委员在北大英杰交流中心阳光大厅听取了学校工作汇报。北大党政领导班子全体成员、各院系和职能部门负责人、一线教师代表、老教师代表、民主党派代表以及学生代表200余人参加了汇报会。刘延东国务委员在座谈会上发表重要讲话,高度评价了北京大学走过的光荣历程,充分肯定了北京大学创建世界一流大学所取得的成绩,深刻分析了以北大为代表的高水平大学在创新型国家和人力资源强国建设过程中的重要作用。她希望北京大学按照中央的要求,牢记使命,不负重托,真正将创建世界一流大学作为实现国家现代化和民族复兴的组成部分,使学校发展深深融入民族的凝聚力、创造力和国家发展的不竭动力之中。

3月30日 北京大学正式成立欧洲大学中心。欧洲大学中心由瑞典隆德大学和北京大学共同发起成立,中心成员包括瑞典隆德大学、德国柏林大学、米兰理工大学、华沙大学、亚里士多德大学等十所欧洲大学。中心旨在为促进欧洲大学与中国大学的合作与交流搭建良好平台,进一步推进中国大学与欧洲大学在课程共享、学生互派、人员交流以及科研合作等方面的交流合作。

3月30日 "2009年北京市卫生工作会议"举行,北大人民医院获得首都综合医院十佳"人民满意医院"的光荣称号,人民医院外科加强治疗科安友仲主任荣获"首都健康卫士"称号。

3月31日 北京大学在陈守仁国际会议中心隆重举行仪式,授予世界知识产权组织总干事弗朗西斯·高锐先生北京大学名誉教授称号。弗朗西斯·高锐先生是世界知识产权保护领域的资深学者和实践者,并于去年10月当选为世界知识产权组织总干事。在世界知识产权组织任职的20年中,高锐先生重视推动包括中国在内的发展中国家的知识产权保护工作,为国际知识产权体系的完善做出了突出贡献。林建华常务副校长为高锐先生颁发北京大学名誉教授证书。高锐先生表示,能够成为北京大学名誉教授自己感到非常荣幸,期待能一如既往地为提高北大知识产权研究水平贡献自己的力量。

3月31日 北京大学第一医院举行新门诊楼工程奠基仪式。新门诊楼工程建筑面积40266平方米,地上5层,地下4层,设计日门诊量6000人次。新门诊楼预计于2011年5月落成,将极大地改善门诊患者的就医条件,为患者提供舒适、安全、方便的就医环境,为第一医院的发展奠定坚实基础,同时也能够更好地为干部保健对象提供全面、优质的医疗保健服务。

3月31日 由国家文物局主办的"2008年度全国十大考古新发现"在北京揭晓,北京大学承担的周公庙遗址发掘项目榜上有名。2004年初,陕西省文物考古所和北京大学联合组成考古队,对陕西岐山县周公庙遗址进行了考古调查、钻探和抢救性发掘。岐山县周公庙遗址有"西周殷墟"之称。

4月

4月9日 美国国会参议院军委会共和党首席成员、亚利桑那州共和党联邦参议员约翰·麦凯恩率领代表团到访北京大学,北大校务委员会常务副主任吴志攀会见了麦凯恩一行。随后,麦凯恩与学生代表座谈。

4月9日 中美能源与气候变化合作研讨会在北京大学举行。中国气象局局长郑国光、北京大学常务副校长林建华、清华大学副校长谢维和、亚洲协会中美关系中心主管奥维尔·谢尔等分别致辞。随后,中美专家就应对气候变化的国际合作,应对气候变化的机制、障碍和机遇以及中美应对气候变化合作的途径三个议题开展交流讨论。

4月13日 北京大学校长周其凤与北大校友、百度公司董事长兼首席执行官李彦宏签署协议。李彦宏向北京大学捐赠人民币1000万元,设立北京大学"李彦宏回报基金",支持北大的奖学金、学生国际交流、院系发展等项目。

4月15日 新西兰总理约翰·基率新西兰少数民族事务部部长、妇女事务部部长、新西兰驻华大使以及新西兰多所高校的代表访问北大,并在北大英杰交流中心发表演讲。约翰·基总理演讲的题目为"新西兰与中国:我们共享的经济未来"。他围绕"走向未来的中新双边关系""世界大国在应对世界经济危机中的作用"和"新西兰与中国的经济合作"等进行了阐述。

4月15日 北京大学口腔医学院召开了新一届院行政领导班子任命大会。医学部党委书记敖英芳宣布任命徐韬为院长,李铁军、林野、郭传瑸、罗奕为副院长。上一届院长俞光岩教授代表上届领导班子发表感言。新任院长徐韬代表新一届行政班子讲话。

4月18日 北京大学联合新浪网,首次在新浪教育频道开通"2009年北京大学首届网上校园开放日暨招生咨询平台"。从上午8点到下午2点,在北大图书馆阳光大厅,北京大学有关人员通过网上开放日平台与考生和家长互动,为学生和家长解答各类咨询问题,接受全程在线咨询。

4月21日 中国数学会在2009学术年会上颁发"华罗庚数学奖""陈省身数学奖""钟家庆数学奖"三大奖项。中科院院士、发展中国家科学院院士、北京大学数学科学学院教授张恭庆获"华罗庚数学奖",北京大学数学科学学院教授张继平获"陈省身数学奖"。

4月25日 北京大学《儒藏》编纂中心主持召开《儒藏》工程编纂工作研讨会,来自中、韩、日、越4国的40多位专家出席了会议,共同就《儒藏》精华编收录的"域外文献"的选目、体例、校点及组织工作,进行研究和协商。

4月28日 北京大学举行"五四运动与民族复兴——纪念五四运动90周年暨李大钊诞辰120周年理论研讨会"。北京市委常委、教育工委书记赵凤桐,教育部社科司司长杨光分别致辞。中共中央文献研究室、中央党校、中央党史研究室以及部分高校的有关专家学者围绕五四运动等主题进行了研讨。

4月30日 2009年首都劳动奖状评选结果揭晓,北京大学由于"为首都经济建设和社会发展作出了突出贡献"获得2009年首都劳动奖状,北京市总工会为我校颁发了荣誉证书和奖牌。

5月

5月2日 北京大学隆重举行庆祝地质学系建系100周年活动。北大地质学系创办于1909年,是中国高等教育史上的第一个地质学系,是我国培养高等地质人才的第一个教学单位和我国最早的地质学术机构。100年来,北大地质学系涌现出了以李四光教授为代表的高水平师资队伍,造就了一大批地质学界的栋梁之材,使北大地质学系成为中国地质学家的摇篮。毕业生中有52人当选为两院院士,包括国家最高科学技术奖获得者刘东生院士。

5月4日 为纪念五四运动90周年和建校111周年,北京大学在百周年纪念讲堂隆重举行纪念暨庆祝大会。中共北京市委常委、市委教育工委书记赵凤桐,北大党委书记闵维方,教育部副部长李卫红分别致辞。

5月5日 在纪念五四运动90周年和建国60周年之际,由北京大学出品的首部胶片电影《孟二冬》在北大百年讲堂举行首映礼。3年前,北京大学中文系古代文学教研室孟二冬教授因劳累过度患恶性肿瘤,医治无效不幸逝世,年仅49岁。胡锦涛总书记对孟二冬教授的去世表示深切的哀悼,亲自给孟二冬教授的女儿孟菲回信,号召各行各业人们学习孟二冬教授的崇高精神和优良品德。

5月6日 中共中央政治局常委、中央书记处书记、国家副主席习近平同志来到北京大学,亲切看望广大师生员工,视察指导学校深入学习实践科学发展观活动。习近平同志先后视察了北大校史馆、微处理器研发中心、生命科学学院等地,与师生进行交流,对学校教学科研情况进行调研。调研结束后,习近平同志在北大英杰交流中心召开了师生代表座谈会,听取学校领导班子的工作汇报,并对学校开展深入学习实践科学发展观活动和创建世界一流大学工作进行指导。

5月7日 北京大学在中关新园召开本科战略改革研讨会,常务副校长林建华,原常务副校长迟惠生、王义遒,校长助理李强,本科发展战略研究小组成员,部分院系院长、教授以及教务长办公室、教务部负责人等三十余人参加。与会者就学校提出的"多样性和全方位本科人才培养体系建设"思路进行了讨论。

5月8日至9日 北京大学召开2009年研究生教育工作研讨会。北京大学党委书记闵维方、校长周其凤、常务副校长林建华、副校长张国有、校长助理李强、院系和学位分委员会领导、研究生教学主管以及相关职能部门负责人等200余人参加了本次研讨会。城市与环境学院院长陶澍教授、中国语言文学系主任陈平原教授应邀做大会交流报告。

5月18日 大型音乐史诗《红旗三部曲》作品发布会在北大英杰交流中心隆重举行。北京大学和中国人民对外友好协会联合进行了这一作品的创作工作,并将其制作成MTV。《红旗三部曲》组歌分为《党旗颂》《军旗颂》《国旗颂》,通过歌颂党旗、军旗、国旗,进一步歌颂伟大的中国共产党,歌颂新中国的光辉历程和祖国美好未来。《红旗三部曲》分别于"七一""八一""十一"期间在各大电视台推出。《红旗三部曲》的词作者分别是陈毅元帅之子、中国人民对外友好协会会长陈昊苏,前海军学院院长、海军副司令员兼参谋长、解放军军事科学院政委张序三将军以及北大教授赵为民。作曲为著名艺术家遥远。主唱由著名歌唱家戴玉强、谭晶担任。作为庆祝新中国成立60周年献礼和加强爱国主义教育的重要举措,《红旗三部曲》的推出得到了中宣部、教育部的大力支持。

5月22日上午 "北京大学留学生工作战略研讨会"在陈守仁国际会议中心召开。会议回顾了近年来北大留学生工作的基本情况,集中讨论了当前我校留学生工作的形势及存在的问题,研究了北大留学生工作下一步的发展方向并提出若干具体政策建议。

5月31日 第四届国际大学生环境论坛在北大举行。来自中国、美国、日本、法国、英国、俄罗斯等国家的300余名大学生参加。本次论坛以"能源、城市与气候变化"为主题,旨在搭建优秀青年人才与社会各界就环保课题进行交流的平台。论坛发布了《建设可持续发展校园宣言》,倡导当代青年肩负起时代责任,提高环境保护意识,培育日常良好习惯,开展环境学术科研,培育绿色校园文化,传播生态文明理念。

5月31日 北京大学气候变化研究中心正式成立。中心聘请全国政协常委、人口资源环境委员会副主任、中国科学院院士秦大河担任主任,北大城市与环境学院方精云院士担任副主任。中心将发挥北大多学科优势和人才优势,致力于我国气候变化研究,努力在这个领域取得更大突破。

6月

6月1日至8日 北大举行以"高端培训与社会责任"为主题的"2009北京大学高端培训黄金周"。活动期间,北大通过举办高端培训精品课公开观摩活动、北大管理创新大讲堂、进修教师访问学者论坛暨"六大奖励工程"颁奖会、比达高端培训新闻发布会、专题研讨会、成果展览等一系列活动,向社会公开展示和推广北大的继续教育品牌。

6月3日 广州市与北京大学在广州大学城签约共建"数字视频编解码技术国家工程实验室广州研究开发与产业化中心",共同打造涵盖芯片与软件设计、整机设计与制造、媒体制作与运营的较为完整的数字媒体产业链。

6月11日 2009中国高校传媒联盟年会暨中国校园文化传播论坛在北大举行。中国高校传媒联盟由中国青年报社在共青团中央、教育部指导下,携手63所重点高校共同发起成立。其宗旨是进一步加强全国高校传媒之间的交流,促进资源和资讯共享,共同打造一个引导青年健康成长的媒体合作平台。北京大学、清华大学等140余所国内重点高校加入联盟。团中央书记处书记周长奎、全国记协党组书记翟惠生出席活动并致辞。

6月11日 北大工学院与厦门市科技局、火炬高新区管委会签署科技合作协议,成立北京大学工学院厦门创新创业中心。北大工学院将向厦门市输出人才和项目,厦门市政府将为北大工学院实施创新项目提供政策支持及项目孵化场地支持,真正实现"产官学研"合作。

6月16日 我国首届野外科技工作会议在北京召开,国务委员刘延东出席会议,科技部部长万钢作工作报告。会议对在野外科技工作中做出突出成绩的先进集体和个人进行表彰,我校方精云院士获"全国野外科技工作先进个人"称号。野外科技工作是获取第一手数据和资料的重要手段,是取得原始性创新成果的重要源泉。

6月16日 洛杉矶加州大学校长与北京大学校长签署协议,成立北京大学-洛杉矶加州大学理工联合研究所。北京市副市长黄卫出席签字仪式。北京大学-洛杉矶加州大学理工联合研究所的任务包括:推动两校联合科研,向政府、工业界申请科研经费,并做好专利转让工作;致力于培养具有国际眼光的人才,开展两校学生交换项目,共同举办国际会议。

6月22日 北京国际数学研究中心建设工程奠基开工典礼隆重举行。"北京国际数学研究中心"的发展建设一直受到中央高度关注,在中组部、教育部、国家发改委等部门的重点支持下立项建设。该中心致力于为我国培养一流的数学人才,同时也为海外优秀人才回国工作搭建桥梁。中心所有课题的立项申请向全世界数学家开放,通过组织高水平的系列讲座、前沿问题的专题研究推动数学在其他领域的应用,提升国内数学研究和数学教育的水平,为国家的现代化建设和社会发展服务。建设北京国际数学研究中心是北京大学服务科教兴国、人才强国战略,加快推进创建世界一流大学步伐的重要组成部分。中心主任田刚院士是国际著名数学家,现为中国科学院院士及美国艺术与科学院院士。

6月26日 《北京大学学报(医学版)》创刊50周年庆典隆重举行。全国人大常委会副委员长、医学部主任韩启德出席庆祝会。1959年创刊的北医学报,与北医的发展紧密相伴,从《北京医学院学报》到《北京医科大学学报》,再到《北京大学学报(医学版)》,传播着北医人"严谨求实,开拓创新"的科学精神,见证了几代北医人的学术探索之路。

6月29日 首届北京大学国际暑期学校在北大开班。首届北京大学国际暑期学校历时5个星期,共开设7门专业课程及1门汉语课程,其中专业课程全部采用英文授课。来自剑桥大学、斯坦福大学、耶鲁大学、澳大利亚国立大学、新加坡国立大学、加州大学、华盛顿大学等多所世界知名高校的优秀学生与中国学生同堂上课。项目还为学生安排了丰富的文化参观活动。

7月

7月6日 北京大学2009年赴基层和西部地区就业毕业生欢送会在图书馆北配楼举行。教育部高校学生司副司长张浩明、北京大学党委书记闵维方、党委副书记张彦等与全体赴基层和西部地区工作的毕业生参加欢送会。与会领导为赴基层和西部地区工作的毕业生们分别颁发了"北京地区高等学校毕业生支援西部大开发荣誉证书"和"北京大学毕业生到基层工作荣誉证书",以及奖励金。

2009年，我校共有157人赴基层和西部地区就业。

7月7日 北京大学2009年本科生毕业典礼暨学位授予仪式在北大体育馆举行。典礼在雄壮的国歌《义勇军进行曲》中拉开帷幕。校合唱团集体演唱《燕园情》，师生代表朗诵谢冕先生的散文"永远的校园"。校党委书记、校务委员会主任闵维方宣读了"北京大学关于表彰2009届优秀毕业生的决定"。主席台领导、嘉宾一起为优秀毕业生代表颁奖。2008年国家最高科学技术奖获得者、北京大学化学与分子工程学院徐光宪院士，北大明德奖学金的创设者、名誉校董陈国钜先生分别致辞。北京大学校长周其凤院士致辞并以院系为单位向2009届毕业生授予学士学位。

7月8日 北京大学2009年研究生毕业典礼暨学位授予仪式在北大体育馆举行。北京大学学位评定委员会决定授予1393名同学博士学位、4974名同学硕士学位。

北京大学党委书记闵维方宣读了"北京大学关于表彰2009届优秀毕业生的决定"。城市与环境学院2006级硕士研究生谢志华作为毕业生代表发言。艺术学院教授俞虹、物理学院1958届毕业生侯朝焕院士分别作为导师代表、校友代表发言。周其凤校长致辞并对同学们提出殷切期望。随后，校领导为毕业生们一一授予学位并合影。

7月11日 北京大学资深教授季羡林先生在北京逝世，享年98岁。季羡林病重期间和逝世后，胡锦涛、江泽民、吴邦国、温家宝、贾庆林、李长春、习近平、李克强、贺国强、周永康等，以不同方式表示慰问和哀悼。7月12日，北大在百周年纪念讲堂设置灵堂，北大师生及社会各界人士2万多人，前来送别季先生。7月19日上午，季羡林先生遗体告别仪式在北京八宝山革命公墓举行。温家宝、贾庆林、李长春、李克强、王兆国、刘淇、刘云山、刘延东、李源潮等来到灵堂，向季羡林先生的遗体鞠躬告别。北大党委书记闵维方、校长周其凤等校领导及北大师生来到灵堂，一一向季羡林先生的遗体告别。

7月11日 北京大学新闻与传播学院2007级本科生赵冉在第25届世界大学生运动会半程马拉松比赛中，夺得中国大学生代表团在本次大运会上的第一块田径金牌，这也是北京大学在竞技体育领域取得的第一个世界冠军。

7月12日至14日 由北京大学化学学院承办的"中一美化学院长/系主任论坛"在北京大学博雅国际会议中心成功举行。来自美国7所高校和国内16所高校的化学院长/系主任以及美国化学会、中国化学会的代表参加了此次论坛。与会代表围绕教师聘任、化学教育、化学研究和支撑体系等四个主题进行了探讨与交流。

7月18日 经过多年筹备，亚洲核物理联合会（Asian Nuclear Physics Association）于7月18日在北京大学正式成立。中日韩等国核物理学界的300余名专家参加成立仪式。亚洲核物理联合会的主要目标是促进亚洲地区的核物理交流合作和战略研讨。

7月28日 由国务院妇女儿童工作委员会、联合国人口基金会和北京大学人口研究所联合主办的"中国青少年生殖健康可及性政策发展研究"项目启动暨调查方案研讨会在北京召开。

7月23日 国家人口和计划生育委员会、北京大学委校合作签约仪式在国家人口计生委举行。国家人口计生委主任李斌、北京大学校长周其凤先后讲话。国家人口计生委副主任江帆、北京大学副校长张国有签署了委校合作协议书。国家人口计生委发展规划与信息司、科技司、中国人口与发展研究中心分别与北京大学中国社会科学调查中心、人口研究所、国家发展研究院签署了合作协议书。国家人口计生委与北京大学将以"统筹解决人口问题，促进经济社会发展"为主题，开展长期合作。

7月31日 北京大学召开领导班子党性党风党纪建设专题会议。北京大学党委书记、深入学习实践科学发展观活动领导小组组长闵维方，校长、深入学习实践科学发展观活动领导小组组长周其凤以及学校领导班子全体成员参加会议，学校有关职能部门负责人列席会议。闵维方传达了胡锦涛总书记在十七届中央纪律检查委员会第三次会议上的重要讲话精神和部属高校学习实践活动领导小组《关于组织开好领导班子党性党风党纪建设专题会议的通知》的有关精神。校长周其凤结合基层调研工作深入分析了加强党性党风党纪建设在推动学校科学发展中的重要意义。

8月

8月2日至7日 国际纯粹与应用化学联合会（IUPAC）在英国格拉斯哥召开第45届IUPAC全体会员大会，北京大学校长周其凤院士在本次会议上成功当选为IUPAC理事会理事。IU-PAC是国际科联下属权威性的国际化学组织，成立于1919年，是世界上最大的化学组织。

8月4日 北京大学汇丰商学院收到美国国际管理教育联合会（AACSB）来函，祝贺北京大学汇丰商学院被AACSB接纳为会员。美国国际管理教育联合会始创于1916年，是一个由商学院、社团和其他机构组成的非盈利组织，致力于提高和促进工商管理学和会计学高等教育水平,是工商管理和会计学专业学士、硕士、博士等学位项目的首要认证机构。目前,全世界只有不到6%的商学院获得 AACSB 的国际认证。

8月8日至13日 北京大学人工微结构和介观物理国家重点实验室举办第九届飞秒化学、飞秒生物和飞秒物理国际学术会议,本次会议是飞秒化学系列会议举办16年来第一次在欧美国家以外地区举办。

8月12日 医学部学生综合服务大楼举行封顶仪式。新建学生综合服务大楼总建筑面积20394.52平方米,其中,地下建筑面积7808.82平方米。大楼地上四层,地下两层。该楼包括主功能餐厅、学生社团活动中心、艺术教研室、排练厅、礼堂、浴室、理发厅、咖啡厅、银行、邮政和小型超市等。

8月18日下午 北京大学与海淀区委区政府在英杰交流中心新闻发布厅签署了区校合作协议。今后双方将在战略规划与政策咨询、人才培养与干部交流、科研合作与技术创新、基础教育与医疗卫生、依法行政与社会文化建设等方面开展多领域、深层次的合作,积极促进区校协同发展。双方还设立了海淀区与北京大学合作推进办公室,具体负责合作协议内容的统筹协调,确定并推进具体合作项目的落实。

8月21日 《细胞》杂志发表了北京大学医学部生物化学与分子生物学系尚永丰教授实验室的研究论文。该研究为乳腺癌转移的干预提供了新的可能的分子靶点。

8月21日 北京大学理论生物学中心汤超教授课题组和加州大学旧金山分校温德林教授课题组合作,在最新的一项研究中揭示了生物适应性在生物网络层次上是如何实现的。该研究所发现的规律性可能在生物系统中具有普适性,将有助于加深对于生物系统复杂性的认识。这一研究成果已作为封面文章刊登在《细胞》杂志上发表。

8月28日 北京大学召开了深入学习实践科学发展观活动总结大会,周其凤校长主持大会。校党委书记、学校学习实践活动领导小组组长闵维方作了总结报告。与会的全体代表参加了群众满意度测评,对全校学习实践活动表示满意和比较满意的占99.68%。其中,表示满意的占84.52%,比较满意占15.16%。

8月30日 2009国际名校赛艇挑战赛在云南抚仙湖举行,北京大学代表队夺得本届比赛冠军,美国耶鲁大学代表队获得亚军。该赛事已成为国际上校际体育交流的主要方式之一。清华大学和北京大学于1999年加入该项运动。

8月 北京大学教师段连运、王杉、赵敦华荣获"第五届高等学校教学名师奖"。2007年1月,经报国务院同意,教育部、财政部联合印发了《教育部 财政部关于实施高等学校本科教学质量与教学改革工程的意见》(教高[2007]1号),高等学校教学名师奖被纳入"高等学校本科教学质量与教学改革工程",并由原来每三年评选一次改为每年评选一次,每次表彰100名获奖教师。

9月

9月3日 北京市教育教学成果奖颁奖大会上传来消息,北京大学林建华等申报的"从实验班到元培学院——北京大学本科培养模式和管理体制改革"等6项成果获得市级特等奖,这是该奖项在高等教育教学成果奖上首次设立特等奖。北京市教育教学成果奖是以市政府名义颁发的重要奖项,包括高等教育教学成果奖和基础教育教学成果奖,每4年评选一次。

9月10日 教育部公布第六届高等教育国家级教学成果奖,北大16项成果获奖,其中一等奖2项,分别是:林建华教授牵头完成的"从实验班到元培学院——北京大学本科培养模式和管理体制改革"、王杉教授主持的"基于网络环境的临床医学自主学习体系及其信息化平台的建设与应用";二等奖14项。获奖总数居全国高校首位。

9月20日 英国爱丁堡皇家外科医学院、香港外科医学院和人民医院举办合作备忘录签署仪式和培训基地揭幕典礼,人民医院正式成为上述两家机构联合认证的培训基地,并将安排青年医师参加英国爱丁堡皇家外科医学院和香港外科医学院所举办的专科医师考试。此次人民医院的认证活动对合作三方都将是一个重要的里程碑,培训合作表明人民医院的外科专科医师培训水平已得到国际权威机构的认可,也标志着中国外科专科医师培训制度迈出了与国际接轨的关键步伐。

9月21日 北大授予台湾著名收藏家王度先生名誉博士学位。周其凤校长为王度颁发了名誉博士学位证书。王度现为台湾中华文物保护协会理事长。40余年来,他矢志不渝地致力于"珍藏中华文化之美"活动,收藏品达30个系列。王度长期以来支持北京大学的教学和发展,将部分珍贵藏品捐献给了北京大学,致力于在北大建成一所国际一流的美术馆。

9月21日 由北京大学文化产业研究院、龙江电影制片厂、北京天际远景文化传播公司、山东华夏电子商务公司联合出品并摄制的故事片《孟二冬》获得中宣部第11届"五个一工程奖"优秀作品奖。此前,该片还获得了第12届上海国际电影节"传媒大奖"中的最重要奖项——评委会奖,并被国家广播电影电视总局电影局列为新中国成立60周年100部国产献礼影片。

9月23日 第二届中国特色社会主义理论体系论坛在北大举行。论坛的主题为"社会主义中国60年:成就与经验",来自教育部、北京大学、中国人民大学等单位的70余位专家学者到会,并围绕"新中国60年的伟大成就和宝贵经验""新中国60年与推进马克思主义中国化""新中国60年高等教育事业改革发展的成就与经验""巩固马克思主义在意识形态领域的指导地位""新中国60年高校推进大学生思想政治教育工作的成绩、经验及规律研究"等议题展开了深入讨论。

9月23日至24日 中国和平统一促进会第八届理事大会在北京召开。全国人大常委会副委员长、九三学社中央主席、北大医学部主任韩启德院士当选为中国和平统一促进会副会长。同时,世界银行高级副行长兼首席经济学家、全国人大代表、全国工商联副主席、北大国家发展研究院教授林毅夫(无党派)和全国台联顾问、北京市台联名誉会长、北京大学党委统战部部长卢咸池当选为常务理事。

9月28日 北京大学生态与环境观测系统——塞罕坝实验站建成揭牌,标志着该实验站正式投入使用。该实验站建成后,将承担地球环境与生态系统等相关研究领域的长期定位观测与研究任务,为我校相关院系开展环境和生态科学研究提供第一手观测资料。同时该站也是监测我国北方地区空气质量和沙尘的重要台站。

9月29日 国务院第五次全国民族团结进步表彰大会在北京举行,胡锦涛总书记出席并发表了重要讲话。北京大学荣获"全国民族团结进步模范集体"称号,是教育部部属高校中唯一获此荣誉的学校。近年来,北京大学认真贯彻执行党的民族政策,充分发挥人才培养和知识创新等方面的资源条件,通过开展对口支援、培养少数民族大学生、引导毕业生去西部建功立业、推动干部挂职交流和组建支教团、医疗队等多种途径,全力服务少数民族和民族地区经济社会发展,为推动各民族共同团结奋斗、共同繁荣发展作出了积极贡献。

9月30日 经中国政府"友谊奖"评审委员会评审,国务院批准,北京大学眼科中心主任曹安民教授作为外国专家,荣获2009年中国政府"友谊奖",于9月30日在人民大会堂接受国务院副总理张德江颁发的证书,并受到了温家宝总理的接见。

9月 国家科技部认定了第二批国家技术转移示范机构,北京大学科技开发部榜上有名。国家技术转移示范机构以促进知识流动和技术转移为主要工作,以促进高新技术向企业辐射和转移、改造传统产业、培育新兴产业、全面推进产业升级为目标,在促进科技创新和高新技术产业发展中发挥示范引领作用。

10 月

10月1日 由2300余名北京大学师生组成的"我的中国心"方阵顺利通过天安门广场,圆满完成首都国庆60周年游行任务。参加首都国庆60周年合唱方阵的87名师生圆满完成天安门广场合唱任务。

10月10日 北京-内蒙古医疗对口支援工作启动大会在北京召开,北京大学第一医院、人民医院、第三医院以及首钢医院参加此次对口支援工作。其中第一医院对口支援内蒙古兴安盟呼兰浩特医院;人民医院对口支援内蒙古通辽市扎鲁特旗医院和霍林郭勒市医院;第三医院对口支援内蒙古巴彦淖尔盟五原县医院和乌拉特前旗医院;首钢医院对口支援内蒙古乌兰察布盟丰镇医院和凉城医院。按照北京市卫生局的总体安排,经过3年对口支援,将切实提高当地医疗水平,使当地老百姓大病不出县、小病不出村,真正解决当地老百姓看病难、看病贵的问题。

10月12日 北京大学、清华大学、浙江大学、哈尔滨工业大学、复旦大学、上海交通大学、南京大学、中国科技大学、西安交通大学等九所首批"985工程"建设高校强强联合,共同签订了"一流大学人才培养、合作与交流协议书",共同培养拔尖人才。根据协议书,九所高校(中文简称"九校",英文简称"C9")将联合推进本科生交流和研究生联合培养工作。在本科生层面,九校将开展课程学分互认和学生第二校园学习交换工作;在研究生层面,九校将设立联合培养平台,九校研究生可申请到其他学校进行为期半年以上的访学研究,获得的课程成绩与学分得到互认。在学科建设上,九校将联合开展教材建设,共同培训青年教师,建立和发布以精品课程为主的学分互认课程目录,建立共享的远程教育平台。

10月 国家科技部批准了84个"973计划"项目和39个重大科学研究计划项目,其中北京大学获批"973计划"4项、重大科学研究计划3项,获批项目总数居全国首位。截至2009年,北大共获批"973计划"28项,重大科学研究计划9项,31位教授被聘为"973计划"项目和重大科学研究计划项目首席科学家。

10月17日 中国地理学会百年庆典暨学术年会在人民大会堂召开。大会颁发了第二届"中国地理科学杰出成就奖"和第十届"全国青年地理科技奖"。北大共有4位教师获"中国地理科学杰出成就奖",分别是:王恩涌、胡兆量、崔之久、陈静生。2位教师获得"全国青年地理科技奖",分别是:冯健、刘瑜。

10月17日 北京大学世界卫生组织生殖健康和人口科学合作中心医学临床基地在北京大学第三医院挂牌,该临床基地将着眼于出生缺陷、不育不孕症、生育力保存(如卵子冷冻)等方面的研究,是目前国内唯一的由WHO批准成立的医学临床基地。该临床基地将通过改进着床前遗传学诊断等方法,对一些遗传性疾病进行筛查,以防止出生缺陷儿的发生和出生,从而提高人口出生质量;同时通过对不孕不育症的研究及治疗,使更多的不孕不育症的适龄夫妇获得做父母的权利,为更多的家庭带去福音。

10月20日 在山东举行的第十一届全国运动会赛艇比赛中,北京大学赛艇队队员、2006级法学院学生黄鑫在2000米四人双桨比赛中以5分51秒02的成绩获得冠军,这是北京大学赛艇队建队11年以来首次获得全运会金牌。

10月24日 由北京大学、中国科学院联合主办的"纪念达尔文《物种起源》发表150周年国际学术会议"在北大英杰交流中心阳光大厅举行。来自美国、瑞典、英国等8个国家、32个学术机构的44位国际知名学者就演化机制、物种形成、分子演化、系统发育、生物地理学,以及生物大类群起源、辐射和灭绝的古生物证据等主题进行演讲。北大校长严复是将达尔文进化理论引入中国的第一人。

10月25日 北京大学第六届国际文化节在北大百周年纪念讲堂广场开幕。德国、法国等30多个国家驻华使馆官员出席了开幕式。北大国际文化节自2004年开始举办,每年一届。本届文化节以"语言的文化之旅"为主题,秉承国际文化节"培养青年全球视野,建设和谐国际校园"的宗旨,吸引了来自57个国家和地区的北大留学生积极参与,设计了17项形式活泼、内容丰富的活动,前后持续时间近一个月。文化节期间,来自罗马尼亚、俄罗斯等国的一流民族歌舞团来校演出。国际文化节还吸引了来自北京市其他高校的留学生积极参与。作为北大的品牌校园活动,北大国际文化节为中外学生加强相互交流学习创造了机会,也为促进世界各国各民族文化交流融会提供了平台。

10月29日 纪念李大钊诞辰120周年学术讨论会在北大召开。原中顾委委员、中国李大钊研究会顾问于明涛,中共中央党史研究室主任李忠杰,河北省委、唐山市委、北京大学的领导,以及100余名国内外知名的马克思主义专家学者参加了会议。与会专家学者围绕进一步弘扬李大钊精神、科学认识社会主义、引导和推动李大钊研究取得更大成就、国外李大钊研究的现状等主题展开热烈讨论。

10月31日 "共和国不会忘记——开国元勋亲人及当代名家诗书联画图片展"在北大百周年纪念讲堂举行。原全国人大常委会副委员长、中国长城学会会长许嘉璐出席开幕式。参加开幕式的还有近百位开国元勋的亲属和家人,其中包括毛泽东主席女婿王景清、周恩来总理侄女周秉德、朱德将军女婿刘铮等。展览吸引了众多北大师生前往观看。此次展览的主题是"感受60年辉煌,继承先烈遗志"。

10月31日 中国文联、中国民间文艺家协会举行"山花奖"颁奖典礼,中文系段宝林教授获"成就奖",这是"山花奖"中的最高奖项,以表彰他几十年来在民间文艺事业中的诸多成就和贡献。段宝林50多年来坚持开展民间文学、民俗学教学与研究工作,开课十余门,编写教材和著作三十种。2006年他将自己从国内外辛苦收集的一万多册图书,无偿捐献给了北大图书馆。

11月

11月1日 2008—2009年度全国考古工作会议在河南召开,会上颁发了2007—2008年度国家文物局田野考古奖,北大2项成果获奖,分别是:由北京大学考古文博学院与陕西省考古研究院联合发掘的陕西岐山县凤凰山(周公庙)遗址荣获"田野考古奖"一等奖,由北京大学考古文博学院与山东省文物考古研究所、寿光市博物馆合作发掘的山东寿光双王城盐业遗址荣获田野考古奖二等奖。国家文物局田野考古奖为中国考古界的最高奖。

11月5日 北京大学与山东曲阜市签署"孔子文化研究与发展战略合作协议"。根据该协议,北大将设立以孔子遗产保护为主要研究对象的"孔子遗产保护研究中心"。双方将在鲁国故城建立教学实习基地,北大考古、历史以及文化遗产保护相关专业将在此开展基础教学实习活动,双方还将合作开展包括孔府档案整理及影印出版、"三孔"数字化测绘、孔林考古勘察、中国孔庙体系研究、鲁国故城勘察以及尼山规划等工作。

11月5日 "北京大学出土文献研究所"宣布,经过半年多整理和研究,北京大学已初步确定今年年初收藏的一批西汉竹书的内容和性质,这批西汉中期的竹书全部为竹简,总数达3300余枚,其中可复原的完整竹简在2300枚以上。初步认定,这批西汉竹书是目前所见战国秦汉古书类竹简中数量最大、保存质量最好的一批,属于古代的书籍,而不是以往出土简牍中最常见的文书档案,含有近20种古代文献,因此可称之为"西汉竹书"。

11月6日 国际城市土地学会ULI(Urban Land Institute)在美国旧金山年会上公布2009年全球杰出设计与开发全球奖。北京大学俞孔坚教授及其"土人"团队设计的广东中山岐江公园获此殊荣。ULI全球杰出奖被认为是国际城市建设与地产开发领域的最高荣誉。这是目前为止中国第一次获得这一奖项。

11月6日至8日 由北京大学和北京市教委、韩国高等教育财团联合主办的"北京论坛(2009)"在北京成功举行。"北京论坛"是经国务院批准,在教育部和北京市政府指导下举办的国际性学术论坛。北京论坛创始于2004年,每年举办一届。论坛在各国哲学社会科学界的影响日益扩大,已经成为北京大学国际合作与交流的一个重要品牌。"北京论坛(2009)"的主题是"文明的和谐与共同繁荣——危机的挑战、反思与和谐发展"。来自十多个国家和地区的三百多位一流学者与会,其中包括四十多位国外著名大学的校长或副校长。除主论坛外,"北京论坛(2009)"共设有五个分论坛,其主题分别是"金融危机:挑战与应对""危机影响下的世界格局的变化与调整""化解危机的文化之道——东方智慧""危机与转机——对现实问题的历史反思""金融危机下的高等教育"。另外还设置了三个会议专场、一场专题对话。三个会议专场包括:以"危机中的世界:外来压力、内部影响与中国应对"为主题的斯坦福大学专场、以"二十世纪中国的基层动员:城乡比较"为主题的哈佛-燕京学社专场、以"危机背景下高等教育的理念与前景"为主题的伯克利加州大学专场。专题对话是以"对二十一世纪人类困境的回应"为主题的伊斯兰与儒家文明对话。

11月7日 北京大学国际高等教育研究中心揭牌仪式在北大教育学院举行。北大国际高等教育研究中心依托北大多学科优势和强大的国际交流平台,以解决我国高等教育国际化中的实际问题为导向,努力探索高等教育国际化的理论规律,为北京大学创建世界一流大学提供理论支持和咨询服务,同时也为上级行政管理部门制定国际高等教育的政策等方面提供理论和政策咨询,为北京大学和中国高等教育的国际化发展贡献自己的力量。

11月10日 北京大学党委理论中心组学习报告会在北京大学英杰交流中心新闻发布厅举行,中科院上海生命科学研究院知识产权与技术转移中心(OTT)主任纵刚以"贯彻科学发展观,切实做好知识产权管理与技术转让工作"为题作了报告。

11月12日 中国经济理论创新奖(2009)揭晓,北大光华管理学院名誉院长厉以宁教授的国有企业股份制改革理论获奖。该奖项是我国第一个由经济学界以学术民主投票并公开计票的方式进行评选的经济学大奖。

11月13日 授予沙特阿拉伯王国石油与矿产资源大臣阿里·纳伊米北京大学名誉博士学位仪式在北大英杰交流中心阳光大厅举行。周其凤校长向阿里·纳伊米颁发了北大名誉博士学位证书。纳伊米大臣发表了演讲,深入阐述了中阿关系和世界能源等问题。

11月16日 美国能源部部长、诺贝尔物理学奖得主朱棣文访问北大,并在北大陈守仁国际研究中心与师生就能源问题进行了座谈。朱棣文发表了演讲,分析了当前世界能源紧缺的原因,展望了未来全球新能源的开发和利用的前景。北大师生向朱棣文介绍了北大开展能源研究、开发新能源技术等方面的情况。

11月17日 北京大学医学部重症医学学系成立。学系成立后的工作构想主要包括四个方面的内容:第一,规范学科基础教育和继续教育培训;第二,请进来,走出去,加强重症医学的国际交流;第三,发挥北京大学学科优势,开展高质量临床研究;第四,每年举办北京大学重症医学论坛。

11月20日 北京大学举行仪式,正式聘任中国科学院副秘书长王恩哥院士为北京大学研究生院院长、物理学院院长。王恩哥院士1990年在北京大学物理系获博士学位,先后赴法国和美国从事博士后研究,现为中国科学院院士,发展中国家科学院院士、美国物理学会会员、英国物理学会会员,兼任香港大学荣誉教授、日本国立材料研究所、智利大学和英国伦敦大学学术顾问等。

11月25日 全国部分研究型大学宣传部长论坛在北大英杰交流中心举行。来自清华大学、中国人民大学、复旦大学、浙江大学等十多所国内知名研究型大学的宣传部长参加了论坛。各校宣传部长围绕新媒体发展对高校宣传工作的挑战、高校宣传部功能、大学文化建设、如何增强高校舆论领导能力、高校师德建设等主题展开了热烈讨论,并就高校宣传部今后的发展等多个问题达成了共识。教育部思政司杨振斌司长出席活动。

11月25日 北京大学医学部神经病学学系成立。该系将充分利用北京大学医学部的整体资源优势,通过教学资源共享、师资培训、学术交流、教学科研等方面的合作,进一步提升各临床医学院、教学医院在神经病学学科领域的整体水平。

11月25日 教育部社会科学司公布了教育部人文社会科学重

点研究基地 2009 年度重大项目。经过严格的专家评审和社会公示,共有 258 项教育部人文社会科学重点研究基地 重大项目和 12 项省部共建人文社会科学重点研究基地项目予以立项,其中北京大学获得 25 个项目,总资助经费 305 万元,居全国高校首位。

11 月 27 日 中国科学技术信息研究所公布了最新的"百种中国杰出学术期刊"评选结果。根据中国科学论文与引文数据库的统计数据,《北京大学学报(自然科学版)》被评为 2008 年"百种中国杰出学术期刊"。至此,《北京大学学报(自然科学版)》已连续 5 年获此荣誉。

11 月 由北大医学部牵头、北大药学院为主要承担单位的"北京大学综合性创新药物研究开发技术大平台建设"正式启动。此平台的建设由北京大学天然药物及仿生药物国家重点实验室作为主要承担单位,联合学校其他有关新药研发机构和企业,利用药学、基础医学、生命科学、化学、计算机科学等综合学科的优势和坚实的研究基础,整合北大优势资源,针对若干重大疾病,从创新药物发现至新药研发整体环节,拟构建包括化学药、中药/天然药、生物技术药在内的创新药物发现与研发体系,以提高我国新药研究自主创新能力,为尽快实现从医药大国到医药强国的转变贡献力量。此次包括新药大平台建设在内的新药研究相关项目预期可获得共 1.87 亿元人民币的经费支持。

11 月 27 日至 30 日 由北京大学承办的第五届"方正杯"全国高校校长乒乓球赛在北大乒乓球馆举行。来自全国 100 多所大学、教育主管部门的 280 余名代表参加了比赛。经过激烈角逐,广东队摘得团体比赛桂冠,江苏队、北京队分别名列第二、第三。全国人大常委会副委员长韩启德,北京市委副书记、市委教育工委书记王安顺和国家体育总局副局长蔡振华出席开幕式。11 月 30 日,举行了"方正杯"第五届全国高校校长乒乓球赛"中国大学校长体育论坛",与会校长围绕"教体结合,育人为本"的主题进行了广泛而深入的探讨。

12 月

12 月 1 日 2009 年度中国游戏行业年会在人民大会堂举行,会议评选出 5 个"2009 年度中国动漫游戏行业高等院校产学研先进单位",北京大学软件与微电子学院榜上有名。这是软件与微电子学院连续第三年获此荣誉。此外,数字艺术系学生游戏作品《汤姆的奇异梦世界》获"年度大学生优秀动漫游戏作品"奖。

12 月 3 日 由中国青少年研究会、北京大学、中国青少年研究中心共同主办的"中国青少年发展论坛(2009)"在北大英杰交流中心举行。本届论坛以"科学发展观与青少年和青少年工作"为主题,共收到参会论文 385 篇,共有来自全国 25 个省、市、自治区及香港地区的青少年工作者和青少年研究专家学者近 300 人参加。与会专家学者围绕"金融危机背景下的青年创业就业""新时代青年成长模式""提升青少年工作水平"等主题进行了深入交流。

12 月 2 日、4 日 2009 年中国科学院、中国工程院新增选院士名单相继出炉,北京大学 3 人入选。其中,北京大学医学部基础医学院教授尚永丰当选中国科学院生命科学和医学学部院士,北大城市与环境学院陶澍教授当选中国科学院地学部院士,中华预防医学会会长、北京大学公共卫生学院院长王陇德当选中国工程院工程管理学部院士。尚永丰主要从事基因转录调控的表观遗传机制及性激素相关妇科肿瘤分子机理的研究;陶澍主要研究微量有毒污染物排放、行为、归趋和效应等区域尺度环境过程;王陇德一直在公共卫生领域从事行政管理、流行病学和公众健康促进专业研究工作。截至目前,北大共有科学院院士 60 人,工程院院士 8 人。

12 月 5 日 第六届中国青少年科技创新奖评选结果揭晓,北京大学化学与分子工程学院 2003 级本科生周焱喜获该奖,他在有机合成、有机光电功能材料表征研究等方面取得突出成绩。

12 月 8 日 北京大学国际汉学家研修基地正式揭牌成立。北京大学国际汉学家研修基地是为了配合"中国文化走出去"的国家战略,经国家汉办批准,由北京大学成立的高级学术机构,中央文史研究馆馆长、北大文科资深教授、著名学者袁行霈先生担任主任,聘任北大文、史、哲、考古等学科的一流学者任基地主任助理与各委员会执行委员。基地旨在发挥北京大学在人文学科方面的优势,邀请国外汉学家并根据需要邀请国内学者来基地,与北大学者进行合作研究和学术交流,以此促进中外学术文化交流;支持国外汉学家在中国本土持续地研究中国文化,为促进国际汉语教育构筑坚实的学术基础;致力于打造以高端学者、卓越学术支持国际汉语教育工作的平台。

12 月 9 日 北京大学顺利完成了 2009 年度的征兵工作,共有 4 名优秀的本科生应征入伍。他们是外国语学院 2008 级本科生陈炎、中文系 2006 级本科生梁勇、国际关系学院 2007 级本科生王馨安、社会学系 2008 级本科生金婷(女)。北大举行了 2009 年新兵入伍欢送会,北大党委副书记张彦代表学校为 4 位同学颁发了入伍通知书,院系领导也为 4 位同学赠送了书籍和纪念品。

12月10日 北京大学护理学院与澳大利亚天主教大学（ACU）护理学院"护理学专业临床型研究生合作项目"启动。第一期课程班的教学任务由北京大学护理学院和ACU大学护理学院共同承担，共4门课程，10学分，总计600学时，以临床型研究生课程班的形式进行合作，双方教师共同开发和讲授这4门课程的内容，并学分互认。参加临床型课程班的学生在修完4门课程后，可以选择继续攻读北京大学护理学院的临床型研究生，获得学分认可；同时也可以选择去澳大利亚ACU攻读临床型研究生，也获得学分认可。

12月13日 北京大学景观设计学研究院院长俞孔坚教授接受哈佛大学的聘请，担任哈佛大学设计学院的"景观设计学与城市规划设计"兼职教授。根据双方约定，他将承担"生态与景观都市学"设计课程，在春季学期平均每月赴哈佛大学一次，每次授课2~3次。

12月14日 坐落于北大（原）东门外新址的校医院投入运营。校医院新址包括门诊和住院部两幢大楼，占地面积32768平方米。医院门诊大楼分为地上五层，地下两层。地上五层分别为各个科室、体检中心和口腔中心，地下一层则为手术室和检查等科室。新建的住院部大楼将原来的住院床位由125张增加到180张。校医院新址于2007年1月12日正式开工建设，2009年7月通过验收，12月开始试运营。新的校医院极大地改善了师生的医疗卫生条件，并为构建和谐社区和创建世界一流大学保驾护航。

12月20日 在教育部科学技术委员会暨科技委换届大会上，北大有5人被聘为教育部科学技术委员会委员，他们是：林建华教授（科技委副主任）、涂传诒院士（地学与环境资源学部主任）、柯杨教授、张继平教授（数理学部常务副主任）、梅宏教授。11人被聘为教育部科学技术委员会各学部委员，他们是：龚旗煌教授（数理学部）、刘忠范教授（化学化工学部）、倪晋仁教授（地学与环境资源学部）、饶毅教授（生物与医学学部）、丁洁教授（生物与医学学部）、黄晓军教授（生物与医学学部）、查红彬教授（信息学部）、严纯华教授（材料学部）、李存标教授（机电与运载学部）、白树林教授（国防科技学部）、郝一龙教授（国防科技学部）。

12月20日 《北京大学学报》原主编、全国高等学校文科学报研究会原理事长龙协涛被评为"新中国60年有影响力期刊人"称号。全国现有各类期刊约1万种，从业人员约5万人，"新中国60年有影响力期刊人"仅评出101人。

12月23日 教育部科学技术委员会发布"2009年度中国高等学校十大科技进展"，由北京大学、清华大学、浙江大学等单位完成的"数字视频编解码技术研究与国家标准制定"项目名列其中。数字音视频领域基础性国家标准《信息技术先进音视频编码》（简称AVS）制定完成后，每年能为国家节省上百亿专利费，对我国音视频产业实现"由大变强"战略转型意义重大。

12月26日 "方正苏高新港"项目在苏州圆满奠基。"方正苏高新港"由方正集团投资，江苏铁流有限公司负责开发运营管理。项目总投资5.5亿元，一期占地514亩，投资3.19亿元，将拥有1453米港口岸线使用权、11个泊位和12条铁路专用线，计划于2011年6月完工并投入使用，建成后将成为苏南最大的运河港。

12月 在中央16号文件《关于进一步加强和改进大学生思想政治教育的意见》实施5周年之际，中共中央政治局委员、国务委员刘延东给北大辅导员回信，对北大全体学生辅导员的工作给予充分肯定，勉励辅导员们再接再厉，在立德树人、培育英才的岗位上作出更大成绩，发挥更大作用。刘延东国务委员还对广大高校辅导员提出了三点殷切期望：一是进一步坚定信念，满怀激情，充满爱心，在培养合格建设者和优秀接班人的事业中彰显人生价值；二是进一步提高思想政治素质，自觉坚持社会主义核心价值体系，不断加强师德修养，以坚定的理想信念和高尚的人格魅力感染、教育学生，引领学生成长成才；三是进一步加强业务学习，掌握思想政治教育理论与方法，优化知识结构，总结实践经验，不断提高工作的科学化水平。收到刘延东国务委员的回信后，北大立即在全校范围内掀起广泛宣传、深入学习刘延东同志回信精神的热潮。

12月28日 北京大学肖家河教师住宅项目征地协议签字仪式在北大百周年纪念讲堂隆重举行。北京大学、海淀乡经济合作总社和圆明园农工商公司共同签署了肖家河教师住宅项目征地协议。北京大学肖家河教师住宅项目是北京市支持北京大学创建世界一流大学的重大举措。2003年，北京市委、市政府为了支持学校发展，缓解办学空间紧张状况，改善教职工居住条件，决定将肖家河35公顷土地划拨北大建设经济适用房，用以置换主校园及周边家属园区教职工住宅。该项目建设区域东至圆明园西路，南临五环路，西至肖家河西路，北至农大南路，总用地面积499000平方米，其中，代征城市公用地面积156900平方米，住宅及配套设施建设用地面积342100平方米，总建筑规模510500平方米。经过周密细致的工作，至2007年底，北京大学肖家河教师住宅项目完成了多项报批手续，取得了政府主管部门的批复意见，项目建设取得了实质性进展。在积极协商的基础上，北京大学和土地供应方也就征地拆迁补偿方面达成一致意见。此次签约标志着北京大学肖家河教师住宅项目进入实质性的拆迁建设阶段。

12月31日 由方正集团出资与北京大学医学部共同创立的"北大医学部·方正创新药物研究基金"正式揭牌。本基金旨在以专项资金支持医学部及方正创新药物的研发事业,采取产、学、研的合作模式,通过创新药物项目将医学部在人才资源、多学科技术支持和基础科研实力等方面的优势,同方正的组织经验、标准化管理和资金保障等优势相结合,搭建高水准的科研项目产业化平台,从而促进中国创新药物研发事业的发展。

附 录

2009年授予的名誉博士

序号	国别	姓名	性别	职业与现职务	授予日期
1	中国	王度	男	台湾立时文化有限公司董事长	2009.09.21
2	美国	乔治·普拉特·舒尔茨	男	美国前国务卿	2009.10.13
3	沙特阿拉伯	阿里·纳伊米	男	沙特石油和矿产资源大臣及阿美石油公司董事长	2009.11.13

2009年授予的名誉教授

序号	国别/地区	姓名	性别	职业与现职务	授予日期	申报单位
1	澳大利亚	弗朗西斯·高锐 Francis Gurry	男	世界知识产权组织总干事	2009年3月23日	法学院
2	英国/美国	奥利弗·史密斯 Oliver Smithies	男	诺贝尔生理学与医学奖得主	2009年9月30日	生命科学学院
3	中国香港	王士元 William S-Y. Wang	男	加州大学伯克利分校名誉退休教授、香港中文大学研究教授	2009年11月27日	汉语语言学研究中心
4	中国台湾	曾志朗 Ovid J. L. Tzeng	男	台湾"中央研究院"语言研究所特聘研究员	2009年11月27日	汉语语言学研究中心
5	美国	彼得·卡赞斯坦 Peter Joachim Katzenstein	男	美国政治学协会会长、康奈尔大学教授	2009年12月20日	国际关系学院

2009年聘请的客座教授

序号	国别/地区	姓名	性别	职务	聘任时间	申报单位
1	德国	金士博 Wolfgang Kinzelbach	男	瑞士联邦理工学院(ETH)教授	2009年1月6日	环境科学与工程学院
2	英国	博斯维克 Alistair G L Borthwich	男	英国牛津大学教授	2009年1月6日	环境科学与工程学院

序号	国别/地区	姓名	性别	职务	聘任时间	申报单位
3	荷兰	张国旗 Kouchi, Guoqi-Zhang	男	荷兰Delft技术大学教授、DIMES"固体照明系统集成及可靠性中心"主任、欧洲微/纳米可靠性中心(EUCEMAN)副主任	2009年1月6日	信息科学技术学院
4	美国	张良杰 Liangjie Zhang	男	IBM华生研究中心(IBM研究总部)服务计算方向资深研究员	2009年1月6日	信息科学技术学院
5	美国	刘雅章 Ngar-Cheung Lau	男	美国普林斯顿大学华裔教授，2007年诺贝尔和平奖IPCC成员	2009年1月6日	物理学院
6	日本	本林透 Tohru Motobayashi	男	RIKEN(仁科)首席科学院	2009年1月6日	物理学院
7	美国	任方 Fan Ren	男	美国佛罗里达大学化工系教授,材料科学与工程系兼职教授	2009年1月6日	物理学院
8	美国	王乙 Wang Yi	男	康内尔大学杰出教授	2009年1月6日	物理学院
9	日本	青井考 AOI Nori	男	RIKEN(仁科)高级研究员	2009年1月6日	物理学院
10	中国（台湾）	王其允 Chi-yuen Wang	男	加州大学伯克利分校地质地球物理系教授	2009年1月6日	地球与空间科学学院
11	美国	巫鸿 Wu Hung	男	哈佛大学美术史系终身教授,芝加哥大学东亚艺术中心主任	2009年1月6日	历史学系
12	加拿大	罗智泉 Luo Zhi-Quan	男	美国明尼苏达大学电子与计算机工程系终身教授	2009年1月13日	数学科学学院
13	日本	八岛荣次 Eiji Yashima	男	日本名古屋大学教授	2009年3月17日	化学与分子工程学院
14	加拿大	史安昌 An-Chang Shi	男	加拿大麦克马斯特大学物理与天文学系教授	2009年3月17日	化学与分子工程学院
15	美国	龙振强 Chun-Keung Loong	男	原美国Argonne国家实验室,任资深研究员	2009年3月17日	化学与分子工程学院
16	美国	张燕文 Yanwen Zhang	女	美国太平洋西北国家实验室环境分子科学实验室高级研究员	2009年3月17日	物理学院
17	美国	科瑞格·罗伯茨 Craig D. Roberts	男	美国阿贡国家实验室主任科学家、物理部理论物理室主任	2009年3月17日	物理学院
18	中国	耿荣礼 Rongli Geng	男	美国康奈尔大学研究员(永久职位)、美国杰斐逊国家实验室高级研究员(永久职位)	2009年3月17日	物理学院
19	美国	格瑞格利·付 Gregory C Fu	男	美国麻省理工学院化学系教授	2009年5月19日	化学与分子工程学院
20	美国	周郁 Stephen Y. Chou	男	美国普林斯顿大学电工系教授	2009年5月19日	物理学院
21	美国	黄汉森 H.-S. Philip Wong	男	美国斯坦福大学电机学教授	2009年5月19日	信息科学技术学院
22	美国	文正 Cheng P. Wen	男	美国电气和电子工程师协会(IEEE)终生会员	2009年5月19日	信息科学技术学院
23	加拿大	张大鹏 David Dapeng Zhang	男	香港理工大学电子计算学系系主任、讲座教授,加拿大滑铁卢大学兼职教授	2009年5月19日	信息科学技术学院
24	德国	理查德·波特 Richard Pott	男	德国汉诺威莱布尼兹大学教授、地植物学研究所所长、前副校长	2009年6月2日	城市与环境学院
25	瑞士	本哈德·施密德 Bernhard Schmid	男	瑞士苏黎世大学教授、数理学院副院长	2009年6月2日	城市与环境学院
26	法国	菲利普·西埃斯 Philippe Ciais	男	法国国家能源与气候研究所气候与环境研究室副所长	2009年6月2日	城市与环境学院

序号	国别/地区	姓　名	性别	职　　务	聘任时间	申报单位
27	美国	王斌 Bin Wang	男	美国夏威夷大学教授	2009年6月23日	物理学院
28	英国	菲利普·沃克 Phillip Malzard Walker	男	英国萨里大学教授	2009年6月23日	物理学院
29	瑞典	雷蒙·沃意斯 Ramon Alexander Wyss	男	瑞典皇家理工大学教授、校长顾问	2009年6月23日	物理学院
30	中国（台湾）	胡春惠 Hu Chuen-huey	男	台湾政治大学历史系荣休教授，香港珠海书院文学院教授、院长、亚洲研究中心主任	2009年10月13日	历史学系
31	中国	杨培东 Peidong Yang	男	美国加州大学伯克利分校化学系教授	2009年10月13日	化学与分子工程学院
32	美国	张文卿 Boon K Teo	男	美国伊利诺(芝加哥)大学化学系教授	2009年10月13日	化学与分子工程学院
33	中国	王革 Wang Ge	男	美国弗吉尼亚理工大学教授	2009年10月29日	数学学院
34	美国	唐永春 Yongchun Tang	男	美国加州理工大学能源与环境研究中心主任，兼职美国康奈尔大学教授	2009年10月29日	地球与空间科学学院
35	美国	罗思高 Scott Douglas Rozelle	男	美国斯坦福大学Freeman Spogli国际研究所资深研究员、教授	2009年10月29日	教育学院
36	美国	肖书海 Shuhai Xiao	男	国弗吉尼亚理工学院地球科学系教授	2009年11月24日	地球与空间科学学院
37	加拿大	李军 Jonathan Li	男	加拿大滑铁卢大学遥感实验室主任、终身教授	2009年11月24日	地球与空间科学学院
38	美国	李卫平 Weiping Li	男	美国硅谷安密迪系统公司副总裁	2009年11月24日	信息科学技术学院
39	美国	孙惠方 Huifang Sun	男	三菱电机美国研究院副院长、高级研究员	2009年11月24日	信息科学技术学院
40	美国	常瑞华 Constanc Jui-Hua Chang-Hasnain	女	加州大学伯克利分校电气工程与计算机科学(EECS)系教授、John R. Whinnery讲席教授、光电纳米结构半导体技术中心(CONSRT)主任	2009年12月15日	信息科学技术学院
41	美国	约翰·华莱士 John Michael Wallace	男	美国华盛顿大学大气科学系教授	2009年12月15日	物理学院

2009年媒体有关北京大学主要消息索引

新　闻：

北大"十大浪费"三角地传单居首 ················《法制晚报》2009年12月28日第B01版
杨辛"泰山颂"书法展举办 ····················《中国文化报》2009年12月24日第6版
季羡林旧居被盗，别再成疑点 ··················《新京报》2009年12月21日第A03版
季羡林旧居"失窃"书籍据称找到 ················《新京报》2009年12月21日第A13版
北大称季羡林旧居今年6月已移交给其儿子 季承向警方提供怀疑对象
　　　　　　　　　　　　　　　　　　　　　····《京华时报》2009年12月21日第A34版
季羡林北大旧居珍贵物品被盗 ··················《京华时报》2009年12月20日第14版
季羡林旧居离奇失窃 ······················《北京青年报》2009年12月20日第A1版
季羡林北大旧居遗产失窃 ····················《北京青年报》2009年12月20日第A7版

方正集团打造"烫手"番薯	《环球时报》2009年12月18日第B7版
北大宿舍亮出环保图	《北京青年报》2009年12月18日第A9版
北大"灯光行动"声援哥本哈根	《法制晚报》2009年12月18日第A13版
探索人才培养模式 北京大学召开2009年度教学工作会议	《中国社会科学报》2009年12月17日第12版
《北大批判》描绘高教改革路线图	《科学时报》2009年12月17日第B1版
对口支援高校发挥自身优势无私帮扶	《中国教育报》2009年12月16日第6版
北大首次回应推优"掐尖说"	《北京晨报》2009年12月11日第A07版
北大国际汉学家研修基地揭牌 为国际汉语教育构筑学术基础	《中国教育报》2009年12月9日第1版
北大5学者上书人大建议审查拆迁条例	《新京报》2009年12月8日第A19版
公示期北大未接到确切举报	《北京日报》2009年12月7日第5版
北大推荐生公示名单无变化	《京华时报》2009年12月6日第05版
北大开"晒"实名推荐学生名单	《人民日报》2009年12月2日第11版
北大公示中学校长推荐学生名单	《光明日报》2009年12月1日第5版
北大公示"中学校长推荐"90名学生名单	《中国青年报》2009年12月1日第3版
推荐上北大 高频词"成绩"第一	《法制晚报》2009年12月1日第A05版
推荐生名单 北大招生网公示5天	《法制晚报》2009年12月1日第A06版
北京16名推荐生名单公布	《北京晚报》2009年12月1日第3版
90名推荐生全部通过北大初审	《北京青年报》2009年12月1日第A6版
近六成学生认为 应推全才上北大	《法制晚报》2009年11月30日第A05版
校长实名制倒行逆施	《中国青年报》2009年11月30日第6版
还语文教学以本真,真能行吗	《文汇报》2009年11月30日第1版
实名推荐制为何选不出"怪才"	《北京青年报》2009年11月29日第A3版
推荐上北大的多是尖子生	《中国教育报》2009年11月29日第2版
女兵面试现场秀才艺 北大大嗓门爱体验极端	《新京报》2009年11月29日第A04版
无锡14岁女生被推荐上北大	《光明日报》2009年11月29日第2版
大批珍贵西汉竹书入藏北大	《中国教育报》2009年11月28日第4版
北大推荐生名单公示	《北京晨报》2009年11月28日第A04版
北大初审合格名单下周公示	《北京青年报》2009年11月28日第A7版
北大挨骂成了好事	《中国青年报》2009年11月27日第6版
校长推荐制 北大"收获"68名学生	《新京报》2009年11月26日第A11版
仨女生闯过"海选"榜上题名	《京华时报》2009年11月26日第A10版
北大附揭名单 三金花都拔尖	《北京晨报》2009年11月26日第A08版
北大明起审核推荐生材料	《新京报》2009年11月25日第A09版
北大附中"海选"推荐生	《北京晨报》2009年11月25日第A09版
四校长满额推荐学生上北大	《北京青年报》2009年11月25日第A10版
北大清华提高体育特长生门槛	《北京青年报》2009年11月25日第A10版
北大附高三师生票选推荐人选	《京华时报》2009年11月25日第A07版
14岁尖子女生被推荐上北大	《北京晚报》2009年11月25日第20版
实名推荐 校长两难	《新京报》2009年11月24日第A10版
人民日报走进北大校园	《京华时报》2009年11月24日第A08版
中学校长没胆识 北大招生探索难觅奇才	《中国青年报》2009年11月24日第6版
偏才怪才难入北大推荐表	《北京青年报》2009年11月24日第A9版
重庆按分推荐上北大	《京华时报》2009年11月23日第A19版
人大附:推荐发挥好能上北大的	《法制晚报》2009年11月23日第A05版
推荐上北大 多半把成绩放首位	《法制晚报》2009年11月22日第A10版
关注北大实名推荐	《光明日报》2009年11月22日第2版
专家质疑:机会咋不给偏才怪才	《北京晨报》2009年11月22日第A07版
江苏出现校长实名推荐上北大第一人	《光明日报》2009年11月21日第2版
湖北校长实名推荐学生名单遭质疑	《光明日报》2009年11月21日第2版
江苏首名校长推荐上北大学生引争议	《北京日报》2009年11月21日第3版

推荐上北大申请下周三截止	《北京青年报》2009年11月21日第A7版
本市首批校长推荐上北大学生公示	《北京日报》2009年11月21日第6版
北大硕士端着红酒求职	《北京晨报》2009年11月21日第A04版
摆摊博士后与卖肉北大生的差距	《新京报》2009年11月21日第B03版
北大"校长推荐制"名单公示结束	《新京报》2009年11月21日第A05版
国内名校实行高淘汰率,可能吗	《文汇报》2009年11月20日第1版
"每一项尝试我们都会慎之又慎":北大招生办负责人就"中学校长实名推荐制"接受本报记者独家专访	
	《光明日报》2009年11月19日第5版
保研门主角 出自推荐入围校	《法制晚报》2009年11月18日第A07版
有一点 中国立场如何?	《中华读书报》2009年11月18日第5版
名校长"冷对"热关注:《现代教育报》2009年11月18日1版北大如此公示有何用?	
	《现代教育报》2009年11月18日第5版
校长推荐如北大学校名单出炉	《北京青年报》2009年11月16日第A6版
北京四名校可推优上北大	《北京晨报》2009年11月16日第4版
四所北京中学可荐生读北大	《新京报》2009年11月16日第A08版
北大首度回应"校长推荐制"质疑	《新京报》2009年11月16日第A08版
本市4校长可推荐学生上北大	《京华时报》2009年11月16日第A07版
北京4所中学获得向北大"推荐权"	《北京日报》2009年11月16日第7版
京梆子进北大	《北京晚报》2009年11月15日第11版
高等教育如何引入淘汰机制	《中国教育报》2009年11月15日第2版
北大试行校长实名推荐制	《中国教育报》2009年11月15日第2版
示范高中争夺北大"校长推荐权"	《北京日报》2009年11月13日第6版
校长推荐上北大学生不超百人	《北京青年报》2009年11月13日第A7版
校长推荐上北大 示范高中申请忙	《北京青年报》2009年11月12日第A12版
北大医院是否非法行医引争议	《北京青年报》2009年11月12日第A10版
医师没签字是工作不足	《京华时报》2009年11月11日第A15版
卫生部谈北大医院事件 望公众支持医学生成长	《北京青年报》2009年11月11日第A2版
走进燕南园52号	《中国社会科学报》2009年11月10日第10版
"高明"回北大邀校友	《新京报》2009年11月10日第A07版
"校长推荐上北大"拘谨也漏风	《京华时报》2009年11月10日第A02版
北大招生试行中学校长实名推荐制	《人民日报》2009年11月10日第11版
校长推荐者未必分最高	《北京晨报》2009年11月10日第2版
北大自主招生 中学校长可推荐	《文汇报》2009年11月10日第6版
北大试行"中学校长实名推荐制"	《光明日报》2009年11月9日第2版
北大试行"中学校长实名推荐制"	《新京报》2009年11月9日第A06版
校长可推荐优秀生上北大	《都市新闻》2009年11月9日第3版
北大招生试行校长实名推荐	《北京晚报》2009年11月9日第4版
北大明年试行中学校长推荐制	《法制晚报》2009年11月9日第A03版
北大试行"中学校长实名推荐制"	《京华时报》2009年11月9日第A04版
北大方正赢回"方正颐和"商标	《京华时报》2009年11月9日第A07版
称预算为"国家秘密"没有根据	《新京报》2009年11月7日第B04版
北大医学生"有力不敢出"	《北京晨报》2009年11月7日第3版
北大收藏竹书发现最完整《老子》	《新京报》2009年11月6日第A12版
北大收藏珍贵西汉竹书	《科学时报》2009年11月6日第A1版
北大医院是否非法行医 当事双方昨法庭激辩	《北京青年报》2009年11月6日第A3版
"熊卓为被作为实验对象"	《北京晨报》2009年11月6日第5版
北大北航港大 共享笔试成绩	《法制晚报》2009年11月6日第A06版
北大北航港大 联合自主招生	《北京青年报》2009年11月6日第A13版
北大北航港大联合自主招生	《北京晚报》2009年11月6日第3版
家属请求确认北大医院非法行医	《京华时报》2009年11月6日第A06版

北大医院申请医疗事故鉴定	《新京报》2009年11月6日第A18版
医疗有过错　医院就得赔偿	《法制晚报》2009年11月6日第B10版
北大港大北航明年联合自主招生	《新京报》2009年11月6日第A10版
北大北航港大联合自主招生	《京华时报》2009年11月6日第A13版
北大医院否认非法行医	《京华时报》2009年11月5日第A10版
北大医院回应:非法行医之说不实	《北京日报》2009年11月5日第7版
北大医院否认"非法行医"	《新京报》2009年11月5日第A17版
北大在校生无证行医　致本校医学教授死亡	《京华时报》2009年11月4日第A14版
北大医院治死北大医学教授	《北京晨报》2009年11月4日第2版
北大第一医院学生行医致人死亡	《新京报》2009年11月4日第A12版
学生非法行医北大医院	《北京晚报》2009年11月4日第4版
北大医院　在校生行医"闯祸"	《法制晚报》2009年11月4日第A13版
北大港大合作明年自主招生	《北京晚报》2009年11月3日第5版
一流大学缺什么	《科学时报》2009年11月3日第B4版
北大港大将合作自主招生	《北京青年报》2009年11月3日第A8版
北大港大首次联合自主招生	《北京晨报》2009年11月3日第7版
北大第六届国际文化节成功举办	《中华读书报》2009年10月28日第1版
北大"保研门"回复遭质疑	《北京晨报》2009年10月23日第7版
北大否认"挂科生"保研存舞弊	《京华时报》2009年10月22日第A14版
北大挂科学生保研符合程序	《北京青年报》2009年10月22日第A20版
北大驳"挂科"学生被保研	《新京报》2009年10月22日第A14版
北大回应"挂科"学生被保研	《北京青年报》2009年10月22日第A1版
网传北大舞弊　挂科学生获保研	《法制晚报》2009年10月21日第A11版
北大燕园"全斋"拆迁引质疑	《京华时报》2009年10月20日第A12版
搁置三年　北大全斋有开拆	《新京报》2009年10月20日第A14版
市场大潮下的南墙变迁	《中国教育报》2009年9月23日第4报
北大要敢于对状元说"不"	《北京晨报》2009年9月23日第2版
方正自主创新精神受广泛认可	《光明日报》2009年9月13日第6版
北大贫困生领到3000元成长礼包	《北京考试报》2009年9月9日第7版
北大公寓起火追踪　两责任人被拘留	《京华时报》2009年9月9日第A13版
校长推荐生　北大须测试	《北京晨报》2009年9月8日第7版
四中国际部六成上清华北大	《北京晨报》2009年9月8日第7版
北大明年试行"校长推荐制"	《法制晚报》2009年9月7日第A07版
北大在建留学生公寓起火　两工人困火场被安全营救	《北京青年报》2009年9月7日第A10版
新生进北大先学学术道德	《新京报》2009你9月6日第A04版
北大新生入学强调学术道德	《北京青年报》2009年9月7日第A5版
新生报到北大辟"隔离"宿舍	《京华时报》2009年9月6日第06版
北大昨天迎新　500新生获赠3000元大礼包　北大招生更青睐"裸分"	《北京晨报》2009年9月6日第2版
北大喜迎新学子　歌剧《青春之歌》激发爱国主义热忱	《光明日报》2009年9月6日第2版
北大"绿色成长方案"贫困生成长	《中国教育报》2009年9月6日第1版
北大选怪才　中学校长拍板	《北京晨报》2009年6月5日第A8版
北大百年讲堂唱响《塞外长歌》	《光明日报》2009年9月5日第2版
北京理科状元低调入学	《北京晚报》2009年9月5日第2版
北大迎新生　本市理科头名露脸	《法制晚报》2009年9月5日第A06版
北大政府管理学院举行中韩领导力沙龙	《光明日报》2009年9月4日第10版
《儒藏》构想	《光明日报》2009年8月31日第12版
被北大劝退　复读中榜清华	《新京报》2009年8月22日第A09版
北大不禁止散客进校参观	《新京报》2009年8月19日第A06版
北大中学生信息科学夏令营落幕　40人获自主招生考试资格	《北京考试报》2009年8月1日第5版
北大今年录取10省份文理头名	《法制晚报》2009年7月27日第A07版

北大称文科生生源保持"绝对领先"	《北京晨报》2009年7月28日第A7版
北大夏令营枪挑尖子生	《北京晨报》2009年7月28日第A7版
山水悠悠不再闻此音——各界人士北大深情吊唁季羡林先生	《光明日报》2009年7月16日第2版
在告别大师中梳理我们的精神世界	《光明日报》2009年7月15日第2版
悼念恩师季羡林先生	《北京考试报》2009年7月15日第16版
让大师的智慧照亮未来	《北京考试报》2009年7月15日第15版
160名中学生报北大选修课 《变形金刚》成授课内容	《北京考试报》2009年7月15日第 版
小语种报考生源火爆 北大清华人大纷纷扩招	《北京晨报》2009年7月8日第A7版
北大是否录取田中须重庆公布31人名单	《北京青年报》2009年7月6日第A3版
北大再遇民族造假考生	《北京晨报》2009年7月6日第A3版
北大港大相继弃录重庆违规状元	《北京青年报》2009年7月3日第A15版
北大港大相继弃录重庆违规状元	《京华时报》2009年7月3日第A02版
北大不录取重庆违规状元	《京华时报》2009年7月2日第A20版
北大弃录重庆造假状元	《北京晨报》2009年7月2日第1版
北大声明未招收任何插班生	《京华时报》2009年7月2日第A09版
李兆基两亿捐建北大人文大楼	《中国教育报》2009年7月1日第2版
北大举办"金融风暴下法制的因应调整"研讨会	《法制日报》2009年7月1日第9版
北京大学:创新立项推进党建	《光明日报》2009年7月1日第9版
北大将办中华儒商百家讲坛	《光明日报》2009年7月1日第10版
北京大学李兆基人文学苑奠基	《光明日报》2009年7月1日第11版
北大医学部招生删除"争议条款"	《北京青年报》2009年6月30日第A7版
北京工商大学与北京大学光华管理学院展开公益性合作	《科学时报》2009年6月30日第B2版
第十一届CUBA女子总决赛落幕	《中国教育报》2009年6月26日第2版
北大新生奖学金全奖每人5万元	《北京青年报》2009年6月22日第A7版
北大外国语学院院庆俞敏洪捐款100万	《北京青年报》2009年6月22日第A7版
家属尚未提索赔 北大开会发警示	《北京青年报》2009年6月16日第A14版
温暖陪伴在求职路上——北京大学把思政教育融入学生就业工作	《中国教育报》2009年6月12日第1版
北大成立首家职业科学研究机构	《中国教育报》2009年6月11日第2版
失窃排行 清华北大进前三	法制晚报》2009年6月11日第A24版
北大一学生找人代考被开除	《京华时报》2009年6月11日第A06版
北大清华用有形之手引导毕业生就业	《中国青年报》2009年6月10日第1版
北大毕业生就业供需比例1:4	《京华时报》2009年6月8日第A11版
北大成立首家职业科研机构	《京华时报》2009年6月7日第4版
北大本科生签约率87%	《北京青年报》2009年6月7日第A4版
体会北大一座楼的"生命"	《新京报》2009年6月6日第B04版
清华北大寄出保送生通知书	《北京青年报》2009年6月5日第A11版
北大学生党团日联合主题教育活动成功丰硕	《北京大学校报》22009年6月5日第1版
我校积极部署唱响爱国歌曲	《北京大学校报》22009年6月5日第1版
美国财长盖特纳北大演讲	《北京大学校报》2009年6月5日第1版
北大新闻与传播学院大楼奠基	《北京大学校报》2009年6月5日第1版
《大学生村官》话剧在北大首演	《中国教育报》2009年6月4日第2版
演绎两天大戏 谢幕四年大学	《法制晚报》2009年6月3日第B01版
北大新闻与传播学院新楼奠基	《光明日报》2009年6月3日第10版
从盖特纳在北京大学的讲演说起	《光明日报》2009年6月3日第6版
28载重返北大 美财长承诺国债安全	《新京报》2009年6月2日第A05版
美财长北大遇惊喜	《新京报》2009年6月2日第1版
美财长北大行获意外礼物	《北京青年报》2009年6月2日第A2版
北京大学新闻与传播学院新大楼奠基 力创世界一流传媒学院	《科学时报》2009年6月2日第B2版
美国财长北大演讲	《京华时报》2009年6月2日第A04版
北京大学:部分专业不报志愿不录取	《光明日报》2009年6月2日第2版

《儒藏》将收录150余种域外儒学文献 ……………………………《中国教育报》2009年5月25日第2版
大型音乐史诗《红旗三部曲》发布 ………………………………《人民日报》2009年5月21日第11版
音乐史诗《红旗三部曲》发布 ……………………………………《光明日报》2009年5月19日第2版
对外汉语论坛昨在北大举行 ………………………………………《北京青年报》2009年5月17日第A4版
北大周末招生咨询 …………………………………………………《京华时报》2009年5月16日第06版
北大首位"村官"吴奇修与全国大学生村干部分享成功经验——用真诚赢得老百姓的信任
　　…………………………………………………………………《中国青年报》2009年5月15日第1版
习近平视察北大学习实践科学发展观活动 ………………………《北京大学校报》2009年5月15日第1版
北大称"北大能量娃"与己无关 …………………………………《北京青年报》2009年5月13日第A11版
北大召开社会工作与灾后重建研讨会 ……………………………《光明日报》2009年5月13日第2版
燕园里曾经有所大学叫燕大 ………………………………………《中国青年报》2009年5月13日第10版
北大搞纪念　展板"戴"白花 ……………………………………《法制晚报》2009年5月12日第A12版
北大暑期学校首招中学生 …………………………………………《京华时报》2009年5月12日第A08版
北大学子再唱《青春之歌》　让来自心灵的天籁之音感动青春 …《科学时报》2009年5月12日第B2版
习近平在高校学习实践活动座谈会上强调　把科学发展观的要求转化为高校科学发展的
　　正确思路和自觉行动 …………………………………………《中国教育报》2009年5月8日第1版
北大清华拼抢高分复读生 …………………………………………《北京晨报》2009年5月7日第B9版
北大专家自曝弟子学术不端 ………………………………………《北京青年报》2009年5月6日第A9版
电影《孟二冬》首映 ………………………………………………《光明日报》2009年5月6日第2版
纪念五四运动90周年大会在京举行 ………………………………《中国教育报》2009年5月5日第1版
爱国主义是五四运动留下的精神财富 ……………………………《中国教育部》2009年5月4日第2版
五四精神的传承与北京大学党外知识分子 ………………………《科学时报》2009年5月4日第B2版
北大教授荐书　毛选成为热门 ……………………………………《北京青年报》2009年5月1日第07版
北大部分复印店　拒印诉讼材料 …………………………………《北京青年报》2009年4月30日第A16版
北大举行"五四运动与民族复兴"理论研讨会 …………………《光明日报》2009年4月29日第7版
继承五四　超越五四——纪念五四运动90周年 ………………《光明日报》2009年4月28日第12版
北大推出首部胶片电影《孟二冬》 ………………………………《中国教育报》2009年4月26日第1版
北大有意收回红楼　目前属国家文物局 …………………………《北京青年报》2009年4月26日第1版
北大昨称有意收回红楼 ……………………………………………《北京青年报》2009年4月26日第A4版
地球日:北大学子对话传媒名人 …………………………………《中国青年报》2009年4月24日第3版
北大清华拼抢人大附中生源 ………………………………………《北京晨报》2009年4月24日第A7版
北大将赴18所中学开展高招宣讲活动 ……………………………《北京青年报》2009年4月23日第A14版
北京大学开设留德硕士推荐生 ……………………………………《北京晚报》2009年4月22日第53版
华罗庚数学奖陈省身数学奖在厦门颁发 …………………………《中国教育报》2009年4月22日第1版
无线电爱好者救下北大师生 ………………………………………《京华时报》2009年4月21日第A03版
北大开放日禁校外车辆入校 ………………………………………《京华时报》2009年4月15日第A07版
北大办研修班被指只收钱 …………………………………………《新京报》2009年4月11日第A09版
北大否认"总裁班"只收钱 ………………………………………《北京青年报》2009年4月11日第A6版
北大清华在京不减招 ………………………………………………《北京日报》2009年3月31日第05版
北大学子接力发帖　故事演绎分子世界 …………………………《北京青年报》2009年3月31日第A06版
2009年北京大学全国中学生模拟联合国大会开幕 ………………《科学时报》2009年3月24日第B2版
中学生模拟联合国大会 ……………………………………………《新京报》2009年3月20日第A09版
《高考1977》北大首映 ……………………………………………《光明日报》2009年3月18日第10版
北大医学部启动"爱·责任·成长"主题教育活动 ……………《光明日报》2009年3月18日第10版
泪洒公益 ……………………………………………………………《京华时报》2009年3月17日第1版
北大陆续公布考研复试名单 ………………………………………《京华时报》2009年3月17日第A10版
法院认定北大女生违反学术规范 …………………………………《京华时报》2009年3月17日第A13版
北大硕士诉教委　求撤处分被驳回 ………………………………《北京青年报》2009年3月17日第A8版
北大元培学院首现"一个人的专业" ……………………………《中国教育报》2009年3月16日第6版
北大办班　被指只"收钱和盖章" ………………………………《法制晚报》2009年3月16日第A07版

标题	出处
北大深入学习实践科学发展观活动启动	《中国教育报》2009年3月14日第1版
《高考1977》献映北大	《中国教育报》2009年3月13日第1版
许智宏否认北大"软禁"季羡林	《新京报》2009年3月12日第A17版
北大石舫修缮未叫停	《新京报》2009年3月11日第A21版
北大石舫修缮并未叫停	《北京晚报》2009年3月11日第06版
北大坍塌石舫 修缮停了	《法制晚报》2009年3月10日第A15版
朱慧秋代表和她资助的北大学子	《光明日报》2009年3月9日第9版

北大校长周其凤代表:我不主张文理分科
——《科技日报》2009年3月8日3版北大校长不赞成过早文理分科 文理分科不等同于减负
………………………………《北京晚报》2009年3月8日第5版

标题	出处
高校欠债 校长没贪钱——北大校长称,"高校债务源于高等教育发展需要"	《新京报》2009年3月8日第A05版
北大校长回应高校负债——自称"廉政校长",欢迎社会监督	《北京青年报》2009年3月8日第1版
毕业生西部就业奖六千	《竞报》2009年3月6日第12版
北大毕业生"赶早"去西部	《京华时报》2009年3月6日第A18版
港校否认"不招内地保送生"	《北京晨报》2009年3月6日第A7版
西部企业北大揽才受冷落	《新京报》2009年3月6日第A19版
高校"受伤"文物 排查不安全因素	《法制晚报》2009年3月6日第B01版
北大招聘会 大庆油田"有的挑"	《法制晚报》2009年3月5日第A08版
北大继续教育:突出实践特色 促进科学发展	《科学时报》2009年3月3日第B04版
大肠癌靶向治疗进入个体化时代	《科学时报》2009年3月3日第A4版
名校培训班 叫人看不懂	《人民日报》2009年2月25日第11版
未名湖石舫坍塌	《北京晨报》2009年2月24日第A5版
200岁石舫重修	《京华时报》2009年2月24日第1版
高校各想高招应对就业紧张	《北京青年报》2009年2月24日第A6版
未名湖石舫先清淤后修缮	《北京青年报》2009年2月24日第A6版
未名湖石舫船头坍塌	《北京青年报》2009年2月24日第A1版
北大坍塌石舫即将开始维修	《京华时报》2009年2月24日第A12版
北大石舫坍塌 工人破冰抢修	《法制晚报》2009年2月23日第A14版
北大下月测试体育特长生	《北京晨报》2009年2月23日第A3版
画家无偿归还百封季老信札	《北京晨报》2009年2月19日第A5版
北大招生新增3专业	《新京报》2009年1月14日第A22版
关注社会热点 担当推动科学发展重任——北京大学以继续教育服务社会	《中国教育报》2009年1月12日第5版
2008年度国家科技大奖高校喜获丰收	《中国教育报》2009年1月10日第1版
国家最高科技奖获得者——北京大学徐光宪院士	《中国教育报》2009年1月10日第1版
王忠诚徐光宪院士获最高科技奖	《北京晨报》2009年1月10日第A05版
年度国家科技大奖昨颁发	《北京青年报》2009年1月10日第A2版
徐光宪:培养创新人才先要自信	《北京青年报》2009年1月10日第A2版
北大被指"生产"亿万富翁能力最强	《中国青年报》2009年1月9日第11版
市教委:寒假时高校不能随便逛	《法制晚报》2009年1月7日第A07版
首都大学生记者 记录青春的光芒	《光明日报》2009年1月7日第11版
博士后迎春晚会情暖博士后	《光明日报》2009年1月6日第2版
北京大学成立科学技术协会	《科学时报》2009年1月5日第A2版
清华北大自主招生笔试开考	《京华时报》2009年1月2日第04版
清华北大考倒"尖子生"	《竞报》2009年1月2日第4版
北大自主招生"反腐"成试题	《新京报》2009年1月2日第A04版

北大民盟高教论坛讲述"大学精神"——《光明日报》2009年1月2日4版清华考题"暴难"
　　北大考题"偏怪"………………………………《北京青年报》2009年1月2日第02版

标题	出处
北大新老校长 百年讲堂同"亮嗓"	《法制晚报》2009年1月1日第A07版

北大5名学生作弊被取消学位 ……………………………………… 《京华时报》2009年1月1日第05版
北大校长歌唱母亲 ………………………………………………… 《京华时报》2009年1月1日第05版
北大迎新获赠千万 ………………………………………………… 《新京报》2009年1月1日第A05版
北大清华新年"摆擂台" …………………………………………… 《北京晚报》2009年1月1日第3版

言　论：

假若建言的不是北大教授 …………………………………………… 《竞报》2009年12月18日第2版
校长推荐制,能否打开另一扇窗 …………………………………… 《中国教育报》2009年12月16日第5版
"拆迁核心问题在于征收环节" …………………………………… 《新京报》2009年12月16日第A24版
学者就该是脊梁 …………………………………………………… 《新京报》2009年12月12日第B03版
北京大学法学院教授姜明安:我们为什么建议审查拆迁条例 …… 《新京报》2009年12月12日第B04版
大学毕业生缘何出现"跳蚤族" …………………………………… 《中国教育报》2009年12月9日第2版
给"校长实名推荐制"一点信任 …………………………………… 《中国教育报》2009年12月9日第8版
推荐一留学生而非一流考生 ……………………………………… 《中国教育报》2009年12月8日第6版
中学校长实名推荐制:推荐谁? 怎么推? ………………………… 《中国教育报》2009年12月8日第6版
别让"非典型"人才漏了网 ………………………………………… 《中国教育报》2009年12月8日第6版
校长实名推荐制,非智力品质开始呈现 …………………………… 《科学时报》2009年12月8日第B1版
北大成了校花窝,又有何妨? ……………………………………… 《北京晚报》2009年12月4日第16版
不必强求推荐偏才怪才进北大 …………………………………… 《京华时报》2009年11月24日第C01版
三问北大校长 ……………………………………………………… 《中国青年报》2009年11月23日第6版
能否为个性人才打开通路 ………………………………………… 《文汇报》2009年11月19日第3版
我看"校长推荐上北大" …………………………………………… 《中华读书报》2009年11月11日第8版
中学校长推荐考生上北大,利大弊大? …………………………… 《光明日报》2009年11月10日第5版
传统"书院"挑战大学? …………………………………………… 《文汇报》2009年10月28日第12版
分享国家的光荣 …………………………………………………… 《光明日报》2009年10月8日第2版
让爱国主义传统薪火相传 ………………………………………… 《光明日报》2009年9月27日第9版
大学校长国庆抒怀 ………………………………………………… 《光明日报》2009年9月27日第6版
时代呼唤有灵魂的大学 …………………………………………… 《光明日报》2009年9月16日第11版
语文教育:创新之路怎么走——访北京大学中文系教授、语文教育研究所所长温儒敏
　　………………………………………………………………… 《光明日报》2009年7月8日第10版
朱苏力:梦想走出校园 ……………………………………………… 《法制日报》2009年7月1日第10版
胡军:陈独秀与五四时期的儒家思想 ……………………………… 《科学时报》2009年6月30日第B4版
马军:城市幼儿超重与低体重"双峰"并存 ………………………… 《中国教育报》2009年6月11日第4版
杨哲昊:明辨理论是非的镜鉴 ……………………………………… 《光明日报》2009年6月11日第7版
北京大学中文系副主任陈跃红:通识教育　教师"通"学生才能"通" … 《光明日报》2009年6月10日第6版
张千帆:高考加分应由教育部定 …………………………………… 《新京报》2009年6月6日第B06版
"治学的训练过程很重要"——访北京大学国学研究院导师邓小南教授
　　………………………………………………………………… 《北京大学校报》2009年6月5日第3版
北京大学艺术学院教授李道新:构建新的国家电影网迫在眉睫 … 《光明日报》2009年6月3日第6版
服务国家战略　坚持科学发展 …………………………………… 《光明日报》2009年5月8日第9版
服务国家战略　坚持科学发展 …………………………………… 《中国青年报》2009年5月8日第3版
阅读,与经典同行 …………………………………………………… 《光明日报》2009年4月30日第10版
北大法律系77级:我们永远的精神家园(之十六) ………………… 《法制日报》2009年4月22日第09版
季羡林先生倡言"大国学" ………………………………………… 《光明日报》2009年4月8日第12版
燕园深深深几许 …………………………………………………… 《光明日报》2009年3月26日第10版
北大:保证学术道德委独立性 …………………………………… 《新京报》2009年3月20日第A04版
我们应该学德国　在义务教育阶段加入职业教育——专访北京大学德国研究中心主任陈洪捷教授
　　………………………………………………………………… 《中国青年报》2009年3月19日第7版
学术道德规范建设的几项原则 …………………………………… 《中国教育报》2009年3月16日第3版
厉以宁:消费券利于扩内需 ………………………………………… 《北京晨报》2009年3月7日第A2版
李庆云:多项对策拉动消费需求 …………………………………… 《光明日报》2009年3月3日第5版

王缉思:责任大国的全球角色 …………………………………《中国教育报》2009年2月3日第3版
改革开放推动马克思主义哲学学科建设 ……………………《人民日报》2009年1月6日第7版
博雅清谈:一种抗拒姿态? ……………………………………《中国青年报》2009年1月6日第9版
闫志民:指导思想一元化是客观规律 …………………………《人民日报》2009年1月5日第7版
易纲吴志攀陈雨露谈当前金融形势与防范危机——中国金融基本面是
…………………………………………………………《人民日报·海外版》2009年1月5日第5版

人　物:
朱德熙与汪曾祺 ………………………………………………《文汇报》2009年10月28日第11版
魏高原:益智玩具大王寻梦路上 ………………………………《科学时报》2009年9月26日第3版
马寅初的幽默 …………………………………………………《北京大学校报》2009年6月5日第4版
"钟情"于机器人的年轻人——访2008中国大学生年度人物王启宁 …《北京大学校报》2009年6月5日第2版
博大精深　温厚敬诚——季羡林的治学与为人 ……………《中国教育报》2009年5月29日第3版
留学打开了我的科研之门——访北京大学教授戴远东 ……《人民日报·海外版》2009年5月29日第6版
没有想象力如何仰望头上的星空——北京大学教授、儿童文学作家曹文轩访谈
………………………………………………………………《中国教育报》2009年5月28日第8版
思究天地　心系燕园——地质学家王鸿祯与北大地质系的世纪情结 ……《科学时报》2009年4月28日第B4版
铸不朽师魂 ……………………………………………………《光明日报》2009年4月11日第5版
淡泊名利　育人不倦——缅怀北京大学地质学系第一任系主任何杰教授
………………………………………………………………《科学时报》2009年3月17日第B4版
造就稀土"中国传奇"——记北京大学徐光宪院士 …………《中国教育》2009年1月10日第2版
徐光宪:我只是这个集体的代表 ………………………………《光明日报》2009年1月10日第2版

北京大学 2008—2009 学年校历

第一学期

一、2008 级新生报到：9 月 12 日

二、全校新生开学典礼：待定

三、新生体检和入学教育：9 月 13 日—17 日

四、在校学生注册：
　　医学部：9 月 1 日—5 日
　　在职攻读硕士专业学位学生：9 月 12 日
　　校本部：9 月 18 日—26 日

五、上课：
　　医学部：在校生 9 月 1 日　新生 9 月 18 日
　　校本部：9 月 18 日
　　校本部本科生选课指导：9 月 15 日、16 日

六、中秋节放假：9 月 14 日

七、"十一"放假：
　　10 月 1 日—3 日放假，9 月 27 日、28 日、10 月 4 日、5 日照常休假

八、11 月 21 日 2004 级长学制口腔医学专业结束临床课学习，11 月 24 日开始口腔专业课学习。

九、元旦放假：2009 年 1 月 1 日

十、2009 年 1 月 16 日 2005 级长学制临床医学、基础医学、口腔医学专业、生物医学英语专业和 2006 级五年制临床医学专业、长学制预防医学专业基础课结束，2 月 9 日开始临床课教学。

十一、全校停课复习考试：
　　校本部：1 月 5 日—18 日
　　医学部：1 月 12 日—18 日

十二、春季研究生学位授予仪式：1 月 7 日

十三、学生放寒假：1 月 19 日
　　（研究生放寒假时间与教职工轮休一致）
　　（1 月 26 日春节）

十四、教职工轮休：1 月 19 日—2 月 13 日

北京大学 2008—2009 学年校历
第一学期（2008.9.1—2009.1.25）

周次	月	一	二	三	四	五	六	日
	2008 年九月	1	2	3	4	5	6	7
1		8	9	10	11	12	13	14
		15	16	17	18	19	20	21
2		22/29	23/30	24	25	26	27	28
3	十月			1	2	3	4	5
4		6	7	8	9	10	11	12
5		13	14	15	16	17	18	19
6		20	21	22	23	24	25	26
7		27	28	29	30	31		
8	十一月						1/8	2/9
9		3	4	5	6	7		
10		10	11	12	13	14	15	16
		17	18	19	20	21	22	23
11		24	25	26	27	28	29	30
12	十二月	1	2	3	4	5	6	7
13		8	9	10	11	12	13	14
14		15	16	17	18	19	20	21
15		22/29	23/30	24/31	25	26	27	28
16	2009 年一月				1	2	3	4
17		5	6	7	8	9	10	11
18		12	13	14	15	16	17	18
19		19	20	21	22	23	24	25

校本部上课时间：
第一节 08:00—08:50　第二节 09:00—09:50　第三节 10:10—11:00　第四节 11:10—12:00
第五节 12:30—13:20　第六节 13:30—14:20　第七节 14:40—15:30　第八节 15:40—16:30
第九节 16:50—17:40　第十节 17:50—18:40　第十一节 19:10—20:00　第十二节 20:10—21:00

北京大学 2008—2009 学年校历

第二学期（2009.2.9—2009.7.31）

周次	月	一	二	三	四	五	六	日
1	2009年二月	9	10	11	12	13	14	15
1		16	17	18	19	20	21	22
2		23	24	25	26	27	28	
3	三月	2	3	4	5	6	7	1/8
4		9	10	11	12	13	14	15
5		16	17	18	19	20	21	22
6		23/30	24/31	25	26	27	28	29
7	四月			1	2	3	4	5
8		6	7	8	9	10	11	12
9		13	14	15	16	17	18	19
10		20	21	22	23	24	25	26
11		27	28	29	30			
12	五月	4	5	6	7	1/8	2/9	3/10
13		11	12	13	14	15	16	17
14		18	19	20	21	22	23	24
15		25	26	27	28	29	30	31
16	六月	1	2	3	4	5	6	7
17		8	9	10	11	12	13	14
18		15	16	17	18	19	20	21
19		22/29	23/30	24	25	26	27	28
20	七月			1	2	3	4	5
21		6	7	8	9	10	11	12
22		13	14	15	16	17	18	19
23		20	21	22	23	24	25	26
24		27	28	29	30	31		

第二学期

一、在校生注册：
   医学部：2月14日、15日
   校本部：2月16日—20日

二、全校开始上课：2月16日

三、在职攻读硕士专业学位学生
   报到注册：2月14日
   新生开学典礼：2月21日

四、本科生招生开放日：4月18日

五、全校运动会：4月24—26日（24日停课）
   医学部运动会：5月15日下午和16日全天

六、清明节放假：4月4日

七、"五一"放假：
   5月1日放假，5月2日、3日照常休假

八、端午节放假：5月28日

九、6月12日2005级生物医学英语专业临床课
   结束，6月15日回公共教学部学习。

十、6月22日2008级医学部学生结束医预阶段
   学习，回医学部参加新生军训

十一、6月26日2005级预防医学专业临床课结束，6
   月29日回公共卫生学院学习。

十二、7月24日2005级基础医学专业临床课结束，7
   月27日回基础医学院学习。

十三、全校停课复习考试：
   校本部：6月8日—19日
   医学部：6月29日—7月10日

十四、毕业教育：6月22日—7月10日
   全校毕业典礼：7月7日、8日
   办理离校手续：7月6日—10日
   托运行李：7月10日、11日

十五、学生放暑假：
   校本部：6月22日
   医学部：7月13日
   （研究生放暑假时间与教职工轮休一致）

十六、医学部新生军训及军事理论课：
   6月23日—7月13日

十七、校本部暑期学校：6月29日—7月31日

十八、教职工轮休：7月13日—8月21日

医学部上课时间：
第一节 08:00—08:50　第二节 09:00—09:50　第三节 10:10—11:00　第四节 11:10—12:00
第五节 13:30—14:20　第六节 14:30—15:20　第七节 15:40—16:30　第八节 16:40—17:30
第九节 18:30—19:20　第十节 19:30—20:20

北京大学 2009—2010 学年校历

第一学期

一、新生报到：2009 年 9 月 5 日
二、新生体检和入学教育：9 月 6 日—13 日
三、全校新生开学典礼：9 月 12 日、13 日
四、在校学生注册：
  医学部：8 月 31 日—9 月 4 日
  在职攻读硕士专业学位学生：9 月 5 日
  校本部：9 月 14 日—18 日
五、校本部本科生选课指导：9 月 10 日、11 日
六、上课：
  医学部：在校生 8 月 31 日 新生 9 月 14 日
  校本部：9 月 14 日
七、国庆节、中秋节放假：10 月 1 日—8 日
  9 月 26 日、27 日、10 月 10 日、11 日照常作息
八、元旦放假：2010 年 1 月 1 日
  1 月 2 日、3 日照常作息
九、停课复习考试：
  校本部：1 月 4 日—17 日
  医学部：1 月 11 日—17 日
十、春季博士、硕士学位授予仪式：1 月 9 日
十一、学生放寒假：1 月 18 日—2 月 28 日
  （研究生放寒假时间与教职工轮休一致）
  （2 月 14 日春节）
十二、教职工轮休：1 月 25 日—2 月 25 日，
     2 月 26 日全体教职工上班

北京大学 2009—2010 学年校历

第一学期（2009.9.1—2010.1.24）

周次	月\日\星期	一	二	三	四	五	六	日
	2009年 九月		1	2	3	4	5	6
1		7	8	9	10	11	12	13
2		14	15	16	17	18	19	20
3		21/28	22/29	23/30	24	25	26	27
4	十月				1	2	3	4
5		5	6	7	8	9	10	11
6		12	13	14	15	16	17	18
7		19	20	21	22	23	24	25
		26	27	28	29	30	31	
8	十一月	2	3	4	5	6	7	1/8
9		9	10	11	12	13	14	15
10		16	17	18	19	20	21	22
11		23/30	24	25	26	27	28	29
12	十二月		1	2	3	4	5	6
13		7	8	9	10	11	12	13
14		14	15	16	17	18	19	20
15		21	22	23	24	25	26	27
16		28	29	30	31			
17	2010年 一月	4	5	6	7	1/8	2/9	3/10
18		11	12	13	14	15	16	17
19		18	19	20	21	22	23	24

校本部上课时间：
  第一节 08:00—08:50 第二节 09:00—09:50 第三节 10:10—11:00 第四节 11:10—12:00
  第五节 12:30—13:20 第六节 13:30—14:20 第七节 14:40—15:30 第八节 15:40—16:30
  第九节 16:50—17:40 第十节 17:50—18:40 第十一节 19:10—20:00 第十二节 20:10—21:00

北京大学 2009—2010 学年校历

第二学期（2010.2.22—2010.7.31）

周次	月 星期 日	一	二	三	四	五	六	日
	2010年二月	22	23	24	25	26	27	28
1	三月	1	2	3	4	5	6	7
2		8	9	10	11	12	13	14
3		15	16	17	18	19	20	21
4		22/29	23/30	24/31	25	26	27	28
5	四月				1	2	3	4
6		5	6	7	8	9	10	11
7		12	13	14	15	16	17	18
8		19	20	21	22	23	24	25
9		26	27	28	29	30		
10	五月	3	4	5	6	7	1/8	2/9
11		10	11	12	13	14	15	16
12		17	18	19	20	21	22	23
13		24/31	25	26	27	28	29	30
14	六月		1	2	3	4	5	6
15		7	8	9	10	11	12	13
16		14	15	16	17	18	19	20
17		21/28	22/29	23/30	24	25	26	27
18	七月				1	2	3	4
19		5	6	7	8	9	10	11
20		12	13	14	15	16	17	18
21		19	20	21	22	23	24	25
22		26	27	28	29	30	31	

第二学期

一、校本部本科生选课指导：2010年2月26日

二、上课：3月1日

三、在校生注册：3月1日—5日

四、在职攻读硕士专业学位学生
报到注册：2月27日
新生开学典礼：3月6日

五、本科生招生开放日：4月17日

六、全校运动会：4月23—25日（23日停课）
医学部运动会：5月14日下午和15日全天

七、停课复习考试：
校本部：6月21日—7月4日
医学部：7月5日—7月16日

八、毕业教育：6月28日—7月9日
办理离校手续：7月5日—9日
全校毕业典礼：7月7日、8日
托运行李：7月9日、10日

九、学生放暑假：
校本部：7月5日
医学部：7月19日
（研究生放暑假时间与教职工轮休一致）

十、医学部新生军训及军事理论课：
7月5日—7月23日

十一、校本部暑期学校：7月12日—8月15日

十二、教职工轮休：7月19日—8月22日

为与国家放假安排保持一致，清明节、劳动节、端午节放假安排待国务院公布2010年节假日安排后另行通知。第16周（6月14日—20日）相关安排另行通知。

医学部上课时间：

第一节 08:00— 8:50　第二节 09:00—09:50　第三节 10:10—11:00　第四节 11:10—12:00

第五节 13:30—14:20　第六节 14:30—15:20　第七节 15:40—16:30　第八节 16:40—17:30

第九节 18:30—19:20　第十节 19:30—20:20

索 引

使用说明

一、本索引采用内容分析索引法编制。除"大事记"外,年鉴中有实质检索意义的内容均予以标引,以供检索使用。

二、本索引基本上按汉语拼音音序排列。具体排列方法如下:以数字开头的标目,排在最前面;字母开头的标目,列于其次;汉字标目则按首字的音序、音调依次排列。首字相同时则以第二个字排序,并依此类推。

三、索引标目后的数字,表示检索内容所在的正文页码,数字后面的英文字母a、b、c,表示正文中的栏别,合在一起即指该页码及自左至右的版面区域。年鉴中以表格、图形形式反映的内容,则在索引标目后用括号注明(表)、(图)字样,以区别于文字标目。

四、为反映索引款目间的逻辑关系,对于二级标目,采取在一级标目下缩二格的形式编排,之下再按汉语拼音的音序、音调排列。

0—9(数字)

111 科学引智创新基地成果 419b
1987 校友奖学金 617b
1998—2009 年大型仪器设备测试服务收入统计(表) 440
1999—2009 年 SCI 收录论文情况(图) 305
2001—2009 年全校到校科研经费分类统计(表) 292
2005—2009 年北京科学仪器协作共用网情况(表) 440
2006—2010 年接收推荐免试研究生的数据统计与比较(表) 257
2008—2009 学年校历 681
2008 年度国家社科基金重大招标项目立项名单(表) 331
2008 年结业 2009 年换发毕业证书补授学士学位名单 641a
2008 年下半年北京市社科理论著作出版基金资助名单(表) 341
2009—2010 学年校历 683
2009 年毕业生名单 626
2009 年大事记 657
2009 年换发毕业证书补授学士学位名单 641a
2009 年媒体有关北京大学主要消息索引 672
2009 年聘请客座教授 670
2009 年上半年北京市社科理论著作出版基金资助名单(表) 342
2009 年逝世人员名单(表) 560
2009 年授予名誉博士 670
2009 年授予名誉教授 670
2009 年学校基本数据 31
211 工程 26b、415c
建设 415c
863 计划 286c
973 项目 286c
985 工程 26b—28a、415a、416c
二期建设 27a
建设 28b、415a
三期规划制定 416c

A—Z(英文)

CASC 奖学金 604b
ESEC 奖学金 604b
HD 经济学奖学金 605a
LSE—PKU 暑期学校项目 282b
Panasonic 育英基金 605a
POSCO 奖学金 605a
SCI 数据库 304、305
收录北京大学为第一作者单位的论文及分布总体情况(表) 304
收录论文情况(图) 305
收录医学部论文及分布总体情况(表) 305
SK 奖学金 605a
T.I.P 全封闭英语口语培训 275c

A

爱卫会办公室 454c
安保工作 497a
安全保密 258a
安全稳定工作 450a、457b
安全宣传教育 498b
案件 494c
奥斯陆大学项目 281b
澳门回归十周年庆祝活动 420b

B

百人计划 421b
办公室 432c、488c
工作 488c
内部建设 432c

办学经费筹措　30b
保密　499
　　承诺书　499c
　　工作　499
　　委员会　499a
保卫工作　496
宝钢奖学金　577b(表)、605b
报名信息系统　257a
报名与录取　256c
《北大后勤》　459c
北京大学　26、563、672
　　概况　26
　　党发、校发文件(表)　563
　　消息索引　672
北京大学—清华大学欧盟第七框
　　架计划研讨会　288c
北京大学出版社　393b—394b
　　版权工作　393c
　　荣誉　393c
　　社会公益　394b
　　重大记事　394b
　　重点项目　393c
　　转企试点　393c
《北京大学发展战略》　416a
北京大学附属小学　476a—477c
　　公益活动　477c
　　国庆活动　476b
　　合作交流　477c
　　现场会　476c
　　艺术教育　477a
　　支部换届　476a
北京大学附属中学　474a—476
　　办学条件　475b
　　布局调整　475c
　　副校长竞聘　476a
　　甲流预防　475a
　　教师聘任改革与实践　475c
　　教师职称评定　476b
　　教学评比　474a
　　教育教学改革　475a
　　科普报告　475b
　　科学发展观学习　474b
　　领导班子换届　475a
　　暑期教育教学研讨会　475c
　　图书馆附属中学分馆　476c
　　校长实名制推荐　476b
　　学术交流　474c

学术委员会会议　475b
重要荣誉　474a
北京大学学报：医学版
　　404c、405a
　　出版情况　404c
　　获奖情况　404c
　　刊庆活动　404c
　　信息化建设　405a
　　重要会议　405a
　　组稿情况　404c
北京大学学报：哲学社会科学版
　　403a—404b
　　办刊思路　403c
　　对外交流　404a
　　新一届编委会　403b
　　新中国60年有影响力期
　　　刊　403a
　　学术影响　404b
　　优秀论文奖评奖　403c
北京大学学报：自然科学版
　　402b—403
　　2008年刊载论文被国际检索
　　　机构收录情况(表)　403
　　编辑部　402b
　　　国内外权威数据库收
　　　　录　402b
　　获奖情况　402c
　　刊载论文被国际检索机构收
　　　录情况(表)　403
　　论文刊载　402b
　　文献计量指标　402c
　　文献计量指标(表)　403
北京大学医学院　26b
北京大学医院　472a—473b
　　改革与管理　472a
　　国际交流合作　473b
　　后勤与基建　473b
　　护理工作　473a
　　科研工作　473b
　　信息化建设　473b
　　医保工作　472c
　　医疗工作　472b
　　医疗管理　472b
　　医疗支援　473a
北京地区高等学校　573a、
　　582a—583b
　　教学名师奖名单(表)　573a

三好学生　582a
优秀班集体　583b
优秀学生干部　583a
北京国际数学研究中心　167b
北京科学仪器协作共用网情况
　　(表)　440
北京论坛　326a
北京市第十届哲学社会科学优秀
　　成果奖名单(表)　578a
北京市高校第六届青年教师教学
　　基本功比赛获奖名单
　　(表)　580b
北京市级教学成果奖名单
　　(表)　574a
北京市教育科学规划项目立项名
　　单(表)　338
北京市科委新签科技合同
　　(表)　301
北京市科学技术奖(表)　303
北京市社科理论著作出版基金资
　　助名单(表)　341、342
北京市优秀教师名单(表)　573a
北京市优秀教育工作者名单
　　(表)　573
北京市哲学社会科学十一五规划
　　项目(表)　337
北京市重点实验室　285c、290
　　(表)
北京医科大学　26a
北京银行教师奖(表)　577b
北美育才奖助学金　622b
奔驰奖学金　622b
本科拔尖人才培养计划　168c
本科结业有资格换发证书人员名
　　单　639a
本科课程目录(表)　173
本科教育教学　27b、168
本科新生党员培训班　504b
本科专业　33、36、38、168b、170
　　目录(表)　170
　　增设　168b
本专科毕业生　626
本专科学生　32、35、37
　　人数　37
毕(结)业博士研究生　650
毕(结)业硕士研究生　642
毕业教育　505a

索引

毕业留学生(研究生)(表) 653
毕业生名单 626
毕业未获得学士学位 639a
表彰 499c、569
  工作 499c
博士后 33、36、38、421c
  管理 421c
  科研流动站 33、36、38
  情况 33、36、38
博士、硕士学位学科专业目录
  (表) 267
博士研究生 33、650
  学位授权点 33

C

财务办公室 452a
财务工作 421、424c
  效率 424c
财务管理 424a
财务指标评价良好 423a
财务专题分析 422b
财政管理审计 425a
蔡元培 26a
餐饮中心 462b、462c
  伙食价格稳定 462c
  节能减排 462c
  荣誉 462c
  食品安全 462b
产业党工委工作 377a
昌平五中对口支援 372c
昌平校区管理办公室 444c—445c
  党组织建设 445c
  发展与联络 445b
  工程改造 445c
  内设机构 444c
  实验室入驻 445b
  主要工作 444c
昌平校区 417b、449a
  基础设施改造 449a
  征地 417b
长江学者 421b、547
  名录(表) 547
长沙临时大学 26a
陈佳洱 517a
陈建生 518b
陈运泰 528a

城市与环境学院 58c—61b
  大学生环境教育基地 60c
  党建工作 60b
  教育教学 59a
  科学研究 59b
  师资队伍 60a
  学科建设 59a
  学生工作 60c
  学术交流 59c
  院友会 61b
惩防体系建设 492a
成果管理 325a
成均馆大学项目 281a
成人高等学历教育脱产班 275c
成人教育学生 33、35、38
  人数 35、38
成人教育学院 276a、276b
  和谐稳定工作 276b
  甲型H1N1流感防控工作 276b
  学习实践科学发展观活动 276a
成舍我奖学金 605b
成套家属房汇总统计(表) 430
初试 257c
创新奖 589b—591a
  社会工作类 590b
  体育类 590a
  文艺类 590b
  学术类创新奖 589b
  医学部本科生系统 591a
创新能力建设 28a
创新研究群体科学基金 286b
春季全校干部大会 6、10

D

大事记 657
大型交流活动 419a
大型仪器设备 440、441、437
  测试服务收入统计(表) 440
  购置论证统计(表) 441
  开放测试基金使用情况(表) 437
大学生素质教育 510a
大学章程 416b
大雪天气应对 448c
大专毕业证书人员名单 640b

戴德梁行奖学金 605b
党发文件(表) 563
党风廉政建设 418c、457a、458c、491a、492a
  工作会 491a
  任务 492a
  责任制 418c
党建工作 445a、482a
党建研究会秘书处工作 483c
党建与思想政治工作 482、569
  奖励 569
党团日联合主题教育活动 504b
党务和思想政治工作 569a、571a
  奉献奖 571a
  先进集体 569a
  人员 569b
党校工作 485b
党员队伍建设 483a
党员教育 459a、485c
  工作 485c
  管理 459a
党支部 459a、487a
  建设 459a
  组织生活 487a
档案馆 398b—399c
  安全保密工作 399c
  档案服务 399a
  档案利用 399a
  档案收集 398b
  基础建设 399b
  信息化建设 399b
  学术交流与编研 399a
导航台影响解决 431b
到校科研经费分类统计(表) 292
德康霓克奖学金 606a
德育奖获奖名单(表) 572b
地方科技合作 366c
地球与空间科学学院 61c—64b
  党建工作 63a
  地质学系百年华诞 64b
  工会活动 64a
  获奖 62b
  教学工作 62a
  科研经费 62b
  科研项目 62b
  论著发表 62b
  实验室建设 62b

学生工作　63c、63a
　　学术交流与合作　62c
　　组织结构（图）　61b
地铁四号线振动影响评估　435c
地下空间管理　428a
第二次规划调整　431c
第二届校企联谊会　288c
第二临床医学院　145b
第二学士学位专业　33、36
第六医院　155a—157
　　党建工作　157c
　　改革与管理　155b
　　公共卫生服务　157b
　　国内外学术交流合作　157
　　后勤与基建　157b
　　护理工作　156a
　　科研工作　156b
　　信息化建设　157b
　　医疗工作　155c
　　医学教育　156c
第三临床医学院　148a
第三医院　148a—149b
　　合作交流　149a
　　获奖情况　149b
　　甲型H1N1流感防控任
　　　务　148c
　　教学工作　148a
　　科学发展观学习实践　148c
　　科研工作　148a
　　医疗工作　148a
　　中央党校院区　148b
　　重大事件　149a
第十八期大型仪器设备开放测试
　　基金开放仪器一览
　　（表）　437
第一届校企联谊会　288c
第一临床医学院　143b
第一医院　143b—145a
　　对口支援　144a
　　改革与管理　143b
　　后勤工作　145a
　　护理工作　144b
　　获奖情况　143b
　　基建工作　145a
　　交流合作　144c
　　科研工作　144c
　　宣传工作　145a

　　医疗工作　143c
　　医学教育　144b
电话室　465b、465c
　　内部管理　465c
　　任务完成情况　465c
　　通信保障工作　465c
　　线务增改　465c
电视台　487c
电子显微镜实验室建设　433b
调研工作　495b,499c
丁伟岳　518b
东宝奖学金　576b（表）、606a
东港奖学金　606a
董氏东方奖学金　618a
对口支援　28b
对内继续医学教育　279a
对外汉语教育学院　94b—95a
　　对外交流　95a
　　教师培训　94c
　　教学管理　94c
　　科研工作　95a
　　学科建设　94b
　　学术活动　95a
　　研究生培养　94b
对外交流　261b、418
对外学术交流　326a
队伍建设　28b、503b
多渠道筹措办学经费　422b

F

发展规划工作　416
法律顾问遴选　432b
法学学士　630b、634b、636a
法学院　103c—106a
　　交流与合作　106a
　　教学工作　104a
　　就业工作　105b
　　科研工作　104a
　　科研会议　104c
　　科研机构　104c
　　科研奖励　104b
　　科研经费　104b
　　科研课题　104b
　　科研论文　104b
　　科研专著　104b
　　图书管理　105a
　　团委工作　105b

　　文献管理　105a
　　校友工作　105c
　　学生工作　105a、105b
反腐倡廉教育　494a
方精云　29a、535c
方瑞贤奖学金　617b
方树泉奖学金　606b
方正集团有限公司　378b—379c
　　版式技术产业应用联盟主
　　　任　379a
　　重庆方正PCB产业园投
　　　产　379b
　　出版技术　378c
　　国家数字工程承担　378b
　　《黑白单色激光打印机测试
　　　版》国家标准　379a
　　品牌建设　378a
　　企业文化建设　379c
　　荣誉　379c
　　瑞信方正开业　379b
　　新三年战略制定　378b
　　银企合作　379c
方正奖教金　577a、606a
　　教师特等奖（表）　577a
　　教师优秀奖（表）　577a
　　优秀管理奖（表）　577a
房地产管理　427
房改工作　428a
房屋基本情况汇总（表）　430
非成套家属房汇总统计（表）　431
非学历教育　274c、275a
　　监管　275a
　　网络管理系统投入使
　　　用　274c
　　项目审批　274c
分子医学研究所　165c、166a
　　长寿基因研究　166a
　　首届亚洲小核酸会举
　　　办　165c
　　心脏保护新机制　166a
　　在Nature杂志上发表论
　　　文　165c
丰田奖学金　607b
冯奚乔奖学金　607b
服务首都　372c
辐射安全与防护　435a
辅导员　4a

索　引

辅修　638a
复试　257c
负责人名单　42、44、47、48
附录　670
附设机构人员　32
附属单位负责人名单　47
附属医院　29a、34、38
附属中小学幼儿园教职工　32、35

G

改革与创新　258b
改造工程项目　447c
甘子钊　517b
干部　39、456a、483c—485b
　　队伍建设　456a
　　工作　483c
　　培训任务　485b
　　人事制度改革　484b
　　调整　484a
冈松奖学金　607b
港澳台　283c、420a、489c
　　工作　489c
　　交流　420a
　　学生工作　283c
高层次继续医学教育　278b
高等教育国家级教学成果奖名单
　　（表）　573b
高等学校　303、573a
　　教学名师奖名单（表）　573a
　　科学技术奖（表）　303
高端培训　29a、277b
　　黄金周　277b
高考理科第一名学生名单
　　（表）　254
高考文科第一名学生名单
　　（表）　255
高科技企业　378
高松　526b
各类项目、成果、人才评审专家名
　　单（表）　342
公共卫生学院　136b—137c
　　对外交流　137b
　　工会作用　137b
　　教代会作用　137b
　　教学工作　136c
　　科研工作　137a
　　学科建设　136b

　　学生工作　137c
公益性行业专项（表）　302
公用房调配　427a
工程管理　445b
工程前期报批　446a
工程项目列表（表）　451
工会　42、377a、500—502a、622
　　大学校作用　501b
　　负责人名单　42
　　工作　377a、500
　　奖励　622
　　组织自身建设　502a
工勤人员　32、37
工学学士　629a
工学院　70c—71c
　　本科生教学　71a
　　党建工作　71c
　　发展工作　72b
　　交流合作　72a
　　教学工作　71a
　　科学研究　71b
　　学生工作　71c
　　研究生教学　71a
工作创新　489a
工作回顾展览　504a
工作展望　326b
供暖锅炉房脱硫除尘系统改
　　造　449a
供暖中心　463b—464a
　　党总支工作　464a
　　工会工作　464a
　　供暖工作　463c
　　浴室工作　463c
共青团　508、622、623a
　　标兵　623a
　　工作　508
　　系统奖励　622
固定资产总额　31、34、36
顾温玉生命科学奖学基金　607c
管理工作　29b
管理学学士　632a、635a、636a
管理与后勤保障　415
光华管理学院　101c—102b
　　毕业生就业　101c
　　科研成就　101b
　　校友工作　101c
　　学术合作　102a

　　重要活动　102b
光华奖学金　608a
广播台　488b
广东省重点实验室（表）　290
归国华侨联合会负责人名单　48
归侨侨眷工作　489c
规范会计核算　424c
郭应禄　538c
国防教育　505c
国华杰出学者奖（表）　577b
国际关系学院　95c—98a
　　党建　98a
　　对外交流合作　97b
　　教学工作　96a
　　科研成果情况（表）　97
　　科研活动　96c
　　科研项目立项情况（表）　96
　　行政领导换届　95c
　　学生工作　98a
国际会议　419c
国际交流　29b、286b
　　合作项目　286b
国际科技合作项目　287b
国际暑期学校项目　282a
国际学术会议申报情况　326a
国家发展研究院　126b—127c
　　党风建设　127c
　　教学工作　126b
　　科研工作　126c
　　学术交流　127b
国家高技术研究发展计划
　　286c、300
　　课题（表）　300
国家工程实验室　285b、289（表）
国家工程研究中心　34、36、285b、
　　289（表）
国家广电总局立项课题名单
　　（表）　338
国家级教学成果奖名单
　　（表）　573b
国家级重点实验室（表）　288
国家技术转移示范机构认
　　定　367c
国家奖学金　620b
国家杰出青年科学基金　286b
国家科技部主管项目　286b
国家科学技术奖项目（表）　302

国家社科基金 331—333
　　后期资助项目立项名单
　　　（表） 333
　　教育学项目立项名单
　　　（表） 333
　　项目立项名单（表） 332
　　艺术学项目立项名单
　　　（表） 333
　　重大招标项目立项名单
　　　（表） 331
国家实验室 285b
国家事务研习课程 420c
国家司法部立项课题名单
　（表） 338
国家重大科技专项 287a
国家重点（培育）学科 33
国家重点基础研究发展规划项目
　286c、298、299
　　项目（表） 298
　　课题（表） 299
国家重点实验室 34、36、38、285b
国家重点学科 33
　　一级 33
　　二级 33
国家自然科学基金 295—298
　　面上和青年基金项目数和经
　　　费数（表） 297
　　项目（表） 295
　　项目和经费（表） 296
　　重大项目（表） 298
　　重大研究计划（表） 298
　　重点项目（表） 297
国家自然科学基金委员会
　28b、286a
　　创新研究群体计划 28b
　　资助项目 286a
国内合作 371
　　办公室 371a
国庆60周年 283a、503a
　　系列活动 283a
　　组织协调 503a
国外来访代表团接待 29b
国务院侨务办公室立项课题名单
　（表） 338
国有资产管理 424b

H

海外学者 286b、419b
　　合作研究基金 286b
　　讲学/研究计划 419b
海外教育 280
函授教育停止招生 275a
韩国学研究基金奖学金 609a
韩济生 533c
韩启德 534b
航天科工奖学金 617a
何新贵 540a
合作项目 280b
贺贤土 521b
恒生银行奖学金 609a
红楼艺术奖 597a
红旗团委 622a
红色1+1活动 504c
侯仁之 527a
后勤保障 30a、447a、457c、460
　　服务 447a、460
　　服务机构 460
后勤党委工作 457
后勤服务职业化、专业化 455c
后勤改革十周年 30a
胡代光 542a
胡壮麟 544b
护理服务管理新模式 366b
护理学院 138a—141a
　　教材编写情况（表） 140
　　教学改革 138a
　　科研合作 138c
　　科研项目一览（表） 139
　　社会服务 141a
　　学科建设 138a
　　学术交流 140a
华为奖学金 609a
华裔新生代企业家中国经济高级
　研修班 281c
化学与分子工程学院 3a、29a、
　53b—56b
　　大事记 56b
　　教学工作 53c
　　科研项目 54b
　　科研项目（表） 54
　　学生工作 53c
　　学术交流 55a

环保项目合作 367c
环保宣教活动 435b
环境保护 434c、435b
环境科学与工程学院 76c—79a
　　本科生教学 76c
　　党风廉政建设 78c
　　党建工作 77c
　　工会工作 78c
　　基层组织建设 78b
　　科学发展观学习实践 77c
　　科研成果 77b
　　理论教育 78a
　　领导班子建设 77c
　　人才培养 76c
　　行政管理 78c
　　学生活动 79a
　　研究生教学 77a
黄春辉 526a
黄昆李爱扶奖学金 609a
黄琳 531c
黄枬森 542a
会议中心 460c—462a
　　百周年纪念讲堂 461a
　　对外交流中心 460c
　　勺园 461b
　　中关新园 462a
活动管理 499a
获奖情况 368c、496c
霍裕平 521c

J

基本建设 455b
基本情况 34、36
基本数据 31
基层党组织建设 482b
基础设施建设 30a
基础医学院 132c—133b
　　教学活动 132c
　　科研活动 133a
　　所获奖项 133b
　　学科建设 133b
基地管理 321b、323a
基地建设 169a
基建工作 445
基建投资 447b
机构 39、323c
　　管理 323c

索 引

机关各部门、工会、团委负责人名
　　单　42、43
　　校本部　42
　　医学部　43
机关建设　486c
季羡林　542a、609a
　　奖学金　609a
技防设施建设　498c
技术合同管理　367a
技术转移示范机构认定　367c
纪检监察干部队伍建设　496c
纪检监察工作　491、496c
　　获奖情况　496c
纪念五四运动90周年　4b
纪念五四运动90周年暨庆祝建校
　　111周年大会　4b
纪委会　496a
继续教育　274
继续医学教育课题研究　279b
继续医学教育学组成人医学教育
　　学组　279c
绩效奖励制度　30b
计划管理办公室　451a
计划与执行　256b
计算机科学技术研究所
　　72c—73c
　　成果应用与转化　73c
　　承担项目　73a
　　奖励　72c
　　交流与合作　73c
　　科研成果　73a
　　科研基地建设　73c
　　科研教学　72c
　　人才培养　73a
　　学术论文　73a
　　专利与专著　73a
计算中心　405c—408b
　　党建工作　408b
　　电力系统　408a
　　高性能并行计算　408a
　　工会工作　408b
　　公共教学资源环境建设服务
　　　　管理　405c
　　管理信息系统建设　407b
　　科研情况　407b
　　视频会议室使用情况　407b
　　网络服务　408a

网络建设　408a
校园网建设　406a
制冷系统　408a
佳能奖学金　609a
甲型H1N1流感防控　448b
监督检查　425a、495a、499c
监督约束　258a
剑桥大学项目　280c
建国六十周年庆祝活动
　　501b、509b
建设工程审计　426a
建设项目一览（表）　456
建校111周年大会　4b
建信基金优秀学子奖学金　609b
姜伯驹　516a
江泽民　26a
奖教金　481、573、576a、582、604b
　　获奖名单（表）　576a
　　获得者名单　604b
　　获奖情况统计（表）　481
奖励　569
奖助对象范围拓展　260c
奖助工作　260b
蒋有绪　536c
讲党性、重品行、作表率活
　　动　486c
交流合作　371a
交通安全管理　497c
教材建设工作　170a
教代会工作　500
教辅人员　32、37
教师职务评审委员会名单　39
教授名录　551
教务管理服务　169b
教学成果奖名单（表）　573b、574a
教学改革　168a、168b
教学计划修订　168a
教学科研　34—38、382、573
　　服务机构　382
　　机构　34、36、38
　　奖励　573
教学名师奖名单（表）　573a
教学优秀奖名单（表）　575b
教育部高等学校科学研究优秀成
　　果奖（人文社会科学）名单
　　（表）　339
教育部工程研究中心　285b、

285c、287b—289、289（表）、
　　335—338
留学回国人员科研启动基金
　　项目立项名单（表）　338
网上合作研究中心（表）　289
一般项目立项名单（表）　335
战略研究基地　288b
重大攻关项目立项名单
　　（表）　337
重点实验室　285b、289（表）
专项项目立项名单（表）　337
资助项目　287b
教育部人文社科重点研究基地重
　　大项目　358、359
　　结项名单（表）　359
　　立项名单（表）　358
教育基金会与校友会工作
　　479c—480c
　　筹款体制　479c
　　基础工作　480b
　　机构建设　480c
　　捐赠　479a
　　重要活动　480a
教育教学　27b、168
教育培训　499b
教育学院　116b—120c
　　会议举办　120a
　　获奖情况　119c
　　科研　117a
　　人才培养　116c
　　人事与组织　119a
　　特别事项　120c
　　学术交流　117b
　　学院领导　116c
教育战线工作满三十年教职工名
　　单（表）　581a
教职工　31、34、36、42、500c
　　代表大会执行委员会名
　　单　42
　　合法权益　500c
　　情况　34、36
　　人数　31
教职工住房　30b、427c、430
　　改善　30b
　　管理　427c
　　现状情况（表）　430
接收推荐免试研究生的数据统计

与比较(表) 257
结余资金清理 424a
节能办公室 454a
节能减排工作 449b
金融创新论坛 277b
近5年科研经费情况(表) 323
精神卫生研究所 155a
经费管理 367b
经济学学士 631b、634b、636b
经济学院 98b—99c、100c
  保研工作 99b
  本科生工作 99a
  毕业生离校 99b
  毕业与学位授予 99c
  继续教育 100c
  奖助制度改革 99b
  教学评估 99c、99b
  科研工作 98c
  课程开设 99b
  留学生教学管理 99b
  社会实践活动 99b
  外事交流 99c
  新生入学 99a
  学生工作 99c
  学生获奖 99c
  研究生出访 99c
  研究生工作 99b
  研究生招生 99b
  助教制度 99c
经济责任审计业务 426b
境外赠送科教用品一览(表) 444
就业工作 30a、262c
  先进集体 30a
旧金山奖学金 609b
竣工工程 445c

K

开放校园参观管理 449c
康宁奖学金 610a
抗震救灾重建家园工人先锋号名
  单 622a
考古文博学院 81c—83a
  党政工作 81c
  对外交流 82a
  工会工作 83a
  公众考古 82c
  国内外学术机构合作 82b
  获奖情况 82b
  教学工作 82a
  教学获奖 82b
  教学实习基地建设 82a
  科研工作 82a
  科研经费 82a
  社会服务 82c
  学科建设 82a
  学生工作 82c
  学术成果 82b
  学术会议 82b
  重大项目 82a
考试科目设置 257c
考试与考务 257a
科技成果宣传 366b
科技奖项 287c
科技进展 28a
科技开发 366、368
  到校经费统计(表) 368
科技开发部 366a、368、369
  签订100万元以上技术合同
    (表) 369
  签订进款技术合同统计
    (表) 368
科技与人才研究中心 288b
科技园有限公司 381a
科技支撑计划 287a
科技重大专项 28a
科维理天文与天体物理研究所
  166a—167b
  科研工作 166b
  人才队伍建设 166a
  人才培养 166b
  天文夏令营 167a
  学术会议 166b
  学术活动 166b
  学术交流合作 167b
科学发展观 1
科学发展观学习实践活动 1—
  3b、418b、455a、457a、482a、
  486c、490a、499a、501a
  基本情况 1a
  领导小组 1a
  总结大会 1a
科学技术协会 288a
科学研究 28a、284、286c
  计划 286c
科学引智创新基地成果 419b
科研成果 287c
科研公共平台建设 433a
科研基地建设 285a
科研机构人员 32、37
科研经费 286a、424b
  管理 424b
科研项目 286a
可持续·绿色校园建设 417a
客座教授 670
课程评估 170a
课程体系建设 168a
口腔医学院 149b
口腔医院 149b—152b
  反腐倡廉 152b
  工会教代会工作 152a
  基础建设 151b
  交流合作 151a
  教学工作 150a
  经济运行 151c
  科学发展观学习实践 152b
  科研工作 150a
  人事管理 151b
  信息化建设 151b
  医护工作 149c
  医疗质量和安全 152a
  预防工作 150c
  重点工作 152a

L

老干部和群众团体工作 459c
乐森旬白顺良奖学金 610a
雷鸟商学院项目 282a
离退休工作 421b
离退休人员 32、35、37
黎乐民 524a
李大钊奖 569a
李惠荣奖学金 610a
李启虎 532a
李卫红 4a、5a
李彦宏奖学金 616b
李政道 519c
理工科 284、293
  科研 284
  新批科研项目(表) 293
理工类国际学术会议和研讨班情
  况统计(表) 315

理工医科　291、292、301、317、318
　　创新团队发展计划名单
　　　（表）　301
　　到校科研经费增长趋势
　　　（图）　292
　　基金委国际（地区）合作研究
　　　项目（表）　317
　　教育部重大和重点项目
　　　（表）　301
　　科技部政府间国际合作项目
　　　（表）　317
　　其他国际（地区）合作项目
　　　（表）　318
　　新世纪优秀人才支持计划名
　　　单（表）　301
　　在研科研项目数分类统计
　　　（表）　291
理科第一名学生名单（表）　254
理科与医科　291、292
　　科研项目到校经费（表）　292
　　在研科研项目来源分布
　　　（图）　291
理论工作　487a
理论研究　499b、509c
理学部学术委员会　41
理学学士　626b、632b、634a、635a
历史学系　80c—81b
　　党建工作　81b
　　国际交流　81b
　　教学　80c
　　人才培养　80c
　　系庆110周年系列活动　81a
　　研究项目　81a
历史学学士　630b、634b、636a
厉以宁　542b
廉政风险防范管理工作试
　　点　457c
梁守德　545a
梁柱　546a
量化考核检查　492b
临床肿瘤医学院　152c
临湖科技发展有限公司　381a
林超地理学奖学金　611b
领导班子　458b、483c、484a
　　换届　484a
　　思想政治建设　458b、483c
领导干部廉洁自律　493c

刘安武　545a
刘靖　5b
刘淇　380a
刘延东　3a—4a
　　给北京大学5位辅导员回信
　　　3b、4a
　　视察北京大学　3a
刘元方　524b
留学生　33、38、282c、283b、
　　634a、640b
　　大专人员名单　640b
　　工作　282c
　　人数　38
　　文体活动　283b
　　校友　282c
　　学士学位名单　634a
　　招生　282c
录取各省高考理科第一名学生
　　名单（表）　254
录取各省高考文科第一名学生
　　名单（表）　255
录取审核　258b
陆道培　537c
陆汝钤　532b
论文专著　287c

M

马克思主义学院　115b—116a
　　国内外学术交流　115c
　　教学科研工作　115b
　　学生工作　116a
马克垚　543b
马宗晋　528c
麦吉尔大学项目　281b
满三十年教职工名单（表）　581a
媒体有关北京大学主要消息索
　　引　672
民生服务　30b
民主党派　48、489a
　　负责人名单　48
　　组织建设　489a
民主建设　500a
民族宗教工作　489b
闵维方　1a、2a、4b、6、16
名誉博士　670
名誉教授　670
明德奖学金　611b

模范教师名单（表）　573a

N

南洋理工大学中国学项目　281c
内部建设　486b
内部审计建设与管理　426c
牛津大学项目　281a
诺贝尔奖获得者中国校园行活
　　动　419c

O

欧阳爱伦奖学金　612a

P

派出工作　420a
培训中心　277b
培养工作　258b、263a
片组会议　495c
品牌项目管理　274b
平台课程建设　168b
评优评奖　170a
普通大专毕业人员名单　640b

Q

企业名录　378b
千人计划　421a
秦大河　529b
秦国刚　531b
青年教师　302、580b
　　教学基本功比赛获奖名单
　　　（表）　580b
　　入选北京市科技新星计划名
　　　单（表）　302
青年团干培养　512b
青年研究中心　507b
青年志愿者　511b
青鸟集团　380
　　IT高能人才培养　380b
　　安全业内品牌第一　380c
　　产业脊梁奖　380c
　　海航战略合作　380b
　　环宇消防效益　380c
　　刘淇　380a
　　投资造城市湖　380b
　　杨芙清　380a
　　灾区学生返蓉中考　380a
　　资源学院喜迁新址　380b

秋季全校干部大会　16、20
区域发展服务机构　373
全国干部教育培训高校基地　277b
全国教育系统先进集体名单（表）　576a
全国模范教师名单（表）　573a
全国社会工作硕士专业学位教育指导委员会　262a
全国优秀博士学位论文（表）　267
全日制学生　32、35、37
　　人数　35、37
全校到校科研经费分类统计（表）　292
群众团体工作　459c

R

人才队伍建设　325c
人才工作　28b、485a
　　引进工作　28b
人才培养　27b
人口研究所　123c—126a
　　管理规划　126a
　　国际合作　124c
　　国际学术交流　125b
　　获奖情况　124a
　　教学改革　126a
　　科研成果　124a
　　科研活动　124a
　　科研项目　124a
　　社会服务　124b
　　学术会议　125c
　　学术交流　125b
人民医院　145b—148a
　　病种质量管理　147c
　　党风廉政建设　147a
　　党建工作创新　147a
　　党委工作　146c
　　服务流程优化　147c
　　后勤工作　146b
　　基层党建　146c
　　基础护理　148a
　　教学工作　145c
　　科学发展观学习实践　146c
　　科研工作　146b
　　临床路径管理　147c
　　临床营养科　148a

卫生部试点工作　147b
医疗工作　145b
医疗资源精细化管理　147c
运营工作　146b
志愿服务试点　147b
人事办公室　452b
人事管理　420
人文大楼建设　326b
人文社会科学　28a、333、334、357、359
　　国际学术会议申请名单（表）　357
　　青年教师科研启动基金资助名单（2008—2009）（表）　334
　　研究机构名单（表）　359
　　重大问题前期研究资助项目名单（表）　333
人文社科SSCI、A&HCI、SCI论文　343、345
　　奖励院系统计（表）　343
　　奖励作者统计（表）　343
　　目录（表）　345
人文学部学术委员会　40
人物　516
日常保障　457c
入党积极分子培训　486a
入学考试　257a
入学审核　258b
软件工程发展有限公司　382b
软件与微电子学院　74b—76b
　　大事记　76a
　　党建工作　75c
　　合作交流　74b
　　获奖情况　74c
　　教学科研　74b
　　学生工作　75c
　　招生就业　74b
芮沐　543a

S

三好学生　582a、584a、585b
　　标兵　584a
三菱东京日联银行奖学金　612a
三星奖学金　612a
沙丽曼　4a
膳府奖学金　616a

尚永丰　537a
涉密载体管理　499b
社会服务　28b、30b、284
社会工作奖　595a
社会工作硕士专业学位教育指导委员会　262a
社会捐赠奖学金、助学金、奖教金、研究资助概览（表）　480
社会科学部学术委员会　41
社会实践　510b
社会学系　110a—111c
　　党建工作　111b
　　反腐倡廉建设　111c
　　教学管理　110a
　　科学发展观学习实践　111b
　　科研活动　110c
　　人才培养　110a
　　学生工作　111c
　　学术活动　110c
社会育才崔建华奖学金　617a
社科理论著作出版基金资助名单（表）　341、342
设备管理　432
设计方案招标　432b
深港产学研基地　376
　　孵化器建设　376a
　　高层次人才培养　376b
　　公共研发平台建设　376b
　　国家技术转移示范机构　376a
　　深港合作模式研究　376c
深圳市重点实验室（表）　290
深圳研究生院　265a—266a
　　对外交流　265c
　　国际化队伍建设　265b
　　基建工作　266a
　　教学工作　265c
　　科研工作　265c
　　校园文化建设　265c
　　招生工作　265a
　　重要活动　266a
深圳医院　160c—161c
　　党群工作　161c
　　后勤服务社会化　161c
　　科教工作　161b
　　学科建设　160c
　　医疗情况　160c

索 引

医疗质量安全　161a
运营质量　161b
审计工作　425
审计项目情况(表)　427
沈同奖学金　612b
沈渔邨　539a
沈宗灵　546a
生命科学学院　2a、56c—58b
　党政工会工作　57a
　对外交流　58a
　教学工作　57b
　科学研究　58b
　科研项目统计(表)　58
　人事工作　57b
　学生工作　58b
生态文明贵阳会议　29a
生育健康研究所　413c—414c
　国际合作项目　414a
　国际交流　414c
　国内科研项目　414b
　科学研究　414a
　论文发表　414c
　研究生教学　414c
省部级部重点实验室　34、36、38
省部重点学科　33
十佳团支书　623b
十一五建设　415c
实验动物科学部　412a、412b
　动物实验　412a
　教材编写　412b
　教学培训　412a
　论文发表　412b
　设施设备改造　412b
　实验动物生产供应　412a
实验动物中心建设　433a
实验技术队伍建设　433a
实验教学改革　432b
实验室　432、434c
　安全　434c
　管理　432
　建设　432b
石舫修复　448c
世界一流大学创建计划　26a
世界一流水平　27a
事业规划　417c
市级优秀毕业生名单　599a
逝世人员名单(表)　560

收入构成(图)　422
收入情况比较(图)　422
首都发展研究院　373a—376a
　《城南行动》　374a
　《城市管理综合配套改革试验区总体方案》　374a
　服务首都发展　373b
　国子监大讲堂建设　373c
　获奖情况　376a
　《决策要参》　373c
　决策支持研究　374a
　科研报告　375a
　科研项目　374b
　论文　375b
　能力建设　373a
　三个北京建设　373b
　《新区域协调发展理论与政策研究》课题组　374a
　译丛主编　376a
　著作　375c
首都劳动奖状　622a
首钢医院　157c—160b
　改革与管理　158a
　国际交流合作　159c
　后勤与基建　160a
　护理工作　159a
　获奖情况　160b
　机构设置　158a
　科研工作　159a
　社会服务　158c
　信息化建设　160a
　医疗工作　158b
　医学教育　159c
授权专利清单(表)　306
暑期学校　168c、282a
数学科学学院　49—51b
　党风廉政建设　50c
　党建工作　50a、51a
　队伍建设　50a
　获奖情况　50(表)、51b
　奖学金情况　51a
　教学　49a
　科学发展观学习实践活动　50b
　科研　49c
　学科建设　49a
　学生工作　51a

学生活动　51b
学术交流　49c
学院党委换届　50a
树仁学院奖教金(表)　577a
双学位学士授予名单　635a
水电中心　462c—463b
　防汛抢险　463b
　校园给排水系统　463a
　校园供电系统　463a
　校园水电施工工程　463b
　校园水电收费管理　463a
　校园水电物业管理　463b
　校园维修　463a
水质和室内空气质量监测　435b
硕士学位授权点　33
硕士研究生　642
思想政治工作先进集体　569a
思想政治工作者　569a
斯坦福大学项目　281b
苏肇冰　520b
苏州工业园区奖学金　612b
宿白　541b
素质教育　30a

T

塔里木奖学金　615b
汤一介　544a
唐孝炎　538a
唐有祺　523a
唐仲英奖学金　621a
陶澍　530a
特色授课项目　419c
特殊用房管理中心　466c—467c
　安全管理　467a
　财务收支　466c
　房屋使用　466c
　服务育人　467c
　公寓运行　467b
甲流防控　466c—468a
　节能减排　467c
　科学发展观学习　466c
　文化建设　468a
　硬件建设　467a
特载　1
腾讯科技卓越奖学金　612b
体育馆　401c、402a
　年度工作　402a

体育教研部　128a—132a
　　党支部工作　132a
　　工会工作　132a
　　滑冰课恢复　128b
　　交流活动　131b
　　群体活动　129c
　　暑期课程　128a
　　体育代表队活动　128b
　　体育教学　128a
　　体育科研　130c
　　体育课上课时间　128a
　　行政后勤管理　131b
　　中层组织机构（表）　128
体制机构改革　496a
天然奖学金　612b
田村久美子奖学金　616a
田刚　518c
田余庆　541a
通选课建设　168a
童庆禧　528b
童坦君　536a
统战工作　489、490a
　　主要工作　490a
　　信息工作　489c
　　宣传工作　489c
　　研究工作　489c
投资　447b
　　计划　447b
图书馆　31、34、36、382b—389b
　　2005—2009 年总馆读者服务
　　　总体情况统计（表）　384b
　　2007—2009 年总馆主页访问
　　　情况（表）　385
　　2007—2009 总馆多媒体服务
　　　情况（表）　385
　　CALIS　388c
　　CALIS 全国文理中心　388c
　　CALIS 全国医学中心　388c
　　CASHL　389a
　　藏书　31、34、36
　　储存图书馆　385b
　　党委工作　386c
　　电子资源检索服务　384a
　　读者到馆服务　384c
　　读者服务总体情况统计
　　　（表）　384b
　　读者自助服务　384a

　　多媒体服务　385b
　　多媒体服务情况（表）　385
　　岗位聘任　386c
　　高校图工委与中国图书馆学
　　　会高校分会　389b
　　工会工作　387b
　　古籍整理　383c
　　馆藏清点　383c
　　馆藏数字化　383a
　　馆际互借　384b
　　国际交流　388a
　　机构重组　386c
　　基础设施保障　386b
　　讲座网　383b
　　科研机构　388b
　　李政道数字图书馆　383b
　　人力资源建设　387b
　　实时咨询服务　384b
　　数字加工服务　386b
　　数字图书馆门户　385c
　　数字图书馆研究所　388a
　　特藏整理　383c
　　文献编目　383c
　　文献传递　384b
　　文献信息资源体系　385a
　　文献资源建设　382b
　　新增科研项目一览（表）　387
　　信息化设施建设　386a
　　学术成果获奖　387a
　　学术会议　387c
　　学术交流　387c
　　用户信息素质教育　384c
　　阅读推广活动　385b
　　中国高等教育文献保障系
　　　统　388b
　　中国高校人文社会科学文献
　　　中心　389a
　　主页访问情况（表）　385
　　总馆电子资源订阅情况统计
　　　（表）　383
　　总馆书刊采访工作统计
　　　（表）　383
涂传诒　527c
土地基本情况汇总（表）　429
土地与房屋产权管理　428a
团的自身建设　514b
团委负责人名单　42

推广科技项目目录（表）　370

W

外国留学生　33、36、38
　　人数　36、38
外国语学院　85b—92
　　北京市社科理论著作出版基
　　　金统计（表）　92
　　本科教学工作　87c
　　党委工作　85b
　　党政协调机制　86b
　　工会工作　86b
　　国际合作外资项目统计
　　　（表）　91
　　国家社科基金年度项目统计
　　　（表）　91
　　国家社科基金重大招标项目
　　　统计（表）　91
　　国家艺术单列学科基金项目
　　　统计（表）　91
　　横向课题统计（表）　92
　　基层党建工作　85b
　　继续教育　92b
　　教材建设立项名单（表）　88
　　教育部留学回国人员科研启
　　　动基金项目统计（表）　91
　　教育部人文社会科学研究一
　　　般项目统计（表）　91
　　教育部哲学社会科学研究后
　　　期资助重点项目统计
　　　（表）　91
　　科研出版　90c
　　科研工作　90a
　　科研奖励　90b
　　科研项目立项申报　90a
　　留学回国人员科研启动基金
　　　项目统计（表）　91
　　荣誉称号　90b
　　外事工作　92a
　　校长基金研究项目名单
　　　（表）　88
　　学生党团工作　87a
　　研究生教学培养　89a
　　中央统战部华夏英才基金出
　　　版资助统计（表）　92
外国专家工作　419b
汪永铨　546b

王恩哥 522b、523a
王夔 525b
王陇德 540c
王诗宬 521b
王选 72c、577b
 纪念陈列室 72c
 青年学者奖(表) 577b
王阳元 530c
网格化校园 30b
网络本科生人数 36
网络本专科生 33、38
 人数 38
网络教育 277a
 非学历教育培训 277a
 工作会议 277a
 资源建设 277a
网络教育学院 276b、276c
 教学教务管理 276b
 升级技术支持系统 276c
微处理器研发中心 2a
维信生物科技有限公司 381b
卫生部工程技术研究中心
 (表) 290
卫生部重点实验室(表) 290
未名生物工程集团有限公
 司 381a
 科技研发 381a
文化体育活动 502a
文科第一名学生名单(表) 255
文科科研 320、324、325
 机构参加总结情况(表) 325
 机构数量统计(表) 324
文科资深教授 541
文兰 517c
文学学士 629b、634a、636b
吴阶平 534c、537b
吴慰慈 546b
吴云东 526c
五四奖学金 618b
五四体育奖 597a
五四运动九十周年 490、
 505a、509a
 访谈会 490b
 主题教育活动 505a
物理学院 51b—53a
 本科招生与教学 52b
 党务 52c

对外交流 52b
队伍建设 51c
基建规划 53a
科学研究 52a
人才培养 52b
实验室建设 53a
行政后勤 53a
学科建设 51c
学生工作 52c
研究生招生和培养 52c
重要事项 51b

X

西部卫生项目工作支援 365c
西南联合大学 26a、612b、613a
 国采奖学金 612b
 奖学基金 613a
习近平 1b、2a、2b
 视察指导北大学习实践科学
  发展观活动 1b
先锋科技有限公司 381b
 成立十周年 381b
 尾气净化工艺 381b
先进集体名单(表) 576a
先进技术研究院 164a—165a
 对外交流 165a
 科研项目管理 164b
 科研资质建设 164a
 校内调研 165a
先进团委 622b
先进学风班 598a
先进学生典型宣传 504c
先行科技产业有限公司 382a
现代教育技术中心 408c—411b
 《北大教学促进通讯》 409c
 第一届助教学校 409c
 岗位人员轮换制度 411a
 岗位巡查制度 411a
 规范化管理 411a
 获奖情况 411b
 讲座网 408c
 教室管理 410c
 教室技术服务 411a
 教室网 409a
 教学网 408c
 教学网体验中心 409b
 教学网宣传培训 409a

 教学新思路教改项目 409a
 教学支持 409a
 教学资源建设 410a
 教育技术一级培训 409c
 录制课程(表) 410
 人物网 409a
 示范课程申报情况(表) 410
 视频课堂功能 409b
 网络平台建设 408c
 有线电视 411b
项目管理 322c
项目与工作绩效 425a
消防安全管理 497b
消息索引 672
肖家河项目建设 431
校办产业管理 376
校办企业员工 32、37
校报 488a
校本部 34、315、435、491
 基本数据 34
 民主党派组织机构状况
  (表) 491
 实验室基本情况一览
  (表) 435
 主办理工类国际学术会议和
  研讨班情况统计(表) 315
校发文件(表) 563
校级优秀班集体 597b
校级优秀毕业生名单 600b
校历 681、683
校领导机构组成人员名单 39
校内虚体研究机构 285c
校舍建筑面积 31、34、36
校史馆 1b、400c—401c
 交流工作 401c
 日常行政工作 401b
 校史文物实物征集 401b
 校史研究 400c
 校史展览 400b
 专题展览 400c
校外教师聘请 32、35、37
校友奖学金 617c
校园管理 30b
校园管理服务中心 464a、464b
 环卫保洁工作 464b
 荒山绿化 464a
 绿化管理养护 464a

校园规划　416c—418a
校园面积　31,34,36
校园文化　30a、487b
　　建设　487b
校园信息化建设　30a
校园修缮　30a
校园治安管理　498a
校园秩序管理　497a
谢培智奖学金　613a
解思深　521a
心理学系　64b—66c
　　党政工作　64c
　　反腐倡廉建设　64c
　　国际交流　66a
　　教学工作　65b
　　科学发展观学习实践　64c
　　科研工作　65c
　　人才队伍　66c
　　学生党组织建设　65a
　　学生工作　66c
新的北京大学　26a
新疆大学建设　372c
新生入学教育　505a
新世纪优秀人才入选者名单（2004—2008）(表)　340
新闻网　488a
新闻宣传　487b
新闻与传播学院　122c—123b
　　教学改革　123b
　　学生工作　123b
　　学术交流　123b
　　学术科研　123a
新增40万元以上大型仪器设备一览（表）　436
新中国成立六十周年　448b、458b、490a
信访　494c
信息管理系　107b—109b
　　党委工作　107c
　　对外交流　109a
　　继续教育　109b
　　教学工作　108c
　　科研工作　109a
　　人事交流　109a
　　学生工作　109b
　　学校表彰　109c
　　主要活动　108a

信息化建设　30a、262b、457b、487b
信息化建设与管理　478a—479b
　　单位编码调整　478a—479b
　　二级单位信息化建设评估体系建设　478a
　　科学发展观指导信息化建设　478a
　　人员编码调整　478c
　　信息化常规服务项目　479b
　　信息化政策法规体系完善　478a
　　英文网站建设和规范　478b
信息科学技术学院　67b—70b
　　211工程　68c
　　985工程　68c
　　985工程经费分拨一览（表）　69
　　博士后工作　69a
　　党员旗帜意识　69b
　　党政工作　69b
　　教学成果　67c
　　教学改革　67c
　　教学工作　67b
　　科技交流　69a
　　科学发展观学习实践　69b
　　科研成果　68a
　　科研工作　68b
　　科研经费　68c
　　科研项目　68c
　　日常教学　67b
　　社会服务　68b
　　师生思想政治教育　70a
　　实验室管理　69a
　　项目及经费分拨一览（表）　68
　　学籍管理　67b
　　学生工作　70b
　　一岗双责　70a
　　仪器设备管理　69a
信息与财务　514b
信息与工程学部学术委员会　41
星光国际奖学金　613a
形势政策教育　505a
行政人员　32,37
休斯敦校友会奖学金　611b
虚体研究中心（表）　290

徐光宪　523c
徐至展　519a
许智宏　535a
宣传工作　257a、487
宣传引导　509c
宣传与咨询　257a
学部学术委员会名单　40
学籍管理　262c
学科规划　417c
学科建设　27a、168、415c
　　研讨活动　415c
学历教育　26b、275a
学生大浴室改造　449a
学生党建旗帜引领计划　504b
学生服务　29b
学生公寓环境改善　455c
学生工作　3b、503、599a
　　辅导员　3b
　　先进单位　599a
学生骨干培养　512b
学生国际交流　419a
学生会　513a
学生奖励　582
学生就业　29b、507a
学生日常管理评奖评优　505b
学生社团　513c、513a
学生思想政治教育　3b、504a、508a
　　工作回顾展（2004—2009）　3b
学生宿舍管理服务中心　466a、466b
　　安全保卫　466b
　　毕业生离校　466a
　　甲型H1N1流感防控　466b
　　未名木器厂　466b
　　文明卫生宿舍创建　466b
　　迎新工作　466a
学生宿舍楼内及室外消防设施改造　449b
学生心理健康教育　506a
学生资助　506b
学生组织　513a
学士学位授予名单　626b
学术科研　510b
学术委员会名单　39
学位工作　259c、263b

索　引

学位评定委员会名单　40
学习实践活动成效　1b
学习优秀奖　592a
学校财政　30a
学校基本数据　31
学校领导班子　1a

Y

严家炎　543b
严文明　544a
研究生　32、35、37、257b、257c、
　　260b、263c
　　初试　257c
　　复试　257c
　　工作部　263c
　　奖助工作体系　260b
　　考务工作规范　257b
　　人数　35、37
研究生会　513b
研究生教育　27b、256、261c
　　工作研讨会　261c
研究生院　261b、262b
　　促进交流计划　262b
　　院长联席会秘书处　261b
研究与课题　261c
阎步克　5b
燕园街道办事处　470a—471b
　　党建工作　470a
　　国庆环境建设　470c
　　计划生育　471b
　　居委会换届　471a
　　民生与社会保障　471b
　　迎国庆活动　471a
燕园隶德科技发展公司　382c
燕园社区服务中心　468b—470a
　　便民活动　468c
　　党支部活动　469c
　　工会活动　469c
　　呼叫系统运行　468b
　　家政服务　468b
　　经营管理　469b
　　居家养老服务　468c
　　老年需求调查　469a
　　留学生交流活动　468c
　　日照教授花园售后工
　　　作　469a
　　社区服务　468b

　　设施建设　469a
　　送货上门服务　468c
　　维修服务　468c
　　综合管理　470a
杨芙清　380a、530b
杨芙清—王阳元院士奖学金
　　576a(表)、613b
杨应昌　518a
药学院　133c—136b
　　北京市科技新星B类项目
　　　(表)　135b
　　北京市自然科学基金资助项
　　　目一览(表)　135
　　党政工作　136a
　　国家自然科学基金资助项目
　　　一览(表)　135
　　教学工作　134a
　　教育部高校博士学科点专项
　　　基金资助项目一览
　　　(表)　135
　　科技部973项目(表)　135
　　科研工作　134c
　　行政领导班子换届工
　　　作　136b
　　学科建设　133c
　　学术合作交流　136a
叶大年　529a
叶恒强　532c
叶朗　544b
夜大学办学　275c
医德医风建设　495b
医改　365a
医科科研　284
医科新增科研项目(表)　294
医疗服务　29a
医疗管理体制新模式　366b
医学部　36、40—42、274、316、
　　365a、368b、370、377b、397、
　　455、491、632b
　　产业工作　377a
　　负责人名单　42
　　共建天津市医院　377b
　　后勤　455
　　基本数据　36
　　科学出版基金项目评审结果
　　　(表)　397
　　民主党派组织机构状况

　　　(表)　491
　　学士　632b
　　学术委员会　41
　　学位评定委员会名单　40
　　医院管理处　365a
　　在校研究生统计(表)　274
　　主办医学类国际学术会议和
　　　研讨班情况统计(表)　316
　　专利工作　368b
　　专利申请及授权情况统计
　　　(表)　370
医学部档案馆　399c、400a
　　百年大事记撰写　400a
　　档案管理　399c
医学部信息通讯中心　411b
　　电话工作　411b
　　服务工作　411b
　　廉政建设　411b
　　网络工作　411b
　　信息工作　411b
　　一卡通工作　411b
医学出版社　394c—397c
　　2009—2012年经营目标责任
　　　制方案　394c
　　版权贸易　397c
　　办社方向　394c
　　办社宗旨　394c
　　出版基金　397c
　　出版社规范管理　396b
　　对外合作交流　397c
　　分配制度改革　396a
　　改制进程　395c
　　管理体制　395c、396c
　　获奖情况　397c
　　经济危机措施　397a
　　经济指标　396c
　　经营目标责任制方案　396b
　　科学发展观落实　395a
　　目标任务　394c
　　清产核资　397b
　　人才培养　397b
　　四年经营目标责任制方
　　　案　394c
　　选题计划　397b
　　医学部科学出版基金项目评
　　　审结果(表)　397
　　运行机制　395c、396c

  指导思想　394c
  组织结构调整　396c
医学教育教学改革　27b
医学类国际学术会议和研讨班情况统计（表）　316
医学人文研究院/医学部公共教学部　141—143a
  党委工作　143a
  获奖情况　142b
  教材建设一览（表）　142
  教改立项一览（表）　141
  教学工作　141b
  科研及学术交流　142a
  科研项目一览（表）　142
  行政管理　143a
医学图书馆　389c—392c
  CALIS医学中心　392b
  读者服务工作　390a
  工会工作　392c
  基础设施　391c
  交流合作　393b
  科研学术成果　392c
  人力资源发展　392b
  书刊采购统计（表）　391b
  学科馆员工作　391a
  页面访问量统计（表）　390
  医学图书馆服务器一览（表）　392a
  用户培训　391b
  用户信息素质教育项目完成情况（表）　391
  资源保障　391a
  资源共享　391a
医学网络教育学院　279b—280c
  本科学历教育　279c
  技术保障　280b
  内部建设　280c
  网络继续医学教育与培训　280a
  文化建设　280c
  重要活动　279b
  专科学历教育　279c
医学学士　633a、635a
医学研究生教育　262c
医药科工作委员会　264b
医药卫生EMBA高级论坛　377c
医药卫生分析中心　411c

  服务测试　411c
  获奖情况　411c
  教学工作　411c
  实验室建设　411c
  实验室资质认证　411c
医院管理　365
仪器设备　433b、434b、437、440、441
  采购　434b
  测试服务收入统计（表）　440
  购置论证统计（表）　441
  管理　433b
  开放测试基金开放仪器一览（表）　437
艺术学院　92c—94a
  党团工作　93c
  教学科研　93a
  学生艺术团　94a
  学术交流　93b
引路青春·助航成长工作回顾展　3b
英才奖学金　615b
英华科技有限公司　381c
英杰交流中心　3a
英语新闻网　488b
用房需求　416c
优秀班集体　583b、597b
优秀班主任获奖名单（表）　579b
优秀毕业生名单　599a、600b
优秀博士学位论文　267（表）、578b
  指导教师名单（表）　578b
优秀党务和思想政治工作者　569a
优秀德育奖获奖名单（表）　572b
优秀教师名单（表）　573a
优秀教育工作者名单　573b
优秀团干部　623b
优秀团员　624b
优秀团支部　622b
优秀新生团支书　623b
优秀学生干部　583b
优秀医疗管理工作者表彰　365b
友利银行奖学金　614a
有权授予博士、硕士学位的学科专业目录（表）　267
幼教中心　464c—465b

  党总支工作　465b
  工会工作　465b
  重要活动　464c
  与海淀区合作　372c
预算管理　424a
元培学院　162b—163b
  导师工作　162b
  干部更替　162b
  交流合作　163b
  教学工作　162c
  学生工作　162c
  学生就业去向（表）　162
圆明园校区建设　276a
袁行霈　541a
院、系、所、中心负责人名单　44—46
  校本部　44
  医学部　46
院士　421a、516
院系情况　49
院系文科科研机构数量统计（表）　324
运输中心　464b、464c
  车辆维护　464c
  迎新工作　464c
运行管理办公室　450b

Z

在春季全校干部大会上的讲话　6—16
  110周年校庆　10a
  211工程　10a、12a
  985工程　10a、12a
  985工程二期验收　12a
  985工程三期建设规划　12a
  985工程三期建设立项　12a
  2008年主要工作　10a
  2009年党委主要工作　7b
  2009年行政工作要点　11a
  安全稳定工作　9b、16a
  北京奥运会筹备组织　10a
  财务工作　14b
  财务管理　14b、15a
  财务运行安全　11a
  产业工作　15b
  惩治和预防腐败体系　8b
  筹款工作　14b

筹资业绩 11a
　党的十七大精神贯彻落实 6b
党的思想理论建设 6b
党风廉政建设 7b、8b
党委2008年重点工作 7b
党委工作述职 6b
党组织建设 8b
第十二次党代会 9b
对外合作 11a
队伍建设 12a
发展战略制定 11b
服务质量 10b
高水平人才队伍建设 10b
公立医院改革 15b
工会教代会工作 9b
工作部署 6b
共青团工作 9a
国际合作与交流 14a
国际声誉 11a
国内合作与交流 11a、14a
海外高层次人才引进 13a
　寒假战略研讨会 6a、11a、13b
合校优势 15a
和谐校园建设 7a、9a
基层党建创新 7a
基层干部队伍建设 7b
基础设施建设 14b
基础学科建设 12a
机制建设 11b
交叉融合 15b
教学工作 13b
教育教学 10b
　经费和基建项目统筹管理 15a
抗震救灾工作 10a
科学发展观学习实践 7b、8a、11a
科研工作 12a
科研经费 10b
科研实力 10b
理论宣传 8b
廉洁教育 7b
绿色校园建设 15b
千人计划 13b
全员育人意识 13b

人才队伍建设 12b
人才培养 13b
人才培养目标 10b
人才培养质量 10b
人事改革 13b
人事工作会议 13b
日常财务管理 14b
社会服务 11a
社会主义和谐校园建设 7a
深圳研究生院工作 15b
师资队伍建设 13a
师资人事制度改革 10b
世界一流大学创建 7b、11a
述职 6a
思想理论建设 6b
体制建设 11b
统筹协调 7a
统一战线 8b
统战工作 8b
校园安全管理 16b
校园公共服务体系 10b
信息化建设 16a
行政常规工作 10a
行政工作布置 11a
行政工作要点 11a、16b
徐光宪 12b
宣传工作 6b
学科建设 10a、12a
学生工作 10b、13b
学生管理和服务 13b
学生就业工作 14a
学生实际问题解决 8b
学生思想政治工作 8b
学校发展战略制定工作 11b
学校管理 16a
学校中长期发展 11a
研究生教育 13b
医学部建设 15a
以人为本 12b
意识形态领域工作 8b
院士增选 13a
政治稳定 9b
制度建设 11b
中长期发展战略 11b
重大成果 12b
主持词 6a
主要工作 10a

资产管理与使用改革 15a
资源统筹 14b
自身发展研究 11b
组织建设 8b
在秋季全校干部大会上的讲话 16—25
985工程三期建设 20a、25a
安全保卫工作 23b
安全稳定工作 18a
保卫部调整改革 24a
本科生教育 22a
财务管理 23a
产业工作 25b
传染性疾病防控 23b
大学生思想政治教育 19b
党风廉政建设 19a
党建和思想政治工作 17a
第二课堂 22b
　第十二次党代会准备工作 18a
多渠道争取经费 23a
反腐倡廉建设检查工作 18b
高端人才 21b
国际合作 23b
国际交流 23b
国内合作 23b
国庆60周年庆祝活动 17b
国庆前后安全稳定工作 18a
合校经验 25a
和谐校园建设 19a
基层党建工作 18b
基层干部队伍建设 18b
基础学科 20b
集中学习实践活动 17a
继续教育 22b
甲型H1N1流感防控 24a
教育教学质量 22a
教职工待遇合理增长机制 21a、21b
科技成果转化 23b
科学发展观学习实践活动 16b、17b
科学发展思想共识 17a
科研创新工作 21a
科研创新潜力 20a
离退休老同志服务工作 22a
理工医科研 20b

领导班子自身建设　19b
绿色校园建设　24b、25a
青年后备人才　21b
人才队伍建设　21a
人才工作领导协调机构　22a
人才培养　22a
人文社科　21a
社会主义和谐校园建设　19a
深度融合　25a
深圳研究生院建设　25b
生态文明贵阳会议　24b
世界一流大学创建　20a
暑期战略研讨会　16b、25a
思想政治工作　17a
思想政治教育　19b
统一战线　19a
校内资源调配　22b
校友工作　23a
校园环境　23b
校园基础设施建设　23a
校园建设　24b
校园可持续发展　24b
新药创制产学研联盟　25a
新员与旧体制人员关系　21a
行政管理服务工作　25b
宣传思想工作　18b
学科布局优化　20a
学科建设　20a、20b
学生就业　22b
学生综合素质教育　22b
学习实践活动　17a
　学习实践活动阶段性成效　17a
研究生教育　22a
医学部建设　25a
　引进人才与现有人才关系　21a
专项工作　25b
专项任务　17b
资源合理配置和有效使用机制　22b
尊重人才、爱护人才　21b
在施工程　446a
在校学生情况　32、35、37
在校研究生统计(表)　273
在校院士　516
在职教职工　31、34、36

人数　34、36
泽利奖学金　621b
曾宪梓奖学金　621b
翟中和　533b
张恭庆　516b
张景钺—李正理奖学金　614a
张礼和　525c
张弥曼　529b
张滂　523c
张昀奖学金　614a
招生工作　170c、256b
招生咨询活动　257a
赵宝煦　545b
赵柏林　527b
赵凤桐　5a
赵光达　519a
赵进东　536c
哲学(宗教学)系　83b—84c
　党建工作　84a
　队伍建设　83b
　教学与科研　83b
　学科建设　83c
　学生工作　84a
　学术会议　84c
　学术交流　83b
哲学社会科学　342、578a
　教学科研骨干研修班学员名单(表)　342
　优秀成果奖名单(表)　578a
哲学学士　630b、636a
征地补偿安置协议　431c
政府服务　365a
政府管理学院　112b—114c
　党团工作　114c
　教学工作　112c
　科学研究　113a
　外事工作　114b
　学生工作　114c
　学术交流　113b
　政治学重点研究基地　113c
正大奖教金(表)　576b
支撑计划课题(表)　301
支出构成(图)　423
　比较(图)　423
支援援建　372b
芝生奖学金　614a
直属单位负责人名单　47

直属、附属单位负责人名单　47
　校本部　47
　医学部　47
直属院系　26b、34、36、38
职工代表参与监督机制　432a
制度创新　321b
制度建设　446b
质量工程项目　169c
中关村管委会合作　372c
中关村开放实验室　285c、290(表)
中国工商银行　577b、614a
　奖学金　614a
　教师奖(表)　577b
中国教科文卫体工会抗震救灾重建家园工人先锋号名单　622a
中国科学院奖学金　614b
中国平安励志奖学金　614b
中国社会科学调查中心　165a、165b
　交流合作　165b
　科研工作　165b
中国石油　615a、615b
　奖学金　615a
　塔里木奖学金　615b
中国事业单位改革咨询报告　416c
中国研究生院院长联席会秘书处　261b
中国药物依赖性研究所　412c—413c
　教学工作　413c
　科研工作　413a
　社会与政府部门服务　413c
　实验室建设　413c
　学科建设　412c
　学术活动　413b
　学术交流　413b
中国医院协会大学附属医院分会　365b
中国语言文学系　79b—80b
　党建活动　79b
　教学工作　79c
　科研活动　80a
　行政工作　80a
　学生工作　80b

中华全国总工会抗震救灾重建家
　　园工人先锋号名单　622a
中华医学会医学教育分会继续医
　　学教育学组成人医学教育
　　学组　279c
中华医学科技奖（表）　304
中石化英才奖学金　615b
中学生国际奥林匹克竞赛获奖学
　　生（表）　256
钟天心奖学金　615b
肿瘤医院　152c—154c
　　国际交流合作　154a
　　教学工作　154a
　　科研工作　153b
　　文化建设　154c
　　信息化建设　154c
　　行政后勤　154b
　　宣传工作　154c
　　医疗工作　153a
重大服务保障任务　455b
重大科学研究计划　299、300
　　课题（表）　300
　　项目（表）　299

重点专项工作　428b
周济　1b
周其凤　10、20、524c
周又元　522a
周昭庭奖学金　617a
朱作言　535b
主题实践活动　493c
住友商事奖学金　615b
住院医师规范化培训　277c
助教津贴　260b
助研津贴　260b
专科专业　33、38
专利　288a、306
　　申请受理、授权情况统计表
　　（表）　306
专任教师　31、34、37
专文　6
专项奖学金　260c
专项修购工程项目一览（表）　456
专业技术职务评审委员会名
　　单　40
专业情况　33、36、38
撰稿工作　499c

庄辉　539b
庄绍华奖学基金　609a、
　　610a、612b
资深教授　541
资源配置和使用　30b
自然科学基金委员会资助项
　　目　286a
自身建设　261a
自学考试　275b
综合办公室　453c
综合性大学　26a
总务工作　447、448b
　　重点工作　448b
纵向项目　323
　　评审组织情况（表）　323
　　申报和立项情况（表）　323
组织工作　482
组织会议　261b
组织建设　514c
作风建设　514b

（王彦祥　张语桐　编制）